HIBBELER

DINÂMICA

MECÂNICA PARA ENGENHARIA

12ª EDIÇÃO

Pearson Education
EMPRESA CIDADÃ

H I B B E L E R

DINÂMICA

MECÂNICA PARA ENGENHARIA

12ª EDIÇÃO

Tradução

Jorge Ritter

Revisão Técnica

José Maria Campos dos Santos

Professor Doutor do Departamento de Mecânica Computacional
da Faculdade de Engenharia Mecânica da
Universidade Estadual de Campinas

Pearson

Diretor editorial: Roger Trimer
Gerente editorial: Sabrina Cairo
Supervisor de produção editorial: Marcelo Françozo
Editora plena: Thelma Babaoka
Editoras: Silvana Afonso e Adriana Mauro
Preparação: Viviane Oshima e Renata Gonçalves
Revisão: Ana Paula Ribeiro, Renata Siqueira Campos e Erika Alonso
Capa: Thyago Santos
Editoração eletrônica e diagramação: Globaltec Artes Gráficas Ltda.

Fotografias fornecidas pelo autor, R. C. Hibbeler

Dados Internacionais de Catalogação na Publicação (CIP)
(Câmara Brasileira do Livro, SP, Brasil)

Hibbeler, R.C.
Dinâmica : mecânica para engenharia / R.C. Hibbeler ; tradução Jorge Ritter ; revisão técnica José Maria Campos dos Santos. -- 12. ed. -- São Paulo : Pearson Prentice Hall, 2011.

Título original: Engineering mechanics : dynamics.
ISBN 978-85-7605-814-4

1. Dinâmica 2. Engenharia mecânica I. Título.

10-11460 CDD-620.104

Índices para catálogo sistemático:

1. Dinâmica : Mecânica para engenharia : Tecnologia 620.104

Direitos exclusivos para a língua portuguesa cedidos à
Pearson Education do Brasil Ltda.,
uma empresa do grupo Pearson Education
Avenida Santa Marina, 1193
CEP 05036-001 - São Paulo - SP - Brasil
Fone: 11 3821-3542
vendas@pearson.com

Ao estudante

Com a esperança de que este trabalho estimule
o interesse em mecânica para engenharia e sirva
de guia para o entendimento deste assunto.

SUMÁRIO

12 Cinemática de uma partícula 1

13 Cinética de uma partícula: força e aceleração 83

14 Cinética de uma partícula: trabalho e energia 133

15 Cinética de uma partícula: impulso e quantidade de movimento 173

PREFÁCIO

Este livro foi desenvolvido com o intuito de fornecer aos estudantes uma apresentação didática e completa da teoria da mecânica e aplicações à engenharia. Reconhecido por sua clareza na explicação e pelos sólidos conjuntos de problemas, Hibbeler é atualmente um dos autores mais vendidos na área.

Nesta edição, fotos reais com soluções de vetores são fornecidas para permitir que os alunos entendam melhor os conceitos ensinados e problemas propostos. Os amplos problemas fornecidos no livro são organizados em nível de dificuldade gradual a fim de desenvolver as habilidades de resolução dos alunos, assim como fornecer-lhes a prática de que necessitam.

Este livro contém os seguintes novos elementos:

- Ampla variedade de problemas para a sua prática e resolução.
- Diagramas realísticos com vetores para demonstrar aplicações do mundo real.

Ampla variedade de problemas para a sua prática e resolução

Alguns exercícios são aplicações contemporâneas de problemas de engenharia mecânica em campos como aeroespaço, engenharia de petróleo e biomecânica — preparando os estudantes para trabalhar nesses setores em expansão.

Exemplos

Os exemplos (problemas resolvidos) ajudarão os estudantes a aprender os fundamentos e entender os conceitos por trás das questões. Os alunos são capazes de exercitar suas habilidades de resolução por meio desses problemas que possuem grande variedade de soluções possíveis.

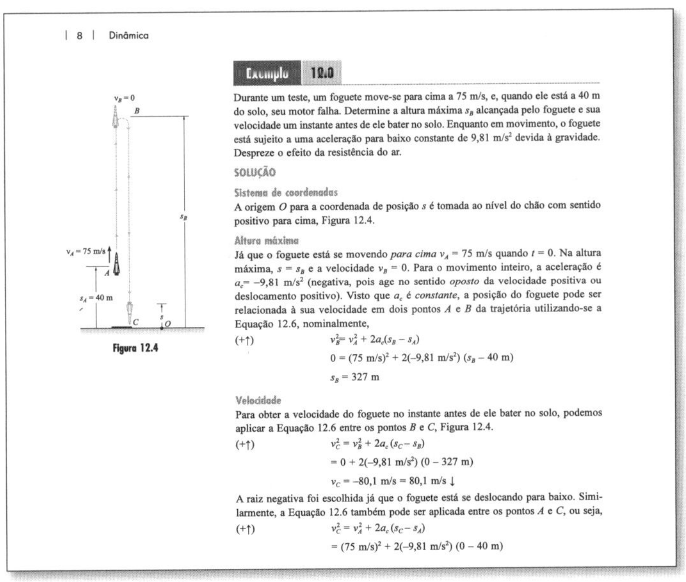

| 8 | Dinâmica

Exemplo 12.0

Durante um teste, um foguete move-se para cima a 75 m/s, e, quando ele está a 40 m do solo, seu motor falha. Determine a altura máxima s_B alcançada pelo foguete e sua velocidade um instante antes de ele bater no solo. Enquanto em movimento, o foguete está sujeito a uma aceleração para baixo constante de 9,81 m/s² devida à gravidade. Despreze o efeito da resistência do ar.

SOLUÇÃO

Sistema de coordenadas

A origem O para a coordenada de posição s é tomada ao nível do chão com sentido positivo para cima, Figura 12.4.

Altura máxima

Já que o foguete está se movendo *para cima* $v_A = 75$ m/s quando $t = 0$. Na altura máxima, $s = s_B$ e a velocidade $v_B = 0$. Para o movimento inteiro, a aceleração é $a_c = -9{,}81$ m/s² (negativa, pois age no sentido *oposto* da velocidade positiva ou deslocamento positivo). Visto que a_c é *constante*, a posição do foguete pode ser relacionada à sua velocidade em dois pontos A e B da trajetória utilizando-se a Equação 12.6, nominalmente,

$$(+\uparrow) \qquad v_B^2 = v_A^2 + 2a_c(s_B - s_A)$$
$$0 = (75\text{ m/s})^2 + 2(-9{,}81\text{ m/s}^2)(s_B - 40\text{ m})$$
$$s_B = 327\text{ m}$$

Velocidade

Para obter a velocidade do foguete no instante antes de ele bater no solo, podemos aplicar a Equação 12.6 entre os pontos B e C, Figura 12.4.

$$(+\uparrow) \qquad v_C^2 = v_B^2 + 2a_c(s_C - s_B)$$
$$= 0 + 2(-9{,}81\text{ m/s}^2)(0 - 327\text{ m})$$
$$v_C = -80{,}1\text{ m/s} = 80{,}1\text{ m/s} \downarrow$$

A raiz negativa foi escolhida já que o foguete está se deslocando para baixo. Similarmente, a Equação 12.6 também pode ser aplicada entre os pontos A e C, ou seja,

$$(+\uparrow) \qquad v_C^2 = v_A^2 + 2a_c(s_C - s_A)$$
$$= (75\text{ m/s})^2 + 2(-9{,}81\text{ m/s}^2)(0 - 40\text{ m})$$

Figura 12.4

Problemas fundamentais

Um novo recurso nesta edição, esse conjunto de problemas está localizado após os problemas de exemplo. Ele oferece aos alunos aplicações simples dos conceitos para garantir que tenham entendido o capítulo antes de tentar resolver quaisquer outras questões.

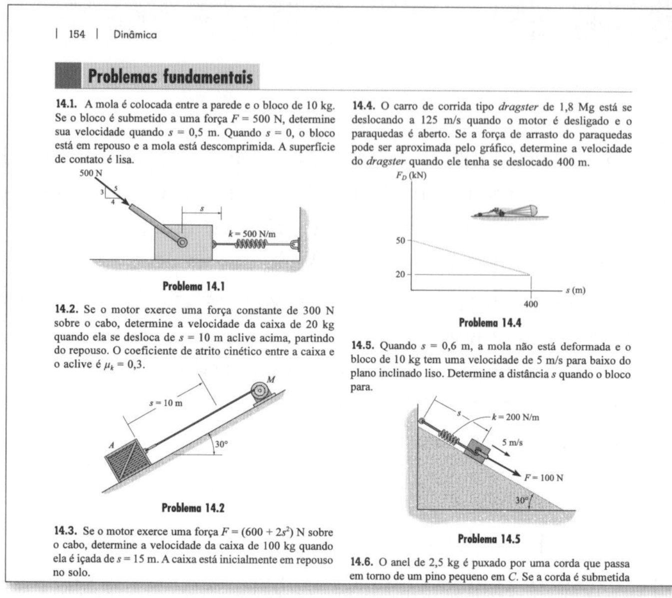
| 154 | Dinâmica

Problemas fundamentais

14.1. A mola é colocada entre a parede e o bloco de 10 kg. Se o bloco é submetido a uma força F = 500 N, determine sua velocidade quando s = 0,5 m. Quando s = 0, o bloco está em repouso e a mola está descomprimida. A superfície de contato é lisa.

Problema 14.1

14.2. Se o motor exerce uma força constante de 300 N sobre o cabo, determine a velocidade da caixa de 20 kg quando ela se desloca de s = 10 m aclive acima, partindo do repouso. O coeficiente de atrito cinético entre a caixa e o aclive é μ_k = 0,3.

Problema 14.2

14.3. Se o motor exerce uma força $F = (600 + 2s^2)$ N sobre o cabo, determine a velocidade da caixa de 100 kg quando ela é içada de s = 15 m. A caixa está inicialmente em repouso no solo.

14.4. O carro de corrida tipo *dragster* de 1,8 Mg está se deslocando a 125 m/s quando o motor é desligado e o paraquedas é aberto. Se a força de arrasto do paraquedas pode ser aproximada pelo gráfico, determine a velocidade do *dragster* quando ele tenha se deslocado 400 m.

Problema 14.4

14.5. Quando s = 0,6 m, a mola não está deformada e o bloco de 10 kg tem uma velocidade de 5 m/s para baixo do plano inclinado liso. Determine a distância s quando o bloco para.

Problema 14.5

14.6. O anel de 2,5 kg é puxado por uma corda que passa em torno de um pino pequeno em C. Se a corda é submetida

Problemas conceituais

Esses problemas descrevem situações realísticas encontradas na prática. Eles são desenvolvidos para testar a capacidade de um aluno em aplicar os conceitos aprendidos. Os estudantes também se mantêm atualizados sobre as aplicações mais recentes da engenharia mecânica. Os professores possuem uma ampla variedade de questões entre as quais poderão escolher, modificar e acrescentar como novas questões para seus recursos.

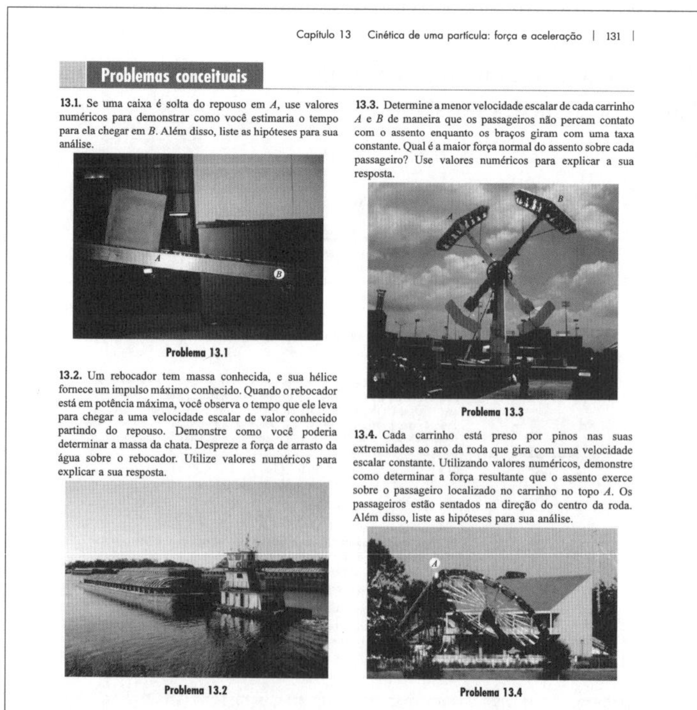
Capítulo 13 Cinética de uma partícula: força e aceleração | 131 |

Problemas conceituais

13.1. Se uma caixa é solta do repouso em A, use valores numéricos para demonstrar como você estimaria o tempo para ela chegar em B. Além disso, liste as hipóteses para sua análise.

Problema 13.1

13.2. Um rebocador tem massa conhecida, e sua hélice fornece um impulso máximo conhecido. Quando o rebocador está em potência máxima, você observa o tempo que ele leva para chegar a uma velocidade escalar de valor conhecido partindo do repouso. Demonstre como você poderia determinar a massa da chata. Despreze a força de arrasto da água sobre o rebocador. Utilize valores numéricos para explicar a sua resposta.

Problema 13.2

13.3. Determine a menor velocidade escalar de cada carrinho A e B de maneira que os passageiros não percam contato com o assento enquanto os braços giram com uma taxa constante. Qual é a maior força normal do assento sobre cada passageiro? Use valores numéricos para explicar a sua resposta.

Problema 13.3

13.4. Cada carrinho está preso por pinos nas suas extremidades ao aro da roda que gira com uma velocidade escalar constante. Utilizando valores numéricos, demonstre como determinar a força resultante que o assento exerce sobre o passageiro localizado no carrinho no topo A. Os passageiros estão sentados na direção do centro da roda. Além disso, liste as hipóteses para sua análise.

Problema 13.4

Além dos problemas já apresentados, os estudantes também têm à disposição listas de problemas dispostas ao longo dos capítulos divididas em três categorias, para auxiliar ainda mais a aprendizagem do aluno. Os problemas indicados pelo símbolo (■) podem ser resolvidos por meio de procedimentos numéricos. Aqueles indicados apenas por número possuem resposta no fim do livro. Os indicados com o símbolo (•) antes da numeração possuem equação ou resultado numérico adicional junto com a resposta. E os indicados com o símbolo (*) antes da numeração não possuem resposta.

Diagramas realísticos com vetores para demonstrar aplicações do mundo real

Ilustrações com vetores

Foram acrescentadas muitas ilustrações fotorrealistas com vetores. Essas imagens fornecem uma sólida conexão com a natureza tridimensional da engenharia e também ajudam o aluno a visualizar e lembrar conceitos por trás da questão.

| 194 | Dinâmica

15.26. O motor M puxa o cabo com uma força **F**, que tem uma intensidade que varia conforme mostra o gráfico. Se a caixa de 20 kg está originalmente em repouso no solo, de modo que a tração do cabo seja zero no instante em que o motor for ligado, determine a velocidade da caixa quando $t = 6$ s. *Dica:* determine primeiro o tempo necessário para começar a içar a caixa.

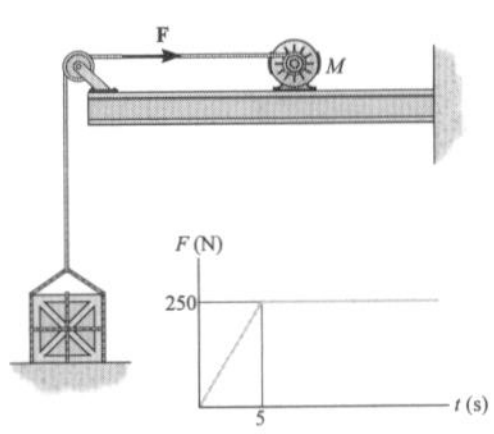

Problema 15.26

15.27. O guincho transmite uma força de reboque horizontal **F** ao seu cabo em A, que varia como mostrado no gráfico. Determine a velocidade do balde de 70 kg quando $t = 18$ s. Originalmente o balde está se movendo para cima em $v_1 = 3$ m/s.

***15.28.** O guincho transmite uma força de reboque horizontal **F** ao seu cabo em A, que varia como mostrado no gráfico. Determine a velocidade do balde de 80 kg quando $t = 24$ s. Originalmente o balde é solto do repouso.

•15.29. A bola de golfe de 0,05 kg é atingida pelo taco e desloca-se ao longo da trajetória mostrada. Determine a força impulsiva média que o taco transmite à bola, se o taco mantém contato com a bola durante 0,5 ms.

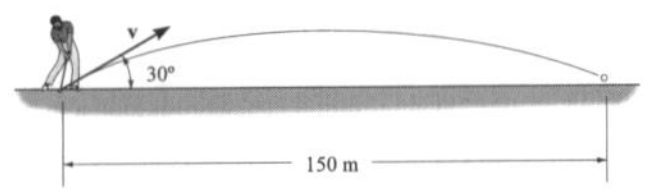

Problema 15.29

15.30. A bola de beisebol de 0,15 kg tem uma velocidade de $v = 30$ m/s, imediatamente antes de ser atingida pelo taco. Após isso, ela desloca-se ao longo da trajetória mostrada, antes que o apanhador a pegue. Determine a intensidade da força impulsiva média transmitida à bola, se esta esteve em contato com o taco durante 0,75 ms.

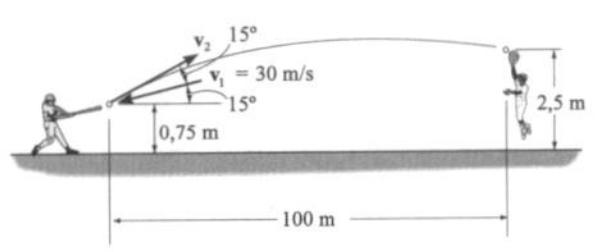

Problema 15.30

Fotografias

A importância de conhecer a matéria é refletida por aplicações do mundo real descritas em fotos em todo o livro. Essas fotografias são utilizadas para explicar como os princípios se aplicam a situações reais.

A rotação da caçamba basculante do caminhão em torno do ponto C é operada pela extensão do cilindro hidráulico AB. Para determinar a rotação da caçamba em virtude dessa extensão, podemos usar as equações de movimento relativo e fixar os eixos x, y ao cilindro, de maneira que o movimento relativo da extensão do cilindro ocorra ao longo do eixo y.

As equações 16.24 e 16.27 podem ser aplicadas para a solução de problemas envolvendo o movimento plano de partículas ou corpos rígidos utilizando o seguinte procedimento.

Eixos de coordenadas

- Escolha uma localização apropriada para a origem e orientação adequada dos eixos para ambos sistemas de referência, fixo X, Y, Z e móvel x, y, z.
- Mais frequentemente as soluções são facilmente obtidas se, no instante considerado:
  1. as origens são coincidentes
  2. os eixos correspondentes são colineares
  3. os eixos correspondentes são paralelos
- O sistema móvel deve ser escolhido fixo ao corpo ou dispositivo ao longo do qual ocorre o movimento relativo.

Equações cinemáticas

Material complementar

Na Sala Virtual (sv.pearson.com.br), professores e estudantes têm acesso a materiais adicionais que facilitam tanto a exposição das aulas como o processo de aprendizagem.

Para o professor:

- Apresentações em PowerPoint
  Os professores podem contar com slides que possuem informações e diagramas dos respectivos capítulos.
- Banco de imagens
  O banco de imagens contém ilustrações, diagramas e fotos encontradas no livro.
- Manual de soluções
  O manual de soluções apresenta respostas dos exercícios do livro.

Esse material é de uso exclusivo dos professores e está protegido por senha. Para ter acesso a ele, os professores que adotam o livro devem entrar em contato com seu representante Pearson ou enviar e-mail para universitarios@pearson.com.

Para o estudante:

- Textos adicionais (em inglês)
- Guia do Mathlab

AGRADECIMENTOS

O autor se esforçou para escrever este livro de modo que atraísse tanto ao estudante quanto ao professor. Com o passar dos anos, muitas pessoas ajudaram no seu desenvolvimento e serei sempre grato por seus valiosos comentários e sugestões. Gostaria de agradecer, especialmente às seguintes pessoas que contribuíram com seus comentários relativos à preparação da décima segunda edição deste trabalho.

Yesh P. Singh, *University of Texas — San Antonio*
Manoj Chopra, *University of Central Florida*
Kathryn McWilliams, *University of Saskatchewan*
Daniel Linzell, *Penn State University*
Larry Banta, *West Virginia University*
Manohar L. Arora, *Colorado School of Mines*
Robert Rennaker, *University of Oklahoma*
Ahmad M. Itani, *University of Nevada*

Existem algumas pessoas que sinto que merecem um reconhecimento especial. Vince O'Brien, diretor de gestão de projetos em equipe, e Rose Kernan, minha editora de produção por muitos anos, por me oferecerem incentivo e apoio. Honestamente, sem a ajuda deles, esta edição totalmente revista e melhorada não teria sido possível. Além disso, um associado e amigo de longa data, Kai Beng Yap, foi de grande ajuda na verificação de todo o manuscrito e na preparação das soluções de problemas. Uma nota de agradecimento especial a esse respeito também vai para Kurt Norlin da Laurel Tech Integrated Services Publishing. Durante o processo de produção, sou grato pela ajuda de minha esposa, Conny, e minha filha, Mary Ann, com a revisão e digitação necessárias para preparar o texto para publicação.

Por fim, gostaria de agradecer muitíssimo a todos os meus alunos e aos colegas da profissão, que têm usado o tempo livre para enviar-me e-mails com sugestões e comentários. Como essa lista é longa demais para mencionar, espero que aqueles que ajudaram dessa forma aceitem este reconhecimento anônimo.

Eu agradeceria muito ouvi-lo se em algum momento tiver comentários, sugestões ou problemas relacionados a quaisquer questões relacionadas a esta edição.

RUSSELL CHARLES HIBBELER
hibbeler@bellsouth.net

Agradecimentos — edição brasileira

Agradecemos a todos os profissionais que trabalharam na produção desta edição de Dinâmica, em especial ao professor doutor José Maria Campos dos Santos, da Faculdade de Engenharia Mecânica da Universidade Estadual de Campinas, pela atenção e pelo cuidado com a revisão técnica do livro. Agradecemos também ao professor Wilson Carlos da Silva Junior, mestre em Engenharia Metalúrgica e Materiais pela EPUSP, doutor em Engenharia Biomédica pela UMC e diretor acadêmico da Faculdade de Tecnologia Termomecânica — FTT, pela sólida consultoria técnica desta edição, auxiliando-nos a manter a qualidade do livro.

Sobre o adaptador

Fan Sau Cheong, da Nanyang Technological University (NTU), Cingapura, recebeu seu PhD na Universidade de Hong Kong. O professor Fan também é vice-diretor do Centre for Advanced Numerical Engineering Simulations (CANES) da NTU. Sua experiência profissional inclui o trabalho e investigação em pontes, arranha-céus, estruturas em concha, cais, pavimentos, estruturas de cabo e paredes de diafragma de vidro. O professor Fan também foi o adaptador da 5. ed. e 6. ed. de *Mechanics of materiais* de Hibbeler e da 11. ed., em SI, das obras Engineering *Mechanics*: Statics and Dynamics.

CAPÍTULO

12

Cinemática de uma partícula

Objetivos do capítulo

- Introduzir os conceitos de posição, deslocamento, velocidade e aceleração.
- Estudar o movimento de uma partícula ao longo de uma linha reta e representar este movimento graficamente.
- Investigar o movimento de uma partícula ao longo de uma trajetória curva utilizando diferentes sistemas de coordenadas.
- Apresentar uma análise do movimento dependente de duas partículas.
- Examinar os princípios de movimento relativo de duas partículas utilizando eixos de translação.

12.1 Introdução

Mecânica é o ramo das ciências físicas que trata do estado de repouso ou movimento de corpos sujeitos à ação de forças. A mecânica aplicada à engenharia é dividida em duas áreas de estudo, a saber, estática e dinâmica. *Estática* diz respeito ao equilíbrio de um corpo que está em repouso ou se move com velocidade constante. Neste capítulo, abordaremos a *dinâmica*, que trata do movimento acelerado de um corpo. O tema da dinâmica será apresentado em duas partes: *cinemática*, que trata somente dos aspectos geométricos do movimento, e *cinética*, que é a análise das forças que causam o movimento. Para desenvolver esses princípios, a dinâmica de uma partícula será discutida primeiro, seguida por tópicos em dinâmica de corpos rígidos em duas e então três dimensões.

Historicamente, os princípios da dinâmica desenvolveram-se quando foi possível fazer uma medida precisa do tempo. Galileu Galilei (1564-1642) foi um dos primeiros entre os principais contribuintes para esse campo. Seu trabalho consistiu em experimentos utilizando pêndulos e corpos em queda. As contribuições mais significativas em dinâmica, entretanto, foram feitas por Isaac Newton (1642-1727), que é conhecido por sua formulação das três leis fundamentais do movimento e a lei da atração gravitacional universal. Pouco tempo depois de essas leis terem sido postuladas, técnicas importantes para sua aplicação foram desenvolvidas por Euler, D'Alembert, Lagrange e outros.

Existem muitos problemas na engenharia cujas soluções exigem a aplicação dos princípios da dinâmica. Tipicamente, o projeto estrutural de qualquer veículo, como um automóvel ou um avião, exige que se leve em consideração o movimento ao qual ele é submetido. Isso também é verdadeiro para muitos dispositivos mecânicos, tais como motores, bombas, ferramentas móveis, manipuladores industriais e maquinários. Além disso, previsões dos movimentos de satélites artificiais, projéteis e espaçonaves estão baseados na teoria da dinâmica. Com os avanços da tecnologia, haverá uma necessidade ainda maior de se saber como aplicar os princípios dessa matéria.

Solução de problemas

A dinâmica é considerada mais abrangente que a estática, visto que ambas as forças aplicadas a um corpo e seu movimento têm de ser levadas em consideração. Além disso, muitas aplicações exigem o uso do cálculo, em vez de apenas álgebra e trigonometria. De qualquer maneira, a forma mais efetiva de se aprender os princípios da dinâmica é *resolver problemas*. Para ser bem-sucedido nessa tarefa, é necessário apresentar o trabalho de uma maneira lógica e sistemática, como sugerido pela sequência de passos apresentada a seguir.

1. Leia o problema cuidadosamente e tente correlacionar a situação física real com a teoria que você estudou.
2. Desenhe quaisquer diagramas necessários e tabule os dados do problema.
3. Estabeleça um sistema de coordenadas e aplique os princípios relevantes, geralmente em forma matemática.
4. Resolva as equações necessárias algebricamente até onde for prático; em seguida, utilize um sistema de unidades consistente e complete a solução numericamente. Apresente a resposta com o mesmo número de algarismos significativos dos dados fornecidos.
5. Analise a resposta fazendo uso de julgamento técnico e bom-senso para avaliar se ela parece ou não razoável.
6. Uma vez que a solução tenha sido completada, reveja o problema. Tente pensar em outras maneiras de obter a mesma solução

Ao aplicar esse procedimento geral, faça o trabalho da maneira mais limpa possível. Um trabalho sem rasuras geralmente estimula um pensamento claro e sistemático.

12.2 Cinemática retilínea: movimento contínuo

Começaremos nosso estudo de dinâmica discutindo a cinemática de uma partícula que se move ao longo de uma trajetória retilínea ou de uma linha reta. Lembre-se de que uma *partícula* tem uma massa, mas dimensão e forma desprezíveis. Portanto, devemos limitar a aplicação àqueles objetos cujas dimensões não têm consequência na análise do movimento. Na maioria dos problemas, estaremos interessados em corpos de tamanho finito, tais como foguetes, projéteis ou veículos. Cada um desses objetos pode ser considerado uma partícula, desde que o movimento seja caracterizado pelo movimento do seu centro de massa e qualquer rotação do corpo seja desprezada.

Cinemática retilínea

A cinemática de uma partícula é caracterizada ao se especificar, em qualquer instante, posição, velocidade e aceleração da partícula.

Posição

A trajetória em linha reta de uma partícula será definida utilizando-se um único eixo de coordenada s, Figura 12.1a. A origem O é um ponto fixo na trajetória, e a partir deste ponto a *coordenada da posição s* é usada para especificar a posição da partícula em qualquer instante de tempo dado. A intensidade de s é a distância de O até a partícula, normalmente medida em metros (m), e o sentido da direção é definido pelo sinal algébrico de s. Apesar de a escolha ser arbitrária, nesse caso, s é positivo, visto que o eixo de coordenada é positivo à direita da origem. Da mesma maneira, ele é negativo se a partícula for posicionada à esquerda de O. Observe que a posição é uma quantidade vetorial, já que ela tem intensidade e direção. Aqui, no entanto, ela está sendo representada pelo escalar algébrico s, uma vez que a direção sempre permanece ao longo do eixo de coordenada.

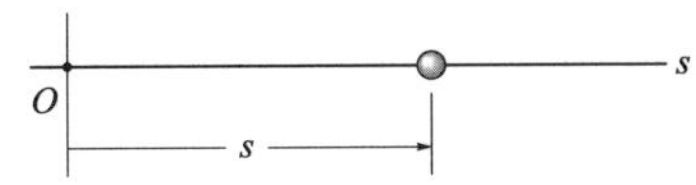

Posição

(a)

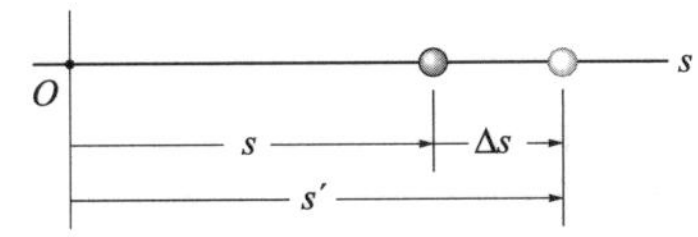

Deslocamento

(b)

Figura 12.1

Deslocamento

O *deslocamento* de uma partícula é definido como a *variação* na sua *posição*. Por exemplo, se a partícula se move de um ponto para outro, Figura 12.1*b*, o deslocamento é:

$$\Delta s = s' - s$$

Nesse caso, Δs é *positivo*, uma vez que a posição final da partícula está à *direita* da sua posição inicial, ou seja, $s' > s$. Da mesma forma, se a posição final estivesse à *esquerda* da sua posição inicial, Δs seria *negativo*.

O deslocamento de uma partícula também é uma *quantidade vetorial*, e não deve ser confundido com a distância que uma partícula percorre. Especificamente, a *distância percorrida* é um *escalar positivo* que representa o comprimento total da trajetória sobre a qual a partícula se move.

Velocidade

Se uma partícula se move com um deslocamento Δs durante o intervalo de tempo Δt, a *velocidade média* da partícula durante esse intervalo de tempo é:

$$v_{\text{méd}} = \frac{\Delta s}{\Delta t}$$

Se tomarmos valores cada vez menores de Δt, a intensidade de Δs torna-se cada vez menor. Consequentemente, a *velocidade instantânea* é um vetor definido como $v = \lim_{\Delta t \to 0} (\Delta s/\Delta t)$, ou

$$(\overset{+}{\rightarrow}) \qquad v = \frac{ds}{dt} \qquad (12.1)$$

Visto que Δt ou dt é sempre positivo, o sinal utilizado para definir o *sentido* da velocidade é o mesmo usado para Δs ou ds. Por exemplo, se a partícula está se movendo para a *direita*, Figura 12.1*c*, a velocidade é *positiva*; ao passo que se ela está se deslocando para a *esquerda*, a velocidade é *negativa*. (Isso é enfatizado aqui pela seta escrita à esquerda da Equação 12.1.) A *intensidade* da velocidade é conhecida como a *velocidade escalar*, e é geralmente expressa em unidades de m/s.

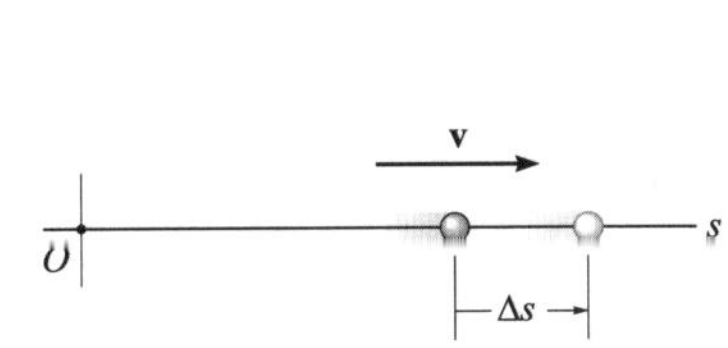

Velocidade

(c)

Ocasionalmente, o termo 'velocidade escalar média' é usado. A *velocidade escalar média* é sempre uma grandeza escalar positiva e é definida como a distância total percorrida por uma partícula, s_T, dividida pelo tempo decorrido Δt; ou seja,

$$(v_{sp})_{\text{méd}} = \frac{s_T}{\Delta t}$$

Por exemplo, a partícula na Figura 12.1*d* move-se ao longo da trajetória de comprimento s_T no tempo Δt, de maneira que sua velocidade escalar média é $(v_{sp})_{\text{méd}} = s_T/\Delta t$, mas sua velocidade média é $v_{\text{méd}} = -\Delta s/\Delta t$.

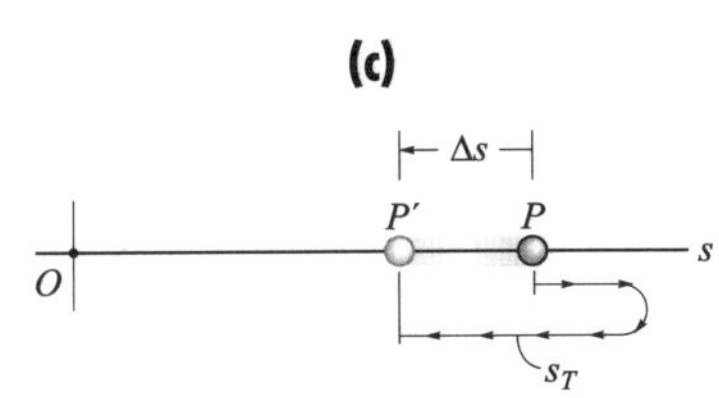

Velocidade média e
Velocidade escalar média

(d)

Figura 12.1

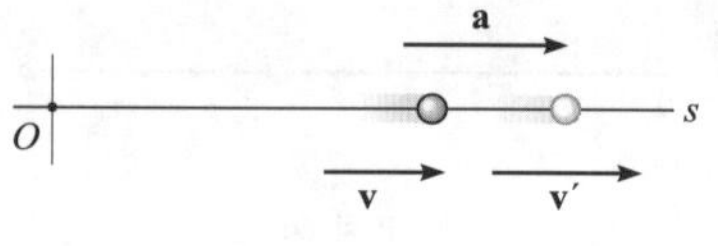

Aceleração

(e)

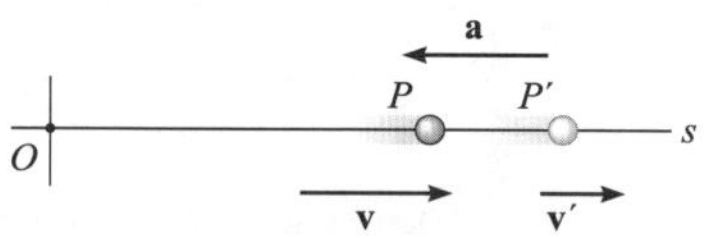

Desaceleração

(f)

Figura 12.1

Aceleração

Contando que a velocidade da partícula seja conhecida em dois pontos, a *aceleração média* da partícula durante o intervalo de tempo Δt é definida como:

$$a_{méd} = \frac{\Delta v}{\Delta t}$$

Aqui, Δv representa a diferença na velocidade durante o intervalo de tempo Δt, ou seja, $\Delta v = v' - v$, Figura 12.1*e*.

A *aceleração instantânea* no tempo t é um vetor que é determinado tomando-se valores cada vez menores de Δt e correspondentes valores cada vez menores de Δv, de maneira que $a = \lim_{\Delta t \to 0}(\Delta v/\Delta t)$, ou

$$(\overset{+}{\rightarrow}) \qquad a = \frac{dv}{dt} \qquad (12.2)$$

Substituindo a Equação 12.1 nesse resultado, também podemos escrever:

$$(\overset{+}{\rightarrow}) \qquad a = \frac{d^2s}{dt^2}$$

Ambas as acelerações, média e instantânea, podem ser positivas ou negativas. Em particular, quando a partícula está *se movendo mais devagar*, ou sua velocidade escalar está diminuindo, diz-se que a partícula está *desacelerando*. Neste caso, v' na Figura 12.1*f* é *menor* que v, e assim $\Delta v = v' - v$ será negativa. Consequentemente, a também será negativa, e, portanto, ela atuará para a *esquerda*, no *sentido oposto* de v. Observe, também, que, quando a *velocidade* é *constante*, a aceleração é zero, pois $\Delta v = v - v = 0$. A unidade comumente usada para expressar a intensidade da aceleração é m/s^2.

Por fim, uma relação diferencial importante envolvendo deslocamento, velocidade e aceleração ao longo da trajetória pode ser obtida eliminando-se o diferencial de tempo dt entre as equações 12.1 e 12.2, que resulta em

$$(\overset{+}{\rightarrow}) \qquad a\,ds = v\,dv \qquad (12.3)$$

Embora tenhamos produzido agora três importantes equações cinemáticas, perceba que a Equação 12.3 não é independente das equações 12.1 e 12.2.

Aceleração constante, $a = a_c$

Quando a aceleração é constante, cada uma das três equações cinemáticas $a_c = dv/dt$, $v = ds/dt$, e $a_c\,ds = v\,dv$ pode ser integrada para se obter fórmulas que relacionam a_c, v, s e t.

Velocidade como uma função do tempo

Integre $a_c = dv/dt$, supondo que, inicialmente, $v = v_0$ quando $t = 0$.

$$\int_{v_0}^{v} dv = \int_0^t a_c\,dt$$

$$(\overset{+}{\rightarrow}) \qquad \begin{array}{c} v = v_0 + a_c t \\ \text{Aceleração constante} \end{array} \qquad (12.4)$$

Posição como uma função do tempo

Integre $v = ds/dt = v_0 + a_c t$, supondo que inicialmente $s = s_0$ quando $t = 0$.

$$\int_{s_0}^{s} ds = \int_0^t (v_0 + a_c t)\,dt$$

$(\overset{+}{\rightarrow})$

$$s = s_0 + v_0 t + \frac{1}{2} a_c t^2$$

Aceleração constante (12.5)

Velocidade como uma função da posição

Pode-se resolver para t na Equação 12.4 e substituir na Equação 12.5, ou integrando $v\,dv = a_c\,ds$, supondo que inicialmente $v = v_0$ em $s = s_0$.

$$\int_{v_0}^{v} v\,dv = \int_{s_0}^{s} a_c ds$$

$(\overset{+}{\rightarrow})$

$$v^2 = v_0^2 + 2a_c(s - s_0)$$

Aceleração constante (12.6)

Os sinais algébricos de s_0, v_0 e a_c, usados nas três equações apresentadas anteriormente, são determinados a partir da direção positiva do eixo s como indicado pela seta escrita à esquerda de cada equação. Lembre-se de que essas equações são úteis *somente quando a aceleração é constante e quando* $t = 0$, $s = s_0$, $v = v_0$. Um exemplo típico de movimento com aceleração constante ocorre quando um corpo cai livremente em direção ao solo. Se a resistência do ar é desprezada e a distância da queda é curta, então a aceleração direcionada *para baixo* quando o corpo está próximo do solo é constante e de aproximadamente 9,81 m/s^2. A prova disso é dada no Exemplo 12.3.

Pontos importantes

- A dinâmica trata de corpos que têm movimento com aceleração.
- A cinemática é um estudo da geometria do movimento.
- A cinética é um estudo das forças que causam o movimento.
- A cinemática retilínea refere-se ao movimento em linha reta.
- Velocidade escalar refere-se à intensidade da velocidade.
- A velocidade escalar média é a distância total percorrida dividida pelo tempo total. Isso é diferente da velocidade média, que é o deslocamento dividido pelo tempo.
- Uma partícula que está se movendo mais devagar está desacelerando.
- Uma partícula pode ter uma aceleração e, no entanto, ter velocidade zero.
- A relação $a\,ds = v\,dv$ é derivada de $a = dv/dt$ e $v = ds/dt$ eliminando-se dt.

Durante o tempo que este foguete é submetido ao movimento retilíneo, sua altitude como uma função do tempo pode ser medida e expressa como $s = s(t)$. Sua velocidade pode, então, ser encontrada utilizando-se $v = ds/dt$, e sua aceleração pode ser determinada a partir de $a = dv/dt$.

Procedimento para análise

Sistema de coordenadas

- Estabeleça uma coordenada de posição s ao longo da trajetória e especifique sua *origem fixa* e direção positiva.
- Visto que o movimento é ao longo de uma linha reta, as quantidades vetoriais de posição, velocidade e aceleração podem ser representadas como grandezas escalares algébricas. Para trabalho analítico, o sentido de s, v e a é, então, definido por seus *sinais algébricos*.
- O sentido positivo para cada um desses escalares pode ser indicado por uma seta mostrada ao lado de cada equação cinemática na forma que ela é aplicada.

Equações cinemáticas

Se uma relação é conhecida entre quaisquer duas das quatro variáveis, a, v, s e t, uma terceira variável pode ser, então, obtida usando-se uma das equações cinemáticas, $a = dv/dt$, $v = ds/dt$ ou $a\,ds = v\,dv$, visto que cada equação relaciona todas as três variáveis.*

- Sempre que uma integração for feita, é importante que a posição e a velocidade sejam conhecidas em dado instante de tempo a fim de se avaliar ou a constante de integração, se uma integral indefinida for usada, ou os limites de integração, se for usada uma integral definida.
- Lembre-se de que as equações 12.4 até a 12.6 têm uso limitado. Essas equações podem ser aplicadas *somente* quando a *aceleração é constante* e as condições iniciais são $s = s_0$ e $v = v_0$ quando $t = 0$.

Exemplo 12.1

O carro na Figura 12.2 move-se em uma linha reta de tal maneira que por curto período sua velocidade é definida por $v = (0{,}9t^2 + 0{,}6t)$ m/s, onde t está em segundos. Determine sua posição e aceleração quando $t = 3$ s. Quando $t = 0$, $s = 0$.

Figura 12.2

SOLUÇÃO

Sistema de coordenadas

A coordenada de posição estende-se da origem fixa O até o carro, positiva para a direita.

Posição

Visto que $v = f(t)$, a posição do carro pode ser determinada a partir de $v = ds/dt$, pois essa equação relaciona v, s e t. Observando que $s = 0$ quando $t = 0$, temos**

$(\overset{+}{\rightarrow})$

$$v = \frac{ds}{dt} = (0{,}9t^2 + 0{,}6t)$$

$$\int_0^s ds = \int_0^t (0{,}9t^2 + 0{,}6t)dt$$

$$s\Big|_0^s = (0{,}3t^3 + 0{,}3t^2)\Big|_0^t$$

$$s = 0{,}3t^3 + 0{,}3t^2$$

Quando $t = 3$ s,

$$s = 0{,}3\,(3)^3 + 0{,}3\,(3)^2 = 10{,}8 \text{ m}.$$

Aceleração

Visto que $v = f(t)$, a aceleração é determinada a partir de $a = dv/dt$, pois essa equação relaciona a, v e t.

* Algumas fórmulas-padrão de diferenciação e integração são dadas no Apêndice A.

** O *mesmo resultado* pode ser obtido avaliando-se uma constante de integração C em vez de se usarem limites definidos na integral. Por exemplo, integrando $ds = (0{,}9t^2 + 0{,}6t)dt$ resulta em $s = 0{,}3t^3 + 0{,}3t^2 + C$. Utilizando a condição de que em $t = 0$, $s = 0$, então, $C = 0$.

$(\overset{+}{\rightarrow})$

$$a = \frac{dv}{dt} = \frac{d}{dt}(0,9t^2 + 0,6t)$$
$$= 1,8t + 0,6$$

Quando $t = 3$ s,

$$a = 1,8(3) + 0,6 = 6 \text{ m/s}^2 \rightarrow$$

NOTA: As fórmulas para aceleração constante *não podem* ser usadas para solucionar esse problema, porque a aceleração é uma função do tempo.

Exemplo 12.2

Um pequeno projétil é disparado verticalmente *para baixo* em um meio fluido com uma velocidade inicial de 60 m/s. Devido à resistência do arrasto do fluido, o projétil experimenta uma desaceleração de $a = (-0,4v^3)$ m/s², onde v é dada em m/s. Determine a velocidade do projétil e a posição 4 s após ele ser disparado.

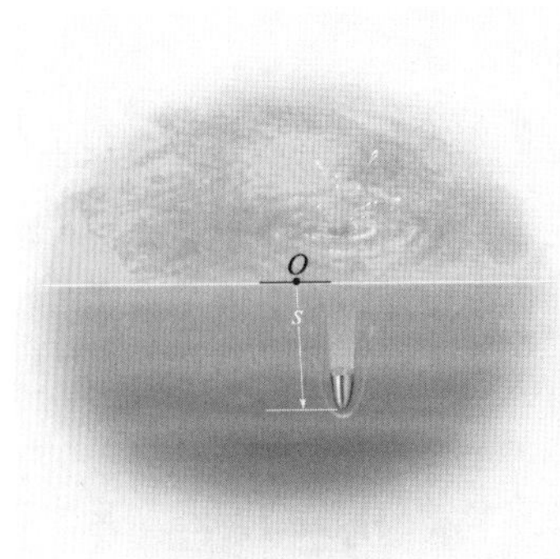

Figura 12.3

SOLUÇÃO

Sistema de coordenadas

Visto que o movimento é para baixo, a coordenada de posição é positiva para baixo, com a origem localizada em O, Figura 12.3.

Velocidade

Aqui, $a = f(v)$, e, assim, temos de determinar a velocidade como uma função do tempo utilizando $a = dv/dt$, pois essa equação relaciona v, a e t. (Por que não usar $v = v_0 + a_c t$?) Separando as variáveis e integrando com $v_0 = 60$ m/s quando $t = 0$, resulta em:

$(+\downarrow)$

$$a = \frac{dv}{dt} = -0,4v^3$$
$$\int_{60\text{ m/s}}^{v} \frac{dv}{-0,4v^3} = \int_0^t dt$$
$$\frac{1}{-0,4}\left(\frac{1}{-2}\right)\frac{1}{v^2}\Bigg|_{60}^{v} = t - 0$$
$$\frac{1}{0,8}\left[\frac{1}{v^2} - \frac{1}{(60)^2}\right] = t$$
$$v = \left\{\left[\frac{1}{(60)^2} + 0,8t\right]^{-1/2}\right\} m/s$$

Aqui, a raiz positiva é usada, já que o projétil vai continuar a se mover para baixo. Quando $t = 4$ s,

$$v = 0,559 \text{ m/s}\downarrow$$

Posição

Sabendo que $v = f(t)$, podemos obter a posição do projétil de $v = ds/dt$, pois essa equação relaciona s, v e t. Usando a condição inicial $s = 0$, quando $t = 0$, temos

$(+\downarrow)$

$$v = \frac{ds}{dt} = \left[\frac{1}{(60)^2} + 0,8t\right]^{-1/2}$$
$$\int_0^s ds = \int_0^t \left[\frac{1}{(60)^2} + 0,8t\right]^{-1/2} dt$$
$$s = \frac{2}{0,8}\left[\frac{1}{(60)^2} + 0,8t\right]^{1/2}\Bigg|_0^t$$
$$s = \frac{1}{0,4}\left\{\left[\frac{1}{(60)^2} + 0,8t\right]^{1/2} - \frac{1}{60}\right\} \text{m}$$

Quando $t = 4$ s,

$$s = 4,43 \text{ m}$$

Exemplo 12.3

Durante um teste, um foguete move-se para cima a 75 m/s, e, quando ele está a 40 m do solo, seu motor falha. Determine a altura máxima s_B alcançada pelo foguete e sua velocidade um instante antes de ele bater no solo. Enquanto em movimento, o foguete está sujeito a uma aceleração para baixo constante de 9,81 m/s^2 devida à gravidade. Despreze o efeito da resistência do ar.

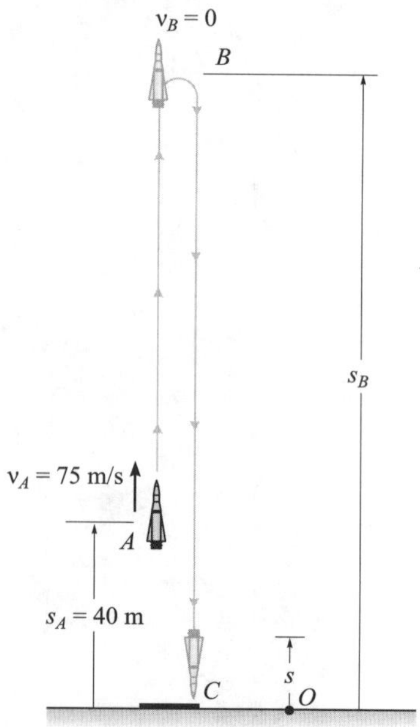

Figura 12.4

SOLUÇÃO

Sistema de coordenadas

A origem *O* para a coordenada de posição *s* é tomada ao nível do chão com sentido positivo para cima, Figura 12.4.

Altura máxima

Já que o foguete está se movendo *para cima* v_A = 75 m/s quando $t = 0$. Na altura máxima, $s = s_B$ e a velocidade $v_B = 0$. Para o movimento inteiro, a aceleração é $a_c = -9{,}81$ m/s^2 (negativa, pois age no sentido *oposto* da velocidade positiva ou deslocamento positivo). Visto que a_c é *constante*, a posição do foguete pode ser relacionada à sua velocidade em dois pontos *A* e *B* da trajetória utilizando-se a Equação 12.6, nominalmente,

$$(+\uparrow) \qquad v_B^2 = v_A^2 + 2a_c(s_B - s_A)$$

$$0 = (75 \text{ m/s})^2 + 2(-9{,}81 \text{ m/s}^2)(s_B - 40 \text{ m})$$

$$s_B = 327 \text{ m}$$

Velocidade

Para obter a velocidade do foguete no instante antes de ele bater no solo, podemos aplicar a Equação 12.6 entre os pontos *B* e *C*, Figura 12.4.

$$(+\uparrow) \qquad v_C^2 = v_B^2 + 2a_c(s_C - s_B)$$

$$= 0 + 2(-9{,}81 \text{ m/s}^2)(0 - 327 \text{ m})$$

$$v_C = -80{,}1 \text{ m/s} = 80{,}1 \text{ m/s} \downarrow$$

A raiz negativa foi escolhida já que o foguete está se deslocando para baixo. Similarmente, a Equação 12.6 também pode ser aplicada entre os pontos *A* e *C*, ou seja,

$$(+\uparrow) \qquad v_C^2 = v_A^2 + 2a_c(s_C - s_A)$$

$$= (75 \text{ m/s})^2 + 2(-9{,}81 \text{ m/s}^2)(0 - 40 \text{ m})$$

$$v_C = -80{,}1 \text{ m/s} = 80{,}1 \text{ m/s} \downarrow$$

NOTA: É importante perceber que o foguete está sujeito a uma *desaceleração* de *A* para *B* de 9,81 m/s^2 e, em seguida, de *B* para *C* ele é *acelerado* a essa razão. Além disso, apesar de o foguete momentaneamente chegar ao *repouso* em *B* ($v_B = 0$), a aceleração em *B* ainda é de 9,81 m/s^2 para baixo!

Exemplo 12.4

Uma partícula metálica é sujeita à influência de um campo magnético na medida em que ela se move para baixo através de um fluido que se estende da placa *A* para placa *B*, Figura 12.5. Se a partícula é solta a partir do repouso no ponto médio *C*, s = 100 mm, e a aceleração é $a = (4s)$ m/s^2, onde *s* é dado em metros, determine a velocidade da partícula quando ela alcançar a placa *B*, s = 200 mm, e o tempo que ela leva para se mover de *C* para *B*.

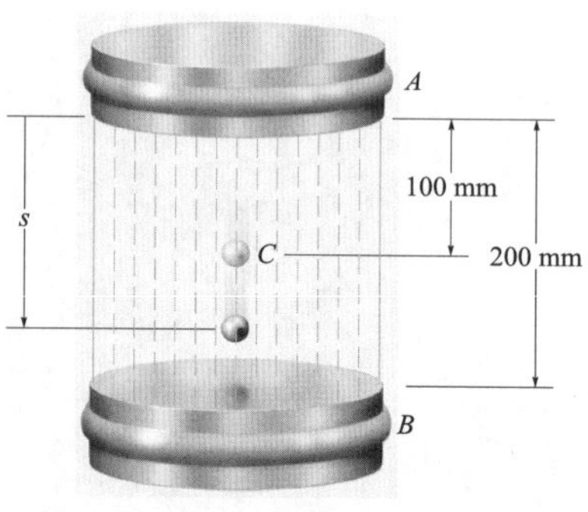

Figura 12.5

SOLUÇÃO

Sistema de coordenadas

Como mostrado na Figura 12.5, s é positivo para baixo, medido a partir da placa A.

Velocidade

Visto que $a = f(s)$, a velocidade como uma função da posição pode ser obtida utilizando-se $v\,dv = a\,ds$. Percebendo que $v = 0$ em $s = 0{,}1$ m, temos:

$(+\downarrow)$

$$v\,dv = a\,ds$$

$$\int_0^v v\,dv = \int_{0,1\text{ m}}^s 4s\,ds$$

$$\frac{1}{2}v^2\Big|_0^v = \frac{4}{2}s^2\Big|_{0,1\text{ m}}^s$$

$$v = 2(s^2 - 0{,}01)^{1/2}\text{m/s} \qquad (1)$$

Para $s = 200$ mm $= 0{,}2$ m,

$$v_B = 0{,}346 \text{ m/s} = 346 \text{ mm/s} \downarrow$$

A raiz positiva é escolhida já que a partícula está se deslocando para baixo, ou seja, na direção $+s$.

Tempo

O tempo para a partícula se mover de C para B pode ser obtido utilizando-se $v = ds/dt$ e a Equação 1, onde $s = 0{,}1$ m quando $t = 0$. Do Apêndice A,

$(+\downarrow)$

$$ds = v\,dt$$

$$= 2(s^2 - 0{,}01)^{1/2}dt$$

$$\int_{0,1}^s \frac{ds}{(s^2 - 0{,}01)^{1/2}} = \int_0^t 2\,dt$$

$$\text{In}(\sqrt{s^2 - 0{,}01} + s)\Big|_{0,1}^s = 2t\Big|_0^t$$

$$\text{In}(\sqrt{s^2 - 0{,}01} + s) + 2{,}303 = 2t$$

Para s = 0,2 m,

$$t = \frac{\text{In}(\sqrt{(0{,}2)^2 - 0{,}01} + 0{,}2) + 2{,}303}{2} = 0{,}658s$$

NOTA: As fórmulas para aceleração constante não podem ser usadas aqui porque a aceleração varia com a posição, ou seja, $a = 4s$.

Exemplo 12.5

Uma partícula move-se ao longo de uma trajetória horizontal com uma velocidade de $v = (3t^2 - 6t)$ m/s, onde t é o tempo em segundos. Se ela está localizada inicialmente na origem O, determine a distância percorrida em 3,5 s, a velocidade média e a velocidade escalar média da partícula durante o intervalo de tempo.

SOLUÇÃO

Sistema de coordenadas

Aqui, o movimento positivo é para a direita, medido a partir da origem O, Figura 12.6*a*.

Distância percorrida

Visto que $v = f(t)$, a posição como uma função do tempo pode ser determinada integrando-se $v = ds/dt$ com $t = 0$, $s = 0$.

$(\overset{+}{\rightarrow})$

$$ds = v\,dt$$

$$= (3t^2 - 6t)dt$$

$$\int_0^s ds = \int_0^t (3t^2 - 6t)dt$$

$$s = (t^3 - 3t^2)\text{m} \qquad (1)$$

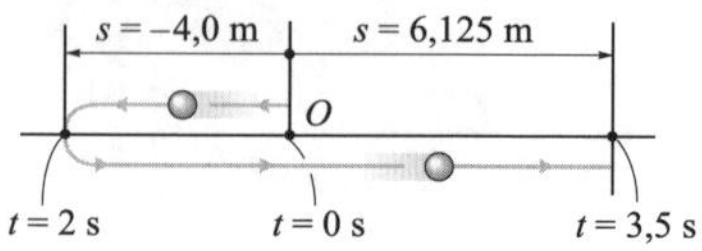

(a)

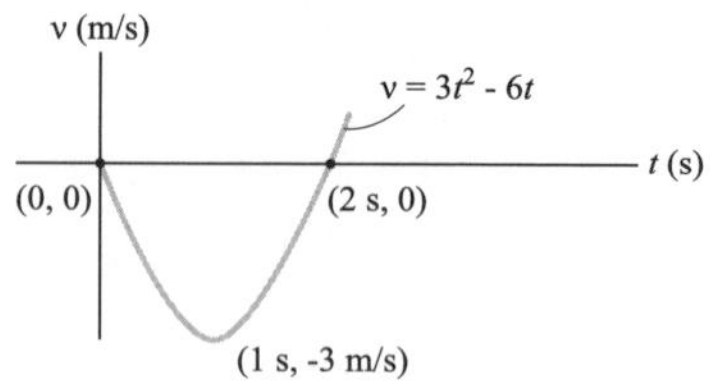

(b)

Figura 12.6

A fim de se determinar a distância percorrida em 3,5 s, é necessário investigar a trajetória do movimento. Se considerarmos um gráfico da função velocidade, Figura 12.6*b*, teremos que para $0 < t < 2$ s a velocidade é *negativa*, o que significa que a partícula está se deslocando para a *esquerda*, e para $t > 2$ s a velocidade é *positiva*; portanto, a partícula está se movendo para a *direita*. Além disso, observe que $v = 0$ em $t = 2$ s. A posição da partícula quando $t = 0$, $t = 2$ s e $t = 3{,}5$ s pode ser determinada agora a partir da Equação 1. Isso resulta em:

$$s\big|_{t=0} = 0 \quad s\big|_{t=2s} = -4{,}0\text{ m} \quad s\big|_{t=3{,}5s} = 6{,}125\text{ m}$$

A trajetória é mostrada na Figura 12.6*a*. Portanto, a distância percorrida em 3,5 s é:

$$s_T = 4{,}0 + 4{,}0 + 6{,}125 = 14{,}125\text{ m} = 14{,}1\text{ m}$$

Velocidade

O *deslocamento* de $t = 0$ para $t = 3{,}5$ s é:

$$\Delta s = s\big|_{t=3{,}5s} - s\big|_{t=0} = 6{,}125\text{ m} - 0 = 6{,}125\text{ m}$$

e, então, a velocidade média é:

$$v_{\text{méd}} = \frac{\Delta s}{\Delta t} = \frac{6{,}125\,m}{3{,}5\,s - 0} = 1{,}75\,m/s \longrightarrow$$

A velocidade escalar média é definida em termos da *distância percorrida* s_T. Esse escalar positivo é:

$$(v_{sp})_{\text{méd}} = \frac{s_T}{\Delta t} = \frac{14{,}125\text{ m}}{3{,}5\text{ s} - 0} = 4{,}04\text{ m/s}$$

NOTA: Nesse problema, a aceleração é $a = dv/dt = (6t - 6)$ m/s^2, que não é constante.

Problemas fundamentais

12.1. Inicialmente, o carro move-se ao longo de uma estrada reta com uma velocidade de 35 m/s. Se os freios são aplicados e a velocidade do carro é reduzida a 10 m/s em 15 s, determine a desaceleração constante do carro.

Problema 12.1

12.2. Uma bola é jogada verticalmente para cima com uma velocidade de 15 m/s. Determine o tempo do voo quando ela retorna para sua posição original.

Problema 12.2

12.3. Uma partícula move-se ao longo de uma linha reta com uma velocidade de $v = (4t - 3t^2)$ m/s, onde t é dado em segundos. Determine a posição da partícula quando $t = 4$ s. $s = 0$ quando $t = 0$.

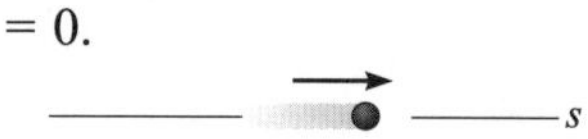

Problema 12.3

12.4. Uma partícula move-se ao longo de uma linha reta com uma velocidade de $v = (0{,}5t^3 - 8t)$ m/s, onde t é dado em segundos. Determine a aceleração da partícula quando $t = 2$ s.

Problema 12.4

12.5. A posição da partícula é dada por $s = (2t^2 - 8t + 6)$ m, onde t é dado em segundos. Determine o tempo em que a velocidade da partícula é zero. Determine também a distância total percorrida pela partícula quando $t = 3$ s.

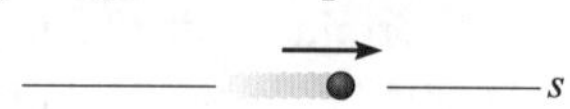

Problema 12.5

12.6. Uma partícula se move ao longo de uma linha reta com uma aceleração de $a = (10 - 0{,}2s)$ m/s^2, onde s é medido em metros. Determine a velocidade da partícula quando $s = 10$ m se $v = 5$ m/s em $s = 0$.

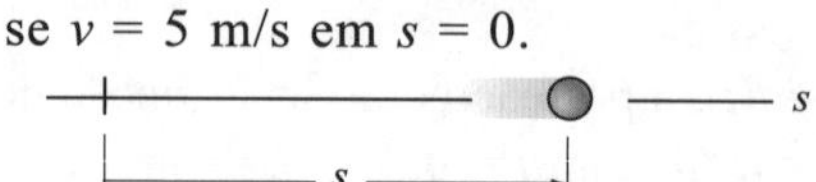

Problema 12.6

12.7. Uma partícula move-se ao longo de uma linha reta de maneira que a sua aceleração é $a = (4t^2 - 2)$ m/s^2, onde t é dado em segundos. Quando $t = 0$, a partícula está localizada 2 m à esquerda da origem, e quando $t = 2$ s, ela está 20 m à esquerda da origem. Determine a posição da partícula quando $t = 4$ s.

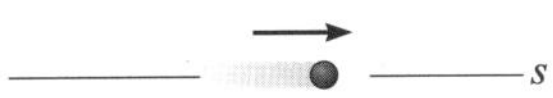

Problema 12.7

12.8. Uma partícula move-se ao longo de uma linha reta com uma velocidade de $v = (20 - 0{,}05s^2)$ m/s, onde s é dado em metros. Determine a aceleração da partícula em $s = 15$ m.

Problema 12.8

Problemas

•**12.1.** Um carro parte do repouso e com aceleração constante chega a uma velocidade de 15 m/s quando percorre uma distância de 200 m. Determine a aceleração do carro e o tempo exigido.

12.2. Um trem parte do repouso em uma estação e move-se com uma aceleração constante de 1 m/s^2. Determine a velocidade do trem quando $t = 30$ s e a distância percorrida durante este tempo.

12.3. Um elevador desce a partir do repouso com uma aceleração de 1,5 m/s^2 até alcançar uma velocidade de 4,5 m/s. Determine o tempo exigido e a distância percorrida.

*__12.4.__ Um carro está se movendo a 15 m/s, quando um semáforo, 50 m à sua frente, acende a luz amarela. Determine a desaceleração constante exigida do carro e o tempo necessário para parar no semáforo.

•**12.5.** Uma partícula está se movendo ao longo de uma linha reta com uma aceleração de $a = (12t - 3t^{1/2})$ m/s^2, onde t é dado em segundos. Determine a velocidade e a posição da partícula como uma função do tempo. Quando $t = 0$, $v = 0$ e $s = 15$ m.

12.6. Uma bola é solta da parte de baixo de um elevador que está se movendo para cima com uma velocidade de 2 m/s. Se a bola bate no fundo do poço do elevador em 3 s, determine a altura do elevador a partir do fundo do poço no instante que a bola é solta. Descubra também a velocidade da bola quando ela bate no fundo do poço.

12.7. Um carro tem uma velocidade inicial de 25 m/s e uma desaceleração constante de 3 m/s^2. Determine a velocidade do carro quando $t = 4$ s. Qual é o deslocamento do carro durante o intervalo de tempo de 4 s? Quanto tempo é necessário para se parar o carro?

*__12.8.__ Se uma partícula tem uma velocidade inicial de $v_0 = 12$ m/s para a direita, em $s_0 = 0$, determine a sua posição quando $t = 10$ s, se $a = 2$ m/s^2 para a esquerda.

•**12.9.** A aceleração de uma partícula se movendo ao longo de uma linha reta é $a = k/v$, onde k é uma constante. Se $s = 0$, $v = v_0$ quando $t = 0$, determine a velocidade da partícula como uma função do tempo t.

12.10. O carro A parte do repouso em $t = 0$ e move-se ao longo de uma estrada reta com uma aceleração constante de 2 m/s^2 até alcançar uma velocidade de 27 m/s. Depois disso, ele mantém essa velocidade. Quando $t = 0$, o carro B, localizado 2000 m distante na estrada, está se movendo na direção de A com uma velocidade constante de 20 m/s. Determine a distância percorrida pelo carro A quando eles passam um pelo outro.

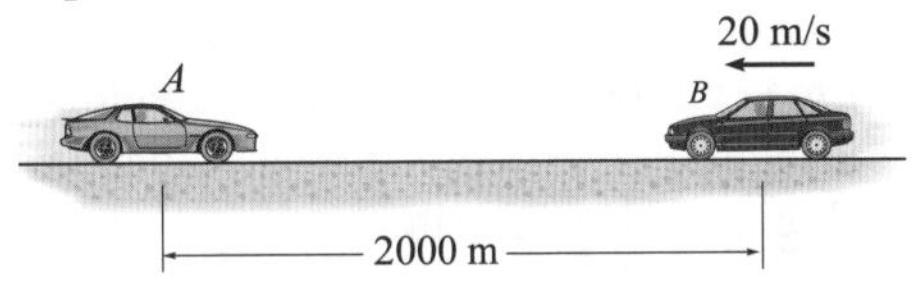

Problema 12.10

12.11. Uma partícula move-se ao longo de uma linha reta com uma velocidade $v = (12 - 3t^2)$ m/s, onde t é dado em segundos. Quando $t = 1$ s, a partícula está localizada 10 m à esquerda da origem. Determine a aceleração quando $t = 4$ s, o deslocamento de $t = 0$ para $t = 10$ s e a distância que a partícula percorre durante este período.

*__12.12.__ Uma esfera é atirada para baixo em um meio com uma velocidade inicial de 27 m/s. Se ela experimenta uma desaceleração de $a = (-6t)$ m/s^2, onde t é dado em segundos, determine a distância percorrida antes de ela parar.

•**12.13.** Uma partícula move-se ao longo de uma linha reta de tal maneira que em 2 s ela se move de uma posição inicial $s_A = +0{,}5$ m para uma posição $s_B = 1{,}5$ m. Então, em mais 4 s, ela move-se de s_B para $s_C = +2{,}5$ m. Determine a velocidade média e a velocidade escalar média da partícula durante o intervalo de 6 s.

12.14. Uma partícula move-se ao longo de uma trajetória em linha reta de tal maneira que em 4 s ela se move de uma posição inicial $s_A = -8$ m para uma posição $s_B = +3$ m. Então, em mais 5 s, ela move-se de s_B para $s_C = -6$ m. Determine a velocidade média e a velocidade escalar média da partícula durante o intervalo de tempo de 9 s.

12.15. Testes revelam que um motorista normal leva em torno de 0,75 s antes de poder *reagir* a uma situação para evitar uma colisão. Um motorista com 0,1% de álcool no seu sistema leva em torno de 3 s para fazer o mesmo. Se estes motoristas estão se deslocando em uma estrada reta a 54 km/h (15 m/s) e seus carros podem desacelerar 0,6 m/s^2, determine a distância de parada mais curta d para cada um a partir do momento que eles veem os pedestres. *Moral*: Se você tem de beber, por favor, não dirija!

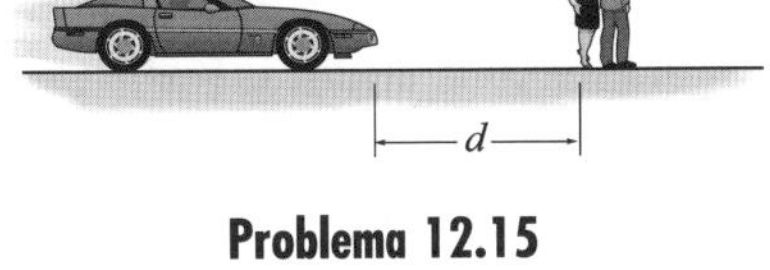

Problema 12.15

*12.16. Conforme um trem acelera uniformemente, ele passa por sucessivas marcas de um quilômetro enquanto se move a velocidades de 2 m/s e, em seguida, 10 m/s. Determine a velocidade do trem quando ele passar pela próxima marca de um quilômetro e o tempo que ele leva para percorrer a distância de 2 km.

•12.17. Uma bola é jogada para cima com uma velocidade de 5 m/s do topo de um prédio de 10 m de altura. Um segundo mais tarde, outra bola é jogada verticalmente a partir do chão com uma velocidade de 10 m/s. Determine a altura a partir do chão onde as bolas passam uma pela outra.

12.18. Um carro parte do repouso e move-se com uma aceleração constante de 1,5 m/s^2 até alcançar uma velocidade de 25 m/s. Em seguida, move-se com uma velocidade constante por 60 segundos. Determine a velocidade escalar média e a distância total percorrida.

12.19. Um carro está para ser içado por um elevador até o quarto andar de uma garagem de estacionamento que fica 14,4 m acima do solo. Se o elevador pode acelerar a 0,18 m/s^2, desacelerar a 0,09 m/s^2 e alcançar uma velocidade escalar máxima de 2,4 m/s, determine o tempo mais curto para se fazer o içamento, começando do repouso e terminando no repouso.

*12.20. Uma partícula está se movendo ao longo de uma linha reta de maneira que sua velocidade é definida como $v = (-4s^2)$ m/s, onde s é dado em metros. Se $s = 2$ m quando $t = 0$, determine a velocidade e a aceleração como funções do tempo.

•12.21. Duas partículas A e B partem do repouso na origem $s = 0$ e movem-se ao longo de uma linha reta de tal maneira que $a_A = (6t - 3)$ m/s^2 e $a_B = (12t^2 - 8)$ m/s^2, onde t é dado em segundos. Determine a distância entre elas quando $t = 4$ s e a distância total que cada uma se moveu em $t = 4$ s.

12.22. Uma partícula movendo-se ao longo de uma linha reta está sujeita a uma desaceleração $a = (-2v^3)$ m/s^2, onde v é dado em m/s. Se ela tem uma velocidade $v = 8$ m/s e uma posição $s = 10$ m quando $t = 0$, determine sua velocidade e posição quando $t = 4$ s.

12.23. Uma partícula está se movendo ao longo de uma linha reta de tal maneira que a sua aceleração é definida como $a = (-2v)$ m/s^2, onde v é dado em metros por segundo. Se $v = 20$ m/s quando $s = 0$ e $t = 0$, determine a posição, a velocidade e a aceleração como funções do tempo.

*12.24. Uma partícula parte do repouso e move-se ao longo de uma linha reta com uma aceleração $a = (30 - 0{,}2v)$ m/s^2, onde v é dado em m/s. Determine o tempo quando a velocidade da partícula for $v = 30$ m/s.

•12.25. Quando uma partícula é projetada verticalmente para cima com uma velocidade inicial de v_0, ela experimenta uma aceleração $a = -(g + kv^2)$, onde g é a aceleração devida à gravidade; k é uma constante e v é a velocidade da partícula. Determine a altura máxima alcançada pela partícula.

12.24. A aceleração de uma partícula movendo-se ao longo de uma linha reta é $a = (0{,}02e^t)$ m/s^2, onde t é dado em segundos. Se $v = 0$, $s = 0$ quando $t = 0$, determine a velocidade e a aceleração da partícula em $s = 4$ m.

12.25. Uma partícula move-se ao longo de uma linha reta com uma aceleração de $a = 5/(3s^{1/3} + s^{5/2})$ m/s^2, onde s é dado em metros. Determine a velocidade da partícula quando $s = 2$ m, se ela partir do repouso quando $s = 1$ m. Utilize a regra de Simpson para avaliar a integral.

*12.28. Se os efeitos da resistência atmosférica são levados em consideração, um corpo caindo tem uma aceleração definida pela equação $a = 9{,}81[1 - v^2(10^{-4})]$ m/s^2, onde v é dado em m/s e a direção positiva é para baixo. Se o corpo é solto a partir do repouso a uma *altitude muito elevada*, determine (a) a velocidade quando $t = 5$ s, e (b) a velocidade máxima possível ou final do corpo (quando $t \to \infty$).

•12.29. A posição de uma partícula ao longo de uma linha reta é dada por $s = (1{,}5t^3 - 13{,}5t^2 + 22{,}5t)$ m, onde t é dado em segundos. Determine a posição da partícula quando $t = 6$ s e a distância total que ela percorre durante o intervalo de tempo de 6 s. *Dica*: Trace a trajetória para determinar a distância total percorrida.

12.30. A velocidade de uma partícula movendo-se ao longo de uma linha reta é $v = v_0 - ks$, onde k é constante. Se $s = 0$ quando $t = 0$, determine a posição e a aceleração da partícula como uma função do tempo.

12.31. A aceleração de uma partícula à medida que se move ao longo de uma linha reta é dada por $a = (2t - 1)$ m/s^2, onde t é dado em segundos. Se $s = 1$ m e $v = 2$ m/s quando $t = 0$, determine a velocidade da partícula e a posição quando $t = 6$ s. Determine também a distância total que a partícula percorre durante este período.

*12.32. A bola A é jogada verticalmente para cima do topo de um prédio de 30 m com uma velocidade inicial de 5 m/s. No mesmo instante, outra bola B é jogada para cima a partir do chão com uma velocidade inicial de 20 m/s. Determine a altura do chão e o tempo em que elas passam uma pela outra.

•12.33. Uma motocicleta parte do repouso em $t = 0$ e move-se ao longo de uma estrada reta com uma aceleração constante de 1,8 m/s^2 até alcançar uma velocidade de 15 m/s. Depois disso, ela mantém essa velocidade. Além disso, quando $t = 0$, um carro localizado a uma distância de 1800 m na estrada está se deslocando na direção da motocicleta a uma velocidade escalar constante de 9 m/s. Determine o tempo e a distância percorrida pela motocicleta quando um passa pelo outro.

12.34. Uma partícula move-se ao longo de uma linha reta com uma velocidade $v = (200s)$ mm/s, onde s está indicado em milímetros. Determine a aceleração da partícula em $s = 2000$ mm. Quanto tempo leva para a partícula chegar a essa posição se $s = 500$ mm quando $t = 0$?

■12.35. Uma partícula tem velocidade escalar inicial de 27 m/s. Se ela experimenta uma desaceleração de $a = (-6t)$ m/s^2, onde t é dado em segundos, determine sua velocidade após ela ter viajado 10 m. Quanto tempo isso leva?

***12.36.** A aceleração de uma partícula movendo-se ao longo de uma linha reta é $a = (8 - 2s)$ m/s^2, onde s é dado em metros. Se $v = 0$ em s = 0, determine a velocidade da partícula em $s = 2$ m e a posição da partícula quando a velocidade for máxima.

•12.37. A bola A é jogada verticalmente para cima com uma velocidade de v_0. A bola B é jogada para cima a partir do mesmo ponto com a mesma velocidade t segundos mais tarde. Determine o tempo decorrido $t < 2v_{0/g}$ do instante que a bola A é jogada até quando as bolas passam uma pela outra e descubra a velocidade de cada bola neste instante.

12.38. Quando um corpo é projetado para uma alta altitude acima da *superfície* da Terra, a variação da aceleração da gravidade com respeito à altitude y deve ser levada em consideração. Desprezando a resistência do ar, essa aceleração é determinada a partir da fórmula $a = -g_0\,[R^2/(R + y)^2]$, onde g_0 é a aceleração gravitacional constante ao nível do mar, R é o raio da Terra, e a direção positiva é medida para cima. Se $g_0 = 9{,}81$ m/s^2 e $R = 6356$ km, determine a velocidade inicial mínima (velocidade de escape) na qual um projétil deve ser lançado verticalmente a partir da superfície terrestre para que ele não caia de volta na Terra. *Dica*: Isso requer que $v = 0$ quando $y \to \infty$.

12.39. Levando em consideração a variação da aceleração gravitacional a com relação à altitude y (ver Problema 12.38), deduza uma equação que relacione a velocidade de uma partícula caindo livremente com a sua altitude. Suponha que a partícula é solta a partir do repouso a uma altitude y_0 da superfície terrestre. Com que velocidade a partícula atinge a Terra se ela for solta do repouso a uma altitude $y_0 = 500$ km? Utilize os dados numéricos no Problema 12.38.

***12.40.** Quando uma partícula cai através do ar, sua aceleração inicial $a = g$ diminui até ser zero, e daí em diante ela cai a uma velocidade constante ou terminal v_f. Se essa variação da aceleração pode ser expressa como $a = (g/v_f^2)\,(v_f^2 - v^2)$, determine o tempo necessário para a velocidade tornar-se $v = v_f/2$. Inicialmente, a partícula cai a partir do repouso.

•12.41. Uma partícula está se movendo ao longo de uma linha reta de maneira que sua posição de um ponto fixo é $s = (12 - 15t^2 + 5t^3)$ m, onde t é dado em segundos. Determine a distância total percorrida pela partícula de $t = 1$ s até $t = 3$ s. Encontre também a velocidade escalar média da partícula durante este intervalo de tempo.

12.3 Cinemática retilínea: movimento irregular

Quando uma partícula tem um movimento irregular ou variável, então, sua posição, velocidade e aceleração *não podem* ser descritas por uma única função matemática contínua ao longo da trajetória inteira. Em vez disso, uma série de funções será necessária para especificar o movimento em diferentes intervalos. Por essa razão, é conveniente representar o movimento na forma de um gráfico. Se um gráfico do movimento que relaciona quaisquer duas das variáveis s, v, a, t pode ser desenhado, então, esse gráfico pode ser usado para construir gráficos subsequentes relacionando duas outras variáveis, já que as variáveis estão relacionadas pelas relações diferenciais $v = ds/dt$, $a = dv/dt$, ou $a\,ds = v\,dv$. Várias situações como essas ocorrem frequentemente.

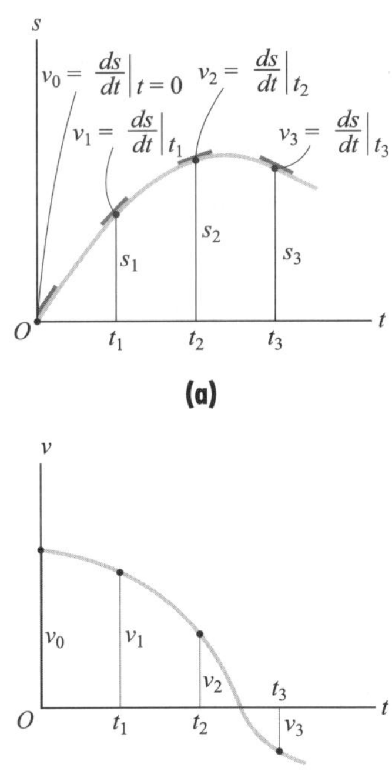

Figura 12.7

Os gráficos *s–t*, *v–t* e *a–t*

Para construir o gráfico v–t dado o gráfico s–t, Figura 12.7*a*, a equação $v = ds/dt$ deve ser usada, visto que ela relaciona as variáveis s e t com v. Essa equação estabelece que:

$$\frac{ds}{dt} = v$$

inclinação do gráfico s–t = velocidade

Por exemplo, medindo-se a inclinação no gráfico s–t quando $t = t_1$, a velocidade é v_1, a qual está representada graficamente na Figura 12.7*b*. O gráfico v–t pode ser construído traçando este e outros valores a cada instante de tempo.

O gráfico a–t pode ser construído a partir do gráfico v–t de maneira similar, Figura 12.8, visto que:

$$\frac{dv}{dt} = a$$

inclinação do gráfico v–t = aceleração

Exemplos de várias medidas são mostrados na Figura 12.8*a* e representados graficamente na Figura 12.8*b*.

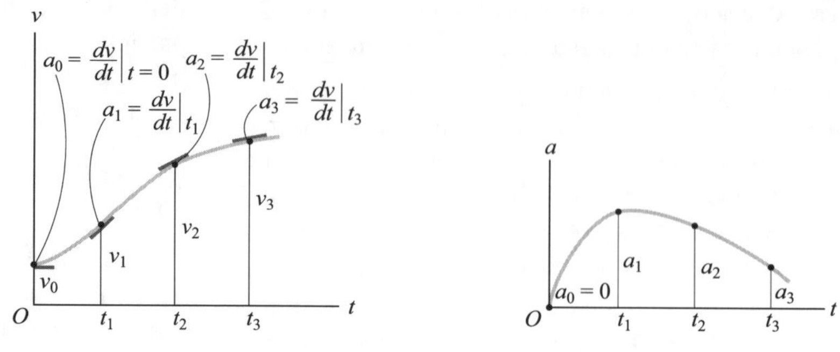

(a) **(b)**

Figura 12.8

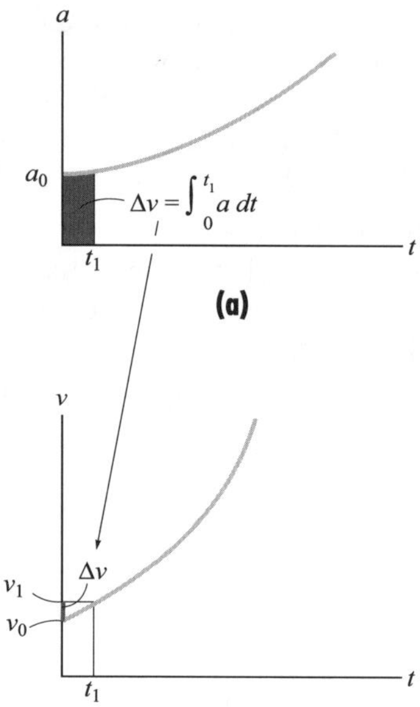

(a)

(b)

Figura 12.9

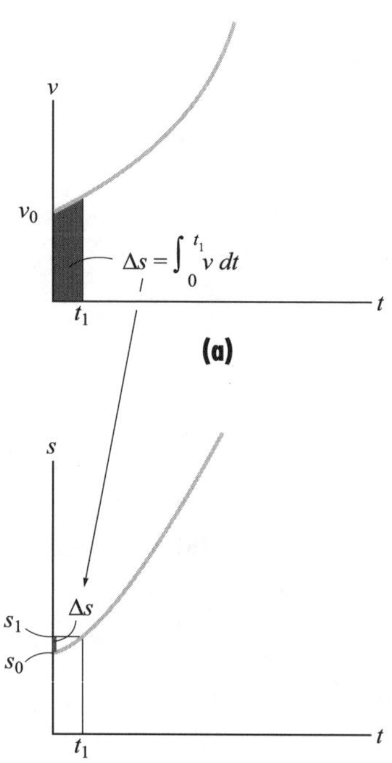

(a)

(b)

Figura 12.10

Se a curva *s–t* para cada intervalo de movimento pode ser expressa por uma função matemática $s = s(t)$, então a equação do gráfico *v–t* para o mesmo intervalo pode ser obtida diferenciando essa função em relação ao tempo, visto que $v = ds/dt$. Da mesma maneira, a equação do gráfico *a–t* para o mesmo intervalo pode ser determinada diferenciando-se $v = v(t)$, visto que $a = dv/dt$. Tendo em vista que a diferenciação reduz um polinômio de grau *n* para outro de grau $n - 1$, então se esse gráfico *s–t* é uma parabólica (uma curva de segundo grau), o gráfico *v–t* será uma linha reta inclinada (uma curva de primeiro grau), e o gráfico *a–t* será uma linha reta constante ou horizontal (uma curva de grau zero).

Se o gráfico *a–t* é dado, Figura 12.9*a*, o gráfico *v–t* pode ser construído utilizando-se $a = dv/dt$, escrita como

$$\Delta v = \int a\, dt$$

variação na velocidade = área sob gráfico *a–t*

Portanto, para construir o gráfico *v–t*, começamos com a velocidade inicial da partícula v_0 e, em seguida, adicionamos a pequenos incrementos de área (Δv) determinados a partir do gráfico *a–t*. Desta maneira, sucessivos pontos, $v_1 = v_0 + \Delta v$ etc. são determinados para o gráfico *v–t*, Figura 12.9*b*. Observe que uma soma algébrica dos incrementos de área do gráfico *a–t* é necessária, visto que áreas encontradas acima do eixo *t* correspondem a um aumento em *v* (área 'positiva'), enquanto aquelas encontradas abaixo do eixo indicam uma diminuição em *v* (área 'negativa').

Similarmente, se o gráfico *v–t* é dado, Figura 12.10*a*, é possível determinar o gráfico *s–t* usando $v = ds/dt$, escrita como:

$$\Delta s = \int v\, dt$$

deslocamento = área sob gráfico *v–t*

Da mesma maneira como estabelecido, começamos com a posição inicial da partícula s_0 e acrescentamos (algebricamente) pequenos incrementos de área (Δs) determinados a partir do gráfico *v–t*, Figura 12.10*b*.

Se segmentos do gráfico *a–t* podem ser descritos por uma série de equações, então cada uma dessas equações pode ser *integrada* obtendo-se equações descrevendo os segmentos correspondentes do gráfico *v–t*. De uma maneira similar, o gráfico *s–t* pode ser obtido integrando-se as equações que descrevem os segmentos do gráfico *v–t*. Como resultado, se o gráfico *a–t* é linear (uma curva de primeiro grau), a integração vai produzir um gráfico v–t que é uma parabólica (uma curva de segundo grau) e um gráfico s–t que é cúbico (curva de terceiro grau).

Os gráficos v–s e a–s

Se o gráfico a–s pode ser construído, então pontos no gráfico v–s podem ser determinados utilizando-se $v\,dv = a\,ds$. Integrando essa equação entre os limites $v = v_0$ em $s = s_0$ e $v = v_1$ em $s = s_1$, temos:

$$\tfrac{1}{2}(v_1^2 - v_0^2) = \int_{s_0}^{s_1} a\,ds$$

área sob o gráfico a–s

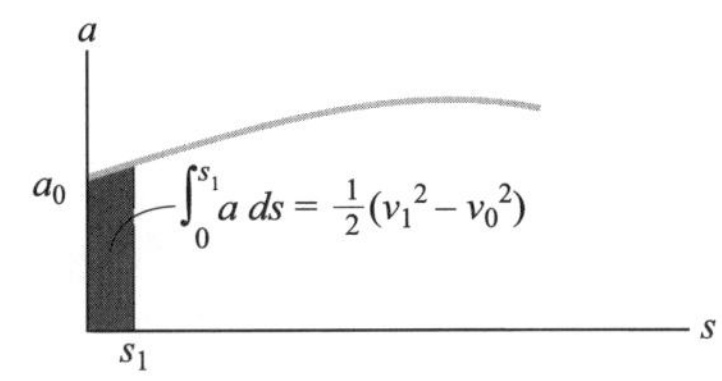

(a)

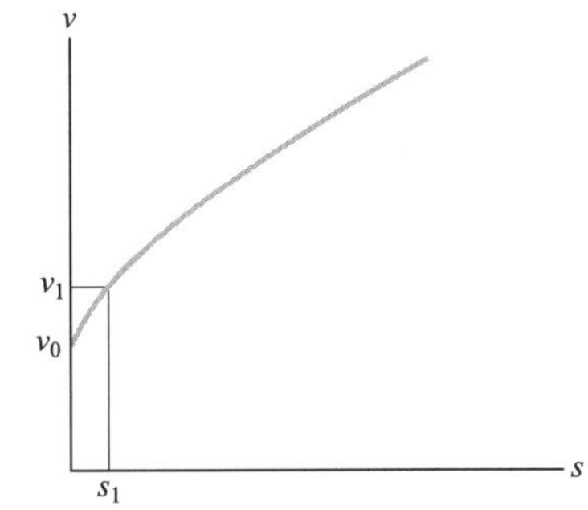

(b)

Figura 12.11

Portanto, se a área cinza na Figura 12.11a for determinada, e a velocidade inicial v_0 e $s_0 = 0$ for conhecida, então $v_1 = \left(2\int_{s_0}^{s_1} a\,ds + v_0^2\right)^{1/2}$, Figura 12.11$b$. Pontos sucessivos no gráfico v–s podem ser construídos dessa maneira.

Se o gráfico v–s é conhecido, a aceleração a em qualquer posição s pode ser determinada utilizando-se $a\,ds = v\,dv$, escrita como:

$$a = v\left(\frac{dv}{ds}\right)$$

aceleração = velocidade vezes inclinação do gráfico v–s

Deste modo, em qualquer ponto (s, v) na Figura 12.12a, a inclinação dv/ds do gráfico v–s é medida. Então com v e dv/ds conhecidos, o valor de a pode ser calculado, Figura 12.12b.

O gráfico v–s também pode ser construído a partir do gráfico a–s, ou vice-versa, aproximando-se o gráfico conhecido em vários intervalos com funções matemáticas, $v = f(s)$ ou $a = g(s)$, e, em seguida, utilizando-se $a\,ds = v\,dv$ para obter o outro gráfico.

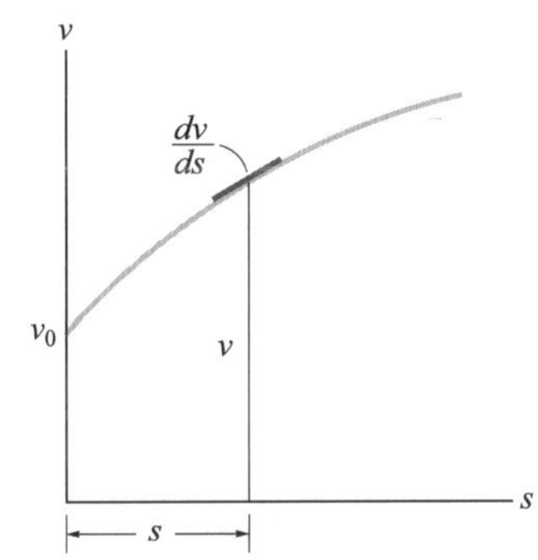

(a)

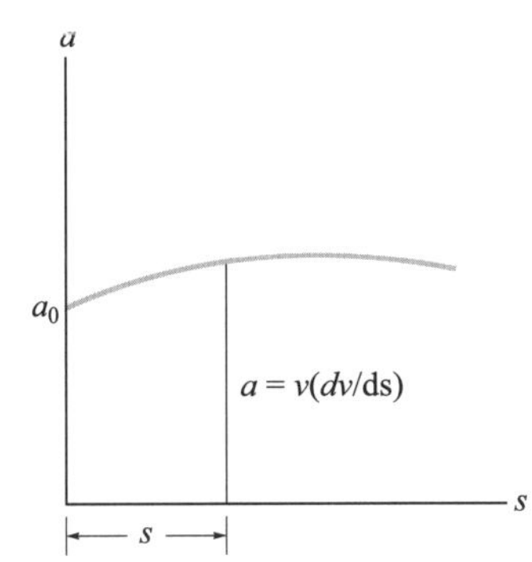

(b)

Figura 12.12

Exemplo 12.6

Uma bicicleta move-se ao longo de uma linha reta de tal maneira que sua posição é descrita pelo gráfico mostrado na Figura 12.13a. Construa os gráficos v–t e a–t para $0 \leq t \leq 30$ s.

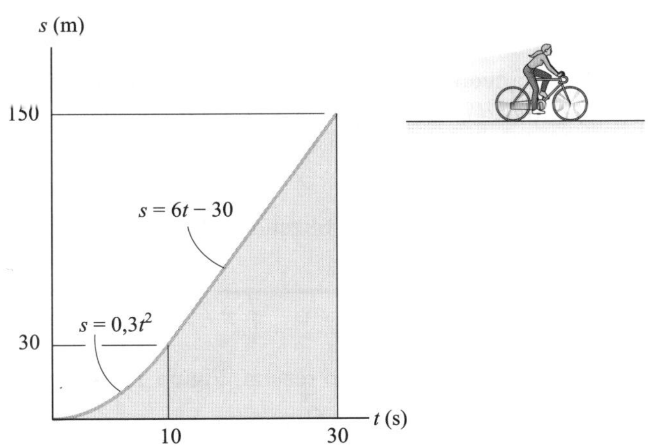

(a)

Figura 12.13

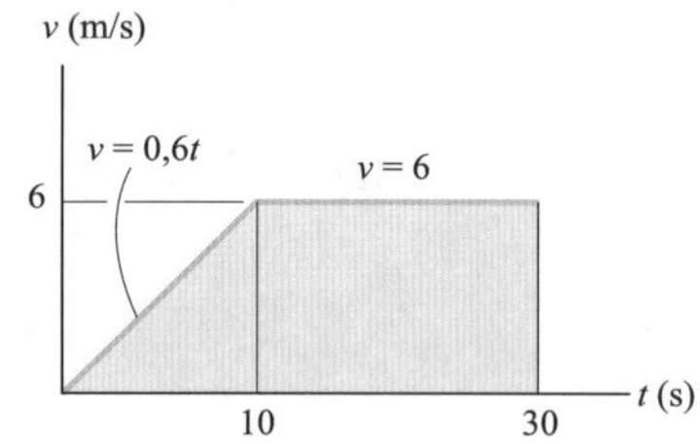

(b)

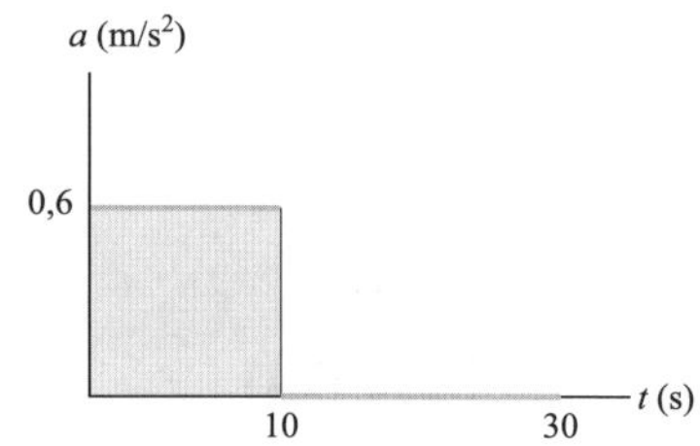

(c)

Figura 12.13

SOLUÇÃO

Gráfico *v–t*

Visto que $v = ds/dt$, o gráfico *v–t* pode ser determinado derivando-se as equações definidas no gráfico *s–t*, Figura 12.13*a*. Temos:

$$0 \leq t < 10 \text{ s}; \qquad s = 0{,}3(t^2) \text{ m} \qquad v = \frac{ds}{dt} = (0{,}6t) \text{ m/s}$$

$$10 \text{ s} < t \leq 30 \text{ s}; \qquad s = (6t - 30) \text{ m} \qquad v = \frac{ds}{dt} = 6 \text{ m/s}$$

Os resultados estão representados na Figura 12.13*b*. Também podemos obter valores específicos de v medindo a *inclinação* do gráfico *s–t* em dado instante. Por exemplo, em $t = 20$ s, a inclinação do gráfico *s–t* é determinada a partir da linha reta de 10 s a 30 s, ou seja,

$$t = 20 \text{ s}; \qquad v = \frac{\Delta s}{\Delta t} = \frac{150 \text{ m} - 30 \text{ m}}{30 \text{ s} - 10 \text{ s}} = 6 \text{ m/s}$$

Gráfico *a–t*

Visto que $a = dv/dt$, o gráfico *a–t* pode ser determinado derivando-se as equações dos segmentos de reta do gráfico *v–t*. Isso resulta em:

$$0 \leq t < 10 \text{ s}; \qquad v = (0{,}6t) \text{ m/s} \qquad a = \frac{dv}{dt} = 0{,}6 \text{ m/s}^2$$

$$10 < t \leq 30 \text{ s}; \qquad v = 6 \text{ m/s} \qquad a = \frac{dv}{dt} = 0$$

Os resultados estão representados na Figura 12.13*c*.

NOTA: Mostre que $a = 0{,}6 \text{ m/s}^2$ quando $t = 5$ s medindo a inclinação do gráfico *v–t*.

Exemplo 12.7

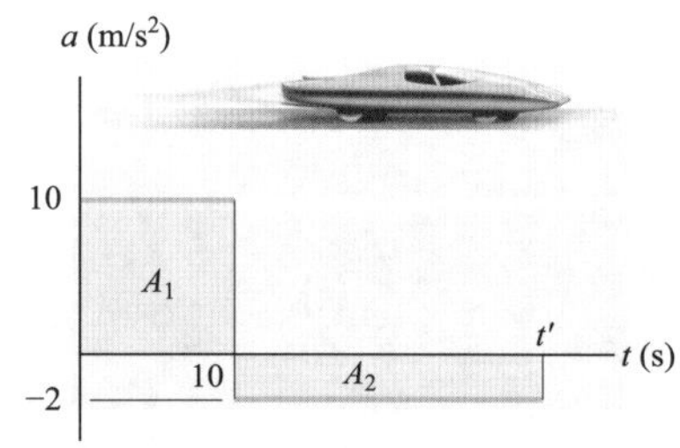

(a)

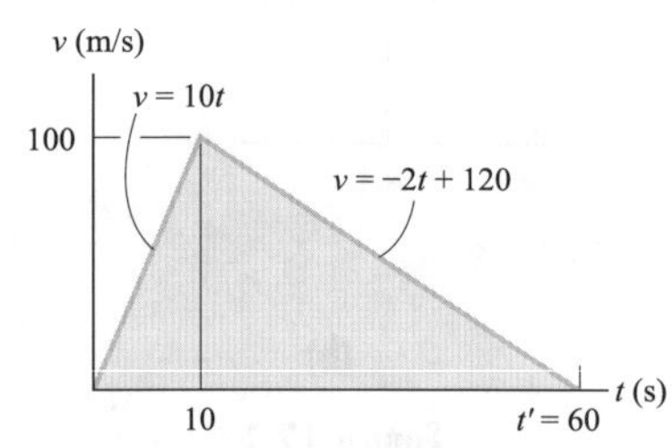

(b)

Figura 12.14

O carro na Figura 12.14*a* parte do repouso e move-se ao longo de uma pista reta de tal maneira que ele acelera a 10 m/s² por 10 s e, em seguida, desacelera a 2 m/s². Trace os gráficos *v–t* e *s–t* e determine o tempo t' necessário para parar o carro. Qual é a distância percorrida pelo carro?

SOLUÇÃO

Gráfico *v–t*

Visto que $dv = a\,dt$, o gráfico *v–t* é determinado integrando-se os segmentos de linha reta do gráfico *a–t*. Utilizando a *condição inicial* $v = 0$ quando $t = 0$, temos:

$$0 \leq t < 10 \text{ s}; \qquad a = (10) \text{ m/s}^2; \qquad \int_0^v dv = \int_0^t 10\,dt; \qquad v = 10t$$

Quando $t = 10$ s, $v = 10(10) = 100$ m/s. Utilizando esta como a *condição inicial* para o próximo período, temos:

$$10 \text{ s} < t \leq t'; \quad a = (-2) \text{ m/s}^2; \quad \int_{100 \text{ m/s}}^{v} dv = \int_{10s}^{t} -2\,dt, \; v = (-2t + 120) \text{ m/s}$$

Quando $t = t'$, precisamos que $v = 0$. Isso resulta, Figura 12.14*b*,

$$t' = 60 \text{ s}$$

Uma solução mais direta para t' é possível observando-se que a área sob o gráfico *a–t* é igual à variação na velocidade do carro. Precisamos que $\Delta v = 0 = A_1 + A_2$, Figura 12.14*a*. Desse modo,

$$0 = 10 \text{ m/s}^2 (10 \text{ s}) + (-2 \text{ m/s}^2)(t' - 10 \text{ s})$$

$$t' = 60 \text{ s}$$

Gráfico *s–t*

Visto que $ds = v\,dt$, integrar as equações do gráfico *v–t* resulta nas equações correspondentes do gráfico *s–t*. Utilizando a *condição inicial* $s = 0$ quando $t = 0$, temos:

$$0 \leq t \leq 10\text{ s};\qquad v = (10t)\text{ m/s};\qquad \int_0^s ds = \int_0^t 10t\,dt,\qquad s = (5t^2)\text{ m}$$

Quando $t = 10$ s, $s = 5(10)^2 = 500$ m. Utilizando esta *condição inicial*,

$$10\text{ s} \leq t \leq 60\text{ s};\qquad v = (-2t + 120)\text{ m/s};\qquad \int_{500\text{ m}}^{s} ds = \int_{10\text{ s}}^{t}(-2t + 120)\,dt$$

$$s - 500 = -t^2 + 120t - [-(10)^2 + 120(10)]$$

$$s = (-t^2 + 120t - 600)\text{ m}$$

Quando $t' = 60$ s, a posição é:

$$s = -(60)^2 + 120(60) - 600 = 3000\text{ m}$$

O gráfico *s–t* é mostrado na Figura 12.14*c*.

NOTA: Uma solução direta para s é possível quando $t' = 60$ s, visto que a área triangular sob o gráfico *v–t* produziria o deslocamento $\Delta s = s - 0$ de $t = 0$ a $t' = 60$ s. Portanto,

$$\Delta s = \frac{1}{2}(60\text{ s})(100\text{ m/s}) = 3000\text{ m}$$

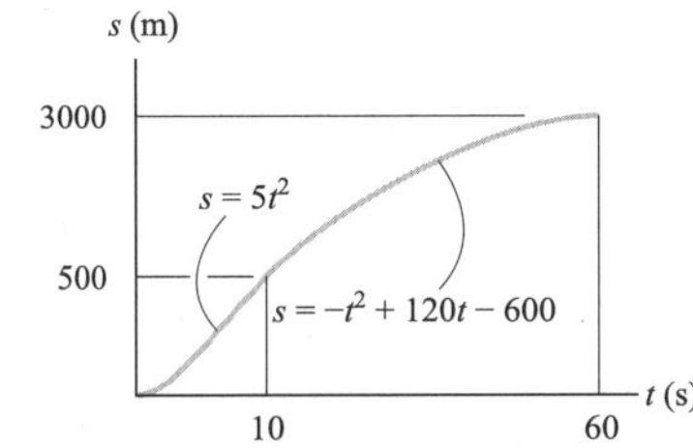

(c)

Figura 12.14

Exemplo 12.8

O gráfico *v–s* descrevendo o movimento de uma motocicleta é mostrado na Figura 12.15*a*. Construa o gráfico *a–s* do movimento e determine o tempo necessário para a motocicleta alcançar a posição $s = 120$ m.

SOLUÇÃO

Gráfico *a–s*

Visto que as equações para os segmentos do gráfico *v–s* são dadas, o gráfico *a–s* pode ser determinado utilizando-se $a\,ds = v\,dv$.

$0 \leq s < 60$ m; $\qquad v = (0{,}2s + 3)$ m/s

$$a = v\frac{dv}{ds} = (0{,}2s + 3)\frac{d}{ds}(0{,}2s + 3) = 0{,}04s + 0{,}6$$

$60\text{ m} < s \leq 120$ m; $\qquad v = 15$ m/s

$$a = v\frac{dv}{ds} = (15)\frac{d}{ds}(15) = 0$$

Os resultados estão representados na Figura 12.15*b*.

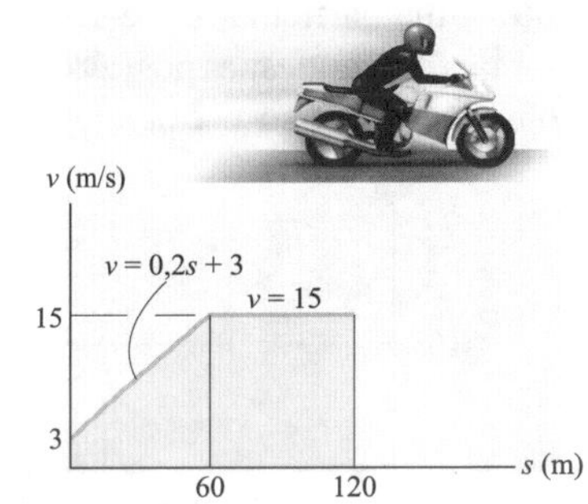

(a)

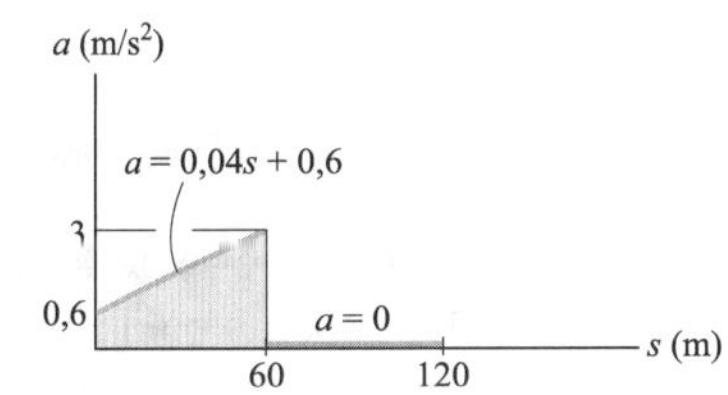

(b)

Figura 12.15

Tempo

O tempo pode ser obtido utilizando-se o gráfico *v–s* e $v = ds/dt$, porque essa equação relaciona v, s e t. Para o primeiro segmento do movimento, $s = 0$ quando $t = 0$, então,

$0 \leq s < 60$ m; $\qquad v = (0{,}2s + 3)$ m/s $\qquad dt = \dfrac{ds}{v} = \dfrac{ds}{0{,}2s + 3}$

$$\int_0^t dt = \int_0^s \frac{ds}{0{,}2s + 3}$$

$$t = (5\ln(0{,}2s + 3) - 5\ln 3)\text{ s}$$

Para s = 60 m, t = 5 ln[0,2(60) +3] – 5 ln 3 = 8,05 s. Portanto, utilizando essas condições iniciais para o segundo segmento do movimento,

$$60 \text{ m} < s \leq 120 \text{ m}; \qquad v = 15 \text{ m/s}; \qquad dt = \frac{ds}{v} = \frac{ds}{15}$$

$$\int_{8,05\,s}^{t} dt = \int_{60\,m}^{s} \frac{ds}{15};$$

$$t - 8,05 = \frac{s}{15} - 4; \quad t = \left(\frac{s}{15} + 4,05\right) \text{s}$$

Portando, para s = 120 m,

$$t = \frac{120}{15} + 4,05 = 12,05 \text{ s}$$

NOTA: Os resultados gráficos podem ser conferidos em parte calculando-se as inclinações. Por exemplo, em $s = 0$, $a = v(dv/ds) = 3(15 - 3)/60 = 0,6 \text{ m/s}^2$. Os resultados também podem ser conferidos em parte por inspeção. O gráfico v–s indica o aumento inicial da velocidade (aceleração) seguido pela velocidade constante (a = 0).

Problemas fundamentais

12.9. Uma partícula move-se ao longo de uma pista reta de tal maneira que sua posição é descrita pelo gráfico s–t. Construa o gráfico v–t para o mesmo intervalo de tempo.

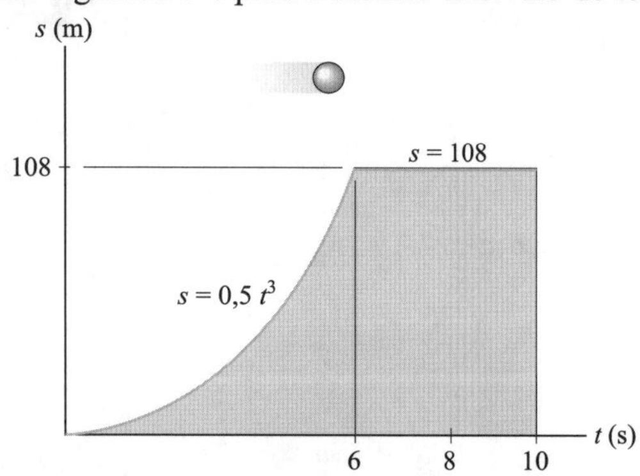

Problema 12.9

12.10. Um carro move-se ao longo de uma estrada reta com uma velocidade descrita pelo gráfico. Construa os gráficos s–t e a–t durante o mesmo período. Faça $s = 0$ quando $t = 0$.

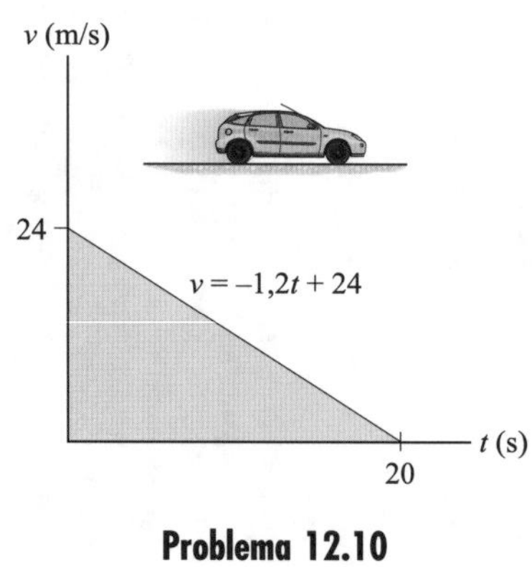

Problema 12.10

12.11. Uma bicicleta move-se ao longo de uma estrada reta onde sua velocidade é descrita pelo gráfico v–s. Construa o gráfico a–s para o mesmo intervalo de tempo.

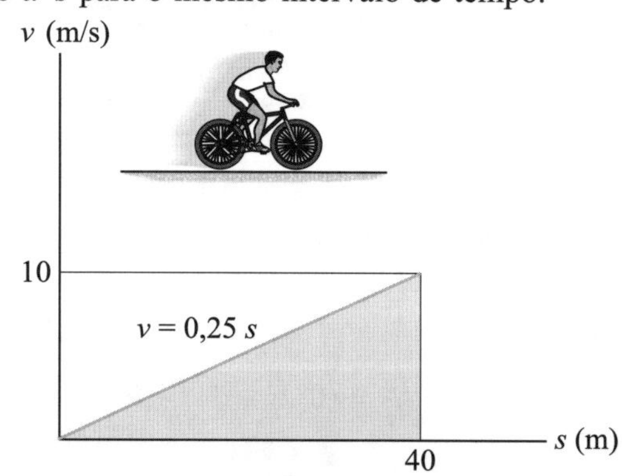

Problema 12.11

12.12. Um carro esporte move-se ao longo de uma estrada reta de tal maneira que sua posição é descrita pelo gráfico. Construa os gráficos v–t e a–t para o intervalo de tempo $0 \leq t \leq 10$ s.

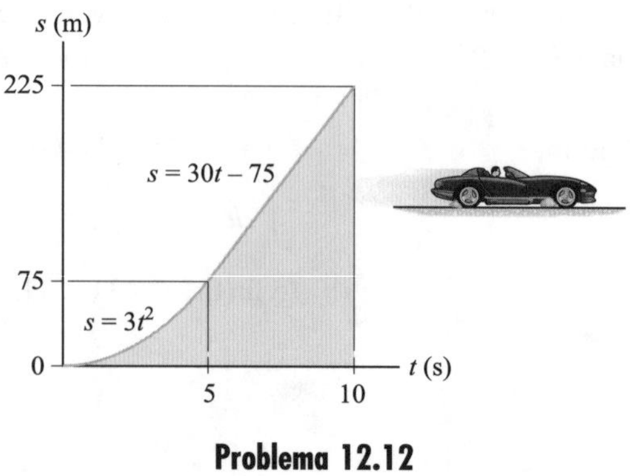

Problema 12.12

12.13. Um carro de corridas tipo *dragster* parte do repouso e tem uma aceleração descrita pelo gráfico. Construa o gráfico v–t para o intervalo de tempo $0 \leq t \leq t'$, onde t' é o tempo para o carro chegar ao repouso.

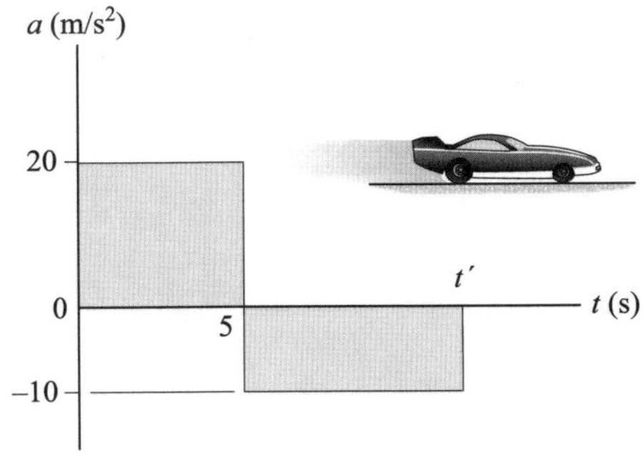

Problema 12.13

12.14. Um carro de corridas tipo *dragster* parte do repouso e tem uma velocidade descrita pelo gráfico. Construa o gráfico s–t durante o intervalo de tempo $0 \leq t \leq 15$ s. Também, determine a distância total percorrida durante esse intervalo de tempo.

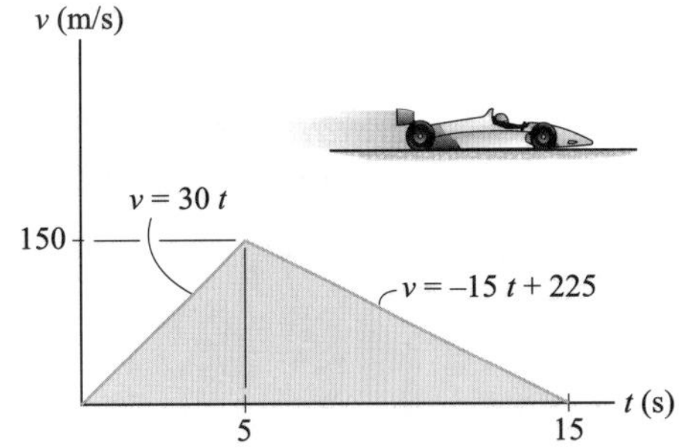

Problema 12.14

Problemas

12.42. A velocidade escalar de um trem durante o primeiro minuto foi registrada como a seguir:

t (s)	0	20	40	60
v (m/s)	0	16	21	24

Elabore o gráfico v–t, aproximando a curva como segmentos de linha reta entre os pontos dados. Determine a distância total percorrida.

12.43. Um míssil de dois estágios é lançado verticalmente a partir do repouso com a aceleração mostrada. Em 15 s, o primeiro estágio A esgota-se e o segundo estágio B dá partida. Elabore os gráficos v–t e s–t que descrevem o movimento dos dois estágios do míssil para $0 \leq t \leq 20$ s.

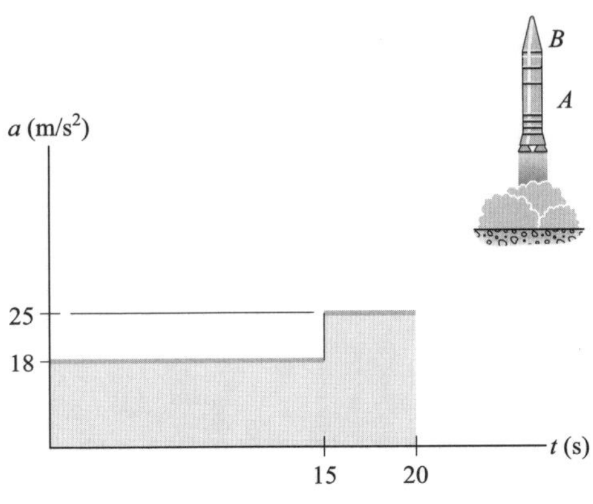

Problema 12.43

***12.44.** Um trem de carga parte do repouso e move-se com aceleração constante de 0,15 m/s^2. Após um tempo t', ele mantém uma velocidade escalar constante de maneira que quando $t = 160$ s ele percorreu 600 m. Determine o tempo t' e trace o gráfico v–t para o movimento.

•12.45. Se a posição de uma partícula é definida por $s = [2 \text{ sen } (\pi/5)t + 4]$ m, onde t é dado em segundos, construa os gráficos s–t, v–t e a–t para $0 \leq t \leq 10$ s.

12.46. Um trem parte da estação A e, no percurso do primeiro quilômetro, ele move-se com aceleração uniforme. Então, pelos próximos 2 quilômetros, move-se com velocidade escalar uniforme. Por fim, o trem desacelera uniformemente por outro quilômetro antes de chegar ao repouso na estação B. Se o tempo para a jornada inteira é de 6 minutos, trace o gráfico v–t e determine a velocidade escalar máxima do trem.

12.47. A partícula move-se ao longo de uma linha reta com a velocidade descrita pelo gráfico. Construa o gráfico a–s.

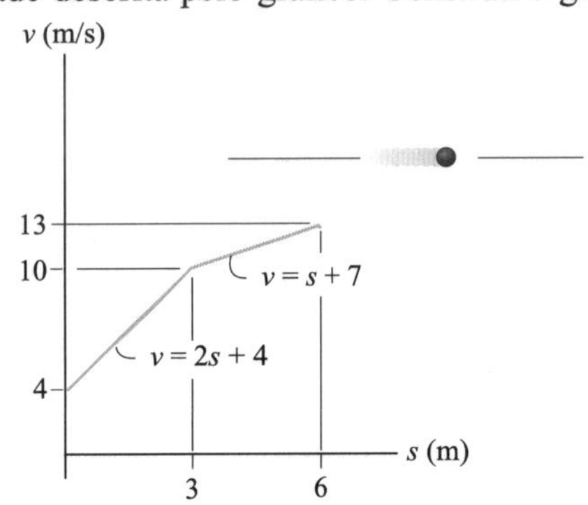

Problema 12.47

***12.48.** O gráfico a–s para um jipe viajando ao longo de uma estrada reta é dado para os primeiros 300 m desse movimento. Construa o gráfico v–s. Em $s = 0$, $v = 0$.

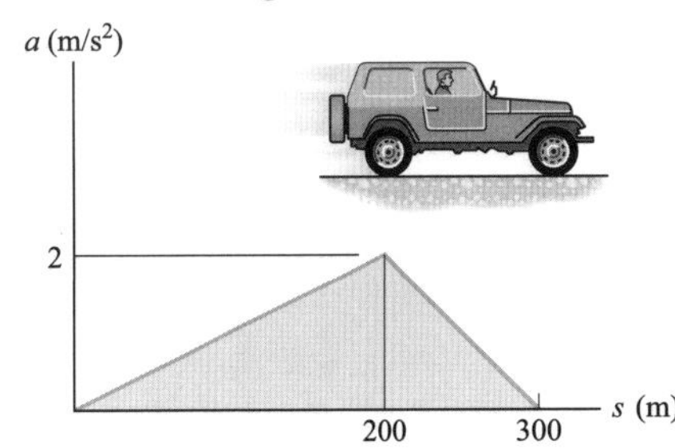

Problema 12.48

•**12.49.** Uma partícula move-se ao longo de uma curva definida pela equação $s = (t^3 - 3t^2 + 2t)$ m, onde t é dado em segundos. Trace os gráficos s–t, v–t e a–t para a partícula para $0 \leq t \leq 3$ s.

12.50. Um caminhão está viajando ao longo de uma linha reta com uma velocidade descrita pelo gráfico. Construa o gráfico a–s para $0 \leq s \leq 450$ m.

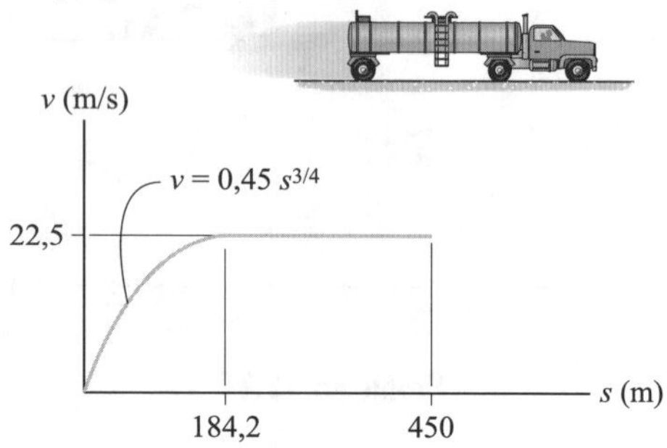

Problema 12.50

12.51. Um carro parte do repouso e move-se ao longo de uma estrada reta com uma velocidade descrita pelo gráfico. Determine a distância total percorrida até o carro parar. Construa os gráficos s–t e a–t.

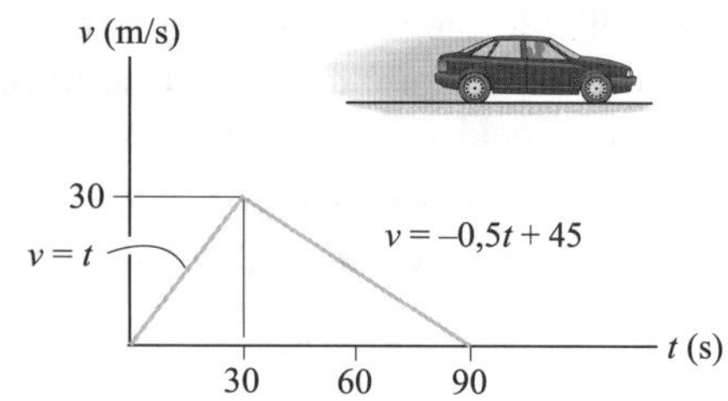

Problema 12.51

***12.52.** Um carro sobe uma encosta com a velocidade mostrada. Determine a distância total que o carro percorre até ele parar (t = 60 s). Elabore o gráfico a–t.

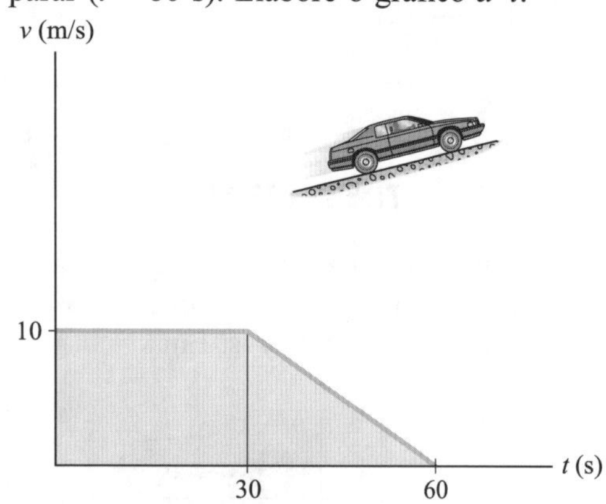

Problema 12.52

•**12.53.** O trenó motorizado desloca-se ao longo de um curso reto de acordo com o gráfico v–t. Construa os gráficos s–t e a–t para o mesmo intervalo de tempo de 50 s. Quando t = 0, s = 0.

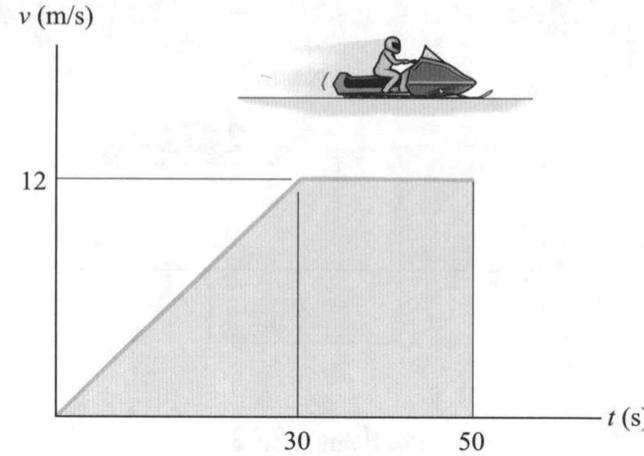

Problema 12.53

12.54. Um motociclista em A está viajando a 18 m/s quando quer passar o caminhão T que está viajando a uma velocidade escalar constante de 18 m/s. Para conseguir isso, o motociclista acelera a 1,8 m/s² até alcançar uma velocidade escalar máxima de 25,5 m/s. Se ele, então, mantiver essa velocidade escalar, determine o tempo necessário para ele alcançar um ponto localizado 30 m à frente do caminhão. Trace os gráficos v–t e s–t para a motocicleta durante esse tempo.

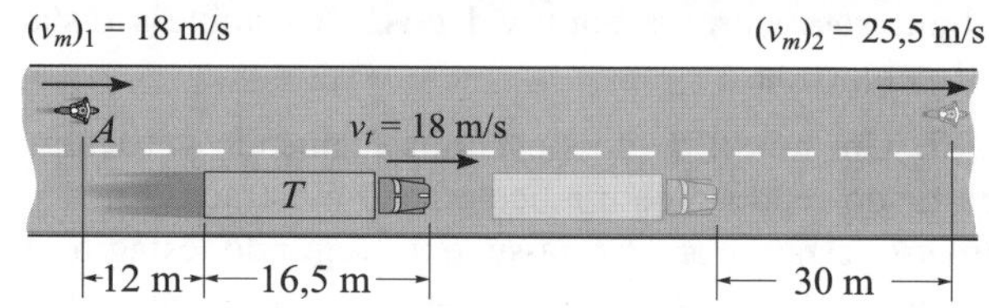

Problema 12.54

12.55. Um avião viajando a 70 m/s pousa em uma pista reta e tem uma desaceleração descrita pelo gráfico. Determine o tempo t' e a distância percorrida por ele para alcançar uma velocidade escalar de 5 m/s. Construa os gráficos v–t e s–t para esse intervalo de tempo, $0 \leq t \leq t'$.

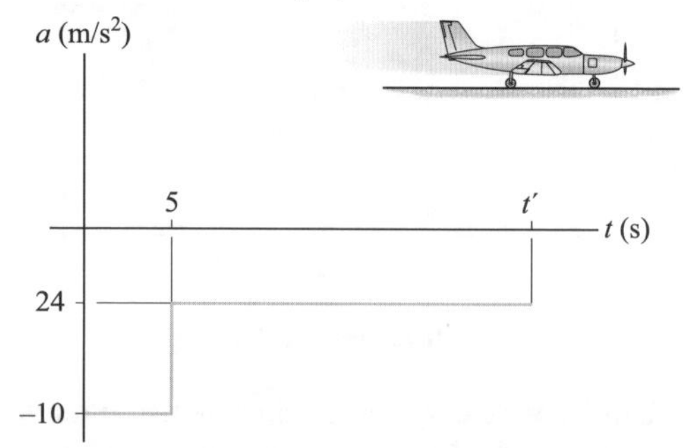

Problema 12.55

***12.56.** A posição de um ciclista viajando ao longo de uma estrada reta é descrita pelo gráfico. Construa os gráficos *v–t* e *a–t*.

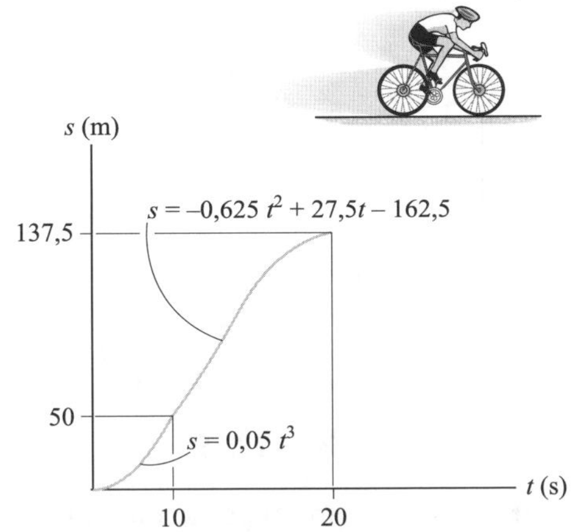

Problema 12.56

•12.57. O carro de corrida tipo *dragster* parte do repouso e move-se ao longo de uma pista reta com uma aceleração–desaceleração descrita pelo gráfico. Construa o gráfico *v–s* para $0 \leq s \leq s'$, e determine a distância s' percorrida antes de o *dragster* entrar em repouso novamente.

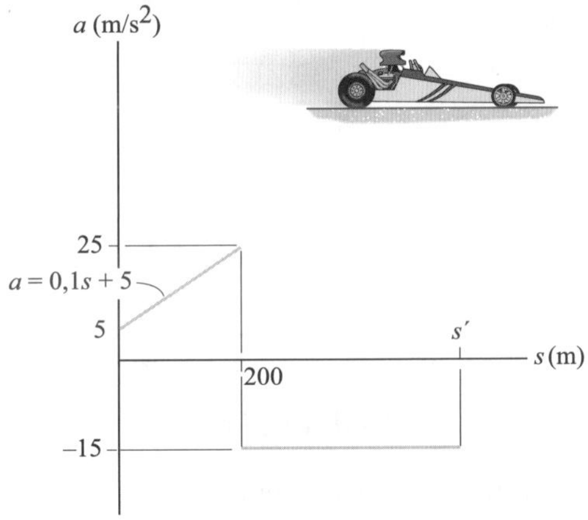

Problema 12.57

12.58. Um carro esportivo move-se ao longo de uma estrada reta com uma aceleração–desaceleração descrita pelo gráfico. Se o carro parte do repouso, determine a distância s' que o carro se desloca até parar. Construa o gráfico *v–s* para $0 \leq s \leq s'$.

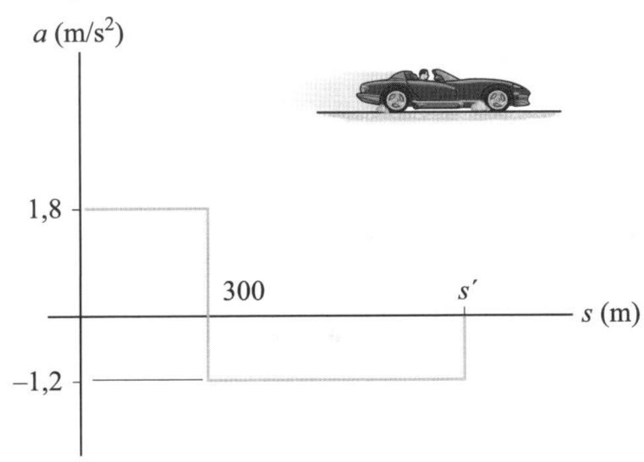

Problema 12.58

12.59. Um míssil partindo do repouso move-se ao longo de uma pista reta e por 10 s tem uma aceleração, como mostrado. Trace o gráfico *v–t* que descreve o movimento e descubra a distância percorrida em 10 s.

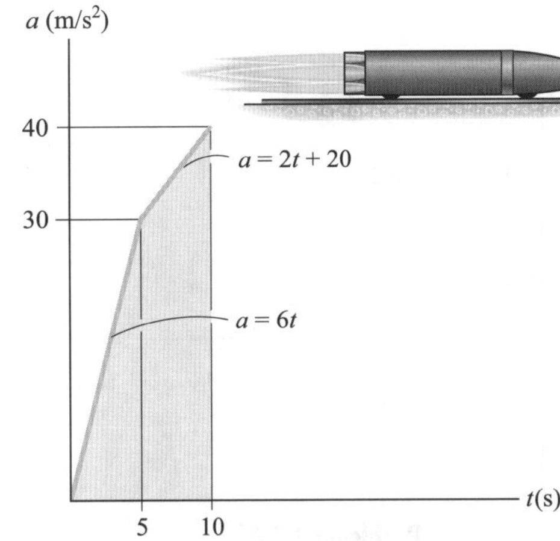

Problema 12.59

***12.60.** Um motociclista partindo do repouso move-se ao longo de uma estrada reta e por 10 s tem uma aceleração, como mostrado. Trace o gráfico *v–t* que descreve o movimento e descubra a distância percorrida em 10 s.

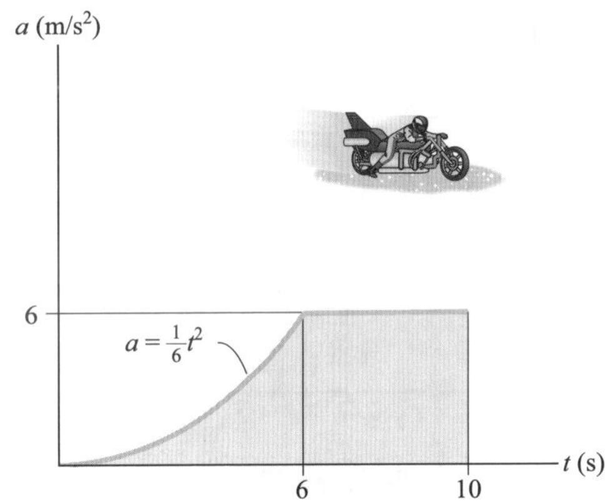

Problema 12.60

•12.61. O gráfico *v–t* de um carro enquanto se move ao longo de uma estrada é mostrado. Trace os gráficos *s–t* e *a–t* para o movimento.

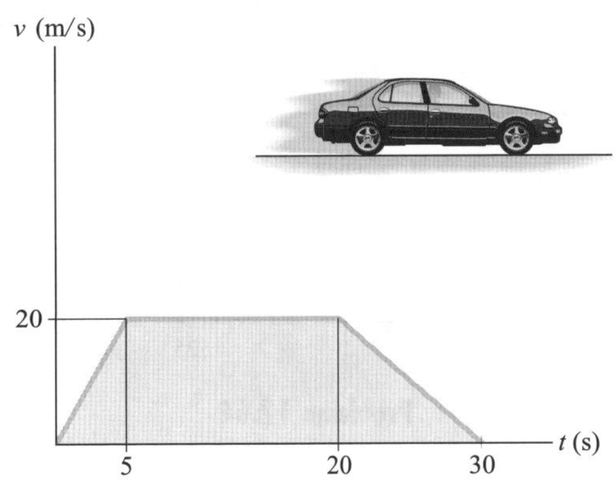

Problema 12.61

12.62. Um barco move-se em uma linha reta com a aceleração descrita pelo gráfico a–s. Se ele parte do repouso, construa o gráfico v–s e determine a velocidade escalar máxima do barco. Que distância s' ele percorre antes de parar?

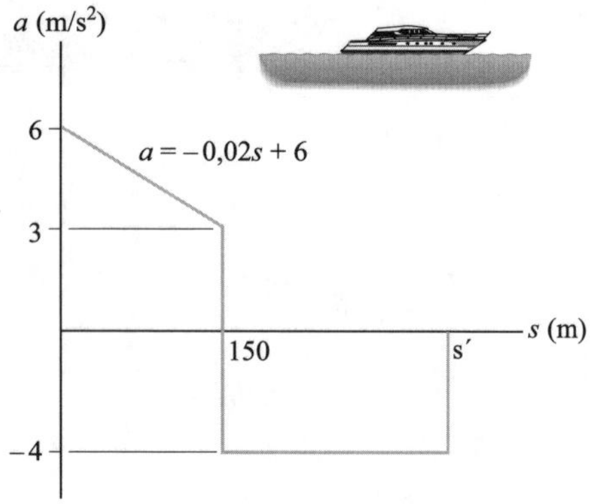

Problema 12.62

12.63. Um foguete tem uma aceleração descrita pelo gráfico. Se ele parte do repouso, construa os gráficos v–t e s–t para o movimento no intervalo de tempo $0 \leq t \leq 14$ s.

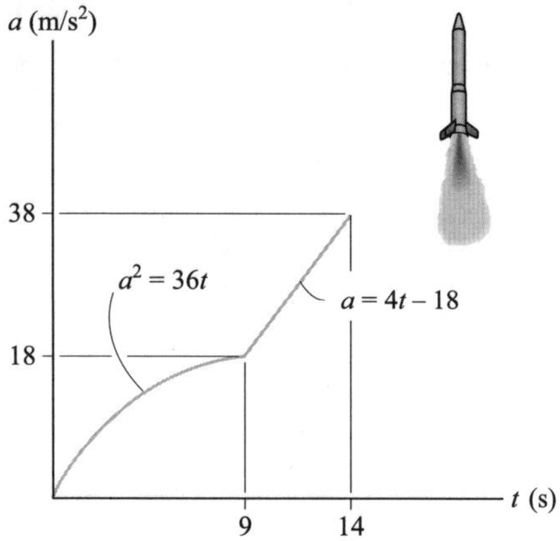

Problema 12.63

***12.64.** Uma motocicleta de corrida está se movendo ao longo de uma estrada reta com a velocidade escalar descrita pelo gráfico v–s. Construa o gráfico a–s.

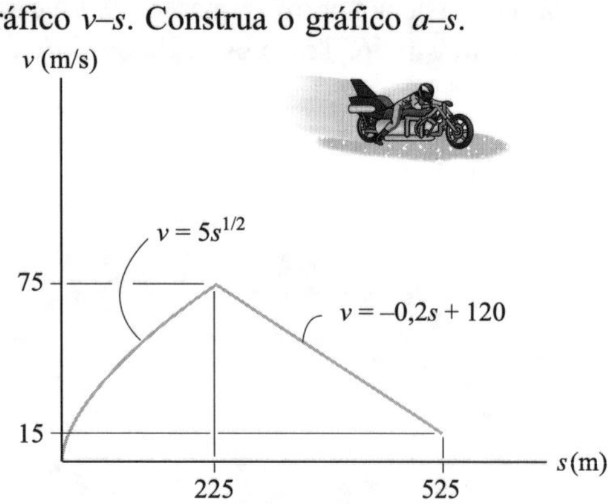

Problema 12.64

•12.65. A aceleração de uma lancha de corrida partindo do repouso é descrita pelo gráfico. Construa o gráfico v–s.

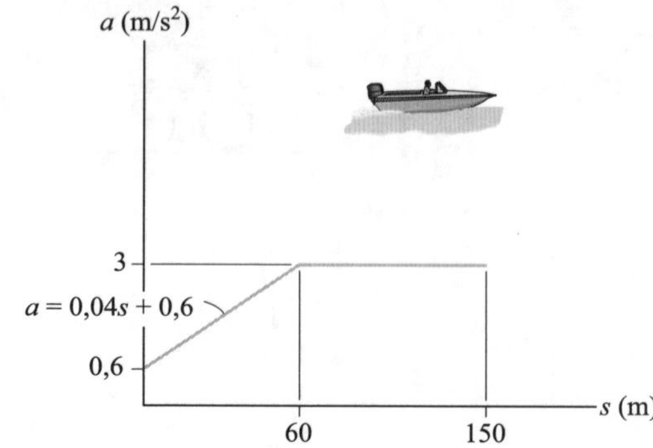

Problema 12.65

12.66. O barco move-se ao longo de uma linha reta com a velocidade escalar descrita pelo gráfico. Construa os gráficos s–t e a–s. Determine também o tempo necessário para o barco se deslocar a distância $s = 400$ m se $s_0 = 0$ quando $t = 0$.

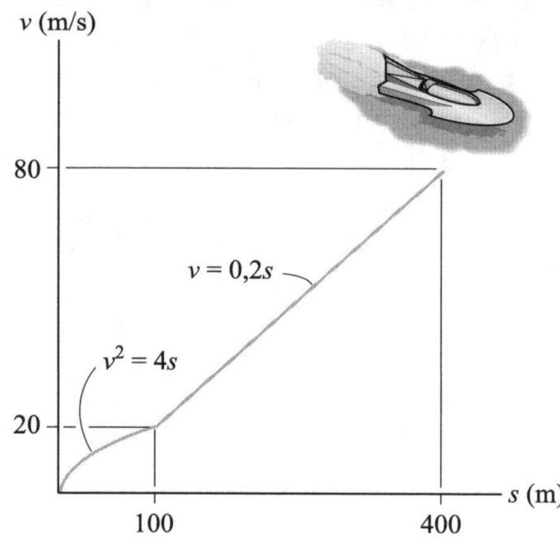

Problema 12.66

12.67. O gráfico s–t para um trem foi determinado experimentalmente. A partir dos dados, construa os gráficos v–t e a–t para o movimento.

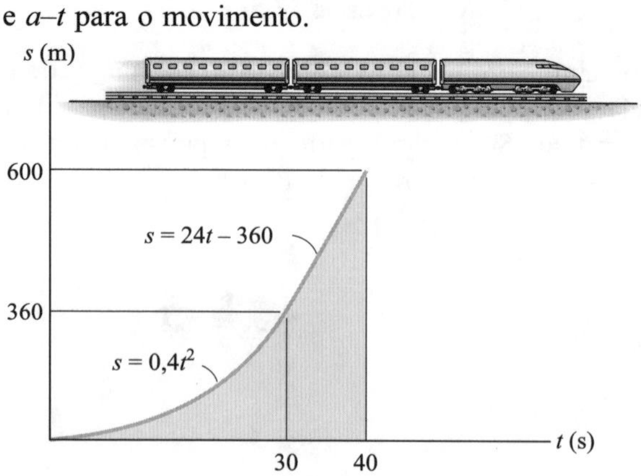

Problema 12.67

***12.68.** Um avião pousa a 75 m/s em uma pista reta e tem uma desaceleração descrita pelo gráfico. Determine a distância s' percorrida antes que sua velocidade escalar seja reduzida a 7,5 m/s. Trace o gráfico s–t.

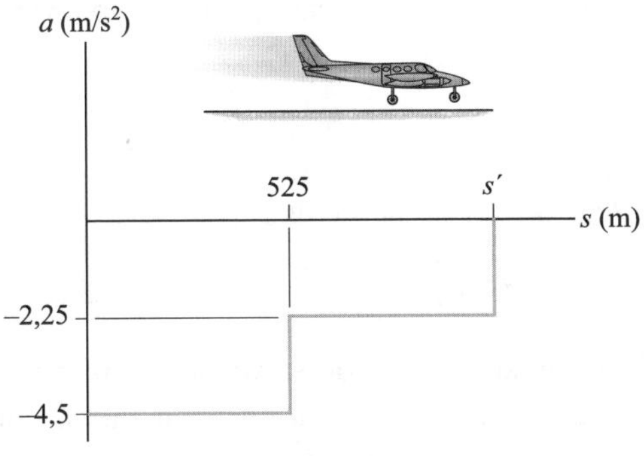

Problema 12.68

•12.69. Um avião move-se ao longo de uma pista reta com uma aceleração descrita pelo gráfico. Se ele parte do repouso e precisa de uma velocidade de 90 m/s para decolar, determine o comprimento de pista mínimo necessário e o tempo t' para a decolagem. Construa os gráficos v–t e s–t.

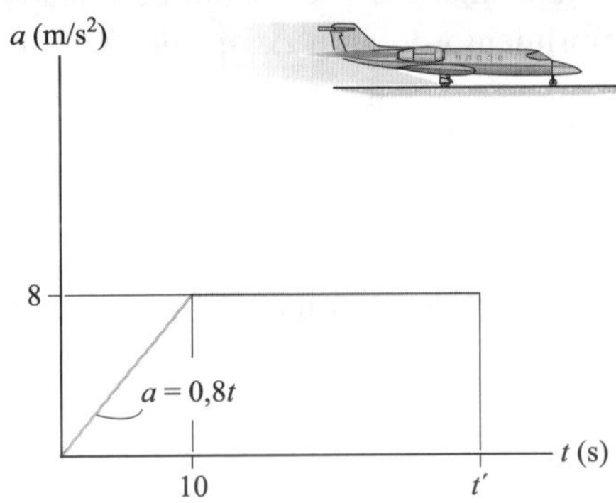

Problema 12.69

12.70. O gráfico a–t do trem-bala é mostrado. Se o trem parte do repouso, determine o tempo decorrido t' antes que ele volte ao repouso novamente. Qual é a distância total percorrida durante esse intervalo de tempo? Construa os gráficos v–t e s–t.

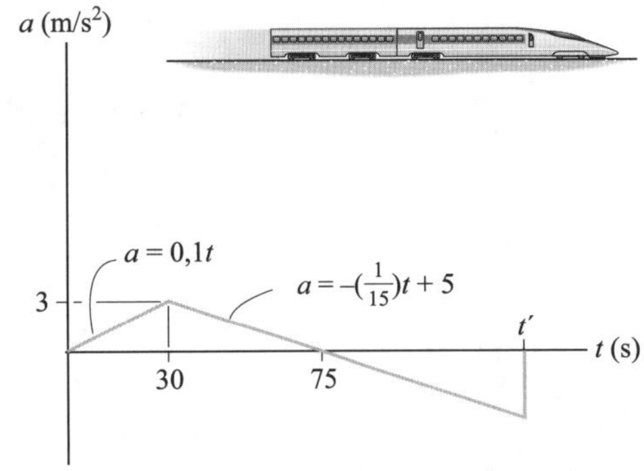

Problema 12.70

12.4 Movimento curvilíneo geral

O *movimento curvilíneo* ocorre quando uma partícula se move ao longo de uma trajetória curva. Visto que essa trajetória é frequentemente descrita em três dimensões, a análise vetorial será usada para formular a posição, velocidade e aceleração da partícula.* Nesta seção, os aspectos gerais do movimento curvilíneo são discutidos, e nas seções subsequentes, vamos considerar três tipos de sistemas de coordenadas frequentemente usados para analisar esse movimento.

Posição

Considere uma partícula localizada em um ponto sobre uma curva espacial definida pela função trajetória $s(t)$, Figura 12.16*a*. A posição da partícula, medida a partir de um ponto fixo O, será designada pelo *vetor posição* $\mathbf{r} = \mathbf{r}(t)$. Observe que tanto a intensidade quanto a direção desse vetor variarão conforme a partícula se move ao longo da curva.

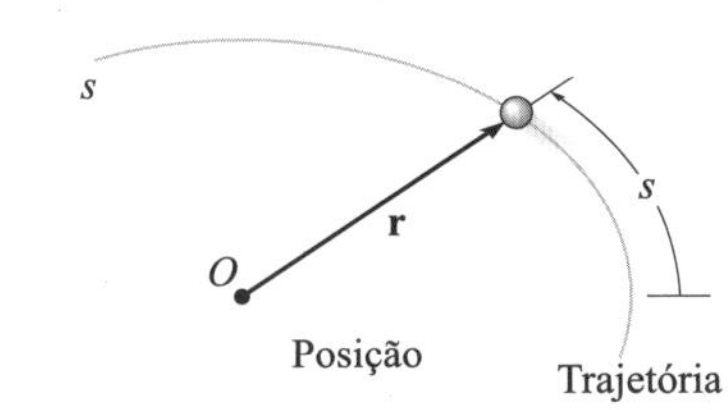

(a)

Figura 12.16

* Um resumo de alguns dos conceitos importantes da análise vetorial é dado no apêndice B.

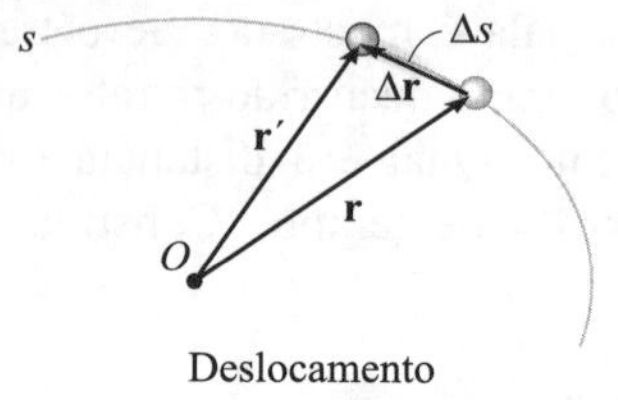

(b)

Deslocamento

Suponha que durante curto intervalo de tempo Δt a partícula se move de uma distância Δs ao longo da curva para uma nova posição, definida por $\mathbf{r}' = \mathbf{r} + \Delta\mathbf{r}$, Figura 12.16*b*. O *deslocamento* $\Delta\mathbf{r}$ representa a variação na posição da partícula e é determinado pela subtração vetorial, ou seja, $\Delta\mathbf{r} = \mathbf{r}' - \mathbf{r}$.

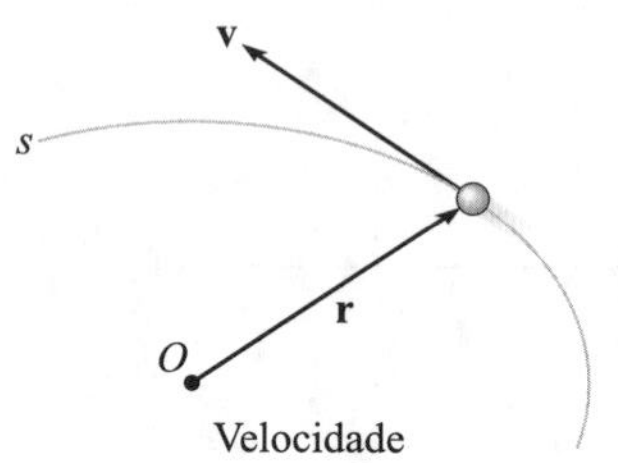

(c)

Velocidade

Durante o tempo Δt, a *velocidade média* da partícula é

$$\mathbf{v}_{\text{méd}} = \frac{\Delta\mathbf{r}}{\Delta t}$$

A *velocidade instantânea* é determinada a partir dessa equação, fazendo $\Delta t \to 0$, e, consequentemente, a direção de $\Delta\mathbf{r}$ *aproxima-se* da *tangente* à curva. Por conseguinte, $\mathbf{v} = \lim_{\Delta t \to 0}(\Delta\mathbf{r}/\Delta t)$ ou

$$\mathbf{v} = \frac{d\mathbf{r}}{dt} \tag{12.7}$$

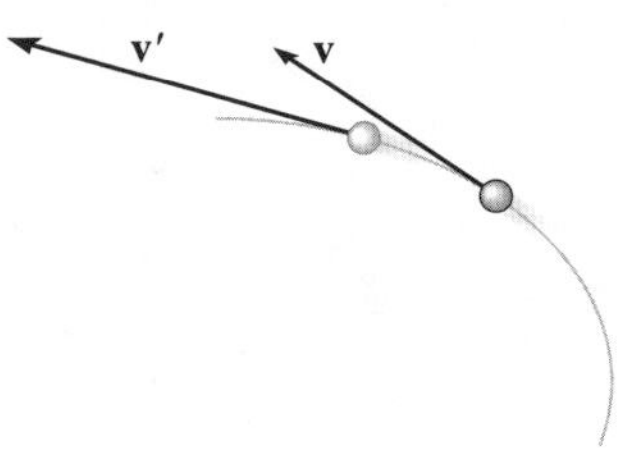

(d)

Visto que $d\mathbf{r}$ será tangente à curva, a *direção* de $\mathbf{v}$ também será *tangente à curva*, Figura 12.16*c*. A *intensidade* de $\mathbf{v}$, a qual é chamada de velocidade escalar, é obtida observando-se que o comprimento do segmento de linha reta $\Delta\mathbf{r}$ na Figura 12.16*b* se aproxima do comprimento de arco Δs quando $\Delta t \to 0$, temos $v = \lim_{\Delta t \to 0}(\Delta r/\Delta t) = \lim_{\Delta t \to 0}(\Delta s/\Delta t)$, ou

$$v = \frac{ds}{dt} \tag{12.8}$$

Assim, a *velocidade escalar* pode ser obtida derivando a função trajetória s em relação ao tempo.

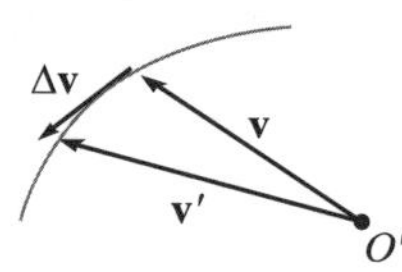

(e)

Figura 12.16

Aceleração

Se a partícula tem uma velocidade $\mathbf{v}$ no tempo t e uma velocidade $\mathbf{v}' = \mathbf{v} + \Delta\mathbf{v}$ em $t + \Delta t$, Figura 12.16*d*, então a *aceleração média* da partícula durante o intervalo de tempo Δt é:

$$\mathbf{a}_{\text{méd}} = \frac{\Delta\mathbf{v}}{\Delta t}$$

onde $\Delta\mathbf{v} = \mathbf{v}' - \mathbf{v}$. Para estudar essa taxa de variação no tempo, os dois vetores velocidade na Figura 12.16*d* são traçados na Figura 12.16*e* de maneira que suas origens estejam localizadas no ponto fixo O' e suas extremidades toquem em pontos sobre a curva. Essa curva é chamada *hodógrafa*, e quando construída, ela descreve o lugar geométrico dos pontos da extremidade do vetor velocidade da mesma maneira que a trajetória s descreve o lugar geométrico dos pontos da extremidade do vetor posição, Figura 12.16*a*.

Para obter a *aceleração instantânea*, faça $\Delta t \to 0$, na equação anterior. No limite $\Delta\mathbf{v}$ se aproximará da *tangente à hodógrafa*, e assim $\mathbf{a} = \lim_{\Delta t \to 0}(\Delta\mathbf{v}/\Delta t)$, ou

$$\mathbf{a} = \frac{d\mathbf{v}}{dt} \tag{12.9}$$

Substituindo a Equação 12.7 neste resultado, também podemos escrever:

$$\mathbf{a} = \frac{d^2\mathbf{r}}{dt^2}$$

Da definição de derivada, **a** atua *tangente à hodógrafa*, Figura 12.16*f*, e, *em geral, ela não é tangente à trajetória do movimento*, Figura 12.16*g*. Para esclarecer esse ponto, observe que $\Delta\mathbf{v}$ e, consequentemente, **a** devem levar em consideração a variação ocorrida tanto na intensidade quanto na direção da velocidade **v** quando a partícula se move de um ponto para o próximo ao longo da trajetória, Figura 12.16*d*. Entretanto, para que a partícula siga qualquer trajetória curva, a variação direcional sempre "gira" o vetor velocidade para o "lado interno" ou "lado côncavo" da trajetória e, portanto, **a** *não pode* permanecer tangente à trajetória. Resumindo, **v** é sempre tangente à *trajetória* e **a** é sempre tangente à *hodógrafa*.

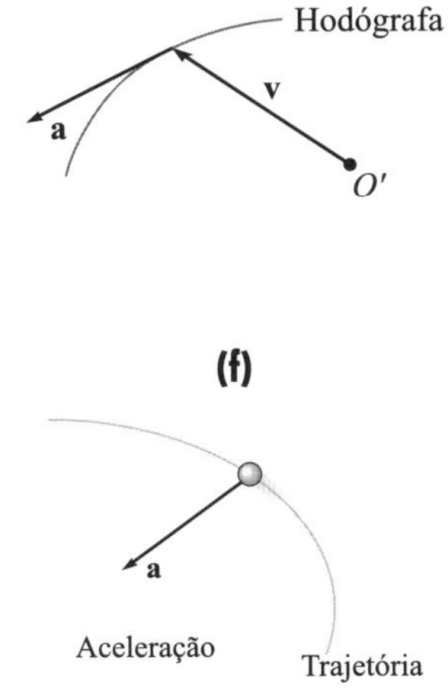

(f)

(g)

Figura 12.16

12.5 Movimento curvilíneo: componentes retangulares

Ocasionalmente, o movimento de uma partícula pode ser mais bem descrito ao longo de uma trajetória que pode ser expressa em termos de suas coordenadas *x*, *y*, *z*.

Posição

Se a partícula está em um ponto (*x*, *y*, *z*) sobre a trajetória curva *s* mostrada na Figura 12.17*a*, então sua posição é definida pelo *vetor posição*

$$\mathbf{r} = x\mathbf{i} + y\mathbf{j} + z\mathbf{k} \tag{12.10}$$

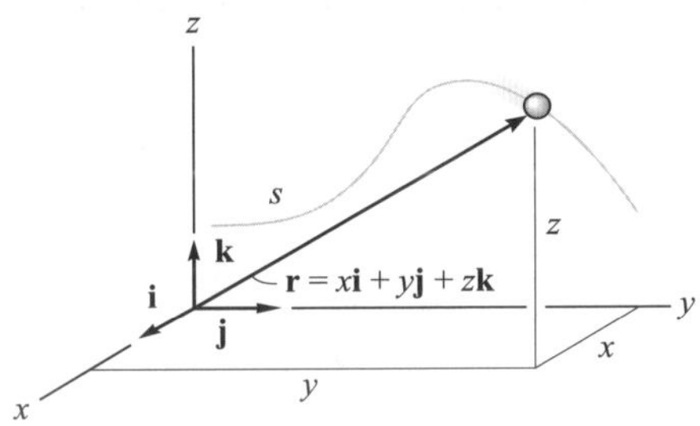

Posição

(a)

Figura 12.17

Quando a partícula se move, as componentes *x*, *y*, *z* de **r** são funções do tempo; ou seja, $x = x(t)$, $y = y(t)$, $z = z(t)$, de maneira que $\mathbf{r} = \mathbf{r}(t)$.

Em qualquer instante, a *intensidade* de **r** é definida pela Equação C-3 no Apêndice C, como:

$$r = \sqrt{x^2 + y^2 + z^2}$$

E a *direção* de **r** é especificada pelo vetor unitário $\mathbf{u}_r = \mathbf{r}/r$.

Velocidade

A primeira derivada de **r** em relação ao tempo produz a velocidade da partícula. Por conseguinte,

$$\mathbf{v} = \frac{d\mathbf{r}}{dt} = \frac{d}{dt}(x\mathbf{i}) + \frac{d}{dt}(y\mathbf{j}) + \frac{d}{dt}(z\mathbf{k})$$

Ao se realizar essa derivada, é necessário levar em consideração as variações tanto na intensidade quanto na direção de cada uma das componentes do vetor. Por exemplo, a derivada da componente **i** de **r** é:

$$\frac{d}{dt}(x\mathbf{i}) = \frac{dx}{dt}\mathbf{i} + x\frac{d\mathbf{i}}{dt}$$

O segundo termo do lado direito é zero, desde que o sistema de referência x, y, z seja *fixo*, e, portanto, a *direção* (e a *intensidade*) de **i** não varia com o tempo. A derivada das componentes **j** e **k** pode ser feita de uma maneira similar, o que produz o resultado final,

$$\mathbf{v} = \frac{d\mathbf{r}}{dt} = v_x\mathbf{i} + v_y\mathbf{j} + v_z\mathbf{k} \tag{12.11}$$

onde:

$$v_x = \dot{x} \quad v_y = \dot{y} \quad v_z = z \tag{12.12}$$

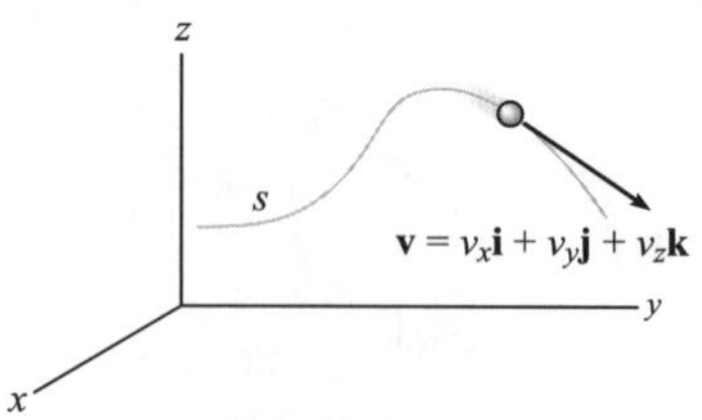

Velocidade

(b)

Figura 12.17

A notação com 'pontos' ($\dot{x}$, $\dot{y}$, $\dot{z}$) representa as derivadas primeiras de $x = x(t)$, $y = y(t)$, $z = z(t)$, respectivamente.

A velocidade tem uma *intensidade* que é determinada a partir de:

$$v = \sqrt{v_x^2 + v_y^2 + v_z^2}$$

e uma *direção* que é especificada pelo vetor unitário $\mathbf{u}_v = \mathbf{v}/v$. Como discutido na Seção 12.4, essa direção é *sempre tangente à trajetória*, como mostrado na Figura 12.17*b*.

Aceleração

A aceleração da partícula é obtida tomando-se a primeira derivada da Equação 12.11 em relação ao tempo (ou a derivada segunda da Equação 12.10 em relação ao tempo). Temos:

$$\mathbf{a} = \frac{d\mathbf{v}}{dt} = a_x\mathbf{i} + a_y\mathbf{j} + a_z\mathbf{k} \tag{12.13}$$

onde:

$$\begin{aligned} a_x &= \dot{v}_x = \ddot{x} \\ a_y &= \dot{v}_y = \ddot{y} \\ a_z &= \dot{v}_z = \ddot{z} \end{aligned} \tag{12.14}$$

Aqui a_x, a_y, a_z representam, respectivamente, as primeiras derivadas temporais de $v_x = v_x(t)$, $v_y = v_y(t)$, $v_z = v_z(t)$, ou segundas derivadas temporais das funções $x = x(t)$, $y = y(t)$, $z = z(t)$.

A aceleração tem uma *intensidade*

$$a = \sqrt{a_x^2 + a_y^2 + a_z^2}$$

e uma *direção* especificada pelo vetor unitário $\mathbf{u}_a = \mathbf{a}/a$. Visto que **a** representa a taxa de *variação* temporal tanto na intensidade quanto na direção da velocidade, em geral **a** *não* será tangente à trajetória, Figura 12.17*c*.

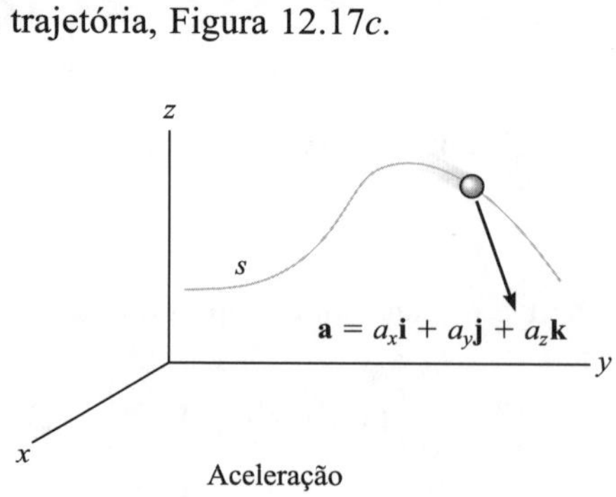

Aceleração

(c)

Figura 12.17

Pontos importantes

- O movimento curvilíneo pode causar variações tanto na intensidade quanto na direção dos vetores posição, velocidade e aceleração.
- O vetor velocidade está sempre direcionado *tangente* à trajetória.
- Em geral, o vetor aceleração *não* é tangente à trajetória, mas é tangente à hodógrafa.
- Se o movimento é descrito utilizando-se coordenadas retangulares, então as componentes ao longo de cada um dos eixos não variam a direção; somente sua intensidade e seu sentido (sinal algébrico) variarão.
- Considerando-se os movimentos das componentes, a variação na intensidade e na direção da posição e velocidade da partícula serão automaticamente levadas em consideração.

Procedimento para análise

Sistema de coordenadas

- Um sistema de coordenadas retangulares pode ser usado para solucionar problemas para os quais o movimento pode ser convenientemente expresso em termos das suas componentes x, y, z.

Quantidades cinemáticas

- Visto que o *movimento retilíneo* ocorre ao longo de *cada eixo coordenado*, o movimento ao longo de cada eixo é determinado utilizando $v = ds/dt$ e $a = dv/dt$; ou, nos casos onde o movimento não é expresso como uma função do tempo, a equação $a\,ds = v\,dv$ pode ser usada.
- Em duas dimensões, a equação da trajetória $y = f(x)$ pode ser usada para relacionar as componentes x e y da velocidade e aceleração aplicando a regra da cadeia do cálculo. Uma revisão desse conceito é dada no Apêndice B.
- Uma vez que as componentes x, y, z de $\mathbf{v}$ e $\mathbf{a}$ tenham sido determinadas, as intensidades desses vetores são obtidas por meio do teorema de Pitágoras, Equação B.3, e seus ângulos de direção coordenados a partir das componentes dos seus vetores unitários, equações B.4 e B.5.

Exemplo 12.9

Em qualquer instante de tempo, a posição horizontal do balão meteorológico na Figura 12.18*a* é definida por $x = (9t)$ m, onde t é dado em segundos. Se a equação da trajetória é $y = x^2/30$, determine a intensidade e a direção da velocidade e da aceleração quando $t = 2$ s.

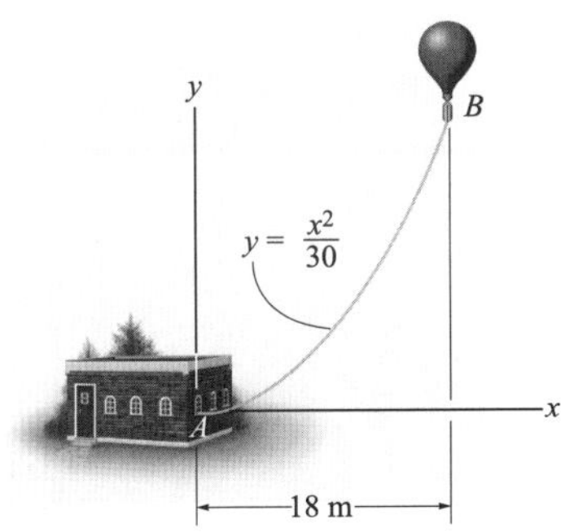

(a)

Figura 12.18

SOLUÇÃO

Velocidade

A componente da velocidade na direção x é

$$v_x = \dot{x} = \frac{d}{dt}(9t) = 9 \text{ m/s} \rightarrow$$

Para encontrar a relação entre as componentes da velocidade, vamos usar a regra da cadeia do cálculo. (Veja o Apêndice A para uma explicação completa.)

$$v_y = \dot{y} = \frac{d}{dt}(x^2/30) = 2x\dot{x}/30 = 2(18)(9)/30 = 10,8 \text{ m/s} \uparrow$$

Quando $t = 2$ s, a intensidade da velocidade é, portanto,

$$v = \sqrt{(9 \text{ m/s})^2 + (10,8 \text{ m/s})^2} = 14,1 \text{ m/s}$$

A direção é tangente à trajetória, Figura 12.18*b*, onde:

$$\theta_v = \text{tg}^{-1}\frac{v_y}{v_x} = \text{tg}^{-1}\frac{10,8}{9} = 50,2°$$

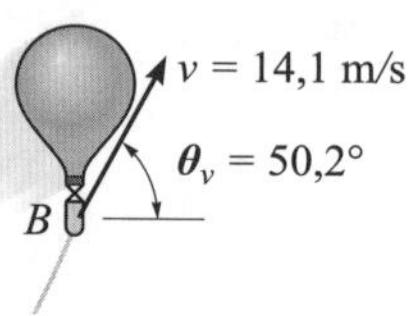

(b)

Aceleração

A relação entre as componentes da aceleração é determinada utilizando-se a regra da cadeia. (Ver Apêndice C.) Temos:

$$a_x = \dot{v}_x = \frac{d}{dt}(9) = 0$$

$$a_y = \dot{v}_y = \frac{d}{dt}(2x\dot{x}/30) = 2(\dot{x})\dot{x}/30 + 2x(\ddot{x})/30$$

$$= 2(9)^2/30 + 2(18)(0)/30 = 5,4 \text{ m/s}^2 \uparrow$$

Desse modo,

$$a = \sqrt{(0)^2 + (5,4)^2} = 5,4 \text{ m/s}^2$$

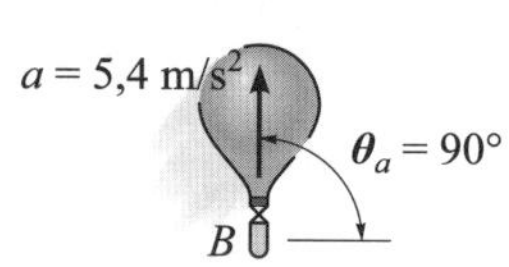

(c)

Figura 12.18

A direção de **a**, como mostrado na Figura 12.18*c*, é:

$$\theta_a = \text{tg}^{-1}\frac{5,4}{0} = 90°$$

NOTA: Também podemos obter v_y e a_y primeiro expressando $y = f(t) = (9t)^2/30 = 2,7t^2$ e, em seguida, tomando sucessivas derivadas em relação ao tempo.

Exemplo 12.10

Por um curto período de tempo, a trajetória do avião na Figura 12.19*a* é descrita por $y = (0,001x^2)$ m. Se o avião está decolando com uma velocidade constante de 10 m/s, determine as intensidades da velocidade e aceleração do avião quando ele está em $y = 100$ m.

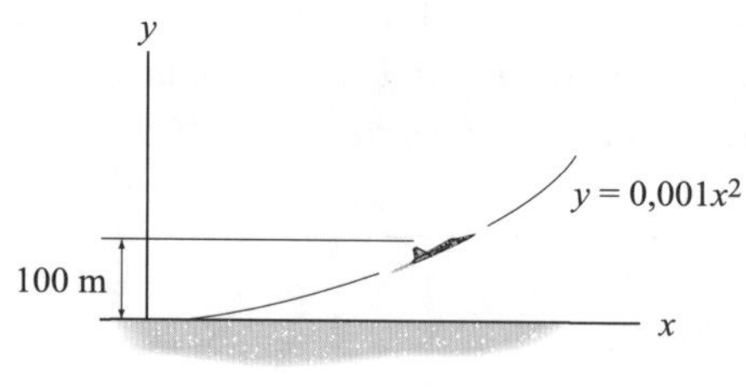

(a)

Figura 12.19

SOLUÇÃO

Quando $y = 100$ m, então $100 = 0,001x^2$ ou $x = 316,2$ m. Também, já que $v_y = 10$ m/s, então:

$y = v_y t$; $\quad$ $100 \text{ m} = (10 \text{ m/s})\, t$ $\quad$ $t = 10$ s

Velocidade

Utilizando a regra da cadeia (ver Apêndice C) para encontrar a relação entre as componentes da velocidade, temos:

$$v_y = \dot{y} = \frac{d}{dt}(0,001x^2) = (0,002x)\dot{x} = 0,002xv_x \qquad (1)$$

Desse modo,

$$10 \text{ m/s} = 0{,}002(316{,}2 \text{ m})\,(v_x)$$

$$v_x = 15{,}81 \text{ m/s}$$

Portanto, a intensidade da velocidade é:

$$v = \sqrt{v_x^2 + v_y^2} = \sqrt{(15{,}81 \text{ m/s})^2 + (10 \text{ m/s})^2} = 18{,}7 \text{ m/s}$$

Aceleração

Utilizando a regra da cadeia, a derivada temporal da Equação 1 fornece a relação entre as componentes da aceleração.

$$a_y = \dot{v}_y = 0{,}002\dot{x}v_x + 0{,}002x\dot{v}_x = 0{,}002(v_x^2 + xa_x)$$

Quando $x = 316{,}2$ m, $v_x = 15{,}81$ m/s, $\dot{v}_y = a_y = 0$,

$$0 = 0{,}002\,((15{,}81 \text{ m/s})^2 + 316{,}2 \text{ m}\,(a_x))$$

$$a_x = -0{,}791 \text{ m/s}^2$$

Portanto, a intensidade da aceleração do avião é:

$$a = \sqrt{a_x^2 + a_y^2} = \sqrt{(-0{,}791 \text{ m/s}^2)^2 + (0 \text{ m/s}^2)^2}$$
$$= 0{,}791 \text{ m/s}^2$$

Estes resultados são mostrados na Figura 12.19*b*.

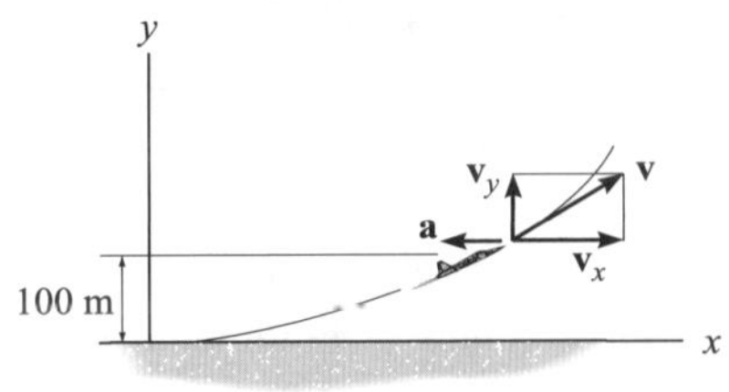

(b)

Figura 12.19

12.6 Movimento de um projétil

O movimento de um projétil em voo livre é frequentemente estudado em termos das suas componentes retangulares. Para ilustrar a análise cinemática, considere um projétil lançado no ponto (x_0, y_0), com uma velocidade inicial de $\mathbf{v}_0$, tendo componentes $(\mathbf{v}_0)_x$ e $(\mathbf{v}_0)_y$, Figura 12.20. Quando a resistência do ar é desprezada, a única força agindo sobre o projétil é o seu peso, que faz que o projétil tenha uma aceleração para baixo constante de aproximadamente $a_c = g = 9{,}81$ m/s^2 ou $g = 32{,}2$ pés/s^2.*

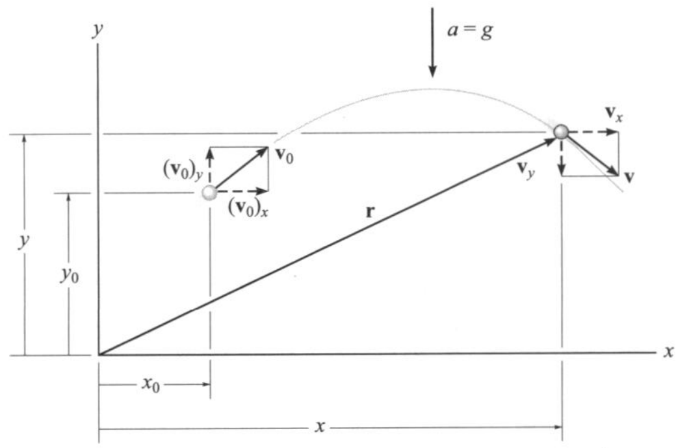

Figura 12.20

* Supondo que o campo gravitacional na terra não varia com a altitude.

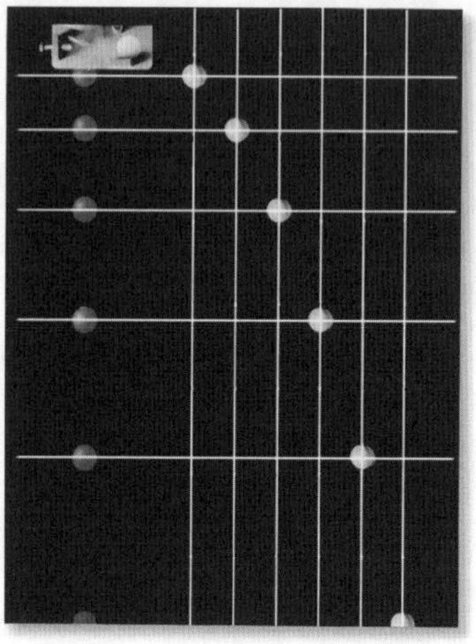

Cada fotografia nesta sequência é tirada após o mesmo intervalo de tempo. A bola escura cai do repouso, enquanto a bola clara é dada uma velocidade horizontal quando é solta. Ambas as bolas aceleram para baixo com a mesma taxa, e assim elas permanecem à mesma altura em qualquer instante de tempo. Essa aceleração faz a diferença das alturas entre as bolas aumentar entre sucessivas fotografias. Observe, também, que a distância horizontal entre sucessivas fotografias da bola clara é constante, visto que a velocidade na direção horizontal permanece constante.

Movimento horizontal

Visto que $a_x = 0$, a aplicação das equações de aceleração constante, 12.4 a 12.6, resulta em:

$(\overset{+}{\rightarrow})$ $\quad v = v_0 + a_c t; \qquad v_x = (v_0)_x$

$(\overset{+}{\rightarrow})$ $\quad x = x_0 + v_0 t + \frac{1}{2}a_c t^2; \qquad x = x_0 + (v_0)x^t$

$(\overset{+}{\rightarrow})$ $\quad v^2 = v_0^2 + 2a_c(x - x_0); \qquad v_x = (v_0)_x$

A primeira e a última equação indicam *que a componente horizontal da velocidade sempre permanece constante durante o movimento.*

Movimento vertical

Visto que o eixo y positivo está direcionado para cima, então $a_y = -g$. Aplicando as equações 12.4 a 12.6, obtemos

$(+\uparrow)$ $\quad v = v_0 + a_c t; \qquad v_y = (v_0)_y - gt$

$(+\uparrow)$ $\quad y = y_0 + v_0 t + \frac{1}{2}a_c t^2; \qquad y = y_0 + (v_0)_y t - \frac{1}{2}gt^2$

$(+\uparrow)$ $\quad v^2 = v_0^2 + 2a_c(y - y_0); \qquad v_y^2 = (v_0)_y^2 - 2g(y - y_0)$

Lembre-se de que a última equação pode ser formulada com base na eliminação do tempo t das duas primeiras equações, e, portanto, *apenas duas das três equações anteriormente apresentadas são mutuamente independentes.*

Resumindo, problemas envolvendo o movimento de um projétil podem ter no máximo três incógnitas, visto que apenas três equações independentes podem ser escritas; ou seja, *uma* equação na *direção horizontal* e *duas* na *direção vertical*. Uma vez que $\mathbf{v}_x$ e $\mathbf{v}_y$ sejam obtidos, a velocidade resultante $\mathbf{v}$, que é *sempre tangente* à trajetória, pode ser determinada pela *soma vetorial*, como mostrado na Figura 12.20.

Procedimento para análise

Sistema de coordenadas

- Estabeleça os eixos de coordenadas x, y fixos e esboce a trajetória da partícula. Entre quaisquer dois pontos sobre a trajetória, especifique os dados fornecidos pelo problema e identifique as *três incógnitas*. Em todos os casos, a aceleração da gravidade age para baixo e é igual a 9,81 m/s^2. As velocidades iniciais e finais da partícula devem ser representadas em termos das suas componentes x e y.
- Lembre-se de que as componentes positivas e negativas da posição, velocidade e aceleração sempre agem de acordo com suas direções coordenadas associadas.

Equações cinemáticas

- Dependendo dos dados conhecidos e do que deve ser determinado, uma escolha deve ser feita quanto as três das quatro equações seguintes que devem ser aplicadas entre os dois pontos sobre a trajetória para se obter a solução mais direta para o problema.

Movimento horizontal

- A *velocidade* na horizontal ou direção x é *constante*, ou seja, $v_x = (v_0)x$, e

$$x = x_0 + (v_0)_x t$$

Movimento vertical

- Na vertical ou direção y *apenas duas* das três equações seguintes podem ser usadas para a solução.

$$v_y = (v_0)_y + a_c t$$

$$y = y_0 + (v_0)_y t + \frac{1}{2} a_c t^2$$

$$v_y^2 = (v_0)_y^2 + 2a_c (y - y_0)$$

Por exemplo, se a velocidade final da partícula v_y não é necessária, então a primeira e a terceira dessas equações não serão úteis.

Exemplo 12.11

Um saco desliza da rampa, mostrada na Figura 12.21, com uma velocidade horizontal de 12 m/s. Se a altura da rampa é de 6 m a partir do piso, determine o tempo necessário para o saco bater no piso e o alcance R onde os sacos começam a empilhar.

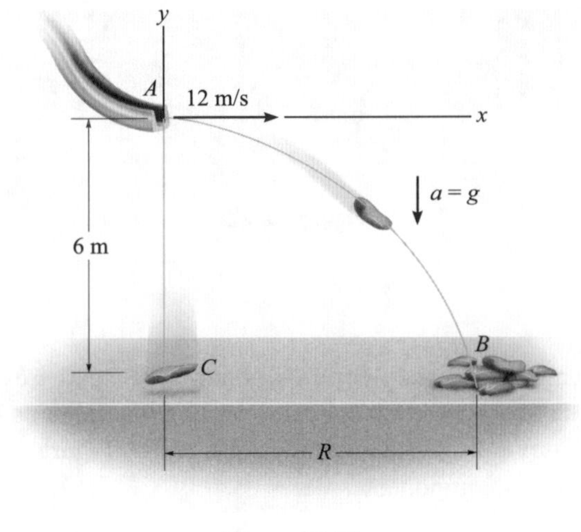

Figura 12.21

SOLUÇÃO

Sistema de coordenadas

A origem das coordenadas é estabelecida na origem da trajetória, ponto A, Figura 12.21. A velocidade inicial de um saco tem componentes $(v_A)_x = 12$ m/s e $(v_A)_y = 0$. Além disso, entre os pontos A e B a aceleração é $a_y = -9{,}81$ m/s^2. Visto que $(v_B)_x = (v_A)_x = 12$ m/s, as três incógnitas são $(v_B)_y$, R e o tempo de voo t_{AB}. Aqui, não precisamos determinar $(v_B)_y$.

Movimento vertical

A distância vertical de A a B é conhecida, e, portanto, podemos obter uma solução direta para t_{AB} utilizando a equação

$$(+\uparrow) \qquad y_B = y_A + (v_A)_y t_{AB} + \frac{1}{2} a_c t_{AB}^2$$

$$-6 \text{ m} = 0 + 0 + \tfrac{1}{2}(-9{,}81 \text{ m/s}^2) t_{AB}^2$$

$$t_{AB} = 1{,}11 \text{ s}$$

Movimento horizontal

Visto que t_{AB} foi calculado, R é determinado como a seguir.

$(\overset{+}{\rightarrow})$
$$x_B = x_A + (v_A)_x tAB$$
$$R = 0 + 12 \text{ m/s } (1{,}11 \text{ s})$$
$$R = 13{,}3 \text{ m}$$

NOTA: O cálculo para t_{AB} também indica que se um saco fosse solto *do repouso* em A, ele levaria o mesmo tempo para bater no piso em C, Figura 12.21.

Exemplo 12.12

A máquina trituradora de madeira é projetada para lançar lascas de madeira a v_O = 7,5 m/s, como mostrado na Figura 12.22. Se o tubo está orientado a 30º em relação à horizontal, determine quão alto, h, as lascas atingem a pilha se nesse instante de tempo elas caem sobre a pilha a 6 m do tubo.

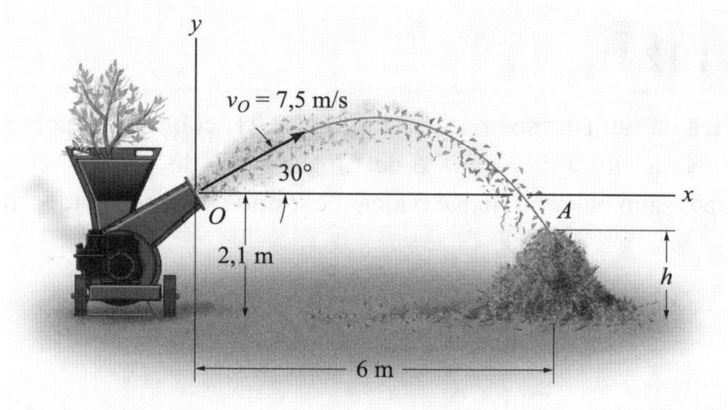

Figura 12.22

SOLUÇÃO

Sistema de coordenadas

Quando o movimento é analisado entre os pontos O e A, as três incógnitas são a altura h, o tempo de voo t_{OA} e a componente vertical da velocidade $(v_A)_y$. [Observe que $(v_A)_x = (v_O)_x$]. Com a origem das coordenadas em O, Figura 12.22, a velocidade inicial de uma lasca tem componentes de:

$$(v_O)_x = (7{,}5 \cos 30º) \text{ m/s} = 6{,}5 \text{ m/s} \rightarrow$$
$$(v_O)_y = (7{,}5 \text{ sen } 30º) \text{ m/s} = 3{,}75 \text{ m/s} \uparrow$$

Ademais, $(v_A)_x = (v_O)_x = 6{,}5$ m/s e $a_y = -9{,}81$ m/s^2. Visto que não precisamos determinar $(v_A)_y$, temos:

Movimento horizontal

$(+\uparrow)$
$$x_A = x_O + (v_O)_x t_{OA}$$
$$6 \text{ m} = 0 + (6{,}5 \text{ m/s}) t_{OA}$$
$$t_{OA} = 0{,}9231 \text{ s}$$

Movimento vertical

Relacionando t_{OA} às alturas inicial e final de uma lasca, temos:

$(+\uparrow)$
$$y_A = y_O + (v_O)_y t_{OA} + \frac{1}{2} a_y t^2{}_{OA}$$
$$(h - 2{,}1 \text{ m}) = 0 + (3{,}75 \text{ m/s})(0{,}9231 \text{ s}) + \frac{1}{2}(-9{,}81 \text{ m/s}^2)(0{,}9231 \text{ s})^2$$
$$h = 1.38 \text{ m}$$

NOTA: Podemos determinar $(v_A)_y$ utilizando $(v_A)_y = (v_O)_y + a_y t_{OA}$.

Exemplo 12.13

A pista para esta corrida foi projetada de maneira que os pilotos saltem da rampa de 30º, a uma altura de 1 m. Durante uma corrida, observou-se que o piloto mostrado na Figura 12.23*a* permaneceu no ar por 1,5 s. Determine a velocidade escalar na qual ele estava deixando a rampa, a distância horizontal que ele se desloca antes de atingir o solo e a altura máxima que ele alcança. Despreze o tamanho da motocicleta e o do piloto.

(a)

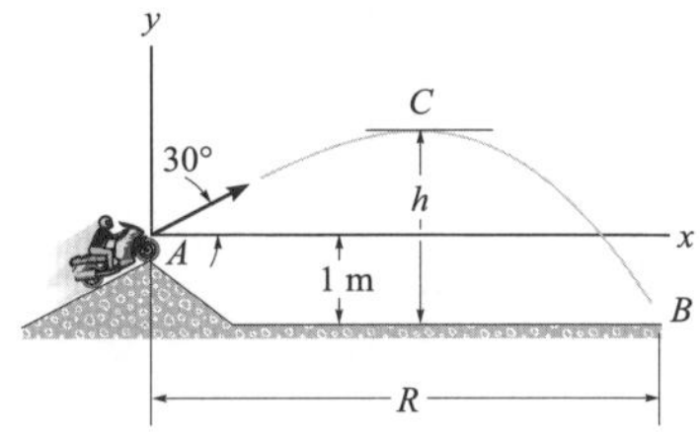

(b)

Figura 12.23

SOLUÇÃO

Sistema de coordenadas

Como mostrado na Figura 12.23*b*, a origem das coordenadas é estabelecida em *A*. Entre os pontos extremos da trajetória *AB*, as três incógnitas são a velocidade escalar inicial v_A, a distância *R*, e a componente vertical da velocidade $(v_B)_y$.

Movimento vertical

Visto que o tempo do voo e a distância vertical entre as extremidades da trajetória são conhecidos, podemos determinar v_A.

$(+\uparrow)$

$$y_B = y_A + (v_A)_y t_{AB} + \frac{1}{2}a_c t^2_{AB}$$

$$-1\text{ m} = 0 + v_A \operatorname{sen} 30°(1,5\text{ s}) + \frac{1}{2}(-9,81\text{ m/s}^2)(1,5\text{ s})^2$$

$$v_A = 13,38\text{ m/s} = 13,4\text{ m/s}$$

Movimento horizontal

A distância *R* pode agora ser determinada.

$(\xrightarrow{+})$

$$x_B = x_A + (v_A)_x t_{AB}$$

$$R = 0 + 13,38 \cos 30°\text{ m/s}(1.5\text{ s})$$

$$= 17,4\text{ m}$$

A fim de determinar a altura máxima *h*, vamos considerar a trajetória *AC*, Figura 12.23*b*. Aqui, as três incógnitas são o tempo de voo t_{AC}, a distância horizontal de *A* a *C*, e altura *h*. Na altura máxima $(v_C)_y = 0$, e visto que v_A é conhecida, podemos determinar *h diretamente*, sem considerar t_{AC}, utilizando a equação seguinte.

$$(v_C)^2_y = (v_A)^2_y + 2a_c[y_C - y_A]$$

$$0^2 = (13,38 \operatorname{sen} 30°\text{ m/s})^2 + 2(-9,81\text{ m/s}^2)[(h - 1\text{ m}) - 0]$$

$$h = 3,28\text{ m}$$

NOTA: Mostre que a motocicleta vai tocar o solo em *B* com uma velocidade tendo componentes de:

$$(v_B)_x = 11,6\text{ m/s} \rightarrow,$$
$$(v_B)_y = 8,02\text{ m/s} \downarrow$$

Problemas fundamentais

12.15. Se as componentes x e y da velocidade de uma partícula são $v_x = (32t)$ m/s e $v_y = 8$ m/s, determine a equação da trajetória $y = f(x)$. $x = 0$ e $y = 0$ quando $t = 0$.

12.16. Uma partícula está se movendo ao longo de uma trajetória reta. Se a sua posição ao longo do eixo x é $x = (8t)$ m, onde t é dado em segundos, determine sua velocidade escalar quando $t = 2$ s.

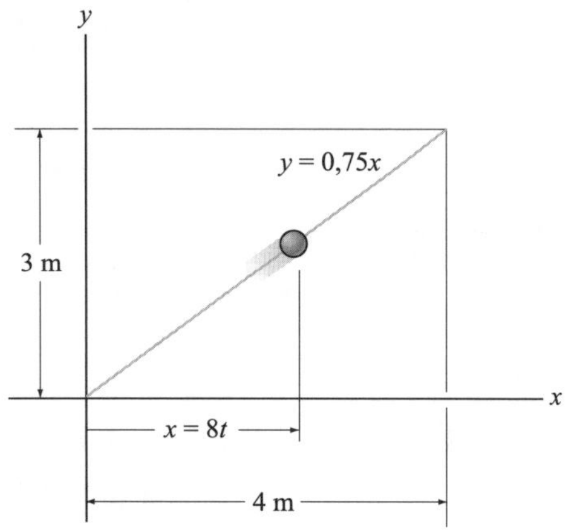

Problema 12.16

12.17. Uma partícula é forçada a se mover ao longo da trajetória. Se $x = (4t^4)$ m, onde t é dado em segundos, determine a intensidade da velocidade e da aceleração da partícula quando $t = 0,5$ s.

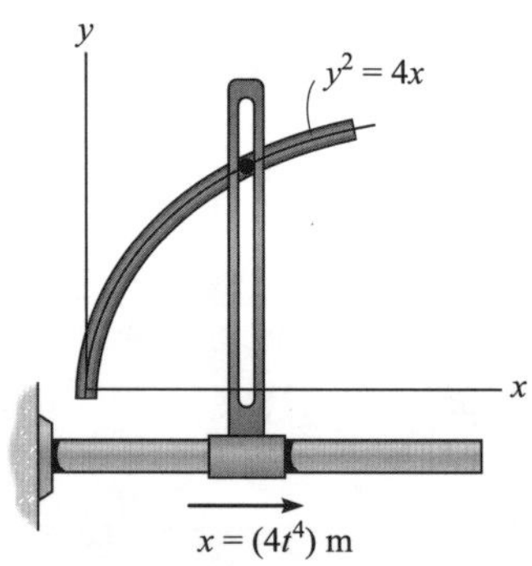

Problema 12.17

12.18. Uma partícula move-se ao longo de uma trajetória de uma linha reta $y = 0,5x$. Se a componente x da velocidade da partícula é $v_x = (2t^2)$ m/s, onde t é dado em segundos, determine a intensidade da velocidade e da aceleração da partícula quando $t = 4$ s.

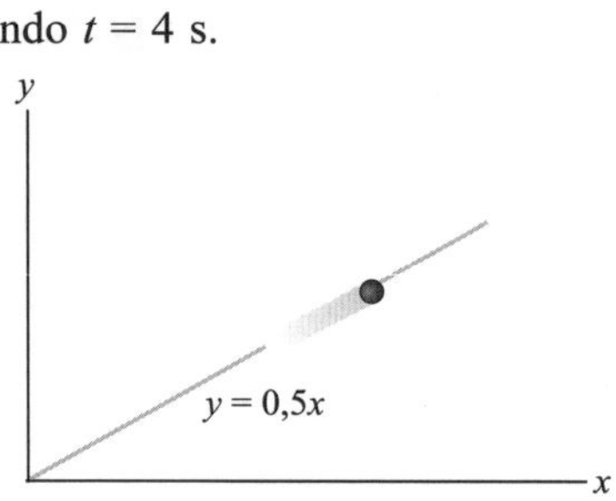

Problema 12.18

12.19. Uma partícula está se movendo ao longo de uma trajetória parabólica $y = 0,25x^2$. Se $x = (2t^2)$ m, onde t é dado em segundos, determine a intensidade da velocidade e da aceleração da partícula quando $t = 2$ s.

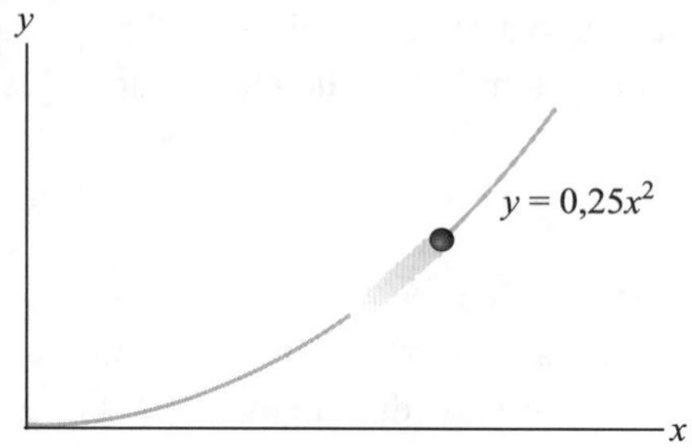

Problema 12.19

12.20. A posição de uma caixa deslizando para baixo por uma espiral pode ser descrita como $\mathbf{r} = [2 \text{ sen } (2t)\mathbf{i} + 2 \cos t\mathbf{j} - 2t^2\mathbf{k}]$ m, onde t é dado em segundos e os argumentos para o seno e o cosseno estão em radianos. Determine a velocidade e aceleração da caixa quando t = 2 s.

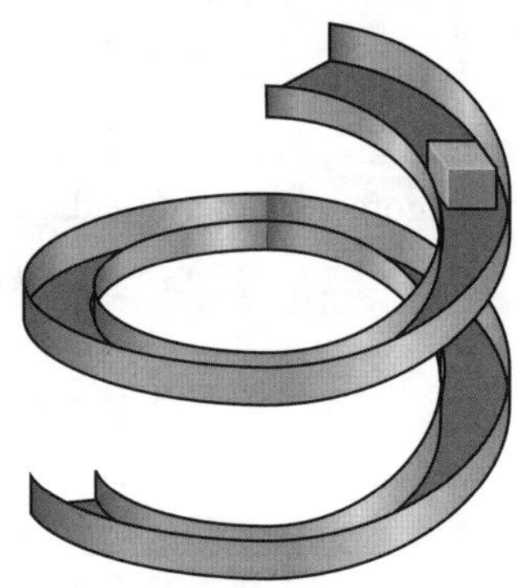

Problema 12.20

12.21. Uma bola é chutada do ponto A com uma velocidade inicial $v_A = 10$ m/s. Determine a altura máxima h que ela alcança.

12.22. Uma bola é chutada do ponto A com a velocidade inicial $v_A = 10$ m/s. Determine o alcance R e a velocidade escalar quando a bola tocar o solo.

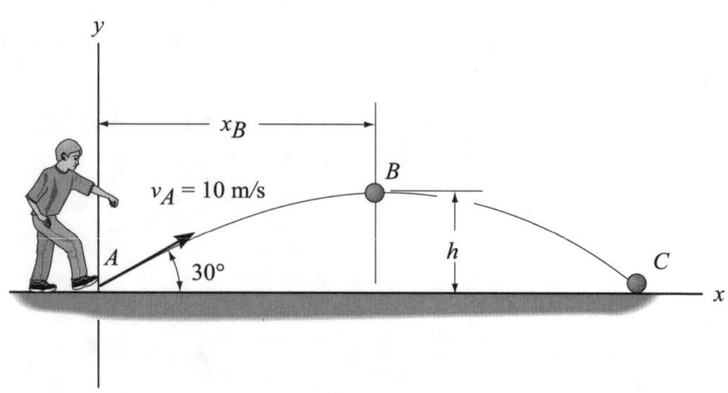

Problemas 12.21/22

12.23. Determine a velocidade escalar na qual uma bola de basquete em A deve ser jogada em um ângulo de 30° de maneira que ela chegue à cesta em B.

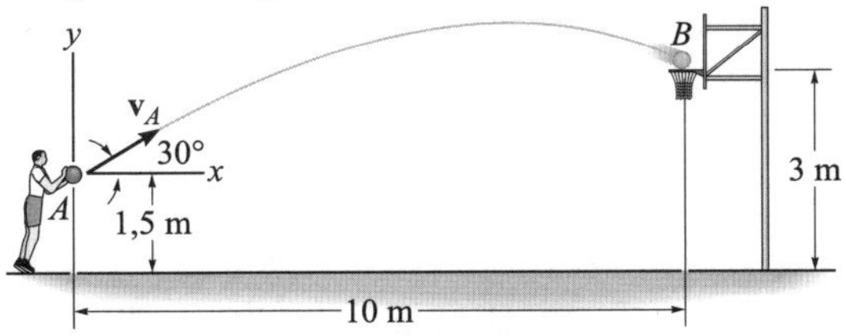

Problema 12.23

12.24. Água é esguichada em um ângulo de 90° a partir da inclinação a 20 m/s. Determine o alcance R.

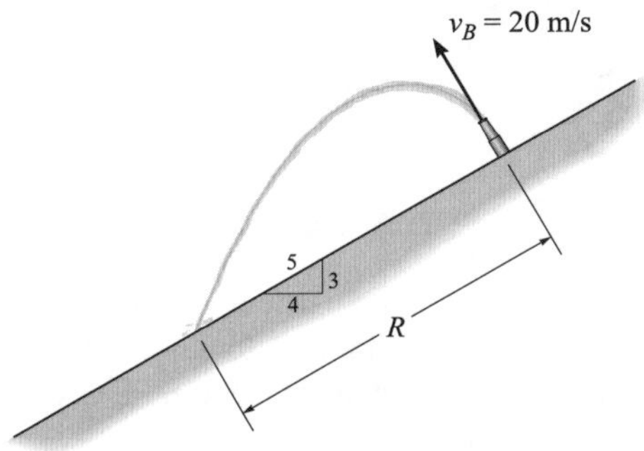

Problema 12.24

12.25. Uma bola é jogada de A. Se ela precisa transpor o muro em B, determine a intensidade mínima da sua velocidade inicial $\mathbf{v}_A$.

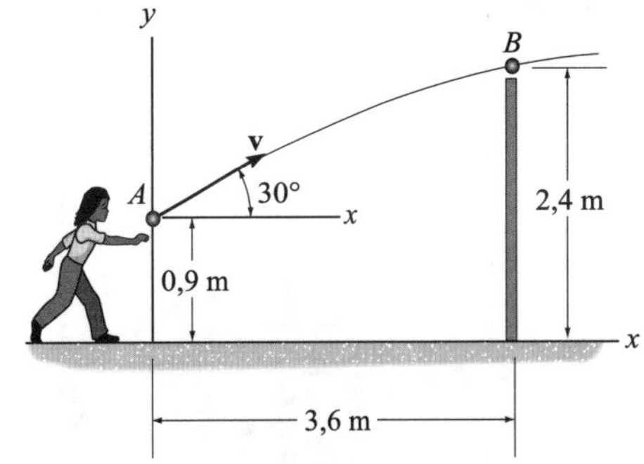

Problema 12.25

12.26. Um projétil é disparado com uma velocidade inicial de v_A = 150 m/s do telhado do prédio. Determine o alcance R onde ele atinge o solo em B.

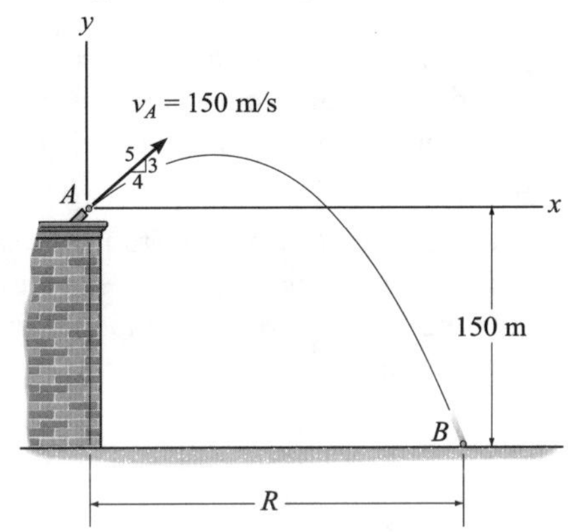

Problema 12.26

Problemas

12.71. A posição de uma partícula é $\mathbf{r} = \{(3t^3 - 2t)\mathbf{i} - (4t^{1/2} + t)\mathbf{j} + (3t^2 - 2)\mathbf{k}\}$m, onde t é dado em segundos. Determine a intensidade da velocidade e da aceleração da partícula quando t = 2 s.

***12.72.** A velocidade de uma partícula é $\mathbf{v} = \{3\mathbf{i} + (6 - 2t)\mathbf{j}\}$ m/s, onde t é dado em segundos. Se $\mathbf{r} = \mathbf{0}$ quando $t = 0$, determine o deslocamento da partícula durante o intervalo de tempo t = 1 s a t = 3 s.

•**12.73.** Uma partícula move-se ao longo da trajetória parabólica $y = bx^2$. Se a sua componente da velocidade ao longo do eixo y é $v_y = ct^2$, determine as componentes x e y da aceleração da partícula. Aqui, b e c são constantes.

12.74. A velocidade de uma partícula é dada por $\mathbf{v} = \{16t^2\mathbf{i} + 4t^3\mathbf{j} + (5t + 2)\mathbf{k}\}$ m/s, onde t é dado em segundos. Se a partícula está na origem quando $t = 0$, determine a intensidade da aceleração da partícula quando t = 2 s. Também, qual é a posição da partícula em coordenadas x, y, z neste instante?

12.75. Uma partícula desloca-se ao longo da trajetória circular $x^2 + y^2 = r^2$. Se a componente y da velocidade da partícula é $v_y = 2r \cos 2t$, determine as componentes x e y da sua aceleração em qualquer instante.

***12.76.** Uma caixa desce deslizando encosta abaixo, como descrito pela equação $y = (0{,}05x^2)$ m, onde x é dado em metros. Se a caixa tem componentes x de velocidade e aceleração com v_x = –3 m/s e a_x = –1,5 m/s² em x = 5 m, determine as componentes y da velocidade e aceleração da caixa neste instante.

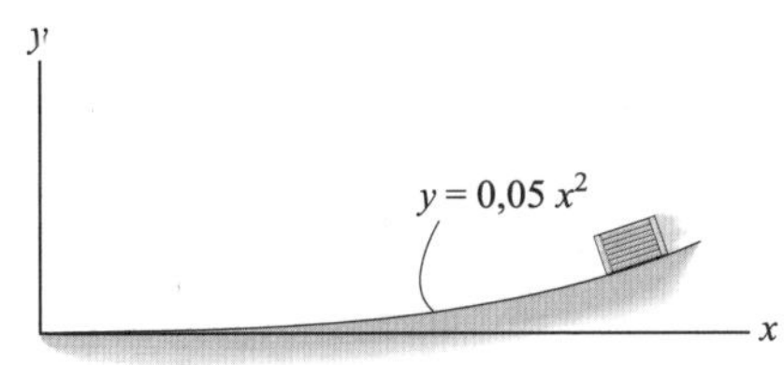

Problema 12.76

•**12.77.** A posição de uma partícula é definida por $\mathbf{r} = \{5 \cos 2t\ \mathbf{i} + 4 \operatorname{sen} 2t\ \mathbf{j}\}$ m, onde t é dado em segundos e os argumentos para o seno e o cosseno são dados em radianos. Determine as intensidades da velocidade e aceleração da partícula quando t = 1 s. Também, prove que a trajetória da partícula é elíptica.

12.78. As cavilhas A e B estão restritas a moverem-se nas fendas elípticas devido ao movimento da fenda da barra. Se a fenda da barra se desloca com uma velocidade escalar constante de 10 m/s, determine a intensidade da velocidade e aceleração da cavilha A quando $x = 1$ m.

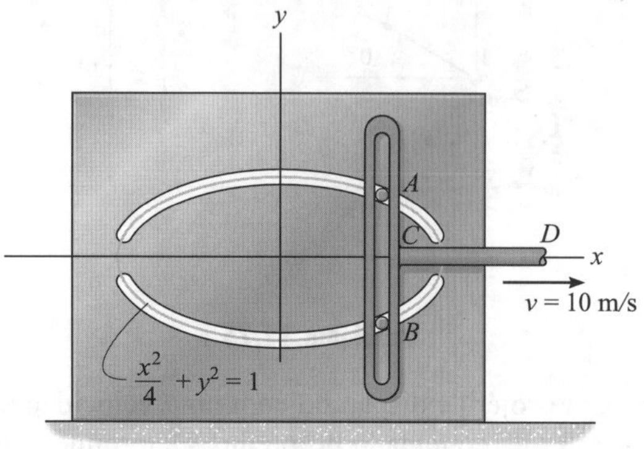

Problema 12.78

12.79. Uma partícula move-se ao longo da trajetória $y^2 = 4x$ com uma velocidade escalar constante de $v = 4$ m/s. Determine as componentes x e y da velocidade e aceleração quando a partícula está em $x = 4$ m.

***12.80.** Um carro move-se sobre um morro descrito por $y = (-5(10^{-3})\,x^2 + 4{,}5)$ m. Se ela tem uma velocidade escalar constante de 22,5 m/s, determine as componentes x e y da velocidade e aceleração da camionete quando $x = 15$ m.

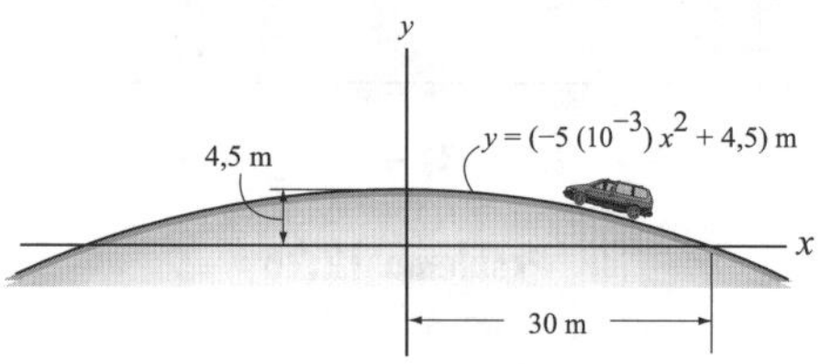

Problema 12.80

•12.81. Uma partícula move-se ao longo da trajetória circular de A para B em 1 s. Se ela leva 3 s para ir de A para C, determine a sua *velocidade média* quando ela vai de B para C.

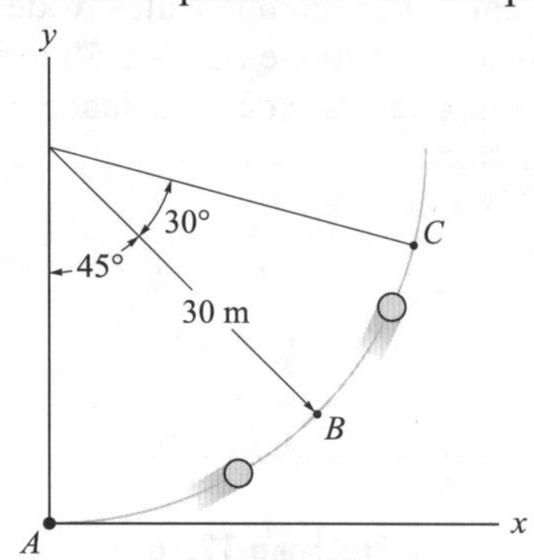

Problema 12.81

12.82. Um carro desloca-se 2 km para leste por 5 minutos; em seguida, 3 km para norte por 8 minutos; em seguida, 4 km para oeste por 10 minutos. Determine a distância total percorrida e a intensidade do deslocamento do carro. Determine também qual é a intensidade da velocidade média e da velocidade escalar média.

12.83. Um carrinho de montanha-russa desloca-se para baixo em uma trajetória helicoidal com uma velocidade escalar constante de tal maneira que as equações paramétricas que definem sua posição sejam $x = c$ sen kt, $y = c \cos kt$, $z = h - bt$, onde c, h e b são constantes. Determine as intensidades da sua velocidade e aceleração.

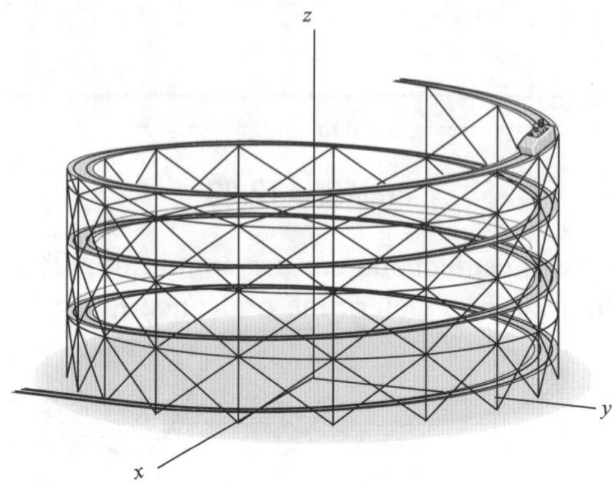

Problema 12.83

***12.84.** A trajetória de uma partícula é definida por $y^2 = 4kx$ e a componente da velocidade ao longo do eixo y é $v_y = ct$, onde ambos k e c são constantes. Determine as componentes x e y da aceleração quando $y = y_0$.

•12.85. Uma partícula move-se ao longo da curva $y = x - (x^2/400)$, onde x e y são dados em m. Se a componente da velocidade na direção x é $v_x = 2$ m/s e permanece constante, determine as intensidades da velocidade e aceleração quando $x = 20$ m.

12.86. Uma motocicleta move-se com uma velocidade escalar constante v_0 ao longo da trajetória que, por curta distância, assume a forma de uma curva senoidal. Determine as componentes x e y da sua velocidade sobre a curva em qualquer instante.

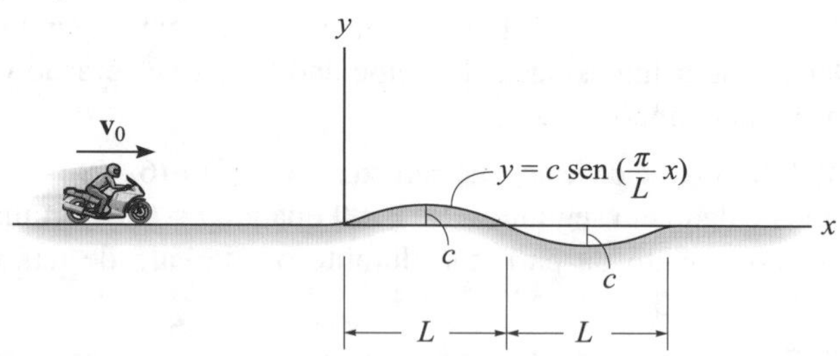

Problema 12.86

12.87. Um *skatista* deixa a rampa em A com uma velocidade inicial de v_A em um ângulo de 30º. Se ele atinge o solo em B, determine v_A e o tempo de voo.

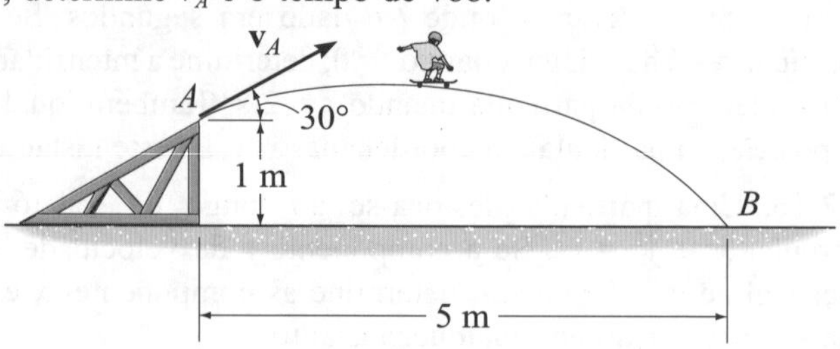

Problema 12.87

***12.88.** Um lançador joga a bola de beisebol horizontalmente com uma velocidade escalar de 42 m/s de uma altura de 1,5 m. Se o rebatedor está distante 18 m, determine o tempo para a bola chegar ao rebatedor e a altura h na qual ela passa o rebatedor.

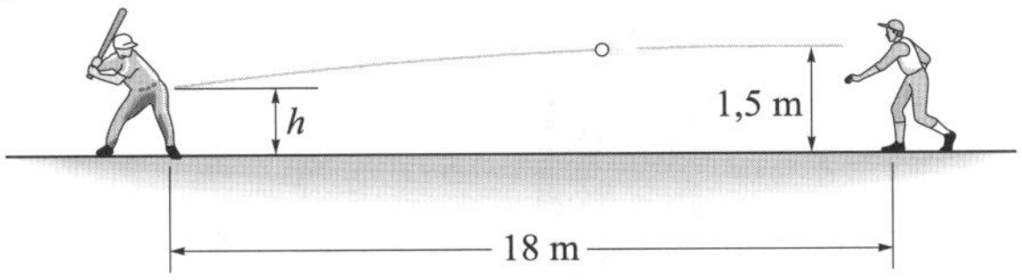

Problema 12.88

•12.89. Uma bola é jogada do topo do prédio. Se ela atinge o solo em B em 3 s, determine a velocidade inicial v_A e o ângulo de inclinação θ_A no qual ela foi jogada. Encontre também a intensidade da velocidade da bola quando ela atinge o solo.

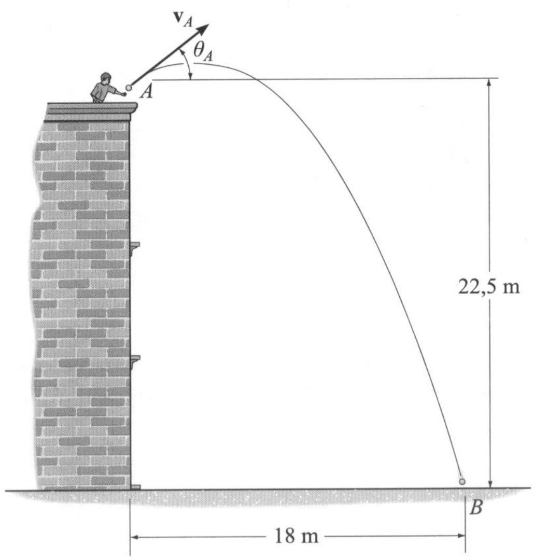

Problema 12.89

12.90. Um projétil é disparado com uma velocidade escalar de v = 60 m/s em um ângulo de 60º. Um segundo projétil é, então, disparado com a mesma velocidade 0,5 s mais tarde. Determine o ângulo θ do segundo projétil de maneira que os dois projéteis colidam. Em qual posição (x, y) isso vai acontecer?

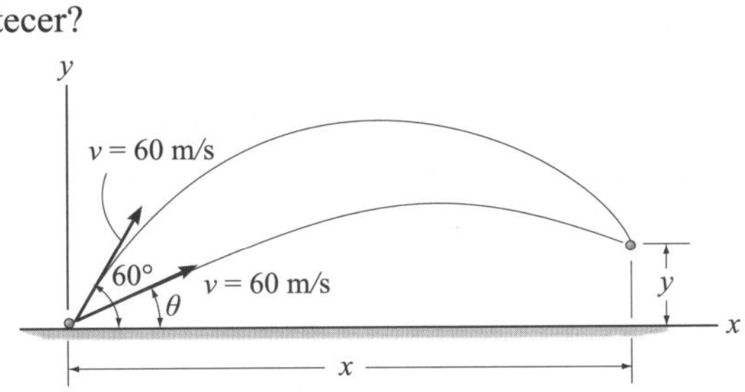

Problema 12.90

12.91. Um bombeiro segura a mangueira a um ângulo θ = 30º com a horizontal, e a água é lançada da mangueira em A com uma velocidade de v_A = 12 m/s. Se a corrente de água atinge o prédio em B, determine as duas distâncias possíveis s medidas a partir do prédio.

***12.92.** Água é liberada de uma mangueira com uma velocidade escalar de 12 m/s Determine os dois ângulos possíveis θ para que o bombeiro segure a mangueira de maneira que a água atinja o prédio em B. Considere s = 6 m.

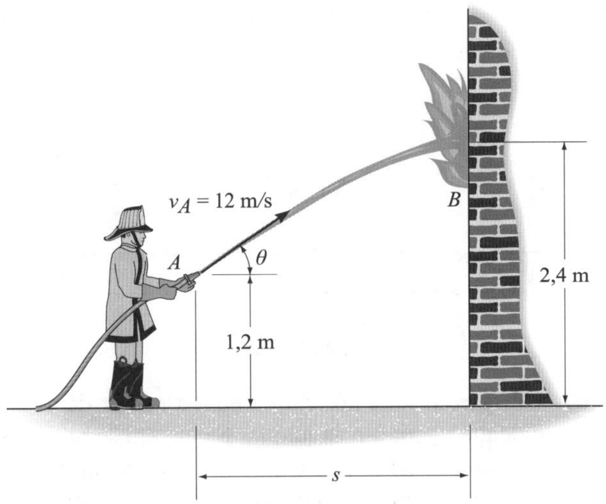

Problema 12.91/92

•12.93. Uma máquina de lançar bolas de beisebol está ajustada de maneira que a bola de beisebol seja lançada com uma velocidade escalar de v_A = 30 m/s. Se a bola atinge o solo em B, determine os dois ângulos possíveis θ_A em que ela pode ter sido lançada.

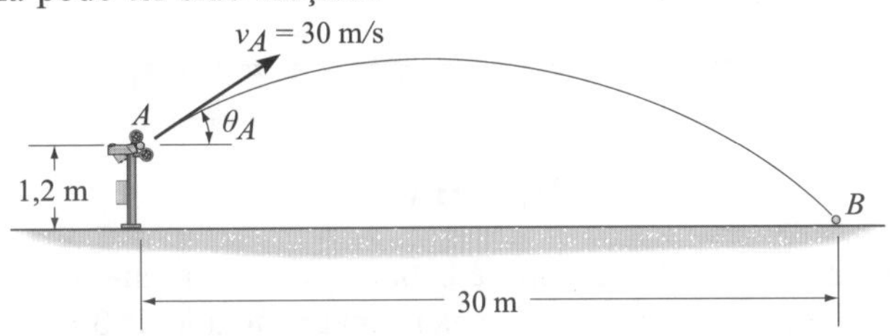

Problema 12.93

12.94. Observou-se que o tempo para a bola atingir o solo em B é 2,5 s. Determine a velocidade v_A e o ângulo θ_A no qual a bola foi jogada.

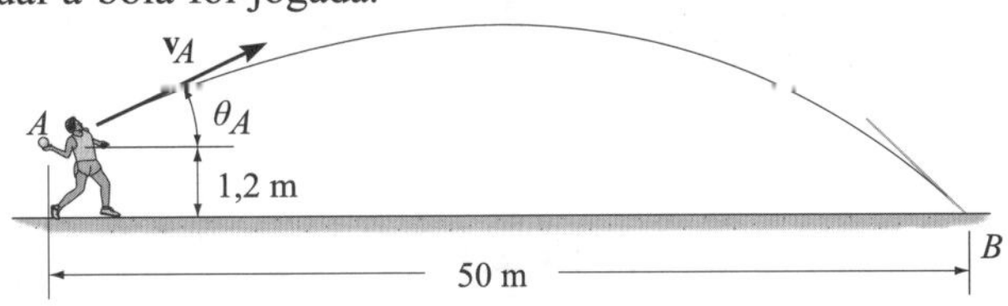

Problema 12.94

12.95. Se uma motocicleta deixa a rampa movendo-se a 33 m/s, determine a altura h que a rampa B deve ter de maneira que a motocicleta pouse seguramente.

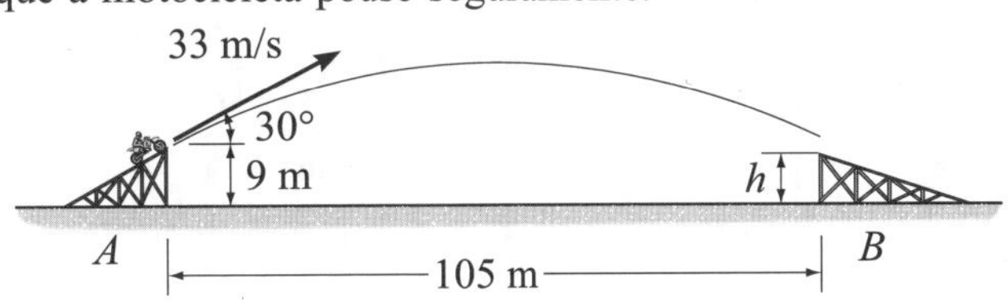

Problema 12.95

*__12.96.__ O jogador de beisebol A rebate a bola com $v_A = 12$ m/s e $\theta_A = 60°$. Quando a bola está diretamente acima do jogador B, ele começa a correr embaixo dela. Determine a velocidade escalar constante v_B e a distância d na qual B tem de correr a fim de segurar a bola na mesma altura a qual ela foi rebatida.

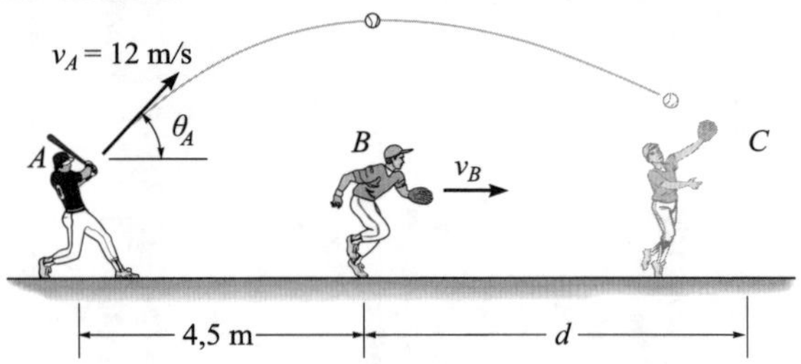

Problema 12.96

•**12.97.** Um garoto joga no ar uma bola a partrir de O com uma velocidade v_0 em um ângulo θ_1. Se ele em seguida joga outra bola com a mesma velocidade v_0 a um ângulo $\theta_2 < \theta_1$, determine o tempo entre os lançamentos de maneira que as bolas colidam em pleno ar em B.

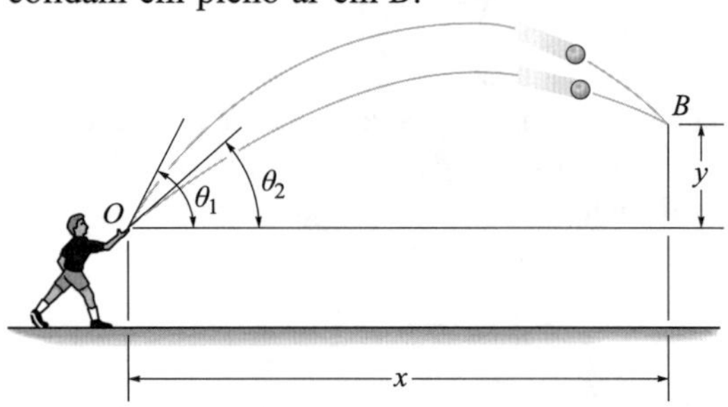

Problema 12.97

12.98. Uma bola de golfe é batida em A com uma velocidade de $v_A = 40$ m/s e direcionada em um ângulo de 30° com a horizontal como mostrado. Determine a distância d percorrida pela bola até atingir B.

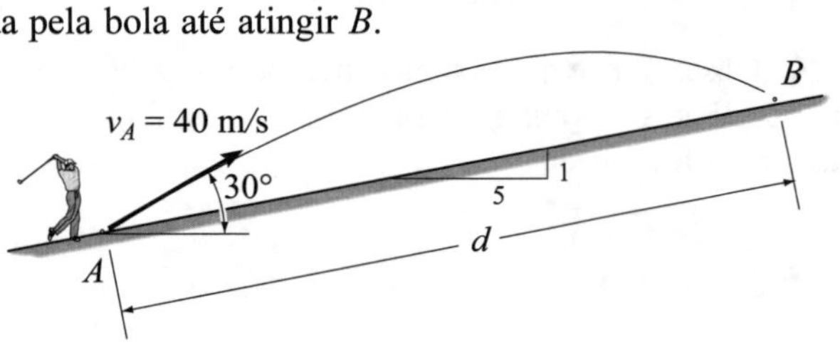

Problema 12.98

12.99. Se uma bola de futebol americano é chutada a um ângulo de 45°, determine sua velocidade escalar inicial mínima v_A de maneira que ela passe sobre o poste do gol em C. A que distância s do poste do gol a bola de futebol vai atingir o solo em B?

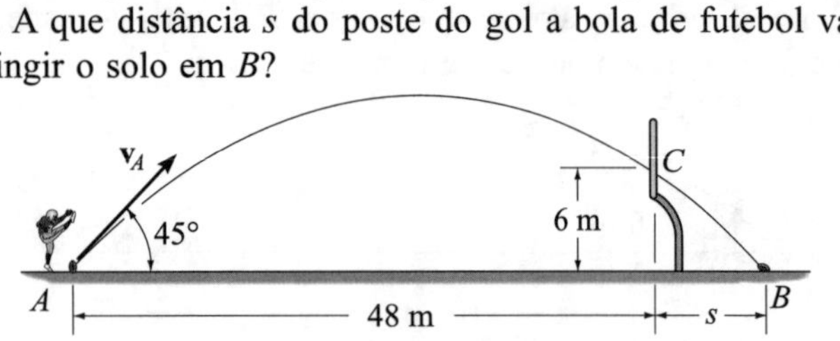

Problema 12.99

*__12.100.__ A velocidade do jato de água saindo do orifício pode ser obtida de $v = \sqrt{2\,gh}$, onde $h = 2$ m é a distância do orifício até a superfície livre da água. Determine o tempo para uma partícula de água deixando o orifício alcançar o ponto B e a distância horizontal x onde ela bate na superfície.

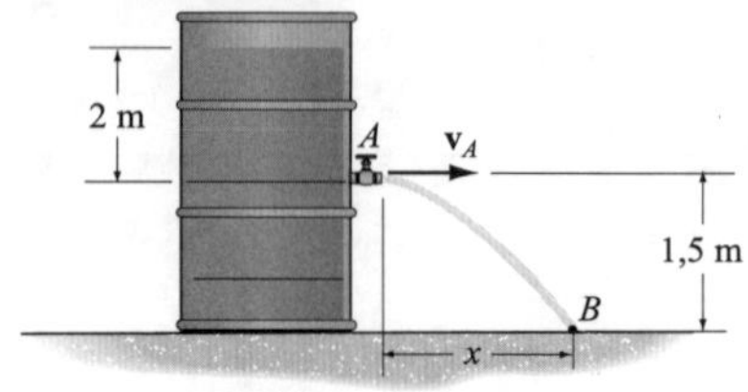

Problema 12.100

•**12.101.** Um projétil é disparado da plataforma em B. O atirador realiza o disparo da sua arma do ponto A a um ângulo de 30°. Determine a velocidade escalar da bala na boca da arma se ela atinge o projétil em C.

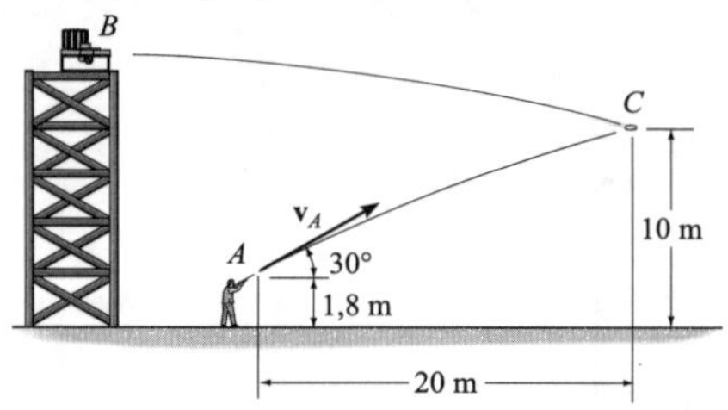

Problema 12.101

12.102. Uma bola de golfe é batida com uma velocidade de 24 m/s, como mostrado. Determine a distância d medida do lançamento até o ponto B.

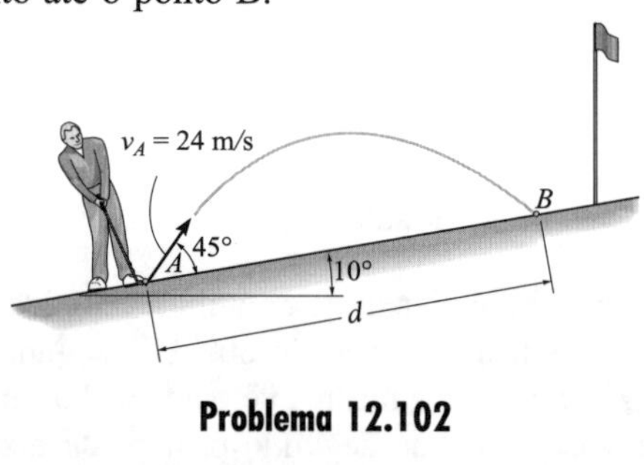

Problema 12.102

12.103. Uma bola de futebol americano deve ser chutada sobre o poste do gol que fica a 4,5 m de altura. Se a sua velocidade escalar inicial é $v_A = 24$ m/s, determine se ela consegue ultrapassar o poste do gol, e, se conseguir, qual o valor de h.

*__12.104.__ Uma bola de futebol americano é chutada sobre o poste do gol com uma velocidade inicial de $v_A = 24$/s como mostrado. Determine o ponto B (x, y) onde ela atinge as arquibancadas.

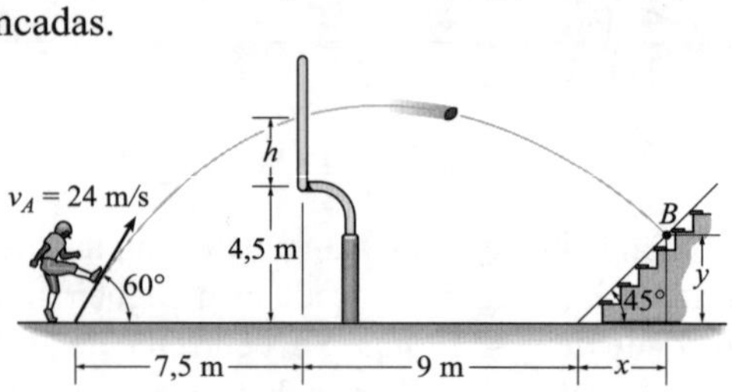

Problemas 12.103/104

•**12.105.** Um garoto em A tenta jogar uma bola sobre o telhado de um celeiro com uma velocidade escalar inicial de $v_A = 15$ m/s. Determine o ângulo θ_A no qual a bola deve ser jogada de maneira que ela alcance sua altura máxima em C. Encontre também a distância d de onde o garoto deve ficar para fazer o lançamento.

12.106. Um garoto em A tenta jogar uma bola sobre o telhado de um celeiro de tal maneira que ela é lançada em um ângulo de $\theta_A = 40°$. Determine a velocidade mínima v_A que ele deve jogar a bola de maneira que ela alcance sua altura máxima em C. Também, encontre a distância d onde o garoto deve ficar parado de maneira que ele possa fazer o lançamento.

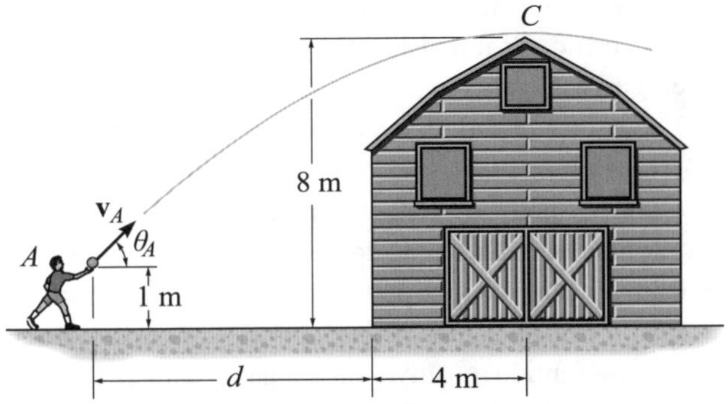

Problemas 12.105/106

12.107. Um bombeiro quer direcionar o fluxo de água da sua mangueira para o fogo em B. Determine dois ângulos possíveis θ_1 e θ_2 nos quais isso pode ser feito. A água sai da mangueira a $v_A = 24$ m/s.

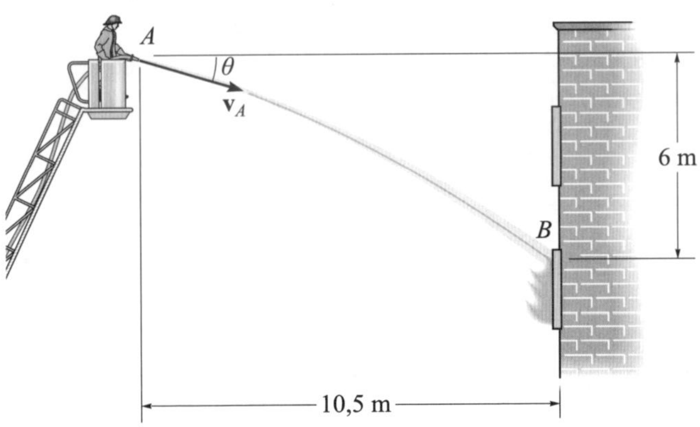

Problema 12.107

***12.108.** Pacotes pequenos movendo-se sobre uma esteira transportadora caem dentro de um carrinho de carga de 1 m de comprimento. Se a esteira está se movendo com uma velocidade escalar constante de $v_C = 2$ m/s, determine a menor e a maior distância R na qual a extremidade A do carro possa ser colocada em relação à esteira de maneira que os pacotes entrem no carrinho.

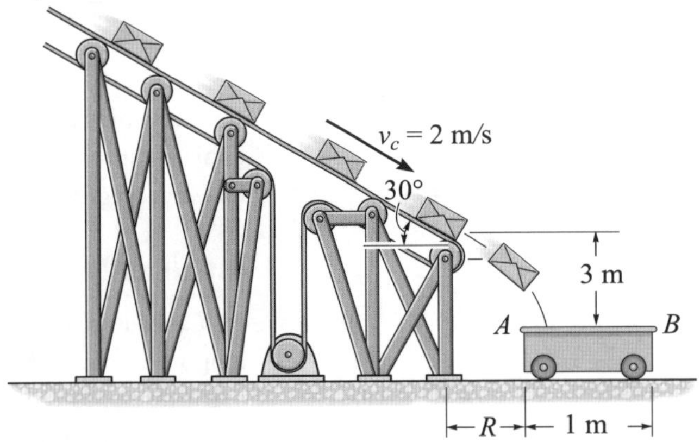

Problema 12.108

•**12.109.** Determine a velocidade horizontal v_A de uma bola de tênis em A de maneira que ela passe raspando a rede em B. Encontre também a distância s medida a partir das redes onde a bola atinge o solo.

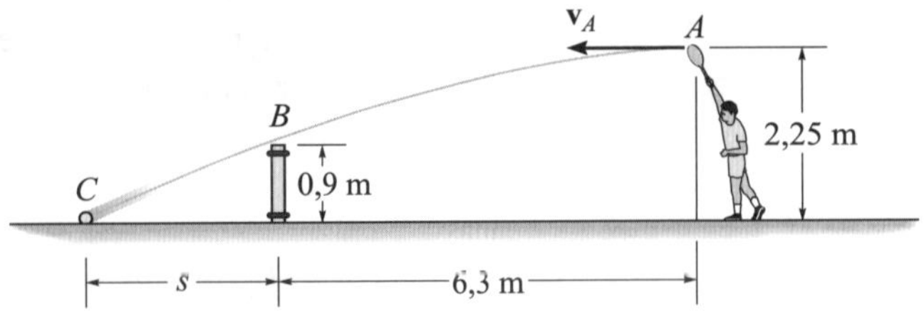

Problema 12.109

12.110. Observou-se que o esquiador deixa a rampa A formando o ângulo $\theta_A = 25°$ com a horizontal. Se ele atinge o solo em B, determine sua velocidade escalar inicial v_A e o tempo de voo t_{AB}.

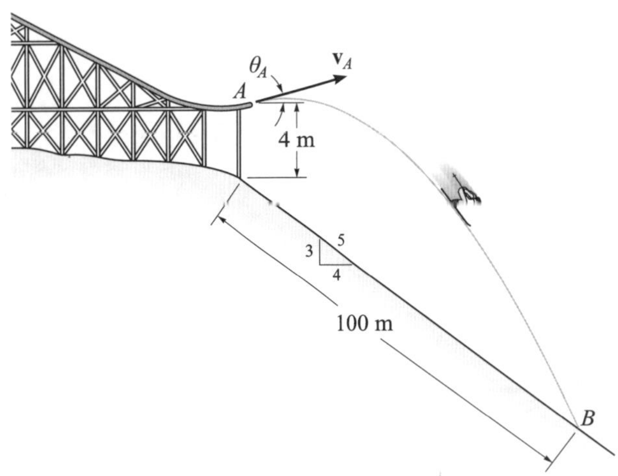

Problema 12.110

12.7 Movimento curvilíneo: componentes normal e tangencial

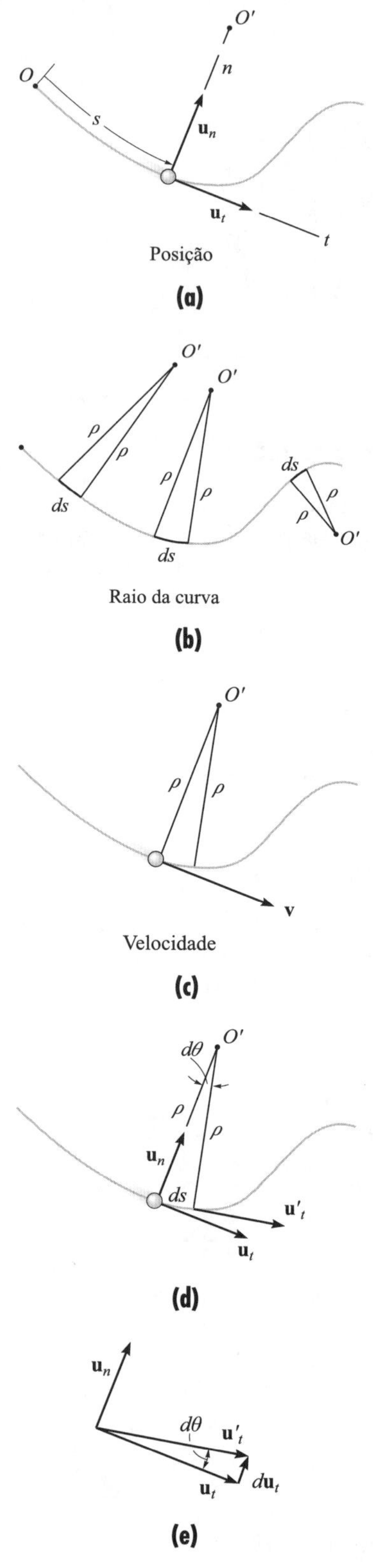

Figura 12.24

Quando a trajetória ao longo da qual uma partícula se move é *conhecida*, costuma ser conveniente descrever o movimento utilizando-se eixos de coordenadas *n* e *t* os quais atuam normal e tangente à trajetória, respectivamente, e no instante considerado tem sua *origem localizada na partícula*.

Movimento plano

Considere a partícula mostrada na Figura 12.24*a*, que se move em um plano ao longo de uma curva fixa tal que em dado instante ela está na posição *s*, medida a partir do ponto *O*. Agora, vamos considerar um sistema de coordenadas que tem sua origem em um *ponto fixo* sobre a curva, e no instante considerado esta origem *coincide* com a posição da partícula. O eixo *t* é *tangente* à curva nesse ponto e é positivo na direção em que *s aumenta*. Designaremos essa direção positiva com o vetor unitário $\mathbf{u}_t$. A única escolha para o *eixo normal* pode ser feita observando-se que geometricamente a curva é construída a partir de uma série de segmentos do arco diferenciais *ds*, Figura 12.24*b*. Cada segmento *ds* é formado a partir do arco de um círculo associado tendo um *raio de curvatura* ρ (rho) e *centro de curvatura* O'. O eixo normal *n* é perpendicular ao eixo *t* com seu sentido positivo direcionado para o *centro* da curvatura O', Figura 12.24*a*. Essa direção positiva, que fica *sempre* do lado côncavo da curva, será designada pelo vetor unitário $\mathbf{u}_n$. O plano que contém os eixos *n* e *t* é referido como o *plano osculador*, e nesse caso ele é fixo no plano do movimento.*

Velocidade

Visto que a partícula se move, *s* é uma função do tempo. Como indicado na Seção 12.4, a velocidade da partícula **v** tem uma *direção* que é *sempre tangente à trajetória*, Figura 12.24*c*, e uma *intensidade* que é determinada por meio da derivada temporal da função posição $s = s(t)$, ou seja, $v = ds/dt$ (Equação 12.8). Desse modo,

$$\mathbf{v} = v\mathbf{u}_t \tag{12.15}$$

onde:

$$v = \dot{s} \tag{12.16}$$

Aceleração

A aceleração da partícula é a taxa de variação temporal da velocidade. Assim,

$$\mathbf{a} = \dot{\mathbf{v}} = \dot{v}\mathbf{u}_t + v\dot{\mathbf{u}}_t \tag{12.17}$$

A fim de determinar a derivada temporal $\dot{\mathbf{u}}_t$, observe que, quando a partícula se move ao longo do arco *ds* no tempo *dt*, $\mathbf{u}_t$ preserva sua intensidade unitária; entretanto, sua *direção* varia, e torna-se $\mathbf{u}'_t$, Figura 12.24*d*. Como mostrado na Figura 12.24*e*, precisamos $\mathbf{u}'_t = \mathbf{u}_t + d\mathbf{u}_t$. Aqui, $d\mathbf{u}_t$ estende-se entre as extremidades dos vetores $\mathbf{u}_t$ e $\mathbf{u}'_t$, que se encontram sobre um arco de raio infinitesimal $u_t = 1$. Desse modo, $d\mathbf{u}_t$ tem uma *intensidade* de $du_t = (1)\ d\theta$, e sua *direção* é definida por $\mathbf{u}_n$. Consequentemente, $d\mathbf{u}_t = d\theta\mathbf{u}_n$ e, portanto, a derivada temporal torna-se $\dot{\mathbf{u}}_t = \dot{\theta}\mathbf{u}_n$. Visto que $ds = \rho d\theta$, Figura 12.24*d*, então $\dot{\theta} = \dot{s}/\rho$, e, portanto,

$$\dot{\mathbf{u}}_t = \dot{\theta}\mathbf{u}_n = \frac{\dot{s}}{\rho}\mathbf{u}_n = \frac{v}{\rho}\mathbf{u}_n$$

* O plano osculador pode também ser definido como o plano que tem o maior contato com a curva em um ponto. Ele é a posição-limite de um plano contatando ambos — o ponto e o segmento de arco ds. Como observado, o plano osculador é sempre coincidente com o de uma curva plana; entretanto, cada ponto sobre uma curva tridimensional tem um plano osculador único

Substituindo na Equação 12.17, **a** pode ser escrita como a soma de suas duas componentes,

$$\mathbf{a} = a_t\mathbf{u}_t + a_n\mathbf{u}_n \qquad (12.18)$$

onde:

$$a_t = \dot{v} \quad \text{ou} \quad a_t\,ds = v\,dv \qquad (12.19)$$

e

$$a_n = \frac{v^2}{\rho} \qquad (12.20)$$

Essas duas componentes mutuamente perpendiculares são mostradas na Figura 12.24*f*. Portanto, a *intensidade* da aceleração é o valor positivo de:

$$a = \sqrt{a_t^2 + a_n^2} \qquad (12.21)$$

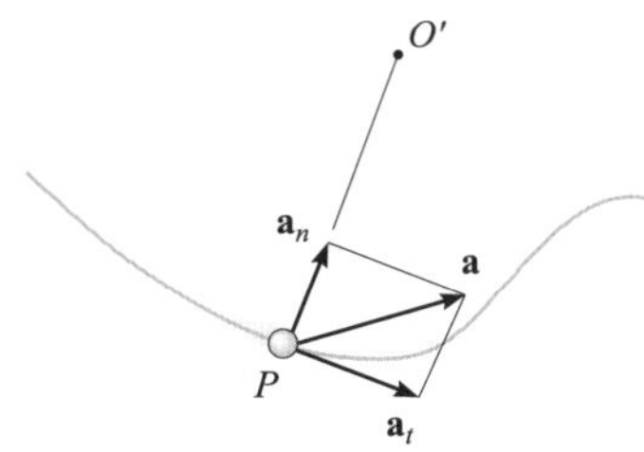

Aceleração

(f)

Figura 12.24

Para compreender melhor esses resultados, considere os dois casos especiais de movimento a seguir.

1. Se a partícula se move ao longo de uma linha reta, então $\rho \to \infty$ e da Equação 12.20, $a_n = 0$. Deste modo, $a = a_t = \dot{v}$, e podemos concluir que a *componente tangencial da aceleração representa a taxa de variação temporal na intensidade da velocidade.*
2. Se a partícula se desloca ao longo de uma curva com uma velocidade escalar constante, então $a_t = \dot{v} = 0$ e $a = a_n = v^2/\rho$. Portanto, a *componente normal da aceleração representa a taxa de variação temporal na direção da velocidade.* Visto que $\mathbf{a}_n$ sempre age na direção do centro de curvatura, essa componente é às vezes referida como a *aceleração centrípeta* (ou que busca o centro).

Como resultado dessas interpretações, uma partícula movendo-se ao longo da trajetória curva na Figura 12.25 terá acelerações direcionadas como mostrado.

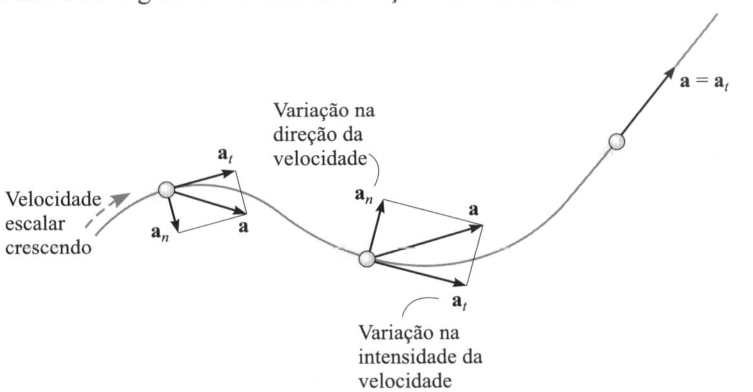

Figura 12.25

Movimento tridimensional

Se a partícula se move ao longo de uma curva espacial, Figura 12.26, então em um dado instante o eixo *t* é univocamente especificado; entretanto, um número infinito de linhas retas pode ser construído normal ao eixo tangencial. Como no caso do movimento plano, vamos escolher o eixo *n* positivo direcionado para o centro de curvatura da trajetória *O*′. Esse eixo é referido como *normal principal* à curva. Com os eixos *n* e *t* assim definidos, equações 12.15 até 12.21 podem ser usadas para determinar **v** e **a**. Visto que $\mathbf{u}_t$ e $\mathbf{u}_n$ são sempre perpendiculares entre si e se encontram no plano osculador, para o movimento espacial um terceiro vetor unitário, $\mathbf{u}_b$, define o *eixo binormal b* que é perpendicular a $\mathbf{u}_t$ e $\mathbf{u}_n$, Figura 12.26.

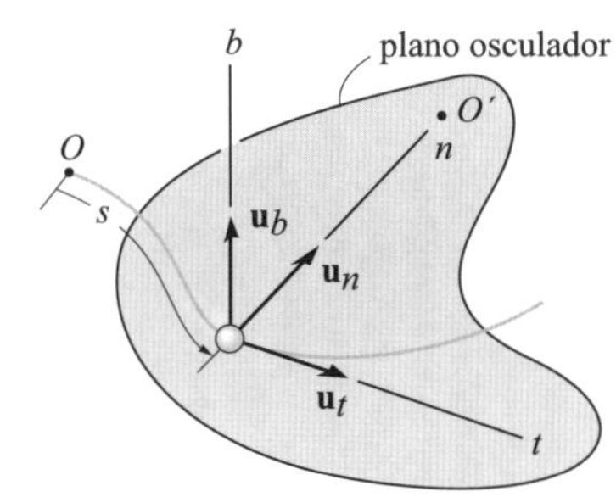

Figura 12.26

Já que os três vetores unitários estão relacionados entre si pelo produto vetorial, por exemplo, $\mathbf{u}_b = \mathbf{u}_t \times \mathbf{u}_n$, Figura 12.26, pode ser possível usar essa relação para estabelecer a direção de um dos eixos, se as direções dos outros dois são conhecidas. Por exemplo, se nenhum movimento ocorre na direção $\mathbf{u}_b$, e essa direção e $\mathbf{u}_t$ são conhecidos, então $\mathbf{u}_n$ pode ser determinado, onde, nesse caso, $\mathbf{u}_n = \mathbf{u}_b \times \mathbf{u}_t$, Figura 12.26. Lembre, entretanto, que $\mathbf{u}_n$, está sempre do lado côncavo da curva.

Procedimento para análise

Sistema de coordenadas

- Contanto que a *trajetória* da partícula seja *conhecida*, podemos estabelecer um conjunto de coordenadas n e t tendo uma *origem fixa*, a qual é coincidente com a partícula no instante considerado.
- O eixo tangente positivo age na direção do movimento e o eixo normal positivo está direcionado para o centro de curvatura da trajetória.

Velocidade

- A *velocidade* da partícula é sempre tangente à trajetória.
- A intensidade da velocidade é encontrada a partir da derivada temporal da função posição.

$$v = \dot{s}$$

Aceleração tangencial

- A componente tangencial da aceleração é o resultado da taxa de variação temporal na *intensidade* da velocidade. Essa componente age na direção s positiva se a velocidade escalar da partícula está aumentando ou na direção oposta se a velocidade escalar está diminuindo.
- As relações entre a_t, v, t e s são as mesmas que para o movimento retilíneo, nominalmente

$$a_t = \dot{v} \quad a_t ds = v\, dv$$

- Se a_t é constante, $a_t = (a_t)_c$, as equações anteriormente apresentadas, quando integradas, resultam em:

$$s = s_0 + v_0 t + \frac{1}{2}(a_t)_c t^2$$
$$v = v_0 + (a_t)_c t$$
$$v^2 = v_0^2 + 2(a_t)_c(s - s_0)$$

Aceleração normal

- A componente normal da aceleração é o resultado da taxa de variação temporal na *direção* da velocidade. Essa componente está *sempre* direcionada para o centro de curvatura da trajetória, ou seja, ao longo do eixo positivo n.
- A intensidade dessa componente é determinada por

$$a_n = \frac{v^2}{\rho}$$

- Se a trajetória é expressa como $y = f(x)$, o raio da curvatura ρ em qualquer ponto sobre a trajetória é determinado pela equação:

$$\rho = \frac{[1 + (dy/dx)^2]^{3/2}}{|d^2y/dx^2|}$$

A derivação desse resultado é dada em qualquer texto básico de cálculo.

Exemplo 12.14

Quando o esquiador alcança o ponto A ao longo da trajetória parabólica na Figura 12.27a, ele tem uma velocidade escalar de 6 m/s que está aumentando em 2 m/s^2. Determine a direção da sua velocidade e a direção e a intensidade da sua aceleração neste instante. Despreze o tamanho do esquiador no cálculo.

SOLUÇÃO

Sistema de coordenadas

Embora a trajetória tenha sido expressa em termos das suas coordenadas x e y, ainda podemos estabelecer a origem dos eixos n, t no ponto fixo A da trajetória e determinar as componentes de **v** e **a** ao longo desses eixos, Figura 12.17a.

Velocidade

Por definição, a velocidade é sempre tangente à trajetória. Visto que $y = \frac{1}{20}x^2$, $dy/dx = \frac{1}{10}x$, então $x = 10$ m, $dy/dx = 1$. Por conseguinte, em A, **v** faz um ângulo de $\theta = \text{tg}^{-1}1 = 45°$ com o eixo x, Figura 12.17a. Portanto,

$$v_A = 6 \text{ m/s} \quad 45° \searrow$$

A aceleração é determinada a partir de $\mathbf{a} = \dot{v}\mathbf{u}_t + (v^2/\rho)\mathbf{u}_n$. Entretanto, é necessário determinar primeiro o raio de curvatura da trajetória em A (10 m, 5 m). Visto que $d^2y/dx^2 = \frac{1}{10}$, então:

$$\rho = \frac{[1 + (dy/dx)^2]^{3/2}}{|d^2y/dx^2|} = \left.\frac{\left[1 + \left(\frac{1}{10}x\right)^2\right]^{3/2}}{\left|\frac{1}{10}\right|}\right|_{x = 10 \text{ m}} = 28{,}28 \text{ m}$$

A aceleração torna-se:

$$\begin{aligned}
\mathbf{a}_A &= \dot{v}\mathbf{u}_t + \frac{v^2}{\rho}\mathbf{u}_n \\
&= 2\mathbf{u}_t + \frac{(6 \text{ m/s})^2}{28{,}28 \text{ m}}\mathbf{u}_n \\
&= \{2\mathbf{u}_t + 1{,}273\mathbf{u}_n\}\text{m/s}^2
\end{aligned}$$

Como mostrado na Figura 12.27b,

$$a = \sqrt{(2 \text{ m/s}^2)^2 + (1{,}273 \text{ m/s}^2)^2} = 2{,}37 \text{ m/s}^2$$

$$\phi = \text{tg}^{-1}\frac{2}{1{,}273} = 57{,}5°$$

Assim, 45° + 90° + 57,5° – 180° = 12,5° de maneira que,

$$a = 2{,}37 \text{ m/s}^2 \quad 12{,}5° \searrow$$

NOTA: Utilizando as coordenadas n, t, fomos capazes de resolver prontamente esse problema com o uso da Equação 12.18, visto que ela leva em conta separadamente as variações na intensidade e direção de **v**.

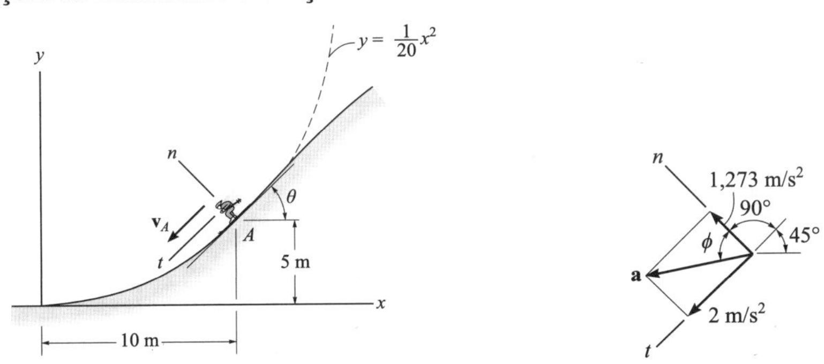

(a) (b)

Figura 12.27

Exemplo 12.15

Um carro de corrida C move-se em torno da pista circular que tem um raio de 90 m, Figura 12.28. Se o carro aumenta a sua velocidade escalar a uma razão constante de 2,1 m/s^2, partindo do repouso, determine o tempo necessário para ele alcançar uma aceleração de 2,4 m/s^2. Qual é a velocidade escalar neste instante?

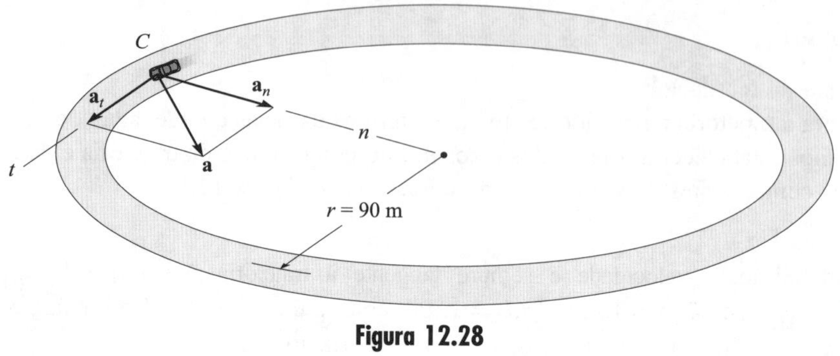

Figura 12.28

SOLUÇÃO

Sistema de coordenadas

A origem dos eixos n e t é coincidente com o carro no instante considerado. O eixo t está na direção do movimento, e o eixo n positivo é direcionado para o centro do círculo. Esse sistema de coordenadas é escolhido visto que a trajetória é conhecida.

Aceleração

A intensidade da aceleração pode ser relacionada as suas componentes utilizando-se $a = \sqrt{a_t^2 + a_n^2}$. Aqui $a_t = 2{,}1$ m/s^2. Visto que $a_n = v^2/\rho$, a velocidade como uma função do tempo tem de ser determinada primeiro.

$$v = v_0 + (a_t)_c t$$

$$v = 0 + 2{,}1t$$

Desse modo,

$$a_n = \frac{v^2}{\rho} = \frac{(2{,}1t)^2}{90} = 0{,}049t^2 \text{m/s}^2$$

O tempo necessário para a aceleração chegar a 2,4 m/s^2 é, portanto,

$$a = \sqrt{a_t^2 + a_n^2}$$

$$2{,}4 \text{ m/s}^2 = \sqrt{(2{,}1 \text{ m/s}^2)^2 + (0{,}049t^2)^2}$$

Resolvendo para o valor positivo de t, obtém-se:

$$0{,}049t^2 = \sqrt{(2{,}4 \text{ m/s}^2)^2 - (2{,}1 \text{ m/s}^2)^2}$$

$$t = 4{,}87 \ s$$

Velocidade

A velocidade escalar no tempo $t = 4{,}87$ s é:

$$v = 2{,}1t = 2{,}1\ (4{,}87) = 10{,}2 \text{ m/s}$$

NOTA: Lembre-se de que a velocidade será sempre tangente à trajetória, ao passo que a aceleração estará direcionada dentro da curvatura da trajetória.

Exemplo 12.16

As caixas na Figura 12.29a deslocam-se ao longo do transportador industrial. Se uma caixa como na Figura 12.29b parte do repouso em A e aumenta sua velocidade escalar de tal maneira que $a_t = (0{,}2t)$ m/s^2, onde t é dado em segundos, determine a intensidade da sua aceleração quando ela chega ao ponto B.

(a)

SOLUÇÃO

Sistema de coordenadas

A posição da caixa em qualquer instante é definida a partir do ponto fixo A utilizando a posição ou coordenada da trajetória s, Figura 12.29*b*. A aceleração deve ser determinada em B; assim, a origem dos eixos n, t é nesse ponto.

Aceleração

Para determinar as componentes da aceleração $a_t = \dot{v}$ e $a_n = v^2/\rho$, é necessário formular v e $\dot{v}$ de maneira que eles possam ser avaliados em B. Visto que $v_A = 0$ quando $t = 0$, então:

$$a_t = \dot{v} = 0{,}2t \quad (1)$$

$$\int_0^v dv = \int_0^t 0{,}2t\,dt$$

$$v = 0{,}1t^2 \quad (2)$$

O tempo necessário para a caixa chegar ao ponto B pode ser determinado observando-se que a posição de B é $s_B = 3 + 2\pi\,(2)/4 = 6{,}142$ m, Figura 12.29*b*, e visto que $s_A = 0$ quando $t = 0$, temos:

$$v = \frac{ds}{dt} = 0{,}1t^2$$

$$\int_0^{6{,}142\text{ m}} ds = \int_0^{t_B} 0{,}1t^2\,dt$$

$$6{,}142\text{ m} = 0{,}0333t_B^3$$

$$t_B = 5{,}690\text{s}$$

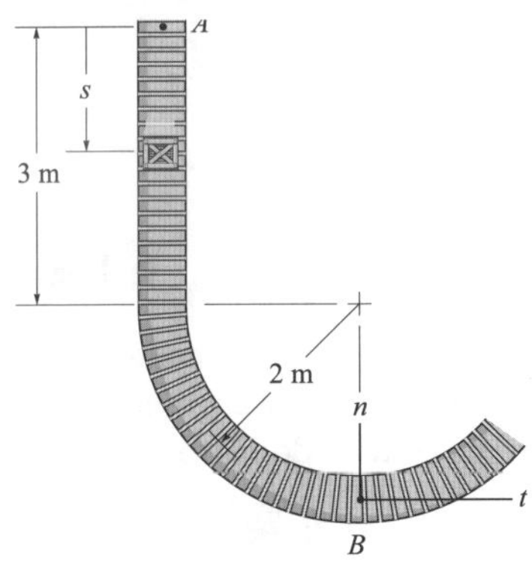

(b)

Substituindo nas equações 1 e 2 resulta:

$$(a_B)_t = \dot{v}_B = 0{,}2(5{,}690) = 1{,}138\text{ m/s}^2$$

$$v_B = 0{,}1(5{,}69)^2 = 3{,}238\text{ m/s}$$

Em B, $\rho_B = 2$ m, de maneira que:

$$(a_B)_n = \frac{v^2_B}{\rho_B} = \frac{(3{,}238\text{ m/s})^2}{2\text{ m}} = 5{,}242\text{ m/s}^2$$

A intensidade de $\mathbf{a}_B$, Figura 12.29*c*, é, portanto,

$$a_B = \sqrt{(1{,}138\text{ m/s}^2)^2 + (5{,}242\text{ m/s}^2)^2} = 5{,}36\text{ m/s}^2$$

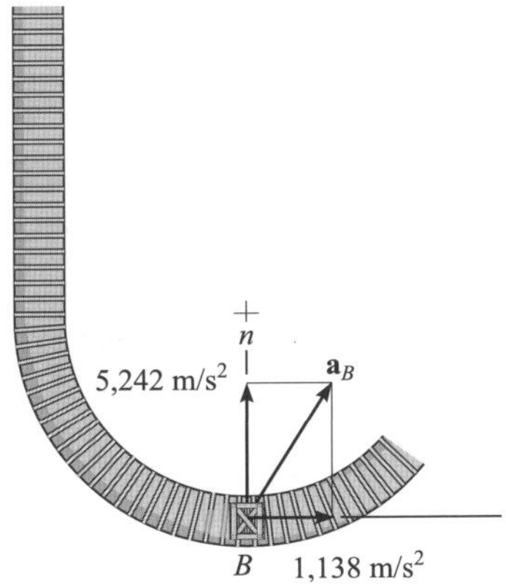

(c)

Figura 12.29

Problemas fundamentais

12.27. Um barco está se movendo ao longo da trajetória circular com uma velocidade escalar de $v = (0{,}0625t^2)$ m/s, onde t é dado em segundos. Determine a intensidade da sua aceleração quando $t = 10$ s.

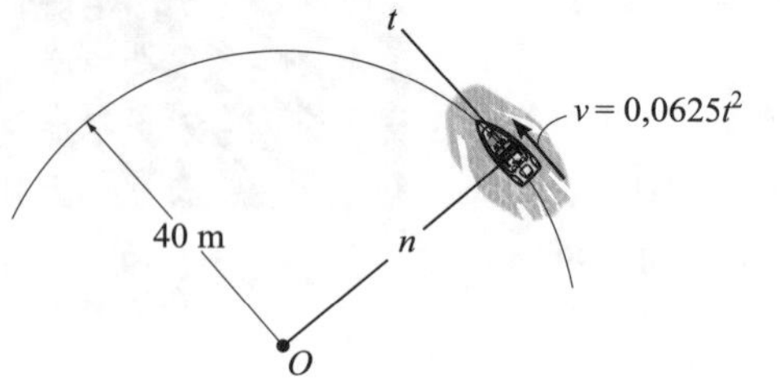

Problema 12.27

12.28. Um carro está se movendo ao longo da estrada com a velocidade escalar de $v = (300/s)$ m/s, onde s é dado em metros. Determine a intensidade da sua aceleração quando $t = 3$ s se $t = 0$ em $s = 0$.

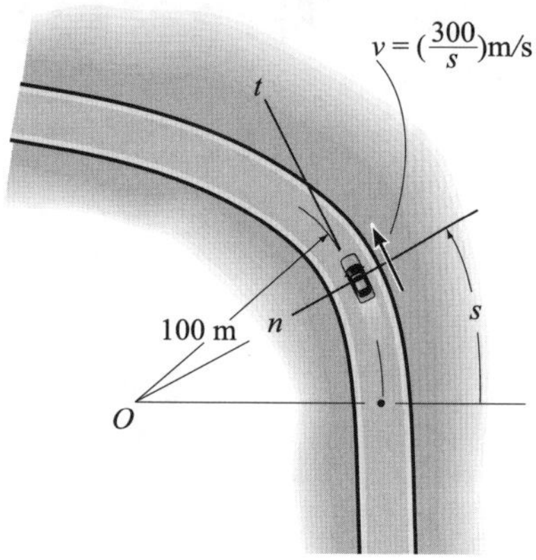

Problema 12.28

12.29. Se o carro desacelera uniformemente ao longo da estrada curva de 25 m/s em A para 15 m/s em C, determine a aceleração do carro em B.

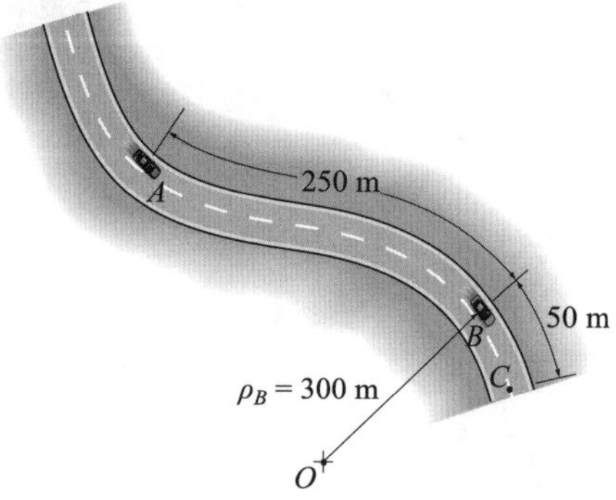

Problema 12.29

12.30. Quando $x = 3$ m, o caixote tem uma velocidade escalar de 6 m/s que está aumentando a 1,8 m/s². Determine a direção da velocidade do caixote e a intensidade da aceleração do caixote nesse instante.

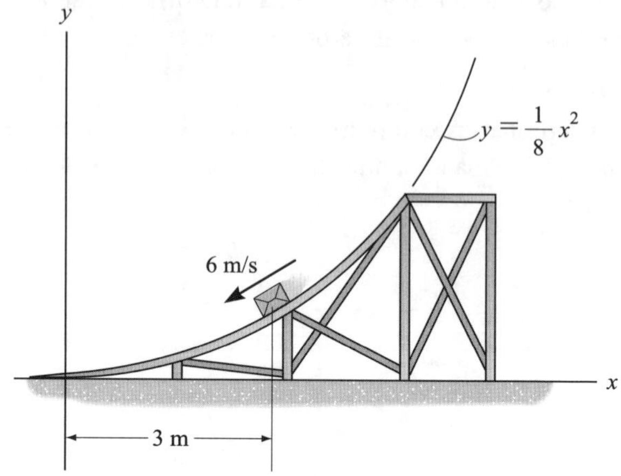

Problema 12.30

12.31. Se a motocicleta tem uma desaceleração de $a_t = -(0{,}001s)$ m/s² e sua velocidade escalar na posição A é 25 m/s, determine a intensidade da sua aceleração quando ela passa o ponto B.

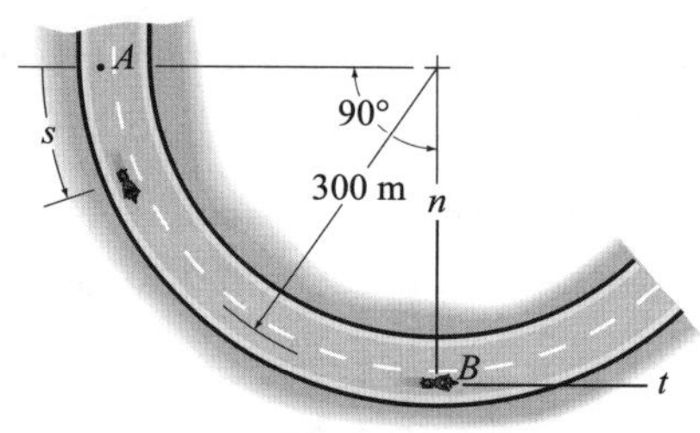

Problema 12.31

12.32. O carro sobe um morro com uma velocidade escalar de $v = (0{,}2s)$ m/s, onde s é dado em metros, medido a partir de A. Determine a intensidade da sua aceleração quando ele está no ponto $s = 50$ m, onde $\rho = 500$ m.

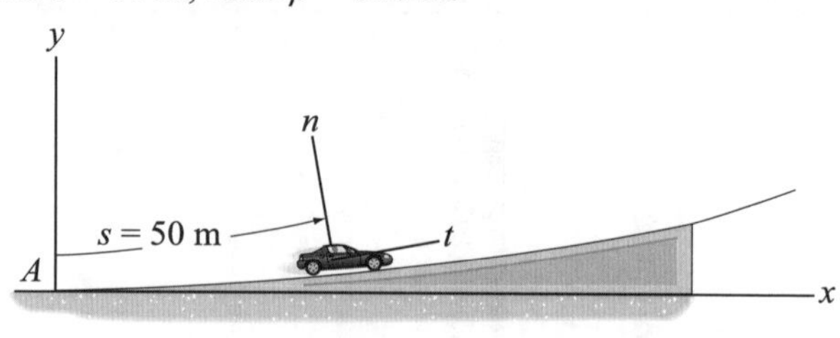

Problema 12.32

Problemas

12.111. Quando se projeta a curva de uma autoestrada, é necessário considerar que os carros viajando a uma velocidade escalar constante de 25 m/s não tenham uma aceleração que exceda 3 m/s². Determine o raio de curvatura mínimo da curva.

***12.112.** Em dado instante, um carro desloca-se ao longo de uma estrada curva circular com uma velocidade escalar de 20 m/s enquanto diminui sua velocidade escalar em uma taxa de 3 m/s². Se a intensidade da aceleração do carro é 5 m/s², determine o raio de curvatura da estrada.

•12.113. Determine a velocidade escalar constante máxima que um carro de corrida pode ter se a aceleração do carro não pode exceder 7,5 m/s² enquanto gira em uma pista tendo um raio de curvatura de 200 m.

12.114. Um automóvel está se deslocando em uma curva circular horizontal que tem raio de 240 m. Se a aceleração do automóvel é 1,5 m/s², determine a velocidade escalar constante na qual o automóvel está se movendo.

12.115. Um carro move-se ao longo de uma estrada curva circular horizontal que tem raio de 600 m. Se a velocidade escalar é uniformemente aumentada a uma razão de 2000 km/h², determine a intensidade da aceleração no instante que a velocidade escalar do carro é 60 km/h.

***12.116.** Um automóvel tem velocidade escalar de 24 m/s no ponto A e tem aceleração **a**, tendo intensidade de 3 m/s², atuando na direção mostrada. Determine o raio de curvatura da trajetória no ponto A e a componente tangencial da aceleração.

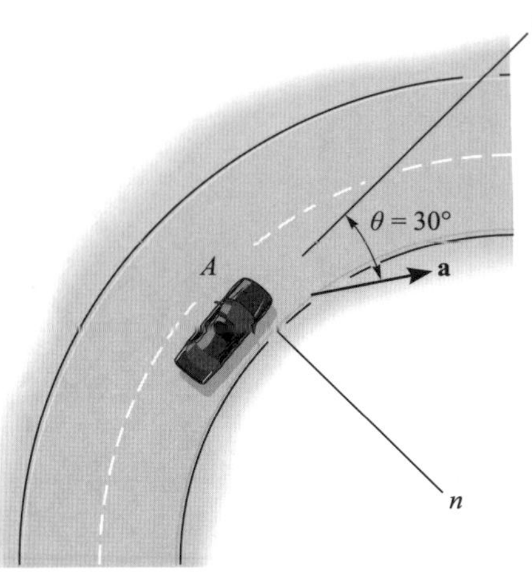

Problema 12.116

•12.117. Partindo do repouso, uma lancha desloca-se ao longo da trajetória circular ρ = 50 m, a uma velocidade escalar $v = (0{,}8t)$ m/s, onde t é dado em segundos. Determine as intensidades da velocidade e aceleração da lancha no instante em que ela tenha se deslocado 20 m.

12.118. Partindo do repouso, uma lancha move-se em torno da trajetória circular, ρ = 50 m, a uma velocidade escalar $v = (0{,}2t^2)$ m/s, onde t é dado em segundos. Determine as intensidades da velocidade e aceleração da lancha no instante t = 3 s.

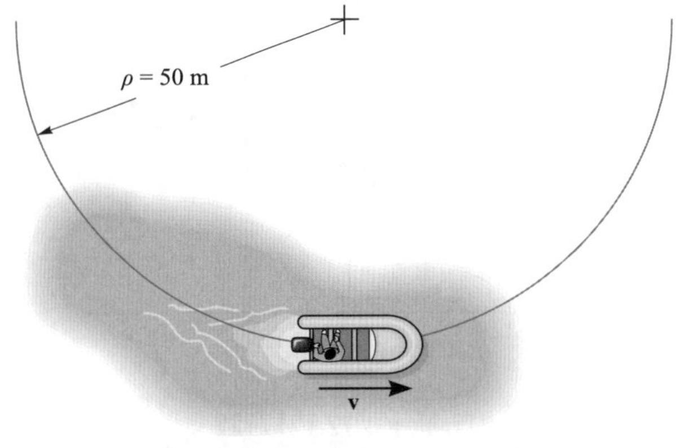

Problemas 12.117/118

12.119. Um carro viaja ao longo de uma pista circular de raio 75 m, e sua velocidade escalar por curto período de tempo $0 \leq t \leq 2$ s e $v = 0{,}9\,(t + t^2)$ m/s, onde t é dado em segundos. Determine a intensidade da aceleração do carro quando t = 2 s. Qual a distância que ele se moveu em t = 2 s?

***12.120.** Um carro move-se ao longo de uma trajetória circular de tal maneira que sua velocidade escalar é aumentada por $a_t = (0{,}5e^t)$ m/s², onde t é dado em segundos. Determine as intensidades da sua velocidade e aceleração após o carro ter se movido s = 18 m partindo do repouso. Despreze a dimensão do carro.

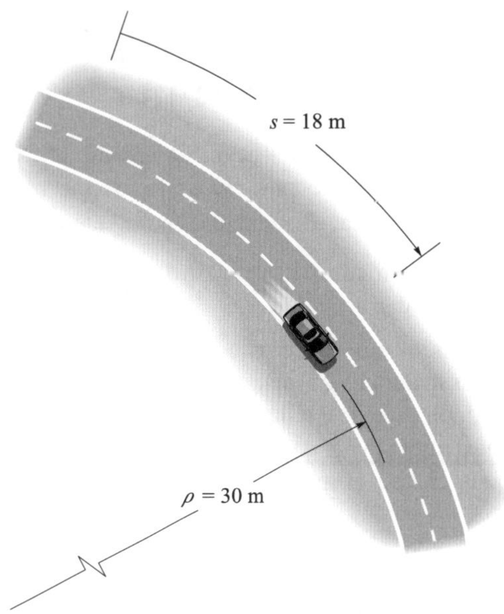

Problema 12.120

•12.121. Um trem passa pelo ponto B com uma velocidade escalar de 20 m/s, a qual está diminuindo em a_t = –0,5 m/s². Determine a intensidade da aceleração do trem nesse ponto.

12.122. O trem passa o ponto A com uma velocidade escalar de 30 m/s e começa a reduzir sua velocidade escalar a uma razão constante de $a_t = -0{,}25$ m/s^2. Determine a intensidade da aceleração do trem quando ele chega ao ponto B, onde $s_{AB} = 412$ m.

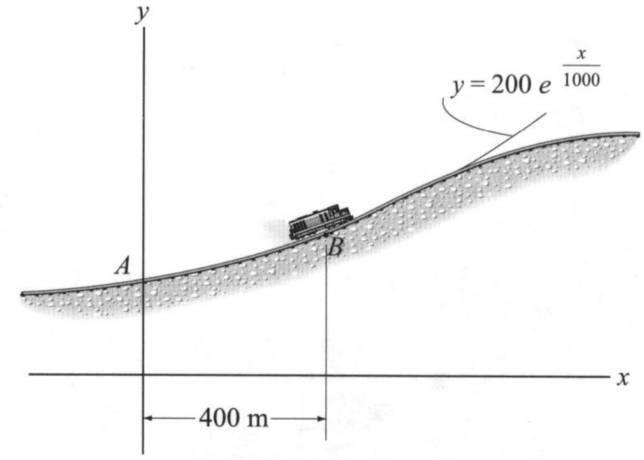

Problemas 12.121/122

12.123. O carro passa o ponto A com uma velocidade escalar de 25 m/s, após o qual a sua velocidade escalar é definida por $v = (25 - 0{,}15s)$ m/s. Determine a intensidade da aceleração do carro quando ele chega ao ponto B, onde $s = 51{,}5$ m.

***12.124.** Se o carro passa o ponto A com uma velocidade escalar de 20 m/s e começa a aumentar sua velocidade escalar a uma razão constante de $a_t = 0{,}5$ m/s^2, determine a intensidade da aceleração do carro quando $s = 100$ m.

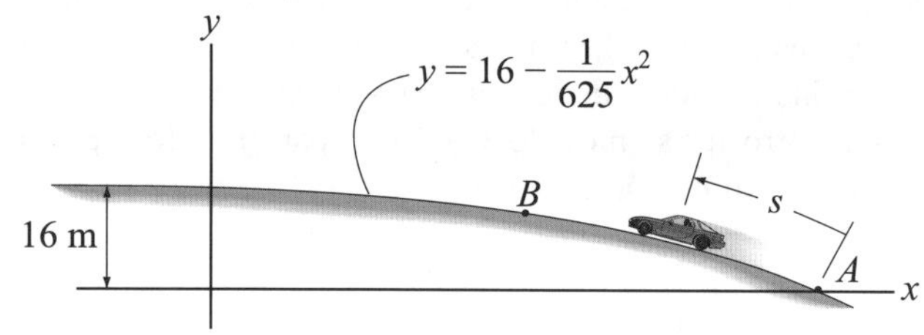

Problemas 12.123/124

•**12.125.** Quando o carro chega ao ponto A, ele tem velocidade escalar de 25 m/s. Se os freios são acionados, sua velocidade escalar é reduzida em $a_t = \left(-\frac{1}{4}t^{1/2}\right)$ m/s^2. Determine a intensidade da aceleração do carro imediatamente antes de ele chegar ao ponto C.

12.126. Quando um carro chega ao ponto A, ele tem velocidade escalar de 25 m/s. Se os freios são acionados, sua velocidade escalar é reduzida em $a_t = (0{,}001s - 1)$ m/s^2. Determine a intensidade da aceleração do carro imediamente antes de ele chegar ao ponto C.

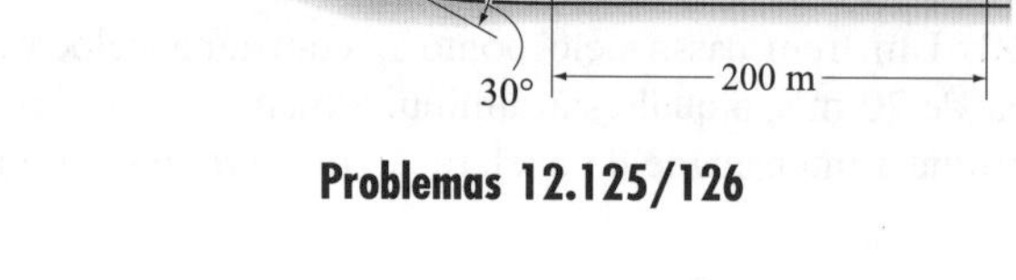

Problemas 12.125/126

12.127. Determine a intensidade da aceleração do avião durante a curva. Ele voa ao longo da trajetória circular horizontal AB em 40 s, enquanto mantém uma velocidade escalar constante de 90 m/s.

***12.128.** Um avião voa ao longo da trajetória circular horizontal AB em 60 s. Se a sua velocidade escalar no ponto A é 120 m/s, que diminui a uma razão de $a_t = (-0{,}03t)$ m/s^2, determine a intensidade da aceleração do avião quando ele chegar ao ponto B.

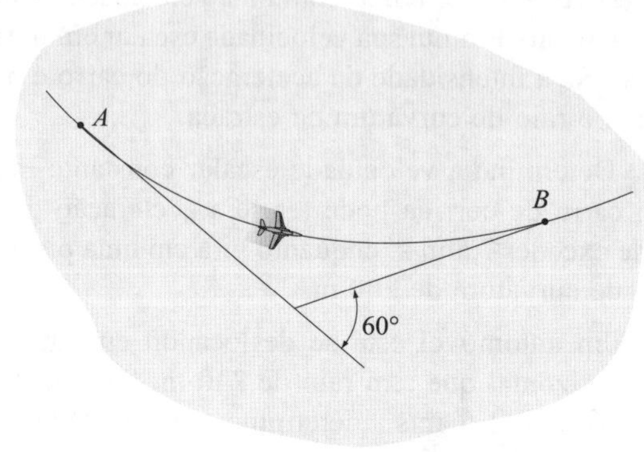

Problemas 12.127/128

•**12.129.** Quando o carrinho da montanha-russa está em B, ele tem uma velocidade escalar de 25 m/s, a qual está aumentando em $a_t = 3$ m/s^2. Determine a intensidade da aceleração do carrinho da montanha-russa nesse instante e o ângulo de direção que ela faz com eixo x.

12.130. Se o carrinho da montanha-russa parte do repouso em A e sua velocidade escalar aumenta em $a_t = (6 - 0{,}06s)$ m/s^2, determine a intensidade da sua aceleração quando ela alcança B onde $s_B = 40$ m.

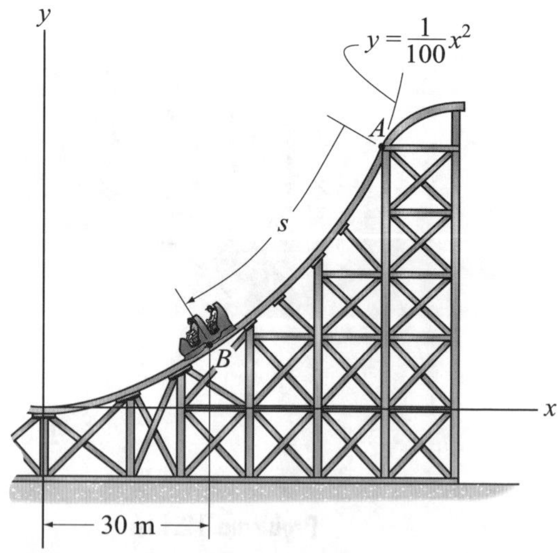

Problemas 12.129/130

12.131. O carro está viajando a uma velocidade escalar de 30 m/s. O motorista, então, aciona os freios em A e, assim, reduz a velocidade escalar do carro a uma razão de $a_t = (-0{,}08v)$ m/s^2, onde v é dado em m/s. Determine a aceleração do carro pouco antes de ele chegar ao ponto C na curva circular. O carro leva 15 s para viajar de A para C.

***12.132.** O carro está viajando a uma velocidade escalar de 30 m/s. O motorista aciona os freios em A e, assim, reduz a velocidade escalar a uma razão de $a_t = \left(-\frac{1}{8}t\right)$ m/s^2, onde t é dado em segundos. Determine a aceleração do carro pouco antes de ele chegar ao ponto C na curva circular. O carro leva 15 s para viajar de A para C.

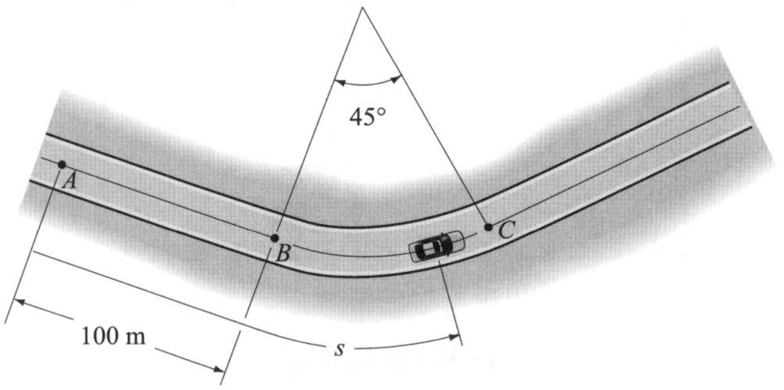

Problemas 12.131/132

•**12.133.** Uma partícula está se deslocando ao longo de uma curva circular tendo um raio de 20 m. Se ela tem uma velocidade escalar inicial de 20 m/s e em seguida começa a reduzir sua velocidade escalar na razão de $a_t = (-0{,}25s)$ m/s^2, determine a intensidade da aceleração da partícula 2 segundos mais tarde.

12.134. Um carro de corrida move-se com uma velocidade escalar constante de 240 km/h em torno de uma pista de corrida elíptica. Determine a aceleração sentida pelo motorista em A.

12.135. O carro de corrida move-se com uma velocidade escalar constante de 240 km/h em torno da pista elíptica. Determine a aceleração sentida pelo motorista em B.

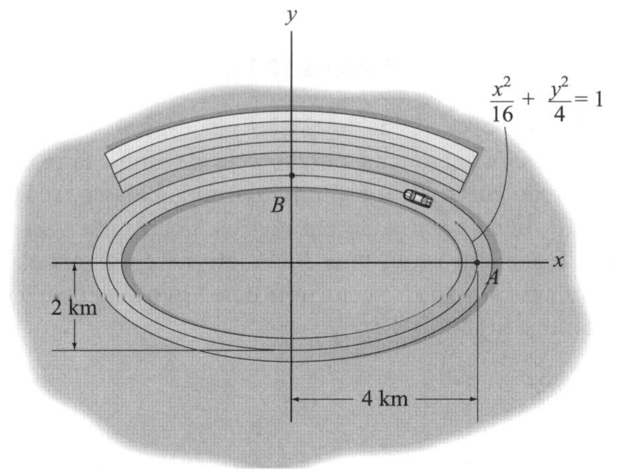

Problemas 12.134/135

***12.136.** A posição de uma partícula é definida por $\mathbf{r} = \left\{2\,\text{sen}\left(\frac{\pi}{4}\right)t\mathbf{i} + 2\cos\left(\frac{\pi}{4}\right)t\mathbf{j} + 3t\mathbf{k}\right\}$ m, onde t é dado em segundos. Determine as intensidades da velocidade e aceleração em qualquer instante.

•**12.137.** A posição de uma partícula é definida por $\mathbf{r} = \{t^3\mathbf{i} + 3t^2\mathbf{j} + 8t\mathbf{k}\}$ m, onde t é dado em segundos. Determine a intensidade da velocidade e aceleração e o raio de curvatura da trajetória quando $t = 2$ s.

12.138. O carro B faz uma curva de tal maneira que sua velocidade escalar é aumentada na razão de $(a_t)_B = (0{,}5e^t)$ m/s^2, onde t é dado em segundos. Se um carro parte do repouso quando $\theta = 0°$, determine as intensidades da sua velocidade e aceleração quando o braço AB gira $\theta = 30°$. Despreze a dimensão do carro.

12.139. O carro B faz uma curva de tal maneira que sua velocidade escalar é aumentada na razão de $(a_t)_B = (0{,}5e^t)$ m/s^2, onde t é dado em segundos. Se o carro parte do repouso quando $\theta = 0°$, determine as intensidades da sua velocidade e aceleração quando $t = 2$ s. Despreze a dimensão do carro.

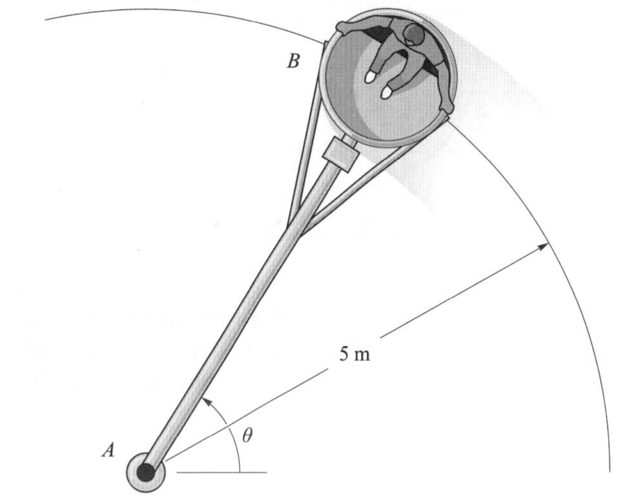

Problemas 12.138/139

***12.140.** Um caminhão move-se com uma velocidade escalar de 4 m/s ao longo de uma estrada circular que tem um raio de 50 m. Por curta distância a partir de $s = 0$, sua velocidade escalar é, então, aumentada na razão de $a_t = (0{,}05s)$ m/s^2, onde s é dado em metros. Determine sua velocidade escalar e a intensidade da sua aceleração no instante em que ele tenha se movido $s = 10$ m.

•**12.141.** Um caminhão move-se ao longo de uma estrada circular que tem um raio de 50 m a uma velocidade escalar de 4 m/s. Por uma curta distância quando $t = 0$, sua velocidade escalar é, então, aumentada na razão de $a_t = (0{,}1t)$ m/s^2, onde t é dado em segundos. Determine a velocidade escalar e a intensidade da aceleração do caminhão quando $t = 4$ s.

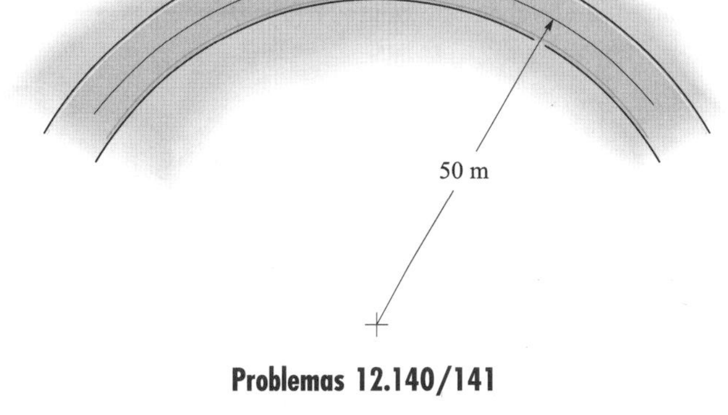

Problemas 12.140/141

12.142. Dois ciclistas, A e B, estão se deslocando no sentido anti-horário em torno de uma pista circular a uma velocidade escalar constante de 2,4 m/s no instante mostrado. Se a velocidade escalar de A é aumentada na razão de $(a_t)_A = 0{,}09\,(s_A)$ m/s^2, onde s_A é dado em metros, determine a distância medida no sentido anti-horário ao longo da pista de B para A entre os ciclistas quando $t = 1$ s. Qual é a intensidade da aceleração de cada ciclista nesse instante?

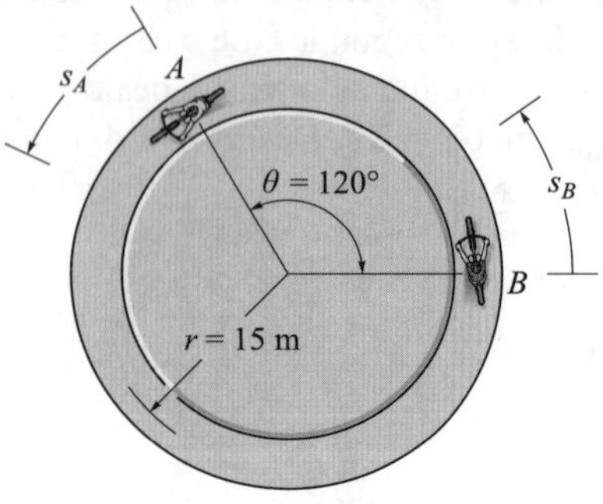

Problema 12.142

12.143. Os garotos em um tobogã estão se movendo para baixo ao longo de uma curva que pode ser aproximada pela parábola $y = 0{,}01x^2$. Determine a intensidade da sua aceleração quando eles chegam ao ponto A, onde sua velocidade escalar é $v_A = 10$ m/s, e ela está aumentando a uma razão de $(a_t)_A = 3$ m/s^2.

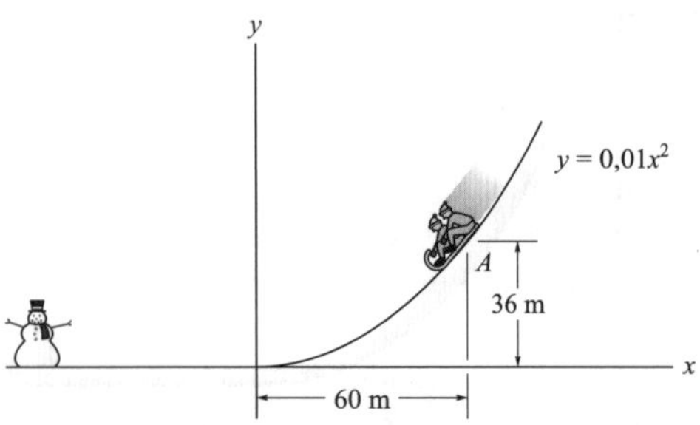

Problema 12.143

***12.144.** Um avião a jato está se deslocando com uma velocidade escalar de 120 m/s que está diminuindo a 40 m/s^2 quando ele chega ao ponto A. Determine a intensidade da sua aceleração quando ele está nesse ponto. Especifique também a direção do voo, medida a partir do eixo x.

•12.145. O avião a jato está se deslocando com uma velocidade escalar constante de 110 m/s ao longo da trajetória curva. Determine a intensidade da aceleração do avião no instante que ele chega ao ponto A ($y = 0$).

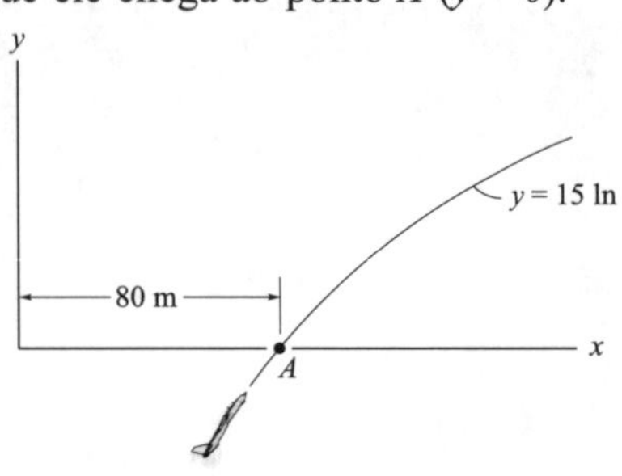

Problemas 12.144/145

12.146. Um motociclista desloca-se ao longo da curva a uma velocidade escalar constante de 9 m/s. Determine a sua aceleração quando ele está localizado no ponto A. Despreze a dimensão da motocicleta e do motociclista para o cálculo.

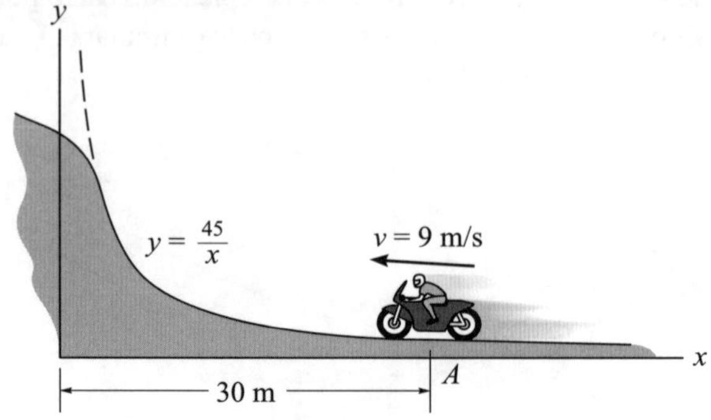

Problema 12.146

12.147. A caixa de tamanho desprezível está deslizando para baixo ao longo de uma trajetória curva definida pela parábola $y = 0{,}4x^2$. Quando ela está em A ($x_A = 2$ m, $y_A = 1{,}6$ m), a velocidade escalar é $v_B = 8$ m/s e o aumento na velocidade escalar é $dv_B/dt = 4$ m/s^2. Determine a intensidade da aceleração da caixa nesse instante.

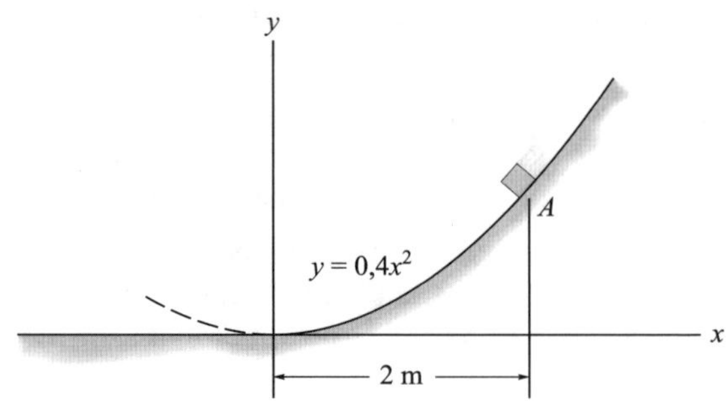

Problema 12.147

***12.148.** Uma curva de transição em espiral é usada em ferrovias para ligar uma porção reta da linha férrea com uma porção curva. Se a espiral é definida pela equação $y = 9(10^{-6})x^3$, onde x e y estão em metros, determine a intensidade da aceleração de uma locomotiva se movendo com uma velocidade escalar constante de 12 m/s quando ela está no ponto $x = 180$ m.

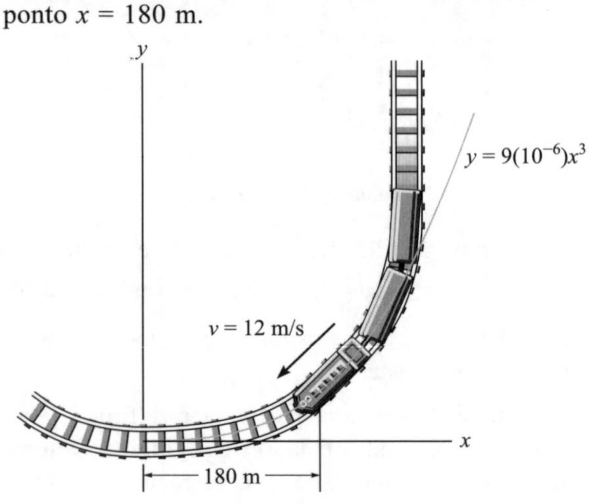

Problema 12.148

•12.149. As partículas A e B estão se deslocando no sentido anti-horário em torno de uma pista circular a uma velocidade escalar constante de 8 m/s. Se no instante mostrado a velocidade de A começa a aumentar na razão de $(a_t)_A = (0{,}4s_A)$ m/s^2, onde s_A é dado em metros, determine a distância medida no sentido anti-horário ao longo da pista de B para A quando $t = 1$ s. Qual é a intensidade da aceleração de cada partícula neste instante?

12.150. As partículas A e B estão se deslocando em torno de uma pista circular a uma velocidade escalar de 8 m/s no instante mostrado. Se a velocidade escalar de B está aumentando na razão de $(a_t)_B = 4$ m/s^2 e no mesmo instante A tem um aumento na velocidade escalar na razão de $(a_t)_A = 0{,}8t$ m/s^2, determine quanto tempo leva para ocorrer uma colisão. Qual é a intensidade da aceleração de cada partícula pouco antes de ocorrer a colisão?

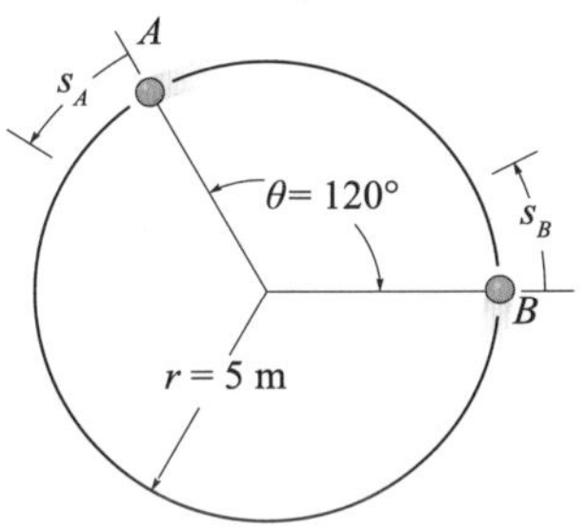

Problemas 12.149/150

12.151. Um carro de corrida move-se ao longo da pista circular com uma velocidade escalar de 16 m/s. Quando ele chega ao ponto A, ele aumenta sua velocidade escalar na razão de $a_t = \left(\frac{4}{3}v^{1/4}\right)$ m/s^2, onde v é dado em m/s. Determine as intensidades da velocidade e aceleração do carro quando ele chega ao ponto B. Além disso, quanto tempo é necessário para ele se deslocar de A para B?

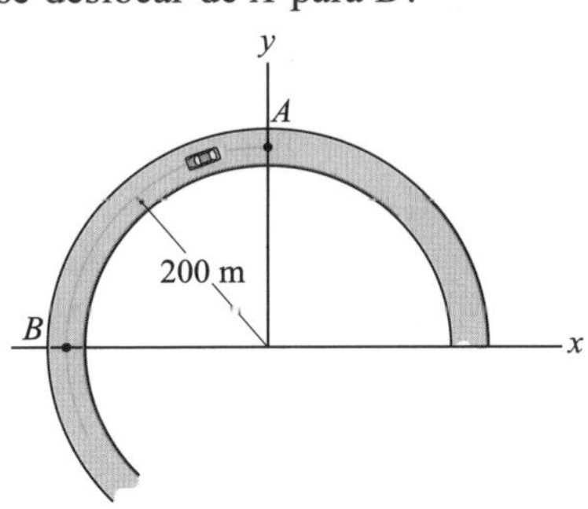

Problema 12.151

***12.152.** Uma partícula move-se ao longo da trajetória $y = a + bx + cx^2$, onde a, b e c são constantes. Se a velocidade escalar da partícula é constante $v = v_0$, determine as componentes x e y da velocidade e a componente normal da aceleração quando $x = 0$.

•12.153. Uma bola é chutada com velocidade escalar inicial $v_A = 8$ m/s a um ângulo $\theta_A = 40°$ com a horizontal. Encontre a equação da trajetória, $y = f(x)$, e, em seguida, determine as componentes normal e tangencial da sua desaceleração quando $t = 0{,}25$ s.

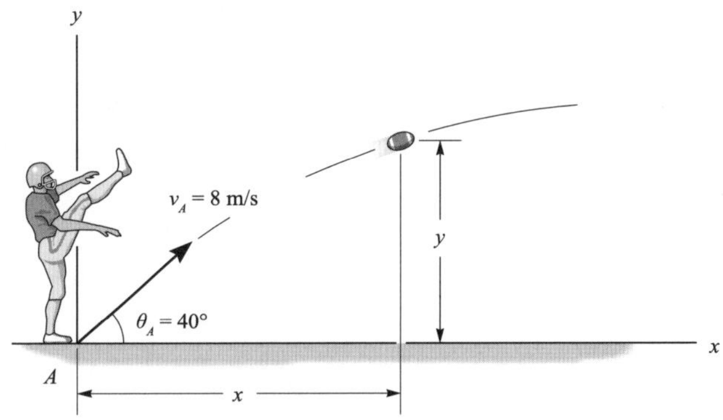

Problema 12.153

12.154. O movimento de uma partícula é definido pelas equações $x = (2t + t^2)$ m e $y = (t^2)$ m, onde t é dado em segundos. Determine as componentes normal e tangencial da velocidade e aceleração da partícula quando $t = 2$ s.

12.155. Uma motocicleta move-se ao longo da pista elíptica a uma velocidade escalar constante v. Determine a maior intensidade da aceleração se $a > b$.

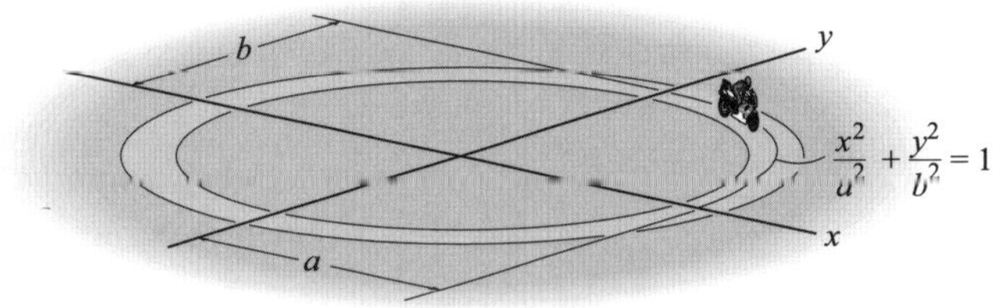

Problema 12.155

12.8 Movimento curvilíneo: componentes cilíndricas

Às vezes, o movimento da partícula está restrito a uma trajetória que é mais bem descrita utilizando-se coordenadas cilíndricas. Se o movimento é restrito ao plano, então coordenadas polares são usadas.

Coordenadas polares

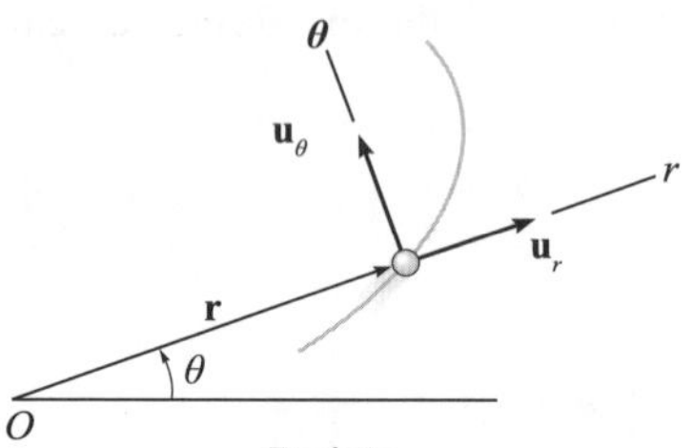

Posição

(a)

Podemos especificar a posição da partícula mostrada na Figura 12.30*a* utilizando uma *coordenada radial r*, que se estende para fora a partir da origem fixa *O* até a partícula, e a *coordenada transversal θ*, que é o ângulo no sentido anti-horário entre uma linha de referência fixa e o eixo *r*. O ângulo é geralmente medido em graus ou radianos, onde 1 rad = 180°/π. As direções positivas das coordenadas *r* e *θ* são definidas pelos vetores unitários $\mathbf{u}_r$ e $\mathbf{u}_\theta$, respectivamente. Aqui $\mathbf{u}_r$, é na direção do aumento de *r* quando *θ* é mantido fixo, e $\mathbf{u}_\theta$ é na direção do aumento de *θ* quando *r* é mantido fixo. Note que essas direções são perpendiculares entre si.

Posição

Em qualquer instante, a posição da partícula, Figura 12.30*a*, é definida pelo vetor posição:

$$\mathbf{r} = r\mathbf{u}_r \tag{12.22}$$

Velocidade

A velocidade instantânea **v** é obtida calculando-se a derivada temporal de **r**. Utilizando um ponto para representar a derivada temporal, temos:

$$\mathbf{v} = \dot{\mathbf{r}} = \dot{r}\mathbf{u}_r + r\dot{\mathbf{u}}_r$$

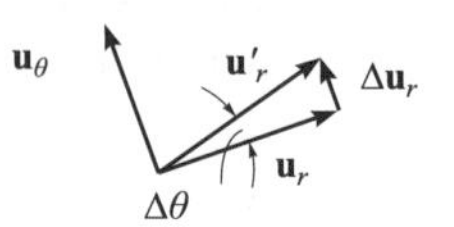

(b)

Para avaliar $\dot{\mathbf{u}}_r$, observe que apenas a direção de $\mathbf{u}_r$ varia em relação ao tempo, visto que por definição a intensidade deste vetor é sempre unitária. Portanto, durante o tempo Δt, uma variação Δr não provocará uma variação na direção de $\mathbf{u}_r$; entretanto, uma variação $\Delta\theta$ fará que $\mathbf{u}_r$ se torne $\mathbf{u}'_r$, onde $\mathbf{u}'_r = \mathbf{u}_r + \Delta\mathbf{u}_r$, Figura 12.30*b*. A variação temporal de $\mathbf{u}_r$ é, então, $\Delta\mathbf{u}_r$. Para ângulos $\Delta\theta$ pequenos esse vetor tem uma intensidade $\Delta u_r \approx 1\ (\Delta\theta)$ e age na direção $\mathbf{u}_\theta$. Portanto, $\Delta\mathbf{u}_r = \Delta\theta\mathbf{u}_\theta$, e assim,

$$\dot{\mathbf{u}}_r = \lim_{\Delta t \to 0} \frac{\Delta\mathbf{u}_r}{\Delta t} = \left(\lim_{\Delta t \to 0} \frac{\Delta\theta}{\Delta t}\right)\mathbf{u}_\theta$$

$$\dot{\mathbf{u}}_r = \dot{\theta}\mathbf{u}_\theta \tag{12.23}$$

Substituindo na equação acima, a velocidade pode ser escrita na forma de componentes como:

$$\mathbf{v} = v_r\mathbf{u}_r + v_\theta\mathbf{u}_\theta \tag{12.24}$$

onde:

$$v_r = \dot{r}$$
$$v_\theta = r\dot{\theta} \tag{12.25}$$

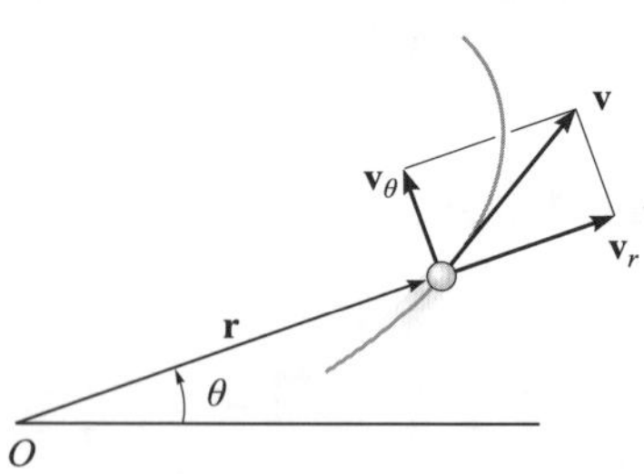

Velocidade

(c)

Figura 12.30

Estas componentes são mostradas graficamente na Figura 12.30*c*. A *componente radial* $\mathbf{v}_r$ é uma medida da taxa de aumento ou redução no comprimento da coordenada radial, ou seja, $\dot{r}$; enquanto a *componente transversal* $\mathbf{v}_\theta$ pode ser interpretada como a taxa de variação do movimento ao longo da circunferência de um círculo de raio *r*. Em particular, o termo $\dot{\theta} = d\theta/dt$ é chamado *velocidade angular*, visto que ele indica a taxa de variação temporal do ângulo *θ*. A unidade comumente usada para essa medida é rad/s.

Visto que $\mathbf{v}_r$ e $\mathbf{v}_\theta$ são mutuamente perpendiculares, a *intensidade* da velocidade vetorial ou velocidade escalar é simplesmente o valor positivo de:

$$v = \sqrt{(\dot{r})^2 + (r\dot{\theta})^2} \tag{12.26}$$

e a *direção* de $\mathbf{v}$ é, sem dúvida, tangente à trajetória, Figura 12.30*c*.

Aceleração

Calculando as derivadas temporais da Equação 12.24 e utilizando as equações 12.25, obtemos a aceleração instantânea da partícula,

$$\mathbf{a} = \dot{\mathbf{v}} = \ddot{r}\mathbf{u}_r + \dot{r}\dot{\mathbf{u}}_r + \dot{r}\dot{\theta}\mathbf{u}_\theta + r\ddot{\theta}\mathbf{u}_\theta + r\dot{\theta}\dot{\mathbf{u}}_\theta$$

Para avaliar $\dot{\mathbf{u}}_\theta$, basta determinarmos a variação na direção de $\mathbf{u}_\theta$, já que sua intensidade é sempre unitária. Durante o tempo Δt, uma variação Δr não alterará a direção de $\mathbf{u}_\theta$, entretanto, uma variação $\Delta\theta$ fará que $\mathbf{u}_\theta$ se torne $\mathbf{u}'_\theta$, onde $\mathbf{u}'_\theta = \mathbf{u}_\theta + \Delta\mathbf{u}_\theta$, Figura 12.30*d*. A variação temporal de $\mathbf{u}_\theta$ é, então, $\Delta\mathbf{u}_\theta$. Para pequenos ângulos, esse vetor tem uma intensidade $\Delta u_\theta \approx 1(\Delta\theta)$ e atua na direção $-\mathbf{u}_r$; ou seja, $\Delta\mathbf{u}_\theta = -\Delta\theta\mathbf{u}_r$. Assim,

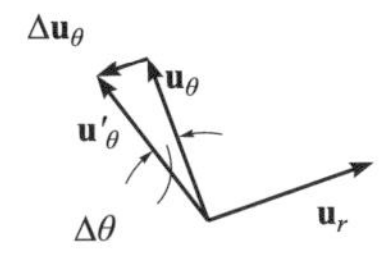

(d)

$$\dot{\mathbf{u}}_\theta = \lim_{\Delta t \to 0} \frac{\Delta\mathbf{u}_\theta}{\Delta t} = -\left(\lim_{\Delta t \to 0} \frac{\Delta\theta}{\Delta t}\right)\mathbf{u}_r$$

$$\dot{\mathbf{u}}_\theta = -\dot{\theta}\mathbf{u}_r \tag{12.27}$$

Substituindo este resultado e a Equação 12.23 na equação anteriormente apresentada para $\mathbf{a}$, podemos escrever a aceleração na forma de componentes como:

$$\boxed{\mathbf{a} = a_r\mathbf{u}_r + a_\theta\mathbf{u}_\theta} \tag{12.28}$$

onde:

$$\boxed{\begin{aligned} a_r &= \ddot{r} - r\dot{\theta}^2 \\ a_\theta &= r\ddot{\theta} + 2\dot{r}\dot{\theta} \end{aligned}} \tag{12.29}$$

O termo $\ddot{\theta} = d^2\theta/dt^2 = d/dt(d\theta/dt)$ é chamado *aceleração angular*, visto que ele mede a variação ocorrida na velocidade angular durante um instante de tempo. A unidade para esta medida é rad/s^2.

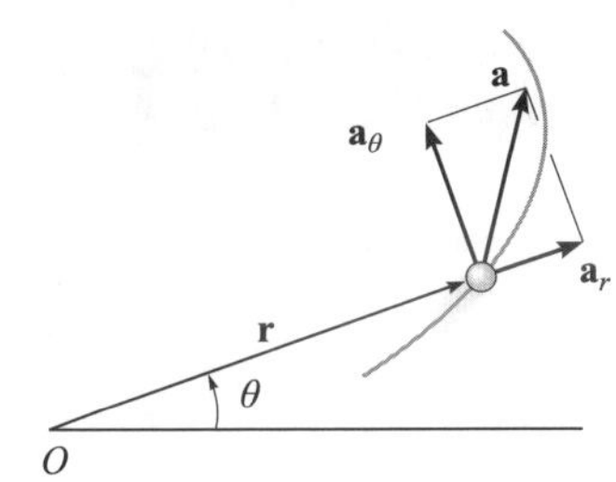

Aceleração

(e)

Figura 12.30

Visto que $\mathbf{a}_r$ e $\mathbf{a}_\theta$ são sempre perpendiculares, a *intensidade* da aceleração é simplesmente o valor positivo de:

$$a = \sqrt{(\ddot{r} - r\dot{\theta}^2)^2 + (r\ddot{\theta} + 2\dot{r}\dot{\theta})^2} \tag{12.30}$$

A *direção* é determinada a partir da soma vetorial das suas duas componentes. Em geral, $\mathbf{a}$ *não* será tangente à trajetória, Figura 12.30*e*.

Coordenadas cilíndricas

Se a partícula se move ao longo de uma curva espacial como mostrado na Figura 12.31, então sua posição pode ser especificada pelas três *coordenadas cilíndricas*, r, θ, z. A coordenada z é idêntica àquela usada para coordenadas retangulares. Visto que o vetor unitário definindo sua direção, $\mathbf{u}_z$, é constante, as derivadas temporais deste vetor são zero, e, portanto, a posição, velocidade e aceleração da partícula podem ser escritas em termos das suas coordenadas cilíndricas, como a seguir:

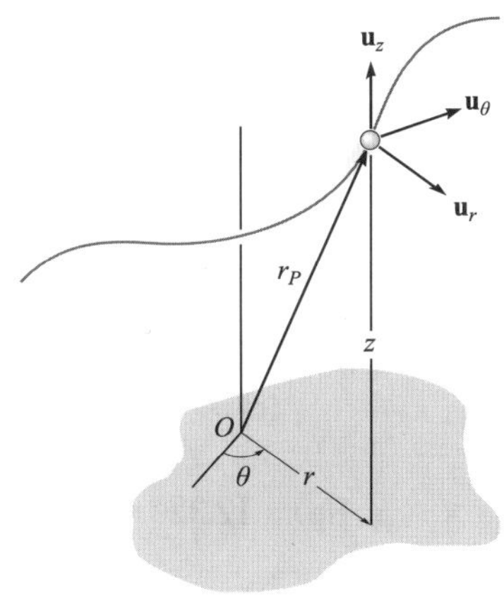

Figura 12.31

$$\mathbf{r}_P = r\mathbf{u}_r + z\mathbf{u}_z$$

$$\mathbf{v} = \dot{r}\mathbf{u}_r + r\dot{\theta}\mathbf{u}_\theta + \dot{z}\mathbf{u}_z \tag{12.31}$$

$$\mathbf{a} = (\ddot{r} - r\dot{\theta}^2)\mathbf{u}_r + (r\ddot{\theta} + 2\dot{r}\dot{\theta})\mathbf{u}_\theta + \ddot{z}\mathbf{u}_z \tag{12.32}$$

Derivadas temporais

As equações anteriores requerem a obtenção das derivadas temporais $\dot{r}$, $\ddot{r}$, $\dot{\theta}$ e $\ddot{\theta}$, a fim de avaliarmos as componentes r e θ de **v** e **a**. Dois tipos de problemas geralmente ocorrem:

1. Se as coordenadas polares são especificadas como equações paramétricas em função do tempo $r = r(t)$ e $\theta = \theta(t)$, então as derivadas temporais podem ser determinadas diretamente.
2. Se as equações paramétricas em função do tempo não são dadas, então a trajetória $r = f(\theta)$ tem de ser conhecida. Utilizando a regra da cadeia do cálculo, podemos, então, encontrar a relação entre $\dot{r}$ e $\dot{\theta}$ e entre $\ddot{r}$ e $\ddot{\theta}$. A aplicação da regra da cadeia está explicada no Apêndice C, com alguns exemplos.

O movimento espiral deste garoto pode ser seguido utilizando-se componentes cilíndricas. Aqui, a coordenada radial r é constante, a coordenada transversal θ aumentará com o tempo na medida em que o garoto girar em torno da vertical, e sua altitude z vai diminuir com o tempo.

Procedimento para análise

Sistema de coordenadas

- Coordenadas polares são uma escolha apropriada para resolver problemas quando os dados relativos ao movimento angular da coordenada radial r descrevem o movimento da partícula. Ademais, algumas trajetórias do movimento podem ser convenientemente descritas em termos dessas coordenadas.
- Para usar coordenadas polares, a origem é estabelecida em um ponto fixo, e a linha radial r é direcionada para a partícula.
- A coordenada transversal θ é medida a partir de uma linha de referência fixa até a linha radial.

Velocidade e aceleração

- Uma vez que r e as quatro derivadas temporais $\dot{r}$, $\ddot{r}$, $\dot{\theta}$ e $\ddot{\theta}$ tenham sido avaliadas no instante considerado, seus valores podem ser substituídos nas equações 12.25 e 12.29 para obtermos as componentes radiais e transversais de **v** e **a**.
- Se for necessário calcular as derivadas temporais de $r = f(\theta)$, então a regra da cadeia do cálculo tem de ser usada. (Ver Apêndice C.)
- Movimento em três dimensões requer uma extensão simples do procedimento acima para incluir $\dot{z}$ e $\ddot{z}$.

Exemplo 12.17

O brinquedo do parque de diversões mostrado na Figura 12.32*a* consiste em uma cadeira que está girando em uma trajetória circular horizontal de raio r tal que o braço OB tem uma velocidade angular $\dot{\theta}$ e aceleração angular $\ddot{\theta}$. Determine as componentes radiais e transversais da velocidade e aceleração do passageiro. Despreze suas dimensões no cálculo.

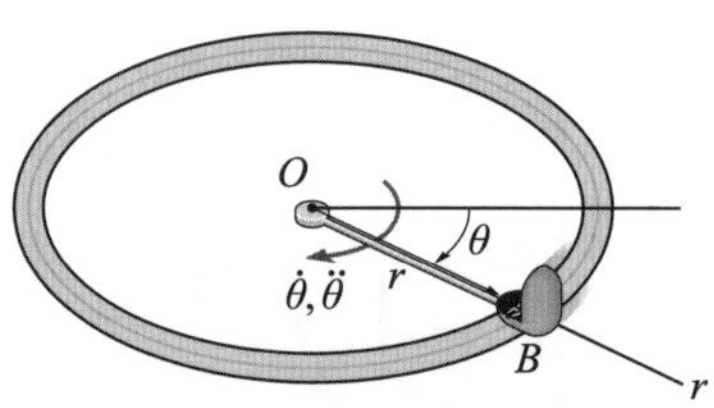

(a)

Figura 12.32

SOLUÇÃO

Sistema de coordenadas

Visto que o movimento angular do braço é dado, as coordenadas polares são escolhidas para a solução, Figura 12.32a. Aqui, θ não está relacionado com r, já que o raio é constante para todo θ.

Velocidade e aceleração

Primeiro, é necessário especificar as primeiras e segundas derivadas de r e θ. Visto que r é *constante*, temos:

$$r = r \qquad \dot{r} = 0 \qquad \ddot{r} = 0$$

Assim,

$$v_r = \dot{r} = 0$$
$$v_\theta = r\dot{\theta}$$
$$a_r = \ddot{r} - r\dot{\theta}^2 = -r\dot{\theta}^2$$
$$a_\theta = r\ddot{\theta} + 2\dot{r}\dot{\theta} = r\ddot{\theta}$$

Estes resultados são mostrados na Figura 12.32*b*.

NOTA: Os eixos n, t são também mostrados na Figura 12.32*b*. Nesse caso especial de movimento circular, eles são colineares com os eixos r e θ, respectivamente. Visto que $v = v_\theta = v_t = r\dot{\theta}$, então, por comparação,

$$-a_r = a_n = \frac{v^2}{\rho} = \frac{(r\dot{\theta})^2}{r} = r\dot{\theta}^2$$

$$a_\theta = a_t = \frac{dv}{dt} = \frac{d}{dt}(r\dot{\theta}) = \frac{dr}{dt}\dot{\theta} + r\frac{d\dot{\theta}}{dt} = 0 + r\ddot{\theta}$$

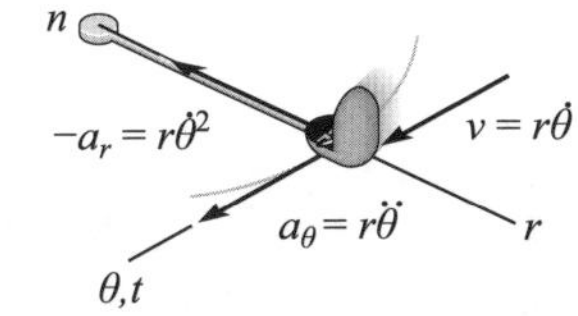

(b)

Figura 12.32

Exemplo 12.18

A barra OA na Figura 12.33*a* gira no plano horizontal de tal maneira que $\theta = (t^3)$. Ao mesmo tempo, o anel B está escorregando para fora ao longo de OA de maneira que $r = (100t^2)$ mm. Se em ambos os casos t é dado em segundos, determine a velocidade e aceleração do anel quando $t = 1$ s.

SOLUÇÃO

Sistema de coordenadas

Visto que equações paramétricas da trajetória em função do tempo são dadas, não é necessário relacionar r com θ.

Velocidade e aceleração

Determinando as derivadas temporais e as avaliando quando $t = 1$ s, temos:

$$r = 100t^2\big|_{t=1\,\text{s}} = 100 \text{ mm} \qquad \theta = t^3\big|_{t=1\,\text{s}} = 1 \text{ rad} = 57{,}3^\circ$$
$$\dot{r} = 200t\big|_{t=1\,\text{s}} = 200 \text{ mm/s} \qquad \dot{\theta} = 3t^2\big|_{t=1\,\text{s}} = 3 \text{ rad/s}$$
$$\ddot{r} = 200\big|_{t=1\,\text{s}} = 200 \text{ mm/s}^2 \qquad \ddot{\theta} = 6t\big|_{t=1\,\text{s}} = 6 \text{ rad/s}^2$$

Como mostrado na Figura 12.33*b*,

$$\mathbf{v} = \dot{r}\mathbf{u}_r + r\dot{\theta}\mathbf{u}_\theta$$
$$= 200\mathbf{u}_r + 100(3)\mathbf{u}_\theta = \{200\mathbf{u}_r + 300\mathbf{u}_\theta\} \text{ mm/s}$$

A intensidade de $\mathbf{v}$ é:

$$v = \sqrt{(200)^2 + (300)^2} = 361 \text{ mm/s}$$
$$\delta = \text{tg}^{-1}\left(\frac{300}{200}\right) = 56{,}3^\circ \qquad \delta + 57{,}3^\circ = 114^\circ$$

Como mostrado na Figura 12.33*c*,

$$\mathbf{a} = (\ddot{r} - r\dot{\theta}^2)\mathbf{u}_r + (r\ddot{\theta} + 2\dot{r}\dot{\theta})\mathbf{u}_\theta$$
$$= [200 - 100(3)^2]\mathbf{u}_r + [100(6) + 2(200)3]\mathbf{u}_\theta$$
$$= \{-700\mathbf{u}_r + 1800\mathbf{u}_\theta\} \text{ mm/s}^2$$

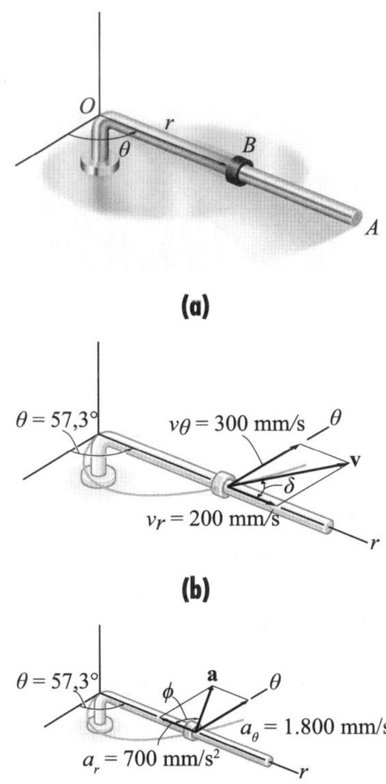

Figura 12.33

A intensidade de **a** é:

$$a = \sqrt{(700)^2 + (1800)^2} = 1930 \text{ mm/s}^2$$

$$\phi = \text{tg}^{-1}\left(\frac{1800}{700}\right) = 68{,}7° \quad (180° - \phi) + 57{,}3° = 169°$$

NOTA: A velocidade é tangente à trajetória; entretanto, a aceleração é direcionada para dentro da curvatura da trajetória, como esperado.

Exemplo 12.19

O holofote na Figura 12.34*a* joga um feixe de luz na superfície de uma parede que está localizada 100 m do holofote. Determine as intensidades da velocidade e a aceleração nas quais o feixe parece mover-se pela parede no instante que $\theta = 45°$. O holofote gira com uma velocidade constante de $\dot{\theta} = 4$ rad/s.

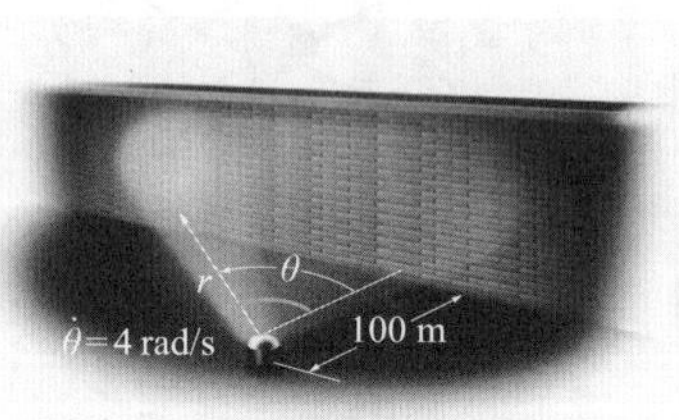

(a)

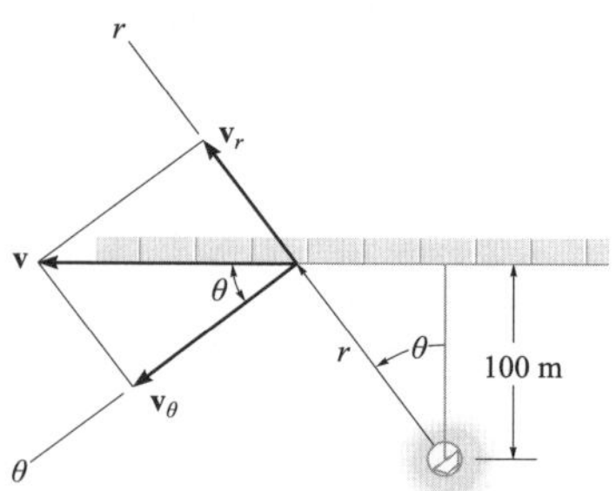

(b)

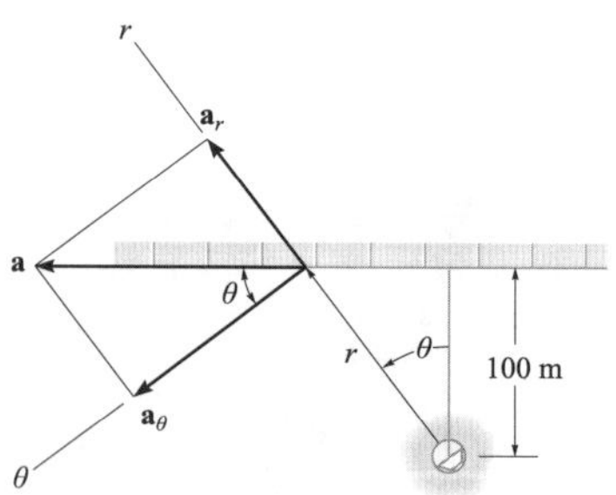

(c)

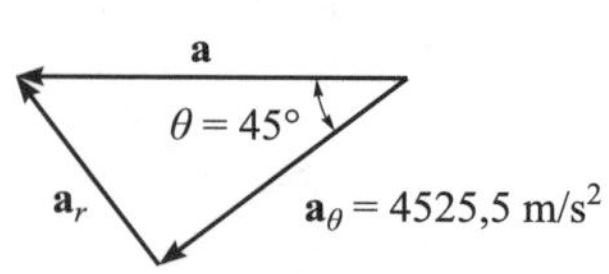

(d)

Figura 12.34

SOLUÇÃO

Sistema de coordenadas

Coordenadas polares serão usadas para solucionar esse problema, visto que a taxa de variação angular do holofote é dada. Para determinar as derivadas temporais é necessário relacionar r com θ. A partir da Figura 12.34*a*,

$$r = 100/\cos\theta = 100 \sec\theta$$

Velocidade e aceleração

Usando a regra da cadeia do cálculo e observando que $d(\sec\theta) = \sec\theta \text{ tg } \theta \, d\theta$ e $d(\text{tg } \theta) = \sec^2\theta \, d\theta$, temos:

$$\dot{r} = 100(\sec\theta \text{ tg } \theta)\dot{\theta}$$

$$\ddot{r} = 100(\sec\theta \text{ tg } \theta)\dot{\theta}(\text{tg } \theta)\dot{\theta} + 100\sec\theta(\sec^2\theta)\dot{\theta}(\dot{\theta}) + 100\sec\theta \text{ tg } \theta(\ddot{\theta})$$

$$= 100\sec\theta \text{ tg}^2\theta(\dot{\theta})^2 + 100\sec^3\theta(\dot{\theta})^2 + 100(\sec\theta \text{ tg } \theta)\ddot{\theta}$$

Visto que $\dot{\theta} = 4$ rad/s = constante, então $\ddot{\theta} = 0$, e as equações anteriores, quando $\theta = 45°$, tornam-se:

$$r = 100\sec 45° = 141{,}4$$

$$\dot{r} = 400\sec 45° \text{ tg } 45° = 565{,}7$$

$$\ddot{r} = 1600(\sec 45° \text{ tg}^2 45° + \sec^3 45°) = 6788{,}2$$

Como mostrado na Figura 12.34*b*,

$$\mathbf{v} = \dot{r}\mathbf{u}_r + r\dot{\theta}\mathbf{u}_\theta$$

$$= 565{,}7\mathbf{u}_r + 141{,}4(4)\mathbf{u}_\theta$$

$$= \{565{,}7\mathbf{u}_r + 565{,}7\mathbf{u}_\theta\} \text{ m/s}$$

$$v = \sqrt{v_r^2 + v_\theta^2} = \sqrt{(565{,}7)^2 + (565{,}7)^2}$$

$$= 800 \text{ m/s}$$

Como mostrado na Figura 12.34*c*,

$$\mathbf{a} = (\ddot{r} - r\dot{\theta}^2)\mathbf{u}_r + (r\ddot{\theta} + 2\dot{r}\dot{\theta})\mathbf{u}_\theta$$

$$= [6788{,}2 - 141{,}4(4)^2]\mathbf{u}_r + [141{,}4(0) + 2(565{,}7)4]\mathbf{u}_\theta$$

$$= \{4525{,}5\mathbf{u}_r + 4525{,}5\mathbf{u}_\theta\} \text{ m/s}^2$$

$$a = \sqrt{a_r^2 + a_\theta^2} = \sqrt{(4525{,}5)^2 + (4525{,}5)^2}$$

$$= 6400 \text{ m/s}^2$$

NOTA: É também possível determinar a sem ter de calcular $\ddot{r}$ (ou a_r). Como mostrado na Figura 12.34*d*, visto que $a_\theta = 4525{,}5$ m/s^2, então, por solução vetorial, $a = 4525{,}5/\cos 45° = 6400$ m/s^2.

Exemplo 12.20

Devido à rotação da barra bifurcada, a bola na Figura 12.35*a* desloca-se pela fenda, descrevendo uma trajetória que em parte está no formato de uma cardioide, $r = 0{,}15$ $(1 - \cos\theta)$ m, onde θ é dado em radianos. Se a velocidade da bola é $v = 1{,}2$ m/s e sua aceleração é $a = 9$ m/s^2 no instante $\theta = 180°$, determine a velocidade angular $\dot{\theta}$ e a aceleração angular $\ddot{\theta}$ da bifurcação.

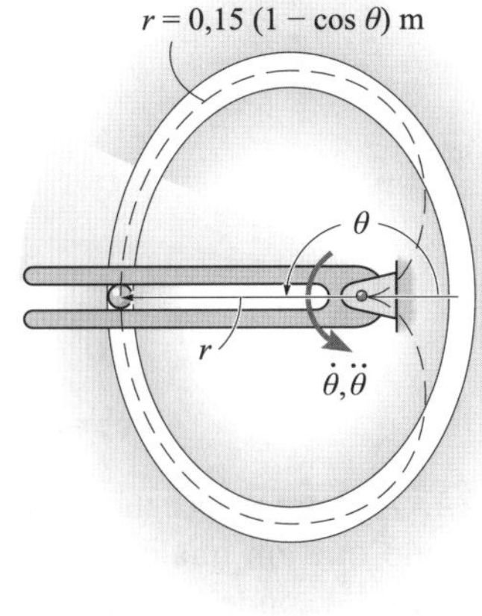

(a)

Figura 12.35

SOLUÇÃO

Sistema de coordenadas

Esta trajetória é realmente incomum, e matematicamente é mais bem expressa utilizando-se coordenadas polares, como foi feito aqui, em vez de coordenadas retangulares. Além disso, como $\dot{\theta}$ e $\ddot{\theta}$ precisam ser calculados, então as coordenadas r, θ são escolhas óbvias.

Velocidade e aceleração

As derivadas temporais de r e θ podem ser determinadas utilizando-se a regra da cadeia.

$$r = 0{,}15(1 - \cos\theta)$$
$$\dot{r} = 0{,}15(\text{sen}\,\theta)\dot{\theta}$$
$$\ddot{r} = 0{,}15(\cos\theta)\dot{\theta}(\dot{\theta}) + 0{,}15(\text{sen}\,\theta)\ddot{\theta}$$

Avaliando esses resultados em $\theta = 180°$, temos:

$$r = 0{,}3\text{ m} \qquad \dot{r} = 0 \qquad \ddot{r} = -0{,}15\dot{\theta}^2$$

Visto que $v = 1{,}2$ m/s, e utilizando a Equação 12.26, determina-se $\dot{\theta}$:

$$v = \sqrt{(\dot{r})^2 + (r\dot{\theta})^2}$$
$$1{,}2 = \sqrt{(0)^2 + (0{,}3\dot{\theta})^2}$$
$$\dot{\theta} = 4\text{ rad/s}$$

De maneira similar, $\ddot{\theta}$ pode ser encontrado usando-se a Equação 12.30.

$$a = \sqrt{(\ddot{r} - r\dot{\theta}^2)^2 + (r\ddot{\theta} + 2\dot{r}\dot{\theta})^2}$$
$$9 = \sqrt{[-0{,}15(4)^2 - 0{,}3(4)^2]^2 + [0{,}3\ddot{\theta} + 2(0)(4)]^2}$$
$$(9)^2 = (-7{,}2)^2 + (0{,}3\ddot{\theta})^2$$
$$\ddot{\theta} = 18\text{ rad/s}^2$$

Os vetores **a** e **v** são mostrados na Figura 12.35*b*.

NOTA: Nessa posição, os eixos θ e t (tangencial) coincidirão. O eixo $+n$ (normal) está direcionado para a direita, em oposição a $+r$.

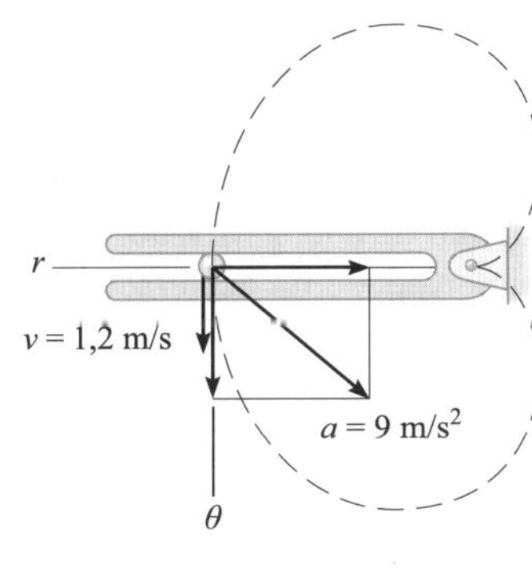

(b)

Figura 12.35

Problemas fundamentais

12.33. O carro tem uma velocidade escalar de 16,5 m/s. Determine a velocidade angular $\dot{\theta}$ da linha radial OA nesse instante.

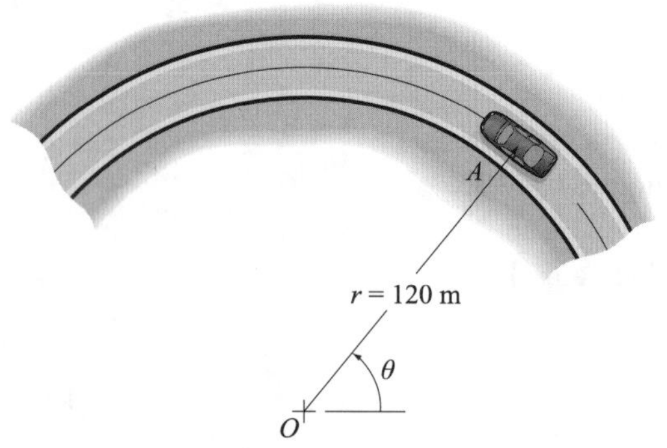

Problema 12.33

12.34. A plataforma está girando em torno do eixo vertical de modo que em qualquer instante a sua posição angular é $\theta = (4t^{3/2})$, onde t é dado em segundos. Uma bola rola para fora ao longo do sulco radial de maneira que sua posição é dada por $r = (0{,}1t^3)$, onde t é dado em segundos. Determine as intensidades da velocidade e aceleração da bola quando $t = 1{,}5$ s.

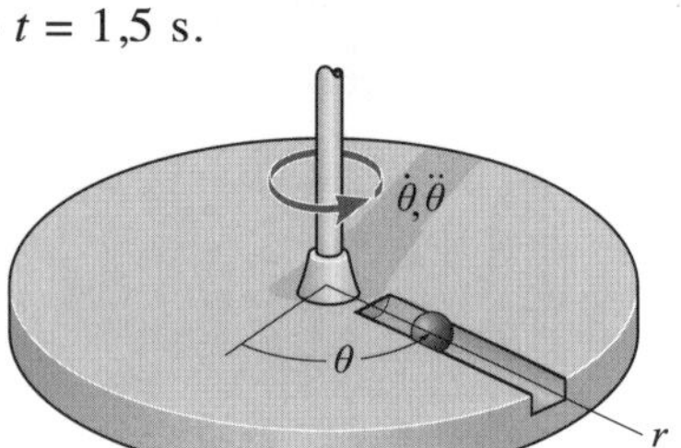

Problema 12.34

12.35. A cavilha P é impulsionada pelo anel do garfo OA ao longo da trajetória curva descrita por $r = (2\theta)$ m. No instante $\theta = \pi/4$ rad, a velocidade angular e a aceleração angular do anel garfo são $\dot{\theta} = 3$ rad/s e $\ddot{\theta} = 1$ rad/s^2. Determine a intensidade da aceleração da cavilha nesse instante.

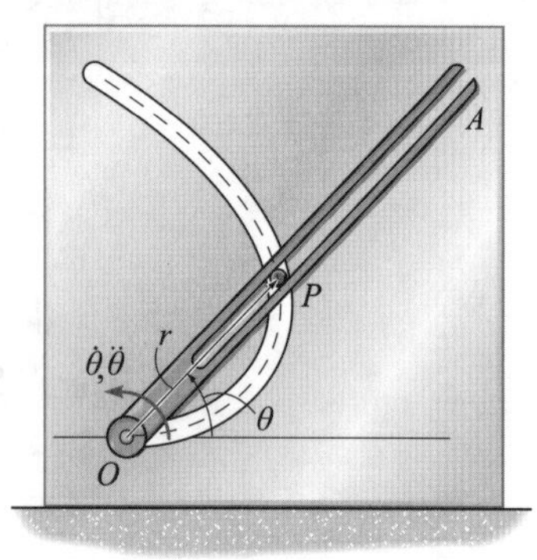

Problema 12.35

12.36. A cavilha P é impulsionada pelo anel do garfo OA ao longo da trajetória descrita por $r = e^{\theta}$. Quando $\theta = \frac{\pi}{4} rad$, o anel tem uma velocidade angular e aceleração angular de $\dot{\theta} = 2$ rad/s e $\ddot{\theta} = 4$ rad/s^2. Determine as componentes radial e transversal da aceleração da cavilha neste instante.

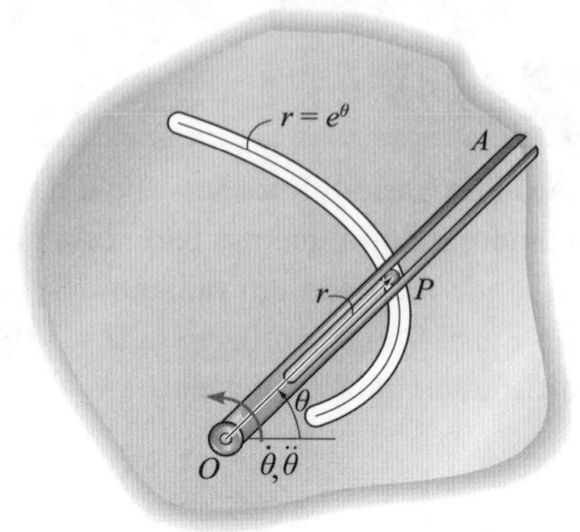

Problema 12.36

12.37. Os anéis estão conectados por um pino em B e estão livres para se mover ao longo da barra OA e da guia curvilínea OC, tendo o formato de uma cardioide, $r = [0{,}2\ (1 + \cos\theta)]$ m. Em $\theta = 30°$, a velocidade angular de OA é $\dot{\theta} = 3$ rad/s. Determine a intensidade da velocidade dos anéis nesse ponto.

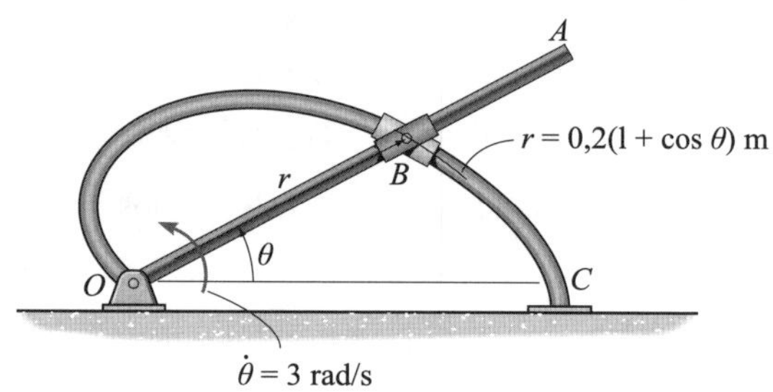

Problema 12.37

12.38. No instante que $\theta = 45°$, o atleta está correndo com uma velocidade escalar constante de 2 m/s. Determine a velocidade angular na qual a câmera deve girar a fim de seguir o movimento.

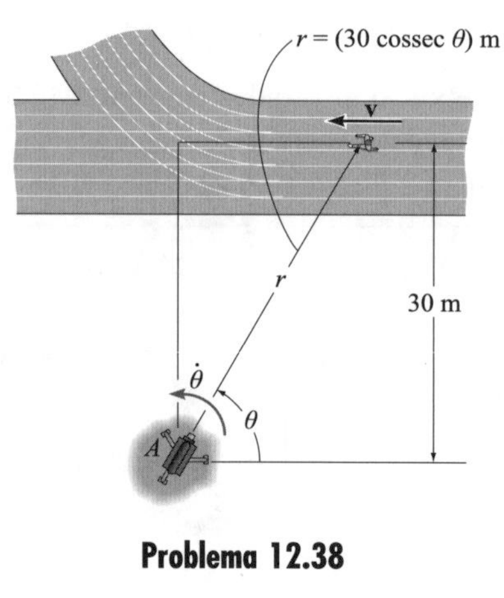

Problema 12.38

Problemas

*__12.156.__ Uma partícula move-se ao longo de uma trajetória circular de raio 300 mm. Se a sua velocidade angular é $\dot{\theta} = (2t^2)$ rad/s, onde t é dado em segundos, determine a intensidade da aceleração da partícula quando $t = 2$ s.

•__12.157.__ Uma partícula move-se ao longo de uma trajetória circular de raio 300 mm. Se a sua posição é $\dot{\theta} = (3t^2)$ rad/s, onde t é dado em segundos, determine as intensidades da velocidade e aceleração da partícula quando $\theta = 45°$. A partícula sai do repouso quando $\theta = 0°$.

__12.158.__ Uma partícula move-se ao longo de uma trajetória circular de raio 5 m. Se a sua posição é $\theta = (e^{0,5t})$ rad, onde t é dado em segundos, determine a intensidade da aceleração da partícula quando $\theta = 90°$.

__12.159.__ A posição de uma partícula é descrita por $r = (t^3 + 4t - 4)$ m e $\theta = (t^{3/2})$ rad, onde t é dado em segundos. Determine as intensidades da velocidade e aceleração da partícula no instante $t = 2$ s.

*__12.160.__ A posição de uma partícula é descrita por $r = (300e^{-0,5t})$ mm e $\theta = (0{,}3t^2)$ rad, onde t é dado em segundos. Determine as intensidades da velocidade e aceleração da partícula no instante $t = 1{,}5$ s.

•__12.161.__ Um avião está voando em uma linha reta com velocidade de 200 km/h e aceleração de 3 km/h². Se a hélice tem um diâmetro de 1,8 m e está girando a uma taxa angular de 120 rad/s, determine as intensidades de velocidade e aceleração de uma partícula localizada na extremidade da hélice.

__12.162.__ Uma partícula move-se ao longo de uma trajetória circular tendo um raio de 4 m, tal que sua posição como uma função do tempo é dada por $\theta = (\cos 2t)$ rad, onde t é dado em segundos. Determine a intensidade da aceleração da partícula quando $\theta = 30°$.

__12.163.__ Uma partícula move-se ao longo de um limaçon (ou caracol de Pascal) definido pela equação $r = b - a \cos\theta$, onde a e b são constantes. Determine as componentes radiais e transversais da velocidade e aceleração da partícula como uma função de θ e suas derivadas temporais.

*__12.164.__ Uma partícula move-se ao longo de uma espiral de *lituus* definida pela equação $r^2\theta = a^2$, onde a é uma constante. Determine as componentes radiais e transversais da velocidade e aceleração da partícula como uma função de θ e suas derivadas temporais.

•__12.165.__ Um carro move-se ao longo de uma curva circular de raio $r = 90$ m. No instante mostrado, a sua taxa angular de rotação é $\dot{\theta} = 0{,}4$ rad/s, a qual está aumentando a uma taxa de $\ddot{\theta} = 0{,}2$ rad/s². Determine as intensidades da velocidade e aceleração do carro nesse instante.

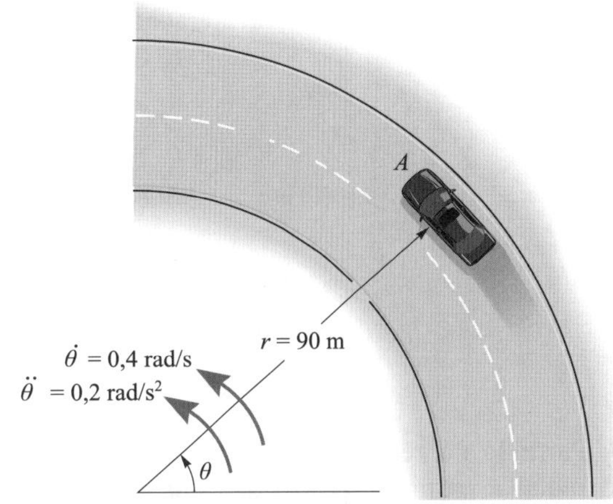

Problema 12.165

__12.166.__ A fenda do braço OA gira no sentido anti-horário em torno de O com uma velocidade angular constante de $\dot{\theta}$. O movimento do pino B é restrito de tal maneira que ele se move sobre a superfície circular fixa e ao longo da fenda em OA. Determine as intensidades da velocidade e aceleração do pino B como uma função de θ.

__12.167.__ A fenda do braço OA gira no sentido anti-horário em torno de O de tal maneira que quando $\theta = \pi/4$, o braço OA está girando com uma velocidade angular de $\dot{\theta}$ e uma aceleração angular de $\ddot{\theta}$. Determine as intensidades da velocidade e aceleração do pino B neste instante. O movimento do pino B é restrito de tal maneira que ele se move sobre a superfície circular fixa e ao longo da fenda em OA.

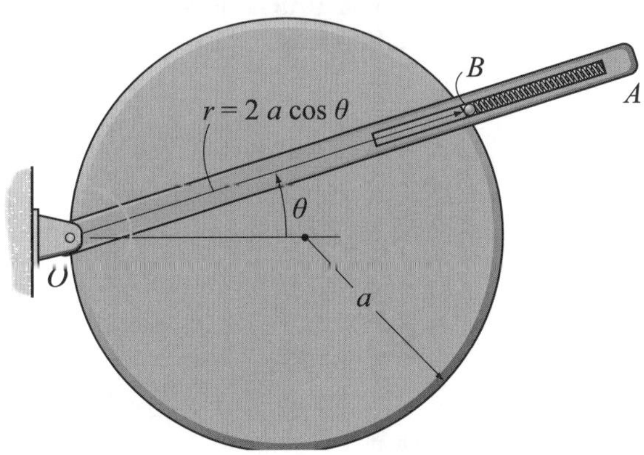

Problemas 12.166/167

*__12.168.__ Um carro move-se ao longo da curva circular tendo um raio $r = 120$ m. No instante mostrado, sua taxa angular de rotação é $\dot{\theta} = 0{,}025$ rad/s, que está diminuindo na razão de $\ddot{\theta} = -0{,}008$ rad/s². Determine as componentes radiais e transversais da velocidade e aceleração do carro neste instante e esboce estas componentes na curva.

•**12.169.** Um carro move-se ao longo da curva circular de raio r = 120 m com uma velocidade escalar constante de v = 9 m/s. Determine a taxa angular de rotação $\dot{\theta}$ da linha radial r e a intensidade da aceleração do carro.

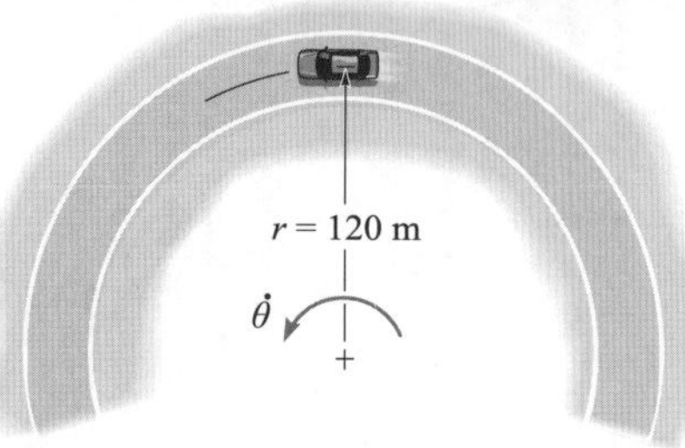

Problemas 12.168/169

12.170. Partindo do repouso, o garoto corre para fora na direção radial a partir do centro da plataforma com uma aceleração constante de 0,5 m/s². Se a plataforma está girando com uma velocidade constante $\dot{\theta}$ = 0,2 rad/s, determine as componentes radiais e transversais da velocidade e aceleração do garoto quando t = 3 s. Despreze seu tamanho.

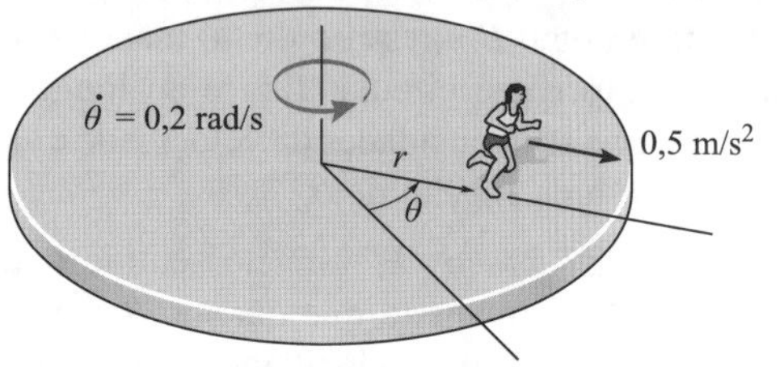

Problema 12.170

12.171. A pequena arruela desliza para baixo na corda OA. Quando ela está no meio do caminho, sua velocidade escalar é 200 mm/s e sua aceleração é 10 mm/s². Expresse a velocidade e a aceleração da arruela nesse ponto em termos das suas componentes cilíndricas.

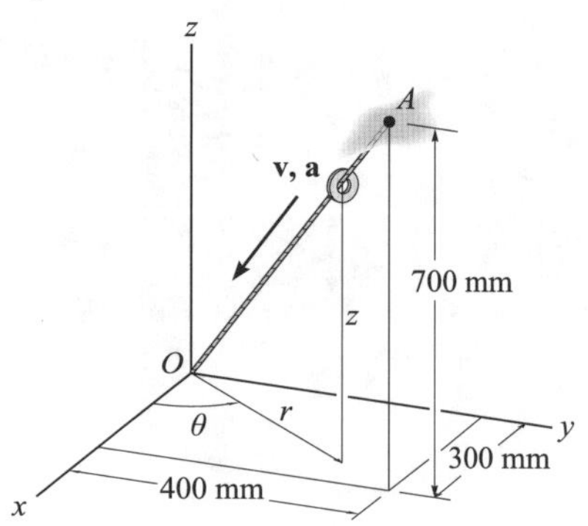

Problema 12.171

*__12.172.__ Se o braço OA gira no sentido anti-horário com uma velocidade angular constante de $\dot{\theta}$ = 2 rad/s, determine as intensidades da velocidade e aceleração do pino P em θ = 30°. O pino move-se na fenda fixa definida pela lemniscata, e ao longo da fenda no braço.

•**12.173.** O pino move-se na fenda curva definida pela lemniscata e pela fenda no braço. Em θ = 30°, a velocidade angular é $\dot{\theta}$ = 2 rad/s, e a aceleração angular é $\ddot{\theta}$ = 1,5 rad/s². Determine as intensidades da velocidade e aceleração do pino P nesse instante.

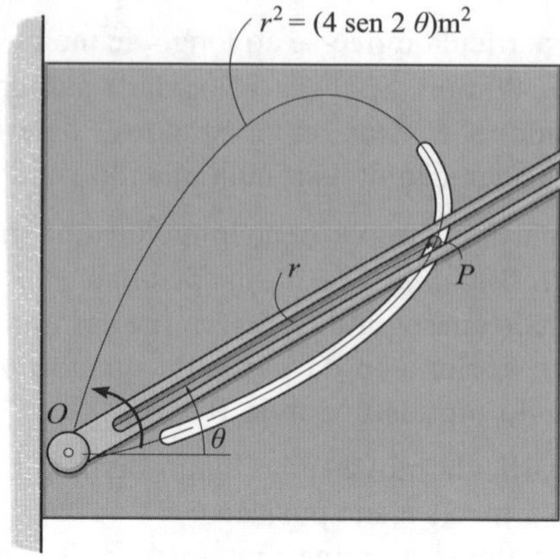

Problemas 12.172/173

12.174. O avião no parque de diversões move-se ao longo de uma trajetória definida pelas equações r = 4 m, θ = (0,2t) rad e z = (0,5 cos θ) m, onde t é dado em segundos. Determine as componentes cilíndricas da velocidade e aceleração do avião quando t = 6 s.

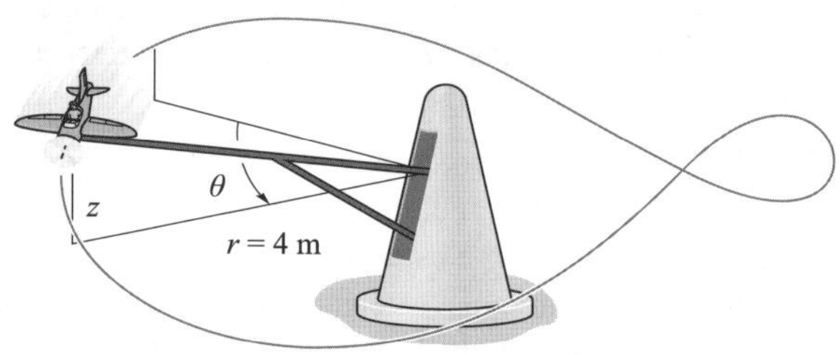

Problema 12.174

12.175. O movimento do pino P é restringido pela fenda curva da lemniscata em OB e pela fenda do braço OA. Se OA gira no sentido anti-horário com uma velocidade angular de $\dot{\theta}$= 3 rad/s, determine a intensidade da velocidade e aceleração do pino P em θ = 30°.

*__12.176.__ O movimento do pino P é restringido pela fenda curva da lemniscata em OB e pela fenda do braço OA. Se OA gira no sentido anti-horário com uma velocidade angular de $\dot{\theta}$= $(3t^{3/2})$ rad/s, onde t é dado em segundos, determine as intensidades da velocidade e aceleração do pino P em θ = 30°. Quando t = 0, θ = 0°.

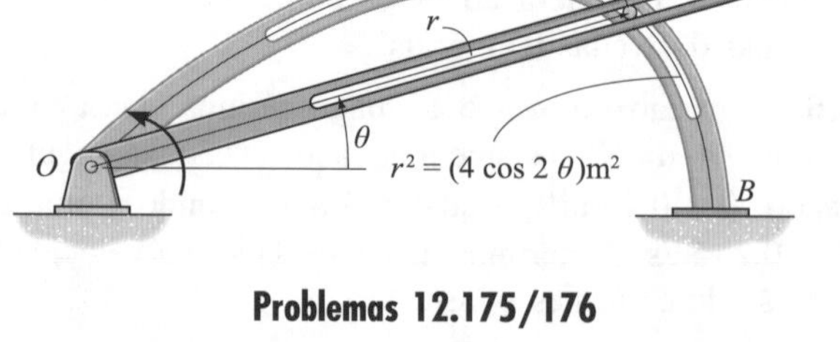

Problemas 12.175/176

•**12.177.** O motorista do carro mantém uma velocidade escalar constante de 40 m/s. Determine a velocidade angular da câmera acompanhando o carro quando θ = 15°.

12.178. Quando $\theta = 15°$, o carro tem uma velocidade escalar de 50 m/s a qual está aumentando a 6 m/s^2. Determine a velocidade angular da câmera acompanhando o carro nesse instante.

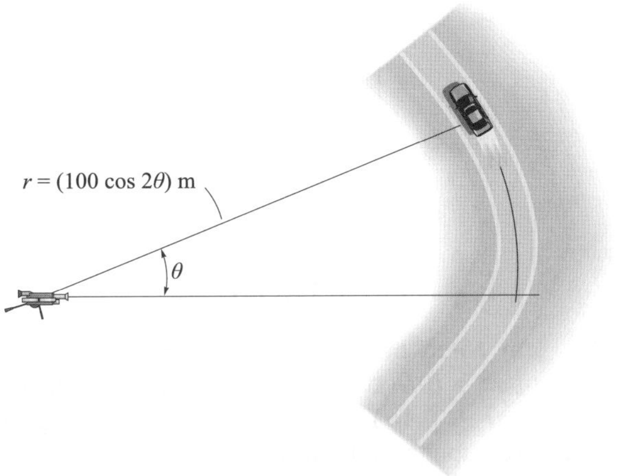

Problemas 12.177/178

12.179. Se a came gira no sentido horário com uma velocidade angular constante de $\dot{\theta} = 5$ rad/s, determine as intensidades da velocidade e aceleração da barra seguidora AB no instante $\theta = 30°$. A superfície da came tem um formato da limaçon (caracol de Pascal) definida por $r = (200 + 100 \cos \theta)$ mm.

***12.180.** No instante $\theta = 30°$, a came gira com uma velocidade angular no sentido horário de $\dot{\theta} = 5$ rad/s e aceleração angular de $\ddot{\theta} = 6$ rad/s^2. Determine as intensidades da velocidade e aceleração da barra seguidora AB neste instante. A superfície da came tem o formato de uma limaçon (caracol de Pascal) definida por $r = (200 + 100 \cos \theta)$ mm.

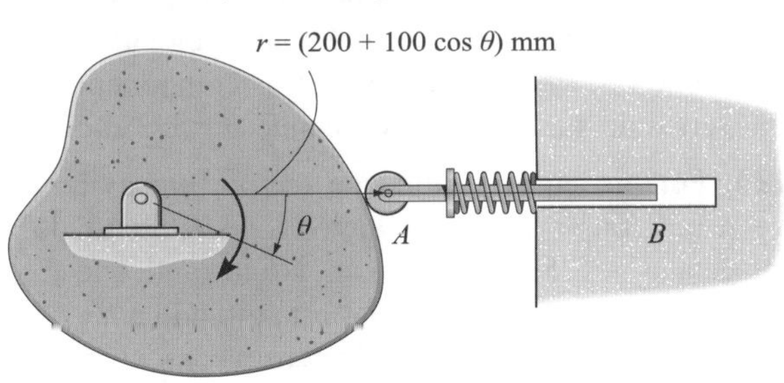

Problemas 12.179/180

•12.181. O automóvel desce da garagem de um edifício por uma rampa em espiral a uma velocidade escalar constante de $v = 1{,}5$ m/s. Se a rampa possui uma distância de 12 m para cada volta descendente completa, $\theta = 2\pi$ rad, determine a intensidade da aceleração do carro conforme ele se desloca ao longo da rampa, $r = 10$ m. *Dica*: Para parte da solução, observe que a tangente à rampa em qualquer ponto está em um ângulo de $\phi = \text{tg}^{-1}\ (12/[2\pi\ (10)]) = 10{,}81°$ com a horizontal. Use isto para determinar as componentes da velocidade v_θ e v_z, as quais, por sua vez, são usadas para determinar $\dot{\theta}$ e $\dot{z}$.

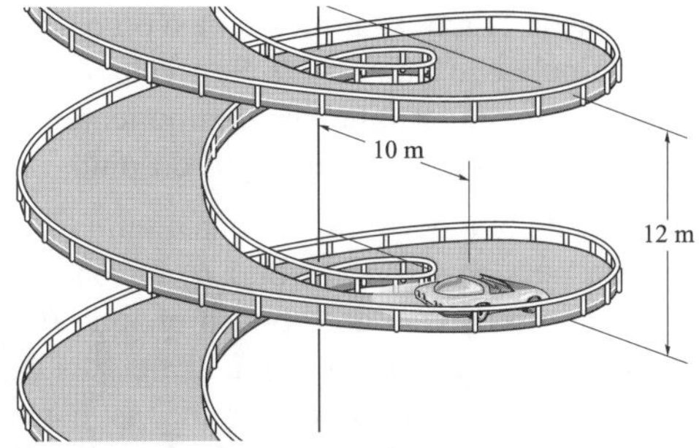

Problema 12.181

12.182. A caixa desce deslizando pela rampa helicoidal com uma velocidade escalar constante de $v = 2$ m/s. Determine a intensidade da sua aceleração. A rampa desce uma distância vertical de 1 m para cada volta completa. O raio médio da rampa é $r = 0{,}5$ m.

12.183. A caixa desce deslizando pela rampa helicoidal que é definida por $r = 0{,}5$ m, $\theta = (0{,}5t^3)$ rad e $z = (2 - 0{,}2t^2)$ m, onde t é dado em segundos. Determine as intensidades da velocidade e aceleração da caixa no instante $\theta = 2\pi$ rad.

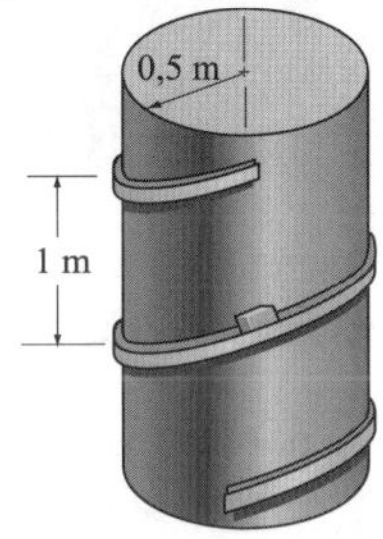

Problemas 12.182/183

***12.184.** A barra OA gira no sentido anti-horário com uma velocidade angular constante de $\dot{\theta} = 6$ rad/s. Através de meios mecânicos, o anel B move-se ao longo da barra com uma velocidade escalar de $\dot{r} = (4t^2)$ m/s, onde t é dado em segundos. Se $r = 0$ quando $t = 0$, determine as intensidades da velocidade e aceleração do anel quando $t = 0{,}75$ s.

•12.185. A barra OA está girando no sentido anti-horário com uma velocidade angular de $\dot{\theta} = (2t^2)$ rad/s. Através de meios mecânicos, o anel B move-se ao longo da barra com uma velocidade escalar de $\dot{r} = (4t^2)$ m/s. Se $\theta = 0$ e $r = 0$ quando $t = 0$, determine as intensidades da velocidade e aceleração do anel em $\theta = 60°$.

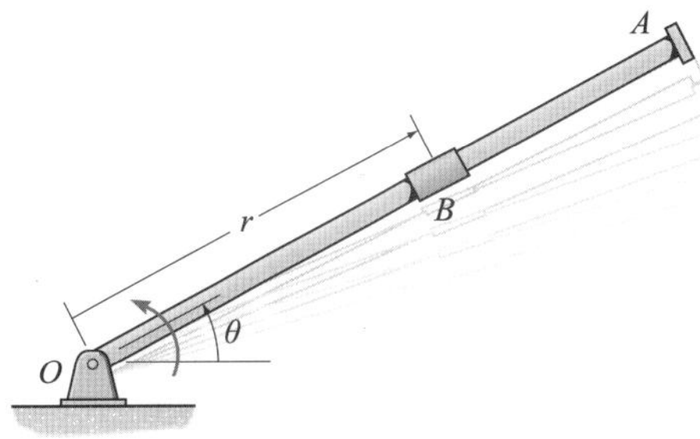

Problemas 12.184/185

12.186. A fenda do braço AB impulsiona o pino C pela fenda espiral descrita pela equação $r = a\theta$. Se a velocidade angular é constante em $\dot{\theta}$, determine as componentes radiais e transversais da velocidade e aceleração do pino.

12.187. A fenda do braço AB impulsiona o pino C pela fenda espiral descrita pela equação $r = (1,5\ \theta)$ m, onde θ é dado em radianos. Se o braço sai do repouso quando $\theta = 60°$ e é impulsionado a uma velocidade angular de $\dot{\theta} = (4t)$ rad/s, onde t é dado em segundos, determine as componentes radiais e transversais da velocidade e aceleração do pino C quando $t = 1$ s.

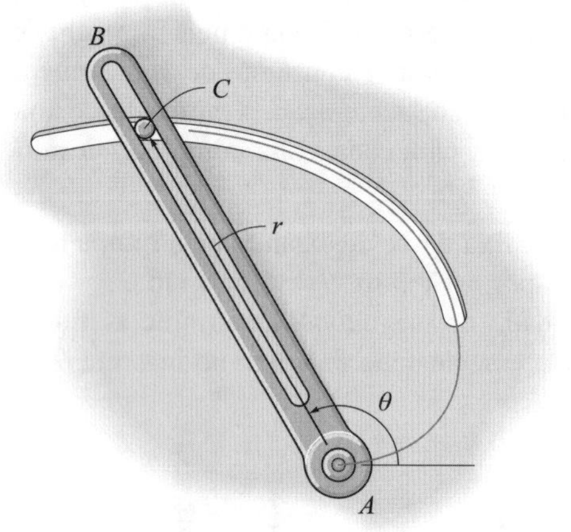

Problemas 12.186/187

***12.188.** A superfície parcial da came é uma espiral logarítmica $r = (40e^{0,05\theta})$ mm, onde θ é dado em radianos. Se a came gira a uma velocidade angular constante de $\dot{\theta} = 4$ rad/s, determine as intensidades da velocidade e aceleração do ponto na came que contata a barra seguidora no instante que $\theta = 30°$.

•12.189. Resolva o Problema 12.188 se a came tiver uma aceleração angular de $\ddot{\theta} = 2$ rad/s^2 quando sua velocidade angular é $\dot{\theta} = 4$ rad/s em $\theta = 30°$.

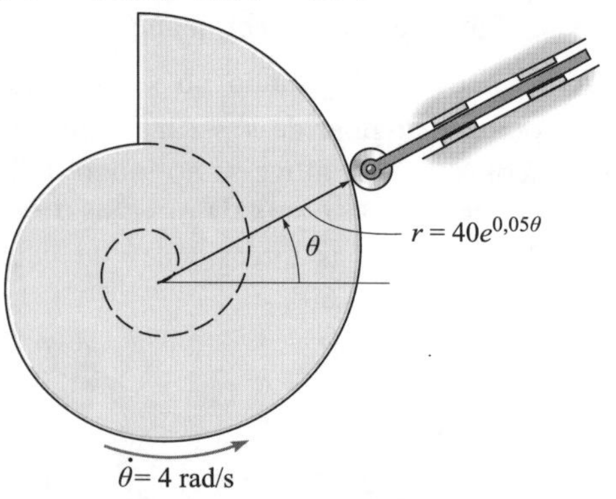

Problemas 12.188/189

12.190. Uma partícula move-se ao longo de uma espiral de Arquimedes $r = (8\theta)$ m, onde θ é dado em radianos. Se $\dot{\theta} = 4$ rad/s (constante), determine as componentes radiais e transversais da velocidade e aceleração da partícula no instante que $\theta = \pi/2$ rad. Trace a curva e mostre as componentes na curva.

12.191. Solucione o Problema 12.190 se a partícula tiver uma aceleração angular de $\ddot{\theta} = 5$ rad/s^2 quando $\dot{\theta} = 4$ rad/s a $\theta = \pi/2$ rad.

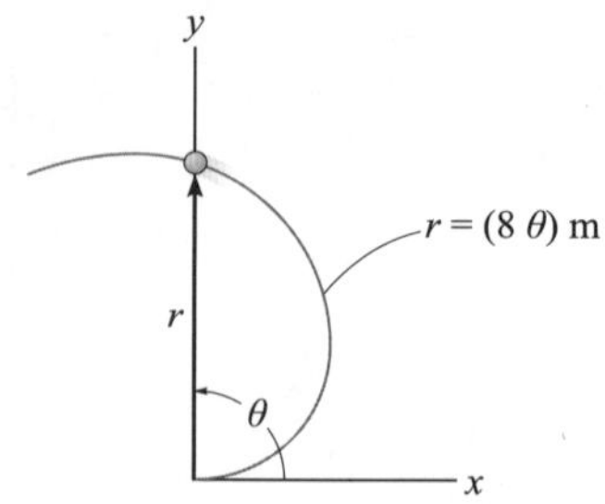

Problemas 12.190/191

***12.192.** Um barco move-se ao longo de uma trajetória definida por $r^2 = [0,9(10^3) \cos 2\theta]$ m^2, onde θ é dado em radianos. Se $\theta = (0,4t^2)$ rad, onde t é dado em segundos, determine as componentes radiais e transversais da velocidade e aceleração do barco no instante $t = 1$ s.

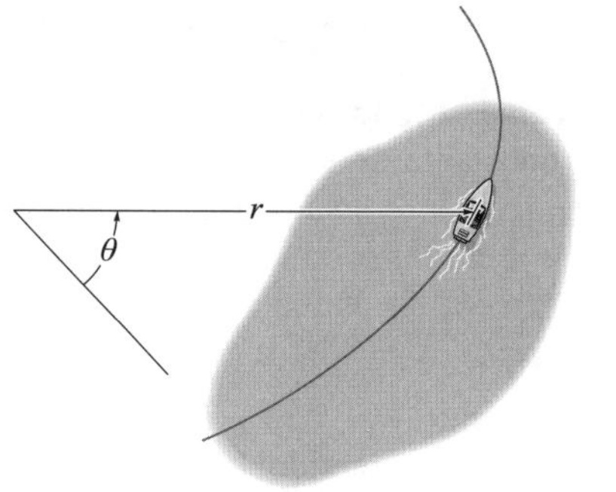

Problema 12.192

•12.193. Um carro move-se ao longo de uma estrada, a qual, por uma curta distância, é definida por $r = (60/\theta)$ m, onde θ é dado em radianos. Se ele mantém uma velocidade escalar constante de $v = 10,5$ m/s, determine as componentes radial e transversal da sua velocidade quando $\theta = \pi/3$ rad.

12.194. Por um curto período de tempo, um avião a jato move-se ao longo de uma trajetória no formato de uma lemniscata, $r^2 = (2500 \cos 2\theta)$ km^2. No instante que $\theta = 30°$, o equipamento rastreador de radar está girando a $\dot{\theta} = 5(10^{-3})$ rad/s com $\ddot{\theta} = 2(10^{-3})$ rad/s^2. Determine as componentes radiais e transversais da velocidade e aceleração do avião nesse instante.

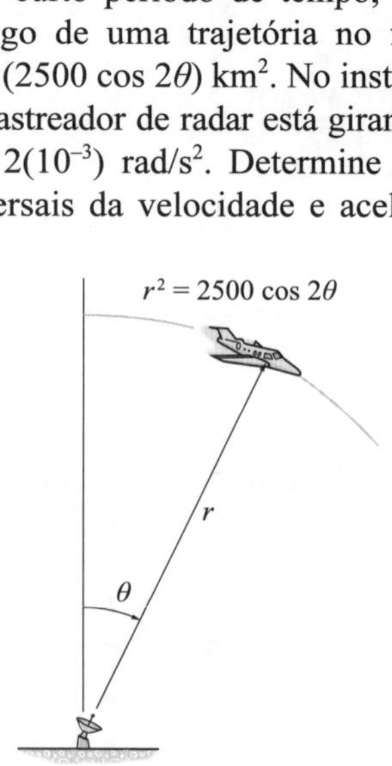

Problemas 12.194

12.9 Análise de movimento absoluto dependente de duas partículas

Em alguns tipos de problemas, o movimento de uma partícula *dependerá* do movimento correspondente de outra partícula. Esta dependência comumente ocorre se as partículas, aqui representadas por blocos, estão interligadas por cordas inextensíveis que passam em torno de polias. Por exemplo, o movimento do bloco A para baixo ao longo do plano inclinado na Figura 12.36 vai causar um movimento correspondente do bloco B para cima no outro plano inclinado. Podemos mostrar isso matematicamente, primeiro, especificando a posição dos blocos utilizando *coordenadas de posição* s_A e s_B. Note que cada um dos eixos coordenados (1) é medido a partir de um ponto *fixo* (O) ou linha de referência *fixa*, (2) é medido ao longo de cada plano inclinado *na direção do movimento* de cada bloco, e (3) tem um sentido positivo de C para A e D para B. Se o comprimento total da corda é l_T, as duas coordenadas de posição estão relacionadas pela equação

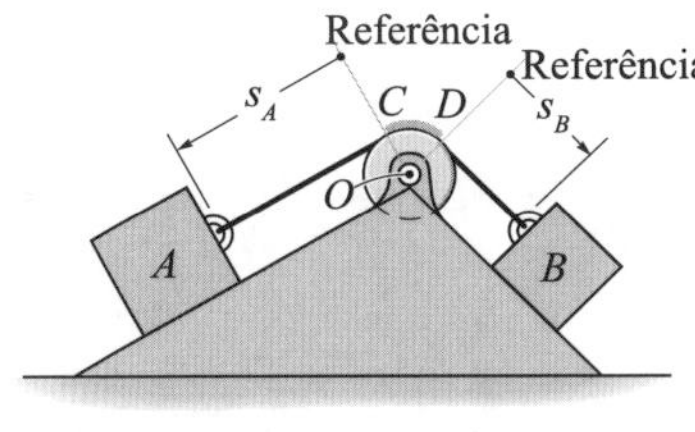

Figura 12.36

$$s_A + l_{CD} + s_B = l_T$$

Aqui, l_{CD} é o comprimento da corda passando sobre o arco CD. Calculando a derivada temporal desta expressão, percebendo que l_{CD} e l_T *permanecem constantes*, enquanto s_A e s_B medem os segmentos da corda que variam em comprimento, temos

$$\frac{ds_A}{dt} + \frac{ds_B}{dt} = 0 \quad \text{ou} \quad v_B = -v_A$$

O sinal negativo indica que quando o bloco A tem uma velocidade para baixo, ou seja, na direção de s_A positivo, isso causa uma velocidade correspondente para cima do bloco B; isto é, B move-se na direção s_B negativa.

De maneira similar, a derivada em relação ao tempo da equação das velocidades produz a relação entre as acelerações

$$a_B = -a_A$$

Um exemplo mais complicado é mostrado na Figura 12.37*a*. Nesse caso, a posição do bloco A é especificada por s_A, e a posição da *extremidade* da corda a partir da qual o bloco B está suspenso é definida por s_B. Como anteriormente, escolhemos coordenadas de posição que (1) têm suas origens em pontos fixos ou de referência, (2) são medidas na direção do movimento de cada bloco, e (3) sendo s_A positivo para direita e s_B positivo para baixo. Durante o movimento, o comprimento dos segmentos cinza da corda na Figura 12.37*a permanecem constantes*. Se l representa o comprimento total da corda menos esses segmentos, então as coordenadas de posição podem ser relacionadas pela equação:

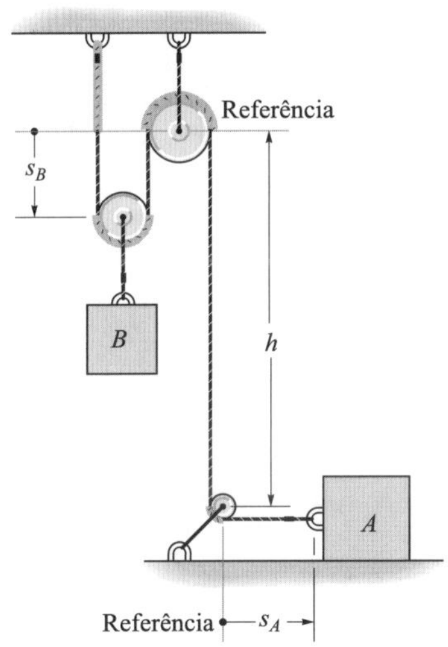

(a)

$$2s_B + h + s_A = l$$

Visto que l e h são constantes durante o movimento, as duas derivadas temporais resultam em:

$$2v_B = -v_A \qquad 2a_B = -a_A$$

Por conseguinte, quando B se desloca para baixo ($+s_B$), A move-se para a esquerda ($-s_A$) com duas vezes o deslocamento.

Esse exemplo também pode ser trabalhado definindo-se a posição do bloco B a partir do centro da polia de baixo (um ponto fixo), Figura 12.37*b*. Nesse caso,

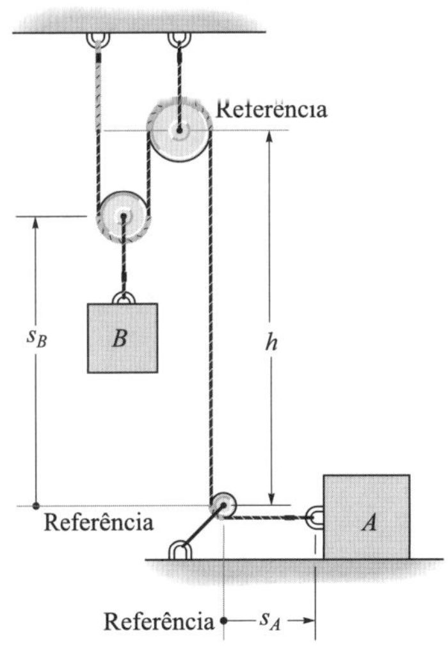

(b)

Figura 12.37

$$2(h - s_B) + h + s_A = l$$

A diferenciação temporal resulta em:

$$2v_B = v_A \qquad 2a_B = a_A$$

Aqui, os sinais são os mesmos. Por quê?

Procedimento para análise

O método apresentado de relacionar o movimento dependente de uma partícula com aquele de outra pode ser executado utilizando-se escalares algébricos ou coordenadas de posição contanto que cada partícula se mova ao longo de uma trajetória retilínea. Quando este for o caso, apenas as intensidades da velocidade e aceleração das partículas variarão, enquanto a sua direção permanece inalterada.

Equação das coordenadas de posição

- Estabeleça cada coordenada de posição com uma origem posicionada em um ponto ou referência *fixa*.
- *Não é necessário* que a *origem* seja a *mesma* para cada uma das coordenadas; entretanto, é *importante* que cada eixo coordenado escolhido esteja direcionado ao longo da *trajetória do movimento* da partícula.
- Utilizando geometria ou trigonometria, relacione as coordenadas de posição ao comprimento total da corda, l_T, ou aquela porção da corda, l, que *exclui* os segmentos que não variam de comprimento à medida em que a partícula se move — tal como segmentos de arco passando em volta de polias.
- Se um problema envolve um *sistema* de duas ou mais cordas passando em volta de polias, então a posição de um ponto sobre uma corda deve ser relacionada à posição de um ponto sobre a outra corda utilizando o procedimento que acabamos de descrever. Equações separadas estão escritas para um comprimento fixo de cada corda do sistema e as posições das duas partículas são, então, relacionadas por estas equações (ver exemplos 12.22 e 12.23).

Derivadas temporais

- Duas derivadas temporais sucessivas das equações de coordenadas de posições resultam nas equações de velocidade e aceleração necessárias as quais relacionam os movimentos das partículas.
- Os sinais dos termos nessas equações serão consistentes com aqueles que especificam o sentido positivo e negativo das coordenadas de posição.

Exemplo 12.21

Determine a velocidade escalar do bloco A na Figura 12.38 se o bloco B tiver uma velocidade escalar para cima de 2 m/s.

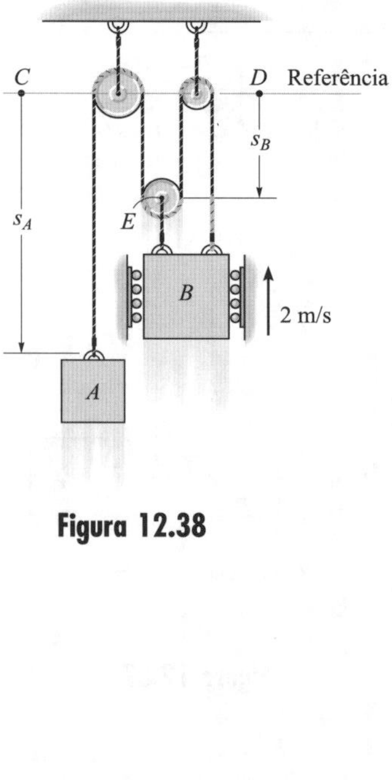

Figura 12.38

SOLUÇÃO

Equação das coordenadas de posição

Nesse sistema, há *uma corda* contendo segmentos que variam de comprimento. As coordenadas de posição s_A e s_B serão usadas, visto que cada uma é medida a partir de um ponto fixo (C ou D) e se estende ao longo das *trajetórias de movimento* de cada bloco. Em particular, s_B está direcionado para o ponto E já que o movimento de B e E é o *mesmo*.

Os segmentos da corda em cinza na Figura 12.38 permanecem com o comprimento constante e não têm de ser considerados quando os blocos se movem. O comprimento restante da corda, l, também é constante e está relacionado com as variações das coordenadas de posição s_A e s_B pela equação.

$$s_A + 3s_B = l$$

Derivada temporal

Calculando-se a derivada temporal resulta:

$$v_A + 3v_B = 0$$

de maneira que quando $v_B = -2$ m/s (para cima),

$$v_A = 6 \text{ m/s}\downarrow$$

Exemplo 12.22

Determine a velocidade escalar de A na Figura 12.39 se B tem uma velocidade escalar para cima de 2 m/s.

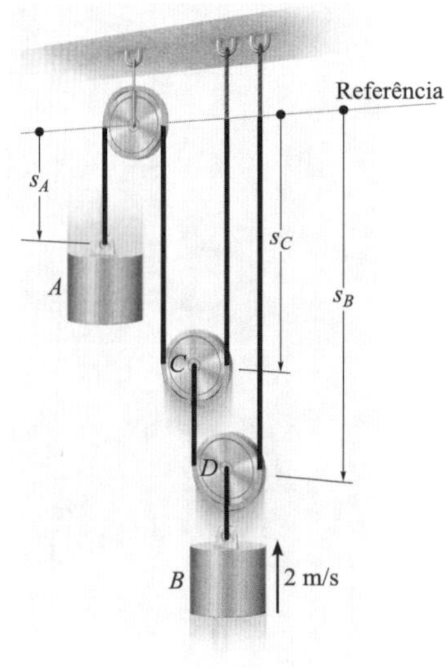

Figura 12.39

SOLUÇÃO

Equação das coordenadas de posição

Como mostrado, as posições dos blocos A e B são definidas utilizando-se as coordenadas s_A e s_B. Visto que os sistemas têm *duas cordas* com segmentos que variam de comprimento, será necessário utilizar uma terceira coordenada, s_C, a fim de relacionar s_A com s_B. Em outras palavras, o comprimento de uma das cordas pode ser expresso em termos de s_A e s_C, e o comprimento da outra corda pode ser expresso em termos de s_B e s_C.

Os segmentos das cordas cinza na Figura 12.39 não têm de ser considerados na análise. Por quê? Para os comprimentos de cordas restantes, digamos l_1 e l_2, temos:

$$s_A + 2s_C = l_1 \qquad s_B + (s_B - s_C) = l_2$$

Derivada temporal

Calculando a derivada temporal destas equações resulta:

$$v_A + 2v_C = 0 \qquad 2v_B - v_C = 0$$

Eliminando-se v_C, produz-se a relação entre os movimentos de cada cilindro.

$$v_A + 4v_B = 0$$

de maneira que quando $v_B = -2$ m/s (para cima),

$$v_A = +8 \text{ m/s} = 8 \text{ m/s}\downarrow$$

Exemplo 12.23

Determine a velocidade escalar do bloco B na Figura 12.40 se a extremidade da corda em A é puxada para baixo com uma velocidade escalar de 2 m/s.

SOLUÇÃO

Equação das coordenadas de posição

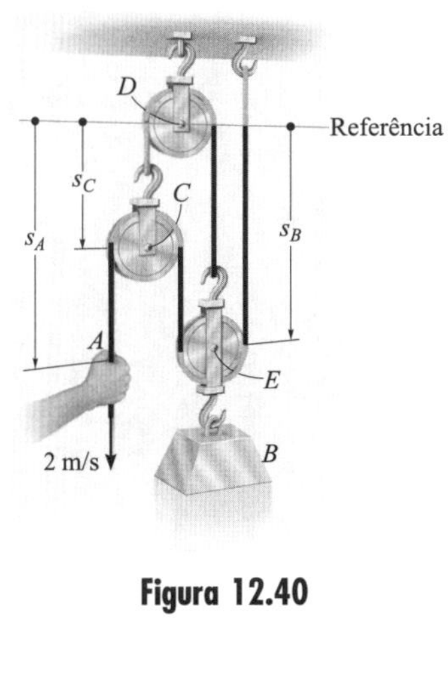

Figura 12.40

A posição do ponto A é definida por s_A, e a posição do bloco B é especificada por s_B, visto que o ponto E na polia terá o *mesmo movimento* do bloco. Ambas as coordenadas são medidas a partir de uma referência horizontal passando pelo pino *fixo* na polia D. Visto que o sistema consiste em *duas* cordas, as coordenadas s_A e s_B não podem ser relacionadas diretamente. Em vez disso, estabelecendo-se uma terceira coordenada de posição, s_C, podemos agora expressar o comprimento de uma das cordas em termos de s_B e s_C, e o comprimento da outra corda em termos de s_A, s_B e s_C.

Excluindo os segmentos das cordas cinza na Figura 12.40, os comprimentos de corda constantes que restam l_1 e l_2 (com as dimensões do gancho e do elo) podem ser expressos como:

$$s_C + s_B = l_1$$

$$(s_A - s_C) + (s_B - s_C) + s_B = l_2$$

Derivada temporal

A derivada temporal de cada equação dá:

$$v_C + v_B = 0$$

$$v_A - 2v_C + 2v_B = 0$$

Eliminando v_C, obtemos:

$$v_A + 4\,v_B = 0$$

de maneira que v_A = 2 m/s (para baixo),

$$v_B = -0{,}5 \text{ m/s} = 0{,}5 \text{ m/s} \uparrow$$

Exemplo 12.24

Um homem em *A* está içando um cofre *S*, como mostrado na Figura 12.41, ao caminhar para a direita com uma velocidade constante v_A = 0,5 m/s. Determine a velocidade e aceleração do cofre quando ele alcança a altura de 10 m. A corda tem 30 m de comprimento e passa sobre uma pequena polia em *D*.

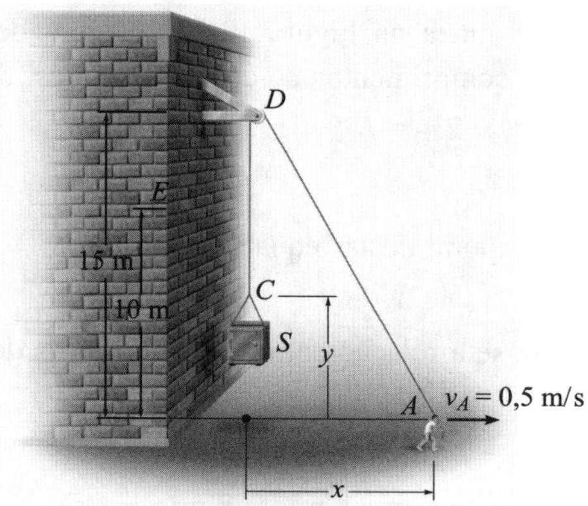

Figura 12.41

SOLUÇÃO

Equação das coordenadas de posição

Este problema é diferente dos exemplos anteriores, pois o segmento de corda *DA* varia *tanto a direção quanto a intensidade*. Entretanto, as extremidades da corda, que definem as posições *S* e *A*, são especificadas por meio das coordenadas *x* e *y*, visto que elas têm de ser medidas a partir de um ponto fixo e *direcionadas ao longo das trajetórias de movimento* das extremidades da corda.

As coordenadas *x* e *y* podem ser relacionadas, já que a corda tem um comprimento fixo *l* = 30 m, o qual em todos os momentos é igual ao comprimento do segmento *DA* mais *CD*. Utilizando o teorema de Pitágoras para determinar l_{DA}, temos $l_{DA} = \sqrt{(15)^2 + x^2}$; também, $l_{CD} = 15 - y$. Por conseguinte,

$$l = l_{DA} + l_{CD}$$

$$30 = \sqrt{(15)^2 + x^2} + (15 - y)$$

$$y = \sqrt{225 + x^2} - 15 \qquad (1)$$

Derivada temporal

Calculando-se a derivada temporal, utilizando a regra da cadeia (ver Apêndice C), onde $v_S = dy/dt$ e $v_A = dx/dt$, resulta:

$$v_S = \frac{dy}{dt} = \left[\frac{1}{2}\frac{2x}{\sqrt{225+x^2}}\right]\frac{dx}{dt}$$
$$= \frac{x}{\sqrt{225+x^2}}v_A \qquad (2)$$

Em $y = 10$ m, x é determinado a partir da Equação 1, ou seja, $x = 20$ m. Por conseguinte, a partir da Equação 2, com $v_A = 0{,}5$ m/s,

$$v_S = \frac{20}{\sqrt{225+(20)^2}}(0{,}5) = 0{,}4\text{m/s} = 400 \text{ mm/s} \uparrow$$

A aceleração é determinada calculando-se a derivada temporal da Equação 2. Visto que v_A é constante, então $a_A = dv_A/dt = 0$, e temos:

$$a_S = \frac{d^2y}{dt^2} = \left[\frac{-x(dx/dt)}{(225+x^2)^{3/2}}\right]xv_A + \left[\frac{1}{\sqrt{225+x^2}}\right]\left(\frac{dx}{dt}\right)v_A + \left[\frac{1}{\sqrt{225+x^2}}\right]x\frac{dv_A}{dt} = \frac{225v_A^2}{(225+x^2)^{3/2}}$$

Em $x = 20$ m, com $v_A = 0{,}5$ m/s, a aceleração torna-se:

$$a_S = \frac{225(0{,}5 \text{ m/s})^2}{[225+(20 \text{ m})^2]^{3/2}} = 0{,}00360 \text{ m/s}^2 = 3{,}60 \text{ mm/s}^2 \uparrow$$

NOTA: A velocidade constante em A faz que a outra extremidade C da corda tenha uma aceleração, visto que $\mathbf{v}_A$ faz que o segmento DA varie sua direção assim como o seu comprimento.

12.10 Movimento relativo de duas partículas usando eixos de translação

Ao longo deste capítulo, o movimento absoluto de uma partícula tem sido determinado usando-se um sistema de referência fixo único. Existem muitos casos, entretanto, nos quais a trajetória do movimento para uma partícula é complicada, de maneira que pode ser mais fácil analisar o movimento em partes, utilizando dois ou mais sistemas de referência. Por exemplo, o movimento de uma partícula localizada na extremidade da hélice de um avião, enquanto o avião está em voo, é mais facilmente descrito se observarmos primeiro o movimento de um avião a partir de uma referência fixa e em seguida superpusermos (vetorialmente) o movimento circular da partícula medida a partir de uma referência fixada no avião.

Nesta seção, *sistemas de referência de translação* serão considerados para as análises. A análise de movimento relativo das partículas utilizando sistemas de referência rotativos será tratada nas seções 16.8 e 20.4, visto que uma análise dessa natureza depende de um conhecimento prévio da cinemática de segmentos em linha.

Posição

Considere as partículas A e B, as quais se movem ao longo de trajetórias arbitrárias mostradas na Figura 12.42. A *posição absoluta* de cada partícula, $\mathbf{r}_A$ e $\mathbf{r}_B$, é medida a partir da origem comum O do sistema de referência x, y, z *fixo*. A origem de um segundo sistema de referência x', y', z' está fixada à partícula A e move-se com ela. Os eixos desse sistema *podem realizar apenas translação* em relação a um sistema fixo. A posição de B medida em relação a A é denotada pelo *vetor posição relativa* $\mathbf{r}_{B/A}$. Utilizando-se a adição de vetores, os três vetores mostrados na Figura 12.42 podem ser relacionados pela equação:

$$\boxed{\mathbf{r}_B = \mathbf{r}_A + \mathbf{r}_{B/A}} \qquad (12.33)$$

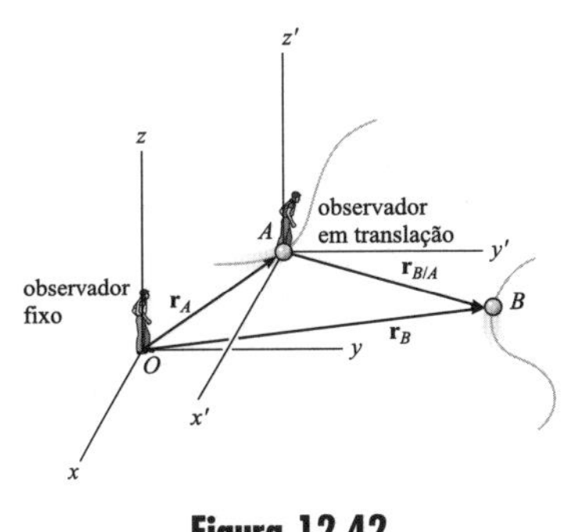

Figura 12.42

Velocidade

Uma equação que relaciona as velocidades das partículas é determinada calculando-se as derivadas temporais da equação acima; ou seja,

$$\mathbf{v}_B = \mathbf{v}_A + \mathbf{v}_{B/A} \tag{12.34}$$

Aqui, $\mathbf{v}_B = d\mathbf{r}_B/dt$ e $\mathbf{v}_A = d\mathbf{r}_A/dt$ referem-se às *velocidades absolutas*, visto que elas são observadas a partir de um sistema fixo; ao passo que a *velocidade relativa* $\mathbf{v}_{B/A} = d\mathbf{r}_{B/A}/dt$ é observada a partir do sistema de translação. É importante observar que, tendo em vista que os eixos, x', y', z' transladam, as *componentes* de $\mathbf{r}_{B/A}$ *não* variam a direção e, portanto, a derivada temporal dessas componentes terá apenas de levar em consideração a variação em suas intensidades. A Equação 12.34, estabelece, portanto, que a velocidade de B é igual à velocidade de A mais (vetorialmente) a velocidade de 'B em relação a A', como medido pelo *observador de translação* fixo no sistema de referência x', y', z'.

Aceleração

A derivada temporal da Equação 12.34 produz uma relação vetorial similar entre as acelerações *absoluta* e *relativa* das partículas A e B.

$$\mathbf{a}_B = \mathbf{a}_A + \mathbf{a}_{B/A} \tag{12.35}$$

Aqui, $\mathbf{a}_{B/A}$ é a aceleração de B como vista pelo observador localizado em A e realizando uma translação com o sistema de referência x', y', z'.*

Procedimento para análise

- Quando aplicando as equações de velocidade e aceleração relativa, é primeiro necessário especificar a partícula A que é a origem dos eixos de translação x', y', z'. Normalmente, esse ponto tem uma velocidade ou aceleração *conhecida*.
- Visto que a soma de vetores forma um triângulo, pode haver no máximo *duas incógnitas* representadas pelas intensidades e/ou direções das quantidades vetoriais.
- Estas incógnitas podem ser determinadas graficamente, utilizando-se trigonometria (lei dos senos, lei dos cossenos), ou decompondo cada um dos três vetores em componentes retangulares ou cartesianos, gerando dessa maneira um conjunto de equações escalares.

Exemplo 12.25

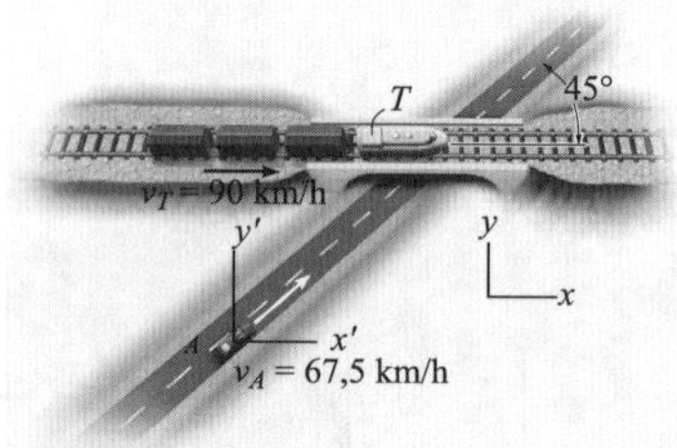

(a)

Figura 12.43

Um trem viajando a uma velocidade escalar constante de 90 km/h, cruza sobre uma estrada, como mostrado na Figura 12.43*a*. Se o automóvel A está se deslocando a 67,5 km/h ao longo da estrada, determine a intensidade e a direção da velocidade vetorial do trem em relação ao automóvel.

SOLUÇÃO I

Análise vetorial

A velocidade relativa $\mathbf{v}_{T/A}$ é medida a partir dos eixos de translação x', y' ligados ao automóvel, Figura 12.43*a*. Ela é determinada de $\mathbf{v}_T = \mathbf{v}_A + \mathbf{v}_{T/A}$. Visto que $\mathbf{v}_T$ e $\mathbf{v}_A$ são

* Uma maneira fácil de lembrar a configuração dessas equações, é observar o 'cancelamento' do subscrito A entre os dois termos, por exemplo, $\mathbf{a}_B = \mathbf{a}_{\not{A}} + \mathbf{a}_{B/\not{A}}$.

conhecidas *tanto* em sua intensidade *quanto* em sua direção, as incógnitas tornam-se as componentes x e y de $\mathbf{v}_{T/A}$. Utilizando os eixos x, y na Figura 12.43a, temos:

$$\mathbf{v}_T = \mathbf{v}_A + \mathbf{v}_{T/A}$$

$$90\mathbf{i} = (67{,}5 \cos 45^\circ \mathbf{i} + 67{,}5 \text{ sen } 45^\circ \mathbf{j}) + \mathbf{v}_{T/A}$$

$$\mathbf{v}_{T/A} = \{42{,}3\mathbf{i} - 47{,}7\mathbf{j}\} \text{ km/h}$$

Portanto, a intensidade de $\mathbf{v}_{T/A}$ é,

$$v_{T/A} = \sqrt{(42{,}3)^2 + (-47{,}7)^2} = 63{,}8 \text{ km/h}$$

Da direção de cada componente, Figura 12.43b, a direção de $\mathbf{v}_{T/A}$ é:

$$\text{tg}\,\theta = \frac{(v_{T/A})_y}{(v_{T/A})_x} = \frac{47{,}7}{42{,}3}$$

$$\theta = 48{,}4^\circ$$

Observe que a soma de vetores mostrada na Figura 12.43c indica o sentido correto para $\mathbf{v}_{T/A}$. Essa figura antecipa a resposta e pode ser usada para verificá-la.

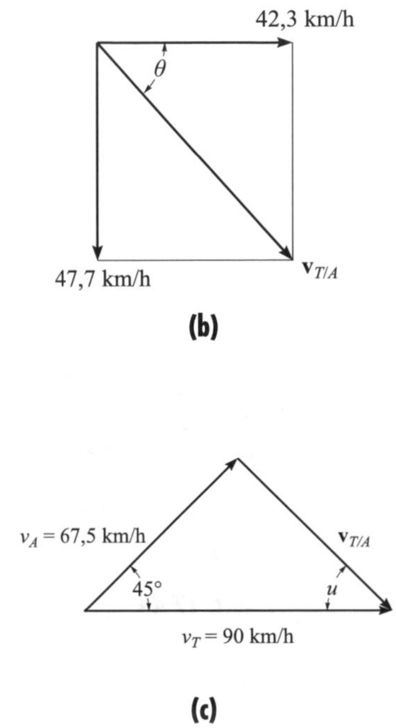

(b)

(c)

Figura 12.43

SOLUÇÃO II

Análise escalar

As componentes incógnitas de $\mathbf{v}_{T/A}$ também podem ser determinadas aplicando-se uma análise escalar. Vamos supor que essas componentes atuam nas direções x e y *positivas*. Assim,

$$\mathbf{v}_T = \mathbf{v}_A + \mathbf{v}_{T/A}$$

$$\begin{bmatrix} 90 \text{ km/h} \\ \rightarrow \end{bmatrix} = \begin{bmatrix} 67{,}5 \text{ km/h} \\ \measuredangle^{45^\circ} \end{bmatrix} + \begin{bmatrix} (v_{T/A})_x \\ \rightarrow \end{bmatrix} + \begin{bmatrix} (v_{T/A})_y \\ \uparrow \end{bmatrix}$$

Decompondo cada vetor em suas componentes x e y resulta:

$(\overset{+}{\rightarrow})$ $\quad 90 = 67{,}5 \cos 45^\circ + (v_{T/A})_x + 0$

$(+\uparrow)$ $\quad 0 = 67{,}5 \text{ sen } 45^\circ + 0 + (v_{T/A})_y$

Resolvendo, obtemos os resultados anteriores,

$$(v_{T/A})_x = 42{,}3 \text{ km/h} = 42{,}3 \text{ km/h} \rightarrow$$

$$(v_{T/A})_y = -47{,}7\text{km/h} = 47{,}7 \text{ km/h} \downarrow$$

Exemplo 12.26

O avião A na Figura 12.44a está voando ao longo de uma trajetória em linha reta, enquanto o avião B está voando ao longo de uma trajetória circular tendo um raio de curvatura de $\rho_B = 400$ km. Determine a velocidade e a aceleração de B medidas pelo piloto de A.

SOLUÇÃO

Velocidade

As origens dos eixos x e y estão localizadas em um ponto fixo arbitrário. Visto que o movimento relativo ao avião A ainda precisa ser determinado, o *sistema de referência de translação* x', y' está ligado a ele, Figura 12.44a. Aplicando a equação de velocidade relativa na forma escalar, visto que os vetores de velocidade de ambos os aviões são paralelos no instante mostrado, temos:

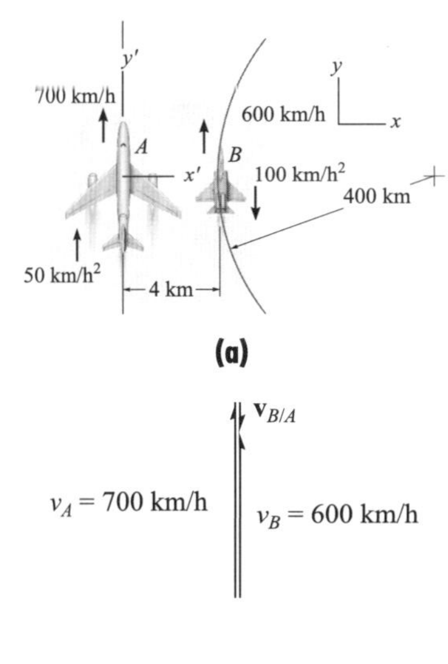

(a)

(b)

Figura 12.44

$(+\uparrow)$ $\quad v_B = v_A + v_{B/A}$

$$600 \text{ km/h} = 700 \text{ km/h} + v_{B/A}$$

$$v_{B/A} = -100 \text{ km/h} = 100 \text{ km/h} \downarrow$$

A soma de vetores é mostrada na Figura 12.44b.

Aceleração

O avião B tem ambas as componentes — tangencial e normal — da aceleração, visto que ele está voando ao longo de uma *trajetória curva*. Da Equação 12.20, a intensidade da componente normal é:

$$(a_B)_n = \frac{v^2_B}{\rho} = \frac{(600 \text{ km/h})^2}{400 \text{ km}} = 900 \text{ km/h}^2$$

Aplicando-se a equação de aceleração relativa, resulta:

$$\mathbf{a}_B = \mathbf{a}_A + \mathbf{a}_{B/A}$$

$$900\mathbf{i} - 100\mathbf{j} = 50\mathbf{j} + \mathbf{a}_{B/A}$$

Assim,

$$\mathbf{a}_{B/A} = \{900\mathbf{i} - 150\mathbf{j}\} \text{ km/h}^2$$

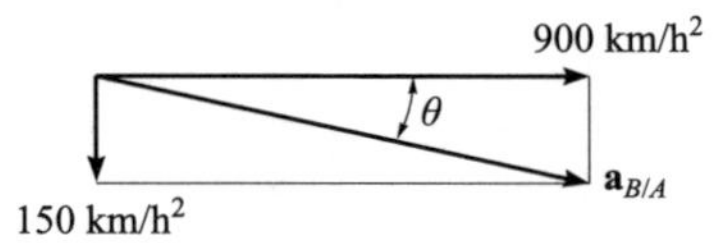

(c)

Figura 12.44

Portanto, da Figura 12.44c, a intensidade e direção de $\mathbf{a}_{B/A}$ são:

$$a_{B/A} = 912 \text{ km/h}^2 \quad \theta = \text{tg}^{-1}\frac{150}{900} = 9{,}46^\circ$$

NOTA: A solução para este problema foi possível utilizando-se um sistema de referência de translação, visto que o piloto no avião A está 'transladando'. Observação do movimento do avião A em relação ao piloto do avião B, entretanto, deve ser obtida utilizando-se um sistema de eixos *rotativos* preso ao avião B. (Isso supõem, é claro, que o piloto do avião B está fixo no sistema rotativo, de maneira que ele não vira seus olhos para acompanhar o movimento de A.) A análise para este caso é dada no Exemplo 16.21.

Exemplo 12.27

No instante mostrado na Figura 12.45a, os carros A e B estão viajando com velocidades escalares de 18 m/s e 12 m/s, respectivamente. Também nesse instante, A tem uma redução na velocidade escalar na razão de 2 m/s^2, e B tem um aumento na velocidade escalar na razão de 3 m/s^2. Determine a velocidade vetorial e aceleração de B em relação a A.

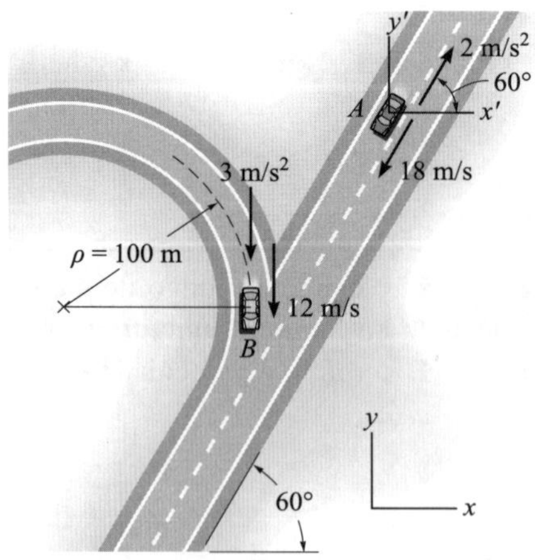

(a)

Figura 12.45

SOLUÇÃO

Velocidade

Os eixos fixos x, y estão estabelecidos em um ponto arbitrário no solo e os eixos de translação x', y' estão presos ao carro A, Figura 12.45a. Por quê? A velocidade relativa é determinada a partir de $\mathbf{v}_B = \mathbf{v}_A + \mathbf{v}_{B/A}$. Quais são as incógnitas? Utilizando uma análise vetorial cartesiana, temos:

$$\mathbf{v}_B = \mathbf{v}_A + \mathbf{v}_{B/A}$$

$$-12\mathbf{j} = (-18 \cos 60°\mathbf{i} - 18 \text{ sen } 60°\mathbf{j}) + \mathbf{v}_{B/A}$$

$$\mathbf{v}_{B/A} = \{9\mathbf{i} + 3{,}588\mathbf{j}\} \text{ m/s}$$

Assim,

$$v_{B/A} = \sqrt{(9)^2 + (3{,}588)^2} = 9{,}69 \text{ m/s}$$

Observando que $\mathbf{v}_{B/A}$ tem componentes $+\mathbf{i}$ e $+\mathbf{j}$, Figura 12.45*b*, sua direção é:

$$\text{tg}\,\theta = \frac{(v_{B/A})_y}{(v_{B/A})_x} = \frac{3{,}588}{9}$$

$$\theta = 21{,}7°$$

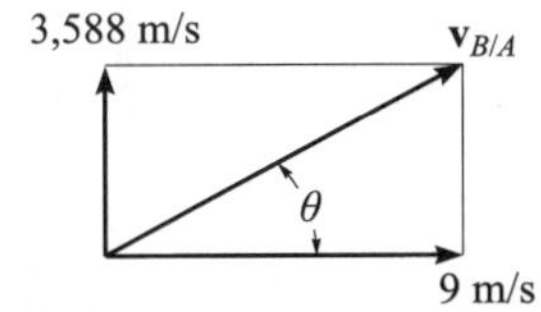

(b)

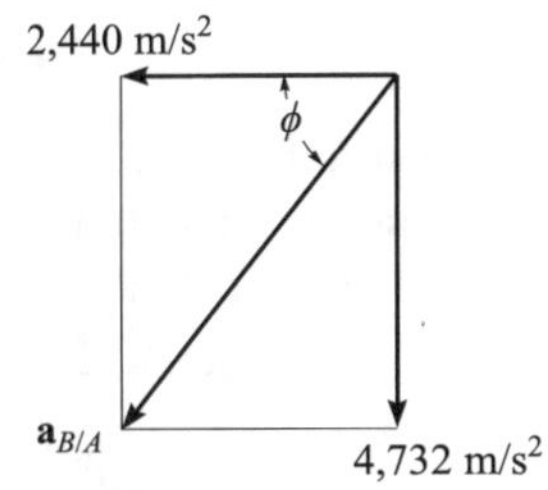

(c)

Figura 12.45

Aceleração

O carro *B* tem ambas as componentes — tangencial e normal da aceleração. Por quê? A intensidade da componente normal é:

$$(a_B)_n = \frac{v^2{}_B}{\rho} = \frac{(12 \text{ m/s})^2}{100 \text{ m}} = 1{,}440 \text{ m/s}^2$$

Aplicando a equação para a aceleração relativa, resulta:

$$\mathbf{a}_B = \mathbf{a}_A + \mathbf{a}_{B/A}$$

$$(-1{,}440\mathbf{i} - 3\mathbf{j}) = (2 \cos 60°\mathbf{i} + 2 \text{ sen } 60°\mathbf{j})\, \mathbf{a}_{B/A}$$

$$\mathbf{a}_{B/A} = \{-2{,}440\mathbf{i} - 4{,}732\mathbf{j}\} \text{ m/s}^2$$

Aqui, $\mathbf{a}_{B/A}$ tem componentes $-\mathbf{i}$ e $-\mathbf{j}$. Assim, da Figura 12.45*c*:

$$a_{B/A} = \sqrt{(2{,}400)^2 + (4{,}732)^2} = 5{,}32 \text{ m/s}^2$$

$$\text{tg}\,\phi = \frac{(a_{B/A})_y}{(a_{B/A\ x}} = \frac{4{,}732}{2{,}440}$$

$$\phi = 62{,}7°$$

NOTA: Podemos obter a aceleração relativa de $\mathbf{a}_{A/B}$ utilizando esse método? Refira-se ao comentário feito no fim do Exemplo 12.26.

Problemas fundamentais

12.39. Determine a velocidade escalar do bloco *D* se a extremidade *A* da corda é puxada para baixo com uma velocidade escalar de $v_A = 3$ m/s.

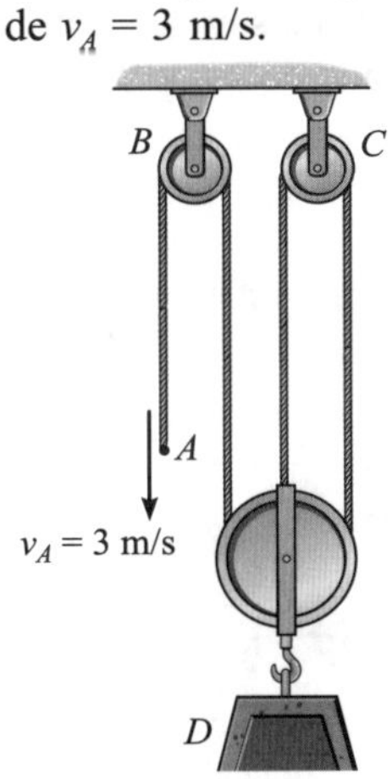

Problema 12.39

12.40. Determine a velocidade escalar do bloco *A* se a extremidade *B* da corda é puxada para baixo com a velocidade escalar de 6 m/s.

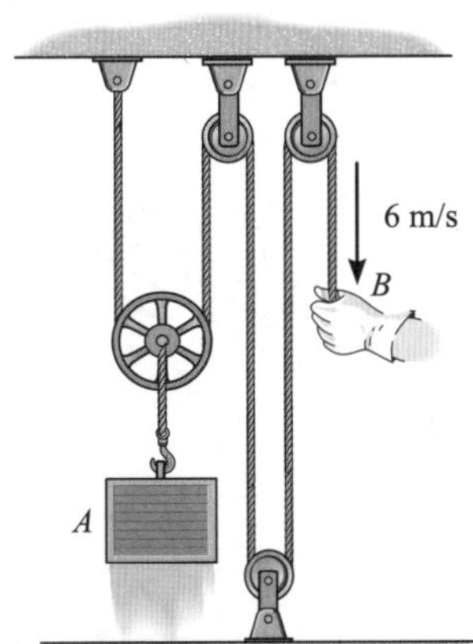

Problema 12.40

12.41. Determine a velocidade escalar do bloco A se a extremidade B da corda é puxada para baixo com uma velocidade escalar de 1,5 m/s.

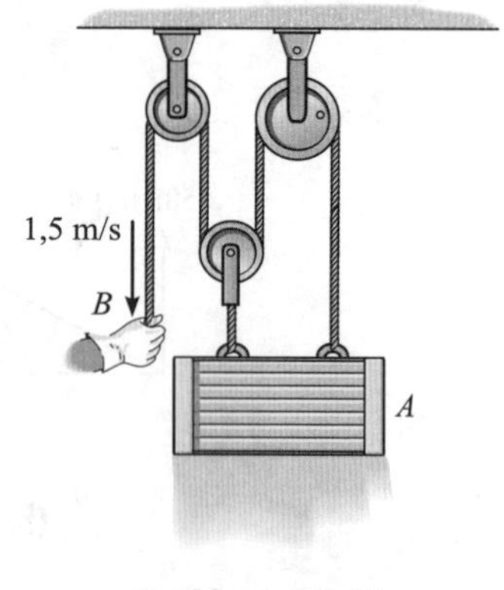

Problema 12.41

12.42. Determine a velocidade escalar do bloco A se a extremidade F da corda é puxada para baixo com uma velocidade escalar de $v_F = 3$ m/s.

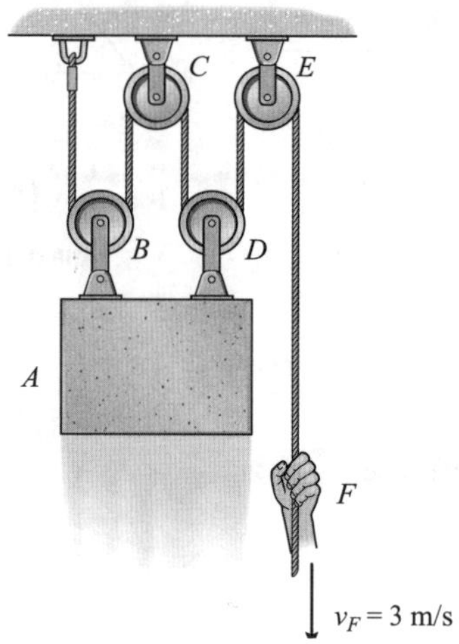

Problema 12.42

12.43. Determine a velocidade escalar do carro A se o ponto P no cabo tem uma velocidade escalar de 4 m/s quando o motor M enrola o cabo para dentro.

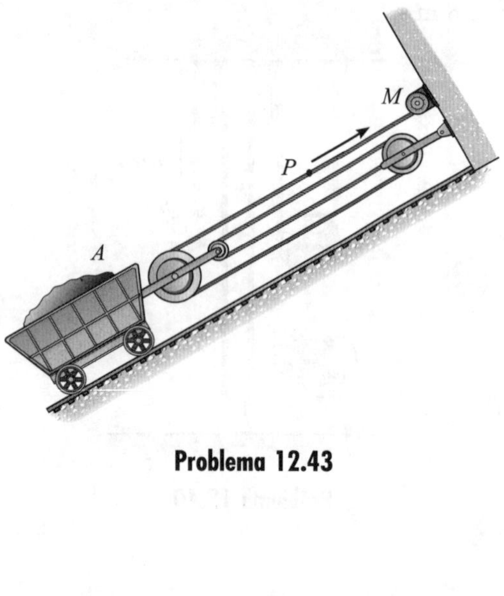

Problema 12.43

12.44. Determine a velocidade escalar do cilindro B se o cilindro A se desloca para baixo com uma velocidade escalar de $v_A = 4$ m/s.

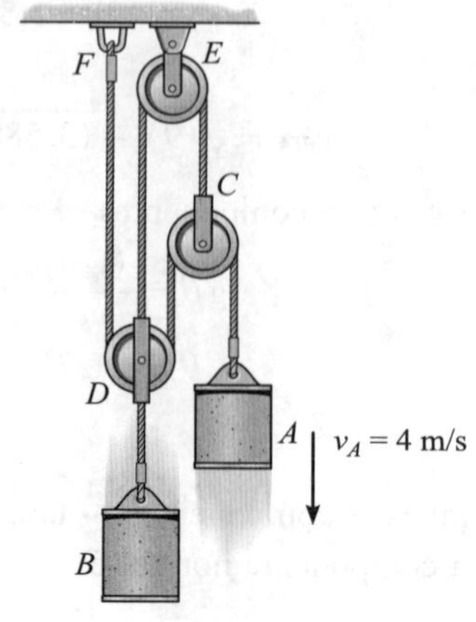

Problema 12.44

12.45. O carro A está viajando com uma velocidade escalar constante de 80 km/h na direção norte, enquanto o carro B está viajando com uma velocidade escalar constante de 100 km/h na direção leste. Determine a velocidade do carro B em relação ao carro A.

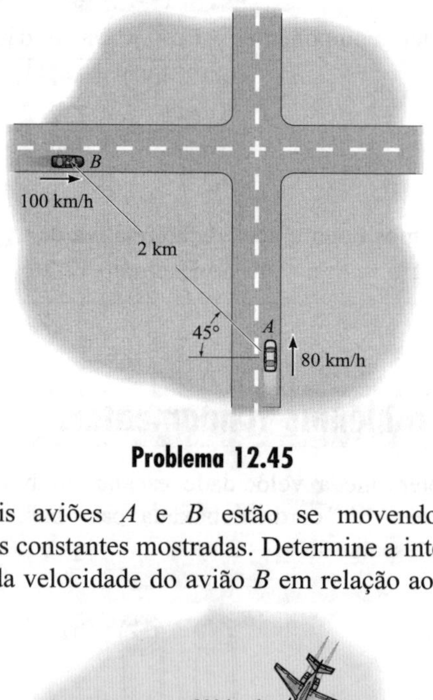

Problema 12.45

12.46. Dois aviões A e B estão se movendo com as velocidades constantes mostradas. Determine a intensidade e a direção da velocidade do avião B em relação ao avião A.

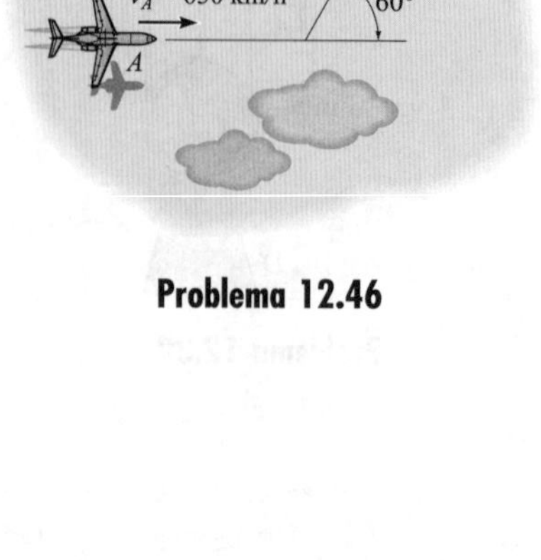

Problema 12.46

12.47. Os barcos A e B viajam com uma velocidade escalar constante de $v_A = 15$ m/s e $v_B = 10$ m/s quando eles deixam o píer em O ao mesmo tempo. Determine a distância entre eles quando $t = 4$ s.

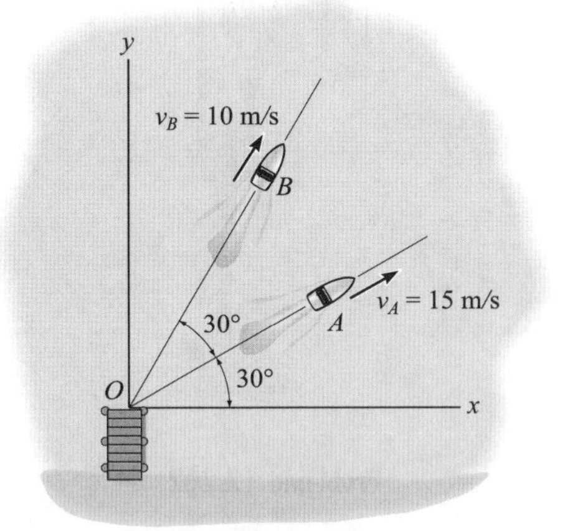

Problema 12.47

12.48. No instante mostrado, carros A e B estão se deslocando com as velocidades escalares mostradas. Se B está acelerando a 1200 km/h^2 enquanto A mantém uma velocidade escalar constante, determine a velocidade e a aceleração de A em relação a B.

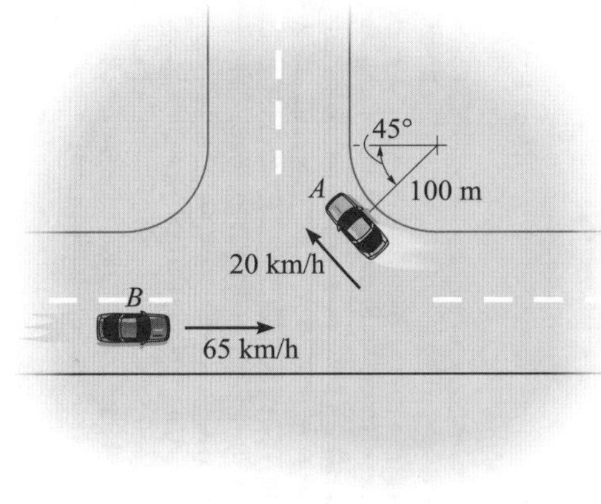

Problema 12.48

Problemas

12.195. O carrinho de mineração C está sendo puxado para cima utilizando o motor M e o arranjo de corda e polias mostrado. Determine a velocidade escalar v_P na qual um ponto P sobre o cabo tem de estar se movendo na direção do motor para fazer o carrinho subir o plano inclinado com uma velocidade escalar constante de $v = 2$ m/s.

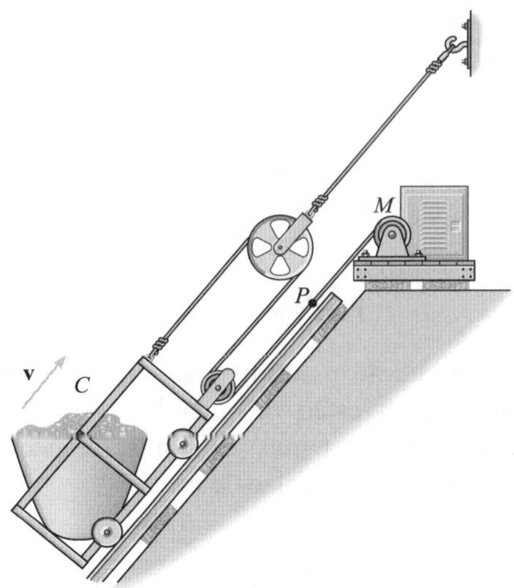

Problema 12.195

***12.196.** Determine o deslocamento do tronco se o caminhão em C puxa o cabo 1,2 m para a direita.

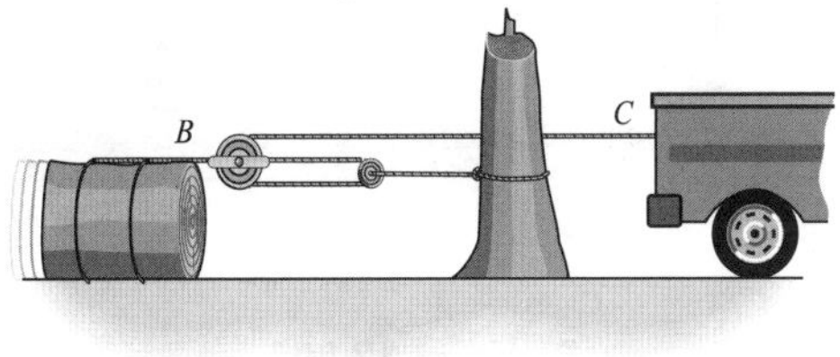

Problema 12.196

•12.197. Se o cilindro hidráulico H puxa a barra BC a 1 m/s, determine a velocidade escalar da placa deslizante A.

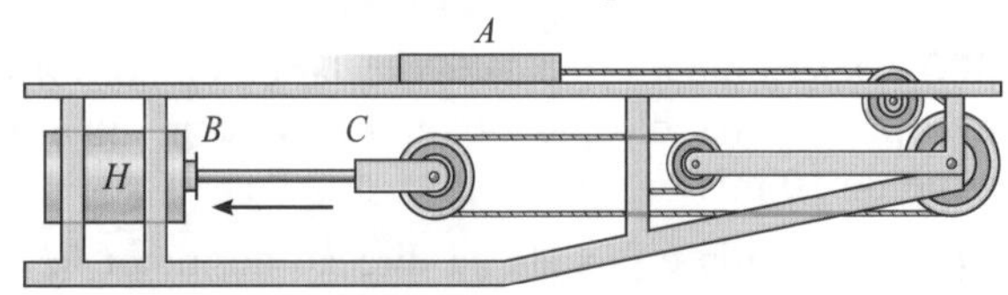

Problema 12.197

12.198. Se a extremidade A da corda se move para baixo com uma velocidade escalar de 5 m/s, determine a velocidade escalar do cilindro B.

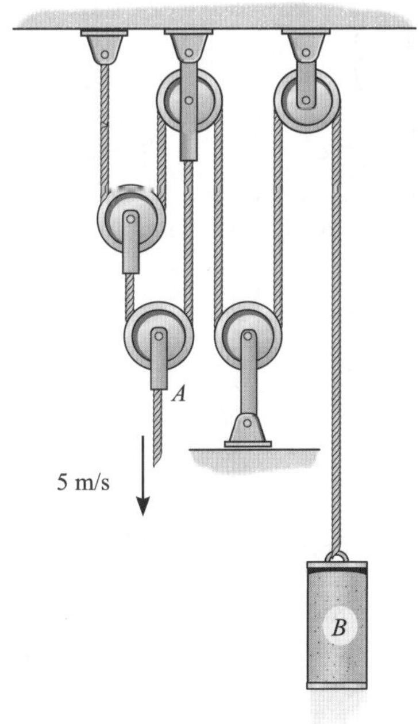

Problema 12.198

12.199. Determine a velocidade escalar do elevador se cada motor recolhe o cabo com uma velocidade constante de 5 m/s.

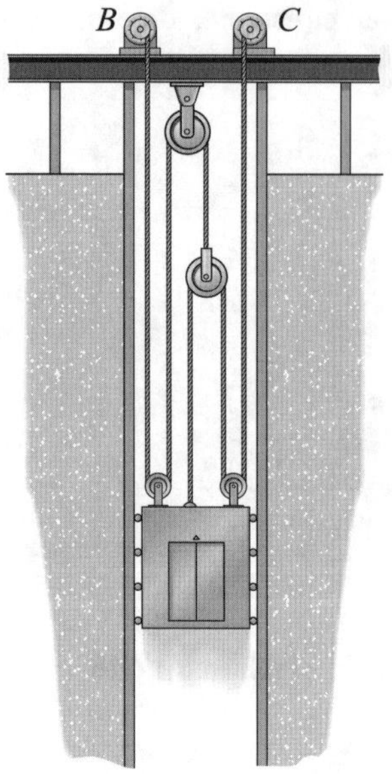

Problema 12.199

***12.200.** Determine a velocidade escalar do cilindro A se a corda é puxada na direção do motor M com uma taxa constante de 10 m/s.

•**12.201.** Se a corda é puxada na direção do motor M com uma velocidade escalar de $v_M = (5t^{3/2})$ m/s, onde t é dado em segundos, determine a velocidade escalar do cilindro A quando $t = 1$ s.

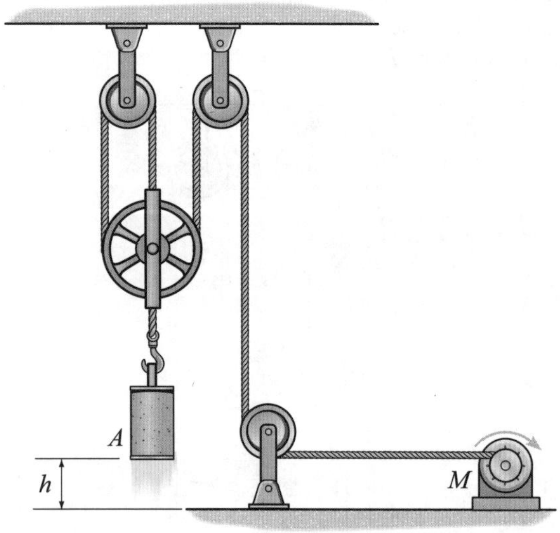

Problemas 12.200/201

12.202. Se a extremidade do cabo em A é puxado para baixo com uma velocidade escalar de 2 m/s, determine a velocidade escalar na qual o bloco B sobe.

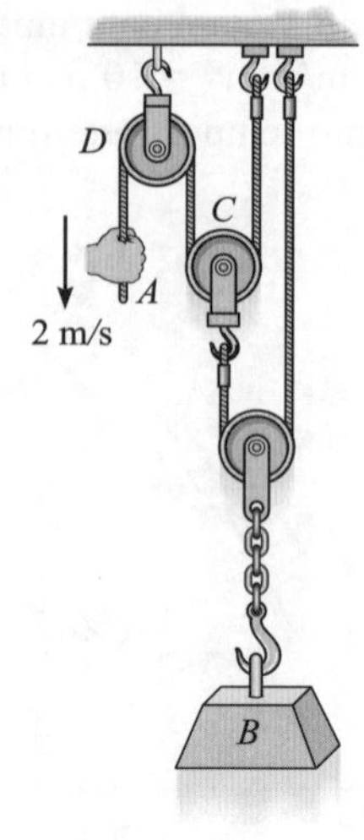

Problema 12.202

12.203. Determine a velocidade escalar de B se A está se movendo para baixo com uma velocidade escalar de $v_A = 4$ m/s no instante mostrado.

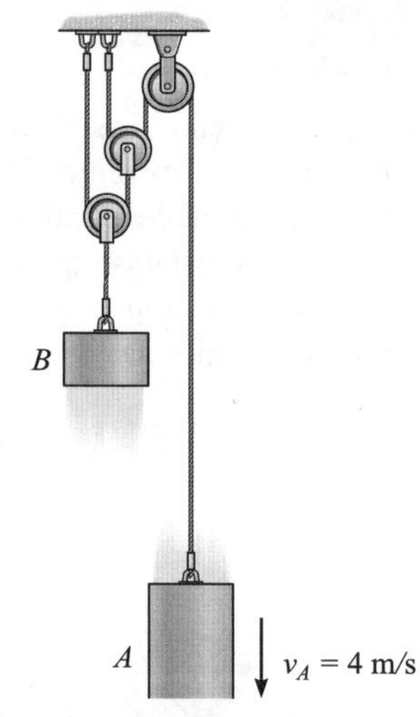

Problema 12.203

***12.204.** O guindaste é usado para içar a carga. Se os motores em A e B estão recolhendo o cabo com uma velocidade escalar de 1 m/s e 2 m/s, respectivamente, determine a velocidade escalar da carga.

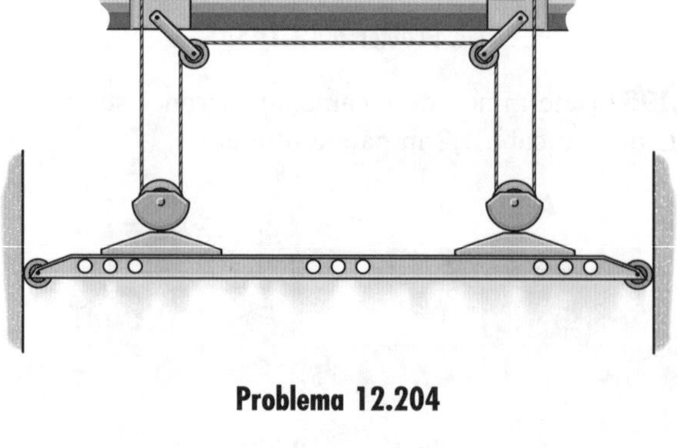

Problema 12.204

•**12.205.** O cabo em B é puxado para baixo a 2 m/s e a velocidade escalar está desacelerando a razão de 1 m/s². Determine a velocidade e a aceleração do bloco A neste instante.

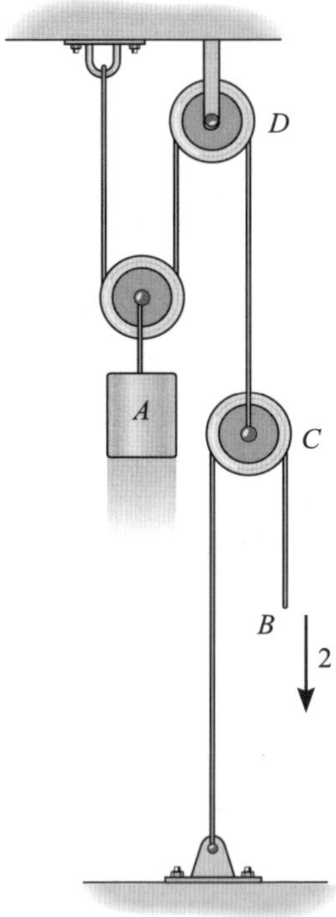

Problema 12.205

12.206. Se o bloco A está se deslocando para baixo com uma velocidade escalar de 2 m/s enquanto C está se deslocando para cima a 1 m/s, determine a velocidade escalar do bloco B.

12.207. Se o bloco A está se deslocando para baixo a 2 m/s enquanto o bloco C está se deslocando para baixo a 6 m/s, determine a velocidade escalar do bloco B.

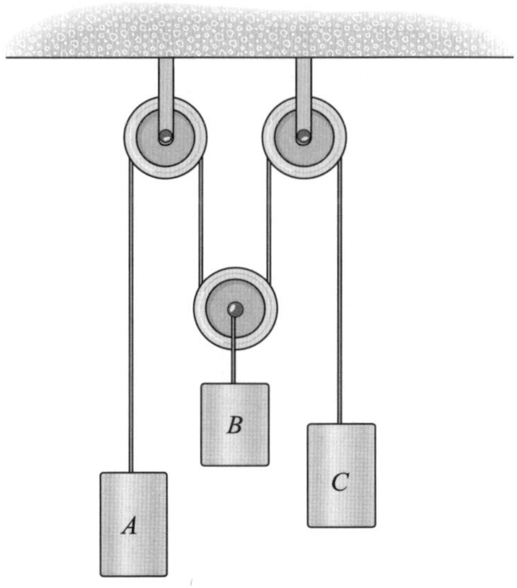

Problemas 12.206/207

***12.208.** Se a extremidade do cabo em A é puxada para baixo com uma velocidade escalar de 2 m/s, determine a velocidade escalar na qual o bloco E sobe.

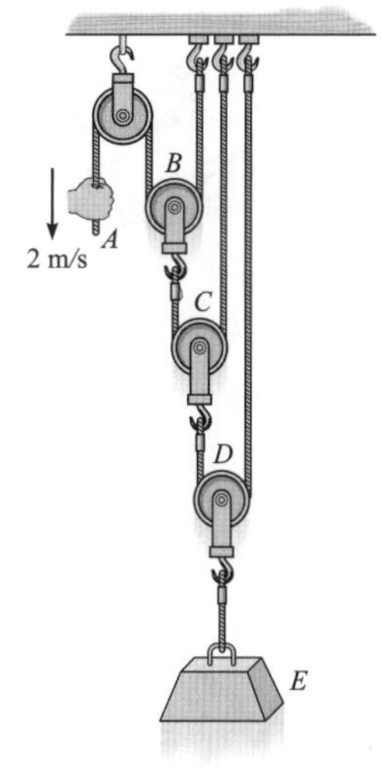

Problema 12.208

•**12.209.** Se os motores em A e B recolhem seus cabos conectados com uma aceleração $a = (0{,}2t)$ m/s², onde t é dado em segundos, determine a velocidade escalar do bloco quando ele alcança uma altura de $h = 4$ m, partindo do repouso em $h = 0$. Além disso, determine quanto tempo ele leva para alcançar esta altura.

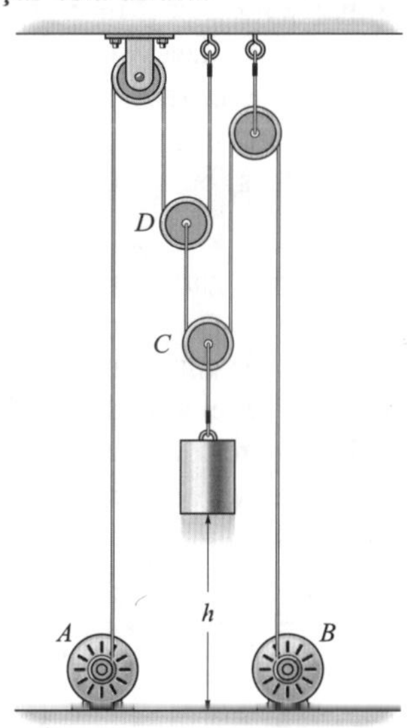

Problema 12.209

12.210. O motor em C puxa o cabo com uma aceleração de $a_C = (3t^2)$ m/s², onde t é dado em segundos. O motor em D puxa o seu cabo a $a_D = 5$ m/s². Se ambos motores partem ao mesmo tempo do repouso quando $d = 3$ m, determine (a) o tempo necessário para $d = 0$, e (b) as velocidades dos blocos A e B quando isso ocorre.

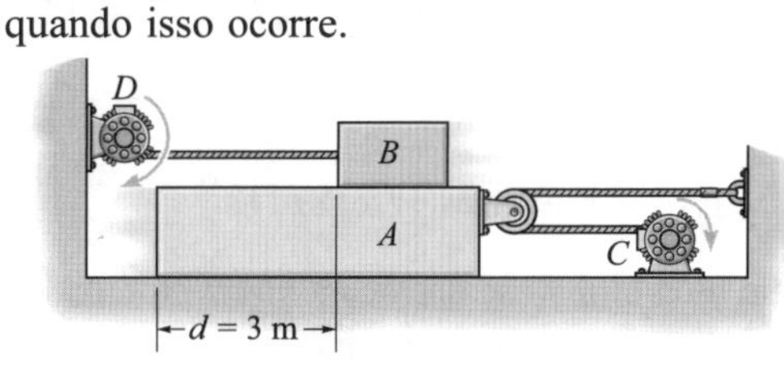

Problema 12.210

12.211. O movimento do anel em A é controlado por um motor em B de tal maneira que quando o anel está em s_A = 3 m ele está se deslocando para cima a 2 m/s e desacelerando a razão de 1 m/s^2. Determine a velocidade e aceleração de um ponto sobre o cabo no instante quando ele é puxado na direção do motor B.

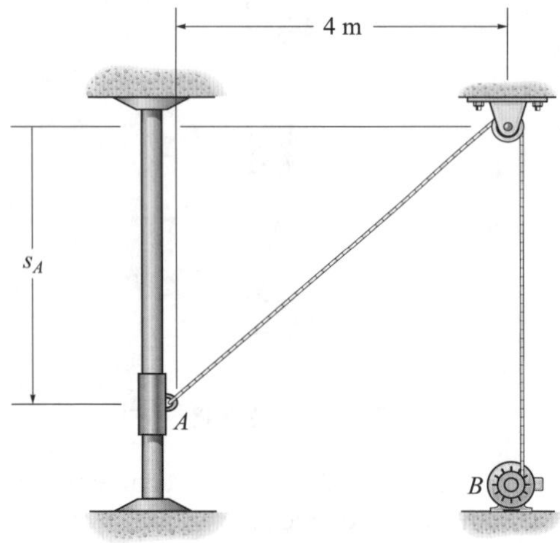

Problema 12.211

***12.212.** O homem puxa o garoto para cima do galho da árvore C ao caminhar para trás a uma velocidade escalar constante de 1,5 m/s. Determine a velocidade escalar na qual o garoto está sendo içado no instante que x_A = 4 m. Despreze o tamanho do galho. Quando x_A = 0, y_B = 8 m, de maneira que A e B são coincidentes, ou seja, a corda tem 16 m de comprimento.

•12.213. O homem puxa o garoto para cima do galho da árvore C ao caminhar para trás. Se ele parte do repouso quando x_A = 0 e se desloca para trás com uma aceleração constante a_A = 0,2 m/s^2, determine a velocidade escalar do garoto no instante y_B = 4 m. Despreze o tamanho do galho. Quando x_A = 0, y_B = 8 m, de maneira que A e B são coincidentes, ou seja, a corda tem 16 m de comprimento.

Problemas 12.212/213

12.214. Se o caminhão se desloca a uma velocidade escalar constante de v_T = 1,8 m/s, determine a velocidade escalar da caixa para qualquer ângulo θ da corda. A corda tem um comprimento de 30 m e passa sobre uma polia de tamanho desprezível em A. *Dica*: Relacione as coordenadas x_T e x_C ao comprimento da corda e calcule a derivada temporal. Em seguida, substitua a relação trigonométrica entre x_C e θ.

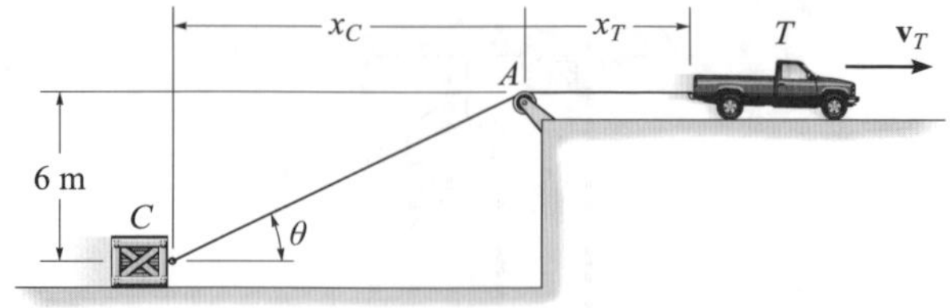

Problema 12.214

12.215. No instante mostrado, o carro A move-se ao longo da porção reta da estrada com uma velocidade escalar de 25 m/s. Neste mesmo instante, o carro B move-se ao longo da porção circular da estrada com uma velocidade escalar de 15 m/s. Determine a velocidade do carro B em relação a carro A.

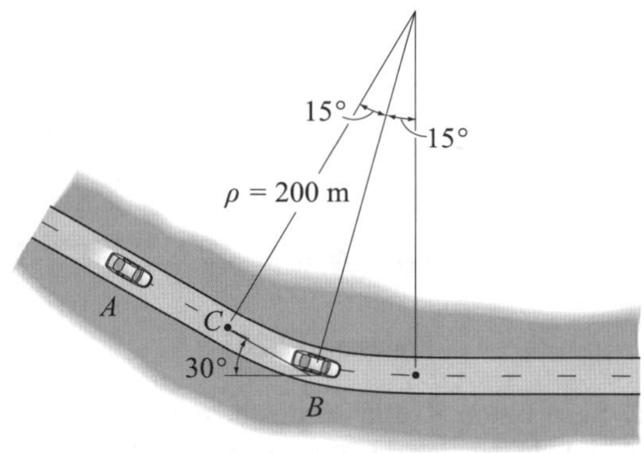

Problema 12.215

***12.216.** O carro A move-se ao longo de uma estrada reta com uma velocidade escalar de 25 m/s acelerando a 1,5 m/s^2. Nesse mesmo instante, o carro C está se deslocando ao longo da estrada reta com uma velocidade escalar de 30 m/s desacelerando a 3 m/s^2. Determine a velocidade e aceleração do carro A em relação ao carro C.

•12.217. O carro B está se deslocando ao longo da estrada curva com uma velocidade escalar de 15 m/s enquanto reduz sua velocidade escalar 2 m/s^2. Nesse mesmo instante, o carro C está se deslocando ao longo da estrada reta com uma velocidade escalar de 30 m/s desacelerando na razão de 3 m/s^2. Determine a velocidade e aceleração do carro B em relação ao carro C.

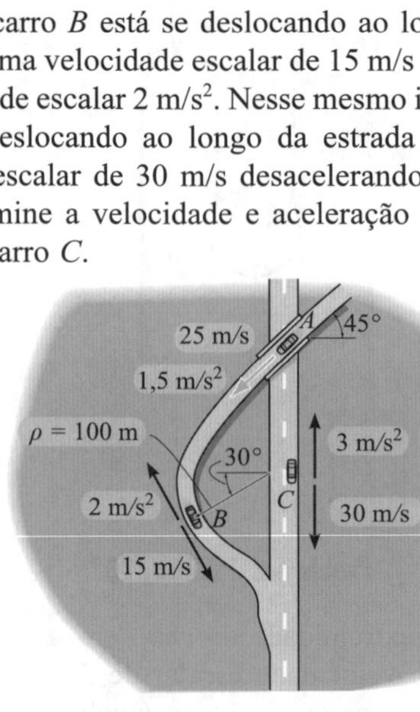

Problemas 12.216/217

12.218. O navio move-se com uma velocidade escalar constante v_s = 20 m/s e o vento está soprando a uma velocidade escalar v_w = 10 m/s, como mostrado. Determine a intensidade e direção da componente horizontal da velocidade da fumaça saindo da chaminé assim como ela é vista por um passageiro localizado sobre o navio.

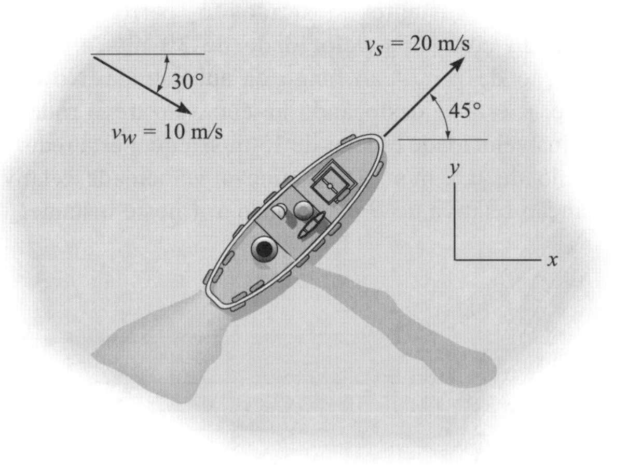

Problema 12.218

12.219. O carro está se deslocando a uma velocidade escalar constante de 100 km/h. Se a chuva está caindo a 6 m/s na direção mostrada, determine a velocidade da chuva tendo como referência o motorista.

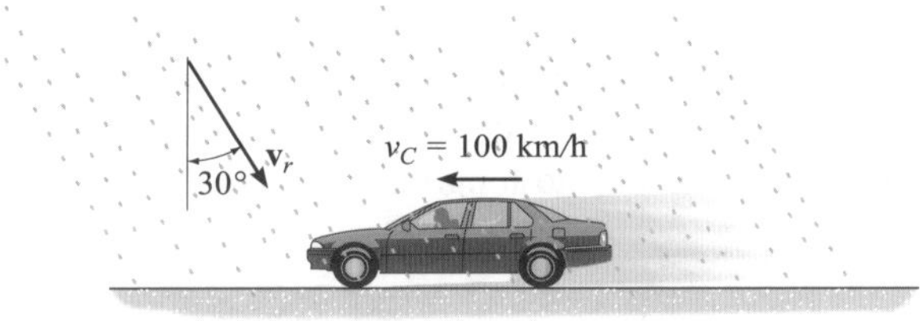

Problema 12.219

***12.220.** O homem consegue remar o barco na água parada com uma velocidade escalar de 5 m/s. Se o rio está fluindo a 2 m/s, determine a velocidade escalar do barco e o ângulo θ que ele deve direcionar o barco de maneira que ele se desloque de *A* para *B*.

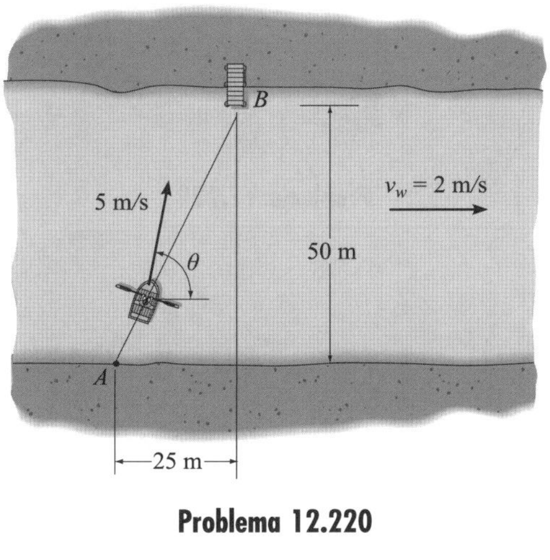

Problema 12.220

•**12.221.** No instante mostrado, os carros *A* e *B* movem-se a velocidades escalares de 30 km/h e 20 km/h, respectivamente. Se *B* está aumentando a sua velocidade escalar na razão de 1200 km/h^2, enquanto *A* mantém uma velocidade escalar constante, determine a velocidade e aceleração de *B* em relação a *A*.

12.222. No instante mostrado, os carros *A* e *B* movem-se a velocidades escalares de 30 km/h e 20 km/h, respectivamente. Se *A* está aumentando a sua velocidade escalar na razão de 400 km/h^2 enquanto a velocidade escalar de *B* está reduzindo na razão de 800 km/h^2, determine a velocidade e aceleração de *B* em relação a *A*.

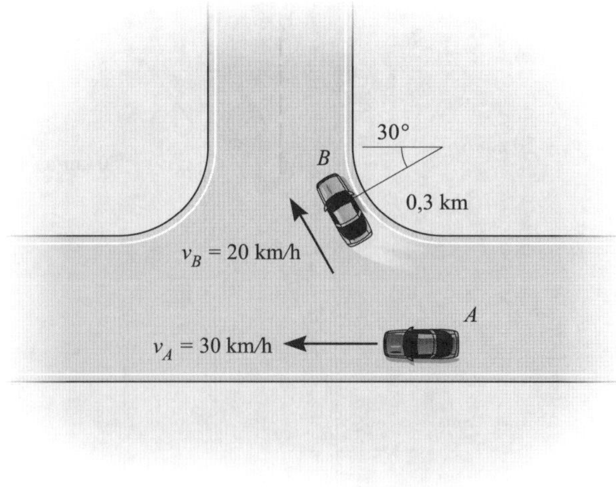

Problemas 12.221/222

12.223. Dois barcos deixam a margem ao mesmo tempo e movem-se nas direções mostradas. Se v_A = 6 m/s e v_B = 4,5 m/s, determine a velocidade do barco *A* em relação ao barco *B*. Quanto tempo depois de terem deixado a margem eles estarão distantes um do outro 240 m?

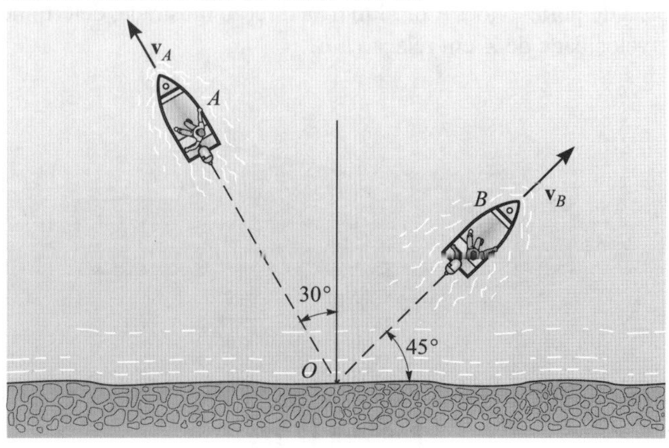

Problema 12.223

•**12.224.** No instante mostrado, os carros *A* e *B* movem-se a velocidades escalares de 70 km/h e 50 km/h, respectivamente. Se *B* está aumentando a sua velocidade na razão de 1100 km/h^2, enquanto *A* mantém uma velocidade escalar constante, determine a velocidade e a aceleração de *B* em relação a *A*. O carro *B* move-se ao longo de uma curva tendo um raio de curvatura de 0,7 km.

•**12.225.** No instante mostrado, os carros A e B movem-se a velocidades de 70 km/h e 50 km/h, respectivamente. Se B está reduzindo sua velocidade escalar na razão de 1400 km/h^2 enquanto A está aumentando sua velocidade escalar na razão de 800 km/h^2, determine a aceleração de B em relação a A. O carro B move-se ao longo de uma curva tendo um raio de curvatura de 0,7 km.

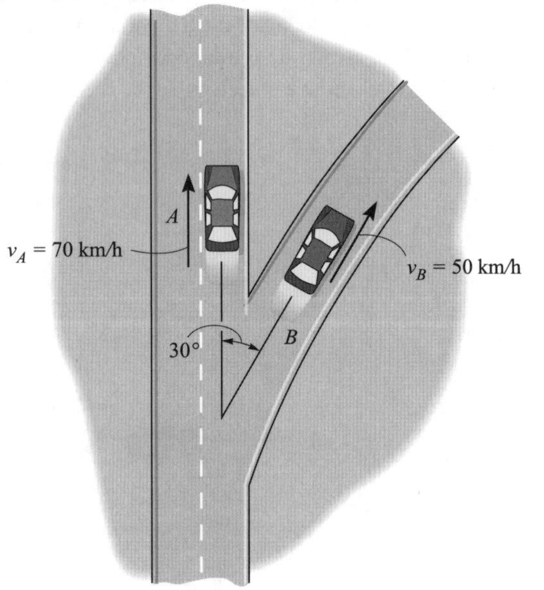

Problemas 12.224/225

12.226. Um porta-aviões está se deslocando para a frente com uma velocidade de 50 km/h. No instante mostrado, o avião em A decolou e alcançou uma velocidade escalar horizontal para a frente no ar de 200 km/h, medida a partir da água parada. Se o avião em B está se deslocando ao longo da pista do porta-aviões a 175 km/h na direção mostrada, determine a velocidade de A em relação a B.

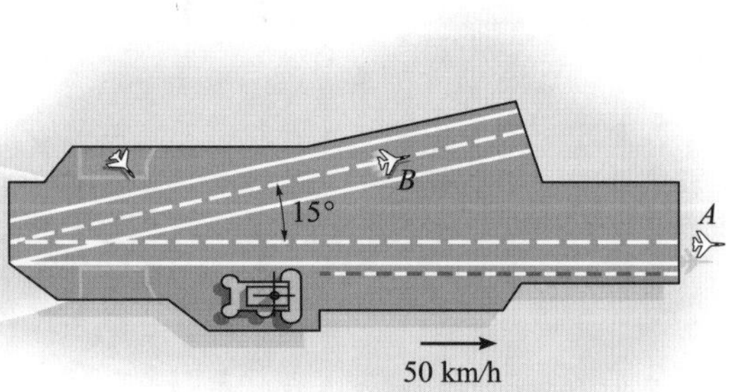

Problema 12.226

12.227. Um carro está se deslocando na direção norte ao longo de uma estrada reta a 50 km/h. Um instrumento no carro indica que o vento está direcionado para leste. Se a velocidade escalar do carro é 80 km/h, o instrumento indica que o vento está direcionado para nordeste. Determine a velocidade escalar e a direção do vento.

***12.228.** No instante mostrado, o carro A está se deslocando com uma velocidade de 30 m/s e tem uma aceleração de 2 m/s^2 ao longo da autoestrada. No mesmo instante, B está se deslocando na curva do trevo rodoviário com uma velocidade escalar de 15 m/s, a qual está reduzindo na razão de 0,8 m/s^2. Determine a velocidade relativa e aceleração relativa de B em relação a A neste instante.

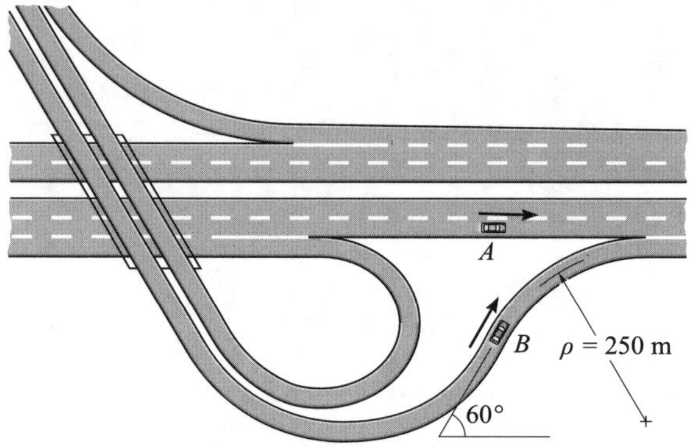

Problema 12.228

•**12.229.** Dois ciclistas A e B movem-se com a mesma velocidade escalar constante de v. Determine a velocidade de A em relação a B se A se desloca ao longo da pista circular, enquanto B se desloca ao longo do diâmetro do círculo.

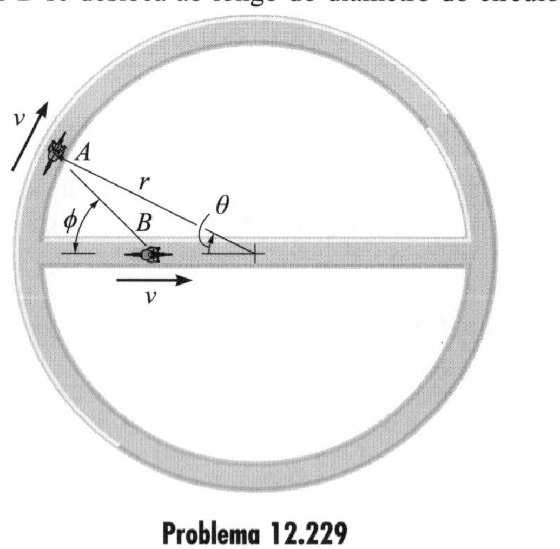

Problema 12.229

12.230. Um homem caminha a 5 km/h na direção de um vento de 20 km/h. Se gotas de chuva caem verticalmente a 7 km/h no *ar parado*, determine a direção na qual as gotas parecem cair em relação ao homem. Suponha que a velocidade escalar horizontal das gotas de chuva seja igual a do vento.

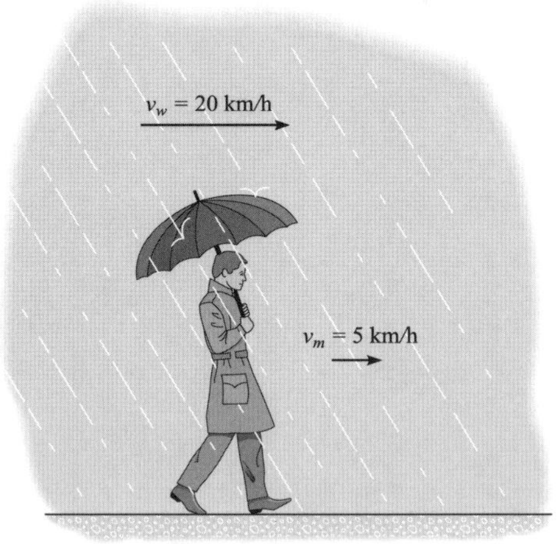

Problema 12.230

12.231. Um homem pode remar um barco a 5 m/s na água parada. Ele quer atravessar um rio de 50 m de largura até o ponto *B*, 50 m correnteza abaixo. Se o rio flui com uma velocidade de 2 m/s, determine a velocidade escalar do barco e o tempo necessário para fazer a travessia.

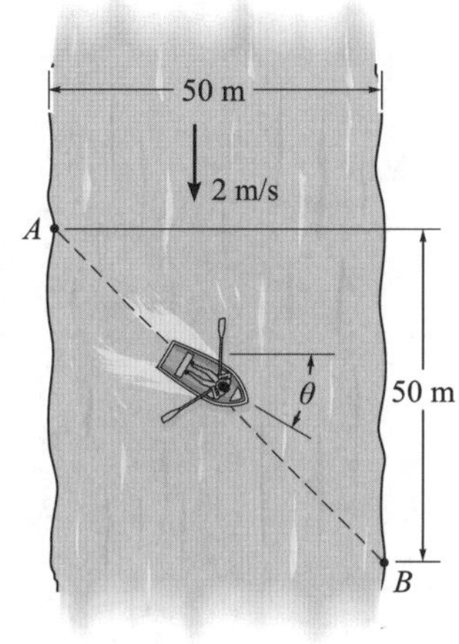

Problema 12.231

Problemas conceituais

12.1. Se você medisse o tempo que leva para o elevador de serviço ir do ponto *A* para *B*, em seguida, de *B* para *C*, e, então, de *C* para *D*, e você também soubesse as distâncias entre cada um dos pontos, como você poderia determinar a velocidade média e a aceleração média do elevador na medida em que ele sobe de *A* para *D*? Use valores numéricos para explicar como isso pode ser feito.

Problema 12.1

12.2. Considerando que o aspersor em *A* está a 1 m do solo, faça uma escala das medidas necessárias a partir da fotografia para determinar a velocidade aproximada do jato de água na medida em que ele é lançado pelo aspersor.

Problema 12.2

12.3. Uma bola de basquete foi jogada a um ângulo medido a partir da horizontal até os braços estendidos do homem. Se a cesta está a 3 m do chão, faça as medidas apropriadas na fotografia e determine se a bola localizada como mostrado vai passar pela cesta.

Problema 12.3

12.4. O piloto diz para você a envergadura do avião e sua velocidade constante no ar. Como você poderia determinar a aceleração do avião no momento mostrado? Use valores numéricos e tome quaisquer medidas necessárias da fotografia.

Problema 12.4

REVISÃO DO CAPÍTULO

Cinemática retilínea Cinemática retilínea refere-se ao movimento ao longo de uma linha reta. Uma coordenada de posições *s* especifica a posição da partícula na linha, e o deslocamento Δs é a variação nesta posição. A velocidade vetorial média é uma quantidade vetorial definida como o deslocamento dividido pelo intervalo de tempo. A velocidade escalar média é uma escalar, e é a distância total percorrida dividida pelo tempo decorrido. O tempo, a posição, a velocidade e a aceleração estão relacionados por três equações diferenciais. Se a aceleração é conhecida como constante, então as equações diferenciais relacionando tempo, posição, velocidade e aceleração podem ser integradas.	$v_{méd} = \dfrac{-\Delta s}{\Delta t}$ $(v_{sp})_{méd} = \dfrac{s_T}{\Delta t}$ $a = \dfrac{dv}{dt}, \quad v = \dfrac{ds}{dt}, \quad a\,ds = v\,dv$ $v = v_0 + a_c t$ $s = s_0 + v_0 t + \dfrac{1}{2} a_c t^2$ $v^2 = v_0^2 + 2a_c(s - s_0)$	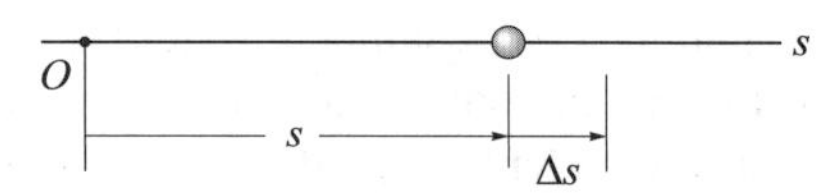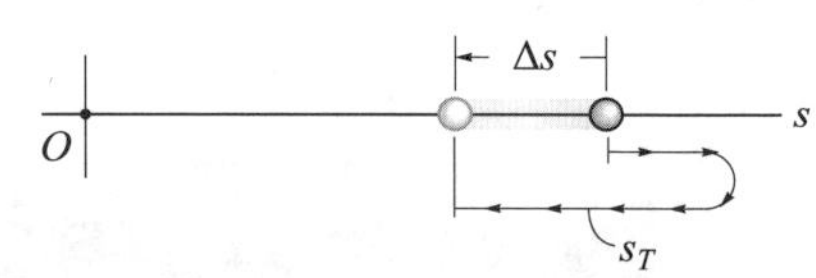
Soluções gráficas Se o movimento é irregular, então ele pode ser descrito por um gráfico. Se um desses gráficos é dado, então os outros podem ser estabelecidos utilizando as relações diferenciais entre *a*, *v*, *s* e *t*.	$a = \dfrac{dv}{dt}$, $v = \dfrac{ds}{dt}$, $a\,ds = v\,dv$	

Movimento curvilíneo, *x*, *y*, *z* O movimento curvilíneo ao longo da trajetória pode ser decomposto em um movimento retilíneo ao longo dos eixos *x*, *y*, *z*. A equação da trajetória é usada para relacionar o movimento ao longo de cada eixo.	$v_x = \dot{x} \quad a_x = \dot{v}_x$ $v_y = \dot{y} \quad a_y = \dot{v}_y$ $v_z = \dot{z} \quad a_z = \dot{v}_z$ 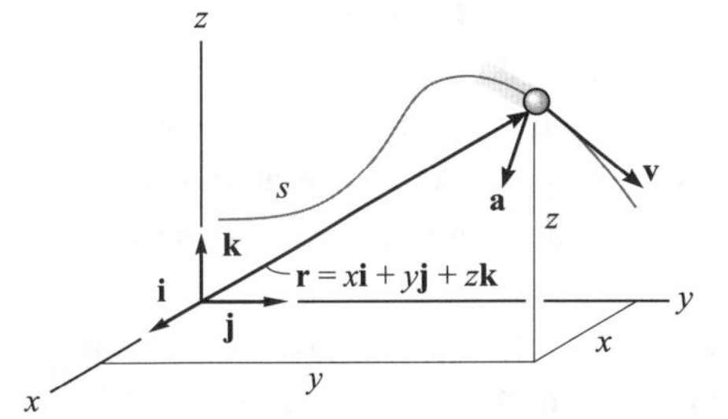
Movimento de um projétil O movimento em voo livre de um projétil segue uma trajetória parabólica. Ele tem uma velocidade constante na direção horizontal, e uma aceleração para baixo constante de $g = 9{,}81\ \text{m/s}^2$ na direção vertical. Quaisquer duas das três equações para aceleração constante se aplicam na direção vertical, e, na direção horizontal, apenas uma equação se aplica.	$(+\uparrow)\ v_y = (v_0)_y + a_c t$ $(+\uparrow)\ y = y_0 + (v_0)_y t + \frac{1}{2} a_c t^2$ $(+\uparrow)\ v_y^2 = (v_0)_y^2 + 2a_c(y - y_0)$ $(\overset{+}{\rightarrow})\ x = x_0 + (v_0)_x t$ 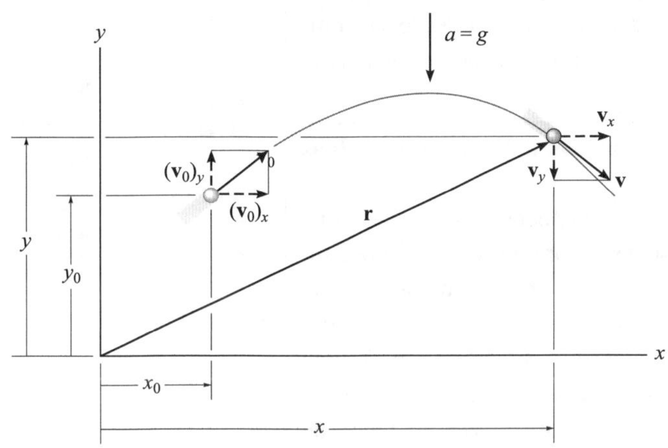
Movimento curvilíneo, *n*, *t* Se eixos normal e tangencial são usados para a análise, então **v** está sempre na direção *t* positiva. A aceleração tem duas componentes. A componente tangencial, $\mathbf{a}_t$, leva em consideração a variação na intensidade da velocidade; uma redução na velocidade está na direção *t* negativa, e um aumento na velocidade está na direção *t* positiva. A componente normal $\mathbf{a}_n$ leva em consideração a variação na direção da velocidade. Esse componente está sempre na direção *n* positiva.	$a_t = \dot{v}$ ou $a_t ds = v\, dv$ $a_n = \frac{v^2}{\rho}$ 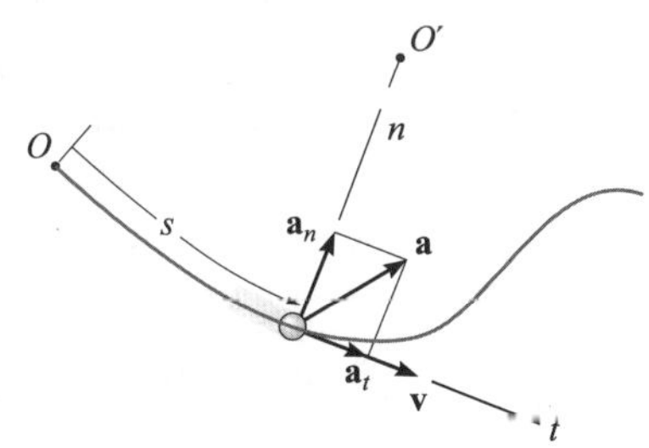

<table>
<tr>
<td>Movimento curvilíneo, r, θ
Se a trajetória do movimento é expressa em coordenadas polares, então as componentes da velocidade e aceleração podem ser relacionadas com as derivadas temporais de r e θ.
Para aplicar as equações das derivadas temporais, é necessário determinar r, $\dot{r}$, $\dot{\theta}$, $\ddot{\theta}$ no instante considerado. Se a trajetória $r = f(\theta)$ é dada, então a regra da cadeia do cálculo tem de ser usada para obter as derivadas temporais. (Ver Apêndice C.)
Uma vez que os dados tenham sido substituídos nas equações, então o sinal algébrico dos resultados vai indicar a direção das componentes de v ou a ao longo de cada eixo.</td>
<td>$v_r = \dot{r}$
$v_\theta = r\dot{\theta}$

$a_r = \ddot{r} - r\dot{\theta}^2$
$a_\theta = r\ddot{\theta} + 2\dot{r}\dot{\theta}$</td>
<td>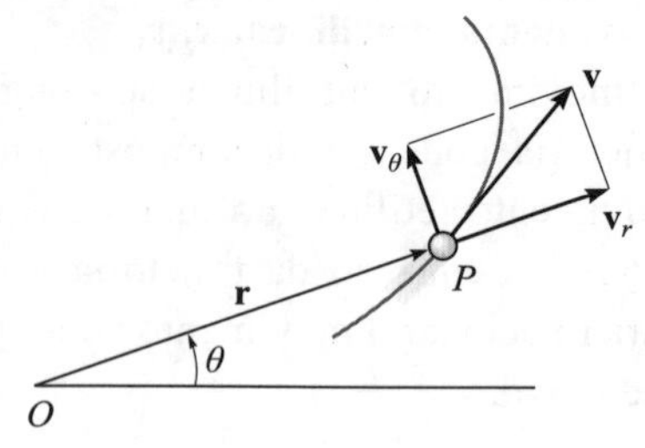
Velocidade
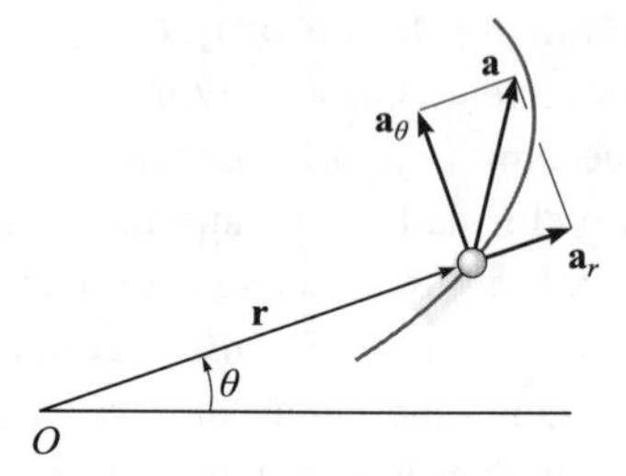
Aceleração</td>
</tr>
<tr>
<td>Movimento absoluto dependente de duas partículas
O movimento dependente de blocos que estão suspensos por polias e cabos pode ser relacionado pela geometria do sistema. Isso é feito, primeiro, estabelecendo-se coordenadas de posição medidas a partir de uma origem fixa para cada bloco. Cada coordenada tem de ser direcionada ao longo da linha de movimento de um bloco.
Utilizando-se geometria e/ou trigonometria, as coordenadas são então relacionadas ao comprimento do cabo a fim de formular uma equação de coordenadas de posição.
A primeira derivada temoporal dessa equação dá uma relação entre as velocidades dos blocos, e a segunda derivada temporal dá a relação entre suas acelerações.</td>
<td>$2s_B + h + s_A = l$

$2v_B = -v_A$
$2a_B = -a_A$</td>
<td>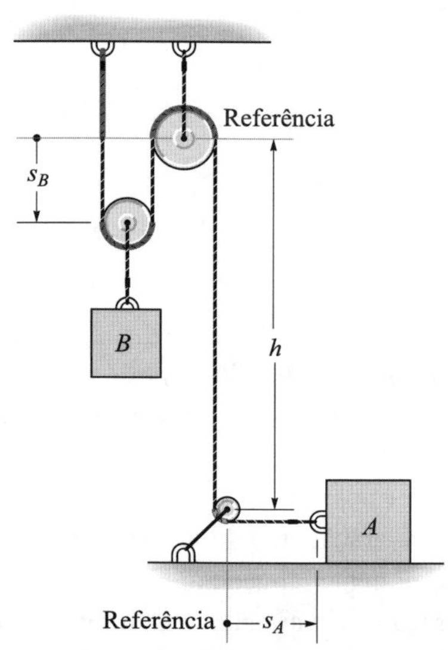</td>
</tr>
<tr>
<td>Análise de movimento relativo utilizando eixos de translação
Se duas partículas A e B realizam movimentos independentes, então esses movimentos podem ser relacionados ao seu movimento relativo utilizando-se um conjunto de eixos de translação ligados a uma das partículas (A).
Para o movimento planar, cada equação vetorial produz duas equações escalares, uma na direção x e a outra na direção y. Para a solução, os vetores podem ser expressos na forma cartesiana, ou as componentes escalares x e y podem ser escritas diretamente.</td>
<td>$\mathbf{r}_B = \mathbf{r}_A + \mathbf{r}_{B/A}$

$\mathbf{v}_B = \mathbf{v}_A + \mathbf{v}_{B/A}$
$\mathbf{a}_B = \mathbf{a}_A + \mathbf{a}_{B/A}$</td>
<td>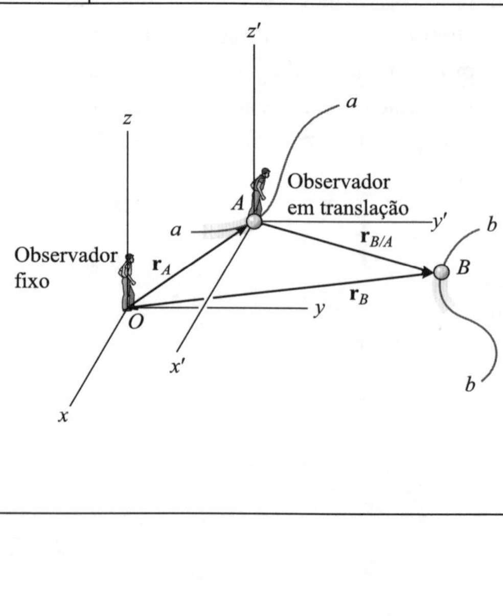</td>
</tr>
</table>

CAPÍTULO

13

Cinética de uma partícula: força e aceleração

Objetivos do capítulo

- Estabelecer a segunda lei do movimento de Newton e definir massa e peso.
- Analisar o movimento acelerado de uma partícula utilizando a equação do movimento com diferentes sistemas de coordenadas.
- Investigar o movimento de força central e aplicá-lo a problemas da mecânica espacial.

13.1 Introdução

Cinética é o ramo da dinâmica que trata da relação entre a variação do movimento de um corpo e as forças que causam esta variação. A base para a cinética é a segunda lei de Newton, que afirma que quando uma *força desequilibrada* atua sobre uma partícula, a partícula *acelerará* na direção da força com uma intensidade que é proporcional à força.

Esta lei pode ser verificada experimentalmente aplicando uma força desequilibrada $\mathbf{F}$ a uma partícula, e então medindo a aceleração $\mathbf{a}$. Visto que a força e a aceleração são diretamente proporcionais, a constante de proporcionalidade, m, pode ser determinada a partir da relação $m = F/a$. Este escalar positivo m é chamado *massa* da partícula. Sendo constante durante qualquer aceleração, m fornece uma medida quantitativa da resistência da partícula a uma variação na sua velocidade, que é sua inércia.

Se a massa da partícula é m, a segunda lei do movimento de Newton pode ser escrita em forma matemática como

$$\mathbf{F} = m\mathbf{a}$$

Esta equação, que é referida como a *equação do movimento*, é uma das formulações mais importantes da mecânica.* Como estabelecido anteriormente, sua validade é baseada unicamente em *evidências experimentais*. Em 1905, entretanto, Albert

* Visto que m é constante, também podemos escrever $\mathbf{F} = d(m\mathbf{v})/dt$, onde $m\mathbf{v}$ é a quantidade de movimento linear da partícula. Aqui, a força desequilibrada agindo sobre a partícula é proporcional à taxa de variação temporal da quantidade de movimento linear da partícula.

Einstein desenvolveu a teoria da relatividade e estabeleceu limitações sobre o uso da segunda lei de Newton para descrever o movimento geral das partículas. Por meio de experimentos, ficou provado que o *tempo* não é uma quantidade absoluta como suposto por Newton; e como resultado, a equação do movimento não prevê o comportamento exato de uma partícula, especialmente quando a velocidade da partícula se aproxima da velocidade da luz (0,3 Gm/s). Desenvolvimentos da teoria da mecânica quântica por Erwin Schrödinger e outros indicam, também, que conclusões tiradas do uso desta equação também são inválidas quando as partículas são do tamanho de um átomo e se movem próximas umas das outras. Na maioria das vezes, entretanto, estas exigências com relação à velocidade e à dimensão de uma partícula não são encontradas em problemas de engenharia, de maneira que seus efeitos não serão considerados neste livro.

Lei da atração gravitacional de Newton

Pouco depois de formular suas três leis do movimento, Newton postulou uma lei determinando a atração mútua entre quaisquer duas partículas. Em forma matemática, esta lei pode ser expressa como:

$$F = G\frac{m_1 m_2}{r^2} \tag{13.1}$$

onde:

F = força de atração entre as duas partículas.

G = constante universal de gravitação; de acordo com evidências experimentais $G = 66{,}73(10^{-12})\ \text{m}^3/(\text{kg}\cdot\text{s}^2)$.

m_1, m_2 = massa de cada uma das duas partículas.

r = distância entre os centros das duas partículas.

No caso de uma partícula localizada na ou próxima da superfície da Terra, a única força gravitacional tendo qualquer intensidade considerável é aquela entre a Terra e a partícula. Esta força é denominada o 'peso' e, para o nosso propósito, ela será a única força gravitacional considerada.

Da Equação 13.1, podemos desenvolver uma expressão geral para encontrar o peso W de uma partícula tendo massa $m_1 = m$. Considere que $m_2 = M_e$ seja a massa da Terra e r a distância entre o centro da Terra e a partícula. Então, se $g = GM_e/r^2$, temos

$$W = mg$$

Comparando-se com $F = ma$, denominamos g a aceleração devida à gravidade. Para a maioria dos cálculos de engenharia, g é o ponto na superfície da Terra ao nível do mar e a uma latitude de 45°, que é considerada a 'posição-padrão'. Aqui, o valor $g = 9{,}81\ \text{m/s}^2$ será usado para os cálculos.

No sistema internacional a massa de um corpo é especificada em quilogramas, e o peso tem de ser calculado utilizando-se a equação acima, Figura 13.1. Assim,

$$W = mg\ (\text{N}) \tag{13.2}$$

$$(g = 9{,}81\ \text{m/s}^2) \tag{13.3}$$

Como consequência disso, um corpo de massa 1 kg tem um peso de 9,81 N; um corpo de 2 kg pesa 19,62 N; e assim por diante.

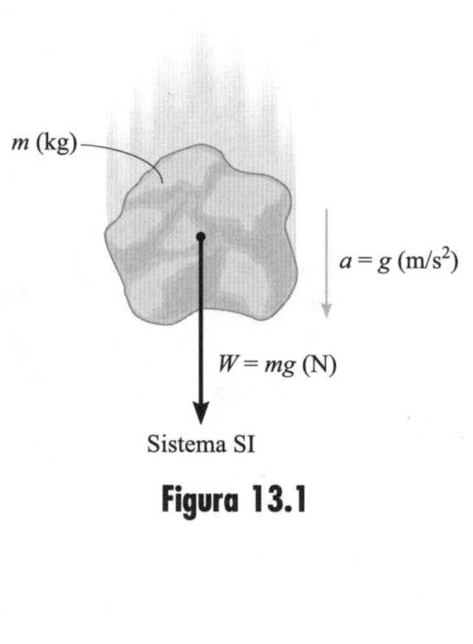

Figura 13.1

13.2 A equação do movimento

Quando mais do que uma força atua sobre uma partícula, a força resultante é determinada por uma soma vetorial de todas as forças, ou seja, $\mathbf{F}_R = \Sigma\mathbf{F}$. Para este caso mais geral, a equação do movimento pode ser escrita como:

$$\Sigma\mathbf{F} = m\mathbf{a} \tag{13.4}$$

Para ilustrar a aplicação desta equação, considere a partícula mostrada na Figura 13.2*a*, que tem massa m e está sujeita à ação de duas forças, $\mathbf{F}_1$ e $\mathbf{F}_2$. Podemos considerar graficamente a intensidade e direção de cada força atuando sobre a partícula traçando o *diagrama de corpo livre* da partícula, Figura 13.2*b*. Visto que a *resultante* destas forças *produz* o vetor $m\mathbf{a}$, sua intensidade e direção podem ser representadas graficamente no *diagrama cinético*, mostrado na Figura 13.2*c*.* O sinal de igual escrito entre os diagramas simboliza a equivalência gráfica entre o diagrama de corpo livre e o diagrama cinético; ou seja, $\Sigma\mathbf{F} = m\mathbf{a}$.** Em particular, observe que se $\mathbf{F}_R = \Sigma\mathbf{F} = \mathbf{0}$, então a aceleração também é zero, de maneira que a partícula, ou permanecerá em *repouso*, ou se moverá ao longo de uma trajetória em linha reta com *velocidade constante*. Estas são as condições do *equilíbrio estático*, a primeira lei de movimento de Newton.

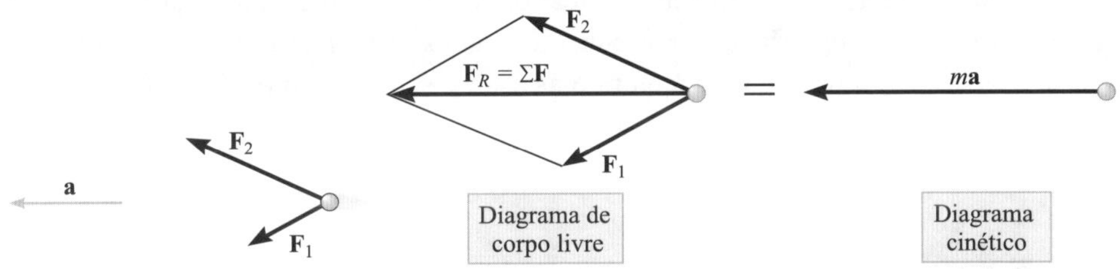

(a) (b) (c)

Figura 13.2

Sistema de referência inercial

Quando se aplica a equação do movimento, é importante que a aceleração da partícula seja medida em relação a um sistema de referência que *seja fixo ou translade com uma velocidade constante*. Desta maneira, o observador não acelerará e as medidas da aceleração da partícula serão as *mesmas* como as de *qualquer referência* deste tipo. Um sistema de referência desta natureza é comumente denominado de *sistema de referência inercial* ou *Newtoniano*, Figura 13.3.

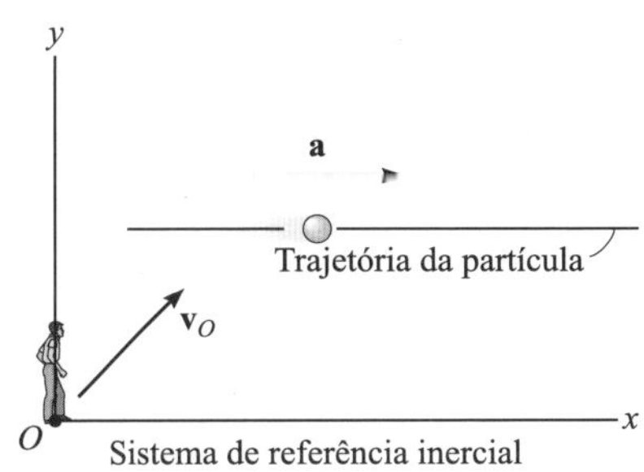

Figura 13.3

Quando se estuda os movimentos de foguetes e satélites, é justificável considerar o sistema de referência inercial como fixo em relação às estrelas, enquanto os problemas de dinâmica relativos a movimentos na superfície terrestre ou próximos a ela podem ser resolvidos utilizando um sistema inercial, o qual se supõe ser fixo à Terra. Apesar de a Terra girar em torno do seu próprio eixo e orbitar em torno do Sol, as acelerações criadas por estas rotações são relativamente pequenas e, portanto, podem ser desprezadas na maioria das aplicações.

---

* Lembre-se de que o diagrama de corpo livre considera que a partícula está livre dos apoios ao seu redor e mostra todas as forças atuando sobre a partícula. O diagrama cinético diz respeito ao movimento da partícula como causado pelas forças.

** A equação do movimento também pode ser reescrita na forma $\Sigma\mathbf{F} - m\mathbf{a} = \mathbf{0}$. O vetor $-m\mathbf{a}$ é referido como *vetor força inercial*. Se ele for tratado da mesma maneira que um 'vetor força', então o estado de 'equilíbrio'criado é referido como um *equilíbrio dinâmico*. Este método de aplicação é seguidamente referido como o *princípio de d'Alembert*, em homenagem ao matemático francês Jean le Rond d'Alembert.

Todos estamos familiarizados com a sensação que se sente quando se está sentado em um carro que está sujeito a uma aceleração para a frente. Muitas vezes, as pessoas acham que isto é causado por uma 'força' que atua sobre elas e tende a empurrá-las para trás nos seus assentos; entretanto, este não é o caso. Em vez disso, esta sensação ocorre devido à inércia ou a resistência da sua massa à variação da velocidade.

Considere o passageiro que está preso ao assento de um trenó motorizado. Contanto que esse trenó esteja em repouso ou se movendo com uma velocidade constante, nenhuma força é exercida sobre suas costas, como mostrado em seu diagrama de corpo livre.

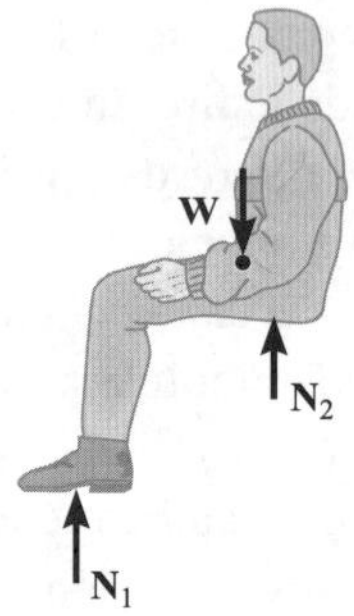

Em repouso ou velocidade constante

Quando o empuxo do motor faz o trenó acelerar, então o assento sobre o qual ele está sentado exerce uma força **F** sobre ele, a qual o empurra para a frente com o trenó. Na fotografia, observe que a inércia da sua cabeça resiste a esta variação no movimento (aceleração), e assim a sua cabeça se move para trás contra o assento e seu rosto, que não é rígido, tende a distorcer-se para trás.

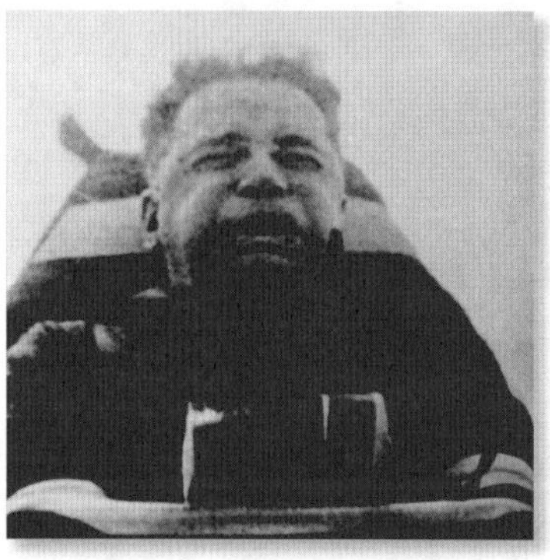

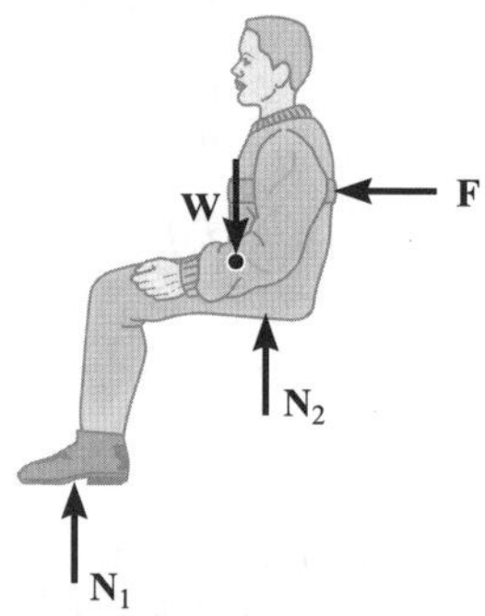

Aceleração

Sob a desaceleração, a força do cinto de segurança **F′** tende a puxar o seu corpo até a parada, mas sua cabeça deixa de fazer contato com o encosto do assento e seu rosto se distorce para a frente, novamente devido à sua inércia ou tendência de continuar a se mover para a frente. Nenhuma força o está empurrando para a frente, embora seja esta a sensação que ele tem.

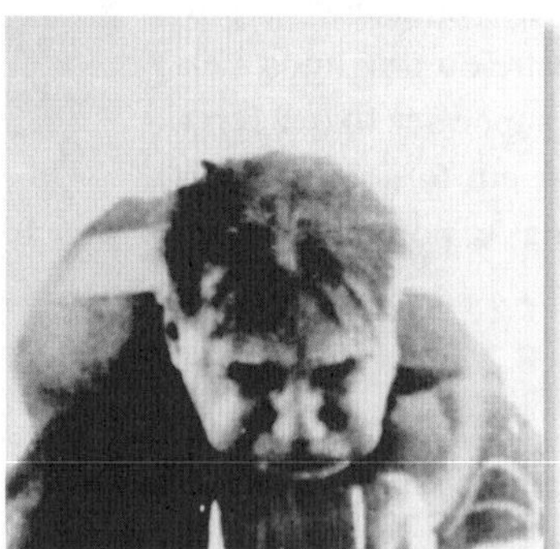

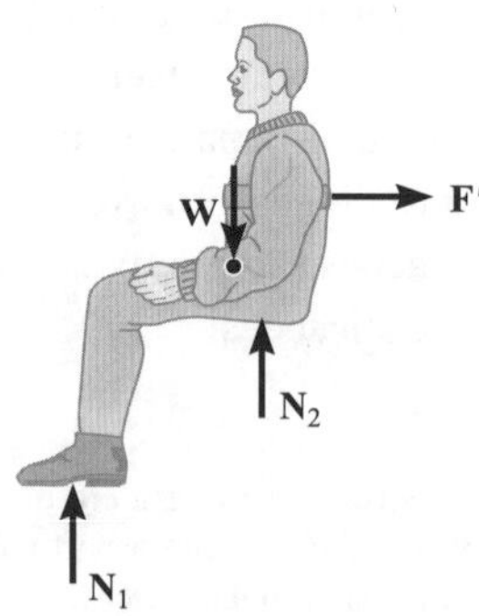

Desaceleração

13.3 Equação do movimento para um sistema de partículas

A equação do movimento será agora ampliada para incluir um sistema de partículas isolado dentro de uma região fechada no espaço, como mostrado na Figura 13.4*a*. Em particular, não há restrição quanto à forma com que as partículas estão ligadas, de modo que a análise seguinte se aplica igualmente bem ao movimento de um sistema sólido, líquido ou gasoso.

No instante considerado, a *i*-ésima partícula arbitrária, tendo massa m_i, está sujeita a um sistema de forças internas e uma força externa resultante. A *força interna*, representada simbolicamente como $\mathbf{f}_i$, é a resultante de todas as forças que as outras partículas exercem sobre a *i*-ésima partícula. A *força externa resultante* $\mathbf{F}_i$ representa, por exemplo, o efeito de forças gravitacionais, elétricas, magnéticas ou de contato entre a *i*-ésima partícula e corpos ou partículas adjacentes *não* incluídas dentro do sistema.

Os diagramas cinético e de corpo livre para a *i*-ésima partícula são mostrados na Figura 13.4*b*. Aplicando a equação do movimento,

$$\Sigma\mathbf{F} = m\mathbf{a}; \qquad \mathbf{F}_i + \mathbf{f}_i = m_i\mathbf{a}_i$$

Quando a equação do movimento é aplicada a cada uma das outras partículas do sistema, equações similares resultam. E, se todas estas equações são adicionadas juntas *vetorialmente*, obtemos:

$$\Sigma\mathbf{F}_i + \Sigma\mathbf{f}_i = \Sigma m_i\mathbf{a}_i$$

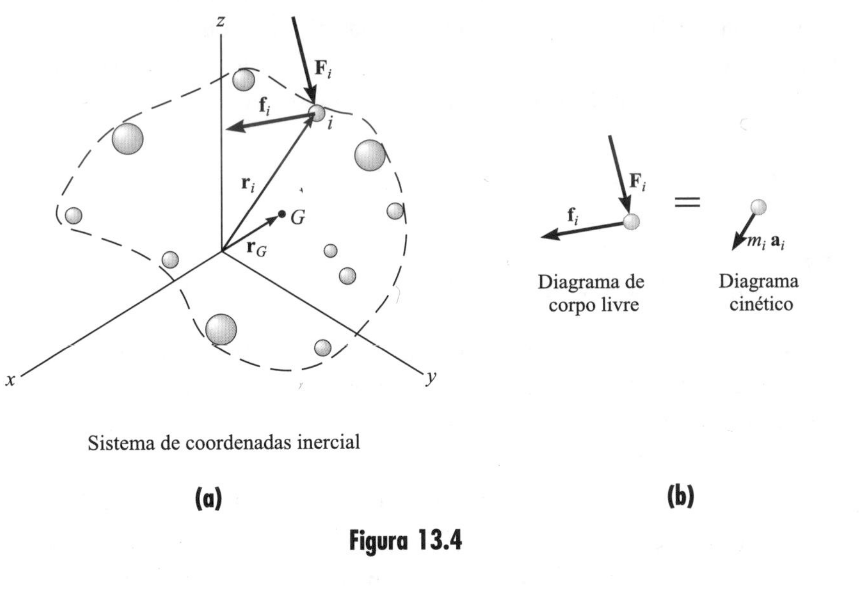

Figura 13.4

A somatória das forças internas, se realizada, será igual a zero, visto que as forças internas entre quaisquer duas partículas ocorrem em pares colineares iguais, mas opostos. Consequentemente, apenas a soma das forças externas permanecerá e, portanto, a equação do movimento escrita para o sistema de partículas, torna-se:

$$\Sigma\mathbf{F}_i = \Sigma m_i\mathbf{a}_i \tag{13.5}$$

Se $\mathbf{r}_G$ é um vetor posição que localiza o *centro de massa G* das partículas, Figura 13.4*a*, então, da definição de centro de massa, $m\mathbf{r}_G = \Sigma m_i\mathbf{r}_i$, onde $m = \Sigma m_i$ é a massa total de todas as partículas. Derivando esta equação duas vezes em relação ao tempo, supondo que nenhuma massa está entrando ou saindo do sistema, resulta em:

$$m\mathbf{a}_G = \Sigma m_i\mathbf{a}_i$$

Substituindo este resultado na Equação 13.5, obtemos:

$$\Sigma\mathbf{F} = m\mathbf{a}_G \tag{13.6}$$

Por conseguinte, a soma das forças externas atuando sobre o sistema de partículas é igual à massa total das partículas vezes a aceleração do seu centro de massa *G*. Visto que, na realidade, todas as partículas têm que ter uma dimensão finita para possuir massa, a Equação 13.6 justifica a aplicação da equação do movimento a um *corpo* que é representado por uma única partícula.

Pontos importantes

- A equação do movimento está baseada em evidências experimentais e é válida somente quando aplicada dentro de um sistema de referência inercial.
- A equação do movimento estabelece que a *força desequilibrada* sobre uma partícula a faz *acelerar*.
- Um sistema de referência inercial não gira; em vez disso, seus eixos, ou transladam com velocidade constante, ou estão em repouso.
- Massa é uma propriedade da matéria que fornece uma medida quantitativa da sua resistência a uma variação da velocidade. Trata-se de uma quantidade absoluta e assim ela não muda de uma posição para outra.
- Peso é uma força que é causada pela gravitação da Terra. Ele não é absoluto; em vez disso, ele depende da altitude da massa em relação à superfície da Terra.

13.4 Equações do movimento: coordenadas retangulares

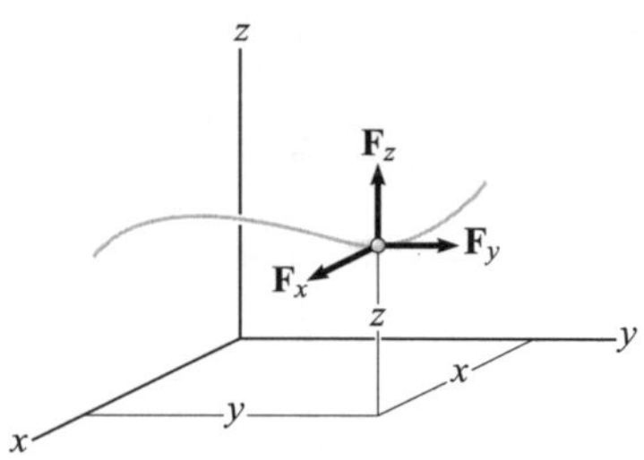

Figura 13.5

Quando uma partícula se move em relação a um sistema de referência inercial *x*, *y*, *z*, as forças atuando sobre a partícula, assim como a sua aceleração, podem ser expressas em termos das suas componentes **i**, **j**, **k**, Figura 13.5. Aplicando a equação do movimento, temos:

$$\Sigma\mathbf{F} = m\mathbf{a}; \qquad \Sigma F_x\mathbf{i} + \Sigma F_y\mathbf{j} + \Sigma F_z\mathbf{k} = m(a_x\mathbf{i} + a_y\mathbf{j} + a_z\mathbf{k})$$

Para esta equação ser satisfeita, as respectivas componentes de **i**, **j**, **k** no lado esquerdo têm de ser iguais às correspondentes componentes do lado direito. Consequentemente, podemos escrever as três equações escalares seguintes:

$$\Sigma F_x = ma_x$$
$$\Sigma F_y = ma_y \tag{13.7}$$
$$\Sigma F_z = ma_z$$

Em especial, se a partícula está restrita a se mover apenas no plano *x–y*, então as duas primeiras destas equações são usadas para especificar o movimento.

Procedimento para análise

As equações de movimento são usadas para solucionar problemas que exigem uma relação entre as forças atuando sobre uma partícula e o movimento acelerado que elas causam.

Diagrama de corpo livre

- Escolha o sistema de coordenadas inercial. Na maioria das vezes, coordenadas retangulares ou x, y, z são escolhidas para analisar problemas para os quais a partícula tem um *movimento retilíneo*.
- Uma vez que as coordenadas tenham sido estabelecidas, desenhe o diagrama de corpo livre da partícula. Desenhar este diagrama é *muito importante*, visto que ele fornece uma representação gráfica que leva em consideração todas as forças ($\Sigma\mathbf{F}$) que atuam sobre a partícula, e desse modo torna possível decompor essas forças em suas componentes x, y, z.
- A direção e o sentido da aceleração da partícula **a** também devem ser estabelecidos. Se o sentido é desconhecido, por conveniência matemática suponha que o sentido de cada componente da aceleração atua na *mesma direção* que o seu eixo de coordenada inercial *positivo*.
- A aceleração pode ser representada como o vetor $m\mathbf{a}$ no diagrama cinético.*
- Identifique as incógnitas no problema.

Equações do movimento

- Se as forças podem ser decompostas diretamente a partir do diagrama de corpo livre, aplique as equações de movimento na sua forma de componente escalar.
- Se a geometria do problema parece complicada, o que frequentemente ocorre em três dimensões, a análise vetorial cartesiana pode ser usada para a solução.
- *Atrito.* Se uma partícula em movimento contata uma superfície áspera, pode ser necessário usar a *equação de atrito*, que relaciona forças de atrito e normal, $\mathbf{F}_f$ e $\mathbf{N}$, atuando na superfície de contato usando o coeficiente de atrito cinético, ou seja, $F_f = \mu_k N$. Lembre que $\mathbf{F}_f$ sempre atua no diagrama de corpo livre de maneira tal a se opor ao movimento da partícula em relação à superfície que ela contata. Se a partícula está *na eminência* do movimento relativo, então o coeficiente de atrito estático deve ser usado.
- *Mola.* Se a partícula está ligada a uma *mola elástica* tendo massa desprezível, a força da mola F_s pode ser relacionada à deformação da mola pela equação $F_s = ks$. Aqui, k é a rigidez da mola medida como uma força por unidade de comprimento, e s é o esticamento ou compressão definido como a diferença entre o comprimento deformado l e o comprimento não deformado l_0, ou seja, $s = l - l_0$.

Cinemática

- Se a velocidade ou posição da partícula tem de ser determinada, será necessário aplicar as equações cinemáticas uma vez que a aceleração da partícula é determinada por $\Sigma\mathbf{F} = m\mathbf{a}$.

---

* É uma convenção neste texto sempre usar o diagrama cinético como uma ajuda gráfica quando se desenvolvem as provas e a teoria. A aceleração da partícula ou das suas componentes será mostrada nos exemplos como vetores cinza claro próximos do diagrama de corpo livre.

- Se a *aceleração* é uma função do tempo, utilize $a = dv/dt$ e $v = ds/dt$, as quais, quando integradas, resultam na velocidade e posição da partícula, respectivamente.
- Se a *aceleração* é uma função do deslocamento, integre $a\ ds = v\ dv$ para obter a velocidade como uma função da posição.
- Se a *aceleração é constante*, utilize $v = v_0 + a_c t$, $s = s_0 + v_0 t + \frac{1}{2} a_c t^2$, $v^2 = v_0^2 + 2a_c(s - s_0)$ para determinar a velocidade ou posição da partícula.
- Se o problema envolve o movimento dependente de várias partículas, use o método descrito na Seção 12.9 para relacionar suas acelerações. Em todos os casos, verifique se as direções das coordenadas inerciais positivas usadas para escrever as equações cinemáticas são as mesmas que aquelas usadas para escrever as equações do movimento; caso contrário, a solução simultânea das equações resultará em erro.
- Se a solução para uma componente vetorial desconhecida produz um escalar negativo, isso indica que a componente atua na direção oposta àquela que foi suposta.

Exemplo 13.1

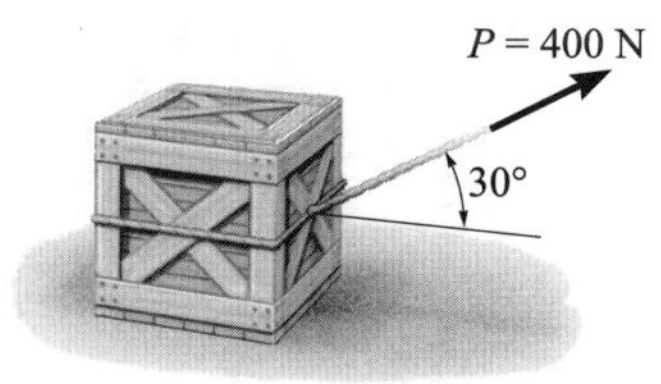

(a)

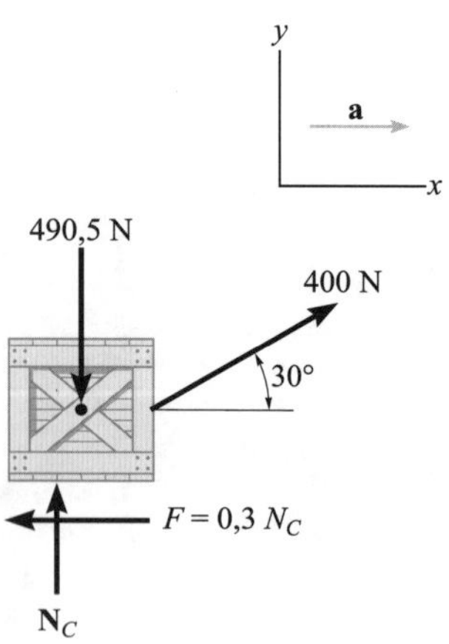

(b)

Figura 13.6

A caixa de 50 kg mostrada na Figura 13.6*a* repousa sobre uma superfície horizontal para a qual o coeficiente de atrito cinético é $u_k = 0{,}3$. Se a caixa está sujeita a uma força de tração de 400 N como mostrado, determine a velocidade da caixa após 3 s partindo do repouso.

SOLUÇÃO

Utilizando as equações do movimento, podemos relacionar a aceleração da caixa com a força que causa o movimento. A velocidade da caixa pode então ser determinada utilizando-se a cinemática.

Diagrama de corpo livre

O peso da caixa é $W = mg = 50$ kg $(9{,}81$ m/s²$) = 490{,}5$ N. Como mostrado na Figura 13.6*b*, a força de atrito tem uma intensidade de $F = \mu_k N_C$ e atua para a esquerda, visto que ela se opõe ao movimento da caixa. Supõe-se que a aceleração **a** atue horizontalmente, na direção *x* positiva. Há duas incógnitas, a saber, N_c e a.

Equações de movimento

Utilizando os dados mostrados no diagrama de corpo livre, temos:

$$\overset{+}{\rightarrow}\Sigma F_x = ma_x; \qquad 400 \cos 30° - 0{,}3N_C = 50a \qquad (1)$$

$$+\uparrow \Sigma F_y = ma_y; \qquad N_C - 490{,}5 + 400 \text{ sen } 30° = 0 \qquad (2)$$

Solucionando a Equação 2 para N_c, substituindo o resultado na Equação 1 e resolvendo para *a,* resulta em:

$$N_c = 290{,}5 \text{ N}$$

$$a = 5{,}185 \text{ m/s}^2$$

Cinemática

Observe que a aceleração é *constante*, visto que a força aplicada **P** é constante. Como a velocidade inicial é zero, a velocidade da caixa em 3 s é:

$$(\overset{+}{\rightarrow}) \qquad v = v_0 + a_c t = 0 + 5{,}185 \qquad (3)$$

$$= 15{,}6 \text{ m/s} \rightarrow$$

NOTA: Também podemos usar o procedimento alternativo de traçar os diagramas cinético *e* de corpo livre da caixa, Figura 13.6*c*, antes de aplicar as equações de movimento.

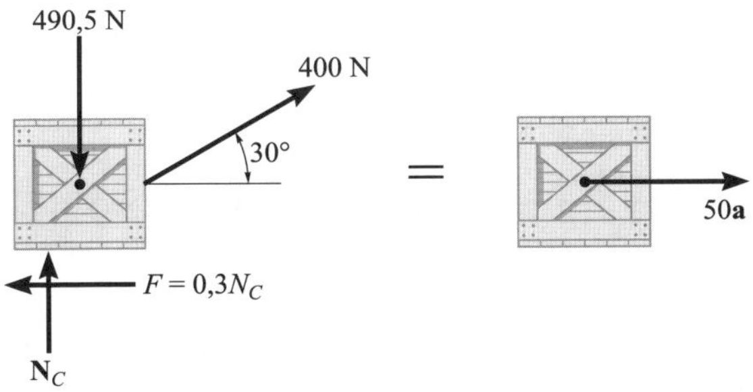

(c)

Figura 13.6

Exemplo 13.2

Um projétil de 10 kg é disparado para cima verticalmente a partir do solo com uma velocidade inicial de 50 m/s, Figura 13.7*a*. Determine a altura máxima que ele atingirá se (*a*) a resistência atmosférica for desprezada; e (*b*) a resistência atmosférica for medida como $F_D = (0{,}01\ v^2)$ N, onde v é a velocidade escalar do projétil a qualquer instante, medida em m/s.

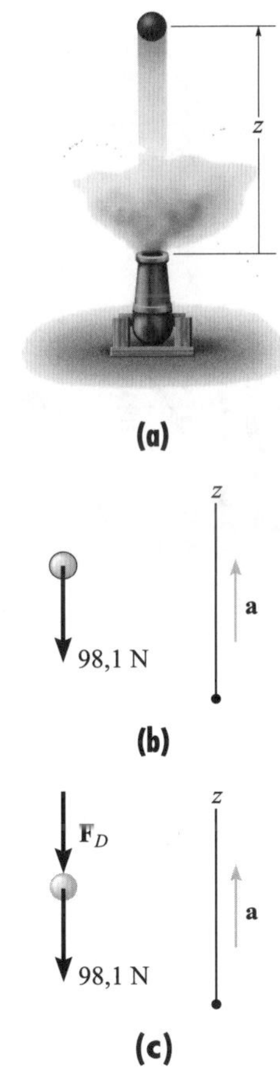

Figura 13.7

SOLUÇÃO

Em ambos os casos, a força conhecida sobre o projétil pode ser relacionada à sua aceleração utilizando a equação de movimento. A cinemática pode então ser usada para relacionar a aceleração do projétil com a sua posição.

Parte (a): Diagrama de corpo livre

Como mostrado na Figura 13.7*b*, o peso do projétil é $W = mg = 10(9{,}81) = 98{,}1$ N. Vamos supor que a aceleração desconhecida **a** atue para cima na direção *positiva z*.

Equação do movimento

$+\uparrow \Sigma F_z = ma_z;$ $\qquad -98{,}1 = 10a \qquad a = -9{,}81\text{m/s}^2$

O resultado indica que o projétil, como todo objeto tendo movimento de voo livre próximo da superfície da Terra, está sujeito a uma aceleração para baixo *constante* de 9,81 m/s².

Cinemática

Inicialmente, $z_0 = 0$ e $v_0 = 50$ m/s, e na altura máxima $z = h$, $v = 0$. Visto que a aceleração é *constante*, então:

$$(+\uparrow) \qquad v^2 = v_0^2 + 2a_c\,(z - z_0)$$

$$0 = (50)^2 + 2(-9{,}81)\,(h - 0)$$

$$h = 127 \text{ m}$$

Parte (b): Diagrama de corpo livre

Visto que a força $F_D = (0{,}01v^2)$ N tende a retardar o movimento para cima do projétil, ela atua para baixo como mostrado no diagrama de corpo livre, Figura 13.7*c*.

Equação do movimento

$+\uparrow \Sigma F_z = ma_z;$ $\qquad -0{,}01v^2 - 98{,}1 = 10a \qquad a = -(0{,}001v^2 + 9{,}81)$

Cinemática

Aqui, a aceleração não é constante visto que F_D depende da velocidade. Como $a = f(v)$, podemos relacionar a à posição utilizando:

$(+\uparrow)\ a\ dz = v\ dv;$ $\qquad -(0{,}001v^2 + 9{,}81)\ dz = v\ dv$

Separando as variáveis e integrando, percebendo que inicialmente $z_0 = 0$, $v_0 = 50$ m/s (positivo para cima), e em $z = h$, $v = 0$, temos:

$$\int_0^h dz = -\int_{50}^{0} \frac{v\ dv}{0{,}001v^2 + 9{,}81} = -\ 500\ \ln(v^2 + 9810)\Big|_{50\ \text{m/s}}^{0}$$

$$h = 114\ \text{m}$$

NOTA: A resposta indica uma altura mais baixa do que aquela obtida na parte (a) devido à resistência atmosférica ou arrasto.

Exemplo 13.3

O trator de bagagem A mostrado na fotografia tem um peso de 3600 N ($m \approx 360$ kg) e reboca a carreta B de 2200 N (≈ 220 kg) e a carreta C de 1300 N ($m \approx 130$ kg). Por um curto período de tempo, a força de atrito motora desenvolvida nas rodas do trator é de $F_A = (160t)$ N, onde t é dado em segundos. Se o trator parte do repouso, determine sua velocidade escalar em 2 segundos. Além disso, qual é a força horizontal atuando sobre o engate entre o trator e a carreta B neste instante? Despreze a dimensão do trator e das carretas.

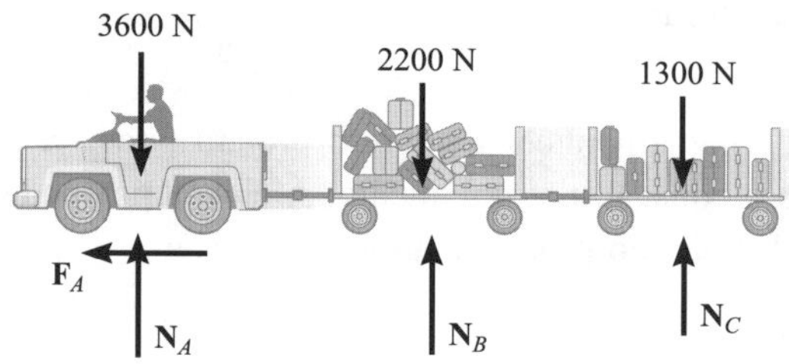

(a)
Figura 13.8

SOLUÇÃO

Diagrama de corpo livre

Como mostrado na Figura 13.8a, é a força de atrito motora que dá a ambos, trator e carretas, uma aceleração. Aqui, consideramos todos os três veículos como um único sistema.

Equação do movimento

Apenas o movimento na direção horizontal tem de ser considerado.

$$\overset{+}{\leftarrow} \Sigma F_x = ma_x; \qquad 160t = \left(\frac{3600 + 2200 + 1300}{9{,}81}\right)a$$

$$a = 0{,}221t$$

Cinemática

Visto que a aceleração é uma função do tempo, a velocidade do trator é obtida usando $a = dv/dt$ com a condição inicial de que $v_0 = 0$ em $t = 0$. Temos:

$$\int_0^v dv = \int_0^{2s} 0{,}221t\ dt; \quad v = 0{,}1105t^2\Big|_0^{2s} = 0{,}442\ \text{m/s}$$

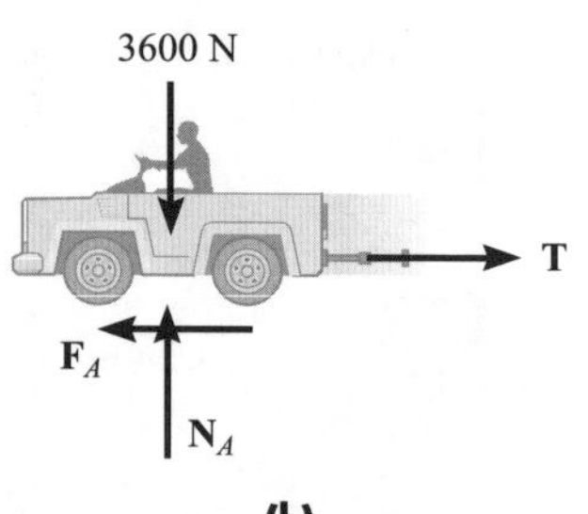

(b)
Figura 13.8

Diagrama de corpo livre

A fim de determinar a força entre o trator e a carreta B, vamos considerar um diagrama de corpo livre do trator de maneira que possamos 'expor' a força de engate **T** como externa ao diagrama de corpo livre, Figura 13.8b.

Equação de movimento

Quando $t = 2$ s, então:

$$\overset{+}{\leftarrow} \Sigma F_x = ma_x; \qquad 160(2) - T = \left(\frac{3600}{9,81}\right)[0,221(2)]$$
$$T = 157,8\ \text{N}$$

NOTA: Obtenha este mesmo resultado considerando um diagrama de corpo livre das carretas B e C como um único sistema.

Exemplo 13.4

Um anel liso C de 2 kg, mostrado na Figura 13.9*a*, está ligado a uma mola tendo uma rigidez $k = 3$ N/m e um comprimento não deformado de 0,75 m. Se o anel é solto do repouso em A, determine sua aceleração e a força normal da barra sobre o anel no instante que $y = 1$ m.

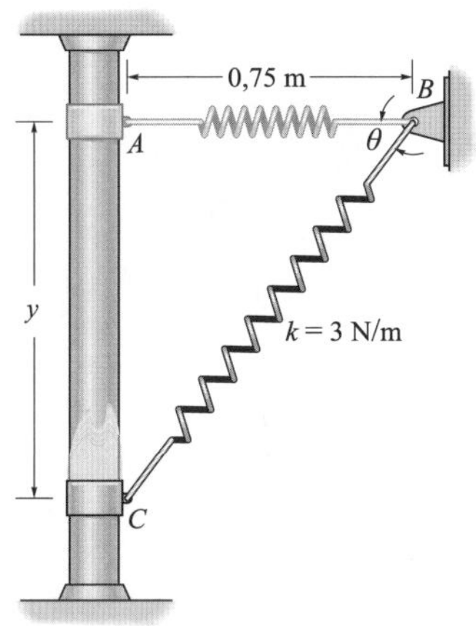

(a)

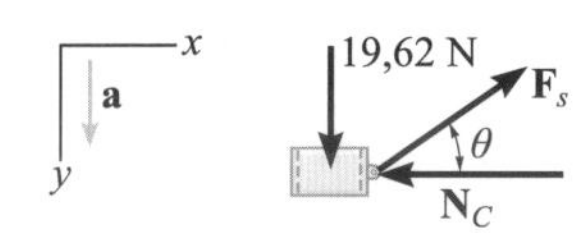

(b)

Figura 13.9

SOLUÇÃO

Diagrama de corpo livre

O diagrama de corpo livre do anel quando ele está localizado na posição arbitrária y está mostrado na Figura 13.9*b*. Além disso, *supõe-se* que o anel esteja acelerando de maneira que '**a**' atua para baixo na direção *y positiva*. Há quatro incógnitas, a saber, N_C, F_s, a e θ.

Equações de movimento

$$\overset{+}{\rightarrow} \Sigma F_x = ma_x; \qquad -N_C + F_s \cos\theta = 0 \qquad (1)$$

$$+\uparrow \Sigma F_y = ma_y; \qquad 19,62 - F_s \operatorname{sen}\theta = 2a \qquad (2)$$

Da Equação 2, vê-se que a aceleração depende da intensidade e direção da força da mola. A solução para N_C e a é possível uma vez que F_s e θ são conhecidos.

A intensidade da força da mola é uma função da extensão s da mola; ou seja, $F_s = ks$. Aqui, o comprimento não deformando é $AB = 0,75$ m, Figura 13.9*a*; portanto, $s = CB - AB = \sqrt{y^2 + (0,75)^2} - 0,75$. Visto que $k = 3$ N/m, então:

$$F_s = ks = 3\left(\sqrt{y^2 + (0,75)^2} - 0,75\right) \qquad (3)$$

Da Figura 13.9*a*, o ângulo θ é relacionado a y pela trigonometria.

$$\operatorname{tg}\theta = \frac{y}{0,75} \qquad (4)$$

Substituindo $y = 1$ m nas equações 3 e 4, resulta $F_s = 1,50$ N e $\theta = 53,1°$. Substituindo estes resultados nas equações 1 e 2, obtemos:

$$Nc = 0,900\ \text{N}$$

$$a = 9,21\ \text{m/s}^2 \downarrow$$

NOTA: Este não é um caso de aceleração constante, visto que a força da mola varia tanto sua intensidade quanto sua direção à medida que o anel se move para baixo.

Exemplo 13.5

O bloco A de 100 kg mostrado na Figura 13.10a é solto do repouso. Se as massas das polias e da corda são desprezadas, determine a velocidade escalar do bloco B de 20 kg em 2 s.

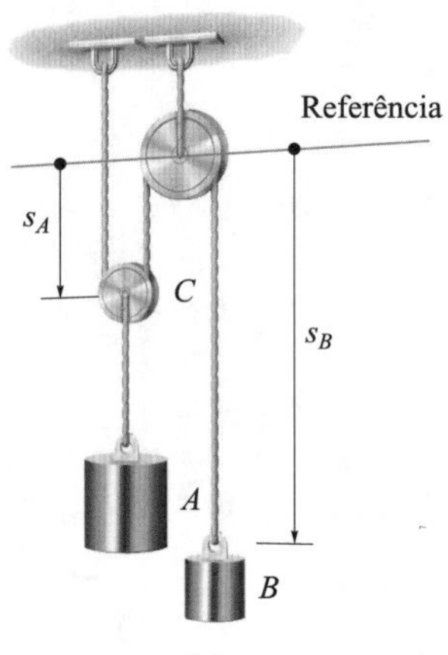

(a)

SOLUÇÃO

Diagramas de corpo livre

Visto que a massa das polias é *desprezada*, então para a polia C, $ma = 0$ e podemos aplicar $\Sigma F_y = 0$ como mostrado na Figura 13.10b. Os diagramas de corpo livre para os blocos A e B são mostrados nas figuras 2.10c e d, respectivamente. Observe que para A permanecer parado, T = 490,5 N, ao passo que, para B permanecer estático, T = 196,2 N. Por conseguinte, A se moverá para baixo enquanto B se move para cima. Embora seja este o caso, vamos supor que ambos os blocos aceleram para baixo, na direção de $+ s_A$ e $+ s_B$. As três incógnitas são T, a_A e a_B.

(b)

Equações de movimento

Bloco A,

$$+\downarrow \Sigma F_y = ma_y; \qquad 981 - 2T = 100a_A \qquad (1)$$

$$+\downarrow \Sigma F_y = ma_y; \qquad 196{,}2 - T = 20a_B \qquad (2)$$

Cinemática

A terceira equação necessária é obtida relacionando a_A com a_B utilizando uma análise de movimento dependente, discutida na Seção 12.9. As coordenadas s_A e s_B na Figura 13.10a medem as posições de A e B a partir de um ponto de referência fixo. Vê-se que:

$$2s_A + s_B = l$$

onde l é constante e representa o comprimento vertical total da corda. Derivando esta expressão duas vezes em relação ao tempo, resulta:

$$2a_A = -a_B \qquad (3)$$

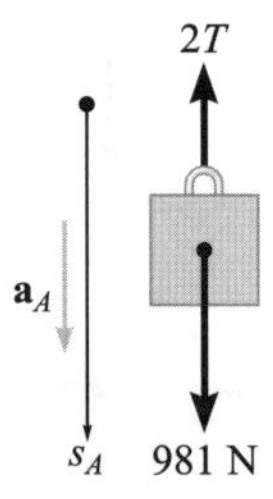

(c)

Observe que quando escrevemos as equações 1 a 3, a *direção positiva sempre foi presumida para baixo*. É muito importante ser *consistente* com esta hipótese porque estamos buscando uma solução de um sistema de equações simultâneas. Os resultados são:

$$T = 327{,}0 \text{ N}$$

$$a_A = 3{,}27 \text{ m/s}^2$$

$$a_B = -6{,}54 \text{ m/s}^2$$

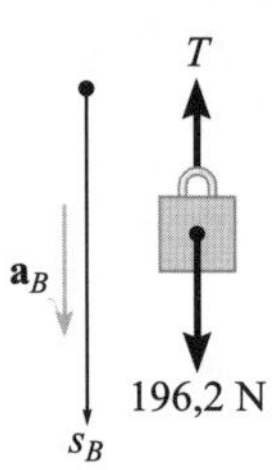

(d)

Figura 13.10

Por conseguinte, quando o bloco A acelera *para baixo*, o bloco B acelera *para cima* como esperado. Visto que a_B é constante, a velocidade do bloco B em 2 s é portanto

$$(+\downarrow) \qquad v = v_0 + a_B t$$

$$= 0 + (-6{,}54)\,(2)$$

$$= -13{,}1 \text{ m/s}$$

O sinal negativo indica que o bloco B está se movendo para cima.

Problemas fundamentais

13.1. O motor enrola o cabo com uma aceleração constante de tal maneira que a caixa de 20 kg se move em uma distância $s = 6$ m em 3 s, partindo do repouso. Determine a tração desenvolvida no cabo. O coeficiente de atrito cinético entre a caixa e o plano é $\mu_k = 0{,}3$.

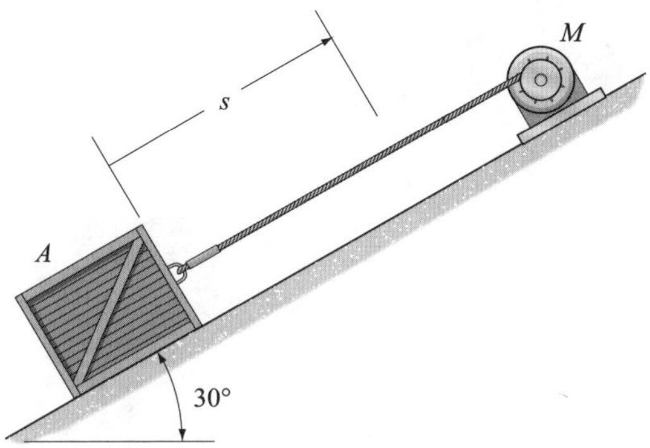

Problema 13.1

13.2. Se o motor M exerce uma força de $F = (10t^2 + 100)$ N sobre o cabo, onde t é dado em segundos, determine a velocidade da caixa de 25 kg quando $t = 4$ s. Os coeficientes de atrito estático e cinético entre a caixa e o plano são $\mu_s = 0{,}3$ e $\mu_k = 0{,}25$, respectivamente. A caixa está inicialmente em repouso.

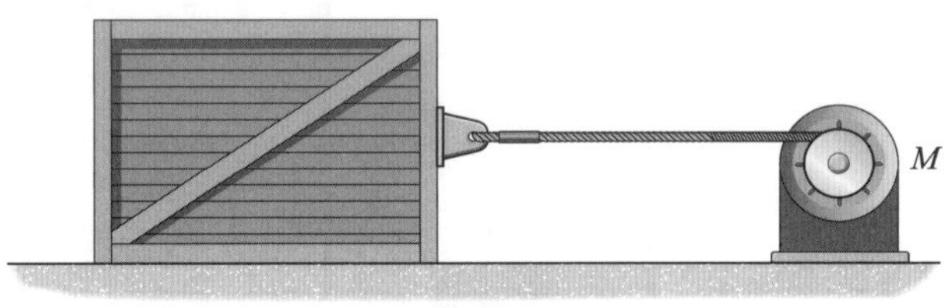

Problema 13.2

13.3. Uma mola de rigidez $k = 500$ N/m está montada contra o bloco de 10 kg. Se o bloco está sujeito à força $F = 500$ N, determine a sua velocidade em $s = 0{,}5$ m. Quando $s = 0$, o bloco está em repouso e a mola está descomprimida. A superfície de contato é lisa.

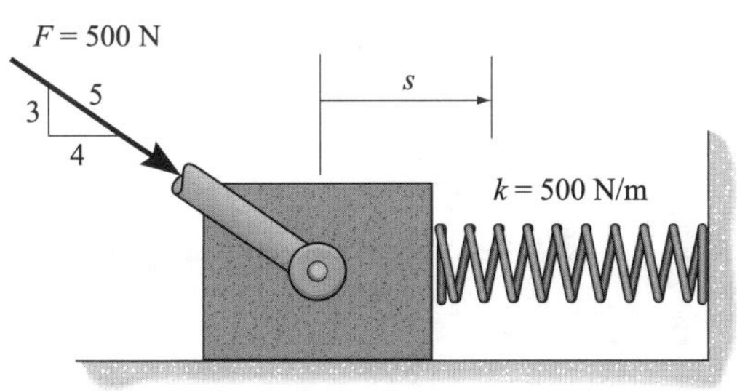

Problema 13.3

13.4. O carro de 2 Mg está sendo rebocado por um guincho. Se o guincho exerce uma força de $T = (100s)$ N sobre o cabo, onde s é o deslocamento do carro em metros, determine a velocidade escalar do carro quando $s = 10$ m, partindo do repouso. Despreze a resistência ao rolamento do carro.

Problema 13.4

13.5. A mola tem uma rigidez de $k = 200$ N/m e não está deformada quando o bloco de 25 kg está em A. Determine a aceleração do bloco quando $s = 0{,}4$ m. A superfície de contato entre o bloco e o plano é lisa.

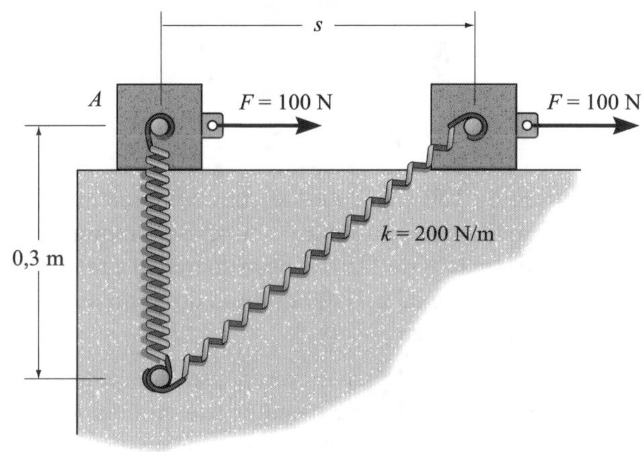

Problema 13.5

13.6. O bloco B repousa sobre uma superfície lisa. Se os coeficientes do atrito estático e cinético entre A e B são $\mu_S = 0{,}4$ e $\mu_k = 0{,}3$, respectivamente, determine a aceleração de cada bloco se $P = 30$ N.

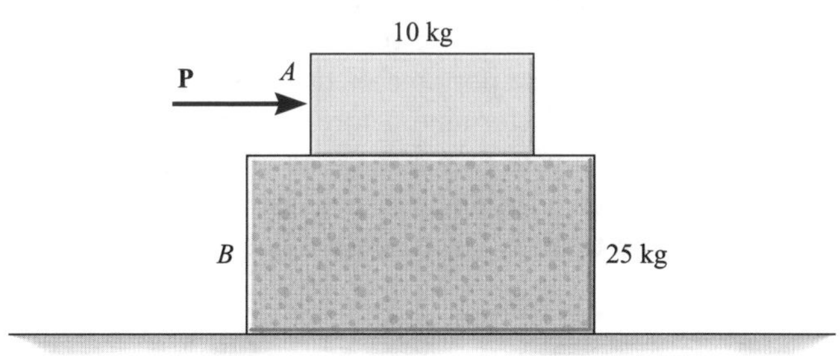

Problema 13.6

Problemas

•**13.1.** A peça fundida tem massa de 3 Mg. Suspensa em uma posição vertical e inicialmente em repouso, recebe uma velocidade escalar para cima de 200 mm/s em 0,3 s utilizando o gancho H do guindaste. Determine a tração nos cabos AC e AB durante este intervalo de tempo se a aceleração for constante.

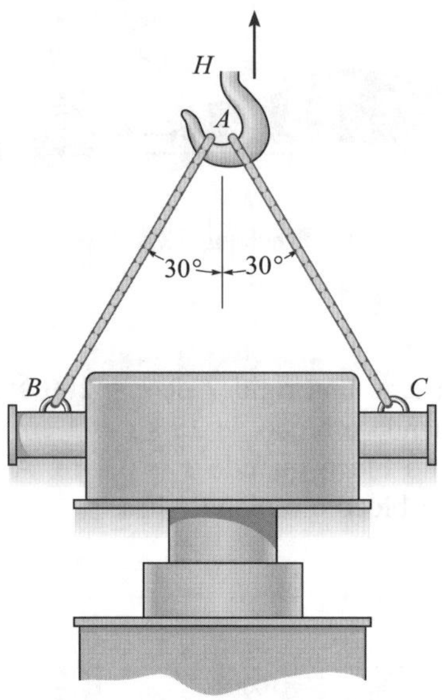

Problema 13.1

13.2. O trem de 160 Mg move-se com uma velocidade de 80 km/h quando começa a subir o aclive. Se o motor exerce uma força de tração **F** de 1/20 do peso do trem e a resistência ao rolamento $\mathbf{F}_D$ é igual a 1/500 do peso do trem, determine a desaceleração do trem.

13.3. O trem de 160 Mg parte do repouso e começa a subir o aclive, como mostrado. Se o motor exerce uma força de tração **F** de 1/8 do peso do trem, determine a velocidade do trem quando ele tiver avançado uma distância de 1km aclive acima. Despreze a resistência ao rolamento.

Problemas 13.2/3

***13.4.** A caminhonete de 2 Mg está se movendo a 15 m/s quando os freios em todas suas rodas são aplicados, fazendo com que ela escorregue por uma distância de 10 m antes de chegar ao repouso. Determine a força horizontal constante desenvolvida no engate C, e a força de atrito desenvolvida entre os pneus da caminhonete e a estrada durante este tempo. A massa total da lancha e do reboque é 1 Mg.

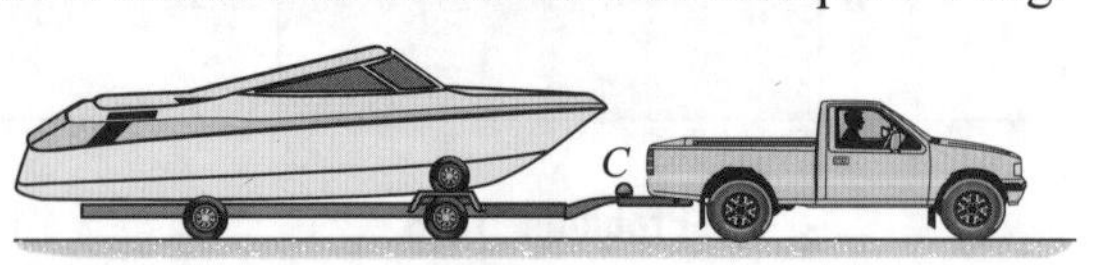

Problema 13.4

•**13.15.** Se os blocos A e B de massa 10 kg e 6 kg, respectivamente, são colocados sobre o plano inclinado e soltos, determine a força desenvolvida na barra de conexão. Os coeficientes de atrito cinético entre os blocos e o plano inclinado são $\mu_A = 0{,}1$ e $\mu_B = 0{,}3$. Despreze a massa da barra de conexão.

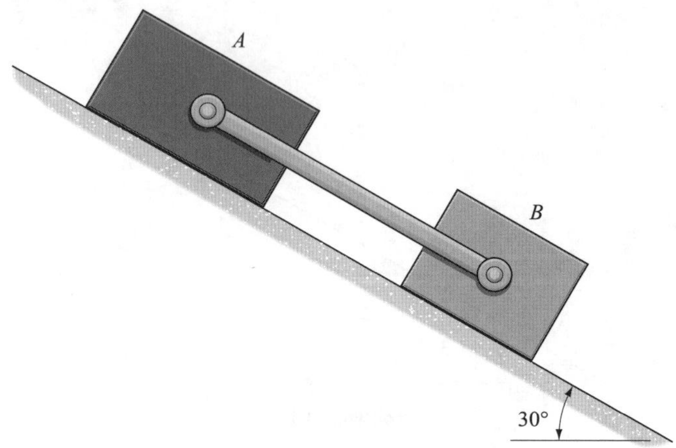

Problema 13.5

13.6. Os motores A e B enrolam o cabo com as acelerações mostradas. Determine a aceleração da caixa C de 150 kg e a tração desenvolvida no cabo. Despreze a massa de todas as polias.

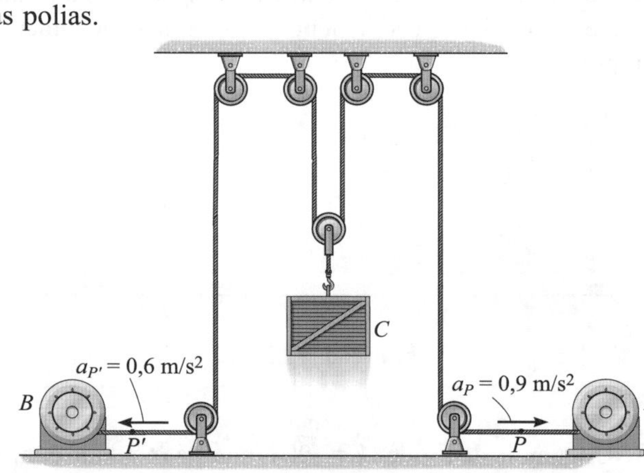

Problema 13.6

13.7. O furgão está se movendo a 20 km/h quando o engate do reboque em A quebra. Se o reboque tem massa de 250 kg e se move livremente 45 m antes de parar, determine a força horizontal constante F criada pelo atrito de rolamento que fez o reboque parar.

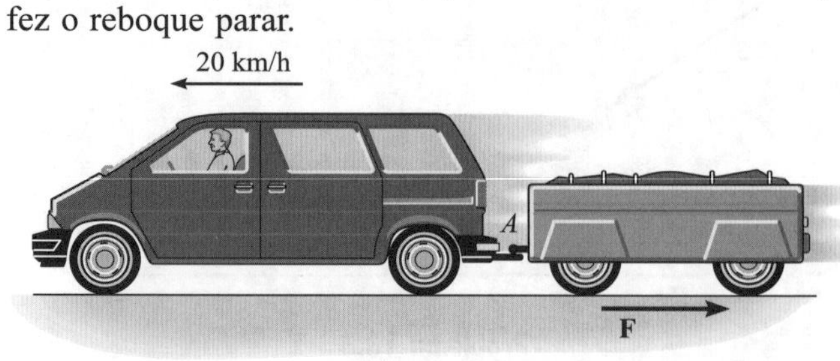

Problema 13.7

***13.8.** Se o bloco *A* de 5 kg escorrega para baixo no plano inclinado com uma velocidade constante quando $\theta = 30°$, determine a aceleração do bloco quando $\theta = 45°$.

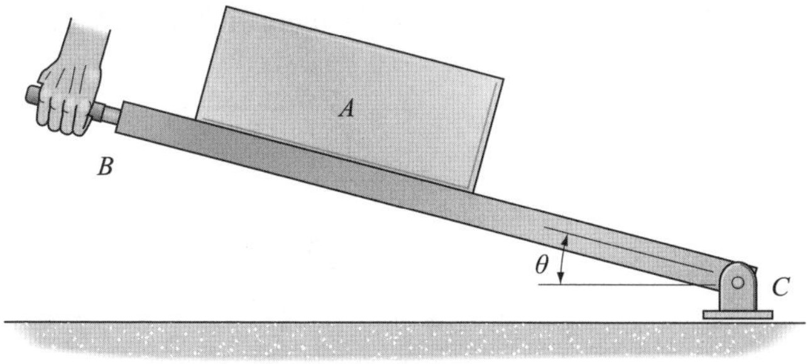

Problema 13.8

•13.9. Cada uma das três chatas têm massa de 30 Mg, ao passo que o rebocador tem massa de 12 Mg. À medida que as chatas estão sendo puxadas para a frente com uma velocidade constante de 4 m/s, o rebocador deve superar a resistência do atrito da água, que é de 2 kN para cada chata e 1,5 kN para o rebocador. Se o cabo entre *A* e *B* se rompe, determine a aceleração do rebocador.

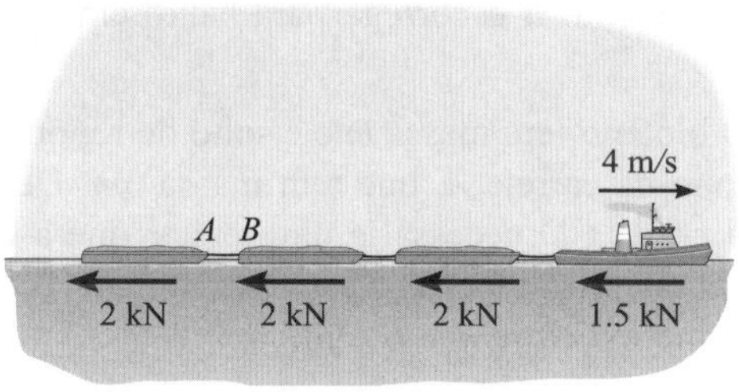

Problema 13.9

13.10. A caixa tem massa de 80 kg e está sendo puxada por uma corrente que está sempre direcionada a 20° da horizontal, como mostrado. Se a intensidade de **P** é aumentada até a caixa começar a escorregar, determine a aceleração inicial da caixa se o coeficiente do atrito estático é $\mu_s = 0,5$ e o coeficiente do atrito cinético é $\mu_k = 0,3$.

13.11. A caixa tem massa de 80 kg e está sendo puxada por uma corrente que está sempre direcionada a 20° da horizontal, como mostrado. Determine a aceleração da caixa em $t = 2$ s se o coeficiente de atrito estático é $\mu_s = 0,4$, o coeficiente de atrito cinético é $\mu_k = 0,3$, e a força de reboque é $P = (90t^2)$, onde t é dado em segundos.

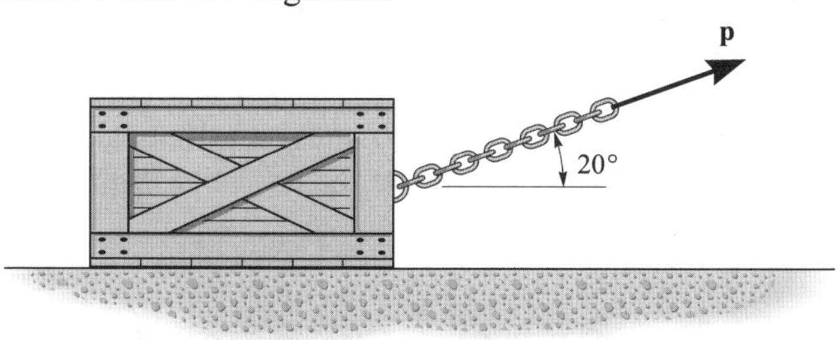

Problemas 13.10/11

***13.12.** Determine a aceleração do sistema e a tração em cada cabo. O plano inclinado é liso, e o coeficiente do atrito cinético entre a superfície horizontal e o bloco *C* é $(\mu_k)_C = 0,2$.

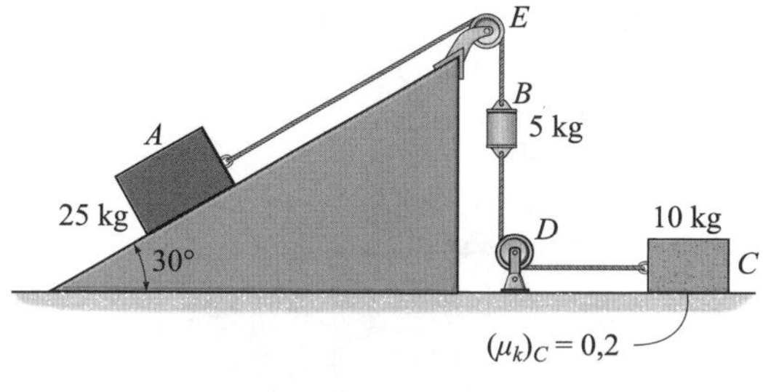

Problema 13.12

•13.13. Os dois vagões de carga *A* e *B* têm massa de 10 Mg e 15 Mg, respectivamente. Se eles descem livremente ladeira abaixo quando os freios são aplicados em todas as rodas do vagão *A*, fazendo-o escorregar, determine a força no engate *C* entre os dois vagões. O coeficiente de atrito cinético entre as rodas de *A* e os trilhos é $\mu_k = 0,5$. As rodas do vagão *B* estão livres para rodar. Despreze suas massas no cálculo. *Sugestão*: resolva o problema representando forças normais resultantes únicas atuando em *A* e *B*, respectivamente.

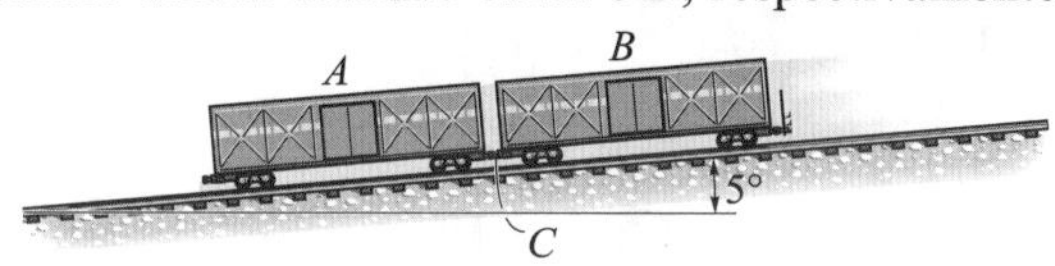

Problema 13.13

13.14. O motor de 3,5 Mg está suspenso por uma viga transversal *AB* de massa desprezível e é içado por um guindaste que dá a ele aceleração de 4 m/s^2 quando ele tem velocidade de 2 m/s. Determine a força nas correntes *CA* e *CB* durante o içamento.

13.15. O motor de 3,5 Mg está suspenso por uma viga transversal de massa desprezível e é içado por um guindaste que exerce uma força de 40 kN no cabo de içamento. Determine a distância pela qual o motor é içado em 4 s, partindo do repouso.

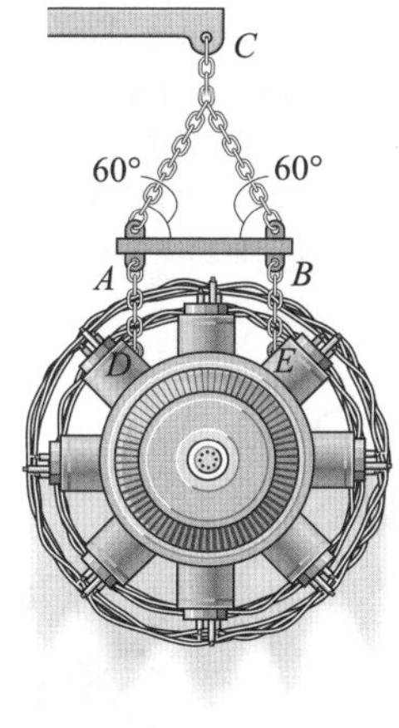

Problemas 13.14/15

***13.16.** O homem empurra a caixa de 30 kg com uma força **F**. A força é sempre direcionada para baixo a 30° da horizontal, como mostrado, e sua intensidade é aumentada até a caixa começar a deslizar. Determine a aceleração inicial da caixa se o coeficiente de atrito inicial é $\mu_s = 0{,}6$ e o coeficiente de atrito cinético é $\mu_k = 0{,}3$.

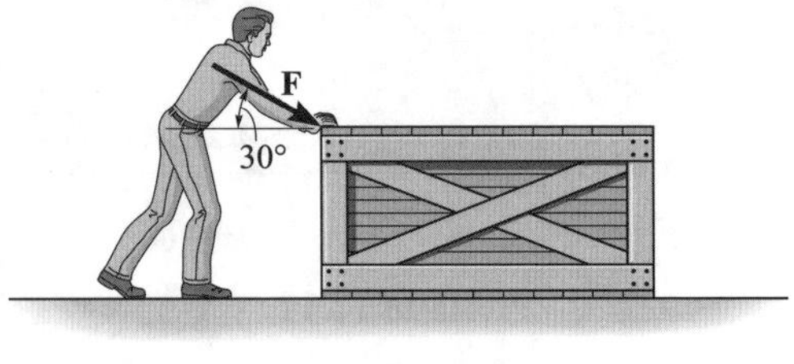

Problema 13.16

•**13.17.** Uma força de $F = 75$ N é aplicada à corda. Determine a altura a que o bloco A de 15 kg sobe em 2 s partindo do repouso. Despreze o peso das polias e da corda.

13.18. Determine a força constante **F** que deve ser aplicada à corda a fim de fazer com que o bloco A de 15 kg tenha uma velocidade de 3,6 m/s quando for deslocado 0,9 m para cima partindo do repouso. Despreze o peso das polias e da corda.

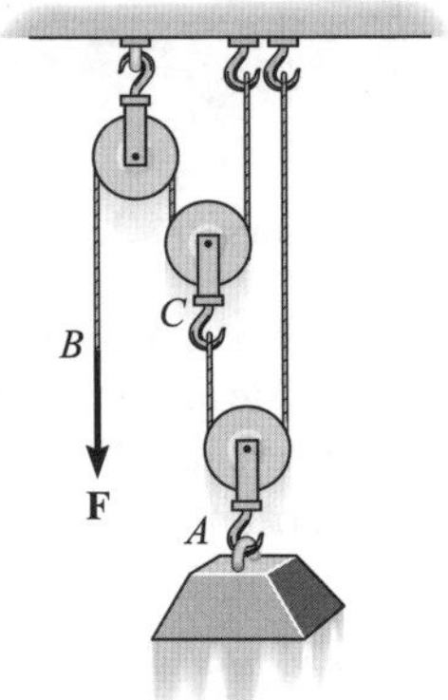

Problemas 13.17/18

13.19. O vagão em B de 800 kg está ligado ao vagão em A de 350 kg por um engate de mola. Determine a extensão da mola se (a) as rodas de ambos os vagões estão livres para rodar e (b) os freios são aplicados a todas as quatro rodas do vagão B, fazendo com que a rodas escorreguem. Suponha $(\mu_k)_B = 0{,}4$. Despreze a massa das rodas.

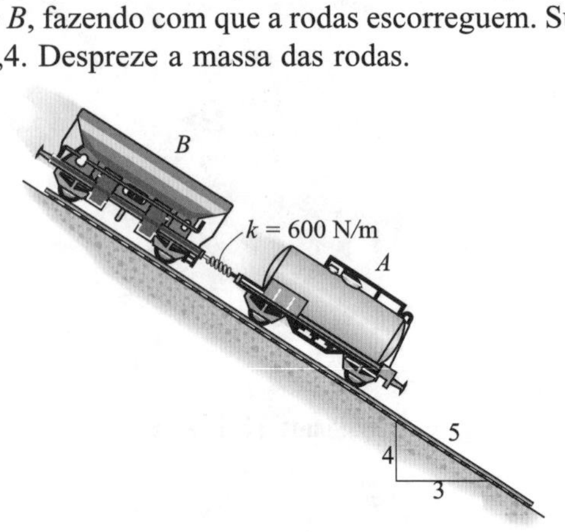

Problema 13.19

***13.20.** O bloco A de 5 kg desloca-se para a direita com $v_A = 0{,}6$ m/s no instante mostrado. Se o coeficiente de atrito cinético entre a superfície e A é $\mu_k = 0{,}2$, determine a velocidade de A quando ele se deslocou 1,2 m. O bloco B tem um peso de 100 N ($m \approx 10$ kg).

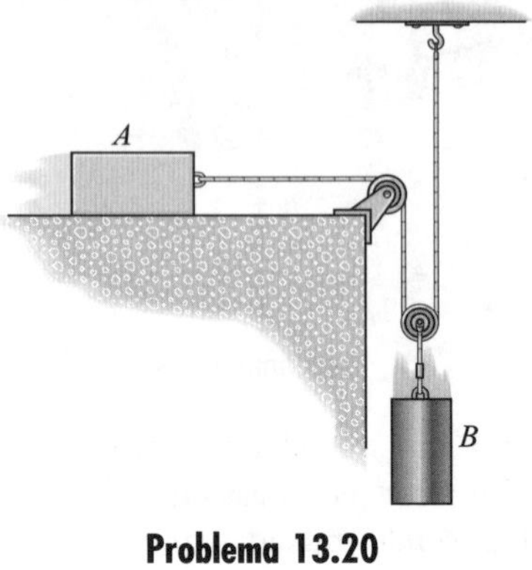

Problema 13.20

•**13.21.** O bloco B tem massa m e é solto do repouso quando está no topo da carreta A, que tem massa de $3m$. Determine a tração na corda CD necessária para evitar que a carreta se desloque enquanto B escorrega para baixo em A. Despreze o atrito.

13.22. O bloco B tem massa m e é solto do repouso quando está no topo da carreta A, que tem massa $3m$. Determine a tração na corda CD necessária para evitar que a carreta se desloque enquanto B escorrega para baixo em A. O coeficiente de atrito cinético entre A e B é μ_k.

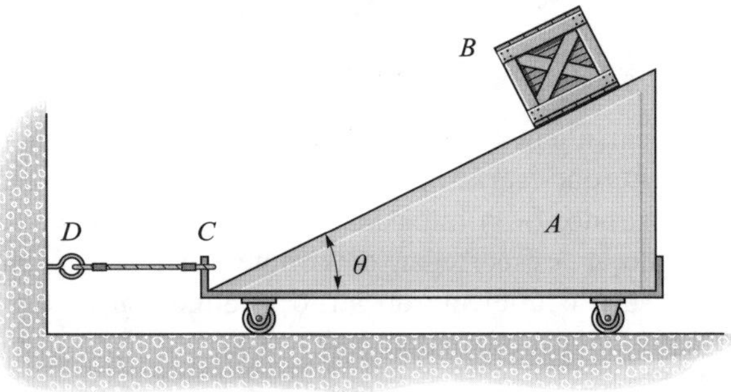

Problemas 13.21/22

13.23. O eixo CA de 2 kg passa por um mancal radial liso em B. Inicialmente, as molas, que estão enroladas livremente em torno do eixo, não estão deformadas quando nenhuma força é aplicada ao eixo. Nesta posição $s = s' = 250$ mm e o eixo está em repouso. Se uma força horizontal de $F = 5$ kN é aplicada, determine a velocidade do eixo no instante que $s = 50$ mm, $s' = 450$ mm. As extremidades das molas estão presas ao mancal em B, e as tampas, em C e A.

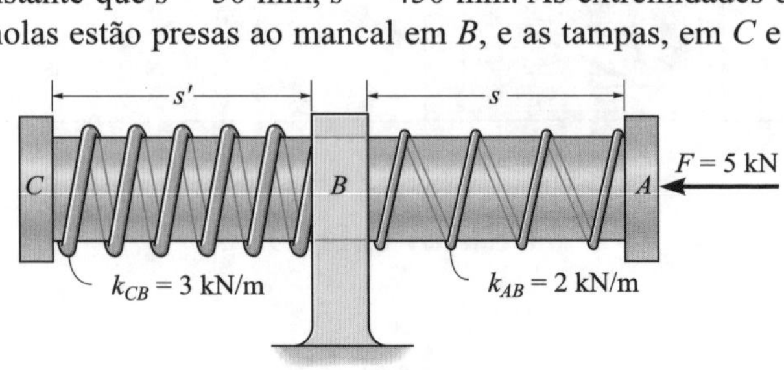

Problema 13.23

***13.24.** Se a força do motor M sobre o cabo é mostrada no gráfico, determine a velocidade do carrinho quando $t = 3$ s. A carga e o carrinho têm massa de 200 kg e o carrinho parte do repouso.

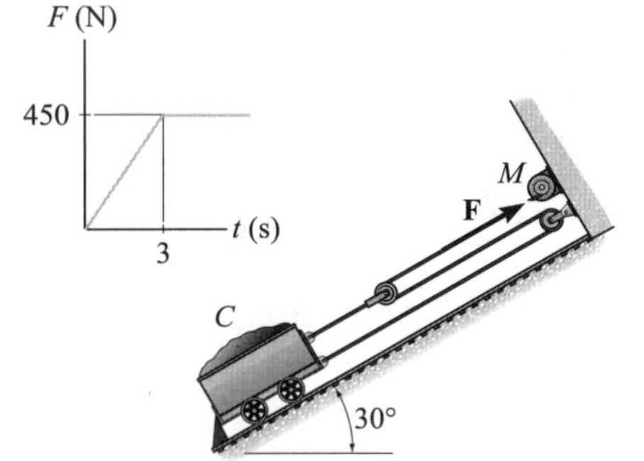

Problema 13.24

•13.25. Se o motor enrola o cabo com uma aceleração de 3 m/s², determine as reações nos apoios A e B. A viga tem massa uniforme de 30 kg/m, e a caixa tem massa de 200 kg. Despreze a massa do motor e das polias.

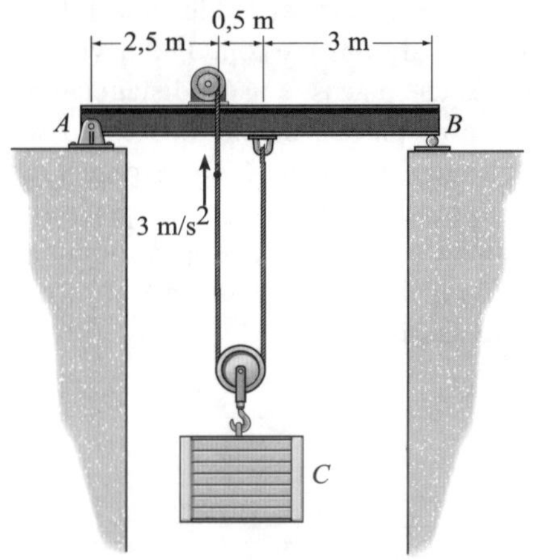

Problema 13.25

13.26. Um elevador de carga, incluindo a sua carga, tem massa de 500 kg. Ele é impedido de girar devido aos trilhos e rodas montados nos seus lados. Quando $t = 2$ s, o motor M enrola o cabo com uma velocidade de 6 m/s, *medida em relação ao elevador*. Se ele parte do repouso, determine a aceleração constante do elevador e a tração no cabo. Despreze a massa das polias, motor e cabos.

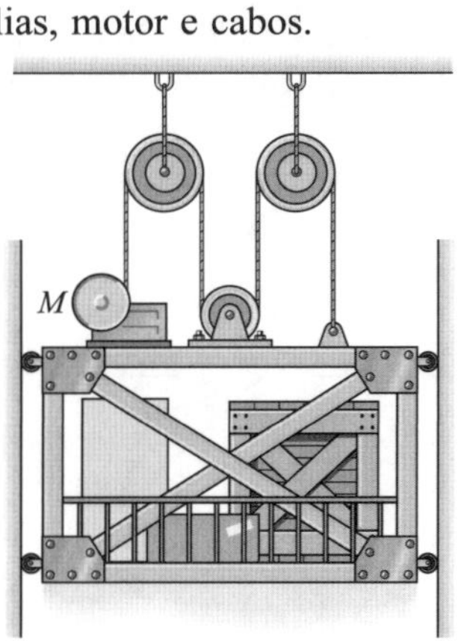

Problema 13.26

13.27. Determine a massa necessária do bloco A de maneira que, ao ser solto do repouso, mova o bloco B de 5 kg em uma distância de 0,75 m para cima ao longo do plano inclinado liso em $t = 2$ s. Despreze a massa das polias e cordas.

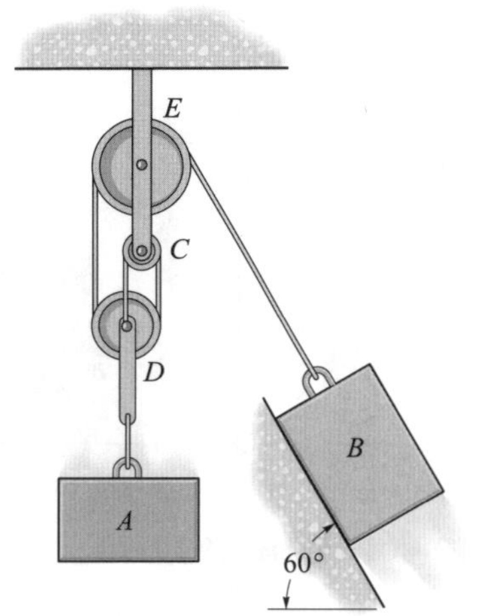

Problema 13.27

***13.28.** Os blocos A e B têm massa de m_A e m_B, sendo $m_A > m_B$. Se é dada uma aceleração de $\mathbf{a}_0$ para a polia C, determine a aceleração dos blocos. Despreze a massa da polia.

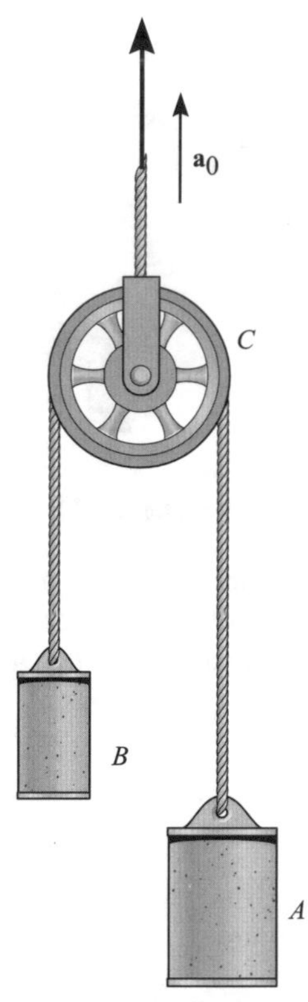

Problema 13.28

•13.29. O trator é usado para levantar a carga B de 150 kg com o sistema de cordas de 24 m de comprimento, lança e polia. Se o trator se move para a direita com velocidade constante de 4 m/s, determine a tração na corda quando $s_A = 5$ m. Quando $s_A = 0$, $s_B = 0$.

13.30. O trator é usado para içar a carga B de 150 kg com o sistema de corda de 24 m de comprimento, lança e polia. Se o trator se move para a direita com aceleração de 3 m/s^2 e tem velocidade de 4 m/s no instante que $s_A = 5$ m, determine a tração na corda neste instante. Quando $s_A = 0$, $s_B = 0$.

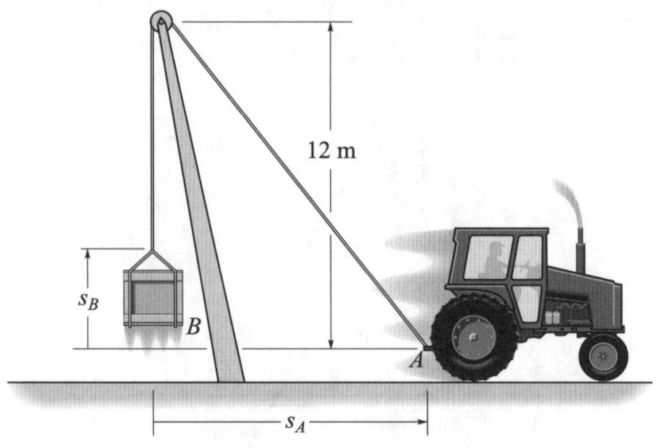

Problemas 13.29/30

13.31. Um homem de 75 kg sobe a corda com uma aceleração de 0,25 m/s^2, medida em relação à corda. Determine a tração na corda e a aceleração do bloco de 80 kg.

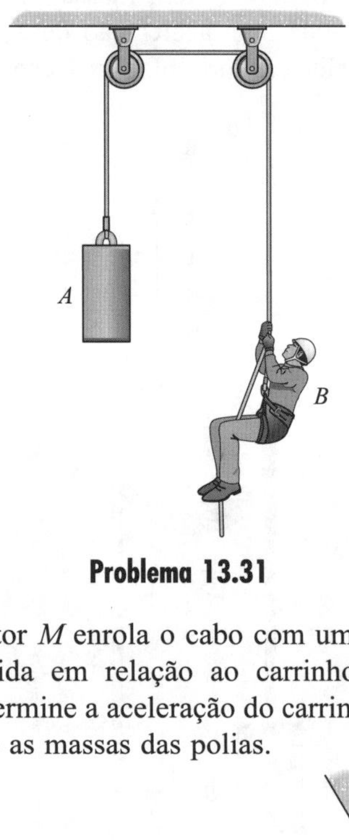

Problema 13.31

***13.32.** O motor M enrola o cabo com uma aceleração de 1,2 m/s^2, medida em relação ao carrinho de mineração de 100 kg. Determine a aceleração do carrinho e a tração no cabo. Despreze as massas das polias.

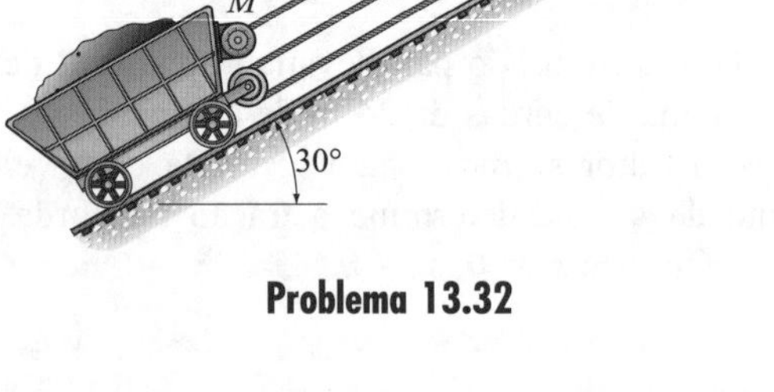

Problema 13.32

•13.33. O anel C de 1 kg ajusta-se livremente no eixo liso. Se a mola está livre quando $s = 0$ e ao anel é dada uma velocidade de 4,5 m/s, determine a velocidade do anel quando $s = 0,3$ m.

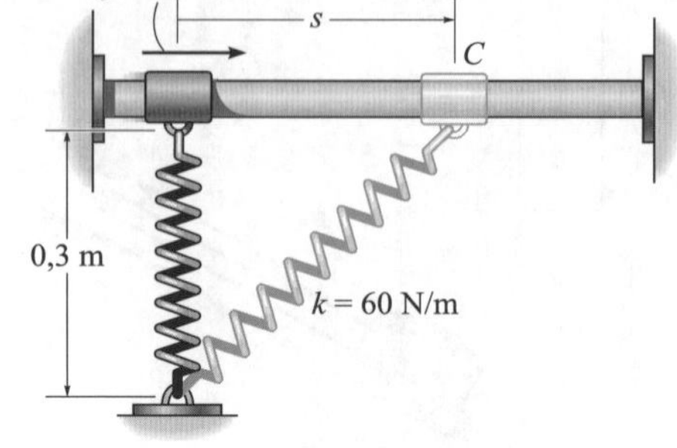

Problema 13.33

13.34. No tubo de raios catódicos, elétrons tendo massa m são emitidos de um ponto-fonte S e começam a se mover horizontalmente com uma velocidade inicial $\mathbf{v}_0$. Quando passam entre as placas-grade em uma distância l, eles são sujeitos a uma força vertical tendo uma intensidade eV/w, onde e é a carga de um elétron, V é a voltagem aplicada atuando através das placas, e w é a distância entre as placas. Após passarem as placas, os elétrons então se movem em linha reta e atingem a tela em A. Determine a deflexão d dos elétrons em termos das dimensões da placa de voltagem e do tubo. Despreze a gravidade que causa uma ligeira deflexão vertical quando o elétron se move de S até a tela, e a ligeira deflexão entre as placas.

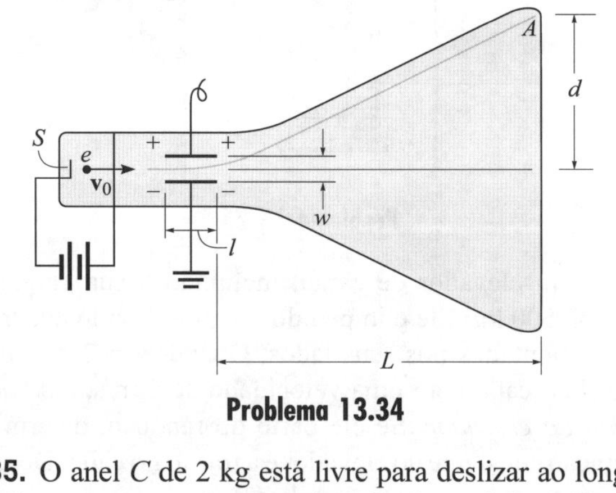

Problema 13.34

13.35. O anel C de 2 kg está livre para deslizar ao longo do eixo liso AB. Determine a aceleração do anel C se (a) o eixo é impedido de se mover, (b) o anel A, que é fixo ao eixo AB, se move para a esquerda com velocidade constante ao longo do guia horizontal, e (c) o anel A está sujeito a uma aceleração de 2 m/s^2 para a esquerda. Em todos os casos, o movimento ocorre no plano vertical.

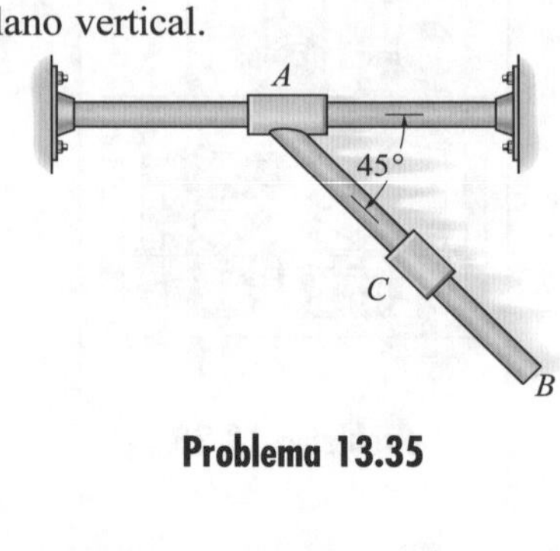

Problema 13.35

***13.36.** Cada um dos blocos A e B tem massa m. Determine a maior força horizontal **P** que pode ser aplicada a B de maneira que A não se desloque em relação a B. Todas as superfícies são lisas.

•13.37. Cada um dos blocos A e B tem massa m. Determine a maior força horizontal **P** que pode ser aplicada a B de maneira que A não escorregue sobre B. O coeficiente de atrito estático entre A e B é μ_s. Despreze qualquer atrito entre B e C.

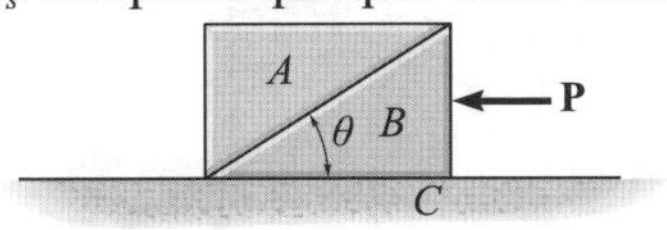

Problemas 13.36/37

•13.38. Se uma força $F = 200$ N é aplicada à carreta de 30 kg, mostre que o bloco A de 20 kg vai deslizar na carreta. Também determine o tempo para o bloco A se mover na carreta de 1,5 m. Os coeficientes de atrito estático e cinético entre o bloco e a carreta são $\mu_s = 0{,}3$ e $\mu_k = 0{,}25$. Tanto a carreta quanto o bloco partem do repouso.

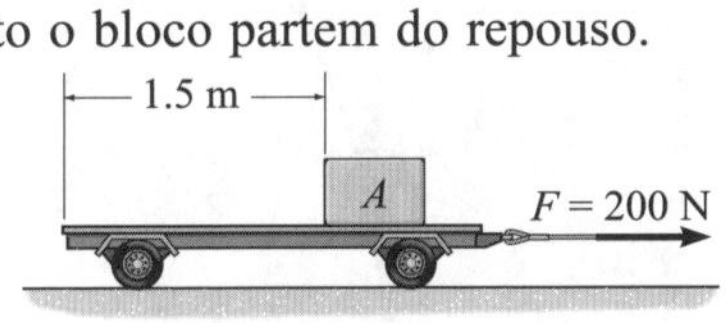

Problema 13.38

13.39. Suponha que seja possível cavar um túnel liso por baixo da terra de uma cidade em A para uma cidade em B, como mostrado. Pela teoria da gravitação, qualquer veículo C de massa m colocado dentro estaria sujeito a uma força gravitacional que é sempre direcionada para o centro da Terra D. Esta força **F** tem uma intensidade que é diretamente proporcional à sua distância r do centro da Terra. Por conseguinte, se o veículo tem peso $W = mg$ quando ele está localizado na superfície da Terra, então em uma posição arbitrária r a intensidade da força **F** é $F = (mg/R)r$, onde $R = 6328$ km, o raio da Terra. Se o veículo parte do repouso quando está em B, $x = s = 2$ Mm, determine o tempo necessário para ele chegar a A, e a velocidade máxima que ele alcança. Despreze o efeito da rotação da Terra no cálculo e suponha que a Terra tenha uma densidade constante. *Dica*: escreva a equação do movimento na direção x, observando que $r \cos \theta = x$. Integre, utilizando a relação cinemática $v\, dv = a\, dx$, em seguida integre o resultado utilizando $v = dx/dt$.

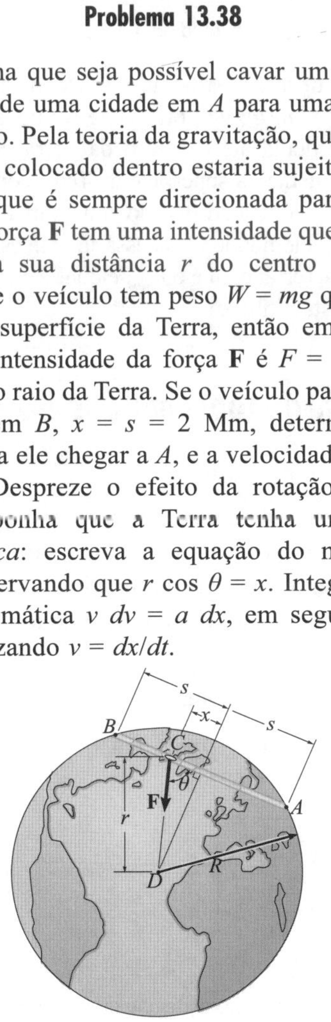

Problema 13.39

***13.40.** A caixa de 15 kg está sendo içada para cima com aceleração constante de 1,8 m/s². Se a viga uniforme AB tem peso de 1000 N, determine as componentes da reação no apoio fixo A. Despreze as dimensões e a massa da polia em B. *Dica*: primeiro determine a tração no cabo, em seguida determine as forças na viga utilizando a estática.

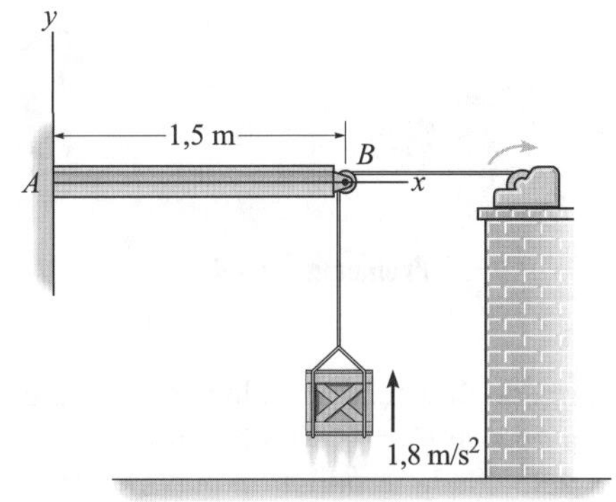

Problema 13.40

•13.41. Se uma força horizontal de $P = 50$ N é aplicada ao bloco A, determine a aceleração do bloco B. Despreze o atrito. *Dica*: mostre que $a_B = a_A$ tg 15°.

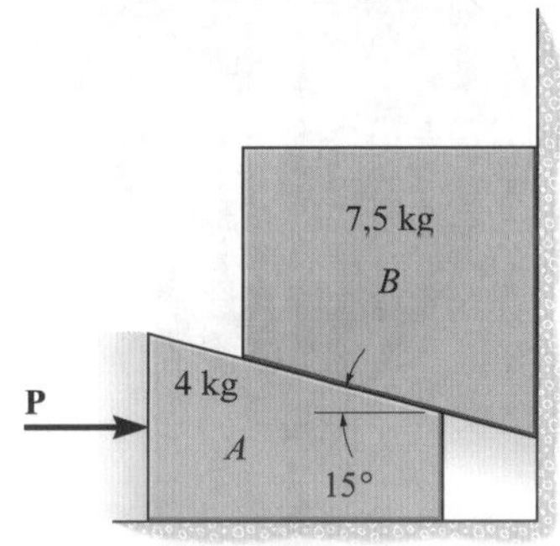

Problema 13.41

13.42. O bloco A tem massa m_A e está ligado a uma mola tendo uma rigidez k e comprimento não deformado l_0. Se outro bloco B, tendo massa m_B, é pressionado contra A de maneira que a mola deforme uma distância d, determine a distância que ambos os blocos deslizam sobre a superfície lisa antes de começarem a se separar. Quais são suas velocidades neste instante?

13.43. O bloco A tem massa m_A e está ligado a uma mola de rigidez k e comprimento não deformado l_0. Se outro bloco B, tendo massa m_B, é pressionado contra A de maneira que a mola deforme uma distância d, mostre que para a separação ocorrer é necessário que $d > 2\mu_k g\,(m_A + m_B)/k$, onde μ_k é o coeficiente de atrito cinético entre os blocos e o solo. Além disso, qual é a distância que os blocos deslizam sobre a superfície antes de se separarem?

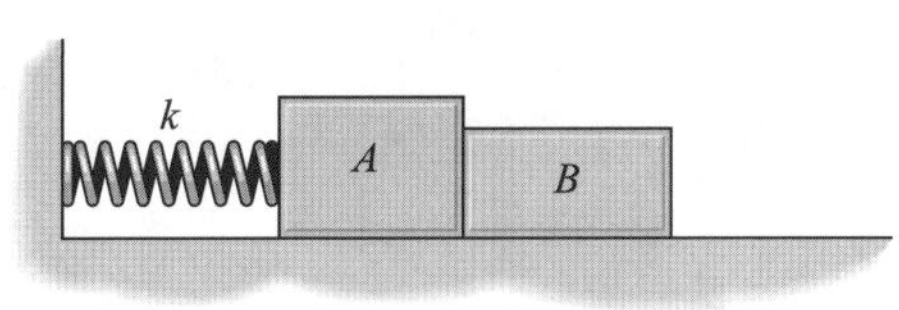

Problemas 13.42/43

*13.44. O carro de corrida tipo *dragster* de 600 kg está se movendo com velocidade de 125 m/s quando o motor é desligado e o paraquedas de freio é aberto. Se a resistência do ar imposta sobre o *dragster* devido ao paraquedas é $F_D = (6000 + 0{,}9v^2)$ N, onde v é dado em m/s, determine o tempo necessário para o *dragster* chegar ao repouso.

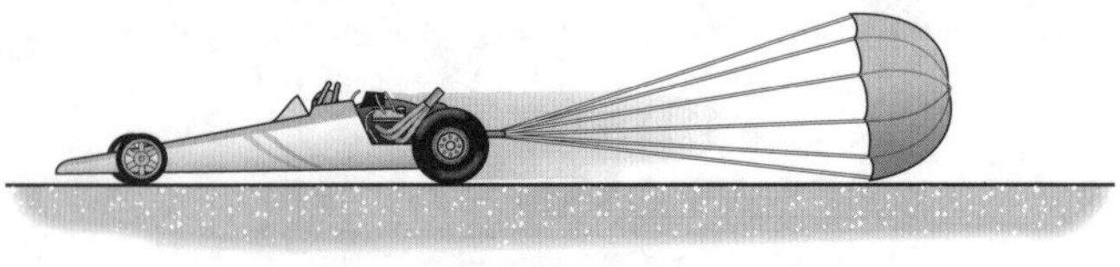

Problema 13.44

•13.45. A força de flutuação no balão de 500 kg é $F = 6$ kN, e a resistência do ar é $F_D = (100v)$ N, onde v é dado em m/s. Determine a velocidade terminal ou máxima do balão se ele parte do repouso.

Problema 13.45

13.46. O paraquedista de massa m está caindo com uma velocidade v_0 no instante em que ele abre o paraquedas. Se a resistência do ar é $F_D = Cv^2$, determine a sua velocidade máxima (velocidade terminal) durante a descida.

Problema 13.46

13.47. O peso de uma partícula varia com a altitude de tal maneira que $W = m(gr_0^2)/r^2$, onde r_0 é o raio da Terra e r é a distância da partícula até o centro da Terra. Se a partícula é lançada verticalmente da superfície da Terra com velocidade v_0, determine a sua velocidade como uma função da posição r. Qual é a menor velocidade v_0 necessária para escapar do campo gravitacional da Terra, qual é o $r_{máx}$, e qual é o tempo necessário para alcançar esta altitude?

13.5 Equações de movimento: coordenadas normais e tangenciais

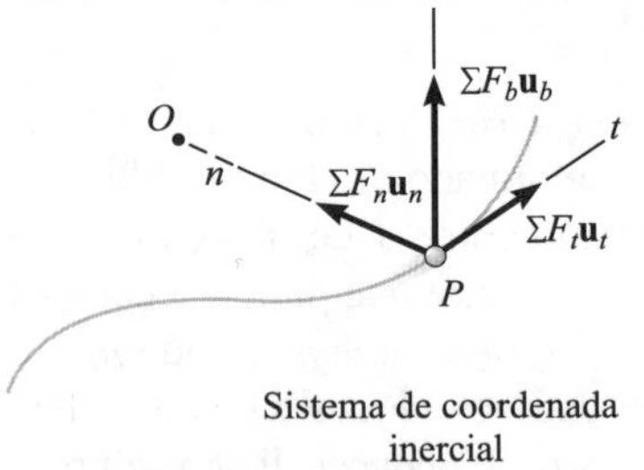

Figura 13.11

Quando uma partícula se move ao longo de uma trajetória curva que é conhecida, a equação do movimento para a partícula pode ser escrita nas direções tangencial, normal e binormal, Figura 13.11. Observe que não há movimento da partícula na direção binormal, visto que a partícula está restrita a se mover ao longo da trajetória. Temos:

$$\Sigma \mathbf{F} = m\mathbf{a}$$

$$\Sigma F_t \mathbf{u}_t + \Sigma F_n \mathbf{u}_n + \Sigma F_b \mathbf{u}_b = m\mathbf{a}_t + m\mathbf{a}_n$$

Esta equação é satisfeita desde que:

$$\Sigma F_t = ma_t \qquad \Sigma F_n = ma_n \qquad \Sigma F_b = 0 \tag{13.8}$$

Lembre-se de que a_t (= dv/dt) representa a taxa de variação temporal da intensidade da velocidade vetorial. Assim, se $\Sigma \mathbf{F}_t$ atua na direção do movimento, a velocidade escalar da partícula vai aumentar, ao passo que se ela atua na direção oposta, a partícula vai desacelerar. Da mesma maneira, a_n ($= v^2/\rho$) representa a taxa de variação temporal da direção da velocidade vetorial. Ela é causada por $\Sigma \mathbf{F}_n$, que *sempre* atua na direção n positiva, ou seja, para o centro da curvatura da trajetória. Por esta razão ela é seguidamente referida como a *força centrípeta*.

Procedimento para análise

Quando um problema envolve o movimento de uma partícula ao longo de uma *trajetória curva conhecida*, as coordenadas normais e tangenciais devem ser consideradas para a análise visto que as componentes da aceleração podem ser facilmente formuladas. O método para aplicar as equações de movimento, que relaciona as forças com a aceleração, foi descrito em linhas gerais no procedimento dado na Seção 2.4. Especificamente, para as coordenadas t, n, b, ele pode ser estabelecido da seguinte forma:

Diagramas de corpo livre

- Estabeleça o sistema de coordenadas inerciais t, n, b na partícula e construa o diagrama de corpo livre da partícula.
- A aceleração normal da partícula $\mathbf{a}_n$ *sempre* atua na direção n positiva.
- Se a aceleração tangencial $\mathbf{a}_t$ é desconhecida, suponha que ela atua na direção t positiva.
- Não há aceleração na direção b.
- Identifique as incógnitas no problema.

Equações de movimento

- Aplique as equações de movimento, Equações 13.8.

Cinemática

- Formule as componentes normais e tangenciais da aceleração, ou seja, $a_t = dv/dt$ ou $a_t = v\,dv/ds$ e $a_n = v^2/\rho$.
- Se a trajetória é definida como $y = f(x)$, o raio de curvatura no ponto onde a partícula está localizada pode ser obtido de $\rho = [1 + (dy/dx)^2]^{3/2}/|d^2y/dx^2|$.

Exemplo 13.6

Determine o ângulo de inclinação θ para a pista de corrida de maneira que as rodas dos carros de corrida mostrados na Figura 13.12*a* não tenham de depender do atrito para evitar que qualquer carro escorregue para cima ou para baixo na pista. Suponha que os carros tenham dimensão desprezível, massa m, e se desloquem em torno da curva de raio ρ com uma velocidade constante v.

(a)

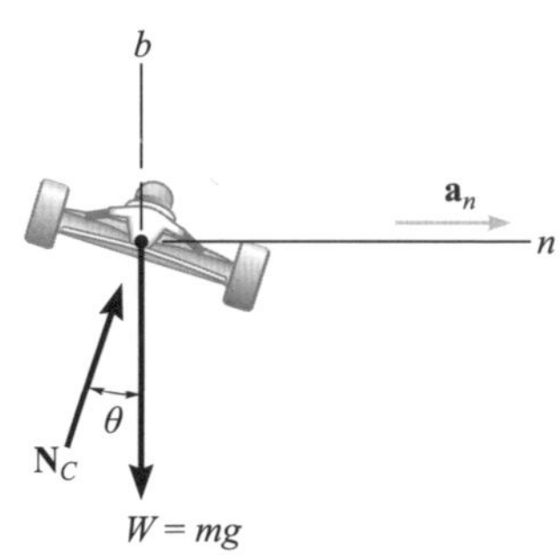

(b)

Figura 13.12

SOLUÇÃO

Antes de olhar para a solução seguinte, pense um pouco sobre por que ela deveria ser resolvida utilizando-se coordenadas t, n, b.

Diagrama de corpo livre

Como mostrado na Figura 13.12*b*, e como estabelecido no problema, nenhuma força de atrito atua sobre o carro. Aqui, $\mathbf{N}_C$ representa a *resultante* do solo em todas as quatro rodas. Visto que a_n pode ser calculado, as incógnitas são N_C e θ.

Equações de movimento

Utilizando os eixos n, b mostrados,

$$\overset{+}{\rightarrow}\Sigma F_n = ma_n; \qquad N_C \operatorname{sen}\theta = m\frac{v^2}{\rho} \qquad (1)$$

$$+\uparrow \Sigma F_b = 0; \qquad N_C \cos\theta - mg = 0 \qquad (2)$$

Eliminando N_C e m destas equações ao dividir a Equação 1 pela Equação 2, obtemos:

$$\operatorname{tg}\theta = \frac{v^2}{g\rho}$$

$$\theta = \operatorname{tg}^{-1}\left(\frac{v^2}{g\rho}\right)$$

NOTA: O resultado é independente da massa do carro. Além disso, uma somatória de forças na direção tangencial não tem consequências para a solução. Se ela fosse considerada, então $a_t = dv/dt = 0$, visto que o carro se move com uma *velocidade constante*. Uma análise adicional deste problema é discutida no Problema 21.47.

Exemplo 13.7

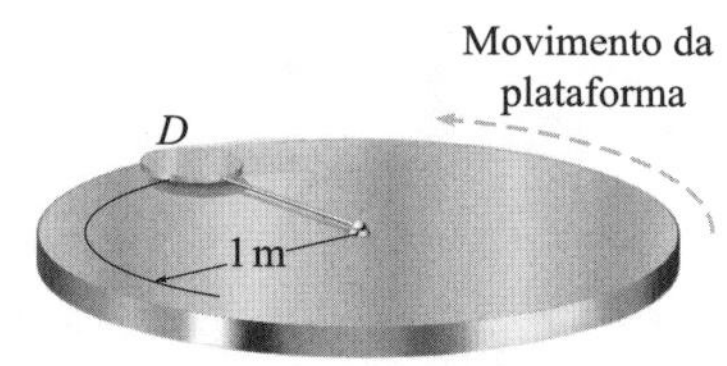

(a)

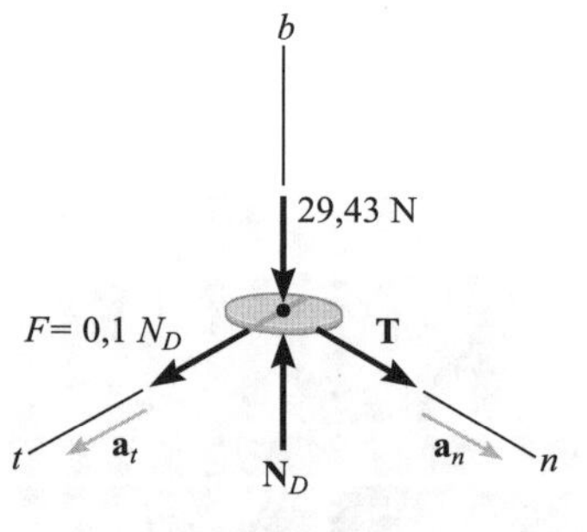

(b)

Figura 13.13

O disco D de 3 kg está ligado à extremidade de uma corda na Figura 13.13*a*. A outra extremidade da corda está ligada a uma junta universal localizada no centro de uma plataforma. Se a plataforma gira rapidamente, e o disco está colocado sobre ela e é solto do repouso, como mostrado, determine o tempo que o disco leva para alcançar uma velocidade grande o suficiente para romper a corda. A tração máxima que a corda pode suportar é 100 N, e o coeficiente de atrito cinético entre o disco e a plataforma é $\mu_k = 0{,}1$.

SOLUÇÃO

Diagrama de corpo livre

A força de atrito tem intensidade $F = \mu_k N_D = 0{,}1N_D$ e sentido de direção que se opõe ao *movimento relativo* do disco em relação à plataforma. É esta força que dá ao disco uma componente tangencial da aceleração fazendo com que v aumente e, desta maneira, fazendo T aumentar até atingir 100 N. O peso do disco é $W = 3(9{,}81) = 29{,}43$ N. Visto que a_n pode ser relacionada a v, as incógnitas são N_D, a_t e v.

Equações de movimento

$$\Sigma F_n = ma_n; \qquad T = 3\left(\frac{v^2}{1}\right) \qquad (1)$$

$$\Sigma F_t = ma_t; \qquad 0{,}1N_D = 3a_t \qquad (2)$$

$$\Sigma F_b = 0; \qquad N_D - 29{,}43 = 0 \qquad (3)$$

Fazendo $T = 100$ N, a Equação 1 pode ser resolvida para a velocidade crítica v_{cr} do disco necessária para romper a corda. Resolvendo todas as equações, obtemos:

$$N_D = 29{,}43 \text{ N}$$

$$a_t = 0{,}981 \text{ m/s}^2$$

$$v_{cr} = 5{,}77 \text{ m/s}$$

Cinemática

Visto que a_t é *constante*, o tempo necessário para romper a corda é

$$v_{cr} = v_0 + a_t t$$

$$5{,}77 = 0 + (0{,}981)t$$

$$t = 5{,}89 \text{ s}$$

Exemplo 13.8

Projetar a rampa de esqui mostrada na fotografia exige conhecer o tipo de forças que serão exercidas sobre a esquiadora e sua trajetória aproximada. Se neste caso o salto pode ser aproximado pela parábola mostrada na Figura 13.14*a*, determine a força normal sobre a esquiadora de 600 N ($m \approx 60$ kg) no instante que ela chega ao fim da rampa, ponto A, onde sua velocidade é de 9 m/s. Além disso, qual é sua aceleração neste ponto?

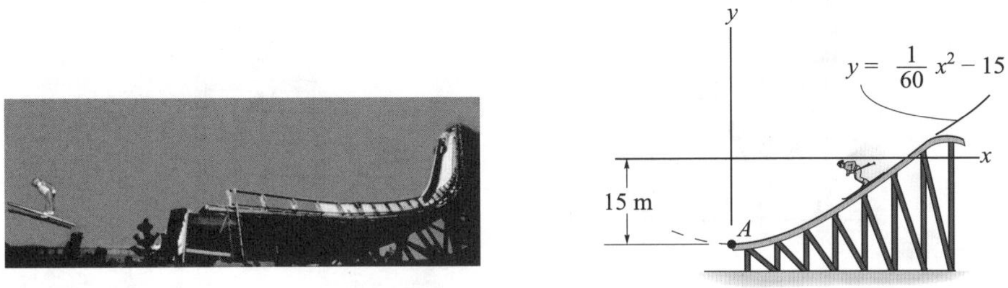

(a)

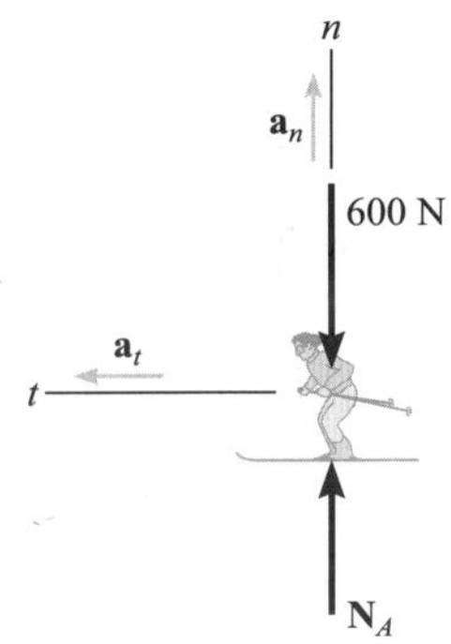

(b)

Figura 13.14

SOLUÇÃO

Por que considerar a utilização das coordenadas n, t para solucionar este problema?

Diagrama de corpo livre

Visto que $dy/dx = x/30 \,|_{x=0} = 0$, a inclinação em A é horizontal. O diagrama de corpo livre da esquiadora quando ela está em A é mostrado na Figura 13.14*b*. Visto que a trajetória é curva, há duas componentes da aceleração, $\mathbf{a}_n$ e $\mathbf{a}_t$. Como a_n pode ser calculada, as incógnitas são a_t e N_A.

Equações de movimento

$$+\uparrow \Sigma F_n = ma_n; \qquad N_A - 600 = \frac{600}{9,81}\left(\frac{(9)^2}{\rho}\right) \qquad (1)$$

$$\overset{+}{\leftarrow} \Sigma F_t = ma_t; \qquad 0 = \frac{600}{9,81}a_t \qquad (2)$$

O raio de curvatura ρ para a trajetória tem de ser determinado no ponto A (0, –15 m). Aqui, $y = \frac{1}{60}x^2 - 15$, $dy/dx = \frac{1}{30}x$, $d^2y/dx^2 = \frac{1}{30}$, de maneira que em $x = 0$,

$$\rho = \left.\frac{[1 + (dy/dx)^2]^{3/2}}{|d^2y/dx^2|}\right|_{x=0} = \frac{[1 + (0)^2]^{3/2}}{|\frac{1}{30}|} = 30 \text{ m}$$

Substituindo na Equação 1 e resolvendo para N_A, obtemos:

$$N_A = 765 \text{ N}$$

Cinemática

Da Equação 2,

$$a_t = 0$$

Desse modo,

$$a_n = \frac{v^2}{\rho} = \frac{(9)^2}{30} = 2,7 \text{ m/s}^2$$

$$a_A = a_n = 2,7 \text{ m/s}^2 \uparrow$$

NOTA: Aplique a equação do movimento na direção y e mostre que quando a esquiadora está em pleno ar sua aceleração é de 9,81 m/s^2.

Exemplo 13.9

O esqueitista de 60 kg na Figura 13.15*a* desce a rampa da pista circular. Se ele parte do repouso quando $\theta = 0°$, determine a intensidade da reação normal que a pista exerce sobre ele quando $\theta = 60°$. Despreze a dimensão dele para o cálculo.

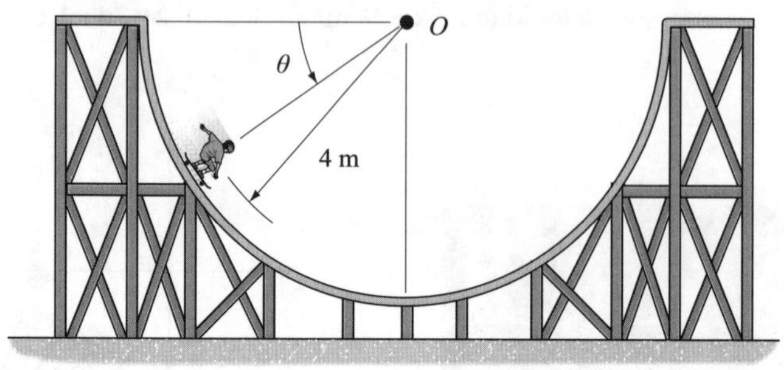

(a)

Figura 13.15

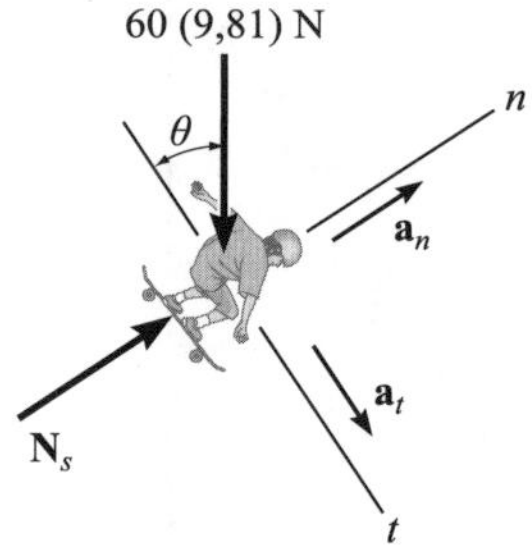

(b)

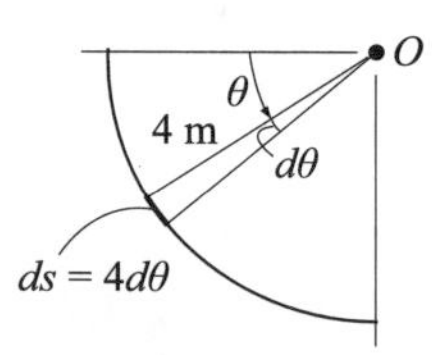

(c)

Figura 13.15

SOLUÇÃO

Diagrama de corpo livre

O diagrama de corpo livre do esqueitista quando ele está em uma *posição arbitrária* θ é mostrado na Figura 13.15*b*. Em $\theta = 60°$ há três incógnitas, N_s, a_t e a_n (ou v).

Equações de movimento

$$\downarrow \Sigma F_n = ma_n; \qquad N_s - [60(9{,}81)\text{N}]\text{sen}\,\theta = (60\text{ kg})\left(\frac{v^2}{4\text{m}}\right) \qquad (1)$$

$$\downarrow \Sigma F_t = ma_t; \qquad [60(9{,}81)\text{N}]\cos\theta = (60\text{ kg})\,a_t$$

$$a_t = 9{,}81\cos\theta$$

Cinemática

Visto que a_t é expressa em termos de θ, a equação $v\,dv = a_t\,ds$ deve ser usada para determinar a velocidade escalar do esqueitista quando $\theta = 60°$. Utilizando a relação geométrica $s = \theta r$, onde $ds = r\,d\theta = (4\text{m})\,d\theta$, Figura 13.15*c*, e a condição inicial $v = 0$ em $\theta = 0°$, temos:

$$v\,dv = a_t\,ds$$

$$\int_0^v v\,dv = \int_0^{60°} 9{,}81\cos\theta(4\,d\theta)$$

$$\left.\frac{v^2}{2}\right|_0^v = 39{,}24\,\text{sen}\theta\Big|_0^{60°}$$

$$\frac{v^2}{2} - 0 = 39{,}24(\text{sen }60° - 0)$$

$$v^2 = 67{,}97\text{ m}^2/\text{s}^2$$

Substituindo este resultado e $\theta = 60°$ na Equação 1, resulta:

$$N_s = 1529{,}23\text{ N} = 1{,}53\text{ kN}$$

Problemas fundamentais

13.7. O bloco repousa a uma distância de 2 m do centro da plataforma. Se o coeficiente de atrito estático entre o bloco e a plataforma é $\mu_s = 0{,}3$, determine a velocidade máxima que o bloco pode alcançar antes que comece a deslizar. Suponha que o movimento angular do disco está aumentando lentamente.

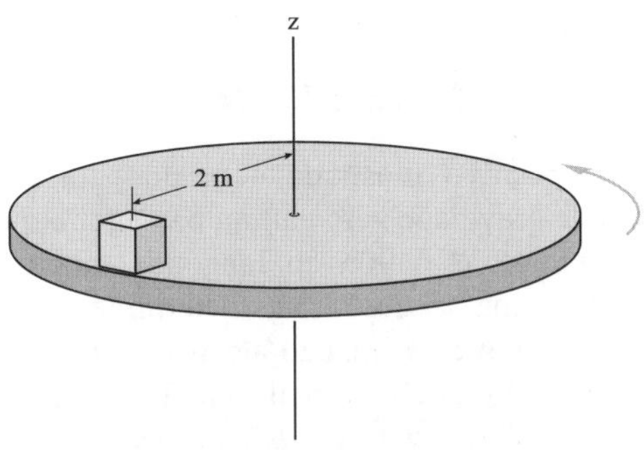

Problema 13.7

13.8. Determine a velocidade máxima que o jipe pode se mover sobre o cume do monte sem perder o contato com a estrada.

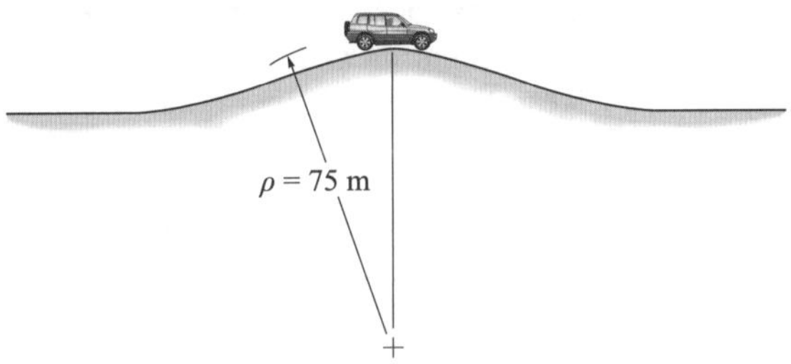

Problema 13.8

13.9. Um piloto pesa 750 N ($m \approx 75$ kg) e está se movendo a uma velocidade constante de 36 m/s. Determine a força normal que ele exerce sobre o assento do avião quando está de cabeça para baixo em A. O *loop* tem um raio de curvatura de 120 m.

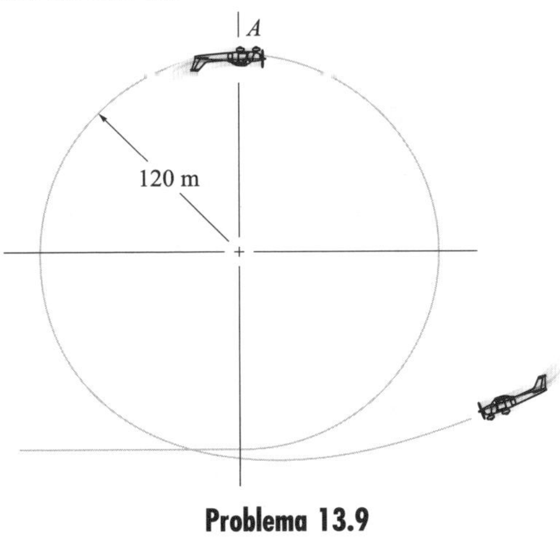

Problema 13.9

13.10. Um carro esporte está se movendo ao longo de uma estrada inclinada cujo raio de curvatura é de $\rho = 150$ m. Se o coeficiente de atrito estático entre os pneus e a estrada é $\mu_s = 0{,}2$, determine a velocidade máxima segura para que não ocorra escorregamento. Despreze a dimensão do carro.

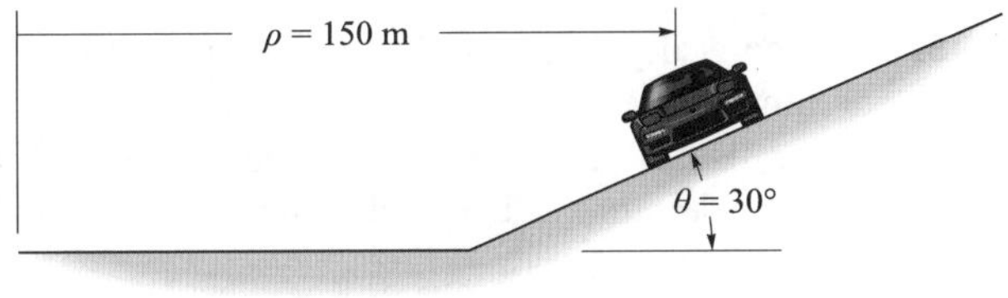

Problema 13.10

13.11. Se uma bola de 10 kg tem velocidade de 3 m/s quando está na posição A, ao longo da trajetória vertical, determine a tração na corda e o aumento na velocidade da bola nesta posição.

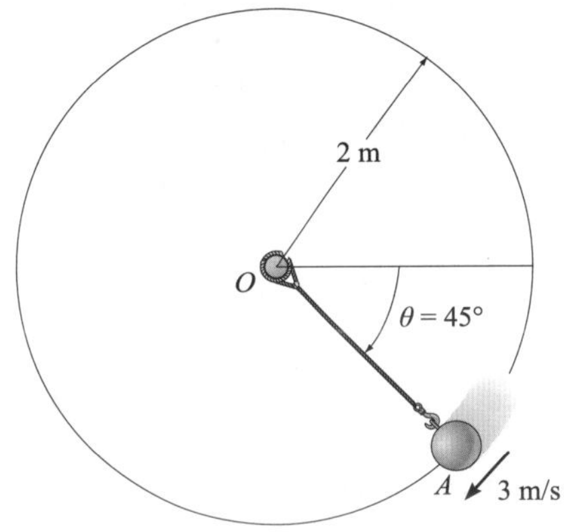

Problema 13.11

13.12. A motocicleta tem massa de 0,5 Mg e dimensão desprezível. Ela passa pelo ponto A movendo-se com velocidade de 15 m/s, a qual está aumentando a uma razão constante de 1,5 m/s^2. Determine a força de atrito resultante exercida pela estrada sobre os pneus neste instante.

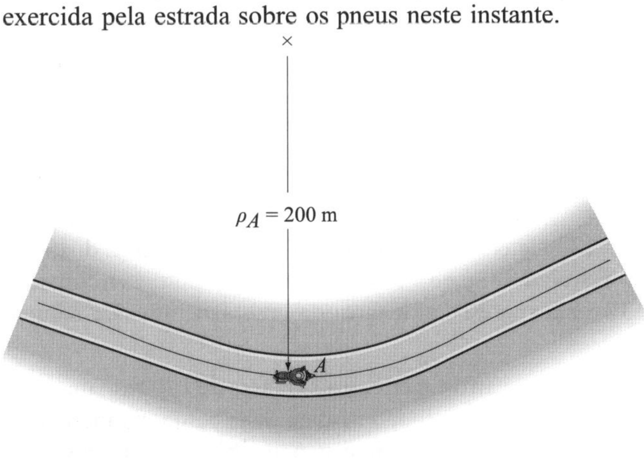

Problema 13.12

Problemas

***13.48.** O bloco B de 2 kg e o cilindro A de 15 kg estão ligados por uma corda leve que passa por um buraco no centro da mesa lisa. Se ao bloco é dada uma velocidade de $v = 10$ m/s, determine o raio r da trajetória circular ao longo da qual ele se move.

•13.49. O bloco B de 2 kg e o cilindro A de 15 kg estão ligados por uma corda leve que passa por um buraco no centro da mesa lisa. Se o bloco se move ao longo de uma trajetória circular de raio $r = 1{,}5$ m, determine a velocidade do bloco.

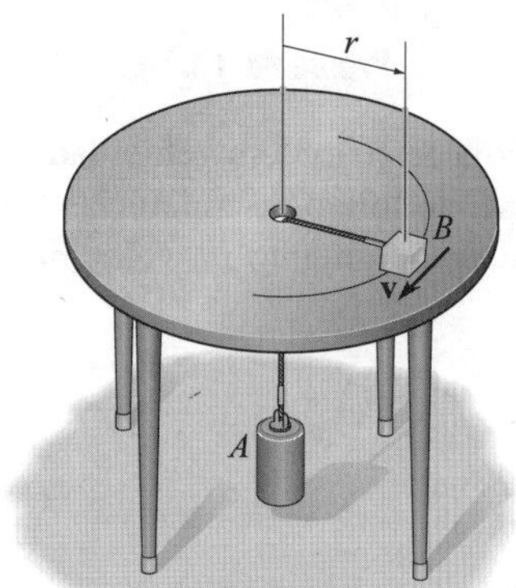

Problemas 13.48/49

13.50. No instante mostrado, o projétil de 50 kg desloca-se no plano vertical com velocidade de $v = 40$ m/s. Determine a componente tangencial da sua aceleração e o raio de curvatura ρ da sua trajetória neste instante.

13.51. No instante mostrado, o raio de curvatura da trajetória vertical do projétil de 50 kg é $\rho = 200$ m. Determine a velocidade do projétil neste instante.

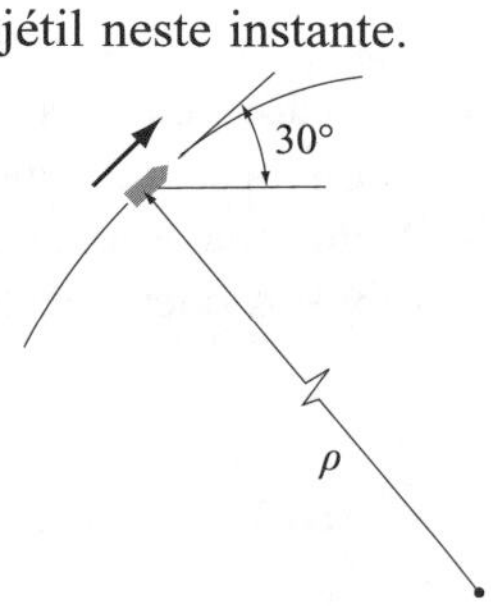

Problemas 13.50/51

***13.52.** Determine a massa do Sol, sabendo que a distância da Terra ao Sol é de $149{,}6(10^6)$ km. *Dica*: utilize a Equação 13.1 para representar a força da gravidade atuando sobre a Terra.

•13.53. Um carro esporte, tendo massa de 1700 kg, move-se horizontalmente ao longo de uma pista com uma inclinação de 20º, a qual é circular e tem um raio de curvatura de $\rho = 100$ m. Se o coeficiente de atrito estático entre os pneus e a estrada é de $\mu_s = 0{,}2$, determine a *velocidade constante máxima* na qual o carro pode se mover sem escorregar subindo a parte inclinada. Despreze a dimensão do carro.

13.54. Utilizando os dados no Problema 13.53, determine a *velocidade mínima* na qual o carro pode se mover em torno da pista sem escorregar para baixo na parte inclinada da pista.

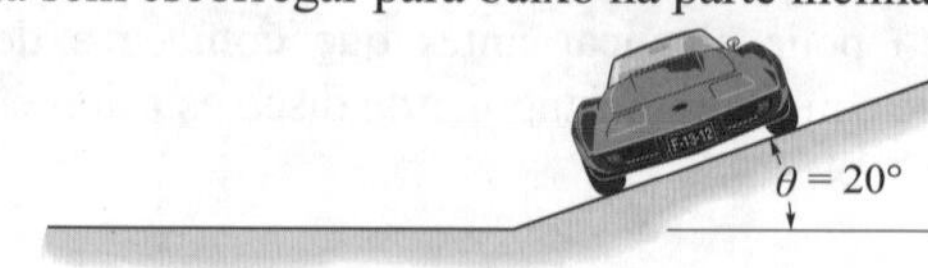

Problemas 13.53/54

13.55. O dispositivo mostrado é usado para produzir a experiência de gravidade zero em um passageiro quando ele atinge o ponto A, $\theta = 90°$, ao longo da trajetória. Se o passageiro tem massa de 75 kg, determine a velocidade mínima que ele deve ter quando alcança A de maneira que ele não exerça uma reação normal sobre o assento. A cadeira é presa por um pino à estrutura BC de maneira que ele está sempre sentado em uma posição vertical. Durante o movimento sua velocidade permanece constante.

***13.56.** Um homem tendo massa de 75 kg senta na cadeira que está presa por um pino à estrutura BC. Se o homem está sempre sentado em uma posição vertical, determine as reações horizontal e vertical da cadeira sobre o homem no instante $\theta = 45°$. Neste instante ele tem uma velocidade de 6 m/s que está acelerando a 0,5 m/s^2.

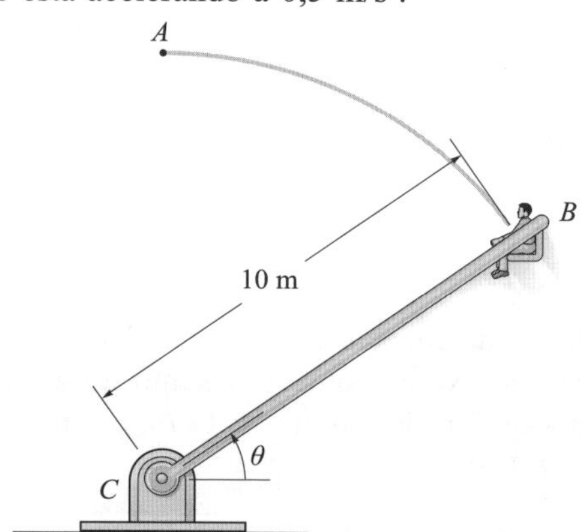

Problemas 13.55/56

•13.57. Determine a tração no arame CD logo após o arame AB ser cortado. A pequena esfera tem massa m.

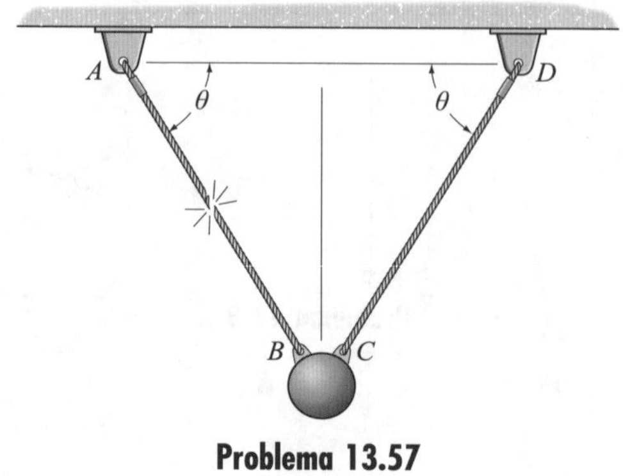

Problema 13.57

13.58. Determine o tempo para o satélite completar a sua órbita em torno da Terra. A órbita tem um raio r medido a partir do centro da Terra. As massas do satélite e da Terra são m_s e M_e, respectivamente.

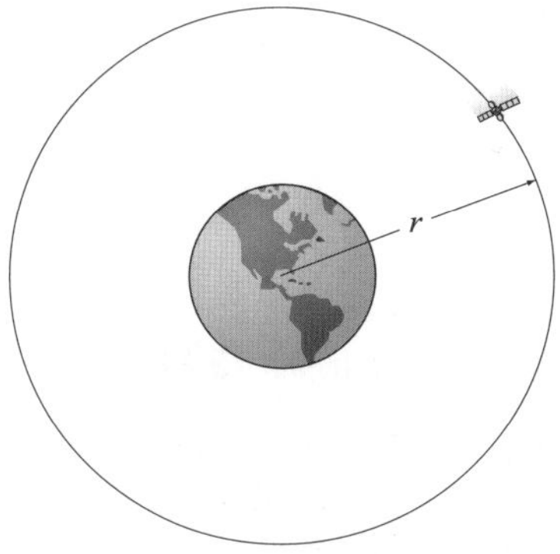

Problema 13.58

13.59. Um acrobata tem peso de 750 N ($m \approx 75$ kg) e está sentado em uma cadeira que está fixada no topo de um mastro, como mostrado. Se por um acionamento mecânico o mastro gira para baixo com uma razão constante a partir de $\theta = 0°$ de tal maneira que o centro de massa G do acrobata mantenha uma *velocidade constante* $v_a = 3$ m/s, determine o ângulo θ no qual ele começa a 'voar' para fora da cadeira. Despreze o atrito e suponha que a distância do axial O a G é $\rho = 4{,}5$ m.

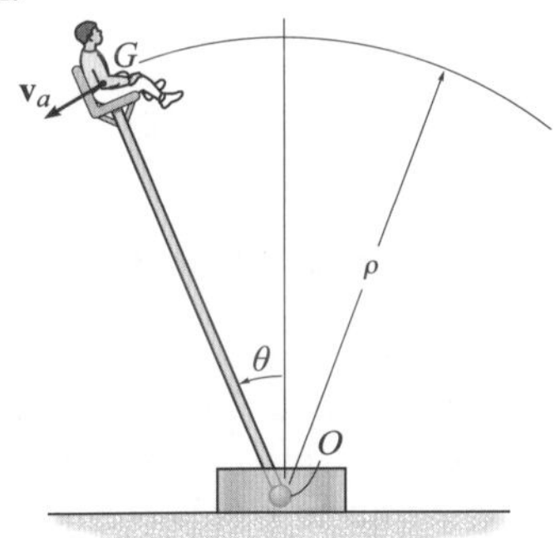

Problema 13.59

***13.60.** Uma mola, tendo um comprimento não deformado de 0,6 m, tem uma bola de 5 kg presa em uma extremidade. Determine o ângulo θ da mola se a bola tem uma velocidade de 1,8 m/s tangente à trajetória circular horizontal.

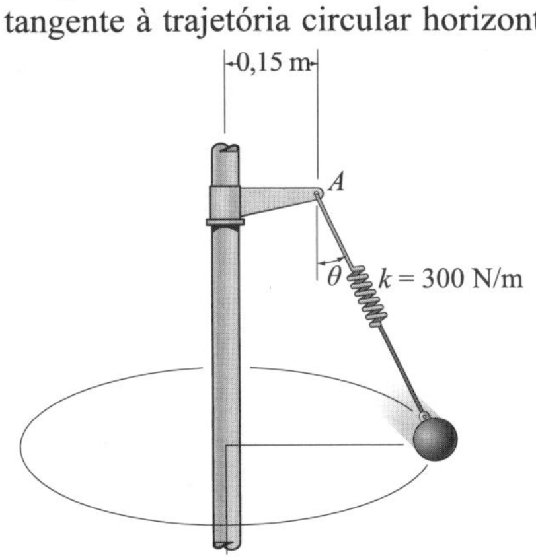

Problema 13.60

***13.61.** Se uma bola tem massa de 30 kg e uma velocidade de $v = 4$ m/s no instante em que ela está no ponto mais baixo, $\theta = 0°$, determine a tração da corda neste instante. Além disso, determine o ângulo θ até o qual a bola oscila e momentaneamente para. Despreze a dimensão da bola.

13.62. Uma bola tem massa de 30 kg e velocidade de $v = 4$ m/s no instante que ela está no ponto mais baixo, $\theta = 0°$. Determine a tração na corda e a taxa na qual a velocidade da bola está desacelerando no instante $\theta = 20°$. Despreze a dimensão da bola.

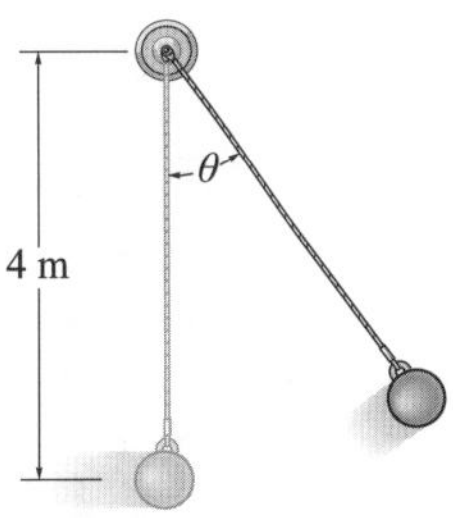

Problemas 13.61/62

13.63. Um veículo é projetado para combinar a sensação de uma motocicleta com o conforto e a segurança de um automóvel. Se o veículo está se movendo a uma velocidade constante de 80 km/h ao longo de uma estrada circular curva de raio 100 m, determine o ângulo de inclinação θ do veículo de maneira que somente uma força normal do assento atue sobre o motorista. Despreze a dimensão do motorista.

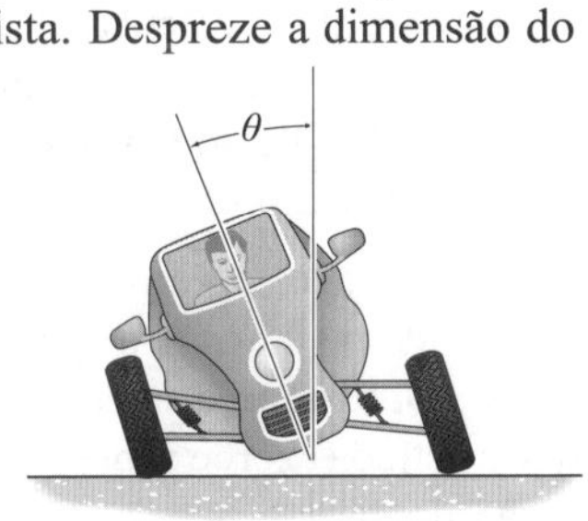

Problema 13.63

***13.64.** Uma bola tem massa m e está ligada à corda de comprimento l. A corda está amarrada no topo a uma argola móvel e é dada uma velocidade $\mathbf{v}_0$ à bola. Demonstre que o ângulo θ que a corda faz com a vertical na medida em que a bola se move em torno da trajetória circular tem de satisfazer a equação tg θ sen $\theta = v_0^2/gl$. Despreze a resistência do ar e a dimensão da bola.

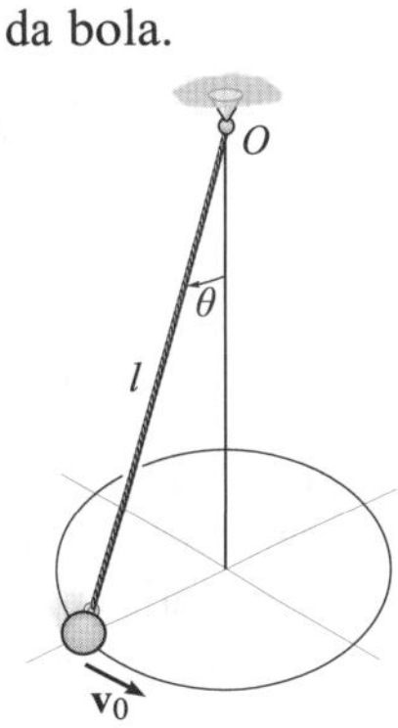

Problema 13.64

•**13.65.** Um bloco liso B, tendo massa de 0,2 kg, está ligado ao vértice A do cone circular reto utilizando uma corda leve. Se o bloco tem velocidade de 0,5 m/s em torno do cone, determine a tração na corda e a reação que o cone exerce sobre o bloco. Despreze a dimensão do bloco.

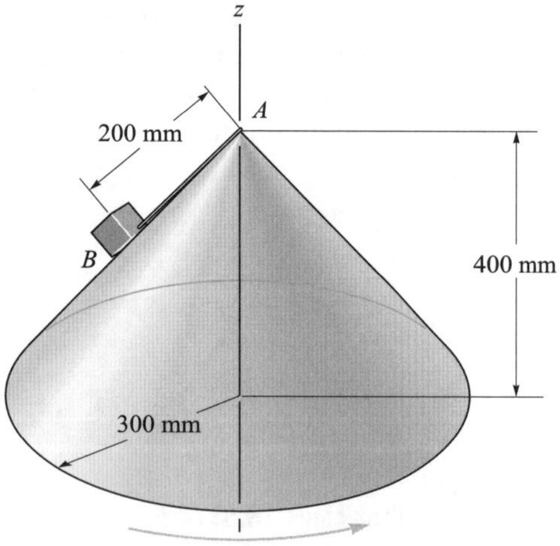

Problema 13.65

13.66. Determine o coeficiente mínimo de atrito estático entre os pneus e a superfície da estrada de maneira que o carro de 1,5 Mg não deslize quando ele se move a 80 km/h na estrada em curva. Despreze a dimensão do carro.

13.67. Se o coeficiente de atrito estático entre os pneus e a superfície da estrada é $\mu_s = 0{,}25$, determine a velocidade máxima do carro de 1,5 Mg de modo que ele não deslize quando se move na curva. Despreze a dimensão do carro.

***13.68.** No instante mostrado, o carro de 1500 kg está se movendo com velocidade de 25 m/s, a qual está crescendo a uma taxa de 2 m/s^2. Determine a intensidade da força de atrito resultante que a estrada exerce sobre os pneus do carro. Despreze a dimensão do carro.

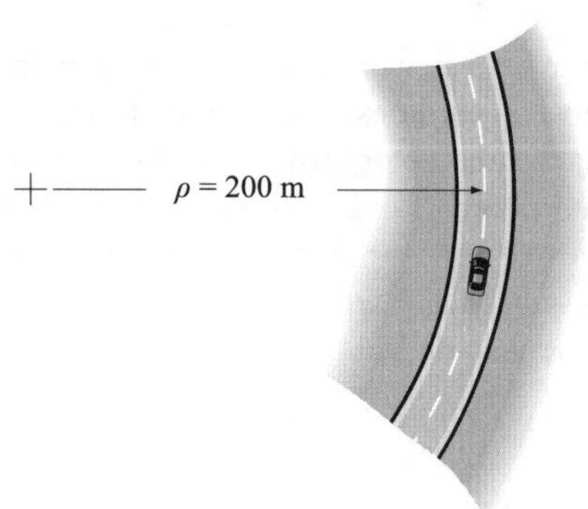

Problemas 13.66/67/68

•**13.69.** Determine a velocidade máxima na qual o carro com massa m pode passar sobre o ponto mais alto A da estrada em curva vertical e ainda manter o contato com a estrada. Se o carro mantém esta velocidade, qual é a reação normal que a estrada exerce sobre o carro quando ele passa pelo ponto mais baixo B na estrada?

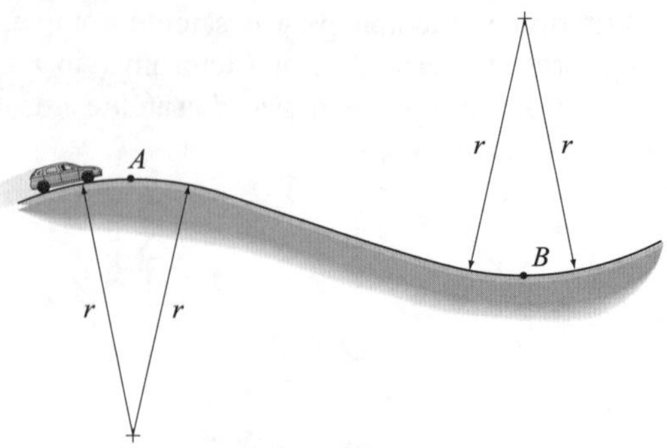

Problema 13.69

13.70. Um avião de 5 Mg está voando com uma velocidade constante de 350 km/h ao longo da trajetória circular horizontal de raio $r = 3000$ m. Determine a força de sustentação **L** atuando sobre o avião e o ângulo de inclinação θ. Despreze a dimensão do avião.

13.71. Um avião de 5 Mg está voando com uma velocidade constante de 350 km/h ao longo de uma trajetória circular horizontal. Se o ângulo de inclinação $\theta = 15°$, determine a força de sustentação **L** atuando sobre o avião e o raio r da trajetória circular. Despreze a dimensão do avião.

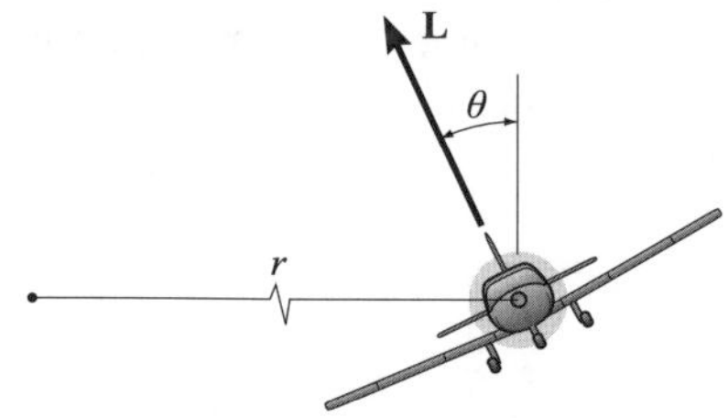

Problemas 13.70/71

***13.72.** Um carro de 0,8 Mg desloca-se sobre um monte com o formato de uma parábola. Se o motorista mantém uma velocidade constante de 9 m/s, determine a força normal resultante e a força de atrito resultante que todas as rodas do carro exercem sobre a estrada no instante que ele alcança o ponto A. Despreze a dimensão do carro.

•**13.73.** Um carro de 0,8 Mg desloca-se sobre um monte com o formato de uma parábola. Quando o carro está no ponto A, ele está se deslocando a 9 m/s e aumentando sua velocidade em 3 m/s^2. Determine a força normal resultante e a força de atrito resultante que todas as rodas do carro exercem sobre a estrada neste instante. Despreze a dimensão do carro.

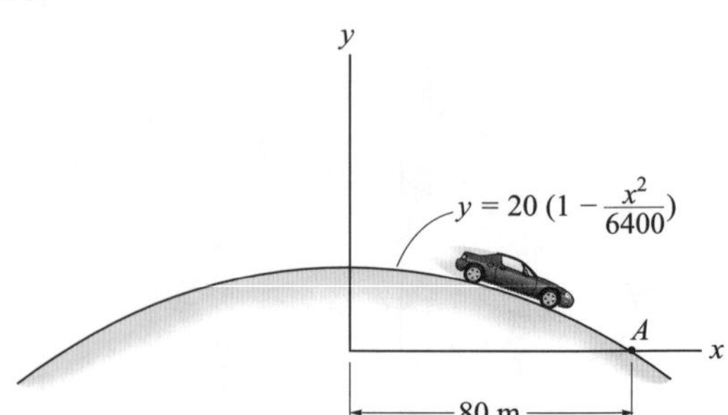

Problemas 13.72/73

13.74. Um bloco de 6 kg está confinado a se mover ao longo da trajetória parabólica lisa. Uma mola ligada a ele restringe o movimento e, devido ao rolete-guia, sempre permanece horizontal à medida que o bloco desce. Se a mola tem uma rigidez de k = 10 N/m, e comprimento não deformado de 0,5 m, determine a força normal da trajetória no bloco no instante x = 1 m, quando o bloco tem uma velocidade de 4 m/s. Além disso, qual é a taxa de aumento da velocidade do bloco neste ponto? Despreze a massa do rolete e da mola.

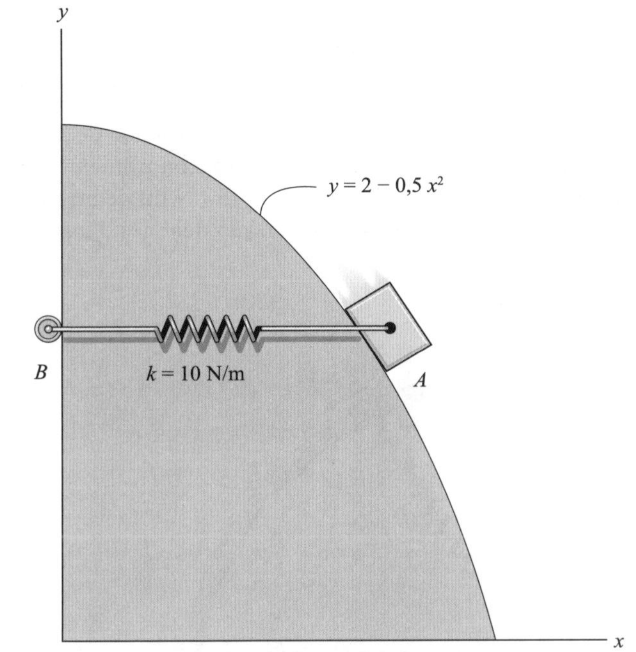

Problema 13.74

13.75. Prove que se o bloco é solto do repouso no ponto B de uma trajetória lisa de *formato arbitrário*, a velocidade que ele alcança quando chega ao ponto A é igual à velocidade que ele alcança quando cai livremente de uma altura h; ou seja, $v = \sqrt{2gh}$.

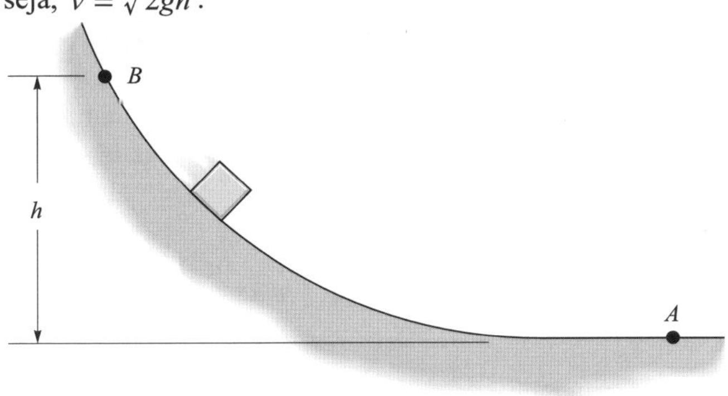

Problema 13.75

***13.76.** Um trenó e um esquiador de massa total 90 kg deslocam-se ao longo de um declive (liso) definido pela equação $y = 0{,}08x^2$. No instante x = 10 m, a velocidade do trenó é 5 m/s. Neste ponto, determine a taxa de aceleração e a força normal que o declive exerce sobre o trenó. Despreze a dimensão do trenó e do esquiador para o cálculo.

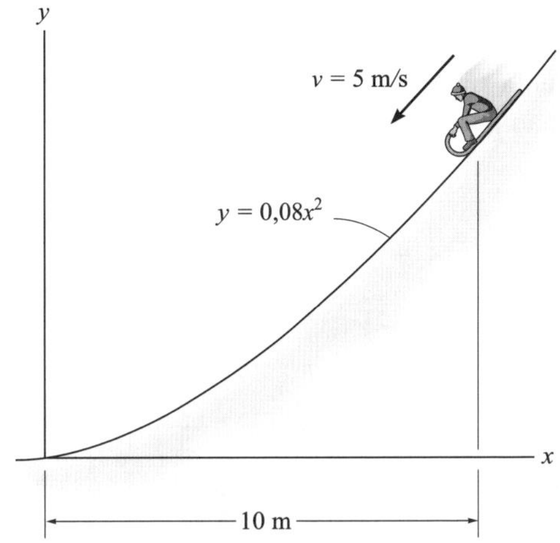

Problema 13.76

•13.77. Uma esquiadora parte do repouso em A (10 m, 0) e desce o declive liso que pode ser aproximado por uma parábola. Se a esquiadora tem massa de 52 kg, determine a força normal que o solo exerce sobre ela no instante que ela chega ao ponto B. Despreze a dimensão da esquiadora. *Dica*: use o resultado do Problema 13.75.

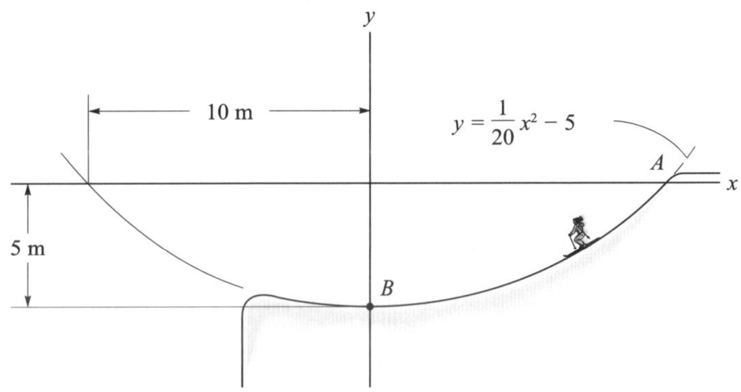

Problema 13.77

13.78. Uma caixa de 2,5 kg é arremessada com uma velocidade de 6 m/s em A sobre a pista lisa circular vertical. Determine o ângulo θ quando a caixa deixa a pista.

13.79. Determine a velocidade mínima que deve ser dada à caixa de 2,5 kg em A a fim de que ela permaneça em contato com a trajetória circular. Determine também a velocidade da caixa quando ela chega ao ponto B.

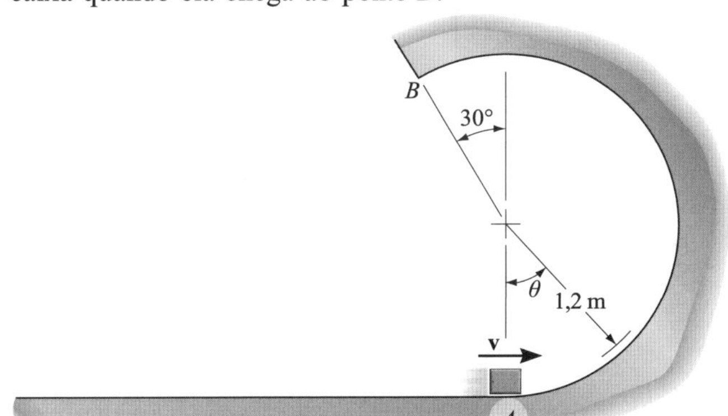

Problemas 13.78/79

***13.80.** Uma moto de 800 kg se move com velocidade constante de 80 km/h morro acima. Determine qual é a força normal que a superfície exerce sobre as suas rodas quando ela chega ao ponto A. Despreze a sua dimensão.

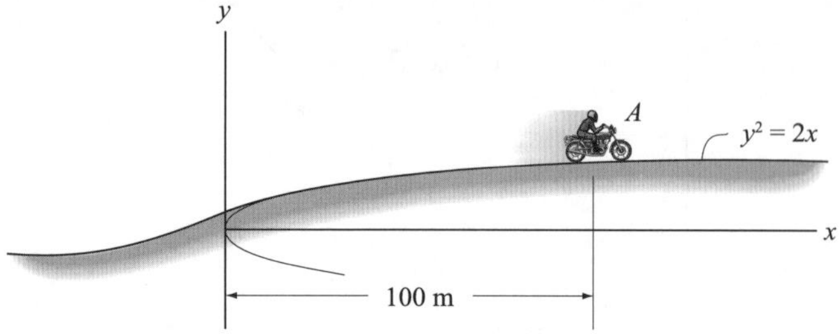

Problema 13.80

•**13.81.** Um carro de 1,8 Mg desloca-se aclive acima com velocidade constante de 80 km/h. Determine a reação normal da estrada sobre o carro quando ele chega ao ponto A. Despreze a sua dimensão.

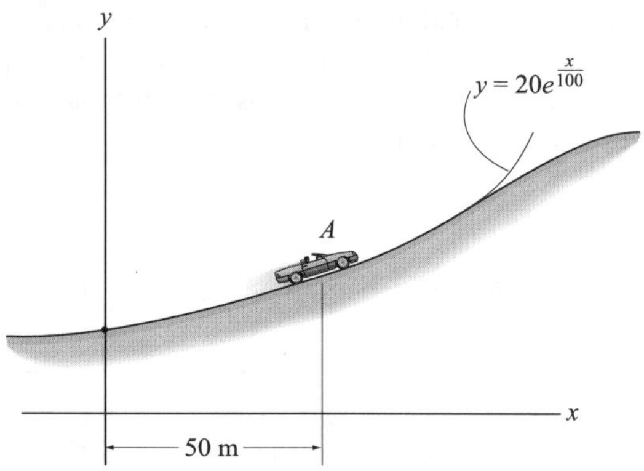

Problema 13.81

13.82. Determine a velocidade máxima que um carro de 1,5 Mg pode ter e ainda permanecer em contato com a estrada quando ele passa pelo ponto A. Se o carro mantém esta velocidade, qual é a reação normal da estrada sobre ele quando ele passa pelo ponto B? Despreze a dimensão do carro.

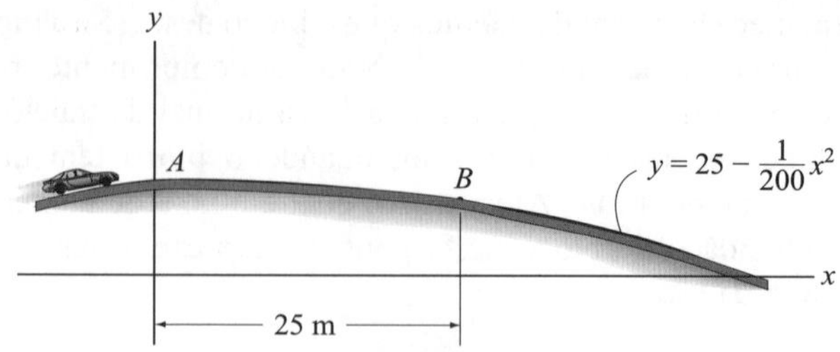

Problema 13.82

13.83. O anel de 2,5 kg desliza sobre a barra lisa, de maneira que quando ele está em A ele tem uma velocidade de 3 m/s. Se a mola à qual ele está ligado tem comprimento não deformado de 0,9 m e rigidez de k = 150 N/m, determine a força normal sobre o anel e a aceleração dele neste instante.

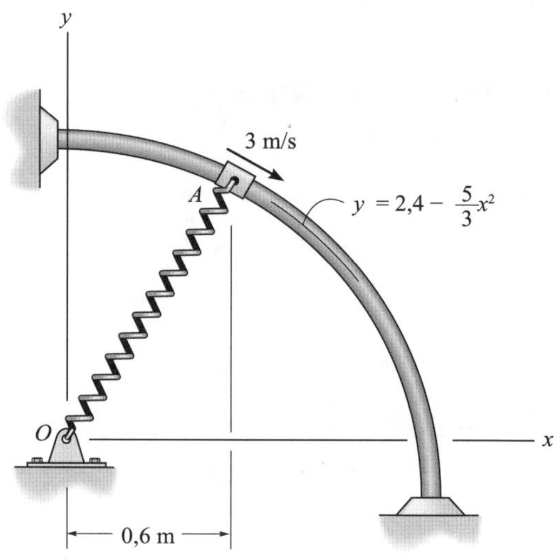

Problema 13.83

13.6 Equações de movimento: coordenadas cilíndricas

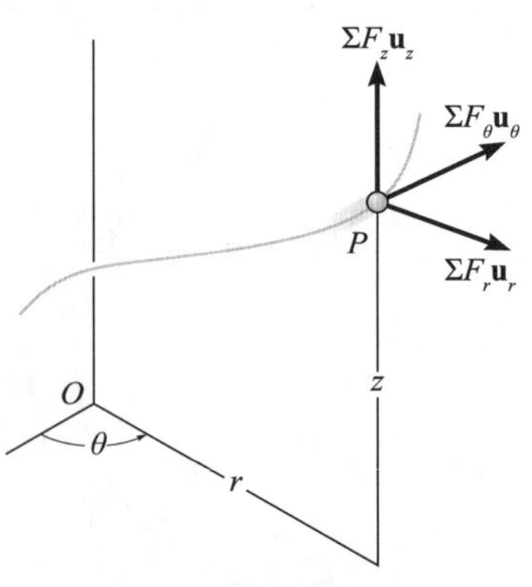

Sistema inercial de coordenadas

Figura 13.16

Quando todas as forças atuando sobre uma partícula são decompostas em coordenadas cilíndricas, ou seja, ao longo das direções dos vetores unitários $\mathbf{u}_r$, $\mathbf{u}_\theta$, $\mathbf{u}_z$, Figura 13.16, a equação do movimento pode ser expressa como:

$$\Sigma \mathbf{F} = m\mathbf{a}$$

$$\Sigma F_r \mathbf{u}_r + \Sigma F\theta \mathbf{u}_\theta + \Sigma F_r \mathbf{u}_r = ma_r \mathbf{u}_r + ma_\theta \mathbf{u}_\theta + ma_z \mathbf{u}_z$$

Para satisfazer esta equação, necessitamos de:

$$\begin{aligned} \Sigma F_r &= ma_r \\ \Sigma F_\theta &= ma_\theta \\ \Sigma F_z &= ma_z \end{aligned} \qquad (13.9)$$

Se a partícula está restrita a se mover somente no plano r–θ, então somente as duas primeiras das Equações 13.9 são usadas para especificar o movimento.

Forças normais e tangenciais

O tipo mais direto de problema envolvendo coordenadas cilíndricas exige a determinação das componentes da força resultante ΣF_r, ΣF_θ, ΣF_z, as quais fazem com que uma partícula se desloque com uma aceleração *conhecida*. Se, no entanto, o movimento acelerado da partícula não é completamente especificado no instante dado, então alguma informação com relação às direções ou intensidades das forças atuando sobre a partícula tem de ser conhecida ou calculada a fim de solucionarmos as Equações 13.9. Por exemplo, a força **P** faz com que a partícula na Figura 13.17*a* se desloque ao longo da trajetória $r = f(\theta)$. A *força normal* **N**, que a trajetória exerce sobre a partícula, é sempre *perpendicular à tangente da trajetória*, enquanto a força de atrito **F** sempre atua ao longo da tangente na direção oposta do movimento. As *direções* de **N** e **F** podem ser especificadas em relação à coordenada radial utilizando o ângulo ψ (psi), Figura 13.17*b*, o qual é definido entre a linha radial *deformada* e a tangente à curva.

À medida que o carro de peso $\boldsymbol{W}$ desce a pista espiral, a força normal resultante que a pista exerce sobre o carro pode ser representada por suas três componentes cilíndricas. $-\boldsymbol{N}_r$ cria uma aceleração radial, $-\boldsymbol{a}_r$, $\boldsymbol{N}_\theta$ cria uma aceleração transversal $\boldsymbol{a}_\theta$, e a diferença $\boldsymbol{W} - \boldsymbol{N}_z$ cria uma aceleração azimutal $-\boldsymbol{a}_z$.

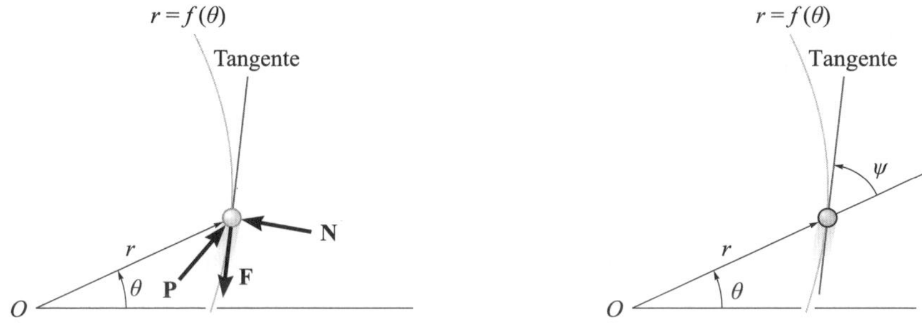

(a) (b)

Figura 13.17

Este ângulo pode ser obtido observando-se que quando a partícula é deslocada em uma distância *ds* ao longo da trajetória, Figura 13.17*c*, a componente do deslocamento na direção radial é *dr* e a componente do deslocamento na direção transversal é $r\,d\theta$. Visto que estas duas componentes são mutuamente perpendiculares, o ângulo ψ pode ser determinado a partir de $\psi = r\,d\theta/dr$, ou:

$$\operatorname{tg}\psi = \frac{r}{dr/d\theta} \tag{13.10}$$

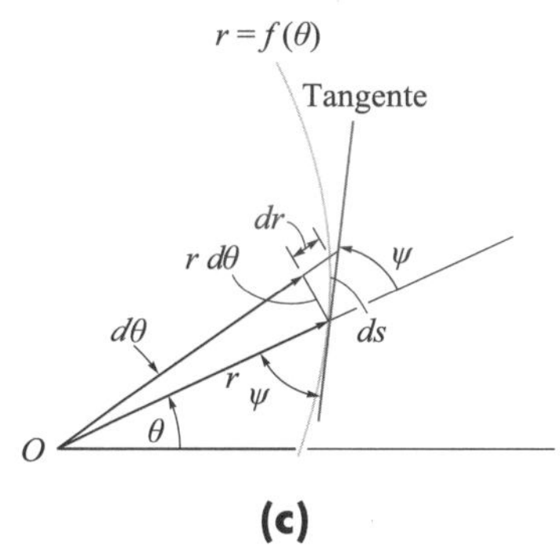

(c)

Figura 13.17

Se ψ é calculado como uma quantidade positiva, ele é medido a partir da *linha radial deformada* até a tangente em sentido anti-horário ou na direção positiva de θ. Se ele é negativo, ele é medido na direção oposta de θ positivo. Por exemplo, considere a cardioide $r = a\,(1 + \cos\theta)$, mostrada na Figura 13.18. Porque $dr/d\theta = -a \operatorname{sen}\theta$, então quando $\theta = 30°$, $\psi = a(1 + \cos 30°)/(-a \operatorname{sen} 30°) = -3{,}732$, ou $\psi = -75°$, medido no sentido horário, oposto a $+\theta$ como mostrado na figura.

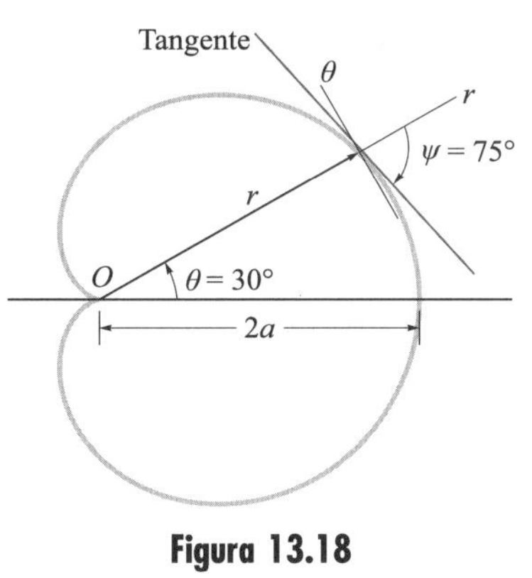

Figura 13.18

Procedimento para análise

Coordenadas cilíndricas ou polares são uma escolha adequada para a análise de um problema para o qual os dados relativos ao movimento angular da linha radial r são dados, ou em casos nos quais a trajetória pode ser convenientemente expressa em termos destas coordenadas. Uma vez que estas coordenadas tenham sido estabelecidas, as equações de movimento podem então ser aplicadas a fim de se relacionarem às forças atuando na partícula com as suas componentes da aceleração. O método para se fazer isto foi descrito no procedimento para análise dado na Seção 13.4. O texto a seguir é um resumo deste procedimento.

Diagrama de corpo livre

- Estabeleça o sistema de coordenadas inercial r, θ, z e construa o diagrama de corpo livre da partícula.
- Suponha que $\mathbf{a}_r$, $\mathbf{a}_\theta$, $\mathbf{a}_z$ atuam nas direções positivas de r, θ, z, se eles são incógnitas.
- Identifique todas as incógnitas no problema.

Equações de movimento

- Aplique as equações de movimento, Equações 13.9.

Cinemática

- Use os métodos da Seção 12.8 para determinar r e as derivadas temporais $\dot{r}, \ddot{r}, \dot{\theta}, \ddot{\theta}, \ddot{z}$, e em seguida avalie as componentes da aceleração $a_r = \ddot{r} - r\dot{\theta}^2, a_\theta = r\ddot{\theta} + 2\dot{r}\dot{\theta}, a_z = \ddot{z}$.
- Se qualquer uma das componentes da aceleração for calculada como uma quantidade negativa, isto indica que ela atua na direção negativa da coordenada.
- Quando determinadas as derivadas temporais de $r = f(\theta)$, é muito importante usar a regra da cadeia do cálculo, a qual é discutida no fim do Apêndice C.

Exemplo 13.10

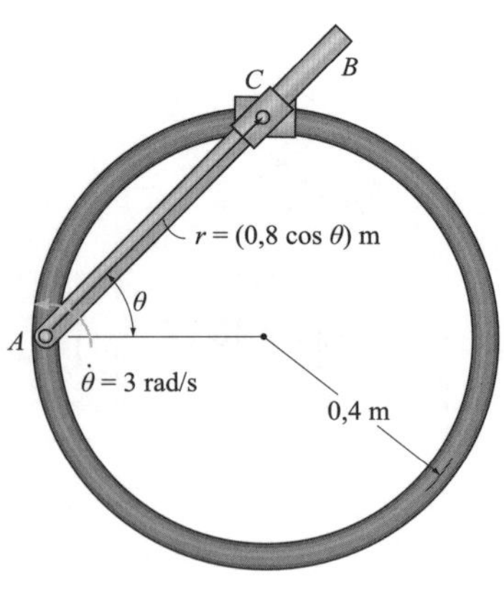

(a)

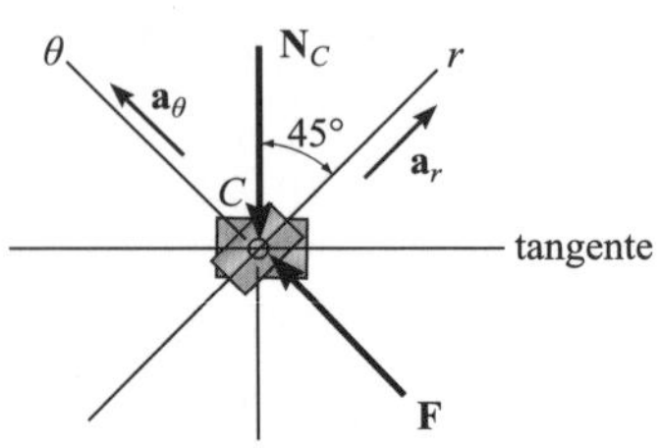

(b)

Figuras 13.19

O anel duplo liso de 0,5 kg mostrado na Figura 13.19*a* pode deslizar livremente no braço *AB* e na barra-guia circular. Se o braço gira com uma velocidade angular constante de $\dot{\theta} = 3$ rad/s, determine a força que o braço exerce sobre o anel no instante $\theta = 45°$. O movimento é no plano horizontal.

SOLUÇÃO

Diagrama de corpo livre

A reação normal $\mathbf{N}_C$ da barra-guia circular e a força $\mathbf{F}$ do braço *AB* atuam sobre o anel no plano do movimento, Figura 13.19*b*. Observe que $\mathbf{F}$ atua perpendicular ao eixo do braço *AB*, isto é, na direção do eixo θ, enquanto $\mathbf{N}_C$ atua perpendicular à tangente da trajetória circular em $\theta = 45°$. As quatro incógnitas são N_C, F, a_r, a_θ.

Equações do movimento

$$+\nearrow \Sigma F_r = ma_r; \qquad -N_C \cos 45° = (0{,}5 \text{ kg})\, a_r \qquad (1)$$

$$+\nwarrow \Sigma F_\theta = ma_\theta; \qquad F - N_C \operatorname{sen} 45° = (0{,}5 \text{ kg})\, a_\theta \qquad (2)$$

Cinemática

Utilizando a regra da cadeia (ver Apêndice C), a primeira e a segunda derivadas temporais de r quando $\theta = 45°$, $\dot{\theta} = 3$ rad/s, $\ddot{\theta} = 0$, são:

$$r = 0,8\cos\theta = 0,8\cos 45° = 0,5657 \text{ m}$$
$$\dot{r} = -0,8 \text{ sen } \theta\dot{\theta} = -0,8 \text{ sen } 45°(3) = -1,6971 \text{ m/s}$$
$$\ddot{r} = -0,8[\text{sen } \theta\ddot{\theta} + \cos\theta\dot{\theta}^2]$$
$$= -0,8[\text{sen } 45°(0) + \cos 45°(3^2)] = -5,091 \text{ m/s}^2$$

Temos:

$$a_r = \ddot{r} - r\dot{\theta}^2 = -5,091 \text{ m/s}^2 - (0,5657 \text{ m})(3 \text{ rad/s})^2 = -10,18 \text{ m/s}^2$$
$$a_\theta = r\ddot{\theta} + 2\dot{r}\dot{\theta} = (0,5657 \text{ m})(0) + 2(-1,6971 \text{ m/s})(3 \text{ rad/s})$$
$$= -10,18 \text{ m/s}^2$$

Substituindo estes resultados nas equações 1 e 2 e resolvendo, chegamos a:

$$N_C = 7,20 \text{ N}$$
$$F = 0$$

Exemplo 13.11

O cilindro liso C de 2 kg mostrado na Figura 13.20*a* tem um pino P através do seu centro que passa pela fenda no braço OA. Se o braço é forçado a girar no *plano vertical* a uma taxa constante $\dot{\theta}$ = 0,5 rad/s, determine a força que o braço exerce sobre o pino no instante em que θ = 60º.

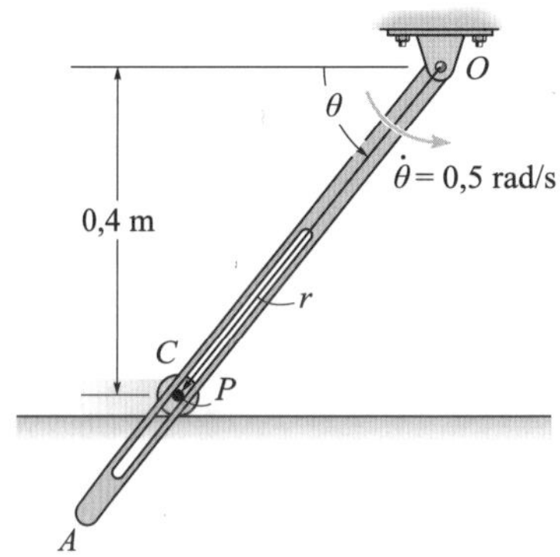

(a)

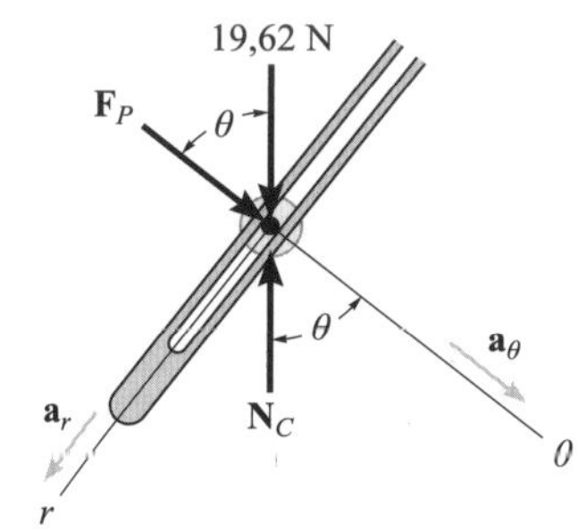

(b)

Figura 13.20

SOLUÇÃO

Por que é uma boa ideia usar coordenadas polares para solucionar este problema?

Diagrama de corpo livre

O diagrama de corpo livre para o cilindro é mostrado na Figura 13.20*b*. A força sobre o pino, $\mathbf{F}_P$, atua perpendicular à fenda no braço. Como de costume, suponha que $\mathbf{a}_r$ e $\mathbf{a}_\theta$ atuam nas direções de r e θ positivos, respectivamente. Identifique as quatro incógnitas.

Equações de movimento

Utilizando os dados na Figura 13.20*b*, temos:

$+\swarrow \Sigma F_r = ma_r;$ $\quad 19,62 \text{ sen } \theta - N_C \text{ sen } \theta = 2a_r \qquad (1)$

$+\searrow \Sigma F_\theta = ma_\theta;$ $\quad 19,62 \cos\theta + F_P - N_C\cos\theta = 2a_\theta \qquad (2)$

Cinemática

Da Figura 13.20*a*, r pode ser relacionado a θ pela equação

$$r = \frac{0,4}{\text{sen}\,\theta} = 0,4\,\text{cossec}\,\theta$$

Visto que d (cossec θ) = – (cossec θ cotg θ) $d\theta$ e d(cotg θ) = – (cossec² θ) $d\theta$, então r e as derivadas temporais necessárias tornam-se:

$\dot{\theta} = 0,5$ $\qquad r = 0,4\,\text{cossec}\,\theta$

$\ddot{\theta} = 0$ $\qquad r = -0,4(\text{cossec}\,\theta\,\text{cotg}\,\theta)\dot{\theta}$

$$= -0,2\,\text{cossec}\,\theta\,\text{cotg}\,\theta$$
$$\ddot{r} = -0,2(-\text{cossec}\,\theta\,\text{cotg}\,\theta)(\dot{\theta})\text{cotg}\,\theta - 0,2\,\text{cossec}\,\theta(-\text{cossec}^2\theta)\dot{\theta}$$
$$= 0,1\,\text{cossec}\,\theta(\text{cotg}^2\theta\,\text{cossec}^2\theta)$$

Avaliando estas fórmulas em $\theta = 60°$, obtemos:

$$\dot{\theta} = 0,5 \qquad r = 0,462$$
$$\ddot{\theta} = 0 \qquad \dot{r} = -0,133$$
$$\ddot{r} = 0,192$$
$$a_r = \ddot{r} - r\dot{\theta}^2 = 0,192 - 0,462(0,5)^2 = 0,0770$$
$$a_\theta = r\ddot{\theta} + 2\dot{r}\dot{\theta} = 0 + 2(-0,133)(0,5) = -0,133$$

Substituindo estes resultados nas equações 1 e 2 com $\theta = 60°$ e resolvendo, temos:

$$N_C = 19,5 \text{ N} \qquad F_P = -0,356 \text{ N}$$

O sinal negativo indica que $\mathbf{F}_P$ atua em oposição à direção mostrada na Figura 13.20*b*.

Exemplo 13.12

Uma lata *C*, tendo massa de 0,5 kg, desloca-se ao longo de uma ranhura entalhada na horizontal, como mostrado na Figura 13.21*a*. A ranhura está na forma de uma espiral que é definida pela equação $r = (0,1\theta)$ m, onde θ é dado em radianos. Se o braço *OA* gira com uma taxa constante $\dot{\theta} = 4$ rad/s no plano horizontal, determine a força que ela exerce sobre a lata no instante $\theta = \pi$ rad. Despreze o atrito e a dimensão da lata.

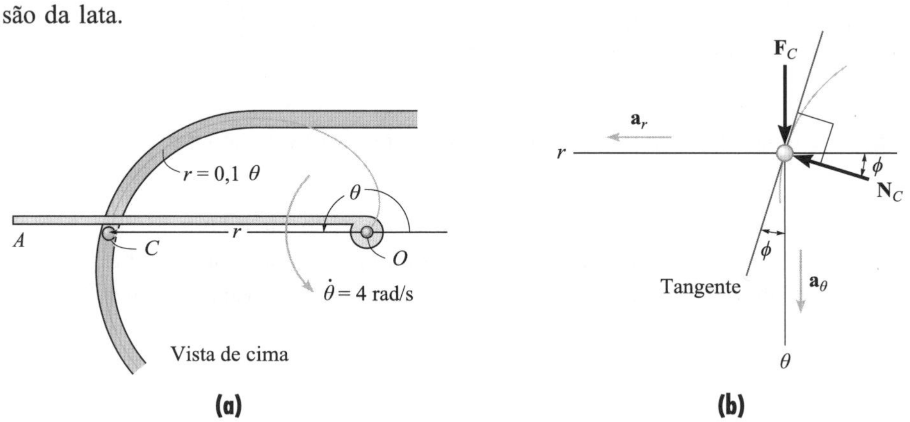

Figura 13.21

SOLUÇÃO

Diagrama de corpo livre

A força de acionamento $\mathbf{F}_C$ atua perpendicular ao braço *OA*, enquanto a força normal da parede da ranhura sobre a lata, $\mathbf{N}_C$, atua perpendicular à tangente à curva em $\theta = \pi$ rad, Figura 13.21*b*. Como de costume, suponha que $\mathbf{a}_r$ e $\mathbf{a}_\theta$ atuam nas *direções positivas* de *r* e θ, respectivamente. Visto que a trajetória já está especificada, o ângulo ψ que a linha radial deformada *r* forma com a tangente, Figura 13.21*c*, pode ser determinado da Equação 13.10. Temos $r = 0,1\theta$, de maneira que $dr/d\theta = 0,1$, e, portanto,

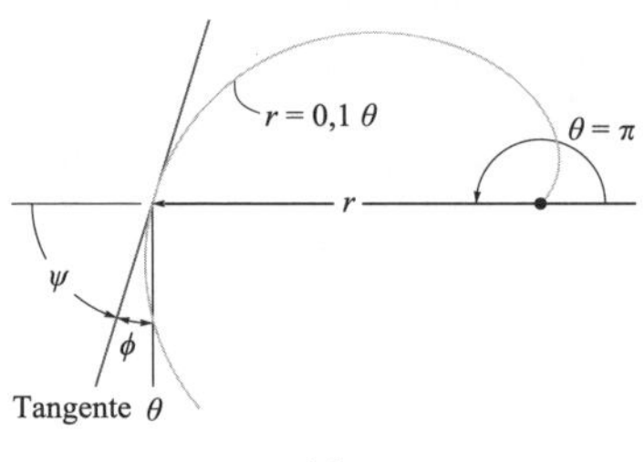

(c)

Figura 13.21

$$\operatorname{tg}\psi = \frac{r}{dr/d\theta} = \frac{0,1\theta}{0,1} = \theta$$

Quando $\theta = \pi$, $\psi = \operatorname{tg}^{-1}\pi = 72,3°$, de maneira que $\phi = 90° - \psi = 17,7°$, como mostrado na Figura 13.21*c*. Identifique as quatro incógnitas na Figura 13.21*b*.

Equações de movimento

Utilizando $\phi = 17,7°$ e os dados mostrados na Figura 13.21*b*, temos:

$$\overset{+}{\leftarrow}\Sigma F_r = ma_r; \qquad N_C \cos 17,7° = 0,5a_r \qquad (1)$$

$$+\downarrow\Sigma F_\theta = ma_\theta; \qquad F_C - N_C \operatorname{sen} 17,7° = 0,5a_\theta \qquad (2)$$

Cinemática

As derivadas temporais de r e θ são:

$\dot{\theta} = 4$ rad/s $\qquad r = 0{,}1\theta$

$\ddot{\theta} = 0 \qquad \dot{r} = 0{,}1\dot{\theta} = 0{,}1(4) = 0{,}4$ m/s

$\ddot{r} = 0{,}1\ddot{\theta} = 0$

No instante $\theta = \pi$ rad,

$$a_r = \ddot{r} - r\dot{\theta}^2 = 0 - 0{,}1(\pi)(4)^2 = -5{,}03 \text{ m/s}^2$$

$$a_\theta = r\ddot{\theta} + 2\dot{r}\dot{\theta} = 0 + 2(0{,}4)(4) = 3{,}20 \text{ m/s}^2$$

Substituindo estes resultados nas equações 1 e 2 e resolvendo, temos:

$$N_C = -2{,}64 \text{ N}$$

$$F_C = 0{,}800 \text{ N}$$

O que significa o sinal negativo de N_C?

Problemas fundamentais

13.13. Determine a velocidade angular constante $\dot{\theta}$ do eixo vertical do brinquedo do parque de diversões se $\phi = 45°$. Despreze a massa dos cabos e a dimensão dos passageiros.

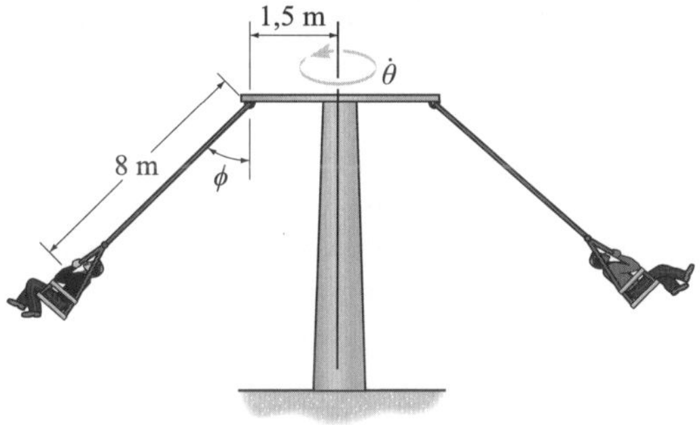

Problema 13.13

13.14. Uma bola de 0,2 kg é soprada em um tubo circular vertical liso cuja forma é definida por $r = (0{,}6 \text{ sen } \theta)$ m, onde θ é dado em radianos. Se $\theta = (\pi\, t^2)$ rad, onde t é dado em segundos, determine a intensidade de força **F** exercida pelo soprador sobre a bola quando $t = 0{,}5$ s.

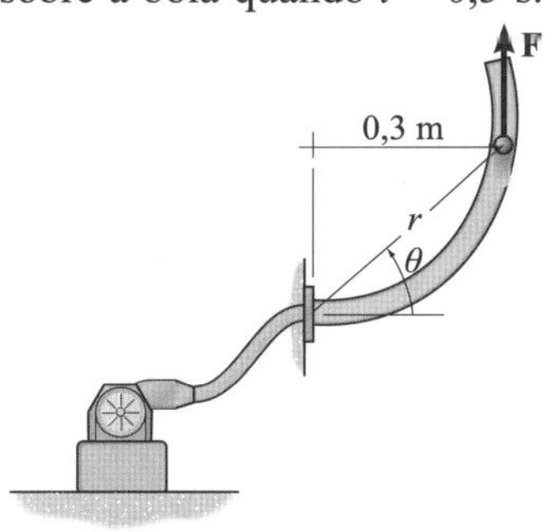

Problema 13.14

13.15. O carro de 2 Mg está se deslocando ao longo da estrada curva descrita por r = $(50e^{2\theta})$ m, onde θ é dado em radianos. Se uma câmera está localizada em A e gira com uma velocidade angular de $\dot{\theta} = 0{,}05$ rad/s e uma aceleração angular de $\ddot{\theta} = 0{,}01\text{rad/s}^2$ no instante $\theta = \frac{\pi}{6}$rad, determine a força de atrito resultante desenvolvida entre os pneus e a estrada neste instante.

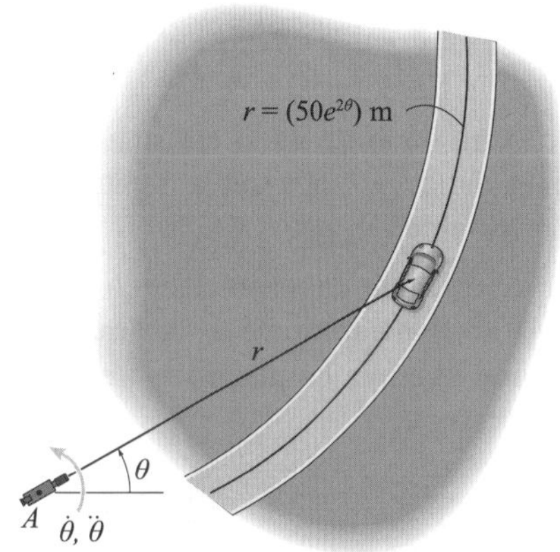

Problema 13.15

13.16. O pino P de 0,2 kg está restrito a se mover na fenda curva lisa que é definida pela lemniscata $r = (0{,}6 \cos 2\theta)$ m. O seu movimento é controlado pela rotação do braço bifurcado OA, o qual tem velocidade angular constante no sentido horário de $\dot{\theta} = -3$ rad/s. Determine a força que o braço OA exerce sobre o pino P quando $\theta = 0°$. O movimento está no plano vertical.

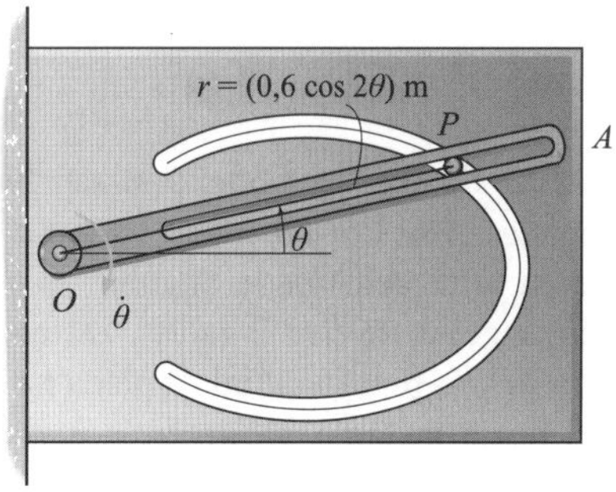

Problema 13.16

Problemas

***13.84.** A trajetória do movimento de uma partícula de 5 kg no plano horizontal é descrita em termos das coordenadas polares como $r = (2t + 1)$ m e $\theta = (0{,}5t^2 - t)$, onde t é dado em segundos. Determine a intensidade da força resultante atuando sobre a partícula quando $t = 2$ s.

•13.85. Determine a intensidade da força resultante atuando sobre uma partícula de 5 kg no instante $t = 2$ s, se a partícula está se movendo ao longo de uma trajetória horizontal definida pelas equações $r = (2t + 10)$ m e $\theta = (1{,}5t^2 - 6t)$, onde t é dado em segundos.

13.86. Uma partícula de 2 kg desloca-se ao longo de uma trajetória lisa horizontal definida por

$$r = \left(\frac{1}{4}t^3 + 2\right)\text{m}, \quad \theta = \left(\frac{t^2}{4}\right)\text{rad}$$

onde t é dado em segundos. Determine as componentes da força radial e transversal exercidas sobre a partícula quando $t = 2$ s.

13.87. Uma partícula de 2 kg desloca-se ao longo de uma trajetória definida por

$$r = (3 + 2t^2)\text{m}, \quad \theta = \left(\frac{1}{3}t^3 + 2\right)\text{rad}$$

e $z = (5 - 2t^2\text{v})$ m, onde t é dado em segundos. Determine as componentes da força r, θ, z que a trajetória exerce sobre a partícula no instante $t = 1$ s.

***13.88.** Se o coeficiente de atrito estático entre o bloco de massa m e a plataforma giratória é μ_s, determine a velocidade angular constante máxima da plataforma que não faça com que o bloco escorregue.

Problema 13.88

•13.89. O anel C de 0,5 kg pode deslizar livremente ao longo da barra lisa AB. Em um dado instante, a barra AB está girando com uma velocidade angular de $\dot{\theta} = 2$ rad/s e tem aceleração angular de $\ddot{\theta} = 2$ rad/s². Determine a força normal da barra AB e a reação radial da placa na extremidade B sobre o anel neste instante. Despreze a massa da barra e a dimensão do anel.

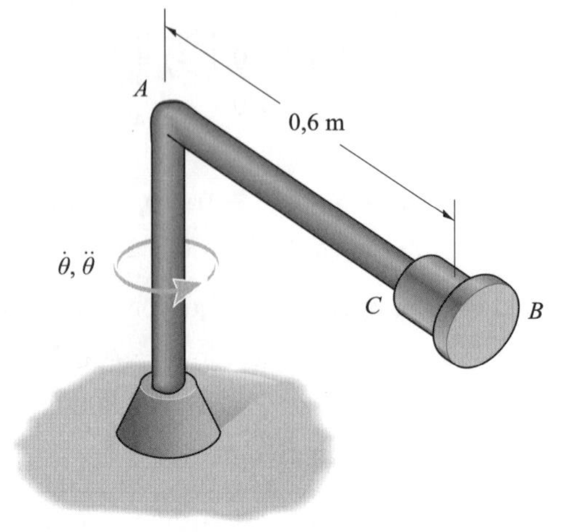

Problema 13.89

13.90. A barra AB de 2 kg desloca-se para cima e para baixo à medida que sua extremidade desliza sobre a superfície lisa do came, onde $r = 0{,}1$ m e $z = (0{,}02 \text{ sen } \theta)$. Se o came está girando com velocidade angular constante de 5 rad/s, determine a força sobre o rolete A quando $\theta = 90°$. Despreze o atrito no apoio C e a massa do rolete.

13.91. A barra AB de 2 kg desloca-se para cima e para baixo à medida que sua extremidade desliza sobre a superfície lisa do came, onde $r = 0{,}1$ m e $z = (0{,}02 \text{ sen } \theta)$ m. Se o came está girando com velocidade angular constante de 5 rad/s, determine a força máxima e mínima que o came exerce sobre o rolete em A. Despreze o atrito no apoio C e a massa do rolete.

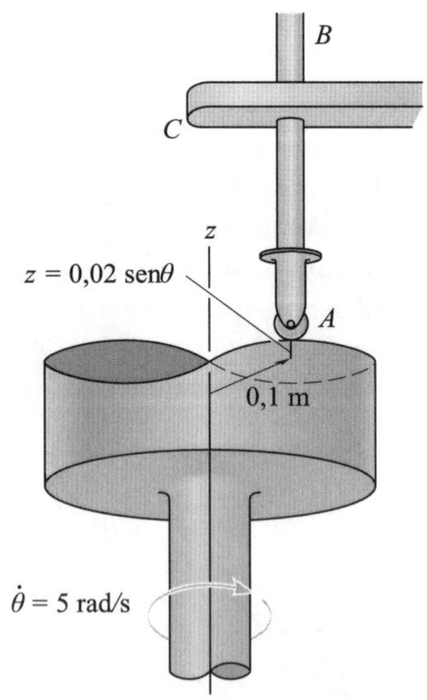

Problemas 13.90/91

***13.92.** Se o coeficiente de atrito estático entre a superfície cônica e o bloco de massa m é $\mu_s = 0{,}2$, determine a velocidade angular constante mínima $\dot{\theta}$ de maneira que o bloco não escorregue para baixo.

•**13.93.** Se o coeficiente de atrito estático entre a superfície cônica e o bloco é $\mu s = 0{,}2$, determine a velocidade angular constante máxima $\dot{\theta}$ sem fazer com que o bloco escorregue para cima.

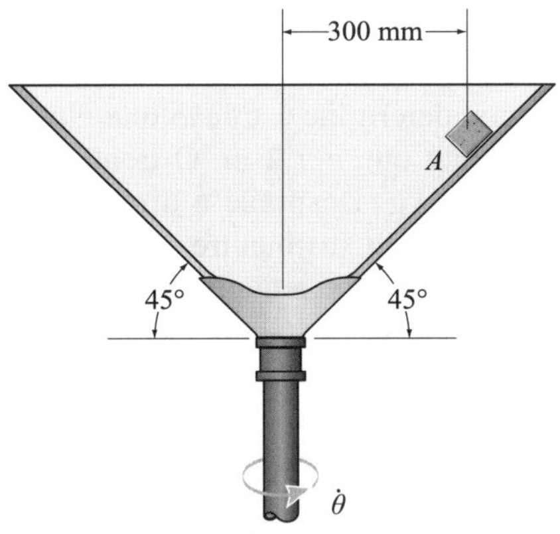

Problemas 13.92/93

13.94. Se a posição do anel *C* de 3 kg na barra lisa *AB* é mantida em $r = 720$ mm, determine a velocidade angular constante $\dot{\theta}$ na qual o mecanismo está girando em torno do eixo vertical. A mola tem um comprimento não deformado de 400 mm. Despreze a massa da barra e a dimensão do anel.

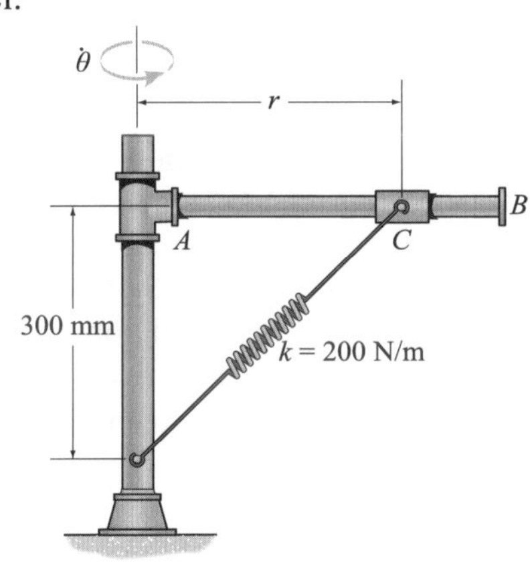

Problema 13.94

13.95. Um mecanismo está girando em torno do eixo vertical com velocidade angular constante de $\dot{\theta} = 6$ rad/s. Se a barra *AB* é lisa, determine a posição constante *r* do anel *C* de 3 kg. A mola tem um comprimento não deformado de 400 mm. Despreze a massa da barra e a dimensão do anel.

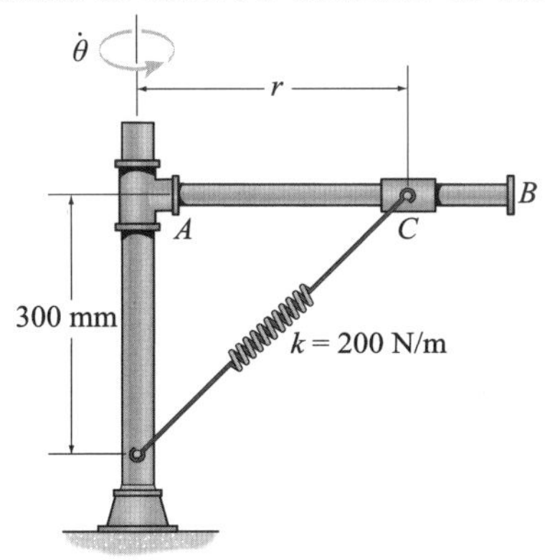

Problema 13.95

***13.96.** Devido à restrição, o cilindro *C* de 0,5 kg desloca-se ao longo da trajetória descrita por $r = (0{,}6 \cos \theta)$ m. Se o braço *OA* gira no sentido anti-horário com velocidade angular de $\dot{\theta} = 2$ rad/s e aceleração angular de $\ddot{\theta} = 0{,}8$ rad/s^2 no instante que $\theta = 30°$, determine a força exercida pelo braço sobre o cilindro neste instante. O cilindro está em contato com apenas uma aresta da fenda lisa, e o movimento ocorre no plano horizontal.

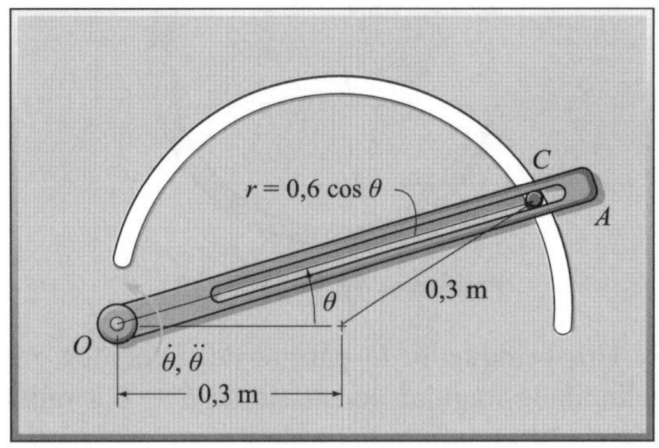

Problema 13.96

•**13.97.** Uma lata lisa de 0,75 kg é guiada ao longo da trajetória circular usando o braço-guia. Se o braço tem velocidade angular $\dot{\theta} = 2$ rad/s e aceleração angular $\ddot{\theta} = 0{,}4$ rad/s^2 no instante que $\theta = 30°$, determine a força do braço sobre a lata. O movimento ocorre no *plano horizontal.*

13.98. Solucione o Problema 13.97 se o movimento ocorre no *plano vertical.*

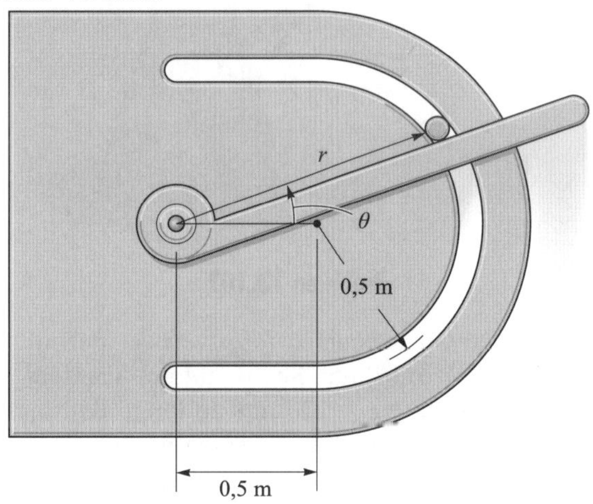

Problemas 13.97/98

13.99. Um garfo é usado para mover a partícula lisa de 1 kg em torno da trajetória horizontal no formato de um limaçon (caracol de Pascal), $r = 0{,}3(2 + \cos \theta)$ m. Se em todos os instantes de tempo $\dot{\theta} = 0{,}5$ rad/s, determine a força que o garfo exerce sobre a partícula no instante que $\theta = 90°$. O garfo e a trajetória contatam a partícula em apenas um lado.

***13.100.** Solucione o Problema 13.99 no instante $\theta = 60°$.

•**13.101.** Um garfo é usado para mover a partícula lisa de 1 kg em torno da trajetória horizontal no formato de um limaçon (caracol de Pascal), $r = 0{,}3(2 + \cos \theta)$ m. Se $\theta = (0{,}5t^2)$ rad, onde t é dado em segundos, determine a força que o garfo exerce sobre a partícula no instante t = 1 s. O garfo e a trajetória contatam a partícula somente em um lado.

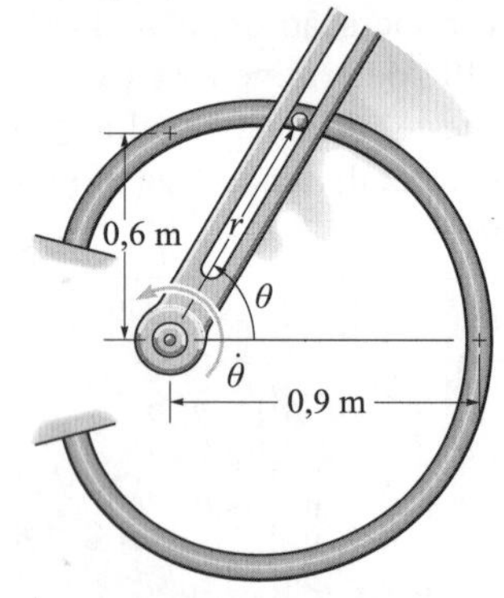

Problemas 13.99/100/101

13.102. Um brinquedo do parque de diversões gira com uma velocidade angular constante de $\dot{\theta}$ = 0,8 rad/s. Se a trajetória do brinquedo é definida por r = (3 sen θ + 5) m e z = (3cos θ) m, determine as componentes da força r, θ e z exercidos pelo assento sobre o garoto de 20 kg quando θ = 120º.

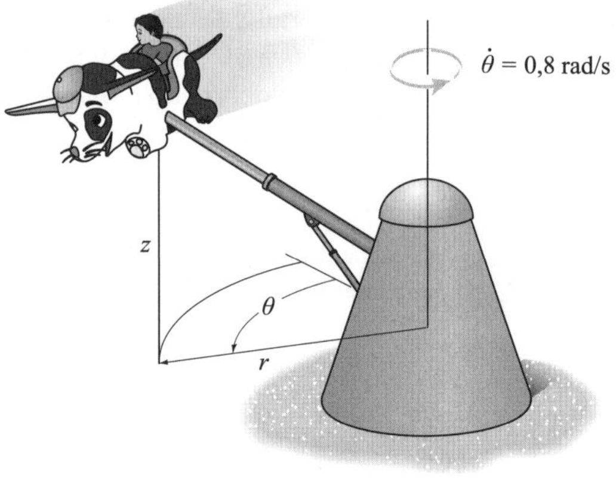

Problema 13.102

13.103. Um avião executa o *loop* vertical definido por r^2 = [810(10^3)cos2θ]m^2. Se o piloto mantém uma velocidade constante v = 120 m/s ao longo da trajetória, determine a força normal que o assento exerce sobre ele no instante que θ = 0º. O piloto tem massa de 75 kg.

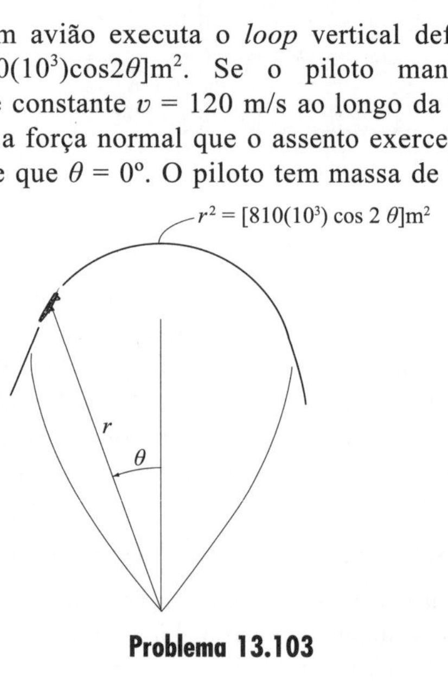

Problema 13.103

***13.104.** Um garoto parado firmemente de pé gira a garota sentada em um 'prato' circular ou trenó em uma trajetória circular de raio r_0 = 3 m de tal maneira que sua velocidade angular é $\dot{\theta}_0$ = 0,1 rad/s. Se o cabo de conexão OC é puxado para dentro de tal maneira que a coordenada radial r varia com uma velocidade constante de $\dot{r}$ = –0,5 m/s, determine a tração que ele exerce sobre o trenó no instante que r = 2 m. O trenó e a garota têm massa total de 50 kg. Despreze a dimensão da garota e do trenó e os efeitos do atrito entre o trenó e o gelo. *Dica*: primeiro, demonstre que a equação do movimento na direção θ resulta em $a_\theta = r\ddot{\theta} + 2\dot{r}\dot{\theta} = (1/r)\, d/dt(r^2\dot{\theta}) = 0$. Quando integrado, $r^2\dot{\theta} = C$, onde a constante C é determinada a partir dos dados do problema.

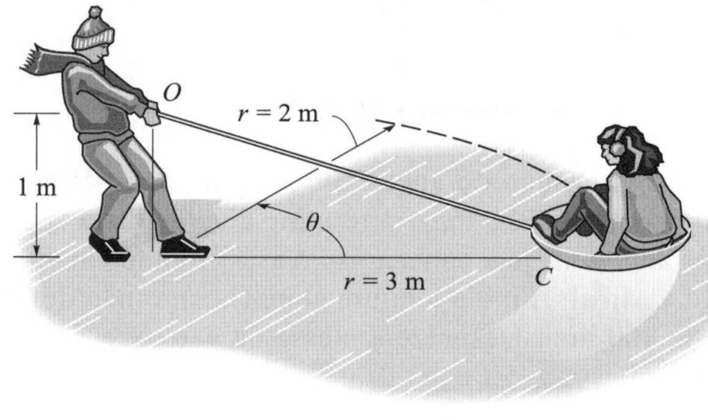

Problema 13.104

13.105. A partícula lisa tem massa de 80 g. Ela está ligada a uma corda elástica estendendo-se de O a P e, devido ao braço de guia ranhurado, desloca-se ao longo da trajetória circular na *horizontal* r = (0,8 sen θ). Se a corda tem rigidez de k = 30 N/m e comprimento não deformado de 0,25 m, determine a força do braço sobre a partícula quando θ = 60º. O braço tem velocidade angular constante de $\dot{\theta}$ = 5 rad/s.

13.106. Solucione o Problema 13.105 se $\ddot{\theta}$ = 2 rad/s^2 quando $\dot{\theta}$ = 5 rad/s e θ = 60º.

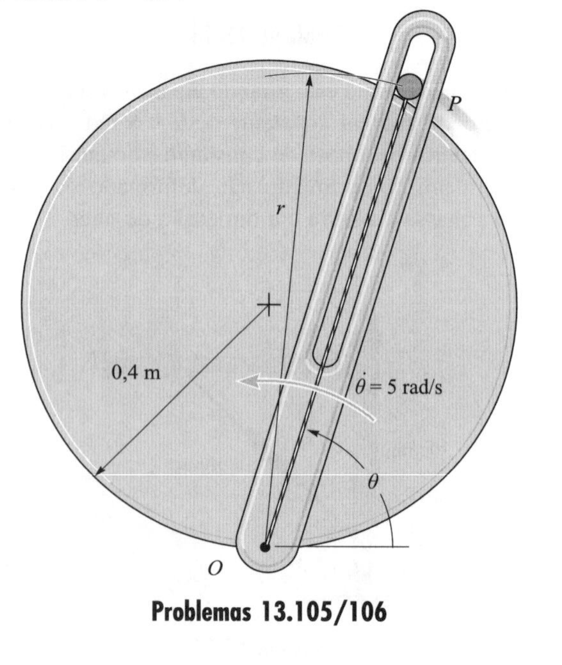

Problemas 13.105/106

13.107. O cilindro C de 1,5 kg desloca-se ao longo da trajetória descrita por $r = (0{,}6 \text{ sen } \theta)$ m. Se o braço OA gira no sentido anti-horário com uma velocidade angular constante de $\dot{\theta} = 3$ rad/s, determine a força exercida pela ranhura lisa no braço OA sobre o cilindro no instante $\theta = 60^\circ$. A mola tem rigidez de 100 N/m e não está deformada quando $\theta = 30^\circ$. O cilindro está em contato apenas com uma borda do braço com ranhura. Despreze a dimensão do cilindro. O movimento ocorre no plano horizontal.

***13.108.** O cilindro C de 1,5 kg desloca-se ao longo da trajetória descrita por $r = (0{,}6 \text{ sen } \theta)$ m. Se o braço OA está girando no sentido anti-horário com uma velocidade angular de $\dot{\theta} = 3$ rad/s, determine a força exercida pela ranhura lisa no braço OA sobre o cilindro no instante $\theta = 60^\circ$. A mola tem rigidez de 100 N/m e não está deformada quando $\theta = 30^\circ$. O cilindro está em contato com apenas uma borda do braço com ranhura. Despreze a dimensão do cilindro. O movimento ocorre no plano vertical.

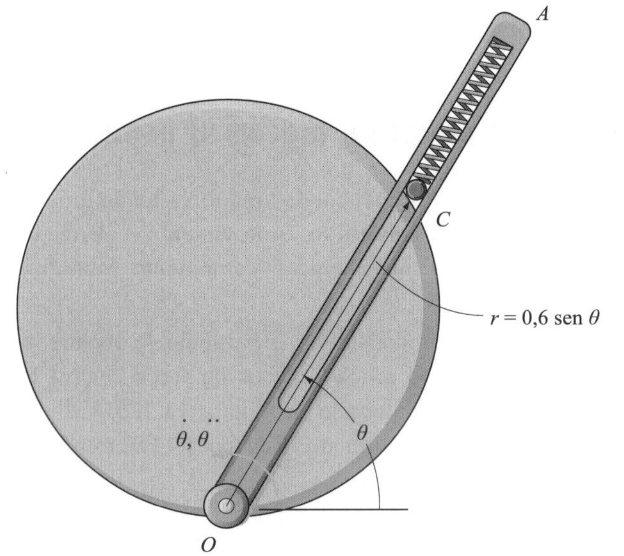

Problemas 13.107/108

•**13.109.** Utilizando a pressão do ar, a bola de 0,5 kg é forçada a se mover por um tubo colocado no plano horizontal com o formato de uma espiral logarítmica. Se a força tangencial exercida sobre a bola devida à pressão do ar é de 6 N, determine a taxa de aumento na velocidade da bola no instante $\theta = \pi/2$. Também, qual é o ângulo ψ da coordenada radial deformada r até a linha de ação da força de 6 N?

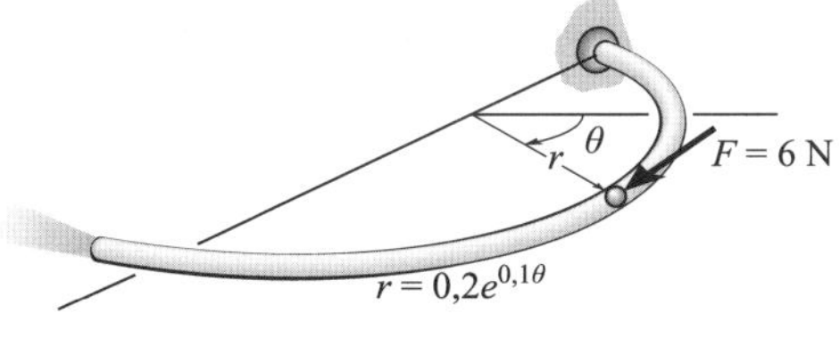

Problema 13.109

13.110. O tubo gira no plano horizontal com uma taxa constante de $\dot{\theta} = 4$ rad/s. Se a bola B de 0,2 kg parte da origem O com uma velocidade radial inicial de $\dot{r} = 1{,}5$ m/s e se movimenta para fora do tubo, determine as componentes radial e transversal da velocidade da bola no instante que ela deixa a extremidade do tubo em C, $r = 0{,}5$ m. *Dica*: mostre que a equação do movimento na direção r é $\ddot{r} - 16r = 0$. A solução é da forma $r = Ae^{-4t} + Be^{4t}$. Avalie as constantes de integração A e B e determine o tempo t quando $r = 0{,}5$ m. Proceda para obter v_r e v_θ.

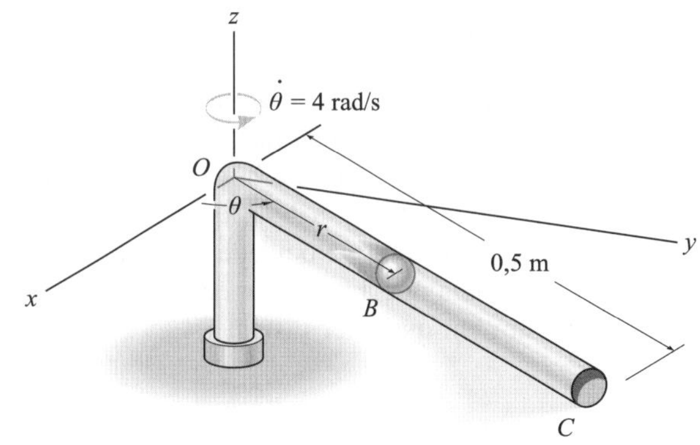

Problema 13.110

***13.111.** O piloto de um avião executa um *loop* vertical que em parte segue a trajetória de uma cardioide, $r = 180(1 + \cos\theta)$ m. Se a sua velocidade em A ($\theta = 0^\circ$) é uma constante $v_P = 24$ m/s, determine a força vertical que o cinto de segurança exerce sobre ele para segurá-lo ao seu assento quando o avião está de cabeça para baixo em A. Ele pesa 750 N ($M \cong 75$ kg).

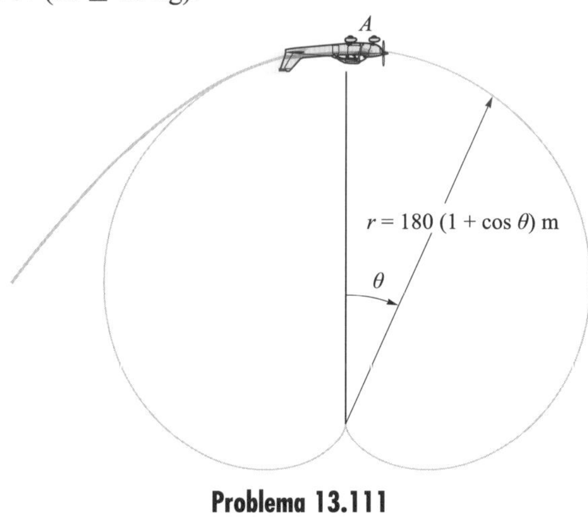

Problema 13.111

***13.112.** Uma bola de 0,5 kg é guiada ao longo da trajetória circular vertical $r = 2r_c \cos\theta$ usando o braço OA. Se o braço tem velocidade angular $\dot{\theta} = 0{,}4$ rad/s e aceleração angular $\ddot{\theta} = 0{,}8$ rad/s^2 no instante que $\theta = 30^\circ$, determine a força do braço sobre a bola. Despreze o atrito e a dimensão da bola. Faça $r_c = 0{,}12$ m.

•**13.113.** Uma bola de massa m é guiada ao longo da trajetória circular vertical $r = 2r_c \cos\theta$ usando o braço OA. Se o braço tem velocidade angular constante $\dot{\theta}_0$, determine o ângulo $\theta \leq 45^\circ$ no qual a bola começa a deixar a superfície do semicilindro. Despreze o atrito e a dimensão da bola.

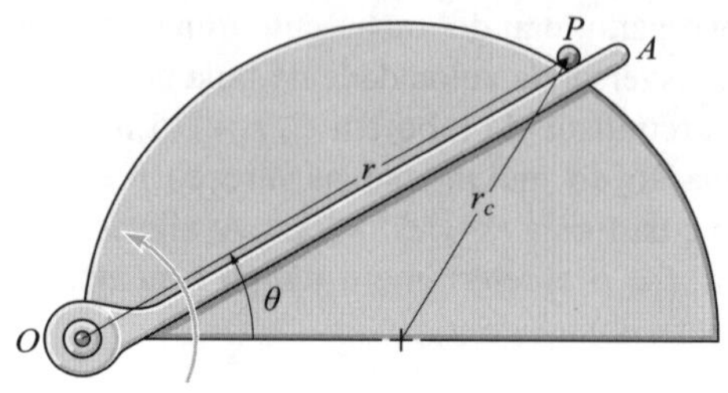

Problemas 13.112/113

13.114. Uma bola tem massa de 1 kg e está confinada a se mover ao longo da ranhura vertical lisa devido à rotação do braço liso OA. Determine a força do braço sobre a bola e a força normal da ranhura sobre a bola quando $\theta = 30°$. O braço está girando com uma velocidade angular constante de $\dot{\theta} = 3$ rad/s. Suponha que a bola tem contato com apenas um lado da ranhura em qualquer instante.

13.115. Resolva o Problema 13.114 se o braço tem aceleração angular de $\dot{\theta} = 2$ rad/s^2 quando $\ddot{\theta} = 3$ rad/s a $\theta = 30°$.

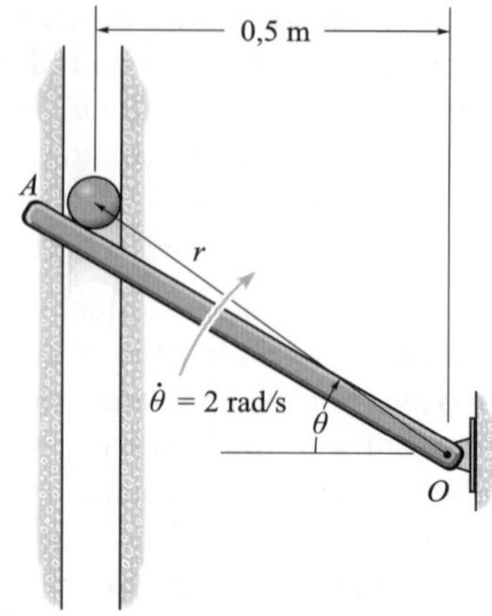

Problemas 13.114/115

13.7 Movimento de força central e mecânica espacial

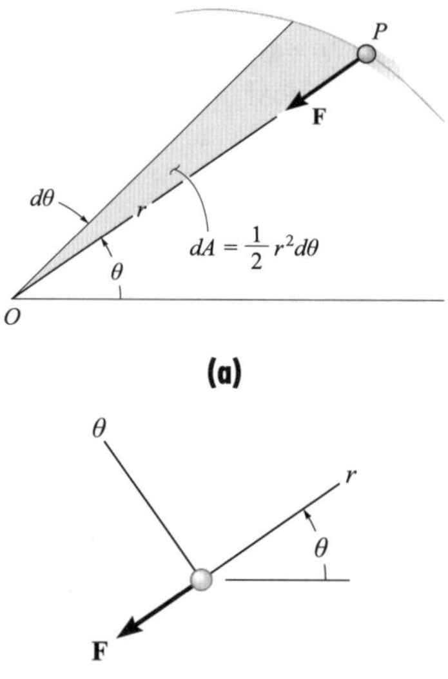

Figura 13.22

Se uma partícula está se movendo sob a influência de uma força tendo uma linha de ação que é sempre direcionada para um ponto fixo, o movimento é chamado de *movimento de força central*. Este tipo de movimento é comumente causado por forças gravitacionais e eletrostáticas.

A fim de analisar o movimento, vamos considerar a partícula P, mostrada na Figura 13.22*a*, que tem massa m e está sob a ação apenas da força central $\mathbf{F}$. O diagrama de corpo livre para a partícula é mostrado na Figura 13.22*b*. Utilizando coordenadas polares (r, θ), as equações do movimento, Equações 13.9, tornam-se:

$$\Sigma F_r = ma_r; \qquad -F = m\left[\frac{d^2r}{dt^2} - r\left(\frac{d\theta}{dt}\right)^2\right]$$

$$\Sigma F_\theta = ma_\theta; \qquad 0 = m\left(r\frac{d^2\theta}{dt^2} + 2\frac{dr}{dt}\frac{d\theta}{dt}\right) \tag{13.11}$$

A segunda destas equações pode ser escrita na forma:

$$\frac{1}{r}\left[\frac{d}{dt}\left(r^2\frac{d\theta}{dt}\right)\right] = 0$$

de maneira que integrando resulta em:

$$r^2\frac{d\theta}{dt} = h \tag{13.12}$$

Aqui, h é a constante de integração.

Da Figura 13.22*a*, observe que a área sombreada descrita pelo raio r, na medida em que r se move através de um ângulo $d\theta$, é $dA = \frac{1}{2}r^2 d\theta$. Se a *velocidade areolar* é definida como:

$$\frac{dA}{dt} = \frac{1}{2}r^2\frac{d\theta}{dt} = \frac{h}{2} \tag{13.13}$$

então é visto que a velocidade areolar para uma partícula submetida ao movimento de força central é *constante*. Em outras palavras, a partícula varrerá segmentos iguais de área por unidade de tempo enquanto se move ao longo da trajetória. Para obter a *trajetória do movimento*, $r = f(\theta)$, a variável independente t tem que ser eliminada das Equações 13.11. Utilizando-se a regra da cadeia do cálculo e a Equação 13.12, as derivadas temporais das Equações 13.11 podem ser substituídas por:

$$\frac{dr}{dt} = \frac{dr}{d\theta}\frac{d\theta}{dt} = \frac{h}{r^2}\frac{dr}{d\theta}$$

$$\frac{d^2r}{dt^2} = \frac{d}{dt}\left(\frac{h}{r^2}\frac{dr}{d\theta}\right) = \frac{d}{d\theta}\left(\frac{h}{r^2}\frac{dr}{d\theta}\right)\frac{d\theta}{dt} = \left[\frac{d}{d\theta}\left(\frac{h}{r^2}\frac{dr}{d\theta}\right)\right]\frac{h}{r^2}$$

Substituindo uma nova variável dependente (xi) $\xi = 1/r$ na segunda equação, temos:

$$\frac{d^2r}{dt^2} = -h^2\xi^2\frac{d^2\xi}{d\theta^2}$$

Além disso, o quadrado da Equação 13.12 torna-se:

$$\left(\frac{d\theta}{dt}\right)^2 = h^2\xi^4$$

Substituindo estas duas equações na primeira das Equações 13.11, produz-se:

$$-h^2\xi^2\frac{d^2\xi}{d\theta^2} - h^2\xi^3 = -\frac{F}{m}$$

ou

$$\frac{d^2\xi}{d\theta^2} + \xi = \frac{F}{mh^2\xi^2} \tag{13.14}$$

Esta equação diferencial define a trajetória sobre a qual a partícula se move quando é submetida à força central **F**.*

Para aplicação, a força de atração gravitacional será considerada. Alguns exemplos comuns de sistemas de força central que dependem da gravitação incluem o movimento da Lua e satélites artificiais em torno da Terra, e o movimento de planetas em torno do Sol. Como um típico problema em mecânica espacial, considere a trajetória de um satélite espacial ou veículo espacial lançado em órbita em voo livre com velocidade inicial $\mathbf{v}_0$, Figura 13.23. Será suposto que esta velocidade é inicialmente *paralela* à tangente à superfície da Terra, como mostrado na figura.** Logo após o satélite ser solto em voo livre, a única força atuando sobre ele é a força gravitacional da Terra. (Atrações gravitacionais envolvendo os corpos tais como a Lua ou o Sol serão desprezadas, visto que para órbitas próximas da Terra seu efeito é pequeno em comparação com a gravitação da Terra.) De acordo com a lei da gravitação de Newton, a força **F** vai sempre atuar entre os centros de massa da Terra e do satélite, Figura 13.23. Da Equação 13.1, esta força de atração tem intensidade de:

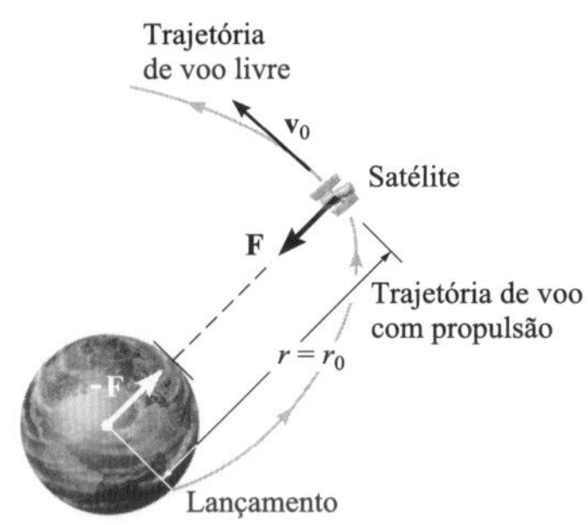

Figura 13.23

$$F = G\frac{M_e m}{r^2}$$

onde M_e e m representam a massa da Terra e do satélite, respectivamente, G é a constante gravitacional, e r é a distância entre os centros de massa. Para obter a trajetória orbital, estabelecemos $\xi = 1/r$ na equação anterior e substituímos o resultado na Equação 13.14. Obtemos:

$$\frac{d^2\xi}{d\theta^2} + \xi = \frac{GM_e}{h^2} \tag{13.15}$$

Esta equação diferencial de segunda ordem tem coeficientes constantes e é não homogênea. A solução é a soma das soluções homogênea e particular dadas por

$$\xi = \frac{1}{r} = C\cos(\theta - \phi) + \frac{GM_e}{h^2} \tag{13.16}$$

Esta equação representa a *trajetória de voo* livre do satélite. Ela é a equação de uma seção cônica expressa em termos de coordenadas polares.

---

* Na derivação, **F** é considerada positiva quando está direcionada para o ponto *O*. Se **F** está direcionada de forma oposta, o lado direito da Equação 13.14 deve ser negativo.

** O caso em que $\mathbf{v}_0$ atua em algum ângulo inicial θ à tangente é melhor descrito utilizando-se a conservação da quantidade de movimento angular (ver Problema 15.100).

Uma interpretação geométrica da Equação 13.16 exige conhecimento da equação para uma seção cônica. Como mostrado na Figura 13.24, uma seção cônica é definida como o lugar geométrico de um ponto P que se move de tal maneira que a razão da sua distância até um *foco*, ou ponto fixo F, com sua distância perpendicular a uma linha fixa DD chamada de *diretriz*, é constante. Esta razão constante será denotada e e é chamada de a *excentricidade*. Por definição,

$$e = \frac{FP}{PA}$$

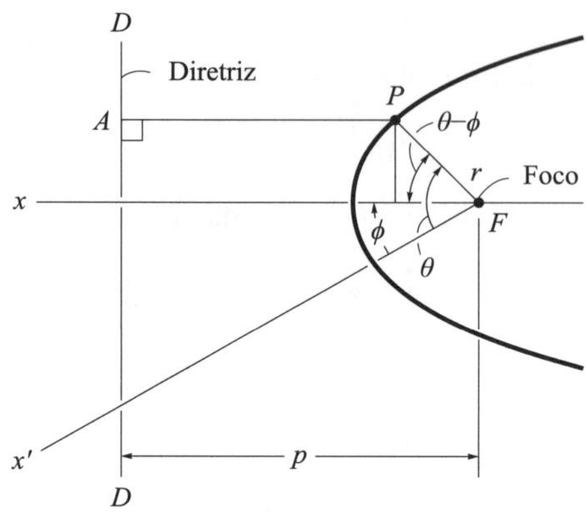

Figura 13.24

Da Figura 13.24,

$$F\,P = r = e(P\,A) = e[p - r\cos(\theta - \phi)]$$

ou

$$\frac{1}{r} = \frac{1}{p}\cos(\theta - \phi) + \frac{1}{ep}$$

Comparando esta equação com a Equação 13.16, vê-se que a distância fixa do foco até a diretriz é:

$$p = \frac{1}{C} \tag{13.17}$$

E a excentricidade da seção cônica para a trajetória é:

$$e = \frac{Ch^2}{GM_e} \tag{13.18}$$

Contanto que o ângulo polar θ seja medido a partir do eixo x (um eixo de simetria já que ele é perpendicular à diretriz), o ângulo ϕ é zero, Figura 13.24, e, portanto, a Equação 13.16 reduz-se a:

$$\frac{1}{r} = C\cos\theta + \frac{GM_e}{h^2} \tag{13.19}$$

As constantes h e C são determinadas a partir de dados obtidos para a posição e velocidade do satélite no fim da *trajetória de voo com propulsão*. Por exemplo, se a altura inicial ou distância até o veículo espacial é r_0, medida a partir do centro da Terra, e sua velocidade escalar inicial é v_0 no início do seu voo livre, Figura 13.25, então a constante h pode ser obtida da Equação 13.12. Quando $\theta = \phi = 0°$, a velocidade vetorial $\mathbf{v}_0$ não tem componente radial; portanto, da Equação 12.25, $v_0 = r_0(d\theta/dt)$, de maneira que:

$$h = r_0^2\frac{d\theta}{dt}$$

ou

$$h = r_0 v_0 \tag{13.20}$$

Para determinar C, utilize a Equação 13.19 com $\theta = 0°$, $r = r_0$, e substitua a Equação 13.20 para h:

$$C = \frac{1}{r_0}\left(1 - \frac{GM_e}{r_0 v_0^2}\right) \tag{13.21}$$

A equação para a trajetória de voo livre torna-se, portanto,

$$\frac{1}{r} = \frac{1}{r_0}\left(1 - \frac{GM_e}{r_0 v_0^2}\right)\cos\theta + \frac{GM_e}{r_0^2 v_0^2} \tag{13.22}$$

O tipo de trajetória deslocada pelo satélite é determinado a partir do valor da excentricidade da seção cônica como dada pela Equação 13.18. Se:

$e = 0$, a trajetória de voo livre é um círculo.
$e = 1$, a trajetória de voo livre é uma parábola.
$e < 1$, a trajetória de voo livre é uma elipse.
$e > 1$, a trajetória de voo livre é uma hipérbole. (13.23)

Trajetória parabólica

Cada uma destas trajetórias é mostrada na Figura 13.25. A partir das curvas, vê-se que quando o satélite segue uma trajetória parabólica, ele está 'no limite' de nunca retornar para seu ponto de partida inicial. A velocidade vetorial de lançamento inicial, $\mathbf{v}_0$, necessária para que o satélite siga uma trajetória parabólica, é chamada de *velocidade de escape*. A velocidade escalar, v_e, pode ser determinada utilizando a segunda das equações 13.23, $e = 1$, com as equações 13.18, 13.20 e 13.21. É um exercício demonstrar que:

$$v_e = \sqrt{\frac{2GM_e}{r_0}} \tag{13.24}$$

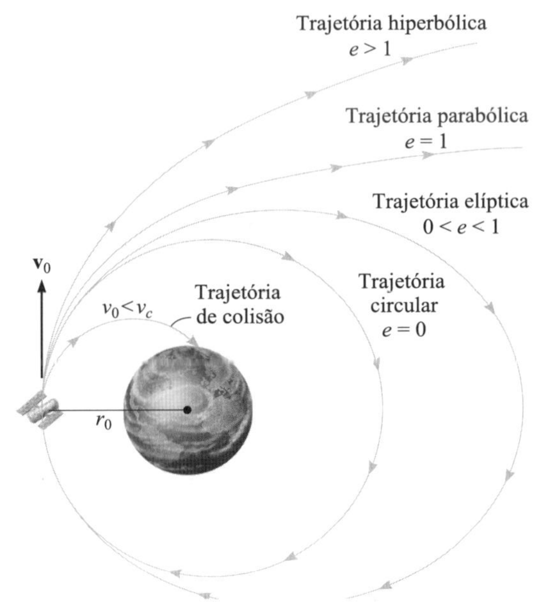

Figura 13.25

Órbita circular

A velocidade escalar v_c exigida para lançar um satélite em uma *órbita circular* pode ser encontrada utilizando-se a primeira das equações 13.23, $e = 0$. Visto que e

está relacionado a h e C, Equação 13.18, C tem que ser zero para satisfazer esta equação (da Equação 13.20, h não pode ser zero); e, portanto, utilizando Equação 13.21, temos:

$$v_c = \sqrt{\frac{GM_e}{r_0}} \tag{13.25}$$

Contanto que r_0 represente uma altura mínima de lançamento, na qual a resistência ao atrito da atmosfera é desprezada, as velocidades escalares no lançamento que forem menores do que v_c vão fazer com que o satélite reentre na atmosfera da Terra e seja destruído pelo fogo ou pelo impacto, Figura 13.25.

Órbita elíptica

Todas as trajetórias realizadas pelos planetas e a maioria dos satélites são elípticas, Figura 13.26. Para a órbita de um satélite em torno da Terra, a *distância mínima* da órbita até o centro da Terra O (o qual está localizado em um dos *focos* da elipse) é r_p e pode ser encontrado utilizando-se a Equação 13.22 com $\theta = 0°$. Portanto,

$$r_p = r_0 \tag{13.26}$$

Esta distância mínima é chamada de *perigeu* da órbita. O *apogeu* ou distância máxima r_a pode ser encontrado utilizando-se a Equação 13.22 com $\theta = 180°$.* Desse modo,

$$r_a = \frac{r_0}{(2GM_e/r_0 v_0^2) - 1} \tag{13.27}$$

Com referência à Figura 13.26, o meio-comprimento do eixo maior da elipse é:

$$a = \frac{r_p + r_a}{2} \tag{13.28}$$

Utilizando a geometria analítica, pode ser mostrado que o meio-comprimento do eixo menor é determinado pela equação:

$$b = \sqrt{r_p r_a} \tag{13.29}$$

Além disso, por integração direta, a área de uma elipse é:

$$A = \pi ab = \frac{\pi}{2}(r_p + r_a)\sqrt{r_p r_a} \tag{13.30}$$

A velocidade areolar foi definida pela Equação 13.13, $dA/dt = h/2$. Integrando, resulta em $A = hT/2$, onde T é o *período* de tempo necessário para fazer uma revolução orbital. Da Equação 13.30, o período é:

$$T = \frac{\pi}{h}(r_p + r_a)\sqrt{r_p r_a} \tag{13.31}$$

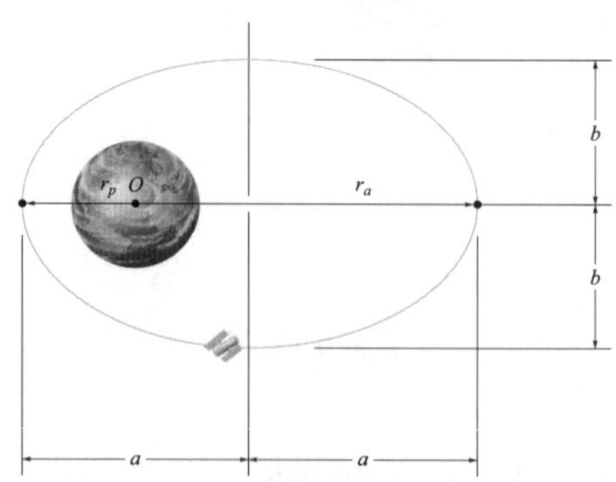

Figura 13.26

* Na realidade, a terminologia 'perigeu' e 'apogeu' diz respeito apenas a órbitas em torno da *Terra*. Se qualquer outro corpo celeste estiver localizado no foco de uma órbita elíptica, as distâncias mínima e máxima serão referidas como '*periápside*' e '*apoapside*' da órbita, respectivamente.

Além de prever a trajetória orbital de satélites terrestres, a teoria desenvolvida nesta seção é válida, para uma aproximação surpreendentemente estreita, em prever o movimento real dos planetas se deslocando em torno do Sol. Neste caso, a massa do Sol, M_s, deve ser substituída por M_e, quando as fórmulas apropriadas são usadas.

O fato de que os planetas necessariamente seguem órbitas elípticas em torno do Sol foi descoberto pelo astrônomo alemão Johannes Kepler no início do século XVII. Sua descoberta foi feita *antes* que Newton tivesse desenvolvido as leis do movimento e a lei da gravitação, e, assim, na época, ela forneceu uma prova importante quanto à validade dessas leis. As leis de Kepler, desenvolvidas após vinte anos de observação planetária, são resumidas a seguir:

1. Todo planeta se move em sua órbita de tal maneira que a linha juntando ele ao centro do Sol varre áreas iguais em intervalos de tempo iguais, qualquer que seja o comprimento da linha.
2. A órbita de todos os planetas é uma elipse com o Sol colocado em um dos seus focos.
3. O quadrado do período de qualquer planeta é diretamente proporcional ao cubo do eixo maior da sua órbita.

Uma definição matemática da primeira e segunda leis é dada pelas equações 13.13 e 13.22, respectivamente. A terceira lei pode ser mostrada a partir da Equação 13.31 utilizando-se equações 13.19, 13.28 e 13.29. (Ver Problema 13.116.)

Exemplo 13.13

Um satélite é lançado a 600 km da superfície da Terra, com uma velocidade inicial de 30 Mm/h atuando paralela à tangente à superfície da Terra, Figura 13.27. Supondo que o raio da Terra é 6378 km e que sua massa é 5,976(10^{24}) kg, determine (a) a excentricidade da trajetória orbital e (b) a velocidade do satélite no apogeu.

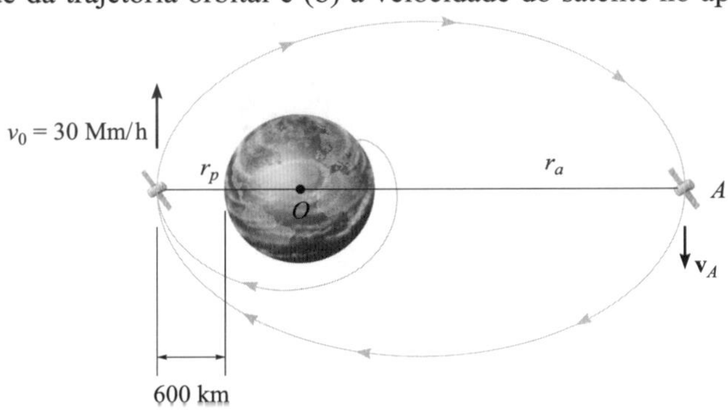

Figura 13.27

SOLUÇÃO

Parte (a)

A excentricidade da órbita é obtida utilizando a Equação 13.18. As constantes h e C são determinadas inicialmente pelas equações 13.20 e 13.21. Visto que:

$$r_p = r_0 = 6378 \text{ km} + 600 \text{ km} = 6{,}978\ (10^6) \text{ m}$$

$$v_0 = 30 \text{ Mm/h} = 8333{,}3 \text{ m/s}$$

então,

$$h = r_p v_0 = 6{,}978(10^6)(8333{,}3) = 58{,}15(10^9)\text{m}^2/\text{s}$$

$$C = \frac{1}{r_p}\left(1 - \frac{GM_e}{r_p v_0^2}\right)$$

$$= \frac{1}{6{,}978(10^6)}\left\{1 - \frac{66{,}73(10^{-12})[5{,}976(10^{24})]}{6{,}978(10^6)(8333{,}3)^2}\right\} = 25{,}4(10^{-9})\text{m}^{-1}$$

Por conseguinte,

$$e = \frac{Ch^2}{GM_e} = \frac{2,54(10^{-8})[58,15(10^9)]^2}{66,73(10^{-12})[5,976(10^{24})]} = 0,215 < 1$$

Da Equação 13.23, observe que a orbita é uma *elipse*.

Parte (b)

Se o satélite fosse lançado no apogeu A mostrado na Figura 13.27, com velocidade $\mathbf{v}_A$, a mesma órbita seria mantida contanto que:

$$h = r_p v_0 = r_a v_A = 58,15(10^9)\ \text{m}^2/\text{s}$$

Utilizando a Equação 13.27, temos:

$$r_a = \frac{r_p}{\dfrac{2GM_e}{r_p v_0^2} - 1} = \frac{6,978(10^6)}{\dfrac{2[66,73(10^{-12})][5,976(10^{24})]}{6,978(10^6)(8333,3)^2} - 1} = 10,804(10^6)$$

Desse modo,

$$v_A = \frac{58,15(10^9)}{10,804(10^6)} = 5382,2\ \text{m/s} = 19,4\ \text{Mm/h}$$

NOTA: Quanto mais distante o satélite está da Terra, mais devagar ele se move, o que deve ser esperado, visto que h é constante.

Problemas

Nos problemas a seguir, suponha que o raio da Terra é 6378 km, a massa da Terra é $5,976(10^{24})$ kg, a massa do Sol é $1,99\ (10^{30})$ kg e a constante gravitacional é $G = 66,73\ (10^{-12})\ \text{m}^3/(\text{kg} \cdot \text{s}^2)$.

***13.116.** Prove a terceira lei do movimento de Kepler. *Dica*: utilize as equações 13.19, 13.28, 13.29 e 13.31.

•**13.117.** A sonda Viking aproxima-se do planeta Marte em uma trajetória parabólica, como mostrado. Quando ele alcança o ponto A, sua velocidade é de 10 Mm/h. Determine r_0 e a velocidade necessária em A de maneira que ele possa manter uma órbita circular, como mostrado. A massa de Marte é 0,1074 vezes a massa da Terra.

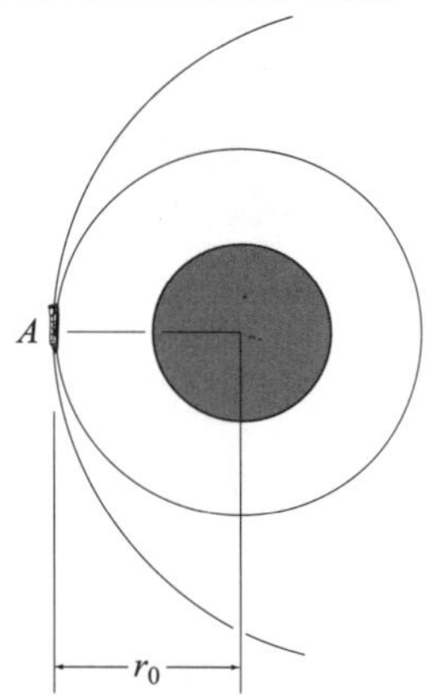

Problema 13.117

13.118. O satélite está em uma órbita elíptica em torno da Terra, como mostrado. Determine a sua velocidade vetorial no perigeu P e apogeu A, e o período do satélite.

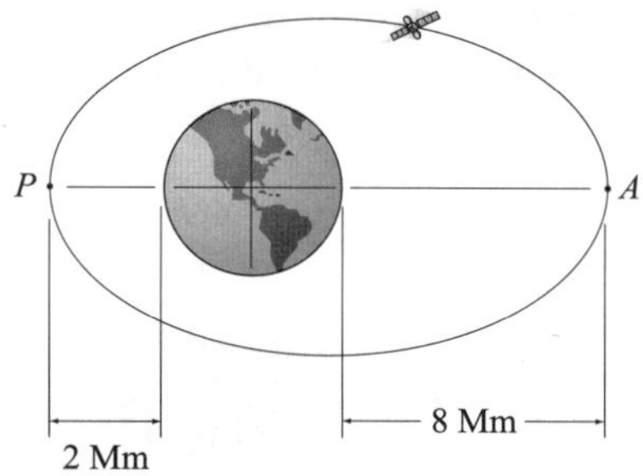

Problema 13.118

13.119. O satélite está se movendo em uma órbita elíptica com uma excentricidade $e = 0,25$. Determine a sua velocidade escalar quando ele está na sua distância máxima A e distância mínima B da Terra.

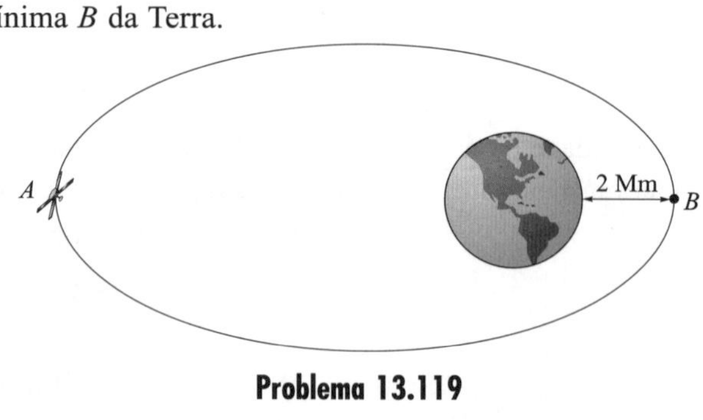

Problema 13.119

***13.120.** O ônibus espacial é lançado com uma velocidade vetorial de 28000 km/h paralela à tangente da superfície da Terra no ponto P e então se move em torno da órbita elíptica. Quando ele chega ao ponto A, seus motores são ligados e sua velocidade vetorial é subitamente aumentada. Determine o aumento necessário na velocidade vetorial de maneira que ele entre na segunda órbita elíptica.

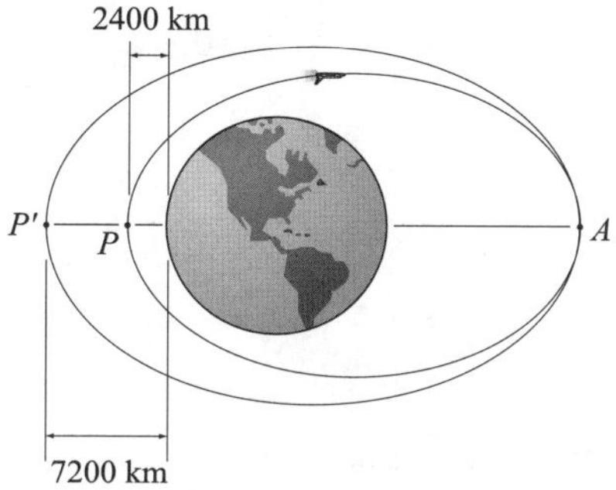

Problema 13.120

•13.121. Determine o aumento na velocidade vetorial do ônibus espacial no ponto P de maneira que ele se desloque de uma órbita circular para uma órbita elíptica que passa pelo ponto A. Também, calcule a velocidade escalar do ônibus espacial em A.

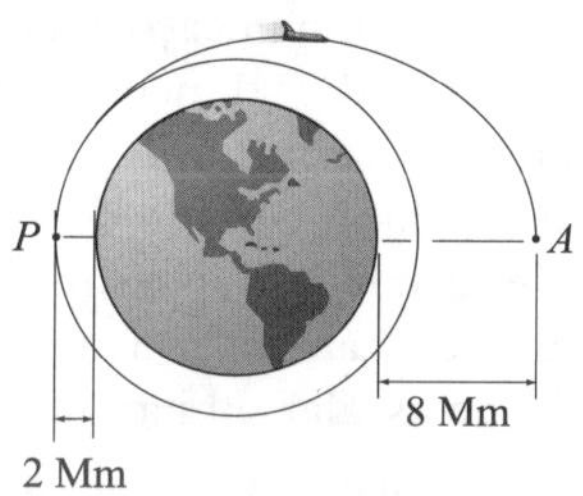

Problema 13.121

13.122. O foguete está em voo livre ao longo de uma trajetória elíptica $A'A$. O planeta não tem atmosfera, e sua massa é 0,60 vezes a da Terra. Se a órbita tem a apoapside e a periápside mostradas, determine a velocidade vetorial do foguete quando ele está no ponto A.

13.123. Se o foguete deve pousar na superfície do planeta, determine a velocidade escalar de voo livre que ele deve ter em A' de maneira que o pouso ocorra em B. Quanto tempo o foguete leva para pousar, indo de A' para B? O planeta não tem atmosfera, e sua massa é 0,6 vezes a da Terra.

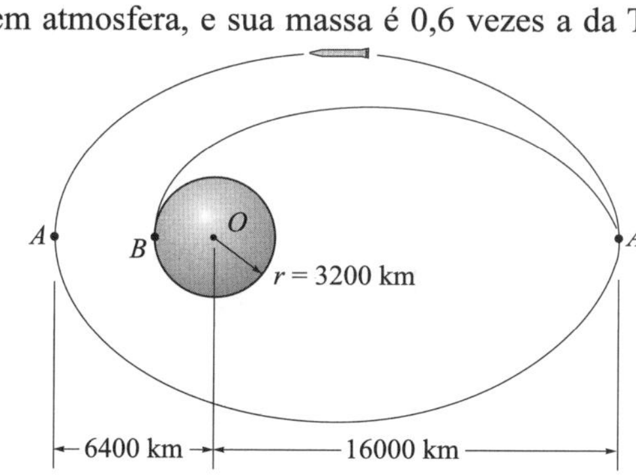

Problemas 13.122/123

***13.124.** Um satélite de comunicações será colocado na órbita circular equatorial em torno da Terra de maneira que ele sempre permaneça diretamente sobre um ponto na superfície terrestre. Se isto exige que o período seja de 24 horas (aproximadamente), determine o raio da órbita e a velocidade vetorial do satélite.

•13.125. A velocidade escalar de um satélite lançado em uma órbita circular em torno da Terra é dada pela Equação 13.25. Determine a velocidade escalar de um satélite lançado paralelo à superfície da Terra de maneira que ele se desloque em uma órbita circular 800 km da superfície da Terra.

13.126. A Terra tem uma órbita com uma excentricidade $e = 0{,}0821$ em torno do Sol. Sabendo que a distância mínima da Terra ao Sol é $151{,}3(10^6)$ km, determine a velocidade escalar na qual um foguete se move quando ele está a esta distância. Determine a equação em coordenadas polares que descreve a órbita da Terra em torno do Sol.

13.127. Um foguete está em uma órbita elíptica de voo livre em torno da Terra de tal maneira que a excentricidade da sua órbita é e e seu perigeu é r_0. Determine o incremento mínimo de velocidade escalar que ele deve ter a fim de escapar do campo gravitacional da Terra quando ele está neste ponto ao longo da sua órbita.

***13.128.** Um foguete está em órbita circular em torno da Terra a uma altitude de $h = 4$ Mm. Determine o incremento mínimo na velocidade escalar que ele deve ter a fim de escapar do campo gravitacional da Terra.

•13.129. O foguete está em voo livre ao longo de uma trajetória elíptica $A'A$. O planeta não tem atmosfera, e sua massa é 0,70 vezes a da Terra. Se o foguete tem uma apoapside e periápside, como mostrado na figura, determine a velocidade escalar do foguete quando ele está no ponto A.

13.130. Se o foguete deve pousar na superfície do planeta, determine a velocidade escalar de voo livre necessária que ele deve ter em A' de maneira que ele atinja o planeta em B. Quanto tempo leva para o foguete pousar, indo de A' para B ao longo de uma trajetória elíptica? O planeta não tem atmosfera, e sua massa é 0,70 vezes a da Terra.

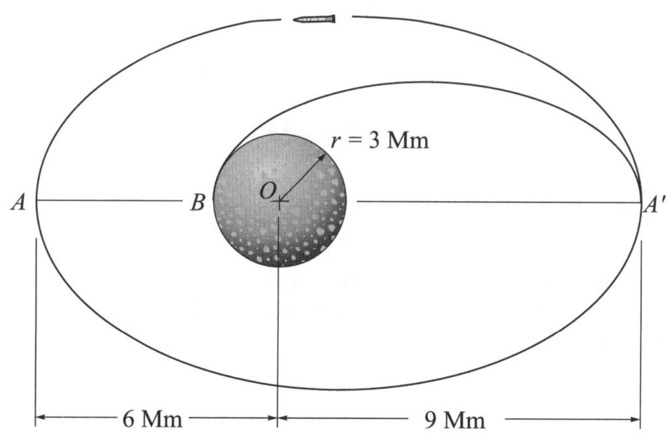

Problemas 13.129/130

13.131. O satélite é lançado paralelo à tangente à superfície da Terra com velocidade de $v_0 = 30$ Mm/h de uma altitude de 2 Mm acima da Terra, como mostrado. Demonstre que a órbita é elíptica e determine a velocidade vetorial do satélite quando ele chega ao ponto A.

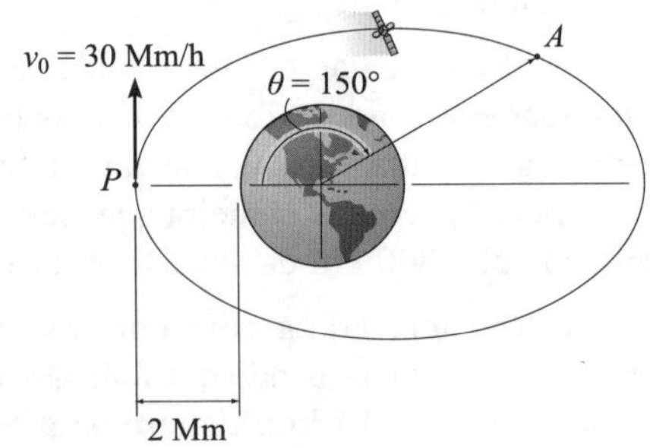

Problema 13.131

***13.132.** O satélite está em uma órbita elíptica tendo uma excentricidade de $e = 0{,}15$. Se a sua velocidade no perigeu é $v_P = 15$ Mm/h, determine a sua velocidade no apogeu A e o período do satélite.

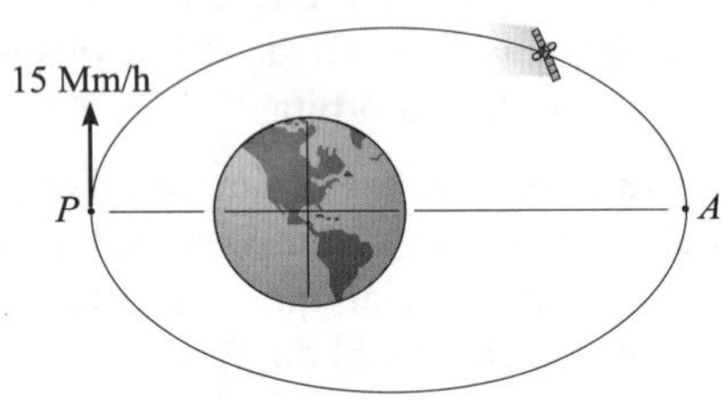

Problema 13.132

•**13.133.** O satélite está em uma órbita elíptica. Quando ele está no perigeu P, sua velocidade é $v_P = 25$ Mm/h, e quando ele chega ao ponto A, sua velocidade é $v_A = 15$ Mm/h e sua altitude acima da superfície da Terra é 18 Mm. Determine o período do satélite.

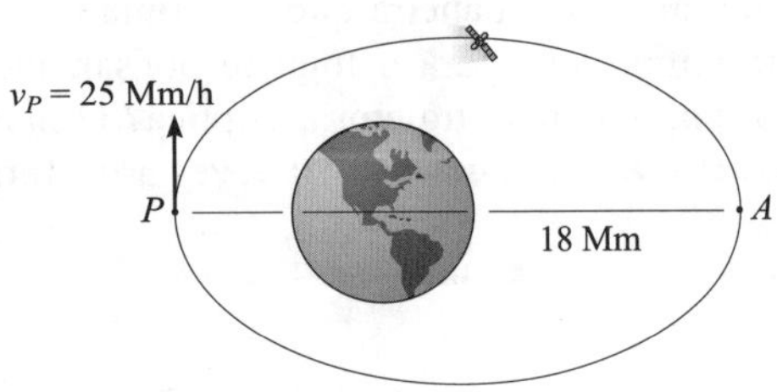

Problema 13.133

13.134. Um satélite é lançado com uma velocidade vetorial inicial $v_0 = 4000$ km/h paralelo à superfície da Terra. Determine a altitude necessária (ou faixa de altitudes) acima da superfície da Terra para o lançamento se a trajetória de voo livre for (a) circular, (b) parabólica, (c) elíptica e (d) hiperbólica.

13.135. O foguete está em uma órbita elíptica de voo livre em torno da Terra de tal maneira que $e = 0{,}76$, como mostrado. Determine sua velocidade escalar quando ele está no ponto A. Também determine a variação súbita na velocidade escalar que o foguete tem que passar em B a fim de se mover em voo livre ao longo da órbita indicada pela trajetória pontilhada.

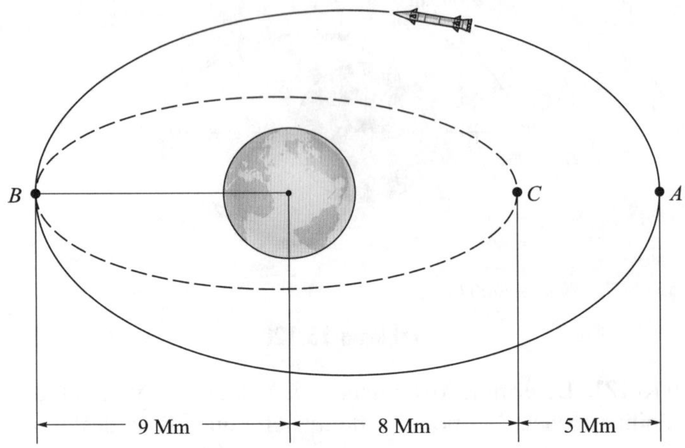

Problema 13.135

***13.136.** Um satélite de comunicações está em uma órbita circular acima da Terra de tal maneira que ele sempre permanece diretamente sobre um ponto da superfície terrestre. Como resultado, o período do satélite tem de ser igual à rotação da Terra, que é de aproximadamente 24 horas. Determine a altitude do satélite h acima da superfície da Terra e sua velocidade escalar orbital.

•**13.137.** Determine a velocidade escalar constante do satélite S de maneira que ele circule a Terra com uma órbita de raio $r = 15$ Mm. *Dica*: utilize a Equação 13.1.

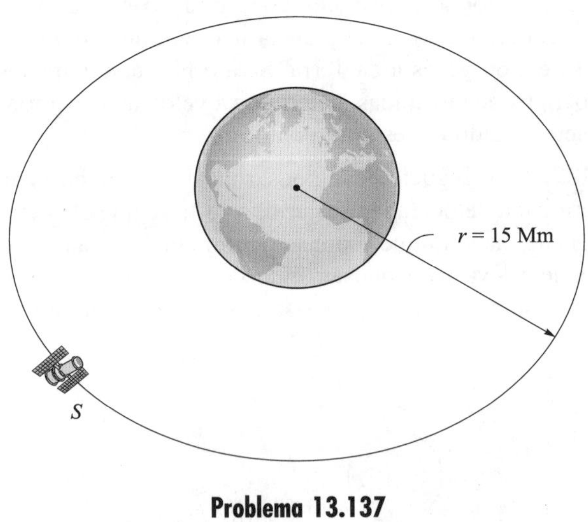

Problema 13.137

Problemas conceituais

13.1. Se uma caixa é solta do repouso em A, use valores numéricos para demonstrar como você estimaria o tempo para ela chegar em B. Além disso, liste as hipóteses para sua análise.

Problema 13.1

13.2. Um rebocador tem massa conhecida, e sua hélice fornece um impulso máximo conhecido. Quando o rebocador está em potência máxima, você observa o tempo que ele leva para chegar a uma velocidade escalar de valor conhecido partindo do repouso. Demonstre como você poderia determinar a massa da chata. Despreze a força de arrasto da água sobre o rebocador. Utilize valores numéricos para explicar a sua resposta.

Problema 13.2

13.3. Determine a menor velocidade escalar de cada carrinho A e B de maneira que os passageiros não percam contato com o assento enquanto os braços giram com uma taxa constante. Qual é a maior força normal do assento sobre cada passageiro? Use valores numéricos para explicar a sua resposta.

Problema 13.3

13.4. Cada carrinho está preso por pinos nas suas extremidades ao aro da roda que gira com uma velocidade escalar constante. Utilizando valores numéricos, demonstre como determinar a força resultante que o assento exerce sobre o passageiro localizado no carrinho no topo A. Os passageiros estão sentados na direção do centro da roda. Além disso, liste as hipóteses para sua análise.

Problema 13.4

REVISÃO DO CAPÍTULO

Cinética

A cinética é o estudo da relação entre forças e a aceleração que elas causam. Esta relação é baseada na segunda lei do movimento de Newton, expressa matematicamente como $\Sigma\mathbf{F} = m\mathbf{a}$.

Antes de aplicar a equação do movimento, é importante construir o *diagrama de corpo livre* da partícula, a fim de levar em consideração todas as forças que atuam sobre a partícula. Graficamente, este diagrama é igual ao *diagrama cinético*, que mostra o resultado das forças, isto é, o vetor $m\mathbf{a}$.

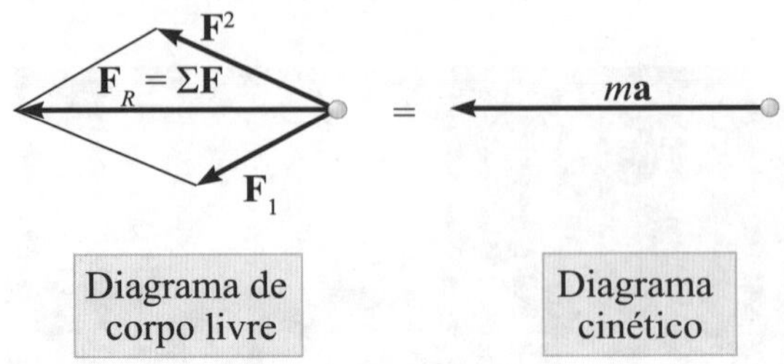

Sistemas de coordenadas inerciais

Uma vez aplicada a equação do movimento, é importante medir a aceleração a partir de um sistema de coordenadas inercial. Este sistema tem eixos que não giram, mas são fixos ou movem-se com velocidade constante. Vários tipos de sistemas de coordenadas inerciais podem ser usados para aplicar $\Sigma\mathbf{F} = m\mathbf{a}$ em forma de componente.

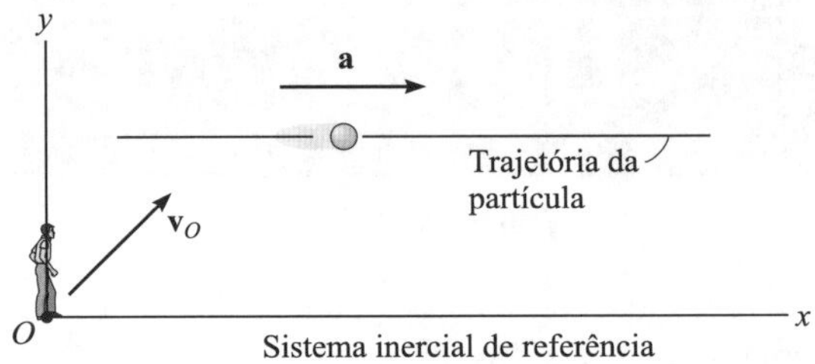

Eixos retangulares x, y, z são usados para descrever o movimento retilíneo ao longo de cada um dos eixos.

$$\Sigma F_x = ma_x,\ \Sigma F_y = ma_y,\ \Sigma F_z = ma_z$$

Eixos normais e tangenciais n, t são frequentemente usados quando a trajetória é conhecida. Lembre-se de que $\mathbf{a}_n$ está sempre direcionada na direção $+n$. Ela indica a variação na direção da velocidade vetorial. Também lembre-se de que $\mathbf{a}_t$ é tangente à trajetória. Ela indica a variação na intensidade da velocidade vetorial.

$$\Sigma F_t = ma_t,\ \Sigma F_n = ma_n,\ \Sigma F_b = 0$$

$$a_t = dv/dt \quad \text{ou} \quad a_t = v\,dv/ds$$

$$a_n = v^2/\rho \quad \text{onde} \quad \rho = \frac{[1 + (dy/dx)^2]^{3/2}}{|d^2y/dx^2|}$$

Coordenadas cilíndricas são úteis quando o movimento angular da linha radial r é especificado ou quando a trajetória pode ser convenientemente descrita com estas coordenadas.

$$\Sigma F_r = m(\ddot{r} - r\dot{\theta}^2)$$

$$\Sigma F_\theta = m(r\ddot{\theta} + 2\dot{r}\dot{\theta})$$

$$\Sigma F_z = m\ddot{z}$$

Movimento de força central

Quando uma única força atua sobre uma partícula, como durante a trajetória de voo livre de um satélite em um campo gravitacional, então o movimento é referido como movimento de força central. A órbita depende da excentricidade e; e como resultado, a trajetória pode ser circular, parabólica, elíptica ou hiperbólica.

CAPÍTULO 14

Cinética de uma partícula: trabalho e energia

Objetivos do capítulo

- Desenvolver o princípio do trabalho e energia e aplicá-lo para resolver problemas que envolvem força, velocidade e deslocamento.
- Estudar problemas que envolvem potência e eficiência.
- Introduzir o conceito de uma força conservativa e aplicar o teorema da conservação da energia para resolver problemas da cinética.

14.1 O trabalho de uma força

Neste capítulo, vamos analisar o movimento de uma partícula utilizando os conceitos de trabalho e energia. A equação resultante será útil para resolver problemas que envolvem força, velocidade e deslocamento. Antes disso, entretanto, temos primeiro que definir o trabalho de uma força. Especificamente, uma força **F** realiza *trabalho* sobre uma partícula somente quando esta sofre um *deslocamento na direção de aplicação da força*. Por exemplo, se a força **F** na Figura 14.1 faz com que a partícula se desloque ao longo da trajetória s da posição **r** para uma nova posição **r′**, o deslocamento é então $d\mathbf{r} = \mathbf{r}' - \mathbf{r}$. A intensidade de $d\mathbf{r}$ é ds, o comprimento do segmento diferencial ao longo da trajetória. Se o ângulo entre as origens de $d\mathbf{r}$ e **F** é θ, Figura 14.1, então o trabalho realizado por **F** é uma *quantidade escalar*, definida por:

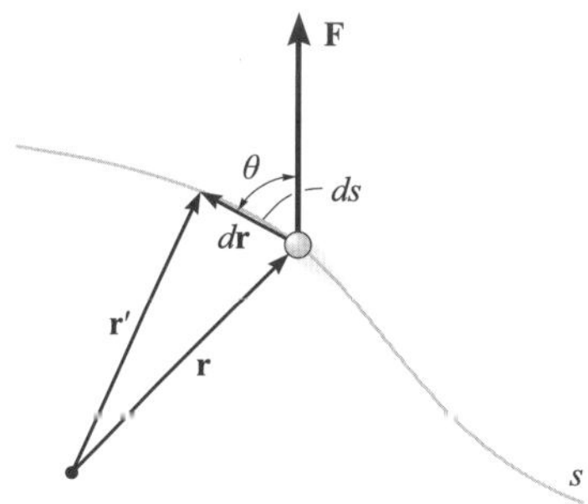

Figura 14.1

$$dU = F\,ds\cos\theta$$

Da definição do produto escalar (ver Equação B.14) esta equação também pode ser escrita como:

$$dU = \mathbf{F}\cdot d\mathbf{r}$$

Este resultado pode ser interpretado de duas maneiras: como produto de F e componente do deslocamento $ds\cos\theta$ na direção da força, ou como produto de ds e componente da força $F\cos\theta$ na direção do deslocamento. Observe que se $0^\circ \le \theta < 90^\circ$, então a componente da força e do deslocamento, têm o *mesmo sentido* de modo que o trabalho é *positivo*, enquanto que se $90^\circ < \theta \le 180^\circ$, estes vetores terão *sentidos opostos* e o trabalho será *negativo*. Também, $dU = 0$ se a força for *perpendicular* ao deslocamento, visto que $\cos 90^\circ = 0$, ou se ela for aplicada em um *ponto fixo* onde o deslocamento é zero.

A unidade de trabalho em unidades do sistema internacional (SI) é o joule (J), que é a quantidade de trabalho realizado por força de 1 Newton quando ela se desloca por uma distância de 1 metro na direção da força (1 J = 1 N · m).*

Trabalho de uma força variável

Se a partícula submetida à força **F** sofre um deslocamento finito ao longo da sua trajetória de $\mathbf{r}_1$ para $\mathbf{r}_2$ ou s_1 para s_2, Figura 14.2*a*, o trabalho da força **F** é determinado por integração. Contanto que **F** e θ possam ser expressos como uma função da posição, então:

$$U_{1-2} = \int_{\mathbf{r}_1}^{\mathbf{r}_2} \mathbf{F} \cdot d\mathbf{r} = \int_{s_1}^{s_2} F \cos\theta \, ds \tag{14.1}$$

Às vezes, esta relação pode ser obtida utilizando dados experimentais para se traçar um gráfico de $F \cos\theta$ *versus* s. Então, a área sob este gráfico limitada por s_1 e s_2 representa o trabalho total, Figura 14.2*b*.

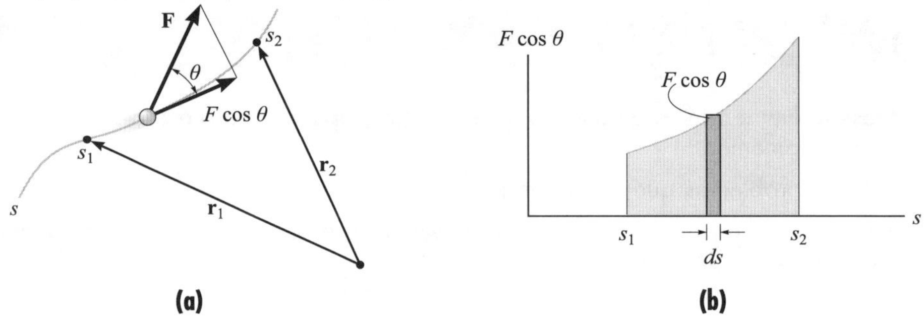

Figura 14.2

Trabalho de uma força constante se deslocando ao longo de uma linha reta

Se a força $\mathbf{F}_c$ tem uma intensidade constante e atua em um ângulo constante θ a partir da sua trajetória em linha reta, Figura 14.3*a*, então a componente de $\mathbf{F}_c$ na direção do deslocamento é sempre $F_c \cos\theta$. O trabalho realizado por $\mathbf{F}_c$ quando a partícula é deslocada de s_1 para s_2 é determinado a partir da Equação 14.1, caso em que:

$$U_{1-2} = F_c \cos\theta \int_{s_1}^{s_2} ds$$

ou

$$U_{1-2} = F_c \cos\theta (s_2 - s_1) \tag{14.2}$$

Aqui, o trabalho de $\mathbf{F}_c$ representa a *área do retângulo* na Figura 14.3*b*.

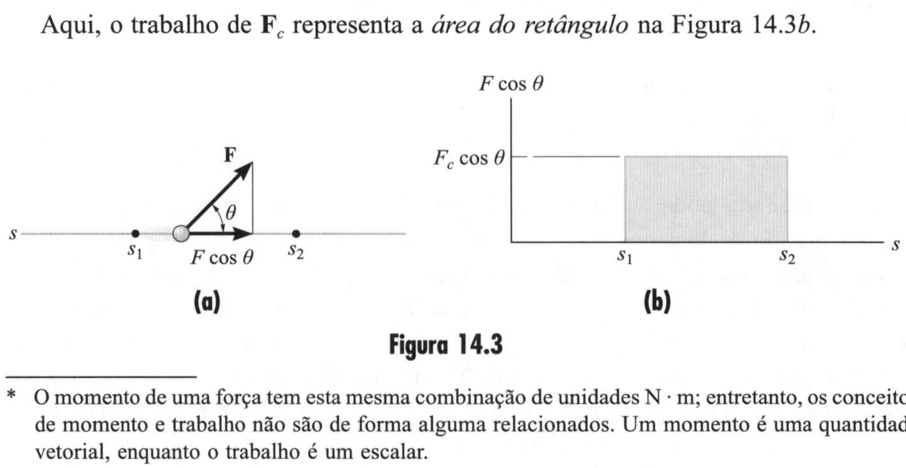

Figura 14.3

* O momento de uma força tem esta mesma combinação de unidades N · m; entretanto, os conceitos de momento e trabalho não são de forma alguma relacionados. Um momento é uma quantidade vetorial, enquanto o trabalho é um escalar.

Trabalho de um peso

Considere uma partícula de peso **W** que se desloca para cima ao longo da trajetória s mostrada na Figura 14.4 da posição s_1 para a posição s_2. Em um ponto intermediário, o deslocamento é $d\mathbf{r} = dx\mathbf{i} + dy\mathbf{j} + dz\mathbf{k}$. Visto que $\mathbf{W} = -W\mathbf{j}$, aplicando Equação 14.1 temos:

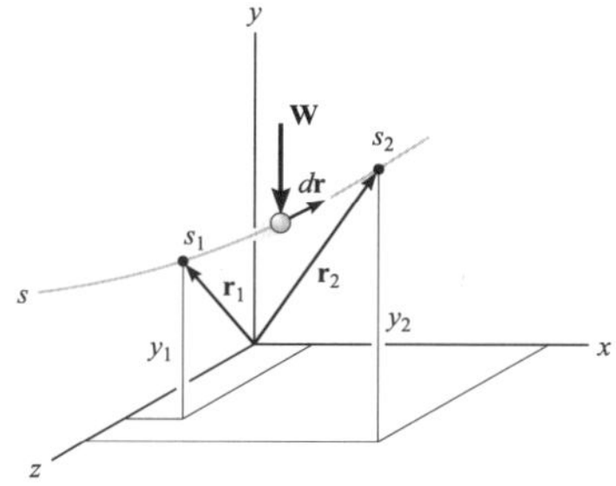

Figura 14.4

$$U_{1-2} = \int \mathbf{F}\cdot d\mathbf{r} = \int_{\mathbf{r}_1}^{\mathbf{r}_2} (-W\mathbf{j})\cdot(dx\mathbf{i} + dy\mathbf{j} + dz\mathbf{k})$$
$$= \int_{y_1}^{y_2} -W\,dy = -W(y_2 - y_1)$$

ou

$$U_{1-2} = -W\,\Delta_y \tag{14.3}$$

Desse modo, o trabalho é independente da trajetória e é igual à intensidade do peso da partícula multiplicada pelo seu deslocamento vertical. No caso mostrado na Figura 14.4, o trabalho é *negativo*, visto que W está para baixo e Δy está para cima. Observe, entretanto, que se a partícula for deslocada *para baixo* ($-\Delta y$), o trabalho do peso será *positivo*. Por quê?

Trabalho de uma força de mola

Se uma mola elástica é deformada por uma distância ds, Figura 14.5*a*, então o trabalho realizado pela força que atua sobre a partícula ligada à mola é $dU = -F_s ds = -ks\,ds$. O trabalho é *negativo*, visto que $\mathbf{F}_s$ atua no sentido oposto a ds. Se a partícula se desloca de s_1 para s_2, o trabalho de $\mathbf{F}_s$ é, então,

$$U_{1-2} = \int_{s_1}^{s_2} F_s\,ds = \int_{s_1}^{s_2} -ks\,ds$$

$$U_{1-2} = -\left(\tfrac{1}{2}ks_2^2 - \tfrac{1}{2}ks_1^2\right) \tag{14.4}$$

Este trabalho representa a área trapezoidal sob a linha $F_s = ks$, Figura 14.5*b*.

Um erro no sinal pode ser evitado, quando da aplicação desta equação, se você simplesmente observar a direção da força de mola atuando sobre a partícula e compará-la com o sentido da direção do deslocamento da partícula — se ambos estão no *mesmo sentido*, resulta em um *trabalho positivo*; se são *opostos*, o *trabalho é negativo*.

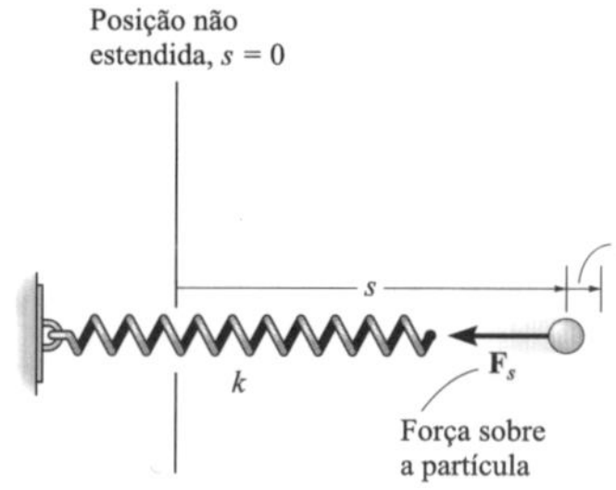

(a)

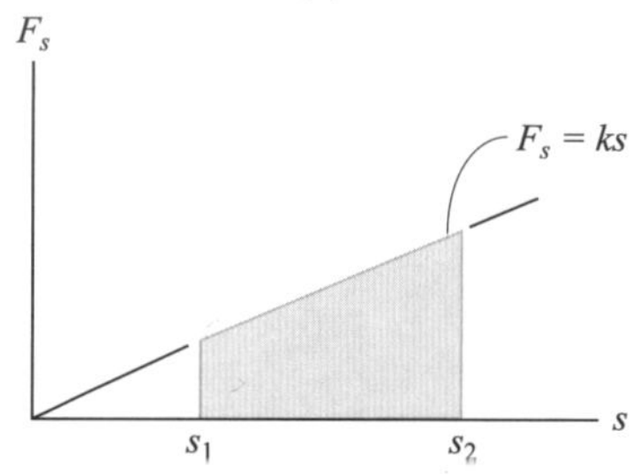

(b)

Figura 14.5

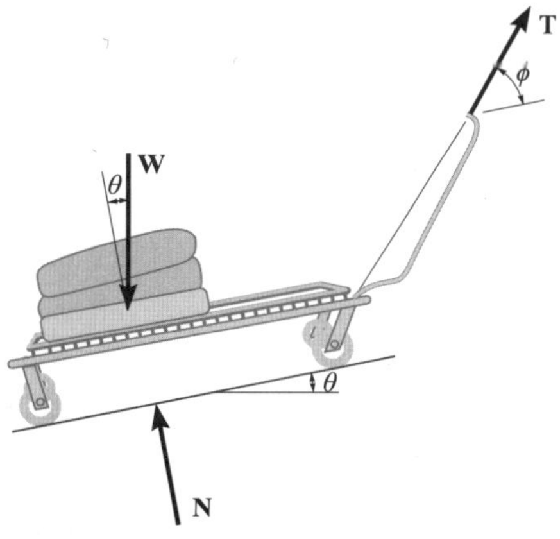

As forças atuando sobre o carrinho quando ele é puxado por uma distância s aclive acima são mostradas no seu diagrama de corpo livre. A força de reboque constante **T** realiza um trabalho positivo de $U_T = (T\cos\phi)s$, o peso realiza trabalho negativo de $U_W = -(W\,\text{sen}\,\theta)s$, e a força normal **N** não realiza trabalho algum, visto que não há deslocamento desta força ao longo de sua linha de ação.

Exemplo 14.1

O bloco de 10 kg mostrado na Figura 14.6*a* repousa sobre o plano inclinado liso. Se a mola está originalmente deformada 0,5 m, determine o trabalho total realizado por todas as forças atuando sobre o bloco quando uma força horizontal $P = 400$ N empurra o bloco plano acima de $s = 2$ m.

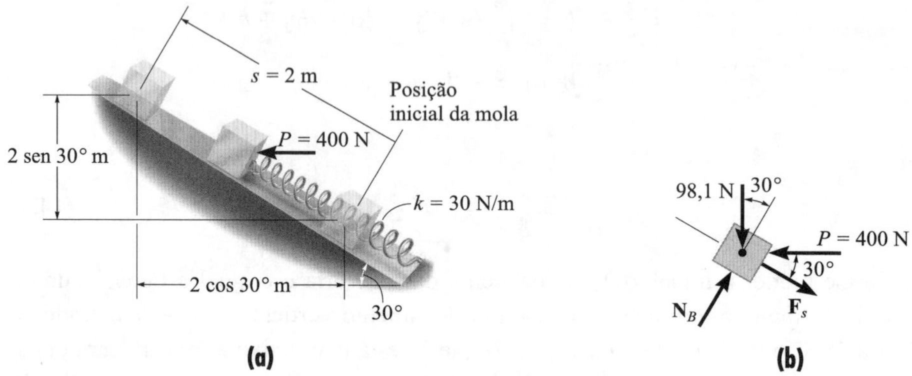

Figura 14.6

SOLUÇÃO

Primeiro, o diagrama de corpo livre do bloco é construído a fim de levar em conta todas as forças que atuam sobre o bloco, Figura 14.6*b*.

Força horizontal *P*

Visto que esta força é *constante*, o trabalho é determinado utilizando-se Equação 14.2. O resultado pode ser calculado como a força multiplicada pelo componente do deslocamento na direção da força; ou seja,

$$U_P = 400 \text{ N } (2 \text{ m} \cos 30^\circ) = 692,8 \text{ J}$$

ou o deslocamento multiplicada pelo componente de força na direção do deslocamento, ou seja,

$$U_P = 400 \text{ N} \cos 30^\circ \text{ } (2 \text{ m}) = 692,8 \text{ J}$$

Força de mola F_s

Na posição inicial a mola está deformada $s_1 = 0,5$ m e na posição final ela está deformada $s_2 = 0,5 \text{ m} + 2 \text{ m} = 2,5$ m. Estipulamos que o trabalho seja negativo, visto que a força e o deslocamento são opostos um ao outro. O trabalho de $\mathbf{F}_s$ é, portanto,

$$U_s = -[\tfrac{1}{2}(30 \text{ N/m})(2,5 \text{ m})^2 - \tfrac{1}{2}(30 \text{ N/m})(0,5 \text{ m})^2] = -90 \text{ J}$$

Peso *W*

Visto que o peso atua no sentido oposto ao seu deslocamento vertical, o trabalho é negativo; ou seja,

$$U_W = -(98,1 \text{ N}) (2\text{m sen } 30^\circ) = -98,1 \text{ J}$$

Observe que também é possível considerar a componente do peso na direção do deslocamento; ou seja,

$$U_W = -(98,1 \text{ sen } 30^\circ \text{ N}) (2\text{m}) = -98,1 \text{ J}$$

Força normal N_B

Esta força *não realiza trabalho*, visto que ele é *sempre* perpendicular ao deslocamento.

Trabalho total

O trabalho de todas as forças quando o bloco é deslocado 2 m é, por conseguinte,

$$U_T = 692,8 \text{ J} - 90 \text{ J} - 98,1 \text{ J} = 505 \text{ J}$$

14.2 Princípio do trabalho e energia

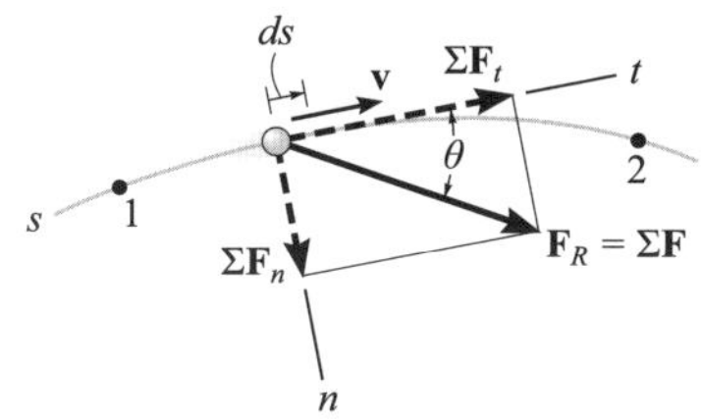

Figura 14.7

Considere a partícula na Figura 14.7 que está posicionada sobre a trajetória definida em relação a um sistema de coordenadas inercial. Se a partícula tem massa m e está submetida a um sistema de forças externas representado pela resultante $\mathbf{F}_R = \Sigma\mathbf{F}$, então a equação do movimento para a partícula na direção tangencial é $\Sigma F_t = ma_t$. Aplicando a equação cinemática $a_t = v\,dv/ds$ e integrando ambos os lados, supondo inicialmente que a partícula tem uma posição $s = s_1$ e velocidade escalar $v = v_1$, e mais tarde em $s = s_2$, $v = v_2$, temos:

$$\Sigma\int_{s_1}^{s_2} F_t\,ds = \int_{v_1}^{v_2} mv\,dv$$

$$\Sigma\int_{s_1}^{s_2} F_t\,ds = \tfrac{1}{2}mv_2^2 - \tfrac{1}{2}mv_1^2 \tag{14.5}$$

Da Figura 14.7, observe que $\Sigma F_t = \Sigma F\cos\theta$, e visto que o trabalho é definido a partir da Equação 14.1, o resultado final pode ser escrito como:

$$\Sigma U_{1-2} = \tfrac{1}{2}mv_2^2 - \tfrac{1}{2}mv_1^2 \tag{14.6}$$

Esta equação representa o *princípio do trabalho e energia* para a partícula. O termo do lado esquerdo é a soma do trabalho realizado por *todas* as forças atuando sobre a partícula quando ela se desloca do ponto 1 para o ponto 2. Os dois termos do lado direito, os quais estão na forma $T = \frac{1}{2}mv^2$, definem a *energia cinética* final e inicial da partícula, respectivamente. Assim como o trabalho, a energia cinética é um *escalar* e tem unidades de joules (J) e ft · lb. Entretanto, diferentemente do trabalho, que pode ser positivo ou negativo, a energia cinética é *sempre positiva*, independentemente da direção do movimento da partícula.

Quando a Equação 14.6 é aplicada, ela é frequentemente expressa na forma,

$$T_1 + \Sigma U_{1-2} = T_2 \tag{14.7}$$

a qual estabelece que a energia cinética inicial da partícula mais o trabalho realizado por todas as forças atuando sobre a partícula quando ela se desloca da sua posição inicial para a sua posição final é igual à energia cinética final da partícula.

Como observado da derivação, o princípio do trabalho e energia representa uma forma integrada de $\Sigma F_t = ma_t$, obtida usando-se a equação cinemática $a_t = v\,dv/ds$. Como resultado, este princípio fornece uma *substituição* conveniente para $\Sigma F_t = ma_t$ na solução daqueles tipos de problemas cinéticos que envolvem *força, velocidade* e *deslocamento*, visto que estas quantidades estão envolvidas na Equação 14.7. Para aplicação, sugere-se que o procedimento seguinte seja usado.

Procedimento para análise

Trabalho (diagrama de corpo livre)

- Estabeleça o sistema de coordenadas inercial e construa um diagrama de corpo livre da partícula a fim de levar em consideração todas as forças que realizam trabalho na partícula à medida que ela se desloca ao longo da sua trajetória.

Princípio do trabalho e energia

- Aplique o princípio do trabalho e energia, $T_1 + \Sigma U_{1-2} = T_2$.
- A energia cinética nos pontos inicial e final é *sempre positiva*, visto que ela envolve a velocidade ao quadrado ($T = \frac{1}{2}mv^2$).
- Uma força realiza trabalho quando ela se move através de um deslocamento na direção da força.

- O trabalho é *positivo* quando a componente da força está no *mesmo sentido de direção* que o seu deslocamento; de outra forma, ele é negativo.
- Forças que são funções do deslocamento devem ser integradas para obter o trabalho. Graficamente, o trabalho é igual à área sob a curva força-deslocamento.
- O trabalho de um peso é o produto da intensidade do peso e o deslocamento vertical, $U_W = \pm Wy$. Ele é positivo quando o peso se desloca para baixo.
- O trabalho de uma mola é da forma $U_s = \frac{1}{2}ks^2$, onde k é a rigidez da mola e s é a extensão ou compressão da mola.

A aplicação numérica deste procedimento é ilustrada nos exemplos seguintes à Seção 14.3.

14.3 Princípio do trabalho e energia para um sistema de partículas

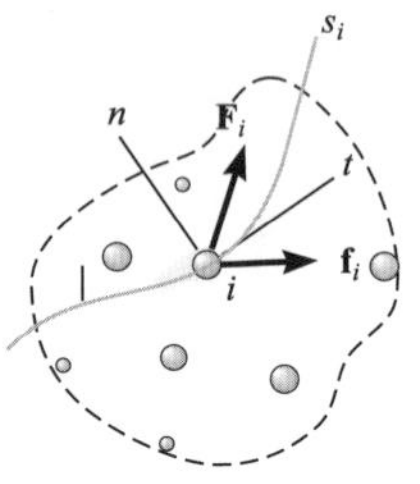

Sistema de coordenada inercial

Figura 14.8

O princípio do trabalho e energia pode ser estendido para incluir um sistema de partículas isoladas dentro de uma região fechada do espaço, como mostrado na Figura 14.8. Aqui, a i-ésima partícula arbitrária, tendo massa m_i, é submetida a uma força externa resultante $\mathbf{F}_i$ e uma força interna resultante $\mathbf{f}_i$, que todas as outras partículas exercem sobre a i-ésima partícula. Se aplicarmos o princípio do trabalho e energia para esta e cada uma das outras partículas do sistema, então, visto que o trabalho e a energia são quantidades escalares, as equações podem ser somadas algebricamente, o que resulta em:

$$\Sigma T_1 + \Sigma U_{1-2} = \Sigma T_2 \tag{14.8}$$

Neste caso, a energia cinética inicial do sistema mais o trabalho realizado por todas as forças internas e externas atuando sobre o sistema é igual à energia cinética final do sistema.

Se o sistema representa um *corpo rígido em translação*, ou uma série de corpos em translação conectados, então todas as partículas em cada corpo sofrerão o *mesmo deslocamento*. Portanto, o trabalho de todas as forças internas ocorrerá em pares colineares iguais, mas opostas e, assim, eles se anularão mutuamente. Por outro lado, se é suposto que o corpo *não seja rígido*, as partículas do corpo podem ser deslocadas ao longo de *trajetórias diferentes*, e parte da energia devida às interações das forças seria desprendidada e perdida como calor ou armazenada no corpo se ocorrerem deformações permanentes. Discutiremos estes efeitos brevemente no fim desta seção e na Seção 15.4. Em todo este texto, entretanto, o princípio do trabalho e energia será aplicado aos problemas nos quais uma avaliação direta de tais perdas de energia não tem de ser considerada.

Trabalho de atrito causado por deslizamento

Uma classe especial de problemas será agora investigada, que exige uma aplicação cuidadosa da Equação 14.8. Estes problemas envolvem casos nos quais um corpo desliza sobre a superfície de outro corpo na presença de atrito. Considere, por exemplo, um bloco que está transladando de uma distância s sobre uma superfície áspera, como mostrado na Figura 14.9*a*. Se a força aplicada **P** apenas equilibra a força de atrito *resultante* $\mu_k N$, Figura 14.9*b*, então, devido ao equilíbrio, uma velocidade constante **v** é mantida, e seria esperado que a Equação 14.8 fosse aplicada como a seguir:

$$\frac{1}{2}mv^2 + Ps - \mu_k Ns = \frac{1}{2}mv^2$$

Necessariamente, esta equação é satisfeita se $P = \mu_k N$; entretanto, como se percebe com a experiência, o movimento de deslizamento vai *gerar calor*, uma forma de energia que parece não ser levada em consideração na equação de trabalho-energia. A fim de explicar este paradoxo e, por conseguinte, representar mais proximamente a natureza do atrito, deveríamos na realidade, modelar o bloco de maneira que as superfícies de contato sejam *deformáveis* (não rígidas).* Lembre-se de que as porções ásperas na parte de baixo do bloco atuam como 'dentes', e, quando o bloco desliza, estes dentes *deformam ligeiramente* e/ou quebram ou vibram quando se afastam dos 'dentes' na superfície de contato, Figura 14.9*c*. Como resultado, as forças de atrito que atuam sobre o bloco nestes pontos são deslocadas ligeiramente devido às deformações localizadas, e mais tarde elas são substituídas por outras forças de atrito à medida que outros pontos de contato são feitos. Em qualquer instante, a *resultante* **F** de todas estas forças de atrito permanece essencialmente constante, ou seja, $\mu_k N$; entretanto, devido a muitas *deformações localizadas*, o deslocamento real s' de $\mu_k N$ *não* é o mesmo que o deslocamento s da força aplicada **P**. Em vez disso, s' será *menor* que s ($s' < s$), e, portanto, o *trabalho externo* realizado pela força de atrito resultante será $\mu_k N s'$ e não $\mu_k N s$. A quantidade de trabalho restante, $\mu_k N(s - s')$, manifesta-se como um aumento da *energia interna*, a qual de fato faz a temperatura do bloco subir.

Resumindo, então, a Equação 14.8 pode ser aplicada a problemas envolvendo atrito de deslizamento; entretanto, é preciso entender plenamente que o trabalho da força de atrito resultante não é representado por $\mu_k N s$; em vez disso, este termo representa *tanto* o trabalho externo de atrito ($\mu_k N s'$) *quanto* o trabalho interno $[\mu_k N(s - s')]$, o qual é convertido em várias formas de energia, como o calor.**

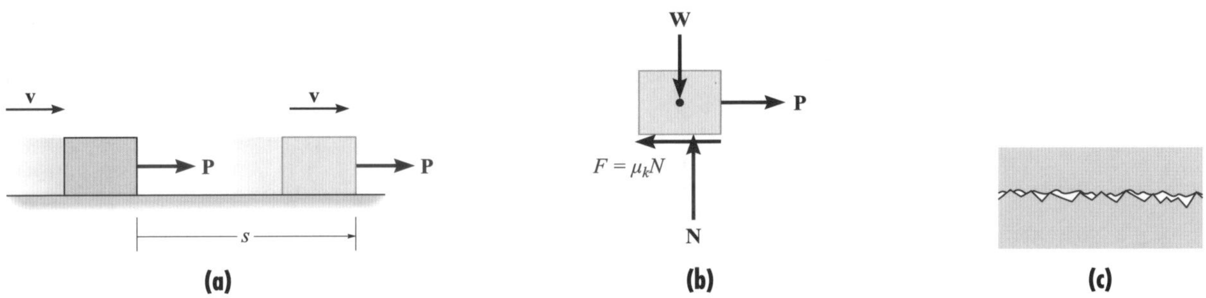

Figura 14.9

Exemplo 14.2

O automóvel de 17,5 kN (m ≈ 1750 kg) mostrado na Figura 14.10*a* desce a estrada com uma inclinação de 10° a uma velocidade de 6 m/s. Se o motorista pisar fundo no freio, fazendo com que suas rodas travem, determine a distância s que os pneus vão deslizar pela estrada. O coeficiente de atrito cinético entre as rodas e a estrada é de $\mu_k = 0{,}5$.

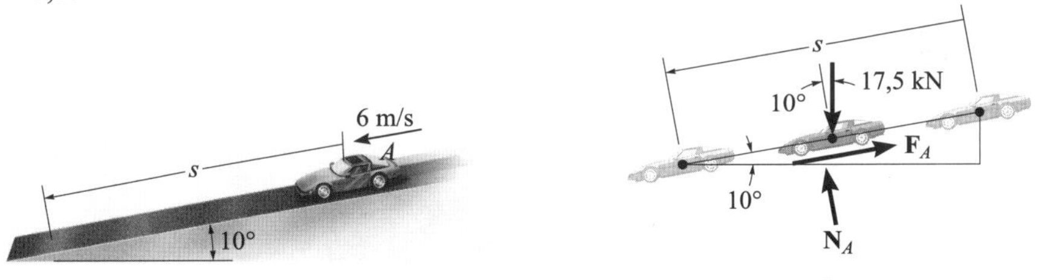

Figura 14.10

* Ver Capítulo 8 de *Estática:* mecânica para engenharia, 12. ed., 2011.

** Ver B. A. Sherwood e W. H. Bernard, "Work and Heat Transfer in the Presence of Sliding Friction", *Am. J. Phys.* 52, 1001 (1984).

SOLUÇÃO

Este problema pode ser resolvido usando-se o princípio do trabalho e energia, visto que ele envolve força, velocidade e deslocamento.

Trabalho (diagrama de corpo livre)

Como mostrado na Figura 14.10*b*, a força normal $\mathbf{N}_A$ não realiza trabalho, já que ela nunca sofre deslocamento ao longo da sua linha de ação. O peso, 17,5 kN, é deslocado s sen 10º e realiza trabalho positivo. Por quê? A força de atrito $\mathbf{F}_A$ realiza ambos os trabalhos — externo e interno — quando sofre o deslocamento. Este trabalho é negativo, visto que ele é no sentido oposto à direção do deslocamento. Aplicando a equação do equilíbrio normal à estrada, temos:

$$+\nwarrow \Sigma F_n = 0; \qquad N_A - 17,5\cos 10^\circ\ \text{kN} = 0 \quad N_A = 17,234\ \text{kN}$$

Desse modo,

$$F_A = \mu_k N_A = 0,5\ (17,234\ \text{kN}) = 8,617\ \text{kN}$$

Princípio do trabalho e energia

$$T_1 + \Sigma U_{1-2} = T_2$$

$$\frac{1}{2}\left(\frac{17,5\ \text{kN}}{9,81\ \text{m/s}^2}\right)(6\ \text{m/s})^2 + 17,5\ \text{kN}(s\ \text{sen}10^\circ) - (8,617\ \text{kN})s = 0$$

Resolvendo, para s temos:

$$s = 5,75\ \text{m}$$

NOTA: Se este problema for resolvido utilizando-se a equação do movimento, *dois passos* estarão envolvidos. Primeiro, do diagrama de corpo livre, Figura 14.10*b*, a equação do movimento é aplicada ao longo do plano inclinado. Isto resulta em

$$+\swarrow \Sigma F_s = ma_s; \qquad 17,5\ \text{sen}\ 10^\circ\ \text{kN} - 8,617\ \text{kN} = \frac{17,5\ \text{kN}}{9,81\ \text{m/s}^2}a$$

$$a = -3,13\ \text{m/s}^2$$

Em seguida, como a é constante, temos:

$$(+\swarrow) \qquad v^2 = v_0^2 + 2a_c(s - s_0);$$

$$(0)^2 = (6\ \text{m/s})^2 + 2(-3,13\ \text{m/s}^2)(s - 0)$$

$$s = 5,75\ \text{m}$$

Exemplo 14.3

Por um curto período o guindaste na Figura 14.11*a* iça a viga de 2,50 Mg com uma força $F = (28 + 3s^2)$ kN. Determine a velocidade da viga quando ela for erguida s = 3 m. Além disso, quanto tempo ela leva para alcançar essa altura partindo do repouso?

(a)

Figura 14.11

SOLUÇÃO

Podemos resolver parte deste problema utilizando o princípio do trabalho e energia, pois ele envolve força, velocidade e deslocamento. A cinemática deve ser usada para determinar o tempo. Observe que em $s = 0$, $F = 28\ (10^3)$ N > $W = 2,50\ (10^3)\ (9,81)$ N, de maneira que o movimento vai ocorrer.

Trabalho (diagrama de corpo livre)

Como mostrado no diagrama de corpo livre, Figura 14.11*b*, a força $\mathbf{F}$ de içamento realiza trabalho positivo, o qual deve ser determinado através de integração visto que esta força é uma variável. Além disso, o peso é constante e realizará trabalho negativo, visto que o deslocamento é para cima.

Princípios do trabalho e energia

$$T_1 + \Sigma U_{1-2} = T_2$$

$$0 + \int_0^s (28 + 3s^2)(10^3)ds - (2{,}50)(10^3)(9{,}81)s = \tfrac{1}{2}(2{,}50)(10^3)v^2$$

$$28(10^3)s + (10^3)s^3 - 24{,}525(10^3)s = 1{,}25(10^3)v^2$$

$$v = (2{,}78s + 0{,}8s^3)^{\frac{1}{2}} \qquad (1)$$

Quando $s = 3$ m,

$$v = 5{,}47 \text{ m/s}$$

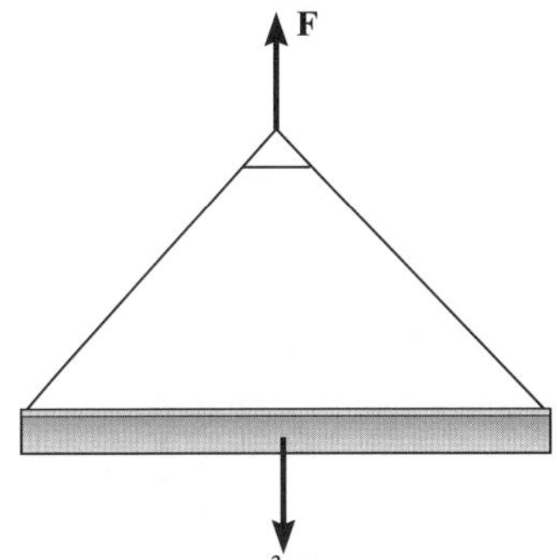

(b)

Figura 14.11

Cinemática

Como fomos capazes de expressar a velocidade como uma função do deslocamento, o tempo pode ser determinado utilizando $v = ds/dt$. Neste caso,

$$(2{,}78s + 0{,}8s^3)^{\frac{1}{2}} = \frac{ds}{dt}$$

$$t = \int_0^3 \frac{ds}{(2{,}78s + 0{,}8s^3)^{\frac{1}{2}}}$$

A integração pode ser realizada numericamente utilizando-se uma calculadora de bolso. O resultado é:

$$t = 1{,}79 \text{ s}$$

NOTA: A aceleração da viga pode ser determinada integrando-se a Equação (1) utilizando $v\,dv = a\,ds$, ou, mais diretamente, aplicando-se a equação do movimento, $\Sigma F = ma$.

Exemplo 14.4

A plataforma P, mostrada na Figura 14.12*a*, tem massa desprezível e está presa ao solo de maneira que a corda de 0,4 m mantém uma mola de 1 m de comprimento comprimida 0,6 m quando não há *nada* sobre a plataforma. Se um bloco de 2 kg é colocado sobre a plataforma e solto do repouso após a plataforma ser empurrada 0,1 m, Figura 14.12*b*, determine a altura máxima h que o bloco sobe no ar, medida a partir do solo.

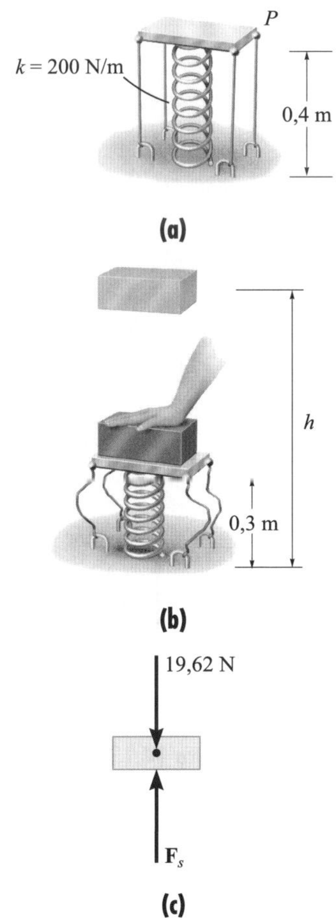

Figura 14.12

SOLUÇÃO

Trabalho (diagrama de corpo livre)

Visto que o bloco é solto do repouso e depois alcança sua altura máxima, as velocidades inicial e final são zero. O diagrama de corpo livre do bloco quando ele ainda está em contato com a plataforma é mostrado na Figura 14.12*c*. Observe que o peso realiza trabalho negativo e a força da mola realiza trabalho positivo. Por quê? Em particular, a *compressão inicial* na mola é $s_1 = 0{,}6 \text{ m} + 0{,}1 \text{ m} = 0{,}7$ m. Devido às cordas, a compressão final da mola é $s_2 = 0{,}6$ m (após o bloco deixar a plataforma). A parte de baixo do bloco sobe de uma altura de $(0{,}4 \text{ m} - 0{,}1 \text{ m}) = 0{,}3$ m para uma altura final h.

Princípio do trabalho e energia

$$T_1 + \Sigma U_{1-2} = T_2$$

$$\tfrac{1}{2}mv_1^2 + \{-(\tfrac{1}{2}ks_2^2 - \tfrac{1}{2}ks_1^2) - W\Delta y\} = \tfrac{1}{2}mv_2^2$$

Observe que aqui $s_1 = 0{,}7 \text{ m} > s_2 = 0{,}6$ m e assim o trabalho da mola como determinado da Equação 14.4 será necessariamente positivo, uma vez que o cálculo seja feito. Desse modo,

$$0 + \{-[\tfrac{1}{2}(200\ \text{N/m})(0{,}6\ \text{m})^2 - \tfrac{1}{2}(200\ \text{N/m})(0{,}7\ \text{m})^2] - (19{,}62\ \text{N})[h - (0{,}3\ \text{m})]\} = 0$$

Resolvendo:

$$h = 0{,}963\ \text{m}$$

Exemplo 14.5

O garoto de 40 kg na Figura 14.13*a* desliza pelo escorregador aquático liso. Se ele parte do repouso em *A*, determine a sua velocidade quando ele chega a *B* e a reação normal que a rampa exerce sobre o garoto nesta posição.

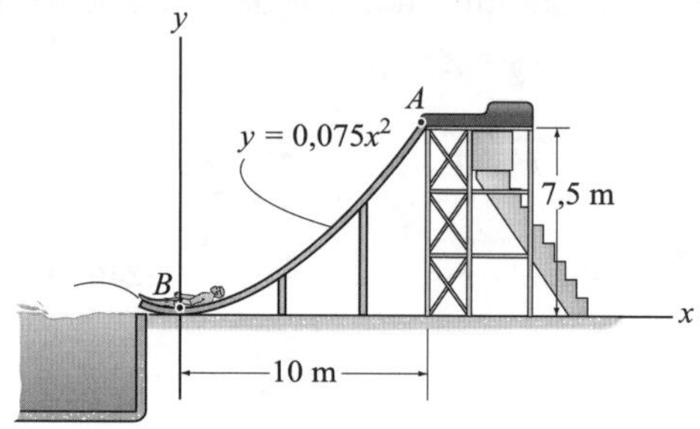

(a)

Figura 14.13

SOLUÇÃO

Trabalho (diagrama de corpo livre)

Como mostrado no diagrama de corpo livre, Figura 14.13*b*, há duas forças atuando sobre o garoto à medida que ele desce a rampa. Observe que a força normal não realiza trabalho.

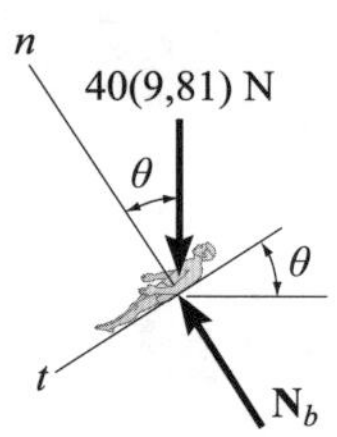

(b)

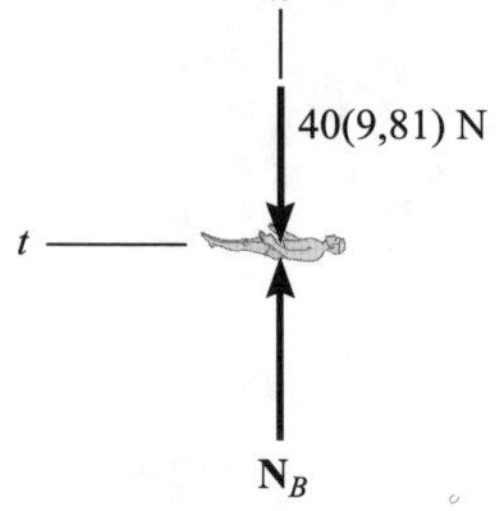

(c)

Figura 14.13

Princípio do trabalho e energia

$$T_A + \Sigma U_{A-B} = T_B$$

$$0 + (40(9{,}81)\text{N})(7{,}5\ \text{m}) = \tfrac{1}{2}(40\ \text{kg})v_B^2$$

$$v_B = 12{,}13\ \text{m/s} = 12{,}1\ \text{m/s}$$

Equação do movimento

Referindo-se ao diagrama de corpo livre do garoto quando ele está em *B*, Figura 14.23*c*, a reação normal $\mathbf{N}_B$ pode agora ser obtida aplicando-se a equação do movimento ao longo do eixo *n*. Aqui, o raio de curvatura da trajetória é:

$$\rho_B = \frac{\left[1 + \left(\frac{dy}{dx}\right)^2\right]^{3/2}}{|d^2y/dx^2|} = \left.\frac{[1 + (0{,}15x)^2]^{3/2}}{|0{,}15|}\right|_{x=0} = 6{,}667\ \text{m}$$

Desse modo,

$$+\uparrow \Sigma F_n = ma_n; \quad N_B - 40(9{,}81)\ \text{N} = 40\ \text{kg}\left(\frac{(12{,}13\ \text{m/s})^2}{6{,}667\ \text{m}}\right)$$

$$N_B = 1275{,}3\ \text{N} = 1{,}28\ \text{kN}$$

Exemplo 14.6

Os blocos A e B mostrados na Figura 14.14*a* têm massa de 10 kg e 100 kg, respectivamente. Determine a distância que B se desloca quando é solto do repouso até o ponto onde sua velocidade se torna 2 m/s.

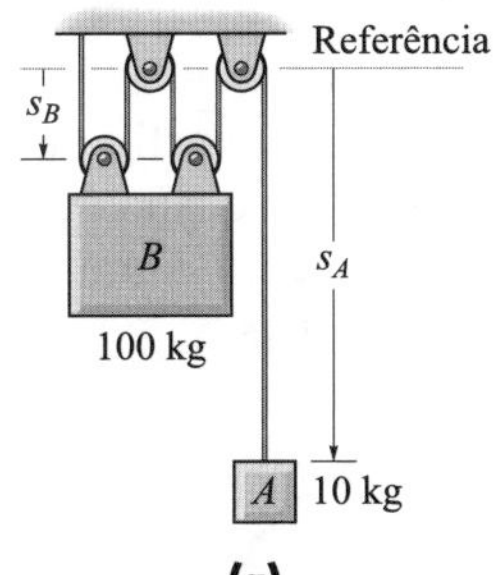

(a)

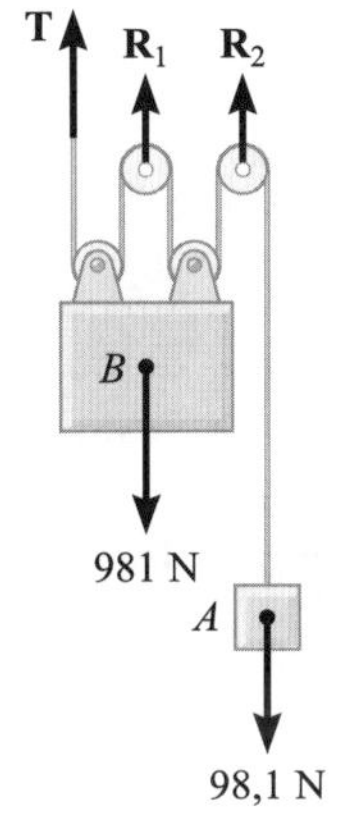

(b)

Figura 14.14

SOLUÇÃO

Este problema pode ser resolvido considerando-se os blocos separadamente e aplicando-se o princípio do trabalho e energia a cada bloco. Entretanto, o trabalho da tração do cabo (incógnita) pode ser eliminado da análise ao se considerar os blocos A e B juntos como um *sistema único*.

Trabalho (diagrama de corpo livre)

Como mostrado no diagrama de corpo livre do sistema, Figura 14.14*b*, a força do cabo **T** e reações $\mathbf{R}_1$ e $\mathbf{R}_2$ *não realizam trabalho*, visto que estas forças representam as reações nos apoios e, consequentemente, elas não se movem enquanto os blocos são deslocados. Os dois pesos realizam trabalho positivo se *supomos* que ambos se movem para baixo, no sentido da direção positiva de s_A e s_B.

Princípio do trabalho e energia

Percebendo que os blocos são soltos do repouso, temos:

$$\Sigma T_1 + \Sigma U_{1-2} = \Sigma T_2$$

$$\{\tfrac{1}{2}m_A(v_A)_1^2 + \tfrac{1}{2}m_B(v_B)_1^2\} + \{W_A\,\Delta s_A + W_B\,\Delta s_B\} =$$
$$\{\tfrac{1}{2}m_A(v_A)_2^2 + \tfrac{1}{2}m_B(v_B)_2^2\}$$

$$\{0 + 0\} + \{98{,}1\text{ N}(\Delta s_A) + 981\text{ N}(\Delta s_B)\} =$$
$$\{\tfrac{1}{2}(10\text{ kg})(v_A)_2^2 + \tfrac{1}{2}(100\text{ kg})(2\text{ m/s})^2\} \qquad (1)$$

Cinemática

Utilizando os métodos da cinemática discutidos na Seção 12.9, pode-se ver da Figura 14.14*a* que o comprimento total l de todos os segmentos verticais do cabo pode ser expresso em termos das coordenadas de posição s_A e s_B como:

$$s_A + 4s_B = l$$

Por conseguinte, uma variação na posição resulta na equação de deslocamento:

$$\Delta s_A + 4\Delta s_B = 0$$

$$\Delta s_A = -4\Delta s_B$$

Aqui, vemos que um deslocamento para baixo de um bloco produz um deslocamento para cima do outro bloco. Observe que Δs_A e Δs_B tem de ter a *mesma* convenção de sinais nas equações 1 e 2. Fazendo a derivada temporal resulta:

$$v_A = -4v_B = -4(2\text{ m/s}) = -8\text{ m/s} \qquad (2)$$

Conservando o sinal negativo na Equação 2 e substituindo na Equação 1, resulta:

$$\Delta s_B = 0{,}883\text{ m} \downarrow$$

Problemas fundamentais

14.1. A mola é colocada entre a parede e o bloco de 10 kg. Se o bloco é submetido a uma força $F = 500$ N, determine sua velocidade quando $s = 0{,}5$ m. Quando $s = 0$, o bloco está em repouso e a mola está descomprimida. A superfície de contato é lisa.

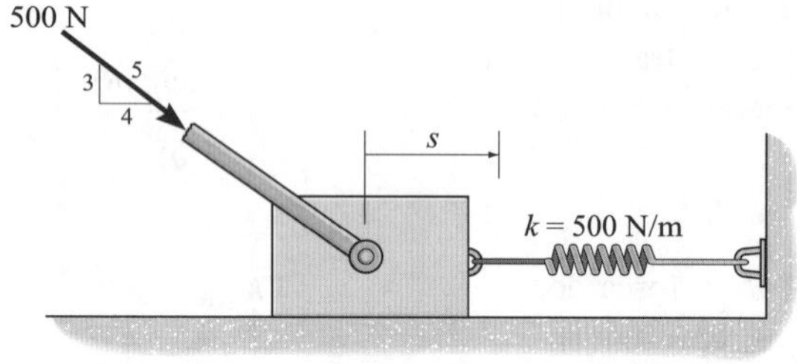

Problema 14.1

14.2. Se o motor exerce uma força constante de 300 N sobre o cabo, determine a velocidade da caixa de 20 kg quando ela se desloca de $s = 10$ m aclive acima, partindo do repouso. O coeficiente de atrito cinético entre a caixa e o aclive é $\mu_k = 0{,}3$.

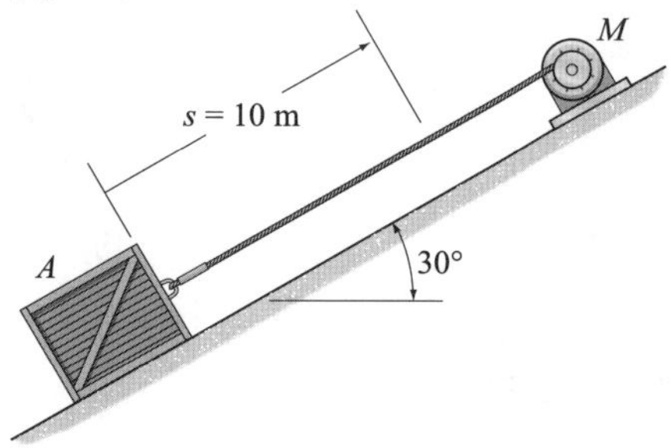

Problema 14.2

14.3. Se o motor exerce uma força $F = (600 + 2s^2)$ N sobre o cabo, determine a velocidade da caixa de 100 kg quando ela é içada de $s = 15$ m. A caixa está inicialmente em repouso no solo.

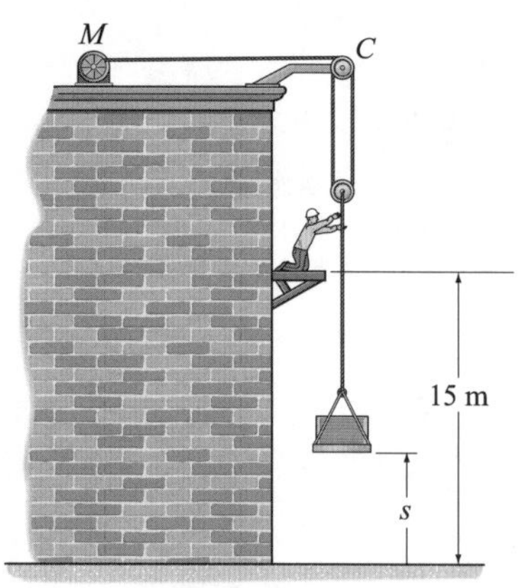

Problema 14.3

14.4. O carro de corrida tipo *dragster* de 1,8 Mg está se deslocando a 125 m/s quando o motor é desligado e o paraquedas é aberto. Se a força de arrasto do paraquedas pode ser aproximada pelo gráfico, determine a velocidade do *dragster* quando ele tenha se deslocado 400 m.

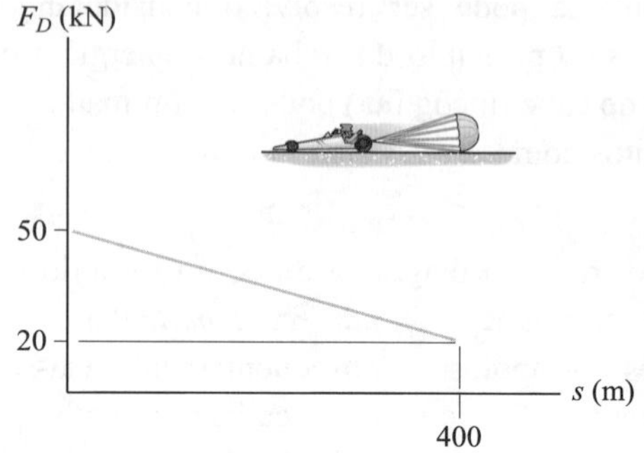

Problema 14.4

14.5. Quando $s = 0{,}6$ m, a mola não está deformada e o bloco de 10 kg tem uma velocidade de 5 m/s para baixo do plano inclinado liso. Determine a distância s quando o bloco para.

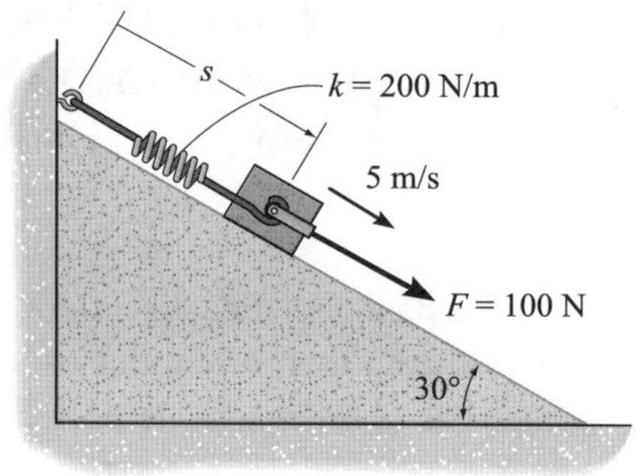

Problema 14.5

14.6. O anel de 2,5 kg é puxado por uma corda que passa em torno de um pino pequeno em C. Se a corda é submetida a uma força constante de $F = 50$ N, e o anel está em repouso quando ele está em A, determine sua velocidade quando ele chega a B. Despreze o atrito.

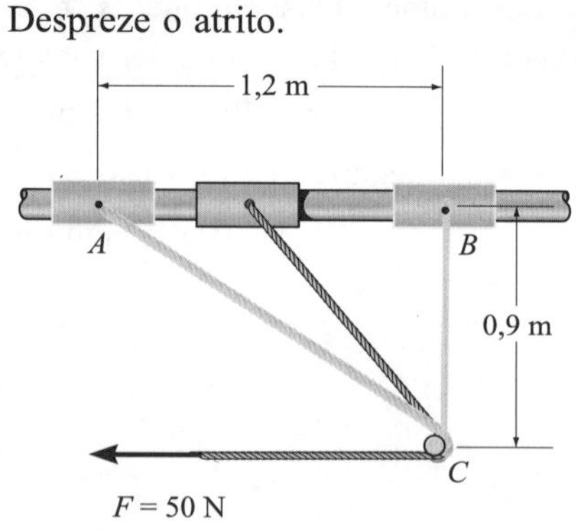

Problema 14.6

Problemas

•**14.1.** Uma caixa de 750 kg é puxada ao longo do solo com uma velocidade constante por uma distância de 7,5 m, utilizando um cabo que forma um ângulo de 15° com a horizontal. Determine a tração no cabo e o trabalho realizado por esta força. O coeficiente de atrito cinético entre o solo e a caixa é $\mu_k = 0{,}55$.

14.2. O movimento de um barco de 3.250 kg é impedido usando-se um para-choque que proporciona uma resistência como mostrado no gráfico. Determine a distância máxima que o barco amassa o para-choque se a sua velocidade de aproximação é 0,9 m/s.

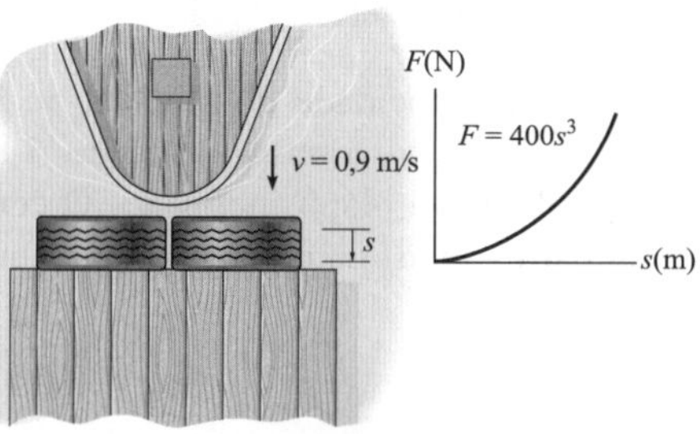

Problema 14.2

14.3. O tampão liso tem massa de 10 kg e é empurrado contra uma série de molas prato Belleville de maneira que a compressão na mola é $s = 0{,}015$ m. Se a força da mola sobre o tampão é $F = (4{,}5s^{1/3})$ N, onde s é dada em metros, determine a velocidade do tampão após ele se afastar da mola. Despreze o atrito.

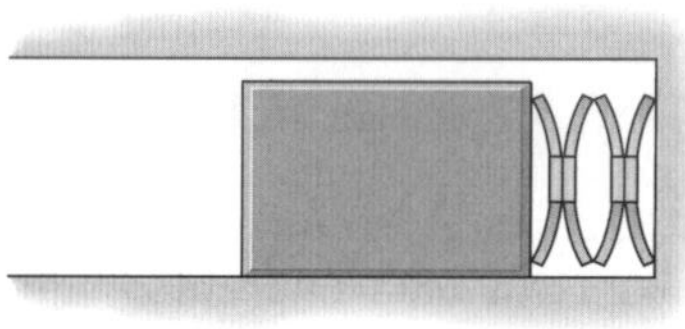

Problema 14.3

*****14.4.** Quando um projétil de 7 kg é disparado de um cano de canhão que tem um comprimento de 2 m, a força explosiva sobre o projétil, enquanto ele está no cano, varia da maneira mostrada. Determine a velocidade aproximada do projétil na boca do canhão no instante que ele deixa o cano. Despreze os efeitos do atrito dentro do cano e suponha que ele seja horizontal.

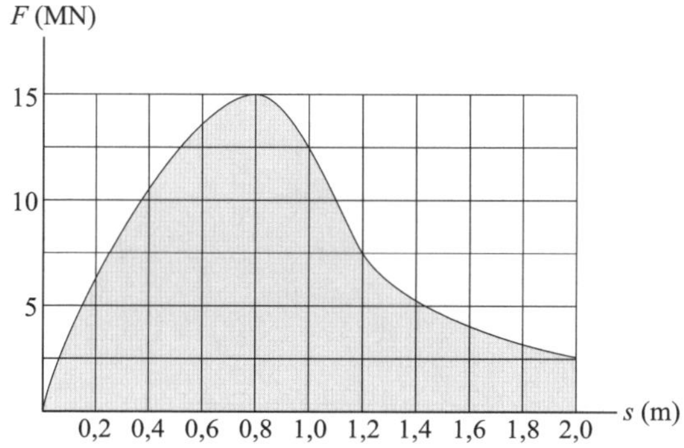

Problema 14.4

•**14.5.** O bloco de 1,5 kg desliza ao longo de um plano liso e bate em uma *mola não linear* com uma velocidade de $v = 4$ m/s. A mola é denominada 'não linear' porque ela tem uma resistência de $F_s = ks^2$ onde $k = 900$ N/m^2. Determine a velocidade do bloco após ele ter comprimido a mola de $s = 0{,}2$ m.

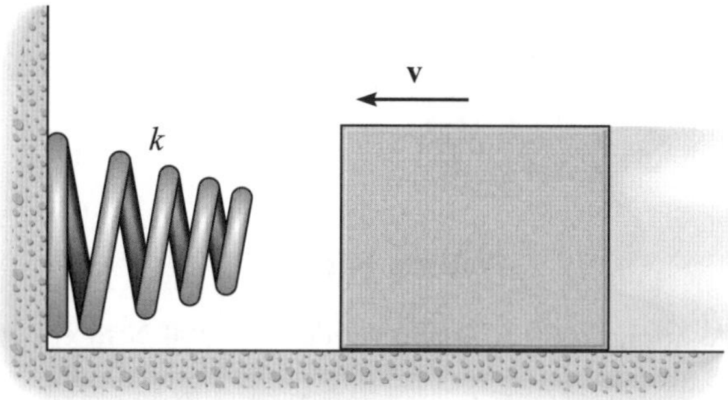

Problema 14.5

14.6. Quando o motorista aciona os freios de uma camioneta se deslocando a 10 km/h, ela derrapa 3 m antes de parar. Qual é a distância que a camioneta vai derrapar se ela estiver se deslocando a 80 km/h quando os freios forem acionados?

Problema 14.6

14.7. O bloco de 3 kg é solto do repouso em A e escorrega para baixo pela superfície parabólica lisa. Determine a compressão máxima da mola.

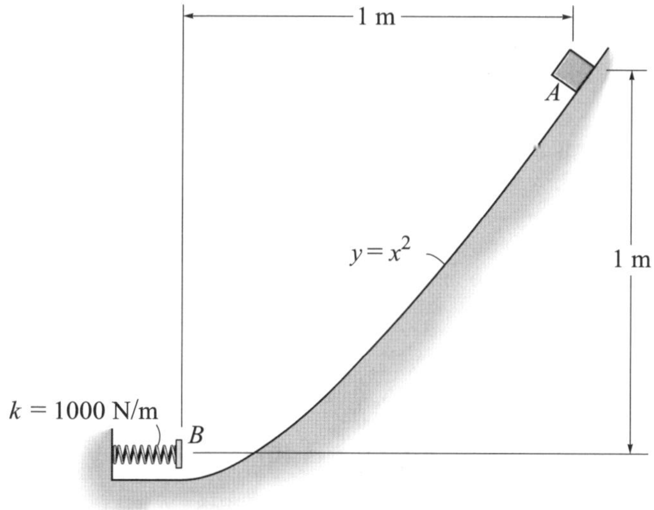

Problema 14.7

*14.8. A mola na arma de brinquedo tem um comprimento não deformado de 100 mm. Ela está comprimida e travada na posição mostrada. Quando o gatilho é puxado, a mola se distende 12,5 mm, e a bala de 20 g se desloca ao longo do cano. Determine a velocidade da bala quando ela deixa a arma. Despreze o atrito.

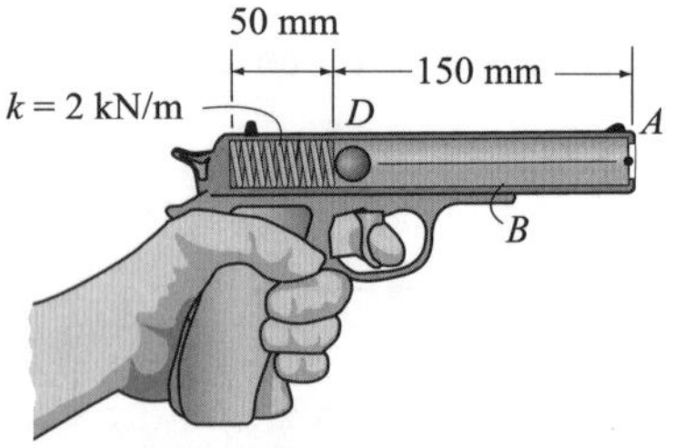

Problema 14.8

•14.9. As molas AB e CD têm rigidez k = 300 N/m e k' = 200 N/m, respectivamente, e as duas molas têm um comprimento não deformado de 600 mm. Se o anel liso de 2 kg parte do repouso quando as molas não estão deformadas, determine a velocidade do anel quando ele tiver se deslocado 200 mm.

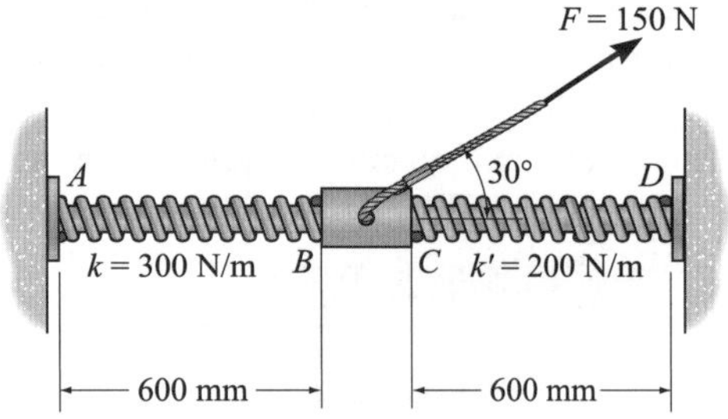

Problema 14.9

14.10. O carro de 2 Mg tem velocidade de v_1 = 100 km/h quando o motorista vê um obstáculo na frente do carro. Se leva 0,75 s para ele reagir e travar os freios completamente, fazendo com que o carro derrape, determine a distância que o carro se desloca antes de parar. O coeficiente de atrito cinético entre os pneus e a estrada é μ_k = 0,25.

14.11. O carro de 2 Mg tem uma velocidade de v_1 = 100 km/h quando o motorista vê um obstáculo à frente do carro. Leva 0,75 s para ele reagir e travar os freios completamente, fazendo com que o carro derrape. Se o carro para após ter sedeslocado uma distância de 175 m, determine o coeficiente de atrito cinético entre os pneus e o carro.

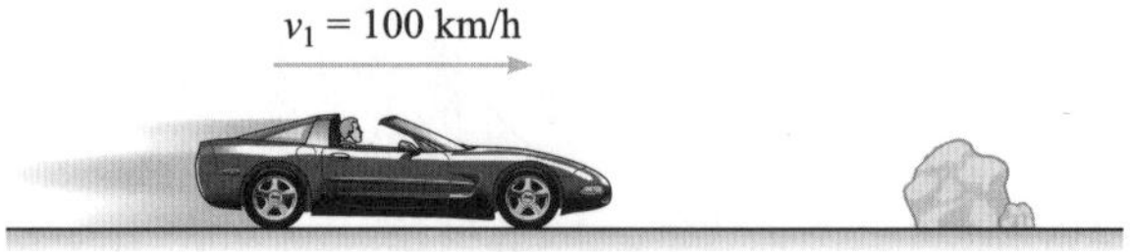

Problemas 14.10/11

*14.12. O bloco de 5 kg é solto do repouso em A. Determine a compressão de cada uma das molas após o bloco atingir a plataforma e ser levado instantaneamente ao repouso. Inicialmente, ambas as molas não estão deformadas. Suponha que a plataforma tenha massa desprezível.

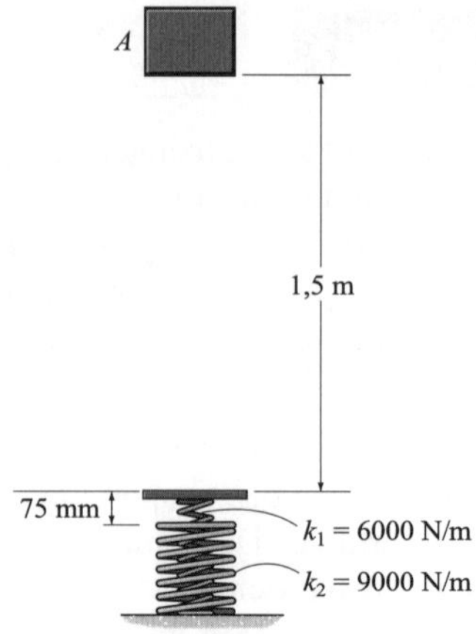

Problemas 14.12

14.13. Determine a velocidade do bloco A de 30 kg se os dois blocos são soltos do repouso e o bloco B de 20 kg se desloca 0,6 m subindo o plano inclinado. O coeficiente de atrito cinético entre ambos os blocos e os planos inclinados é de μ_k = 0,10.

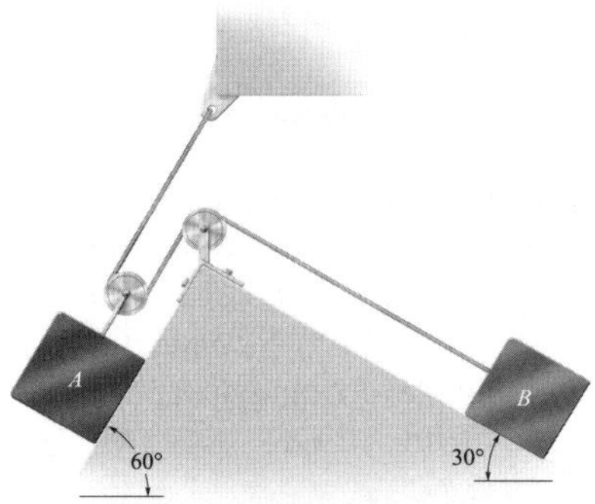

Problema 14.13

14.14. A força **F**, atuando em uma direção constante sobre o bloco de 20 kg, tem uma intensidade que varia com a posição s do bloco. Determine a distância que o bloco desliza antes que sua velocidade se torne 5 m/s. Quando s = 0, o bloco está se deslocando para a direita a 2 m/s. O coeficiente de atrito cinético entre o bloco e a superfície é μ_k = 0,3.

14.15. A força **F**, atuando em uma direção constante sobre o bloco de 20 kg, tem uma intensidade que varia com a posição s do bloco. Determine a velocidade do bloco após ele deslizar 3 m. Quando s = 0, o bloco está se deslocando para a direita a 2 m/s. O coeficiente de atrito cinético entre o bloco e a superfície é de μ_k = 0,3.

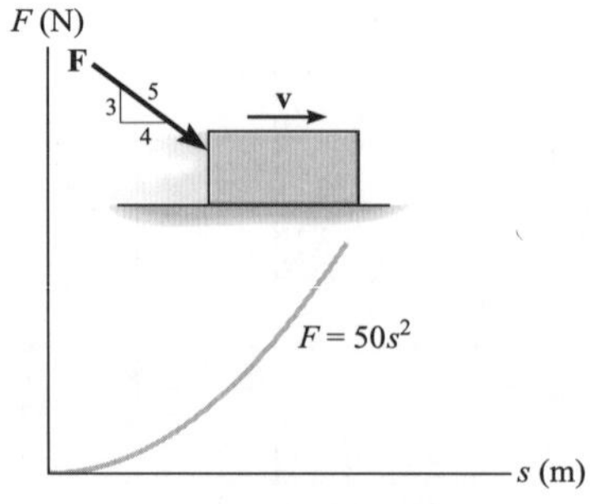

Problema 14.15

14.16. Um foguete de massa m é lançado verticalmente da superfície da Terra, ou seja, em $r = r_1$. Supondo que nenhuma massa é perdida à medida que ele se desloca para cima, determine o trabalho que ele precisa realizar contra a gravidade para chegar à distância r_2. A força da gravidade é $F = GM_em/r^2$ (Equação 13.1), onde M_e é a massa da Terra e r é a distância entre o foguete e o centro da Terra.

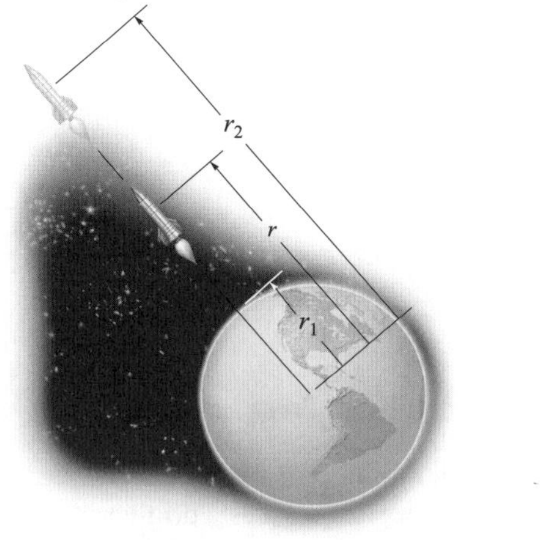

Problema 14.16

•**14.17.** O cilindro tem massa de 10 kg e é empurrado contra uma série de molas prato Belleville de maneira que a compressão na mola é $s = 0{,}015$ m. Se a força da mola sobre o cilindro é $F = (750\ s^{1/3})$ N, onde s é dado em metros, determine a velocidade do cilindro logo após ele se afastar da mola, ou seja, em $s = 0$.

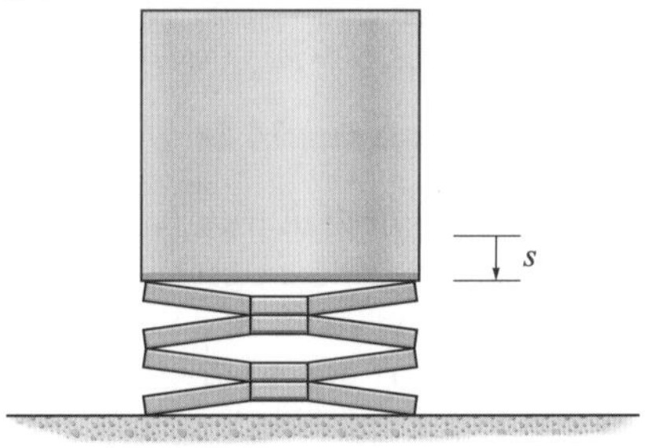

Problema 14.17

14.18. O anel tem massa de 20 kg e repousa sobre a barra lisa. Duas molas estão ligadas a ele e às extremidades da barra como mostrado. Cada mola tem um comprimento não deformado de 1 m. Se o anel é deslocado de $s = 0{,}5$ m e solto do repouso, determine sua velocidade no instante que ele retorna ao ponto $s = 0$.

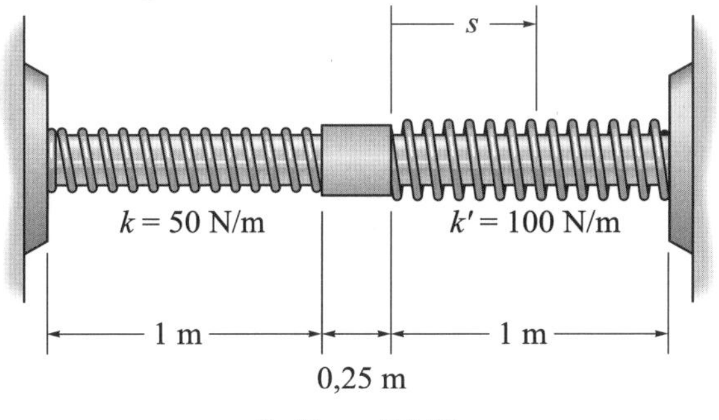

Problema 14.18

14.19. Determine a altura h da rampa D que o carrinho da montanha-russa de 200 kg atingirá se for lançado em B com uma velocidade apenas suficiente para dar a volta no topo do *loop* em C sem deixar os trilhos. O raio de curvatura em C é $\rho_c = 25$ m.

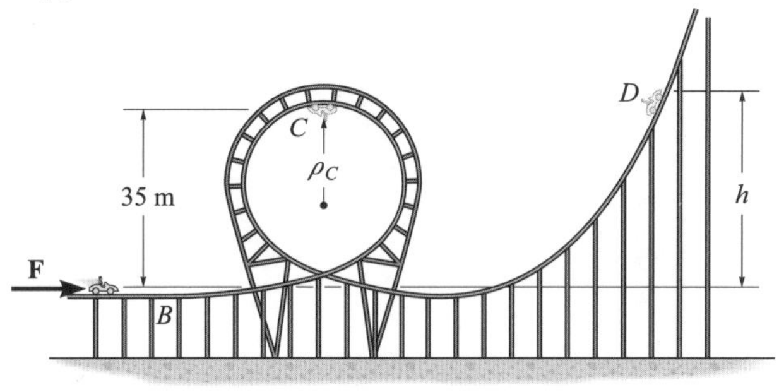

Problema 14.19

***14.20.** Pacotes tendo massa de 7,5 kg são transferidos horizontalmente de um transportador para o próximo utilizando uma rampa para a qual $\mu_k = 0{,}15$. O transportador de cima está se deslocando a 1,8 m/s e os pacotes estão espaçados 0,9 m uns dos outros. Determine a velocidade exigida do transportador de baixo de maneira que nenhum deslizamento ocorra quando os pacotes entram em contato horizontalmente com ele. Qual é o espaçamento s entre os pacotes no transportador de baixo?

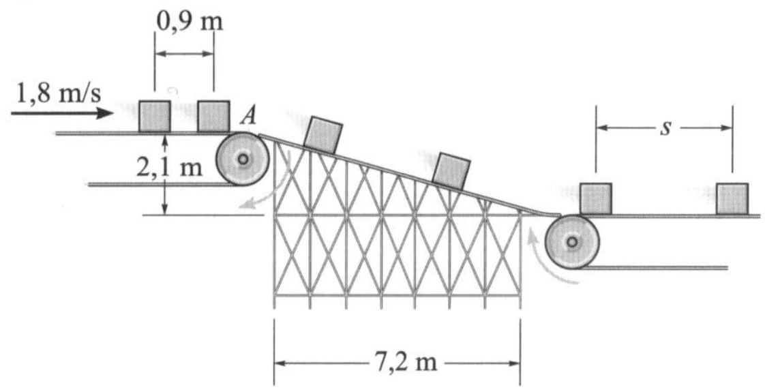

Problema 14.20

•**14.21.** A bola de 0,5 kg de dimensão desprezível é lançada para cima na pista circular vertical lisa usando o pistão com mola. O pistão mantém a mola comprimida 0,08 m quando $s = 0$. Determine até que s ele deve ser puxado para trás e solto de maneira que a bola vá começar a deixar a pista quando $\theta = 135°$.

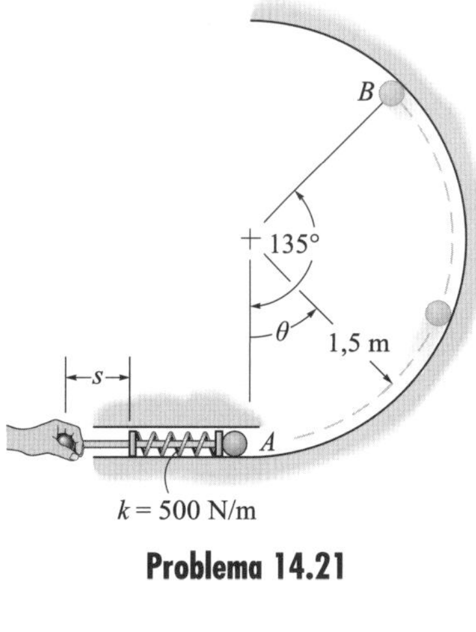

Problema 14.21

14.22. A caixa de 1 kg desliza na rampa circular lisa. Se a caixa tem uma velocidade de 9 m/s em A, determine a velocidade da caixa e a força normal atuando sobre a rampa quando a caixa está localizada em B e C. Suponha que o raio de curvatura da trajetória em C ainda é 1,5 m.

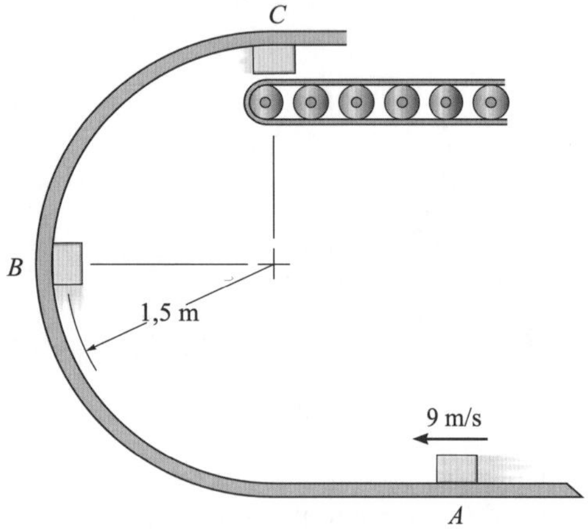

Problema 14.22

14.23. Pacotes tendo massa de 25 kg são passados para a calha de escoamento a $v_A = 0{,}9$ m/s utilizando-se uma calha transportadora. Determine suas velocidades quando eles chegam aos pontos B, C e D. Calcule também a força normal da calha sobre os pacotes em B e C. Despreze o atrito e a dimensão dos pacotes.

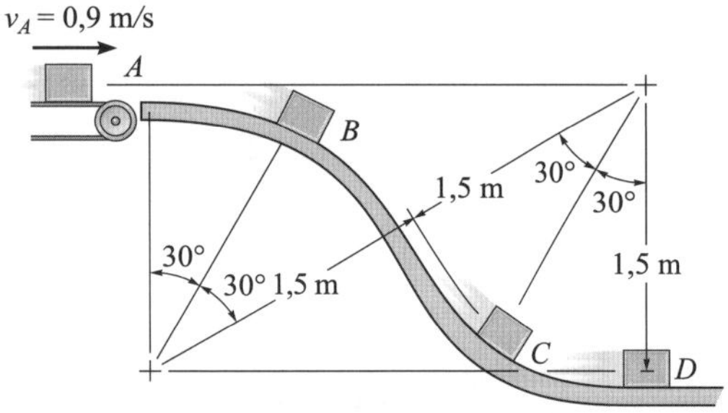

Problema 14.23

***14.24.** O bloco de 1 kg desliza para baixo pela superfície parabólica lisa de tal maneira que quando ele está em A ele tem uma velocidade de 3 m/s. Determine a intensidade da velocidade e aceleração do bloco quando ele chega ao ponto B, e a altura máxima $y_{máx}$ alcançada pelo bloco.

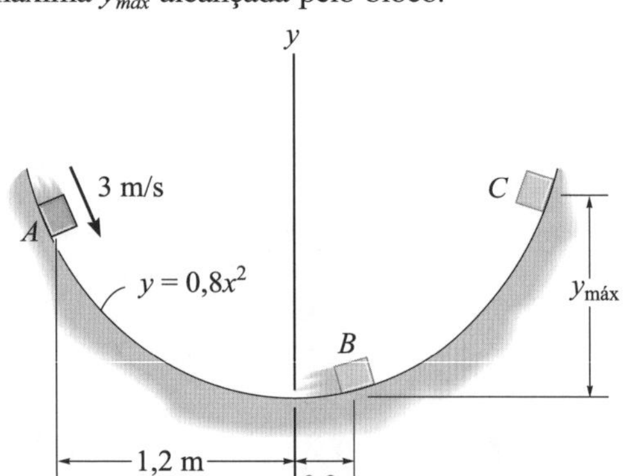

Problema 14.24

•14.25. O esquiador parte do repouso em A e desloca-se rampa abaixo. Se o atrito e a resistência do ar podem ser desprezados, determine a sua velocidade v_B quando ele chega a B. Além disso, determine a distância s onde ele atinge o solo em C, se ele faz o salto se deslocando horizontalmente em B. Despreze a dimensão do esquiador. Ele tem massa de 70 kg.

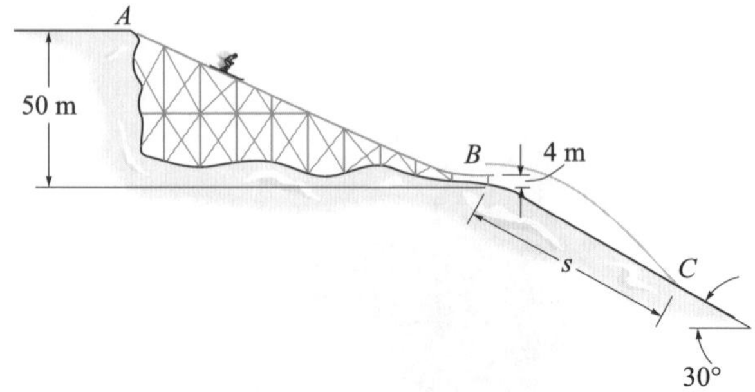

Problema 14.25

14.26. A caixa, que tem massa de 100 kg, é submetida à ação das duas forças. Se ela está originariamente em repouso, determine a distância que ela desliza a fim de alcançar uma velocidade de 6 m/s. O coeficiente de atrito cinético entre a caixa e a superfície é $\mu_k = 0{,}2$.

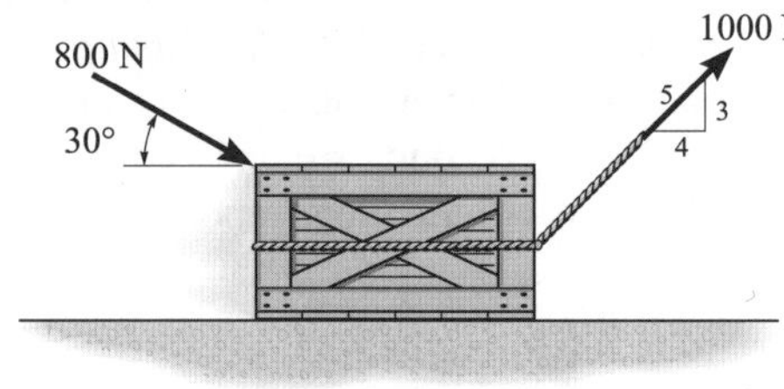

Problema 14.26

14.27. O tijolo de 1 kg desliza para baixo por um telhado liso de tal maneira que quando ele está em A tem velocidade de 1,5 m/s. Determine a velocidade do tijolo imediatamente antes de ele deixar a superfície em B, a distância d da parede até ele atingir o solo e a velocidade com a qual ele bate no solo.

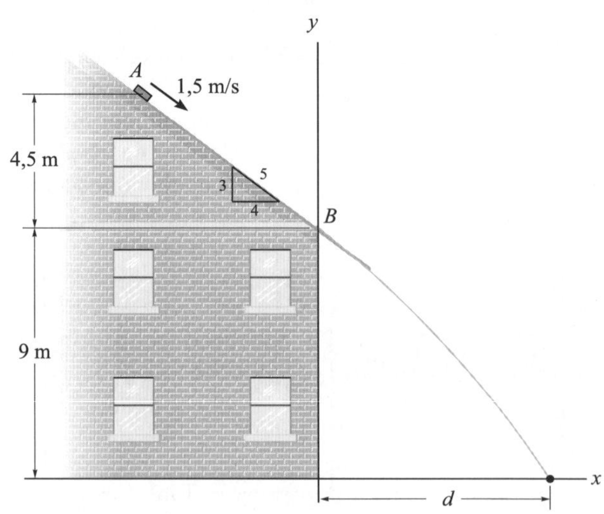

Problema 14.27

***14.28.** Montanhas-russas são projetadas de maneira que os passageiros não sintam uma força normal que seja maior do que 3,5 vezes seu peso contra o assento do carrinho. Determine o menor raio de curvatura ρ da pista no seu ponto mais baixo se o carrinho tem velocidade de 1,5 m/s no pico da descida. Despreze o atrito.

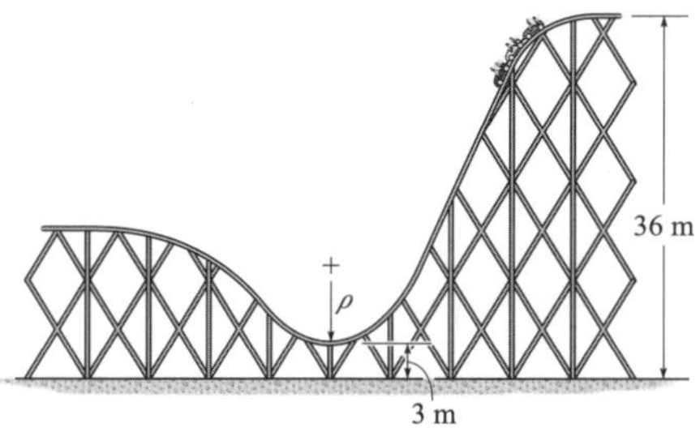

Problema 14.28

•14.29. O homem de 60 kg atua como uma bala de canhão humana ao ser 'atirado' do canhão armado com uma mola como mostrado. Se a maior aceleração que ele pode sentir é $a = 10g = 98{,}1$ m/s^2, determine a rigidez necessária da mola que está comprimida 0,6 m no momento do lançamento. Com que velocidade ele vai deixar o cano do canhão, $d = 2{,}4$ m, quando o canhão for disparado? Quando a mola é comprimida de $s = 0{,}6$ m, então $d = 2{,}4$ m. Despreze o atrito e suponha que o homem se mantém em uma posição rígida durante todo o movimento.

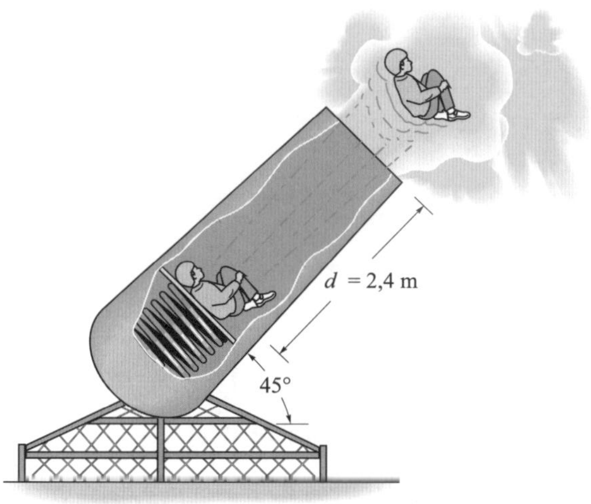

Problema 14.29

14.30. Se a pista deve ser projetada de maneira que os passageiros do carro da montanha-russa não sintam uma força normal igual a zero ou mais do que 4 vezes o seu peso, determine as alturas limitantes h_A e h_C de maneira que isto não ocorra. O carro da montanha-russa parte do repouso na posição A. Despreze o atrito.

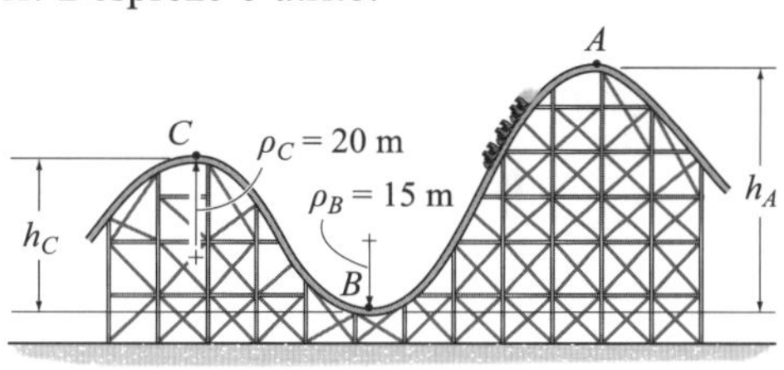

Problema 14.30

14.31. Bolas de gude tendo massa de 5 g caem do repouso em A através do tubo de vidro e se acumulam na vasilha em C. Determine a posição R da vasilha no fim do tubo e a velocidade na qual as bolas de gude caem dentro da vasilha. Despreze a dimensão da vasilha.

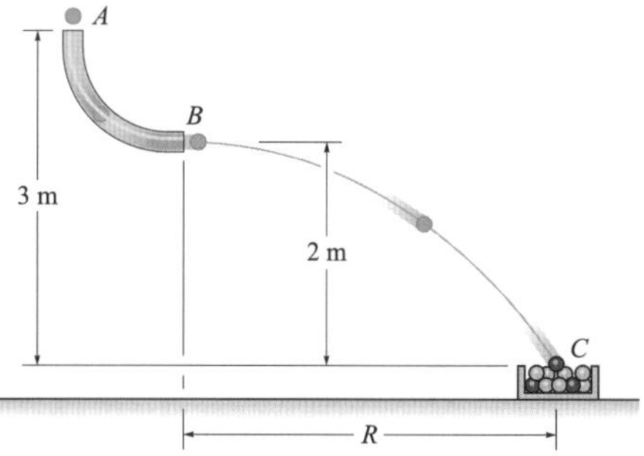

Problema 14.31

***14.32.** A bola tem massa de 0,5 kg e está suspensa por uma tira de borracha que tem comprimento não deformado de 1 m e rigidez $k = 50$ N/m. Se o apoio em A ao qual a tira de borracha está ligada está a 2 m do solo, determine a maior velocidade que a bola pode ter em A de maneira que ela não toque o solo quando alcança o seu ponto mais baixo B. Despreze a dimensão da bola e a massa da tira de borracha.

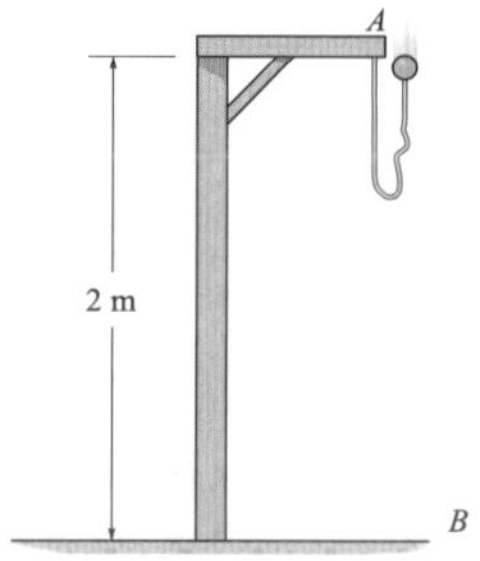

Problema 14.32

•14.33. Se o coeficiente de atrito cinético entre a caixa de 100 kg e o plano é $\mu_k = 0{,}25$, determine a compressão x da mola necessária para levar a caixa instantaneamente ao repouso. Inicialmente, a mola não está deformada e a caixa está em repouso.

14.34. Se o coeficiente de atrito cinético entre a caixa de 100 kg e o plano é $\mu_k = 0{,}25$, determine a velocidade da caixa no instante que a compressão da mola é $x = 1{,}5$ m. Inicialmente, a mola não está deformada e a caixa está em repouso.

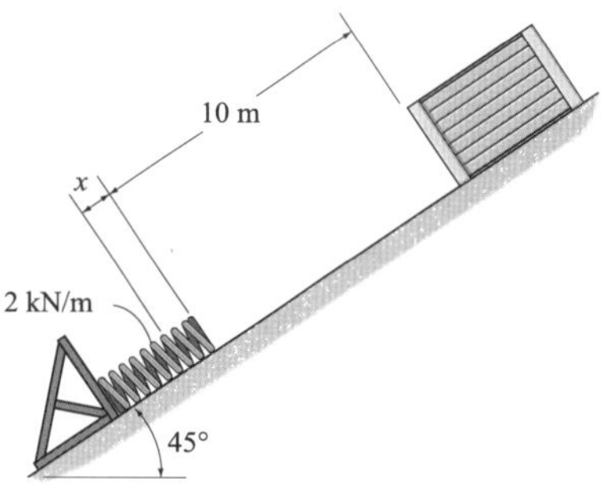

Problemas 14.33/34

14.35. Um bloco de 1 kg repousa sobre a superfície semicilíndrica lisa. Uma corda elástica tendo uma rigidez $k = 30$ N/m é ligada ao bloco em B e à base do semicilindro no ponto C. Se o bloco é solto do repouso em $A(\theta = 0°)$, determine o comprimento não deformado da corda de maneira que o bloco comece a deixar o semicilindro no instante $\theta = 45°$. Despreze a dimensão do bloco.

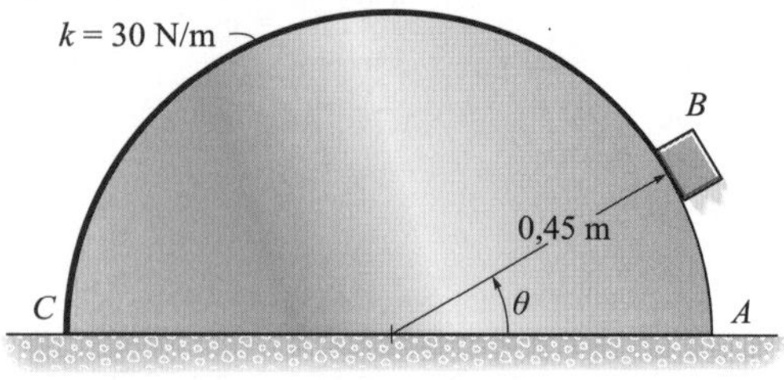

Problema 14.35

***14.36.** A pedra de 50 kg tem uma velocidade $v_A = 8$ m/s quando chega ao ponto A. Determine a força normal que ela exerce sobre o plano inclinado quando chega ao ponto B. Despreze o atrito e a dimensão da pedra.

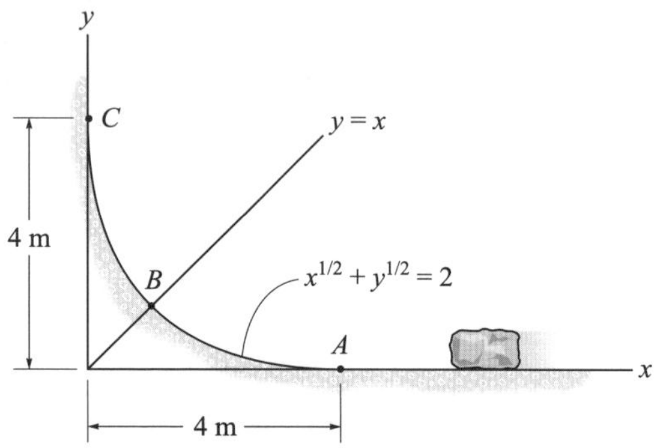

Problema 14.36

•14.37. Se a caixa de 75 kg parte do repouso em A, determine a sua velocidade quando ela chega ao ponto B. O cabo é submetido a uma força constante de $F = 300$ N. Despreze o atrito e a dimensão da polia.

14.38. Se a caixa de 75 kg parte do repouso em A, e sua velocidade é 6 m/s quando passa o ponto B, determine a força constante **F** exercida sobre o cabo. Despreze o atrito e a dimensão da polia.

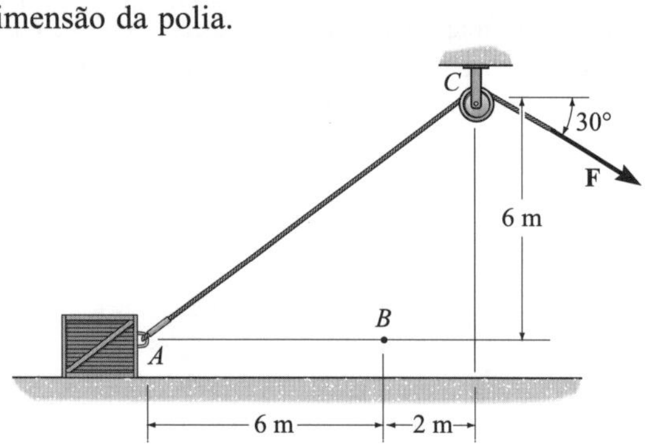

Problemas 14.37/38

14.39. Se o esquiador de 60 kg passa o ponto A com uma velocidade de 5 m/s, determine a sua velocidade quando chega ao ponto B. Determine também a força normal exercida sobre ele pelo terreno inclinado neste ponto. Despreze o atrito.

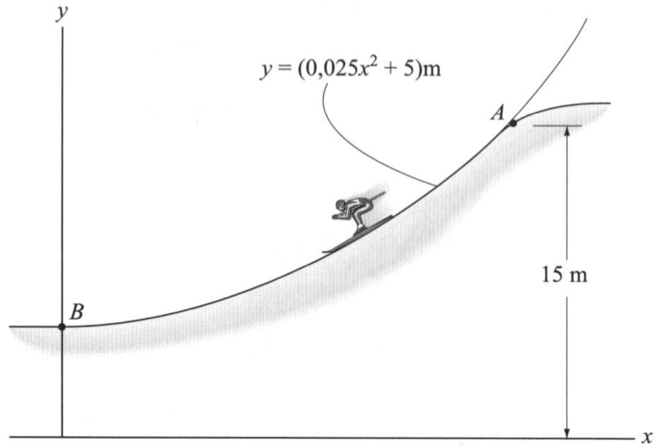

Problema 14.39

***14.40.** O esqueitista de 75 kg passa o ponto A com uma velocidade de 1,8 m/s. Determine a sua velocidade quando chega ao ponto B e a força normal exercida sobre ele pela pista neste ponto. Despreze o atrito.

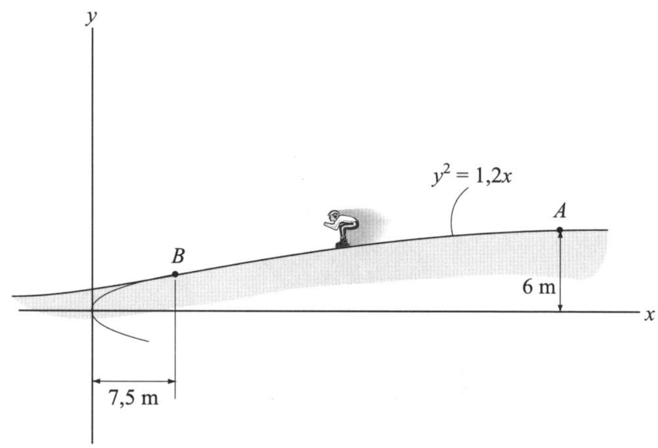

Problema 14.40

•14.41. A uma caixa pequena de massa m é dada uma velocidade de $v = \sqrt{\frac{1}{4}gr}$ no topo do meio-cilindro liso. Determine o ângulo θ no qual a caixa deixa o cilindro.

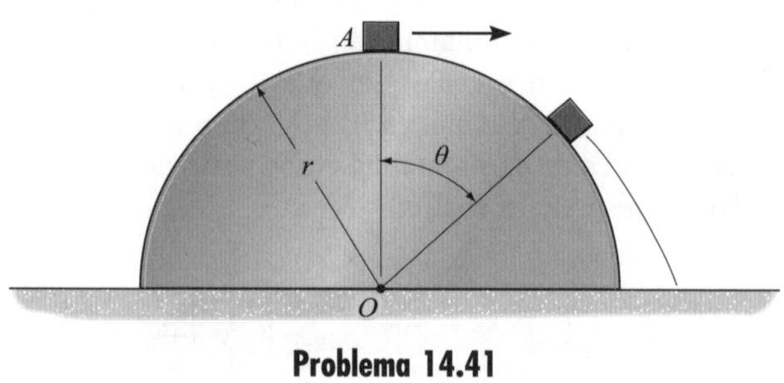

Problema 14.41

14.4 Potência e eficiência

Potência

O termo 'potência' fornece uma base útil para escolher o tipo de motor ou máquina que é necessária para se realizar certa quantidade de trabalho em um dado tempo. Por exemplo, duas bombas podem, cada uma, ser capazes de esvaziar um reservatório se tiverem tempo suficiente; entretanto, a bomba tendo a maior potência vai terminar o serviço mais cedo.

A *potência* gerada por uma máquina ou motor que realiza uma quantidade de trabalho dU dentro do intervalo de tempo dt é, portanto,

$$P = \frac{dU}{dt} \tag{14.9}$$

Se o trabalho dU é expresso como $dU = \mathbf{F} \cdot d\mathbf{r}$, então,

$$P = \frac{dU}{dt} = \frac{\mathbf{F} \cdot d\mathbf{r}}{dt} = \mathbf{F} \cdot \frac{d\mathbf{r}}{dt}$$

ou

$$P = \mathbf{F} \cdot \mathbf{v} \tag{14.10}$$

Por conseguinte, potência é um *escalar*, onde, nesta formulação, $\mathbf{v}$ representa a velocidade da partícula que recebe a ação da força $\mathbf{F}$.

A unidade básica de potência usada no sistema internacional (SI) é o watt (W). Esta unidade é definida como:

$$1 \text{ W} = 1 \text{ J/s} = 1 \text{ N} \cdot \text{m/s}$$

Eficiência

A *eficiência mecânica* de uma máquina é definida como a razão entre a potência útil de saída produzida pela máquina e a potência de entrada que lhe é fornecida. Logo,

$$\epsilon = \frac{\text{potência de saída}}{\text{potência de entrada}} \tag{14.11}$$

Se a energia fornecida à máquina ocorre durante o *mesmo intervalo de tempo* no qual ela é consumida, então a eficiência também pode ser expressa em termos da relação

$$\epsilon = \frac{\text{energia de saída}}{\text{energia de entrada}} \tag{14.12}$$

Visto que as máquinas consistem de uma série de partes móveis, forças de atrito sempre serão desenvolvidas dentro da máquina, e, como resultado, é preciso energia extra ou potência para superar estas forças. Consequentemente, a potência de saída será menor que a potência de entrada, e, assim, *a eficiência de uma máquina é sempre menor do que 1.*

A potência fornecida a um corpo pode ser determinada utilizando-se o procedimento seguinte.

Os requisitos de potência deste elevador dependem da força vertical **F** que atua sobre o elevador e faz com que ele se desloque para cima. Se a velocidade do elevador é **v**, então a potência de saída é $P = \mathbf{F} \cdot \mathbf{v}$.

Procedimento para análise

- Primeiro, determine a força externa **F** atuando sobre o corpo que causa o movimento. Esta força é normalmente desenvolvida por uma máquina ou motor colocado dentro ou fora do corpo.
- Se o corpo está acelerando, pode ser necessário construir seu diagrama de corpo livre e aplicar a equação de movimento($\Sigma\mathbf{F} = m\mathbf{a}$) para determinar **F**.
- Uma vez que **F** e a velocidade **v** da partícula onde **F** é aplicado tenham sido encontrados, a potência é determinada multiplicando-se a intensidade da força pela componente da velocidade atuando na direção de **F**, ou seja, $P = \mathbf{F} \cdot \mathbf{v} = Fv \cos \theta$.
- Em alguns problemas a potência pode ser encontrada calculando-se o trabalho realizado por **F** por unidade de tempo $P_{méd} = \Delta U/\Delta t$.

Exemplo 14.7

O homem na Figura 14.15*a* empurra a caixa de 50 kg com uma força de $F = 150$ N. Determine a potência fornecida pelo homem quando $t = 4$ s. O coeficiente de atrito cinético entre o solo e a caixa é $\mu_k = 0{,}2$. Inicialmente, a caixa está em repouso.

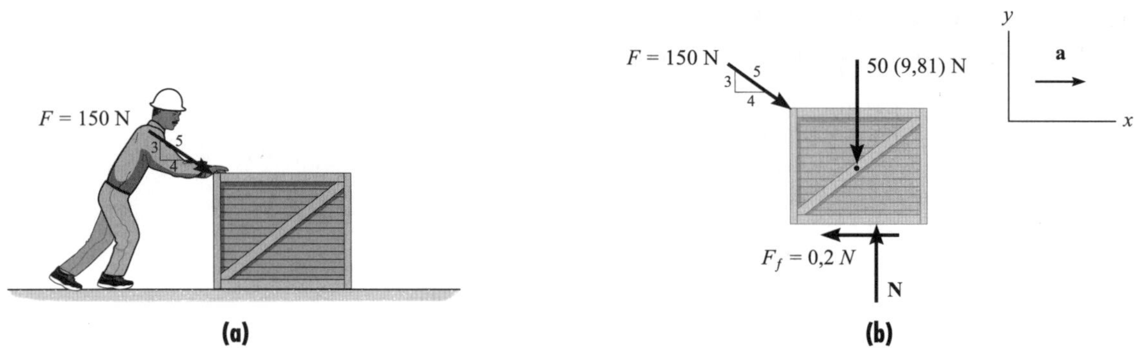

Figura 14.15

SOLUÇÃO

Para determinar a potência desenvolvida pelo homem, a velocidade da força de 150 N precisa ser obtida primeiro. O diagrama de corpo livre da caixa é mostrado na Figura 14.15*b*. Aplicando-se a equação do movimento,

$$+\uparrow \Sigma F_y = ma_y; \qquad N - \left(\tfrac{3}{5}\right)150\text{ N} - 50(9{,}81)\text{N} = 0$$
$$N = 580{,}5\text{ N}$$

$$\xrightarrow{+} \Sigma F_x = ma_x; \qquad \left(\tfrac{4}{5}\right)150\text{ N} - 0{,}2(580{,}5\text{ N}) = (50\text{ kg})a$$
$$a = 0{,}078\text{ m/s}^2$$

A velocidade da caixa quando $t = 4$ s é, portanto,

$$(\xrightarrow{+}) \qquad v = v_0 + a_c t$$
$$v = 0 + (0{,}078\text{ m/s}^2)(4\text{ s}) = 0{,}312\text{ m/s}$$

A potência fornecida à caixa pelo homem quando $t = 4$ s é, portanto,

$$P = \mathbf{F} \cdot \mathbf{v} = F_x v = \left(\tfrac{4}{5}\right)(150\text{ N})(0{,}312\text{ m/s})$$
$$= 37{,}4\text{ W}$$

Exemplo 14.8

O motor M do guindaste mostrado na Figura 14.16a iça a caixa C de 375 N (PM ≈ 37,5 kg) de maneira que a aceleração do ponto P é 1,2 m/s^2. Determine a potência que tem de ser fornecida ao motor no instante em que P tem velocidade de 0,6 m/s. Despreze a massa da polia e do cabo e suponha *(a)* = 0,85.

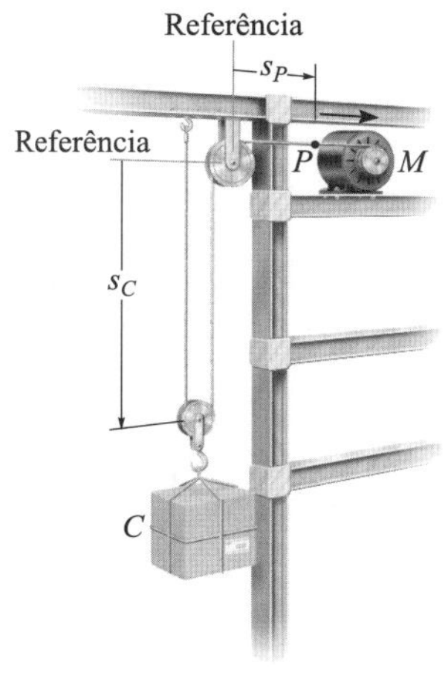

(a)

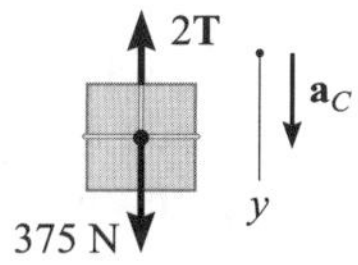

(b)

Figura 14.16

SOLUÇÃO

A fim de determinar a potência de saída do motor, é necessário primeiro determinar a tração no cabo, visto que esta força é desenvolvida pelo motor.

Do diagrama de corpo livre, Figura 14.16b, temos

$$+\downarrow \quad \Sigma F_y = ma_y; \qquad -2T + 375\text{ N} = \frac{375\text{ N}}{9,81\text{ m/s}^2}a_c \tag{1}$$

A aceleração da caixa pode ser obtida utilizando-se a cinemática para relacioná-la com a aceleração conhecida do ponto P, Figura 14.16a. Utilizando-se os métodos da Seção 12.9, as coordenadas s_C e s_P podem ser relacionadas a uma porção constante do comprimento do cabo l que está variando nas direções vertical e horizontal. Temos $2s_C + s_P = l$. Fazendo a segunda derivada temporal desta equação resulta

$$2a_C = -\,a_P \tag{2}$$

Visto que a_P = +1,2 m/s^2, então a_C = − (1,2 m/s^2)/2 = −0,6 m/s^2. O que o sinal negativo indica? Substituindo este resultado na Equação 1 e *mantendo* o sinal negativo visto que a aceleração em ambas as equações 1 e 2 foram consideradas positivas para baixo, temos:

$$-2T + 375\text{ N} = \left(\frac{375\text{ N}}{9,81\text{ m/s}^2}\right)(-0,6\text{ m/s}^2)$$

$$T = 199,0\text{ N}$$

A potência de saída, medida em unidades de hp, necessária para recolher o cabo a uma taxa de 0,6 m/s é, portanto,

$$P = \mathbf{T}\cdot\mathbf{v} = (199,0\text{ N})\,(0,6\text{ m/s})$$

$$= 119,4\text{ W}$$

Esta *potência de saída* requer que o motor forneça uma *potência de entrada* de

$$\text{Potência de entrada} = \frac{1}{\epsilon}(\text{potência de saída})$$

$$= \frac{1}{0,85}(199,4\text{ W}) = 140,5\text{ W}$$

NOTA: Visto que a velocidade da caixa está constantemente variando, o requisito de potência é *instantâneo*.

Problemas fundamentais

14.7. Se a superfície de contato entre o bloco de 20 kg e o solo é lisa, determine a potência de força **F** quando t = 4 s. Inicialmente, o bloco está em repouso.

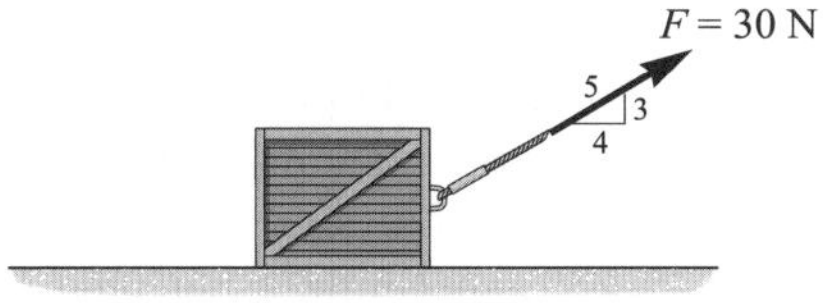

Problema 14.7

14.8. Se F = (10s) N, onde s é dado em metros e a superfície de contato entre o bloco e o solo é lisa, determine a potência de força **F** quando s = 5 m. Inicialmente, o bloco de 20 kg está em repouso.

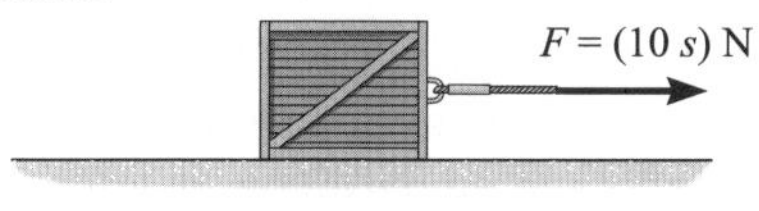

Problema 14.8

14.9. Se o motor recolhe o cabo com uma velocidade constante de v = 1 m/s, determine a potência fornecida ao motor. A carga pesa 500 N e a eficiência do motor é (ϵ) = 0,8. Despreze a massa das polias.

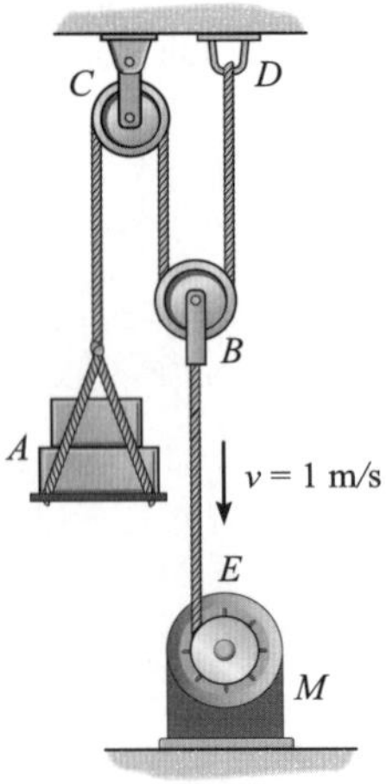

Problema 14.9

14.10. O coeficiente de atrito cinético entre o bloco de 20 kg e o plano inclinado é μ_k = 0,2. Se o bloco está se deslocando para cima no plano inclinado com uma velocidade constante de v = 5 m/s, determine a potência da força **F**.

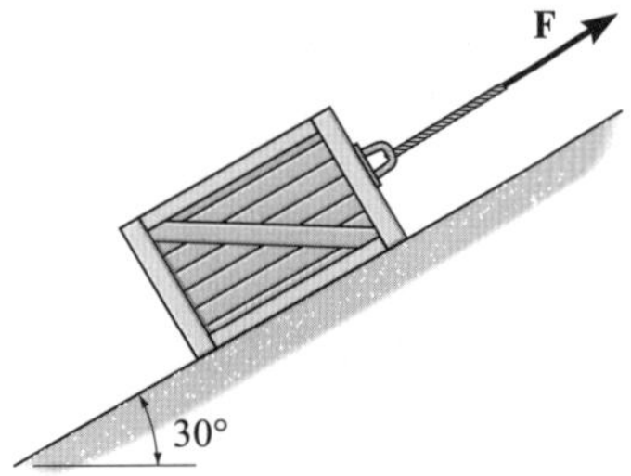

Problema 14.10

14.11. Se a carga de 50 kg A é içada pelo motor M de maneira que a carga tenha uma velocidade constante de 1,5 m/s, determine a potência de entrada do motor, o qual opera com uma eficiência de (ϵ) = 0,8.

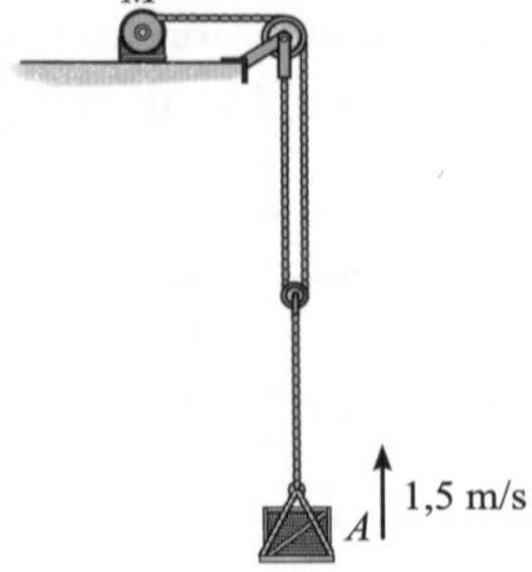

Problema 14.11

14.12. No instante mostrado, o ponto P no cabo tem uma velocidade de v_P = 12 m/s, que está aumentando a uma taxa de a_P = 6 m/s^2. Determine a potência de entrada do motor M neste instante se ele opera com uma eficiência de (ϵ) = 0,8. A massa do bloco A é 50 kg.

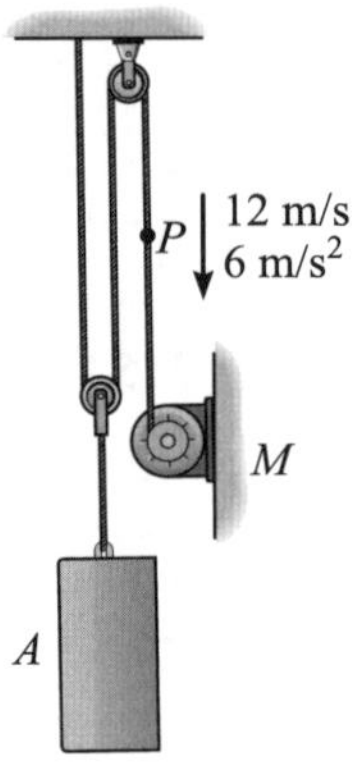

Problema 14.12

Problemas

14.42. O motor a diesel de um trem de 400 Mg aumenta a velocidade do trem uniformemente do repouso para 10 m/s em 100 s ao longo de uma ferrovia horizontal. Determine para potência média desenvolvida.

14.43. Determine a potência de entrada para um motor necessária para erguer 150 kg a uma taxa constante de 1,5 m/s. A eficiência do motor é (ϵ) = 0,65.

***14.44.** Um bonde elétrico tem massa de 7500 kg e acelera ao longo de uma via reta horizontal a partir do repouso de maneira que a potência seja sempre 75 kW. Determine a distância que ele tem de se deslocar a fim de alcançar uma velocidade de 12 m/s.

•14.45. A Milkin Aircraft Company fabrica um motor turbojato que é colocado em um avião tendo massa de 6500 kg. Se o motor desenvolve um empuxo constante de 25 kN, determine a potência de saída do avião quando ele está prestes a decolar com uma velocidade de 960 km/h.

14.46. O motor de um carro de massa 1750 kg está gerando uma potência constante de 37,5 kW enquanto o carro está se deslocando em uma aclive com uma velocidade constante. Se o motor está operando com uma eficiência de (ϵ) = 0,8, determine a velocidade do carro. Despreze o arrasto e a resistência ao rolamento.

Problema 14.46

14.47. Um caminhão carregado pesa 80 kN (massa ≈ 8 toneladas) e acelera uniformemente em uma estrada plana de 4,5 m/s para 9 m/s durante 4 s. Se a resistência de atrito ao movimento é 1625 kN, determine a potência máxima que tem de ser fornecida às rodas.

***14.48.** Um automóvel tendo massa de 1750 kg sobe um aclive de 7° a uma velocidade constante de v = 12 m/s. Se o atrito e a resistência do vento são desprezados, determine a potência desenvolvida pelo motor se o automóvel tem uma eficiência mecânica de (ϵ) = 0,65.

•14.48. Um degrau de uma escada rolante move-se com uma velocidade constante de 0,6 m/s. Se os degraus têm 125 mm de altura e 250 mm de comprimento, determine a potência necessária de um motor para levantar uma massa média de 150 kg por degrau. Há 32 degraus.

14.50. O homem tendo um peso de 750 N (massa ≈ 75 kg) é capaz de subir correndo um lance de escada de 4,5 m em 4 s. Determine a potência gerada. Quanto tempo uma lâmpada de 100 W teria de ficar ligada para gastar a mesma quantidade de energia? *Conclusão*: por favor, desligue as luzes quando elas não estão sendo usadas!

Problema 14.50

14.51. O elevador de carga e a carga têm massa total de 800 kg, e o contrapeso C tem massa de 150 kg. Em um dado instante, o elevador tem uma velocidade para cima de 2 m/s e uma aceleração de 1,5 m/s^2. Determine a potência gerada pelo motor M neste instante se ele opera com uma eficiência de (ϵ) = 0,8.

***14.52.** O elevador de carga e a carga têm massa total de 800 kg, e o contrapeso C tem massa de 150 kg. Se a velocidade para cima do elevador aumenta uniformemente de 0,5 m/s para 1,5 m/s em 1,5 s, determine a potência média gerada pelo motor M durante este tempo. O motor opera com uma eficiência de (ϵ) = 0,8.

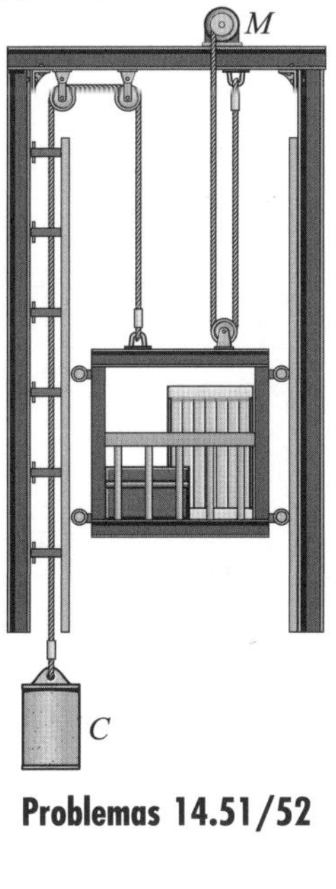

Problemas 14.51/52

•14.52. O carro de 2 Mg aumenta a sua velocidade uniformemente a partir repouso para 25 m/s em 30 s subindo a estrada. Determine a potência máxima que deve ser fornecida pelo motor que opera com uma eficiência de (ϵ) = 0,8. Determine também a potência média fornecida pelo motor.

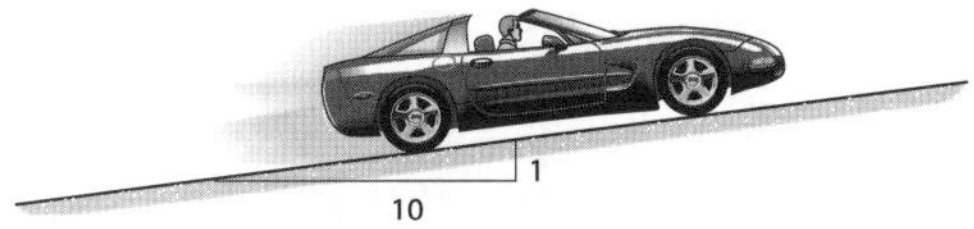

Problema 14.53

14.54. Determine a velocidade da caixa de 100 kg após 15 s se o motor opera com uma eficiência de (ϵ) = 0,8. A potência de entrada do motor é 2 kW. O coeficiente de atrito cinético entre a caixa e o plano é μ_k = 0,2.

14.55. Uma potência constante de 1 kW é fornecida ao motor enquanto ele opera com uma eficiência de (ϵ) = 0,8. Determine a velocidade da caixa de 100 kg após 15 segundos, partindo do repouso. Despreze o atrito.

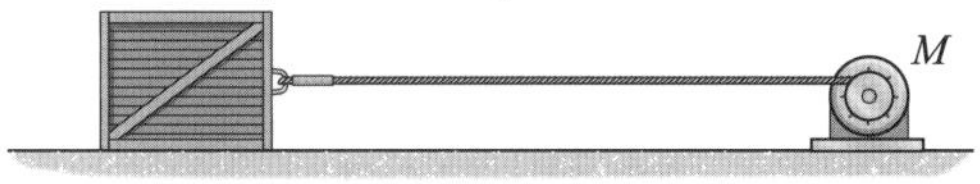

Problemas 14.54/55

***14.56.** A transmissão por fluido de um caminhão de 15000 kg permite que o motor forneça potência constante para as rodas traseiras. Determine a distância necessária para o caminhão, rodando em uma estrada plana que aumente sua velocidade de 10,5 m/s para 18 m/s se uma potência de 67,5 kW é fornecida para as rodas traseiras. Despreze o arrasto e a resistência ao rolamento.

•14.57. Se o motor de um carro de 1,5 Mg gera uma potência constante de 15 kW, determine a velocidade do carro após ele ter se deslocado uma distância de 200 m em uma estrada plana partindo do repouso. Despreze o atrito.

14.58. O carrinho de mina de 1,2 Mg está sendo puxado pelo guincho M montado no carrinho. Se o guincho exerce uma força de $F = (150t^{3/2})$ N sobre o cabo, onde t é dado em segundos, determine a potência de saída do guincho quando t = 5 s, partindo do repouso.

14.59. O carrinho de mina de 1,2 Mg está sendo puxado pelo guincho M montado no carrinho. Se o guincho gera uma potência de saída constante de 30 kW, determine a velocidade do carrinho no instante em que ele se deslocou uma distância de 30 m, partindo do repouso.

***14.60.** O carrinho de mina de 1,2 Mg está sendo puxado pelo guincho M montado no carrinho. Se o guincho gera uma potência de saída constante de 30 kW, e o carrinho parte do repouso, determine a velocidade do carrinho quando t = 5 s.

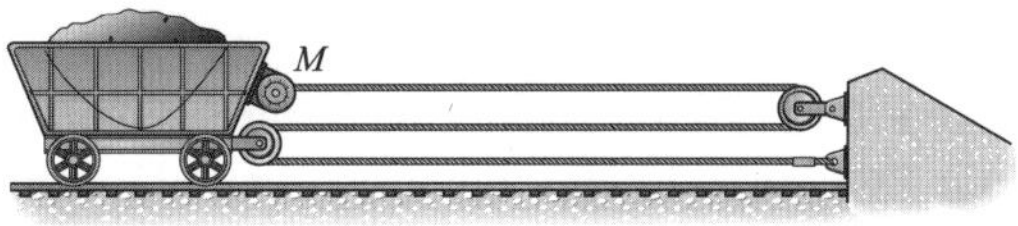

Problemas 14.58/59/60

•**14.61.** A caixa de 25 kg é içada pelo motor M. Se a caixa parte do repouso e com aceleração constante atinge uma velocidade de 3,6 m/s após ser erguida s = 3 m, determine a potência que deve ser fornecida ao motor no instante s = 3 m. O motor tem uma eficiência $(\epsilon) = 0{,}65$. Despreze a massa da polia e do cabo.

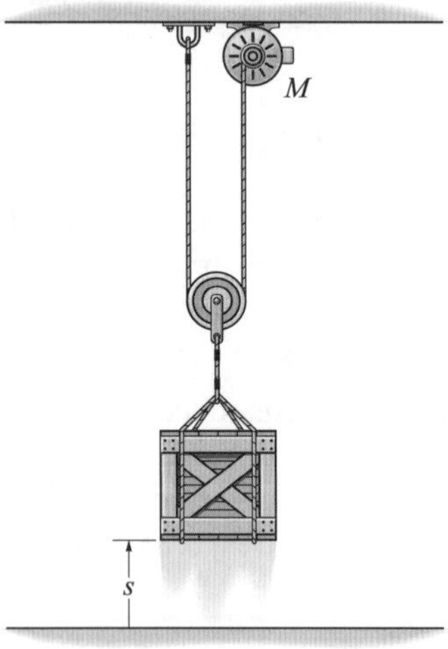

Problema 14.61

14.62. Um motor iça uma caixa de 60 kg a uma velocidade constante até uma altura de h = 5 m em 2 s. Se a potência indicada do motor é 3,2 kW, determine a eficiência do motor.

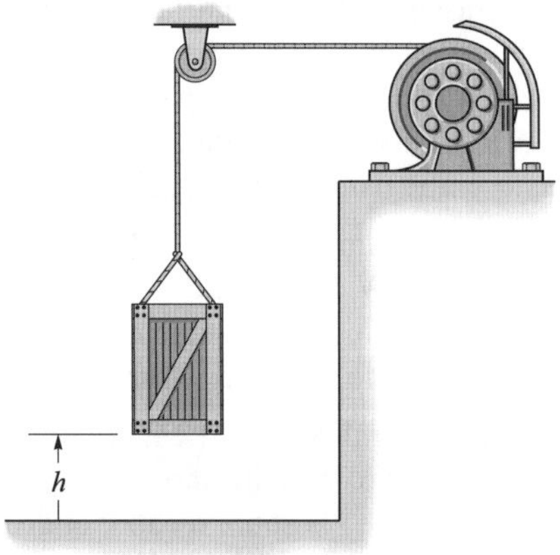

Problema 14.62

14.63. Se o jato no carro de corrida tipo *dragster* fornece um empuxo constante de T = 20 kN, determine a potência gerada pelo jato como uma função de tempo. Despreze o arrasto e a resistência ao rolamento, assim como a perda de combustível. O *dragster* tem massa de 1 Mg e parte do repouso.

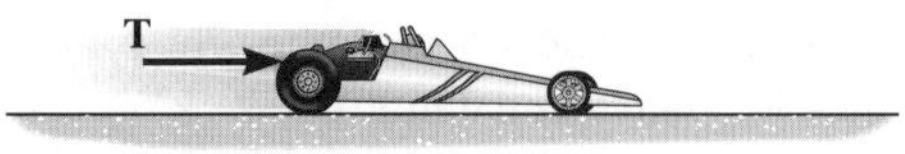

Problema 14.63

***14.64.** Areia está sendo descarregada do silo em A para o transportador e levada até a plataforma de armazenamento a uma taxa de 180000 kg/h. Um motor elétrico está acoplado ao transportador para manter a velocidade da esteira a 0,9 m/s. Determine a potência média gerada pelo motor.

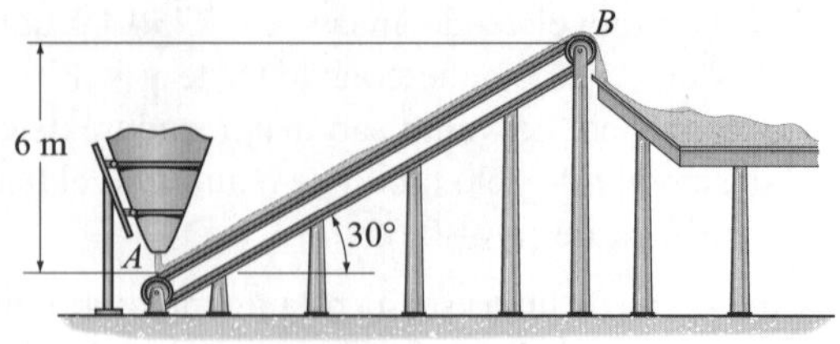

Problema 14.64

14.65. O elevador de 500 kg parte do repouso e desloca-se para cima com uma aceleração constante de a_c = 2 m/s^2. Determine a potência de saída do motor M quando t = 3 s. Despreze a massa das polias e do cabo.

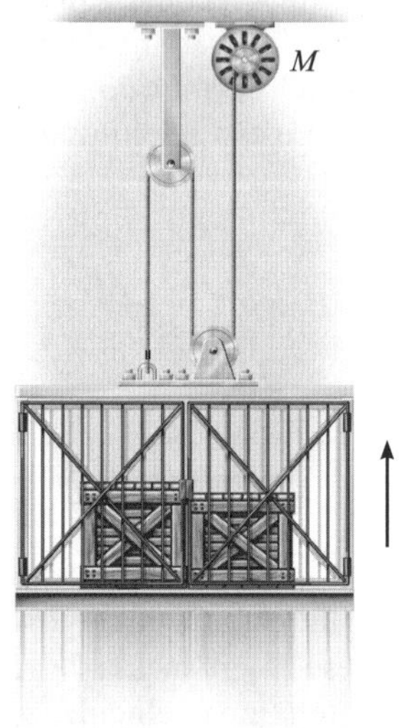

Problema 14.65

14.66. Um foguete tendo massa total de 8 Mg é lançado verticalmente do repouso. Se os motores fornecem um empuxo constante de T = 300 kN, determine a potência de saída dos motores como uma função do tempo. Despreze o efeito da resistência do arrasto e a perda de massa e peso do combustível.

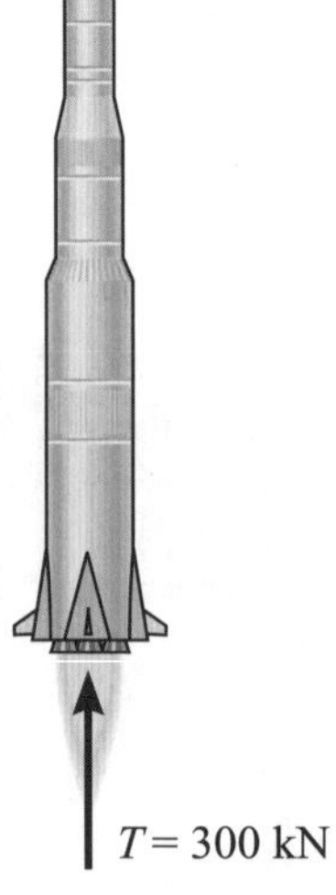

Problema 14.66

14.67. A caixa tem massa de 150 kg e repousa em uma superfície para a qual os coeficientes de atrito estático e cinético são $\mu_s = 0,3$ e $\mu_k = 0,2$, respectivamente. Se o motor M fornece uma força no cabo $F = (8t^2 + 20)$ N, onde t é dado em segundos, determine a potência de saída desenvolvida pelo motor quando $t = 5$ s.

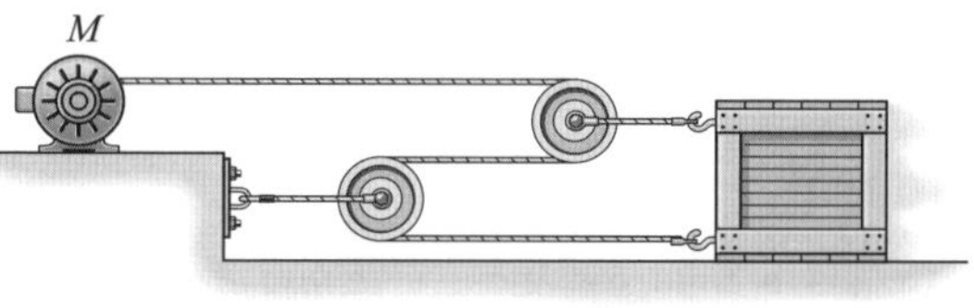

Problema 14.67

***14.68.** O bloco de 25 kg repousa sobre a superfície áspera para a qual o coeficiente de atrito cinético é $\mu_k = 0,2$. Uma força $F = 0,5(400 + s^2)$ N, onde s é dado em metros, atua sobre o bloco na direção mostrada. Se a mola está originalmente não deformada ($s = 0$) e o bloco está em repouso, determine a potência desenvolvida pela força no instante em que o bloco se deslocou $s = 0,45$ m.

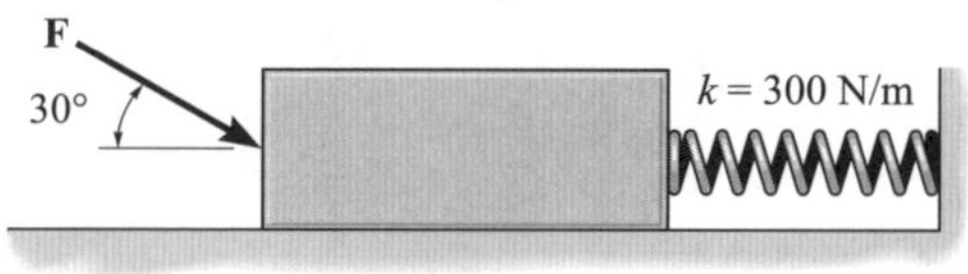

Problema 14.68

•**14.69.** Utilizando a curva de potência biomecânica mostrada, determine a velocidade máxima alcançada pelo ciclista e sua bicicleta, que têm massa total de 92 kg, à medida que o ciclista percorre o aclive de 20° partindo do repouso.

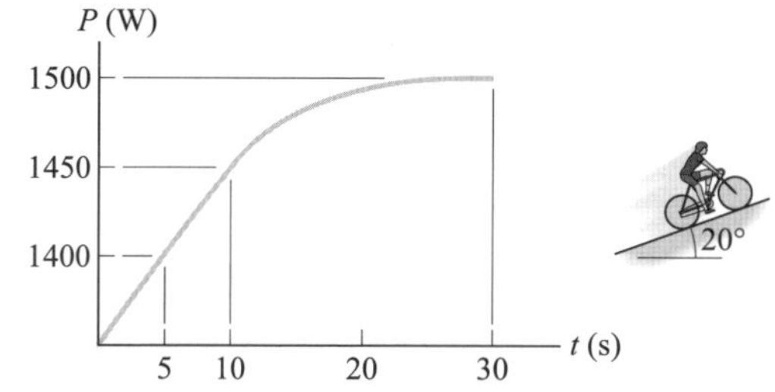

Problema 14.69

14.70. A caixa de 50 kg é içada no plano inclinado de 30° pelo sistema de polias e o motor M. Se a caixa parte do repouso e, através de uma aceleração constante, alcança velocidade de 4 m/s após se deslocar 8 m ao longo do plano, determine a potência que deve ser fornecida ao motor no instante em que a caixa se deslocou 8 m. Despreze o atrito ao longo do plano. O motor tem uma eficiência de $(\epsilon) = 0,74$.

14.71. Resolva o Problema 14.70 se o coeficiente de atrito cinético entre o plano e a caixa for de $\mu_k = 0,3$.

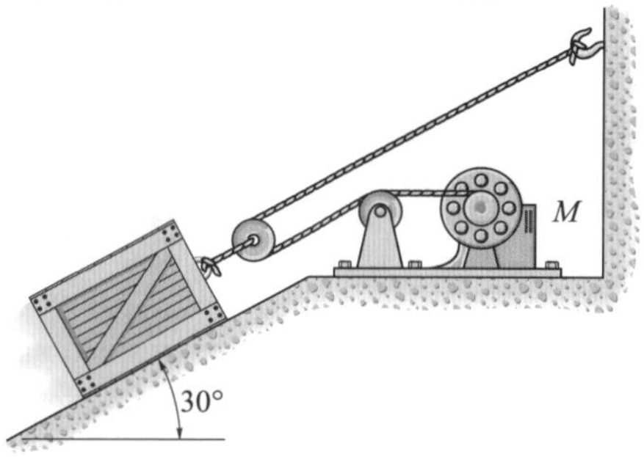

Problemas 14.70/71

14.5 Forças conservativas e energia potencial

Força conservativas

Se o trabalho de uma força é *independente da trajetória* e depende somente das posições inicial e final da força na trajetória, então podemos classificar esta força como uma *força conservativa*. Exemplos de forças conservativas são o peso de uma partícula e a força desenvolvida por uma mola. O trabalho realizado pelo peso depende *somente* do deslocamento vertical do peso, e o trabalho realizado por uma força de mola depende *somente* da *extensão* ou *compressão* da mola.

Em contraste com uma força conservativa, considere a força de atrito exercida sobre um *objeto deslizando* por uma superfície fixa. O trabalho realizado pela força de atrito *depende da trajetória* — quanto maior a trajetória, maior o trabalho. Consequentemente, *as forças de atrito não são conservadoras*. O trabalho é dissipado do corpo na forma de calor.

Energia

Energia é definida como a capacidade para realizar trabalho. Por exemplo, se uma partícula está originalmente em repouso, então o princípio do trabalho e energia estabelece que $\Sigma U_{1\to2} = T_2$. Em outras palavras, a energia cinética é igual ao trabalho que deve ser realizado sobre a partícula para levá-la de um estado de repouso para uma velocidade *v*. Desse modo, a *energia cinética* é uma medida da *capacidade de realizar trabalho* da partícula, a qual está associada com o *movimento* da partícula. Quando a energia vem da *posição* da partícula, medida a partir de um ponto ou plano de referência fixo, ela é chamada de energia potencial. Desse modo, *energia potencial* é uma medida da quantidade de trabalho que uma força conservativa realizará quando ela se mover de uma dada posição até a referência. Na mecânica, a energia potencial criada pela gravidade (peso) ou uma mola elástica é importante.

Energia potencial gravitacional

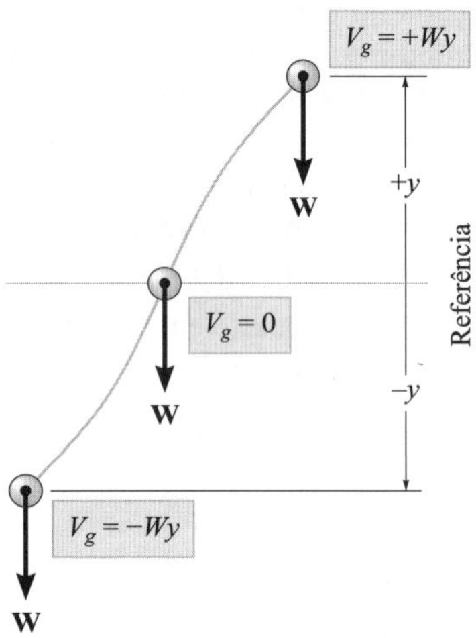

Energia potencial gravitacional

Figura 14.17

Se uma partícula está localizada a uma distância *y acima* de uma referência arbitrariamente escolhida, como mostrado na Figura 14.17, o peso **W** da partícula tem uma *energia potencial gravitacional,* V_g, visto que **W** tem a capacidade de realizar trabalho positivo quando a partícula é levada de volta para baixo da referência. Da mesma forma, se a partícula está localizada a uma distância *y abaixo* da referência, V_g é negativa, visto que o peso realiza um trabalho negativo quando a partícula é levada de volta para cima da referência. Na referência $V_g = 0$.

Em geral, se *y* é *positivo para cima*, a energia potencial gravitacional da partícula de peso *W* é:*

$$V_g = Wy \tag{14.13}$$

Energia potencial elástica

Quando uma mola elástica é deformada ou comprimida a uma distância *s* da sua posição não deformada, a energia potencial elástica V_e pode ser armazenada na mola. Esta energia é:

$$V_e = +\tfrac{1}{2}ks^2 \tag{14.14}$$

Aqui, V_e é *sempre positiva*, visto que, na posição deformada, a força da mola tem a *capacidade* ou 'potencial' para sempre realizar trabalho positivo sobre a partícula quando a mola é retornada para sua posição não deformada, Figura 14.18.

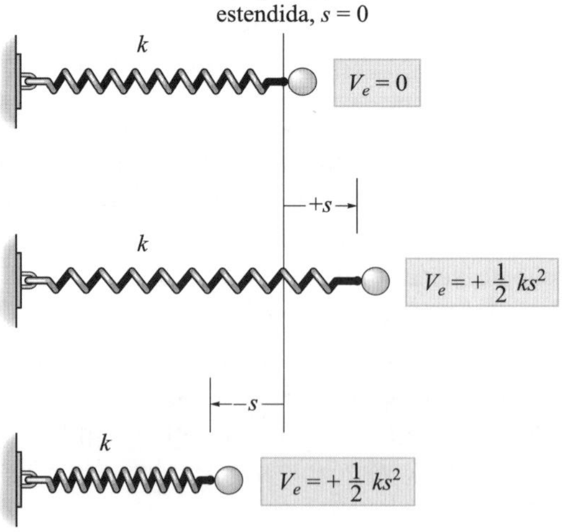

Energia potencial elástica

Figura 14.18

* Aqui, presume-se que o peso seja *constante*. Esta hipótese é adequada para pequenas diferenças de elevação Δy. Se a variação da elevação é significativa, entretanto, uma variação do peso com a elevação deve ser levada em consideração (ver Problema 14.16).

Função potencial

No caso geral, se uma partícula é submetida tanto à força gravitacional quanto à elástica, a energia potencial da partícula pode ser expressa como uma *função potencial*, a qual é a soma algébrica

$$V = V_g + V_e \tag{14.15}$$

A medição de V depende da posição da partícula em relação a uma referência escolhida de acordo com as equações 14.13 e 14.14.

O trabalho realizado por uma força conservativa em mover a partícula de um ponto para outro ponto é medido pela *diferença* desta função, ou seja,

$$U_{1-2} = V_1 - V_2 \tag{14.16}$$

Por exemplo, a função potencial para uma partícula de peso W suspensa de uma mola pode ser expressa em termos de sua posição, s, medida a partir de uma referência localizada no comprimento não deformado da mola, Figura 14.19. Temos

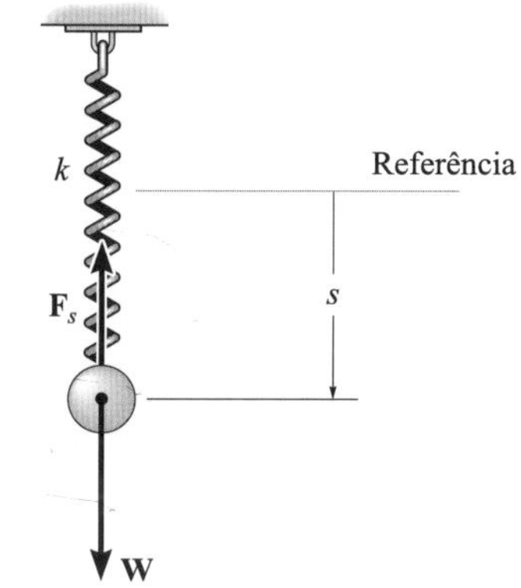

Figura 14.19

$$V = V_g + V_e$$

$$= -Ws + \frac{1}{2}ks^2$$

Se a partícula vai de s_1 para uma posição mais baixa s_2, então, aplicando a Equação 14.16 pode-se ver que o trabalho de $\mathbf{W}$ e $\mathbf{F}_s$, é:

$$U_{1-2} = V_1 - V_2 = (-Ws_1 + \tfrac{1}{2}ks_1^2) - (-Ws_2 + \tfrac{1}{2}ks_2^2)$$
$$= W(s_2 - s_1) - (\tfrac{1}{2}ks_2^2 - \tfrac{1}{2}ks_1^2)$$

Quando o deslocamento ao longo da trajetória é infinitesimal, ou seja, do ponto (x, y, z) para $(x + dx, y + dy, z + dz)$, a Equação 14.16 torna-se:

$$dU = V(x, y, z) - V(x + dx, y + dy, z + dz)$$
$$= -\,dV(x, y, z) \tag{14.17}$$

Se representamos tanto a força quanto seu deslocamento como vetores cartesianos, então o trabalho pode ser expresso como

$$dU = \mathbf{F} \cdot d\mathbf{r} = (F_x\mathbf{i} + F_y\mathbf{j} + F_z\mathbf{k}) \cdot (dx\mathbf{i} + dy\mathbf{j} + dz\mathbf{k})$$
$$= F_x\,dx + F_y\,dy + F_z\,dz$$

Substituindo este resultado na Equação 14.17 e expressando o diferencial $dV(x, y, z)$ em termos das suas derivadas parciais resulta:

$$F_x dx + F_y dy + F_z dz = -\left(\frac{\partial V}{\partial x}dx + \frac{\partial V}{\partial y}dy + \frac{\partial V}{\partial z}dz\right)$$

Visto que variações em x, y e z são todas independentes umas das outras, esta equação é satisfeita desde que:

$$F_x = -\frac{\partial V}{\partial x}, \qquad F_y = -\frac{\partial V}{\partial y}, \qquad F_z = -\frac{\partial V}{\partial z} \tag{14.18}$$

Desse modo,

$$\mathbf{F} = -\frac{\partial V}{\partial x}\mathbf{i} - \frac{\partial V}{\partial y}\mathbf{j} - \frac{\partial V}{\partial z}\mathbf{k}$$
$$= -\left(\frac{\partial}{\partial x}\mathbf{i} + \frac{\partial}{\partial y}\mathbf{j} + \frac{\partial}{\partial z}\mathbf{k}\right)V$$

ou

$$\mathbf{F} = -\,\nabla V \tag{14.19}$$

onde ∇ (del) representa o operador diferencial vetorial $\nabla = (\partial/\partial y)\mathbf{i} + (\partial/\partial x)\mathbf{j} + (\partial/\partial z)\mathbf{k}$.

A Equação 14.19 relaciona uma força **F** com a sua função potencial V e, desse modo, fornece um critério matemático para provar que **F** é conservativa. Por exemplo, a função potencial gravitacional para um peso localizado uma distância y acima da referência é $V_g = Wy$. Para provar que **W** é conservativo, é necessário demonstrar que ele satisfaz a Equação 14.18 (ou Equação 14.19), caso em que:

$$F_y = -\frac{\partial V}{\partial y}; \qquad F_y = -\frac{\partial V}{\partial y}(Wy) = -W$$

O sinal negativo indica que **W** atua para baixo, em oposição ao y positivo, que é para cima.

14.6 Conservação de energia

Quando uma partícula sofre a influência de um sistema com forças tanto conservativas quanto não conservativas, a porção do trabalho realizado pelas *forças conservativas* pode ser escrita em termos da diferença nas suas energias potenciais, utilizando-se a Equação 14.16, ou seja, $(\Sigma U_{1-2})_{\text{cons.}} = V_1 - V_2$. Como resultado, o princípio do trabalho e energia pode ser escrito como:

$$T_1 + V_1 + (\Sigma U_{1-2})_{\text{não cons.}} = T_2 + V_2 \qquad (14.20)$$

Aqui, $(\Sigma U_{1-2})_{\text{não cons.}}$ representa o trabalho das forças não conservativas atuando sobre a partícula. Se *apenas forças conservativas* realizam trabalho, então temos:

$$T_1 + V_1 = T_2 + V_2 \qquad (14.21)$$

Esta equação é referida como a *conservação da energia mecânica* ou simplesmente a *conservação da energia*. Ela afirma que durante o movimento a soma das energias potencial e cinética da partícula permanece *constante*. Para isto ocorrer, a energia cinética tem de ser transformada em energia potencial, e vice-versa. Por exemplo, se uma bola de peso **W** é largada de uma altura h acima do solo (referência), Figura 14.20, a energia potencial da bola é máxima antes de ela ser largada, momento em que sua energia cinética é zero. A energia mecânica total da bola na sua posição inicial é, por conseguinte,

$$E = T_1 + V_1 = 0 + Wh = Wh$$

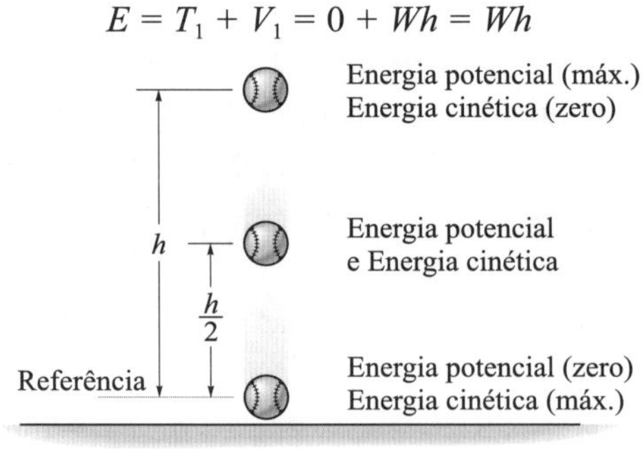

Figura 14.20

Quando a bola tiver caído uma distância $h/2$, sua velocidade pode ser determinada utilizando-se $v^2 = v_0^2 + 2a_c(y - y_0)$, que resulta em $v = \sqrt{2g(h/2)} = \sqrt{gh}$. A energia da bola na posição de meia-altura é, portanto,

$$E = T_2 + V_2 = \frac{1}{2}\frac{W}{g}(\sqrt{gh})^2 + W\left(\frac{h}{2}\right) = Wh$$

Imediatamente antes de a bola atingir o solo, sua energia potencial é zero e sua velocidade é $v = \sqrt{2gh}$. Aqui, novamente, a energia total da bola é:

$$E = T_3 + V_3 = \frac{1}{2}\frac{W}{g}(\sqrt{2gh})^2 + 0 = Wh$$

Observe que, quando a bola entra em contato com o solo, ela se deforma de certa maneira, e desde que o solo seja duro o suficiente, a bola vai rebater na superfície, alcançando uma nova altura h', que será *menor* do que a altura h da qual ela foi solta primeiro. Desprezando-se o atrito do ar, a diferença em altura explica uma perda de energia $E_l = W(h - h')$, que ocorre durante a colisão. Porções desta perda produzem ruído, deformação da bola e do solo e calor.

Sistema de partículas

Se um sistema de partículas é *submetido somente a forças conservativas*, então uma equação similar à Equação 14.21 pode ser escrita para as partículas. Aplicando as ideias da discussão anterior, a Equação 14.8 ($\Sigma T_1 + \Sigma U_{1-2} = \Sigma T_2$) torna-se:

$$\Sigma T_1 + \Sigma V_1 = \Sigma T_2 + \Sigma V_2 \qquad (14.21)$$

Aqui, a soma das energias potencial e cinética iniciais do sistema é igual à soma das energias potencial e cinética finais do sistema. Em outras palavras, $\Sigma T + \Sigma V = \text{const.}$

Procedimento para análise

A equação da conservação da energia pode ser usada para resolver problemas envolvendo *velocidade, deslocamento* e *sistemas de força conservativa.* Ela é, geralmente, *mais fácil de aplicar* do que o princípio do trabalho e energia, porque esta equação requer a especificação das energias potencial e cinética da partícula em apenas *dois pontos* ao longo da trajetória, em vez de determinar o trabalho quando a partícula realiza um *deslocamento.* Para aplicação, sugere-se que o procedimento seguinte seja usado.

Energia potencial

- Construa dois diagramas mostrando a partícula localizada em seus pontos inicial e final ao longo da trajetória.
- Se a partícula está submetida a um deslocamento vertical, estabeleça a referência horizontal fixa a partir da qual a energia potencial gravitacional da partícula V_g pode ser medida.
- Dados relativos à elevação y da partícula a partir da referência e a extensão ou compressão s de quaisquer molas conectadas podem ser determinados a partir da geometria associada com os dois diagramas.
- Lembre-se de que $V_g = Wy$, onde y é positivo para cima a partir da referência e negativo para baixo a partir da referência; também para uma mola, $V_e = \frac{1}{2}ks^2$, o qual é sempre positivo.

Conservação da energia

- Aplique a equação $T_1 + V_1 = T_2 + V_2$.
- Uma vez determinada a energia cinética, $T = \frac{1}{2}mv^2$, lembre-se de que a velocidade da partícula v deve ser medida a partir do sistema de referência inercial.

Exemplo 14.9

A estrutura de pórtico na fotografia é usada para testar a resposta de um avião durante uma colisão. Como mostrado na Figura 14.21*a*, o avião, tendo massa de 8 Mg, é içado para trás até que $\theta = 60°$, e então o cabo utilizado para puxá-lo para trás, *AC*, é solto quando o avião está em repouso. Determine a velocidade do avião imediatamente antes de ele colidir no solo, $\theta = 15°$. Além disso, qual é a tração máxima desenvolvida no cabo de sustentação durante o movimento? Despreze a dimensão do avião e o efeito de sustentação causado pelas asas durante o movimento.

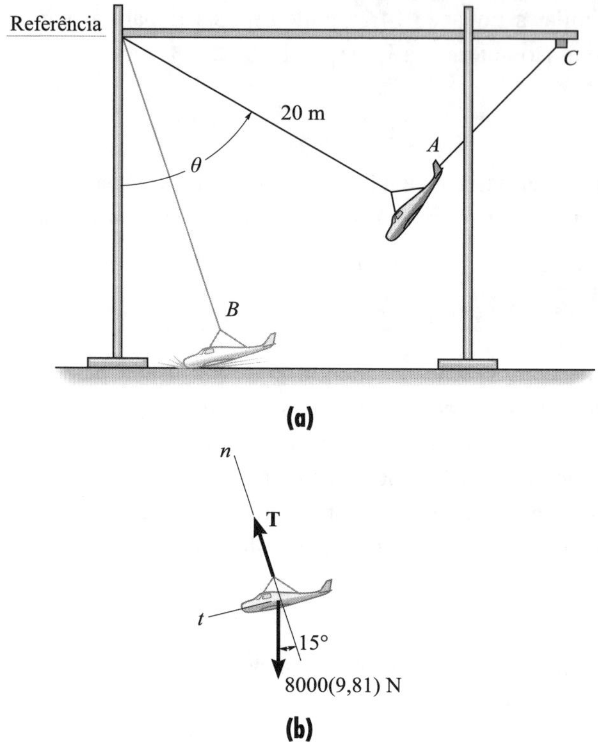

Figura 14.21

SOLUÇÃO

Visto que a força do cabo *não realiza trabalho* sobre o avião, ela deve ser obtida utilizando-se a equação do movimento. Contudo, devemos determinar primeiro a velocidade do avião em *B*.

Energia potencial

Por conveniência, a referência foi estabelecida no topo do pórtico, Figura 14.21*a*.

Conservação da energia

$$T_A + V_A = T_B + V_B$$

$$0 - 8000\text{ kg}(9{,}81\text{ m/s}^2)(20\cos 60°\text{ m}) =$$

$$\tfrac{1}{2}(8000\text{ kg})v_B^2 - 8000\text{ kg}(9{,}81\text{ m/s}^2)(20\cos 15°\text{ m})$$

$$v_B = 13{,}52\text{ m/s} = 13{,}5\text{ m/s}$$

Equação do movimento

A partir do diagrama de corpo livre quando o avião está em *B*, Figura 14.21*b*, temos

$+\nwarrow\ \Sigma F_n = ma_n;$

$$T - (8000(9{,}81)\text{N})\cos 15° = (8000\text{ kg})\frac{(13{,}52\text{ m/s})^2}{20\text{ m}}$$

$$T = 149\text{ kN}$$

Exemplo 14.10

O aríete do bate-estaca R mostrado na Figura 14.22a tem massa de 100 kg e é solto do repouso a 0,75 m do topo de uma mola, A, que tem uma rigidez $k_A = 12$ kN/m. Se uma segunda mola, B, tendo uma rigidez $k_B = 15$ kN/m, está no interior de A, determine o deslocamento máximo de A necessário para parar o movimento para baixo do aríete. O comprimento não deformado de cada mola é indicado na figura. Despreze a massa das molas.

SOLUÇÃO

Energia potencial

Vamos *supor* que o aríete comprime *ambas* as molas no instante em que ele chega ao repouso. A referência está localizada no centro de gravidade do aríete na sua posição inicial, Figura 14.22b. Quando a energia cinética é reduzida a zero ($v_2 = 0$), A é comprimido de uma distância s_A e B comprime-se $s_B = s_A - 0{,}1$ m.

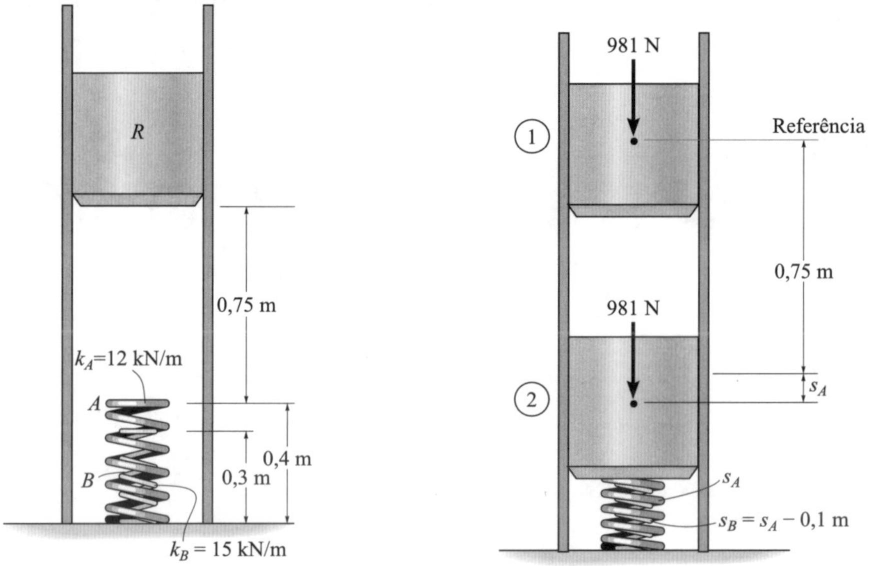

(a) (b)

Figura 14.22

Conservação de energia

$$T_1 + V_1 = T_2 + V_2$$

$$0 + 0 = 0 + \{\tfrac{1}{2}k_A s_A^2 + \tfrac{1}{2}k_B(s_A - 0{,}1)^2 - Wh\}$$

$$0 + 0 = 0 + \{\tfrac{1}{2}(12\,000 \text{ N/m})s_A^2 + \tfrac{1}{2}(15\,000 \text{ N/m})(s_A - 0{,}1 \text{ m})^2 - 981 \text{ N}(0{,}75 \text{ m} + s_A)\}$$

Rearranjando os termos,

$$13500 s_A^2 - 2481 s_A - 660{,}75 = 0$$

Utilizando a fórmula quadrática e resolvendo para a raiz positiva, temos

$$s_A = 0{,}331 \text{ m}$$

Visto que $s_B = 0{,}331 \text{ m} - 0{,}1 \text{ m} = 0{,}231$ m, o qual é positivo, a hipótese de que *ambas* as molas são comprimidas pelo aríete está correta.

NOTA: A segunda raiz, $s_A = -0{,}148$ m, não representa a situação física. Visto que s positivo é medido para baixo, o sinal negativo indica que a mola A teria de ser 'deformada' em uma quantidade de 0,148 m para parar o aríete.

Exemplo 14.11

Um anel liso de 2 kg, mostrado na Figura 14.23*a*, encaixa-se folgadamente na barra vertical. Se a mola não está deformada quando o anel está na posição *A*, determine a velocidade na qual o anel está se deslocando quando $y = 1$ m, se (a) ele é solto do repouso em *A*, e (b) se ele é solto em *A* com velocidade $v_A = 2$ m/s *para cima*.

SOLUÇÃO

Parte (a): Energia potencial

Por conveniência, a referência é estabelecida em *AB*, Figura 14.23*b*. Quando o anel está em *C*, a energia potencial gravitacional é $-(mg)y$, visto que o anel está abaixo da referência, e a energia potencial elástica é $\frac{1}{2}ks_{CB}^2$. Aqui, $s_{CB} = 0{,}5$ m, que representa a *extensão* na mola, como mostrado na figura.

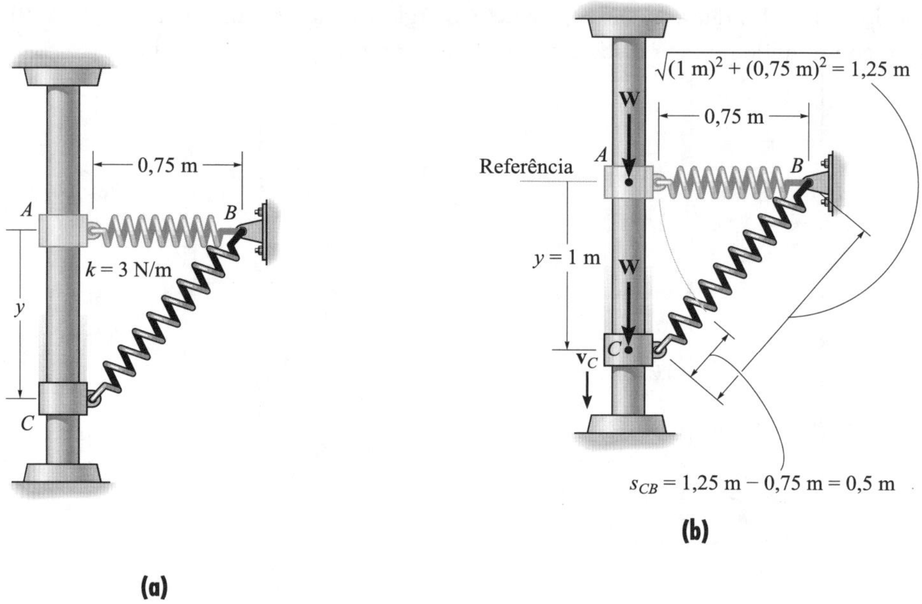

Figura 14.23

Conservação de energia

$$T_A + V_A = T_C + V_C$$
$$0 + 0 = \frac{1}{2}mv_C^2 + \left\{\frac{1}{2}ks_{CB}^2 - mgy\right\}$$
$$0 + 0 = \left\{\frac{1}{2}(2\text{ kg})v_C^2\right\} + \left\{\frac{1}{2}(3\text{ N/m})(0{,}5\text{ m})^2 - 2(9{,}81)\text{N}(1\text{ m})\right\}$$
$$v_C = 4{,}39\text{ m/s}\downarrow$$

Este problema também pode ser resolvido utilizando-se a equação de movimento ou o princípio do trabalho e energia. Observe que para *ambos* os métodos, a variação da intensidade e direção da força da mola tem de ser levada em consideração (ver Exemplo 13.4). Aqui, entretanto, a solução apresentada é claramente vantajosa, visto que os cálculos dependem *somente* de dados calculados nos pontos inicial e final da trajetória.

Parte (b): Conservação de energia

Se $v_A = 2$ m/s, usando os dados na Figura 14.23*b*, temos:

$$T_A + V_A = T_C + V_C$$
$$\frac{1}{2}mv_A^2 + 0 = \frac{1}{2}mv_C^2 + \left\{\frac{1}{2}ks_{CB}^2 - mgy\right\}$$
$$\frac{1}{2}(2\text{ kg})(2\text{ m/s})^2 + 0 = \frac{1}{2}(2\text{ kg})v_C^2 + \left\{\frac{1}{2}(3\text{ N/m})(0{,}5\text{ m})^2 - 2(9{,}81)\text{ N}(1\text{ m})\right\}$$
$$v_C = 4{,}82\text{ m/s}\downarrow$$

NOTA: A energia cinética do anel depende somente da *intensidade* da velocidade, e, portanto, é irrelevante se o anel está se deslocando para cima ou para baixo a 2 m/s quando solto de *A*.

Problemas fundamentais

14.13. A esfera do pêndulo de 2 kg é solta do repouso quando está em A. Determine a velocidade da esfera e a tração na corda quando ele passa por sua posição mais baixa, B.

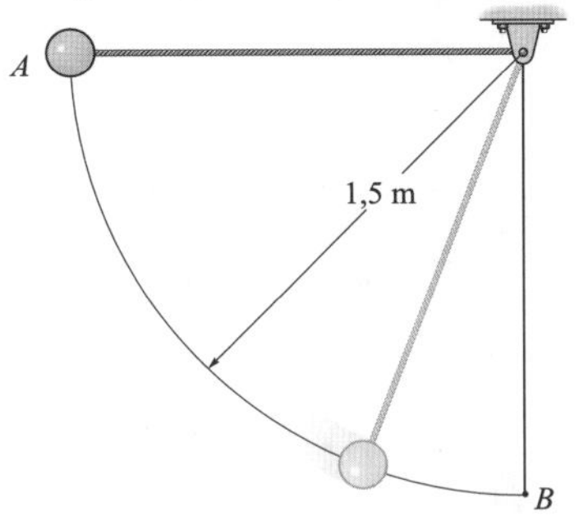

Problema 14.13

14.14. O pacote de 2 kg deixa a esteira transportadora em A com uma velocidade $v_A = 1$ m/s e desliza na rampa lisa para baixo. Determine a velocidade necessária da esteira transportadora em B de maneira que o pacote possa ser entregue sem escorregar na esteira. Determine também a reação normal que a porção curva da rampa exerce sobre os pacotes em B se $\rho_B = 2$ m.

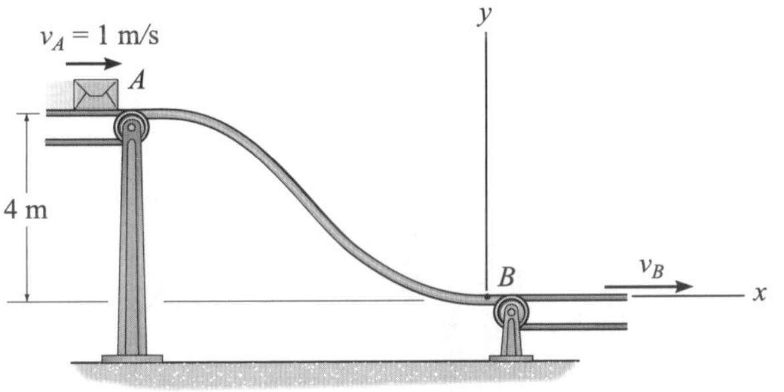

Problema 14.14

14.15. O anel de 2 kg é submetido a uma velocidade para baixo de 4 m/s quando está em A. Se a mola tem um comprimento não deformado de 1 m e uma rigidez $k = 30$ N/m, determine a velocidade do anel em $s = 1$ m.

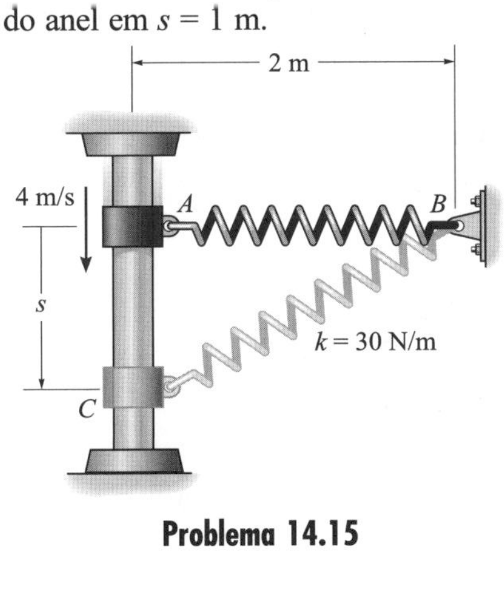

Problema 14.15

14.16. O anel de 2,5 kg é solto do repouso em A e desloca-se ao longo da guia sem atrito. Determine a velocidade do anel quando ele bate no apoio B. A mola tem um comprimento não deformado de 0,15 m.

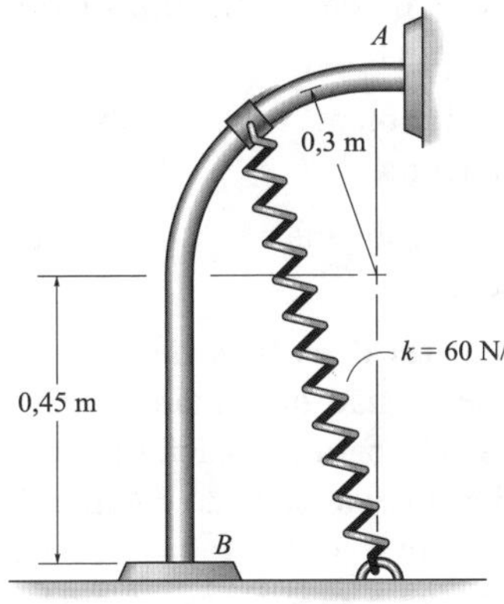

Problema 14.16

14.17. O bloco de 375 N (massa ≈ 37,5 kg) é solto do repouso 1,5 m acima da placa. Determine a compressão de cada mola quando o bloco instantaneamente chega ao repouso após bater na placa. Despreze a massa da placa. As molas estão inicialmente não deformadas.

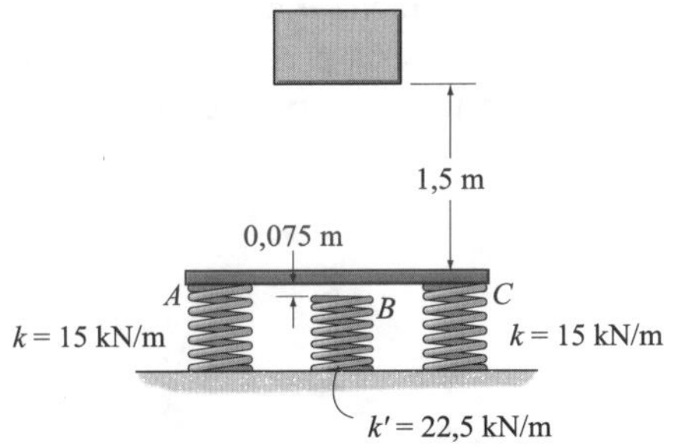

Problema 14.17

14.18. O anel C de 4 kg tem uma velocidade $v_A = 2$ m/s quando está em A. Se a barra-guia é lisa, determine a velocidade do anel quando ele está em B. A mola tem um comprimento não deformado $l_0 = 0,2$ m.

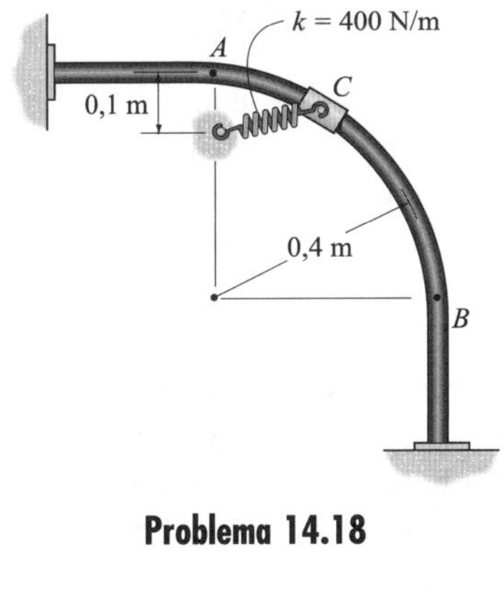

Problema 14.18

Problemas

***14.72.** Resolva o Problema 14.12 utilizando a equação de conservação da energia.

•**14.73.** Resolva o Problema 14.7 utilizando a equação de conservação da energia.

14.74. Resolva o Problema 14.8 utilizando a equação de conservação da energia.

14.75. Resolva o Problema 14.18 utilizando a equação de conservação da energia.

***14.76.** Resolva o Problema 14.22 utilizando a equação de conservação da energia.

•**14.77.** Cada uma das duas tiras de elástico do estilingue tem um comprimento não deformado de 200 mm. Se elas são puxadas para trás para a posição mostrada e soltas do repouso, determine a velocidade do chumbinho de 25 g imediatamente após as tiras de borracha voltarem a estar não deformadas. Despreze a massa das tiras de borracha. Cada tira de borracha tem uma rigidez $k = 50$ N/m.

14.78. Cada uma das duas tiras de elástico do estilingue tem um comprimento não deformado de 200 mm. Se elas são puxadas para trás para a posição mostrada e soltas do repouso, determine a altura máxima que o chumbinho de 25 g vai alcançar se ele for atirado verticalmente para cima. Despreze a massa das tiras de borracha e a variação na elevação do chumbinho enquanto ele está preso pelas tiras de borracha. Cada tira de borracha tem uma rigidez de $k = 50$ N/m.

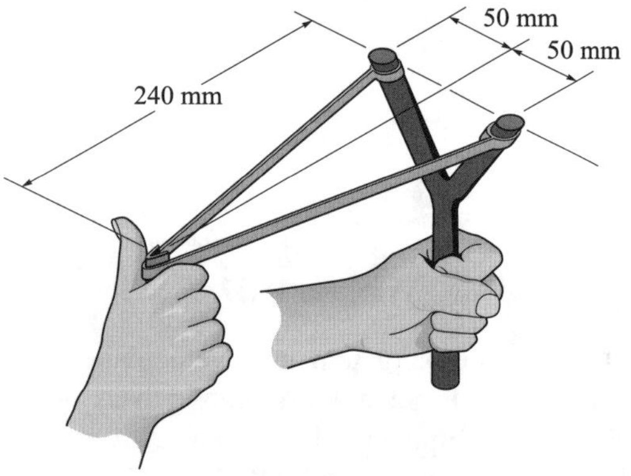

Problemas 14.77/78

14.79. O bloco A tem massa de 0,75 kg e desliza na ranhura horizontal lisa. Se o bloco é recuado para $s = 0{,}45$ m e solto do repouso, determine sua velocidade no instante $s = 0$. Cada uma das duas molas tem uma rigidez $k = 2500$ N/m e um comprimento não deformado de 0,15 m.

***14.80.** O bloco A de 1 kg desliza na fenda horizontal lisa. Quando $s = 0$, o bloco é submetido a uma velocidade inicial de 18 m/s para a direita. Determine o deslocamento horizontal máximo s do bloco. Cada uma das duas molas tem uma rigidez $k = 2500$ N/m e um comprimento não deformado de 0,15 m.

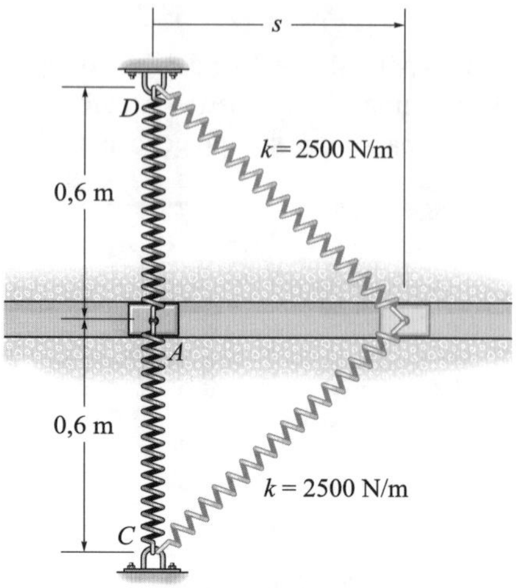

Problemas 14.79/80

•**14.81.** O bloco A de 15 kg é colocado sobre o topo de duas molas aninhadas, B e C, e, em seguida, é empurrado para baixo na posição mostrada. Se ele é solto em seguida, determine a altura máxima h que ele subirá.

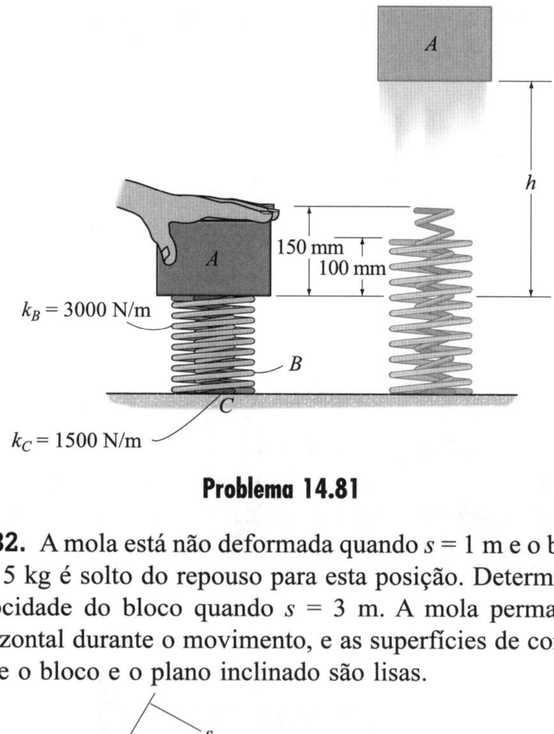

Problema 14.81

14.82. A mola está não deformada quando $s = 1$ m e o bloco de 15 kg é solto do repouso para esta posição. Determine a velocidade do bloco quando $s = 3$ m. A mola permanece horizontal durante o movimento, e as superfícies de contato entre o bloco e o plano inclinado são lisas.

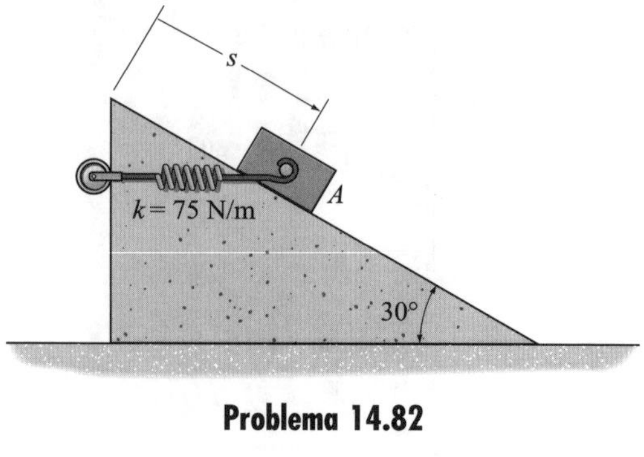

Problema 14.82

14.83. O guia vertical é liso, e o anel de 5 kg é solto do repouso em A. Determine a velocidade do anel quando ele está na posição C. A mola tem um comprimento não deformado de 300 mm.

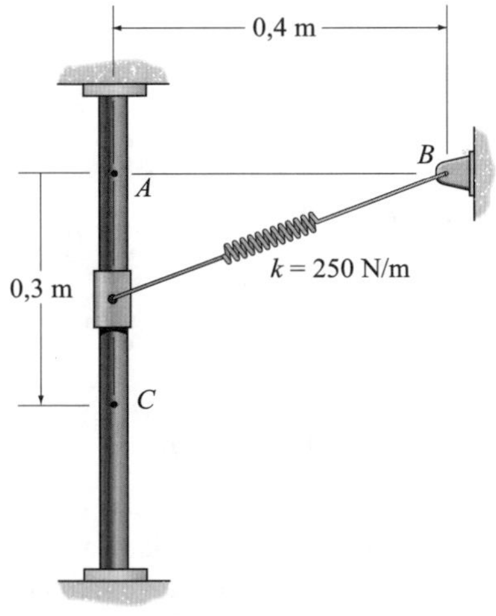

Problema 14.83

***14.84.** O anel de 5 kg desliza ao longo da barra vertical lisa. Se o anel é tirado do repouso em A, determine a sua velocidade quando ele passa pelo ponto B. A mola tem um comprimento não deformado de 200 mm.

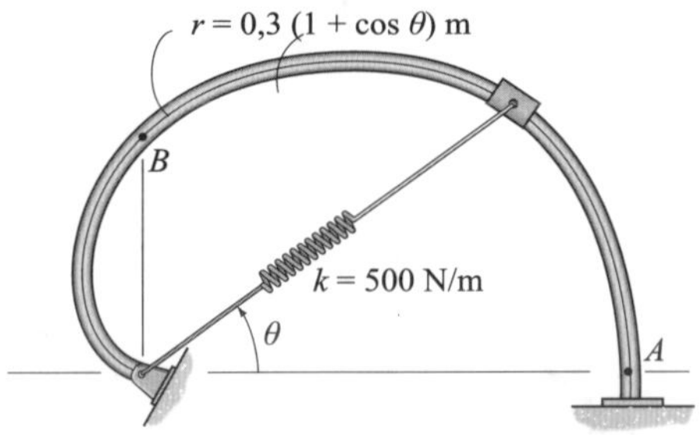

Problema 14.84

•14.85. O cilindro tem massa de 20 kg e é solto do repouso quando $h = 0$. Determine a sua velocidade quando $h = 3$ m. Cada mola tem um comprimento não deformado de 2 m.

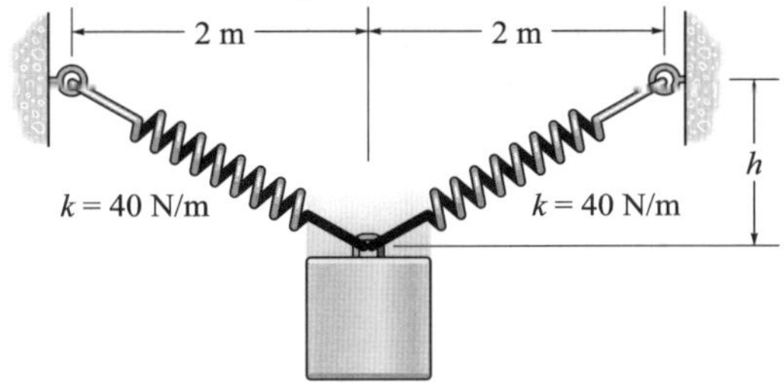

Problema 14.85

14.86. Tarzan tem massa de 100 kg e parte do repouso do penhasco, segurando-se firmemente em um cipó, o qual tem 10 m medidos do seu galho de apoio A até o seu centro de massa. Determine sua velocidade imediatamente após o cipó chegar ao galho mais baixo em B. Determine também com que força Tarzan tem de se segurar ao cipó imediatamente antes e imediatamente após o cipó fazer contato com o galho em B.

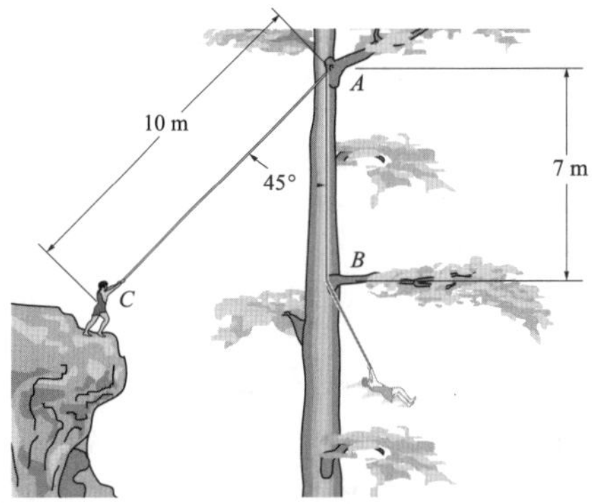

Problema 14.86

14.87. O carrinho de montanha-russa tem massa de 800 kg, incluindo seus passageiros, e parte do topo da estrutura A com uma velocidade $v_A = 3$ m/s. Determine a altura mínima h da estrutura de maneira que o carrinho dê a volta nos dois *loops* internos sem deixar os trilhos. Despreze o atrito, a massa das rodas e a dimensão do carrinho. Qual é a reação normal sobre o carrinho quando ele está em B e em C?

***14.88.** O carrinho de montanha-russa tem massa de 800 kg, incluindo seu passageiro. Se ele é solto do repouso no topo da estrutura A, determine a altura mínima h da estrutura de maneira que o carrinho dê a volta nos dois *loops* internos sem deixar os trilhos. Despreze o atrito, a massa das rodas, e a dimensão do carrinho. Qual é a reação normal sobre o carrinho quando ele está em B e C?

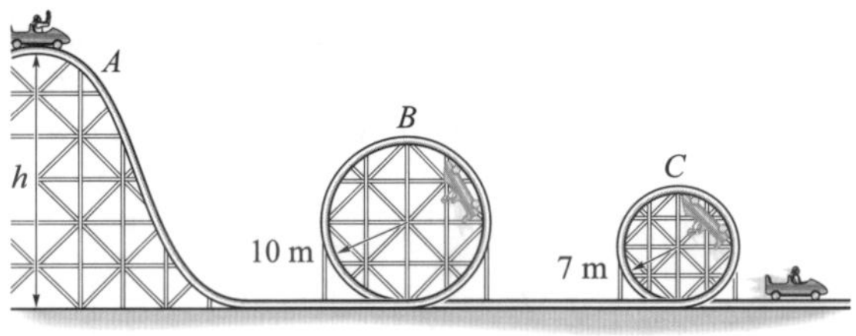

Problemas 14.87/88

•14.89. O carrinho de montanha-russa e seus passageiros têm massa total m. Determine a menor velocidade que ele tem de ter quando entra no *loop* em A de maneira que ele possa completar a volta sem deixar os trilhos. Determine também a força normal que os trilhos exercem sobre o carrinho quando ele dá a volta e chega à parte de baixo da pista, em C. O raio de curvatura dos trilhos em B é ρ_B e em C é ρ_C. Despreze a dimensão do carrinho. Os pontos A e C estão na mesma altura.

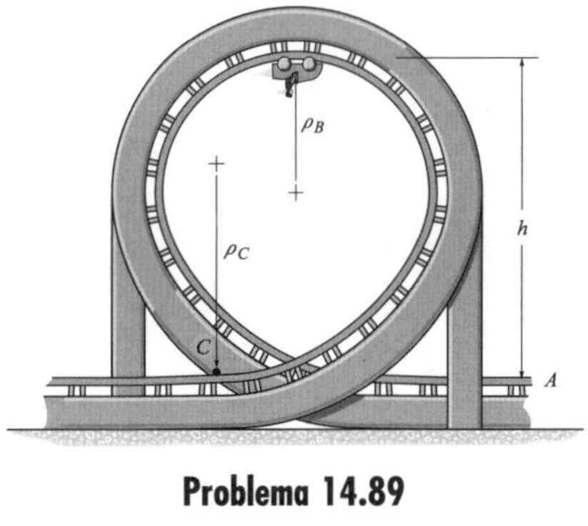

Problema 14.89

14.90. A bola de 0,5 kg é disparada pelo dispositivo com mola. A mola tem uma rigidez $k = 400$ N/m e os quatro cabos C e placa P mantêm a mola comprimida 50 mm quando não há nenhuma carga sobre a placa. A placa é empurrada para trás 75 mm da sua posição inicial. Se ela é, então, solta do repouso, determine a velocidade da bola quando ela chega à posição $s = 750$ mm no plano inclinado liso.

14.91. A bola de 0,5 kg é disparada pelo dispositivo com mola mostrado. Determine a menor rigidez k necessária para disparar a bola a uma distância máxima $s = 750$ mm plano acima após a mola ser empurrada para trás 75 mm e a bola ser solta do repouso. Os quatro cabos C e a placa P mantêm a mola comprimida 50 mm quando não há nenhuma carga sobre a placa.

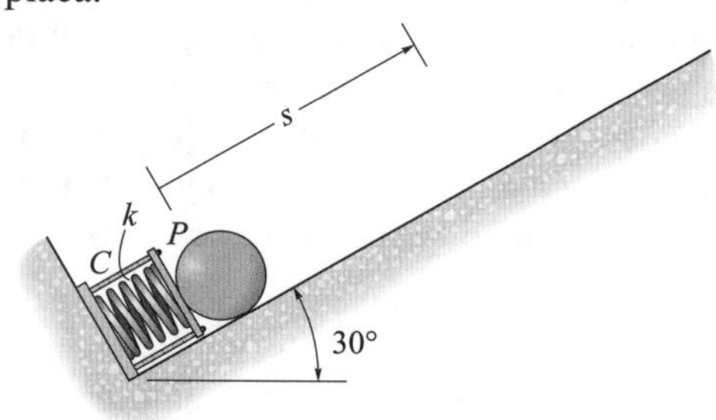

Problemas 14.90/91

*__14.92.__ O carrinho de montanha-russa, tendo massa m, é solto do repouso no ponto A. Se a pista precisa ser projetada de maneira que o carrinho não a deixe em B, determine a altura necessária h. Além disso, determine a velocidade do carrinho quando ele chega ao ponto C. Despreze o atrito.

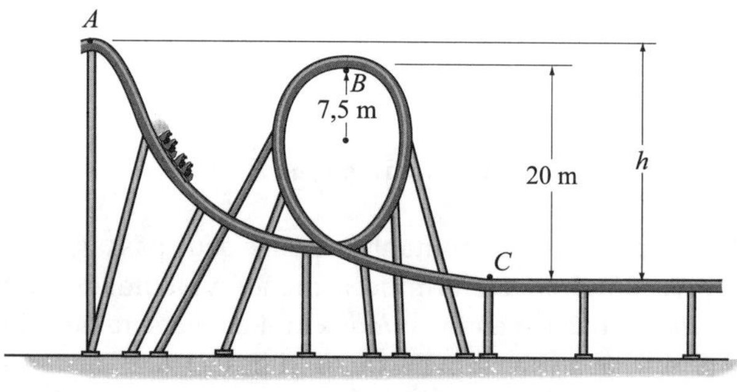

Problema 14.92

•**14.93.** Quando o cilindro de 50 kg é solto do repouso, a mola é submetida a uma tração de 60 N. Determine a velocidade do cilindro após ele ter caído 200 mm. Qual é a distância que ele caiu antes de parar instantaneamente?

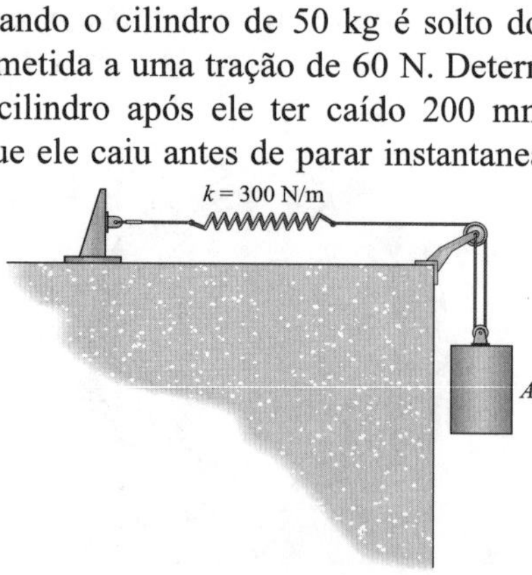

Problema 14.93

14.94. Um recipiente de massa desprezível está ligado a duas molas idênticas de rigidez $k = 250$ N/m. Se uma caixa de 10 kg é solta de uma altura de 0,5 m acima do recipiente, determine o deslocamento vertical máximo d. Inicialmente, cada mola tem uma tração de 50 N.

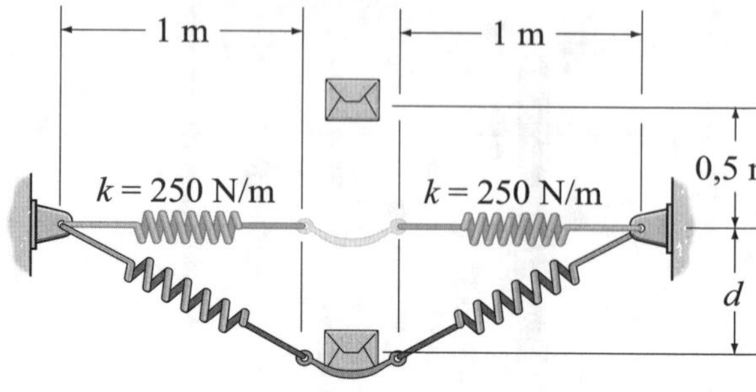

Problema 14.94

14.95. O homem na bicicleta tenta dar a volta no *loop* elipsoidal sem cair da pista. Determine a velocidade que ele tem de manter em A imediatamente antes de entrar no *loop* a fim de realizar a proeza. A bicicleta e o homem têm massa total de 85 kg e um centro de massa G. Despreze a massa das rodas.

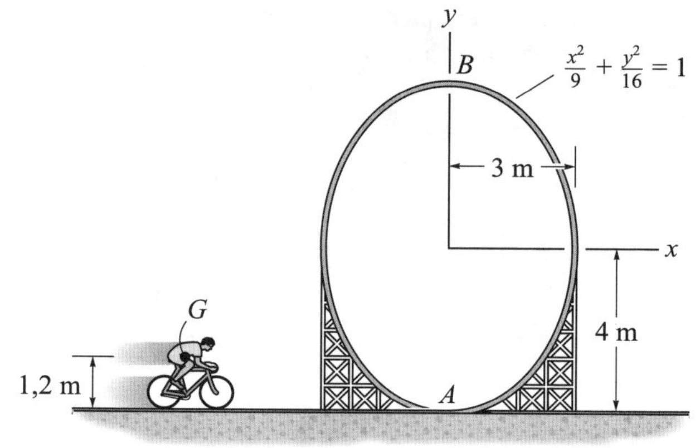

Problema 14.95

*__14.96.__ O esquiador de 65 kg parte do repouso em A. Determine sua velocidade em B e a distância s onde ele pousa em C. Despreze o atrito.

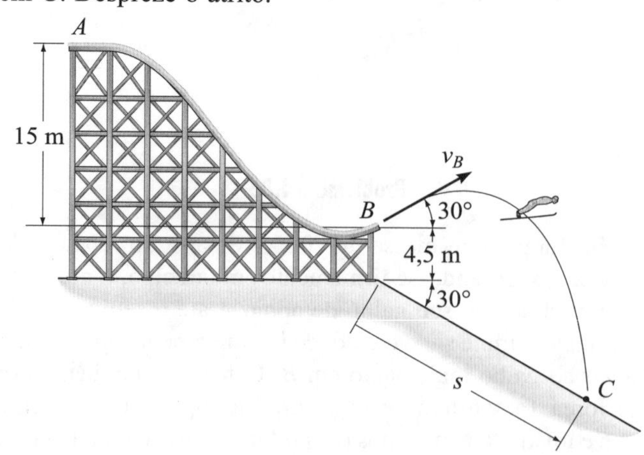

Problema 14.96

•14.97. O homem de 75 kg salta do *bungee jump* em uma ponte em A com uma velocidade para baixo inicial de 1,5 m/s. Determine o comprimento não deformado necessário da corda elástica na qual ele está amarrado a fim de que pare instantaneamente acima da superfície da água. A rigidez da corda elástica é $k = 3$ kN/m. Despreze a dimensão do homem.

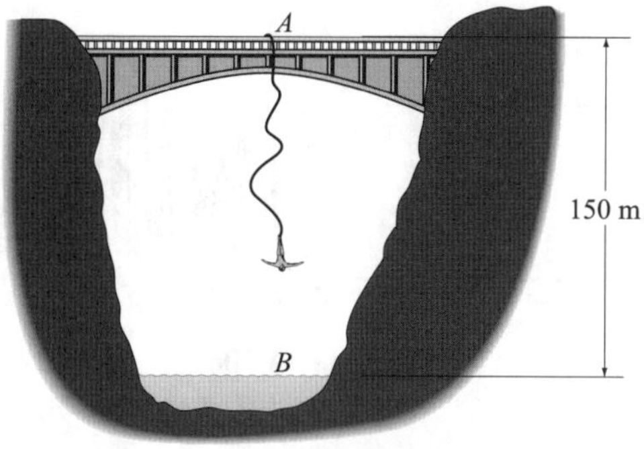

Problema 14.97

14.98. O bloco A de 10 kg é solto do repouso e desliza para baixo pelo plano liso. Determine a compressão x da mola quando o bloco para instantaneamente.

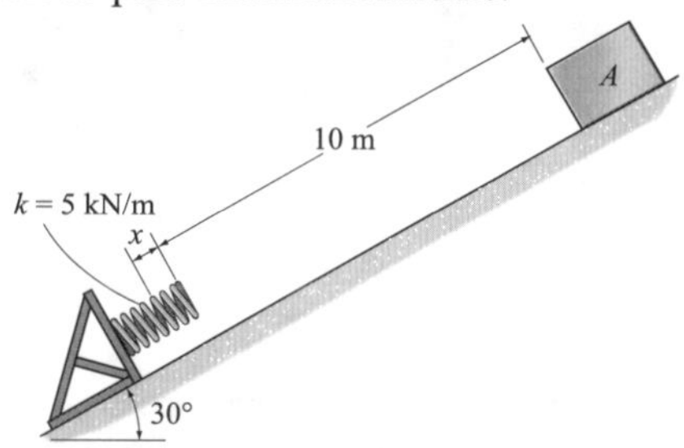

Problema 14.98

14.99. O anel liso de 10 kg é ligado à mola que tem um comprimento não estendido de 1,2 m. Se ele é solto do repouso na posição A, determine a sua velocidade quando ele alcança o ponto B.

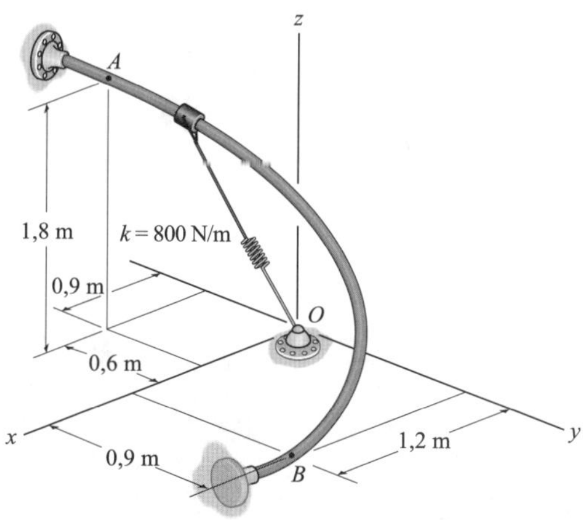

Problema 14.99

***14.100.** O anel de 2 kg é solto do repouso em A e desloca-se ao longo da guia vertical lisa. Determine a velocidade do anel quando ele chega à posição B. Determine também a força normal exercida sobre o anel nesta posição. A mola tem um comprimento não deformado de 200 mm.

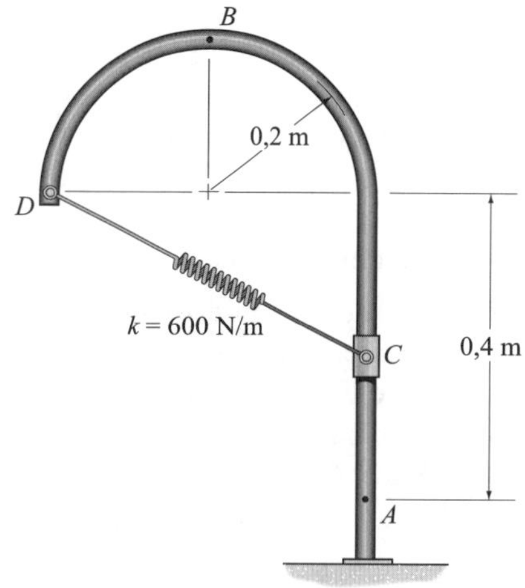

Problema 14.100

•14.101. Um tubo AB forma um quarto de círculo de raio médio r contém uma corrente lisa cuja massa por unidade de comprimento é m_0. Se a corrente é solta do repouso da posição mostrada, determine a sua velocidade quando ela emerge completamente do tubo.

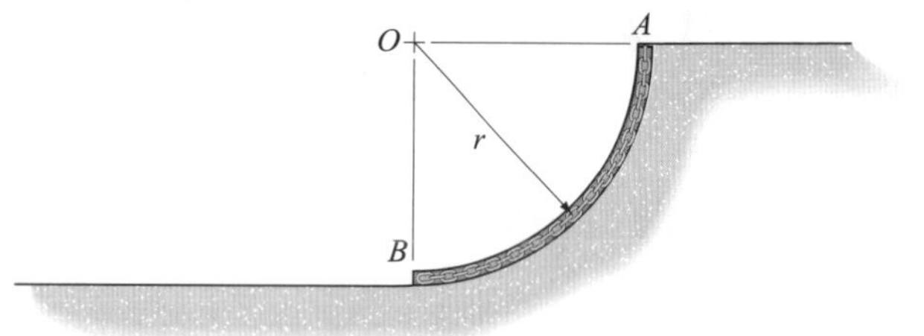

Problema 14.101

14.102. A bola de massa m é submetida a uma velocidade de $v_A = \sqrt{3gr}$ na posição A. Quando ela chega a B, o cabo atinge o pino P, após o que a bola descreve uma trajetória circular menor. Determine a posição x de P de maneira que a bola seja capaz apenas de alcançar o ponto C.

14.103. A bola de massa m é submetida a uma velocidade de $v_A = \sqrt{5gr}$ na posição A. Quando ela chega a B, o cabo atinge o pino P, após o que a bola descreve uma trajetória circular menor. Se $x = \frac{2}{3}r$, determine a velocidade da bola e a tração no cabo quando ela está no seu ponto mais alto C.

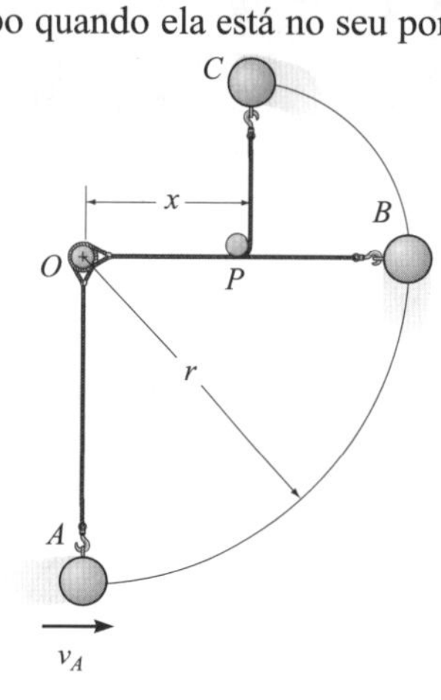

Problemas 14.102/103

*14.104. Se a massa da Terra é M_e, mostre que a energia potencial gravitacional de um corpo de massa m localizado uma distância r do centro da Terra é $V_g = -GM_e m/r$. Lembre-se de que a força gravitacional atuando entre a Terra e o corpo é $F = G(M_e m/r^2)$, Equação 13.1. Para o cálculo, estabeleça a referência a uma distância 'infinita' da Terra. Além disso, prove que **F** é uma força conservativa.

•14.105. Um satélite de 60 kg desloca-se em voo livre ao longo de uma órbita elíptica de tal maneira que em A, onde $r_A = 20$ Mm, ele tem uma velocidade $v_A = 40$ Mm/h. Qual é a velocidade do satélite quando ele chega ao ponto B, onde $r_B = 80$ Mm? *Dica*: Ver Problema 14.104, onde $M_e = 5{,}976(10^{24})$ kg e $G = 66{,}73(10^{-12})$ m³/(kg · s²).

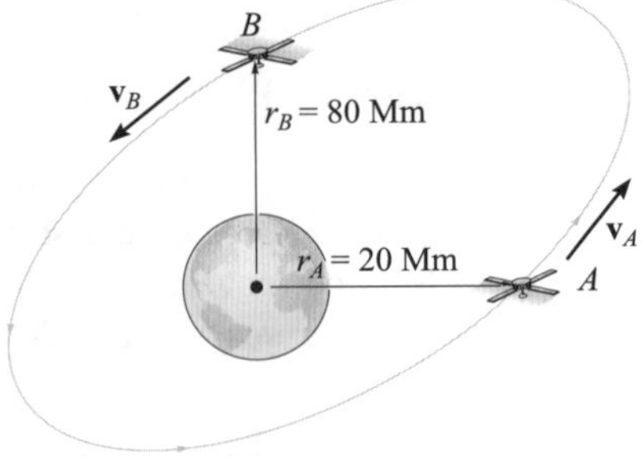

Problema 14.105

14.106. O para-choque de mola dupla é usado para parar o lingote de aço de 750 kg em uma laminadora. Determine o deslocamento máximo da placa A se o lingote bate na placa com uma velocidade de 2,4 m/s. Despreze a massa das molas, roletes e placas A e B. Suponha $k_1 = 50$ kN/m, $k_2 = 75$ kN/m.

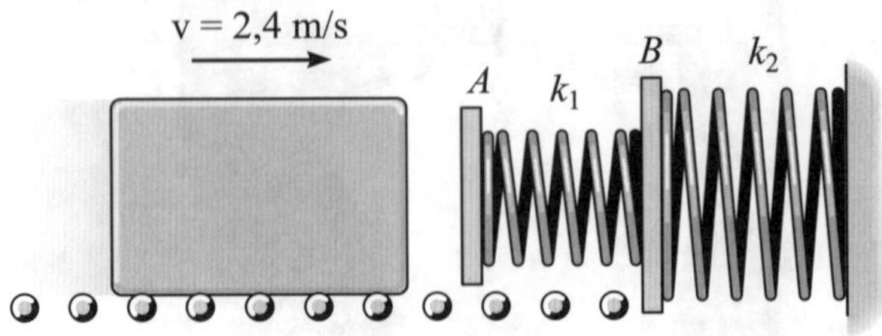

Problema 14.106

Problemas conceituais

14.1. O carrinho da montanha-russa está momentaneamente em repouso em A. Determine a força normal aproximada que ele exerce sobre a pista em B. Determine também a sua aceleração aproximada neste ponto. Utilize dados numéricos e faça medidas em escala a partir da fotografia com uma altura conhecida em A.

Problema 14.1

14.2. Conforme o anel grande gira, o operador pode aplicar um mecanismo de frenagem que prende os carrinhos ao anel, o que então permite que os carrinhos girem com o anel. Supondo que os passageiros não estão presos com cintos de segurança nos carrinhos, determine a menor velocidade do anel (carrinhos) de maneira que nenhum passageiro caia. Quando o operador deve soltar o freio de maneira que os carrinhos possam alcançar a sua maior velocidade enquanto deslizam livremente no anel? Estime a maior força normal do assento sobre um passageiro quando esta velocidade é alcançada. Utilize valores numéricos para explicar sua resposta.

Problema 14.2

14.3. O garoto puxa o lançador de balão de água para trás, estendendo cada uma das quatro cordas elásticas. Estime a altura máxima e o alcance máximo do balão de água se ele for solto da posição mostrada. Use valores numéricos e quaisquer medidas necessárias a partir da fotografia. Suponha que o comprimento não deformado e a rigidez de cada corda são conhecidos.

Problema 14.3

14.4. A garota está momentaneamente em repouso na posição mostrada. Se o comprimento não deformado e a rigidez de cada uma das duas cordas elásticas são conhecidos, determine aproximadamente até onde a garota desce antes que fique momentaneamente em repouso mais uma vez. Use valores numéricos e tome quaisquer medidas necessárias com base na fotografia.

Problema 14.4

REVISÃO DO CAPÍTULO

Trabalho de uma força Uma força realiza trabalho quando ela sofre um deslocamento ao longo da sua linha de ação. Se a força varia com o deslocamento, então o trabalho é $U = \int F \cos\theta \, ds$. Graficamente, isto representa a área sob o diagrama $F - s$.		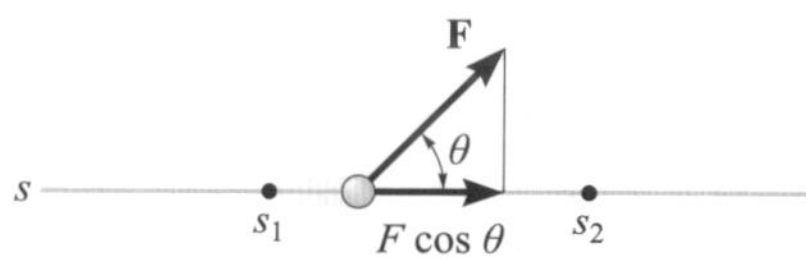 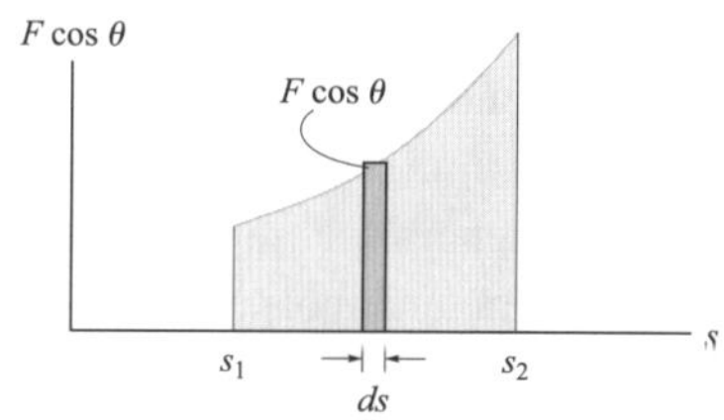
Se a força é constante, então, para um deslocamento Δs na direção da força, $U = F_c \, \Delta s$. Um exemplo típico deste caso é o trabalho de um peso, $U = -W \, \Delta y$. Aqui, Δy é o deslocamento vertical.		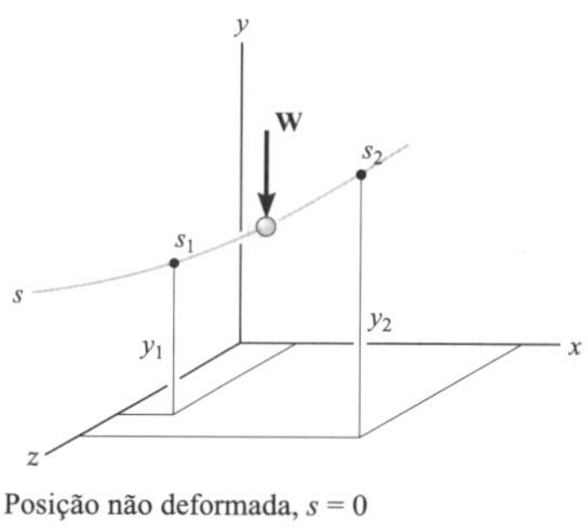
O trabalho realizado por uma força de mola, $F = ks$, depende da extensão ou compressão s da mola.	$U = \frac{1}{2}ks_2^2 - \frac{1}{2}ks_1^2$	Posição não deformada, $s = 0$ 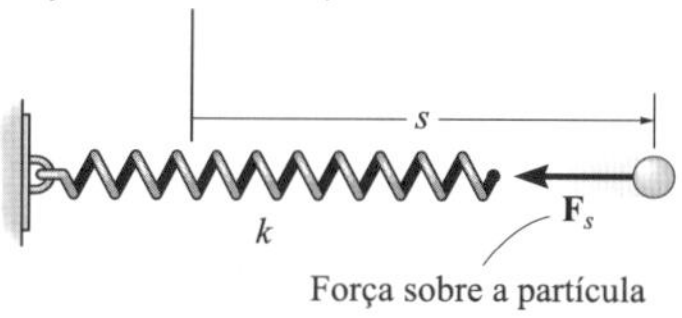

O princípio do trabalho e energia Se a equação do movimento na direção tangencial, $\Sigma F_t = ma_t$, é combinada com a equação cinemática, $a_t\, ds = v\, dv$, obtemos o princípio do trabalho e energia. Esta equação estabelece que a energia cinética inicial T, mais o trabalho realizado ΣU_{1-2} é igual à energia cinética final. O princípio do trabalho e energia é útil para resolver problemas que envolvem força, velocidade e deslocamento. Para aplicação, o diagrama de corpo livre da partícula deve ser construído a fim de identificar as forças que realizam trabalho.	$T_1 + \Sigma U_{1-2} = T_2$	
Potência e eficiência Potência é a taxa temporal para se realizar o trabalho. Para aplicação, a força **F** desenvolvendo a potência e sua velocidade **v** têm de ser especificadas. Eficiência representa a razão entre a potência de saída e a potência de entrada. Devido a perdas por atrito, ela é sempre menor que um.	$p = \dfrac{dU}{dt}$ $P = \mathbf{F} \cdot \mathbf{v}$ $\epsilon = \dfrac{\text{potência de saída}}{\text{potência de entrada}}$	
Conservação de energia Uma força conservativa realiza trabalho que é independente da sua trajetória. Dois exemplos são o peso de uma partícula e a força de mola. Atrito é uma força não conservativa, visto que o trabalho depende do comprimento da trajetória. Quanto mais longa a trajetória, maior o trabalho realizado. O trabalho realizado por uma força conservativa depende da sua posição em relação a uma referência. Quando este trabalho é referenciado a partir de uma referência, ele é chamado de energia potencial. Para um peso, ele é $V_g = \pm W y$, e para uma mola ele é $V_e = +\frac{1}{2}kx^2$. Energia mecânica consiste da energia cinética T e energias potenciais gravitacionais e elásticas V. De acordo com a conservação de energia, esta soma é constante e tem o mesmo valor em qualquer posição na trajetória. Se apenas forças gravitacionais e de mola causam movimento da partícula, então a equação da conservação da energia pode ser usada para solucionar problemas envolvendo estas forças conservativas, deslocamento e velocidade.	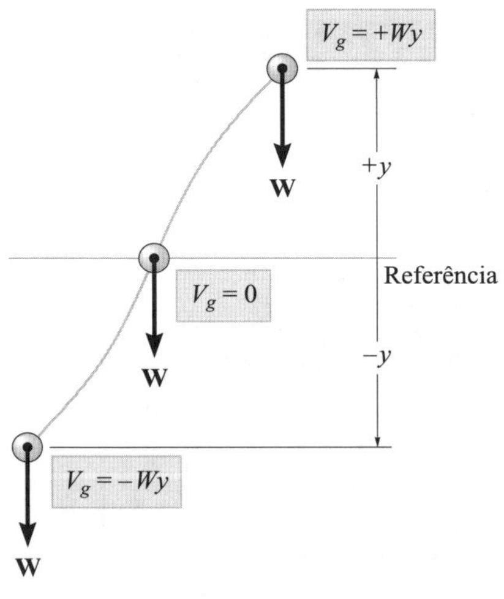 Energia potencial gravitacional 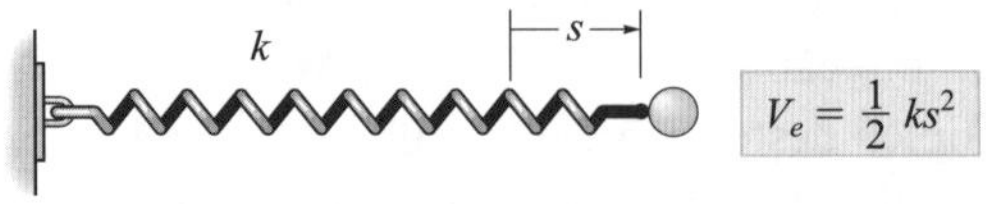 Energia potencial elástica $T_1 + V_1 = T_2 + V_2$	

CAPÍTULO

15

Cinética de uma partícula: impulso e quantidade de movimento

Objetivos do capítulo

- Desenvolver o princípio do impulso e quantidade de movimento linear de uma partícula e aplicá-lo à resolução de problemas que envolvem força, velocidade e tempo.
- Estudar a conservação da quantidade de movimento linear de partículas.
- Analisar a mecânica do impacto.
- Introduzir o conceito do impulso e de quantidade de movimento angular.
- Resolver problemas que envolvem fluidos com escoamento estacionário e propulsão com massa variável.

15.1 Princípio do impulso e quantidade de movimento linear

Nesta seção integraremos a equação do movimento em relação ao tempo, obtendo dessa forma o princípio do impulso e quantidade de movimento. A equação resultante será útil para resolver problemas que envolvem força, velocidade e tempo.

Usando a cinemática, a equação do movimento de uma partícula de massa m pode ser escrita como:

$$\Sigma \mathbf{F} = m\mathbf{a} = m\frac{d\mathbf{v}}{dt} \qquad (15.1)$$

onde $\mathbf{a}$ e $\mathbf{v}$ são medidos a partir de um sistema de referência inercial. Rearranjando os termos e integrando entre os limites $\mathbf{v} = \mathbf{v}_1$ em $t = t_1$ e $\mathbf{v} = \mathbf{v}_2$ em $t = t_2$, temos:

$$\Sigma \int_{t_1}^{t_2} \mathbf{F}dt = m\int_{\mathbf{v}_1}^{\mathbf{v}_2} d\mathbf{v}$$

ou

$$\Sigma \int_{t_1}^{t_2} \mathbf{F}dt = m\mathbf{v}_2 - m\mathbf{v}_1 \qquad (15.2)$$

Esta equação é chamada de *princípio do impulso e quantidade de movimento linear*. Da derivação pode ser visto que ela é simplesmente uma integração no tempo da equação do movimento. Fornece uma *forma direta* de obtenção da velocidade final da partícula, $\mathbf{v}_2$, após um período de tempo específico, quando a velocidade inicial da partícula é conhecida e as forças atuando sobre a partícula são constantes ou podem ser expressas como funções do tempo. Em comparação, se $\mathbf{v}_2$ fosse determinada usando a equação de movimento, um processo em dois passos seria necessário; ou seja, aplicar $\Sigma\mathbf{F} = m\mathbf{a}$ para obter $\mathbf{a}$, e em seguida integrar $\mathbf{a} = d\mathbf{v}/dt$ para obter $\mathbf{v}_2$.

Quantidade de movimento linear

Cada um dos dois vetores da forma $\mathbf{L} = m\mathbf{v}$ na Equação 15.2 é chamado de quantidade de movimento linear da partícula. Visto que m é um escalar positivo, o vetor quantidade de movimento linear tem a mesma direção de $\mathbf{v}$, e sua intensidade mv tem unidades de massa-velocidade, por exemplo, kg · m/s.

Impulso linear

A integral $\mathbf{I} = \int \mathbf{F}\, dt$ na Equação 15.2 é chamada de *impulso linear*. Esse termo é uma quantidade vetorial que mede o efeito de uma força durante o tempo em que atua. Visto que o tempo é um escalar positivo, o impulso age na mesma direção que a força, e sua intensidade tem unidades de força-tempo, por exemplo, N · s.*

Se a força for expressa como uma função de tempo, o impulso pode ser determinado por avaliação direta da integral. Em particular, se a força for constante tanto em intensidade quanto em direção, o impulso resultante será

$$\mathbf{I} = \int_{t_1}^{t_2} \mathbf{F}_c dt = \mathbf{F}_c(t_2 - t_1).$$

A intensidade do impulso pode ser representada graficamente pela área sombreada sob a curva de força *versus* tempo (Figura 15.1). Uma força constante cria a área sombreada retangular mostrada na Figura 15.2.

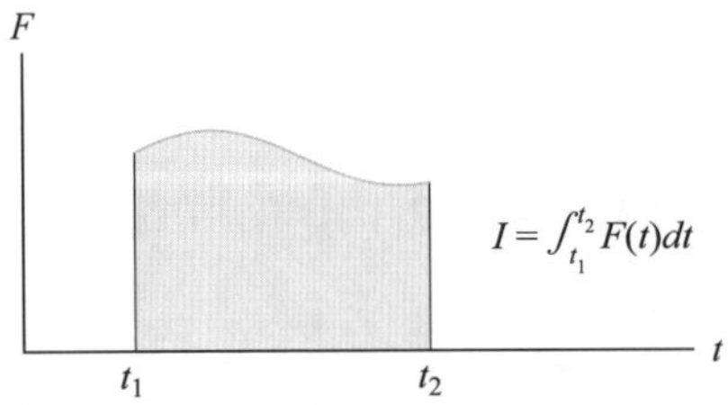

Força variável

Figura 15.1

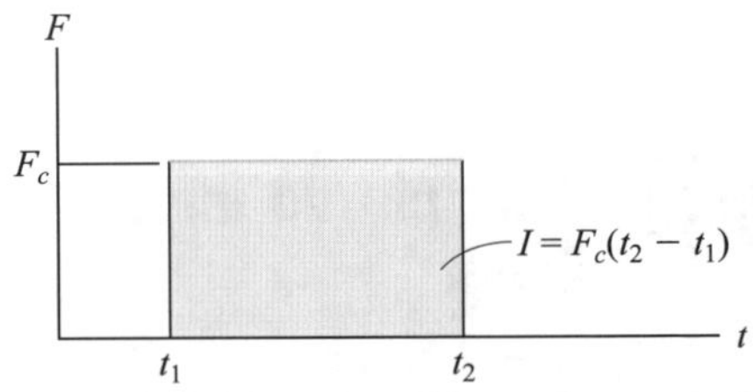

Força constante

Figura 15.2

Princípio do impulso e quantidade de movimento linear

Para resolução de problemas, a Equação 15.2 será reescrita na forma:

$$m_{\mathbf{v}_1} + \Sigma\int_{t_1}^{t_2} \mathbf{F}\, dt = m\mathbf{v}_2 \tag{15.3}$$

que estabelece que a quantidade de movimento inicial da partícula, no tempo t_1, mais a soma de todos os impulsos aplicados na partícula de t_1 a t_2, é equivalente à quantidade de movimento final da partícula no tempo t_2. Esses três termos estão ilustrados graficamente nos *diagramas do impulso e quantidade de movimento* mostrados na Figura 15.3. Os dois *diagramas da quantidade de movimento* são simplesmente

* Embora as unidades de impulso e quantidade de movimento sejam definidas de modo diferente, pode ser demonstrado que a Equação 15.2 é dimensionalmente homogênea.

formas delineadas da partícula, que indicam a direção e a intensidade das quantidades de movimento inicial e final da partícula, $m\mathbf{v}_1$ e $m\mathbf{v}_2$. Semelhante ao diagrama de corpo livre, o *diagrama do impulso* é uma forma delineada da partícula, que mostra todos os impulsos que atuam na partícula quando esta está localizada em algum ponto intermediário ao longo de sua trajetória.

Se cada um dos vetores na Equação 15.3 for decomposto em suas componentes x, y e z, podemos escrever as três equações escalares seguintes, do impulso e quantidade de movimento linear.

$$\begin{aligned} m(v_x)_1 + \Sigma\int_{t_1}^{t_2} F_x\,dt &= m(v_x)_2 \\ m(v_y)_1 + \Sigma\int_{t_1}^{t_2} F_y\,dt &= m(v_y)_2 \\ m(v_z)_1 + \Sigma\int_{t_1}^{t_2} F_z\,dt &= m(v_z)_2 \end{aligned} \tag{15.4}$$

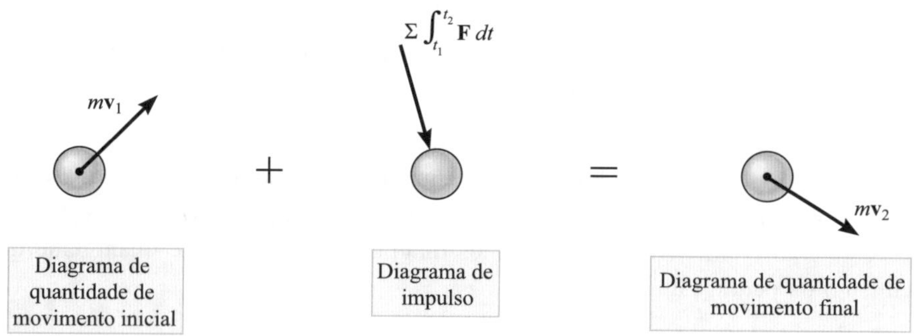

Figura 15.3

Procedimento para análise

O princípio do impulso e quantidade de movimento linear é usado para resolver problemas que envolvam força, tempo e velocidade, visto que esses termos estão envolvidos na formulação. Para a aplicação, sugere-se que seja usado o procedimento seguinte.*

Diagrama de corpo livre

- Estabeleça o sistema de referência inercial x, y, z e construa o diagrama de corpo livre da partícula, de modo a considerar todas as forças que produzem impulsos na partícula.
- A direção e o sentido das velocidades inicial e final da partícula devem ser estabelecidos.
- Se um vetor for desconhecido, suponha que o sentido de suas componentes estão na direção positiva das coordenadas inerciais.
- Como procedimento alternativo, construa os diagramas do impulso e quantidade de movimento da partícula, como discutido em referência à Figura 15.3.

Princípio do impulso e quantidade de movimento

- De acordo com o sistema de coordenadas estabelecido, aplique o princípio do impulso e quantidade de movimento linear, ($m\boldsymbol{v}_1 + \Sigma\int_{t_1}^{t_2}\boldsymbol{F}\,dt = m\boldsymbol{v}_2$). Se o movimento ocorrer no plano x–y, as duas equações escalares componentes podem ser formuladas ou decompondo as componentes do vetor $\mathbf{F}$, a partir

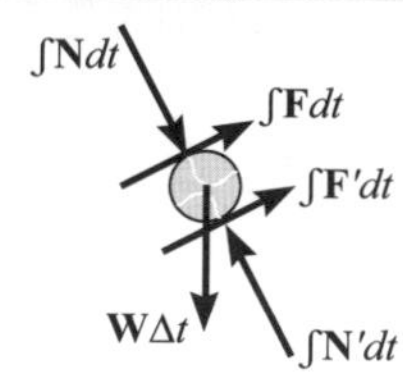

Quando as rodas da máquina lançadora giram, elas aplicam impulsos de atrito à bola de beisebol, dando-lhe assim uma quantidade de movimento linear. Esses impulsos são mostrados no diagrama de impulsos. Aqui, tanto os impulsos de atrito quanto os normais variam com o tempo. Em comparação, o impulso do peso é constante e muito pequeno, visto que o tempo Δt durante o qual a bola fica em contato com as rodas é muito pequeno.

* Esse procedimento será seguido quando se desenvolverem as provas e a teoria no texto.

do diagrama de corpo livre, ou usando os dados dos diagramas do impulso e quantidade de movimento.

- Observe que cada força atuando no diagrama de corpo livre da partícula criará um impulso, embora algumas dessas forças não realizem nenhum trabalho.
- Forças que forem funções do tempo devem ser integradas para obter o impulso. Graficamente, o impulso é igual à área sob a curva força-tempo.

Exemplo 15.1

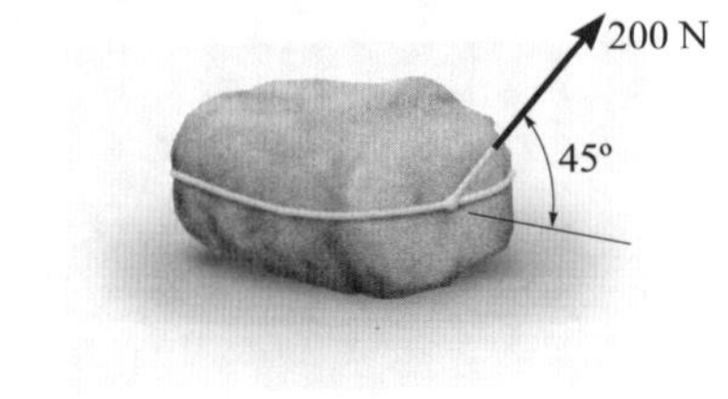

(a)

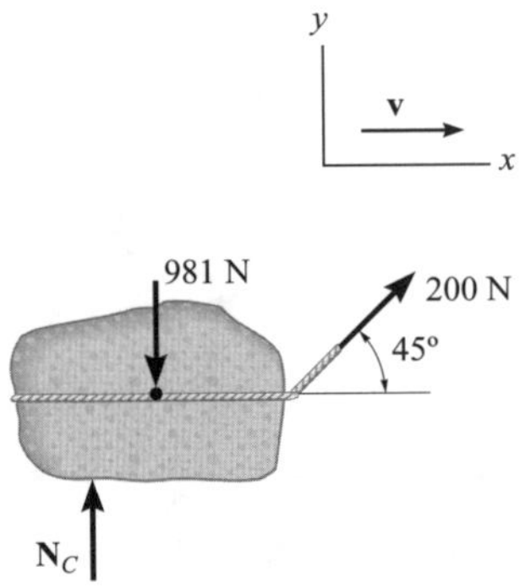

(b)

Figura 15.4

A pedra de 100 kg mostrada na Figura 15.4*a* está originalmente em repouso sobre a superfície horizontal lisa. Se uma força de reboque de 200 N, atuando em um ângulo de 45 °, for aplicada à pedra por 10 s, determine a velocidade final e a força normal que a superfície exerce sobre a pedra durante esse intervalo de tempo.

SOLUÇÃO

Esse problema pode ser resolvido usando o princípio do impulso e quantidade de movimento, visto que envolve força, velocidade e tempo.

Diagrama de corpo livre

Veja a Figura 15.4*b*. Como todas as forças atuando são *constantes*, os impulsos são simplesmente o produto da intensidade da força e dos 10 s [$\mathbf{I} = \mathbf{F}_C(t_2 - t_1)$]. Observe o procedimento alternativo de construir os diagramas do impulso e quantidade de movimento da pedra, Figura 15.4*c*.

Princípio de impulso e quantidade de movimento

Aplicando a Equação 15.4, resulta em:

$$(\overset{+}{\rightarrow}) \qquad m(v_x)_1 + \Sigma\int_{t_1}^{t_2} F_x\,dt = m(v_x)_2$$

$$0 + 200\text{ N}\cos 45°(10\text{ s}) = (100\text{ kg})v_2$$

$$v_2 = 14{,}1\text{ m/s}$$

$$(+\uparrow) \qquad m(v_y)_1 + \Sigma\int_{t_1}^{t_2} F_y\,dt = m(v_y)_2$$

$$0 + N_C(10\text{ s}) - 981\text{ N}(10\text{ s}) + 200\text{ N sen }45°(10\text{ s}) = 0$$

$$N_C = 840\text{ N}$$

NOTA: Visto que nenhum movimento ocorre na direção *y*, a aplicação direta da equação de equilíbrio $\Sigma F_y = 0$ dá o mesmo resultado para N_C.

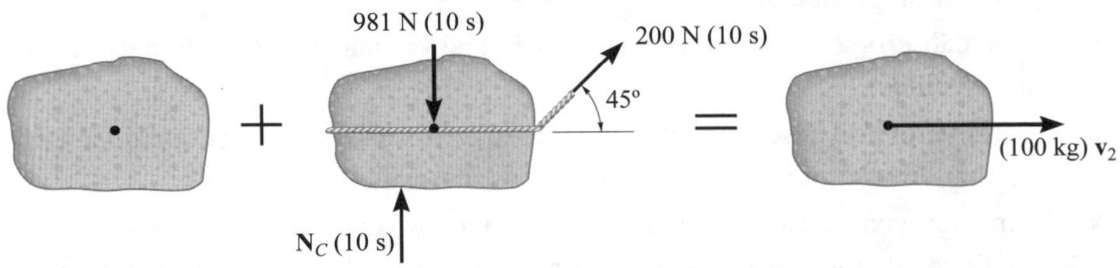

(c)

Figura 15.4

Exemplo 15.2

Na caixa de 250 N (m ≈ 25 kg) mostrada na Figura 15.5*a*, é exercida uma força que tem uma intensidade variável $P = (100t)$ N, onde t está em segundos. Determine a velocidade da caixa 2 s depois de **P** haver sido aplicada. A velocidade inicial é $v_1 = 1$ m/s, descendo o plano inclinado, e o coeficiente de atrito cinético entre a caixa e o plano é $\mu_k = 0{,}3$.

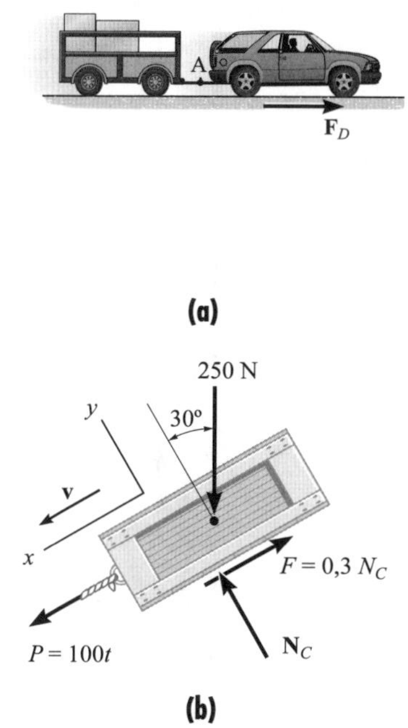

Figura 15.5

SOLUÇÃO

Diagrama de corpo livre

Veja a Figura 15.5*b*. Visto que a intensidade da força $P = 100t$ varia com o tempo, o impulso criado deve ser determinado integrando-se sobre o intervalo de tempo de 2 s.

Princípio do impulso e quantidade de movimento

Aplicando a Equação 15.4 na direção *x*, temos:

$$(+\swarrow) \qquad m(v_x)_1 + \Sigma\int_{t_1}^{t_2} F_x dt = m(v_x)_2$$

$$\frac{250\text{ N}}{9{,}81\text{ m/s}^2}(1\text{ m/s}) + \int_0^{2\text{s}} 100t\,dt - 0{,}3N_c\,(2\text{ s}) + (250\text{ N})\text{sen }30°(2\text{ s}) = \frac{250\text{ N}}{9{,}81\text{ m/s}^2}v_2$$

$$25{,}48 + 200 - 0{,}6N_C + 250 = 25{,}48v_2$$

A equação de equilíbrio pode ser aplicada na direção *y*. Por quê?

$$+\nwarrow \Sigma F_y = 0; \qquad N_C - 250\cos 30°\text{ N} = 0$$

Resolvendo,

$$N_C = 216{,}5\text{ N}$$
$$v_2 = 13{,}56\text{ m/s} \swarrow$$

NOTA: Também podemos resolver este problema usando a equação do movimento. Da Figura 15.5*b*,

$$+\swarrow \Sigma F_x = ma_x;\ 100t - 0{,}3(216{,}5) + 250\text{ sen }30° = \frac{250}{9{,}81}a$$

$$a = 3{,}924t + 2{,}356$$

Utilizando a cinemática:

$$+\swarrow dv = a\,dt; \qquad \int_{1\text{ m/s}}^{v} dv = \int_0^{2s}(3{,}924t + 2{,}356)dt$$
$$v = 13{,}56\text{ m/s}$$

Em comparação, a aplicação do princípio do impulso e quantidade de movimento elimina a necessidade de usar cinemática ($a = dv/dt$) e, portanto, fornece um método de solução mais fácil.

Exemplo 15.3

Os blocos *A* e *B* mostrados na Figura 15.6*a* têm massa de 3 kg e 5 kg, respectivamente. Se o sistema for liberado do repouso, determine a velocidade do bloco *B* em $t = 6$ s. Despreze a massa das polias e do cabo.

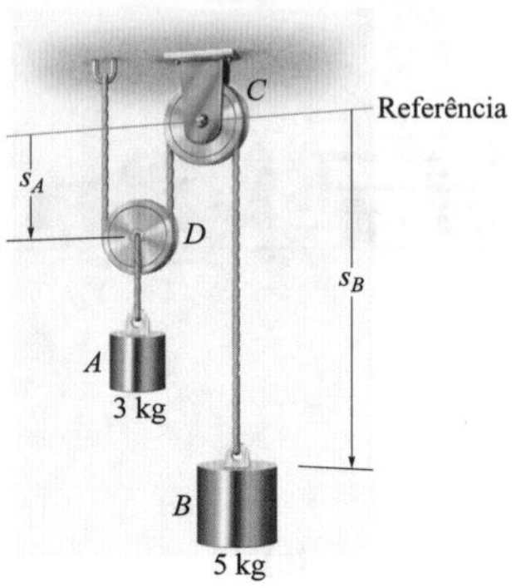

(a)

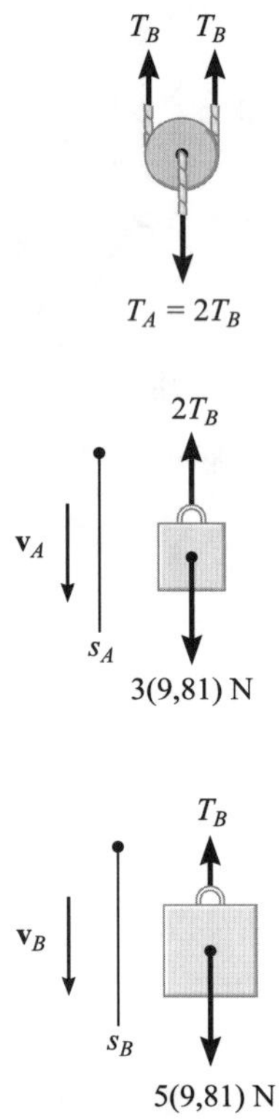

(b)

Figura 15.6

SOLUÇÃO

Diagrama de corpo livre

Veja a Figura 15.6*b*. Visto que o peso de cada bloco é constante, as trações no cabo também serão constantes. Além do mais, visto que a massa da polia D é desprezada, a tração no cabo será $T_A = 2T_B$. Note que se presume que ambos os blocos estão se movendo para baixo nas direções coordenadas positivas s_A e s_B.

Princípio do impulso e quantidade de movimento

Bloco A:

$$(+\downarrow) \qquad m(v_A)_1 + \Sigma\int_{t_1}^{t_2} F_y dt = m\,(v_A)_2$$

$$0 - 2T_B(6\text{s}) + 3\,(9{,}81)\,\text{N}\,(6\text{s}) = (3\text{kg})\,(v_A)_2 \qquad (1)$$

Bloco B:

$$(+\downarrow) \qquad m(v_B)_1 + \Sigma\int_{t_1}^{t_2} F_y dt = m(v_B)_2$$

$$0 + 5(9{,}81)\,\text{N}(6\,\text{s}) - T_B(6\,\text{s}) = (5\,\text{kg})(v_B)_2 \qquad (2)$$

Cinemática

Visto que os blocos estão sujeitos a movimentos dependentes, a velocidade de A pode ser relacionada à de B, utilizando-se a análise cinemática discutida na Seção 12.9. Uma referência horizontal é estabelecida através do ponto fixo em C (Figura 15.6*a*), e as coordenadas de posição, s_A e s_B, estão relacionadas ao comprimento total constante l, dos segmentos verticais do cabo, pela equação:

$$2s_A + s_B = l$$

Fazendo-se a derivada temporal, temos:

$$2v_A = -v_B \qquad (3)$$

Como indicado pelo sinal negativo, quando B move-se para baixo, A move-se para cima. Substituindo-se este resultado na Equação 1 e resolvendo-se as equações 1 e 2, obtém-se:

$$(v_B)_2 = 35{,}8 \text{ m/s} \downarrow$$

$$T_B = 19{,}2 \text{ N}$$

NOTA: Perceba que a direção *positiva* (para baixo) para $\mathbf{v}_A$ e $\mathbf{v}_B$ é *consistente* nas figuras 15.6*a* e 15.6*b*, e nas equações 1 a 3. Isso é importante, porque procuramos uma solução simultânea das equações.

15.2 Princípio do impulso e quantidade de movimento linear para um sistema de partículas

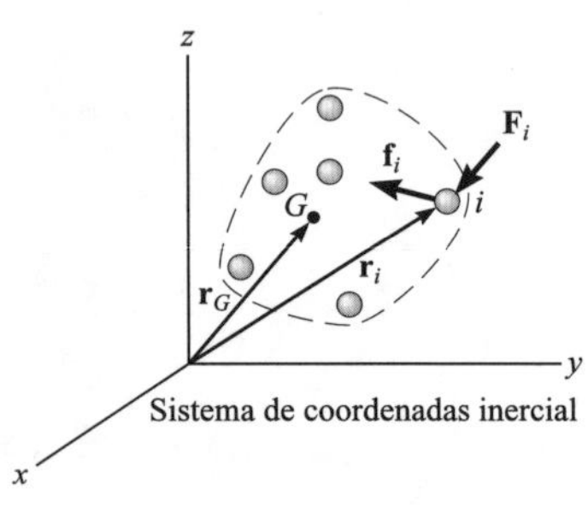

Figura 15.7

O princípio do impulso e quantidade de movimento linear para um sistema de partículas movendo-se em relação a um referêncial inercial (Figura 15.7) é obtido da equação do movimento aplicada a todas as partículas do sistema, ou seja,

$$\Sigma\mathbf{F}_i = \Sigma m_i \frac{d\mathbf{v}_i}{dt} \qquad (15.5)$$

O termo do lado esquerdo representa somente a soma das *forças externas* atuando nas partículas. Lembre-se de que as forças internas $\mathbf{f}_i$ atuando entre partículas não aparecem nessa soma, visto que pela terceira lei de Newton elas ocorrem em pares colineares iguais, mas opostos e, portanto, cancelam-se. Multiplicando-se ambos os lados da Equação 15.5 por dt e integrando-se entre os limites $t = t_1$, $\mathbf{v}_i = (\mathbf{v}_i)_1$ e $t = t_2$, $\mathbf{v}_i = (\mathbf{v}_i)_2$ obtém-se:

$$\Sigma m_i(\mathbf{v}_i)_1 + \Sigma\int_{t_1}^{t_2}\mathbf{F}_i dt = \Sigma m_i(\mathbf{v}_i)_2 \qquad (15.6)$$

Essa equação estabelece que a quantidade de movimento linear inicial do sistema, mais os impulsos de todas as *forças externas* agindo no sistema, de t_1 a t_2, são iguais à quantidade de movimento linear final do sistema.

Visto que a posição do centro de massa G do sistema é determinada a partir de $m\mathbf{r}_G = \Sigma m_i\mathbf{r}_i$, onde $m = \Sigma m_i$ é a massa total de todas as partículas (Figura 15.7), então, fazendo-se a derivada temporal, teremos:

$$m\mathbf{v}_G = \Sigma m_i\mathbf{v}_i$$

a qual estabelece que a quantidade de movimento linear total do sistema de partículas é equivalente à quantidade de movimento linear de uma partícula agregada 'fictícia' de massa $m = \Sigma m_i$ movendo-se com a velocidade do centro de massa do sistema. Substituindo-se na Equação 15.6, resulta em:

$$m(\mathbf{v}_G)_1 + \Sigma\int_{t_1}^{t_2}\mathbf{F}_i dt = m(\mathbf{v}_G)_2 \qquad (15.7)$$

Aqui a quantidade de movimento linear inicial da partícula agregada, mais os impulsos externos atuando sobre o sistema de partículas, de t_1 a t_2, é igual à quantidade de movimento linear final da partícula agregada. Como resultado, a equação acima justifica a aplicação do princípio do impulso e quantidade de movimento linear a um sistema de partículas que compõem um corpo rígido.

Problemas fundamentais

15.1. A bola de 0,5 kg atinge o solo áspero e ricocheteia com as velocidades mostradas. Determine a intensidade do impulso que o solo exerce sobre a bola. Suponha que a bola não desliza quando atinge o solo e despreze a dimensão da bola e o impulso produzido pelo peso da bola.

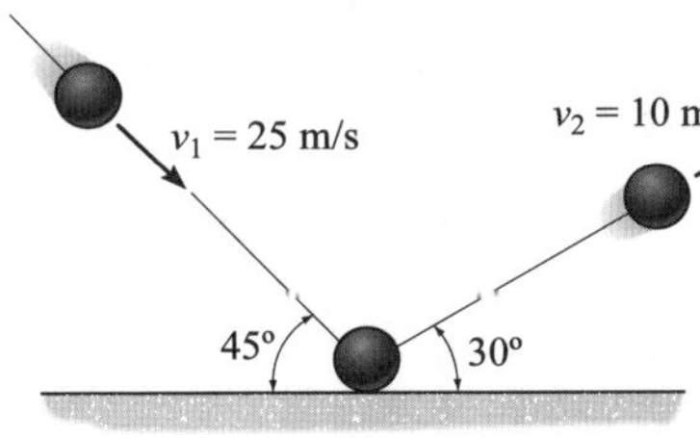

Problema 15.1

15.2. Se o coeficiente de atrito cinético entre a caixa de 750 N (m ≈ 75 kg) e o solo é $\mu_k = 0{,}2$, determine a velocidade da caixa quando $t = 4$ s. A caixa parte do repouso e é arrastada pela força 500 N.

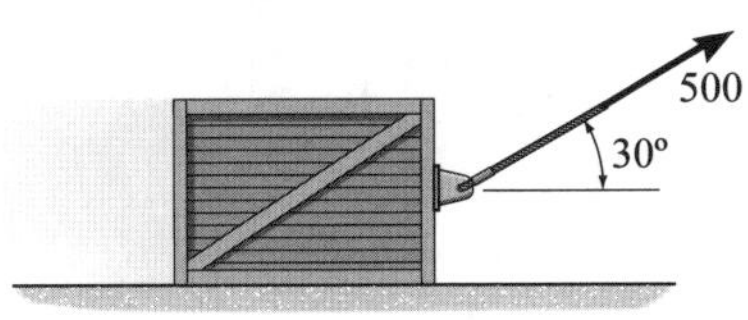

Problema 15.2

15.3. O motor exerce uma força de $F = (20t^2)$ N sobre o cabo, onde t é dado em segundos. Determine a velocidade da caixa onde $t = 4$ s e a massa da caixa é de 25 kg. Os coeficientes de atrito estático e cinético entre a caixa e o plano são $\mu_s = 0{,}3$ e $\mu_k = 0{,}25$, respectivamente.

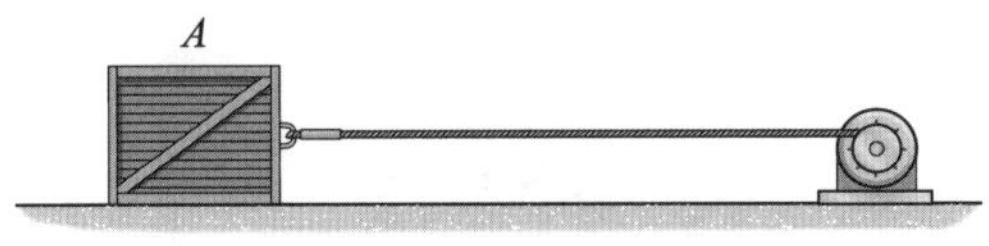

Problema 15.3

15.4. As rodas do carro de 1,5 Mg geram a força de tração **F** descrita pelo gráfico. Se o carro parte do repouso, determine sua velocidade quando $t = 6$ s.

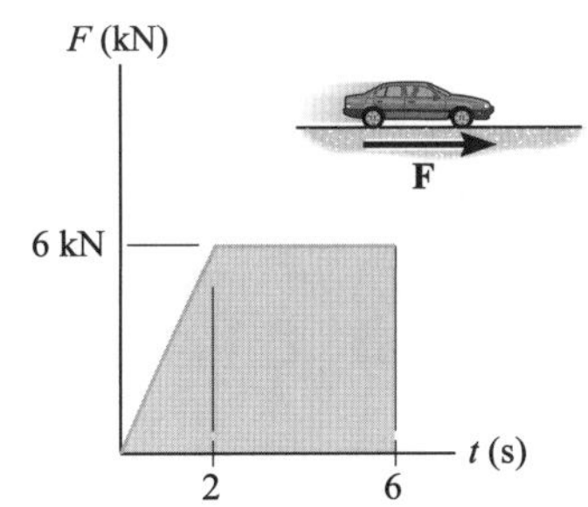

Problema 15.4

15.5. O veículo de tração nas quatro rodas de 2,5 Mg puxa um reboque de 1,5 Mg. A força de tração desenvolvida nas rodas é F_D = 9 kN. Determine a velocidade do veículo em 20 segundos, partindo do repouso. Além disso, determine a tração desenvolvida no engate entre o veículo e o reboque. Despreze a massa das rodas.

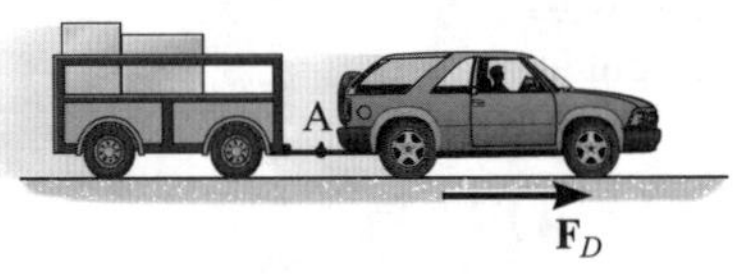

Problema 15.5

15.6. O bloco *A*, de 50 N (≈ 5 Kg), atinge uma velocidade de 0,3 m/s em 5 segundos, partindo do repouso. Determine a tração no cabo e o coeficiente de atrito cinético entre o bloco *A* e o plano horizontal. Despreze o peso da polia. O bloco *B* tem uma massa de 4 kg.

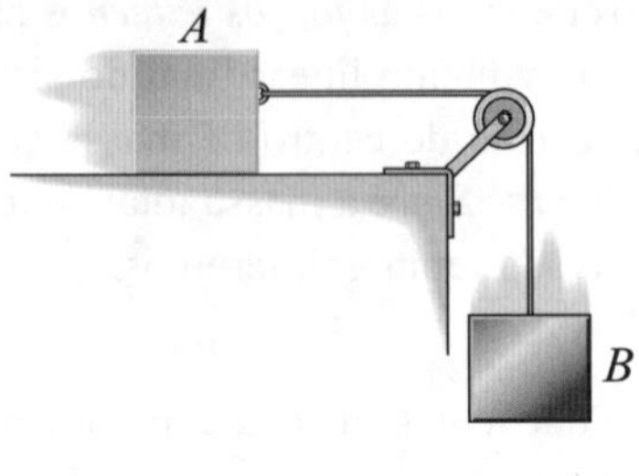

Problema 15.6

Problemas

15.1. A um bloco de 2,5 kg é dada uma velocidade inicial de 3 m/s, em um aclive liso de 45º. Determine o tempo que o bloco levará para mover-se aclive acima, antes de parar.

15.2. O avião a jato de 12 Mg é capaz de decolar verticalmente sobre o tombadilho de um navio. Se o seu jato exerce uma força vertical constante de 150 kN sobre o plano, determine sua velocidade e a altura a que chegará em t = 6 s, partindo do repouso. Despreze a perda de combustível durante a subida.

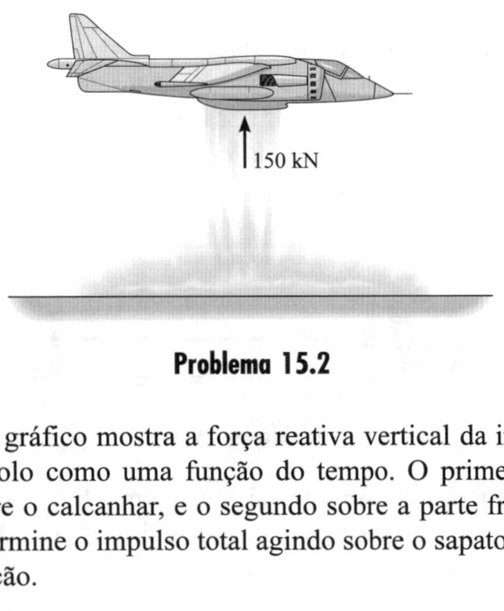

Problema 15.2

15.3. O gráfico mostra a força reativa vertical da interação sapato-solo como uma função do tempo. O primeiro pico age sobre o calcanhar, e o segundo sobre a parte frontal do pé. Determine o impulso total agindo sobre o sapato durante a interação.

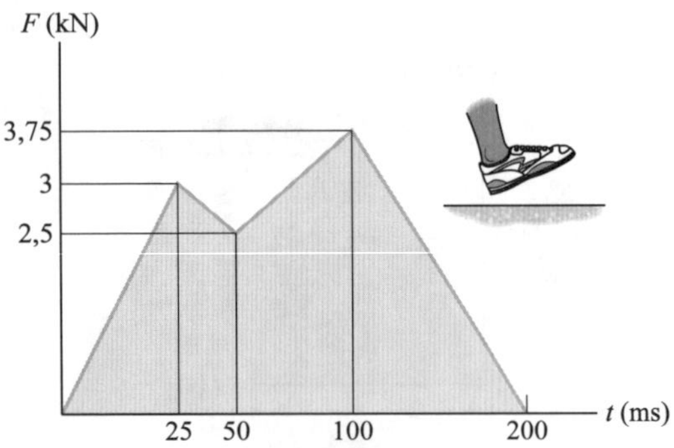

Problema 15.3

***15.4.** A escavadeira de 28 Mg está originalmente em repouso. Determine sua velocidade quando t = 4 s se a tração horizontal F varia com o tempo, da forma mostrada no gráfico.

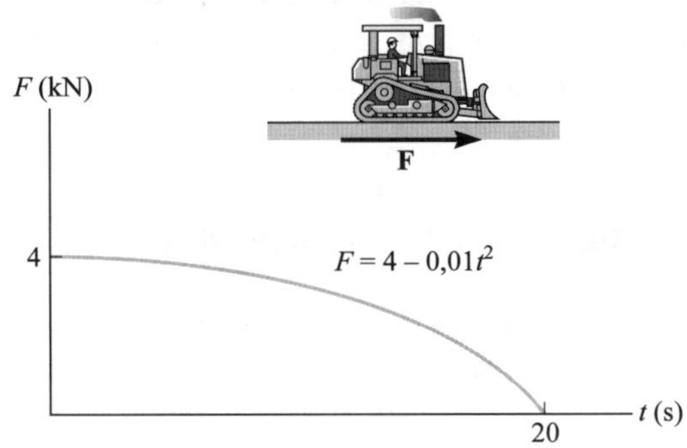

Problema 15.4

***15.5.** Se a um cilindro *A* é dada uma velocidade descendente inicial de 2 m/s, determine a velocidade de cada cilindro quando t = 3 s. Despreze a massa das polias.

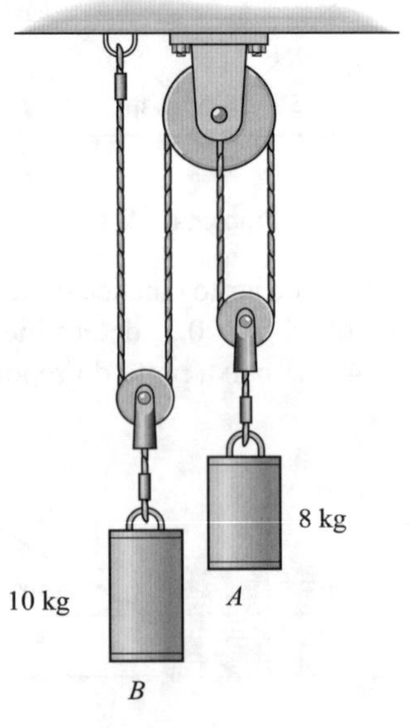

Problema 15.5

15.6. Um trem consiste de uma locomotiva de 50 Mg e três vagões, cada um com uma massa de 30 Mg. Se leva 80 segundos para o trem aumentar uniformemente sua velocidade para 40 km/h, partindo do repouso, determine a força T desenvolvida no engate entre a locomotiva E e o primeiro vagão A. As rodas da locomotiva fornecem uma força trativa de atrito resultante **F**, que dá ao trem o movimento para frente, enquanto as rodas do vagão giram livremente. Também, determine F atuando sobre as rodas da locomotiva.

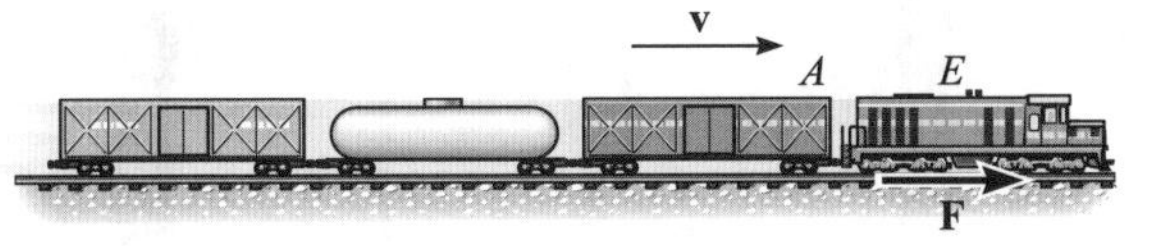

Problema 15.6

15.7. Determine a velocidade máxima atingida pelo veículo de 1,5 Mg sobre os trilhos da plataforma de testes, se seus foguetes fornecem o impulso mostrado no gráfico. Inicialmente, o veículo está em repouso. Despreze o atrito e a perda de massa devida ao consumo de combustível.

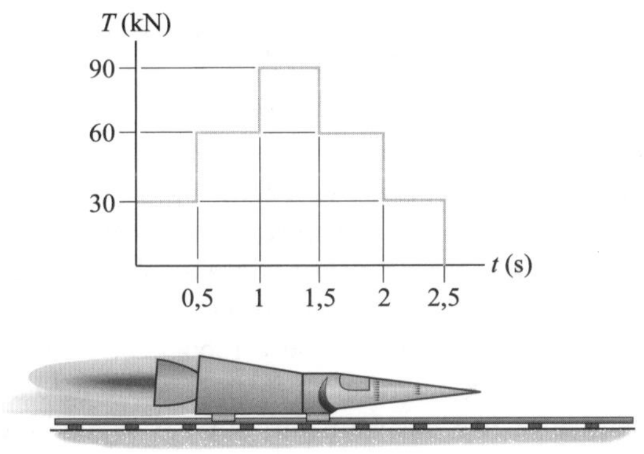

Problema 15.7

***15.8.** O jipe de 1,5 Mg, com tração nas quatro rodas, é usado para empurrar duas caixas idênticas, cada uma com uma massa de 500 kg. Se o coeficiente de atrito estático entre os pneus e o solo é $\mu_s = 0{,}6$, determine a velocidade máxima possível que o jipe pode alcançar em 5 s, sem que os pneus derrapem. O coeficiente de atrito cinético entre as caixas e o solo é $\mu_k = 0{,}3$.

Problema 15.8

•15.9. O navio petroleiro tem uma massa de 130 Gg. Se ele está originalmente em repouso, determine sua velocidade quando $t = 10$ s. A propulsão horizontal fornecida por sua hélice varia com o tempo, como mostrado no gráfico. Despreze o efeito da resistência da água.

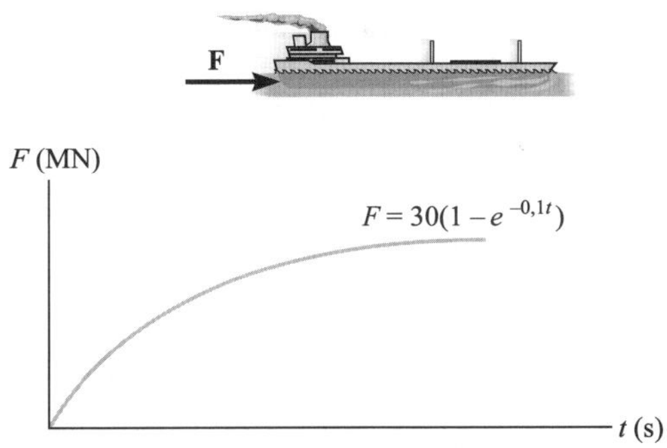

Problema 15.9

***15.10.** O armário de 10 kg está submetido a uma força F = 5(3 + 2t) N, onde t está em segundos. Se o armário está inicialmente descendo pelo plano com uma velocidade de 1,8 m/s, determine quanto tempo levará para que a força ponha o armário no estado de repouso. **F** sempre age paralela ao plano.

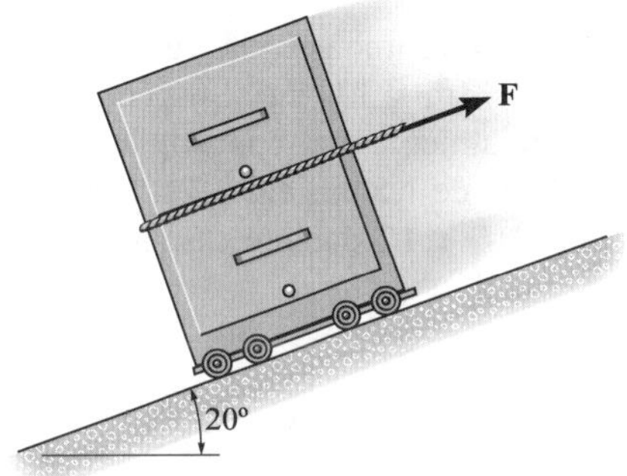

Problema 15.10

•15.11. O pequeno bloco de 10 kg é colocado sobre o plano inclinado e submetido a forças de 30 N e 75 N, que atuam paralelas às arestas AB e AC, respectivamente. Se o bloco está inicialmente em repouso, determine sua velocidade quando $t = 3$ s. O coeficiente de atrito cinético entre o bloco e o plano é $\mu_k = 0{,}2$.

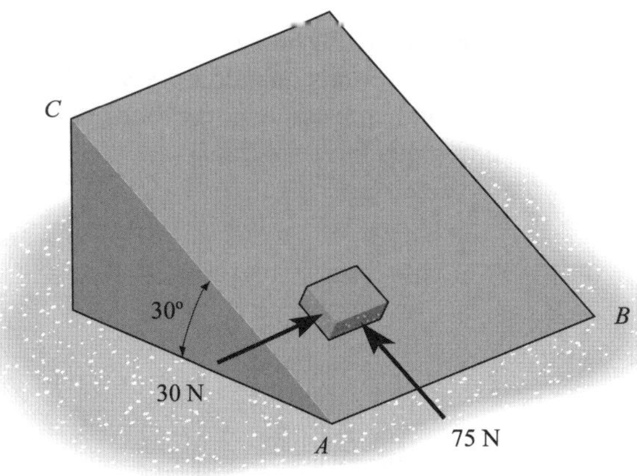

Problema 15.11

***15.12.** Supondo que a força que age sobre uma bala de 2 g, enquanto esta passa horizontalmente pelo cano de um rifle, varia com tempo de acordo com a forma mostrada, determine a força líquida máxima F_0 aplicada à bala quando ela é disparada. A velocidade ao sair do cano é 500 m/s, quando t = 0,75 ms. Despreze o atrito entre a bala e o cano do rifle.

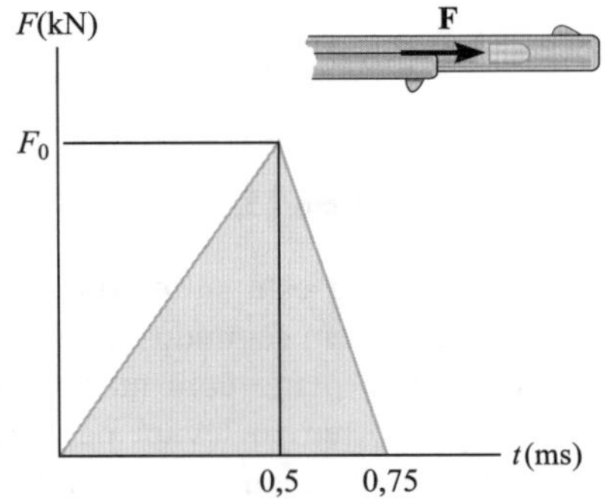

Problema 15.12

•15.13. O elemento de combustível de um reator nuclear tem um peso de 3000 N (m ≈ 300 kg). Suspenso em H na posição vertical e inicialmente em repouso, lhe é dada uma velocidade ascendente de 1,5 m/s em 0,3 s. Determine a tração média nos cabos AB e AC durante esse intervalo de tempo.

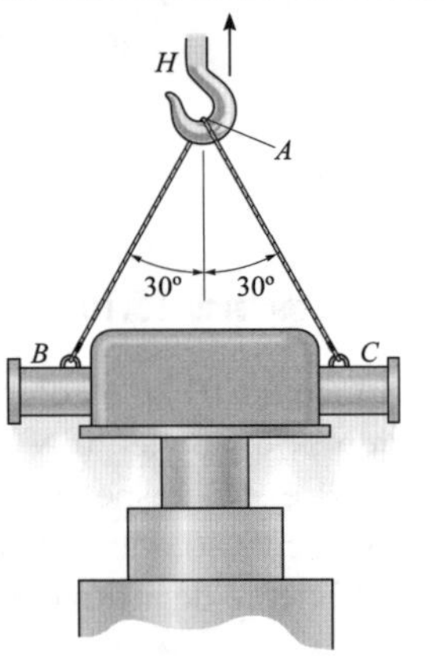

Problema 15.13

15.14. O bloco liso de 10 kg move-se para a direita com uma velocidade de v_0 = 3 m/s quando a força **F** é aplicada. Se a força varia como mostrado no gráfico, determine a velocidade do bloco quando t = 4,5 s.

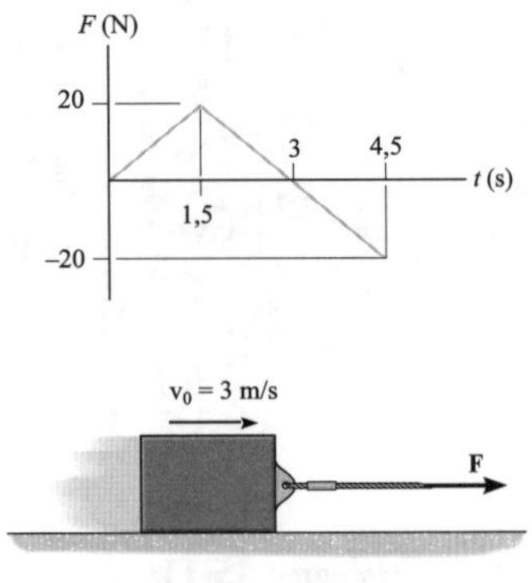

Problema 15.14

15.15. A caixa de 100 kg é içada pelo motor M. Se a velocidade da caixa aumenta uniformemente, de 1,5 m/s para 4,5 m/s em 5 segundos, determine a tração desenvolvida no cabo durante o movimento.

***15.16.** A caixa de 100 kg é içada pelo motor M. O motor exerce no cabo uma força $T = (200t^{1/2} + 150)$N, onde t está em segundos. Se a caixa parte do repouso no solo, determine a velocidade da caixa quando t = 5 s.

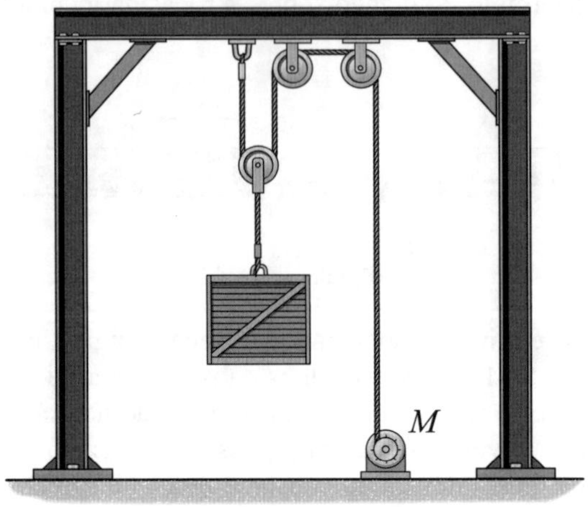

Problemas 15.15/16

•15.17. A baleia jubarte de 5,5 Mg está encalhada na praia, devido à variação na maré. Em um esforço para resgatar a baleia, um barco rebocador de 12 Mg é utilizado para libertá-la empregando uma corda inextensível atada à sua cauda. Para superar a força de atrito da areia sobre a baleia, o rebocador volta para trás, de modo que o cabo afrouxe, e depois segue adiante a 3 m/s. Se o rebocador desliga em seguida os motores, determine a força de atrito média **F** sobre a baleia se ocorre deslizamento por 1,5 segundo antes do rebocador parar depois da corda esticar. Também, qual é a força média na corda durante o reboque?

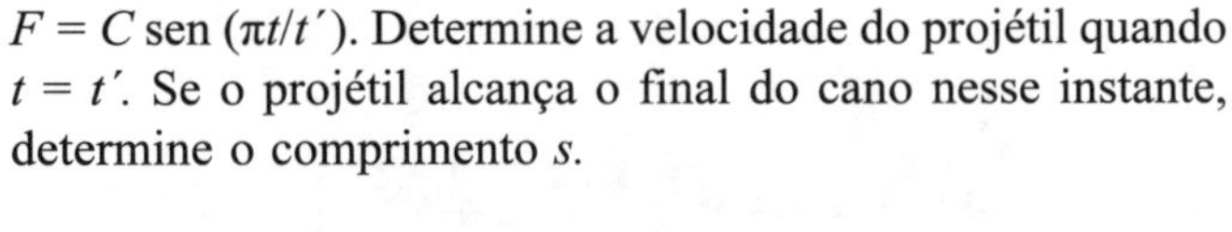

Problema 15.17

15.18. A força atuando sobre um projétil que tem massa m, enquanto este passa horizontalmente pelo cano do canhão é $F = C \operatorname{sen}(\pi t/t')$. Determine a velocidade do projétil quando $t = t'$. Se o projétil alcança o final do cano nesse instante, determine o comprimento s.

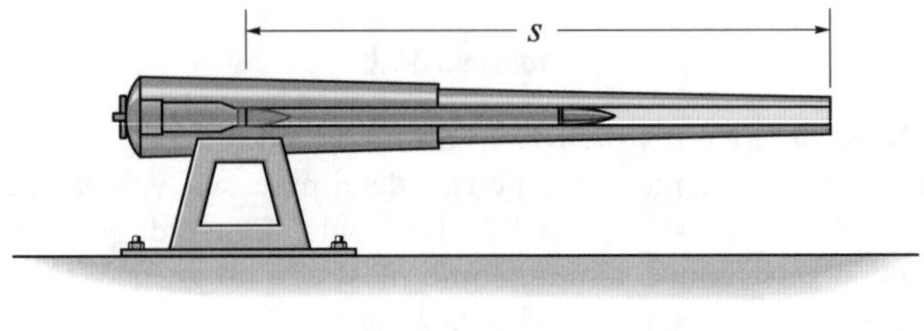

Problema 15.18

15.19. Um bloco de 15 kg move-se inicialmente por uma superfície horizontal lisa, com uma velocidade escalar de $v_1 = 1{,}8$ m/s, para a esquerda. Se sobre ele age uma força **F**, que varia do modo mostrado, determine a velocidade vetorial do bloco em t = 15 s.

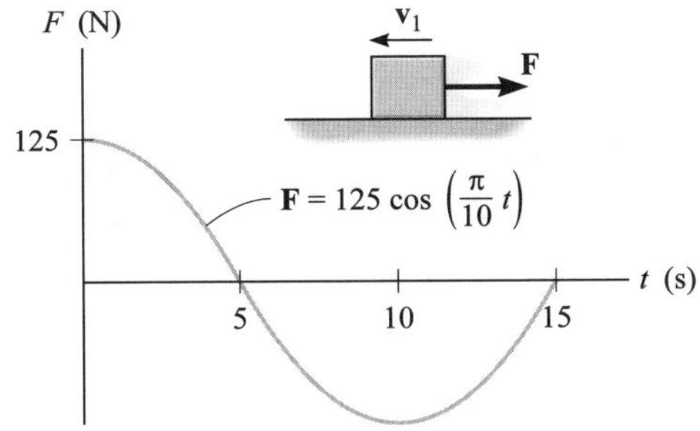

Problema 15.19

***15.20.** Determine a velocidade de cada bloco 2 segundos depois de serem liberados do repouso. Despreze a massa das polias e da corda.

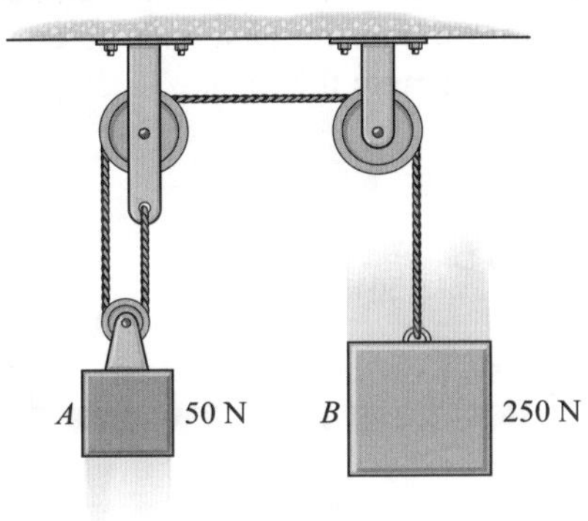

Problema 15.20

•15.21. O bloco deslizante de 40 kg move-se para a direita com uma velocidade de 1,5 m/s quando atuam sobre ele as forças $\mathbf{F}_1$ e $\mathbf{F}_2$. Se essas cargas variam da maneira mostrada no gráfico, determine a velocidade do bloco em $t = 6$ s. Despreze o atrito e a massa das polias e cordas.

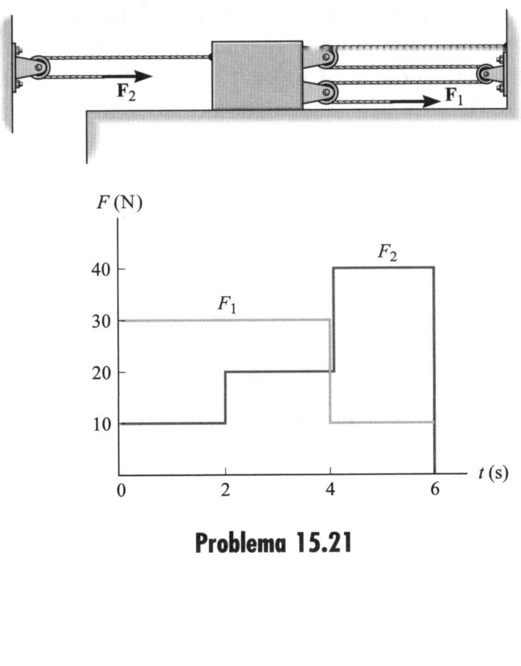

Problema 15.21

15.22. No instante em que se rompe o cabo, a caixa de 100 kg está subindo pelo plano a uma velocidade de 4,5 m/s. Determine a velocidade da caixa 2 segundos depois. O coeficiente de atrito cinético entre a caixa e o plano é $\mu_k = 0{,}20$.

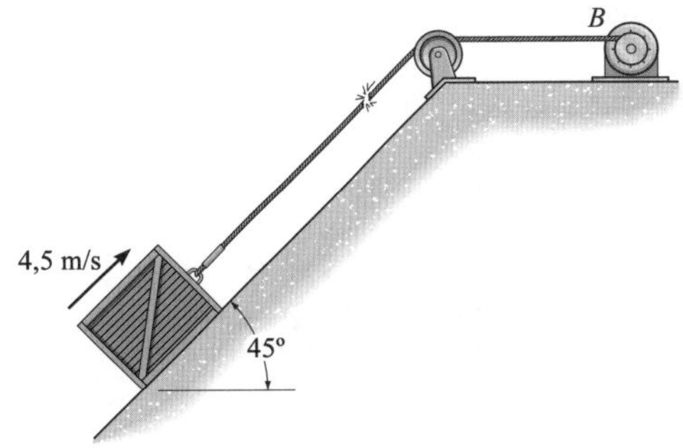

Problema 15.22

15.23. As forças $\mathbf{F}_1$ e $\mathbf{F}_2$ variam como mostra o gráfico. O disco liso de 5 kg desloca-se para a esquerda com uma velocidade escalar de 3 m/s, quando $t = 0$. Determine a intensidade e a direção da velocidade vetorial do disco quando $t = 4$ s.

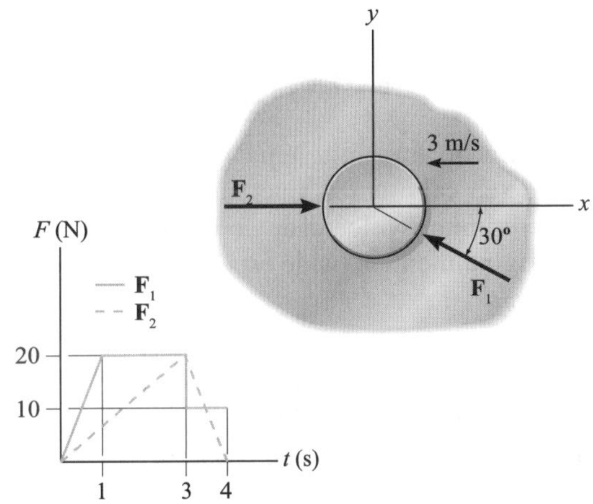

Problema 15.23

***15.24.** Uma partícula de 0,5 kg sofre a ação da força $\mathbf{F} = \{2t^2\mathbf{i} - (3t + 3)\mathbf{j} + (10 - t^2)\mathbf{k}\}$ N, onde t está em segundos. Se a partícula tem uma velocidade inicial de $\mathbf{v}_0 = \{5\mathbf{i} + 10\mathbf{j} + 20\mathbf{k}\}$ m/s, determine a intensidade da velocidade da partícula quando $t = 3$ s.

•15.25. O trem consiste de uma locomotiva E de 30 Mg e dos vagões A, B e C, que têm massas de 15 Mg, 10 Mg e 8 Mg, respectivamente. Se os trilhos proporcionam uma força de tração de $F = 30$ kN às rodas da locomotiva, determine a velocidade do trem quando $t = 30$ s, partindo do repouso. Além disso, descubra a força de interação horizontal em D entre a locomotiva E e o vagão A. Despreze a resistência ao rolamento.

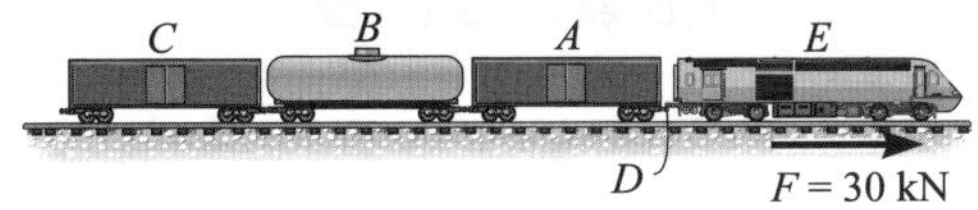

Problema 15.25

15.26. O motor M puxa o cabo com uma força $\mathbf{F}$, que tem uma intensidade que varia conforme mostra o gráfico. Se a caixa de 20 kg está originalmente em repouso no solo, de modo que a tração do cabo seja zero no instante em que o motor for ligado, determine a velocidade da caixa quando $t = 6$ s. *Dica:* determine primeiro o tempo necessário para começar a içar a caixa.

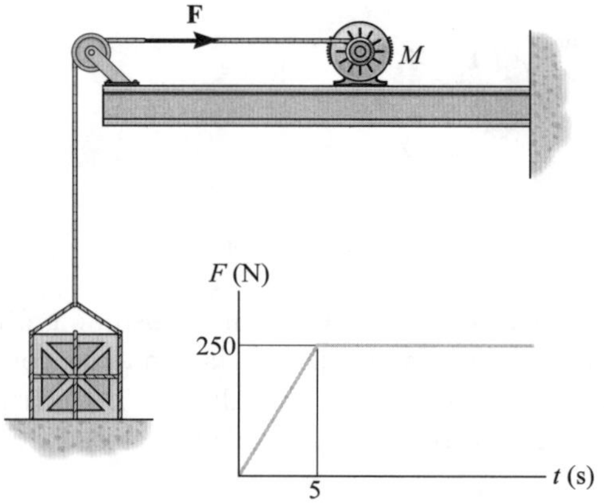

Problema 15.26

15.27. O guincho transmite uma força de reboque horizontal $\mathbf{F}$ ao seu cabo em A, que varia como mostrado no gráfico. Determine a velocidade do balde de 70 kg quando $t = 18$ s. Originalmente o balde está se movendo para cima em $v_1 = 3$ m/s.

***15.28.** O guincho transmite uma força de reboque horizontal $\mathbf{F}$ ao seu cabo em A, que varia como mostrado no gráfico. Determine a velocidade do balde de 80 kg quando $t = 24$ s. Originalmente o balde é solto do repouso.

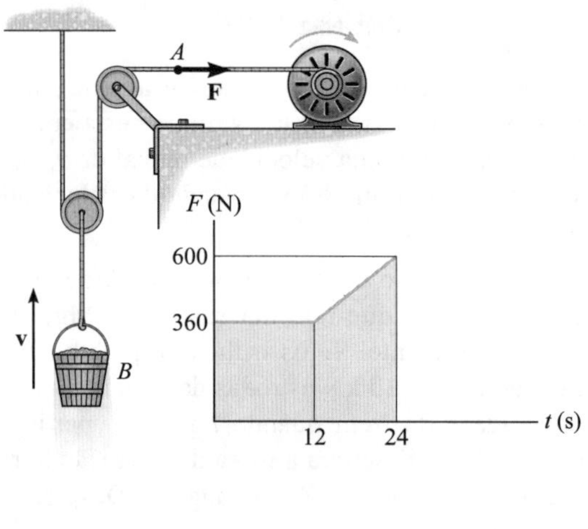

Problemas 15.27/28

•**15.29.** A bola de golfe de 0,05 kg é atingida pelo taco e desloca-se ao longo da trajetória mostrada. Determine a força impulsiva média que o taco transmite à bola, se o taco mantém contato com a bola durante 0,5 ms.

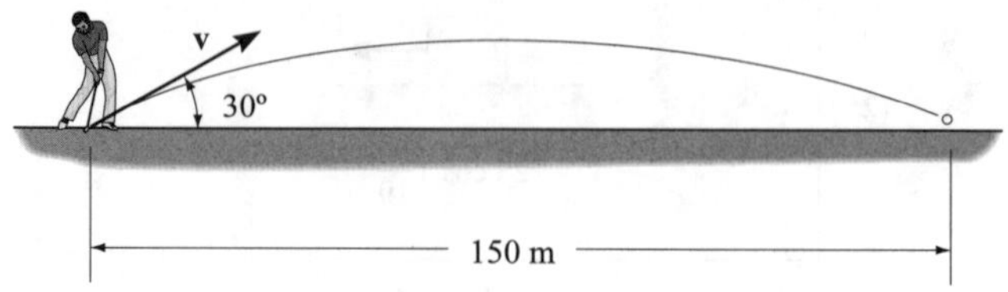

Problema 15.29

15.30. A bola de beisebol de 0,15 kg tem uma velocidade de v =30 m/s, imediatamente antes de ser atingida pelo taco. Após isso, ela desloca-se ao longo da trajetória mostrada, antes que o apanhador a pegue. Determine a intensidade da força impulsiva média transmitida à bola, se esta esteve em contato com o taco durante 0,75 ms.

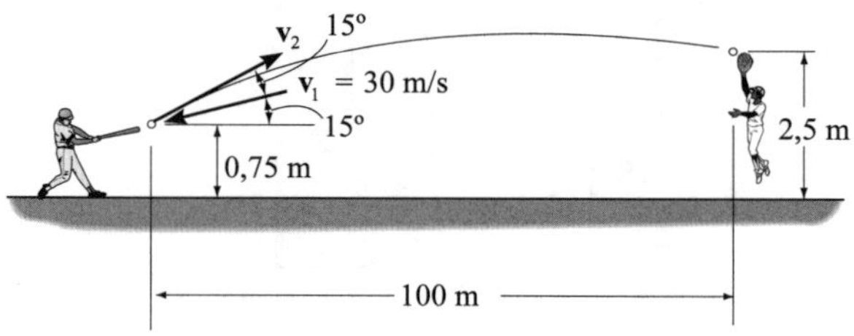

Problema 15.30

15.31. O bloco de 50 kg é içado inclinação acima, usando--se o arranjo de cabo e motor que mostra a figura. O coeficiente de atrito cinético entre o bloco e a superfície é $\mu_k = 0{,}4$. Se o bloco está inicialmente subindo o plano com $v_0 = 2$ m/s, e nesse instante ($t = 0$) o motor desenvolve no cabo uma tração de $T = (300 + 120\sqrt{t})$ N, onde t está em segundos, determine a velocidade do bloco quando $t = 2$ s.

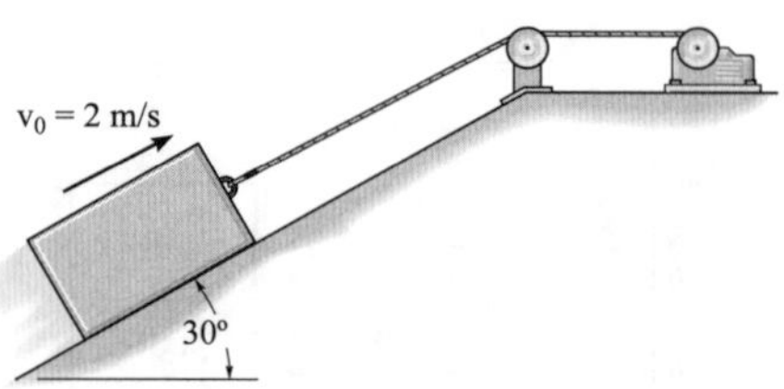

Problema 15.31

15.3 Conservação da quantidade de movimento linear para um sistema de partículas

Quando a soma dos *impulsos externos* atuando sobre um sistema de partículas for *zero,* a Equação 15.6 se reduz a uma forma simplificada, nominalmente,

$$\Sigma m_i(\mathbf{v}_i)_1 = \Sigma m_i(\mathbf{v}_i)_2 \qquad (15.8)$$

Essa equação é referida como a *conservação de quantidade de movimento linear*. Ela estabelece que a quantidade de movimento linear total para um sistema de partículas permanece constante durante o período de tempo t_1 a t_2. Substituindo-se $m\mathbf{v}_G = \Sigma m_i\mathbf{v}_i$ na Equação 15.8, também podemos escrever:

$$(\mathbf{v}_G)_1 = (\mathbf{v}_G)_2 \qquad (15.9)$$

a qual indica que a velocidade $\mathbf{v}_G$ do centro de massa do sistema de partículas não muda se nenhum impulso externo for aplicado ao sistema.

A conservação da quantidade de movimento linear é aplicada com frequência quando partículas colidem ou interagem. Para a aplicação, deve ser feito um estudo cuidadoso do diagrama de corpo livre de *todo* o sistema de partículas, de modo a identificar as forças que criam tanto os impulsos externos quanto os internos e, portanto, determinam em qual(ais) direção(ões) a quantidade de movimento linear é conservada. Como já foi dito, os *impulsos internos* do sistema irão sempre cancelar-se, visto que ocorrem em pares colineares iguais, mas opostos. Se o período de tempo durante o qual o movimento é estudado for *muito curto,* alguns dos impulsos externos podem também ser desconsiderados, ou considerados aproximadamente iguais a zero. As forças que causam esses impulsos desprezíveis são chamadas forças *não impulsivas*. Em comparação, forças que são muito grandes e atuam por um período muito curto de tempo produzem uma variação significativa na quantidade de movimento, e são chamadas *forças impulsivas*. Estas, sem dúvida, não podem ser desprezadas na análise do impulso-quantidade de movimento.

Forças impulsivas ocorrem normalmente devido a uma explosão ou ao choque de um corpo contra outro, enquanto forças não impulsivas podem incluir o peso de um corpo, a força transmitida por uma mola ligeiramente deformada que tenha rigidez relativamente pequena ou, a propósito, qualquer força que seja muito pequena comparada a outras forças (impulsivas) maiores. Ao fazer essa distinção entre forças impulsivas e não impulsivas, é importante entender que isso se aplica somente durante os tempos t_1 a t_2. Para efeito de ilustração, considere o efeito de golpear uma bola de tênis com a raquete, como mostrado na fotografia. Durante esse tempo *muito curto* de interação, a força da raquete sobre a bola é impulsiva, visto que muda drasticamente a quantidade de movimento da bola. Em comparação, o peso da bola terá um efeito desprezível na variação da quantidade de movimento, e desse modo será não impulsivo. Consequentemente pode ser desconsiderada, durante esse tempo, uma análise de impulso-quantidade de movimento. Se uma análise de impulso-quantidade de movimento for considerada durante um tempo de voo muito mais longo, após a interação raquete-bola, então o impulso do peso da bola será importante, visto que, com a resistência do ar, ele causa a variação na quantidade de movimento da bola.

Procedimento para análise

Geralmente, o princípio do impulso e quantidade de movimento linear ou o da conservação da quantidade de movimento linear são aplicados a um *sistema de partículas*, a fim de determinar as velocidades finais das partículas *logo após* o período de tempo considerado. Aplicando-se esse princípio ao sistema inteiro, os impulsos internos agindo dentro do sistema, os quais podem ser desconhecidos, são *eliminados* da análise. Para a aplicação, sugere-se que o seguinte procedimento seja utilizado.

Diagrama de corpo livre

- Estabeleça o sistema de referência inercial *x*, *y*, *z* e construa o diagrama de corpo livre para cada partícula do sistema, de modo a identificar as forças internas e externas.
- A conservação da quantidade de movimento linear aplica-se ao sistema em uma direção na qual ou não tenha forças externas, ou essas forças possam ser consideradas não impulsivas.
- Estabeleça a direção e o sentido das velocidades inicial e final das partículas. Se o sentido for desconhecido, presupõem-se que seja ao longo de um eixo coordenado inercial positivo.
- Como procedimento alternativo, trace os diagramas de impulso e quantidade de movimento para cada partícula do sistema.

Equações da quantidade de movimento

- Aplique o princípio do impulso e quantidade de movimento linear, ou da conservação da quantidade de movimento linear nas direções apropriadas.
- Se for necessário determinar o *impulso interno* $\int F\,dt$ atuando em uma só partícula de um sistema, essa partícula deve ser *isolada* (diagrama de corpo livre), e o princípio do impulso e quantidade de movimento linear deve ser aplicado a *essa partícula.*
- Depois de o impulso ser calculado, e contanto que seja conhecido o tempo Δt durante o qual o impulso atua, então a *força impulsiva média* $F_{méd}$ pode ser determinada a partir de $F_{méd} = \int F\,dt/\Delta t$.

Exemplo 15.4

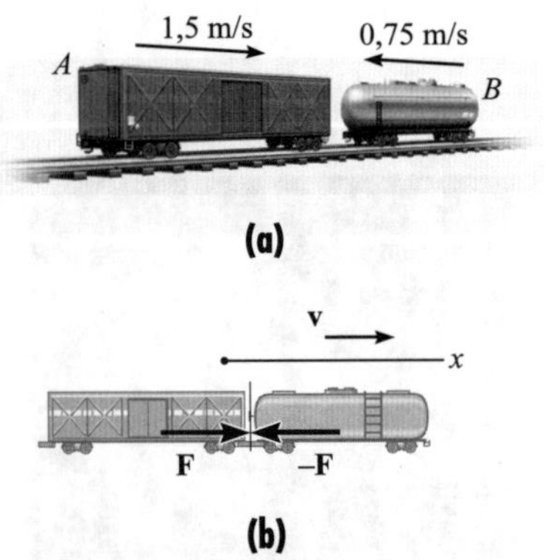

(a)

(b)

Figura 15.8

O vagão de carga *A*, de 15 Mg, está se movendo a 1,5 m/s sobre os trilhos horizontais, quando encontra um vagão-tanque *B*, de 12 Mg, que está se movendo em sua direção a 0,75 m/s, como mostra a Figura 15.8*a*. Se os vagões colidirem e acoplarem-se, determine (a) a velocidade de ambos os vagões logo após o acoplamento, e (b) a força média entre eles se o acoplamento acontecer em 0,8 s.

SOLUÇÃO

Parte (a): Diagrama de corpo livre*

Aqui consideramos *os dois* vagões como um único sistema (Figura 15.8*b*). Por inspeção, a quantidade de movimento é conservada na direção *x*, visto que a força de acoplamento **F** é *interna* ao sistema e por isso irá cancelar-se. Supõe-se que os dois vagões, quando acoplados, movam-se a $\mathbf{v}_2$ na direção positiva *x*.

Conservação da quantidade de movimento linear

$$(\overset{+}{\rightarrow}) \qquad m_A(v_A)_1 + m_B(v_B)_1 = (m_A + m_B)v_2$$

$$(15000\text{ kg})(1{,}5\text{ m/s}) - 12000\text{ kg}(0{,}75\text{ m/s}) = (27000\text{ kg})v_2$$

$$v_2 = 0{,}5\text{ m/s} \rightarrow$$

* Apenas forças horizontais são mostradas no diagrama de corpo livre.

Parte (b):

A força média de acoplamento (impulsiva), $\mathbf{F}_{\text{méd}}$, pode ser determinada ao aplicar-se o princípio da quantidade de movimento linear a *qualquer um* dos vagões.

Diagrama de corpo livre

Como mostra a Figura 15.8*c*, ao isolar-se o vagão de carga, a força de acoplamento será *externa* ao vagão.

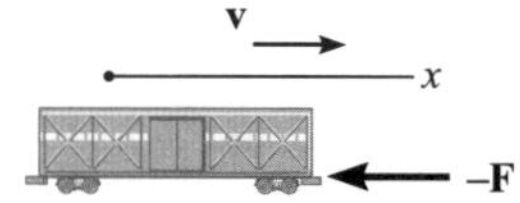

(c)

Figura 15.8

Princípio do impulso e quantidade de movimento

Visto que $\int F\,dt = F_{méd}\,\Delta t = F_{méd}\,(0{,}8\text{ s})$, temos

$$(\overset{+}{\rightarrow}) \qquad m_A(v_A)_1 + \Sigma\int F\,dt = m_A v_2$$

$$(15000\text{ kg})(1{,}5\text{ m/s}) - F_{méd}\,(0{,}8\text{ s}) = (15000\text{ kg})(0{,}5\text{ m/s})$$

$$F_{méd} = 18{,}8\text{ kN}$$

NOTA: A solução foi possível aqui porque a velocidade final do vagão de carga foi obtida na Parte (a). Tente resolver para $F_{\text{méd}}$, aplicando o princípio do impulso e quantidade de movimento ao vagão-tanque.

Exemplo 15.5

O canhão de 600 kg mostrado na Figura 15.9*a* dispara um projétil de 4 kg, com uma velocidade de saída de 450 m/s, relativa ao solo. Se o disparo acontece em 0,03 s, determine (a) a velocidade de recuo do canhão logo após o disparo, e (b) a força impulsiva média atuando sobre o projétil. O apoio do canhão está fixo ao solo, e seu recuo horizontal é absorvido por duas molas.

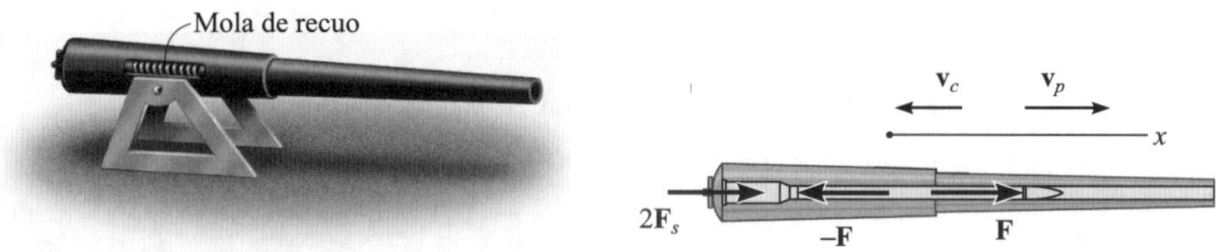

(a) (b)

Figura 15.9

SOLUÇÃO

Parte (a): Diagrama de corpo livre*

Como mostra a Figura 15.9*b*, consideraremos o projétil e o canhão como um único sistema, visto que as forças impulsivas, **F**, entre o canhão e o projétil são *internas* ao sistema e por isso cancelam-se da análise. Além do mais, durante o tempo $\Delta t = 0{,}03$s, cada uma das duas molas de recuo presas ao apoio exerce uma *força não impulsiva* $\mathbf{F}_s$ sobre o canhão. Isso acontece porque Δt é muito curto e assim, durante esse tempo, o canhão move-se apenas por uma distância s, muito pequena. Consequentemente, $F_s = ks \approx 0$, onde k é a rigidez da mola. Daí pode-se concluir que a quantidade de movimento do sistema é conservada na *direção horizontal.*

Conservação da quantidade de movimento linear

$$(\overset{+}{\rightarrow}) \qquad m_c(v_c)_1 + m_p(v_p)_1 = -m_c(v_c)_2 + m_p(v_p)_2$$

$$0 + 0 = -(600\text{ kg})(v_c)_2 + (4\text{ kg})(450\text{ m/s})$$

$$(v_c)_2 = 3\text{ m/s} \leftarrow$$

* Apenas forças horizontais são mostradas no diagrama de corpo livre.

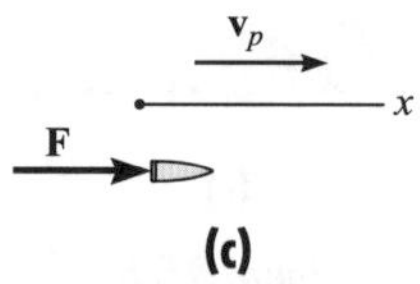

(c)

Figura 15.9

Parte (b):

A força impulsiva média exercida pelo canhão no projétil pode ser determinada aplicando-se o princípio do impulso e quantidade de movimento linear ao projétil (ou ao canhão). Por quê?

Princípio do impulso e quantidade de movimento

A partir da Figura 15.9*c*, com $\int F\,dt = F_{méd}\,\Delta t = F_{méd}\,(0{,}03\text{ s})$, temos:

$$(\overset{+}{\rightarrow}) \qquad m(v_p)_1 + \Sigma\int F\,dt = m(v_p)_2$$
$$0 + F_{méd}(0{,}03\text{ s}) = (4\text{ kg})(450\text{ m/s})$$
$$F_{méd} = 60(10^3)\text{ N} = 60{,}0\text{ kN}$$

NOTA: Se o canhão estiver fixado firmemente ao seu apoio (sem molas), a força reativa do apoio sobre o canhão deve ser considerada um impulso externo ao sistema, visto que o apoio não permite nenhum movimento do canhão.

Exemplo 15.6

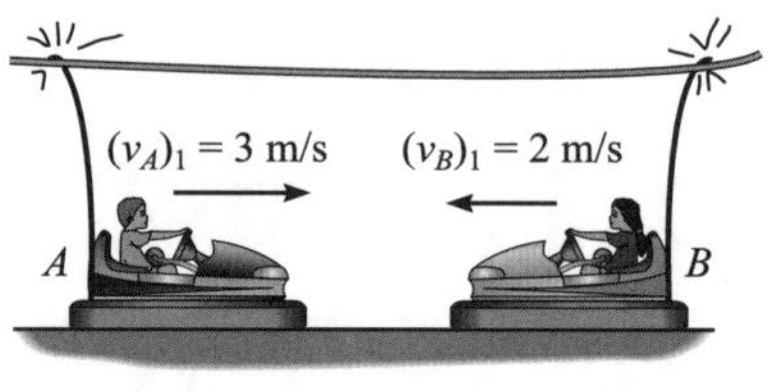

(a)

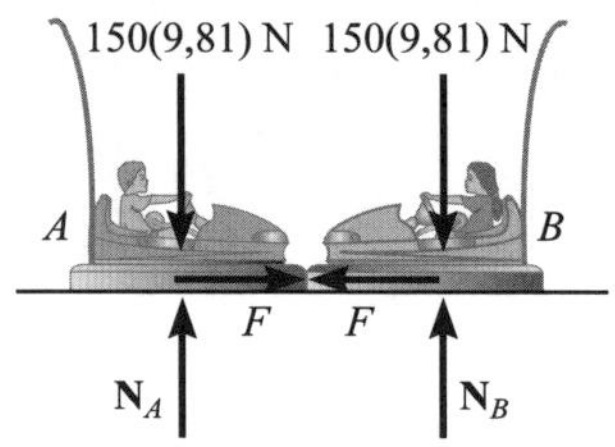

(b)

Figura 15.10

Os carros bate-bate *A* e *B* na Figura 15.10*a* têm, cada um, uma massa de 150 kg e estão se movendo às velocidades mostradas, antes de colidirem de frente, livremente. Se nenhuma energia é perdida durante a colisão, determine suas velocidades após a colisão.

SOLUÇÃO

Diagrama de corpo livre

Os carros serão considerados um sistema único. O diagrama de corpo livre é mostrado na Figura 15.10*b*.

Conservação da quantidade de movimento

$$(\overset{+}{\rightarrow}) \qquad m_A(v_A)_1 + m_B(v_B)_1 = m_A(v_A)_2 + m_B(v_B)_2$$
$$(150\text{ kg})(3\text{ m/s}) + (150\text{ kg})(-2\text{ m/s}) = (150\text{ kg})(v_A)_2 + (150\text{ kg})(v_B)_2$$
$$(v_A)_2 = 1 - (v_B)_2 \qquad (1)$$

Conservação da energia

Visto que nenhuma energia é perdida, o teorema da conservação da energia produz

$$T_1 + V_1 = T_2 + V_2$$

$$\frac{1}{2}m_A(v_A)_1^2 + \frac{1}{2}m_B(v_B)_1^2 + 0 = \frac{1}{2}m_A(v_A)_2^2 + \frac{1}{2}m_B(v_B)_2^2 + 0$$

$$\frac{1}{2}(150\text{kg})(3\text{m/s})^2 + \frac{1}{2}(150\text{kg})(2\text{m/s})^2 + 0 = \frac{1}{2}(150\text{kg})(v_A)_2^2 + \frac{1}{2}(150\text{kg})(v_B)_2^2 + 0$$

$$(v_A)_2^2 + (v_B)_2^2 = 13 \qquad (2)$$

Substituindo-se a Equação (1) na (2) e simplificando, obtemos

$$(v_B)_2^2 - (v_B)_2 - 6 = 0$$

Resolvendo para as duas raízes,

$$(v_B)_2 = 3\text{ m/s} \quad \text{e} \quad (v_B)_2 = -2\text{ m/s}$$

Visto que $(v_B)_2 = -2$ m/s refere-se à velocidade de *B* imediatamente *antes* da colisão, então a velocidade de *B* logo após a colisão deve ser:

$$(v_B)_2 = 3\text{ m/s} \rightarrow$$

Substituindo-se esse resultado na Equação (1), obtemos

$$(v_A)_2 = 1 - 3\text{ m/s} = -2\text{ m/s} = 2\text{ m/s} \leftarrow$$

Exemplo 15.7

Uma estaca rígida de 800 kg, mostrada na Figura 15.11*a*, é introduzida no solo por um martelo bate-estaca de 300 kg. O martelo cai do repouso à altura $y_0 = 0{,}5$ m e atinge o topo da estaca. Determine o impulso que a estaca exerce sobre o martelo se esta estiver totalmente cercada por areia solta, de modo que, após o golpe, o martelo *não* ricocheteie na estaca.

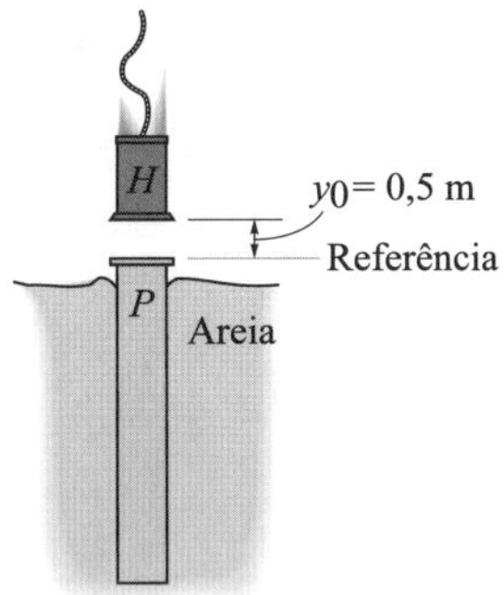

(a)

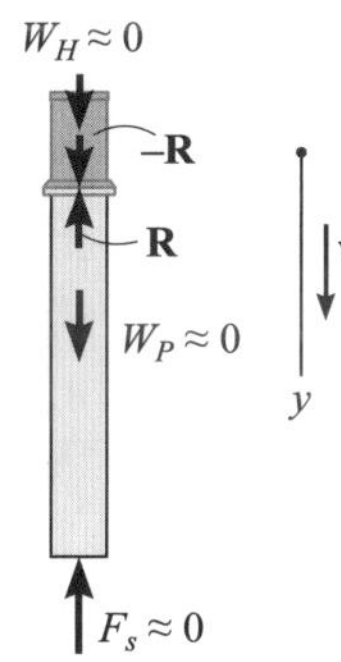

(b)

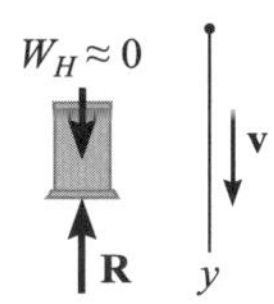

(c)

Figura 15.11

SOLUÇÃO

Conservação da energia

A velocidade com a qual o martelo atinge a estaca pode ser determinada usando-se a equação de conservação da energia aplicada ao martelo. Com o ponto de referência no topo da estaca (Figura 15.11*a*), temos:

$$T_0 + V_0 = T_1 + V_1$$

$$\frac{1}{2}m_H(v_H)_0^2 + W_H y_0 = \frac{1}{2}m_H(v_H)_1^2 + W_H y_1$$

$$0 + 300(9{,}81)\text{ N}(0{,}5\text{ m}) = \frac{1}{2}(300\text{ kg})(v_H)_1^2 + 0$$

$$(v_H)_1 = 3{,}132\text{ m/s}$$

Diagrama de corpo livre

A partir dos aspectos físicos do problema, o diagrama de corpo livre do martelo e da estaca (Figura 15.11*b*) indica que durante o *curto intervalo de tempo* entre *imediatamente antes* e *logo após a colisão,* os pesos do martelo e da estaca e a força de resistência $\mathbf{F}_s$ na areia são todos *não impulsivos.* A força impulsiva **R** é interna ao sistema e por isso cancela-se. Consequentemente, a quantidade de movimento é conservada na direção vertical durante esse curto período.

Conservação da quantidade de movimento

Visto que o martelo não ricocheteia na estaca logo após a colisão, então $(v_H)_2 = (v_P)_2 = v_2$.

$$(+\downarrow) \qquad m_H(v_H)_1 + m_P(v_P)_1 = m_H v_2 + m_P v_2$$

$$(300\text{ kg})(3{,}132\text{ m/s}) + 0 = (300\text{ kg})v_2 + (800\text{ kg})v_2$$

$$v_2 = 0{,}8542\text{ m/s}$$

Princípio do impulso e quantidade de movimento

O impulso que a estaca transmite ao martelo pode agora ser determinado, visto que $\mathbf{v}_2$ é conhecida. A partir do diagrama de corpo livre do martelo (Figura 15.11*c*), temos:

$$(+\downarrow) \qquad m_H(v_H)_1 + \Sigma\int_{t_1}^{t_2} F_y\,dt = m_H v_2$$

$$(300\text{ kg})(3{,}132\text{ m/s}) - \int R\,dt = (300\text{ kg})(0{,}8542\text{ m/s})$$

$$\int R\,dt = 683\text{ N}\cdot\text{s}$$

NOTA: O impulso igual, mas oposto, age sobre a estaca. Tente encontrar esse impulso, aplicando o princípio do impulso e quantidade de movimento à estaca.

Exemplo 15.8

O carro de 1,5 Mg na Figura 15.12*a* move-se para esquerda sobre a barcaça de 10 Mg a uma velocidade escalar constante de 4 m/s, medida relativamente à barcaça. Desconsiderando a resistência da água, determine a velocidade da barcaça e o deslocamento desta quando o carro atingir o ponto *B*. Inicialmente, o carro e a barcaça estão em repouso em relação à água.

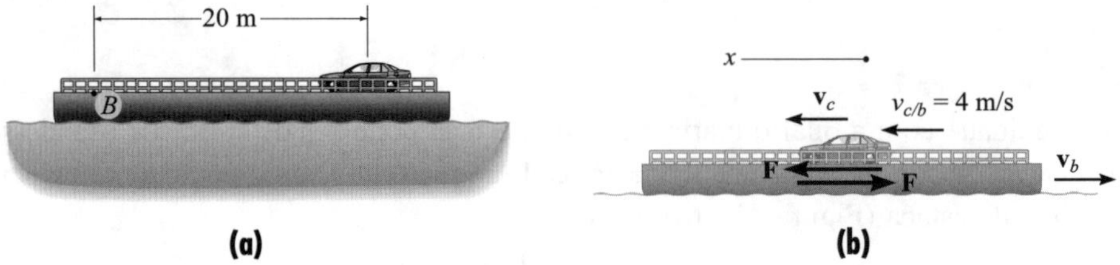

Figura 15.12

SOLUÇÃO

Diagrama de corpo livre

Se o carro e a barcaça forem considerados um sistema único, a força de tração entre carro e barcaça torna-se interna ao sistema, de modo que a quantidade de movimento linear seja conservada ao longo do eixo *x* (Figura 15.12*b*).

Conservação da quantidade de movimento

Ao escrever a equação de conservação da quantidade de movimento, é importante que as velocidades sejam medidas a partir do mesmo sistema de coordenadas inercial, que aqui se assume ser fixo. Supomos também que, enquanto o carro vai para a esquerda, a barcaça vai para a direita, como mostrado na Figura 15.12*b*. Aplicando-se a conservação da quantidade de movimento linear ao sistema barcaça e carro,

$$(\xrightarrow{+}) \qquad 0 + 0 = m_c v_c - m_b v_b$$

$$0 = (1{,}5(10^3)\text{kg})v_c - (10(10^3)\text{kg})v_b$$

$$1{,}5v_c - 10v_b = 0 \qquad (1)$$

Cinemática

Visto que a velocidade do carro, relativa à barcaça, é conhecida, então a velocidade do carro e da barcaça pode ser também relacionada usando-se a equação da velocidade relativa.

$$(\xrightarrow{+}) \qquad \mathbf{v}_c = \mathbf{v}_b + \mathbf{v}_{c/b}$$

$$v_c = -v_b + 4 \text{ m/s} \qquad (2)$$

Resolvendo-se as equações (1) e (2),

$$v_b = 0{,}5217 \text{ m/s} = 0{,}522 \text{ m/s} \rightarrow$$

$$v_c = 3{,}478 \text{ m/s} \leftarrow$$

O carro move-se $s_{c/b} = 20$ m sobre a barcaça a uma velocidade relativa constante de 4 m/s. Assim, o tempo para o carro alcançar o ponto *B* é

$$s_{c/b} = v_{c/b}\, t$$

$$20 \text{ m} = (4 \text{ m/s})\, t$$

$$t = 5 \text{ s}$$

O deslocamento da barca é, portanto,

$$(\xrightarrow{+}) \qquad s_b = v_b t = 0{,}5217 \text{ m/s}\,(5\text{ s}) = 2{,}61 \text{ m} \rightarrow$$

Problemas fundamentais

15.7. Os vagões de carga A e B têm massas de 20 Mg e 15 Mg, respectivamente. Determine a velocidade de A após a colisão se os carros colidirem e recuarem, de modo que B mova-se para a direita a uma velocidade escalar de 2 m/s. Se A e B estiverem em contato por 0,5 s, descubra a força impulsiva média que age entre eles.

Problema 15.7

15.8. O carrinho e o pacote têm massas de 20 kg e 5 kg, respectivamente. Se o carrinho tem uma superfície lisa e está inicialmente em repouso, enquanto a velocidade do pacote é como mostrado, determine a velocidade final comum do carrinho e pacote depois do impacto.

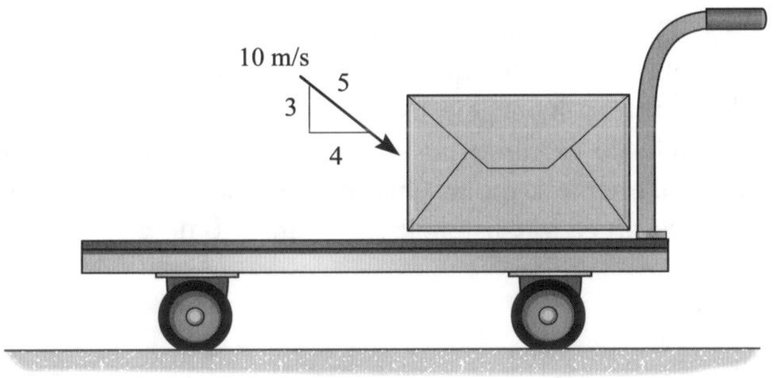

Problema 15.8

15.9. O bloco A, de 5 kg, tem uma velocidade inicial de 5 m/s ao descer por uma rampa lisa, após o que colide com o bloco estacionado B, de massa 8 kg. Se os dois blocos acoplarem-se depois da colisão, determine sua velocidade comum logo após a colisão.

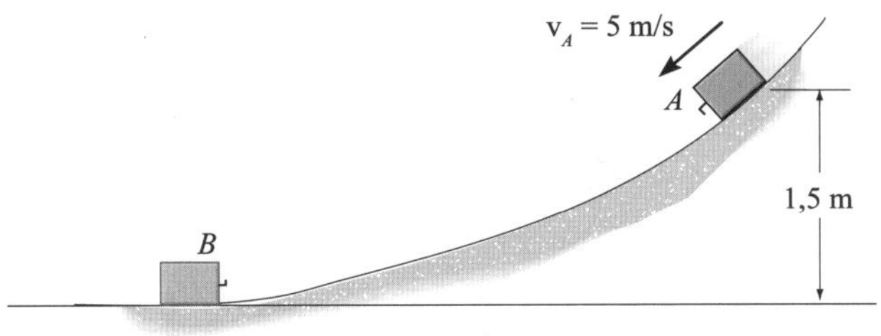

Problema15.9

15.10. A mola está fixada ao bloco A e o bloco B é pressionado contra a mola. Se a mola está comprimida de $s = 200$ mm, e os blocos são liberados, determine suas velocidades no instante em que o bloco B perde contato com a mola. As massas dos blocos A e B são 10 kg e 15 kg, respectivamente.

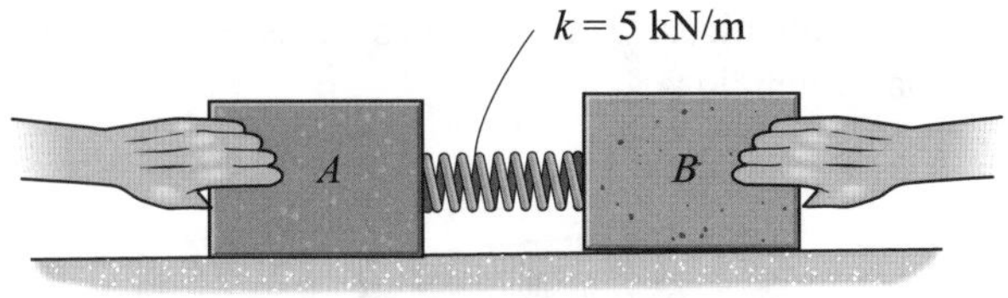

Problema15.10

15.11. Os blocos A e B têm massas de 15 kg e 10 kg, respectivamente. Se A está parado e B tem uma velocidade de 15 m/s imediatamente antes da colisão, e os blocos acoplam-se logo após o impacto, determine a compressão máxima da mola.

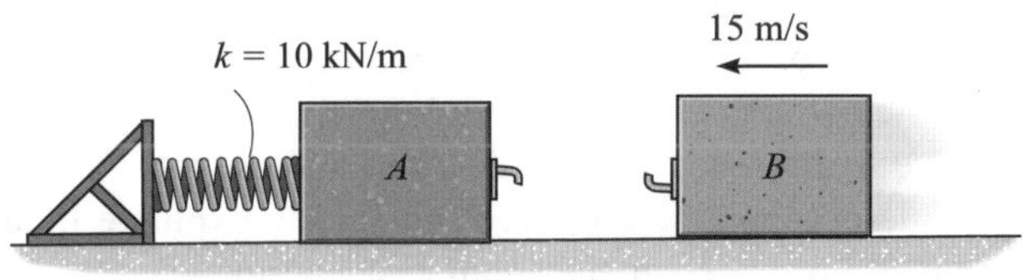

Problema 15.11

15.12. O canhão e o apoio, sem o projétil, têm uma massa de 250 kg. Se um projétil de 20 kg é disparado do canhão com uma velocidade vetorial de 400 m/s, medida *relativamente* ao canhão, determine a velocidade do projétil, quando sai do cano do canhão. Despreze a resistência ao rolamento.

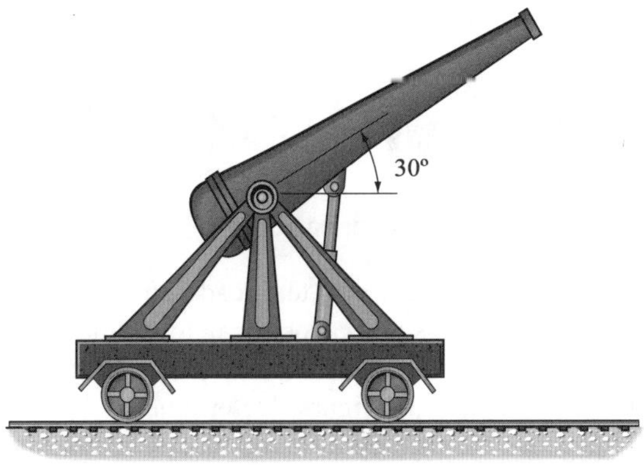

Problema 15.12

Problemas

***15.32.** A bala de canhão de 5 kg é disparada horizontalmente por um canhão de 250 kg, como mostra a figura. Se a velocidade de saída da bala é 600 m/s, medida relativamente ao solo, determine a velocidade de recuo do canhão logo após o disparo. Se o canhão está em repouso sobre um apoio liso e será parado depois de haver recuado por uma distância de 150 mm, determine a rigidez necessária k das duas molas idênticas, cada uma das quais está originariamente não estendidas.

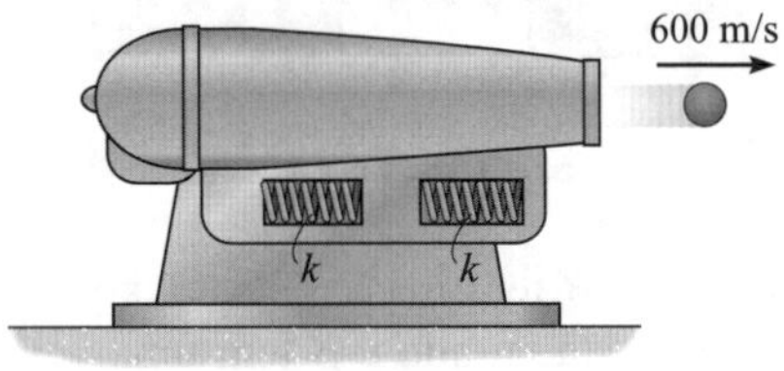

Problema 15.32

15.33. Um vagão com massa de 15 Mg está se movendo a 1,5 m/s sobre trilhos horizontais. Ao mesmo tempo, outro vagão, que tem massa de 12 Mg, está se movendo a 0,75 m/s na direção oposta. Se os vagões encontram-se e acoplam-se, determine a velocidade de ambos logo após o acoplamento. Encontre a diferença entre a energia cinética total antes e depois de o acoplamento haver ocorrido, e explique qualitativamente o que aconteceu com essa energia.

15.34. O carro A tem massa de 2250 kg e está viajando para a direita a 1 m/s. Enquanto isso, um carro B, de 1500 kg, está viajando para esquerda a 2 m/s. Se os carros colidem de frente e emaranham-se, determine sua velocidade comum logo após a colisão. Suponha que os freios não foram acionados durante a colisão.

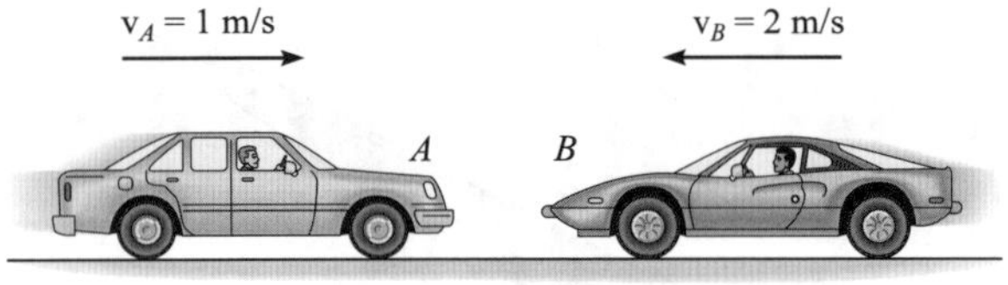

Problema 15.34

15.35. Os dois blocos, A e B, têm, cada um, uma massa de 5 kg e estão suspensos por cabos paralelos. Uma mola, cuja rigidez é $k = 60$ N/m, está presa a B e comprimida de 0,3 m contra A, como mostra a figura. Determine os ângulos máximos θ e ϕ dos cabos, depois de os blocos serem liberados do repouso e a mola tornar-se não deformada.

***15.36.** O bloco A tem massa de 4 kg e o B tem massa de 6 kg. Uma mola que tem rigidez $k = 40$ N/m está fixada a B e comprimida de 0,3 m contra A, como mostra a figura. Determine os ângulos máximos θ e ϕ dos cabos após os blocos serem liberados do repouso e a mola tornar-se não deformada.

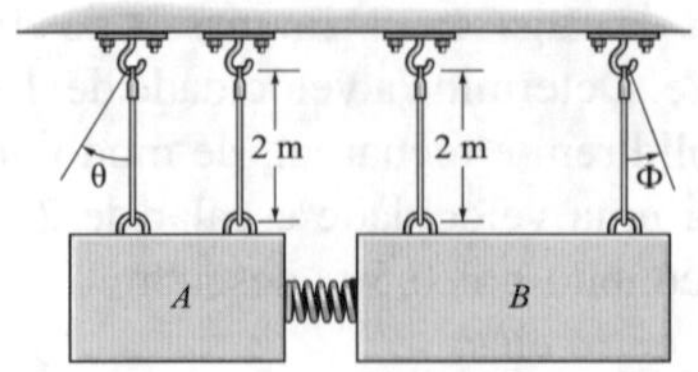

Problemas 15.35/36

•**15.37.** O guincho na traseira do jipe A é acionado e puxa o cabo de reboque a 2 m/s, medidos relativamente ao jipe. Se tanto o carro B, de 1,25 Mg, quanto o jipe A, de 2,5 Mg, estão livres para se moverem, determine suas velocidades no instante em que se encontram. Se o cabo tem 5 m de comprimento, quanto tempo isso levará?

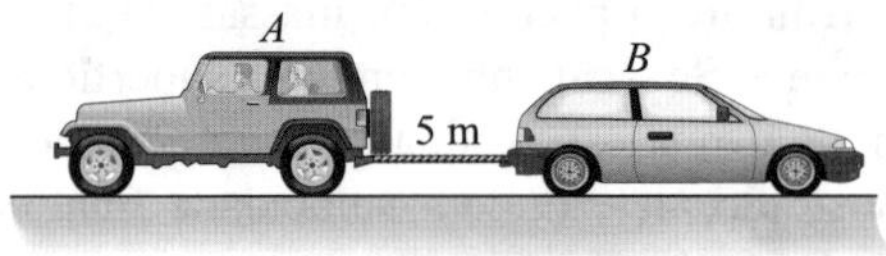

Problema 15.37

15.38. O pacote de 40 kg é jogado a uma velocidade de 4 m/s sobre o carrinho, que tem massa de 20 kg. Se o pacote desliza sobre a superfície lisa e atinge a mola, determine a velocidade do carrinho no instante em que o pacote comprime totalmente a mola. Qual é a compressão máxima da mola? Despreze a resistência ao rolamento do carrinho.

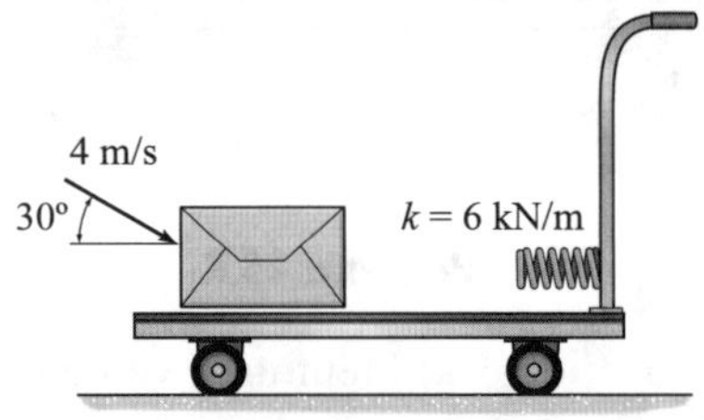

Problema 15.38

15.39. Dois carros, A e B, têm massas de 2 Mg e 1,5 Mg, respectivamente. Determine as intensidades de $\mathbf{v}_A$ e $\mathbf{v}_B$ se os carros colidem e aderem um ao outro, enquanto movem-se a uma velocidade comum de 50 km/h na direção mostrada.

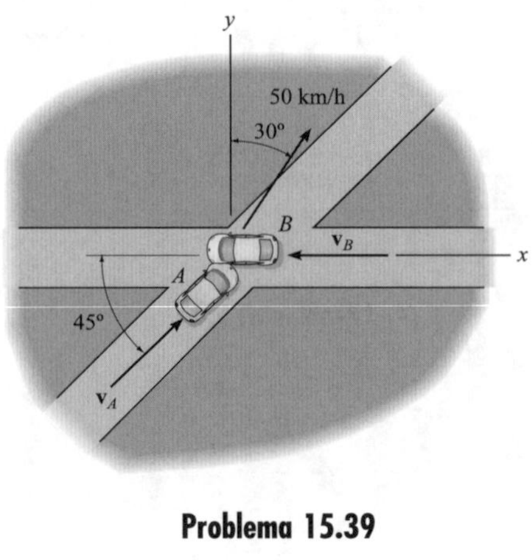

Problema 15.39

***15.40.** Um projétil de 4 kg viaja a uma velocidade horizontal de 600 m/s, antes de explodir e partir-se em dois fragmentos, A e B, de massas 1,5 kg e 2,5 kg, respectivamente. Se os fragmentos viajam ao longo das trajetórias parabólicas mostradas na figura, determine a intensidade da velocidade de cada fragmento logo após a explosão, e a distância horizontal d_A, onde o segmento A atinge o solo em C.

•15.41. Um projétil de 4 kg viaja a uma velocidade horizontal de 600 m/s, antes de explodir e partir-se em dois fragmentos, A e B, de massas 1,5 kg e 2,5 kg, respectivamente. Se os fragmentos viajam ao longo das trajetórias parabólicas mostradas na figura, determine a intensidade de velocidade de cada fragmento logo após a explosão, e a distância horizontal d_B, onde o segmento B atinge o solo em D.

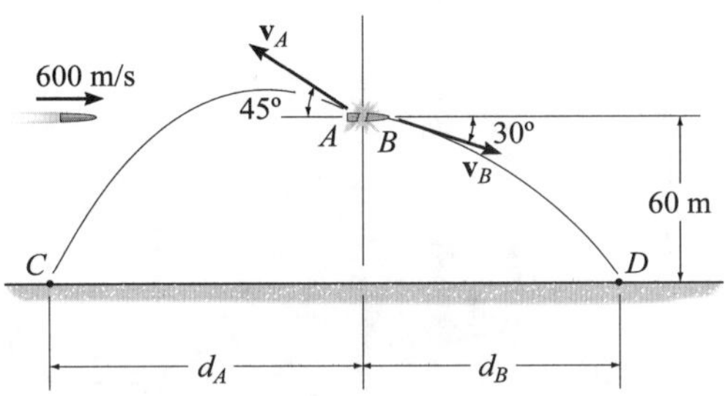

Problemas 15.40/41

15.42. O garoto de 75 kg salta do carrinho A, a uma velocidade horizontal de $v' = 3$ m/s, medida relativamente ao carrinho. Determine a velocidade do carrinho A logo após o salto. Se o garoto então atinge o carrinho B com a mesma velocidade que deixou o carrinho A, determine a velocidade do carrinho B logo após o garoto pousar sobre ele. Os carrinhos A e B têm a mesma massa de 50 kg e estão originalmente em repouso.

Problema 15.42

15.43. O bloco A tem massa de 2 kg e desliza para dentro de uma caixa com as extremidades abertas a uma velocidade de 2 m/s. Se a caixa B tem massa de 3 kg e está em repouso sobre a placa P, que tem massa de 3 kg, determine a distância que a placa percorre depois que parar de deslizar sobre o solo. Além disso, quanto tempo se passa depois do impacto antes que cesse todo o movimento? O coeficiente de atrito cinético entre a caixa e a placa é $\mu_k = 0{,}2$ e entre a placa e o solo é $\mu_k' = 0{,}4$. E, ainda, o coeficiente de atrito estático entre a placa e o solo é $\mu_s' = 0{,}5$.

***15.44.** O bloco A tem massa de 2 kg e desliza para dentro de uma caixa B com as extremidades abertas a uma velocidade de 2 m/s. Se a caixa B tem massa de 3 kg e está em repouso sobre a placa P, que tem massa de 3 kg, determine a distância que a placa percorre depois de parar de deslizar sobre o solo. Além disso, quanto tempo se passa depois do impacto antes que cesse todo o movimento? O coeficiente de atrito cinético entre a caixa e a placa é $\mu_k = 0{,}2$, e entre a placa e o solo é $\mu_k' = 0{,}1$. E, ainda, o coeficiente de atrito estático entre a placa e o solo é $\mu_s' = 0{,}12$.

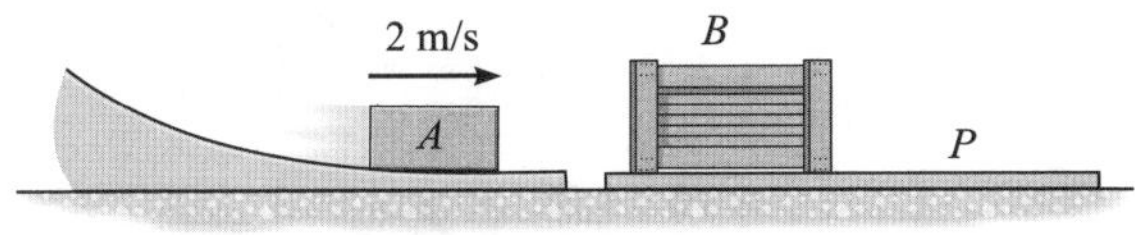

Problemas 15.43/44

•15.45. O bloco A de 20 kg é rebocado para cima na rampa do carrinho de 40 kg usando-se o motor M montado ao lado do carrinho. Se o motor enrola o cabo a uma velocidade constante de 5 m/s, medida relativamente ao carrinho, determine a distância que o carrinho percorrerá quando o bloco tiver viajado uma distância $s = 2$ m, rampa acima. Tanto o bloco quanto o carrinho estão em repouso quando $s = 0$. O coeficiente de atrito cinético entre o bloco e a rampa é $\mu_k = 0{,}2$. Despreze a resistência ao rolamento.

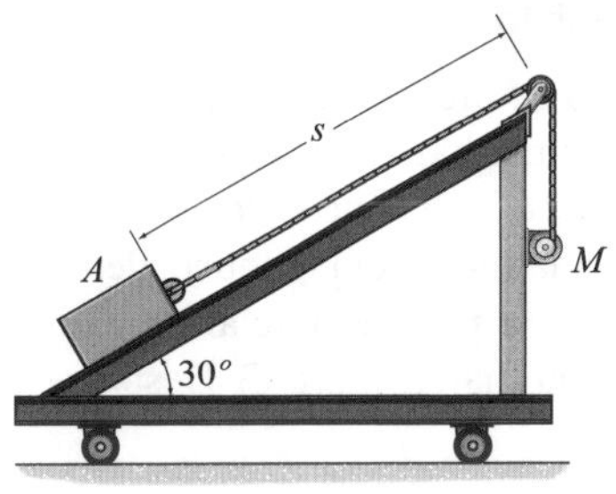

Problema 15.45

15.46. Se o homem de 75 kg dispara a bala de 0,1 kg, a uma velocidade de saída horizontal de 900 m/s, medida relativamente ao carrinho de 300 kg, determine a velocidade do carrinho logo após o disparo. Qual é a velocidade do carrinho quando a bala penetra no alvo? Durante o disparo, o homem permanece na mesma posição sobre o carrinho. Despreze a resistência ao rolamento do carrinho.

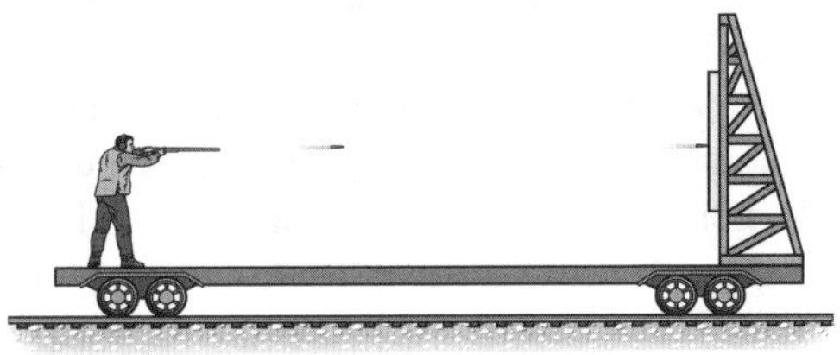

Problema 15.46

15.47. A rampa de rolagem livre tem massa de 60 kg. A caixa, cuja massa é 40 kg, desliza, partindo do repouso em A, 4,5 m rampa abaixo até B. Determine a velocidade da rampa quando a caixa atingir B. Suponha que a rampa é lisa, e despreze a massa das rodas.

***15.48.** A rampa de rolagem livre tem massa de 60 kg. Se a caixa de 40 kg é liberada do repouso em A, determine a distância que a rampa se move quando a caixa desliza 4,5 m rampa abaixo até a base B.

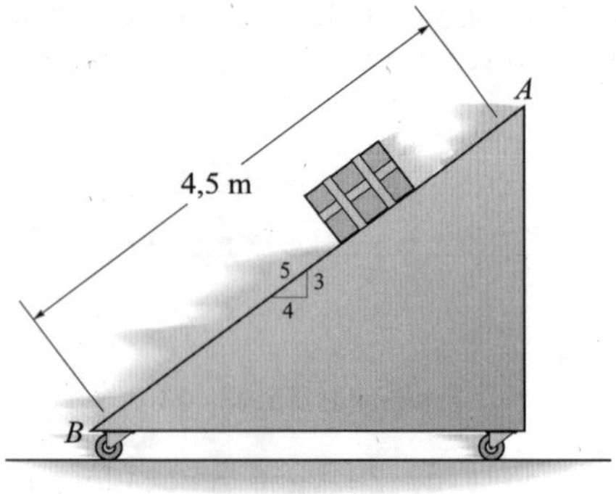

Problemas 15.47/48

•15.49. O canhão de mola de 5 kg repousa sobre a superfície lisa. Ele dispara uma bala de massa 1 kg, a uma velocidade $v' = 6$ m/s relativa ao canhão, na direção mostrada. Se o canhão está originalmente em repouso, determine a distância horizontal d, que a bala estará da posição inicial do canhão, no instante em que atingir o solo em D. Despreze a dimensão do canhão.

15.50. O canhão de mola de 5 kg repousa sobre a superfície lisa. Ele dispara uma bala de massa 1 kg, a uma velocidade $v' = 6$ m/s relativa ao canhão, na direção mostrada. Se o canhão está originalmente em repouso, determine a distância que a bala estará da posição inicial do canhão, no instante em que atingir sua maior altura C. Despreze a dimensão do canhão.

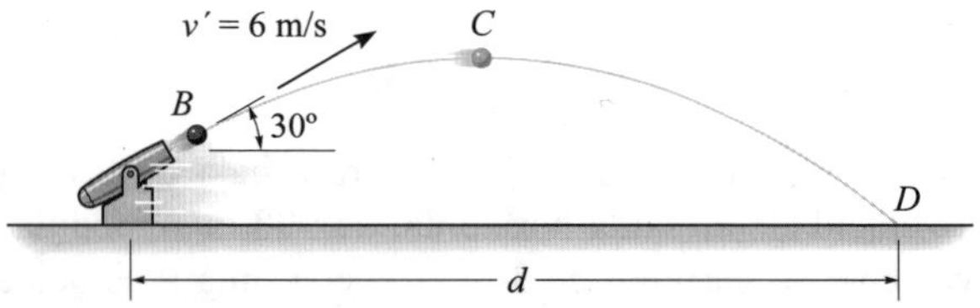

Problemas 15.49/50

15.51. Um homem calçando patins de gelo lança um bloco de 8 kg a uma velocidade inicial de 2 m/s, medida relativamente a ele mesmo, na direção mostrada. Se ele está originalmente em repouso e completa o lançamento em 1,5 segundo enquanto mantém sua perna rígida, determine a velocidade horizontal do homem logo após ele liberar o bloco. Qual é a reação vertical de seus dois patins sobre o gelo durante o lançamento? O homem tem massa de 70 kg. Despreze o atrito e o movimento dos braços.

Problema 15.51

***15.52.** O bloco de massa m viaja a v_1 na direção θ_1, mostrada no alto do declive liso. Determine sua velocidade escalar v_2 e sua direção θ_2 quando atingir a base.

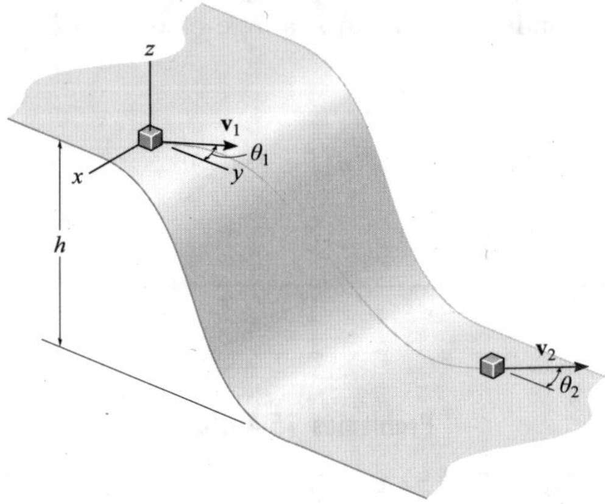

Problema 15.52

•15.53. O carrinho B de 10 kg está apoiado em roletes de dimensão desprezível. Se uma maleta A de 5 kg é lançada horizontalmente sobre o carrinho a 3 m/s quando ele está em repouso, determine o período de tempo que A desliza relativamente a B e a velocidade final de A e B. O coeficiente de atrito cinético entre A e B é $\mu_k = 0{,}4$.

15.54. O carrinho B, de 10 kg, está apoiado em roletes de dimensão desprezível. Se uma maleta A de 5 kg é lançada horizontalmente sobre o carrinho a 3 m/s quando ele está em repouso, determine o tempo t e a distância que B move-se no instante em que A para relativamente a B. O coeficiente de atrito cinético entre A e B é $\mu_k = 0{,}4$.

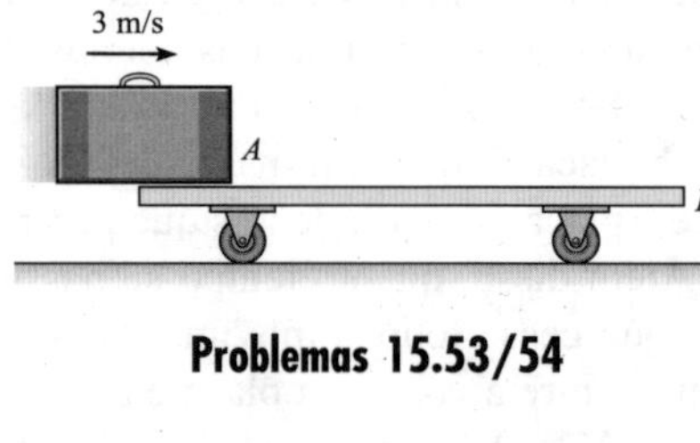

Problemas 15.53/54

15.4 Impacto

O *impacto* ocorre quando dois corpos colidem entre si durante um período muito *curto* de tempo, fazendo com que forças relativamente grandes (impulsivas) sejam exercidas entre os corpos. O golpe de um martelo sobre um prego, ou de um taco de golfe sobre uma bola, são exemplos comuns de cargas de impacto.

Em geral, há dois tipos de impacto. O *impacto central* ocorre quando a direção de movimento dos centros de massa de duas partículas em colisão está ao longo de uma linha que passa através dos centros de massa dessas partículas. Essa linha é chamada de *linha de impacto*, que é perpendicular ao plano de contato (Figura 15.13*a*). Quando o movimento de uma ou ambas as partículas faz um ângulo com a linha de impacto (Figura 15.13*b*), o impacto é chamado de *impacto oblíquo*.

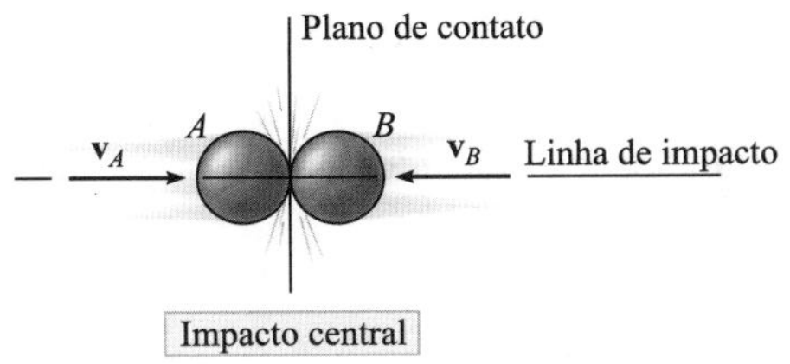

(a)

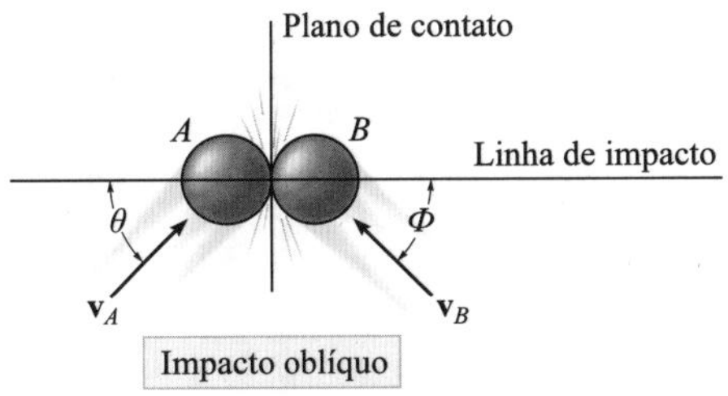

(b)

Figura 15.13

Impacto central

Para ilustrar o método de análise da mecânica do impacto, considere o caso que envolve o impacto central de duas partículas, *A* e *B*, mostrado na Figura 15.14.

- As partículas têm a quantidade de movimento inicial mostrada na Figura 15.14*a*. Contanto que $(v_A)_1 > (v_B)_1$, a colisão eventualmente ocorrerá.
- Durante a colisão as partículas devem ser consideradas *deformáveis* ou não rígidas. As partículas sofrerão um *período de deformação*, de tal forma que exerçam uma sobre a outra um impulso de deformação igual, mas oposto $\int \mathbf{P}\,dt$ (Figura 15.14*b*).
- Apenas no instante da *deformação máxima* as duas partículas irão mover-se com uma velocidade comum **v**, visto que seu movimento relativo é zero (Figura 15.14*c*).
- Em seguida, ocorre *um período de restituição*, no qual as partículas retornam à sua forma original ou continuam deformadas permanentemente. O *impulso de restituição* igual mas oposto ($\int \mathbf{R}\,dt$) empurra as partículas para longe uma da outra (Figura 15.14*d*). Na realidade, as propriedades físicas de quaisquer dois corpos são tais que o impulso de deformação *sempre será maior* do que aquele de restituição, ou seja, $\int P\,dt > \int R\,dt$.
- Logo após a separação, as partículas terão a quantidade de movimento final mostrada na Figura 15.14*e*, onde $(v_B)_2 > (v_A)_2$.

Na maioria dos problemas, as velocidades iniciais das partículas serão *conhecidas*, e será necessário determinar suas velocidades finais $(v_A)_2$ e $(v_B)_2$. Nesse aspecto, *a quantidade de movimento do sistema de partículas é conservada*, visto que durante a colisão os impulsos internos de deformação e restituição *cancelam-se*. Então, referindo às figuras 15.14*a* a 15.14*e*, necessitamos:

$$(\overset{+}{\rightarrow}) \qquad m_A(v_A)_1 + m_B(v_B)_1 = m_A(v_A)_2 + m_B(v_B)_2 \qquad (15.10)$$

De modo a obter a segunda equação necessária para resolver $(v_A)_2$ e $(v_B)_2$, devemos aplicar o princípio do impulso e quantidade de movimento a *cada partícula*. Por exemplo, durante a fase de deformação da partícula A (figuras 15.14*a*, 15.14*b* e 15.14*c*), temos:

$$(\overset{+}{\rightarrow}) \qquad m_A(v_A)_1 - \int P\,dt = m_A v$$

Para a fase de restituição (figuras 15.14*c*, 15.14*d* e 15.14*e*),

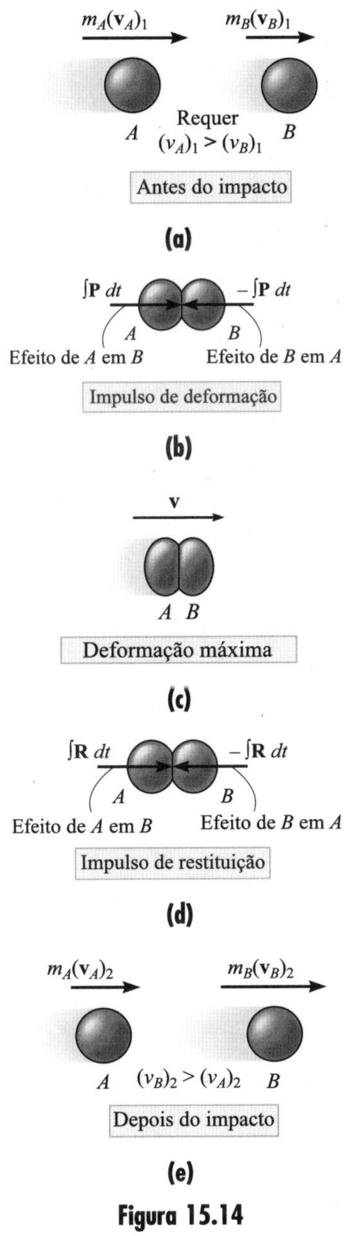

Figura 15.14

$$(\overset{+}{\rightarrow}) \qquad m_A v - \int R\,dt = m_A (v_A)_2$$

A razão do impulso de restituição e o impulso de deformação é chamada de *coeficiente de restituição, e*. A partir das equações anteriores, esse valor para a partícula A é:

$$e = \frac{\int R\,dt}{\int P\,dt} = \frac{v - (v_A)_2}{(v_A)_1 - v}$$

De maneira similar, podemos estabelecer e considerando-se a partícula B (Figura 15.14). Isso resulta em:

$$e = \frac{\int R\,dt}{\int P\,dt} = \frac{(v_B)_2 - v}{v - (v_B)_1}$$

Se a incógnita v for eliminada das duas equações anteriores, o coeficiente de restituição pode ser expresso em termos das velocidades iniciais e finais das partículas, desta forma,

$$(\overset{+}{\rightarrow}) \qquad e = \frac{(v_B)_2 - (v_A)_2}{(v_A)_1 - (v_B)_1} \qquad (15.11)$$

Contanto que um valor e seja especificado, as equações 15.10 e 15.11 podem ser resolvidas simultaneamente para obter $(v_A)_2$ e $(v_B)_2$. Ao fazê-lo, no entanto, é importante estabelecer cuidadosamente uma convenção de sinais para definir a direção positiva para ambas $\mathbf{v}_A$ e $\mathbf{v}_B$, e em seguida usá-la *consistentemente* quando escrever *ambas* as equações. Como observado da aplicação mostrada, e indicado simbolicamente pela seta entre parênteses, definimos a direção positiva à direita ao referir aos movimentos tanto de A quanto de B. Consequentemente, se um valor negativo resultar da solução de $(v_A)_2$ ou $(v_B)_2$, isso indica que o movimento é para a esquerda.

Coeficiente de restituição

Vê-se nas figuras 15.14*a* e 15.14*e* que a Equação 15.11 determina que e é igual à razão da velocidade relativa de separação das partículas *logo após o impacto*, $(v_B)_2 - (v_A)_2$, e a velocidade relativa de aproximação *imediatamente antes do impacto*, $(v_A)_1 - (v_B)_1$. Medindo-se experimentalmente essas velocidades relativas, descobriu-se que e varia de forma apreciável com a velocidade de impacto, assim como com a dimensão e a forma dos corpos em colisão. Por essas razões, o coeficiente de restituição é confiável apenas quando usado com dados que se aproximem bastante das condições existentes quando suas medições foram feitas. Em geral, e tem um valor entre zero e um, e deve-se estar ciente do significado físico desses dois limites.

Impacto elástico (e = 1)

Se a colisão entre duas partículas for *perfeitamente elástica*, o impulso de deformação ($\int \mathbf{P}\,dt$) será igual e oposto ao impulso de restituição ($\int \mathbf{R}\,dt$). Embora, na realidade, isso jamais possa ser obtido, $e = 1$ para uma colisão elástica.

Impacto plástico (e = 0)

O impacto é chamado de *inelástico ou plástico* quando $e = 0$. Nesse caso, não há impulso de restituição ($\int \mathbf{R}\,dt = \mathbf{0}$), de modo que, após a colisão, ambas as partículas acoplam-se ou aderem-se, e passam a mover-se a uma velocidade comum.

A partir da derivação acima, deve ficar claro que o princípio do trabalho e energia não pode ser usado para analisar problemas de impacto, visto que não é possível saber como as *forças internas* de deformação e restituição variam ou se deslocam durante a colisão. Sabendo-se as velocidades das partículas antes e depois da colisão, no entanto, pode-se calcular a perda de energia durante a colisão, com base na diferença na energia cinética da partícula. Essa perda de energia, $\Sigma U_{1-2} = \Sigma T_2 - \Sigma T_1$, ocorre porque parte da energia cinética inicial da partícula é transformada em energia térmica, assim como na geração de som e deformação localizada do material quando a colisão ocorre. Em particular, se o impacto for *perfeitamente elástico*, nenhuma energia se perde na colisão; enquanto se a colisão for *plástica* a energia perdida durante a colisão é máxima.

Procedimento para análise (impacto central)

Na maior parte dos casos, as *velocidades finais* de duas partículas lisas serão determinadas *somente após* elas serem submetidas ao impacto central direto.

Desde que o coeficiente de restituição, a massa e a velocidade inicial de cada partícula *imediatamente antes* do impacto sejam conhecidos, a solução para este problema pode ser obtida usando-se as duas equações seguintes:

- A conservação da quantidade de movimento aplica-se ao sistema de partículas, $\Sigma mv_1 = \Sigma mv_2$.
- O coeficiente de restituição $e = [(v_B)_2 - (v_A)_2] / [(v_A)_1 - (v_B)_1]$ relaciona às velocidades relativas das partículas ao longo da linha de impacto, imediatamente antes e logo após a colisão.

Ao aplicarem-se essas duas equações, o sentido de uma velocidade desconhecida pode ser presumido. Se a solução resultar em uma intensidade negativa, a velocidade atua no sentido oposto.

Impacto oblíquo

Quando o impacto oblíquo ocorre entre duas partículas lisas, estas se movem para longe uma da outra com velocidades que têm direções e intensidades desconhecidas. Uma vez que as velocidades iniciais sejam conhecidas, então quatro incógnitas estarão presentes no problema. Como mostrado na Figura 15.15*a*, essas incógnitas podem ser representadas como $(v_A)_2$, $(v_B)_2$, θ_2 e ϕ_2, ou como as componentes x e y das velocidades finais.

Procedimento para análise (impacto oblíquo)

Se o eixo y for estabelecido dentro do plano de contato, e o eixo x ao longo da linha de impacto, as forças impulsivas de deformação e restituição agem *somente na direção x* (Figura 15.15*b*). Decompondo-se os vetores velocidade ou quantidade de movimento em componentes ao longo dos eixos x e y (Figura 15.15*b*), é então possível escrever quatro equações escalares independentes, de maneira a determinar $(v_{Ax})_2$, $(v_{Ay})_2$, $(v_{Bx})_2$ e $(v_{By})_2$.

- A quantidade de movimento do sistema é conservada *ao longo da linha de impacto*, eixo x, de modo que $\Sigma m(v_x)_1 = \Sigma m(v_x)_2$.
- O coeficiente de restituição $e = [(v_{Bx})_2 - (v_{Ax})_2]/[(v_{Ax})_1 - (v_{Bx})_1]$ relaciona as *componentes* da velocidade relativa das partículas *ao longo da linha de impacto* (eixo x).
- Se essas duas equações forem resolvidas simultaneamente, obteremos $(v_{Ax})_2$ e $(v_{Bx})_2$.

- A quantidade de movimento da partícula A é conservada ao longo do eixo y, perpendicular à linha de impacto, visto que nenhum impulso age na partícula A nessa direção. Como resultado, $m_A(v_{Ay})_1 = m_A(v_{Ay})_2$ ou $(v_{Ay})_1 = (v_{Ay})_2$.
- A quantidade de movimento da partícula B é conservada ao longo do eixo y, perpendicular à linha de impacto, visto que nenhum impulso atua na partícula B nessa direção. Consequentemente, $(v_{By})_1 = (v_{By})_2$.

A aplicação dessas quatro equações está ilustrada no Exemplo 15.11.

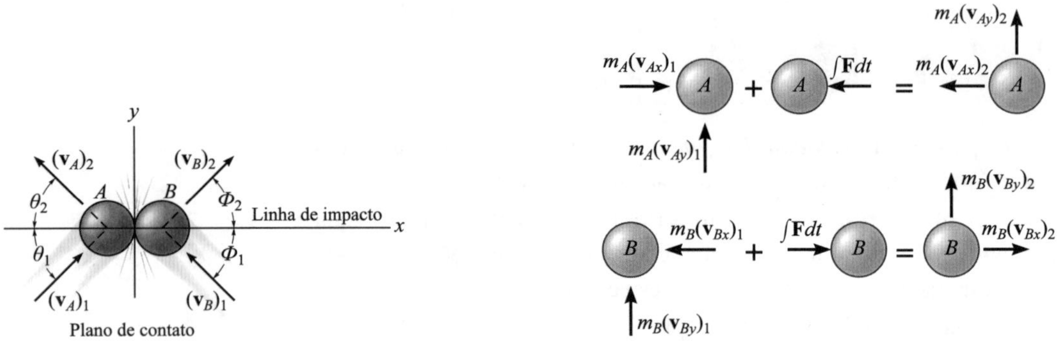

(a) **(b)**

Figura 15.15

Exemplo 15.9

O saco A, que tem peso de 6 kg, é liberado do repouso na posição $\theta = 0°$, como mostra a Figura 15.16*a*. Depois de cair até $\theta = 90°$, ele atinge uma caixa B, de 18 kg. Se o coeficiente de restituição entre o saco e a caixa é $e = 0{,}5$, determine as velocidades do saco e da caixa logo após o impacto. Qual é a perda de energia durante a colisão?

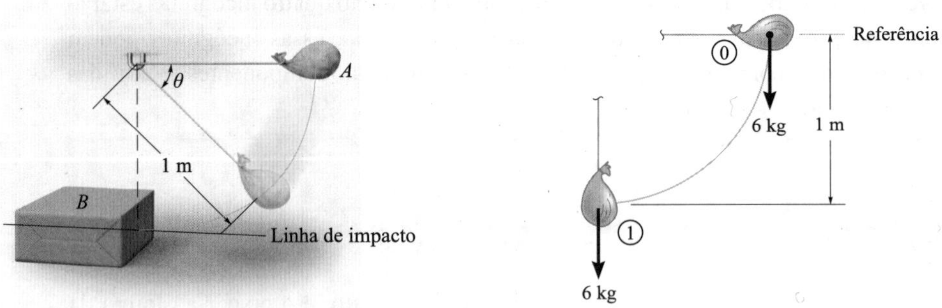

(a) **(b)**

Figura 15.16

SOLUÇÃO

Este problema envolve impacto central. Por quê? Antes de analisar a mecânica do impacto, no entanto, é primeiramente necessário obter a velocidade do saco *imediatamente antes* de ele atingir a caixa.

Conservação da energia

Com a referência em $\theta = 0°$ (Figura 15.16*b*), temos:

$$T_0 + V_0 = T_1 + V_1$$

$$0 + 0 = \frac{1}{2}(6\text{ kg})(v_A)_1^2 - 6\text{ kg}(9{,}81\text{ m/s}^2)(1\text{ m}); \quad (v_A)_1 = 4{,}43\text{ m/s}$$

Conservação da quantidade de movimento

Depois do impacto supomos que A e B movem-se para a esquerda. Aplicando a conservação da quantidade de movimento ao sistema (Figura 15.16c), temos:

$$(\overset{+}{\leftarrow}) \qquad m_B(v_B)_1 + m_A(v_A)_1 = m_B(v_B)_2 + m_A(v_A)_2$$
$$0 + (6\text{ kg})(4{,}43\text{ m/s}) = (18\text{ kg})(v_B)_2 + (6\text{ kg})(v_A)_2$$
$$(v_A)_2 = 4{,}43 - 3(v_B)_2 \qquad (1)$$

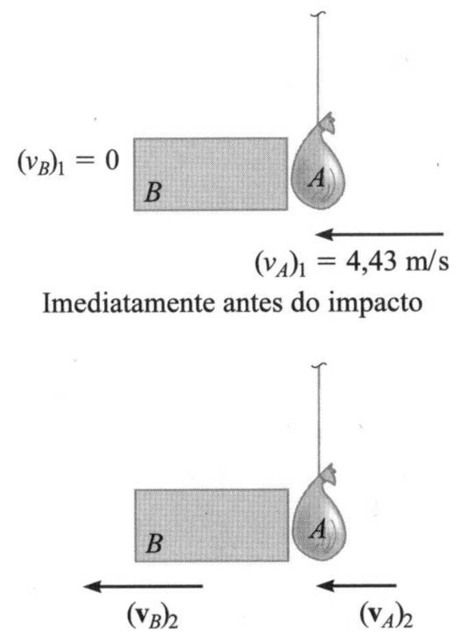

(c)

Figura 15.16

Coeficiente de restituição

Sabendo que para a separação ocorrer após a colisão $(v_B)_2 > (v_A)_2$ (Figura 15.16c), temos:

$$(\overset{+}{\leftarrow}) \qquad e = \frac{(v_B)_2 - (v_A)_2}{(v_A)_1 - (v_B)_1}; \quad 0{,}5 = \frac{(v_B)_2 - (v_A)_2}{4{,}43\text{ m/s} - 0}$$
$$(v_A)_2 = (v_B)_2 - 2{,}215 \qquad (2)$$

Resolvendo as equações 1 e 2 simultaneamente resulta em:

$$(v_A)_2 = -0{,}554\text{ m/s} = 0{,}554\text{ m/s} \rightarrow \quad \text{e} \quad (v_B)_2 = 1{,}66\text{ m/s} \leftarrow$$

Perda de energia

Aplicando o princípio do trabalho e energia ao saco e à caixa imediatamente antes e logo após a colisão, temos:

$\Sigma U_{1-2} = T_2 - T_1;$

$$\Sigma U_{1-2} = \left[\frac{1}{2}(18\text{ kg})(1{,}66\text{ m/s})^2 + \frac{1}{2}(6\text{ kg})0{,}554\text{ m/s}^2\right] - \left[\frac{1}{2}(6\text{ kg})(4{,}43\text{ m/s})^2\right]$$

$$\Sigma U_{1-2} = -33{,}15\text{ J}$$

NOTA: A perda de energia ocorre devido à deformação inelástica durante a colisão.

Exemplo 15.10

A bola B, mostrada na Figura 15.17a, tem massa de 1,5 kg e está suspensa do teto por uma corda elástica de 1 m de comprimento. Se a corda for *deformada* 0,25 m para baixo e a bola for liberada do repouso, determine o quanto a corda se estende após a bola ricochetear do teto. A rigidez da corda é $k = 800$ N/m, e o coeficiente de restituição entre a bola e o teto é $e = 0{,}8$.

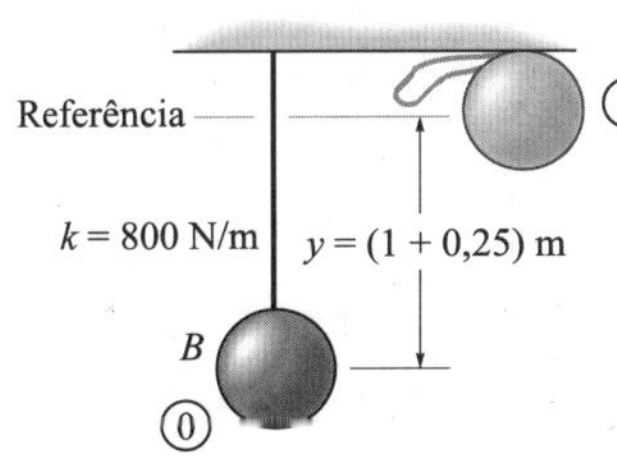

(a)

Figura 15.17

SOLUÇÃO

Primeiro devemos obter a velocidade da bola *imediatamente antes* que ela atinja o teto usando métodos de energia, depois consideramos o impulso e a quantidade de movimento entra a bola e o teto e, finalmente, usaremos novamente os métodos de energia para determinar o alongamento da corda.

Conservação da energia

Com a referência localizada onde mostra a Figura 15.17a, e sabendo inicialmente que $y = y_0 = (1 + 0{,}25)$ m $= 1{,}25$ m, temos:

$$T_0 + V_0 = T_1 + V_1$$

$$\frac{1}{2}m(v_B)_0^2 - W_B y_0 + \frac{1}{2}ks^2 = \frac{1}{2}m(v_B)_1^2 + 0$$

$$0 - 1{,}5(9{,}81)\text{N}(1{,}25\text{ m}) + \frac{1}{2}(800\text{ N/m})(0{,}25\text{ m})^2 = \frac{1}{2}(1{,}5\text{ kg})(v_B)_1^2$$

$$(v_B)_1 = 2{,}968\text{ m/s} \uparrow$$

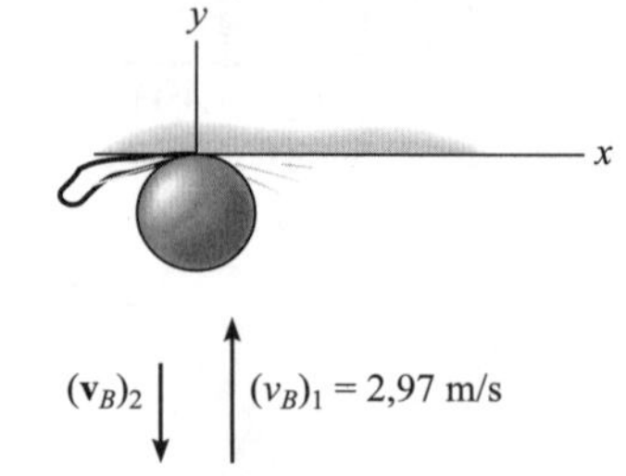

(b)

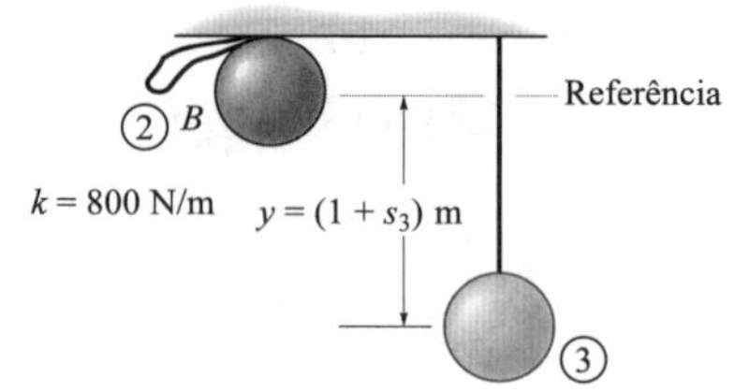

(c)

Figura 15.17

A interação entre a bola e o teto será agora considerada usando-se os princípios do impacto.* Visto que uma porção desconhecida da massa do teto está envolvida no impacto, a conservação da quantidade de movimento do sistema bola-teto não será escrita. A 'velocidade' dessa porção do teto é zero, porque se supõe que o teto (ou a Terra) permanece em repouso tanto antes quanto depois do impacto.

Coeficiente de restituição (Figura 15.17*b*)

$$(+\uparrow) \qquad e = \frac{(v_B)_2 - (v_A)_2}{(v_A)_1 - (v_B)_1}; \quad 0,8 = \frac{(v_B)_2 - 0}{0 - 2,968 \text{ m/s}}$$

$$(v_B)_2 = -2,374 \text{ m/s} = 2,374 \text{ m/s} \downarrow$$

Conservação da energia

A máxima extensão s_3 na corda pode ser determinada aplicando-se outra vez a equação de conservação da energia para a bola logo após a colisão. Supondo-se que $y = y_3 = (1 + s_3)$ m (Figura 15.17*c*), então:

$$T_2 + V_2 = T_3 + V_3$$

$$\frac{1}{2}m(v_B)_2^2 + 0 = \frac{1}{2}m(v_B)_3^2 - W_B y_3 + \frac{1}{2}ks_3^2$$

$$\frac{1}{2}(1,5 \text{ kg})(2,37 \text{ m/s})^2 = 0 - 9,81(1,5)\text{N}(1 \text{ m} + s_3) + \frac{1}{2}(800 \text{ N/m})s_3^2$$

$$400s_3^2 - 14,715s_3 - 18,94 = 0$$

Resolvendo essa equação quadrática para a raiz positiva, resulta em:

$$s_3 = 0,237 \text{ m} = 237 \text{ mm}$$

Exemplo 15.11

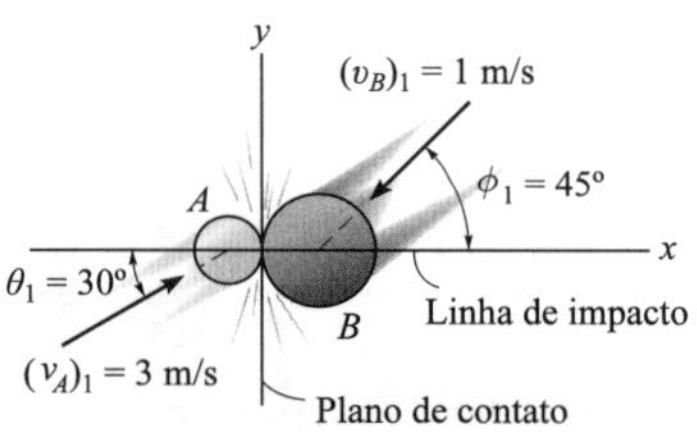

(a)

Figura 15.18

Dois discos lisos, *A* e *B*, tendo massas de 1 kg e 2 kg, respectivamente, colidem com as velocidades mostradas na Figura 15.18*a*. Se o coeficiente de restituição para os discos é $e = 0,75$, determine as componentes *x* e *y* da velocidade final de cada disco, logo após a colisão.

SOLUÇÃO

Esse problema envolve o *impacto oblíquo*. Por quê? Para resolvê-lo, estabelecemos os eixos *x* e *y* ao longo da linha de impacto e o plano de contato, respectivamente (Figura 15.18*a*).

Decompondo cada velocidade inicial em componentes *x* e *y*, temos:

$$(v_{Ax})_1 = 3 \cos 30° = 2,598 \text{ m/s} \qquad (v_{Ay})_1 = 3 \text{ sen } 30° = 1,50 \text{ m/s}$$

$$(v_{Bx})_1 = -1 \cos 45° = -0,7071 \text{ m/s} \qquad (v_{By})_1 = -1 \text{ sen } 45° = -0,7071 \text{ m/s}$$

As quatro incógnitas das componentes de velocidade, após a colisão, são presumidas para *atuarem nas direções positivas* (Figura 15.18*b*). Visto que o impacto ocorre na direção *x* (linha de impacto), a conservação da quantidade de movimento de ambos os discos pode ser aplicada nessa direção. Por quê?

Conservação da quantidade de movimento 'x'

Em referência aos diagramas da quantidade de movimento, temos:

$$(\xrightarrow{+}) \qquad m_A(v_{Ax})_1 + m_B(v_{Bx})_1 = m_A(v_{Ax})_2 + m_B(v_{Bx})_2$$

$$1 \text{ kg}(2,598 \text{ m/s}) + 2 \text{ kg}(-0,707 \text{ m/s}) = 1 \text{ kg}(v_{Ax})_2 + 2 \text{ kg}(v_{Bx})_2$$

$$(v_{Ax})_2 + 2(v_{Bx})_2 = 1,184 \qquad (1)$$

---

* O peso da bola é considerado uma força não impulsiva.

Coeficiente de restituição (x)

$$(\overset{+}{\rightarrow}) \qquad e = \frac{(v_{Bx})_2 - (v_{Ax})_2}{(v_{Ax})_1 - (v_{Bx})_1}; \quad 0{,}75 = \frac{(v_{Bx})_2 - (v_{Ax})_2}{2{,}598 \text{ m/s} - (-0{,}7071 \text{ m/s})}$$

$$(v_{Bx})_2 - (v_{Ax})_2 = 2{,}479 \qquad (2)$$

Resolvendo as equações 1 e 2 para $(v_{Ax})_2$ e $(v_{Bx})_2$ resulta:

$$(v_{Ax})_2 = -1{,}26 \text{ m/s} = 1{,}26 \text{ m/s} \leftarrow \qquad (v_{Bx})_2 = 1{,}22 \text{ m/s} \rightarrow$$

Conservação da Quantidade de movimento 'y'

A quantidade de movimento de *cada disco* é *conservada* na direção *y* (plano de contato), visto que os discos são lisos e por isso nenhum impulso externo atua nesta direção. Da Figura 15.18*b*,

$$(+\uparrow) \qquad m_A(v_{Ay})_1 = m_A(v_{Ay})_2; \ (v_{Ay})_2 = 1{,}50 \text{ m/s} \uparrow$$

$$(+\uparrow) \qquad m_B(v_{By})_1 = m_B(v_{By})_2; \ (v_{By})_2 = -0{,}707 \text{ m/s} = 0{,}707 \text{ m/s} \downarrow$$

NOTA: Mostre que quando as componentes da velocidade são somadas vetorialmente, obtêm-se os resultados mostrados na Figura 15.18*c*.

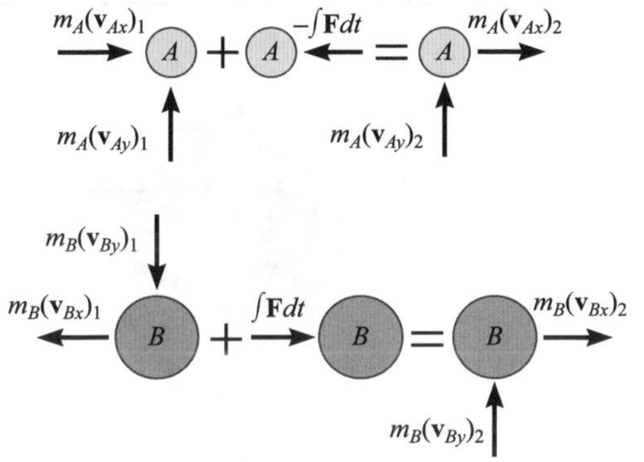

(b)

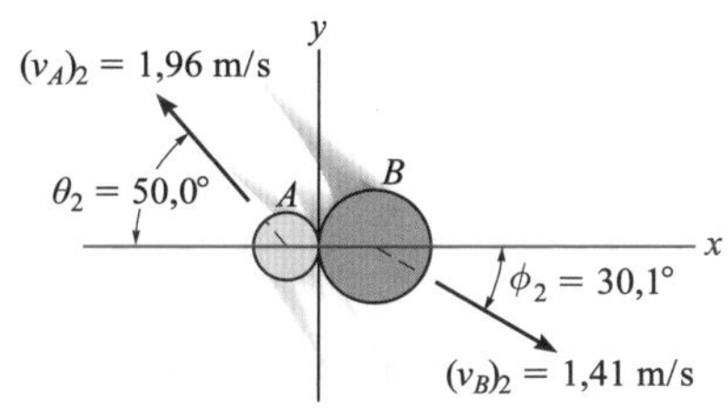

(c)

Figura 15.18

Problemas fundamentais

15.13. Determine o coeficiente de restituição *e* entre a bola *A* e a bola *B*. As velocidades de *A* e *B* antes e após a colisão são as mostradas.

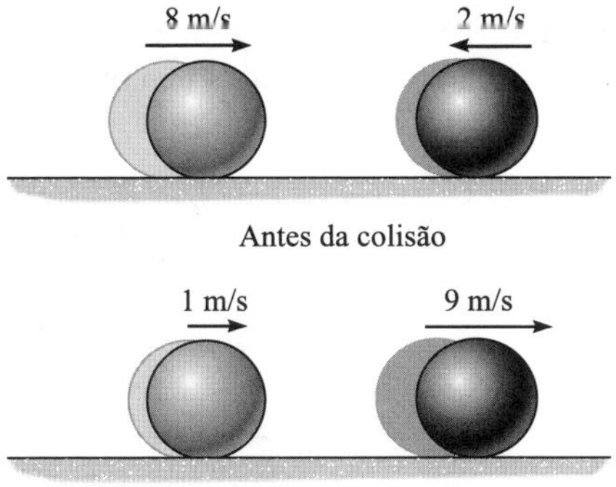

Problema 15.13

15.14. O vagão tanque *A* de 15 Mg e o vagão de carga *B*, de 25 Mg, viajam em direção um ao outro com as velocidades mostradas. Se o coeficiente de restituição entre os para-choques é $e = 0{,}6$, determine a velocidade de cada vagão antes da colisão.

Problema 15.14

15.15. O pacote A, de 15 kg, tem uma velocidade de 1,5 m/s ao entrar na rampa lisa. Enquanto desliza rampa abaixo, atinge o pacote B, de 40 kg, que está inicialmente em repouso. Se o coeficiente de restituição entre A e B é $e = 0,6$, determine a velocidade de B logo após o impacto.

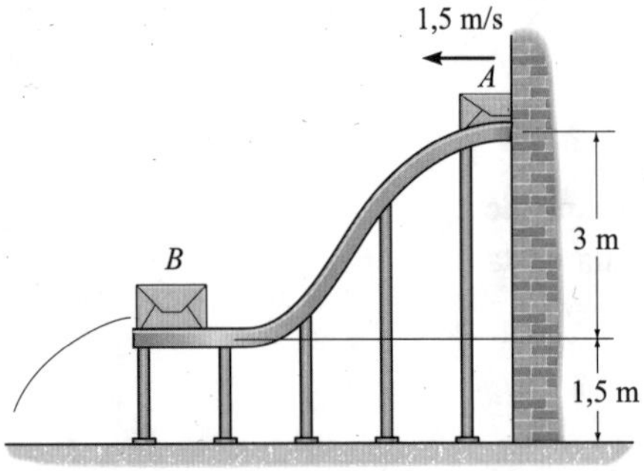

Problema 15.15

15.16. Os blocos A e B pesam 5 kg e 10 kg, respectivamente. Depois de atingir o bloco B, A desliza 50 mm para a direita, e B desliza 75 mm para a esquerda. Se o coeficiente de atrito cinético entre os blocos e a superfície é $\mu_k = 0,2$, determine o coeficiente de restituição entre os blocos. O bloco B está originalmente em repouso.

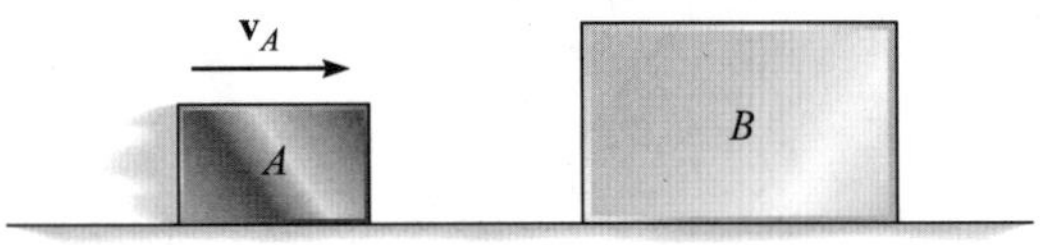

Problema 15.16

15.17. A bola atinge a parede lisa a uma velocidade $(v_b)_1 = 20$ m/s. Se o coeficiente de restituição entre a bola e a parede é $e = 0,75$, determine a velocidade da bola logo após o impacto.

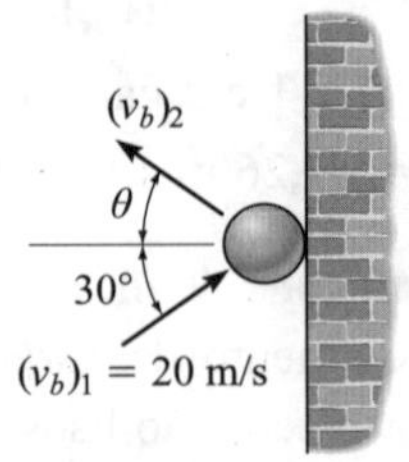

Problema 15.17

15.18. O disco A pesa 1 kg e desliza sobre o plano horizontal liso a uma velocidade de 1 m/s. O disco B pesa 5,5 kg e está inicialmente em repouso. Se após o impacto A tem uma velocidade de 0,3 m/s, paralela ao eixo positivo x, determine a velocidade escalar do disco B após o impacto.

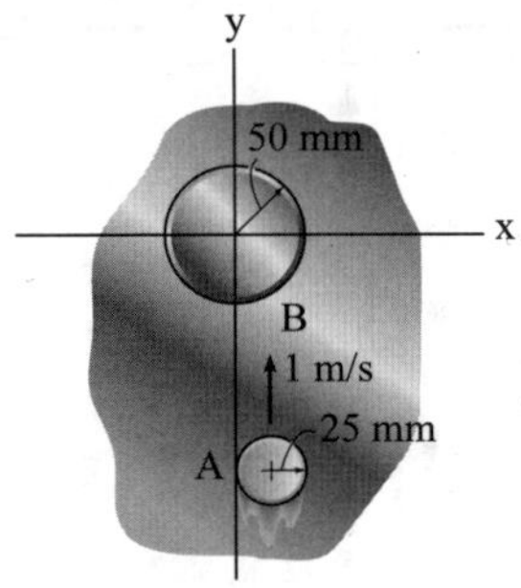

Problema 15.18

Problemas

15.55. Uma bola de 1 kg está viajando horizontalmente a 20 m/s quando atinge um bloco B de 10 kg que está em repouso. Se o coeficiente de restituição entre A e B é $e = 0,6$ e o coeficiente de atrito cinético entre o plano e o bloco é $\mu_k = 0,4$, determine o tempo que o bloco B leva para parar de deslizar.

***15.56.** Uma bola de 1 kg está viajando horizontalmente a 20 m/s quando atinge um bloco B de 10 kg que está em repouso. Se o coeficiente de restituição entre A e B é $e = 0,6$ e o coeficiente de atrito cinético entre o plano e o bloco é $\mu_k = 0,4$, determine a distância que o bloco B desliza sobre o plano antes de parar.

•**15.57.** Cada uma de três bolas tem uma massa m. Se A tem uma velocidade v imediatamente antes da colisão direta com B, determine a velocidade de C após a colisão. O coeficiente de restituição entre cada bola é e. Despreze a dimensão de cada bola.

Problema 15.57

15.58. A maleta A de 15 kg é liberada do repouso em C. Depois de deslizar por uma rampa lisa, atinge a maleta B de 10 kg que está originalmente em repouso. Se o coeficiente de restituição entre as maletas é $e = 0,3$, e o coeficiente de atrito cinético entre o solo DE e cada maleta é $\mu_k = 0,4$, determine: (a) a velocidade de A imediatamente antes do impacto; (b) as velocidades de A e B logo após o impacto; e (c) a distância que B desliza antes de entrar em repouso.

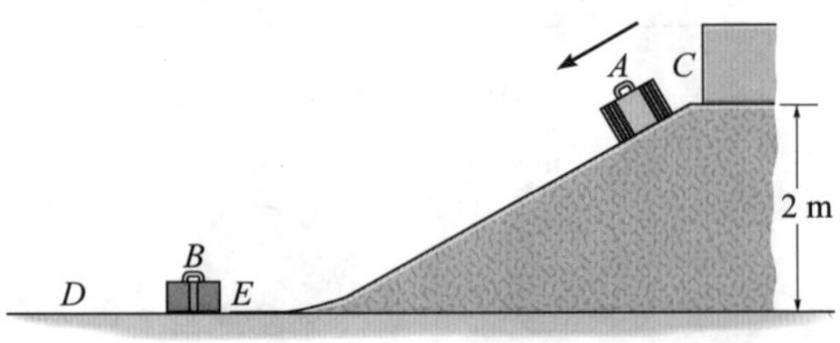

Problema 15.58

15.59. A bola de 2 kg é lançada até o bloco suspenso de 20 kg a uma velocidade de 4 m/s. Se o coeficiente de restituição entre a bola e o bloco é $e = 0,8$, determine a altura máxima h até onde o bloco balançará antes de parar momentaneamente.

***15.60.** A bola de 2 kg é lançada até o bloco suspenso de 20 kg a uma velocidade de 4 m/s. Se o tempo de impacto entre a bola e o bloco é 0,005 s, determine a força normal média exercida sobre o bloco durante esse tempo. Considere $e = 0,8$.

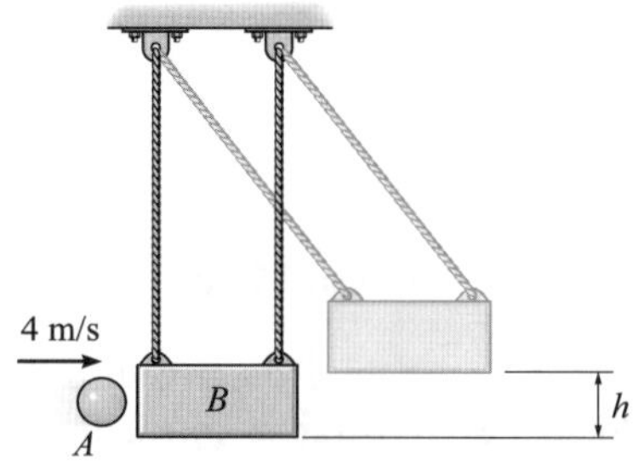

Problemas 15.59/60

•15.61. O bloco deslizante B está limitado a mover-se dentro da ranhura lisa. Ele está conectado a duas molas, cada uma com uma rigidez $k = 30$ N/m. As molas estão originalmente estendidas 0,5 m quando $s = 0$, como mostrado. Determine a distância máxima, $s_{máx}$, que o bloco B move-se após ser atingido pelo bloco A, que está originalmente movendo-se a $(v_A)_1 = 8$ m/s. Considere que $e = 0,4$ e a massa de cada bloco seja 1,5 kg.

15.62. No Problema 15.61 determine a força resultante média entre os blocos A e B durante o impacto, se este ocorre em 0,005 segundos.

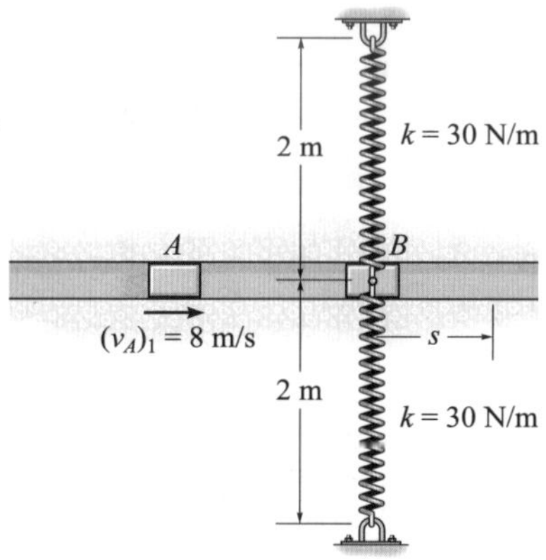

Problemas 15.61/62

15.63. A estaca P tem massa de 800 kg e está sendo enterrada na *areia solta* por um martelo C, de 300 kg, que é deixado cair de uma distância de 0,5 m a partir do topo da estaca. Determine a velocidade inicial da estaca logo após ser atingida pelo martelo. O coeficiente de restituição entre martelo e estaca é $e = 0,1$. Despreze os impulsos devido aos pesos da estaca e do martelo e o impulso devido à areia durante o impacto.

***15.64.** A estaca P tem massa de 800 kg e está sendo enterrada na *areia solta* por um martelo C, de 300 kg, que é deixado cair de uma distância de 0,5 m do topo da estaca. Determine a distância que a estaca penetra na areia após um golpe, se a areia oferece uma resistência de atrito de 18 kN contra a estaca. O coeficiente de restituição entre martelo e estaca é $e = 0,1$. Despreze os impulsos devidos aos pesos da estaca e do martelo e o impulso devido à areia durante o impacto.

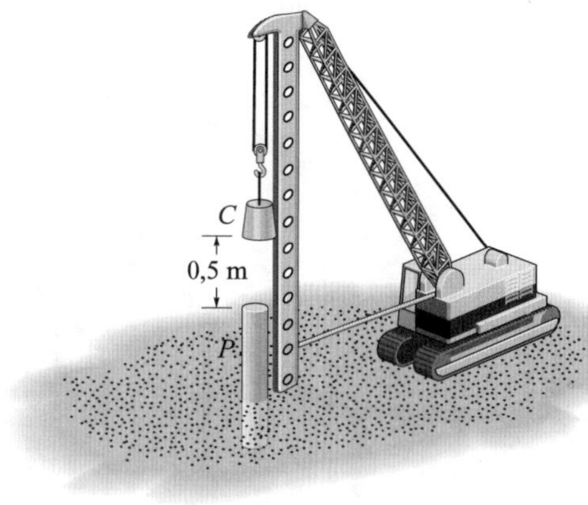

Problemas 15.63/64

•15.65. A garota lança a bola com uma velocidade $v_1 = 2,4$ m/s. Se o coeficiente de restituição entre bola e solo é $e = 0,8$, determine: (a) a velocidade da bola logo após quicar no solo; e (b) a altura máxima que a bola alcançará após a primeira quicada.

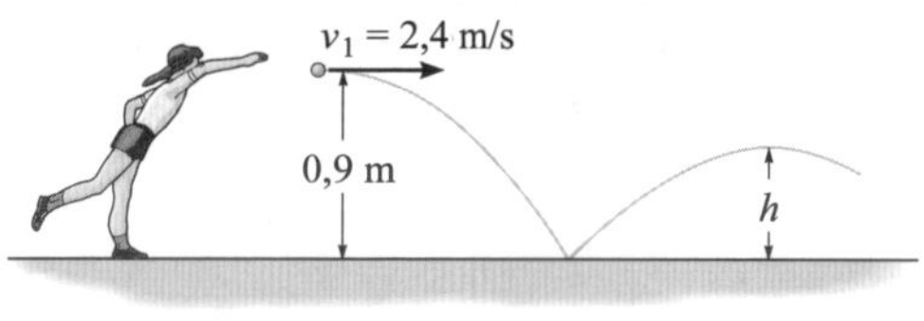

Problema 15.65

15.66. Durante um teste de impacto, o peso de 1000 kg é liberado do repouso quando $\theta = 60°$. Ele oscila para baixo e atinge os blocos de concreto, ricocheteia e oscila de volta com $\theta = 15°$ antes de parar momentaneamente. Determine o coeficiente de restituição entre o peso e os blocos. Além disso, determine o impulso transferido entre o peso e os blocos durante o impacto. Suponha que os blocos não se movem após o impacto.

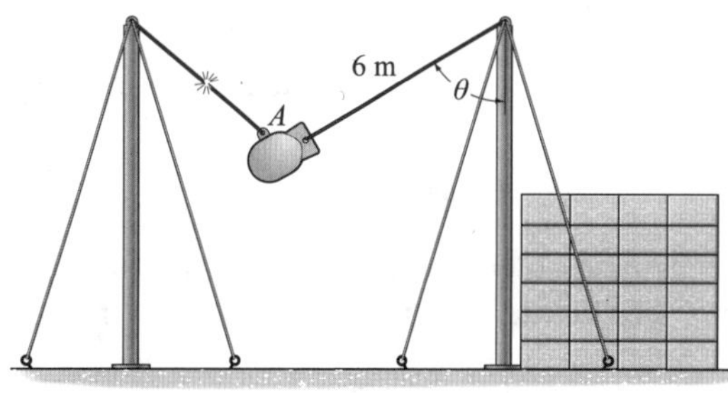

Problema 15.66

15.67. A caixa A de 50 kg é liberada do repouso sobre a rampa lisa. Depois de deslizar pela rampa atinge a caixa B de 100 kg, que está em repouso contra uma mola de rigidez $k = 10$ kN/m. Se o coeficiente de restituição entre as caixas é $e = 0,5$, determine suas velocidades logo após o impacto. Além disso, qual é a compressão máxima da mola? A mola está originalmente não deformada.

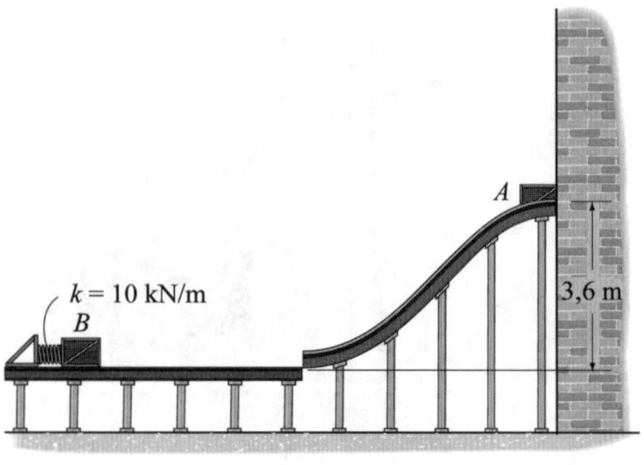

Problema 15.67

***15.68.** Uma bola tem massa m e é deixada cair sobre uma superfície a partir de uma altura h. Se o coeficiente de restituição entre a bola e a superfície é e, determine o tempo necessário para a bola parar de quicar.

•**15.69.** Para testar as propriedades de fabricação de bolas de aço de 1 kg, cada bola é liberada do repouso como mostrado e atinge a superfície lisa inclinada de 45°. Se o coeficiente de restituição é $e = 0,8$, determine a distância S até onde a bola atinge o plano horizontal em A. Em que velocidade a bola atinge o ponto A?

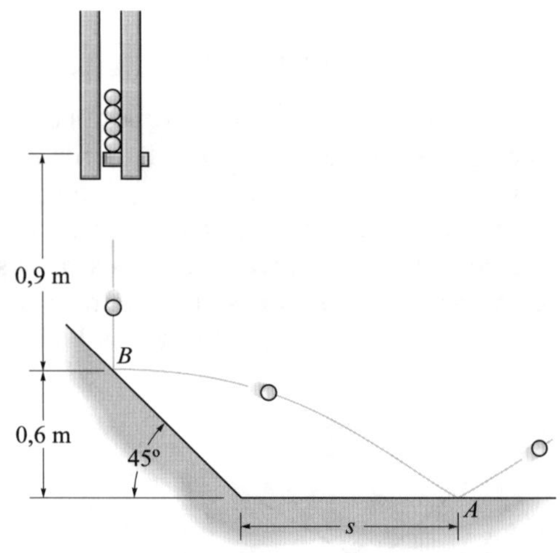

Problema 15.69

15.70. Duas bolas idênticas A e B de massa m estão suspensas por cordas de comprimento $L/2$ e L, respectivamente. A bola A é liberada do repouso quando $\phi = 90°$ e oscila até $\phi = 0°$, onde atinge B. Determine a velocidade escalar de cada bola logo após o impacto e o ângulo máximo θ através do qual B oscilará. O coeficiente de restituição entre as bolas é e.

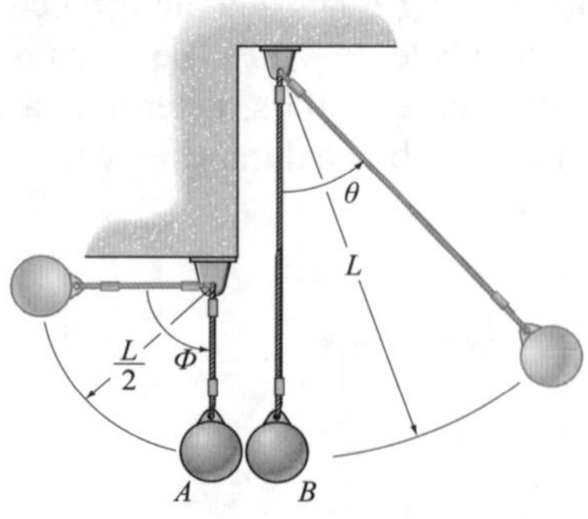

Problema 15.70

15.71. O caminhão de 5 Mg e o carro de 2 Mg estão viajando nas velocidades mostradas imediatamente antes de colidirem. Após a colisão, o carro move-se com uma velocidade de 15 km/h para a direita *em relação* ao caminhão. Determine o coeficiente de restituição entre o caminhão e o carro, e a perda de energia devido à colisão.

Problema 15.71

***15.72.** Um bloco A de 10 kg é liberado do repouso 2 m acima da placa P de 5 kg, que pode deslizar livremente sobre as guias verticais lisas BC e DE. Determine a velocidade do bloco e da placa logo após o impacto. O coeficiente de restituição entre o bloco e a placa é $e = 0,75$. Além disso, detemine a compressão máxima da mola devido ao impacto. A mola tem um comprimento não estendido de 600 mm.

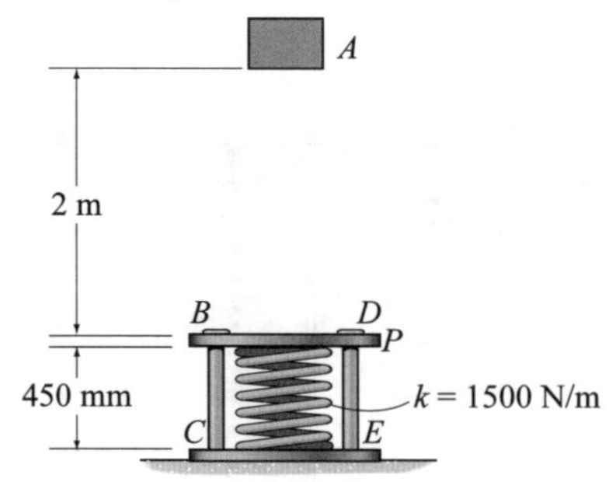

Problema 15.72

•**15.73.** Uma linha de n esferas similares, cada uma com massa m, estão colocadas próximas uma a outra, como mostrado. Se a esfera 1 tem uma velocidade v_1, determine a velocidade da n-ésima esfera logo após ser atingida pela adjacente, $(n - 1)$-ésima. O coeficiente de restituição entre esferas é e.

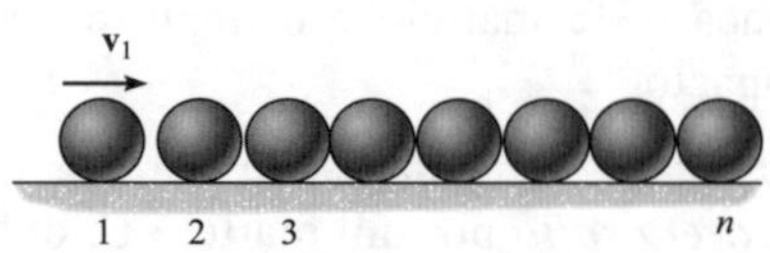

Problema 15.73

15.74. Cada uma das três bolas têm uma massa m. Se A é liberada do repouso em θ, determine o ângulo ϕ para o qual C eleva-se após a colisão. O coeficiente de restituição entre cada bola é e.

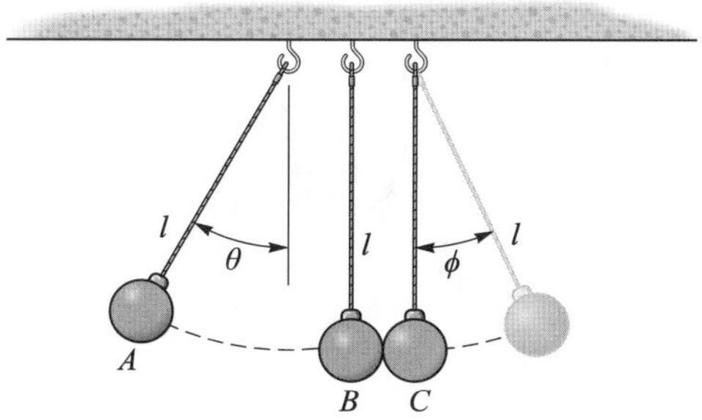

Problema 15.74

15.75. À bola branca A é dada uma velocidade inicial $(v_A)_1 = 5$ m/s. Se ela colide diretamente com a bola B ($e = 0{,}8$), determine a velocidade de B e o ângulo θ, logo após ela ricochetear na borda em C ($e' = 0{,}6$). Cada bola tem uma massa de 0,4 kg. Despreze a dimensão de cada bola.

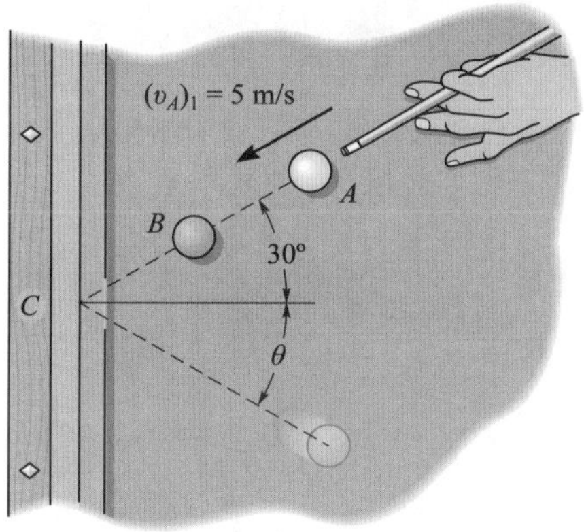

Problema 15.75

***15.76.** A garota lança a bola de 0,5 kg na direção da parede, a uma velocidade inicial de $v_A = 10$ m/s. Determine: (a) a velocidade com que a bola atinge a parede em B; (b) a velocidade com a qual ela quica na parede se o coeficiente de restituição for $e = 0{,}5$; e (c) a distância s, da parede até onde ela atinge o solo em C.

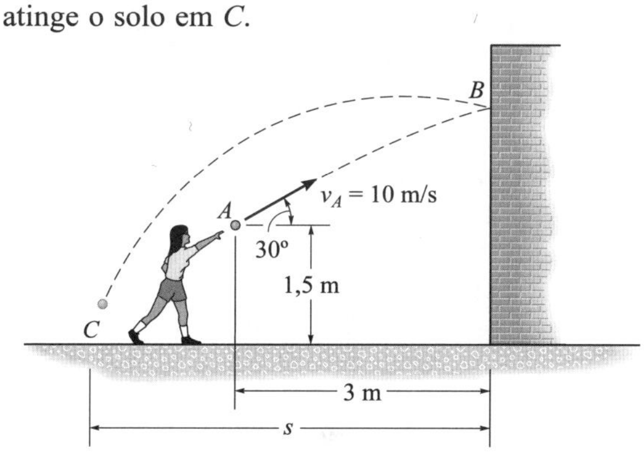

Problema 15.76

•**15.77.** Uma bola de 300 g é chutada do ponto A a uma velocidade $v_A = 25$ m/s como mostrado. Se o coeficiente de restituição entre a bola e o campo é $e = 0{,}4$, determine a intensidade e a direção θ da velocidade da bola após quicar em B.

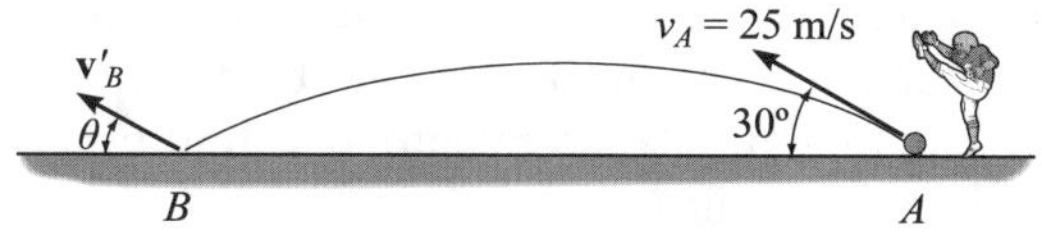

Problema 15.77

15.78. Usando um estilingue, o garoto dispara uma bola de gude de 0,1 kg em uma parede de concreto, atingindo-a em B. Se o coeficiente de restituição entre a bola de gude e a parede é $e = 0{,}5$, determine a velocidade da bola de gude após ricochetear na parede.

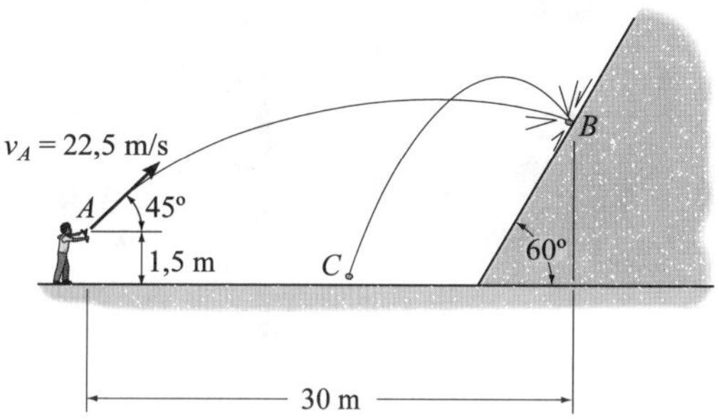

Problema 15.78

15.79. A bola de 2 kg é lançada de modo a se mover horizontalmente a 10 m/s quando atinge o bloco de 6 kg, que está descendo o plano inclinado a 1 m/s. Se o coeficiente de restituição entre a bola e o bloco é $e = 0{,}6$, determine as velocidades da bola e do bloco logo após o impacto. Além disso, que distância B desliza plano acima antes de parar momentaneamente? O coeficiente de atrito cinético entre o bloco e o plano é $\mu_k = 0{,}4$.

***15.80.** A bola de 2 kg é lançada de modo a se mover horizontalmente a 10 m/s quando atinge o bloco de 6 kg, que está descendo o plano inclinado liso a 1 m/s. Se o coeficiente de restituição entre a bola e o bloco é $e = 0{,}6$, e o impacto ocorre em 0,006 segundos, determine a força impulsiva média entre a bola e o bloco.

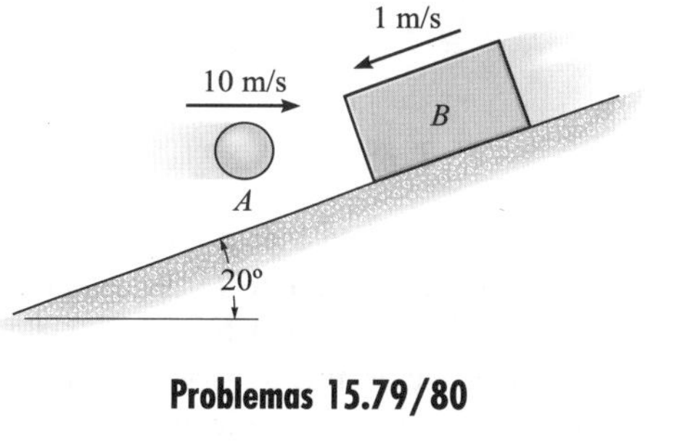

Problemas 15.79/80

•**15.81.** Dois carros A e B têm massa de 2000 kg e colidem no pavimento escorregadio de um cruzamento. A direção do movimento de cada carro após a colisão é medida pelos rastros deixados, como mostrado. Se o motorista do carro A afirma que vinha a 15 m/s (54 km/h) imediatamente antes da colisão e que, após a mesma, acionou os freios de modo que o carro derrapou 3 m antes de parar, determine a velocidade aproximada do carro B imediatamente antes da colisão. Suponha que o coeficiente de atrito cinético entre as rodas do carro e o pavimento é $\mu_k = 0{,}15$. *Nota*: a linha de impacto não foi definida; no entanto, essa informação não é necessária para a solução.

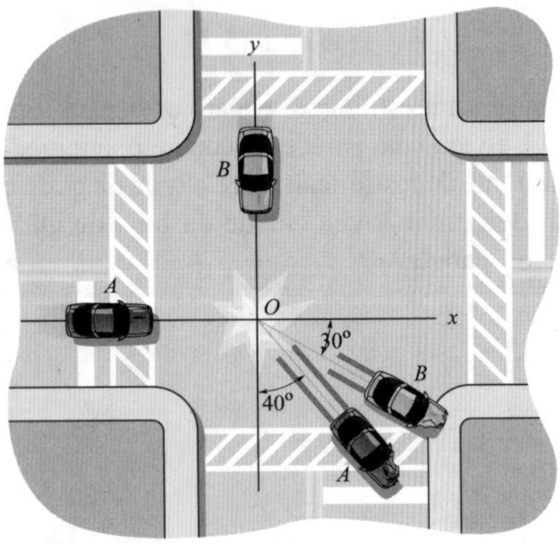

Problema 15.81

15.82. A bola de bilhar A move-se com uma velocidade de 10 m/s imediatamente antes de atingir a bola B, que está em repouso. Se as massas de A e B são 200 g cada e o coeficiente de restituição entre elas é $e = 0{,}8$, determine a velocidade de ambas as bolas logo após o impacto.

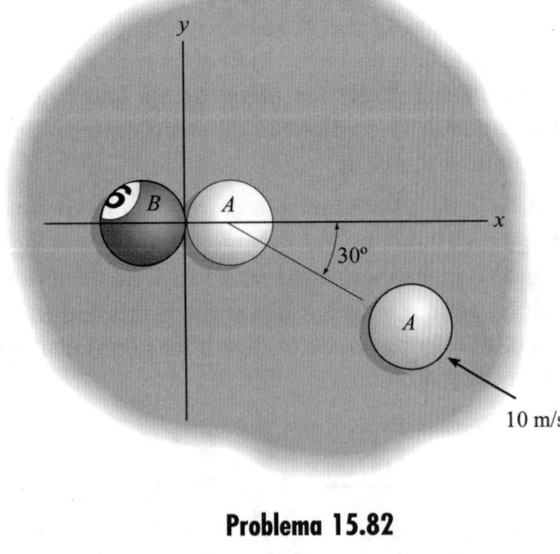

Problema 15.82

15.83. Duas moedas A e B têm as velocidades iniciais mostradas antes de colidirem no ponto O. Se elas têm pesos de $W_A = 66(10^{-3})$ N e $W_B = 33(10^{-3})$ N e a superfície sobre a qual deslizam é lisa, determine suas velocidades logo após o impacto. O coeficiente de restituição é $e = 0{,}65$.

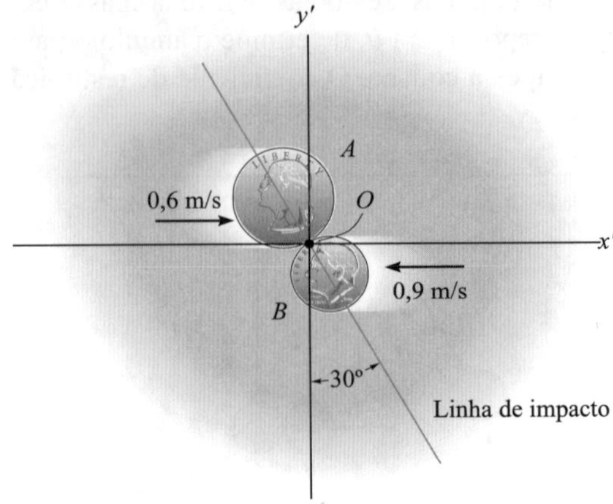

Problema 15.83

***15.84.** Dois discos A e B têm massa de 1 kg e 2,5 kg, respectivamente. Se eles deslizam sobre um plano horizontal liso com as velocidades mostradas, determine suas velocidades logo após o impacto. O coeficiente de restituição entre os discos é $e = 0{,}6$.

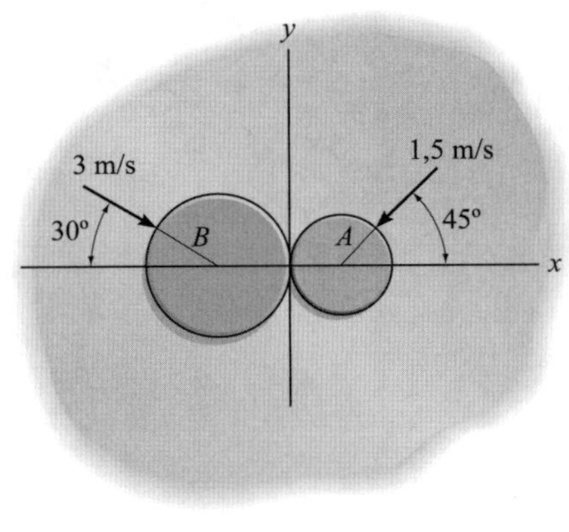

Problema 15.84

•15.85. Os discos A e B têm massa de 15 kg e 10 kg, respectivamente. Se eles deslizam sobre um plano horizontal liso com as velocidades mostradas, determine suas velocidades escalares logo após o impacto. O coeficiente de restituição entre eles é $e = 0{,}8$.

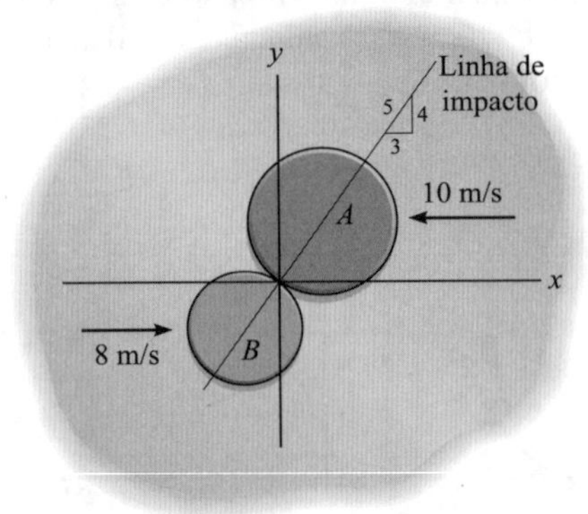

Problema 15.85

15.86. Os discos A e B têm massa de 6 kg e 4 kg, respectivamente. Se eles deslizam sobre um plano horizontal liso com as velocidades mostradas, determine suas velocidades logo após o impacto. O coeficiente de restituição entre eles é $e = 0{,}6$.

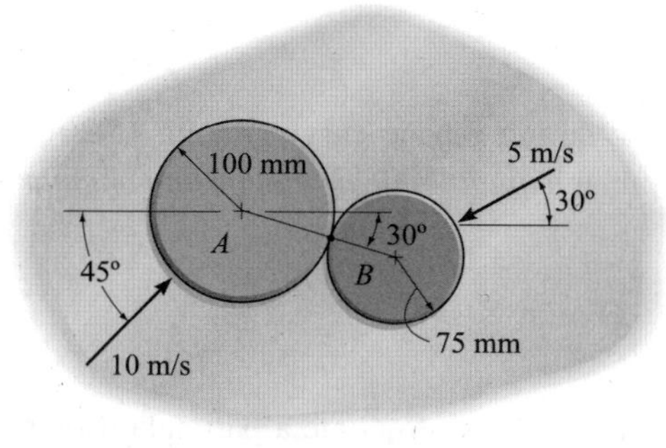

Problema 15.86

15.87. Os discos A e B têm massa de 4 kg e 1 kg, respectivamente. Se eles deslizam sobre um plano horizontal liso com as velocidades mostradas, determine suas velocidades logo após o impacto. O coeficiente de restituição entre eles é $e = 0{,}5$.

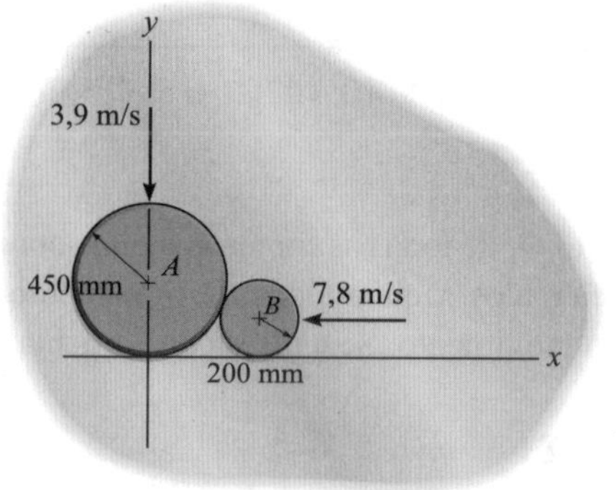

Problema 15.87

***15.88.** A bola A atinge a bola B com uma velocidade inicial $(\mathbf{v}_A)_1$ como mostrado. Se as duas bolas têm a mesma massa e a colisão é perfeitamente elástica, determine o ângulo θ após a colisão. A bola B está originalmente em repouso. Despreze a dimensão de cada bola.

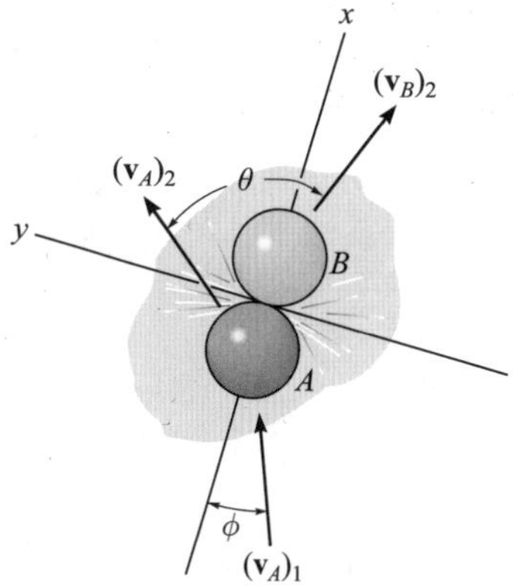

Problema 15.88

•15.89. Dois discos A e B têm massas de 1 kg e velocidades iniciais como mostrado imediatamente antes de colidirem. Se o coeficiente de restituição é $e = 0{,}5$, determine suas velocidades escalares logo após o impacto.

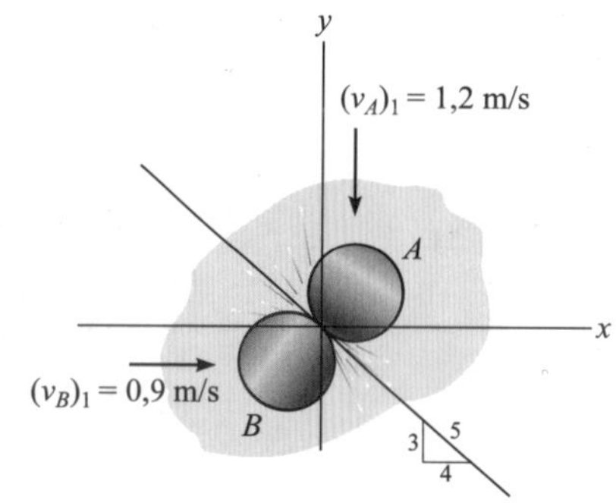

Problema 15.89

15.5 Quantidade de movimento angular

A *quantidade de movimento angular* de uma partícula em relação ao ponto O é definida como o 'momento' da quantidade de movimento linear da partícula em torno de O. Visto que esse conceito é análogo a encontrar o momento de uma força em relação a um ponto, a quantidade de movimento angular $\mathbf{H}_O$, é às vezes chamada de *momento da quantidade de movimento*.

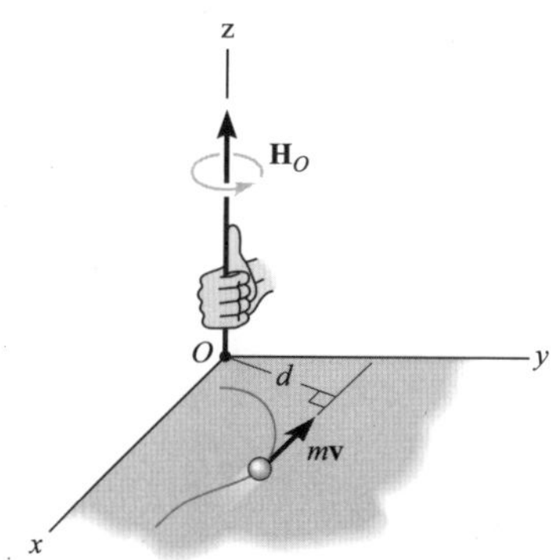

Figura 15.19

Formulação escalar

Se uma partícula move-se ao longo de uma curva no plano x–y (Figura 15.19), a quantidade de movimento angular em qualquer instante pode ser determinada em relação ao ponto O (na verdade, o eixo z), usando-se uma formulação escalar. A intensidade de $\mathbf{H}_O$ é:

$$(H_O)_z = (d)\,(mv) \tag{15.12}$$

Aqui d é o braço do momento, ou a distância perpendicular de O até a linha de ação de $m\mathbf{v}$. Unidades comuns para $(\mathbf{H}_O)_z$ são kg · m²/s . A *direção* de $\mathbf{H}_O$ é definida pela regra da mão direita. Como mostrado, a dobra dos dedos da mão direita indica o sentido da rotação de $m\mathbf{v}$ em torno de O, de maneira que, neste caso, o polegar (ou $\mathbf{H}_O$) está direcionado perpendicularmente ao plano x–y, ao longo do eixo $+z$.

Formulação vetorial

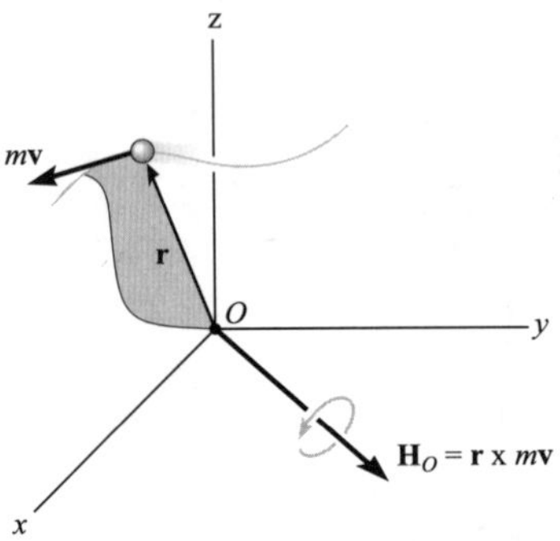

Figura 15.20

Se a partícula move-se ao longo de um espaço curvo (Figura 15.20), o produto vetorial pode ser usado para determinar a *quantidade de movimento angular* em torno de O. Nesse caso

$$\mathbf{H}_O = \mathbf{r} \times m\mathbf{v} \tag{15.13}$$

Aqui $\mathbf{r}$ denota um vetor posição traçado do ponto O até a partícula. Como mostra a figura, $\mathbf{H}_O$ é *perpendicular* ao plano sombreado contendo $\mathbf{r}$ e $m\mathbf{v}$.

De modo a avaliar o produto vetorial, $\mathbf{r}$ e $m\mathbf{v}$ devem ser expressos em termos de suas componentes cartesianas, para que a quantidade de movimento angular possa ser calculada ao avaliar-se o determinante:

$$H_O = \begin{vmatrix} \mathbf{i} & \mathbf{j} & \mathbf{k} \\ r_x & r_y & r_z \\ m\,v_x & m\,v_y & mv_z \end{vmatrix} \tag{15.14}$$

15.6 Relação entre o momento de uma força e a quantidade de movimento angular

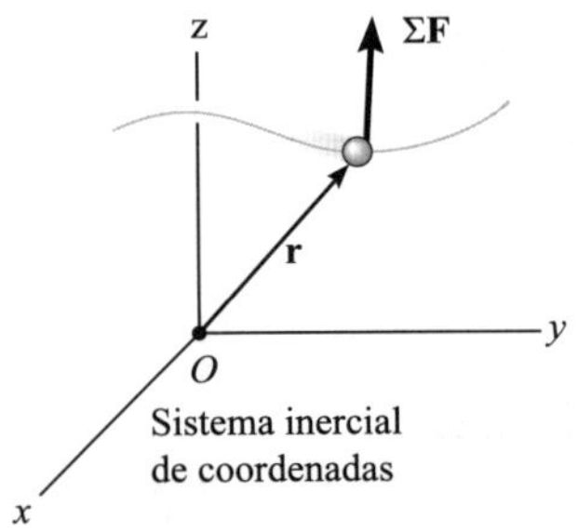

(a)

Figura 15.21

Os momentos em relação ao ponto O, de todas as forças atuando sobre a partícula na Figura 15.21*a*, podem ser relacionados à quantidade de movimento angular da partícula, aplicando-se a equação do movimento. Se a massa da partícula é constante, podemos escrever:

$$\Sigma \mathbf{F} = m\dot{\mathbf{v}}$$

Os momentos das forças em relação ao ponto O podem ser obtidos efetuando-se o produto vetorial de cada lado desta equação pelo vetor posição $\mathbf{r}$, que é medido a partir do sistema de referência inercial x, y, z. Temos:

$$\Sigma \mathbf{M}_O = \mathbf{r} \times \Sigma \mathbf{F} = \mathbf{r} \times m\dot{\mathbf{v}}$$

Do Apêndice B, a derivada de $\mathbf{r} \times m\mathbf{v}$ pode ser escrita como:

$$\dot{\mathbf{H}}_O = \frac{d}{dt}(\mathbf{r} \times m\mathbf{v}) = \dot{\mathbf{r}} \times m\mathbf{v} + \mathbf{r} \times m\dot{\mathbf{v}}$$

O primeiro termo à direita, $\dot{\mathbf{r}} \times m\mathbf{v} = m(\dot{\mathbf{r}} \times \dot{\mathbf{r}}) = \mathbf{0}$, visto que o produto vetorial de um vetor por ele mesmo é zero. Assim, a equação acima torna-se:

$$\Sigma \mathbf{M}_O = \dot{\mathbf{H}}_O \tag{15.15}$$

a qual estabelece que o *momento resultante em relação ao ponto O, de todas as forças atuando sobre a partícula, é igual à taxa de variação temporal da quantidade de movimento angular da partícula em relação ao ponto O*. O resultado é semelhante à Equação 15.1, ou seja,

$$\Sigma \mathbf{F} = \dot{\mathbf{L}} \tag{15.16}$$

Aqui $\mathbf{L} = m\mathbf{v}$, de modo que *a força resultante atuando na partícula é igual à taxa de variação temporal da quantidade de movimento linear da partícula.*

Pelas derivadas, vê-se que as equações 15.15 e 15.16 são na verdade outra maneira de exprimir a segunda lei do movimento de Newton. Em outras seções deste livro será mostrado que estas equações têm várias aplicações práticas, quando estendidas e aplicadas a problemas que envolvam um sistema de partículas ou um corpo rígido.

Sistema de partículas

Uma equação tendo a mesma forma da Equação 15.15 pode ser derivada para o sistema de partículas mostrado na Figura 15.21*b*. As forças agindo arbitrariamente a *i-ésima* partícula do sistema consistem de uma força *resultante externa* $\mathbf{F}_i$ e de uma força *resultante interna* $\mathbf{f}_i$. Ao expressar os momentos dessas forças em relação ao ponto O, usando a forma da Equação 15.15, temos:

$$(\mathbf{r}_i \times \mathbf{F}_i) + (\mathbf{r}_i \times \mathbf{f}_i) = (\dot{\mathbf{H}}_i)_O$$

Aqui $(\dot{\mathbf{H}}_i)_O$ é a taxa de variação temporal da quantidade de movimento angular da *i-ésima* partícula em relação a O. Equações semelhantes podem ser escritas para cada uma das outras partículas do sistema. Quando os resultados são somados vetorialmente, o resultado é:

$$\Sigma\,(\mathbf{r}_i \times \mathbf{F}_i) + \Sigma\,(\mathbf{r}_i \times \mathbf{f}_i) = \Sigma\,(\dot{\mathbf{H}}_i)_O$$

O segundo termo é zero, visto que as forças internas ocorrem em pares colineares iguais, mas opostos e, portanto, a quantidade de movimento de cada par em relação a O é zero. Abandonando-se a notação de índice, a equação acima pode ser escrita de forma simplificada, como:

$$\Sigma \mathbf{M}_O = \dot{\mathbf{H}}_O \qquad (15.17)$$

a qual estabelece que *a soma dos momentos em relação ao ponto O, de todas as forças externas atuando sobre um sistema de partículas, é igual à taxa de variação temporal da quantidade de movimento angular total do sistema em relação ao ponto O.* Embora O tenha sido escolhido aqui como a origem das coordenadas, ele pode, na verdade, representar qualquer *ponto fixo* do sistema de referência inercial.

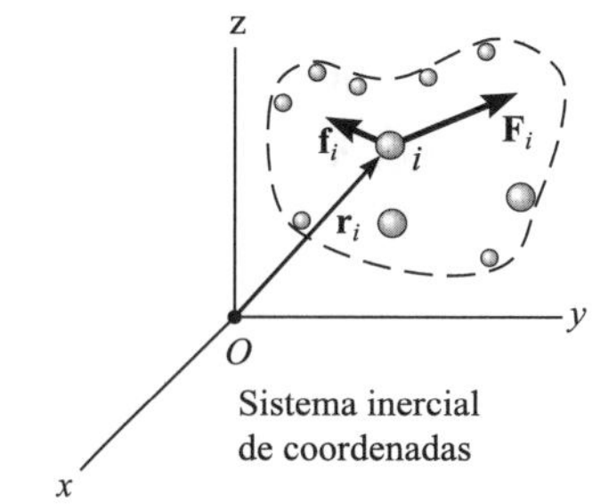

(b)

Figura 15.21

Exemplo 15.12

A caixa mostrada na Figura 15.22*a* tem massa m e desce a rampa circular lisa, de modo que quando atinge o ângulo θ tem uma velocidade v. Determine sua quantidade de movimento angular em relação ao ponto O nesse instante, e a taxa de aumento em sua velocidade escalar, ou seja, a_t.

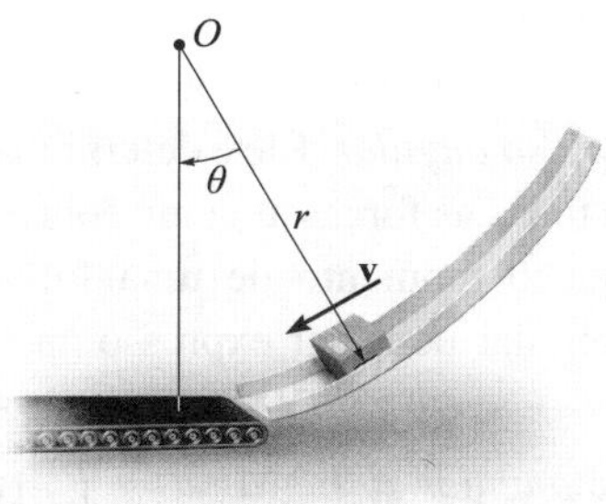

(a)

Figura 15.22

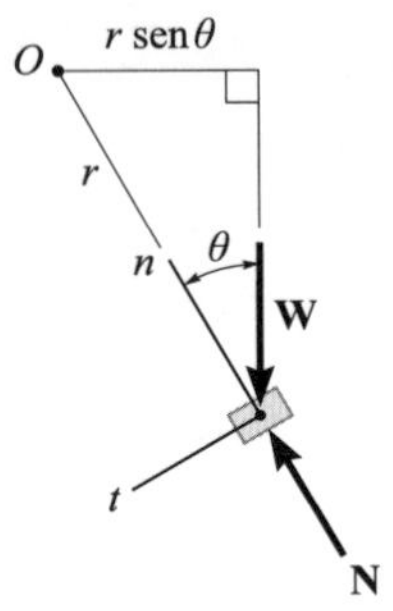

(b)

Figura 15.22

SOLUÇÃO

Visto que **v** é tangente à trajetória, aplicando-se a Equação 15.12 a quantidade de movimento angular é:

$$H_O = rmv \circlearrowright$$

A taxa de aumento de sua velocidade escalar (dv/dt) pode ser determinada ao aplicar-se a Equação 15.15. A partir do diagrama de corpo livre da caixa, Figura 15.22*b*, pode-se ver que apenas o peso $W = mg$ contribui com um momento em relação ao ponto O. Temos:

$$\circlearrowleft + \Sigma M_O = \dot{H}_O; \qquad mg(r\,\text{sen}\theta) = \frac{d}{dt}(rmv)$$

Visto que r e m são constantes,

$$mgr\,\text{sen}\,\theta = rm\frac{dv}{dt}$$

$$\frac{dv}{dt} = g\,\text{sen}\theta$$

NOTA: O mesmo resultado pode, sem dúvida, ser obtido a partir da equação de movimento aplicada na direção tangencial (Figura 15.22*b*), ou seja,

$$+\swarrow \Sigma F_t = ma_t; \qquad mg\text{sen}\,\theta = m\left(\frac{dv}{dt}\right)$$

$$\frac{dv}{dt} = g\text{sen}\,\theta$$

15.7 Princípio do impulso e quantidade de movimento angulares

Princípio do impulso e quantidade de movimento angulares

Se a Equação 15.15 for reescrita na forma $\Sigma\mathbf{M}_O dt = d\mathbf{H}_O$ e integrada, supondo-se que no tempo $t = t_1$, $\mathbf{H}_O = (\mathbf{H}_O)_1$ e no tempo $t = t_2$, $\mathbf{H}_O = (\mathbf{H}_O)_2$, temos:

$$\Sigma \int_{t_1}^{t_2} \mathbf{M}_O dt = (\mathbf{H}_O)_2 - (\mathbf{H}_O)_1$$

ou

$$(\mathbf{H}_O)_1 + \Sigma \int_{t_1}^{t_2} \mathbf{M}_O dt = (\mathbf{H}_O)_2 \qquad (15.18)$$

Esta equação é referida como o *princípio do impulso e quantidade de movimento angulares*. As quantidades de movimento angulares inicial e final $(\mathbf{H}_O)_1$ e $(\mathbf{H}_O)_2$ são definidos como o momento da quantidade de movimento linear da partícula ($\mathbf{H}_O = \mathbf{r} \times m\mathbf{v}$) nos instantes t_1 e t_2, respectivamente. O segundo termo à esquerda, $\Sigma\int \mathbf{M}_O dt$, é chamado de *impulso angular*. Ele é determinado integrando-se, em relação ao tempo, os momentos de todas as forças atuando sobre a partícula durante o período de tempo t_1 a t_2. Visto que o momento de uma força em relação ao ponto O é $\mathbf{M}_O = \mathbf{r} \times \mathbf{F}$, o impulso angular pode ser expresso na forma vetorial, como:

$$\textit{impulso angular} = \int_{t_1}^{t_2} \mathbf{M}_O dt = \int_{t_1}^{t_2} (\mathbf{r} \times \mathbf{F})dt \qquad (15.19)$$

Aqui **r** é um vetor posição que se estende do ponto O a qualquer ponto da linha de ação de **F**.

De forma similar, usando-se a Equação 15.18, o princípio do impulso e quantidade de movimento angular para um sistema de partículas pode ser escrito como:

$$\Sigma(\mathbf{H}_O)_1 + \Sigma\int_{t_1}^{t_2}\mathbf{M}_O dt = \Sigma(\mathbf{H}_O)_2 \qquad (15.20)$$

Aqui o primeiro e o terceiro termos representam as quantidades de movimento angulares de todas as partículas [$\Sigma\mathbf{H}_O = \Sigma(\mathbf{r}_i \times m\mathbf{v}_i)$] nos instantes t_1 e t_2. O segundo termo é a soma dos impulsos angulares dados a todas as partículas de t_1 a t_2. Lembre-se de que esses impulsos são criados somente pelos momentos das forças externas agindo no sistema onde, para a *i-ésima* partícula, $\mathbf{M}_O = \mathbf{r}_i \times \mathbf{F}_i$.

Formulação vetorial

Usando-se os princípios do impulso e quantidade de movimento, é possível escrever duas equações que definem o movimento da partícula, nominalmente, equações 15.3 e 15.18, reestabelecidas como

$$\begin{aligned} m\mathbf{v}_1 + \Sigma\int_{t_1}^{t_2}\mathbf{F}dt &= m\mathbf{v}_2 \\ (\mathbf{H}_O)_1 + \Sigma\int_{t_1}^{t_2}\mathbf{M}_O dt &= (\mathbf{H}_O)_2 \end{aligned} \qquad (15.21)$$

Formulação escalar

Em geral, as equações acima podem ser expressas na forma de componentes x, y, z, resultando em um total de seis equações escalares. Se a partícula está confinada a mover-se no plano x–y, três equações escalares podem ser escritas para expressar movimento, nominalmente

$$\begin{aligned} m(v_x)_1 + \Sigma\int_{t_1}^{t_2}F_x dt &= m(v_x)_2 \\ m(v_x)_1 + \Sigma\int_{t_1}^{t_2}F_y dt &= m(v_y)_2 \\ (H_O)_1 + \Sigma\int_{t_1}^{t_2}M_O dt &= (H_O)_2 \end{aligned} \qquad (15.22)$$

As duas primeiras equações representam o princípio do impulso e quantidade de movimento linear nas direções x e y, que já foi discutido na Seção 15.1, e a terceira equação representa o princípio do impulso e quantidade de movimento angular em relação ao eixo z.

Conservação da quantidade de movimento angular

Quando os impulsos angulares atuando em uma partícula são todos zero durante o tempo t_1 a t_2, a Equação 15.18 reduz-se à seguinte forma simplificada:

$$(\mathbf{H}_O)_1 = (\mathbf{H}_O)_2 \qquad (15.23)$$

Essa equação é conhecida como a *conservação da quantidade de movimento angular.* Ela estabelece que de t_1 a t_2 a quantidade de movimento angular da partícula permanece constante. Obviamente, se nenhum impulso externo for aplicado à partícula, tanto a quantidade de movimento linear quanto a angular serão conservados. Em alguns casos, porém, a quantidade de movimento angular da partícula será conservada e a quantidade de movimento linear poderá não ser. Um exemplo disso ocorre quando a partícula está sujeita *apenas* a uma *força central* (ver Seção 13.7). Como mostrado na Figura 15.23, a força central impulsiva **F** está sempre direcionada ao ponto O quando a partícula se move ao longo da trajetória. Portanto, o impulso

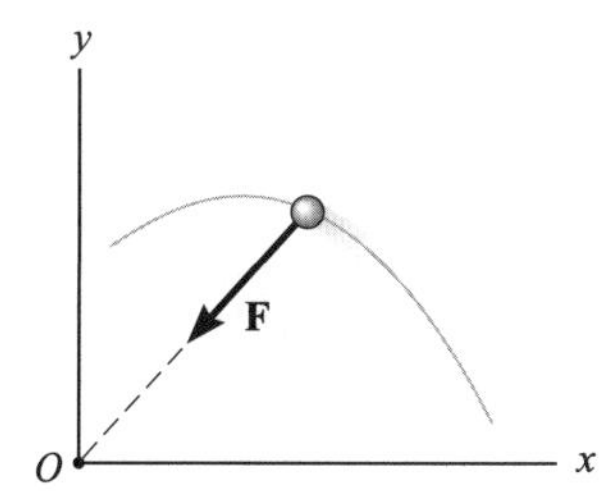

Figura 15.23

Desde que a resistência do ar seja desconsiderada, os passageiros desta atração do parque de diversões estão sujeitos a uma conservação da quantidade de movimento angular em relação ao eixo de rotação. Como mostrado no diagrama de corpo livre, a linha de ação da força normal **N**, do assento sobre o passageiro, passa através do eixo, e o peso do passageiro, **W**, é paralelo a ele. Assim, nenhum impulso angular age em relação ao eixo z.

angular (momento) criado por **F** em relação ao eixo z é sempre zero, e por isso a quantidade de movimento angular da partícula é conservado em relação a esse eixo.

Da Equação 15.20, podemos também escrever a conservação da quantidade de movimento angular para um sistema de partículas como:

$$\Sigma(\mathbf{H}_O)_1 = \Sigma(\mathbf{H}_O)_2 \tag{15.24}$$

Nesse caso, a somatória deve incluir as quantidades de movimento angulares de todas as partículas do sistema.

Procedimento para análise

Ao aplicar os princípios do impulso e quantidade de movimento angular, ou da conservação da quantidade de movimento angular, sugere-se que o seguinte procedimento seja usado.

Diagrama de corpo livre

- Construa o diagrama de corpo livre da partícula, de modo a determinar algum eixo em relação ao qual a quantidade de movimento angular pode ser conservada. Para que isso ocorra, os momentos de todas as forças (ou impulsos) devem ser paralelos ao eixo ou passar através dele, de modo a criar momento zero durante todo o período t_1 a t_2.
- A direção e o sentido das velocidades inicial e final da partícula também devem ser estabelecidos.
- Um procedimento alternativo seria desenhar os diagramas de impulso e quantidade de movimento para a partícula.

Equações da quantidade de movimento

- Aplique o princípio do impulso e quantidade de movimento angular, $(\boldsymbol{H}_O)_1 + \Sigma \int_{t_1}^{t_2} \boldsymbol{M}_O\, dt = (\boldsymbol{H}_O)_2$, ou, se for apropriada, a conservação da quantidade de movimento angular $(\mathbf{H}_O)_1 = (\mathbf{H}_O)_2$.

Exemplo 15.13

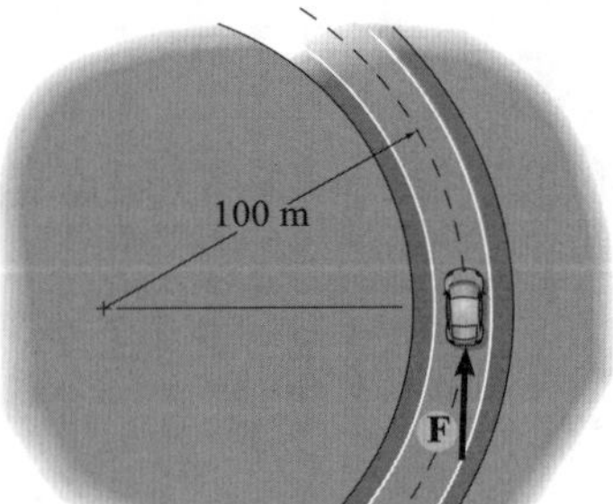

(a)

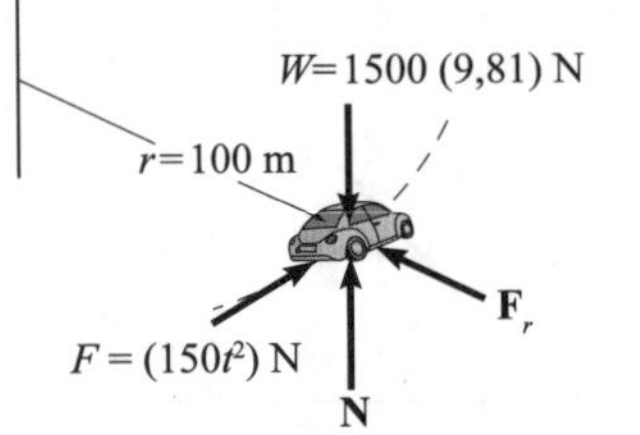

(b)

Figura 15.24

O carro de 1,5 Mg viaja ao longo da estrada circular, como mostrado na Figura 15.24*a*. Se a força de tração das rodas sobre a estrada é $F = (150t^2)$ N, onde t está em segundos, determine a velocidade escalar do carro quando t = 5s. O carro inicialmente viaja a uma velocidade escalar de 5m/s. Despreze a dimensão do carro.

SOLUÇÃO

Diagrama de corpo livre

O diagrama de corpo livre do carro está mostrado na Figura 15.24*b*. Se aplicarmos o princípio do impulso e quantidade de movimento angular em relação ao eixo z, então o impulso angular criado pelo peso, e as forças normal, radial e de atrito, são eliminadas, visto que elas agem paralelas ao eixo ou passam através dele.

Princípio do impulso e quantidade de movimento angular

$$(H_z)_1 + \Sigma \int_{t_1}^{t_2} M_z dt = (H_z)_2$$

$$rm_c(v_c)_1 + \int_{t_1}^{t_2} rF\, dt = rm_c(v_c)_2$$

$$(100\text{m})(1500\text{ kg})(5\text{ m/s}) + \int_0^{5\text{s}} (100\text{m})[(150t^2)\text{ N}]\,dt$$

$$= (100\text{ m})(1500\text{kg})(v_c)_2$$

$$750(10)^3 + 5000t^3\Big|_0^{5\text{ s}} = 150(10^3)(v_c)_2$$

$$(v_c)_2 = 9{,}17\text{ m/s}$$

Exemplo 15.14

A bola B de 0,4 kg, mostrada na Figura 15.25*a*, está presa a uma corda que passa através de um furo em A sobre uma mesa lisa. Quando a bola está a $r_1 = 0{,}5$ m do furo, ela gira em círculo a uma velocidade escalar $v_1 = 1{,}2$ m/s. Aplicando-se a força **F**, a corda é puxada para baixo através do furo a uma velocidade escalar constante $v_c = 2$ m/s. Determine: (a) a velocidade escalar da bola no instante em que estiver a $r_2 = 0{,}2$ m do furo; e (b) a quantidade de trabalho realizado por **F** ao encurtar a distância radial de r_1 para r_2. Despreze a dimensão da bola.

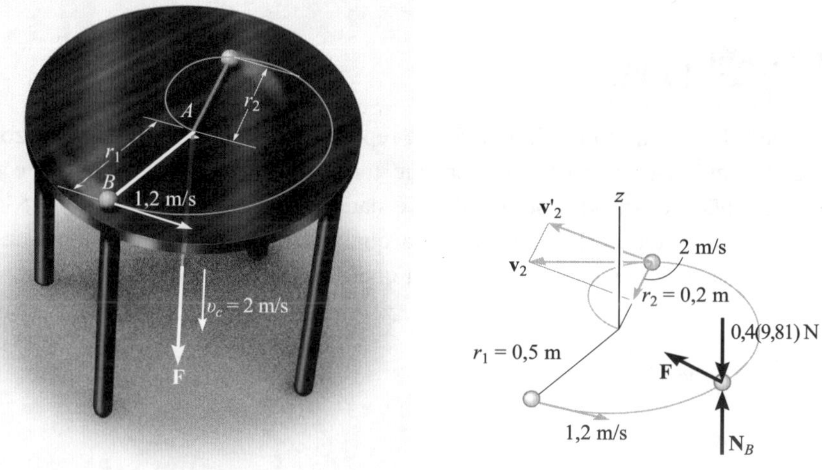

(a) (b)

Figura 15.25

SOLUÇÃO

Parte (a): Diagrama de corpo livre

Quando a bola move-se de r_1 para r_2 (Figura 15.25*b*), a força **F** da corda sobre a bola sempre passa através do eixo z, e o peso e $\mathbf{N}_B$ são paralelos a ele. Portanto, as quantidades de movimento, ou impulsos angulares criados por essas forças, são todas *zero* em relação a esse eixo. Assim, a quantidade de movimento angular é conservada em relação ao eixo z.

Conservação da quantidade de movimento angular

A velocidade da bola $\mathbf{v}_2$ é decomposta em duas componentes. A componente radial, 2 m/s, é conhecida; porém, ele produz quantidade de movimento angular zero em relação ao eixo z. Deste modo,

$$\mathbf{H}_1 = \mathbf{H}_2$$

$$r_1 m_B v_1 = r_2 m_B v_2'$$

$$0{,}5\text{ m}(0{,}4\text{ kg})\ 1{,}2\text{ m/s} = 0{,}2\text{ m}(0{,}4\text{ kg})\ v_2'$$

$$v_2' = 3{,}0\text{ m/s}$$

A velocidade da bola é, portanto,

$$v_2 = \sqrt{(3{,}0\ \text{m/s})^2 + (2\ \text{m/s})^2}$$
$$= 3{,}606\ \text{m/s}$$

Parte (b):

A única força que realiza trabalho sobre a bola é **F**. (A força normal e o peso não se movem verticalmente.) As energias cinéticas inicial e final da bola podem ser determinadas de tal forma que, pelo princípio do trabalho e energia, teremos:

$$T_1 + \Sigma U_{1-2} = T_2$$

$$\frac{1}{2}(0{,}4\ \text{kg})(1{,}2\ \text{m/s})^2 + U_F = \frac{1}{2}(0{,}4\ \text{kg})(3{,}606\ \text{m/s})^2$$

$$U_F = 2{,}312\ \text{J}$$

NOTA: A força F não é constante porque a componente normal da aceleração, $a_n = v^2/r$, varia quando r varia.

Exemplo 15.15

O disco de 2 kg mostrado na Figura15.26a repousa sobre uma superfície horizontal lisa e está preso a uma corda elástica que tem uma rigidez k_c = 20 N/m e está inicialmente não deformada. Se ao disco é dada uma velocidade $(v_D)_1$ = 1,5 m/s, perpendicular à corda, determine a taxa na qual a corda está sendo deformada e a velocidade escalar do disco no instante em que a corda é deformada de 0,2 m.

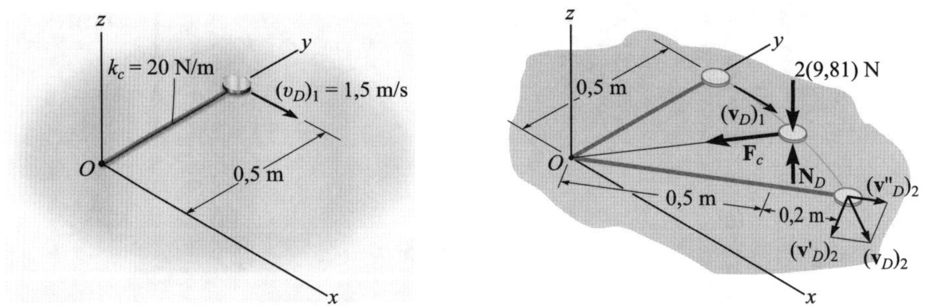

(a) **(b)**

Figura 15.26

SOLUÇÃO

Diagrama de corpo livre

Após o disco ser lançado, ele desliza ao longo da trajetória mostrada na Figura 15.26b. Por inspeção, a quantidade de movimento angular em relação ao ponto O (ou ao eixo z) é *conservada*, visto que nenhuma das forças produz um impulso angular em relação a esse eixo. Além disso, quando a distância é 0,7 m, apenas a componente transversal $(\mathbf{v}'_D)_2$ produz uma quantidade de movimento angular do disco em relação a O.

Conservação da quantidade de movimento angular

A componente $(\mathbf{v}'_D)_2$ pode ser obtida aplicando-se a conservação da quantidade de movimento angular em relação a O (o eixo z).

$$(\mathbf{H}_O)_1 = (\mathbf{H}_O)_2$$

$$r_1 m_D (v_D)_1 = r_2 m_D (v'_D)_2$$

$$0{,}5\ \text{m}\ (2\ \text{kg})(1{,}5\ \text{m/s}) = 0{,}7\ \text{m}\ (2\ \text{kg})(v'_D)_2$$

$$(v'_D)_2 = 1{,}071\ \text{m/s}$$

Conservação da energia

A velocidade escalar do disco pode ser obtida aplicando-se a equação de conservação da energia no ponto em que o disco foi lançado e no ponto em que a corda está deformada 0,2 m.

$$T_1 + V_1 = T_2 + V_2$$

$$\frac{1}{2}m_D(v_D)_1^2 + \frac{1}{2}kx_1^2 = \frac{1}{2}m_D(v_D)_2^2 + \frac{1}{2}kx_2^2$$

$$\frac{1}{2}(2\text{ kg})(1{,}5\text{ m/s})^2 + 0 = \frac{1}{2}(2\text{ kg})(v_D)_2^2 + \frac{1}{2}(20\text{ N/m})(0{,}2\text{ m})^2$$

$$(v_D)_2 = 1{,}360\text{ m/s} = 1{,}36\text{ m/s}$$

Tendo determinado $(v_D)_2$ e sua componente $(v_D')_2$, a taxa de extensão da corda, ou componente radial, $(v_D'')_2$ é determinada a partir do Teorema de Pitágoras.

$$\begin{aligned}(v_D'')_2 &= \sqrt{(v_D)_2^2 - (v_D')_2^2} \\ &= \sqrt{(1{,}360\text{ m/s})^2 - (1{,}071\text{ m/s})^2} \\ &= 0{,}838\text{ m/s}\end{aligned}$$

Problemas fundamentais

15.19. A partícula A de 2 kg tem a velocidade mostrada. Determine sua quantidade de movimento angular $\mathbf{H}_O$ em relação ao ponto O.

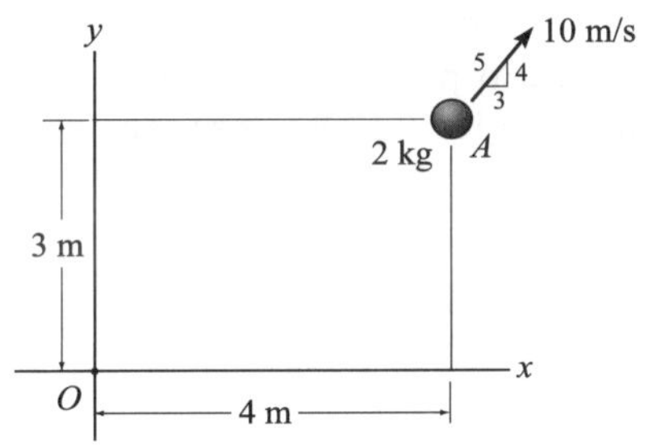

Problema 15.19

15.20. A partícula A de 2 kg tem a velocidade mostrada. Determine sua quantidade de movimento angular $\mathbf{H}_P$ em relação ao ponto P.

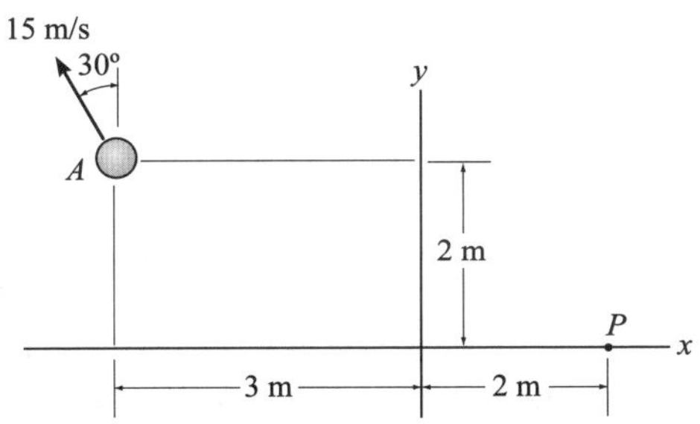

Problema 15.20

15.21. Inicialmente, o bloco de 5 kg está girando a uma velocidade escalar constante de 2 m/s, em relação à trajetória circular centrada em O, sobre o plano horizontal liso. Se uma força tangencial constante $F = 5$ N é aplicada ao bloco, determine sua velocidade escalar quando $t = 3$ s. Despreze a dimensão do bloco.

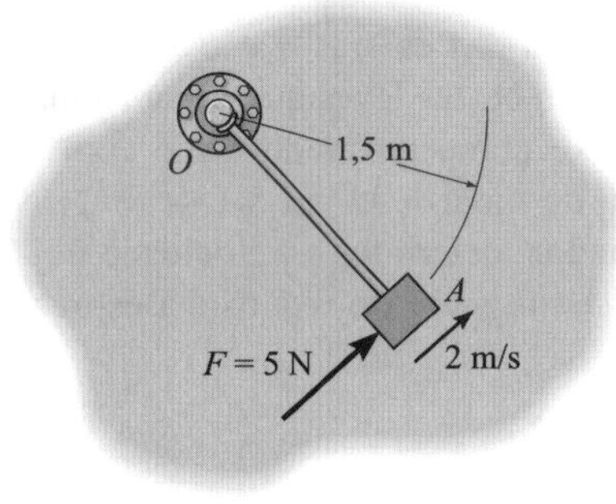

Problema 15.21

15.22. O bloco de 5 kg está girando em relação à trajetória circular centrada em O, sobre o plano horizontal liso, quando é submetido à força $F = (10t)$ N, onde t está em segundos. Se o bloco parte do repouso, determine sua velocidade escalar quando $t = 4$ s. Despreze a dimensão do bloco. A força mantém o mesmo ângulo constante, tangente à trajetória.

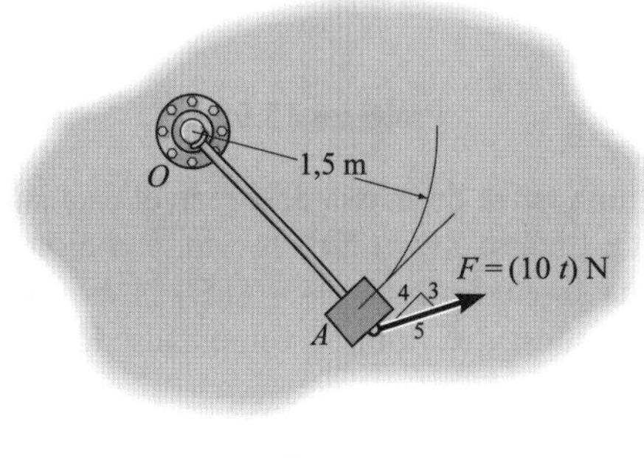

Problema 15.22

15.23. A esfera de 2 kg está presa em uma barra leve e rígida, que gira no *plano horizontal* centrada em *O*. Se o sistema está sujeito a um momento de binário $M = (0{,}9t^2)$ N · m, onde *t* está em segundos, determine a velocidade escalar da esfera no instante $t = 5$ s, partindo do repouso.

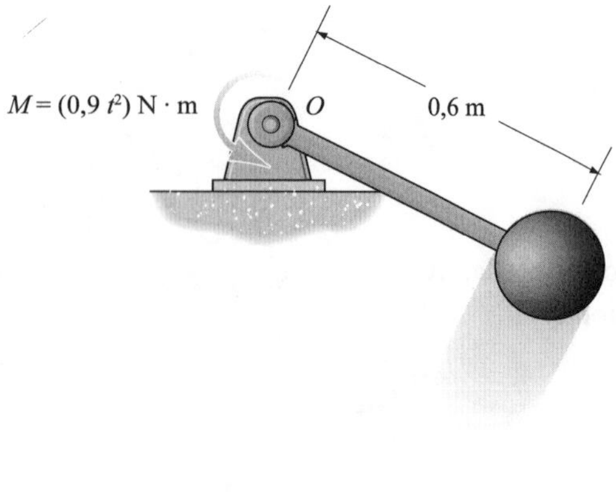

Problema 15.23

15.24. Duas esferas idênticas de 10 kg estão fixadas em uma barra leve e rígida, a qual gira no *plano horizontal* centrada em *O*. Se as esferas estão sujeitas a forças tangenciais $P = 10$ N, e a barra está sujeita a um momento de binário $M = (8t)$ N · m, onde *t* está em segundos, determine a velocidade das esferas no instante $t = 4$ s. O sistema parte do repouso. Despreze a dimensão das esferas.

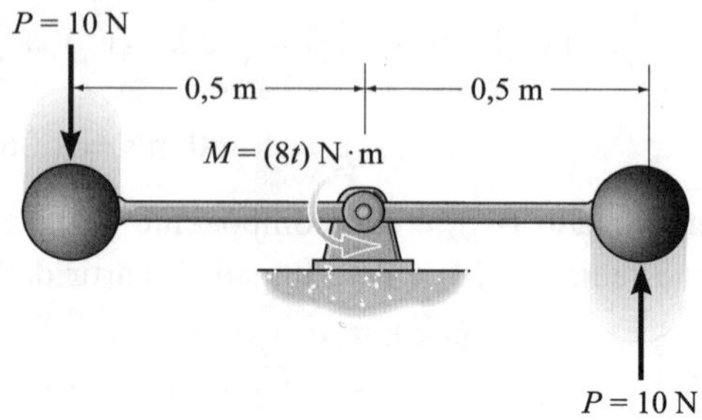

Problema 15.24

Problemas

15.90. Cada uma das esferas *A* e *B* têm massa de 2 kg, e estão soldadas às barras leves que estão rigidamente conectadas a um eixo como mostrado. Se o eixo é submetido a um momento de binário $M = 1{,}5\ (4t^2 + 2)$ N · m, onde *t* está em segundos, determine a velocidade de *A* e *B* quando $t = 3$ s. O sistema parte do repouso. Despreze a dimensão das esferas.

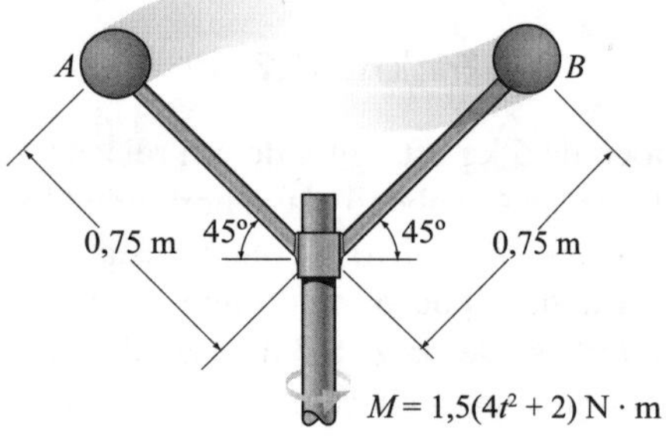

Problema 15.90

15.91. Se uma barra de massa desprezível está sujeita a um momento de binário $M = (30t^2)$ N · m, e o motor do carro fornece uma força de tração $F = (15t)$ N às rodas, onde *t* está em segundos, determine a velocidade do carro no instante $t = 5$ s. O carro parte do repouso. A massa total do carro e do motorista é 150 kg. Despreze a dimensão do carro.

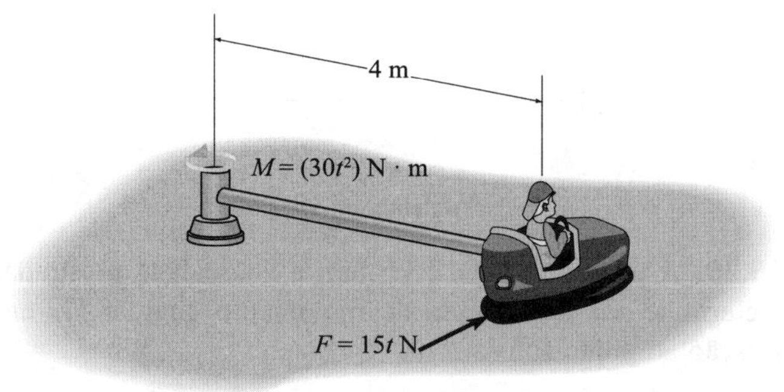

Problema 15.91

15.92. O bloco de 5 kg repousa sobre uma superfície para a qual $\mu_k = 0{,}5$. Sobre ele age uma força radial de 10 N e uma força horizontal de 35 N, sempre direcionada a 30º da tangente à trajetória como mostrado. Se o bloco está inicialmente movendo-se em trajetória circular com a velocidade $v_1 = 0{,}6$ m/s no instante em que as forças são aplicadas, determine o tempo necessário antes que a tração na corda *AB* torne-se 100 N. Despreze para o cálculo a dimensão do bloco.

15.93. O bloco de 5 kg está originalmente em repouso sobre a superfície lisa. Sobre ele age uma força radial de 10 N e uma força horizontal de 35 N, sempre dirigida a 30° da tangente à trajetória, como mostrado. Determine o tempo necessário para romper a corda, que requer uma tração de $T = 150$ N. Qual é a velocidade do bloco quando isso ocorre? Despreze para o cálculo a dimensão do bloco.

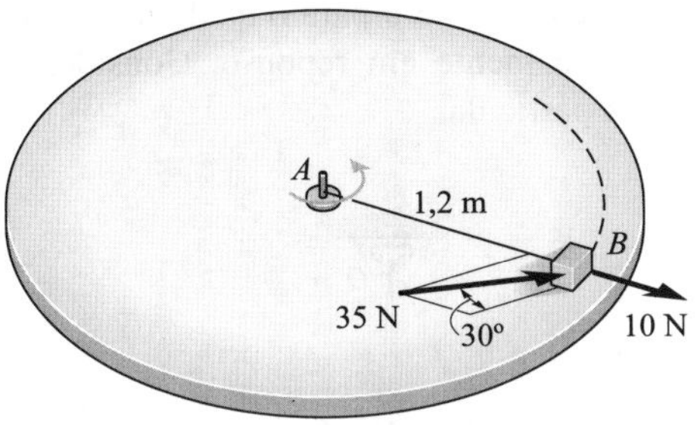

Problemas 15.92/93

15.94. O projétil de massa 3 kg é disparado de um canhão a uma velocidade na boca do canhão $v_0 = 500$ m/s. Determine a quantidade de movimento angular do projétil em relação ao ponto O no instante que ele está na altura máxima de sua trajetória.

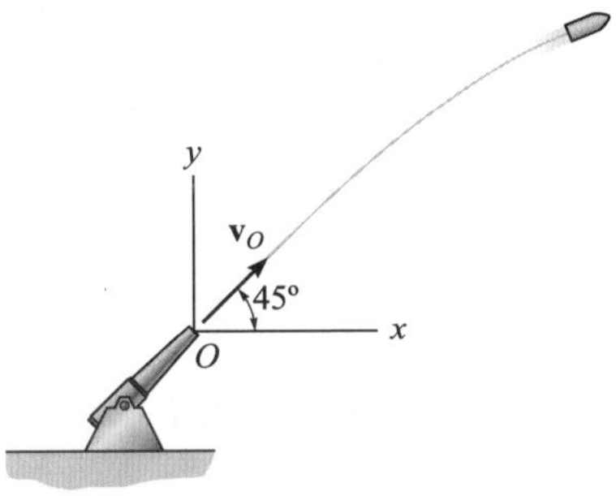

Problema 15.94

15.95. A bola de 1,5 kg, localizada em A, é liberada do repouso e move-se para baixo sobre a trajetória curva. Se a bola exerce uma força normal de 25 N sobre a trajetória quando alcança o ponto B, determine a quantidade de movimento angular da bola em relação ao centro de curvatura, ponto O. *Dica*: despreze a dimensão da bola. O raio de curvatura no ponto B deve ser determinado primeiro.

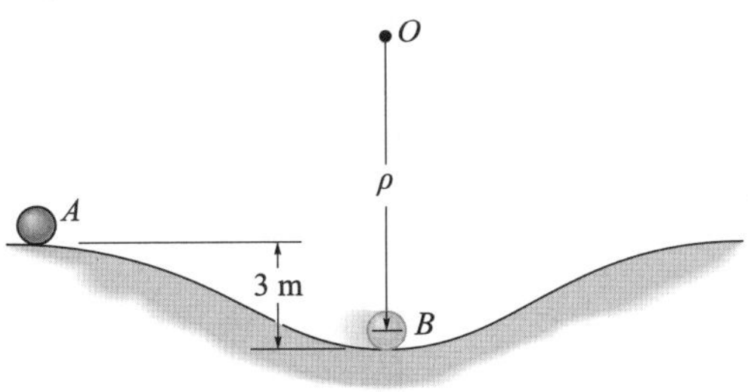

Problema 15.95

***15.96.** A bola B tem massa de 10 kg e está fixada à ponta de uma barra cuja massa pode ser desprezada. Se o eixo é submetido a um torque $M = (2t^2 + 4)$ N · m, onde t está em segundos, determine a velocidade da bola quando $t = 2$ s. A bola tem uma velocidade $v = 2$ m/s quando $t = 0$.

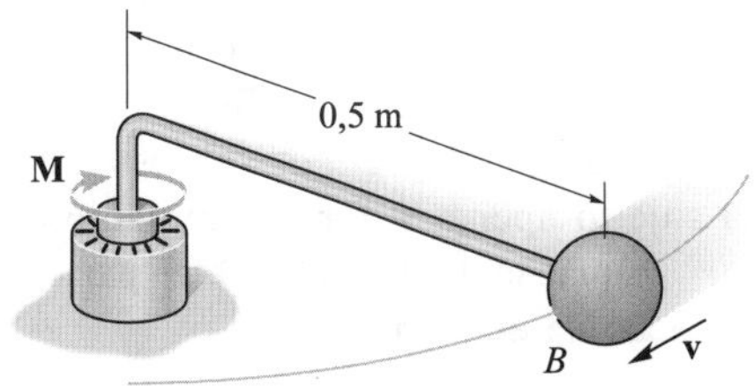

Problema 15.96

•15.97. Cada uma das duas esferas tem massa de 3 kg e estão fixas a uma barra de massa desprezível. Se um torque $M = (6e^{0,2t})$ N · m, onde t está em segundos, é aplicado à barra como mostrado, determine a velocidade de cada esfera em 2 segundos, partindo do repouso.

15.98. Cada uma das duas esferas tem massa de 3 kg e estão fixas a uma barra de massa desprezível. Determine o tempo durante o qual o torque $M = (8t)$ N · m, onde t está em segundos, deve ser aplicado à barra para que cada esfera atinja uma velocidade de 3 m/s, partindo do repouso.

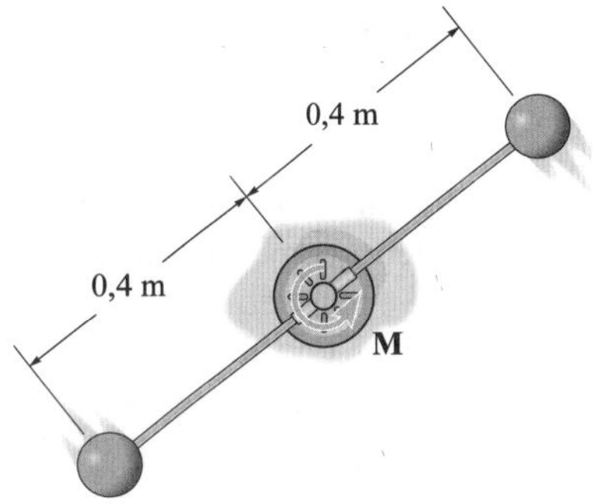

Problemas 15.97/98

15.99. Uma atração de parque de diversões consiste de um carro que está fixo ao cabo OA. O carro gira em uma trajetória circular horizontal e atinge velocidade $v_1 = 1,2$ m/s, quando $r = 3,6$ m. O cabo é então recolhido a uma taxa constante de 0,15 m/s. Determine a velocidade do carro em 3 segundos.

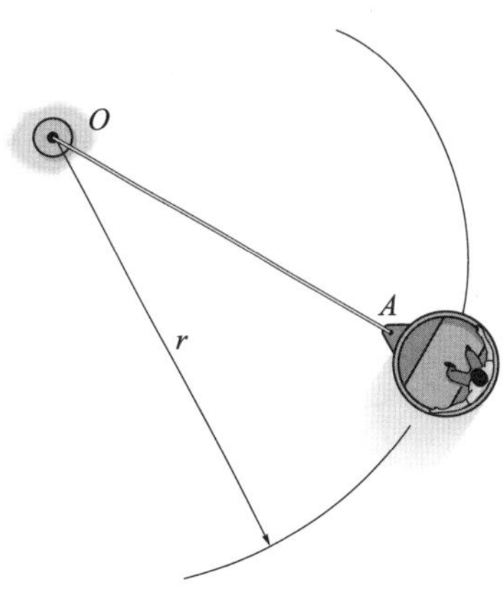

Problema 15.99

***15.100.** Um satélite de massa 700 kg é lançado em uma trajetória de voo livre em torno da Terra a uma velocidade inicial v_A = 10 km/s, quando a distância do centro da Terra é r_A = 15 Mm. Se o ângulo de lançamento nesta posição é ϕ_A = 70º, determine a velocidade v_B do satélite e sua distância mais próxima, r_B, do centro da Terra. A Terra tem uma massa M_e = 5,976(10^{24}) kg. *Dica*: sob estas condições, o satélite está sujeito apenas à força gravitacional da Terra, $F = GM_e m_s/r^2$ (Equação 13.1). Para obter parte da solução, use a conservação da energia.

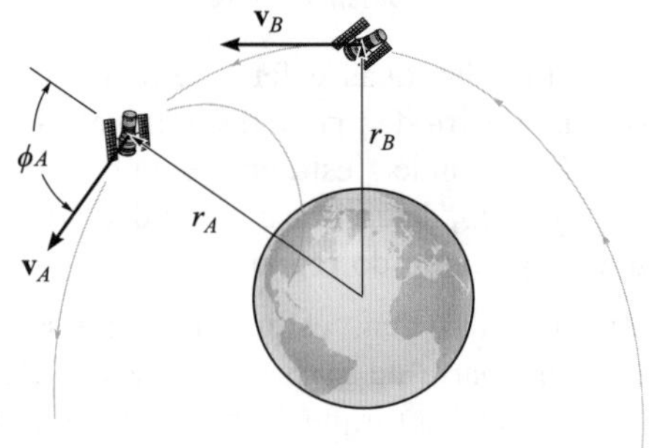

Problema 15.100

•15.101. A bola de 2 kg gira em torno de uma trajetória circular de 0,5 m de diâmetro com velocidade constante. Se o comprimento da corda é encurtado de l = 1 m até l' = 0,5 m, puxando-se a corda através do tubo, determine o novo diâmetro da trajetória d'. Além disso, qual é a tração na corda em cada caso?

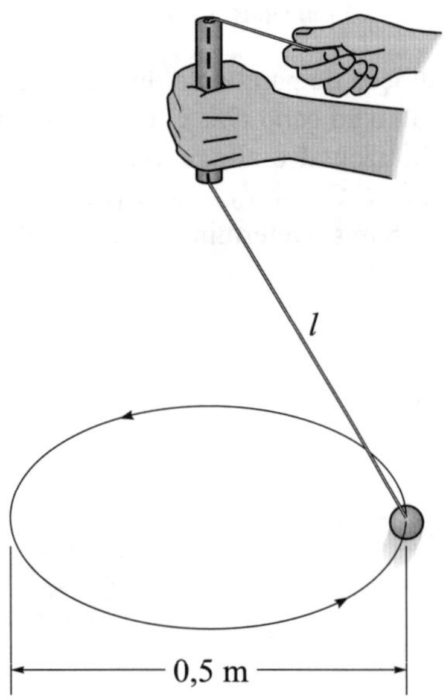

Problema 15.101

15.102. Um ginasta de massa 80 kg segura duas argolas para baixo com seus braços na posição mostrada quando ele oscila para baixo. Seu centro de massa está localizado no ponto G_1. Quando ele está na posição mais baixa da sua oscilação, sua velocidade é $(v_G)_1$ = 5 m/s. Nessa posição, ele de repente deixa que os braços subam, mudando seu centro de massa para a posição G_2. Determine sua nova velocidade na oscilação para cima e o ângulo θ para o qual ele oscila antes de entrar momentaneamente em repouso. Considere o corpo dele como uma partícula.

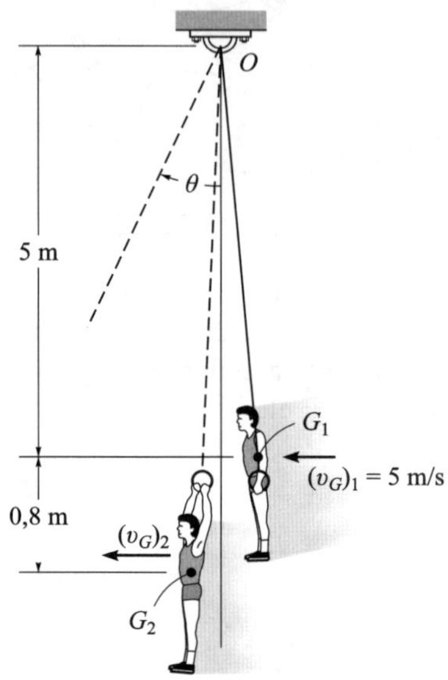

Problema 15.102

15.103. As quatro esferas de 2,5 kg estão fixadas rigidamente a uma estrutura em cruz que tem um peso desprezível. Se um momento de binário M = 1,5 (0,5t + 0,8) N · m, onde t está em segundos, é aplicado como mostrado, determine a velocidade de cada esfera em 4 segundos, partindo do repouso. Despreze a dimensão das esferas.

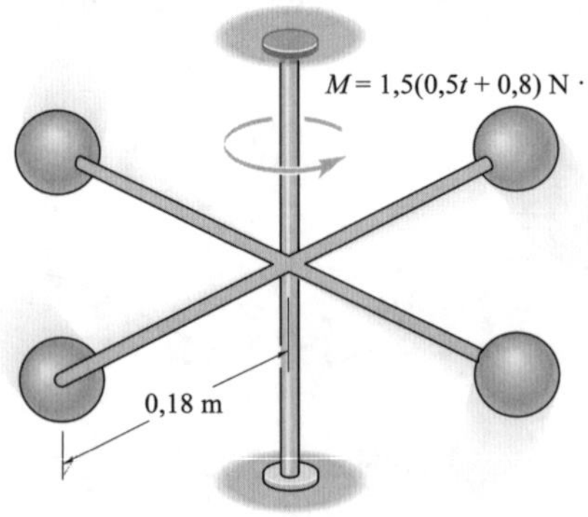

Problema 15.103

***15.104.** No instante que $r = 1{,}5$ m, ao disco de 5 kg é dada uma velocidade $v = 5$ m/s, perpendicular à corda elástica. Determine a velocidade do disco e a taxa de encurtamento da corda elástica no instante $r = 1{,}2$ m. O disco desliza sobre o plano horizontal liso. Despreze sua dimensão. A corda tem um comprimento não deformado de 0,5 m.

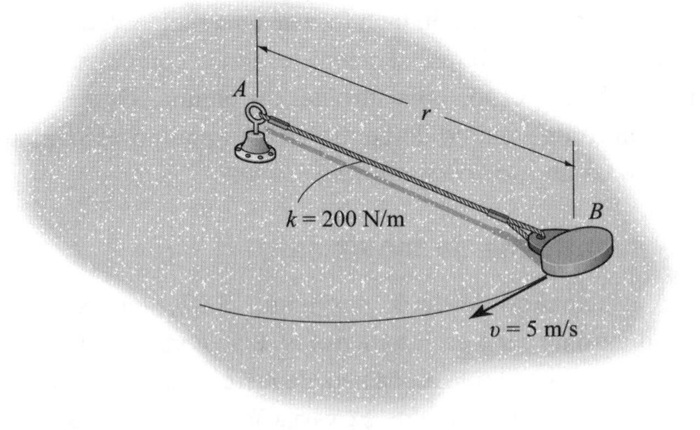

Problema 15.104

•15.105. O carro de 75 kg, de uma atração de parque de diversões, está conectado a uma lança telescópica giratória. Quando $r = 4{,}5$ m, o carro move-se em uma trajetória horizontal circular a uma velocidade de 9 m/s. Se a lança for encurtada a uma taxa de 0,9 m/s, determine a velocidade do carro quando $r = 3$ m. Além disso, descubra o trabalho realizado pela força axial **F** ao longo da lança. Despreze a dimensão do carro e a massa da lança.

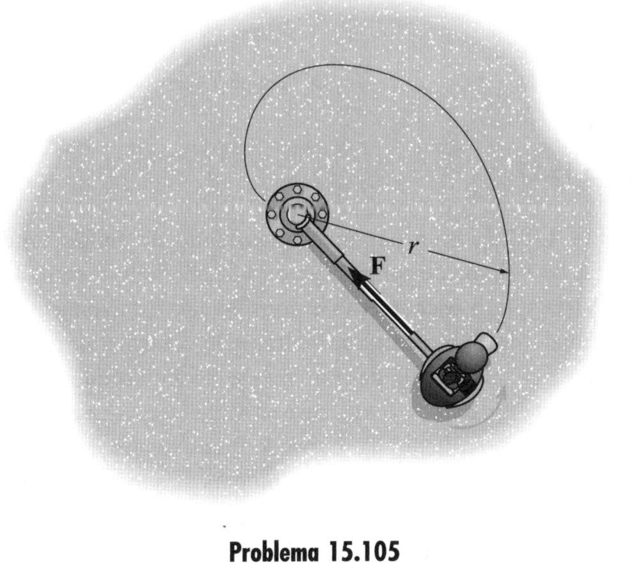

Problema 15.105

15.106. Ao pequeno rolamento de massa m é dada uma velocidade v_0 em A, paralela à borda horizontal de uma tigela lisa. Determine a intensidade da velocidade **v** da bola, quando esta houver caído uma distância vertical h para atingir o ponto B. O ângulo θ é medido a partir de **v** até a horizontal no ponto B.

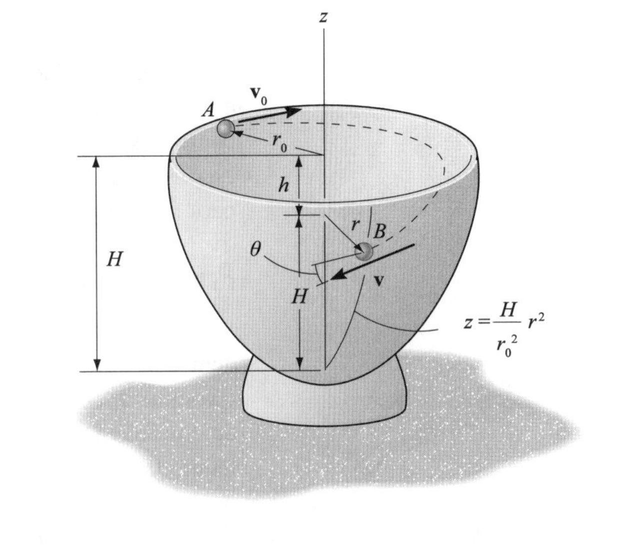

Problema 15.106

15.107. Quando se dá ao pêndulo de 2 kg uma velocidade horizontal de 1,5 m/s, ele começa a girar em torno da trajetória circular horizontal A. Se a força **F** na corda é aumentada, o pêndulo sobe, e então gira em torno da trajetória circular horizontal B. Determine a velocidade do pêndulo em torno da trajetória B. Além disso, descubra o trabalho realizado pela força **F**.

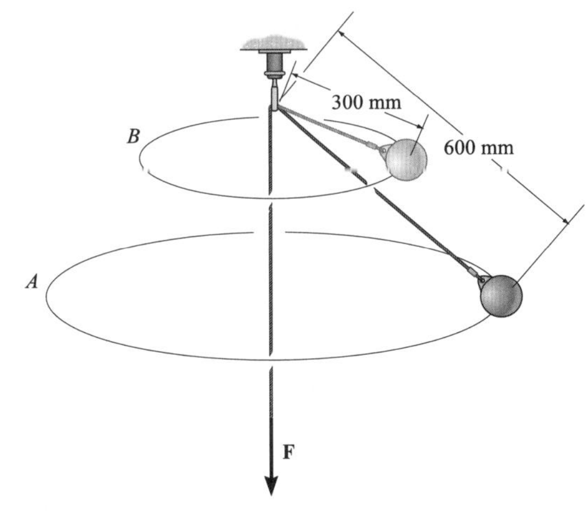

Problema 15.107

15.8 Escoamento estacionário de um fluido

Até este ponto, restringimos nosso estudo dos princípios do impulso e quantidade de movimento a um sistema de partículas contido em um *volume fechado*. Nesta seção, porém, aplicaremos o princípio do impulso e quantidade de movimento ao escoamento estacionário da massa de partículas de fluido entrando e saindo de um *volume de controle*. Esse volume é definido como uma região do espaço onde as partículas de fluido podem escoar para dentro ou para fora de uma região. A dimensão e a forma de um volume de controle é frequentemente levado a coincidir com os contornos sólidos e aberturas de um cano, uma turbina, ou bomba. Desde que o escoamento do fluido para dentro do volume de controle seja igual ao escoamento para fora, pode-se classificá-lo como *escoamento estacionário*.

Princípio do impulso e quantidade de movimento

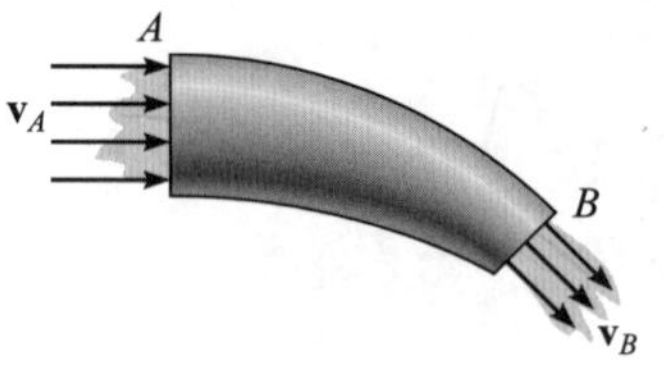

(a)

Considere o escoamento estacionário de fluido na Figura 15.27*a*, que passa por dentro de um cano. A região dentro do cano e suas aberturas serão consideradas como o volume de controle. Como mostrado, o fluido escoa para dentro e para fora do volume de controle a velocidades $\mathbf{v}_A$ e $\mathbf{v}_B$, respectivamente. A variação na direção do escoamento do fluido dentro do volume de controle é causada por um impulso produzido pela força resultante externa exercida sobre a superfície de controle pela parede do cano. Essa força resultante pode ser determinada aplicando-se o princípio do impulso e quantidade de movimento ao volume de controle.

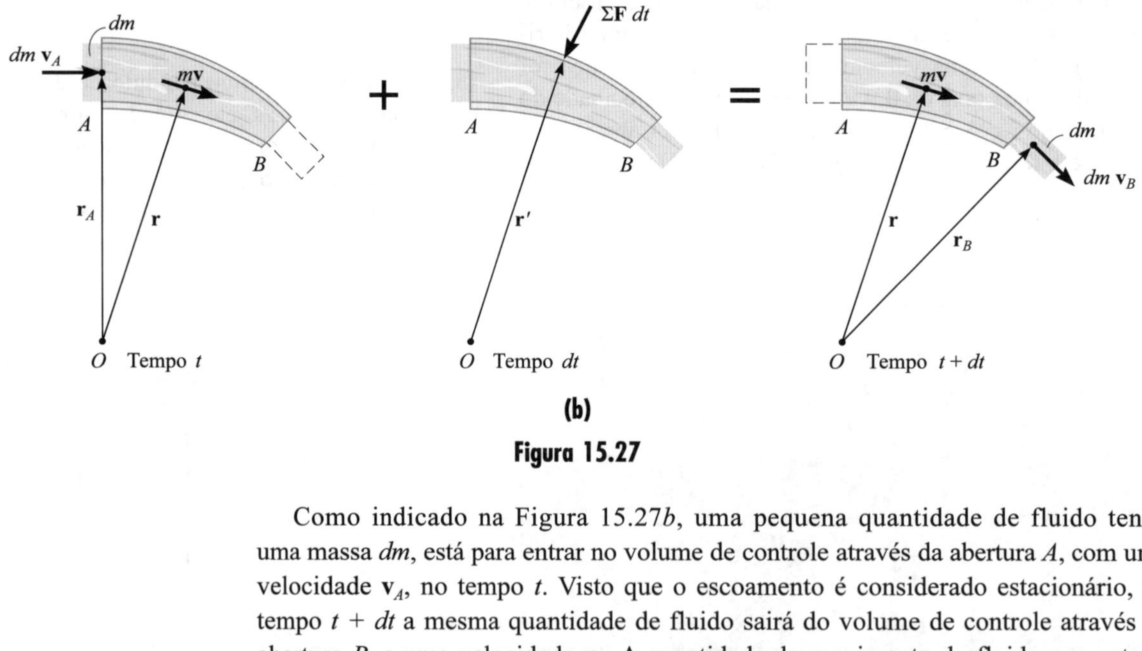

(b)

Figura 15.27

Como indicado na Figura 15.27*b*, uma pequena quantidade de fluido tendo uma massa *dm*, está para entrar no volume de controle através da abertura *A*, com uma velocidade $\mathbf{v}_A$, no tempo *t*. Visto que o escoamento é considerado estacionário, no tempo $t + dt$ a mesma quantidade de fluido sairá do volume de controle através da abertura *B*, a uma velocidade $\mathbf{v}_B$. A quantidade de movimento do fluido que entra e sai do volume de controle são, portanto, $dm\mathbf{v}_A$ e $dm\mathbf{v}_B$, respectivamente. Além do mais, durante o tempo *dt*, a quantidade de movimento da massa de fluido dentro do volume de controle permanece constante e é denotada como $m\mathbf{v}$. Como mostrado no diagrama central, a força externa resultante exercida sobre o volume de controle produz o impulso $\Sigma\mathbf{F}\,dt$. Se aplicarmos o princípio do impulso e quantidade de movimento linear, temos

$$dm\mathbf{v}_A + m\mathbf{v} + \Sigma\mathbf{F}\,dt = dm\mathbf{v}_B + m\mathbf{v}$$

Se $\mathbf{r}$, $\mathbf{r}_A$ e $\mathbf{r}_B$ são vetores posição medidos a partir do ponto *O* até os centros geométricos do volume de controle e das aberturas em *A* e *B*, Figura 15.27b, então o princípio do impulso e quantidade de movimento angular em relação a *O* torna-se:

$$\mathbf{r}_A \times dm\mathbf{v}_A + \mathbf{r} \times m\mathbf{v} + \mathbf{r}' \times \Sigma\mathbf{F}\, dt = \mathbf{r} \times m\mathbf{v} + \mathbf{r}_B \times dm\mathbf{v}_B$$

Dividindo ambos os lados das duas equações anteriores por dt e simplificando, teremos:

$$\Sigma\mathbf{F} = \frac{dm}{dt}(\mathbf{v}_B - \mathbf{v}_A) \quad (15.25)$$

$$\Sigma\mathbf{M}_O = \frac{dm}{dt}(\mathbf{r}_B \times \mathbf{v}_B - \mathbf{r}_A \times \mathbf{v}_A) \quad (15.26)$$

O termo dm/dt é chamado de *fluxo de massa.* Ele indica a quantidade constante de fluido que flui para dentro ou para fora do volume de controle por unidade de tempo. Se as áreas da seção transversal e densidades do fluido na entrada A são A_A, ρ_A e na saída B, A_B, ρ_B (Figura 15.27*c*), então para um fluido incompressível, a *continuidade de massa* exige $dm = \rho dV = \rho_A(ds_A A_A) = \rho_B(ds_B A_B)$. Portanto, durante o tempo dt, visto que $v_A = ds_A/dt$ e $v_B = ds_B/dt$, temos $dm/dt = \rho_A v_A A_A = \rho_B v_B A_B$, ou em geral,

$$\frac{dm}{dt} = pvA = \rho Q \quad (15.27)$$

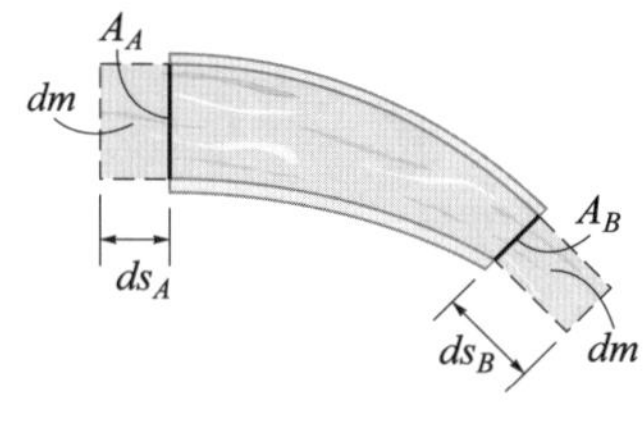

(c)

Figura 15.27

O termo $Q = v$A mede o volume do escoamento do fluido por unidade de tempo, e é chamado de *vazão, descarga* ou *fluxo volumétrico.*

Procedimento para análise

Problemas envolvendo escoamento estacionário podem ser resolvidos utilizando-se o seguinte procedimento.

Diagrama cinemático

- Identifique o volume de controle. Se estiver se *movendo*, um *diagrama cinemático* pode ser útil para determinar as velocidades de entrada e saída do fluido escoando para dentro e para fora de suas aberturas, visto que uma *análise de movimento relativo* da velocidade estará envolvida.
- A medida das velocidades v_A e v_B deve ser efetuada por um observador fixo
- em um sistema de referência inercial.
- Uma vez que a velocidade do fluido escoando para dentro do volume de controle seja determinada, o fluxo de massa é calculado usando-se a Equação 15.27.

Diagrama de corpo livre

- Construa o diagrama de corpo livre do volume de controle para estabelecer as forças $\Sigma\mathbf{F}$ que atuam sobre ele. Estas forças incluirão as reações de apoio, o peso de todas as partes sólidas e do fluido contido no volume de controle, e as forças da pressão estática do fluido sobre as seções da entrada e saída.* A pressão é aquela medida acima da pressão atmosférica, e assim, se uma abertura estiver exposta à atmosfera, a pressão ali será zero.

Equações do escoamento estacionário

- Aplique as equações do escoamento estacionário (equações 15.25 e 15.26), usando as componentes apropriadas de velocidade e força, mostradas nos diagramas cinemático e de corpo livre.

* No Sistema Internacional (SI) a pressão é medida usando-se o pascal (Pa), onde 1Pa = 1 N/m².

Exemplo 15.16

Determine as componentes da reação que a junta fixa do cano em A exerce sobre o cotovelo na Figura 15.28*a*, se a água que flui pelo cano está submetida a uma pressão estática de 100 kPa em A. A descarga em B é $Q_B = 0{,}2\ \text{m}^3/\text{s}$. A densidade da água é $\rho_w = 1000\ \text{kg/m}^3$, e o cotovelo cheio de água tem uma massa de 20 kg e centro de massa em G.

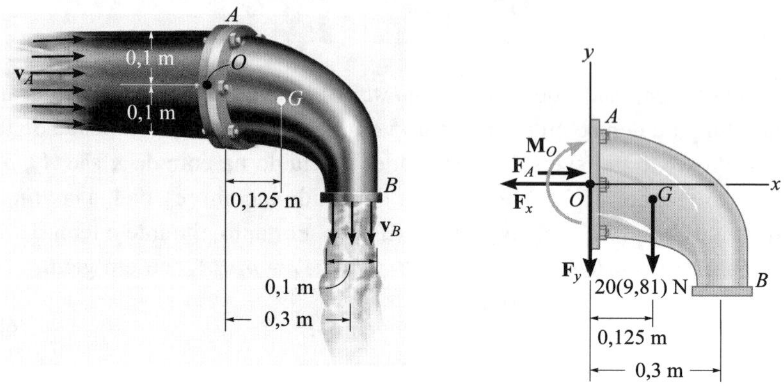

(a) (b)

Figura 15.28

SOLUÇÃO

Consideraremos como volume de controle a superfície externa do cotovelo. Usando-se um sistema fixo de coordenadas inerciais, a velocidade do escoamento em A e B e o fluxo de massa podem ser obtidos da Equação 15.27. Visto que a densidade da água é constante, $Q_B = Q_A = Q$. Portanto,

$$\frac{dm}{dt} = \rho_w Q = (1000\ \text{kg/m}^3)(0{,}2\ \text{m}^3/s) = 200\ \text{kg}/s$$

$$v_B = \frac{Q}{A_B} = \frac{0{,}2\ \text{m}^3/s}{\pi(0{,}05\ \text{m})^2} = 25{,}46\ \text{m/s} \downarrow$$

$$v_A = \frac{Q}{A_A} = \frac{0{,}2\ \text{m}^3/s}{\pi(0{,}1\ \text{m})^2} = 6{,}37\ \text{m/s} \rightarrow$$

Diagrama de corpo livre

Como mostrado no diagrama de corpo livre do volume de controle (cotovelo) (Figura 15.28*b*), a junta *fixa* em A exerce um momento de binário resultante $\mathbf{M}_O$ e componentes de força $\mathbf{F}_x$ e $\mathbf{F}_y$ sobre o cotovelo. Devido à pressão estática da água no cano a força de pressão agindo na superfície de controle aberta em A é $F_A = p_A A_A$. Visto que 1 kPa = 1000 N/m²,

$$F_A = p_A A_A = [100(10^3)\ \text{N/m}^2][\pi(0{,}1\ \text{m})^2] = 3141{,}6\ \text{N}$$

Não há pressão estática agindo em B, visto que a água é descarregada à pressão atmosférica; ou seja, a pressão medida por um manômetro em B é igual a zero, $p_B = 0$.

Equações do escoamento estacionário

$$\overset{+}{\rightarrow} \Sigma F_x = \frac{dm}{dt}(v_{Bx} - v_{Ax});\ -F_x + 3141{,}6\ \text{N} = 200\ \text{kg/s}(0 - 6{,}37\ \text{m/s})$$

$$F_x = 4{,}41\ \text{kN}$$

$$+\uparrow \Sigma F_y = \frac{dm}{dt}(v_{By} - v_{Ay});\ -F_y - 20(9{,}81)\text{N} = 200\ \text{kg/s}(-25{,}46\ \text{m/s} - 0)$$

$$F_y = 4{,}90\text{kN}$$

Se os momentos forem somados em relação ao ponto O (Figura 15.28b), então $\mathbf{F}_x$, $\mathbf{F}_y$, e a pressão estática $\mathbf{F}_A$ são eliminados, bem como o momento da quantidade de movimento da água entrando em A (Figura 15.28a). Por conseguinte,

$$\curvearrowleft + \Sigma M_O = \frac{dm}{dt}(d_{OB}v_B - d_{OA}v_A)$$

$$M_O + 20(9{,}81)\text{ N}(0{,}125\text{ m}) = 200\text{ kg/s}[(0{,}3\text{ m})(25{,}46\text{ m/s}) - 0]$$

$$M_O = 1{,}50\text{ kN}\cdot\text{m}$$

Exemplo 15.17

Um jato de água de 50 mm de diâmetro tendo uma velocidade de 7,5 m/s impinge movimento sobre uma lâmina (Figura 15.29a). Se a lâmina move-se a uma velocidade constante de 1,5 m/s para longe do jato, determine as componentes de força horizontal e vertical que a lâmina está exercendo sobre a água. Que potência a água gera sobre a lâmina? A água tem um peso específico de γ_w = 10 kN/m³.

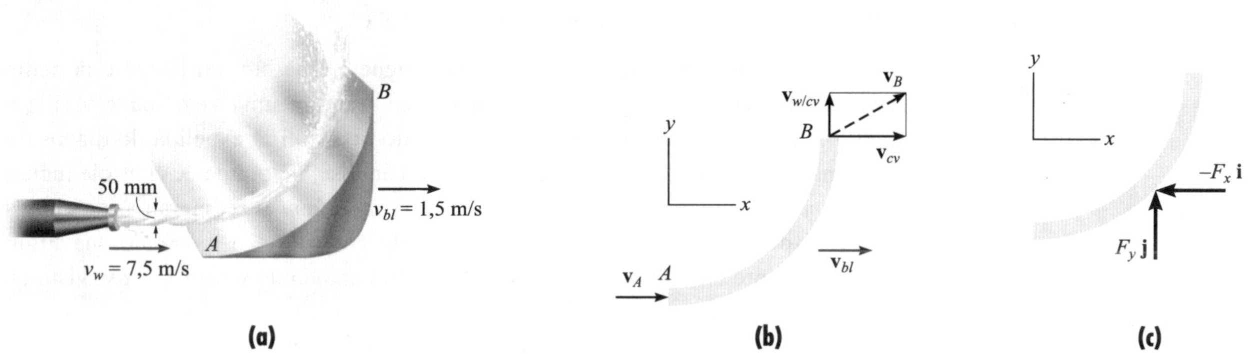

Figura 15.29

SOLUÇÃO

Diagrama cinemático

Aqui o volume de controle será o curso da água sobre a lâmina. Em um sistema de coordenadas inerciais fixo (Figura15.29b), a taxa na qual a água entra no volume de controle em A é:

$$\mathbf{v}_A = \{7{,}5\mathbf{i}\}\text{ m/s}$$

A *velocidade relativa do escoamento* dentro do volume de controle é $\mathbf{v}_{w/cv} = \mathbf{v}_w - \mathbf{v}_{cv} = 7{,}5\mathbf{i} - 1{,}5\mathbf{i} = \{6\mathbf{i}\}$ m/s. Visto que o volume de controle está se movendo a uma velocidade de $\mathbf{v}_{cv} = \{1{,}5\mathbf{i}\}$ m/s, a velocidade do escoamento em B medida a partir dos eixos fixos x, y é a soma vetorial mostrada na Figura 15.29b. Aqui,

$$\mathbf{v}_B = \mathbf{v}_{cv} + \mathbf{v}_{w/cv}$$
$$= \{1{,}5\mathbf{i} + 6\mathbf{j}\}\text{ m/s}$$

Assim, o fluxo de massa da água *sobre o* volume de controle que sofre uma variação da quantidade de movimento é:

$$\frac{dm}{dt} = \rho_w(v_{w/cv})A_A = \left(\frac{10(10^3)}{9{,}81}\right)(6)\left[\pi\left(\frac{25}{1000}\right)^2\right] = 12{,}0\text{ kg/s}$$

Diagrama de corpo livre

O diagrama de corpo livre do volume de controle está mostrado na Figura 15.29c. O peso da água será desprezado no cálculo, visto que essa força será pequena quando comparada às componentes reativas $\mathbf{F}_x$ e $\mathbf{F}_y$.

Equações do escoamento estacionário

$$\Sigma\mathbf{F} = \frac{dm}{dt}(\mathbf{v}_B - \mathbf{v}_A)$$

$$-F_x\mathbf{i} + F_y\mathbf{j} = 12{,}0(1{,}5\mathbf{i} + 6\mathbf{j} - 7{,}5\mathbf{i})$$

Igualando as respectivas componentes **i** e **j**, teremos:

$$F_x = 12{,}0(6) = 72{,}0 \text{ N} \leftarrow$$

$$F_y = 12{,}0(6) = 72{,}0 \text{ N} \uparrow$$

A água exerce forças iguais, mas opostas, sobre a lâmina.

Visto que a força da água, que faz a lâmina mover-se adiante horizontalmente a uma velocidade de 1,5 m/s, é $F_x = 72{,}0$ N, então, da Equação 14.10 a potência é:

$$P = \mathbf{F}\cdot\mathbf{v};\quad P = (72{,}0 \text{ N})(1{,}5 \text{ m/s}) = 108 \text{ W}$$

15.9 Propulsão com massa variável

Um volume de controle que perde massa

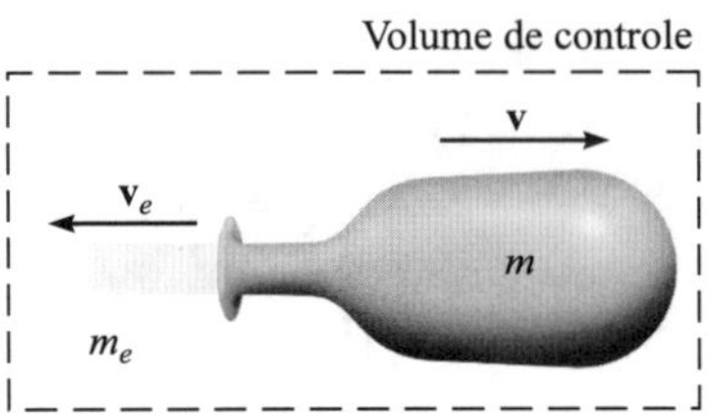

(a)
Figura 15.30

Considere um dispositivo, tal como um foguete, que em um instante de tempo tem uma massa m e esteja se deslocando para frente a uma velocidade **v** (Figura 15.30*a*). Nesse mesmo instante a quantidade de massa m_e é expelida do dispositivo com uma velocidade de fluxo de massa $\mathbf{v}_e$. Para análise, o volume de controle incluirá *tanto a massa m do dispositivo quanto a massa expelida m_e*. Os diagramas de impulso e quantidade de movimento para o volume de controle são mostrados na Figura 15.30*b*. Durante o tempo *dt*, sua velocidade é aumentada de **v** para **v** + *d***v**, visto que uma quantidade de massa dm_e foi ejetada e por isso ganha na exaustão. Este aumento da velocidade para frente, no entanto, não varia a velocidade $\mathbf{v}_e$ da massa expelida, quando vista por um observador fixo, visto que essa massa desloca-se com velocidade constante uma vez que tenha sido ejetada. Os impulsos são criados por $\Sigma\mathbf{F}_{cv}$, que representa a resultante de todas as forças externas, tais como arrasto ou peso, que *atuam sobre o volume de controle* na direção do movimento. Essa força resultante *não inclui* a força que gera o movimento para adiante do volume de controle, visto que esta força (chamada de *empuxo*) é *interna ao volume de controle*; isto é, o empuxo age com intensidade igual, mas direção oposta, sobre a massa m do dispositivo e a massa de exaustão expelida m_e.* Aplicando o princípio do impulso e quantidade de movimento ao volume de controle (Figura 15.30*b*), temos:

$$(\overset{+}{\rightarrow})\qquad mv - m_e v_e + \Sigma F_{cv} dt = (m - dm_e)(v + dv) - (m_e + dm_e)v_e$$

ou

$$\Sigma F_{cv} dt = -v\, dm_e + m\, dv - dm_e\, dv - v_e\, dm_e$$

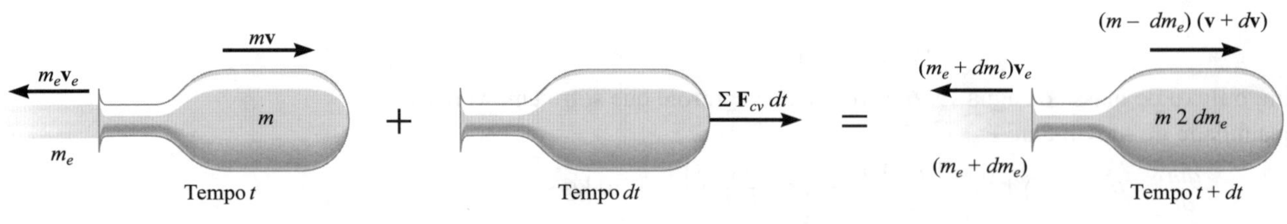

(b)
Figura 15.30

* $\Sigma\mathbf{F}$ representa a força externa resultante *atuando sobre o volume de controle*, que é diferente de **F**, a força resultante que atua somente no dispositivo.

Sem perda de precisão, o terceiro termo do lado direito pode ser desprezado, visto que é um diferencial de 'segunda ordem'. Dividindo-se por dt, obtém-se

$$\Sigma F_{cv} = m\frac{dv}{dt} - (v + v_e)\frac{dm_e}{dt}$$

A velocidade do dispositivo, tal como vista por um observador deslocando-se com as partículas de massa ejetada, é $v_{D/e} = (v + v_e)$, de modo que o resultado final pode ser escrito como:

$$\Sigma F_{cv} = m\frac{dv}{dt} - v_{D/e}\frac{dm_e}{dt} \qquad (15.28)$$

Aqui o termo dm_e/dt representa a taxa com que a massa está sendo ejetada.

Para ilustrar uma aplicação da Equação 15.28, considere o foguete mostrado na Figura 15.31, que tem um peso **W** e está se movendo para cima contra uma força de arrasto atmosférico $\mathbf{F}_D$. O volume de controle a ser considerado consiste da massa do foguete e do gás ejetado m_e. Aplicando-se a Equação 15.28 resulta em:

$$(+\uparrow) \qquad -F_D - W = \frac{W}{g}\frac{dv}{dt} - v_{D/e}\frac{dm_e}{dt}$$

O último termo dessa equação representa o empuxo **T** que a exaustão do motor exerce sobre o foguete, Figura 15.31. Observando que $dv/dt = a$, podemos, portanto, escrever

$$(+\uparrow) \qquad T - F_D - W = \frac{W}{g}a$$

Se um diagrama de corpo livre do foguete for construído, torna-se óbvio que esta equação representa uma aplicação de $\Sigma\mathbf{F} = m\mathbf{a}$ para o foguete.

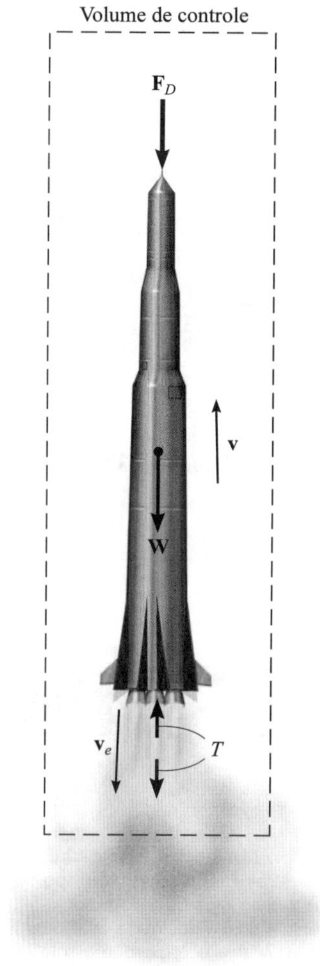

Figura 15.31

Um volume de controle que ganha massa

Um dispositivo, tal como uma concha ou pá, pode ganhar massa enquanto se desloca para frente. Por exemplo, o dispositivo mostrado na Figura 15.32*a*, tem massa m e se desloca para frente a uma velocidade **v**. Nesse instante, o dispositivo está coletando um fluxo de partículas de massa m_i. A velocidade de fluxo $\mathbf{v}_i$ desta massa injetada é constante e independente da velocidade **v**, de modo que $v > v_i$. O volume de controle a ser considerado aqui inclui a massa do dispositivo e a massa das partículas injetadas.

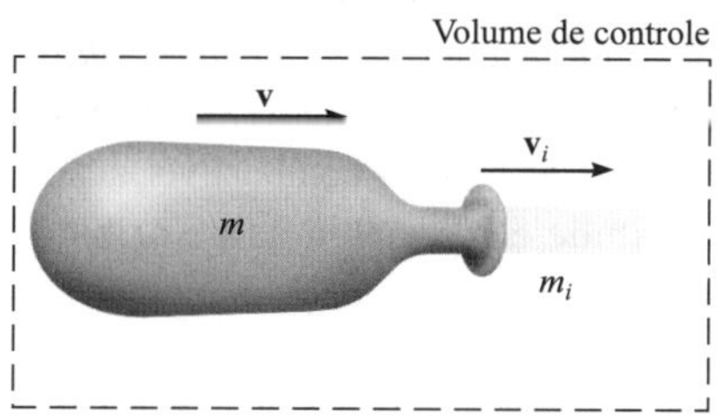

(a)

Figura 15.32

Os diagramas de impulso e quantidade de movimento estão mostrados na Figura 15.32*b*. Com um aumento de massa dm_i, ganho pelo dispositivo, há um aumento suposto na velocidade $d\mathbf{v}$ durante o intervalo de tempo dt. Esse aumento é causado pelo impulso criado por $\Sigma\mathbf{F}_{cv}$, resultante de todas as forças externas *atuando sobre o volume de controle* na direção do movimento. A somatória das forças não inclui a força retardadora da massa injetada atuando sobre o dispositivo. Por quê? Aplicando o princípio do impulso e quantidade de movimento, temos:

$$(\overset{+}{\rightarrow}) \qquad mv + m_iv_i + \Sigma F_{cv}dt = (m + dm_i)(v + dv) + (m_i + dm_i)v_i$$

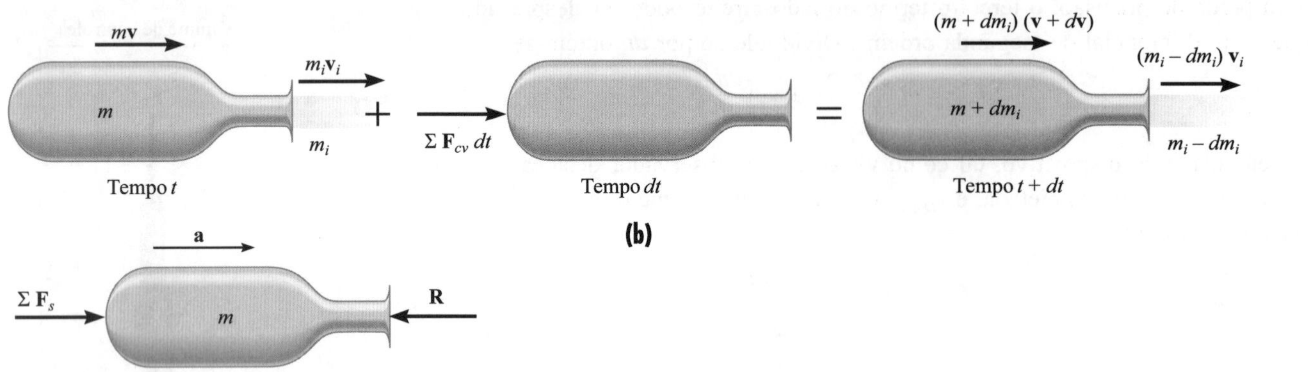

(c)

Figura 15.32

A caixa niveladora de solo atrás desse trator representa um dispositivo que ganha massa. Se o trator mantém uma velocidade constante v, então dv/dt = 0 e, porque o solo está originalmente em repouso, $v_{D/i} = v$. Aplicando-se a Equação 15.29, a força de reboque horizontal sobre a caixa niveladora, é $T = 0 + v(dm/dt)$, onde dm/dt é a taxa de acúmulo de terra na caixa.

Usando o mesmo procedimento do caso anterior, podemos escrever essa equação como:

$$\Sigma F_{cv} = m\frac{dv}{dt} + (v - v_i)\frac{dm_i}{dt}$$

Visto que a velocidade do dispositivo, tal como vista por um observador se deslocando com as partículas de massa injetada é $v_{D/i} = (v - v_i)$, o resultado final pode ser escrito como:

$$\boxed{\Sigma F_{cv} = m\frac{dv}{dt} + v_{D/i}\frac{dm_i}{dt}} \qquad (15.29)$$

onde dm_i/dt é a taxa de massa injetada no dispositivo. O último termo desta equação representa a intensidade da força **R**, que a massa injetada *exerce sobre o dispositivo*, Figura 15.32*c*. Visto que $dv/dt = a$, a Equação 15.29 torna-se:

$$\Sigma F_{cv} - R = ma$$

Esta é a aplicação de $\Sigma\mathbf{F} = m\mathbf{a}$.

Como no caso do escoamento estacionário, problemas que são resolvidos usando as equações 15.28 e 15.29 devem ser acompanhados por um volume de controle identificado e o diagrama de corpo livre necessário. Com esse diagrama, pode-se então determinar ΣF_{cv}, e isolar a força exercida sobre o dispositivo pelo fluxo de partículas.

Exemplo 15.18

A massa inicial combinada de um foguete e seu combustível é m_0. Uma massa total m_f de combustível é consumida a uma taxa constante $dm_e/dt = c$ e expelida a uma velocidade constante u em relação ao foguete. Determine a velocidade máxima do foguete, ou seja, no instante em que o combustível acaba. Despreze a variação do peso do foguete com a altitude e a resistência ao arrasto do ar. O foguete é lançado verticalmente, partindo do repouso.

SOLUÇÃO

Visto que o foguete perde massa enquanto se desloca para cima, a Equação 15.28 pode ser usada para a solução. A única *força externa* atuando sobre o *volume de controle*, consistindo da massa do foguete e uma porção da massa expelida, é o peso do foguete **W** (Figura 15.33). Então,

$$+\uparrow \Sigma F_{cv} = m\frac{dv}{dt} - v_{D/e}\frac{dm_e}{dt}; \qquad -W = m\frac{dv}{dt} - uc \qquad (1)$$

A velocidade do foguete é obtida integrando-se essa equação.

Em qualquer dado instante t durante o voo, a massa do foguete pode ser expressa como $m = m_0 - (dm_e/dt)t = m_0 - ct$. Visto que $W = mg$, a Equação 1 torna-se:

$$-(m_0 - ct)g = (m_0 - ct)\frac{dv}{dt} - uc$$

Separando as variáveis e integrando, e sabendo que $v = 0$ em $t = 0$, temos

$$\int_0^v dv = \int_0^t \left(\frac{uc}{m_0 - ct} - g\right)dt$$

$$v = -u \ln(m_0 - ct) - gt\Big|_0^t = u \ln\left(\frac{m_0}{m_0 - ct}\right) - gt \qquad (2)$$

Note que a decolagem exige que o primeiro termo do lado direito seja maior do que o segundo durante a fase inicial do movimento. O tempo t' necessário para que todo o combustível seja consumido é:

$$m_f = \left(\frac{dm_e}{dt}\right)t' = ct'$$

Por conseguinte,

$$t' = m_f/c$$

Substituindo-se na Equação 2, obtém-se

$$v_{\text{máx}} = u \ln\left(\frac{m_0}{m_0 - m_f}\right) - \frac{gm_f}{c}$$

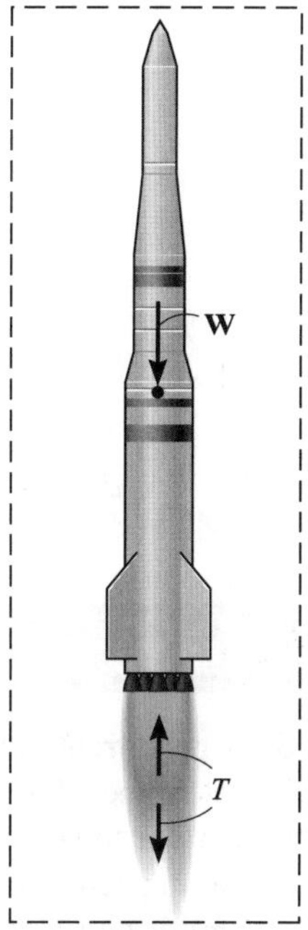

Figura 15.33

Exemplo 15.19

Uma corrente de comprimento l (Figura 15.34a), tem massa m. Determine a intensidade da força **F** necessária para: (a) elevar a corrente a uma velocidade constante v_c, partindo do repouso quando $y = 0$; e (b) abaixar a corrente a uma velocidade constante v_c, partindo do repouso quando $y = l$.

SOLUÇÃO

Parte (a)

Enquanto a corrente é elevada, todos os elos suspensos são submetidos a um novo impulso súbito para baixo por cada um dos outros elos que forem elevados do solo. Assim, a *porção suspensa* da corrente pode ser vista como um dispositivo que está *ganhando massa*. O volume de controle a ser considerado é o comprimento de corrente y, que é suspenso por **F** a qualquer instante, incluindo o próximo elo que será adicionado, mas ainda está em repouso (Figura 15.34b). As forças agindo sobre o volume de controle *excluem* as forças internas **P** e –**P**, que agem entre o elo adicionado e a porção suspensa da corrente. Portanto, $\Sigma F_{cv} = F - mg(y/l)$.

Para aplicar a Equação 15.29, é também necessário descobrir a taxa com que a massa está sendo adicionada ao sistema. A velocidade $\mathbf{v}_e$ da corrente é equivalente a $\mathbf{v}_{D/i}$. Por quê? Visto que v_c é constante, $dv_c/dt = 0$ e $d_y/dt = v_c$. Integrando, usando a condição inicial de que $y = 0$, quando $t = 0$, teremos $y = v_c t$. Assim, a massa do volume de controle em qualquer instante é $mcv = m(y/l) = m(v_c t/l)$, e, portanto, a taxa com que a massa é *adicionada* à corrente suspensa é:

$$\frac{dm_i}{dt} = m\left(\frac{v_c}{l}\right)$$

Usando esses dados na aplicação da Equação 15.29, temos:

$$+\uparrow \Sigma F_{cv} = m\frac{dv_c}{dt} + v_{D/i}\frac{dm_i}{dt}$$

$$F - mg\left(\frac{y}{l}\right) = 0 + v_c m\left(\frac{v_c}{l}\right)$$

Por conseguinte,

$$F = (m/l)(gy + v_c^2)$$

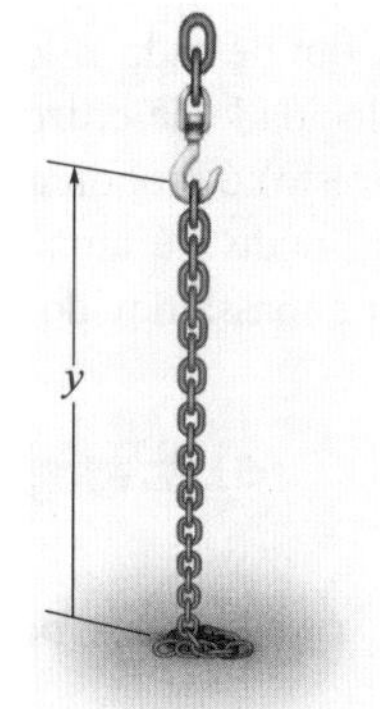

(a)

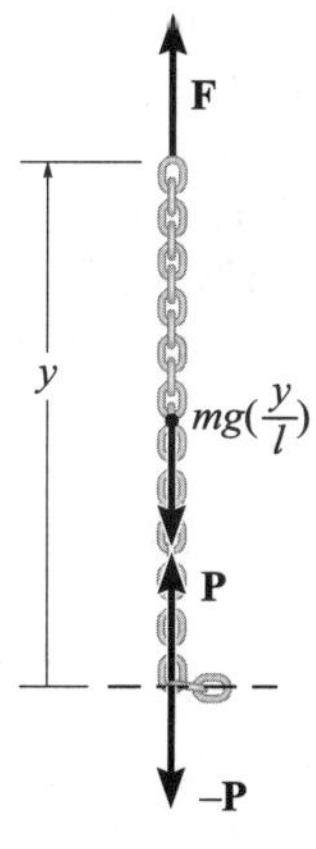

(b)

Figura 15.34

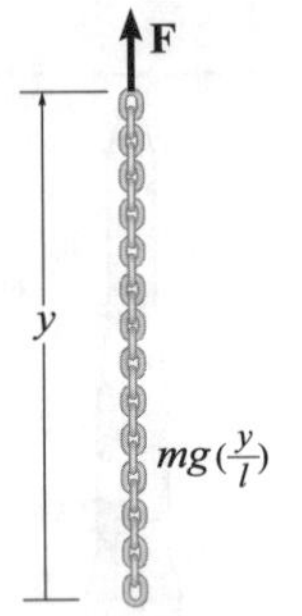

(c)

Figura 15.34

Parte (b)

Quando a corrente está sendo abaixada, os elos expelidos (aos quais se dá velocidade zero) *não* transmitem um impulso aos elos *que permanecem* suspensos. Por quê? Assim, o volume de controle na Parte (*a*) não será considerado. Em vez disso, a equação do movimento será usada para obter a solução. No tempo *t* a porção de corrente ainda fora do solo é *y*. O diagrama de corpo livre para uma porção suspensa da corrente é mostrado na Figura 15.34*c*. Assim,

$$+\uparrow \Sigma F = ma; \qquad F - mg\left(\frac{y}{l}\right) = 0$$

$$F = mg\left(\frac{y}{l}\right)$$

Problemas

***15.108.** A pá à frente do trator coleta neve a uma taxa de 200 kg/s. Determine a força de tração resultante **T**, que deve ser desenvolvida em todas as rodas enquanto ele move-se para frente sobre o terreno plano a uma velocidade constante de 5 km/h. O trator tem massa de 5 Mg.

•15.109. Um jato jumbo comercial de quatro motores está em cruzeiro a uma velocidade constante de 800 km/h, em voo nivelado com os quatro motores em operação. Cada um dos motores é capaz de descarregar gases da combustão a uma velocidade de 775 m/s em relação ao avião. Se, durante um teste dois dos motores, um de cada lado do avião, são desligados, determine a nova velocidade de cruzeiro do jato. Suponha que a resistência do ar (arrasto) é proporcional ao quadrado da velocidade, isto é, $F_D = cv^2$, onde *c* é uma constante a ser determinada. Despreze a perda de massa devido ao consumo de combustível.

Problema 15.109

15.110. O carro de corrida tipo *dragster* tem, quando vazio, massa de 1,25 Mg e carrega 250 kg de combustível propelente sólido. Seu motor é capaz de queimar combustível a uma taxa constante de 50 kg/s, enquanto o ejeta a 1500 m/s em relação ao *dragster*. Determine a velocidade máxima alcançada pelo *dragster*, partindo do repouso. Suponha que a resistência do ar é $F_D = (10v^2)$ N, onde *v* é a velocidade do *dragster* em m/s. Despreze a resistência ao rolamento.

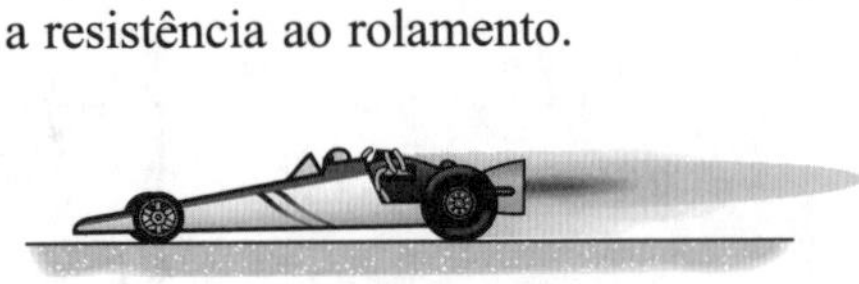

Problema 15.110

15.111. O bombeiro de 75 kg está segurando uma mangueira que tem um diâmetro do bocal de 25 mm e o diâmetro do corpo de 50 mm. Se a velocidade da água na descarga é 18 m/s, determine as forças normal e de atrito resultantes agindo sobre os pés do homem no solo. Despreze o peso da mangueira e da água dentro dela. $\gamma_w = 10$ kN/m³.

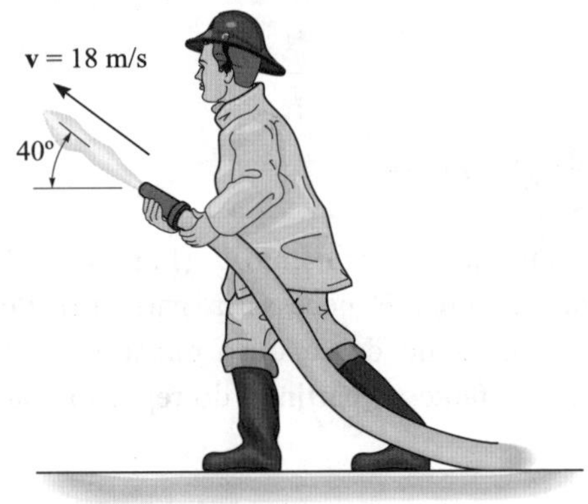

Problema 15.111

***15.112.** Em operação, o ventilador de jato de ar descarrega o ar a uma velocidade de $v_B = 20$ m/s para dentro de um bocal tendo um diâmetro de 0,5 m. Se o ar tem uma densidade de 1,22 kg/m³, determine as componentes da reação horizontal e vertical em *C* e a reação vertical em cada uma das duas rodas, *D*, quando o ventilador está em operação. O ventilador e o motor têm massa de 20 kg e centro de massa em *G*. Despreze o peso da estrutura. Devido à simetria, as duas rodas suportam cargas iguais. Suponha que o ar que entra no ventilador em *A* está essencialmente em repouso.

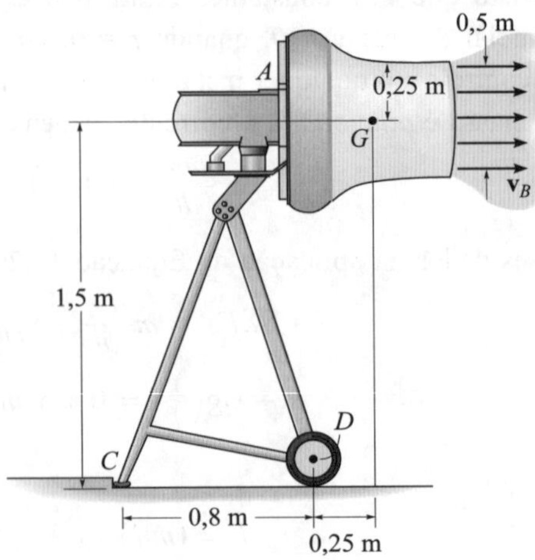

Problema 15.112

•**15.113.** A lâmina divide o jato de água que tem diâmetro de 75 mm. Se um quarto da água flui para baixo, enquanto três quartos fluem para cima, e o fluxo total é $Q = 0{,}0135\ m^3/s$, determine as componentes horizontal e vertical da força exercida sobre a lâmina pelo jato, $\gamma_w = 10\ kN/m^3$.

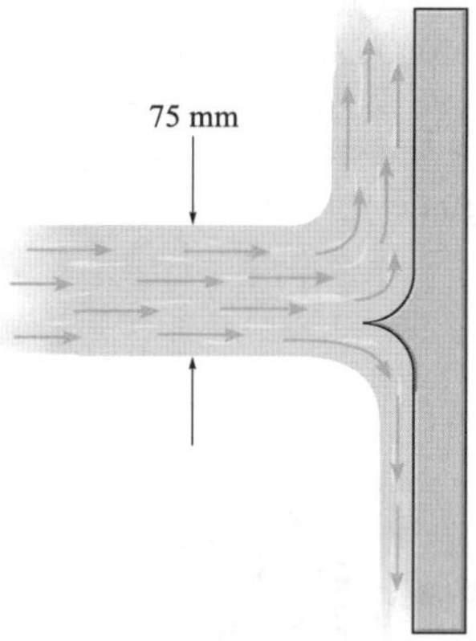

Problema 15.113

15.114. O borrifador de brinquedo para crianças consiste de uma coberta de 0,2 kg e uma mangueira que tem massa por comprimento de 30 g/m. Determine a vazão da água através do tubo de 5 mm de diâmetro, de modo que o borrifador erga-se 1,5 m do solo e paire nesta posição. Despreze o peso da água no tubo. $\rho_w = 1\ Mg/m^3$.

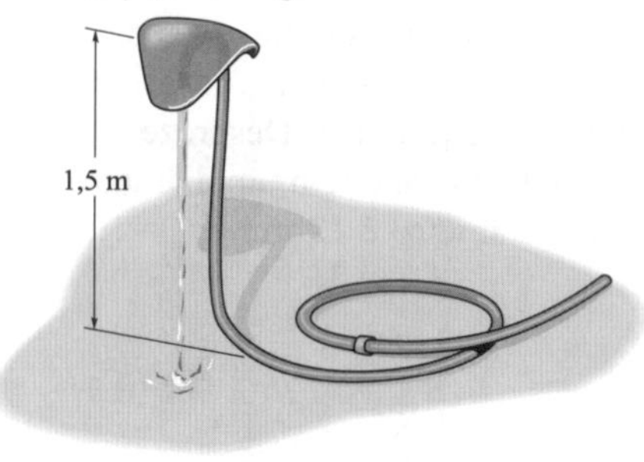

Problema 15.114

15.115. O barco-bombeiro descarrega dois jatos de água do mar, cada um com vazão de $0{,}25\ m^3/s$ e a uma velocidade de saída de 50 m/s. Determine a tração desenvolvida na corrente da âncora, necessária para segurar o barco. A densidade da água do mar é $\rho_{sw} = 1020\ kg/m^3$.

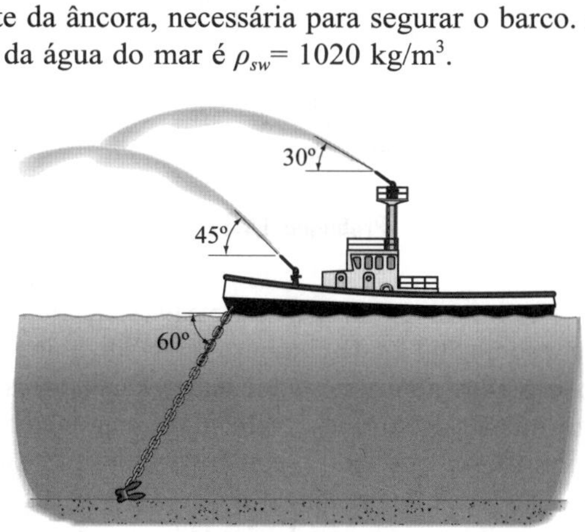

Problema 15.115

***15.116.** Uma lancha é propelida pelo motor a jato mostrado na figura. A água do mar é puxada pela bomba, a uma vazão de $0{,}54\ m^3/s$, através de uma entrada A, de 150 mm de diâmetro. Uma hélice acelera a vazão de água e a força para fora horizontalmente, através de uma saída de 100 mm de diâmetro, B. Determine as componentes horizontal e vertical do empuxo exercidas sobre a lancha. O peso específico da água do mar é $\gamma_{sw} = 10\ kN/m^3$.

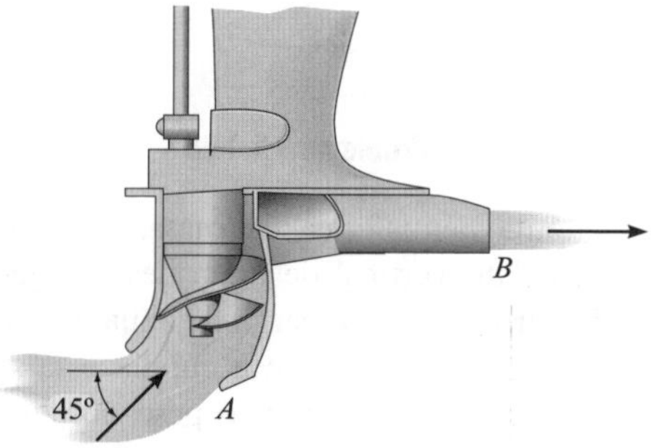

Problema 15.116

•**15.117.** O ventilador sopra o ar a $162\ m^3/min$. Se o ventilador pesa 150 N ($m \approx 15$ kg) e tem um centro de gravidade em G, determine o menor diâmetro d de sua base, necessário para que ele não tombe. O peso específico do ar é $\gamma = 11{,}82\ N/m^3$.

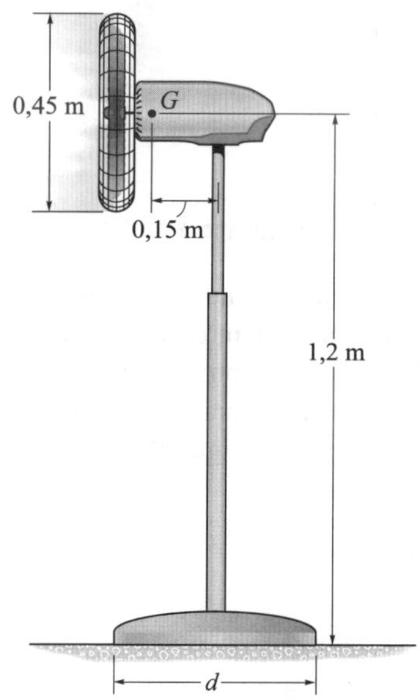

Problema 15.117

15.118. O cotovelo de um cano subterrâneo de 125 mm de diâmetro é submetido a uma pressão estática de $80\ kN/m^2$. A velocidade da água que passa por dentro dele é $v = 2{,}4$ m/s. Supondo que as conexões do cano em A e B não oferecem nenhuma força de resistência vertical sobre o cotovelo, determine a força vertical resultante **F**, que o solo deve então exercer sobre o cotovelo para mantê-lo em equilíbrio. Despreze o peso do cotovelo e da água dentro dele. $\gamma_w = 10$ kN/m³.

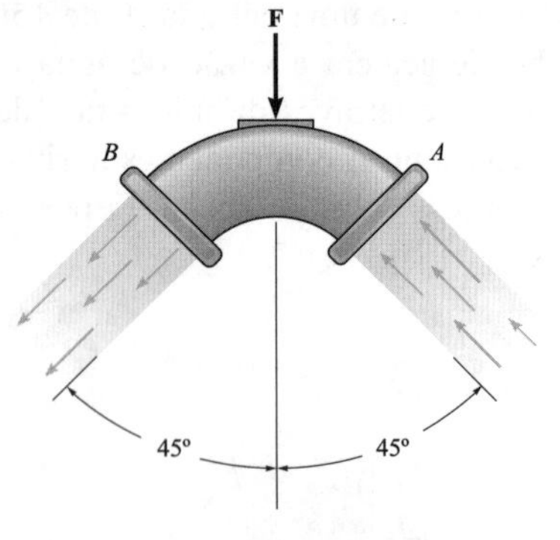

Problema 15.118

15.119. A cúpula hemisférica de massa m é mantida em equilíbrio pelo jato vertical de água descarregado por um bocal de diâmetro d. Se a descarga de água através do bocal é Q, determine a altura h a que a cúpula está suspensa. A densidade da água é ρ_w. Despreze o peso do jato de água.

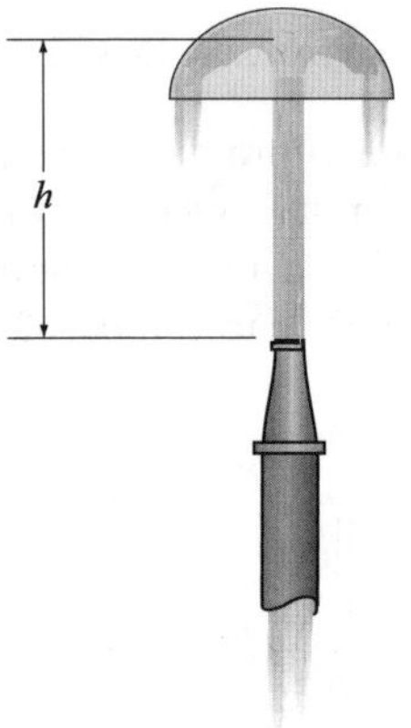

Problema 15.119

***15.120.** O escoadouro é usado para desviar o curso da água, $Q = 0{,}6$ m³/s. Se a água tem uma área de seção transversal de 0,05 m², determine as componentes da força, no pino D e no rolete C, necessárias para o equilíbrio. Despreze o peso do escoadouro e o peso da água dentro dele. $\rho_w = 1$ Mg/m³.

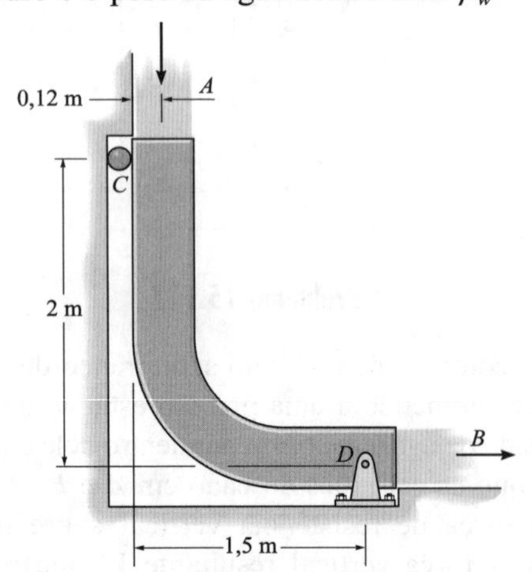

Problema 15.120

•**15.121.** A curva está conectada ao cano nos flanges em A e B como mostra a figura. Se o diâmetro de cano é 0,3 m e ele transmite uma descarga de 1,35m³/s, determine as componentes horizontal e vertical da reação da força e da reação do momento exercidas sobre a base fixa D do apoio. O peso total da curva e da água dentro dela é 2500 N, com centro de massa no ponto G. A pressão da água nos flanges A e B é 120 kN/m² e 96 kN/m², respectivamente. Suponha que nenhuma força é transferida aos flanges em A e B. O peso específico da água é $\gamma_w = 10$ kN/m³.

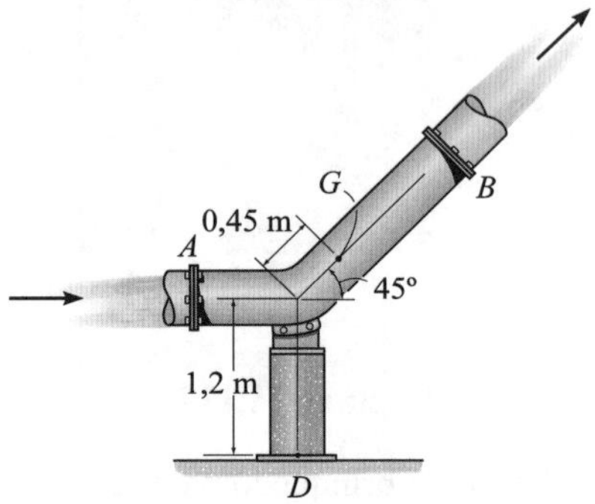

Problema 15.121

15.122. A pressão da água em C é 300 kN/m². Se a água flui para fora do cano em A e B, com velocidades $v_A = 3{,}6$ m/s e $v_B = 7{,}5$ m/s, determine as componentes da força horizontal e vertical exercidas sobre a junta, necessárias para manter toda a estrutura em equilíbrio. Despreze o peso do cano e da água dentro dele. O cano tem um diâmetro de 18 mm em C, e em A e B o diâmetro é 12 mm. $\gamma_w = 10$ kN/m³.

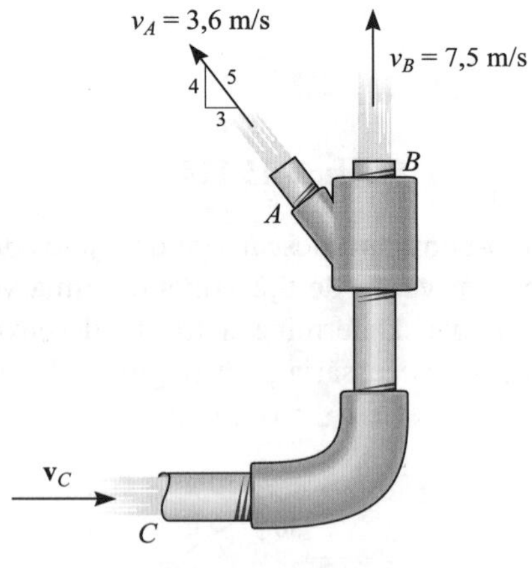

Problema 15.122

15.123. Um míssil tem massa de 1,5 Mg (sem combustível). Se ele consome 500 kg de combustível sólido a uma taxa de 20 kg/s e o ejeta com uma velocidade de 2000 m/s em relação ao míssil, determine a velocidade e a aceleração do míssil no instante que todo o combustível houver sido consumido. Despreze a resistência do ar e a variação de seu peso com a altitude. O míssil é lançado verticalmente, partindo do repouso.

***15.124.** O foguete tem uma massa de 32500 kg, incluindo o combustível sólido. Determine em que taxa constante o combustível deve ser queimado de modo que o seu empuxo forneça ao foguete uma velocidade de 60 m/s em 10 segundos, partindo do repouso. O combustível é expelido do foguete à velocidade relativa de 900 m/s em relação ao foguete. Despreze os efeitos da resistência do ar e suponha que g é constante.

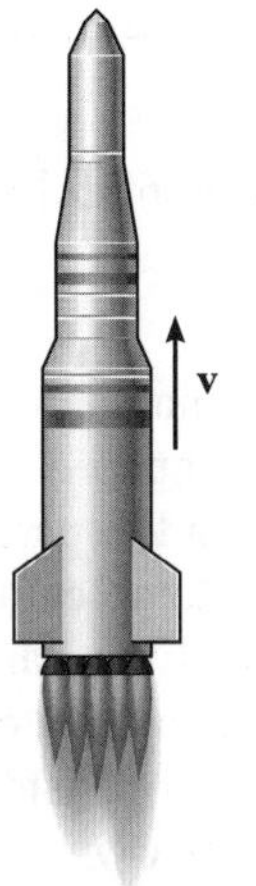

Problema 15.124

•15.125. O helicóptero de 10 Mg carrega um recipiente contendo 500 kg de água, que é usada para combater incêndios. Se ele paira sobre a Terra em uma posição fixa e, em seguida, libera 50 kg/s de água a 10 m/s, medidos em relação ao helicóptero, determine a aceleração inicial ascendente que o helicóptero experimenta enquanto a água é liberada.

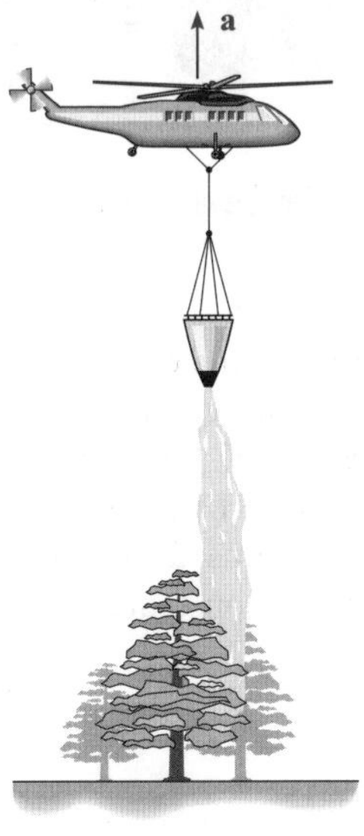

Problema 15.125

15.126. Um limpa-trilhos localizado na frente de uma locomotiva junta neve a uma taxa de 0,27 m^3/s e a armazena no trem. Se a locomotiva está viajando a uma velocidade constante de 3,6 m/s, determine a resistência ao movimento causada pela coleta. O peso específico da neve é $\gamma_s = 0{,}96$ kN/m^3.

15.127. O barco tem uma massa de 180 kg e está viajando por um rio a uma velocidade constante de 70 km/h, medida *em relação* ao rio. O rio está fluindo na direção oposta a 5 km/h. Se um tubo é colocado na água, como mostrado, e coleta 40 kg de água para dentro do barco em 80 segundos, determine o empuxo horizontal T sobre o tubo, necessário para superar a resistência ocasionada pela coleta de água e ainda assim manter a velocidade constante do barco. $\rho_w = 1$ Mg/m^3.

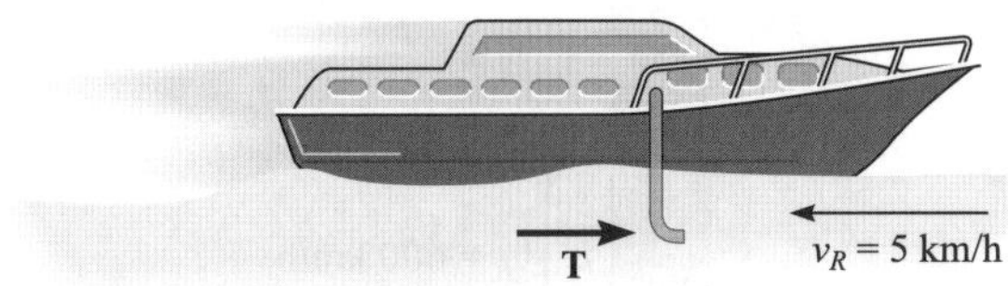

Problema 15.127

***15.128.** O recipiente deposita cascalho sobre a correia transportadora a uma taxa de 750 kg/min. Se a velocidade da correia é 1,5 m/s, determine o quanto a tração na porção superior da correia deve ser maior do que a porção inferior para puxar a esteira para frente.

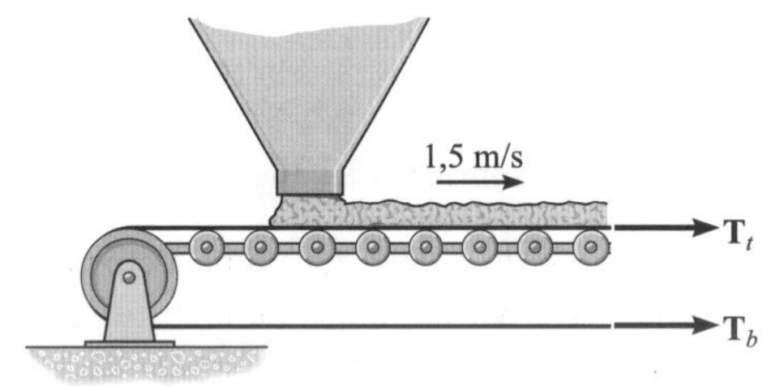

Problema 15.128

•15.129. O trator com o tanque vazio tem massa total de 4 Mg. O tanque fica cheio com 2 Mg de água. A água é descarregada a uma taxa constante de 50 kg/s, a uma velocidade constante de 5 m/s, medida em relação ao trator. Se o trator parte do repouso, e as rodas traseiras fornecem uma força de tração resultante de 250 N, determine a velocidade e a aceleração do trator no instante em que o tanque esvazia-se.

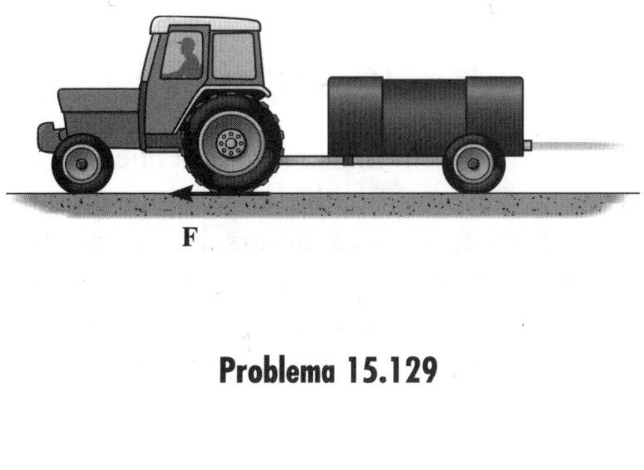

Problema 15.129

15.130. O segundo estágio *B* do foguete de dois estágios tem uma massa de 5 Mg (vazio) e é lançado a partir do primeiro estágio *A* com uma velocidade inicial de 600 km/h. O combustível do segundo estágio tem uma massa de 0,7 Mg e é consumido a uma taxa de 4 kg/s. Se ele é ejetado do foguete a uma taxa de 3 km/s, medida em relação a *B*, determine a aceleração de *B* no instante em que o motor é acionado e imediatamente antes de todo o combustível ser consumido. Despreze os efeitos da gravidade e da resistência do ar.

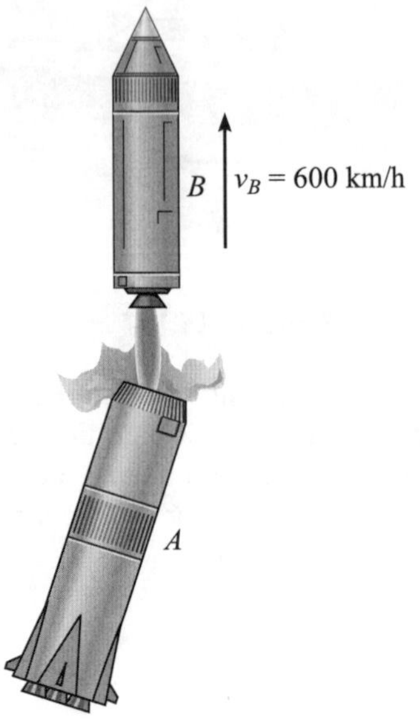

Problema 15.130

15.131. O avião a jato de 12 Mg tem uma velocidade constante de 950 km/h ao voar ao longo de uma linha reta horizontal. O ar penetra nas cavidades de entrada de ar *S* a uma taxa de 50 m³/s. Se o motor queima o combustível a uma taxa de 0,4 kg/s e o gás (ar e combustível) é exaurido em relação ao avião, a uma velocidade de 450 m/s, determine a força de arrasto resultante exercida sobre o avião pela resistência do ar. Suponha que o ar tem uma densidade constante de 1,22 kg/m³. *Dica*: visto que a massa entra e sai do avião, as equações 15.28 e 15.29 devem ser combinadas para resultar em $\Sigma F_s = m\dfrac{dv}{dt} - v_{D/e}\dfrac{dm_e}{dt} + v_{D/i}\dfrac{dm_i}{dt}$.

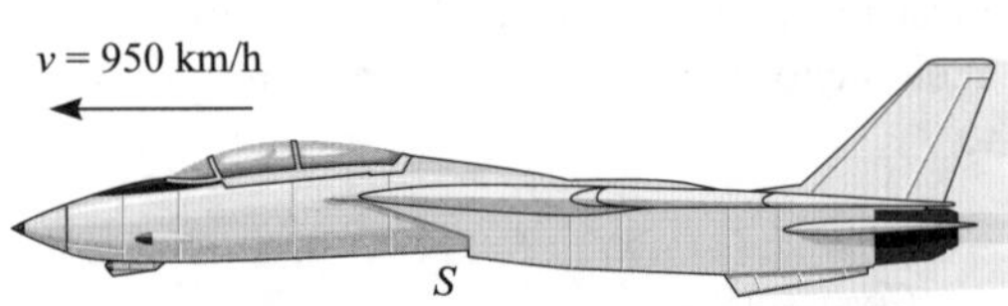

Problema 15.131

***15.132.** O carrinho tem massa *M* e está cheio de água que tem massa m_0. Se uma bomba ejeta água por um bocal que tem uma área da seção transversal *A*, a uma taxa constante de v_0 em relação ao carrinho, determine a velocidade do carrinho como uma função de tempo. Qual é a velocidade máxima do carrinho, supondo-se que toda a água pode ser bombeada para fora? A resistência ao atrito do movimento à frente é *F*. A densidade da água é ρ.

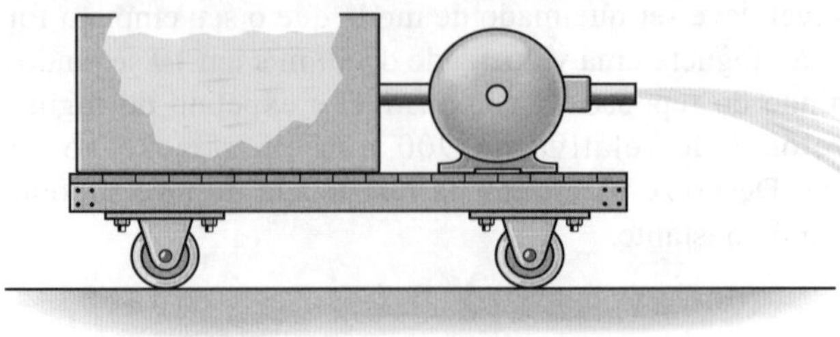

Problema 15.132

•**15.133.** O caminhão tem massa de 50 Mg quando está vazio. Quando está descarregando 5 m³ de areia a uma taxa constante de 0,8m³/s, a areia flui para fora a uma velocidade de 7 m/s, medida em relação ao caminhão, na direção mostrada. Se o caminhão está livre para rodar, determine sua aceleração inicial assim que a areia começa a cair. Despreze a massa das rodas e qualquer resistência ao atrito do movimento. A densidade da areia é $\rho_s = 1520$ kg/m³.

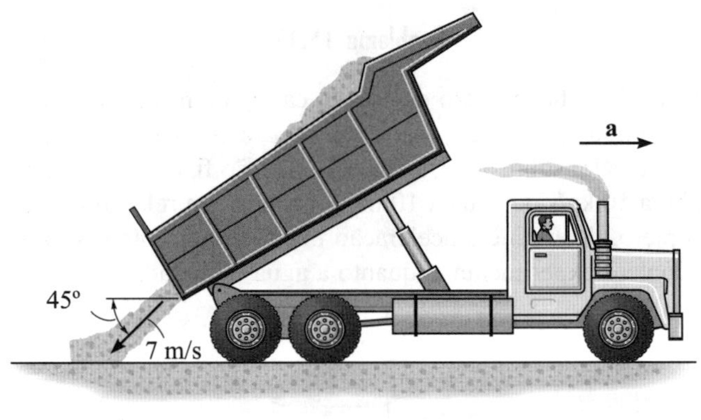

Problema 15.133

15.134. O caminhão tem massa m_0 e é usado para rebocar a corrente lisa que tem um comprimento total *l* e massa por unidade de comprimento *m′*. Se a corrente está originalmente empilhada, determine a força de tração **F**, que deve ser fornecida pelas rodas traseiras do caminhão, necessária para manter uma velocidade constante *v* enquanto a corrente é puxada.

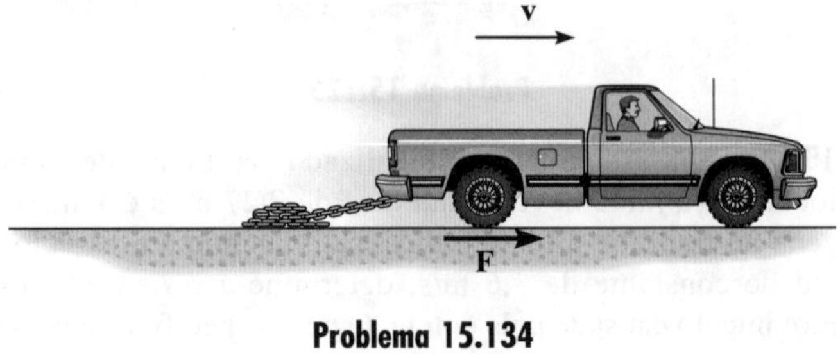

Problema 15.134

15.135. A corrente tem um comprimento total $L < d$ e uma massa por unidade de comprimento m'. Se uma porção h da corrente é suspensa sobre a mesa e liberada, determine a velocidade de sua extremidade A como uma função de sua posição y. Despreze o atrito.

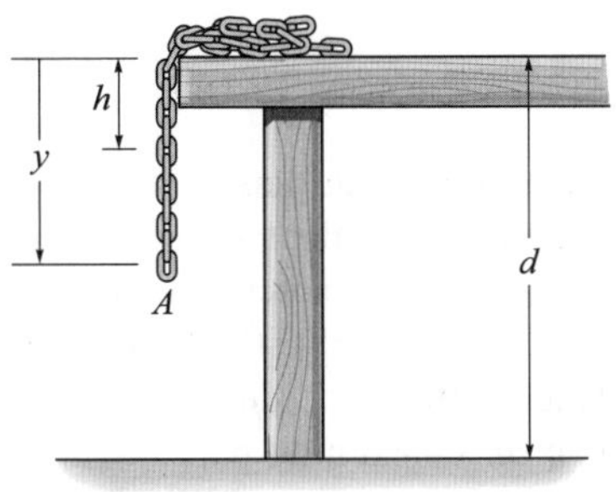

Problema 15.135

***15.136.** Um avião comercial a jato tem massa de 150 Mg e está viajando a uma velocidade constante de 850 km/h em linha reta ($\theta = 0°$). Se cada um dos dois motores absorve ar a uma taxa de 1000 kg/s e o ejeta a uma velocidade de 900 m/s, em relação à aeronave, determine o ângulo máximo de inclinação θ, no qual a aeronave pode voar com uma velocidade constante de 750 km/h. Suponha que a resistência do ar (arrasto) é proporcional ao quadrado da velocidade, isto é, $F_D = cv^2$, onde c é uma constante a ser determinada. Os motores estão operando com a mesma potência em ambos os casos. Despreze a quantidade de combustível consumida.

Problema 15.136

•**15.137.** Um rolo de corrente aberta e pesada é usada para reduzir a distância de parada de um trenó, que tem massa de M e viaja a uma velocidade v_0. Determine a massa por unidade de comprimento da corrente, necessária para desacelerar o trenó até $(1/2)v_0$, dentro de uma distância de $x = s$, se o trenó está preso à corrente em $x = 0$. Despreze o atrito entre a corrente e o solo.

15.138. O vagão é usado para coletar água acumulada em uma calha nos trilhos. Determine a força necessária para impelir o vagão a uma velocidade constante **v**, para cada um dos três casos. O coletor tem uma área da seção transversal A e a densidade da água é ρ_w.

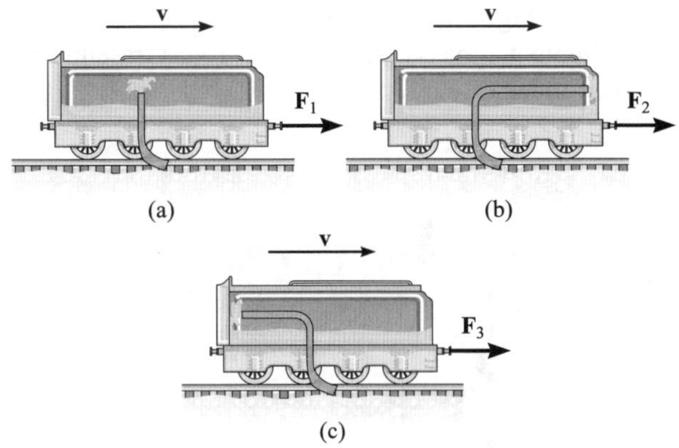

Problema 15.138

15.139. Um foguete vazio tem uma massa de 250 kg e carrega 150 kg de combustível. Se o combustível é queimado a uma taxa de 7,5 kg/s e ejetado a uma velocidade de 1320 m/s, em relação ao foguete, determine a velocidade máxima atingida pelo foguete, partindo do repouso. Despreze o efeito da gravidade sobre o foguete.

***15.140.** Determine a intensidade da força **F** como uma função do tempo, que deve ser aplicada à extremidade da corda em A para levantar o gancho H com uma velocidade constante $v = 0{,}4$ m/s. Inicialmente, a corrente está em repouso sobre o solo. Despreze a massa da corda e do gancho. A corrente tem massa de 2 kg/m.

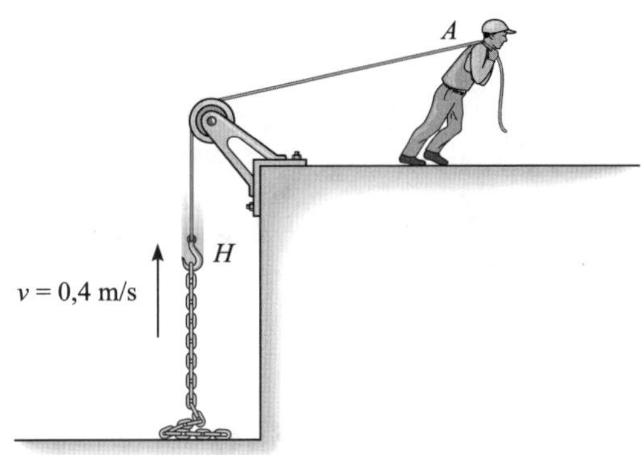

Problema 15.140

•**15.141.** A escavadeira carrega inicialmente 10 m³ de areia com uma densidade de 1520 kg/m³. A areia é descarregada horizontalmente através de uma portinhola P, de 2,5 m², a uma taxa de 900 kg/s, medida em relação à portinhola. Se a escavadeira mantém uma força de tração resultante constante $F = 4$ kN em suas rodas dianteiras para fornecer movimento à frente, determine sua aceleração quando metade da areia for despejada. Quando vazia, a escavadeira tem massa de 30 Mg. Despreze qualquer resistência ao movimento à frente e a massa das rodas. As rodas traseiras estão livres para rodar.

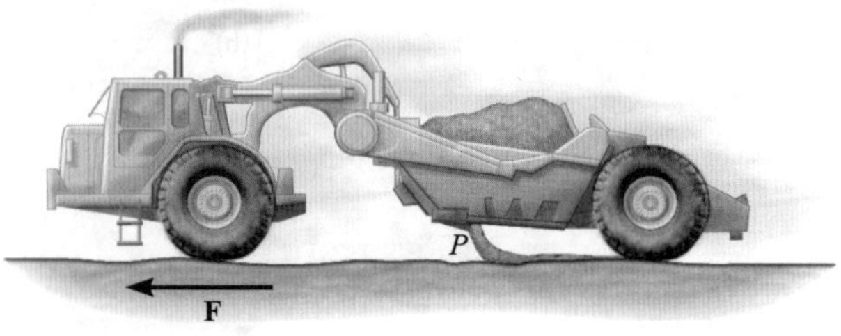

Problema 15.141

15.142. A escavadeira carrega inicialmente 10 m^3 de areia com uma densidade de 1520 kg/m^3. A areia é descarregada horizontalmente através de uma portinhola P, de 2,5 m^2, a uma taxa de 900 kg/s, medida em relação à portinhola. Determine a força de tração resultante **F** em suas rodas dianteiras, se a aceleração da escavadeira é 0,1 m/s^2 quando metade da areia for descarregada. Quando vazia, a escavadeira tem massa de 30 Mg. Despreze qualquer resistência ao movimento à frente e a massa das rodas. As rodas traseiras estão livres para rodar.

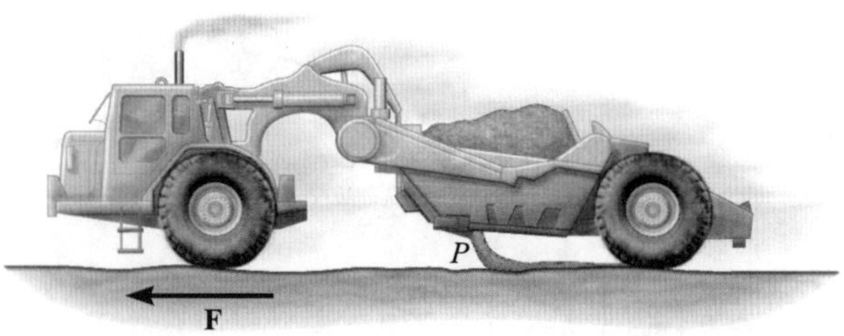

Problema 15.142

15.143. O jato viaja a uma velocidade de 800 km/h, a 30° em relação à horizontal. Se o combustível está sendo gasto a 1,5 kg/s, e o motor admite o ar a 200 kg/s, enquanto o gás exaurido (ar e combustível) tem uma velocidade relativa de 9840 m/s, determine a aceleração do avião nesse instante. A resistência ao arrasto do ar é $F_D = (0{,}315v^2)$ **N**, onde a velocidade é medida em m/s. O jato tem massa de 7500 kg. *Dica*: veja o Problema 15.131.

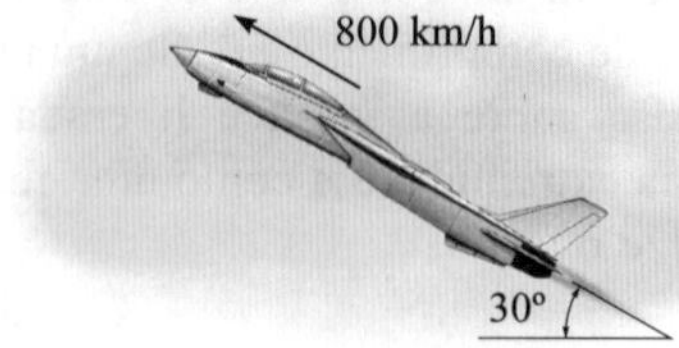

Problema 15.143

***15.144.** O foguete tem uma massa inicial m_0, incluindo o combustível. Por razões práticas de conveniência da tripulação, é necessário que ele mantenha uma aceleração ascendente constante a_0. Se o combustível é expelido do foguete a uma velocidade relativa $v_{e/r}$, determine a taxa na qual o combustível deve ser consumido para manter o movimento. Despreze a resistência do ar e suponha que a aceleração gravitacional é constante.

Problema 15.144

•15.145. Se a corrente é abaixada a uma velocidade constante, determine a reação normal exercida sobre o solo como uma função do tempo. A corrente tem massa de 10 kg/m e um comprimento total de 6 m.

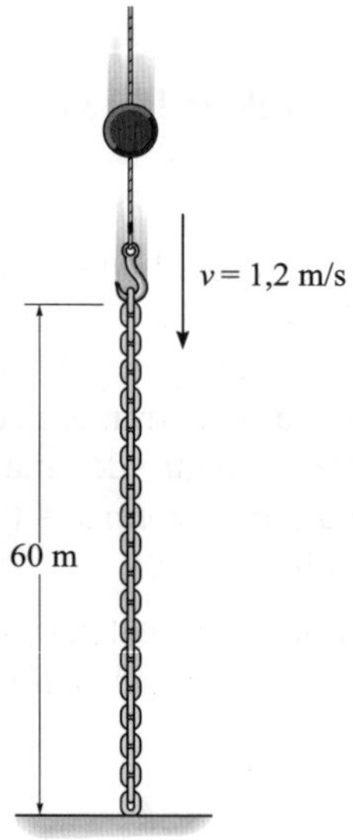

Problema 15.145

Problemas conceituais

15.1. A 'bola' de beisebol viaja para a esquerda quando é golpeada pelo taco. Se a bola, em seguida, se desloca horizontalmente para a direita, determine que medições você poderia fazer, de modo a determinar o impulso líquido dado à bola. Use valores numéricos para dar um exemplo de como isso pode ser feito.

Problema 15.1

15.2. A bola de demolição de aço está suspensa da lança por um velho pneu de borracha A. O operador do guindaste ergue a bola e então permite que ela caia livremente para quebrar o concreto. Explique, usando dados numéricos apropriados, por que é uma boa ideia usar o pneu de borracha para este trabalho.

Problema 15.2

15.3. A locomotiva à esquerda, A, está em repouso, e a outra à direita, B, está deslizando para a esquerda. Se as locomotivas são idênticas, use valores numéricos para mostrar como determinar a compressão máxima em cada um dos para-choques de mola instalados na frente das locomotivas. Cada locomotiva está livre para rodar.

Problema 15.3

15.4. Três vagões têm a mesma massa e estão rodando livremente quando atingem o para-choques fixo. As pernas AB e BC estão parafusadas uma a outra nas extremidades, o ângulo BAC é 30° e BCA é 60°. Compare o impulso médio em cada perna necessário para parar o movimento se os vagões não tiverem para-choques e se os vagões tiverem para-choques de mola. Use valores numéricos apropriados para explicar sua resposta.

Problema 15.4

REVISÃO DO CAPÍTULO

Impulso

Um impulso é definido como o produto de força e tempo. Graficamente, ele representa a área sob o gráfico $F - t$. Se a força for constante, então o impulso torna-se $I = F_c(t_2 - t_1)$.

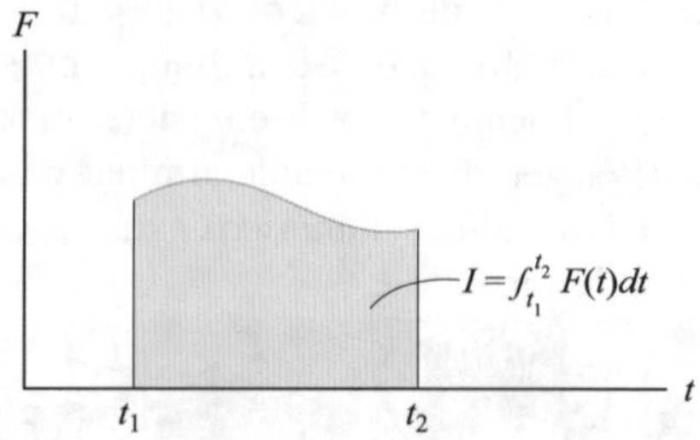

Princípio do impulso e quantidade de movimento

Quando a equação de movimento $\Sigma\mathbf{F} = m\mathbf{a}$, e a equação cinemática, $a = dv/dt$, são combinadas, obtemos o princípio do impulso e quantidade de movimento. Esta é uma equação vetorial que pode ser decomposta em componentes retangulares e usada para resolver problemas que envolvem força, velocidade e tempo. Para aplicação, o diagrama de corpo livre deve ser construído, de modo a considerar todos os impulsos que agem sobre a partícula.

$$m\mathbf{v}_1 + \Sigma\int_{t_1}^{t_2} \mathbf{F}dt = m\mathbf{v}_2$$

Conservação da quantidade de movimento linear

Se o princípio do impulso e quantidade de movimento é aplicado a um *sistema de partículas*, então as colisões entre as partículas produzem impulsos internos que são iguais, opostos e colineares e que, portanto, cancelam-se na equação. Além do mais, se um impulso externo é pequeno, isto é, a força é pequena e o tempo é curto, então o impulso pode ser classificado como não impulsivo e pode ser desprezado. Consequentemente, a quantidade de movimento para o sistema de partículas é conservada.

$$\Sigma m_i(\mathbf{v}_i)_1 = \Sigma m_i(\mathbf{v}_i)_2$$

A equação da conservação da quantidade de movimento é útil para achar a velocidade final de uma partícula quando impulsos internos são exercidos entre duas partículas e as velocidades iniciais das partículas são conhecidas. Se o impulso interno deve ser determinado, então uma das partículas é isolada e o princípio do impulso e quantidade de movimento é aplicado a essa partícula.

Impacto

Quando duas partículas, A e B têm impacto direto, o impulso interno entre elas é igual, oposto e colinear. Consequentemente, a conservação da quantidade de movimento para esse sistema aplica-se ao longo da linha de impacto.

$$m_A(v_A)_1 + m_B(v_B)_1 = m_A(v_A)_2 + m_B(v_B)_2$$

Se as velocidades finais são desconhecidas, uma segunda equação é necessária para a solução. Devemos usar o coeficiente de restituição, e. Este coeficiente determinado experimentalmente depende das propriedades físicas das partículas em colisão. Ele pode ser expresso como a razão entre suas velocidades relativas após a colisão e suas velocidades relativas antes da colisão. Se a colisão é elástica, nenhuma energia é perdida e $e = 1$. Para uma colisão plástica, $e = 0$.

$$e = \frac{(v_B)_2 - (v_A)_2}{(v_A)_1 - (v_B)_1}$$

Se o impacto é oblíquo, então a conservação da quantidade de movimento para o sistema e a equação do coeficiente de restituição aplicam-se ao longo da linha de impacto. Além disso, a conservação da quantidade de movimento para cada partícula aplica-se perpendicular a essa linha (plano de impacto), porque nenhum impulso atua sobre as partículas nessa direção.

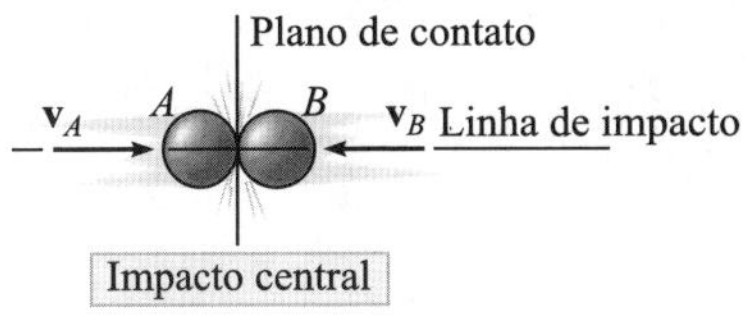

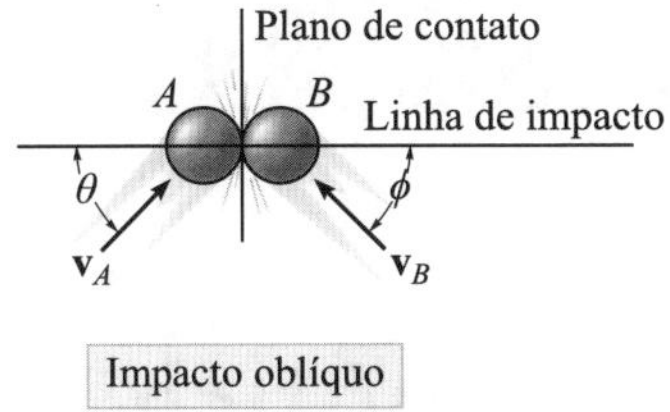

Princípio do impulso e quantidade de movimento angular

O momento da quantidade de movimento linear em relação a um eixo (z) é chamado de quantidade de movimento angular.

O princípio do impulso e quantidade de movimento angular é usado com frequência para eliminar impulsos desconhecidos somando-se os momentos em relação a um eixo através do qual as linhas de ação desses impulsos não produzem momento. Por essa razão, um diagrama de corpo livre deve acompanhar a solução.

$$(H_O)z = (d)(mv)$$

$$(\mathbf{H}_O)_1 + \Sigma \int_{t_1}^{t_2} \mathbf{M}_O dt = (\mathbf{H}_O)_2$$

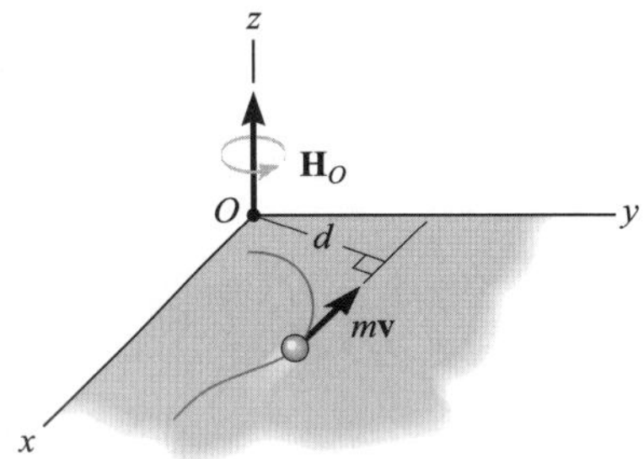

Escoamento estacionário de fluidos

Métodos do impulso e quantidade de movimento são usados com frequência para determinar forças que um dispositivo exerce sobre o escomento da massa de um fluido – líquido ou gás. Para fazê-lo, é construído um diagrama de corpo livre da massa do fluido em contato com o dispositivo, de modo a identificar essas forças. Além disso, a velocidade do fluido quando este flui para dentro e para fora de um volume de controle do dispositivo é calculada. As equações do escoamento estacionário envolvem a somatória das forças e dos momentos para determinar essas reações.

$$\Sigma \mathbf{F} = \frac{dm}{dt}(\mathbf{v}_B - \mathbf{v}_A)$$

$$\Sigma \mathbf{M}_O = \frac{dm}{dt}(\mathbf{r}_B \times \mathbf{v}_B - \mathbf{r}_A \times \mathbf{v}_A)$$

Propulsão com massa variável

Alguns dispositivos, tais como um foguete, perdem massa ao serem propelidos para frente. Outros ganham massa, tal como uma pá. Podemos calcular esse ganho ou perda de massa ao aplicar o princípio do impulso e quantidade de movimento ao volume de controle do dispositivo. A partir dessa equação, a força exercida sobre o dispositivo pelo fluxo de massa pode então ser determinada.

$$\Sigma F_{cv} = m\frac{dv}{dt} - v_{D/e}\frac{dm_e}{dt}$$

Perde massa

$$\Sigma F_{cv} = m\frac{dv}{dt} + v_{D/i}\frac{dm_i}{dt}$$

Ganha massa

REVISÃO

1

Cinemática e cinética de uma partícula

Os tópicos e problemas apresentados nos capítulos 12 a 15 foram todos *categorizados* a fim de proporcionar um *foco claro* para o aprendizado dos vários princípios de resolução de problemas envolvidos. Na prática da engenharia, porém, é mais importante conseguir *identificar* um método apropriado para a solução de um problema particular. Sob esse aspecto, devem-se entender inteiramente as limitações e o uso das equações da dinâmica e conseguir reconhecer quais equações e princípios usar para a solução dos problemas. Por essas razões, resumiremos agora as equações e os princípios da dinâmica da partícula e proporcionaremos a oportunidade de aplicá-las a uma variedade de problemas.

Cinemática

Problemas de cinemática requerem o estudo da geometria do movimento e não consideram as forças que causam o movimento. Quando as equações da cinemática são aplicadas, deve-se estabelecer com clareza uma origem fixa e selecionar um sistema de coordenadas apropriado, usado para definir a posição da partícula. Uma vez que a direção positiva de cada eixo de coordenadas for estabelecida, as direções das componentes de posição, velocidade e aceleração podem ser determinadas a partir do sinal algébrico de suas quantidades numéricas.

Movimento retilíneo

Aceleração variável. Se uma relação matemática (ou gráfica) for estabelecida entre *quaisquer duas* de *quatro* variáveis s, v, a e t, então uma *terceira* variável pode ser determinada usando-se uma das seguintes equações que relacionam todas as três variáveis.

$$v = \frac{ds}{dt} \qquad a = \frac{dv}{dt} \qquad a\,ds = v\,dv$$

Aceleração constante. Esteja *absolutamente* certo de que a aceleração é constante ao usar as equações seguintes:

$$s = s_0 + v_0 t + \frac{1}{2} a_c t^2 \qquad v \qquad v_0 + a_c t \qquad v^2 = v_0^2 + 2a_c(s - s_0)$$

Movimento curvilíneo

Coordenadas x, y, z. Estas coordenadas são usadas com frequência quando o movimento pode ser decomposto em componentes retangulares. Elas também são úteis para estudar movimento de projéteis, visto que a aceleração do projétil é *sempre* descendente.

$$v_x = \dot{x} \quad a_x = \dot{v}_x$$
$$v_y = \dot{y} \quad a_y = \dot{v}_y$$
$$v_z = \dot{z} \quad a_z = \dot{v}_z$$

Coordenadas n, t, b. Estas coordenadas são particularmente proveitosas para o estudo da *aceleração* da partícula ao longo de uma trajetória conhecida. Isso porque as componentes t e n de **a** representam variações separadas na intensidade e na direção da velocidade, respectivamente, e essas componentes podem ser prontamente formuladas.

$$v = \dot{s}$$
$$a_t = \dot{v} = v\frac{dv}{ds}$$
$$a_n = \frac{v^2}{\rho}$$

onde:

$$\rho = \left| \frac{[1 + (dy/dx)^2]^{3/2}}{d^2y/dx^2} \right|$$

quando a trajetória $y = f(x)$ é dada.

Coordenadas r, θ, z. Estas coordenadas são usadas quando dados relativos ao movimento angular da coordenada radial r são fornecidos para descrever o movimento da partícula. Além disso, algumas trajetórias de movimento podem ser descritas convenientemente ao usarem-se essas coordenadas.

$$v_r = \dot{r} \qquad a_r = \ddot{r} - r\dot{\theta}^2$$
$$v_\theta = r\dot{\theta} \qquad a_\theta = r\ddot{\theta} + 2\dot{r}\dot{\theta}$$
$$v_z = \dot{z} \qquad a_z = \ddot{z}$$

Movimento relativo

Se a origem de um sistema de coordenadas *transladando* for estabelecida na partícula A, então, para a partícula B,

$$\mathbf{r}_B = \mathbf{r}_A + \mathbf{r}_{B/A}$$
$$\mathbf{v}_B = \mathbf{v}_A + \mathbf{v}_{B/A}$$
$$\mathbf{a}_B = \mathbf{a}_A + \mathbf{a}_{B/A}$$

Aqui o movimento relativo é medido por um observador fixo no sistema de coordenadas transladando.

Cinética

Problemas de cinética envolvem a análise de forças que causam o movimento. Ao aplicarem-se as equações da cinética, é absolutamente necessário que as medições do movimento sejam feitas a partir de um *sistema de coordenadas inercial*, ou seja, um que não rotacione e seja fixo ou translade com velocidade constante. Se um problema requer *soluções simultâneas* das equações da cinética e cinemática, então é importante que o sistema de coordenadas selecionado para escrever cada uma das equações defina as *direções positivas* do eixo da *mesma* maneira.

Equações de movimento

Estas equações são usadas para determinar a aceleração da partícula ou as forças causando o movimento. Se forem usadas para determinar uma posição da partícula, velocidade, ou tempo do movimento, então a cinemática também deverá ser considerada para completar a solução. Antes de aplicar as equações de movimento, sempre construa um diagrama de corpo livre para identificar todas as forças atuando sobre a partícula. Além disso, estabeleça a direção da aceleração da partícula ou de suas componentes. (Um diagrama cinético pode acompanhar a solução, de modo a considerar graficamente o vetor $m\mathbf{a}$).

$$\Sigma F_x = ma_x \qquad \Sigma F_n = ma_n \qquad \Sigma F_r = ma_r$$

$$\Sigma F_y = ma_y \qquad \Sigma F_t = ma_t \qquad \Sigma F_\theta = ma_\theta$$

$$\Sigma F_z = ma_z \qquad \Sigma F_b = 0 \qquad \Sigma F_z = ma_z$$

Trabalho e energia

A equação de trabalho e energia representa uma forma integrada da equação tangencial do movimento, $\Sigma F_t = ma_t$, combinada com a cinemática ($a_t\, ds = v\, dv$). *É usada para resolver problemas envolvendo força, velocidade e deslocamento.* Antes de aplicar essa equação, *sempre construa um diagrama de corpo livre*, para identificar as forças que realizam trabalho sobre a partícula.

$$T_1 + \Sigma U_{1-2} = T_2$$

onde:

$$T = \frac{1}{2}mv^2 \qquad \text{(energia cinética)}$$

$$U_F = \int_{s_1}^{s_2} F\cos\theta\, ds \qquad \text{(trabalho de uma força variável)}$$

$$U_{F_c} = F_c\cos\theta(s_2 - s_1) \qquad \text{(trabalho de uma força constante)}$$

$$U_W = -W\Delta y \qquad \text{(trabalho de um peso)}$$

$$U_s = -\left(\frac{1}{2}ks_2^2 - \frac{1}{2}ks_1^2\right) \qquad \text{(trabalho de uma mola elástica)}$$

Se as forças atuando sobre a partícula forem *forças conservativas*, ou seja, aquelas que *não* causam uma dissipação de energia, tal como o atrito, então aplique a equação da conservação de energia. Esta equação é mais fácil de usar do que a equação de trabalho e energia, visto que ela se aplica apenas em *dois pontos* da trajetória e *não* exige o cálculo do trabalho realizado por uma força quando a partícula se desloca ao longo da trajetória.

$$T_1 + V_1 = T_2 + V_2$$

onde: $V = V_g + V_e$ e

$$V_g = Wy \text{ (energia potencial gravitacional)}$$

$$V_e = \frac{1}{2}ks^2 \text{ (energia potencial elástica)}$$

Se a *potência* desenvolvida por uma força deve ser determinada, use:

$$P = \frac{dU}{dt} = \mathbf{F}\cdot\mathbf{v}$$

onde: $\mathbf{v}$ é a velocidade da partícula submetida à força $\mathbf{F}$.

Impulso e quantidade de movimento

A equação de *impulso e quantidade de movimento linear* é uma forma integrada da equação de movimento, $\Sigma\mathbf{F} = m\mathbf{a}$, combinada com a cinemática ($\mathbf{a} = d\mathbf{v}/dt$). *Ela é usada para resolver problemas envolvendo força, velocidade e tempo.* Antes de aplicar esta equação, deve-se *sempre construir o diagrama de corpo livre*, a fim de identificar todas as forças que causam impulsos sobre a partícula. A partir do diagrama, forças impulsivas e não impulsivas devem ser identificadas. Lembre que as forças não impulsivas podem ser desprezadas na análise durante o tempo do impacto. Também estabeleça a direção da velocidade da partícula imediatamente antes e logo após os impulsos terem sido aplicados. Como um procedimento alternativo, diagramas de impulso e quantidade de movimento podem acompanhar a solução, a fim de levar em conta os termos na equação graficamente.

$$m\mathbf{v}_1 + \Sigma\int_{t_1}^{t_2} \mathbf{F}\,dt = m\mathbf{v}_2$$

Se várias partículas estão envolvidas no problema, considere aplicar a *conservação da quantidade de movimento* ao sistema a fim de eliminar os impulsos internos da análise. Isso pode ser feito em uma direção específica, desde que nenhum impulso externo atue sobre as partículas naquela direção.

$$\Sigma m\mathbf{v}_1 = \Sigma m\mathbf{v}_2$$

Se o problema envolve impacto e é dado o coeficiente de restituição e, então aplique a equação seguinte.

$$e = \frac{(v_B)_2 - (v_A)_2}{(v_A)_1 - (v_B)_1} \quad \text{(ao longo da linha de impacto)}$$

Lembre que, durante o impacto, o princípio de trabalho e energia não pode ser usado, visto que as partículas deformam e, portanto, o trabalho decorrente das forças internas será desconhecido. O princípio de trabalho e energia pode ser usado, entretanto, para determinar a perda de energia durante a colisão, uma vez que as velocidades inicial e final da partícula são determinadas.

O *princípio do impulso e quantidade de movimento angular* e a *conservação da quantidade de movimento angular* podem ser aplicados em relação a um eixo a fim de *eliminar* alguns dos impulsos desconhecidos atuando sobre a partícula durante o período quando seu movimento é estudado. A investigação do diagrama de corpo livre da partícula (ou diagrama de impulso) ajudará na escolha do eixo para a aplicação.

$$(\mathbf{H}_O)_1 + \Sigma\int_{t_1}^{t_2} \mathbf{M}_O dt = (\mathbf{H}_O)_2$$

$$(\mathbf{H}_O)_1 = (\mathbf{H}_O)_2$$

Os problemas a seguir fornecem uma oportunidade para aplicar os conceitos acima. Eles são apresentados em *ordem aleatória* de modo a obter prática na identificação dos vários tipos de problemas e no desenvolvimento das habilidades necessárias para suas soluções.

Problemas

1.1. A bola é jogada horizontalmente com uma velocidade de 8 m/s. Encontre a equação da trajetória, $y = f(x)$, e então determine a velocidade da bola e as componentes normais e tangenciais da aceleração quando $t = 0{,}25$ s.

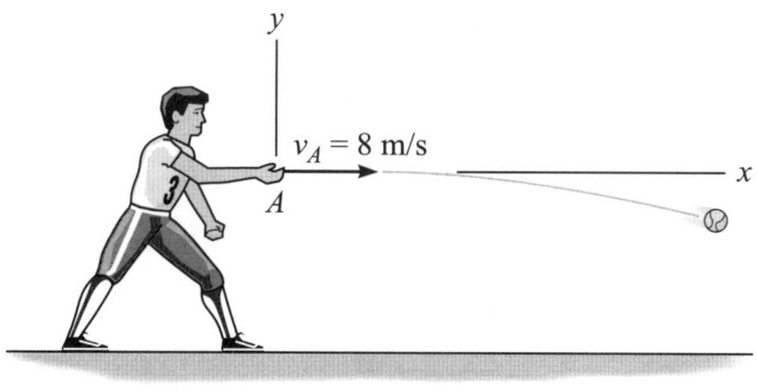

Problema 1.1

1.2. Caixas de papelão tendo uma massa de 5 kg precisam se deslocar ao longo da linha de montagem com uma velocidade constante de 8 m/s. Determine o menor raio de curvatura, ρ, para o transportador, de maneira que as caixas não escorreguem. Os coeficientes de atrito estático e cinético entre a caixa de papelão e o transportador são $\mu_s = 0{,}7$ e $\mu_k = 0{,}5$, respectivamente.

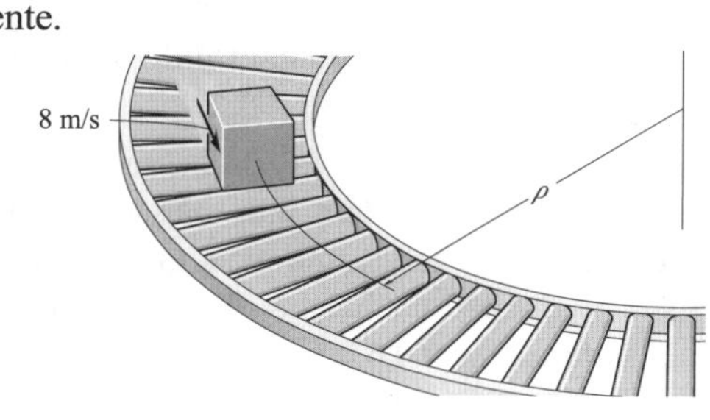

Problema 1.2

1.3. Uma pequena partícula de metal se desloca para baixo através de um meio fluido enquanto é submetida à atração de um campo magnético tal que sua posição é $s = (15t^3 - 3t)$ mm, onde t é dado em segundos. Determine: (a) o deslocamento da partícula de $t = 2$ s para $t = 4$ s; e (b) a velocidade e aceleração da partícula quando $t = 5$ s.

***1.4.** A trajetória de voo de um avião a jato quando ele decola é definida pelas equações paramétricas $x = 1{,}25t^2$ e $y = 0{,}03t^3$, onde t é o tempo após a decolagem, medido em segundos, e x e y são dados em metros. Se o avião começa a nivelar em $t = 40$ s, determine, neste instante: (a) a distância horizontal que ele está do aeroporto; (b) sua altitude; (c) sua velocidade; e (d) a intensidade de sua aceleração.

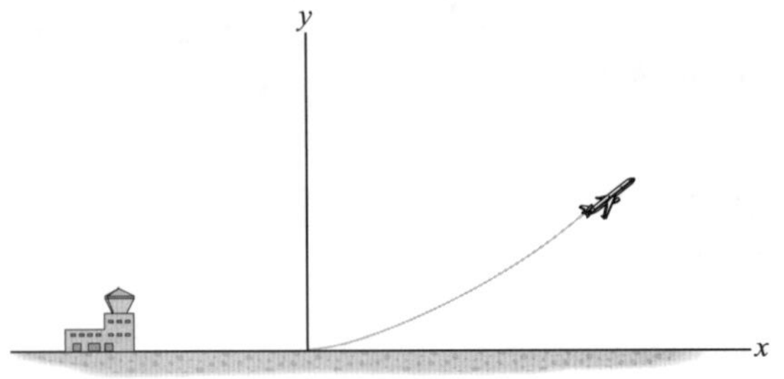

Problema 1.4

1.5. O garoto salta do vagão-plataforma em A com uma velocidade $v' = 1{,}2$ m/s em relação ao vagão, como mostrado. Se ele pousa no segundo vagão-plataforma B, determine a velocidade final dos dois vagões após o movimento. Cada vagão tem uma massa de 40 kg. A massa do garoto é 30 kg. Os dois vagões estão originalmente em repouso. Despreze a massa das rodas dos vagões.

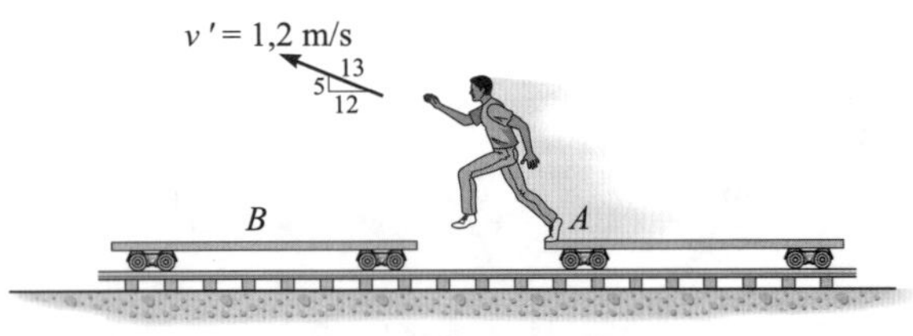

Problema 1.5

1.6. O homem A tem uma massa de 87,5 kg e salta do repouso a uma altura $h = 2{,}4$ m para uma plataforma P, que tem uma massa de 30 kg. A plataforma está montada sobre uma mola que tem uma rigidez $k = 3000$ N/m. Determine: (a) as velocidades de A e P logo após o impacto; e (b) a compressão máxima causada à mola pelo impacto. Suponha que o coeficiente de restituição entre o homem e a plataforma é $e = 0{,}6$, e que o homem se mantém rígido durante o movimento.

1.7. O homem A tem uma massa de 50 kg e salta do repouso para uma plataforma P, que tem uma massa de 30 kg. A plataforma está montada sobre uma mola que tem uma rigidez $k = 3000$ N/m. Se o coeficiente de restituição entre o homem e a plataforma é $e = 0{,}6$, e o homem se mantém rígido durante o movimento, determine a altura do salto h necessária para que a compressão máxima da mola seja 0,6 m.

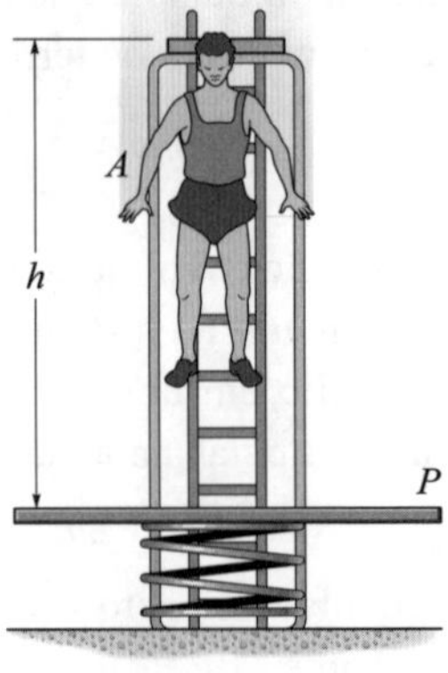

Problemas 1.6/7

***1.8.** O caminhão de bagagem A tem uma massa de 800 kg e é usado para puxar cada um dos carrinhos de 300 kg. Determine a tração nos engates em B e C se a força de tração **F** do caminhão é $F = 480$ N. Qual é a velocidade do caminhão quando $t = 2$ s, partindo do repouso? As rodas do caminhão estão livres para rodar. Despreze a massa das rodas.

1.9. O caminhão de bagagem A tem uma massa de 800 kg e é usado para puxar cada um dos carrinhos de 300 kg. Se a força de tração **F** do caminhão é $F = 480$ N, determine a aceleração do caminhão. Qual é a aceleração do caminhão se o engate em C subitamente quebra? As rodas do carrinho estão livres para rodar. Despreze a massa das rodas.

Problemas 1.8/9

1.10. Um carrinho se desloca a 24 m/s quando os freios são subitamente aplicados, causando uma desaceleração constante de 3 m/s^2. Determine o tempo necessário para parar o carro e a distância deslocada antes que ele pare.

1.11. Determine a velocidade do bloco B se a extremidade do cabo em C é puxada para baixo com uma velocidade de 3 m/s. Qual é a velocidade relativa do bloco em relação a C?

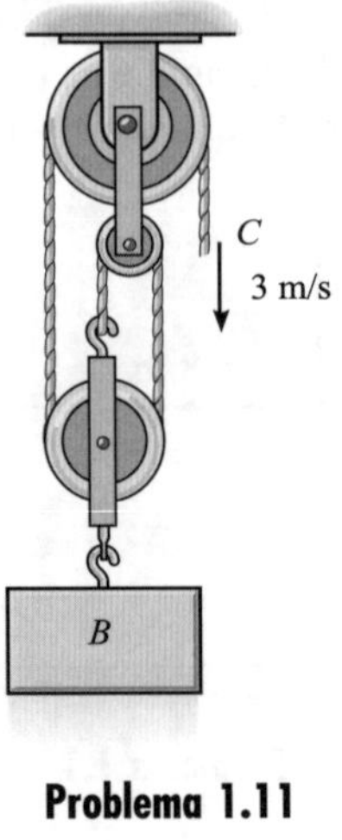

Problema 1.11

***1.12.** O esquiador parte do repouso em A e desce a rampa. Se o atrito e a resistência do ar podem ser desprezados, determine sua velocidade v_B quando ele alcança B. Também calcule a distância s onde ele atinge o solo em C, se ele realiza o salto deslocando-se horizontalmente em B. Despreze a dimensão do esquiador. Ele tem uma massa de 70 kg.

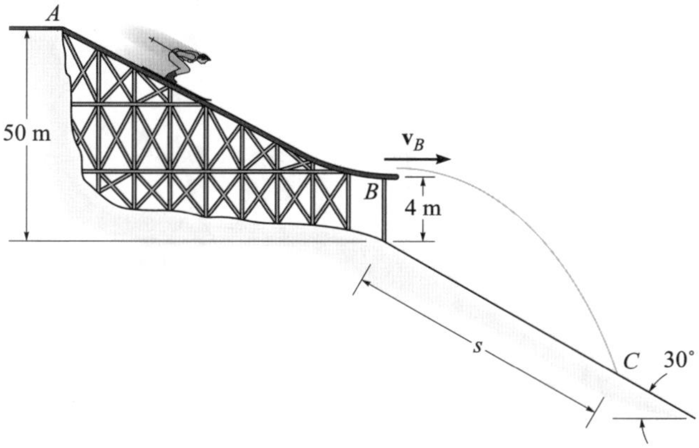

Problema 1.12

1.13. A posição de uma partícula é definida por $\mathbf{r} = \{5(\cos 2t)\mathbf{i} + 4(\text{sen } 2t)\mathbf{j}\}$ m, onde t é dado em segundos e os argumentos para o seno e cosseno são dados em radianos. Determine as intensidades de velocidade e aceleração da partícula quando $t = 1$ s. Também prove que a trajetória da partícula é elíptica.

1.14. O cilindro de 2,5 kg passa por A com uma velocidade $v_A = 3$ m/s e cai sobre a plataforma. Determine o deslocamento máximo da plataforma causado pela colisão. A mola tem um comprimento não deformado de 0,525 m e é originalmente mantida em compressão por cabos de 0,3 m presos à plataforma. Despreze as massas da plataforma e da mola e qualquer energia perdida durante a colisão.

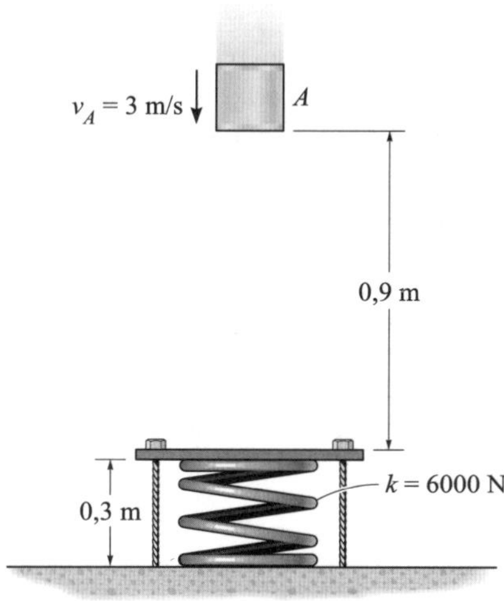

Problema 1.14

1.15. O bloco tem uma massa de 50 kg e repousa sobre a superfície da carreta tendo uma massa de 75 kg. Se a mola que está presa à carreta e não ao bloco é comprimida 0,2 m e o sistema é solto do repouso, determine a velocidade do bloco após a mola deixar de estar deformada. Despreze a massa das rodas da carreta e da mola no cálculo. Também despreze o atrito. Considere $k = 300$ N/m.

***1.16.** O bloco tem uma massa de 50 kg e repousa sobre a superfície da carreta tendo uma massa de 75 kg. Se a mola que está presa à carreta e não ao bloco é comprimida 0,2 m e o sistema é solto do repouso, determine a velocidade do bloco em relação à carreta após a mola deixar de estar deformada. Despreze a massa das rodas da carreta e da mola no cálculo. Também despreze o atrito. Considere $k = 300$ N/m.

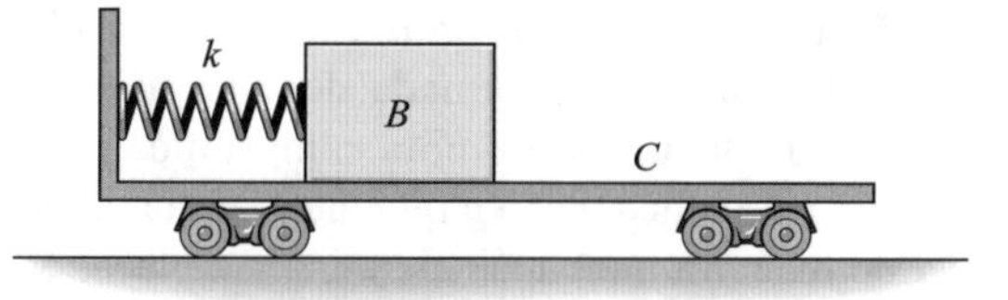

Problemas 1.15/16

1.17. Uma bola é lançada do ponto A em um ângulo de 30°. Determine as velocidades máxima e mínima v_A que ela pode ter de maneira que caia no recipiente.

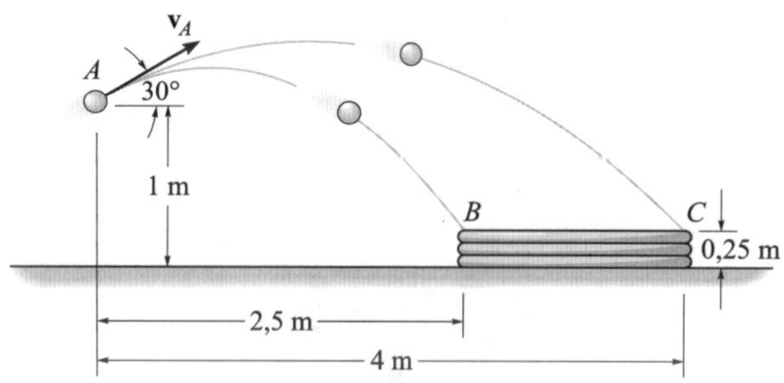

Problemas 1.17

1.18. No instante mostrado, os carros A e B se deslocam com velocidades de 55 km/h e 40 km/h, respectivamente. Se B está aumentando sua velocidade em 1200 km/h^2, enquanto A mantém sua velocidade constante, determine a velocidade e a aceleração de B em relação a A. O carro B se desloca ao longo de uma curva tendo um raio de curvatura de 0,5 km.

1.19. No instante mostrado, os carros A e B se deslocam com velocidades de 55 km/h e 40 km/h, respectivamente. Se B está reduzindo sua velocidade a 1500 km/h^2 enquanto A está aumentando sua velocidade a 800 km/h^2, determine a aceleração de B em relação a A. O carro B se desloca ao longo de uma curva tendo um raio de curvatura de 0,75 km.

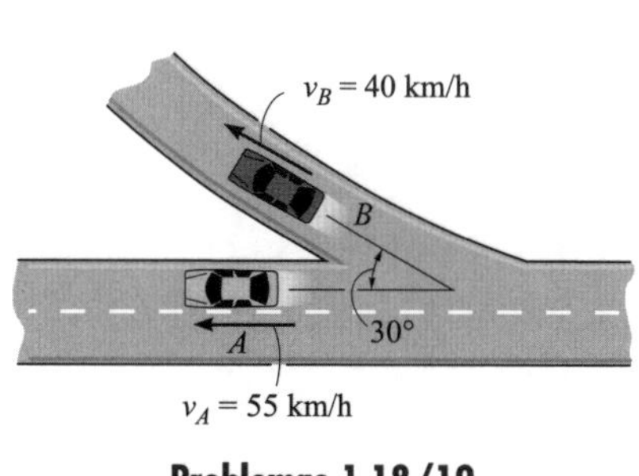

Problemas 1.18/19

***1.20.** Quatro cabos inelásticos C estão presos a uma placa P e mantêm a mola de 0,3 m de comprimento com 0,075 m em compressão quando *nenhum* peso está sobre a placa. Há também uma mola não deformada aninhada dentro dessa mola comprimida. Se o bloco, tendo uma massa de 5 kg, está se deslocando para baixo com $v = 1{,}2$ m/s, quando ele está 0,6 m acima da placa, determine a compressão máxima em cada mola após ele atingir a placa. Despreze a massa da placa e das molas, e qualquer energia perdida na colisão.

1.21. Quatro cabos inelásticos C estão presos à placa P e mantêm a mola de 0,3 m de comprimento com 0,075 m em compressão quando *nenhum peso* está sobre a placa. Há também uma mola não deformada de 0,15 m de comprimento aninhada dentro dessa mola comprimida. Determine a velocidade v do bloco de 5 kg quando ele está 0,6 m acima da placa de maneira que, após ele atingir a placa, ele comprima a mola aninhada, tendo uma rigidez de 10 kN/m, em uma quantidade de 0,06 m. Despreze a massa da placa e das molas e qualquer energia perdida na colisão.

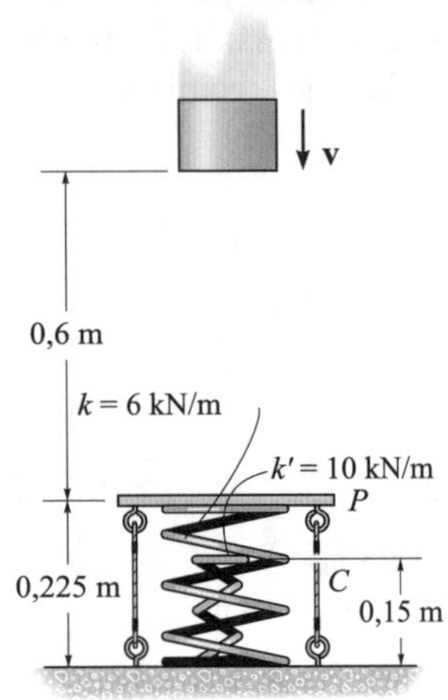

Problemas 1.20/21

1.22. A bobina de 2 kg S se ajusta livremente na barra inclinada rotativa cujo coeficiente de atrito estático é $\mu_s = 0{,}2$. Se a bobina está localizada a 0,25 m de A, determine a velocidade constante mínima que a bobina pode ter de modo a não deslizar para baixo da barra.

1.23. A bobina de 2 kg S se ajusta livremente na barra inclinada rotativa cujo coeficiente de atrito estático é $\mu_s = 0{,}2$. Se a bobina está localizada a 0,25 m de A, determine a velocidade constante máxima que a bobina pode ter de modo a não deslizar para cima da barra.

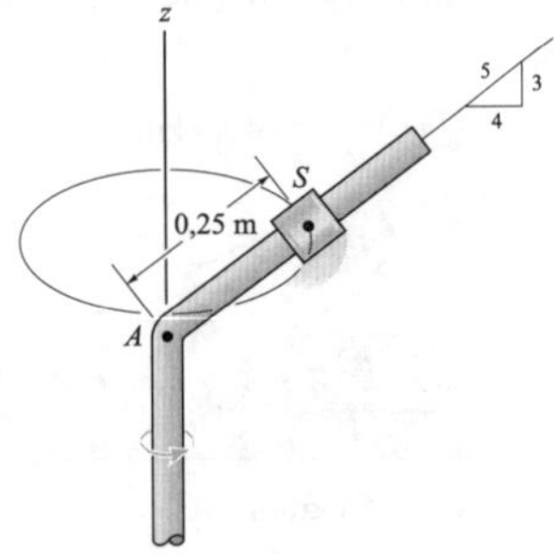

Problemas 1.22/23

***1.24.** O tambor de enrolamento D recolhe o cabo a uma taxa acelerada de 5 m/s^2. Determine a tração do cabo se a caixa suspensa tem uma massa de 800 kg.

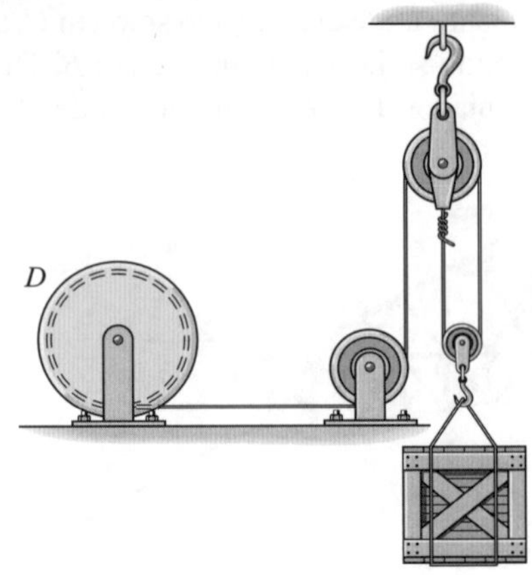

Problema 1.24

1.25. A garrafa repousa a uma distância de 1 m do centro da plataforma horizontal. Se o coeficiente de atrito estático entre a garrafa e a plataforma é $\mu_s = 0{,}3$, determine a velocidade máxima que a garrafa pode atingir antes de escorregar. Suponha que o movimento angular da plataforma está aumentando lentamente.

1.26. Trabalhe o problema anterior supondo que a plataforma começa a girar do repouso de maneira que a velocidade da garrafa é aumentada em 0,6 m/s^2.

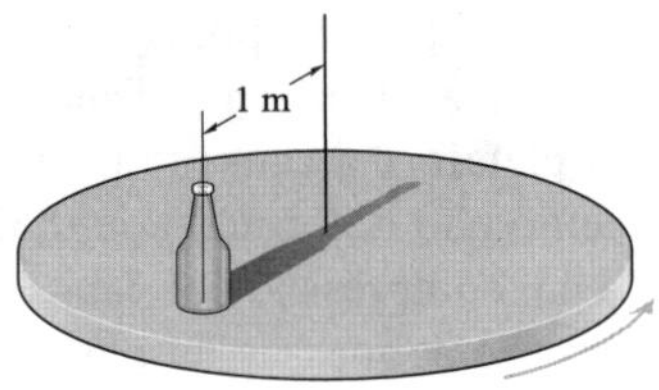

Problemas 1.25/26

1.27. O homem de 75 kg se recosta no acolchoado cujo coeficiente de atrito estático é $\mu_s = 0{,}5$. Determine as forças de atrito e normal resultantes que o acolchoado exerce sobre ele se, em virtude da rotação em torno do eixo z, ele tem uma velocidade constante de $v = 6$ m/s. Despreze a dimensão do homem. Suponha $\theta = 60°$.

***1.28.** O homem de 75 kg se recosta no acolchoado cujo coeficiente de atrito estático é $\mu_s = 0{,}5$. Se ele gira em torno do eixo z com uma velocidade constante $v = 9$ m/s, determine o menor ângulo θ do acolchoado no qual ele vai começar a escorregar para cima do acolchoado.

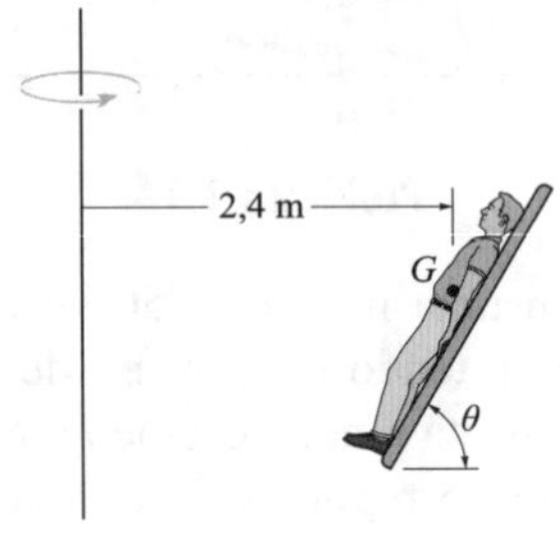

Problemas 1.27/28

1.29. O motor puxa o cabo em A com uma força $F = 4{,}905(30 + t^2)$ N, onde t é dado em segundos. Se a caixa de 17 kg está originalmente em repouso no solo quando $t = 0$, determine sua velocidade quando $t = 4$ s. Despreze a massa do cabo e das polias. *Dica:* primeiro determine o tempo necessário para começar a içar a caixa.

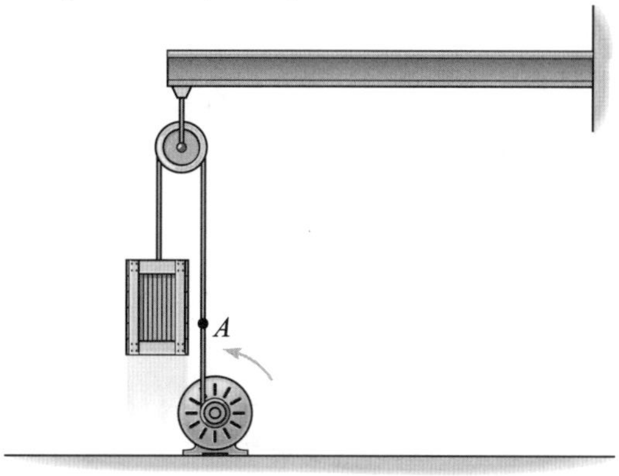

Problema 1.29

1.30. O motor puxa o cabo em A com uma força $F = 5(e^{2t})$ N, onde t é dado em segundos. Se a caixa de 17 kg está originalmente em repouso no solo quando $t = 0$, determine a velocidade da caixa quando $t = 2$ s. Despreze a massa do cabo e das polias. *Dica*: primeiro determine o tempo necessário para começar a içar a caixa.

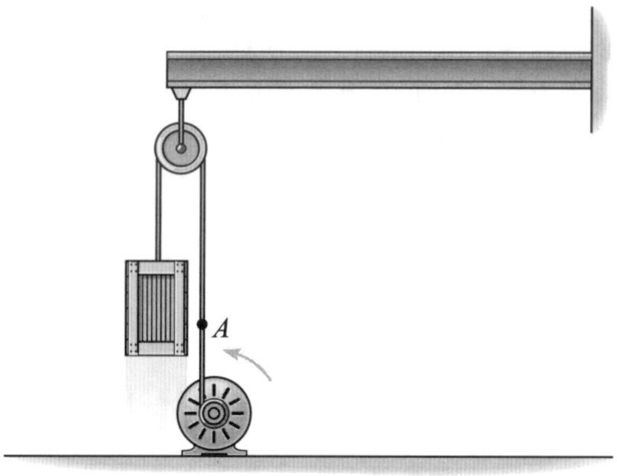

Problema 1.30

1.31. O anel tem uma massa de 2 kg e se desloca ao longo da barra *horizontal* lisa definida pela espiral equiângula $r = (e^{\theta})$ m, onde θ é dado em radianos. Determine a força tangencial **F** e a força normal **N** atuando sobre o anel quando $\theta = 45°$, se a força **F** mantém um movimento angular constante $\dot{\theta} = 2$ rad/s.

1.32. O anel tem uma massa de 2 kg e se desloca ao longo da barra *horizontal* lisa definida pela espiral equiângula $r = (e^{\theta})$ m, onde θ é dado em radianos. Determine a força tangencial **F** e a força normal **N** atuando sobre o anel quando $\theta = 90°$, se a força **F** mantém um movimento angular constante $\dot{\theta} = 2$ rad/s.

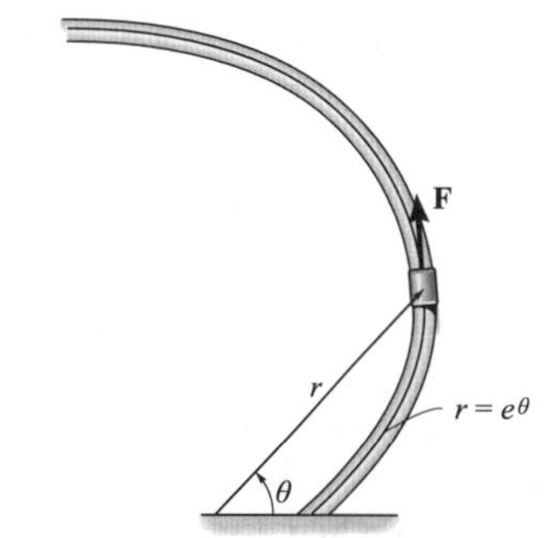

Problemas 1.31/32

1.33. A aceleração de uma partícula ao longo de uma linha reta é definida por $a = (2t - 9)$ m/s^2, onde t é dado em segundos. Quando $t = 0$, $s = 1$ m e $v = 10$ m/s. Quando $t = 9$ s, determine: (a) a posição da partícula; (b) a distância total deslocada; e (c) a velocidade. Suponha que a direção positiva é para a direita.

1.34. O carrinho de mineração de 400 kg é içado aclive acima utilizando o cabo e o motor M. Por um curto período, a força no cabo é $F = (3200t^2)$ N, onde t é dado em segundos. Se o carrinho tem uma velocidade inicial $v_1 = 2$ m/s quando $t = 0$, determine sua velocidade quando $t = 2$ s.

1.35. O carrinho de mineração de 400 kg é içado aclive acima utilizando o cabo e o motor M. Por um curto período de tempo, a força no cabo é $F = (3200t^2)$ N, onde t é dado em segundos. Se o carrinho tem uma velocidade inicial $v_1 = 2$ m/s em $s = 0$ e $t = 0$, determine a distância que ele sobe o aclive quando $t = 2$ s.

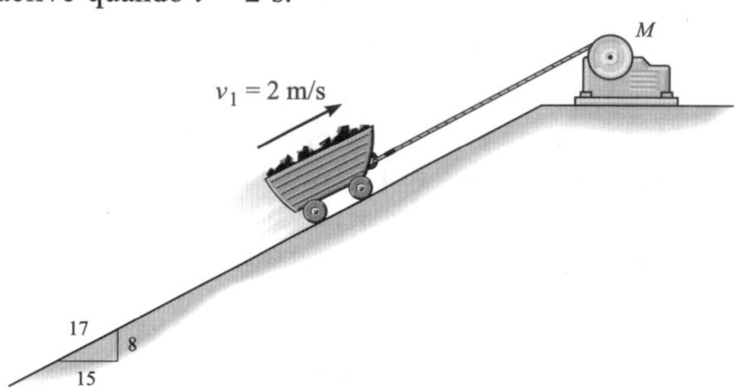

Problemas 1.34/35

***1.36.** O trenó a foguete tem uma massa de 4 Mg e se desloca ao longo da pista horizontal lisa de maneira tal a manter uma potência de saída constante de 450 kW. Despreze a perda de massa do combustível e a resistência do ar e determine a distância que o trenó tem de se mover para atingir uma velocidade de $v = 60$ m/s partindo do repouso.

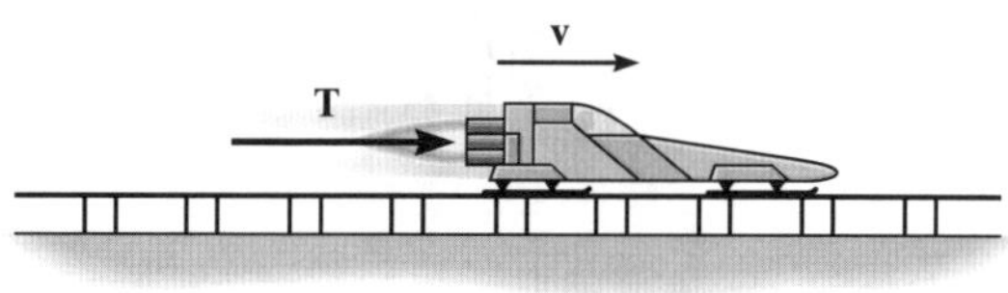

Problema 1.36

1.37. O anel tem uma massa de 20 kg e pode deslizar livremente sobre a barra lisa. As molas ligadas a ele não estão deformadas quando $d = 0{,}5$ m. Determine a velocidade do anel após a força aplicada $F = 100$ N causar um deslocamento $d = 0{,}3$ m. Quando $d = 0{,}5$ m, o anel está em repouso.

1.38. O anel tem uma massa de 20 kg e pode deslizar livremente sobre a barra lisa. As molas ligadas a ele estão ambas comprimidas 0,4 m quando $d = 0{,}5$ m. Determine a velocidade do anel após a força aplicada $F = 100$ N causar um deslocamento $d = 0{,}3$ m. Quando $d = 0{,}5$ m, o anel está em repouso.

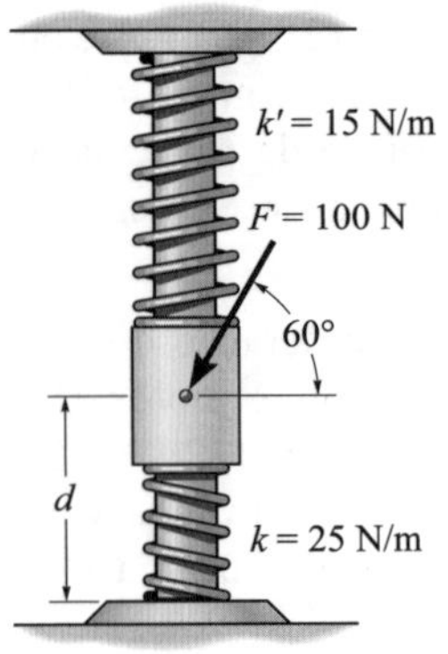

Problemas 1.37/38

1.39. A montagem consiste de dois blocos A e B, que têm massas de 20 kg e 30 kg, respectivamente. Determine a velocidade de cada bloco quando B desce 1,5 m. Os blocos são soltos do repouso. Despreze a massa das polias e das cordas.

***1.40.** A montagem consiste de dois blocos A e B, que têm massas de 20 kg e 30 kg, respectivamente. Determine a distância que B tem de descer a fim de que A alcance uma velocidade de 3 m/s partindo do repouso.

Problemas 1.39/40

1.41. O bloco A, tendo uma massa m, é solto do repouso, cai de uma altura h e atinge a placa B tendo uma massa $2m$. Se o coeficiente de restituição entre A e B é e, determine a velocidade da placa logo após a colisão. A mola tem uma rigidez k.

1.42. O bloco A, tendo uma massa de 2 kg, é solto do repouso, cai de uma altura $h = 0{,}5$ m, e atinge a placa B tendo uma massa de 3 kg. Se o coeficiente de restituição entre A e B é $e = 0{,}6$, determine a velocidade do bloco logo após a colisão. A mola tem uma rigidez $k = 30$ N/m.

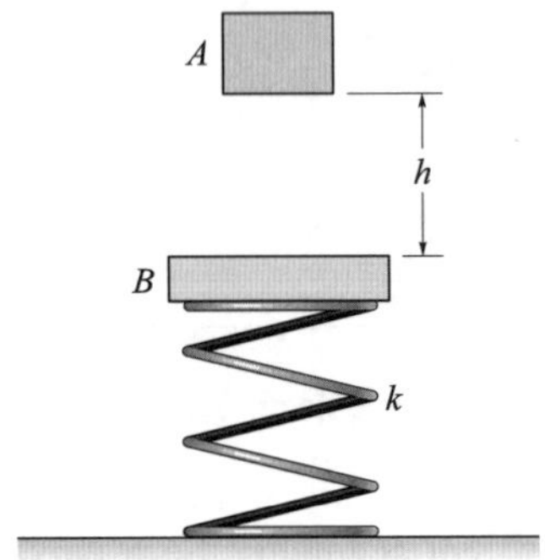

Problemas 1.41/42

1.43. O tampão cilíndrico tem uma massa de 1 kg e está livre para se mover dentro dos limites do tubo liso. A mola tem uma rigidez $k = 210$ N/m e, quando nenhum movimento ocorre, a distância $d = 0{,}15$ m. Determine a força da mola sobre o tampão quando ela está em repouso em relação ao tubo. O tampão se desloca em um círculo com uma velocidade constante de 4,5 m/s, que é causada pela rotação do tubo em torno do eixo vertical. Despreze a dimensão do tampão.

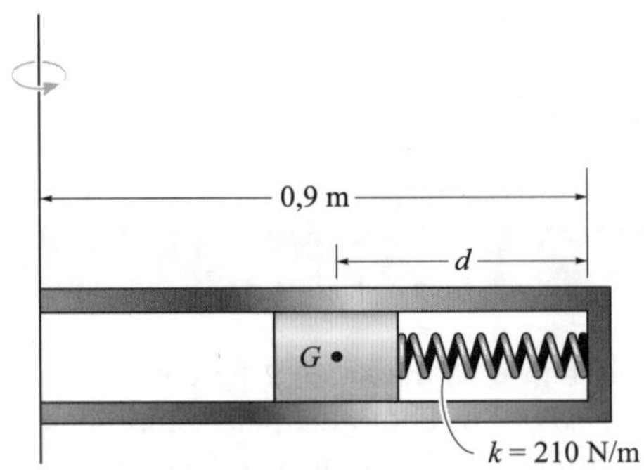

Problema 1.43

1.44. Uma bala de 20 g é disparada horizontalmente no bloco de 300 g que repousa sobre a superfície lisa. Após a bala ficar embutida no bloco, este se desloca para a direita 0,3 m antes de momentaneamente chegar ao repouso. Determine a velocidade $(v_B)_1$ da bala. A mola tem uma rigidez $k = 200$ N/m e está originalmente não deformada.

1.45. A bala de 20 g é disparada horizontalmente com $(v_B)_1 = 1200$ m/s no bloco de 300 g que repousa sobre a superfície lisa. Determine a distância que o bloco se desloca para a direita antes de chegar momentaneamente ao repouso. A mola tem uma rigidez $k = 200$ N/m e está originalmente não deformada.

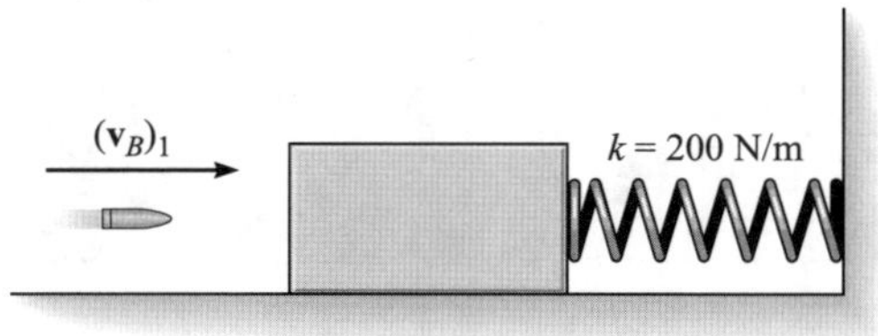

Problemas 1.44/45

1.46. Uma partícula de massa m é disparada a um ângulo θ_0 com uma velocidade $\mathbf{v}_0$ em um líquido que desenvolve uma resistência ao arrasto $F = -kv$, onde k é uma constante. Determine a velocidade máxima ou terminal alcançada pela partícula.

1.47. Um projétil de massa m é disparado em um líquido a um ângulo θ_0 com uma velocidade inicial $\mathbf{v}_0$, como mostrado. Se o líquido desenvolve um atrito ou resistência ao arrasto sobre o projétil que é proporcional à sua velocidade, ou seja, $F = -kv$, onde k é uma constante, determine as componentes x e y de sua posição em qualquer instante. Além disso, qual é a distância máxima $x_{máx}$ que ele se desloca?

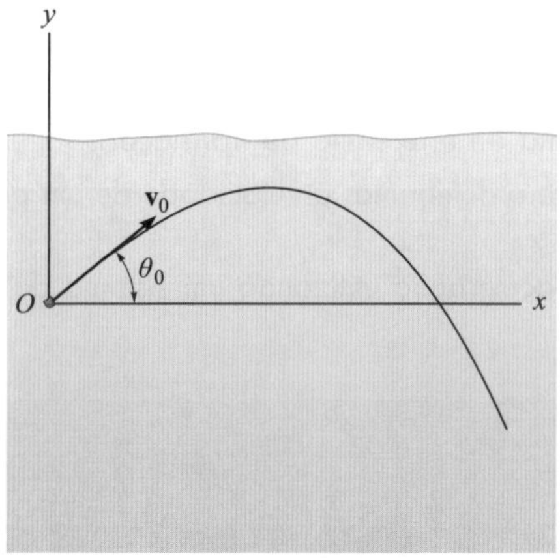

Problemas 1.46/47

***1.48.** As posições das partículas A e B são $\mathbf{r}_A = \{3t\mathbf{i} + 9t(2 - t)\mathbf{j}\}$ m e $\mathbf{r}_B = \{3(t^2 - 2t + 2)\mathbf{i} + 3(t-2)\mathbf{j}\}$ m, respectivamente, onde t é dado em segundos. Determine o ponto onde as partículas colidem e suas velocidades imediatamente antes da colisão. Quanto tempo leva antes de a colisão ocorrer?

1.49. Determine a velocidade do automóvel se ele tem a aceleração mostrada e está se deslocando em uma estrada que tem um raio de curvatura de $\rho = 50$ m. Além disso, qual é a taxa de aumento na velocidade do automóvel?

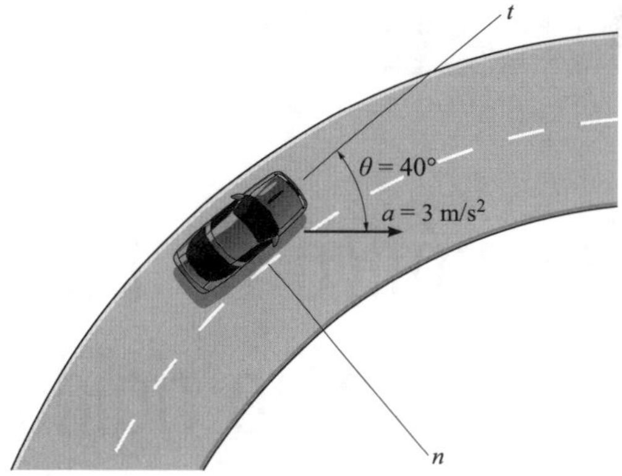

Problema 1.49

1.50. A mola tem uma rigidez $k = 50$ N/m e um comprimento não deformado de 0,6 m. Se ela está ligada por 2,5 kg ao anel liso e o anel é solto do repouso em A, determine a velocidade do anel imediatamente antes de bater no fim da barra em B. Despreze a dimensão do anel.

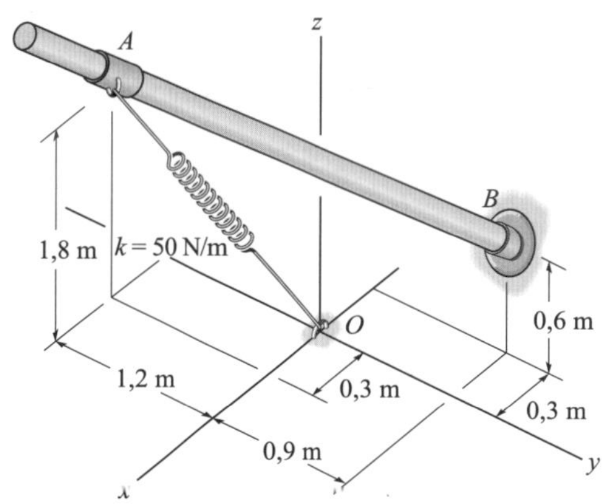

Problema 1.50

CAPÍTULO

16

Cinemática do movimento plano de um corpo rígido

Objetivos do capítulo

- Classificar os vários tipos de movimento plano de um corpo rígido.
- Investigar a translação de um corpo rígido e o movimento angular em torno de um eixo fixo.
- Estudar o movimento plano utilizando uma análise de movimento absoluto.
- Fornecer uma análise de movimento relativo utilizando um sistema de referência de translação.
- Mostrar como determinar o centro instantâneo de velocidade zero e determinar a velocidade de um ponto sobre um corpo utilizando este método.
- Fornecer uma análise de movimento relativo para velocidade e aceleração utilizando um sistema de referência de rotação.

16.1 Movimento plano de um corpo rígido

Neste capítulo, a cinemática do movimento plano de um corpo rígido será discutida. Este estudo é importante para o projeto de engrenagens, cames e mecanismos utilizados para muitas operações mecânicas. Assim que a cinemática estiver plenamente compreendida, então nós podemos aplicar as equações do movimento, que relacionam as forças sobre o corpo ao movimento do corpo.

O *movimento plano* de um corpo ocorre quando todas as partículas de um corpo rígido se deslocam ao longo de trajetórias que são equidistantes de um plano fixo. Há três tipos de movimento plano de um corpo rígido, em ordem de complexidade crescente; são eles:

- *Translação.* Este tipo de movimento ocorre quando uma linha sobre o corpo permanece paralela à sua orientação original durante o movimento. Quando as trajetórias do movimento para quaisquer dois pontos sobre o corpo são linhas paralelas, o movimento é chamado de *translação retilínea*

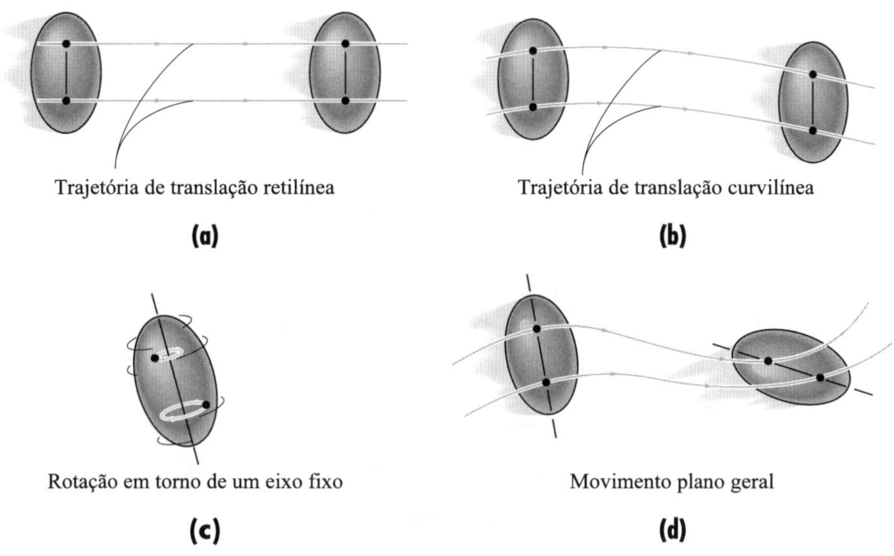

Figura 16.1

(Figura 16.1*a*). Se as trajetórias do movimento são ao longo de linhas curvas equidistantes, o movimento é chamado de *translação curvilínea* (Figura 16.1*b*).

- *Rotação em torno de um eixo fixo.* Quando um corpo rígido rotaciona em torno de um eixo fixo, todas as partículas do corpo, exceto aquelas que se encontram sobre o eixo de rotação, deslocam-se ao longo de trajetórias circulares (Figura 16.1*c*).
- *Movimento plano geral.* Quando um corpo é submetido ao movimento plano geral, ele sofre uma combinação de translação *e* rotação (Figura 16.1*d*). A translação ocorre dentro de um plano de referência e a rotação ocorre em torno de um eixo perpendicular ao plano de referência.

Nas seções a seguir, consideraremos cada um desses movimentos em detalhe. Exemplos dos corpos sofrendo esses movimentos são mostrados na Figura 16.2.

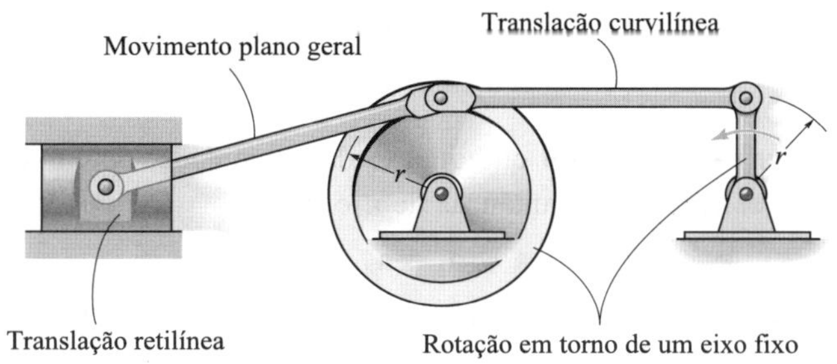

Figura 16.2

16.2 Translação

Considere um corpo rígido que é submetido a uma translação retilínea ou curvilínea no plano x–y (Figura 16.3).

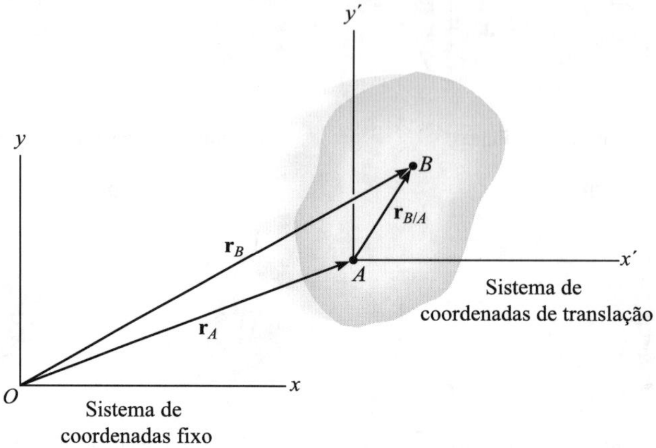

Figura 16.3

Posição

As posições dos pontos A e B sobre o corpo são definidas em relação a um sistema de referência fixo x, y utilizando-se os *vetores posição* $\mathbf{r}_A$ e $\mathbf{r}_B$. O sistema de coordenadas de translação x', y' está *fixo no corpo* e tem sua origem em A, daqui em diante referido como o *ponto base*. A posição de B em relação a A é denotada pelo *vetor posição relativa* $\mathbf{r}_{B/A}$ ('$\mathbf{r}$ de B em relação a A'). Pela adição vetorial,

$$\mathbf{r}_B = \mathbf{r}_A + \mathbf{r}_{B/A}$$

Velocidade

Uma relação entre as velocidades instantâneas de A e B é obtida fazendo a derivada temporal dessa equação, que resulta em $\mathbf{v}_B = \mathbf{v}_A + d\mathbf{r}_{B/A}/dt$. Aqui $\mathbf{v}_A$ e $\mathbf{v}_B$ denotam *velocidades absolutas,* já que esses vetores são medidos em relação aos eixos x, y. O termo $d\mathbf{r}_{B/A}/dt = \mathbf{0}$, visto que a *intensidade* de $\mathbf{r}_{B/A}$ é *constante* por definição de um corpo rígido, e porque o corpo está transladando a *direção* de $\mathbf{r}_{B/A}$ também é constante. Portanto,

$$\mathbf{v}_B = \mathbf{v}_A$$

Aceleração

Fazendo a derivada temporal da equação da velocidade, obtém-se uma relação similar entre as acelerações instantâneas de A e B:

$$\mathbf{a}_B = \mathbf{a}_A$$

As duas equações acima indicam que *todos os pontos em um corpo rígido submetidos a uma translação retilínea ou curvilínea se deslocam com a mesma velocidade e aceleração.* Como resultado, a cinemática do movimento da partícula, discutida no Capítulo 12, também pode ser usada para especificar a cinemática de pontos localizados em um corpo rígido em translação.

16.3 Rotação em torno de um eixo fixo

Quando um corpo rotaciona em torno de um eixo fixo, qualquer ponto P localizado no corpo se desloca ao longo de uma *trajetória circular*. Para estudar esse movimento, é necessário primeiro discutir o movimento angular do corpo em torno do eixo.

Movimento angular

Visto que um ponto é adimensional, ele não pode ter movimento angular. *Apenas linhas ou corpos sofrem movimento angular*. Por exemplo, considere o corpo mostrado na Figura 16.4*a* e o movimento angular de uma linha radial r localizada dentro do plano sombreado.

Posição angular

No instante mostrado, a *posição angular* de r é definida pelo ângulo θ, medida a partir de uma linha de referência *fixa* em relação a r.

Deslocamento angular

A variação na posição angular, que pode ser medida como um diferencial $d\boldsymbol{\theta}$, é chamada de *deslocamento angular*.* Esse vetor tem uma *intensidade* de $d\theta$, medida em graus, radianos ou revoluções, onde 1 rev = 2π rad. Visto que o movimento é em torno de um *eixo fixo*, a direção de $d\boldsymbol{\theta}$ é *sempre* ao longo desse eixo. Especificamente, a *direção* é determinada pela regra da mão direita; isto é, os dedos da mão direita são fechados no sentido da rotação, de maneira que neste caso o polegar, ou $d\boldsymbol{\theta}$, aponta para cima (Figura 16.4*a*). Em duas dimensões, como mostrado pela vista de cima do plano sombreado (Figura 16.4*b*), ambos, θ e $d\theta$, giram no sentido anti-horário, e assim o polegar aponta para fora da página.

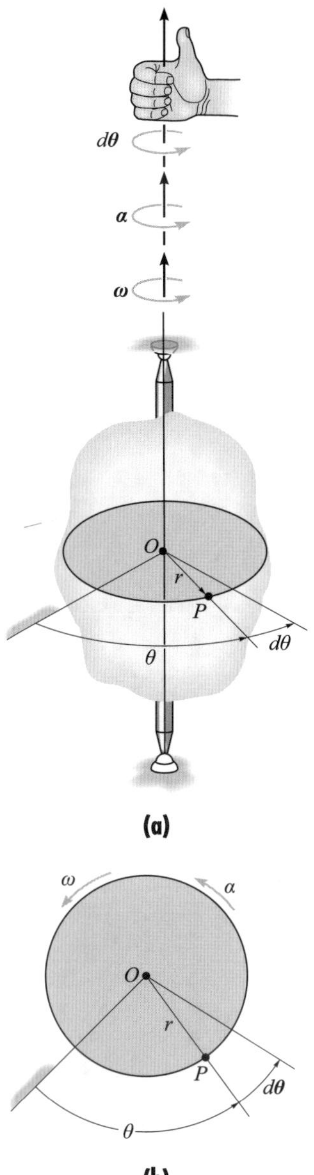

Figura 16.4

Velocidade angular

A taxa temporal de variação na posição angular é chamada *velocidade angular* $\boldsymbol{\omega}$ (ômega). Visto que $d\boldsymbol{\theta}$ ocorre durante um instante de tempo dt, então,

$$(\circlearrowleft+) \qquad \omega = \frac{d\theta}{dt} \qquad (16.1)$$

Este vetor tem uma *intensidade* que é frequentemente medida em rad/s. Ele é expresso aqui na forma escalar, visto que sua *direção* também é ao longo do eixo de rotação (Figura 16.4*a*). Quando indicamos o movimento angular no plano sombreado (Figura 16.4*b*), podemos nos referir ao sentido da rotação como horário ou anti-horário. Aqui nós escolhemos *arbitrariamente* rotações anti-horárias como *positivas* e indicamos isso pela flecha circular mostrada em parênteses ao lado da Equação 16.1. Observe, entretanto, que o sentido da direção de $\boldsymbol{\omega}$ é, na realidade, para fora da página.

Aceleração angular

A *aceleração angular* $\boldsymbol{\alpha}$ (alfa) mede a taxa temporal de variação da velocidade angular. A *intensidade* desse vetor é:

$$(\circlearrowleft+) \qquad \alpha = \frac{d\omega}{dt} \qquad (16.2)$$

* Na Seção 20.1 é mostrado que rotações finitas ou deslocamentos angulares finitos *não* são quantidades vetoriais, embora rotações diferenciais $d\boldsymbol{\theta}$ sejam vetores.

Utilizando a Equação 16.1, também é possível expressar α como

$$\alpha = \frac{d^2\theta}{dt^2} \qquad (\circlearrowleft +) \qquad (16.3)$$

A linha de ação de $\boldsymbol{\alpha}$ é a mesma que para $\boldsymbol{\omega}$ (Figura 16.4*a*); entretanto, seu sentido de *direção* depende se $\boldsymbol{\omega}$ está aumentando ou diminuindo. Se $\boldsymbol{\omega}$ está diminuindo, então $\boldsymbol{\alpha}$ é chamado de uma *desaceleração angular* e, portanto, tem um sentido de direção que é oposto a $\boldsymbol{\omega}$.

Eliminando *dt* das equações 16.1 e 16.2, obtemos uma relação diferencial entre aceleração angular, velocidade angular e deslocamento angular, nominalmente,

$$\alpha\, d\theta = \omega\, d\omega \qquad (\circlearrowleft +) \qquad (16.4)$$

A similaridade entre as relações diferenciais para o movimento angular e aquelas desenvolvidas para o movimento retilíneo de uma partícula ($v = ds/dt$, $a = dv/dt$ e $a\, ds = v\, dv$) devem ser evidentes.

Aceleração angular constante

Se a aceleração angular do corpo é *constante*, $\boldsymbol{\alpha} = \boldsymbol{\alpha}_c$, então as equações 16.1, 16.2 e 16.4, quando integradas, resultam em um conjunto de fórmulas que relacionam velocidade angular, posição angular e tempo do corpo. Essas equações são similares às equações 12.4 a 12.6 utilizadas para o movimento retilíneo. Os resultados são

$$\omega = \omega_0 + \alpha_c t \qquad (\circlearrowleft +) \qquad (16.5)$$

$$\theta = \theta_0 + \omega_0 t + \frac{1}{2}\alpha_c t^2 \qquad (\circlearrowleft +) \qquad (16.6)$$

$$\omega^2 = \omega_0^2 + 2\alpha_c(\theta - \theta_0) \qquad (\circlearrowleft +) \qquad (16.7)$$

Aceleração angular constante

Aqui, θ_0 e ω_0 são os valores iniciais de posição angular e velocidade angular do corpo, respectivamente.

Movimento do ponto P

Na medida em que o corpo rígido na Figura 16.4*c* gira, o ponto *P* se desloca ao longo de uma *trajetória circular* de raio *r* com centro no ponto *O*. Essa trajetória está contida dentro do plano sombreado mostrado na vista de cima (Figura 16.4*d*).

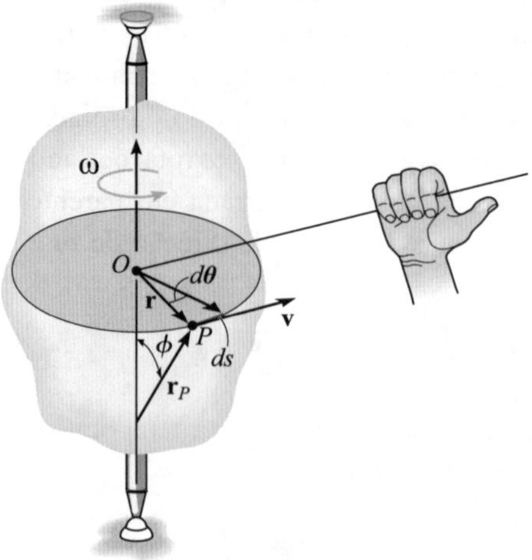

(c)

Figura 16.4

Posição e deslocamento

A posição de P é definida pelo vetor posição $\mathbf{r}$, que se estende de O a P. Se o corpo gira $d\theta$, então P vai se deslocar $ds = r\,d\theta$.

Velocidade

A velocidade de P tem uma intensidade que pode ser determinada dividindo-se $ds = r\,d\theta$ por dt, de maneira que:

$$v = \omega r \tag{16.8}$$

Como mostrado nas figuras 16.4*c* e 16.4*d*, a *direção* de $\mathbf{v}$ é *tangente* à trajetória circular.

A intensidade e a direção de $\mathbf{v}$ também podem ser consideradas utilizando o produto vetorial de $\boldsymbol{\omega}$ e $\mathbf{r}_P$ (ver Apêndice B). Aqui, $\mathbf{r}_P$ está dirigido de *qualquer ponto* sobre o eixo de rotação até o ponto P (Figura 16.4*c*). Temos:

$$\mathbf{v} = \boldsymbol{\omega} \times \mathbf{r}_P \tag{16.9}$$

A ordem dos vetores nesta formulação é importante, visto que o produto vetorial não é comutativo, ou seja, $\boldsymbol{\omega} \times \mathbf{r}_P \neq \mathbf{r}_P \times \boldsymbol{\omega}$. Observe, na Figura 16.4*c*, como a direção correta de $\mathbf{v}$ é estabelecida pela regra da mão direita. Os dedos da mão direita estão curvados de $\boldsymbol{\omega}$ em direção a $\mathbf{r}_P$ ($\boldsymbol{\omega}$ 'vetor' $\mathbf{r}_P$). O polegar indica a direção correta de $\mathbf{v}$, que é tangente à trajetória na direção do movimento. Da Equação B.8, a intensidade de $\mathbf{v}$ na Equação 16.9 é $v = \omega r_P$ sen ϕ, e visto que $r = r_P$ sen ϕ (Figura 16.4*c*), então $v = \omega r$, que concorda com a Equação 16.8. Como um caso especial, o vetor posição $\mathbf{r}$ pode ser escolhido para $\mathbf{r}_P$. Aqui $\mathbf{r}$ se encontra no plano do movimento e novamente a velocidade do ponto P é:

$$\mathbf{v} = \boldsymbol{\omega} \times \mathbf{r} \tag{16.10}$$

Aceleração

A aceleração de P pode ser expressa em termos de suas componentes normais e tangenciais. Visto que $a_t = dv/dt$ e $a_n = v^2/\rho$, onde $\rho = r$, $v = \omega r$, e $\alpha = d\omega/dt$, temos:

$$a_t = \alpha r \tag{16.11}$$

$$a_n = \omega^2 r \tag{16.12}$$

A *componente tangencial da aceleração* (figuras 16.4*e* e 16.4*f*) representa a taxa temporal de variação na intensidade da velocidade. Se a velocidade de P está aumentando, então $\mathbf{a}_t$ atua na mesma direção que $\mathbf{v}$; se a velocidade está diminuindo, $\mathbf{a}_t$ atua na direção oposta de $\mathbf{v}$; e, finalmente, se a velocidade é constante, $\mathbf{a}_t$ é zero.

A *componente normal da aceleração* representa a taxa temporal de variação na direção da velocidade. A *direção* de $\mathbf{a}_n$ é sempre para O, o centro da trajetória circular (figuras 16.4*e* e 16.4*f*).

Assim como a velocidade, a aceleração do ponto P pode ser expressa em termos do produto vetorial. Fazendo a derivada temporal da Equação 16.9, temos:

$$\mathbf{a} = \frac{d\mathbf{v}}{dt} = \frac{d\boldsymbol{\omega}}{dt} \times \mathbf{r}_P + \boldsymbol{\omega} \times \frac{d\mathbf{r}_P}{dt}$$

Relembrando que $\boldsymbol{\alpha} = d\boldsymbol{\omega}/dt$, e utilizando a Equação 16.9 ($d\mathbf{r}_P/dt = \mathbf{v} = \boldsymbol{\omega} \times \mathbf{r}_P$), resulta em:

$$\mathbf{a} = \boldsymbol{\alpha} \times \mathbf{r}_P + \boldsymbol{\omega} \times (\boldsymbol{\omega} \times \mathbf{r}_P) \tag{16.13}$$

Da definição do produto vetorial, o primeiro termo à direita tem uma intensidade $a_t = \alpha r_P$ sen $\phi = \alpha r$, e pela regra da mão direita, $\boldsymbol{\alpha} \times \mathbf{r}_P$ está na direção de $\mathbf{a}_t$ (Figura 16.4*e*). Da mesma maneira, o segundo termo tem uma intensidade $a_n = \omega^2 r_P$ sen $\phi = \omega^2 r$, e aplicando a regra da mão direita duas vezes, primeiro para determinar o resultado $\mathbf{v}_P = \boldsymbol{\omega} \times \mathbf{r}_P$, em seguida $\boldsymbol{\omega} \times \mathbf{v}_P$, pode ser visto que esse resultado está na mesma

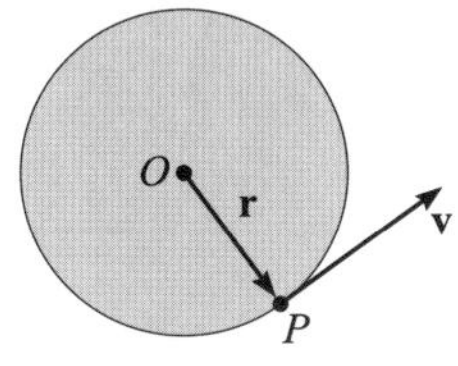

(d)

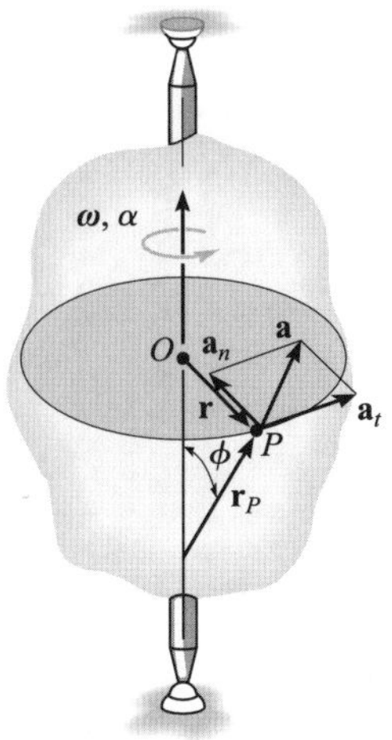

(e)

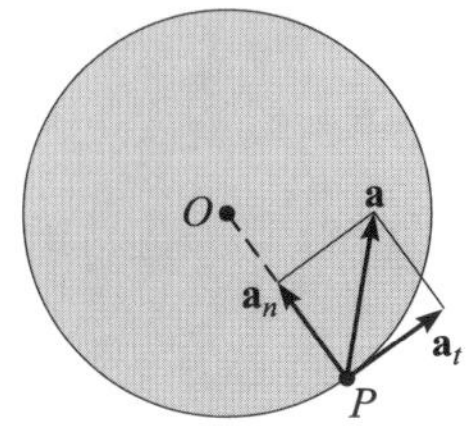

(f)

Figura 16.4

direção que $\mathbf{a}_n$, mostrado na Figura 16.4*e*. Observando que essa também é a *mesma* direção que $-\mathbf{r}$, que se encontra no plano do movimento, podemos expressar $\mathbf{a}_n$ de uma forma muito mais simples como $\mathbf{a}_n = -\omega^2\mathbf{r}$. Por conseguinte, a Equação 16.13 pode ser identificada por suas duas componentes como:

$$\begin{aligned} \mathbf{a} &= \mathbf{a}_t + \mathbf{a}_n \\ &= \boldsymbol{\alpha} \times \mathbf{r} - \omega^2\mathbf{r} \end{aligned} \tag{16.14}$$

Visto que $\mathbf{a}_t$ e $\mathbf{a}_n$ são perpendiculares um ao outro, se necessário a intensidade da aceleração pode ser determinada a partir do teorema de Pitágoras; nominalmente, $a = \sqrt{a_n^2 + a_t^2}$ (Figura 16.4*f*).

Pontos importantes

- Um corpo pode sofrer dois tipos de translação. Durante a translação retilínea todos os pontos seguem trajetórias em linha reta paralelas e, durante a translação curvilínea, os pontos seguem trajetórias curvas que são do mesmo formato e equidistantes umas das outras.
- Todos os pontos em um corpo em translação se deslocam com a mesma velocidade e aceleração.
- Pontos localizados em um corpo que gira em torno de um eixo fixo seguem trajetórias circulares.
- A relação $\alpha\, d\theta = \omega\, d\omega$ é derivada de $\alpha = d\omega/dt$ e $\omega = d\theta/dt$, eliminando-se dt.
- Uma vez que os movimentos angulares ω e α são conhecidos, a velocidade e aceleração de qualquer ponto no corpo podem ser determinadas.
- A velocidade sempre atua tangente à trajetória do movimento.
- A aceleração tem duas componentes. A aceleração tangencial mede a taxa de variação na intensidade da velocidade e pode ser determinada de $a_t = \alpha r$. A aceleração normal mede a taxa de variação na direção da velocidade e pode ser determinada de $a_n = \omega^2 r$.

Procedimento para análise

A velocidade e aceleração de um ponto localizado em um corpo rígido que está girando em torno de um eixo fixo podem ser determinadas utilizando o seguinte procedimento.

Movimento angular

- Estabeleça o sentido positivo de rotação em torno do eixo de rotação e mostre-o ao lado de cada equação cinemática como ela é aplicada.
- Se uma relação é conhecida entre quaisquer *duas* das quatro variáveis α, ω, θ e t, então uma terceira variável pode ser obtida utilizando uma das equações cinemáticas seguintes que relacionam todas três variáveis.

$$\omega = \frac{d\theta}{dt} \qquad \alpha = \frac{d\omega}{dt} \qquad \alpha\, d\theta = \omega\, d\omega$$

- Se a aceleração angular do corpo é *constante*, então as seguintes equações podem ser usadas:

$$\omega = \omega_0 + \alpha_c t$$

$$\theta = \theta_0 + \omega_0 t + \frac{1}{2}\alpha_c t^2$$

$$\omega^2 = \omega_0^2 + 2\alpha_c(\theta - \theta_0)$$

- Uma vez que a solução seja obtida, o sentido de θ, ω e α é determinado a partir dos sinais algébricos de suas quantidades numéricas.

Movimento do ponto P

- Na maioria dos casos, a velocidade de P e suas duas componentes de aceleração podem ser determinadas a partir das equações escalares:

$$v = \omega r$$

$$a_t = \alpha r$$

$$a_n = \omega^2 r$$

- Se a geometria do problema é difícil de visualizar, as seguintes equações vetoriais devem ser usadas:

$$\mathbf{v} = \boldsymbol{\omega} \times \mathbf{r}_P = \boldsymbol{\omega} \times \mathbf{r}$$

$$\mathbf{a}_t = \boldsymbol{\alpha} \times \mathbf{r}_P = \boldsymbol{\alpha} \times \mathbf{r}$$

$$\mathbf{a}_n = \boldsymbol{\omega} \times (\boldsymbol{\omega} \times \mathbf{r}_P) = -\omega^2 \mathbf{r}$$

- Aqui $\mathbf{r}_P$ é direcionado de qualquer ponto sobre o eixo de rotação até o ponto P, enquanto $\mathbf{r}$ se encontra no plano do movimento de P. Qualquer um desses vetores, com $\boldsymbol{\omega}$ e $\boldsymbol{\alpha}$, deve ser expresso em termos de suas componentes **i, j, k** e, se necessário, os produtos vetoriais determinados utilizando uma expansão do determinante (ver Equação B.12).

Exemplo 16.1

Uma corda está enrolada em torno de uma roda na Figura 16.5, que está inicialmente em repouso quando $\theta = 0$. Se uma força é aplicada à corda e fornece a ela uma aceleração $a = (4t)$ m/s^2, onde t é dado em segundos, determine, como uma função de tempo, (a) a velocidade angular da roda e (b) a posição angular da linha OP em radianos.

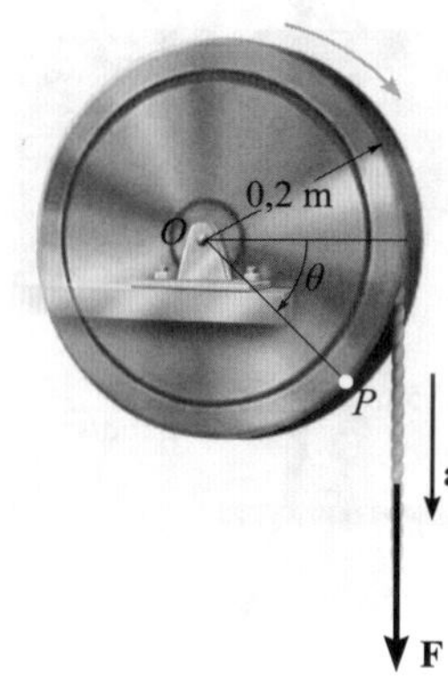

Figura 16.5

SOLUÇÃO

Parte (a)

A roda está submetida à rotação em torno de um eixo fixo passando pelo ponto O. Desse modo, o ponto P na roda tem movimento em torno de uma trajetória circular, e a aceleração desse ponto tem componentes normal e tangencial. A componente tangencial é $(a_P)_t = (4_t)$ m/s^2, visto que a corda está enrolada em torno da roda e se desloca *tangente* a ela. Por conseguinte, a aceleração angular da roda é:

$$(\circlearrowright+) \qquad (a_p)_t = \alpha r$$

$$(4t)\ \text{m/s}^2 = \alpha(0{,}2\text{m})$$

$$\alpha = (20t)\ \text{rad/s}^2 \circlearrowright$$

Utilizando esse resultado, a velocidade angular da roda ω pode agora ser determinada de $\alpha = d\omega/dt$, visto que essa equação relaciona α, t e ω. Integrando, com a condição inicial de que $\omega = 0$ quando $t = 0$, resulta em:

$$(\circlearrowright+) \qquad \alpha = \frac{d\omega}{dt} = (20t)\ \text{rad/s}^2$$

$$\int_0^\omega d\omega = \int_0^t 20t\, dt$$

$$\omega = 10t^2\ \text{rad/s} \circlearrowright$$

Parte (b)

Utilizando esse resultado, a posição angular θ de OP pode ser encontrada de $\omega = d\theta/dt$, visto que essa equação relaciona θ, ω, e t. Integrando, com a condição inicial $\theta = 0$ quando $t = 0$, temos:

$$(\circlearrowright+) \qquad \frac{d\theta}{dt} = \omega = (10t^2)\ \text{rad/s}^2$$

$$\int_0^\theta d\theta = \int_0^t 10t^2\, dt$$

$$\theta = 3{,}33t^3\ \text{rad}$$

NOTA: Nós não podemos usar a equação de aceleração angular constante, visto que α é uma função de tempo.

Exemplo 16.2

O motor mostrado na fotografia é utilizado para girar uma roda e um ventilador preso a ela mantido dentro do alojamento. Os detalhes do projeto estão mostrados na Figura 16.6*a*. Se a polia A conectada ao motor começa a girar do repouso com uma aceleração angular constante de $\alpha_A = 2$ rad/s^2, determine as intensidades de velocidade e aceleração do ponto P na roda, após a polia ter girado duas revoluções. Suponha que a correia de transmissão não desliza sobre a polia e a roda.

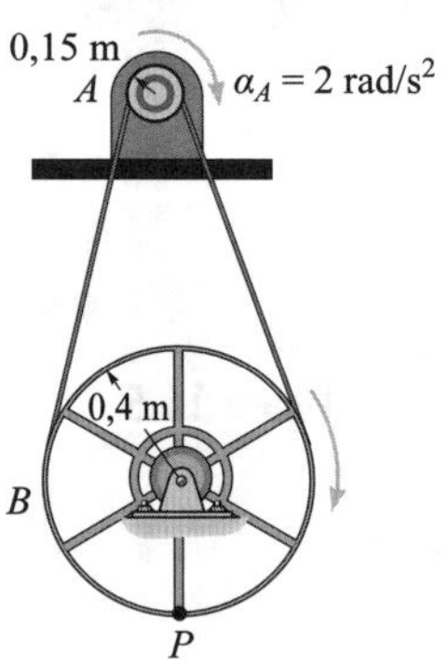

(a)

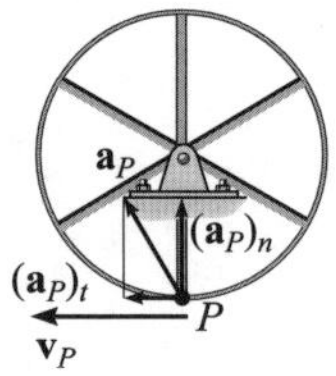

(b)

Figura 16.6

SOLUÇÃO

Movimento angular

Primeiro vamos converter as duas revoluções para radianos. Visto que há 2π rad em uma revolução, então:

$$\theta_A = 2\ \text{rev}\left(\frac{2\pi\ \text{rad}}{1\ \text{rev}}\right) = 12{,}57\ \text{rad}$$

Visto que α_A é constante, a velocidade angular da polia A é, portanto,

$$(\circlearrowright+) \qquad \omega^2 = \omega_0^2 + 2\alpha_c(\theta - \theta_0)$$

$$\omega_A^2 = 0 + 2(2\ \text{rad/s}^2)\,(12{,}57\ \text{rad} - 0)$$

$$\omega_A = 7{,}090\ \text{rad/s}$$

A correia tem a mesma velocidade e componente tangencial de aceleração quando ela passa sobre a polia e a roda. Desse modo,

$$v = \omega_A r_A = \omega_B r_B;\ 7{,}090\ \text{rad/s}\ (0{,}15\ \text{m}) = \omega_B(0{,}4\ \text{m})$$

$$\omega_B = 2{,}659\ \text{rad/s}$$

$$a_t = \alpha_A r_A = \alpha_B r_B;\ 2\ \text{rad/s}^2\ (0{,}15\ \text{m}) = \alpha_B(0{,}4\ \text{m})$$

$$\alpha_B = 0{,}750\ \text{rad/s}^2$$

Movimento de P

Como mostrado no diagrama cinemático na Figura 16.6*b*, temos

$$v_P = \omega_B r_B = 2{,}659\ \text{rad/s}\ (0{,}4\ \text{m}) = 1{,}06\ \text{m/s}$$

$$(a_P)_t = \alpha_B r_B = 0{,}750\ \text{rad/s}^2\ (0{,}4\ \text{m}) = 0{,}3\ \text{m/s}^2$$

$$(a_P)_n = \omega_B^2 r_B = (2{,}659\ \text{rad/s})^2(0{,}4\ \text{m}) = 2{,}827\ \text{m/s}^2$$

Desse modo,

$$a_p = \sqrt{(0{,}3\ \text{m/s}^2)^2 + (2{,}827\ \text{m/s}^2)^2} = 2{,}84\ \text{m/s}^2$$

Problemas fundamentais

16.1. Quando a engrenagem gira 20 revoluções, ela alcança uma velocidade angular de $\omega = 30$ rad/s, partindo do repouso. Determine sua aceleração angular constante e o tempo necessário.

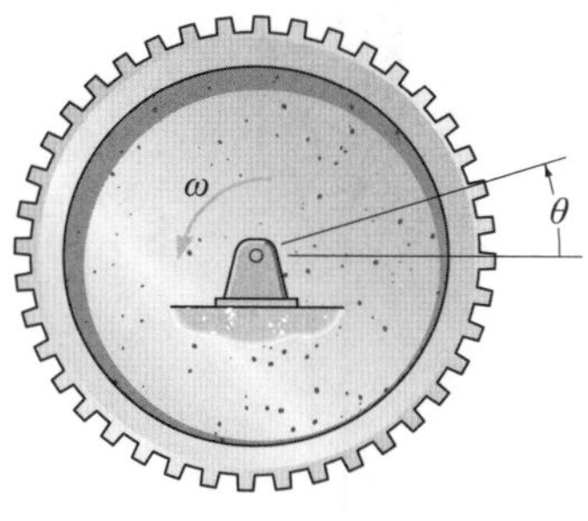

Problema 16.1

16.2. O volante gira com uma velocidade angular de $\omega = (0{,}005\theta^2)$ rad/s, onde θ é dado em radianos. Determine a aceleração angular quando ele girou 20 revoluções.

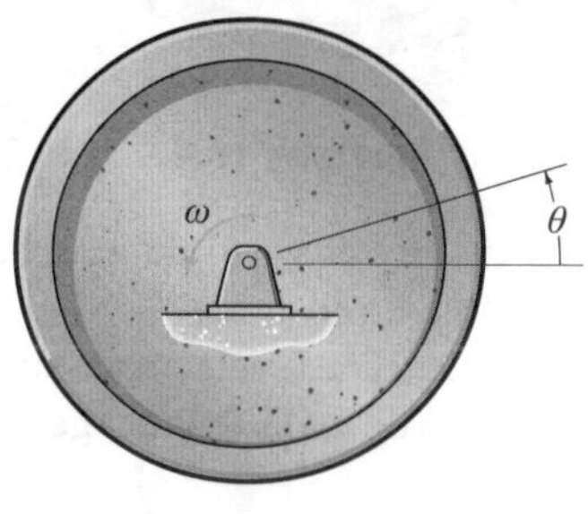

Problema 16.2

16.3. O volante gira com uma velocidade angular de $\omega = (4\ \theta^{1/2})$ rad/s, onde θ é dado em radianos. Determine o tempo que ele leva para alcançar uma velocidade angular de $\omega = 150$ rad/s. Quando $t = 0$, $\theta = 0$.

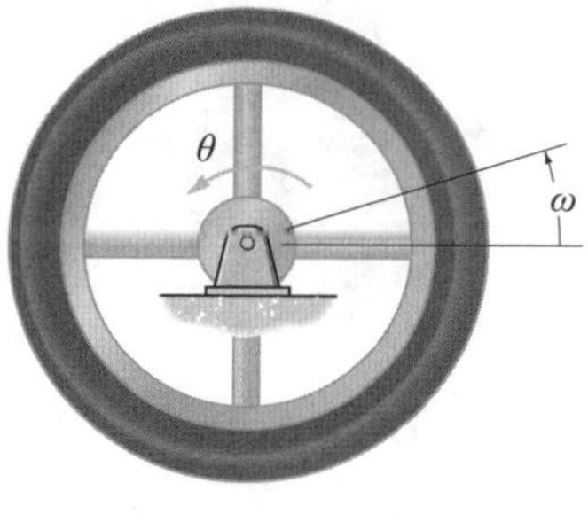

Problema 16.3

16.4. O balde é içado pela corda que se enrola em torno do tambor. Se o deslocamento angular da roda é $\theta = (0{,}5t^3 + 15t)$ rad, onde t é dado em segundos, determine a velocidade e aceleração do balde quando $t = 3$ s.

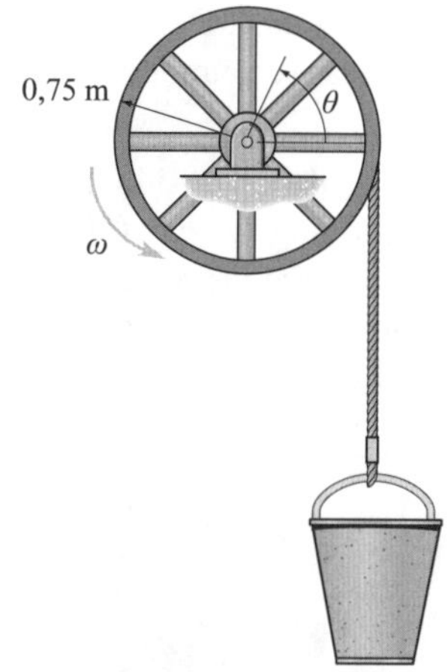

Problema 16.4

16.5. Uma roda tem uma aceleração angular $\alpha = (0{,}5\ \theta)$ rad/s^2, onde θ é dado em radianos. Determine a intensidade da velocidade e aceleração de um ponto P localizado em sua borda após a roda ter girado 2 revoluções. A roda tem um raio de 0,2 m e parte do repouso.

16.6. Por um curto período de tempo, o motor gira a engrenagem A com uma aceleração angular constante $\alpha_A = 4{,}5$ rad/s^2, partindo do repouso. Determine a velocidade do cilindro e a distância que ele se desloca em três segundos. A corda está enrolada em torno da polia D que está rigidamente ligada à engrenagem B.

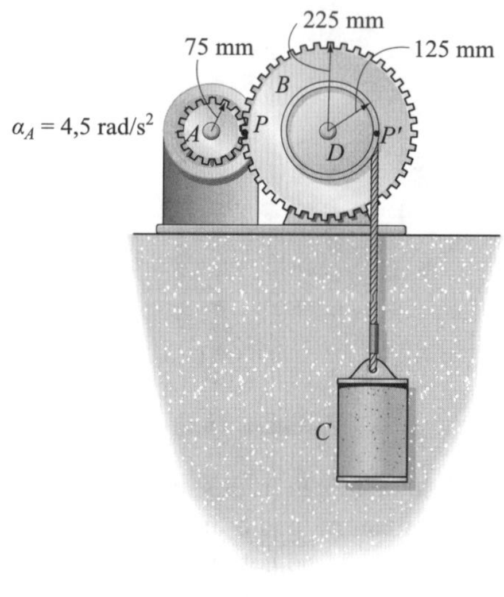

Problema 16.6

Problemas

•**16.1.** Um disco com um raio de 0,15 m gira com uma velocidade angular inicial de 2 rad/s e tem uma aceleração angular constante de 1 rad/s^2. Determine as intensidades de velocidade e aceleração de um ponto na borda do disco quando $t = 2$ s.

16.2. Logo após o ventilador ter sido ligado, o motor fornece às pás uma aceleração angular $\alpha = (20e^{-0,6t})$ rad/s^2, onde t é dado em segundos. Determine a velocidade da ponta P de uma das pás quando $t = 3$ s. Quantas revoluções a pá realizou em 3 segundos? Quando $t = 0$, a pá está em repouso.

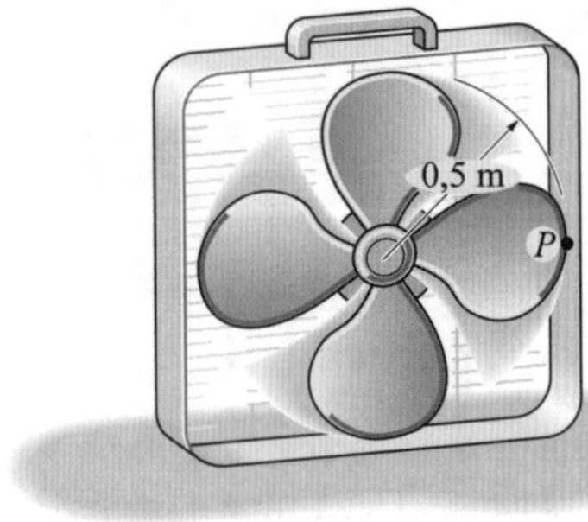

Problema 16.2

16.3. O gancho está preso a uma corda que está enrolada em torno do tambor. Se ele se desloca do repouso com uma aceleração de 6 m/s^2, determine a aceleração angular do tambor e sua velocidade angular após o tambor ter completado 10 revoluções. Quantas revoluções mais o tambor realizará após ele ter completado as 10 primeiras e o gancho continuar a se deslocar para baixo por 4 segundos?

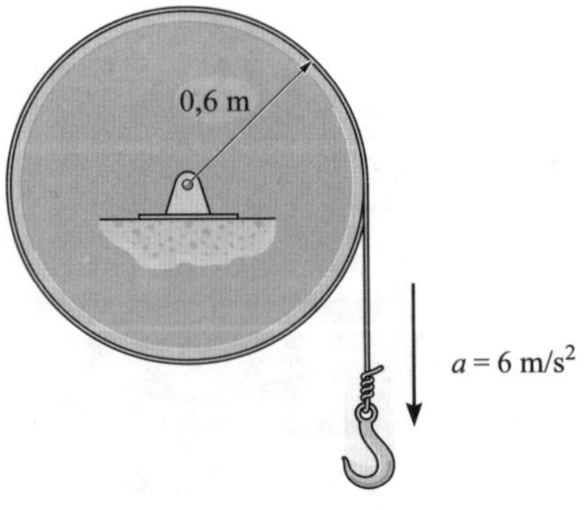

Problema 16.3

***16.4.** O pêndulo de torção (roda) sofre oscilações no plano horizontal de tal maneira que o ângulo de rotação, medido a partir de uma posição de equilíbrio, é dado por $\theta = (0,5$ sen $3t)$ rad, onde t é dado em segundos. Determine a velocidade máxima do ponto A localizado na periferia da roda enquanto o pêndulo está oscilando. Qual é a aceleração do ponto A em termos de t?

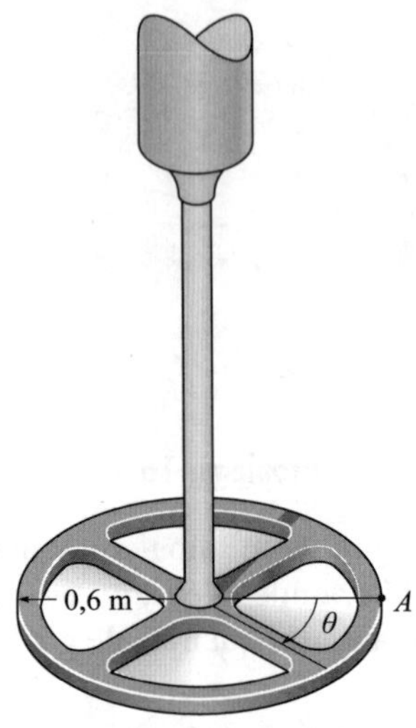

Problema 16.4

•**16.5.** A operação da engrenagem de marcha à ré em uma transmissão automotiva é mostrada. Se o motor gira o eixo A em $\omega_A = 40$ rad/s, determine a velocidade angular do eixo de transmissão, ω_B. O raio de cada engrenagem está listado na figura.

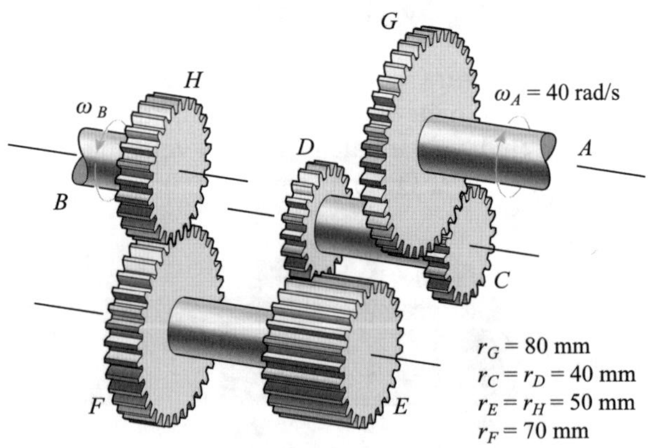

Problema 16.5

16.6. O mecanismo para acionar a janela de um carro é mostrado na figura. Aqui a maçaneta faz girar a pequena engrenagem C, que gira a engrenagem de dentes retos S, dessa maneira girando a alavanca AB que levanta o cursor

D no qual a janela repousa. A janela está livre para deslizar no trilho. Se a manivela é acionada a 0,5 rad/s, determine a velocidade dos pontos A e E e a velocidade v_ω da janela no instante $\theta = 30°$.

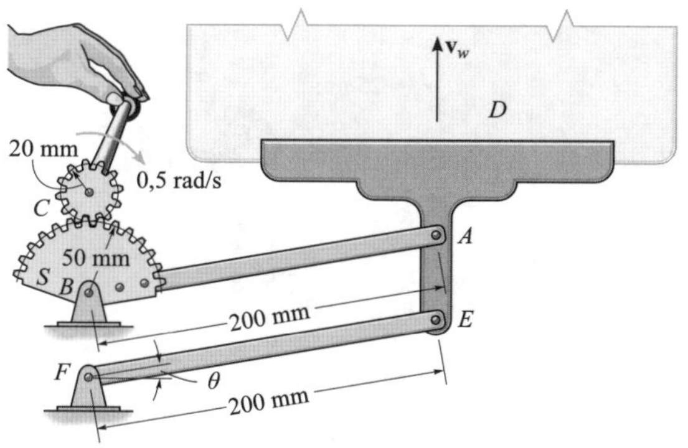

Problema 16.6

16.7. A engrenagem A no eixo de transmissão do motor de popa tem um raio $r_A = 12{,}5$ mm e está engrenada ao pinhão B no eixo de hélice que tem um raio $r_B = 30$ mm. Determine a velocidade angular da hélice em $t = 1{,}5$ s, se o eixo de transmissão gira com uma aceleração angular $\alpha = (400t^3)$ rad/s^2, onde t é dado em segundos. A hélice está originalmente em repouso e a estrutura do motor não se desloca.

***16.8.** Para o motor de popa no Problema 16.7, determine a intensidade de velocidade e aceleração do ponto P localizado na ponta da hélice no instante $t = 0{,}75$ s.

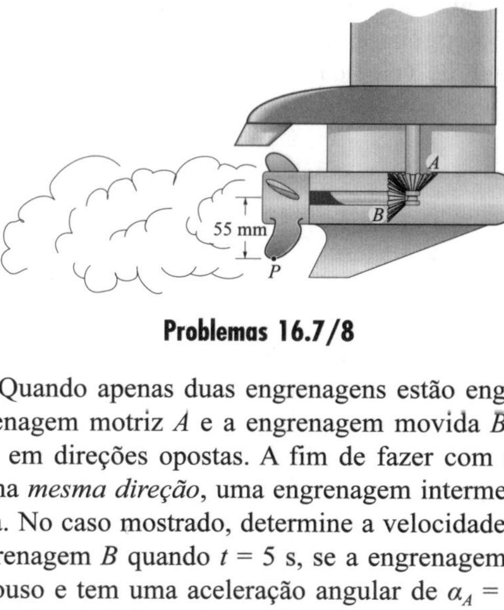

Problemas 16.7/8

•**16.9.** Quando apenas duas engrenagens estão engrenadas, a engrenagem motriz A e a engrenagem movida B sempre girarão em direções opostas. A fim de fazer com que elas girem na *mesma direção*, uma engrenagem intermediária C é usada. No caso mostrado, determine a velocidade angular da engrenagem B quando $t = 5$ s, se a engrenagem A parte do repouso e tem uma aceleração angular de $\alpha_A = (3t + 2)$ rad/s^2, onde t é dado em segundos.

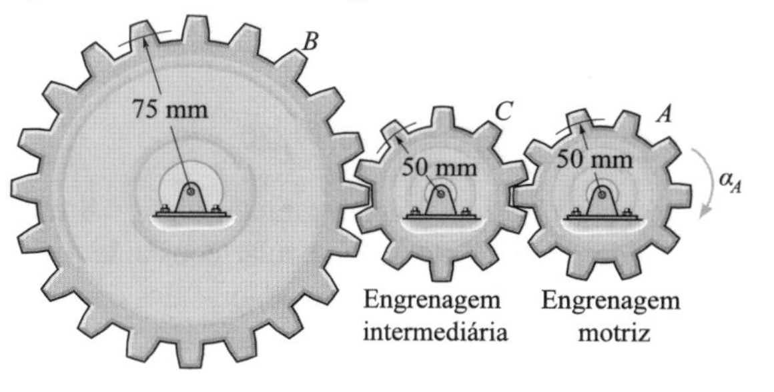

Problema 16.9

16.10. Durante uma rajada de vento, as pás do moinho de vento são submetidas a uma aceleração angular $\alpha = (0{,}2\theta)$ rad/s^2, onde θ é dado em radianos. Se inicialmente as pás têm uma velocidade angular de 5 rad/s, determine a velocidade do ponto P, localizado na ponta de uma das pás, logo após a pá ter girado duas revoluções.

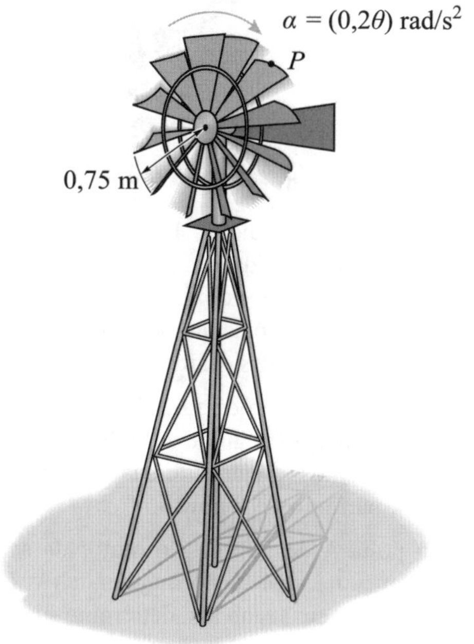

Problema 16.10

16.11. O abridor de latas opera de tal maneira que a lata é acionada pela roda motriz D. Se o eixo do induzido S no motor gira com uma velocidade angular constante de 40 rad/s, determine a velocidade angular da lata. Os raios de S, da lata P, da roda motriz D, das engrenagens A, B e C, são $r_S = 5$ mm, $r_P = 40$ mm, $r_D = 7{,}5$ mm, $r_A = 20$ mm, $r_B = 10$ mm e $r_C = 25$ mm, respectivamente.

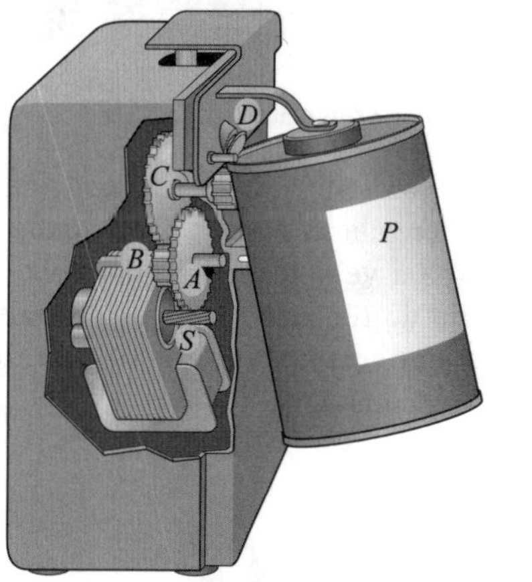

Problema 16.11

***16.12.** Se o motor da furadeira elétrica gira o eixo do induzido S com uma aceleração angular constante de $\alpha_S = 30$ rad/s^2, determine a velocidade angular do eixo após ele ter girado 200 revoluções, partindo do repouso.

•**16.13.** Se o motor da furadeira elétrica gira o eixo do induzido S com uma velocidade angular de $\omega_S = (100t^{1/2})$ rad/s, determine a velocidade angular e aceleração angular do eixo no instante que ele tiver girado 200 revoluções, partindo do repouso.

Problemas 16.12/13

16.14. Um disco com um raio de 150 mm gira em torno de um eixo fixo com uma velocidade angular de $\omega = (2t + 3)$ rad/s, onde t é dado em segundos. Determine as componentes tangenciais e normais da aceleração de um ponto localizado na borda do disco no instante que o deslocamento angular é $\theta = 40$ rad.

16.15. A polia A de 50 mm de raio da secadora de roupas gira com uma aceleração angular $\alpha_A = (27\theta_A^{1/2})$ rad/s², onde θ_A é dado em radianos. Determine sua aceleração angular quando $t = 1$ s, partindo do repouso.

***16.16.** Se a polia A de 50 mm do motor da secadora de roupas gira com uma aceleração angular αA = (10 + 50t) rad/s2, onde t é dado em segundos, determine sua velocidade angular quando t = 3 s, partindo do repouso.

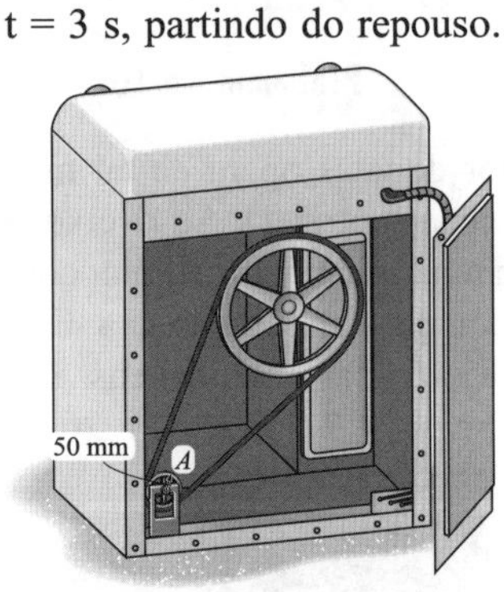

Problemas 16.15/16

•16.17. O eixo S do induzido do aspirador de pó gira com uma aceleração angular $\alpha = 4\omega^{3/4}$rad/s², onde ω é dado em rad/s. Determine a velocidade angular da escova quando $t = 4$ s, partindo do repouso. Os raios do eixo e da escova são 6 mm e 24 mm, respectivamente. Despreze a espessura da correia de transmissão.

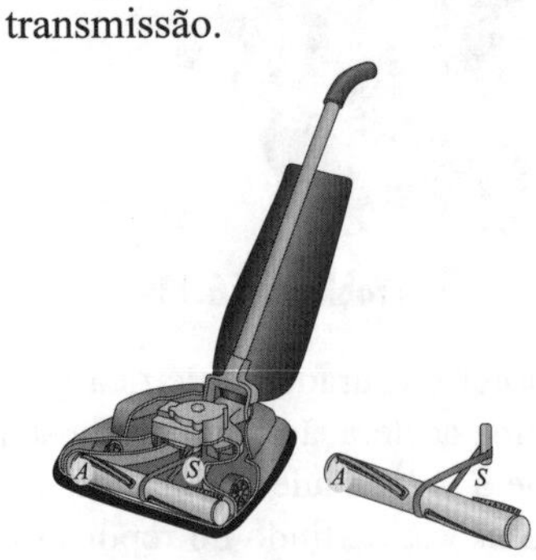

Problema 16.17

16.18. A engrenagem A está engrenada com B, como mostrado. Se A parte do repouso e tem uma aceleração angular constante $\alpha_A = 2$ rad/s², determine o tempo necessário para B alcançar uma velocidade angular $\omega_B = 50$ rad/s.

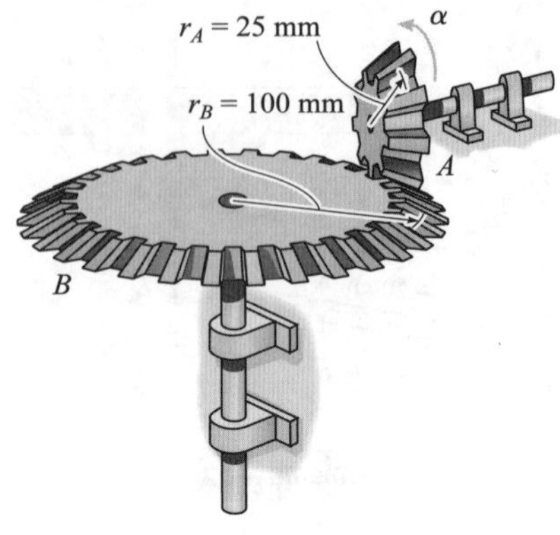

Problema 16.18

16.19. O moinho de vento de eixo vertical consiste de duas pás que têm um formato parabólico. Se as pás estão originalmente em repouso e começam a girar com uma aceleração angular constante $\alpha_c = 0{,}5$ rad/s², determine a intensidade de velocidade e aceleração dos pontos A e B na pá após ela ter realizado duas revoluções.

***16.20.** O moinho de vento de eixo vertical consiste de duas pás que têm um formato parabólico. Se as pás estão originalmente em repouso e começam a girar com uma aceleração angular constante $\alpha_c = 0{,}5$ rad/s², determine a intensidade de velocidade e aceleração dos pontos A e B na pá quando $t = 4$ s.

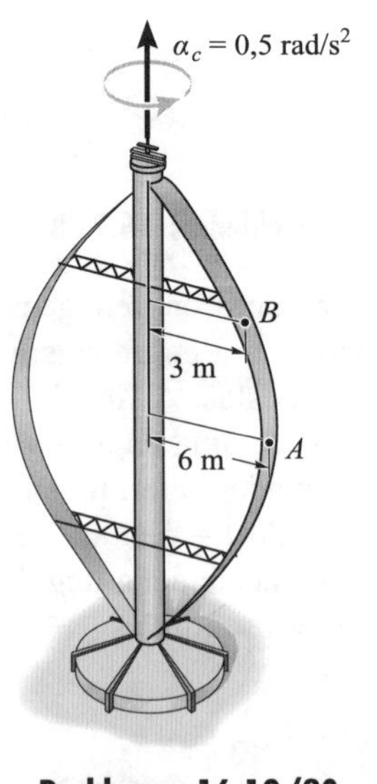

Problemas 16.19/20

16.21. O disco está originalmente girando a $\omega_0 = 8$ rad/s. Se ele é submetido a uma aceleração angular constante $\alpha = 6$ rad/s², determine as intensidades da velocidade e das componentes n e t da aceleração do ponto A no instante $t = 0{,}5$ s.

16.22. O disco está originalmente girando a $\omega_0 = 8$ rad/s. Se ele é submetido a uma aceleração angular constante $\alpha = 6$ rad/s^2, determine as intensidades da velocidade e das componentes n e t da aceleração do ponto B logo após o disco sofrer 2 revoluções.

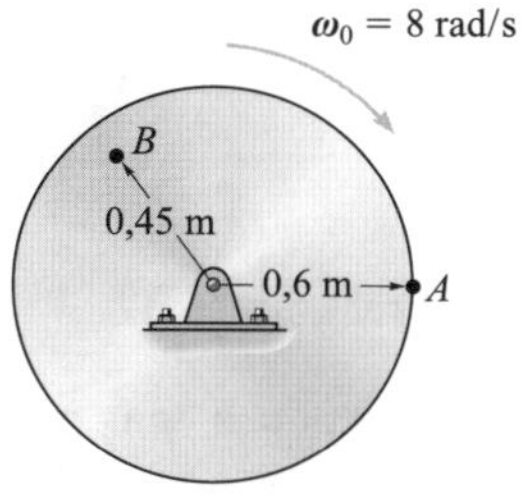

Problemas 16.21/22

16.23. A lâmina C da plaina elétrica é acionada pela polia A montada sobre o eixo do induzido do motor. Se a aceleração angular constante da polia A é $\alpha_A = 40$ rad/s^2, determine a velocidade angular da lâmina no instante em que A tiver realizado 400 revoluções, partindo do repouso.

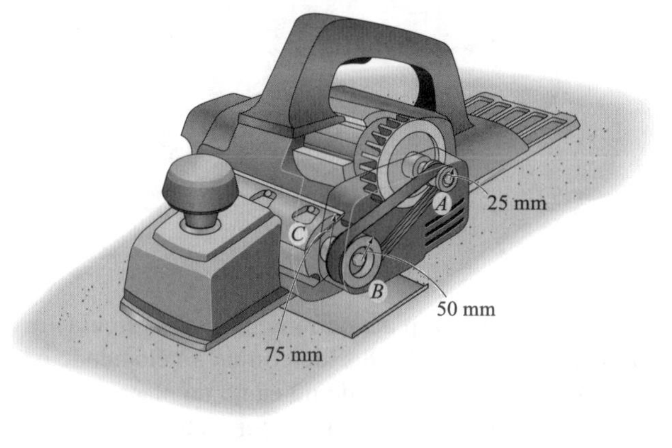

Problema 16.23

***16.24.** Por um curto período, o motor gira a engrenagem A com uma aceleração angular $\alpha_A = (30t^{1/2})$ rad/s^2, onde t é dado em segundos. Determine a velocidade angular da engrenagem D quando $t = 5$ s, partindo do repouso. A engrenagem A está inicialmente em repouso. Os raios das engrenagens A, B, C e D são $r_A = 25$ mm, $r_B = 100$ mm, $r_C = 40$ mm e $r_D = 100$ mm, respectivamente.

•16.25. O motor gira a engrenagem A de maneira que sua velocidade angular aumenta uniformemente de zero para 3000 rev/min após o eixo girar 200 revoluções. Determine a velocidade angular da engrenagem D quando $t = 3$ s. Os raios das engrenagens A, B, C e D são $r_A = 25$ mm, $r_B = 100$ mm, $r_C = 40$ mm e $r_D = 100$ mm, respectivamente.

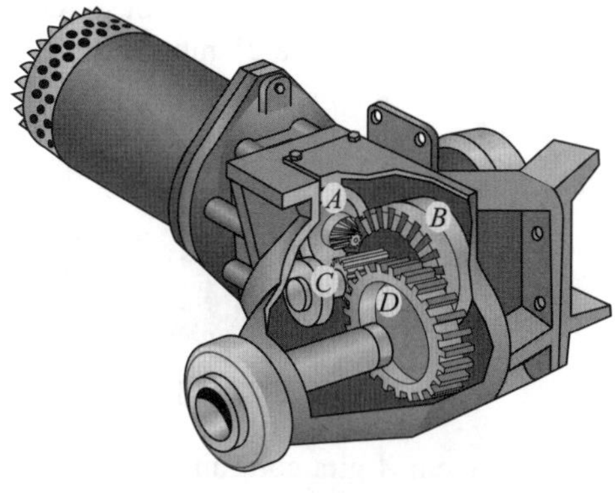

Problemas 16.24/25

16.26. A rotação do braço robótico ocorre em virtude do movimento linear dos cilindros hidráulicos A e B. Se esse movimento faz com que a engrenagem em D gire no sentido horário a 5 rad/s, determine a intensidade de velocidade e aceleração da peça C segura pelas garras do braço.

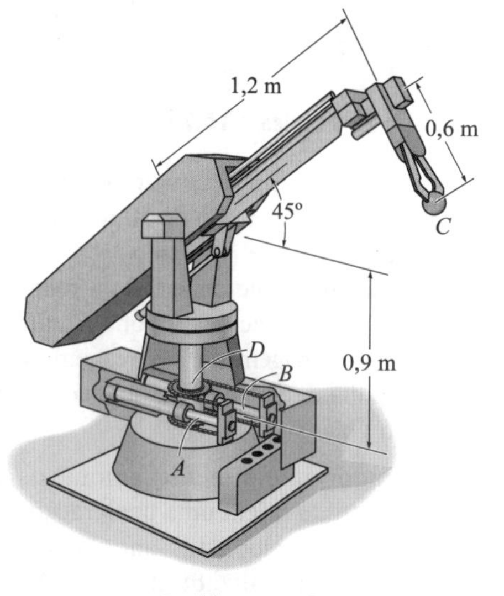

Problema 16.26

16.27. Por um curto período, a engrenagem A do motor de arranque do automóvel gira com uma aceleração angular $\alpha_A = (450t^2 + 60)$ rad/s^2, onde t é dado em segundos. Determine a velocidade angular e o deslocamento angular da engrenagem B quando $t = 2$ s, partindo do repouso. Os raios das engrenagens A e B são 10 mm e 25 mm, respectivamente.

***16.28.** Por um curto período, a engrenagem A do motor de arranque do automóvel gira com uma aceleração angular $\alpha_A = (50\omega^{1/2})$ rad/s^2, onde ω é dado em rad/s. Determine a velocidade angular da engrenagem B após a engrenagem A

ter girado 50 revoluções, partindo do repouso. Os raios das engrenagens A e B são 10 mm e 25 mm, respectivamente.

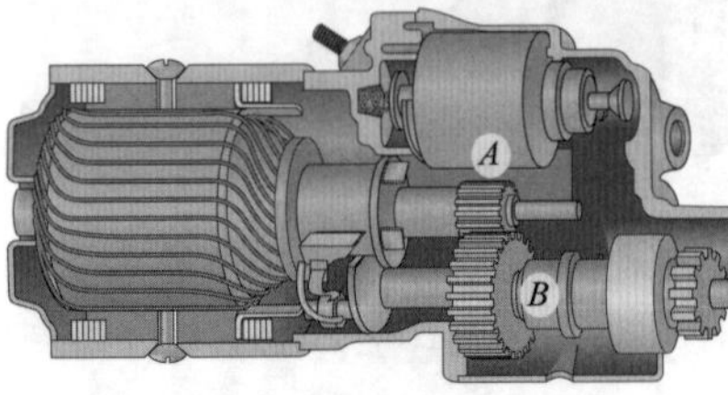

Problemas 16.27/28

•**16.29.** A engrenagem A gira com uma velocidade angular constante $\omega_A = 6$ rad/s. Determine a maior velocidade angular da engrenagem B e a velocidade do ponto C.

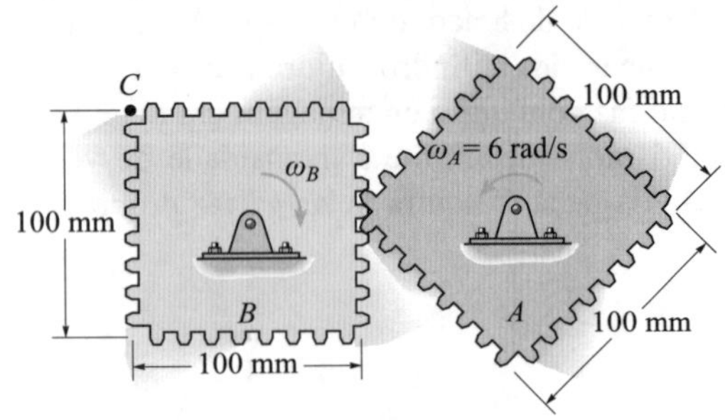

Problema 16.29

16.30. Se o operador inicialmente aciona os pedais a 20 rev/min e, em seguida, inicia uma aceleração de 30 rev/min^2, determine a velocidade angular do volante F quando $t = 3$ s. Observe que o braço do pedal está fixamente conectado à roda dentada da corrente A, que, por sua vez, aciona a polia B utilizando a fixamente conectada engrenagem da embreagem D. A correia passa em torno da polia e, em seguida, aciona a polia E fixamente conectada ao volante.

16.31. Se o operador inicialmente aciona os pedais a 12 rev/min, e em seguida inicia uma aceleração angular de 8 rev/min^2, determine a velocidade angular do volante F após o braço do pedal ter realizado 2 revoluções. Observe que o braço do pedal está rigidamente conectado à roda dentada da corrente A, que, por sua vez, aciona a polia B utilizando a rigidamente conectada engrenagem da embreagem D. A correia passa em torno da polia e, em seguida, aciona a polia E rigidamente conectada ao volante.

$r_A = 125$ mm $\quad r_B = 175$ mm

$r_D = 20$ mm $\quad r_E = 30$ mm

Problemas 16.30/31

***16.32.** A roda motriz A tem uma velocidade angular constante ω_A. Em um instante particular, o raio da corda enrolada em cada roda é como mostrado. Se a corda tem uma espessura T, determine a aceleração angular da roda B.

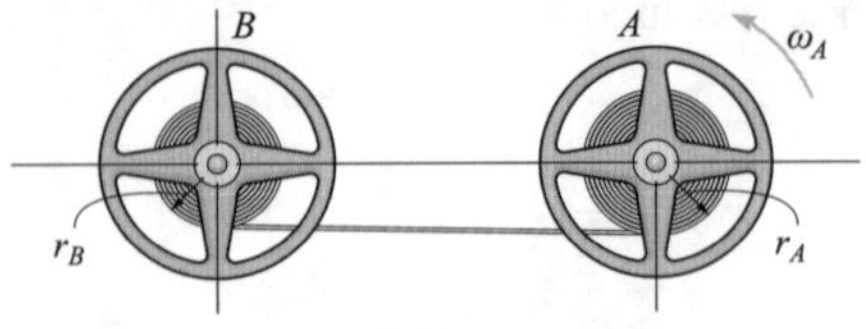

Problema 16.32

Se a barra parte do repouso na posição mostrada e um motor a aciona por um curto período com uma aceleração angular $\alpha = (1{,}5e^t)$ rad/s^2, onde t é dado em segundos, determine a intensidade da velocidade angular da barra quando $t = 3$ s. Localize o ponto na barra que tem a maior velocidade e aceleração, e calcule as intensidades de velocidade e aceleração desse ponto quando $t = 3$ s. A barra é definida por $z = 0{,}25$ sen(πy), onde o argumento para o seno é dado em radianos e y é dado em metros.

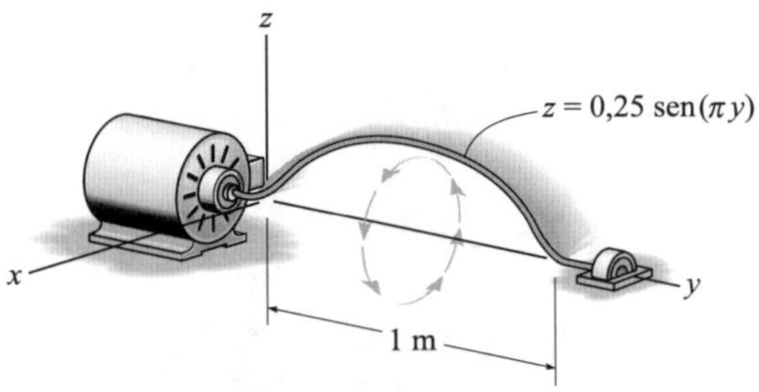

Problema 16.33

16.33. Se o eixo e a placa giram com uma velocidade angular constante $\omega = 14$ rad/s, determine a velocidade e aceleração do ponto C localizado no canto da placa no instante mostrado. Expresse o resultado na forma de um vetor cartesiano.

16.34. No instante mostrado, o eixo e a placa giram com uma velocidade angular $\omega = 14$ rad/s e aceleração angular $\alpha = 7$ rad/s^2. Determine a velocidade e aceleração do ponto D localizado no canto da placa nesse instante. Expresse o resultado na forma de um vetor cartesiano.

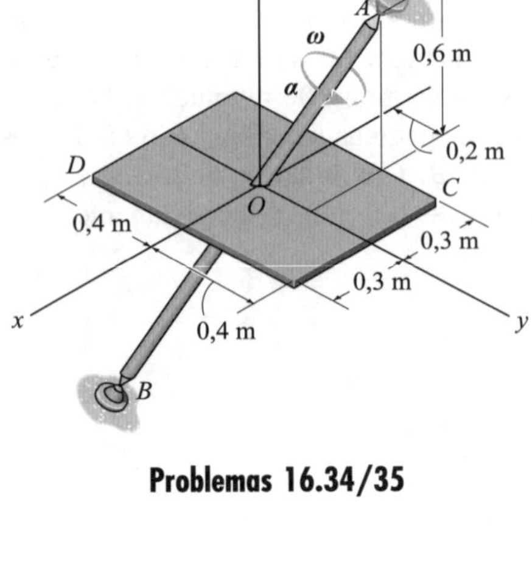

Problemas 16.34/35

16.4 Análise do movimento absoluto

Um corpo submetido ao *movimento plano geral* sofre translação e rotação *simultâneas*. Se o corpo é representado por uma placa fina, a placa translada no plano da placa e gira em torno de um eixo perpendicular a esse plano. O movimento pode ser completamente especificado conhecendo-se *ambos,* a rotação angular de uma linha fixa sobre o corpo e o movimento de um ponto sobre o corpo. Uma maneira de relacionar esses movimentos é usar uma coordenada de posição retilínea s para localizar o ponto ao longo de sua trajetória e uma coordenada de posição angular θ para especificar a orientação da linha. As duas coordenadas são, então, relacionadas utilizando a geometria do problema. Por *aplicação direta* das equações diferenciais em relação ao tempo $v = ds/dt$, $a = dv/dt$, $\omega = d\theta/dt$ e $\alpha = d\omega/dt$, o *movimento* do ponto e o *movimento angular* da linha podem, então, ser relacionados. Esse procedimento é similar àquele utilizado para resolver problemas com movimento dependente envolvendo polias (Seção 12.9). Em alguns casos, esse mesmo procedimento pode ser utilizado para relacionar o movimento de um corpo, sofrendo rotação em torno de um eixo fixo ou translação, até aquele de um corpo conectado sofrendo movimento plano geral.

Procedimento para análise

A velocidade e aceleração de um ponto P sofrendo um movimento retilíneo podem ser relacionadas à velocidade angular e aceleração angular de uma linha contida dentro de um corpo utilizando o procedimento a seguir.

Equação das coordenadas de posição

- Localize o ponto P sobre o corpo utilizando uma coordenada de posição s, que é medida a partir de uma *origem fixa* e está *direcionada ao longo da trajetória do movimento em linha reta* do ponto P.
- Meça, a partir de uma linha de referência fixa, a posição angular θ de uma linha situada no corpo.
- A partir das dimensões do corpo, relacione s com θ, $s = f(\theta)$, utilizando geometria e/ou trigonometria.

Derivadas temporais

- Faça a primeira derivada de $s = f(\theta)$ em relação ao tempo para estabelecer uma relação entre v e ω.
- Faça a segunda derivada temporal para estabelecer uma relação entre a e α.
- Em cada caso a regra da cadeia de cálculo tem de ser usada quando são feitas as derivadas temporais da equação da coordenada de posição. Veja o Apêndice C.

A caçamba basculante do caminhão gira em torno de um eixo fixo passando pelo pino em A. Ela é operada pela extensão do cilindro hidráulico BC. A posição angular da caçamba pode ser especificada utilizando a coordenada de posição angular θ, e a posição do ponto C na caçamba é especificada utilizando a coordenada de posição retilínea s. Visto que a e b são comprimentos fixos, então as duas coordenadas podem ser relacionadas pela lei dos cossenos, $s = \sqrt{a^2 + b^2 - 2ab\cos\theta}$. A derivada temporal desta equação relaciona a velocidade na qual o cilindro hidráulico se estende com a velocidade angular da caçamba.

Exemplo 16.3

A extremidade da barra R mostrada na Figura 16.7 mantém contato com o came através de uma mola. Se o came gira em torno de um eixo passando pelo ponto O com uma aceleração angular $\boldsymbol{\alpha}$ e uma velocidade angular $\boldsymbol{\omega}$, determine a velocidade e aceleração da barra quando o came está na posição arbitrária θ.

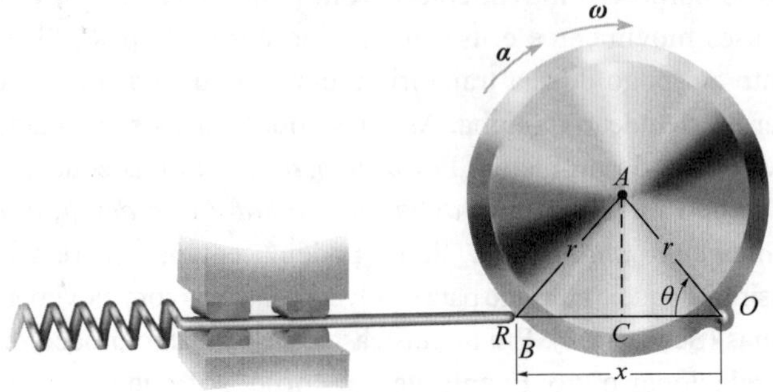

Figura 16.7

SOLUÇÃO

Equação da coordenada de posição

As coordenadas θ e x são escolhidas a fim de relacionar o *movimento de rotação* do segmento de linha OA no came com a *translação retilínea* da barra. Essas coordenadas são medidas a partir do *ponto fixo* O e podem ser relacionadas uma com a outra utilizando trigonometria. Visto que $OC = CB = r \cos \theta$ (Figura 16.7), então

$$x = 2r \cos \theta$$

Derivadas temporais

Utilizando a regra da cadeia de cálculo, temos:

$$\frac{dx}{dt} = -2r(\operatorname{sen}\theta)\frac{d\theta}{dt}$$

$$v = -2r\omega \operatorname{sen}\theta$$

$$\frac{dv}{dt} = -2r\left(\frac{d\omega}{dt}\right)\operatorname{sen}\theta - 2r\omega(\cos\theta)\frac{d\theta}{dt}$$

$$a = -2r(\alpha \operatorname{sen}\theta + \omega^2 \cos\theta)$$

NOTA: Os sinais negativos indicam que v e a são opostas à direção positiva de x. Isto parece razoável quando você visualiza o movimento.

Exemplo 16.4

Em um dado instante, o cilindro de raio r, mostrado na Figura 16.8, tem uma velocidade angular $\boldsymbol{\omega}$ e aceleração angular $\boldsymbol{\alpha}$. Determine a velocidade e aceleração de seu centro G se o cilindro rola sem deslizar.

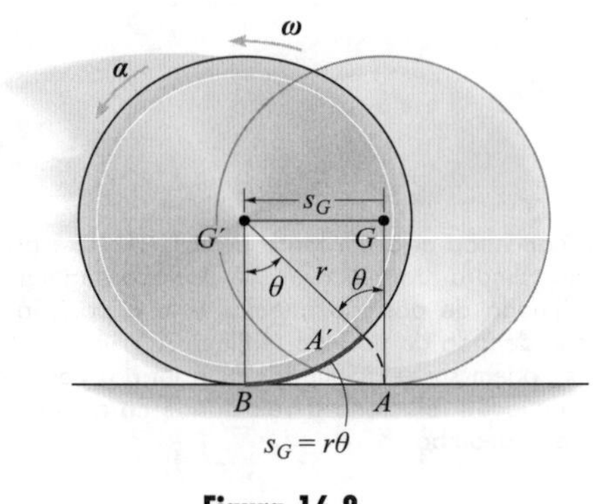

Figura 16.8

SOLUÇÃO

Equação da coordenada de posição

O cilindro sofre um movimento plano geral, visto que ele simultaneamente translada e rotaciona. Por simples inspeção, o ponto G se desloca em uma *linha reta* para a esquerda, de G para G', na medida em que o cilindro rola (Figura 16.8). Consequentemente, sua nova posição G' será especificada pela coordenada da posição *horizontal* s_G, que é medida de G para G'. Também, na medida em que o cilindro rola (sem deslizar), o comprimento do arco $A'B$ na borda que estava em contato com o solo de A para B, é equivalente a s_G. Consequentemente, o movimento necessita que a linha radial GA gire θ para a posição $G'A'$. Visto que o arco $A'B = r\theta$, então G se desloca em uma distância:

$$s_G = r\theta$$

Derivadas temporais

Fazendo-se sucessivas derivadas temporais dessa equação, observando-se que r é constante, $\omega = d\theta/dt$ e $\alpha = d\omega/dt$, obtêm-se as relações necessárias:

$$s_G = r\theta$$

$$v_G = r\omega$$

$$a_G = r\alpha$$

NOTA: Lembre-se de que estas relações são válidas somente se o cilindro (disco, roda, bola etc.) rola *sem* deslizar.

Exemplo 16.5

Uma grande janela na Figura 16.9 é aberta usando um cilindro hidráulico AB. Se o cilindro se estende a uma taxa constante de 0,5 m/s, determine a velocidade angular e aceleração angular da janela no instante $\theta = 30°$.

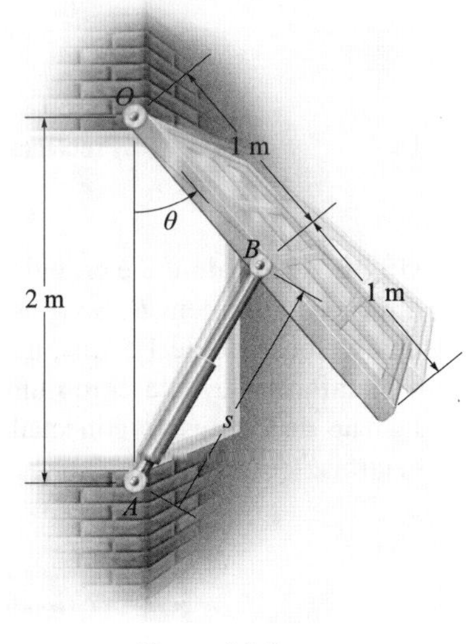

Figura 16.9

SOLUÇÃO

Equação da coordenada de posição

O movimento angular da janela pode ser obtido utilizando a coordenada θ, enquanto a extensão ou o movimento *ao longo do cilindro hidráulico* é definido utilizando uma coordenada s, que mede seu comprimento do ponto fixo A até o ponto em movimento B. Estas coordenadas podem ser relacionadas utilizando a lei dos cossenos, a saber,

$$s^2 = (2\text{ m})^2 + (1\text{ m})^2 - 2(2\text{ m})(1\text{ m})\cos\theta$$

$$s^2 = 5 - 4\cos\theta \qquad (1)$$

Quando $\theta = 30°$,

$$s = 1{,}239\text{ m}$$

Derivadas temporais

Fazendo-se as derivadas temporais da Equação 1, temos

$$2s\frac{ds}{dt} = 0 - 4(-\operatorname{sen}\theta)\frac{d\theta}{dt}$$

$$s(v_s) = 2(\operatorname{sen}\theta)\omega \qquad (2)$$

Visto que $v_s = 0{,}5$ m/s, então $\theta = 30°$,

$$(1239\text{ m})\,(0{,}5\text{ m/s}) = 2\operatorname{sen}30°\omega$$

$$\omega = 0{,}6197\text{ rad/s} = 0{,}620\text{ rad/s}$$

Fazendo a derivada temporal da Equação 2, resulta em:

$$\frac{ds}{dt}v_s + s\frac{dv_s}{dt} = 2(\cos\theta)\frac{d\theta}{dt}\omega + 2(\operatorname{sen}\theta)\frac{d\omega}{dt}$$

$$v_s^2 + sa_s = 2(\cos\theta)\omega^2 + 2(\operatorname{sen}\theta)\alpha$$

Visto que $a_s = dv_s/dt = 0$, então:

$$(0{,}5\text{ m/s})^2 + 0 = 2\cos 30^\circ(0{,}6197\text{ rad/s})^2 + 2\operatorname{sen} 30^\circ\alpha$$

$$\alpha = -0{,}415\text{ rad/s}^2$$

Como o resultado é negativo, isto indica que a janela tem uma desaceleração angular negativa.

Problemas

***16.35.** A barra *CD* pressiona contra *AB*, fornecendo a ela uma velocidade angular. Se a velocidade de *AB* é mantida em $\omega = 5$ rad/s, determine a intensidade necessária da velocidade **v** de *CD* como uma função do ângulo θ da barra *AB*.

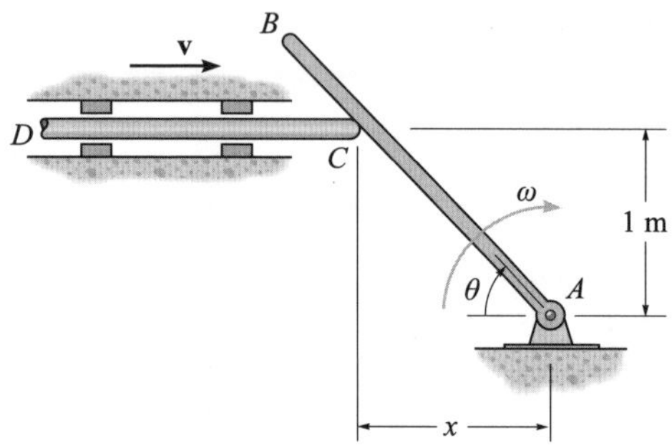

Problema 16.36

•16.36. O andaime *S* é erguido deslocando o rolete em *A* na direção do pino em *B*. Se *A* está se aproximando de *B* com uma velocidade de 1,5 m/s, determine a velocidade na qual a plataforma levanta como uma função de θ. As barras de ligação de 2 m estão conectadas por pinos em seus pontos centrais.

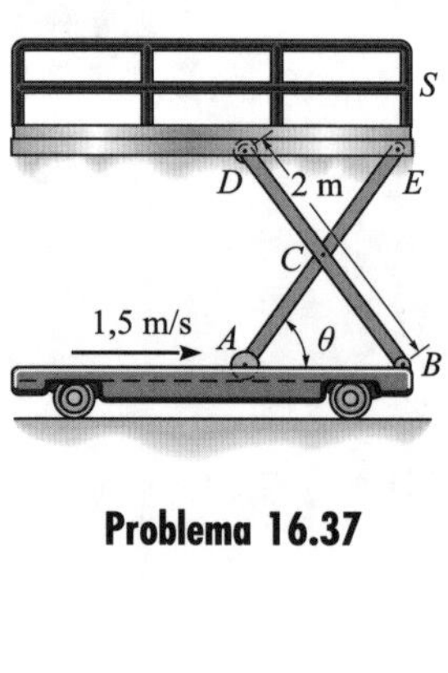

Problema 16.37

16.37. O bloco se desloca para a esquerda com uma velocidade constante $\mathbf{v}_0$. Determine a velocidade angular e aceleração angular da barra como uma função de θ.

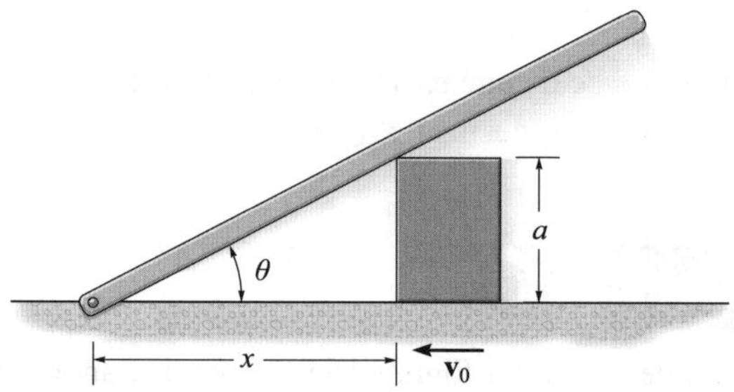

Problema 16.38

16.38. Determine a velocidade e aceleração da plataforma *P* como uma função do ângulo θ do came *C* se o came gira com uma velocidade angular constante $\boldsymbol{\omega}$. O pino de conexão não interfere no movimento de *P* sobre *C*. A plataforma é restrita a se deslocar verticalmente pelas guias verticais lisas.

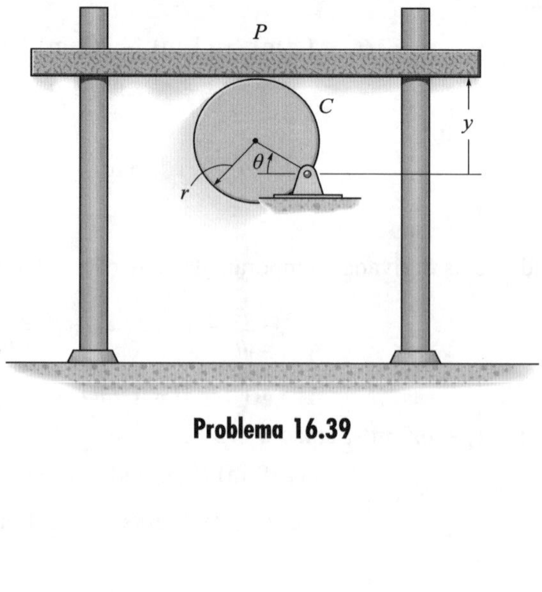

Problema 16.39

***16.39.** O disco A rola sem deslizar sobre a superfície do cilindro *fixo* B. Determine a velocidade angular de A se seu centro C tem uma velocidade $v_C = 5$ m/s. Quantas revoluções A realizará em torno de seu centro logo após a barra de ligação DC completar uma revolução?

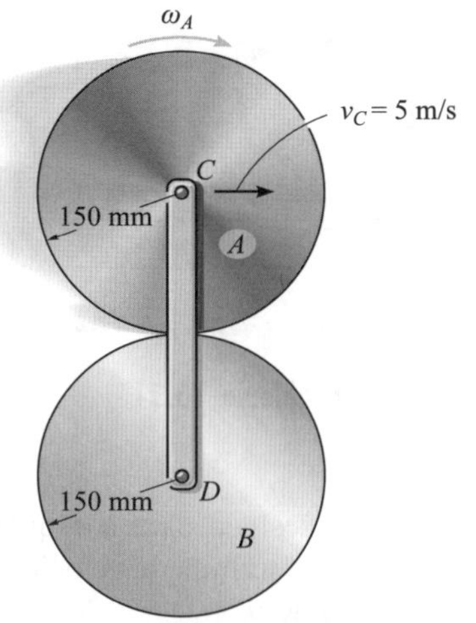

Problema 16.40

•16.40. A manivela AB gira com uma velocidade angular constante de 5 rad/s. Determine a velocidade do bloco C e a velocidade angular da barra de ligação BC no instante $\theta = 30°$.

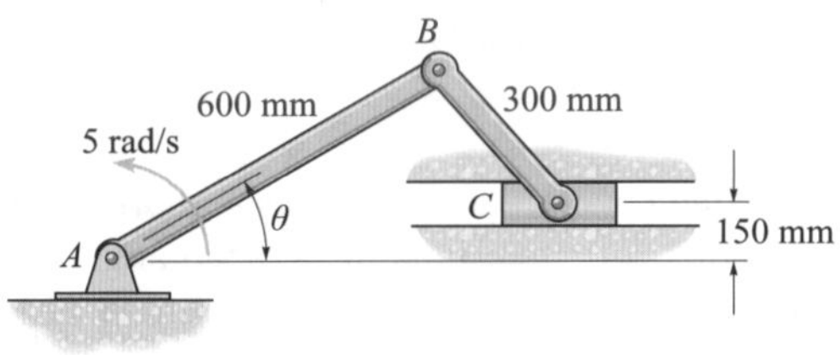

Problema 16.41

16.41. Os pinos em A e B estão restritos a se deslocarem nos trilhos vertical e horizontal. Se o braço ranhurado está fazendo com que A se desloque para baixo em $\mathbf{v}_A$, determine a velocidade de B como uma função de θ.

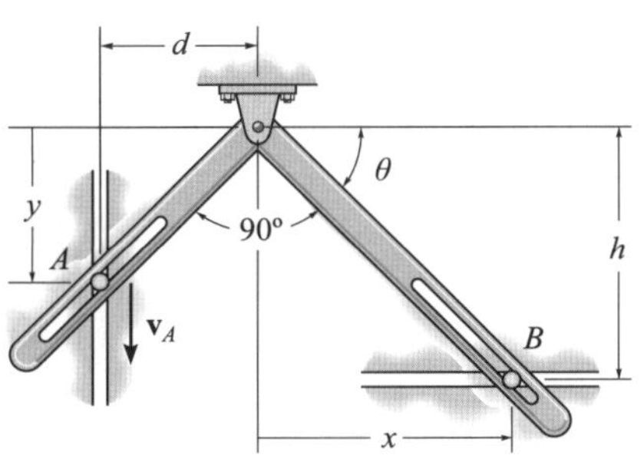

Problema 16.42

16.42. A extremidade A da barra se desloca para a esquerda com uma velocidade constante $\mathbf{v}_A$. Determine a velocidade angular $\boldsymbol{\omega}$ e aceleração angular $\boldsymbol{\alpha}$ da barra como uma função de sua posição x.

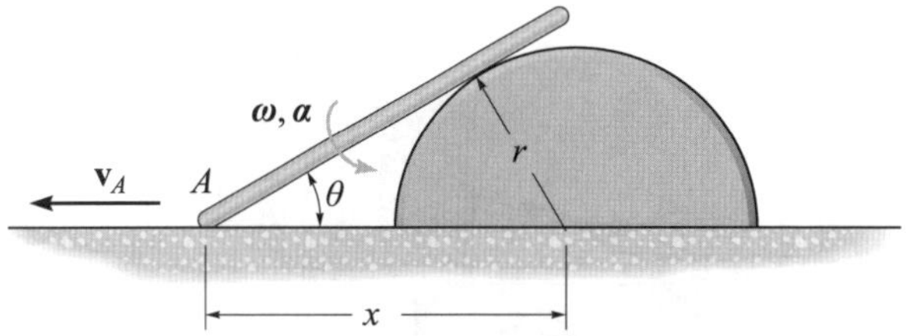

Problema 16.43

***16.43.** Determine a velocidade e aceleração da placa no instante $\theta = 30°$, se nesse instante o came circular está girando em torno do ponto fixo O com uma velocidade angular $\omega = 4$ rad/s e uma aceleração angular $\alpha = 2$ rad/s^2.

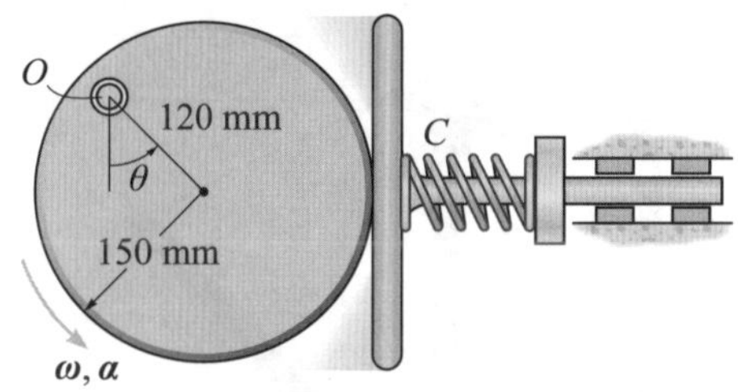

Problema 16.44

•16.44. No instante que $\theta = 30°$, a manivela AB gira com uma velocidade angular e aceleração angular de $\omega = 10$ rad/s e $\alpha = 2$ rad/s^2, respectivamente. Determine a velocidade e aceleração do bloco deslizante C nesse instante. Suponha que $a = b = 0{,}3$ m.

16.45. No instante $\theta = 30°$, a manivela AB gira com uma velocidade angular e aceleração angular de $\omega = 10$ rad/s e $\alpha = 2$ rad/s^2, respectivamente. Determine a velocidade angular e aceleração angular da barra de conexão BC nesse instante. Suponha que $a = 0{,}3$ m e $b = 0{,}5$ m.

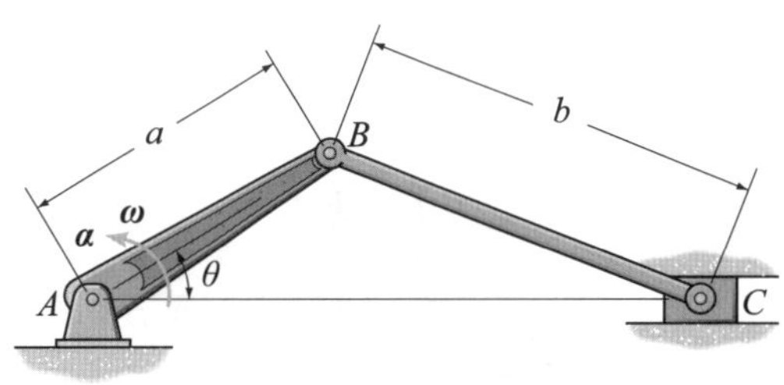

Problemas 16.45/46

16.46. A viga da ponte G de uma ponte levadiça é erguida e baixada utilizando o mecanismo de acionamento mostrado. Se o cilindro hidráulico AB encurta a uma taxa constante de 0,15 m/s, determine a velocidade angular da viga da ponte no instante θ = 60º.

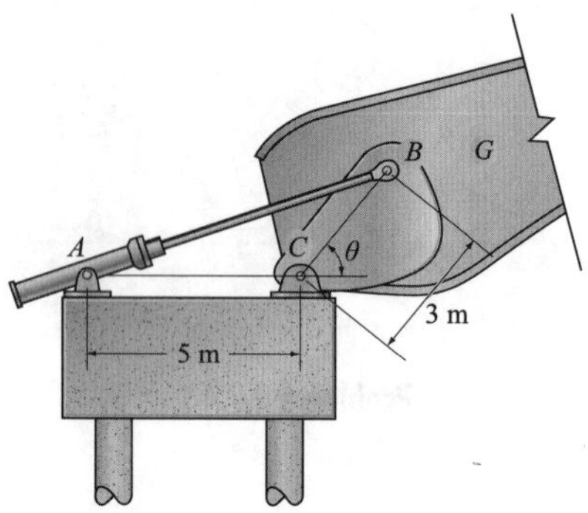

Problema 16.47

***16.47.** O homem puxa a corda a uma taxa constante de 0,5 m/s. Determine a velocidade angular e aceleração angular da viga AB quando θ = 60º. A viga gira em torno de A. Despreze a espessura da viga e a dimensão da polia.

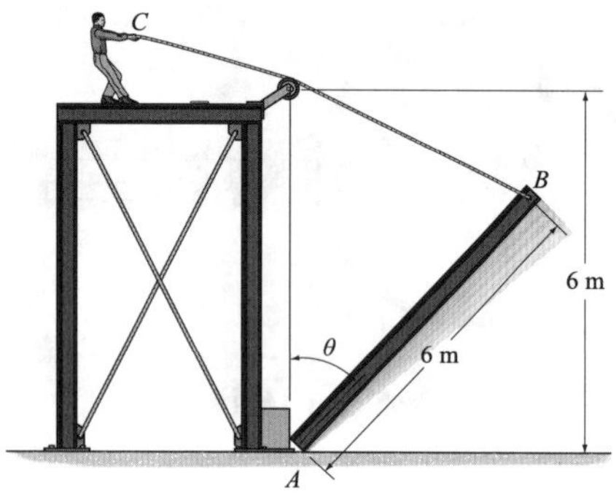

Problema 16.48

•16.48. O pino B fixado à manivela AB desliza nas fendas montadas nas barras seguidoras, que se deslocam ao longo das guias vertical e horizontal. Se a manivela gira com uma velocidade angular constante ω = 10 rad/s, determine a velocidade e aceleração da barra CD no instante θ = 30º.

16.49. O pino B fixado à manivela AB desliza nas ranhuras montadas nas barras seguidoras, que se deslocam ao longo das guias vertical e horizontal. Se a manivela gira com uma velocidade angular constante ω = 10 rad/s, determine a velocidade e aceleração da barra EF no instante θ = 30º.

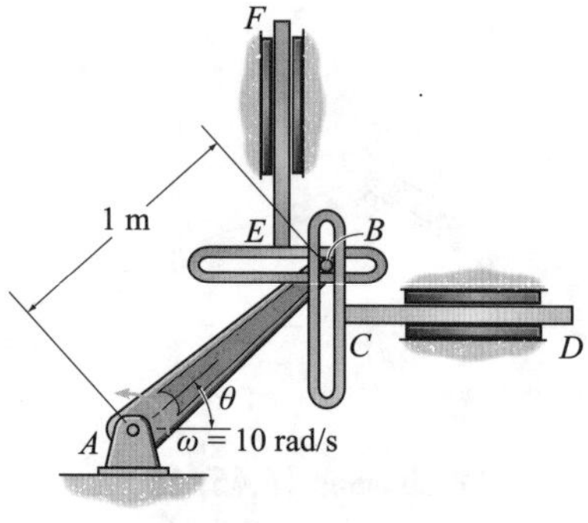

Problemas 16.49/50

16.50. Se o cilindro hidráulico AB está se estendendo a uma taxa constante de 0,3 m/s, determine a velocidade angular do basculante no instante θ = 30º.

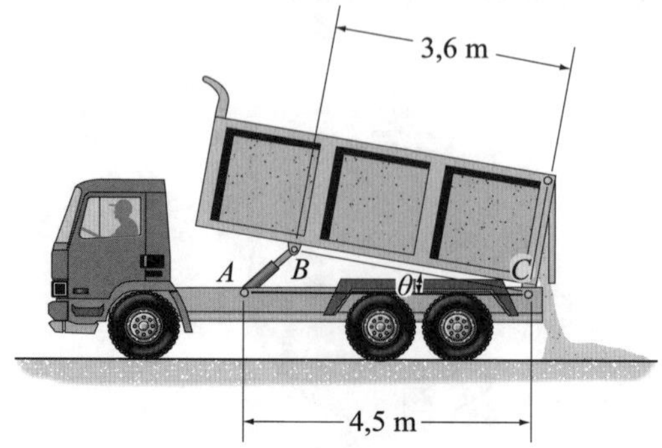

Problema 16.51

***16.51.** Se a cunha se desloca para a esquerda com uma velocidade constante **v**, determine a velocidade angular da barra como uma função de θ.

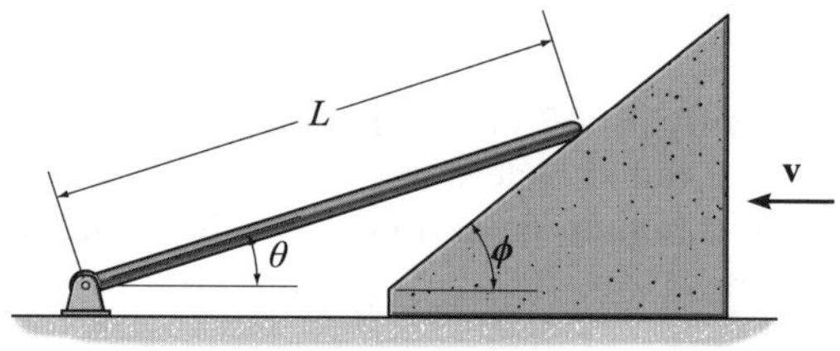

Problema 16.52

•16.52. No instante mostrado, o disco está girando com uma velocidade angular $\boldsymbol{\omega}$ e tem uma aceleração angular $\boldsymbol{\alpha}$. Determine a velocidade e aceleração do cilindro B nesse instante. Despreze a dimesão da polia em C.

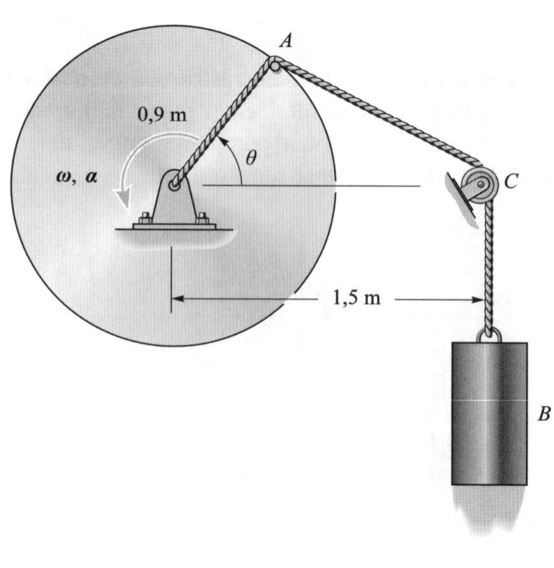

Problema 16.53

16.5 Análise do movimento relativo: velocidade

O movimento plano geral de um corpo rígido pode ser descrito como uma *combinação* de translação e rotação. Para ver esses movimentos 'componentes' *separadamente*, vamos usar uma *análise do movimento relativo* envolvendo dois conjuntos de eixos coordenados. O sistema de coordenadas x, y é fixo e mede a posição *absoluta* de dois pontos A e B sobre o corpo, aqui representado como uma barra (Figura 16.10*a*). A origem do sistema de coordenadas x', y' estará conectada ao 'ponto base' escolhido A, que geralmente tem um movimento *conhecido*. Os eixos desse sistema de coordenadas *transladam* em relação ao sistema fixo, mas não giram com a barra.

Posição

O vetor posição $\mathbf{r}_A$ na Figura 16.10*a* especifica a localização do 'ponto base' A, e o vetor posição relativa $\mathbf{r}_{B/A}$ localiza o ponto B em relação ao ponto A. Pela adição de vetores, a *posição* de B é, então,

$$\mathbf{r}_B = \mathbf{r}_A + \mathbf{r}_{B/A}$$

Deslocamento

Durante um instante de tempo dt, os pontos A e B sofrem deslocamentos $d\mathbf{r}_A$ e $d\mathbf{r}_B$, como mostrado na Figura 16.10*b*. Se considerarmos o movimento plano geral por suas partes componentes, então a *barra inteira* primeiro *translada* de uma quantidade $d\mathbf{r}_A$ de maneira que A, o ponto base, se desloca para sua *posição final* e o ponto B se desloca para B' (Figura 16.10*c*). A barra é, em seguida, girada em torno de A de uma quantidade $d\theta$ de maneira que B' sofre um *deslocamento relativo* $d\mathbf{r}_{B/A}$ e assim se desloca para sua posição final B. Em virtude da rotação em torno de A, $dr_{B/A} = r_{B/A}\, d\theta$, o deslocamento de B é,

$$d\mathbf{r}_B = d\mathbf{r}_A + d\mathbf{r}_{B/A}$$

$d\mathbf{r}_{B/A}$: devido à rotação em torno de A

$d\mathbf{r}_A$: devido à translação de A

$d\mathbf{r}_B$: devido à translação e rotação

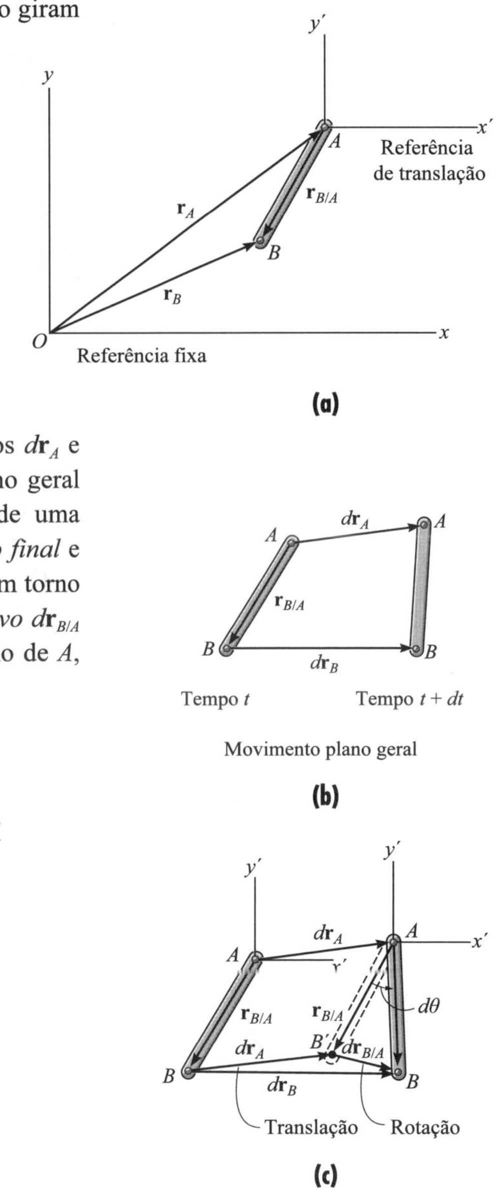

Figura 16.10

Na medida em que o bloco deslizante A se desloca horizontalmente para a esquerda com uma velocidade v_A, ele faz com que a manivela CB gire no sentido anti-horário, de tal maneira que v_B é dirigido tangente à sua trajetória circular, ou seja, para cima à esquerda. A barra de conexão AB é submetida ao movimento plano geral e, no instante mostrado, ela tem uma velocidade angular ω.

Velocidade

Para determinar a relação entre as velocidades dos pontos A e B, é necessário fazer a derivada temporal da equação da posição, ou simplesmente dividir a equação do deslocamento por dt. Isto resulta em:

$$\frac{d\mathbf{r}_B}{dt} = \frac{d\mathbf{r}_A}{dt} + \frac{d\mathbf{r}_{B/A}}{dt}$$

Os termos $d\mathbf{r}_B/dt = \mathbf{v}_B$ e $d\mathbf{r}_A/dt = \mathbf{v}_A$ são medidos em relação aos eixos fixos x, y e representam as *velocidades absolutas* dos pontos A e B, respectivamente. Visto que o deslocamento relativo é causado por uma rotação, a intensidade do terceiro termo é $dr_{B/A}/dt = r_{B/A}\, d\theta/dt = r_{B/A}\,\dot{\theta} = r_{B/A}\omega$, onde ω é a velocidade angular do corpo no instante considerado. Vamos denotar esse termo como a *velocidade relativa* $\mathbf{v}_{B/A}$, visto que ela representa a velocidade de B em relação a A como medida por um observador fixo aos eixos de translação x', y'. Em outras palavras, *a barra parece se deslocar como se ela estivesse girando com uma velocidade angular* $\boldsymbol{\omega}$ *em torno do eixo* z' *passando por* A. Consequentemente, $\mathbf{v}_{B/A}$ tem uma intensidade $v_{B/A} = \omega r_{B/A}$ e uma *direção* que é perpendicular a $\mathbf{r}_{B/A}$. Temos, portanto,

$$\mathbf{v}_B = \mathbf{v}_A + \mathbf{v}_{B/A} \tag{16.15}$$

onde:

$\mathbf{v}_B$ = velocidade do ponto B

$\mathbf{v}_A$ = velocidade do ponto base A

$\mathbf{v}_{B/A}$ = velocidade de B em relação a A

O que esta equação estabelece é que a velocidade de B (Figura 16.10*d*) é determinada considerando-se que a barra inteira realiza translação com uma velocidade $\mathbf{v}_A$ (Figura 16.10*e*) e rotaciona em torno de A com uma velocidade angular $\boldsymbol{\omega}$ (Figura 16.*10f*). A adição vetorial desses dois efeitos, aplicada a B, resulta em $\mathbf{v}_B$, como mostrado na Figura 16.10*g*.

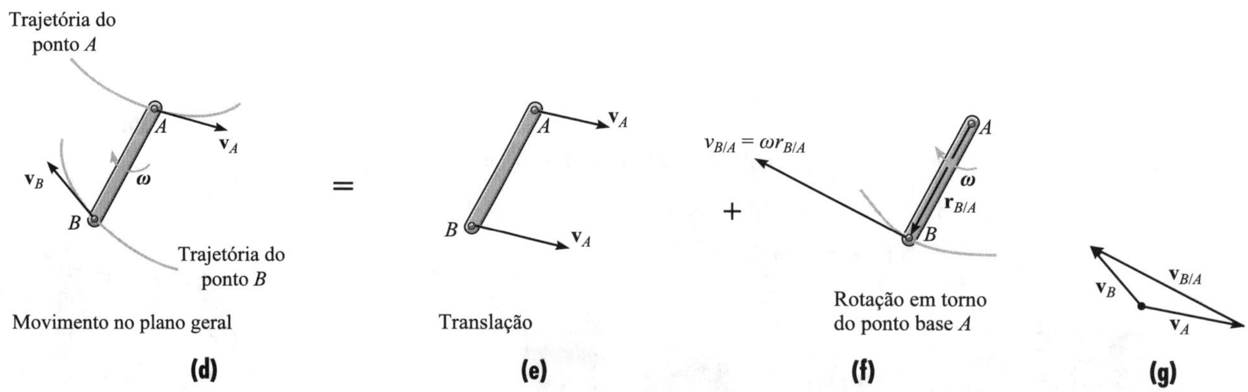

Figura 16.10 (cont.)

Visto que a velocidade relativa $\mathbf{v}_{B/A}$ representa o efeito do *movimento circular*, em torno de A, esse termo pode ser expresso pelo produto vetorial $\mathbf{v}_{B/A} = \boldsymbol{\omega} \times \mathbf{r}_{B/A}$ (Equação 16.9). Por conseguinte, para aplicações utilizando a análise vetorial cartesiana, também podemos escrever a Equação 16.15 como

$$\mathbf{v}_B = \mathbf{v}_A + \boldsymbol{\omega} \times \mathbf{v}_{B/A} \tag{16.16}$$

onde

$\mathbf{v}_B$ = velocidade de B

$\mathbf{v}_A$ = velocidade do ponto base A

$\boldsymbol{\omega}$ = velocidade angular do corpo

$\mathbf{r}_{B/A}$ = vetor posição direcionado de A para B

A equação da velocidade 16.15 ou 16.16 pode ser usada de uma maneira prática para estudar o movimento plano geral de um corpo rígido que esteja conectado por pino ou em contato com outros corpos em movimento. Quando aplicamos essa equação, os pontos A e B geralmente devem ser escolhidos como pontos sobre o corpo que estejam conectados por pino a outros corpos, ou como pontos em contato com corpos adjacentes que têm um *movimento conhecido*. Por exemplo, o ponto A na barra de ligação AB na Figura 16.11*a* tem de se deslocar ao longo de uma trajetória horizontal, enquanto o ponto B se desloca ao longo de uma trajetória circular. As *direções* de $\mathbf{v}_A$ e $\mathbf{v}_B$ podem, portanto, ser estabelecidas, visto que elas são sempre *tangentes* às suas trajetórias de movimento (Figura 16.11*b*). No caso da roda na Figura 16.12, que rola *sem deslizar*, o ponto A na roda pode ser escolhido no solo. Aqui A (momentaneamente) tem velocidade zero, visto que o solo não se move. Além disso, o centro da roda, B, se desloca ao longo de uma trajetória horizontal, de maneira que $\mathbf{v}_B$ é horizontal.

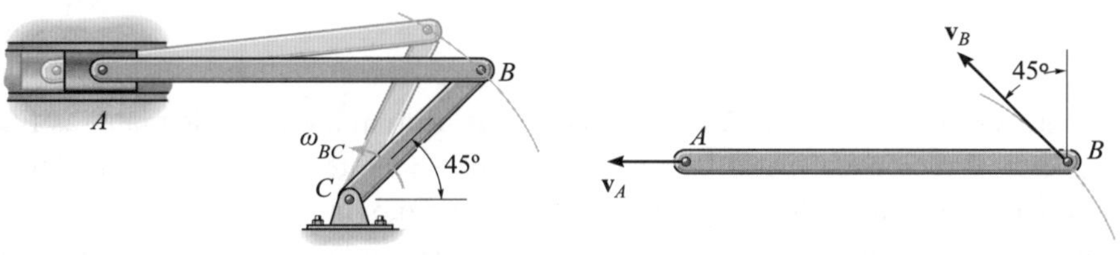

(a) **(b)**

Figura 16.11

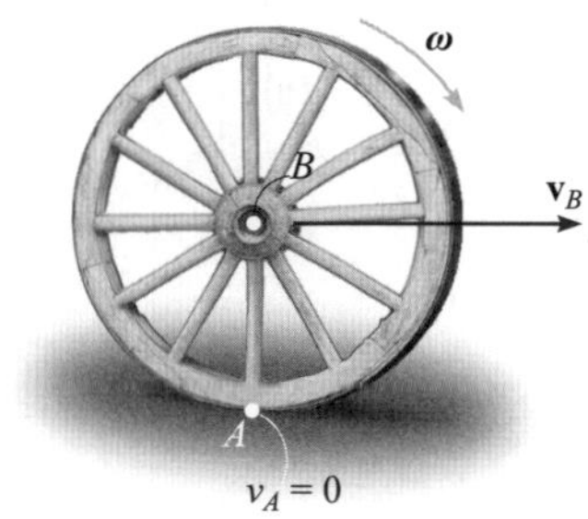

Figura 16.12

Procedimento para análise

A equação de velocidade relativa pode ser aplicada utilizando-se a análise vetorial cartesiana, ou escrevendo-se a equação das componentes escalares de x e y diretamente. Para aplicação, é sugerido que o procedimento seguinte seja utilizado.

ANÁLISE VETORIAL

Diagrama cinético

- Estabeleça as direções das coordenadas x, y fixas e trace um diagrama cinemático do corpo. Indique nele as velocidades $\mathbf{v}_A$, $\mathbf{v}_B$ dos pontos A e B, a velocidade angular $\boldsymbol{\omega}$ e o vetor posição relativa $\mathbf{r}_{B/A}$.
- Se as intensidades de $\mathbf{v}_A$, $\mathbf{v}_B$, ou $\boldsymbol{\omega}$ são desconhecidas, o sentido de direção desses vetores pode ser assumido.

Equação da velocidade

- Para aplicar $\mathbf{v}_B = \mathbf{v}_A + \boldsymbol{\omega} \times \mathbf{r}_{B/A}$, expresse os vetores na forma de vetores cartesianos e os substitua na equação. Calcule o produto vetorial e em seguida equacione as respectivas componentes **i** e **j** para obter duas equações escalares.
- Se a solução produzir uma resposta *negativa* para uma intensidade *desconhecida*, isto indica que o sentido da direção do vetor é oposto àquele mostrado no diagrama cinemático.

ANÁLISE ESCALAR

Diagrama cinemático

- Se a equação de velocidade for aplicada na forma escalar, então a intensidade e direção da velocidade relativa $\mathbf{v}_{B/A}$ têm de ser estabelecidas. Trace um diagrama cinemático como o mostrado na Figura 16.10*g*, que mostra o movimento relativo. Visto que se considera que o corpo está momentaneamente 'preso com pino' ao ponto base A, a intensidade de $\mathbf{v}_{B/A}$ é $v_{B/A} = \omega \mathbf{r}_{B/A}$. O sentido de direção de $\mathbf{v}_{B/A}$ é sempre perpendicular a $\mathbf{r}_{B/A}$ de acordo com o movimento de rotação $\boldsymbol{\omega}$ do corpo.*

Equação da velocidade.

- Escreva a Equação 16.15 na forma simbólica, $\mathbf{v}_B = \mathbf{v}_A + \mathbf{v}_{B/A}$, e embaixo de cada um dos termos represente os termos graficamente mostrando suas intensidades e direções. As equações escalares são determinadas a partir das componentes x e y desses vetores.

Exemplo 16.6

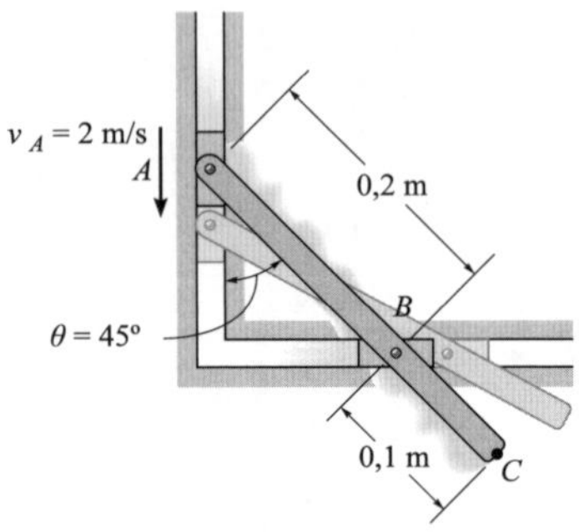

(a)

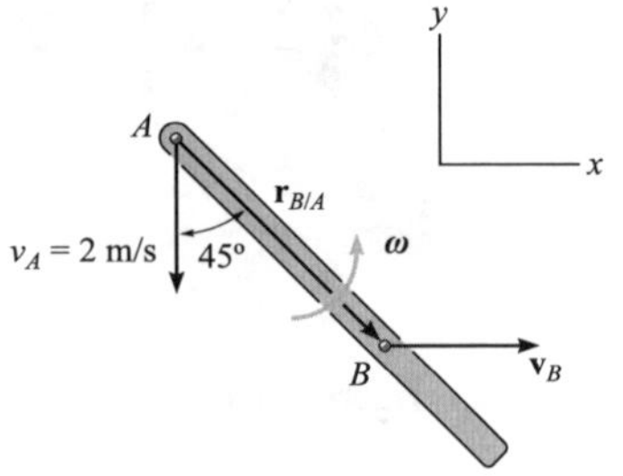

(b)

Figura 16.13

A barra de ligação mostrada na Figura 16.13*a* é guiada por dois blocos em *A* e *B*, que se deslocam nas ranhuras fixas. Se a velocidade de *A* é 2 m/s para baixo, determine a velocidade de *B* no instante $\theta = 45°$.

SOLUÇÃO (ANÁLISE VETORIAL)

Diagrama cinemático

Visto que os pontos *A* e *B* estão restritos a se deslocarem ao longo de ranhuras fixas e $\mathbf{v}_A$ está direcionada para baixo, a velocidade $\mathbf{v}_B$ tem de estar direcionada horizontalmente para a direita (Figura 16.13*b*). Este movimento faz com que a barra de ligação gire no sentido anti-horário; isto é, pela regra da mão direita, a velocidade angular $\boldsymbol{\omega}$ está direcionada para fora, perpendicular ao plano do movimento. Conhecendo-se a intensidade e a direção de $\mathbf{v}_A$ e as linhas de ação de $\mathbf{v}_B$ e $\boldsymbol{\omega}$, é possível aplicar a equação de velocidade $\mathbf{v}_B = \mathbf{v}_A + \boldsymbol{\omega} \times \mathbf{r}_{B/A}$ aos pontos *A* e *B* a fim de resolver para as duas intensidades desconhecidas v_B e ω. Visto que $\mathbf{r}_{B/A}$ é necessário, ele também é mostrado na Figura 16.13*b*.

Equação de velocidade

Expressando cada um dos vetores na Figura 16.13*b,* em termos de suas componentes **i**, **j**, **k**, e aplicando a Equação 16.16 para *A*, o ponto base, e *B*, temos:

$$\mathbf{v}_B = \mathbf{v}_A + \boldsymbol{\omega} \times \mathbf{r}_{B/A}$$

$$v_B\mathbf{i} = -2\mathbf{j} + [\omega\mathbf{k} \times (0{,}2 \text{ sen } 45°\mathbf{i} - 0{,}2 \cos 45°\mathbf{j})]$$

$$v_B\mathbf{i} = -2\mathbf{j} + 0{,}2\omega \text{ sen } 45°\mathbf{j} + 0{,}2\omega \cos 45°\mathbf{i}$$

Equacionando as componentes **i** e **j**, resulta em

$$v_B = 0{,}2\omega \cos 45° \qquad 0 = -2 + 0{,}2\omega \text{ sen } 45°$$

Desse modo,

$$\omega = 14{,}1 \text{ rad/s} \circlearrowleft$$

$$v_B = 2 \text{ m/s} \rightarrow$$

Visto que ambos resultados são positivos, as *direções* de $\mathbf{v}_B$ e $\boldsymbol{\omega}$ estão realmente *corretas* como mostrado na Figura 16.13*b*. Deve ser enfatizado que esses resultados são *válidos somente* no instante $\theta = 45°$. Um recálculo para $\theta = 44°$ resulta em $v_B = 2{,}07$ m/s e $\omega = 14{,}4$ rad/s; ao passo que, quando $\theta = 46°$, $v_B = 1{,}93$ m/s e $\omega = 13{,}9$ rad/s etc.

NOTA: Uma vez que a velocidade de um ponto (*A*) sobre a barra de ligação e a velocidade angular são *conhecidas*, a velocidade de qualquer outro ponto sobre a barra de ligação pode ser determinada. Como um exercício, veja se você consegue aplicar a Equação 16.16 aos pontos *A* e *C* ou aos pontos *B* e *C* e mostre que, quando $\theta = 45°$, $v_C = 3{,}16$ m/s, direcionada a um ângulo de 18,4° acima da horizontal.

---

* A notação $\mathbf{v}_B = \mathbf{v}_A + \mathbf{v}_{B/A(\text{pino})}$ pode ser útil em lembrar que *A* está 'preso com pino'

Exemplo 16.7

O cilindro mostrado na Figura 16.14*a* rola sem deslizar sobre a superfície de uma esteira transportadora que está se deslocando a 2 m/s. Determine a velocidade do ponto *A*. O cilindro tem uma velocidade angular no sentido horário ω = 15 rad/s no instante mostrado.

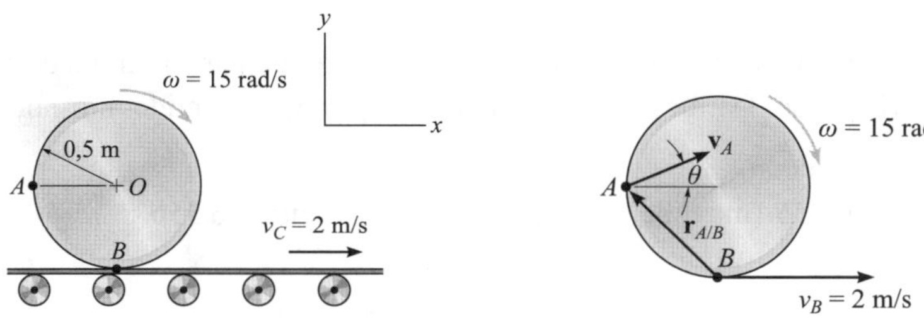

(a) (b)

Figura 16.14

SOLUÇÃO I (ANÁLISE VETORIAL)

Diagrama cinemático

Visto que não ocorre nenhum deslizamento, o ponto *B* no cilindro tem a mesma velocidade que o transportador (Figura 16.14*b*). A velocidade angular do cilindro também é conhecida, de maneira que podemos aplicar a equação da velocidade a *B*, o ponto base, e *A* para determinar $\mathbf{v}_A$.

Equação de velocidade

$$\mathbf{v}_A = \mathbf{v}_B + \boldsymbol{\omega} \times \mathbf{r}_{A/B}$$
$$(v_A)_x\mathbf{i} + (v_A)_y\mathbf{j} = 2\mathbf{i} + (-15\mathbf{k}) \times (-0{,}5\mathbf{i} + 0{,}5\mathbf{j})$$
$$(v_A)_x\mathbf{i} + (v_A)_y\mathbf{j} = 2\mathbf{i} + 7{,}50\mathbf{j} + 7{,}50\mathbf{i}$$

de maneira que:

$$(v_A)_x = 2 + 7{,}50 = 9{,}50 \text{ m/s} \qquad (1)$$
$$(v_A)_y = 7{,}50 \text{ m/s} \qquad (2)$$

Assim,

$$v_A = \sqrt{(9.50)^2 + (7.50)^2} = 12{,}1 \text{ m/s}$$
$$\theta = \text{tg}^{-1}\ \frac{7{,}50}{9{,}50} = 38{,}3° \ \measuredangle$$

SOLUÇÃO II (ANÁLISE ESCALAR)

Como um procedimento alternativo, as componentes escalares de $\mathbf{v}_A = \mathbf{v}_B + \mathbf{v}_{A/B}$ podem ser obtidas diretamente. Do diagrama cinemático mostrando o movimento 'circular' relativo que produz $\mathbf{v}_{A/B}$ (Figura 16.14*c*), temos:

$$v_{A/B} = \omega r_{A/B} = (15 \text{ rad/s})\left(\frac{0{,}5 \text{ m}}{\cos 45°}\right) = 10{,}6 \text{ m/s}$$

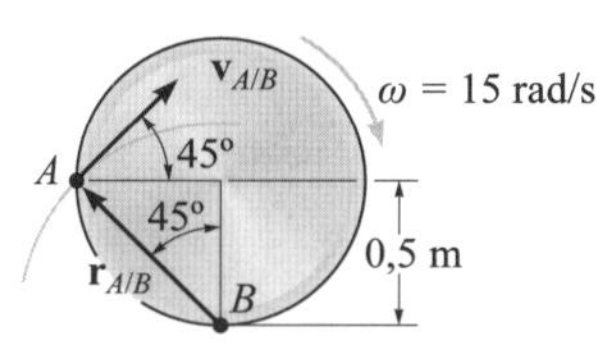

Movimento relativo

(c)

Figura 16.14

Desse modo,

$$\mathbf{v}_A = \mathbf{v}_B + \mathbf{v}_{A/B}$$
$$\begin{bmatrix}(v_A)_x \\ \rightarrow\end{bmatrix} + \begin{bmatrix}(v_A)_y \\ \uparrow\end{bmatrix} = \begin{bmatrix}2 \text{ m/s} \\ \rightarrow\end{bmatrix} + \begin{bmatrix}10{,}6 \text{ m/s} \\ \measuredangle 45°\end{bmatrix}$$

Equacionando as componentes *x* e *y*, obtêm-se os mesmos resultados que antes, nominalmente,

$(\stackrel{+}{\rightarrow})$ $\quad (v_A)_x = 2 + 10{,}6 \cos 45° = 9{,}50$ m/s

$(+\uparrow)$ $\quad (v_A)_y = 0 + 10{,}6 \text{ sen } 45° = 7{,}50$ m/s

Exemplo 16.8

O anel C na Figura 16.15*a* está se deslocando para baixo com uma velocidade de 2 m/s. Determine a velocidade angular de CB neste instante.

SOLUÇÃO I (ANÁLISE VETORIAL)

Diagrama cinemático

O movimento para baixo de C faz com que B se desloque para a direita ao longo de uma trajetória curva. Da mesma forma, CB e AB giram no sentido anti-horário.

Equação de velocidade

Barra de ligação CB (movimento plano geral): ver Figura 16.15*b*.

$$\mathbf{v}_B = \mathbf{v}_C + \boldsymbol{\omega}_{CB} \times \mathbf{r}_{B/C}$$

$$v_B\mathbf{i} = -2\mathbf{j} + \omega_{CB}\mathbf{k} \times (0{,}2\mathbf{i} - 0{,}2\mathbf{j})$$

$$v_B\mathbf{i} = -2\mathbf{j} + 0{,}2\omega_{CB}\mathbf{j} + 0{,}2\omega_{CB}\mathbf{i}$$

$$v_B = 0{,}2\omega_{CB} \qquad (1)$$

$$0 = -2 + 0{,}2\omega_{CB} \qquad (2)$$

$$\omega_{CB} = 10 \text{ rad/s} \circlearrowleft$$

$$v_B = 2 \text{ m/s} \rightarrow$$

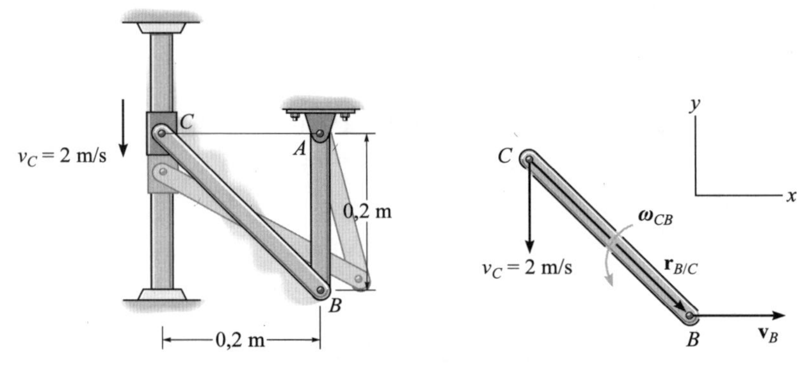

(a) (b)

Figura 16.15

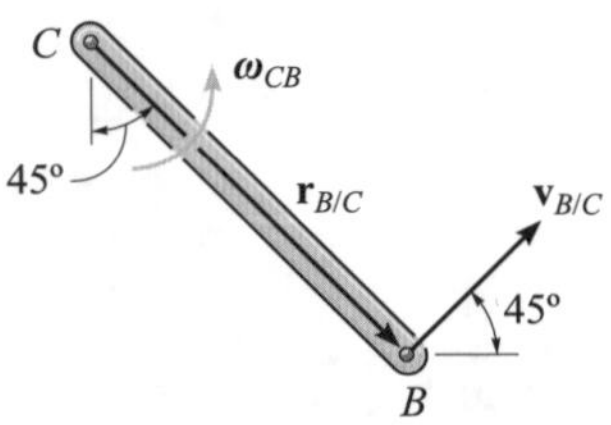

Movimento relativo

(c)

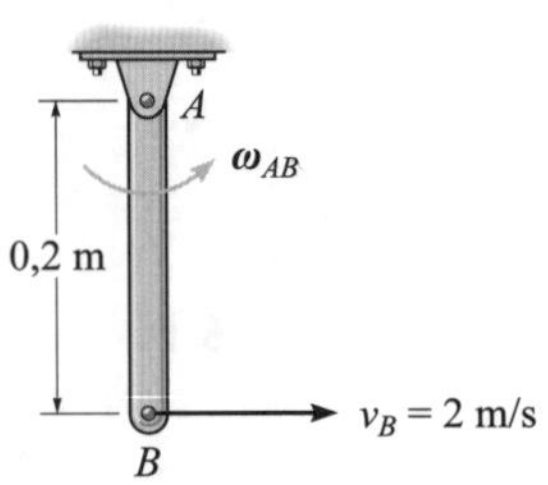

(d)

Figura 16.15

SOLUÇÃO II (ANÁLISE ESCALAR)

As equações das componentes escalares de $\mathbf{v}_B = \mathbf{v}_C + \mathbf{v}_{B/C}$ podem ser obtidas diretamente. O diagrama cinemático na Figura 16.15*c* mostra o movimento 'circular' relativo que produz $\mathbf{v}_{B/C}$. Temos:

$$\mathbf{v}_B = \mathbf{v}_C + \mathbf{v}_{B/C}$$

$$\begin{bmatrix} v_B \\ \rightarrow \end{bmatrix} = \begin{bmatrix} 2 \text{ m/s} \\ \downarrow \end{bmatrix} + \begin{bmatrix} \omega_{CB}(0{,}2\sqrt{2} \text{ m}) \\ \measuredangle\, 45° \end{bmatrix}$$

Decompondo estes vetores nas direções x e y, resulta em:

$(\overset{+}{\rightarrow})$ $$v_B = 0 + \omega_{CB}(0{,}2\sqrt{2}\cos 45°)$$

$(+\uparrow)$ $$0 = -2 + \omega_{CB}(0{,}2\sqrt{2}\,\text{sen}\,45°)$$

que é o mesmo que as equações 1 e 2.

NOTA: Visto que a barra de ligação AB gira em torno de um eixo fixo e v_B é conhecido (Figura 16.15*d*), sua velocidade angular é encontrada de $v_B = \omega_{AB} r_{AB}$ ou 2 m/s = ω_{AB} (0,2 m), ω_{AB} = 10 rad/s.

Exemplo 16.9

A barra *AB* de ligação mostrada na Figura 16.16*a* tem uma velocidade angular no sentido horário de 30 rad/s quando $\theta = 60°$. Determine as velocidades angulares do membro *BC* e da roda nesse instante.

SOLUÇÃO (ANÁLISE VETORIAL)

Diagrama cinemático

Por inspeção, as velocidades dos pontos *B* e *C* são definidas pela rotação da barra de ligação *AB* e da roda em torno de seus eixos fixos. Os vetores posição e a velocidade angular de cada membro estão mostrados no diagrama cinemático na Figura 16.16*b*. Para resolver, vamos escrever a equação cinemática apropriada para cada membro.

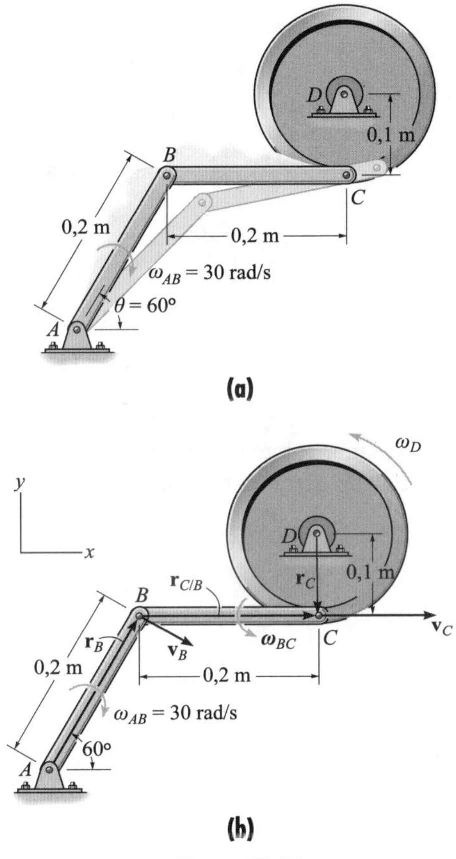

Figura 16.16

Equação de velocidade

A barra de ligação *AB* (rotação em torno de um eixo fixo):

$$\mathbf{v}_B = \boldsymbol{\omega}_{AB} \times \mathbf{r}_B$$
$$= (-30\mathbf{k}) \times (0{,}2 \cos 60°\mathbf{i} + 0{,}2 \text{ sen } 60°\mathbf{j})$$
$$= \{5{,}20\mathbf{i} - 3{,}0\mathbf{j}\} \text{ m/s}$$

A barra de ligação *BC* (movimento plano geral):

$$\mathbf{v}_C = \mathbf{v}_B + \boldsymbol{\omega}_{BC} \times \mathbf{r}_{C/B}$$
$$v_C\mathbf{i} = 5{,}20\mathbf{i} - 3{,}0\mathbf{j} + (\omega_{BC}\mathbf{k}) \times (0{,}2\mathbf{i})$$
$$v_C\mathbf{i} = 5{,}20\mathbf{i} + (0{,}2\omega_{BC} - 3{,}0)\mathbf{j}$$
$$v_C = 5{,}20 \text{ m/s}$$
$$0 = 0{,}2\omega_{BC} - 3{,}0$$
$$\omega_{BC} = 15 \text{ rad/s} \circlearrowleft$$

Roda (rotação em torno de um eixo fixo):

$$\mathbf{v}_C = \boldsymbol{\omega}_D \times \mathbf{r}_C$$

$$5{,}20\mathbf{i} = (\omega_D\mathbf{k}) \times (-0{,}1\mathbf{j})$$

$$5{,}20 = 0{,}1\omega_D$$

$$\omega_D = 52{,}0 \text{ rad/s} \circlearrowleft$$

Problemas fundamentais

16.7. Se o rolete A se desloca para a direita com uma velocidade constante $v_A = 3$ m/s, determine a velocidade angular da barra de ligação e a velocidade do rolete B no instante $\theta = 30°$.

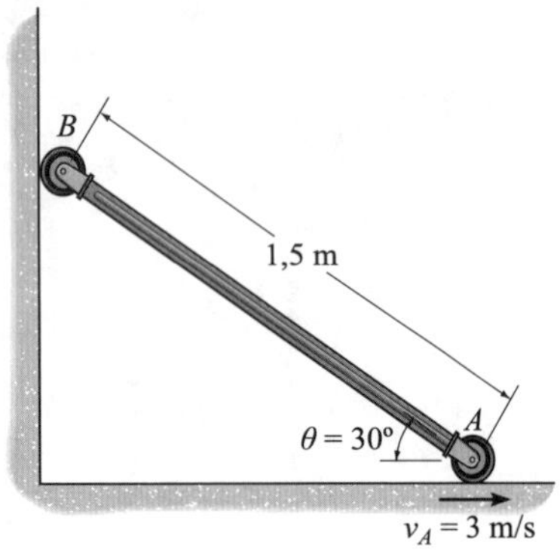

Problema 16.7

16.8. A roda rola sem deslizar com uma velocidade angular de $\omega = 10$ rad/s. Determine a intensidade da velocidade do ponto B no instante mostrado.

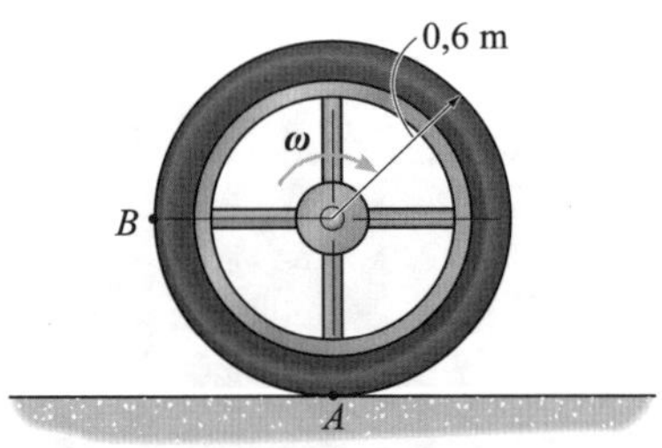

Problema 16.8

16.9. Determine a velocidade angular da bobina. O cabo se enrola em torno do núcleo interno e a bobina não desliza na plataforma P.

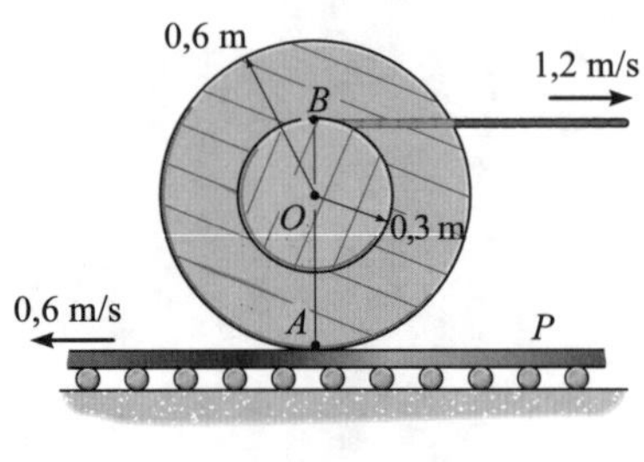

Problema 16.9

16.10. Se a manivela OA gira com uma velocidade angular $\omega = 12$ rad/s, determine a velocidade do pistão B e a velocidade angular da barra AB no instante mostrado.

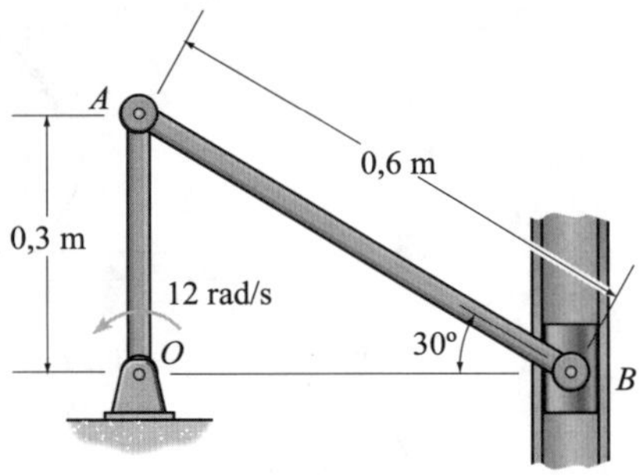

Problema 16.10

16.11. Se a barra AB desliza ao longo da ranhura horizontal com uma velocidade de 18 m/s, determine a velocidade angular da barra de ligação BC no instante mostrado.

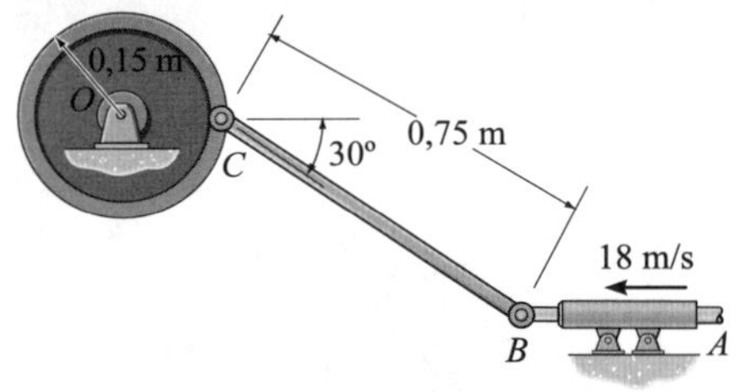

Problema 16.11

16.12. A extremidade A da barra de ligação tem uma velocidade $v_A = 3$ m/s. Determine a velocidade do pino em B nesse instante. O pino está restrito a se deslocar ao longo da ranhura.

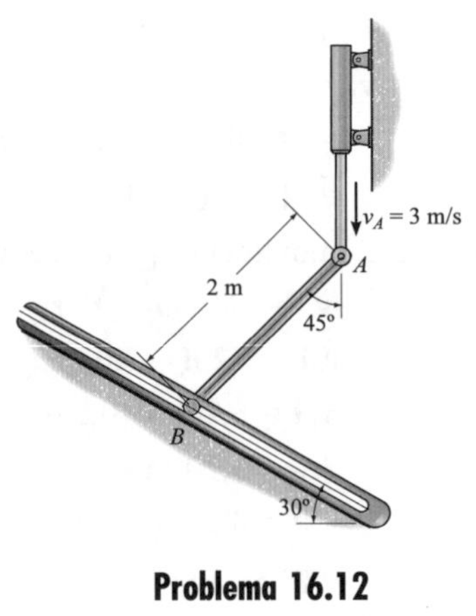

Problema 16.12

Problemas

16.54. O pinhão A roda sobre a cremalheira fixa B com uma velocidade angular $\omega = 4$ rad/s. Determine a velocidade da cremalheira C.

16.55. O pinhão A roda sobre as cremalheiras B e C. Se B está se deslocando para a direita a 2,4 m/s e C está se deslocando para a esquerda a 1,2 m/s, determine a velocidade angular do pinhão e a velocidade de seu centro A.

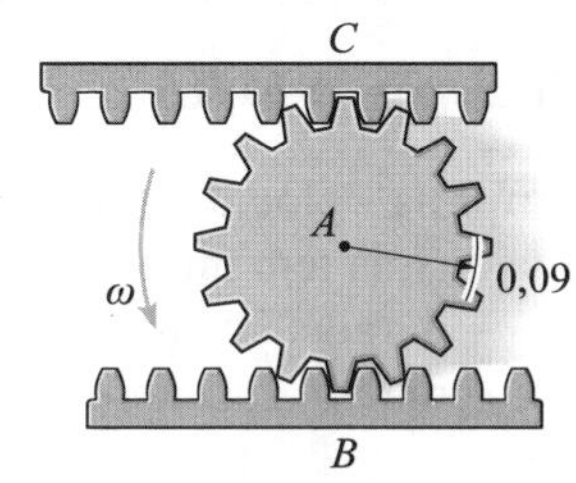

Problemas 16.54/55

***16.56.** A engrenagem repousa em uma cremalheira horizontal fixa. Um cabo está enrolado em torno do núcleo interno da engrenagem de maneira que ele permanece horizontalmente tangente ao núcleo interior em A. Se o cabo é puxado para a direita com uma velocidade constante de 0,6 m/s, determine a velocidade do centro da engrenagem, C.

•16.57. Resolva o problema anterior supondo que o cabo está enrolado em torno da engrenagem no sentido oposto, de maneira que a extremidade do cabo permanece horizontalmente tangente ao núcleo interior em B e é puxada para a direita a 0,6 m/s.

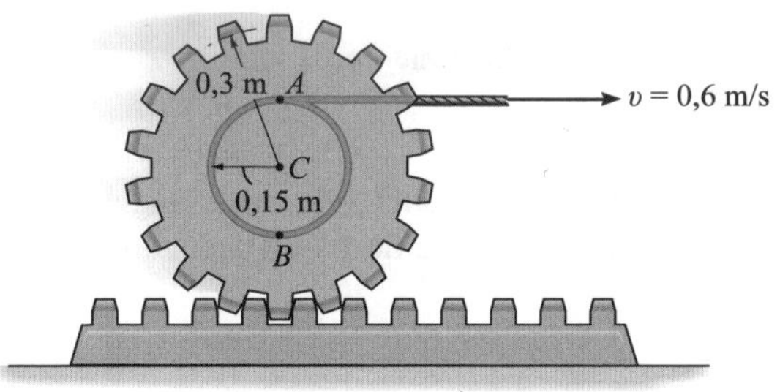

Problemas 16.56/57

16.58. Uma bola de boliche é lançada na 'pista' com um efeito de rotação para trás (*backspin*) $\omega = 10$ rad/s enquanto seu centro O tem uma velocidade para frente de $v_O = 8$ m/s. Determine a velocidade do ponto A em contato com a pista.

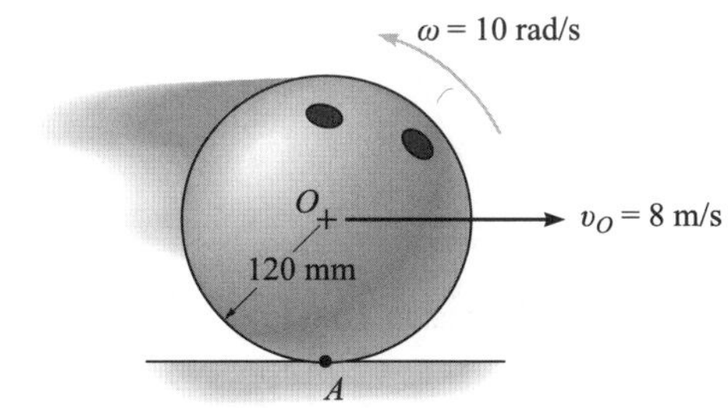

Problema 16.58

16.59. Determine a velocidade angular da engrenagem e a velocidade de seu centro O no instante mostrado.

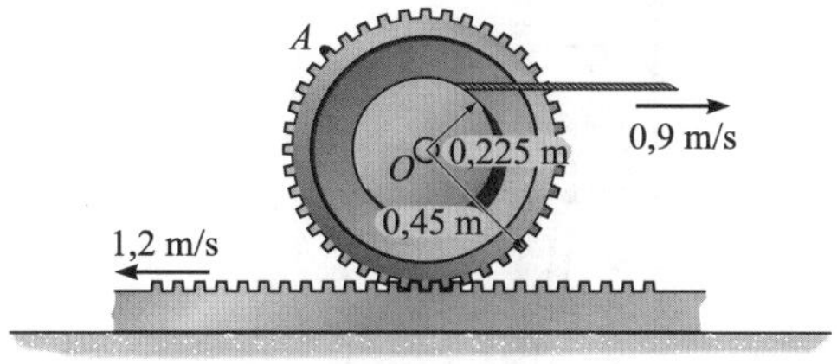

Problema 16.59

***16.60.** Determine a velocidade do ponto A na borda da engrenagem no instante mostrado.

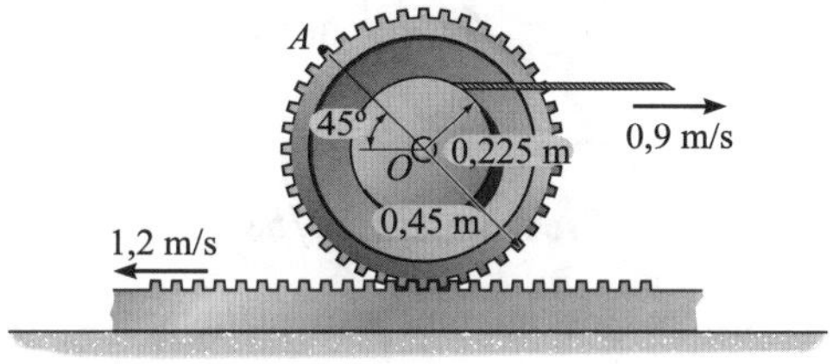

Problema 16.60

•16.61. A rotação da barra de ligação AB cria um movimento de oscilação da engrenagem F. Se AB tem uma velocidade angular $\omega_{AB} = 6$ rad/s, determine a velocidade angular da engrenagem F no instante mostrado. A engrenagem E está rigidamente fixa ao braço CD e presa com pino em D a um ponto fixo.

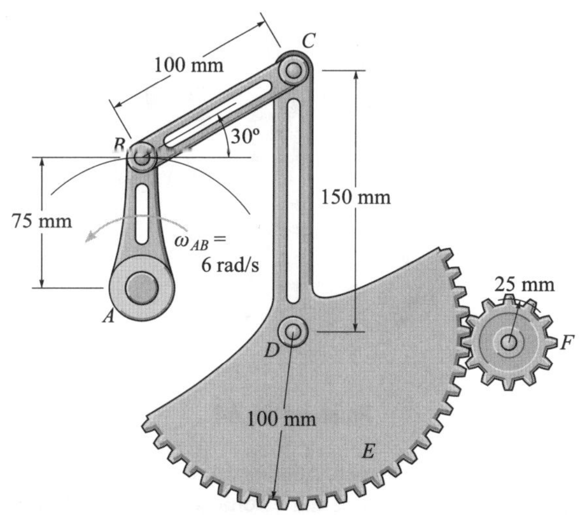

Problema 16.61

16.62. O pistão P se desloca para cima com uma velocidade de 7,5 m/s no instante mostrado. Determine a velocidade angular do eixo de manivela AB nesse instante.

16.63. Determine a velocidade do centro de gravidade G da biela no instante mostrado. O pistão P está se deslocando para cima com uma velocidade de 7,5 m/s.

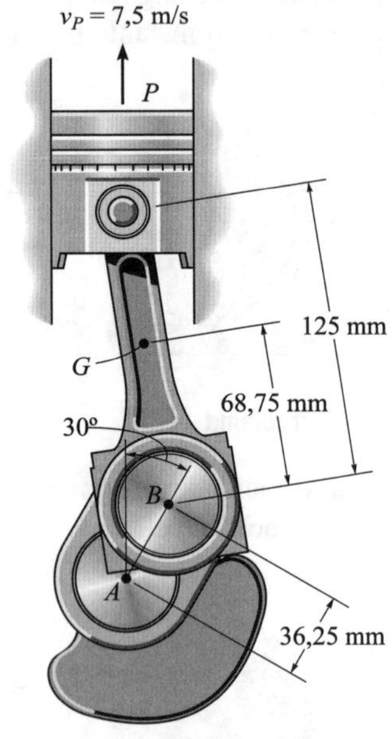

Problemas 16.62/63

***16.64.** O sistema de engrenagem planetária é usado em uma transmissão automática para um automóvel. Ao travar ou soltar determinadas engrenagens, ele tem a vantagem de operar o carro em diferentes velocidades. Considere o caso em que a engrenagem interna R é mantida fixa, $\omega_R = 0$, e a engrenagem sol S está girando a $\omega_S = 5$ rad/s. Determine a velocidade angular de cada uma das engrenagens planetárias P e do eixo A.

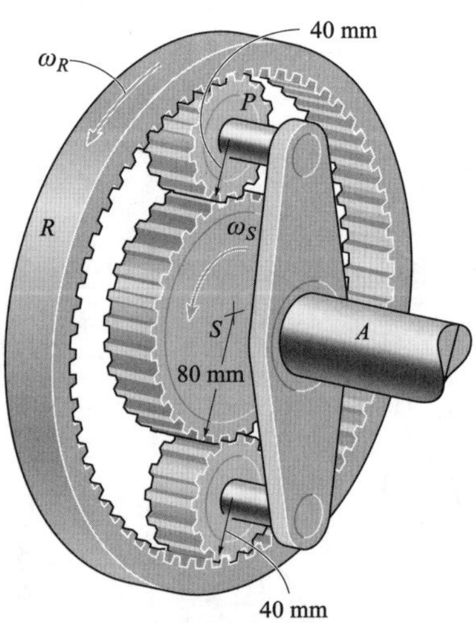

Problema 16.64

•**16.65.** Determine a velocidade do centro O da bobina quando o cabo é puxado para a direita com uma velocidade **v**. A bobina rola sem deslizar.

16.66. Determine a velocidade do ponto A na borda exterior da bobina no instante mostrado quando o cabo é puxado para a direita com uma velocidade **v**. A bobina rola sem deslizar.

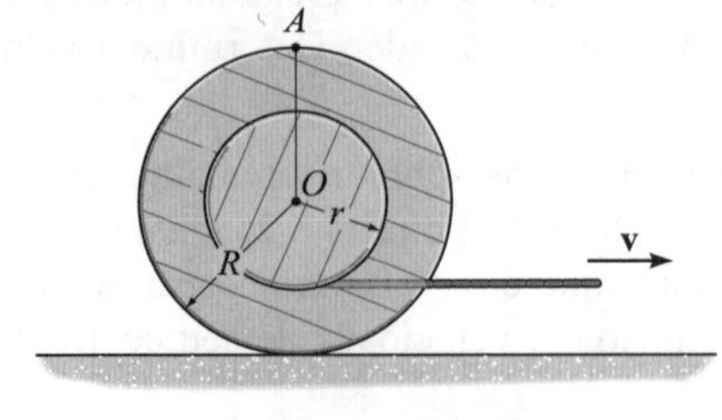

Problemas 16.65/66

16.67. A bicicleta tem uma velocidade v = 1,2 m/s e, no mesmo instante, a roda de trás tem uma velocidade angular no sentido horário ω = 3 rad/s, o que faz com que ela deslize em seu ponto de contato A. Determine a velocidade do ponto A.

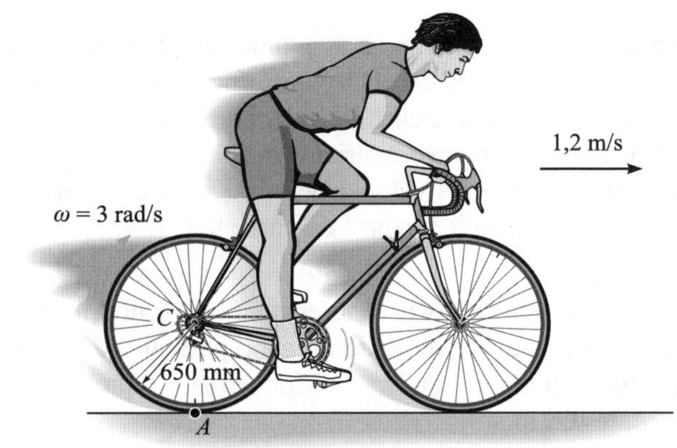

Problema 16.67

***16.68.** Se a barra AB tem uma velocidade angular ω_{AB} = 4 rad/s, determine a velocidade do bloco deslizante C no instante mostrado.

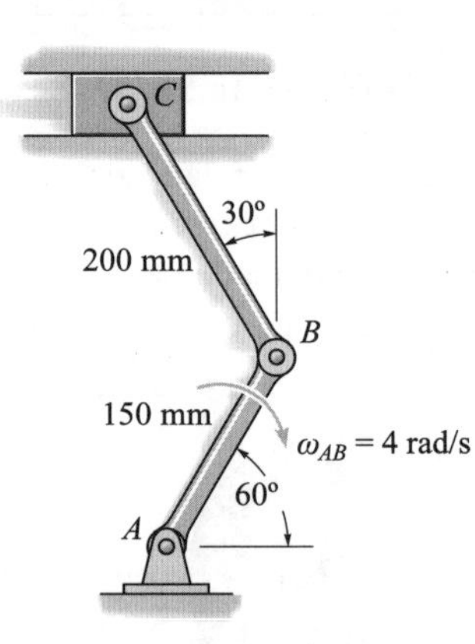

Problema 16.68

•16.69. A unidade de bombeamento consiste da manivela AB, barra de ligação BC, balancim CDE e tirante F. Se a manivela está girando com uma velocidade angular $\omega = 10$ rad/s, determine a velocidade angular do balancim e a velocidade do tirante EFG no instante mostrado.

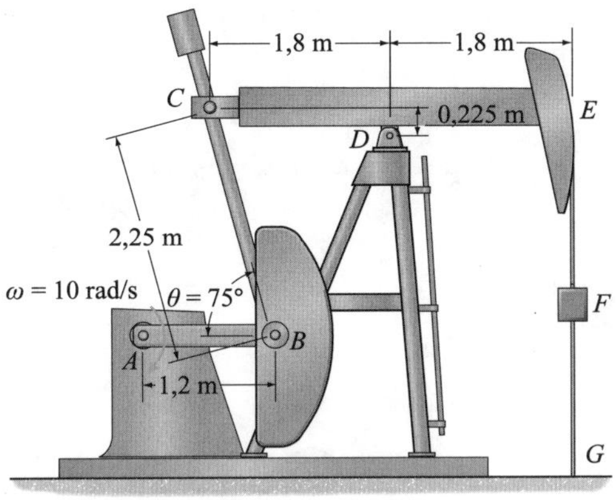

Problema 16.69

16.70. Se o cilindro hidráulico encurta-se a uma taxa constante $v_C = 0{,}6$ m/s, determine a velocidade angular da barra de ligação ACB e a velocidade do bloco B no instante mostrado.

16.71. Se o cilindro hidráulico encurta-se a uma taxa constante de $v_C = 0{,}6$ m/s, determine a velocidade da extremidade A da barra de ligação ACB no instante mostrado.

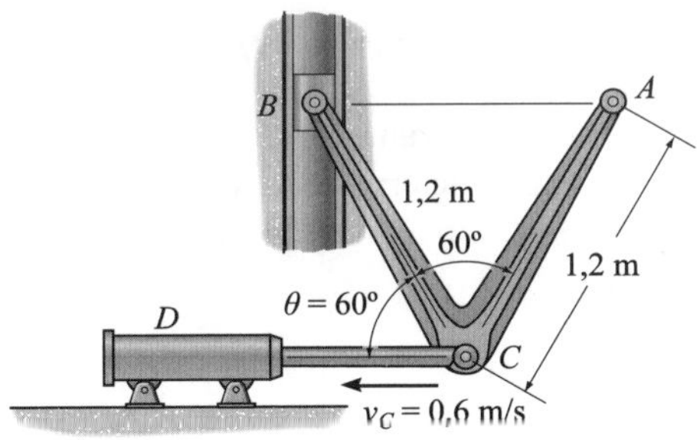

Problemas 16.70/71

***16.72.** O trem de engrenagens epicicloidal consiste da engrenagem sol A que está engrenada à engrenagem planetária B. Esta tem um cubo interior com a engrenagem C que está fixo em B e engrenado na engrenagem interna R. Se a barra de ligação DE conectada por pino em B e C está girando a $\omega_{DE} = 18$ rad/s em torno do pino em E, determine as velocidades angulares das engrenagens satélite e sol.

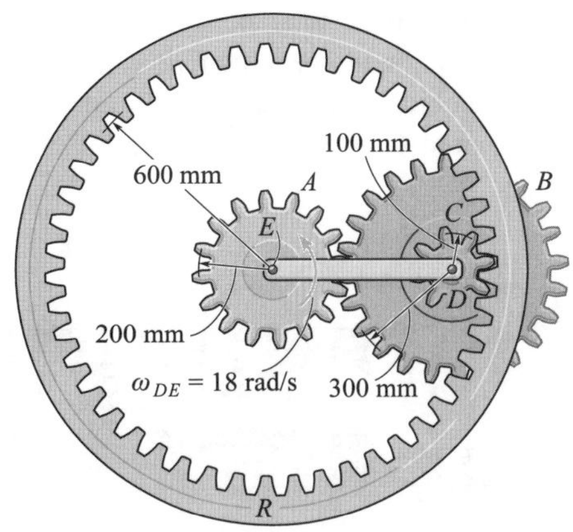

Problema 16.72

•16.73. Se a barra de ligação AB tem uma velocidade angular $\omega_{AB} = 4$ rad/s no instante mostrado, determine a velocidade do bloco deslizante E nesse instante. Também identifique o tipo de movimento de cada um dos quatro membros.

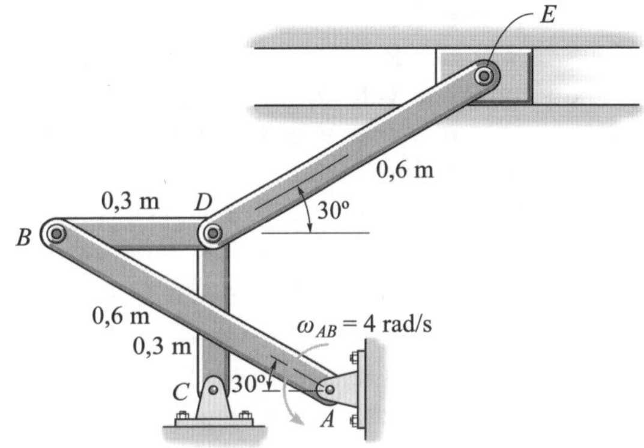

Problema 16.73

16.74. No instante mostrado, o caminhão se desloca para a direita a 3 m/s, enquanto o cano rola no sentido anti-horário a $\omega = 8$ rad/s sem deslizar em B. Determine a velocidade do centro G do cano.

16.75. No instante mostrado, o caminhão se desloca para a direita a 8 m/s. Se o cano não desliza em B, determine sua velocidade angular se seu centro de massa G parece permanecer estacionário a um observador no solo.

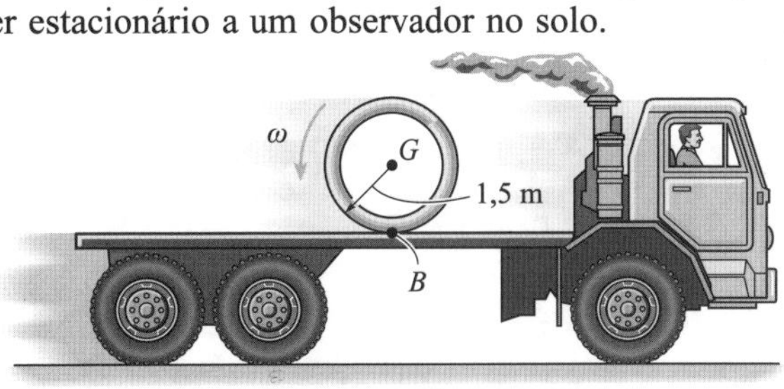

Problemas 16.74/75

***16.76.** O mecanismo de uma mesa impressora de movimento alternado é acionado pela manivela AB. Se a manivela gira com uma velocidade angular $\omega = 10$ rad/s, determine a velocidade do ponto C no instante mostrado.

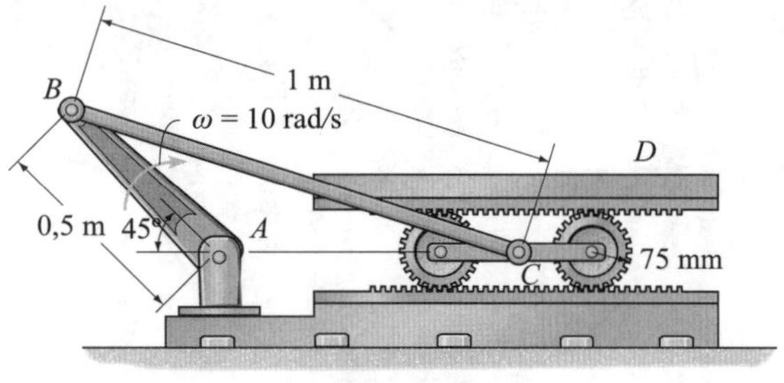

Problema 16.76

•16.77. O conjunto de engrenagens planetárias de uma transmissão automática consiste de três engrenagens planetárias A, B e C, montadas sobre o apoio D, e engrenadas com a engrenagem sol E e a engrenagem interna F. Controlando-se qual engrenagem do conjunto planetário gira e qual engrenagem recebe a potência do motor, a transmissão automática pode alterar a velocidade e direção de um carro. Se o apoio está girando com uma velocidade angular no sentido anti-horário $\omega_D = 20$ rad/s enquanto a engrenagem interna está girando com uma velocidade angular no sentido horário $\omega_F = 10$ rad/s, determine a velocidade angular das engrenagens planetárias e da engrenagem sol. Os raios das engrenagens planetárias e da engrenagem sol são 45 mm e 75 mm, respectivamente.

16.78. O conjunto de engrenagens planetárias de uma transmissão automática consiste de três engrenagens planetárias A, B e C, montadas sobre o apoio D, e engrenadas com a engrenagem sol E e a engrenagem interna F. Controlando-se qual engrenagem do conjunto planetário gira e qual engrenagem recebe a potência do motor, a transmissão automática pode alterar a velocidade e direção de um carro. Se a engrenagem interna é mantida estacionária e o apoio está girando com uma velocidade angular no sentido horário $\omega_D = 20$ rad/s, determine a velocidade angular das engrenagens planetárias e da engrenagem sol. Os raios das engrenagens planetárias e da engrenagem sol são 45 mm e 75 mm, respectivamente.

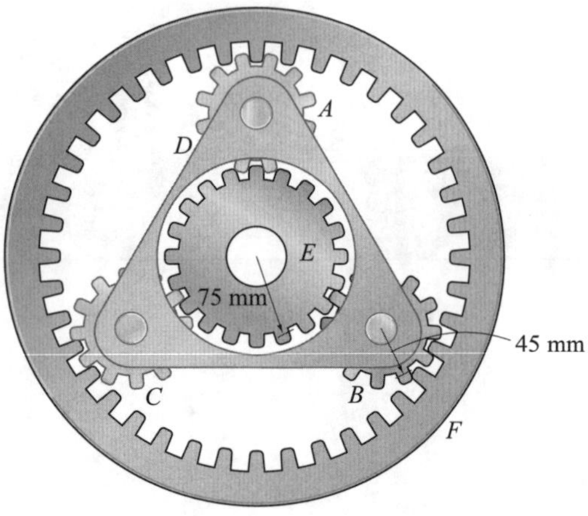

Problemas 16.77/78

16.79. Se a engrenagem interna D é mantida fixa e a barra de ligação AB gira com uma velocidade angular $\omega_{AB} = 10$ rad/s, determine a velocidade angular da engrenagem C.

***16.80.** Se a engrenagem interna D gira no sentido anti-horário com uma velocidade angular $\omega_D = 5$ rad/s enquanto a barra de ligação AB gira no sentido horário com uma velocidade angular $\omega_{AB} = 10$ rad/s, determine a velocidade angular da engrenagem C.

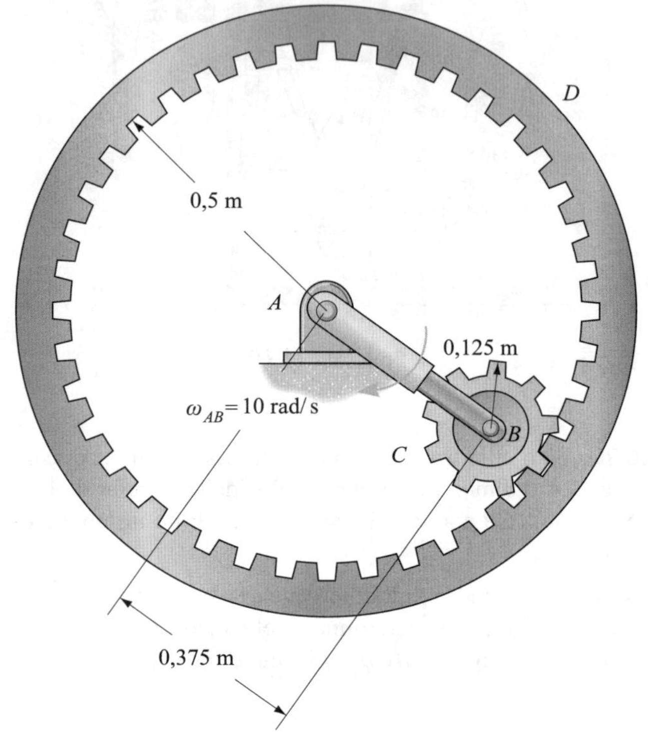

Problemas 16.79/80

•16.81. Se o bloco deslizante A está se deslocando para a direita a $v_A = 2,4$ m/s, determine a velocidade dos blocos B e C no instante mostrado. O membro CD está conectado por pino ao membro ADB.

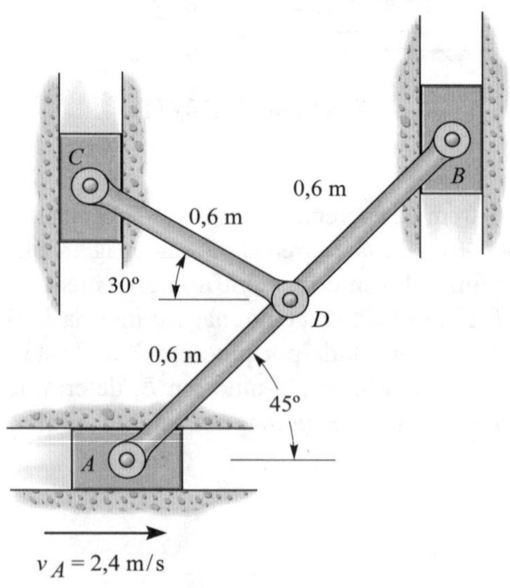

Problema 16.81

16.6 Centro instantâneo de velocidade nula

A velocidade de qualquer ponto B localizado sobre um corpo rígido pode ser obtida de uma maneira muito direta escolhendo o ponto base A para ser um ponto que tem *velocidade nula* no instante considerado. Neste caso, $\mathbf{v}_A = \mathbf{0}$ e, portanto, a equação da velocidade, $\mathbf{v}_B = \mathbf{v}_A + \boldsymbol{\omega} \times \mathbf{r}_{B/A}$, torna-se $\mathbf{v}_B = \boldsymbol{\omega} \times \mathbf{r}_{B/A}$. Para um corpo tendo um movimento plano geral, o ponto A assim escolhido é chamado de *centro instantâneo de velocidade nula* (*CI*), e ele se encontra no *eixo instantâneo de velocidade nula*. Este eixo é sempre perpendicular ao plano do movimento, e a interseção do eixo com esse plano define a localização do *CI*. Visto que o ponto A coincide com o *CI*, então $\mathbf{v}_B = \boldsymbol{\omega} \times \mathbf{r}_{B/CI}$, e assim o ponto B se desloca momentaneamente em torno do *CI* em uma *trajetória circular*; em outras palavras, o corpo parece girar em torno do eixo instantâneo. A intensidade de $\mathbf{v}_B$ é simplesmente $v_B = \omega r_{B/CI}$, onde ω é a velocidade angular do corpo. Em virtude do movimento circular, a *direção* de $\mathbf{v}_B$ tem de ser sempre perpendicular a $\mathbf{r}_{B/CI}$.

Por exemplo, o *CI* para a roda de uma bicicleta na Figura 16.17 está no ponto de contato com o solo. Ali os raios são de certa maneira visíveis, ao passo que, no topo da roda, eles ficam desfocados. Se você imagina que a roda está momentaneamente presa por um pino nesse ponto, as velocidades de vários pontos podem ser encontradas utilizando $v = \omega r$. Aqui as distâncias radiais mostradas na fotografia (Figura 16.17) têm de ser determinadas a partir da geometria da roda.

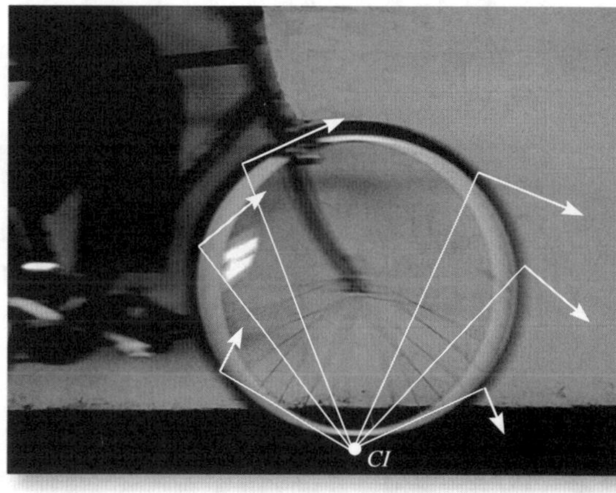

Figura 16.17

Localização do CI

Para localizar o *CI* podemos usar o fato de que a *velocidade* de um ponto sobre o corpo é *sempre perpendicular* ao *vetor posição relativa* direcionada do *CI* para o ponto. Várias possibilidades existem:

- *A velocidade* $\mathbf{v}_A$ *de um ponto A sobre o corpo e a velocidade angular* ω *do corpo são conhecidas* (Figura 16.18*a*). Neste caso, o *CI* está localizado ao longo da linha traçada perpendicular a $\mathbf{v}_A$ em A, tal que a distância de A até o *CI* é $r_{A/CI} = v_A/\omega$. Observe que o *CI* se encontra acima e à direita de A, visto que $\mathbf{v}_A$ deve causar uma velocidade angular no sentido horário $\boldsymbol{\omega}$ em torno do *CI*.
- *As linhas de ação de duas velocidades não paralelas* $\mathbf{v}_A$ e $\mathbf{v}_B$ *são conhecidas* (Figura 16.18*b*). Construa nos pontos A e B segmentos de linha que são

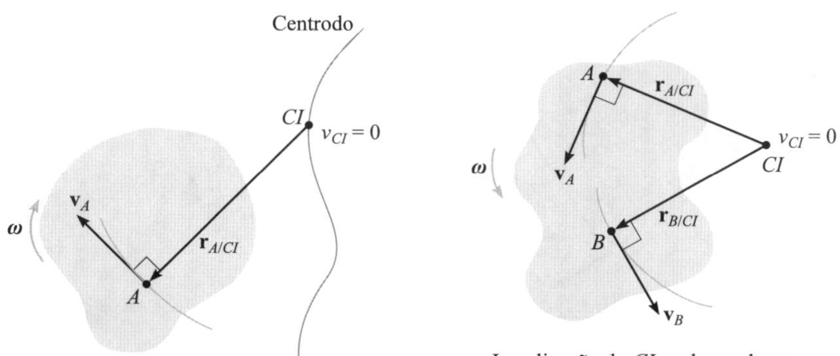

Localização do *CI* conhecendo-se $\mathbf{v}_A$ e $\boldsymbol{\omega}$

(a)

Localização do *CI* conhecendo-se as direções de $\mathbf{v}_A$ e $\mathbf{v}_B$

(b)

Figura 16.18

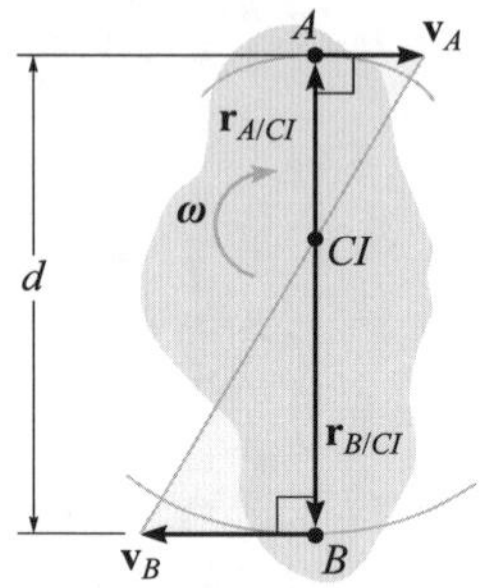

(c)

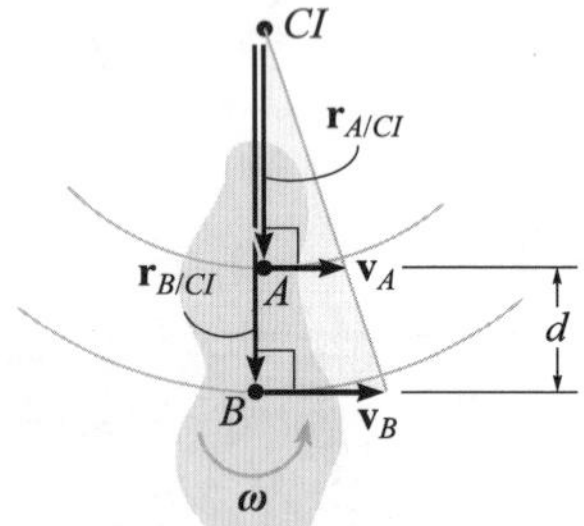

Localização do CI conhecendo-se $\mathbf{v}_A$ e $\mathbf{v}_B$

(d)

Figura 16.18

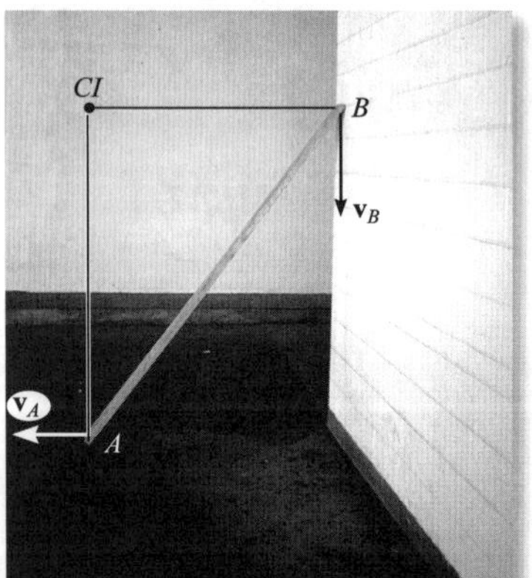

À medida que a tábua desliza para baixo e para a esquerda, ela é submetida ao movimento plano geral. Visto que as direções das velocidades de suas extremidades A e B são conhecidas, o CI é localizado como mostrado. Nesse instante, a tábua vai momentaneamente girar em torno desse ponto. Desenhe a tábua em várias outras posições e estabeleça o CI para cada caso.

perpendiculares a $\mathbf{v}_A$ e $\mathbf{v}_B$. Estendendo essas perpendiculares a seu *ponto de interseção,* como mostrado, localiza-se o CI no instante considerado.

- *A intensidade e direção de duas velocidades paralelas* $\mathbf{v}_A$ e $\mathbf{v}_B$ *são conhecidas.* Aqui, a localização do CI é determinada por triângulos proporcionais. Exemplos são mostrados nas figuras 16.18*c* e *d.* Em ambos os casos, $r_{A/CI} = v_A/\omega$ e $r_{B/CI} = v_B/\omega$. Se d é uma distância conhecida entre os pontos A e B, então, na Figura 16.18*c*, $r_{A/CI} + r_{B/CI} = d$ e, na Figura 16.18*d*, $r_{B/CI} - r_{A/CI} = d$.

Observe que o ponto escolhido como centro instantâneo de velocidade nula para o corpo *só pode ser usado no instante considerado*, visto que o corpo varia sua posição de um instante para o próximo. O lugar geométrico dos pontos que definem a localização do CI durante o movimento do corpo é chamado de *centrodo* (Figura 16.18*a*), e assim cada ponto sobre o centrodo atua como o CI do corpo somente em um instante.

Apesar de o CI poder ser convenientemente usado para determinar a velocidade de qualquer ponto em um corpo, ele geralmente *não tem aceleração nula* e, portanto, *não deve* ser usado para determinar as acelerações de pontos em um corpo.

Procedimento para análise

A velocidade de um ponto em um corpo que é submetido ao movimento plano geral pode ser determinada com referência a seu centro instantâneo de velocidade nula, desde que a localização do CI primeiro seja estabelecida utilizando um dos três métodos descritos anteriormente.

- Como mostrado no diagrama cinemático na Figura 16.19, o corpo é imaginado como 'estendido e preso com pino' no CI de maneira que, no instante considerado, ele gira em torno desse pino com sua velocidade angular $\boldsymbol{\omega}$.
- A *intensidade* da velocidade para cada um dos pontos arbitrários A, B e C sobre o corpo pode ser determinada utilizando a equação $v = \omega r$, onde r é a distância radial do CI até cada ponto.
- A linha de ação de cada vetor velocidade $\mathbf{v}$ é *perpendicular* à sua linha radial associada $\mathbf{r}$, e a velocidade tem um *sentido de direção* que tende a deslocar o ponto de maneira consistente com a *rotação angular* $\boldsymbol{\omega}$ *da* linha radial (Figura 16.19).

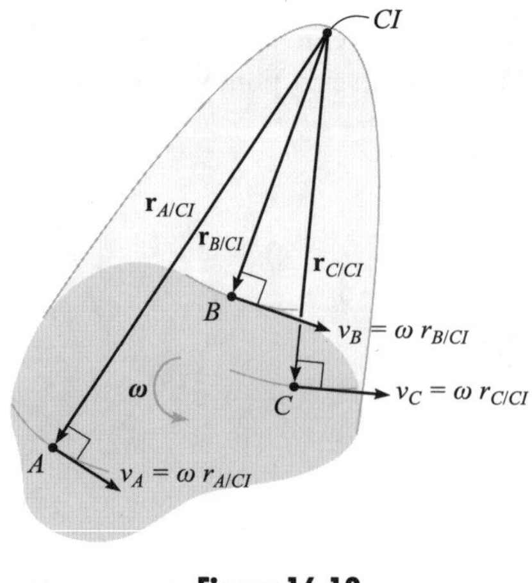

Figura 16.19

Exemplo 16.10

Mostre como determinar a localização do centro instantâneo de velocidade nula para (a) o membro *BC* mostrado na Figura 16.20*a*; e (b) a barra de ligação *CB* mostrada na Figura 16.20*c*.

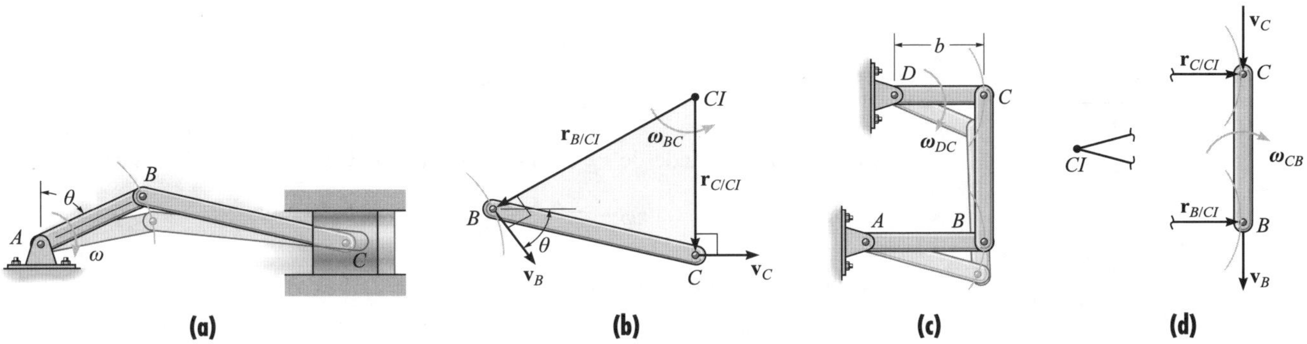

Figura 16.20

SOLUÇÃO

Parte (a)

Como mostrado na Figura 16.20*a*, o ponto *B* se desloca em uma trajetória circular de tal maneira que $\mathbf{v}_B$ é perpendicular a *AB*. Portanto, ela atua em um ângulo θ com a horizontal, como mostrado na Figura 16.20*b*. O movimento do ponto *B* faz com que o pistão se desloque para frente *horizontalmente* com uma velocidade $\mathbf{v}_C$. Quando linhas são traçadas perpendiculares a $\mathbf{v}_B$ e $\mathbf{v}_C$ (Figura 16.20*b*), elas se interceptam no *CI*.

Parte (b)

Os pontos *B* e *C* seguem trajetórias de movimento circular, visto que os dois membros *AB* e *DC* estão submetidos a uma rotação em torno de um eixo fixo (Figura 16.20*c*). Visto que a velocidade é sempre tangente à trajetória, no instante considerado, $\mathbf{v}_C$ na barra *DC* e $\mathbf{v}_B$ na barra *AB*, estão ambas direcionadas verticalmente para baixo, ao longo do eixo da barra de ligação *CB* (Figura 16.20*d*). Linhas radiais traçadas perpendiculares a essas duas velocidades formam linhas paralelas que se cruzam no 'infinito'; ou seja, $r_{C/CI} \to \infty$ e $r_{B/CI} \to \infty$. Desse modo, $\omega_{CB} = (v_C/r_{C/CI}) \to 0$. Como resultado, a barra de ligação *CB translada* momentaneamente. Um instante mais tarde, entretanto, *CB* se deslocará para uma posição inclinada, fazendo com que o *CI* se desloque para alguma localização finita.

Exemplo 16.11

O bloco *D* mostrado na Figura 16.21*a* se desloca com uma velocidade de 3 m/s. Determine as velocidades angulares dos membros *BD* e *AB*, no instante mostrado.

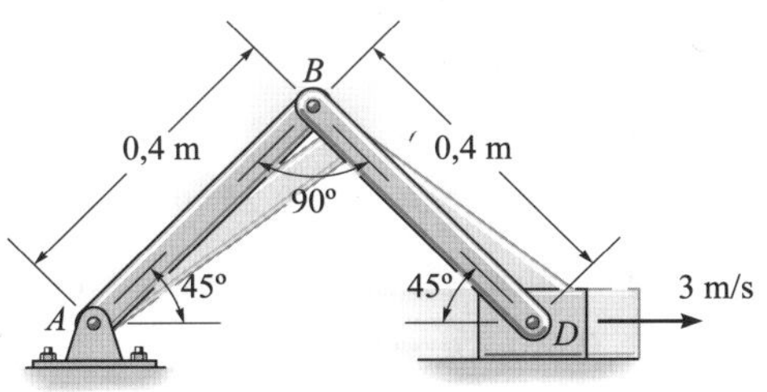

(a)

Figura 16.21

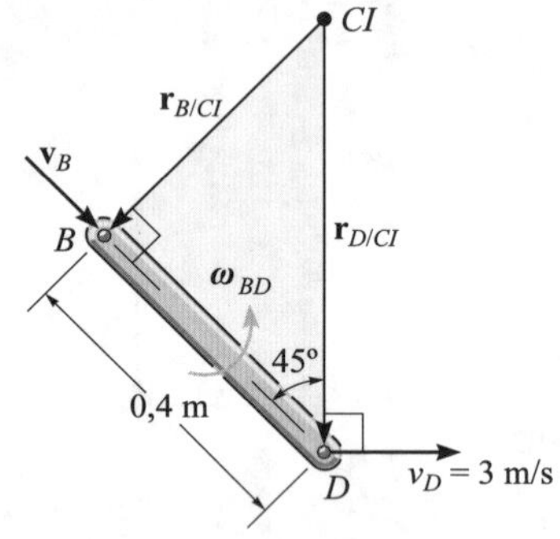

(b)

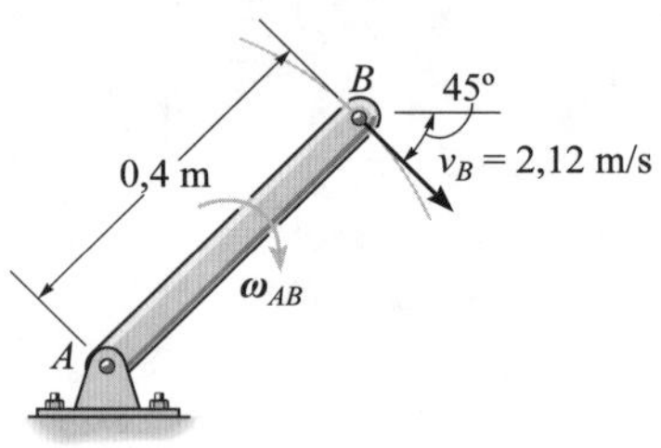

(c)

Figura 16.21

SOLUÇÃO

Na medida em que D se desloca para a direita, isto faz com que AB gire no sentido horário em torno do ponto A. Por conseguinte, $\mathbf{v}_B$ está direcionado perpendicular a AB. O centro instantâneo de velocidade nula para BD está localizado na interseção dos segmentos de linha traçados perpendiculares a $\mathbf{v}_B$ e $\mathbf{v}_D$ (Figura 16.21*b*). Da geometria,

$$r_{B/CI} = 0{,}4 \text{ tg } 45° \text{ m} = 0{,}4 \text{ m}$$

$$r_{D/CI} = \frac{0{,}4 \text{ m}}{\cos 45°} = 0{,}5657 \text{ m}$$

Visto que a intensidade de $\mathbf{v}_D$ é conhecida, a velocidade angular do segmento BD é:

$$\omega_{BD} = \frac{v_D}{r_{D/CI}} = \frac{3 \text{ m/s}}{0{,}5657 \text{ m}} = 5{,}30 \text{ rad/s} \circlearrowright$$

Portanto, a velocidade de B é:

$$v_B = \omega_{BD}(r_{B/CI}) = 5{,}30 \text{ rad/s } (0{,}4 \text{ m}) = 2{,}12 \text{ m/s} \quad \angle 45°$$

Da Figura 16.21*c*, a velocidade angular de AB é:

$$\omega_{AB} = \frac{v_B}{r_{B/A}} = \frac{2{,}12 \text{ m/s}}{0{,}4 \text{ m}} = 5{,}30 \text{ rad/s} \circlearrowright$$

NOTA: Tente e resolva este problema aplicando $\mathbf{v}_D = \mathbf{v}_B + \mathbf{v}_{D/B}$ ao segmento BD.

Exemplo 16.12

O cilindro mostrado na Figura 16.22*a* roda sem deslizar entre as duas placas em movimento E e D. Determine a velocidade angular do cilindro e a velocidade de seu centro C.

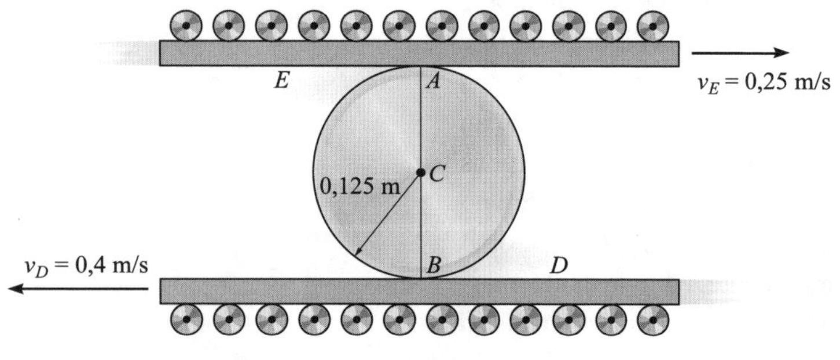

(a)

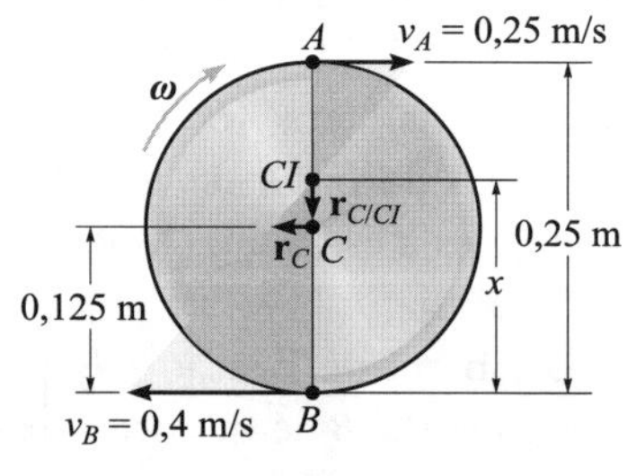

(b)

Figura 16.22

SOLUÇÃO

Visto que não ocorre nenhum deslizamento, os pontos de contato A e B sobre o cilindro têm as mesmas velocidades que as placas E e D, respectivamente. Além disso, as velocidades $\mathbf{v}_A$ e $\mathbf{v}_B$ são *paralelas*, de maneira que, pela proporcionalidade de triângulos e retângulos, o CI está localizado em um ponto sobre a linha AB (Figura 16.22*b*). Supondo que esse ponto está a uma distância x de B, temos:

$v_B = \omega x$; $\qquad$ $0{,}4 \text{ m/s} = \omega x$

$v_A = \omega(0{,}25 \text{ m} - x)$; $\qquad$ $0{,}25 \text{ m/s} = \omega(0{,}25 \text{ m} - x)$

Dividindo-se uma equação pela outra, elimina-se ω e resulta em:

$$0{,}4(0{,}25 - x) = 0{,}25x$$

$$x = \frac{0{,}1}{0{,}65} = 0{,}1538 \text{ m}$$

Por conseguinte, a velocidade angular do cilindro é:

$$\omega = \frac{v_B}{x} = \frac{0,4 \text{ m/s}}{0,1538 \text{ m}} = 2,60 \text{ rad/s} \circlearrowright$$

A velocidade do ponto C é, portanto,

$$v_C = \omega r_{C/CI} = 2,60 \text{ rad/s } (0,1538 \text{ m} - 0,125 \text{ m})$$
$$= 0,0750 \text{ m/s} \leftarrow$$

Exemplo 16.13

A manivela AB gira com uma velocidade angular no sentido horário de 10 rad/s (Figura 16.23*a*). Determine a velocidade do pistão no instante mostrado.

SOLUÇÃO

A manivela gira em torno de um eixo fixo e, assim, a velocidade do ponto B é:

$$v_B = 10 \text{ rad/s } (0,25 \text{ m}) = 2,50 \text{ m/s } \angle 45°$$

Visto que as direções das velocidades de B e C são conhecidas, então a localização do CI para a barra de conexão BC está na interseção das linhas estendidas a partir desses pontos, perpendiculares a $\mathbf{v}_B$ e $\mathbf{v}_C$ (Figura 16.23*b*). As intensidades de $\mathbf{r}_{B/CI}$ e $\mathbf{r}_{C/CI}$ podem ser obtidas a partir da geometria do triângulo e da lei dos senos, ou seja,

$$\frac{0,75 \text{ m}}{\text{sen } 45°} = \frac{r_{B/CI}}{\text{sen } 76,4°}$$
$$r_{B/CI} = 1,031 \text{ m}$$
$$\frac{0,75 \text{ m}}{\text{sen } 45°} = \frac{r_{C/CI}}{\text{sen } 58,6°}$$
$$r_{C/CI} = 0,9056 \text{ m}$$

O sentido de rotação de $\boldsymbol{\omega}_{BC}$ tem de ser o mesmo que a rotação causada por $\mathbf{v}_B$ em torno do CI, que é no sentido anti-horário. Portanto,

$$\omega_{BC} = \frac{v_B}{r_{B/CI}} = \frac{2,5 \text{ m/s}}{1,031 \text{ m}} = 2,425 \text{ rad/s}$$

Utilizando este resultado, a velocidade do pistão é

$$v_C = \omega_{BC} r_{C/CI} = (2,425 \text{ rad/s}) (0,9056 \text{ m}) = 2,20 \text{ m/s}$$

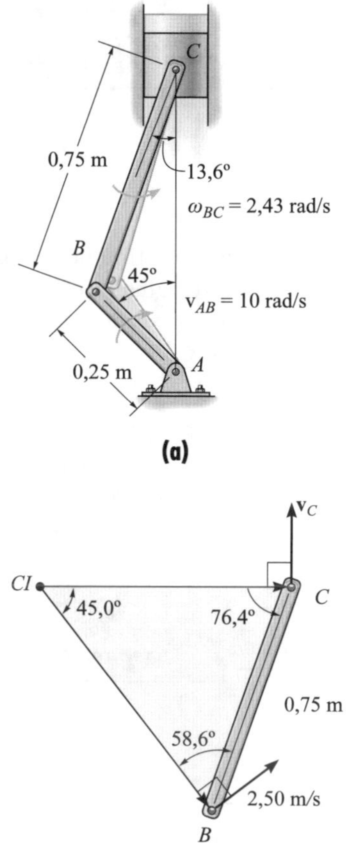

Figura 16.23

Problemas fundamentais

16.13. Determine a velocidade angular da barra e a velocidade do ponto C no instante mostrado.

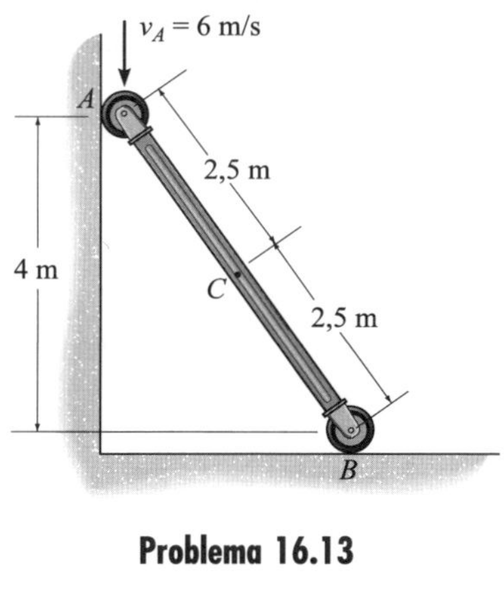

Problema 16.13

16.14. Determine a velocidade angular do membro BC e a velocidade do pistão C no instante mostrado.

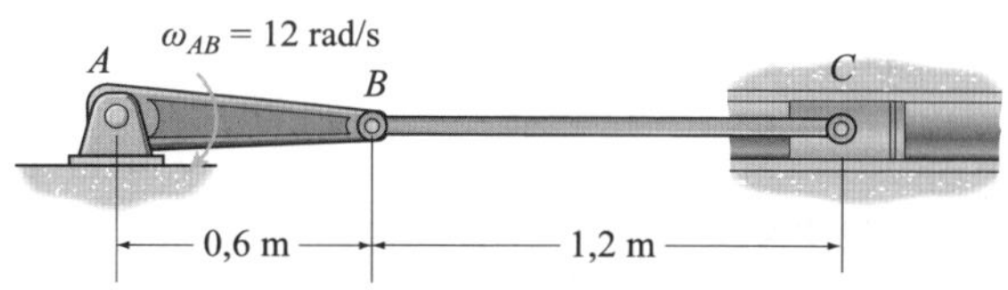

Problema 16.14

16.15. Se o centro O da roda está se deslocando com uma velocidade v_O = 6 m/s, determine a velocidade do ponto A na roda. A cremalheira B está fixa.

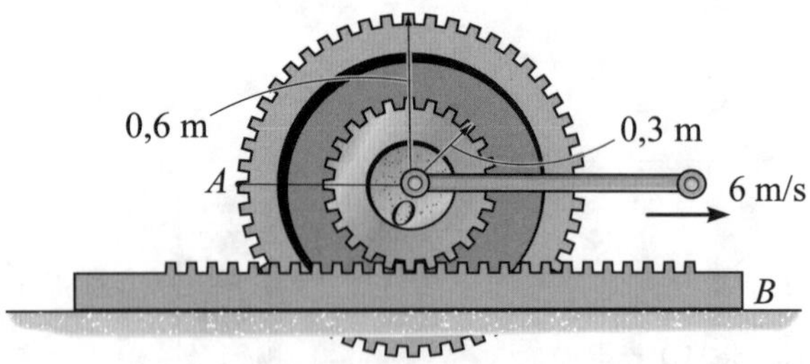

Problema 16.15

16.16. Se o cabo AB é desenrolado com uma velocidade de 3 m/s, e a cremalheira C tem uma velocidade de 1,5 m/s, determine a velocidade angular da engrenagem e a velocidade de seu centro O.

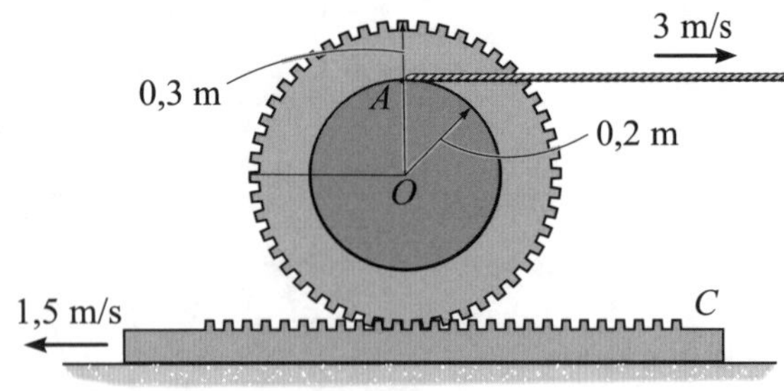

Problema 16.16

16.17. Determine a velocidade angular do segmento BC e a velocidade do pistão C no instante mostrado.

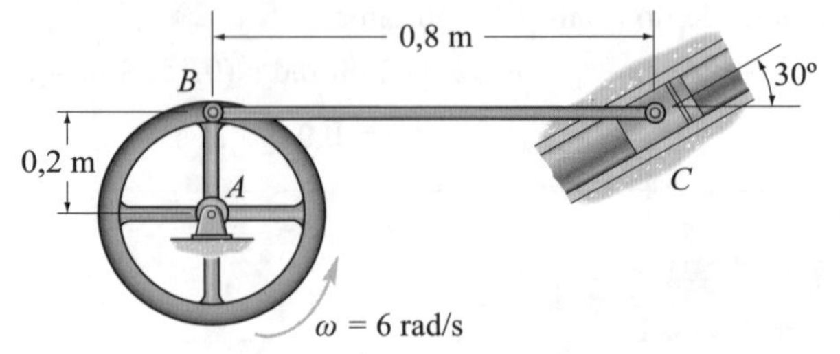

Problema 16.17

16.18. Determine a velocidade angular dos segmentos BC e CD no instante mostrado.

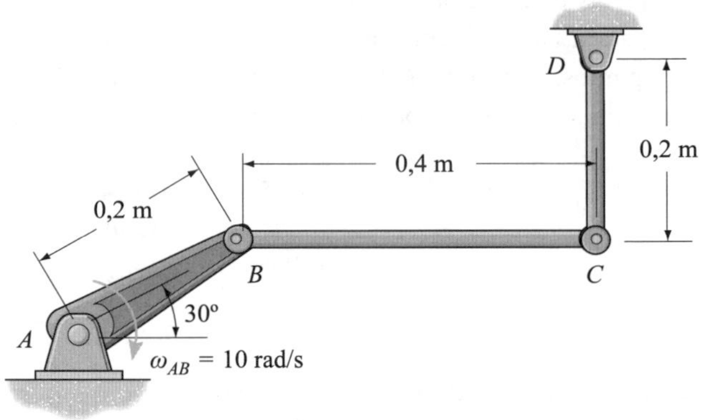

Problema 16.18

Problemas

16.82. Resolva o Problema 16.54 utilizando o método do centro instantâneo de velocidade nula.

16.83. Resolva o Problema 16.56 utilizando o método do centro instantâneo de velocidade nula.

***16.84.** Resolva o Problema 16.64 utilizando o método do centro instantâneo de velocidade nula.

•**16.85.** Resolva o Problema 16.58 utilizando o método do centro instantâneo de velocidade nula.

16.86. Resolva o Problema 16.67 utilizando o método do centro instantâneo de velocidade nula.

16.87. Resolva o Problema 16.68 utilizando o método do centro instantâneo de velocidade nula.

***16.88.** A roda gira sobre seu cubo sem deslizar na superfície horizontal. Se a velocidade do centro da roda é v_C = 0,6 m/s para a direita, determine as velocidades dos pontos A e B no instante mostrado.

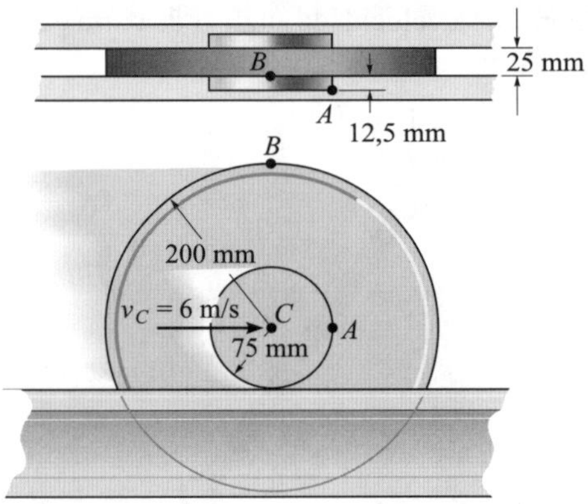

Problema 16.88

•16.89. Se o segmento CD tem uma velocidade angular $\omega_{CD} = 6$ rad/s, determine a velocidade do ponto E no segmento BC e a velocidade angular do segmento AB no instante mostrado.

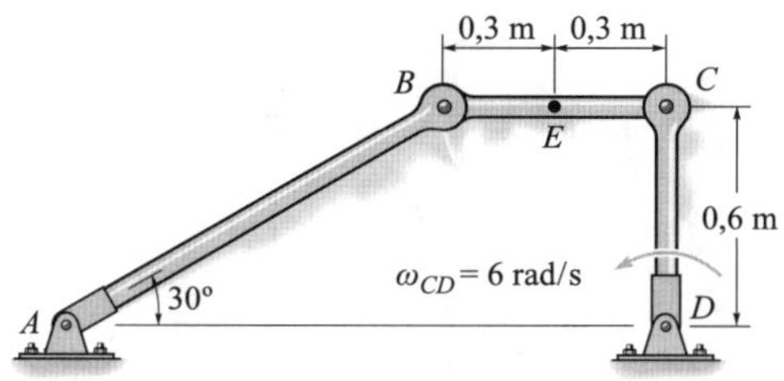

Problema 16.89

16.90. No instante mostrado, o caminhão se desloca para a direita a 3 m/s, enquanto o tubo rola no sentido anti-horário a $\omega = 6$ rad/s sem deslizar em B. Determine a velocidade do centro G do tubo.

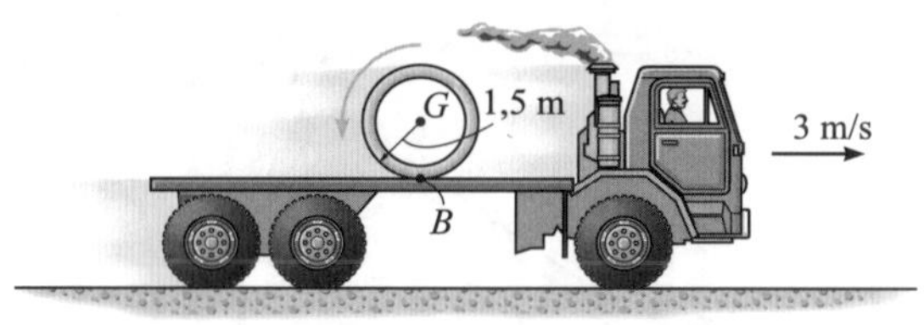

Problema 16.90

16.91. Se é dada uma velocidade $v_O = 10$ m/s ao centro O da engrenagem, determine a velocidade do bloco deslizante B no instante mostrado.

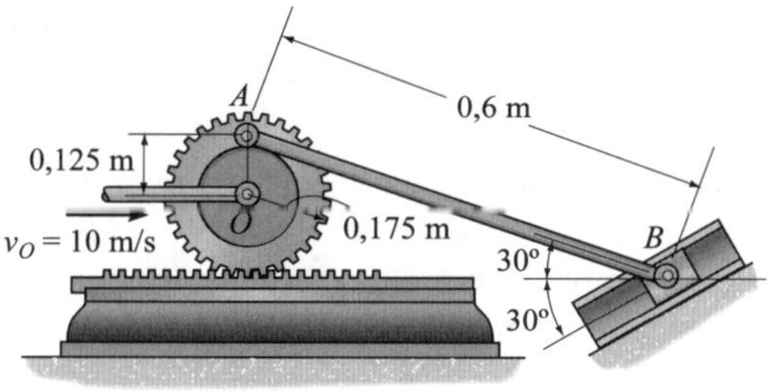

Problema 16.91

***16.92.** Se a extremidade A do cabo é puxada para baixo com uma velocidade $v_A = 4$ m/s, determine a velocidade angular da bobina e a velocidade do ponto C localizado na borda exterior da bobina.

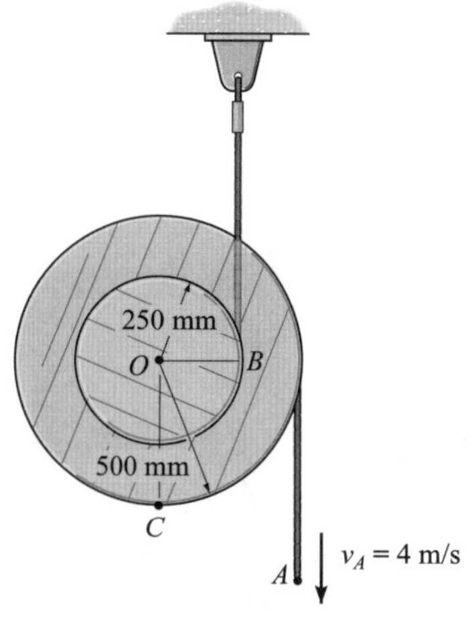

Problema 16.92

•16.93. Se a extremidade A do cilindro hidráulico está se deslocando com uma velocidade $v_A = 3$ m/s, determine a velocidade angular da barra BC no instante mostrado.

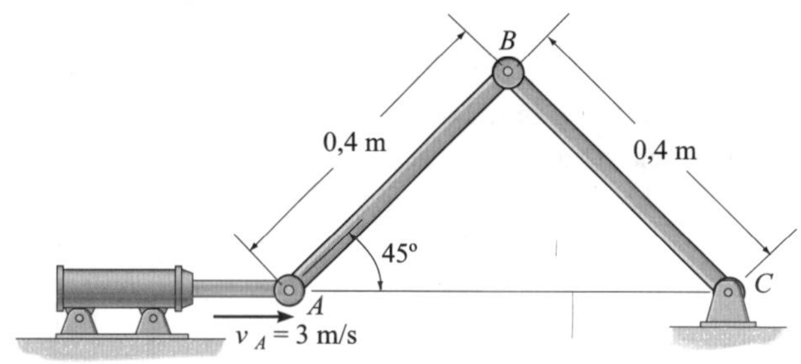

Problema 16.93

16.94. A roda está rigidamente fixada à engrenagem A, que está engrenada às cremalheiras D e E. Se D tem uma velocidade $v_D = 1,8$ m/s para a direita e a roda rola sobre o trilho C sem deslizar, determine a velocidade da cremalheira E.

16.95. A roda está rigidamente fixada à engrenagem A, que está engrenada às cremalheiras D e E. Se as cremalheiras têm uma velocidade $v_D = 1,8$ m/s e $v_E = 3$ m/s, demonstre que é necessário que a roda deslize sobre o trilho fixo C. Também determine a velocidade angular da engrenagem e a velocidade de seu centro O.

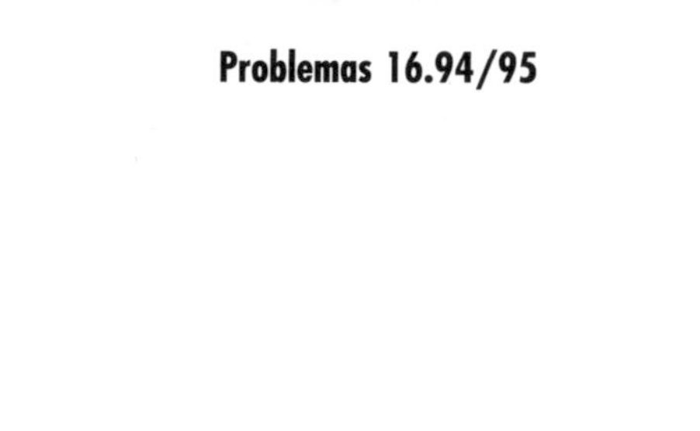

Problemas 16.94/95

***16.96.** Se C tem uma velocidade $v_C = 3$ m/s, determine a velocidade angular da roda no instante mostrado.

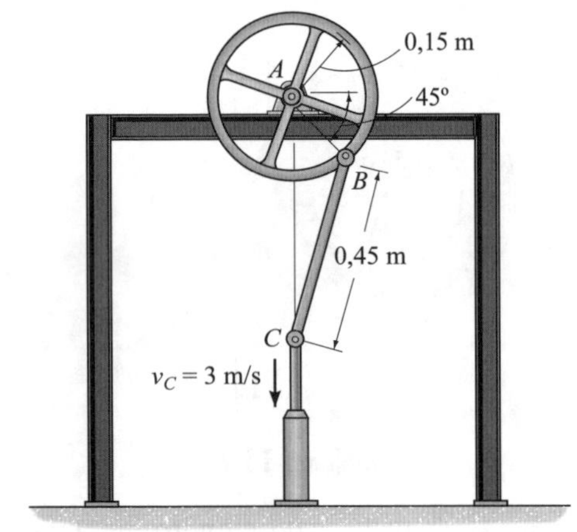

Problema 16.96

•16.97. A unidade de bombeamento de petróleo consiste de um balancim AB, a barra de conexão BC e a manivela CD. Se a manivela gira com uma taxa constante de 6 rad/s, determine a velocidade da barra H no instante mostrado. *Dica:* o ponto B segue uma trajetória circular em torno do ponto E e, portanto, a velocidade de B *não* é vertical.

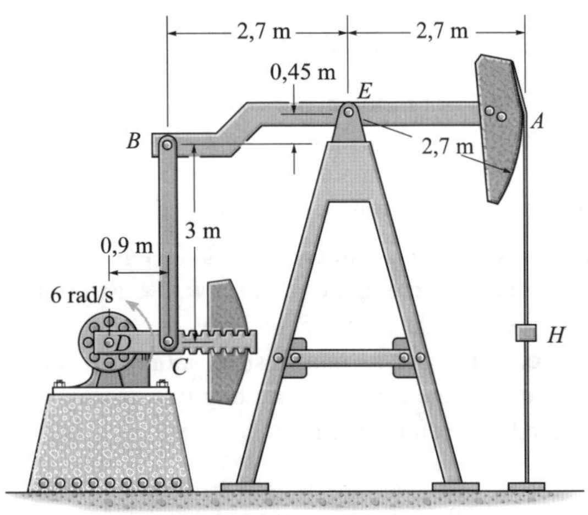

Problema 16.97

16.98. Se a engrenagem do cubo H e a engrenagem interna R têm velocidades angulares $\omega_H = 5$ rad/s e $\omega_R = 20$ rad/s, respectivamente, determine a velocidade angular ω_S da engrenagem de dentes retos S e a velocidade angular do braço OA.

16.99. Se a engrenagem do cubo H tem uma velocidade angular $\omega_H = 5$ rad/s, determine a velocidade angular da engrenagem interna R, de maneira que o braço OA que está conectado por pinos à engrenagem de dentes retos S permaneça estacionário ($\omega_{OA} = 0$). Qual é a velocidade angular da engrenagem de dentes retos S?

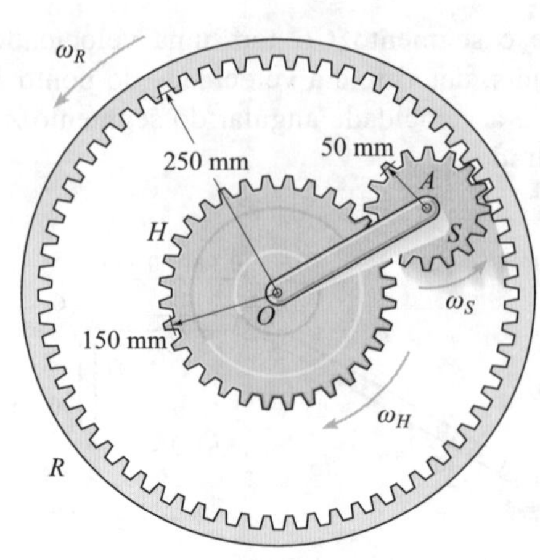

Problemas 16.98/99

***16.100.** Se a barra AB está girando com uma velocidade angular $\omega_{AB} = 3$ rad/s, determine a velocidade angular da barra BC no instante mostrado.

•16.101. Se a barra AB está girando com uma velocidade angular $\omega_{AB} = 3$ rad/s, determine a velocidade angular da barra CD no instante mostrado.

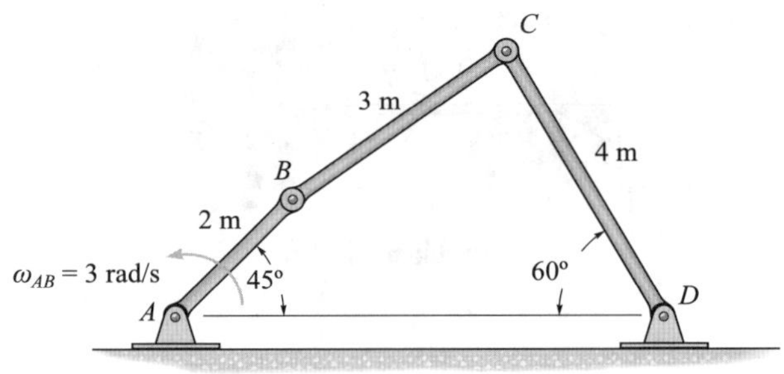

Problemas 16.100/101

16.102. O mecanismo utilizado em um motor de navio consiste de uma manivela AB e duas bielas, BC e BD. Determine a velocidade do pistão em C no instante em que a manivela está na posição mostrada e tem uma velocidade angular de 5 rad/s.

16.103. O mecanismo utilizado em um motor de navio consiste de uma manivela AB e duas bielas, BC e BD. Determine a velocidade do pistão em D no instante em que a manivela está na posição mostrada e tem uma velocidade angular de 5 rad/s.

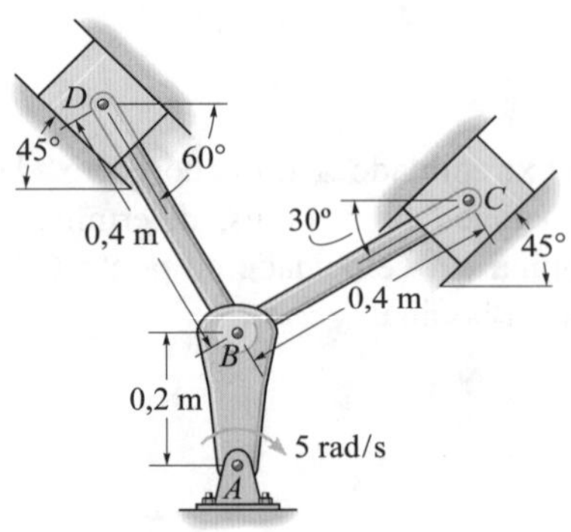

Problemas 16.102/103

***16.104.** Se o volante A está girando com uma velocidade angular $\omega_A = 10$ rad/s, determine a velocidade angular da roda B no instante mostrado.

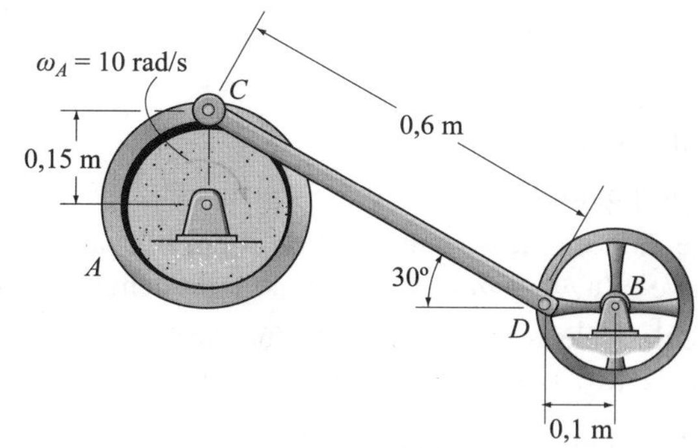

Problema 16.104

•16.105. Se a manivela AB está girando com uma velocidade angular $\omega_{AB} = 6$ rad/s, determine a velocidade do centro O da engrenagem no instante mostrado.

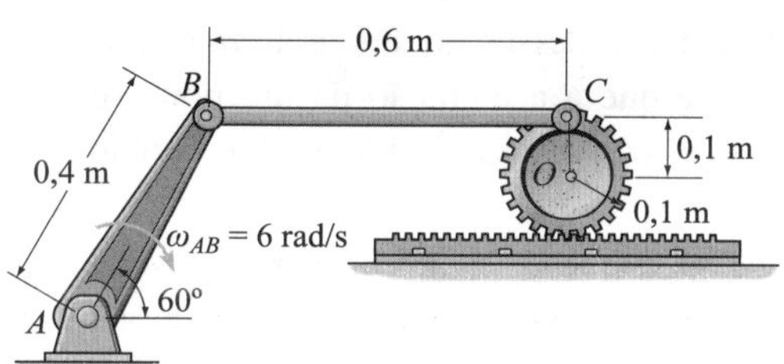

Problema 16.105

16.106. A placa quadrada está restringida dentro das ranhuras em A e B. Quando $\theta = 30°$, o ponto A está se deslocando com $v_A = 8$ m/s. Determine a velocidade do ponto C nesse instante.

16.107. A placa quadrada está restringida dentro das ranhuras em A e B. Quando $\theta = 30°$, o ponto A está se deslocando com $v_A = 8$ m/s. Determine a velocidade do ponto D nesse instante.

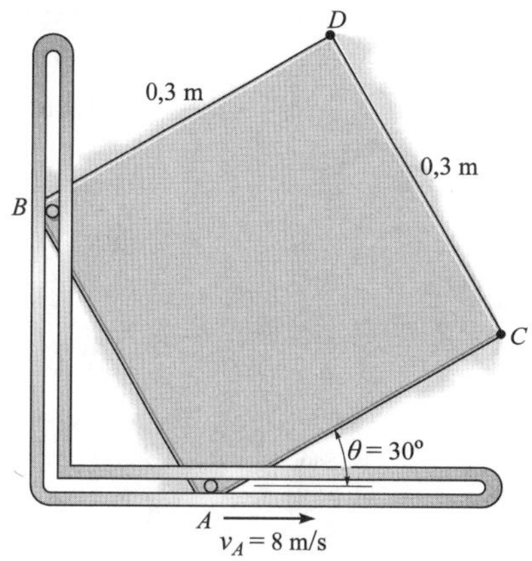

Problemas 16.106/107

***16.108.** O mecanismo produz movimento intermitente do segmento AB. Se a roda dentada S está girando com uma velocidade angular de $\omega_S = 6$ rad/s, determine a velocidade angular do segmento AB nesse instante. A roda dentada S está montada em um eixo, o qual é separado de outro eixo colinear fixado a AB em A. O pino em C está fixado a um dos elos da corrente.

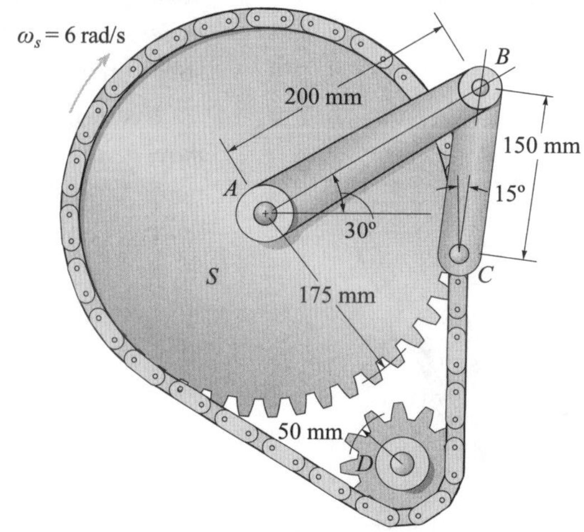

Problema 16.108

16.7 Análise do movimento relativo: aceleração

Uma equação que relaciona as acelerações de dois pontos sobre uma barra (corpo rígido) submetida ao movimento plano geral pode ser determinada diferenciando $\mathbf{v}_B = \mathbf{v}_A + \mathbf{v}_{B/A}$ em relação ao tempo. Isto resulta em

$$\frac{d\mathbf{v}_B}{dt} = \frac{d\mathbf{v}_A}{dt} + \frac{d\mathbf{v}_{B/A}}{dt}$$

Os termos $d\mathbf{v}_B/dt = \mathbf{a}_B$ e $d\mathbf{v}_A/dt = \mathbf{a}_A$ são medidos em relação a um conjunto de *eixos fixos x, y* e representam as *acelerações absolutas* dos pontos B e A. O último termo representa a aceleração de B em relação a A como medido por um observador fixo aos eixos de translação x', y' que têm sua origem no ponto base A. Na Seção 16.5, foi mostrado que, para esse observador, o ponto B parece se deslocar ao longo de um *arco circular* que tem um raio de curvatura $r_{B/A}$. Consequentemente, $\mathbf{a}_{B/A}$ pode

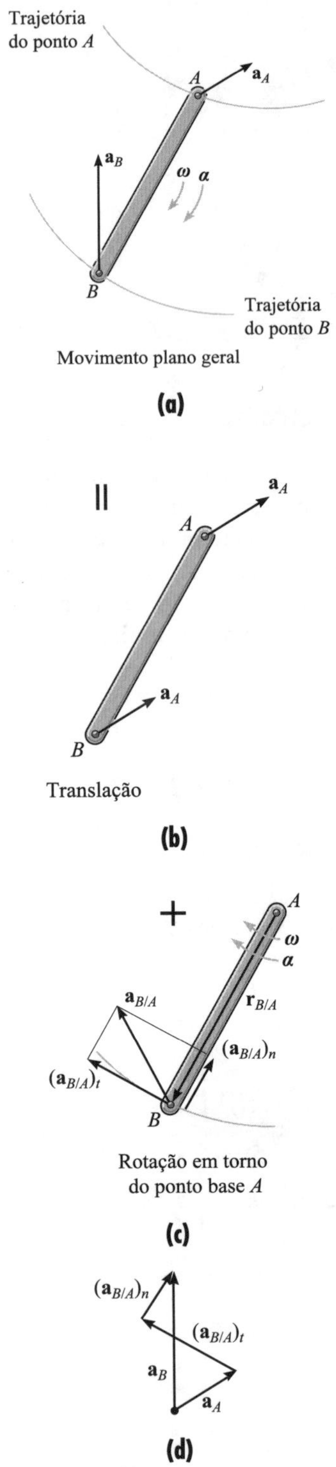

Figura 16.24

ser expressa em termos das suas componentes tangencial e normal; ou seja, $\mathbf{a}_{B/A} = (\mathbf{a}_{B/A})_t + (\mathbf{a}_{B/A})_n$, onde $(a_{B/A})_t = \alpha r_{B/A}$ e $(a_{B/A})_n = \omega^2 r_{B/A}$. Por conseguinte, a equação da aceleração relativa pode ser escrita na forma:

$$\mathbf{a}_B = \mathbf{a}_A + (\mathbf{a}_{B/A})_t + (\mathbf{a}_{B/A})_n \tag{16.17}$$

onde

$\mathbf{a}_B$ = aceleração do ponto B

$\mathbf{a}_A$ = aceleração do ponto A

$(\mathbf{a}_{B/A})_t$ = componente da aceleração tangencial de B em relação a A. A *intensidade* é $(a_{B/A})_t = \alpha r_{B/A}$, e a direção é perpendicular a $\mathbf{r}_{B/A}$.

$(\mathbf{a}_{B/A})_n$ = componente da aceleração normal de B em relação a A. A *intensidade* é $(a_{B/A})_n = \omega^2 r_{B/A}$, e a *direção* é sempre de B para A.

Os termos na Equação 16.17 estão representados graficamente na Figura 16.24. Aqui é visto que, em um dado instante, a aceleração de B (Figura 16.24*a*) é determinada considerando-se que a barra translada com uma aceleração $\mathbf{a}_A$ (Figura 16.24*b*), e simultaneamente rotaciona em torno do ponto base A com uma velocidade angular instantânea $\boldsymbol{\omega}$ e aceleração angular $\boldsymbol{\alpha}$ (Figura 16.24*c*). A soma vetorial desses dois efeitos aplicada a B produz $\mathbf{a}_B$, como mostrado na Figura 16.24*d*. Deve ser observado, a partir da Figura 16.24*a*, que, tendo em vista que os pontos A e B se deslocam ao longo de *trajetórias curvas*, as acelerações desses pontos terão *ambas componentes normais e tangenciais*. (Lembre-se de que a aceleração de um ponto é *tangente à trajetória somente* quando a trajetória é *retilínea* ou quando ela é um ponto de inflexão sobre uma curva.)

Visto que as componentes da aceleração relativa representam o efeito do *movimento circular* observado a partir dos eixos de translação tendo sua origem no ponto base A, esses termos podem ser expressos como $(\mathbf{a}_{B/A})_t = \boldsymbol{\alpha} \times \mathbf{r}_{B/A}$ e $(\mathbf{a}_{B/A})_n = -\omega^2 \mathbf{r}_{B/A}$ (Equação 16.14). Por conseguinte, a Equação 16.17 torna-se:

$$\mathbf{a}_B = \mathbf{a}_A + \boldsymbol{\alpha} \times \mathbf{r}_{B/A} - \omega^2 \mathbf{r}_{B/A} \tag{16.18}$$

onde

$\mathbf{a}_B$ = aceleração do ponto B

$\mathbf{a}_A$ = aceleração do ponto base A

$\boldsymbol{\alpha}$ = aceleração angular do corpo

$\boldsymbol{\omega}$ = velocidade angular do corpo

$\mathbf{r}_{B/A}$ = vetor posição de A para B

Se a Equação 16.17 ou a 16.18 é aplicada de maneira prática para estudar o movimento acelerado de um corpo rígido que está *conectado por um pino* a dois outros corpos, deve ser observado que os pontos que são *coincidentes no pino* se deslocam com a *mesma aceleração*, visto que a trajetória do movimento sobre a qual eles se deslocam é a *mesma*. Por exemplo, o ponto B que se encontra na barra BA ou BC do mecanismo de manivela mostrado na Figura 16.25*a* tem a mesma aceleração, visto que as barras estão conectadas por um pino em B. Aqui o movimento de B é ao longo de uma *trajetória circular*, de maneira que $\mathbf{a}_B$ pode ser expresso em termos de suas componentes tangenciais e normais. Na outra extremidade da barra BC, o ponto C se desloca ao longo da *trajetória de uma linha reta*, que é definida pelo pistão. Por conseguinte, $\mathbf{a}_C$ é horizontal (Figura 16.25*b*).

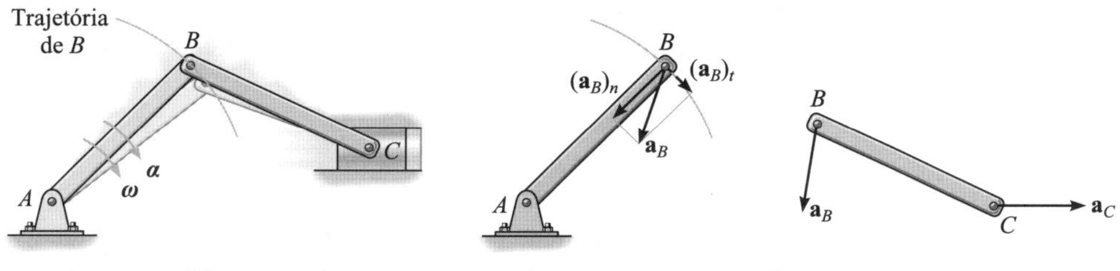

(a) (b)

Figura 16.25

Se dois corpos têm contato um com outro *sem deslizar*, e os *pontos em contato* se deslocam ao longo de *trajetórias diferentes*, então as *componentes tangenciais* da aceleração dos pontos serão as *mesmas*; entretanto, as *componentes normais* geralmente *não* serão as mesmas. Por exemplo, considere o engrenamento das duas engrenagens na Figura 16.26*a*. O ponto A está localizado na engrenagem B e um ponto coincidente A' está localizado na engrenagem C. Em virtude do movimento de rotação, $(\mathbf{a}_A)_t = (\mathbf{a}_{A'})_t$; entretanto, visto que ambos os pontos seguem diferentes trajetórias circulares, $(\mathbf{a}_A)_n \neq (\mathbf{a}_{A'})_n$ e, portanto, $\mathbf{a}_A \neq \mathbf{a}_{A'}$ (Figura 16.26*b*).

(a) (b)

Figura 16.26

Procedimento para análise

A equação da aceleração relativa pode ser aplicada entre quaisquer dois pontos A e B sobre um corpo utilizando-se uma análise vetorial cartesiana, ou escrevendo as equações das componentes escalares x e y diretamente.

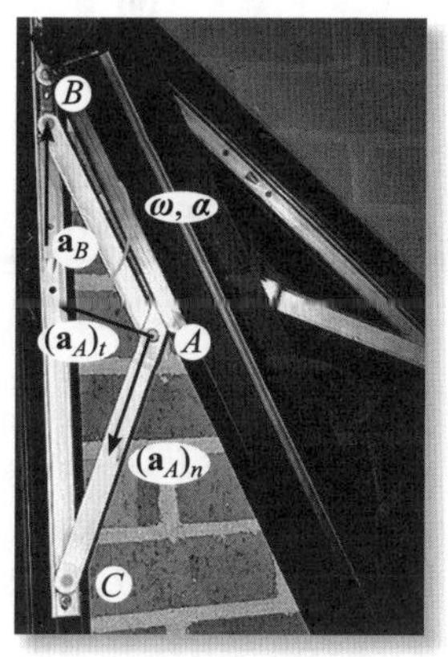

O mecanismo de uma janela é mostrado. Aqui, *CA* gira em torno de um eixo fixo através de *C*, e *AB* sofre um movimento plano geral. Visto que o ponto *A* se desloca ao longo de uma trajetória curva, ele tem duas componentes de aceleração, enquanto o ponto *B* se desloca ao longo de um trilho reto e a direção de sua aceleração está especificada.

Análise de velocidade

- Determine a velocidade angular ω do corpo utilizando uma análise de velocidade como discutida nas seções 16.5 ou 16.6. Também determine as velocidades $\mathbf{v}_A$ e $\mathbf{v}_B$ dos pontos A e B *se esses pontos se deslocam ao longo de trajetórias curvas*.

ANÁLISE VETORIAL

Diagrama cinemático

- Estabeleça as direções das coordenadas x e y fixas e trace o diagrama cinemático do corpo. Indique nele $\mathbf{a}_A$, $\mathbf{a}_B$, $\boldsymbol{\omega}$, $\boldsymbol{\alpha}$ e $\mathbf{r}_{B/A}$.
- Se os pontos A e B se deslocam ao longo de *trajetórias curvas*, então suas acelerações devem ser indicadas em termos de suas componentes tangenciais e normais, ou seja, $\mathbf{a}_A = (\mathbf{a}_A)_t + (\mathbf{a}_A)_n$ e $\mathbf{a}_B = (\mathbf{a}_B)_t + (\mathbf{a}_B)_n$.

Equação da aceleração

- Para aplicar $\mathbf{a}_B + \mathbf{a}_A + \boldsymbol{\alpha} \times \mathbf{r}_{B/A} - \omega^2\mathbf{r}_{B/A}$, expresse os vetores na forma vetorial cartesiana e os substitua na equação. Calcule o produto vetorial e em seguida equacione as respectivas componentes **i** e **j** para obter duas equações escalares.

- Se a solução produz uma resposta *negativa* para uma intensidade *desconhecida,* ela indica que o sentido de direção do vetor é oposto àquele mostrado no diagrama cinemático.

ANÁLISE ESCALAR

Diagrama cinemático

- Se a equação da aceleração é aplicada na forma escalar, então as intensidades e direções das componentes da aceleração relativa $(\mathbf{a}_{B/A})_t$ e $(\mathbf{a}_{B/A})_n$ têm de ser estabelecidas. Para fazer isto, trace um diagrama cinemático como o mostrado na Figura 16.24*c*. Visto que o corpo é considerado como estando momentaneamente 'preso com pino' no ponto base *A*, as *intensidades* dessas componentes são $(a_{B/A})_t = \alpha r_{B/A}$ e $(a_{B/A})_n = \omega^2 r_{B/A}$. Seu *sentido de direção* é estabelecido a partir do diagrama de tal maneira que $(\mathbf{a}_{B/A})_t$ atua perpendicularmente a $\mathbf{r}_{B/A}$, de acordo com o movimento de rotação $\boldsymbol{\alpha}$ do corpo, e $(\mathbf{a}_{B/A})_n$ está direcionado de *B* para *A*. *

Equação de aceleração

- Represente os vetores em $\mathbf{a}_B = \mathbf{a}_A + (\mathbf{a}_{B/A})_t + (\mathbf{a}_{B/A})_n$ graficamente mostrando suas intensidades e direções embaixo de cada termo. As equações escalares são determinadas a partir das componentes *x* e *y* desses vetores.

Exemplo 16.14

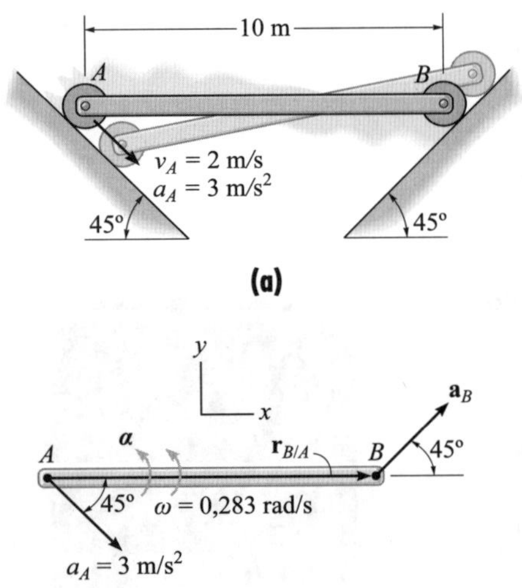

(a)

(b)

Figura 16.27

A barra *AB* mostrada na Figura 16.27*a* está confinada a se deslocar ao longo dos planos inclinados em *A* e *B*. Se o ponto *A* tem uma aceleração de 3 m/s² e uma velocidade de 2 m/s, ambas direcionadas para baixo do plano no instante que a barra está na horizontal, determine a aceleração angular da barra nesse instante.

SOLUÇÃO I (ANÁLISE VETORIAL)

Aplicaremos a equação da aceleração aos pontos *A* e *B* na barra. Para fazer isso, é necessário primeiro determinar a velocidade angular da barra. Mostre que ela é $\omega = 0{,}283$ rad/s↺ utilizando ou a equação da velocidade ou o método dos centros instantâneos.

Diagrama cinemático

Visto que ambos os pontos *A* e *B* se deslocam ao longo de trajetórias de linha reta, eles *não* têm componentes da aceleração normais às trajetórias. Há duas incógnitas na Figura 16.27*b*, nominalmente, a_B e α.

Equação de aceleração

$$\mathbf{a}_B = \mathbf{a}_A + \boldsymbol{\alpha} \times \mathbf{r}_{B/A} - \omega^2 \mathbf{r}_{B/A}$$

$$a_B \cos 45^\circ \mathbf{i} + a_B \operatorname{sen} 45^\circ \mathbf{j} = 3 \cos 45^\circ \mathbf{i} - 3 \operatorname{sen} 45^\circ \mathbf{j} + (\alpha \mathbf{k}) \times (10\mathbf{i}) - (0{,}283)^2(10\mathbf{i})$$

Realizar o produto vetorial e equacionar as componentes **i** e **j** resulta em:

$$a_B \cos 45^\circ = 3 \cos 45^\circ - (0{,}283)^2(10) \quad (1)$$

$$a_B \operatorname{sen} 45^\circ = -3 \operatorname{sen} 45^\circ + \alpha(10) \quad (2)$$

Resolvendo, temos:

$$a_B = 1{,}87 \text{ m/s}^2 \measuredangle 45^\circ$$

$$\alpha = 0{,}344 \text{ rad/s}^2 \circlearrowleft$$

---

* A notação $\mathbf{a}_B = \mathbf{a}_A + (\mathbf{a}_{B/A(pino)})_t + (\mathbf{a}_{B/A(pino)})_n$ pode ser útil ao recordar que supomos que *A* está conectado por pinos.

SOLUÇÃO II (ANÁLISE ESCALAR)

Do diagrama cinemático, mostrando as componentes da aceleração relativa $(\mathbf{a}_{B/A})_t$ e $(\mathbf{a}_{B/A})_n$ (Figura 16.27*c*), temos:

$$\mathbf{a}_B = \mathbf{a}_A + (\mathbf{a}_{B/A})_t + (\mathbf{a}_{B/A})_n$$

$$\begin{bmatrix} a_B \\ \measuredangle 45^\circ \end{bmatrix} = \begin{bmatrix} 3\text{ m/s}^2 \\ \nwarrow 45^\circ \end{bmatrix} + \begin{bmatrix} \alpha(10\text{ m}) \\ \uparrow \end{bmatrix} + \begin{bmatrix} (0{,}283\text{ rad/s})^2\,(10\text{ m}) \\ \leftarrow \end{bmatrix}$$

Equacionar as componentes x e y resulta nas equações 1 e 2, e a solução prossegue como antes.

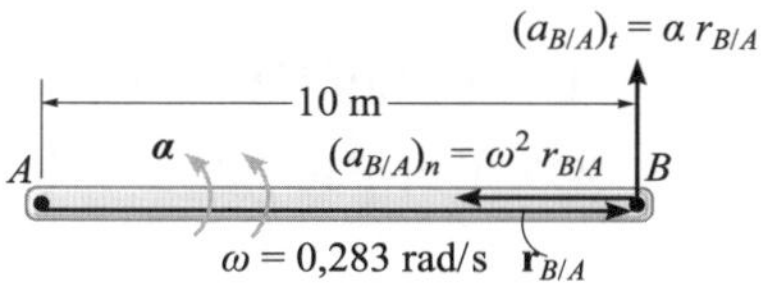

(c)

Figura 16.27

Exemplo 16.15

Em um dado instante, o cilindro de raio r, mostrado na Figura 16.28*a*, tem uma velocidade angular $\boldsymbol{\omega}$ e aceleração angular $\boldsymbol{\alpha}$. Determine a velocidade e a aceleração de seu centro G e a aceleração do ponto de contato em A se ele rola sem deslizar.

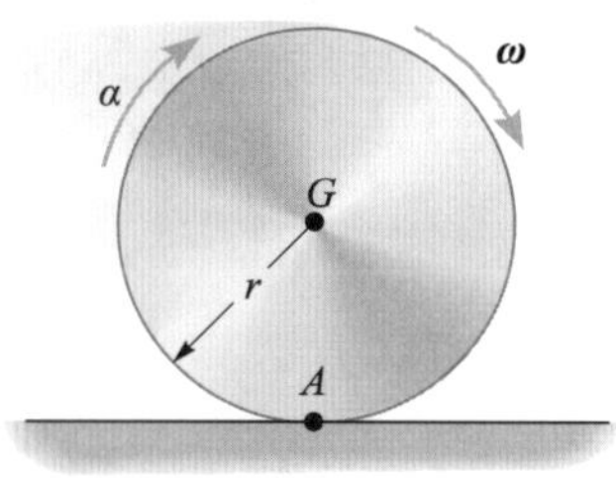

(a)

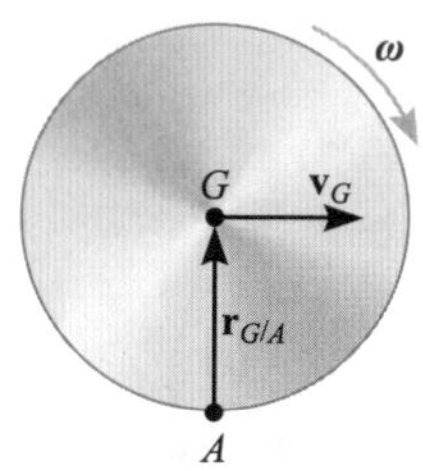

(b)

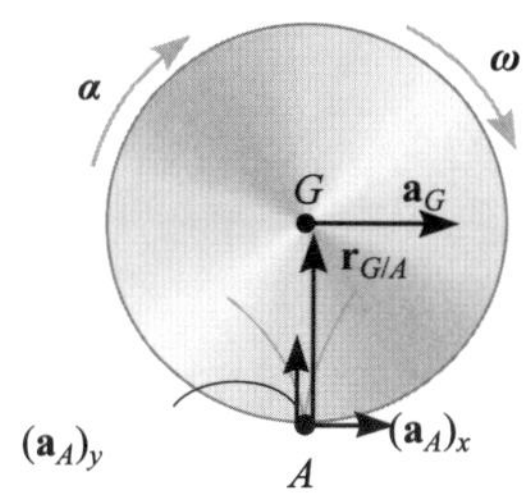

(c)

Figura 16.28

SOLUÇÃO (ANÁLISE VETORIAL)

Análise de velocidade

Visto que não ocorre nenhum deslizamento, no instante que A faz contato com o solo, $\mathbf{v}_A = \mathbf{0}$. Desse modo, a partir do diagrama cinemático na Figura 16.28*b*, temos:

$$\mathbf{v}_G = \mathbf{v}_A + \boldsymbol{\omega} \times \mathbf{r}_{G/A}$$

$$v_G\mathbf{i} = \mathbf{0} + (-\omega\mathbf{k}) \times (r\mathbf{j})$$

$$v_G = \omega r \qquad (1)$$

Este mesmo resultado também pode ser obtido diretamente observando-se que o ponto A representa o centro instantâneo de velocidade nula.

Diagrama cinemático

Visto que o movimento de G é sempre ao longo de uma *linha reta*, então sua aceleração pode ser determinada fazendo a derivada temporal de sua velocidade, o que resulta em:

$$a_G = \frac{dv_G}{dt} = \frac{d\omega}{dt} r$$

$$a_G = \alpha r \qquad (2)$$

Equação de aceleração

A intensidade e direção de $\mathbf{a}_A$ é desconhecida (Figura 16.28*c*).

$$\mathbf{a}_G = \mathbf{a}_A + \boldsymbol{\alpha} \times \mathbf{r}_{G/A} - \omega^2\mathbf{r}_{G/A}$$

$$\alpha r\mathbf{i} = (a_A)_x\mathbf{i} + (a_A)_y\mathbf{j} + (-\alpha\mathbf{k}) \times (r\mathbf{j}) - \omega^2(r\mathbf{j})$$

Avaliar o produto vetorial e equacionar as componentes x e y resulta em:

$$(a_A)_x = 0$$

$$(a_A)_y = \omega^2 r$$

NOTA: Os resultados, que $v_G = \omega r$ e $a_G = \alpha r$, podem ser aplicados a qualquer objeto circular, como uma bola, cilindro, disco etc., que rola *sem* deslizar. Também o fato de que $a_A = \omega^2 r$ indica que o centro instantâneo de velocidade nula, ponto A, *não* é um ponto de aceleração nula.

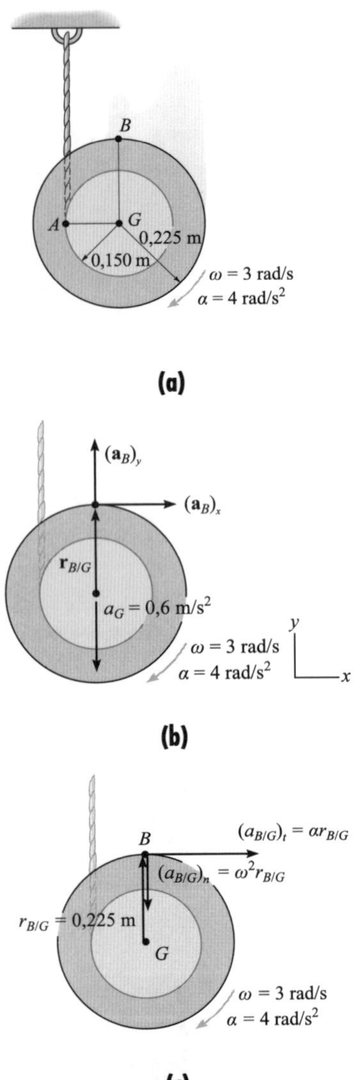

Figura 16.29

Exemplo 16.16

A bobina mostrada na Figura 16.29*a* se desenrola da corda de tal maneira que, no instante mostrado, ela tem uma velocidade angular de 3 rad/s e uma aceleração angular de 4 rad/s². Determine a aceleração do ponto *B*.

SOLUÇÃO I (ANÁLISE VETORIAL)

A bobina 'parece' estar rolando para baixo sem deslizar no ponto *A*. Portanto, podemos usar os resultados do Exemplo 16.15 para determinar a aceleração do ponto *G*, ou seja,

$$a_G = \alpha r = (4 \text{ rad/s}^2)(0{,}15\text{m}) = 0{,}6 \text{ m/s}^2$$

Vamos aplicar a equação de aceleração aos pontos *G* e *B*.

Diagrama cinemático

O ponto *B* se desloca ao longo de uma *trajetória curva* tendo um raio de curvatura *desconhecido*.* Sua aceleração será representada pelas componentes incógnitas *x* e *y*, como mostrado na Figura 16.19*b*.

Equação de aceleração

$$\mathbf{a}_B = \mathbf{a}_G + \boldsymbol{\alpha} \times \mathbf{r}_{B/G} - \omega^2 \mathbf{r}_{B/G}$$

$$(a_B)_x\mathbf{i} + (a_B)_y\mathbf{j} = -0{,}6\mathbf{j} + (-4\mathbf{k}) \times (0{,}225\mathbf{j}) - (3)^2(0{,}225\mathbf{j})$$

Equacionando os termos **i** e **j**, as equações das componentes são:

$$(a_B)_x = 4(0{,}225) = 0{,}9 \text{ m/s}^2 \rightarrow \quad (1)$$

$$(a_B)_y = -0{,}6 - 2{,}025 = -2{,}625 \text{ m/s}^2 = 2{,}625 \text{ m/s}^2 \downarrow \quad (2)$$

A intensidade e a direção de $\mathbf{a}_B$ são, portanto:

$$a_B = \sqrt{(0{,}9)^2 + (2{,}625)^2} = 2{,}775 \text{ m/s}^2$$

$$\theta = \text{tg}^{-1}\frac{2{,}625}{0{,}9} = 71{,}1° \quad \measuredangle$$

SOLUÇÃO II (ANÁLISE ESCALAR)

Este problema pode ser resolvido escrevendo as equações das componentes escalares diretamente. O diagrama cinemático na Figura 16.19*c* mostra as componentes da aceleração relativa $(\mathbf{a}_{B/G})_t$ e $(\mathbf{a}_{B/G})_n$. Desse modo,

$$\mathbf{a}_B = \mathbf{a}_G + (\mathbf{a}_{B/G})_t + (\mathbf{a}_{B/G})_n$$

$$\begin{bmatrix}(a_B)_x \\ \rightarrow\end{bmatrix} + \begin{bmatrix}(a_B)_y \\ \uparrow\end{bmatrix}$$

$$= \begin{bmatrix}0{,}6 \text{ m/s}^2 \\ \downarrow\end{bmatrix} + \begin{bmatrix}4 \text{ rad/s}^2 \ (0{,}225 \text{ m}) \\ \rightarrow\end{bmatrix} + \begin{bmatrix}(3 \text{ rad/s})^2 \ (0{,}225 \text{ m}) \\ \downarrow\end{bmatrix}$$

As componentes *x* e *y* resultam nas equações 1 e 2 anteriores.

Exemplo 16.17

O anel *C* na Figura 16.30*a* se desloca para baixo com uma aceleração de 1 m/s². No instante mostrado, ele tem uma velocidade de 2 m/s, que dá aos membros *CB* e *AB* uma velocidade angular $\omega_{AB} = \omega_{CB} = 10$ rad/s (ver Exemplo 16.8). Determine as acelerações angulares de *CB* e *AB* nesse instante.

* Perceba que o raio de curvatura da trajetória ρ não é igual ao raio da bobina, visto que a bobina não está girando em torno do ponto *G*. Além disso, ρ não é definido como a distância de *A* (*CI*) para *B*, visto que a localização do *CI* depende somente da velocidade de um ponto e não da geometria de sua trajetória.

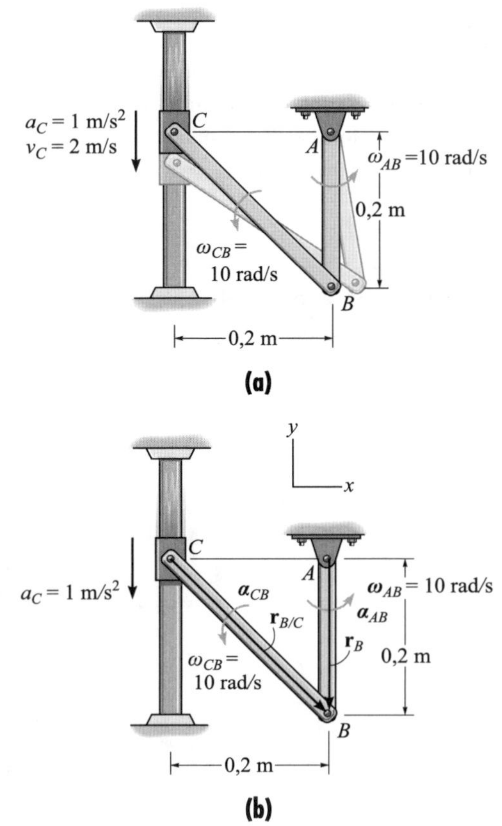

Figura 16.30

SOLUÇÃO (ANÁLISE VETORIAL)

Diagrama cinemático

Os diagramas cinemáticos dos segmentos AB e CB são mostrados na Figura 16.30*b*. Para resolver, vamos aplicar a equação cinemática apropriada a cada segmento.

Equação de aceleração

Segmento AB (rotação em torno de um eixo fixo):

$$\mathbf{a}_B = \boldsymbol{\alpha}_{AB} \times \mathbf{r}_B - \omega^2_{AB}\mathbf{r}_B$$

$$\mathbf{a}_B = (\alpha_{AB}\mathbf{k}) \times (-0{,}2\mathbf{j}) - (10)^2(-0{,}2\mathbf{j})$$

$$\mathbf{a}_B = 0{,}2\alpha_{AB}\mathbf{i} + 20\mathbf{j}$$

Observe que $\mathbf{a}_D$ tem componentes n e t, visto que ele se desloca ao longo de uma *trajetória circular*.

Segmento BC (movimento plano geral): utilizando o resultado de $\mathbf{a}_B$ e aplicando a Equação 16.18, temos

$$\mathbf{a}_B = \mathbf{a}_C + \boldsymbol{\alpha}_{CB} \times \mathbf{r}_{B/C} - \omega^2_{CB}\mathbf{r}_{B/C}$$

$$0{,}2\alpha_{AB}\mathbf{i} + 20\mathbf{j} = -1\mathbf{j} + (\alpha_{CB}\mathbf{k}) \times (0{,}2\mathbf{i} - 0{,}2\mathbf{j}) - (10)^2(0{,}2\mathbf{i} - 0{,}2\mathbf{j})$$

$$0{,}2\alpha_{AB}\mathbf{i} + 20\mathbf{j} = -1\mathbf{j} + 0{,}2\alpha_{CB}\mathbf{j} + 0{,}2\alpha_{CB}\mathbf{i} - 20\mathbf{i} + 20\mathbf{j}$$

Desse modo,

$$0{,}2\alpha_{AB} = 0{,}2\alpha_{CB} - 20$$

$$20 = -1 + 0{,}2\alpha_{CB} + 20$$

Resolvendo,

$$\alpha_{CB} = 5 \text{ rad/s}^2 \circlearrowleft$$

$$\alpha_{AB} = -95 \text{ rad/s}^2 = 95 \text{ rad/s}^2 \circlearrowright$$

Exemplo 16.18

A manivela AB gira com uma aceleração angular no sentido horário de 20 rad/s^2 (Figura 16.31*a*). Determine a aceleração do pistão no instante que AB está na posição mostrada. Nesse instante, ω_{AB} = 10 rad/s e ω_{BC} = 2,43 rad/s (Ver Exemplo 16.13).

SOLUÇÃO (ANÁLISE VETORIAL)

Diagrama cinemático

Os diagramas cinemáticos para ambas as barras, AB e BC, estão mostrados na Figura 16.31*b*. Aqui $\mathbf{a}_C$ é vertical, visto que C se desloca ao longo de uma trajetória em linha reta.

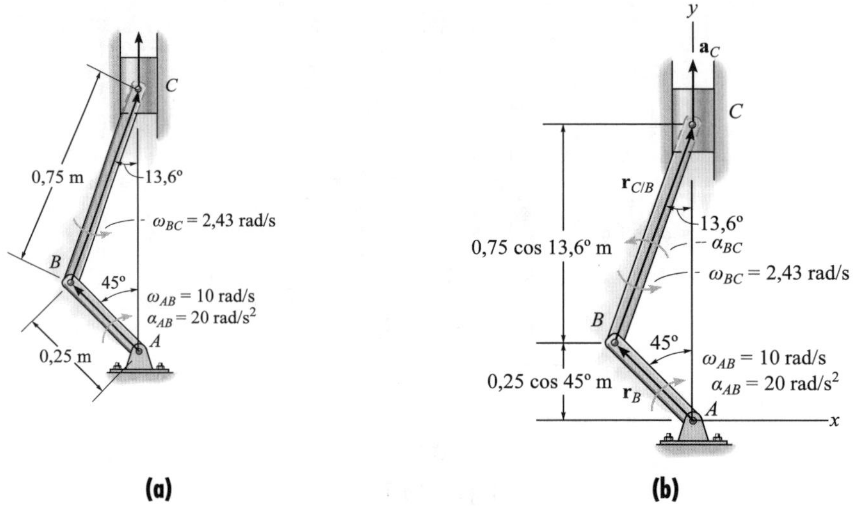

Figura 16.31

Equação de aceleração

Expressando cada um dos vetores posição na forma de um vetor cartesiano,

$$\mathbf{r}_B = \{-0,25 \text{ sen } 45°\mathbf{i} + 0,25 \cos 45°\mathbf{j}\} \text{ m} = \{-0,177\mathbf{i} + 0,177\mathbf{j}\} \text{ m}$$

$$\mathbf{r}_{C/B} = \{-0,75 \text{ sen } 13,6°\mathbf{i} + 0,75 \cos 13,6°\mathbf{j}\} \text{ m} = \{0,177\mathbf{i} + 0,729\mathbf{j}\} \text{ m}$$

Manivela AB (rotação em torno de um eixo fixo):

$$\mathbf{a}_B = \boldsymbol{\alpha}_{AB} \times \mathbf{r}_B - \omega^2_{AB}\mathbf{r}_B$$

$$= (-20\mathbf{k}) \times (-0,177\mathbf{i} + 0,177\mathbf{j}) - (10)^2(-0,177\mathbf{i} + 0,177\mathbf{j})$$

$$= \{21,21\mathbf{i} - 14,14\mathbf{j}\} \text{ m/s}^2$$

Barra de conexão BC (movimento plano geral): Utilizando o resultado de $\mathbf{a}_B$ e observando que $\mathbf{a}_C$ está na direção vertical, temos:

$$\mathbf{a}_C = \mathbf{a}_B + \boldsymbol{\alpha}_{BC} \times \mathbf{r}_{C/B} - \omega^2_{BC}\mathbf{r}_{C/B}$$

$$a_C\mathbf{j} = 21,21\mathbf{i} - 14,14\mathbf{j} + (\alpha_{BC}\mathbf{k}) \times (0,177\mathbf{i} + 0,729\mathbf{j}) - (2,43)^2(0,177\mathbf{i} + 0,729\mathbf{j})$$

$$a_C\mathbf{j} = 21,21\mathbf{i} - 14,14\mathbf{j} + 0,177\alpha_{BC}\mathbf{j} - 0,729\alpha_{BC}\mathbf{i} - 1,04\mathbf{i} - 4,30\mathbf{j}$$

$$0 = 20,17 - 0,729\alpha_{BC}$$

$$a_C = 0,177\alpha_{BC} - 18,45$$

Resolvendo, resulta em:

$$\alpha_{BC} = 27,7 \text{ rad/s}^2 \circlearrowleft$$

$$a_C = -13,5 \text{ m/s}^2 \qquad \textit{Resp.}$$

NOTA: Visto que o pistão está se deslocando para cima, o sinal negativo para a_C indica que o pistão está desacelerando, ou seja, $\mathbf{a}_C = \{-13,5\mathbf{j}\}$ m/s^2. Isso faz com que a velocidade do pistão diminua até AB tornar-se vertical, momento em que o pistão está momentaneamente em repouso.

Problemas fundamentais

16.19. No instante mostrado, a extremidade A da barra tem a velocidade e aceleração mostradas. Determine a aceleração angular da barra e a aceleração da extremidade B da barra.

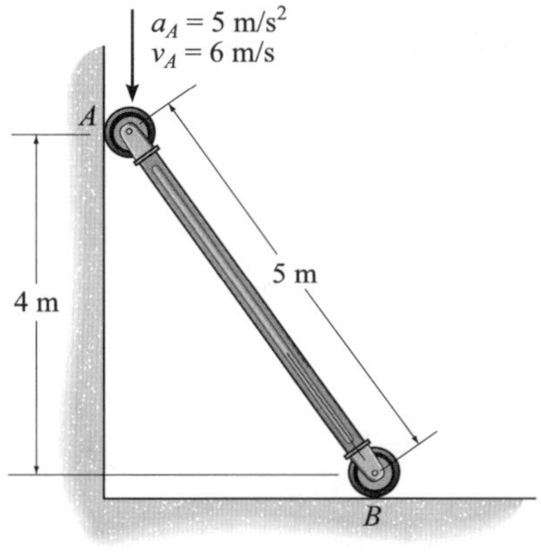

Problema 16.19

16.20. A engrenagem rola sobre a cremalheira fixa com uma velocidade angular $\omega = 12$ rad/s e aceleração angular $\alpha = 6$ rad/s². Determine a aceleração do ponto A.

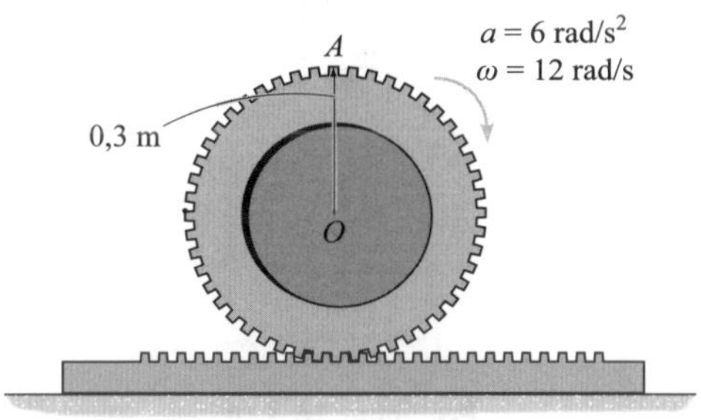

Problema 16.20

16.21. A engrenagem rola sobre a cremalheira fixa B. No instante mostrado, o centro O da engrenagem se desloca com uma velocidade $v_O = 6$ m/s e aceleração $a_O = 3$ m/s². Determine a aceleração angular da engrenagem e a aceleração do ponto A nesse instante.

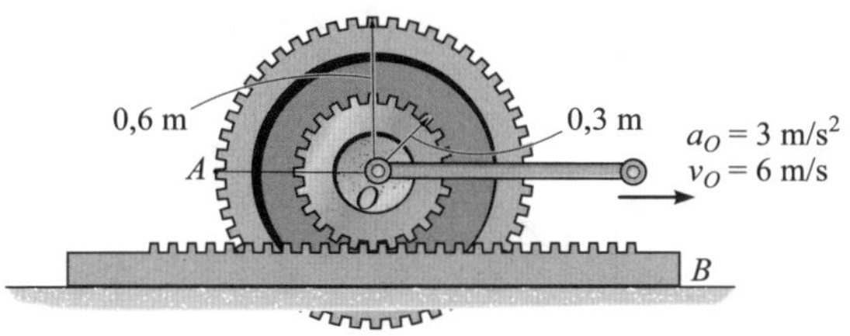

Problema 16.21

16.22. No instante mostrado, o cabo AB tem uma velocidade de 3 m/s e aceleração de 1,5 m/s², enquanto a cremalheira tem uma velocidade de 1,5 m/s e aceleração de 0,75 m/s². Determine a aceleração angular da engrenagem nesse instante.

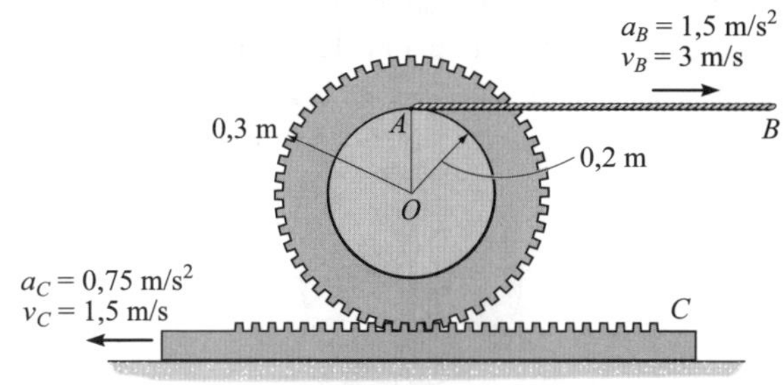

Problema 16.22

16.23. No instante mostrado, a roda gira com uma velocidade angular $\omega = 12$ rad/s e uma aceleração angular $\alpha = 6$ rad/s². Determine a aceleração angular do segmento BC e a aceleração do pistão C nesse instante.

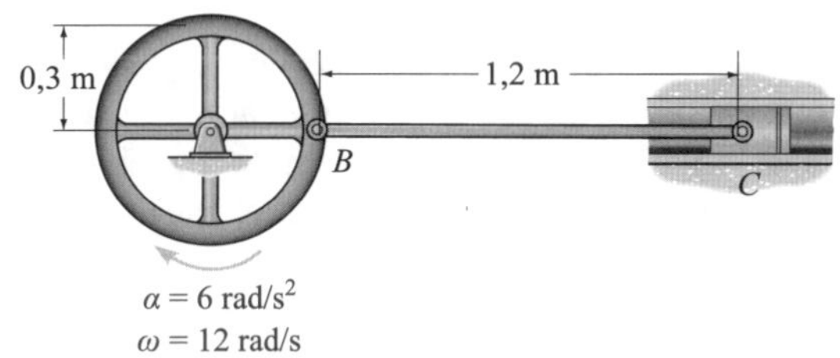

Problema 16.23

16.24. No instante mostrado, a roda A gira com uma velocidade angular $\omega = 6$ rad/s e aceleração angular $\alpha = 3$ rad/s². Determine a aceleração angular do segmento BC e a aceleração do pistão C.

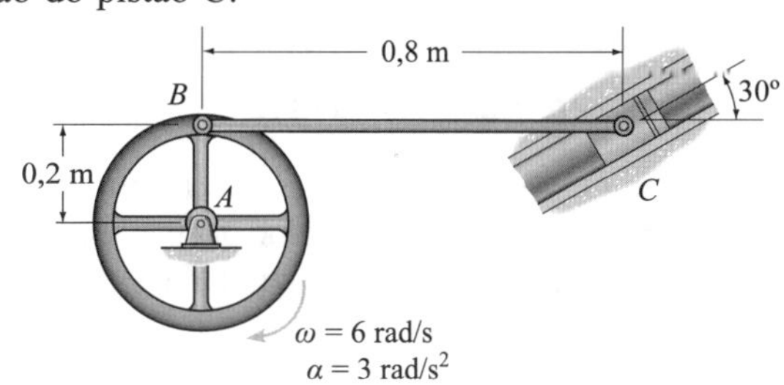

Problema 16.24

Problemas

•**16.109.** O disco está se deslocando para a esquerda de tal maneira que ele tem uma aceleração angular $\alpha = 8$ rad/s^2 e velocidade angular $\omega = 3$ rad/s no instante mostrado. Se ele não desliza em A, determine a aceleração do ponto B.

16.110. O disco está se deslocando para a esquerda de tal maneira que ele tem uma aceleração angular $\alpha = 8$ rad/s^2 e velocidade angular $\omega = 3$ rad/s no instante mostrado. Se ele não desliza em A, determine a aceleração do ponto D.

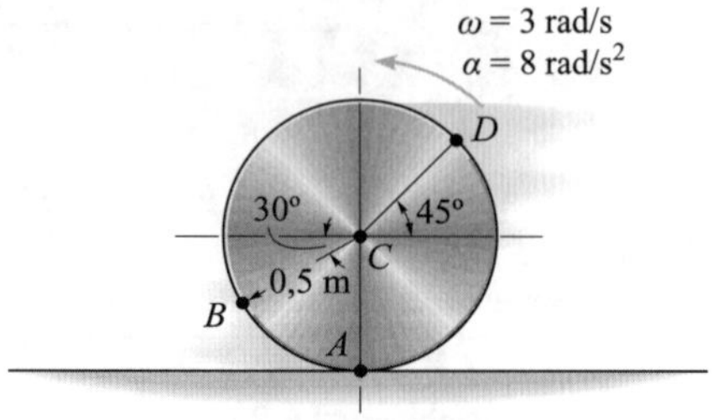

Problemas 16.109/110

16.111. A argola é lançada na superfície áspera de maneira que ela tem uma velocidade angular $\omega = 4$ rad/s e uma aceleração angular $\alpha = 5$ rad/s^2. Além disso, seu centro tem uma velocidade $v_O = 5$ m/s e uma desaceleração $a_O = 2$ m/s^2. Determine a aceleração do ponto A nesse instante.

***16.112.** A argola é lançada na superfície áspera de tal maneira que ela tem uma velocidade angular $\omega = 4$ rad/s e uma aceleração angular $\alpha = 5$ rad/s^2. Além disso, seu centro tem uma velocidade $v_O = 5$ m/s e uma desaceleração $a_O = 2$ m/s^2. Determine a aceleração do ponto B nesse instante.

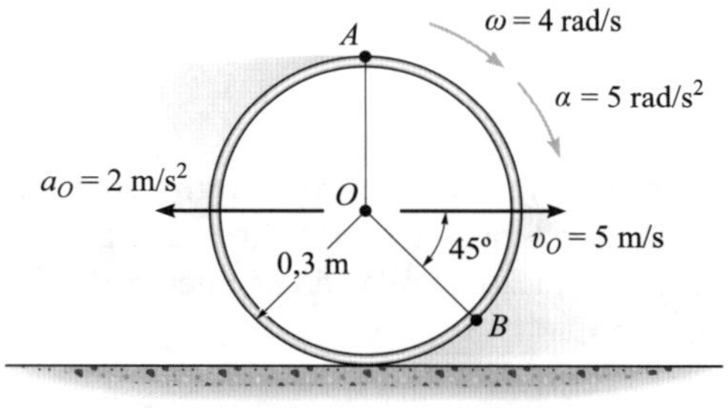

Problemas 16.111/112

•**16.113.** No instante mostrado, o bloco deslizante B está se deslocando para a direita com a velocidade e aceleração mostradas. Determine a aceleração angular da roda nesse instante.

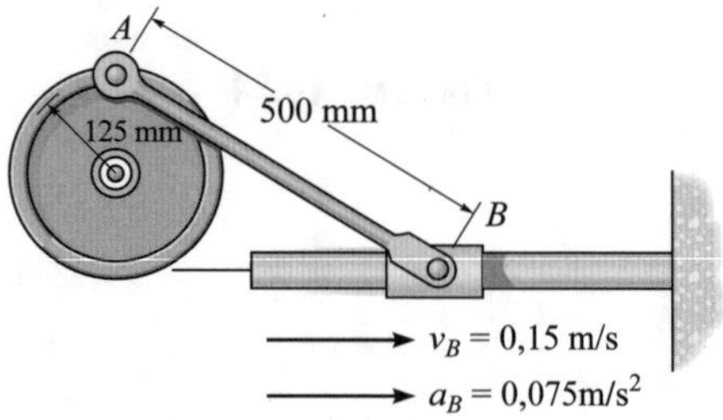

Problema 16.113

16.114. As extremidades da barra AB estão confinadas a se deslocarem ao longo das trajetórias mostradas. Em um dado instante, A tem uma velocidade de 2,4 m/s e uma aceleração de 0,9 m/s^2. Determine a velocidade angular e a aceleração angular de AB nesse instante.

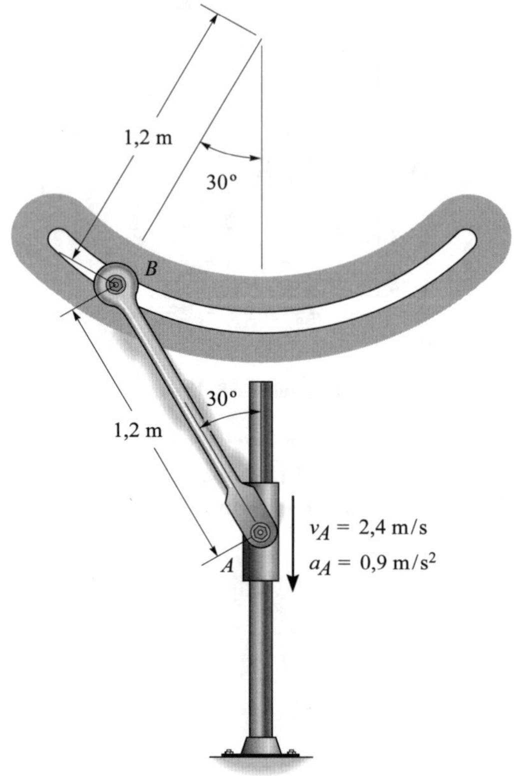

Problema 16.114

16.115. A barra AB tem o movimento angular mostrado. Determine a aceleração do anel C nesse instante.

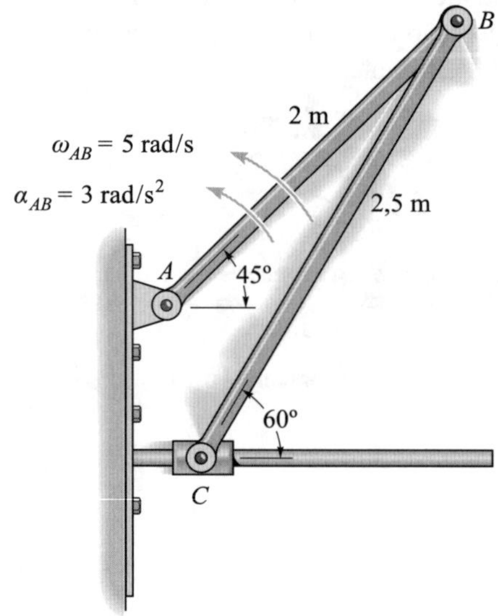

Problema 16.115

***16.116.** No dado instante, o membro AB tem o movimento angular mostrado. Determine a velocidade e a aceleração do bloco deslizante C nesse instante.

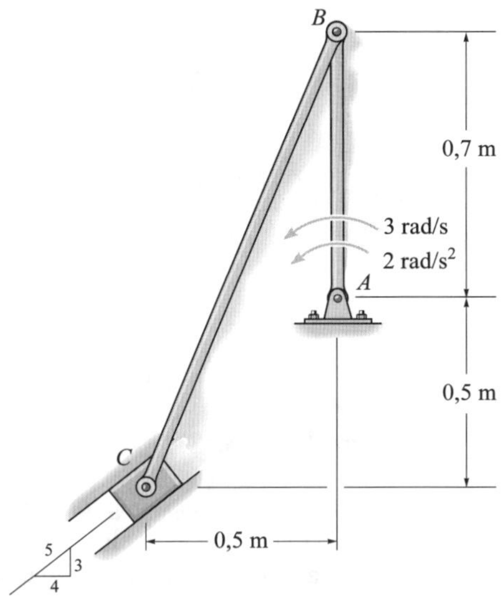

Problema 16.116

•16.117. O cilindro hidráulico D se estende com a velocidade v_B = 1,2 m/s e uma aceleração a_B = 0,45 m/s^2. Determine a aceleração de A no instante mostrado.

16.118. O cilindro hidráulico D se estende com uma velocidade v_B = 1,2 m/s e uma aceleração a_B = 0,45 m/s^2. Determine a aceleração de C no instante mostrado.

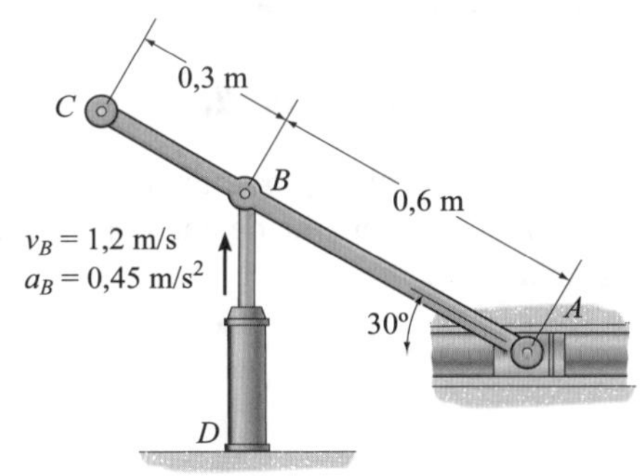

Problemas 16.117/118

16.119. O bloco deslizante se desloca com uma velocidade v_B = 1,5 m/s e uma aceleração a_B = 0,9 m/s^2. Determine a aceleração angular da barra AB no instante mostrado.

***16.120.** O bloco deslizante se desloca com uma velocidade v_B = 1,5 m/s e uma aceleração a_B = 0,9 m/s^2. Determine a aceleração de A no instante mostrado.

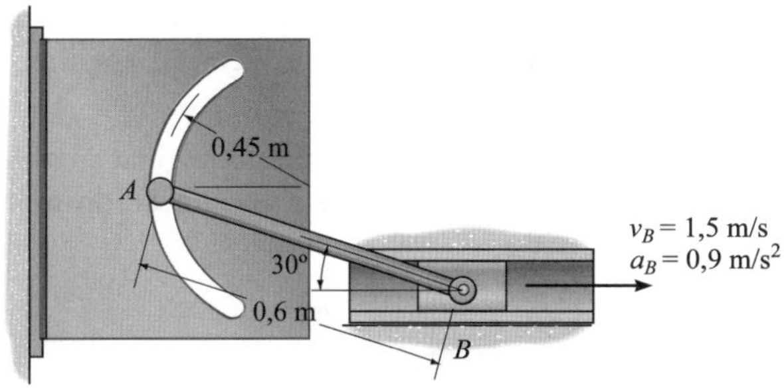

Problemas 16.119/120

•16.121. A manivela AB gira com uma velocidade angular ω_{AB} = 6 rad/s e uma aceleração angular α_{AB} = 2 rad/s^2. Determine a aceleração de C e a aceleração angular de BC no instante mostrado.

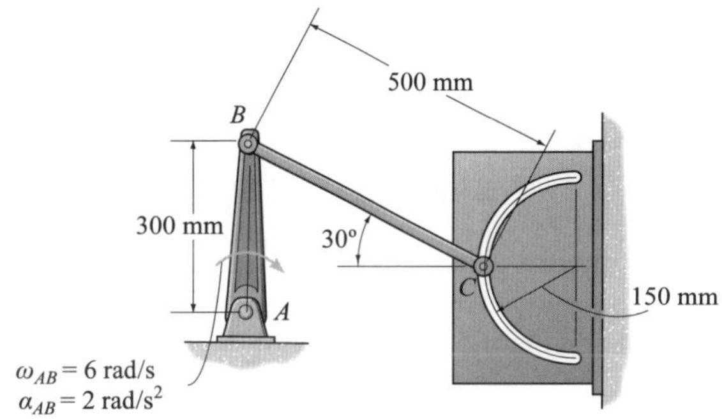

Problema 16.121

16.122. O cilindro hidráulico se estende com uma velocidade v_A = 1,5 m/s e uma aceleração a_A = 0,5 m/s^2. Determine a aceleração angular do membro ABC e a aceleração da extremidade C no instante mostrado. O ponto B está conectado por pino ao bloco deslizante.

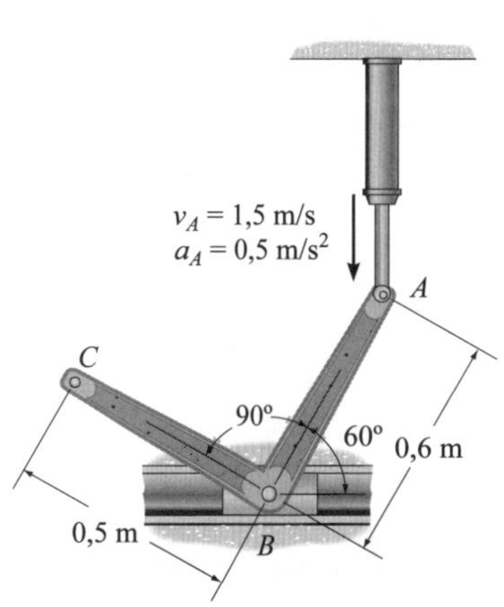

Problema 16.122

16.123. A polia *A* gira com a velocidade angular e aceleração angular mostradas. Determine a aceleração angular da polia *B* no instante mostrado.

***16.124.** A polia *A* gira com a velocidade angular e aceleração angular mostradas. Determine a aceleração do bloco *E* no instante mostrado.

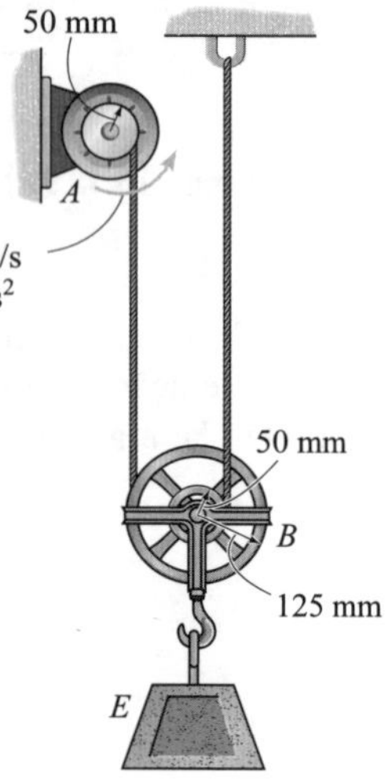

Problemas 16.123/124

•**16.125.** O cilindro hidráulico está se estendendo com a velocidade e aceleração mostradas. Determine a aceleração angular da manivela *AB* e do segmento *BC* no instante mostrado.

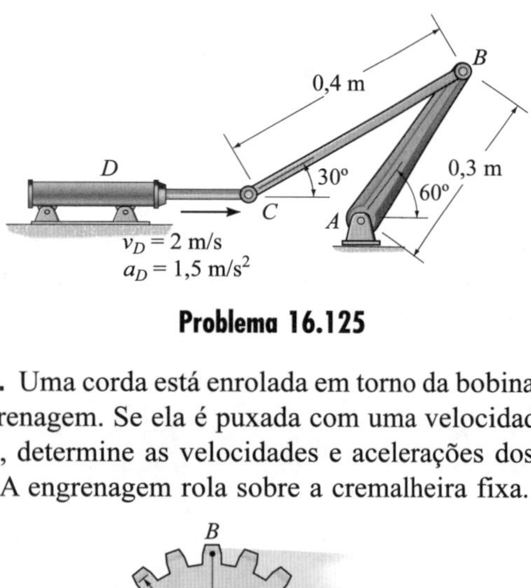

Problema 16.125

16.126. Uma corda está enrolada em torno da bobina interna da engrenagem. Se ela é puxada com uma velocidade constante **v**, determine as velocidades e acelerações dos pontos *A* e *B*. A engrenagem rola sobre a cremalheira fixa.

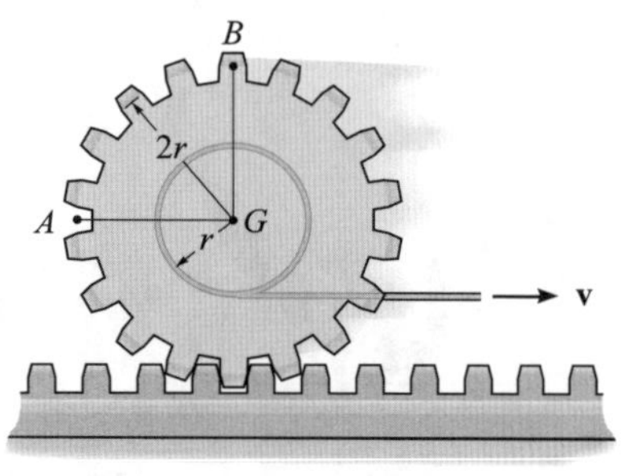

Problema 16.126

16.127. Em um dado instante, as cremalheiras têm as velocidades e acelerações mostradas. Determine a aceleração dos pontos *A* e *B*.

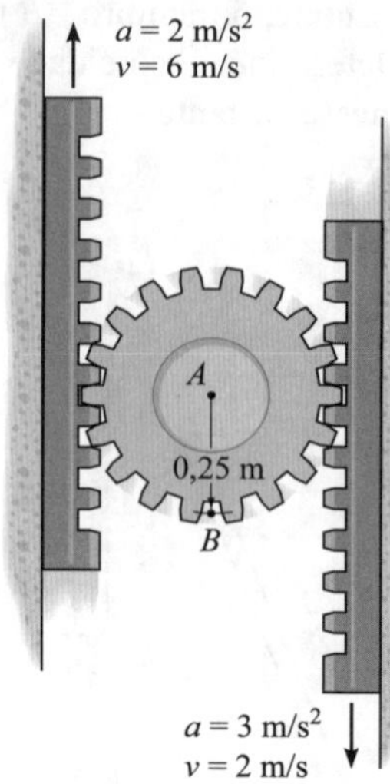

Problema 16.127

***16.128.** Em um dado instante, a engrenagem tem o movimento angular mostrado. Determine as acelerações dos pontos *A* e *B* e a aceleração angular da barra de ligação nesse instante.

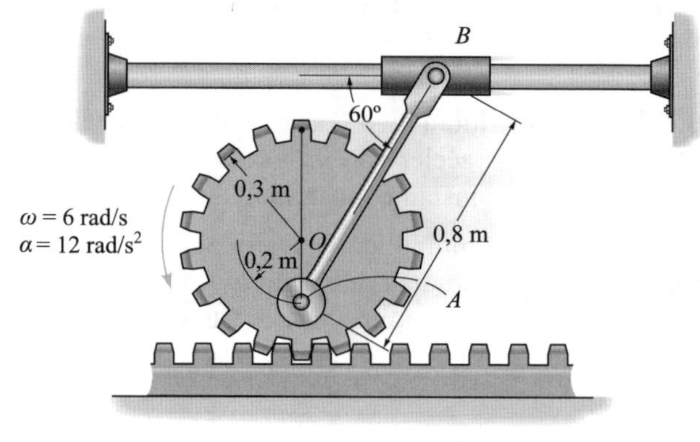

Problema 16.128

•**16.129.** Determine a aceleração angular do segmento *AB* se o segmento *CD* tem a velocidade angular e desaceleração angular mostradas.

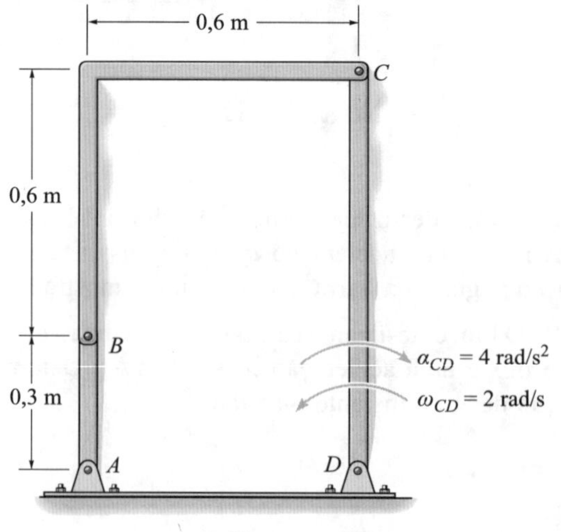

Problema 16.129

16.130. A engrenagem A é mantida fixa, e o braço DE gira no sentido horário com uma velocidade angular $\omega_{DE} = 6$ rad/s e uma aceleração angular $\alpha_{DE} = 3$ rad/s^2. Determine a aceleração angular da engrenagem B no instante mostrado.

16.131. A engrenagem A gira no sentido anti-horário com uma velocidade angular constante $\omega_A = 10$ rad/s, enquanto o braço DE gira no sentido horário com uma velocidade angular $\omega_{DE} = 6$ rad/s e uma aceleração angular $\alpha_{DE} = 3$ rad/s^2. Determine a aceleração angular da engrenagem B no instante mostrado.

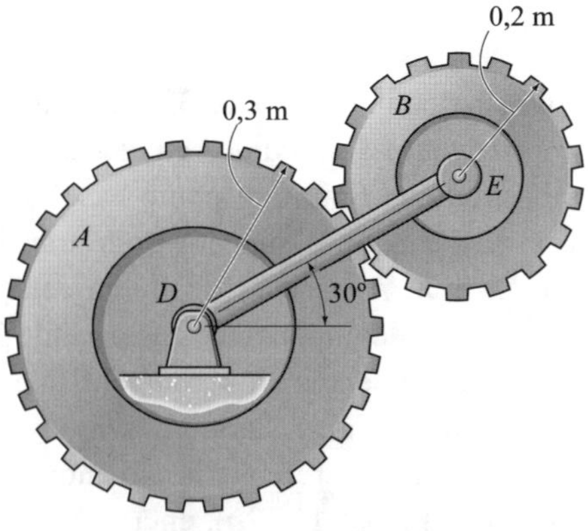

Problemas 16.130/131

***16.132.** Se a extremidade A da barra se desloca com uma velocidade constante $v_A = 6$ m/s, determine a velocidade angular e aceleração angular da barra e a aceleração da extremidade B no instante mostrado.

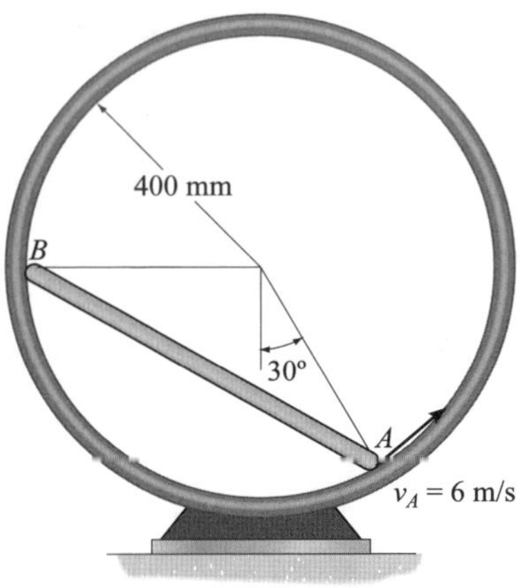

Problema 16.132

•16.133. O flutuador de ponta de asa retrátil é utilizado em um avião capaz de pousar na água. Determine as acelerações angulares α_{CD}, α_{BD} e α_{AB} no instante mostrado se a luva roscada C se desloca ao longo do parafuso rotativo horizontal com uma aceleração $a_C = 0{,}15$ m/s^2. Na posição mostrada, $v_C = 0$. Além disso, os pontos A e E estão conectados por pinos à asa e os pontos A e C são coincidentes no instante mostrado.

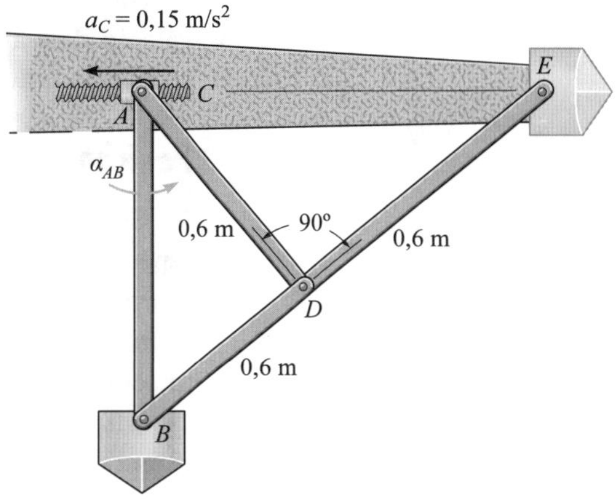

Problema 16.133

16.134. Determine a velocidade angular e a aceleração angular da placa CD do mecanismo triturador de pedras no instante em que AB está na horizontal. Neste instante, $\theta = 30°$ e $\phi = 90°$. O membro de acionamento AB está girando com uma velocidade angular constante $\omega_{AB} = 4$ rad/s.

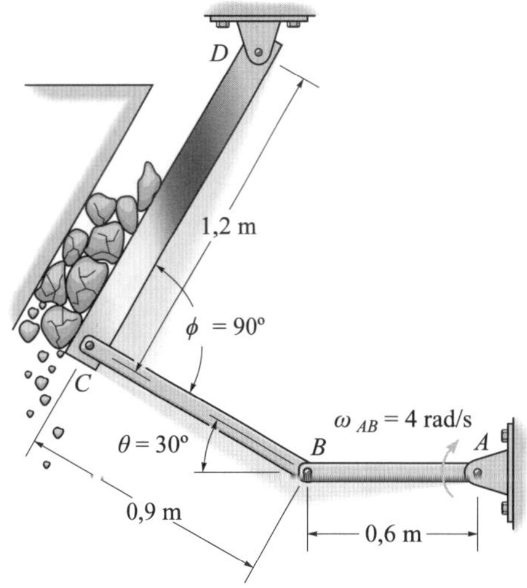

Problema 16.134

16.8 Análise do movimento relativo usando-se um sistema de eixos em rotação

Nas seções anteriores, a análise do movimento relativo para velocidade e aceleração foi descrita utilizando um sistema de coordenadas de translação. Esse tipo de análise é útil para determinar o movimento de pontos sobre o *mesmo* corpo rígido, ou o movimento de pontos localizados em vários corpos conectados por pinos. Em alguns problemas, entretanto, corpos rígidos (mecanismos) são construídos de tal maneira que o *deslizamento* ocorrerá em suas conexões. A análise cinemática para tais casos é executada de uma maneira melhor se o movimento for analisado utilizando-se um sistema de coordenadas que *translade* e *rotacione*. Além disso, esse sistema de referência é útil para analisar os movimentos de dois pontos sobre um mecanismo que *não* estão localizados no *mesmo* corpo e para especificar a cinemática do movimento da partícula quando esta se desloca ao longo de uma trajetória em rotação.

Na análise seguinte, serão desenvolvidas duas equações que relacionam a velocidade e aceleração de dois pontos, um dos quais é a origem de um sistema de referência móvel submetido a ambas, translação e rotação, no plano.*

Posição

Considere os dois pontos A e B mostrados na Figura 16.32*a*. Sua localização é especificada pelos vetores posição $\mathbf{r}_A$ e $\mathbf{r}_B$, que são medidos em relação ao sistema de coordenadas fixo X, Y, Z. Como mostrado na figura, o 'ponto base' A representa a origem do sistema de coordenadas x, y, z, que é suposto estar transladando e rotacionando em relação ao sistema X, Y, Z. A posição de B em relação a A é especificada pelo vetor posição relativa $\mathbf{r}_{B/A}$. As componentes desse vetor podem ser expressas em termos dos vetores ao longo dos eixos X, Y, ou seja, $\mathbf{I}$ e $\mathbf{J}$, ou por vetores unitários ao longo dos eixos x, y, ou seja, $\mathbf{i}$ e $\mathbf{j}$. Para o desenvolvimento que segue, $\mathbf{r}_{B/A}$ será medido em relação ao sistema de referência em movimento x, y. Desse modo, se B tem coordenadas (x_B, y_B) (Figura 16.32*a*), então

$$\mathbf{r}_{B/A} = x_B\mathbf{i} + y_B\mathbf{j}$$

Utilizando a adição vetorial, os três vetores posição na Figura 16.32*a* estão relacionados pela equação

$$\mathbf{r}_B = \mathbf{r}_A + \mathbf{r}_{B/A} \tag{16.19}$$

No instante considerado, o ponto A tem uma velocidade $\mathbf{v}_A$ e uma aceleração $\mathbf{a}_A$, enquanto a velocidade angular e a aceleração angular dos eixos x, y são Ω (ômega) e $\dot{\Omega} = d\Omega/dt$, respectivamente.

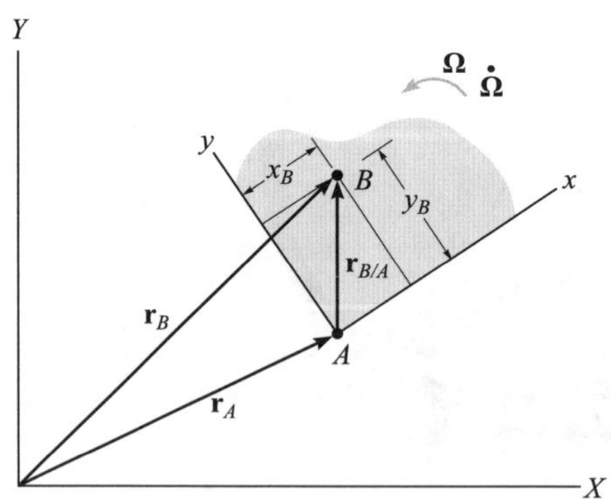

(a)

Figura 16.32

Velocidade

A velocidade do ponto B é determinada fazendo-se a derivada temporal da Equação 16.19, que resulta em

$$\mathbf{v}_B = \mathbf{v}_A + \frac{d\mathbf{r}_{B/A}}{dt} \tag{16.20}$$

---

* O movimento tridimensional dos pontos, mais geral, é desenvolvido na Seção 20.4.

O último termo desta equação é avaliado como a seguir:

$$\begin{aligned}\frac{d\mathbf{r}_{B/A}}{dt} &= \frac{d}{dt}(x_B\mathbf{i} + y_B\mathbf{j})\\ &= \frac{dx_B}{dt}\mathbf{i} + x_B\frac{d\mathbf{i}}{dt} + \frac{dy_B}{dt}\mathbf{j} + y_B\frac{d\mathbf{j}}{dt}\\ &= \left(\frac{dx_B}{dt}\mathbf{i} + \frac{dy_B}{dt}\mathbf{j}\right) + \left(x_B\frac{d\mathbf{i}}{dt} + \frac{d\mathbf{j}}{dt}\right)\end{aligned} \qquad (16.21)$$

Os dois termos nos primeiros parênteses representam as componentes da velocidade do ponto B como medidas por um observador fixo ao sistema de coordenadas móvel x, y, z. Esses termos serão denotados pelo vetor $(\mathbf{v}_{B/A})xyz$. Nos segundos parênteses, a taxa de variação temporal instantânea dos vetores unitários **i** e **j** é medida por um observador localizado no sistema de coordenadas fixo X, Y, Z. Estas variações, $d\mathbf{i}$ e $d\mathbf{j}$, são ocasionadas *apenas* pela *rotação* $d\theta$ dos eixos x, y, z, fazendo com que **i** se torne $\mathbf{i}' = \mathbf{i} + d\mathbf{i}$ e **j** se torne $\mathbf{j}' = \mathbf{j} + d\mathbf{j}$ (Figura 16.32*b*). Como mostrado, as *intensidades* de ambos, $d\mathbf{i}$ e $d\mathbf{j}$, são iguais a 1 $d\theta$, visto que $i = i' = j = j' = 1$. A *direção* de $d\mathbf{i}$ é definida por $+\mathbf{j}$, visto que $d\mathbf{i}$ é tangente à trajetória descrita pela extremidade da seta de **i** no limite quando $\Delta t \to dt$. Da mesma maneira, $\mathbf{d}j$ atua na direção $-\mathbf{i}$ (Figura 16.32*b*). Por conseguinte,

$$\frac{d\mathbf{i}}{dt} = \frac{d\theta}{dt}(\mathbf{j}) = \Omega\mathbf{j} \qquad \frac{d\mathbf{j}}{dt} = \frac{d\theta}{dt}(-\mathbf{i}) = -\Omega\mathbf{i}$$

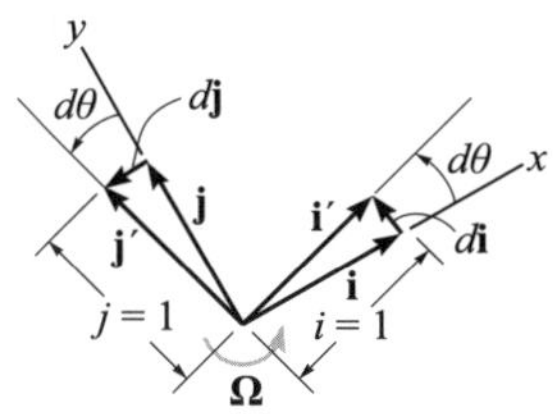

(b)

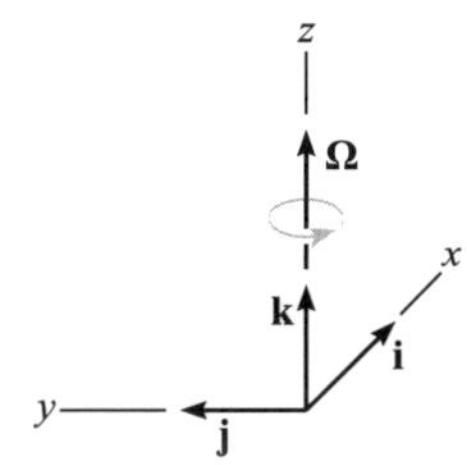

(c)

Figura 16.32

Vendo os eixos em três dimensões (Figura 16.32*c*), e observando que $\boldsymbol{\Omega} = \Omega\mathbf{k}$, podemos expressar as derivadas acima em termos do produto vetorial como

$$\frac{d\mathbf{i}}{dt} = \boldsymbol{\Omega}\times\mathbf{i} \qquad \frac{d\mathbf{j}}{dt} = \boldsymbol{\Omega}\times\mathbf{j} \qquad (16.22)$$

Substituindo estes resultados na Equação 16.21 e utilizando a propriedade distributiva do produto vetorial, obtemos

$$\frac{d\mathbf{r}_{B/A}}{dt} = (\mathbf{v}_{B/A})_{xyz} + \boldsymbol{\Omega}\times(x_B\mathbf{i} + y_B\mathbf{j}) = (\mathbf{v}_{B/A})_{xyz} + \boldsymbol{\Omega}\times\mathbf{r}_{B/A} \qquad (16.23)$$

Por conseguinte, a Equação 16.20 torna-se

$$\mathbf{v}_B = \mathbf{v}_A + \boldsymbol{\Omega}\times\mathbf{r}_{B/A} + (\mathbf{v}_{B/A})_{xyz} \qquad (16.24)$$

onde

$\mathbf{v}_B$ = velocidade de B, medida a partir da referência X, Y, Z

$\mathbf{v}_A$ = velocidade da origem A da referência x, y, z, medida a partir da referência X, Y, Z

$(\mathbf{v}_{B/A})_{xyz}$ = velocidade de 'B em relação a A', como medida por um observador fixo à referência em rotação x, y, z

$\boldsymbol{\Omega}$ = velocidade angular da referência x, y, z, medida a partir da referência X, Y, Z

$\mathbf{r}_{B/A}$ = posição de B em relação a A

Comparando a Equação 16.24 com a Equação 16.16 ($\mathbf{v}_B = \mathbf{v}_A + \boldsymbol{\Omega}\times\mathbf{r}_{B/A}$), que é válida para um sistema de referência de translação, pode ser visto que a única diferença entre essas duas equações é representada pelo termo $(\mathbf{v}_{B/A})xyz$.

Quando aplicamos a Equação 16.24, é muitas vezes útil entender o que cada um dos termos representa. Por ordem de apresentação, eles são como a seguir:

$\mathbf{v}_B$	velocidade absoluta de *B*	movimento de *B* observado a partir do sistema *X, Y, Z*
	(iguais)	
$\mathbf{v}_A$	velocidade absoluta da origem do sistema *x, y, z*	movimento do sistema *x, y, z* observado a partir do sistema *X, Y, Z*
	(mais)	
$\boldsymbol{\Omega} \times \mathbf{r}_{B/A}$	efeito de velocidade angular causado pela rotação do sistema *x, y, z*	
	(mais)	
$(\mathbf{v}_{B/A})_{xyz}$	velocidade de *B* em relação a *A*	movimento de *B* observado a partir do sistema *x, y, z*

A aceleração de *B*, observada a partir do sistema de coordenadas *X, Y, Z*, pode ser expressa em termos de seu movimento medido em relação ao sistema de coordenadas em rotação fazendo-se a derivada temporal da Equação 16.24.

$$\frac{d\mathbf{v}_B}{dt} = \frac{d\mathbf{v}_A}{dt} + \frac{d\boldsymbol{\Omega}}{dt} \times \mathbf{r}_{B/A} + \boldsymbol{\Omega} \times \frac{d\mathbf{r}_{B/A}}{dt} + \frac{d(\mathbf{v}_{B/A})xyz}{dt}$$

$$\mathbf{a}_B = \mathbf{a}_A + \dot{\boldsymbol{\Omega}} \times \mathbf{r}_{B/A} + \boldsymbol{\Omega} \times \frac{d\mathbf{r}_{B/A}}{dt} + \frac{d(\mathbf{v}_{B/A})xyz}{dt} \qquad (16.25)$$

Aqui, $\dot{\boldsymbol{\Omega}} = d\,\boldsymbol{\Omega}/dt$ é a aceleração angular do sistema de coordenadas *x, y, z*. Visto que $\boldsymbol{\Omega}$ é sempre perpendicular ao plano do movimento, então $\dot{\boldsymbol{\Omega}}$ mede *apenas a variação na intensidade* de $\boldsymbol{\Omega}$. A derivada $d\mathbf{r}_{B/A}/dt$ é definida pela Equação 16.23, de maneira que

$$\boldsymbol{\Omega} \times \frac{d\mathbf{r}_{B/A}}{dt} = \boldsymbol{\Omega} \times (\mathbf{v}_{B/A})_{xyz} + \boldsymbol{\Omega} \times (\boldsymbol{\Omega} \times \mathbf{r}_{B/A}) \qquad (16.26)$$

Determinando-se a derivada temporal de $(\mathbf{v}_{B/A})_{xyz} = (v_{B/A})_x\mathbf{i} + (v_{B/A})_y\mathbf{j}$,

$$\frac{d(\mathbf{v}_{B/A})_{xyz}}{dt} = \left[\frac{d(v_{B/A})_x}{dt}\mathbf{i} + \frac{d(v_{B/A})_y}{dt}\mathbf{j}\right] + \left[(v_{B/A})_x \frac{d\mathbf{i}}{dt} + (v_{B/A})_y \frac{d\mathbf{j}}{dt}\right]$$

Os dois termos no primeiro colchete representam as componentes da aceleração do ponto *B* como medidas por um observador fixo ao sistema de coordenadas em rotação. Esses termos serão denotados por $(\mathbf{a}_{B/A})xyz$. Os termos no segundo colchete podem ser simplificados utilizando a Equação 16.22.

$$\frac{d(\mathbf{v}_{B/A})_{xyz}}{dt} = (\mathbf{a}_{B/A})_{xyz} + \boldsymbol{\Omega} \times (\mathbf{v}_{B/A})_{xyz}$$

Substituindo-se esta e a Equação 16.26 na Equação 16.25 e rearranjando os termos,

$$\mathbf{a}_B = \mathbf{a}_A + \dot{\boldsymbol{\Omega}} \times \mathbf{r}_{B/A} + \boldsymbol{\Omega} \times (\boldsymbol{\Omega} \times \mathbf{r}_{B/A}) + 2\boldsymbol{\Omega} \times (\mathbf{v}_{B/A})_{xyz} + (\mathbf{a}_{B/A})_{xyz} \qquad (16.27)$$

onde:

$\mathbf{a}_B$ = aceleração de B, medida a partir da referência X, Y, Z

$\mathbf{a}_A$ = aceleração da origem A da referência x, y, z, medida a partir da referência X, Y, Z

$(\mathbf{a}_{B/A})xyz$, $(\mathbf{v}_{B/A})xyz$ = aceleração e velocidade de B em relação a A, como medido por um observador fixo à referência x, y, z *em rotação*

$\dot{\mathbf{\Omega}}$, $\mathbf{\Omega}$ = aceleração angular e velocidade angular da referência x, y, z, medida a partir da referência X, Y, Z

$\mathbf{r}_{B/A}$ = posição de B em relação a A

Se a Equação 16.27 é comparada com a Equação 16.18, escrita na forma $\mathbf{a}_B = \mathbf{a}_A + \dot{\mathbf{\Omega}} \times \mathbf{r}_{B/A} + \mathbf{\Omega} \times (\mathbf{\Omega} \times \mathbf{r}_{B/A})$, que é válida para um sistema de referência em translação, pode ser visto que a diferença entre essas duas equações é representada pelos termos $2\mathbf{\Omega} \times (\mathbf{v}_{B/A})_{xyz}$ e $(\mathbf{a}_{B/A})_{xyz}$. Em particular, $2\mathbf{\Omega} \times (\mathbf{v}_{B/A})_{xyz}$ é chamada de *aceleração de Coriolis*, em homenagem ao engenheiro francês G. C. Coriolis, que foi o primeiro a determiná-la. Esse termo representa a diferença na aceleração de B quando medida a partir dos eixos x, y, z em rotação e sem rotacionar. Como indicado pelo produto vetorial, a aceleração de Coriolis será *sempre* perpendicular a ambos, $\mathbf{\Omega}$ e $(\mathbf{v}_{B/A})xyz$. É uma componente importante da aceleração que tem de ser considerado sempre que sistemas de referência em rotação são usados. Isto ocorre seguidamente, por exemplo, quando se estudam as acelerações e forças que atuam em foguetes, projéteis de longo alcance, ou outros corpos tendo movimentos cujas medições são significativamente afetadas pela rotação da Terra.

A interpretação seguinte dos termos na Equação 16.27 pode ser útil quando se aplica essa equação para a solução de problemas.

Termo	Interpretação	Observação
$\mathbf{a}_B$	aceleração absoluta de B	movimento de B observado a partir do sistema X, Y, Z
	(iguais)	
$\mathbf{a}_A$	aceleração absoluta da origem do sistema x, y, z	movimento do sistema x, y, z observado a partir do sistema X, Y, Z
	(mais)	
$\dot{\mathbf{\Omega}} \times \mathbf{r}_{B/A}$	efeito de aceleração angular causado pela rotação do sistema x, y, z	
	(mais)	
$\mathbf{\Omega} \times (\mathbf{\Omega} \times \mathbf{r}_{B/A})$	efeito de velocidade angular causado pela rotação do sistema x, y, z	
	(mais)	
$2\mathbf{\Omega} \times (\mathbf{v}_{B/A})_{xyz}$	efeito combinado de B deslocando-se em relação às coordenadas x, y, z e da rotação do sistema x, y, z	interação dos movimentos
	(mais)	
$(\mathbf{a}_{B/A})xyz$	aceleração de B em relação a A	movimento de B observado a partir do sistema x, y, z

Procedimento para análise

A rotação da caçamba basculante do caminhão em torno do ponto *C* é operada pela extensão do cilindro hidráulico *AB*. Para determinar a rotação da caçamba em virtude dessa extensão, podemos usar as equações de movimento relativo e fixar os eixos *x*, *y* ao cilindro, de maneira que o movimento relativo da extensão do cilindro ocorra ao longo do eixo *y*.

As equações 16.24 e 16.27 podem ser aplicadas para a solução de problemas envolvendo o movimento plano de partículas ou corpos rígidos utilizando o seguinte procedimento.

Eixos de coordenadas

- Escolha uma localização apropriada para a origem e orientação adequada dos eixos para ambos sistemas de referência, fixo *X, Y, Z* e móvel *x, y, z*.
- Mais frequentemente as soluções são facilmente obtidas se, no instante considerado:
  1. as origens são coincidentes
  2. os eixos correspondentes são colineares
  3. os eixos correspondentes são paralelos
- O sistema móvel deve ser escolhido fixo ao corpo ou dispositivo ao longo do qual ocorre o movimento relativo.

Equações cinemáticas

- Após definir a origem *A* da referência móvel e especificar o ponto móvel *B*, as equações 16.24 e 16.27 devem ser escritas na forma simbólica.

$$\mathbf{v}_B = \mathbf{v}_A + \mathbf{\Omega} \times \mathbf{r}_{B/A} + (\mathbf{v}_{B/A})_{xyz}$$
$$\mathbf{a}_B = \mathbf{a}_A + \dot{\mathbf{\Omega}} \times \mathbf{r}_{B/A} + \mathbf{\Omega} \times (\mathbf{\Omega} \times \mathbf{r}_{B/A}) + 2\mathbf{\Omega} \times (\mathbf{v}_{B/A})_{xyz} + (\mathbf{a}_{B/A})_{xyz}$$

- As componentes cartesianas de todos esses vetores podem ser expressas ao longo dos eixos *X, Y, Z* ou dos eixos *x, y, z*. A escolha é arbitrária, desde que um conjunto consistente de vetores unitários seja usado.
- O movimento da referência móvel é expresso por $\mathbf{v}_A$, $\mathbf{a}_A$, $\mathbf{\Omega}$ e $\dot{\mathbf{\Omega}}$; e o movimento de *B* em relação à referência móvel é expresso por $\mathbf{r}_{B/A}$, $(\mathbf{v}_{B/A})_{xyz}$ e $(\mathbf{a}_{B/A})_{xyz}$.

Exemplo 16.19

No instante θ =60º, a barra na Figura 16.33 tem uma velocidade angular de 3 rad/s e uma aceleração de 2 rad/s². No mesmo instante, o anel *C* se desloca para fora ao longo da barra de tal maneira que, quando x = 0,2 m, a velocidade é 2 m/s e a aceleração é 3 m/s², ambas medidas em relação à barra. Determine a aceleração de Coriolis e a velocidade e aceleração do anel nesse instante.

SOLUÇÃO

Eixos de coordenadas

A origem de ambos os sistemas de coordenadas está localizada no ponto *O* (Figura 16.33). Visto que o movimento do anel é descrito em relação à barra, o sistema de referência móvel *x, y, z* é *fixado* à barra.

Equações cinemáticas

$$\mathbf{v}_C = \mathbf{v}_O + \mathbf{\Omega} \times \mathbf{r}_{C/O} + (\mathbf{v}_{C/O})_{xyz} \qquad (1)$$

$$\mathbf{a}_C = \mathbf{a}_O + \dot{\mathbf{\Omega}} \times \mathbf{r}_{C/O} + \mathbf{\Omega} \times (\mathbf{\Omega} \times \mathbf{r}_{C/O}) + 2\mathbf{\Omega} \times (\mathbf{v}_{C/O})_{xyz} + (\mathbf{a}_{C/O})_{xyz} \qquad (2)$$

Será mais simples expressar os dados em termos dos vetores componentes **i, j, k** em vez dos componentes **I, J, K**. Por conseguinte,

Movimento da referência móvel	Movimento de *C* em relação à referência móvel
$\mathbf{v}_O = \mathbf{0}$	$\mathbf{r}_{C/O} = \{0{,}2\mathbf{i}\}$ m
$\mathbf{a}_O = \mathbf{0}$	$(\mathbf{v}_{C/O})_{xyz} = \{2\mathbf{i}\}$ m/s
$\mathbf{\Omega} = \{-3\mathbf{k}\}$ rad/s	$(\mathbf{a}_{C/O})_{xyz} = \{3\mathbf{i}\}$ m/s^2
$\dot{\mathbf{\Omega}} = \{-2\mathbf{k}\}$ rad/s^2	

A aceleração de Coriolis é definida como

$$\mathbf{a}_{Cor} = 2\mathbf{\Omega} \times (\mathbf{v}_{C/O})_{xyz} = 2(-3\mathbf{k}) \times (2\mathbf{i}) = \{-12\mathbf{j}\} \text{ m/s}^2$$

Este vetor é mostrado tracejado na Figura 16.33. Se desejado, ele pode ser decomposto em componentes **I, J** atuando ao longo dos eixos *X* e *Y*, respectivamente.

A velocidade e aceleração do anel são determinadas substituindo-se os dados nas equações 1 e 2 e avaliando os produtos vetoriais, o que resulta em

$$\begin{aligned}\mathbf{v}_C &= \mathbf{v}_O + \mathbf{\Omega}\times\mathbf{r}_{C/O} + (\mathbf{v}_{C/O})_{xyz}\\ &= \mathbf{0} + (-3\mathbf{k})\times(0{,}2\mathbf{i}) + 2\mathbf{i}\\ &= \{2\mathbf{i} - 0{,}6\mathbf{j}\}\text{ m/s}\end{aligned}$$

$$\begin{aligned}\mathbf{a}_C &= \mathbf{a}_O + \dot{\mathbf{\Omega}}\times\mathbf{r}_{C/O} + \mathbf{\Omega}\times(\mathbf{\Omega}\times\mathbf{r}_{C/O}) + 2\mathbf{\Omega}\times(\mathbf{v}_{C/O})_{xyz} + (\mathbf{a}_{C/O})_{xyz}\\ &= \mathbf{0} + (-2\mathbf{k})\times(0{,}2\mathbf{i}) + (-3\mathbf{k})\times[(-3\mathbf{k})\times(0{,}2\mathbf{i})] + 2(-3\mathbf{k})\times(2\mathbf{i}) + 3\mathbf{i}\\ &= \mathbf{0} - 0{,}4\mathbf{j} - 1{,}80\mathbf{i} - 12\mathbf{j} + 3i\\ &= \{1{,}20\mathbf{i} - 12{,}4\mathbf{j}\}\text{ m/s}^2\end{aligned}$$

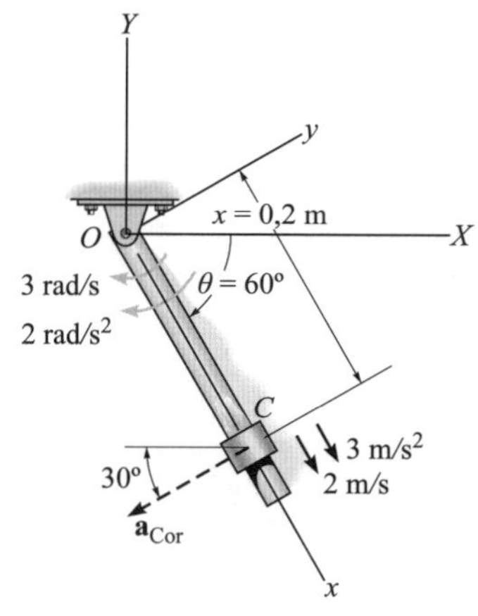

Figura 16.33

Exemplo 16.20

A barra *AB*, mostrada na Figura 16.34, gira no sentido horário de tal maneira que ela tem uma velocidade angular $\omega_{AB} = 3$ rad/s e aceleração angular $\alpha_{AB} = 4$ rad/s^2 quando $\theta = 45°$. Determine o movimento angular da barra *DE* nesse instante. O anel em *C* está conectado por pino a *AB* e desliza sobre a barra *DE*.

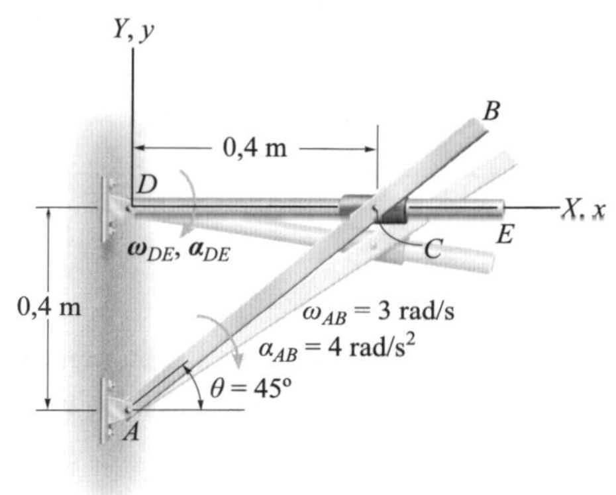

Figura 16.34

SOLUÇÃO

Eixos de coordenadas

A origem de ambos os sistemas de referência móvel e fixo está localizada em *D* (Figura 16.34). Além disso, a referência *x, y, z* está fixa a e gira com a barra *DE*, de maneira que o movimento relativo do anel é fácil de seguir.

Equações cinemáticas

$$\mathbf{v}_C = \mathbf{v}_D + \boldsymbol{\Omega} \times \mathbf{r}_{C/D} + (\mathbf{v}_{C/D})_{xyz} \quad (1)$$

$$\mathbf{a}_C = \mathbf{a}_D + \dot{\boldsymbol{\Omega}} \times \mathbf{r}_{C/D} + \boldsymbol{\Omega} \times (\boldsymbol{\Omega} \times \mathbf{r}_{C/D}) + 2\boldsymbol{\Omega} \times (\mathbf{v}_{C/D})_{xyz} + (\mathbf{a}_{C/D})_{xyz} \quad (2)$$

Todos os vetores serão expressos em termos das componentes **i, j, k**.

Movimento da referência móvel	Movimento de *C* em relação à referência móvel
$\mathbf{v}_D = \mathbf{0}$	$\mathbf{r}_{C/D} = \{0.4\mathbf{i}\}$ m
$\mathbf{a}_D = \mathbf{0}$	$(\mathbf{v}_{C/D})_{xyz} = (v_{C/D})_{xyz}\mathbf{i}$
$\boldsymbol{\Omega} = \omega_{DE}\mathbf{k}$	$(\mathbf{a}_{C/D})_{xyz} = (a_{C/D})_{xyz}\mathbf{i}$
$\dot{\boldsymbol{\Omega}} = \alpha_{DE}\mathbf{k}$	

Movimento de C: Visto que o anel se desloca ao longo de uma *trajetória circular* de raio *AC*, suas velocidade e aceleração podem ser determinadas utilizando-se as equações 16.9 e 16.14.

$$\mathbf{v}_C = \boldsymbol{\omega}_{AB} \times \mathbf{r}_{C/A} = (-3\mathbf{k}) \times (0{,}4\mathbf{i} + 0{,}4\mathbf{j}) = \{1{,}2\mathbf{i} - 1{,}2\mathbf{j}\} \text{ m/s}$$

$$\mathbf{a}_C = \boldsymbol{\alpha}_{AB} \times \mathbf{r}_{C/A} - \omega^2_{AB}\mathbf{r}_{C/A}$$

$$= (-4\mathbf{k}) \times (0{,}4\mathbf{i} + 0{,}4\mathbf{j}) - (3)^2(0{,}4\mathbf{i} + 0{,}4\mathbf{j}) = \{-2\mathbf{i} - 5{,}2\mathbf{j}\} \text{ m/s}^2$$

Substituindo-se os dados nas equações 1 e 2, temos:

$$\mathbf{v}_C = \mathbf{v}_D + \boldsymbol{\Omega} \times \mathbf{r}_{C/D} + (\mathbf{v}_{C/D})_{xyz}$$

$$1{,}2\mathbf{i} - 1{,}2\mathbf{j} = \mathbf{0} + (-\omega_{DE}\mathbf{k}) \times (0{,}4\mathbf{i}) + (v_{C/D})_{xyz}\mathbf{i}$$

$$1{,}2\mathbf{i} - 1{,}2\mathbf{j} = \mathbf{0} - 0{,}4\omega_{DE}\,\mathbf{j} + (v_{C/D})_{xyz}\mathbf{i}$$

$$(v_{C/D})_{xyz} = 1{,}2 \text{ m/s}$$

$$\omega_{DE} = 3 \text{ rad/s} \circlearrowright$$

$$\mathbf{a}_C = \mathbf{a}_D + \dot{\boldsymbol{\Omega}} \times \mathbf{r}_{C/D} + \boldsymbol{\Omega} \times (\boldsymbol{\Omega} \times r_{C/D}) + 2\boldsymbol{\Omega} \times (\mathbf{v}_{C/D})_{xyz} + (\mathbf{a}_{C/D})_{xyz}$$

$$-2\mathbf{i} - 5{,}2\mathbf{j} = \mathbf{0} + (-\alpha_{DE}\mathbf{k}) \times (0{,}4\mathbf{i}) + (-3\mathbf{k}) \times [(-3\mathbf{k}) \times (0{,}4\mathbf{i})]$$

$$+ 2(-3\mathbf{k}) \times (1{,}2\mathbf{i}) + (a_{C/D})_{xyz}\mathbf{i}$$

$$-2\mathbf{i} - 5{,}2\mathbf{j} = -0{,}4\alpha_{DE}\mathbf{j} - 3{,}6\mathbf{i} - 7{,}2\mathbf{j} + (a_{C/D})_{xyz}\mathbf{i}$$

$$(a_{C/D})_{xyz} = 1{,}6 \text{ m/s}^2$$

$$\alpha_{DE} = -5 \text{ rad/s}^2 = 5 \text{ rad/s}^2 \quad \circlearrowright$$

Exemplo 16.21

Os aviões *A* e *B* voam à mesma altitude e têm os movimentos mostrados na Figura 16.35. Determine a velocidade e a aceleração de *A* como medida pelo piloto de *B*.

SOLUÇÃO

Eixos de coordenadas

Visto que o movimento relativo de *A* em relação ao piloto em *B* está sendo solicitado, os eixos *x, y, z* são fixados ao avião *B* (Figura 16.35). No *instante* considerado, a origem *B* coincide com a origem do sistema fixo *X, Y, Z*.

Equações cinemáticas

$$\mathbf{v}_A = \mathbf{v}_B + \mathbf{\Omega} \times \mathbf{r}_{A/B} + (\mathbf{v}_{A/B})_{xyz} \quad (1)$$

$$\mathbf{a}_A = \mathbf{a}_B + \dot{\mathbf{\Omega}} \times \mathbf{r}_{A/B} + \mathbf{\Omega} \times (\mathbf{\Omega} \times \mathbf{r}_{A/B}) + 2\mathbf{\Omega} \times (\mathbf{v}_{A/B})_{xyz} + (\mathbf{a}_{A/B})_{xyz} \quad (2)$$

Movimento da referência móvel:

$$v_B = \{600\mathbf{j}\}\ \text{km/h}$$

$$(a_B)_n = \frac{v_B^2}{\rho} = \frac{(600)^2}{400} = 900\ \text{km/h}^2$$

$$\mathbf{a}_B = (\mathbf{a}_B)_n + (\mathbf{a}_B)_t = \{900\,\mathbf{i} - 100\,\mathbf{j}\}\ \text{km/h}^2$$

$$\Omega = \frac{v_B}{\rho} = \frac{600\ \text{km/h}}{400\ \text{km}} = 1,5\ \text{rad/h} \circlearrowright \qquad \mathbf{\Omega} = \{-1,5\mathbf{k}\}\ \text{rad/h}$$

$$\dot{\Omega} = \frac{(a_B)_t}{\rho} = \frac{100\ \text{km/h}^2}{400\ \text{km}} = 0,25\ \text{rad/h}^2 \circlearrowleft \qquad \dot{\mathbf{\Omega}} = \{0,25\mathbf{k}\}\ \text{rad/h}^2$$

Movimento de A em relação à referência móvel:

$$\mathbf{r}_{A/B} = \{-4\mathbf{i}\}\ \text{km} \quad (\mathbf{v}_{A/B})_{xyz} = ? \quad (\mathbf{a}_{A/B})_{xyz} = ?$$

Substituindo-se os dados nas equações 1 e 2, observando que $\mathbf{v}_A = \{700\mathbf{j}\}$ km/h e $\mathbf{a}_A = \{50\mathbf{j}\}$ km/h², temos :

$$\mathbf{v}_A = \mathbf{v}_B + \mathbf{\Omega} \times \mathbf{r}_{A/B} + (\mathbf{v}_{A/B})_{xyz}$$

$$700\mathbf{j} = 600\mathbf{j} + (-1,5\mathbf{k}) \times (-4\mathbf{i}) + (\mathbf{v}_{A/B})_{xyz}$$

$$(\mathbf{v}_{A/B})_{xyz} = \{94\mathbf{j}\}\ \text{km/h}$$

$$\mathbf{a}_A = \mathbf{a}_B + \dot{\mathbf{\Omega}} \times \mathbf{r}_{A/B} + \mathbf{\Omega} \times (\mathbf{\Omega} \times \mathbf{r}_{A/B}) + 2\mathbf{\Omega} \times (\mathbf{v}_{A/B})_{xyz} + (\mathbf{a}_{A/B})_{xyz}$$

$$50\mathbf{j} = (900\mathbf{i} - 100\mathbf{j}) + (0,25\mathbf{k}) \times (-4\mathbf{i})$$

$$+ (1,5\mathbf{k}) \times [(-1,5\mathbf{k}) \times (-4\mathbf{i})] + 2(-1,5\mathbf{k}) \times (94\mathbf{j}) + (\mathbf{a}_{A/B})_{xyz}$$

$$(\mathbf{a}_{A/B})_{xyz} = \{-1191\mathbf{i} + 151\mathbf{j}\}\ \text{km/h}^2$$

NOTA: A solução deste problema deve ser comparada àquela do Exemplo 12.26, na qual é visto que $(v_{B/A})_{xyz} \neq (v_{A/B})_{xyz}$ e $(a_{B/A})_{xyz} \neq (a_{A/B})_{xyz}$.

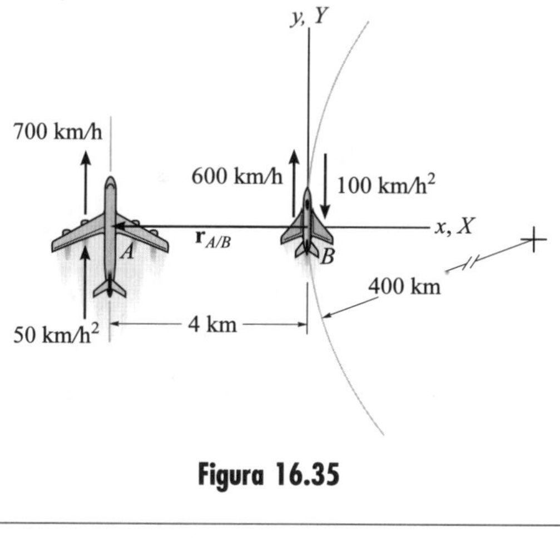

Figura 16.35

Problemas

16.135. No instante mostrado, a bola *B* está rolando ao longo da ranhura no disco com uma velocidade de 600 mm/s e uma aceleração de 150 mm/s², ambas medidas em relação ao disco e dirigidas para longe de *O*. Se no mesmo instante o disco tem a velocidade angular e a aceleração angular mostradas, determine a velocidade e a aceleração da bola nesse instante.

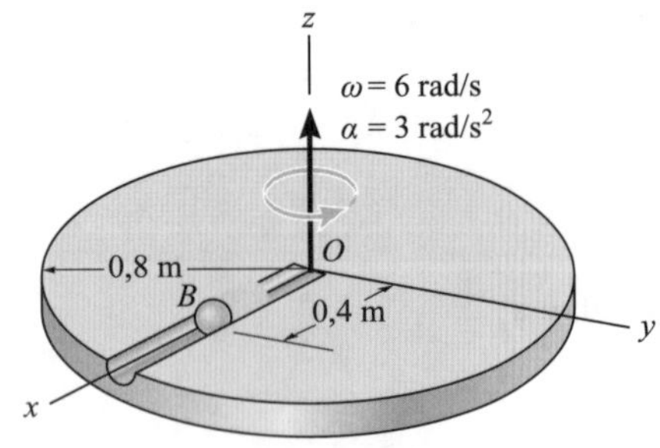

Problema 16.135

***16.136.** A bola *C* se desloca ao longo da ranhura de *A* para *B* com uma velocidade de 0,9 m/s e aceleração de 0,45 m/s², ambas medidas em relação à placa circular. Nesse mesmo instante, a placa gira com a velocidade angular e a desaceleração angular mostradas. Determine a velocidade e a aceleração da bola nesse instante.

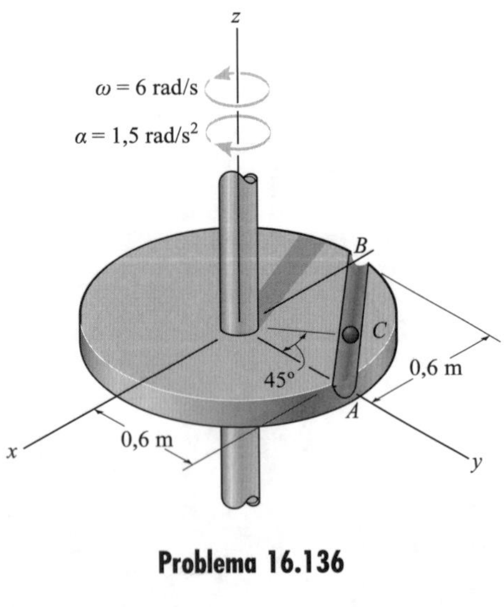

Problema 16.136

•16.137. A bola *C* se desloca com uma velocidade de 3 m/s, que está aumentando a uma taxa constante de 1,5 m/s², ambas medidas em relação à placa circular e direcionadas como mostrado. No mesmo instante, a placa gira com a velocidade angular e a aceleração angular mostradas. Determine a velocidade e a aceleração da bola nesse instante.

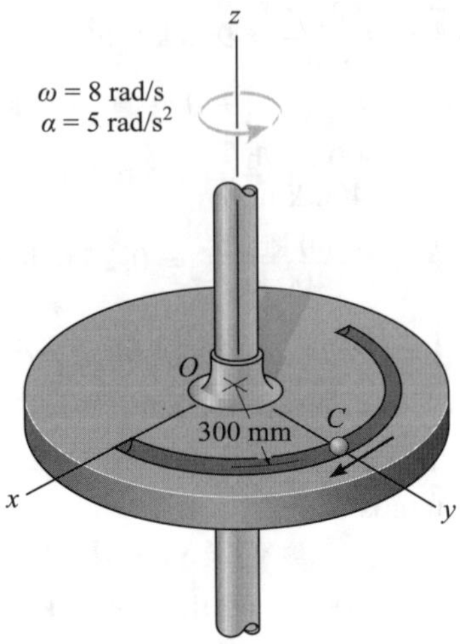

Problema 16.137

16.138. A lança telescópica do guindaste gira com a velocidade angular e a aceleração angular mostradas. No mesmo instante, a lança está se estendendo com uma velocidade constante de 0,15 m/s, medida em relação à lança. Determine as intensidades da velocidade e da aceleração do ponto *B* nesse instante.

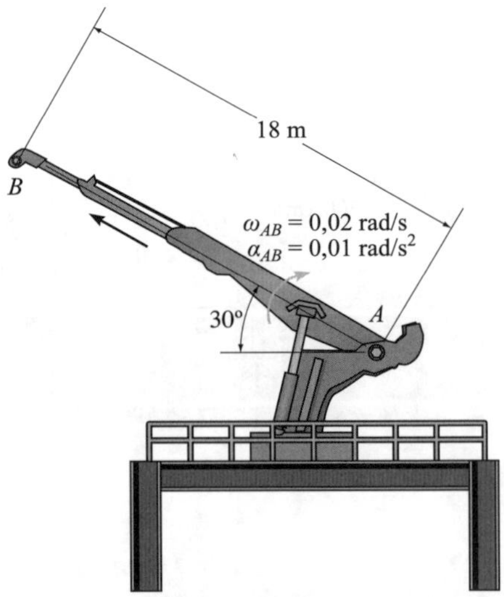

Problema 16.138

16.139. O homem está parado na plataforma em *O* e corre para fora na direção da beira da plataforma de tal maneira que, quando ele está em *A*, $y = 1{,}5$ m, seu centro de massa tem uma velocidade de 0,6 m/s e uma aceleração de 0,9 m/s², ambas medidas em relação à plataforma e direcionadas ao longo do eixo y positivo. Se a plataforma tem os movimentos angulares mostrados, determine a velocidade e a aceleração de seu centro de massa nesse instante.

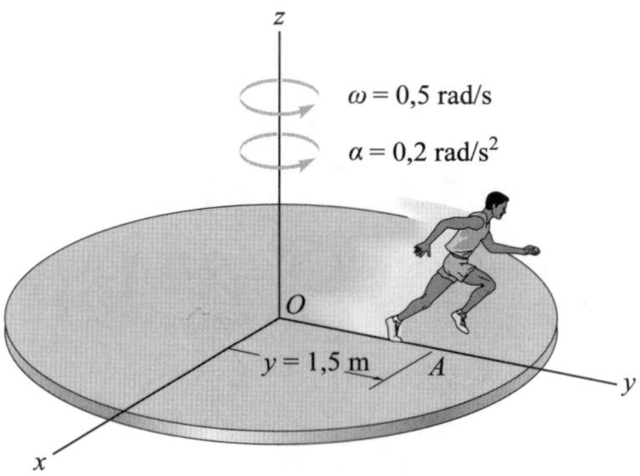

Problema 16.139

***16.140.** No instante $\theta = 45°$, o membro DC tem uma velocidade angular $\omega_{DC} = 4$ rad/s e uma aceleração angular $\alpha_{DC} = 2$ rad/s². Determine a velocidade angular e a aceleração angular da barra AB nesse instante. O anel em C está conectado por pino a DC e desliza livremente ao longo de AB.

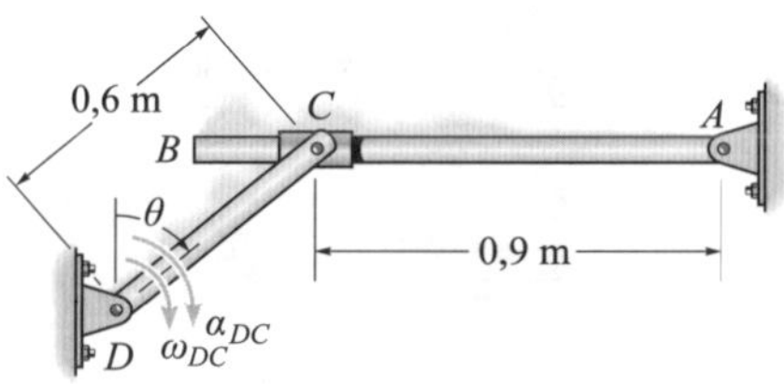

Problema 16.140

•**16.141.** O pino B fixo à manivela AB desliza livremente ao longo da ranhura no membro CDE. Se AB gira com o movimento mostrado, determine a velocidade angular de CDE no instante mostrado.

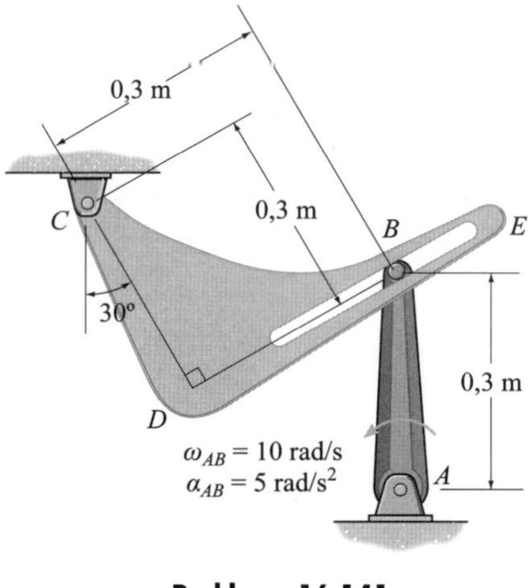

Problema 16.141

16.142. No instante mostrado, a barra AB tem uma velocidade angular $\omega_{AB} = 4$ rad/s e uma aceleração angular $\alpha_{AB} = 2$ rad/s². Determine a velocidade angular e a aceleração angular da barra CD nesse instante. O anel em C está conectado por pino a CD e desliza livremente ao longo de AB.

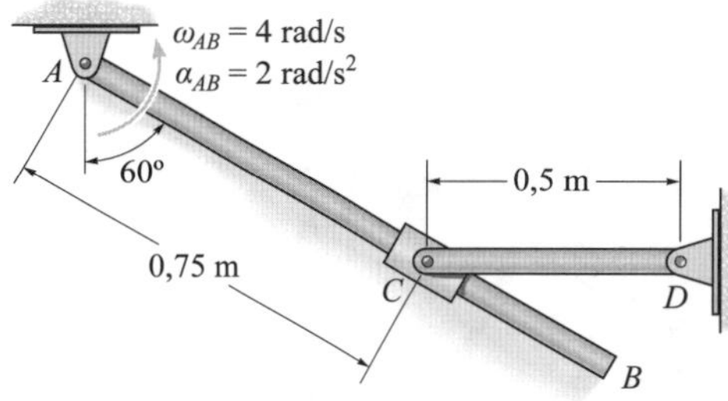

Problema 16.142

16.143. Em um dado instante, a barra AB tem os movimentos angulares mostrados. Determine a velocidade angular e a aceleração angular da barra CD nesse instante. Há um anel em C.

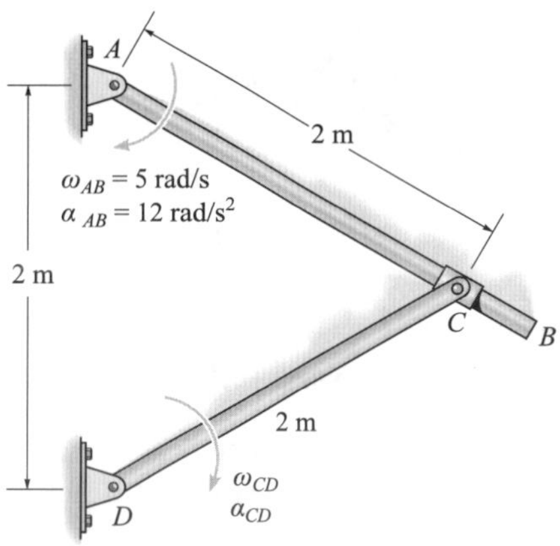

Problema 16.143

***16.144.** O latão basculante se articula em torno de C e é operado pelo cilindro hidráulico AB. Se o cilindro está estendendo-se a uma taxa constante de 0,15 m/s, determine a velocidade angular $\boldsymbol{\omega}$ do latão no instante em que ele está na posição horizontal mostrada.

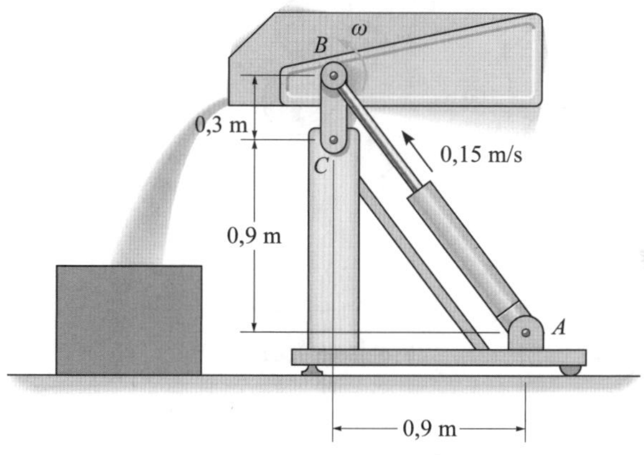

Problema 16.144

•**16.145.** O disco rola sem deslizar e, em um dado instante, tem o movimento angular mostrado. Determine a velocidade angular e a aceleração angular do membro com ranhura *BC* nesse instante. O pino em *A* está fixo ao disco.

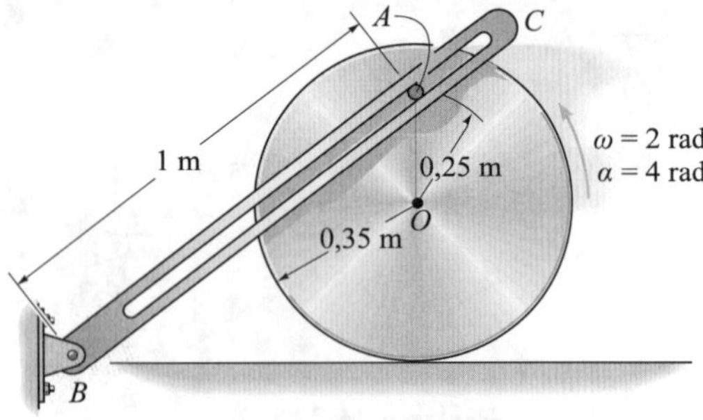

Problema 16.145

16.146. A roda está girando com a velocidade angular e a aceleração angular no instante mostrado. Determine a velocidade angular e a aceleração angular da barra nesse instante. A barra desliza livremente pelo anel liso.

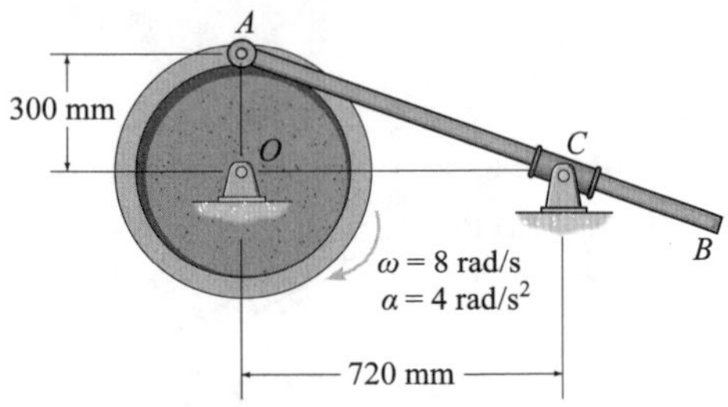

Problema 16.146

16.147. O mecanismo de dois membros serve para amplificar o movimento angular. O membro *AB* tem um pino em *B* que está confinado a se deslocar dentro da ranhura do membro *CD*. Se, no instante mostrado, *AB* (entrada) tem uma velocidade angular ω_{AB} = 2,5 rad/s e uma aceleração angular α_{AB} = 3 rad/s², determine a velocidade angular e a aceleração angular de *CD* (saída) nesse instante.

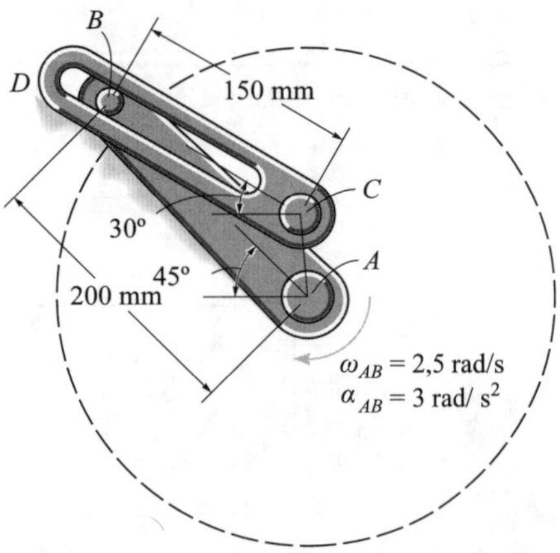

Problema 16.147

***16.148.** A engrenagem tem o movimento angular mostrado. Determine a velocidade angular e a aceleração angular do membro com ranhura *BC* nesse instante. O pino *A* está fixo à engrenagem.

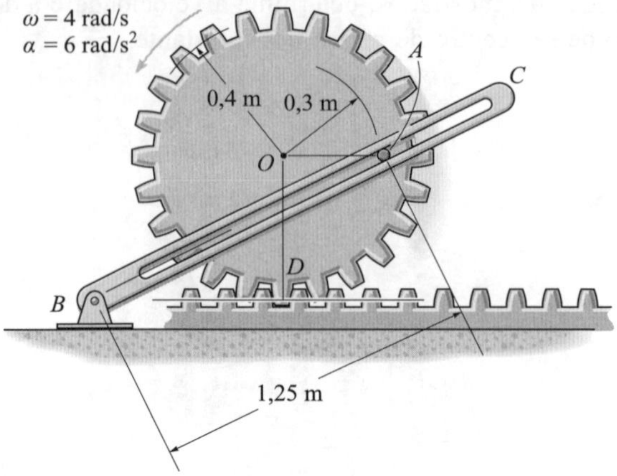

Problema 16.148

•**16.149.** O pino *B* na engrenagem desliza livremente ao longo da ranhura no membro *AB*. Se o centro da engrenagem *O* se desloca com a velocidade e a aceleração mostradas, determine a velocidade angular e a aceleração angular do membro nesse instante.

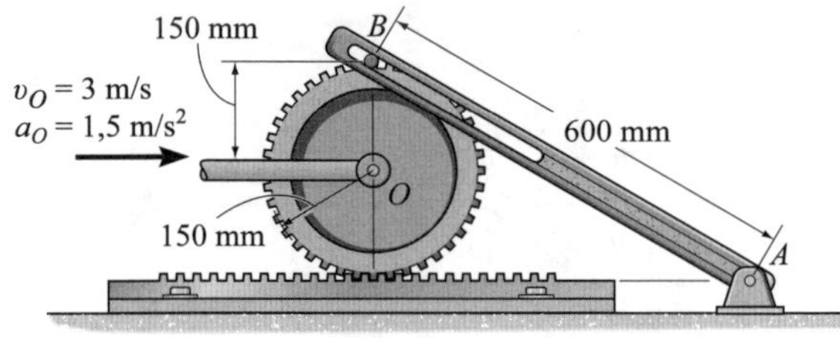

Problema 16.149

16.150. No instante mostrado, o carro *A* se desloca com uma velocidade de 25 m/s, que está aumentando a uma taxa constante de 2 m/s², enquanto o carro *B* se desloca com uma velocidade de 15 m/s, que está aumentando a uma taxa constante de 2 m/s². Determine a velocidade e a aceleração do carro *A* em relação ao carro *B*.

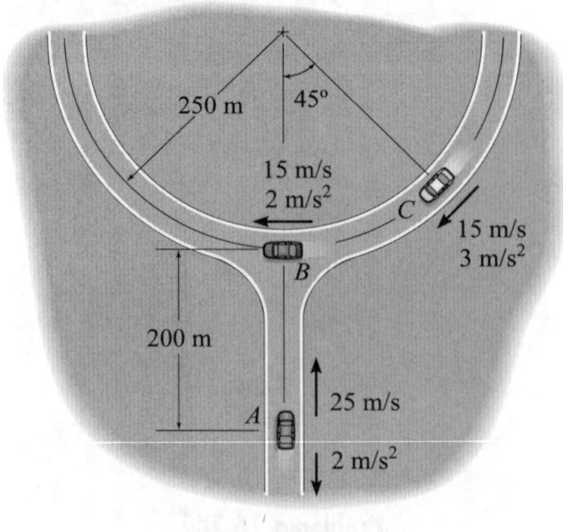

Problema 16.150

16.151. No instante mostrado, o carro *A* se desloca com uma velocidade de 25 m/s, que está diminuindo a uma taxa constante de 2 m/s², enquanto o carro *C* se desloca com uma velocidade de 15 m/s, que está aumentando a uma taxa constante de 3 m/s². Determine a velocidade e a aceleração do carro *A* em relação ao carro *C*.

***16.152.** No instante mostrado, o carro *B* se desloca com uma velocidade de 15 m/s, que está aumentando a uma taxa constante de 2 m/s², enquanto o carro *C* se desloca com uma velocidade de 15 m/s, que está aumentando a uma taxa constante de 3 m/s². Determine a velocidade e a aceleração do carro *B* em relação ao carro *C*.

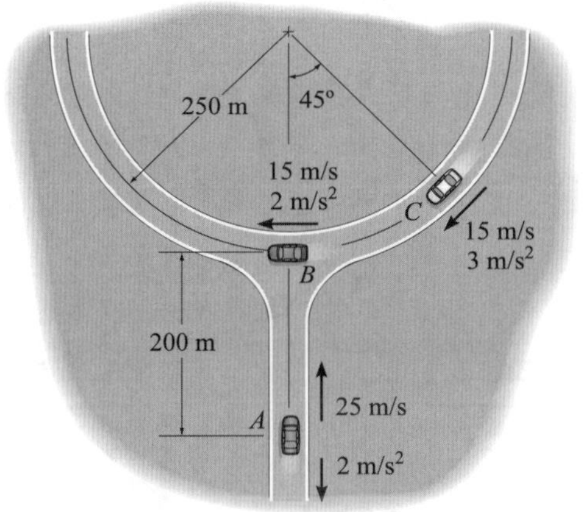

Problemas 16.151/152

•16.153. No instante mostrado, o barco *A* se desloca com uma velocidade de 15 m/s, que está diminuindo a 3 m/s², enquanto o barco *B* se desloca com uma velocidade de 10 m/s, que está aumentando a 2 m/s². Determine a velocidade e a aceleração do barco *A* em relação ao barco *B* nesse instante.

16.154. No instante mostrado, o barco *A* se desloca com uma velocidade de 15 m/s, que está diminuindo a 3 m/s², enquanto o barco *B* se desloca com uma velocidade de 10 m/s, que está aumentando a 2 m/s². Determine a velocidade e a aceleração do barco *B* em relação ao barco *A* nesse instante.

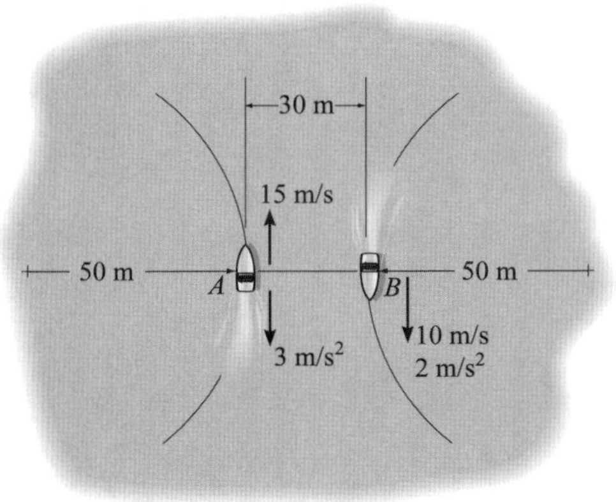

Problemas 16.153/154

16.155. A água deixa o impulsor da bomba centrífuga com uma velocidade de 25 m/s e aceleração de 30 m/s², ambas medidas em relação ao impulsor ao longo da linha da pá *AB*. Determine a velocidade e a aceleração de uma partícula de água em *A* na medida em que ela deixa o impulsor no instante mostrado. O impulsor gira com uma velocidade angular constante de $\omega = 15$ rad/s.

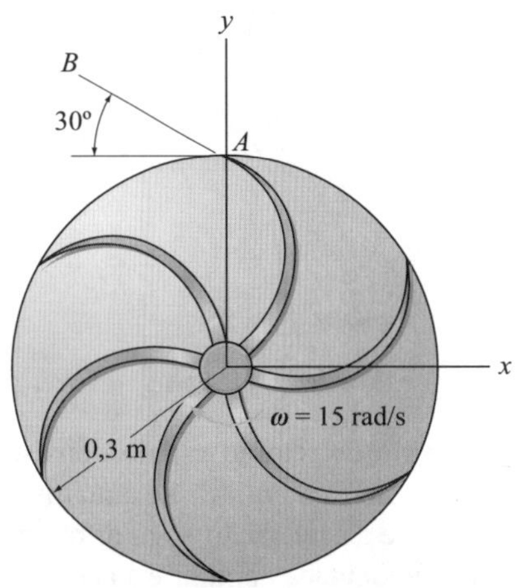

Problema 16.155

***16.156.** Um brinquedo em um parque de diversões consiste de um braço em rotação *AB* tendo uma velocidade angular constante $\omega_{AB} = 2$ rad/s em torno do ponto *A* e um carrinho montado na extremidade do braço que tem uma velocidade angular constante $\boldsymbol{\omega}' = (-0{,}5\mathbf{k})$ rad/s, medida em relação ao braço. No instante mostrado, determine a velocidade e a aceleração do passageiro em *C*.

•16.157. Um brinquedo em um parque de diversões consiste de um braço em rotação *AB* que tem uma aceleração angular $\alpha_{AB} = 1$ rad/s² quando $\omega_{AB} = 2$ rad/s no instante mostrado. Também nesse instante o carro montado na extremidade do braço tem uma aceleração angular $\boldsymbol{\omega}' = (-0{,}5\mathbf{k})$ rad/s, medida em relação ao braço. Determine a velocidade e a aceleração do passageiro *C* nesse instante.

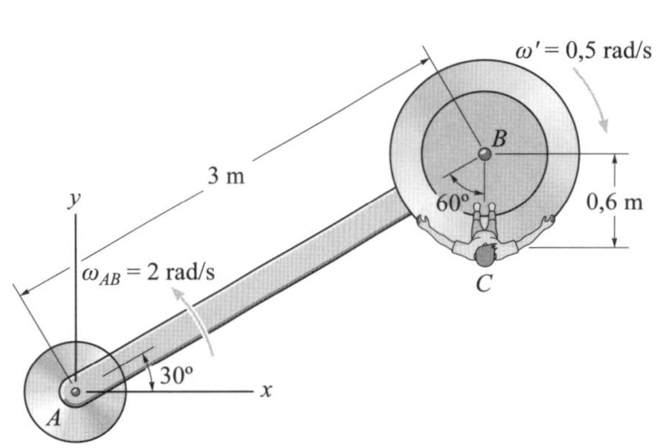

Problemas 16.156/157

16.158. O mecanismo de 'retorno rápido' consiste de uma manivela AB, o bloco deslizante B e o membro com ranhura CD. Se a manivela tem o movimento angular mostrado, determine o movimento angular do membro com ranhura nesse instante.

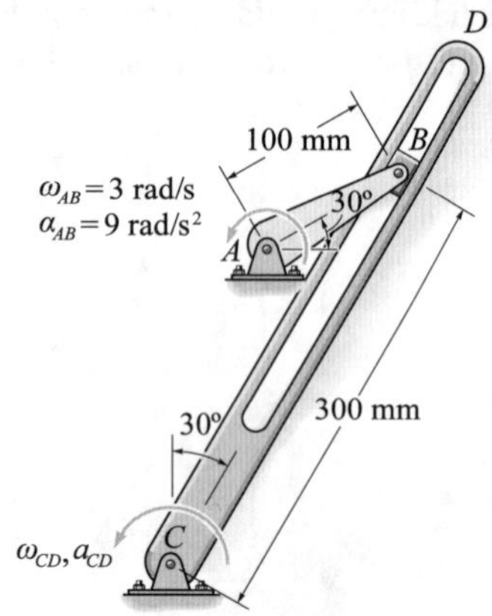

Problema 16.158

16.159. O mecanismo de retorno rápido consiste da manivela CD e do braço com ranhura AB. Se a manivela gira com a velocidade angular e a aceleração angular no instante mostrado, determine a velocidade angular e a aceleração angular de AB nesse instante.

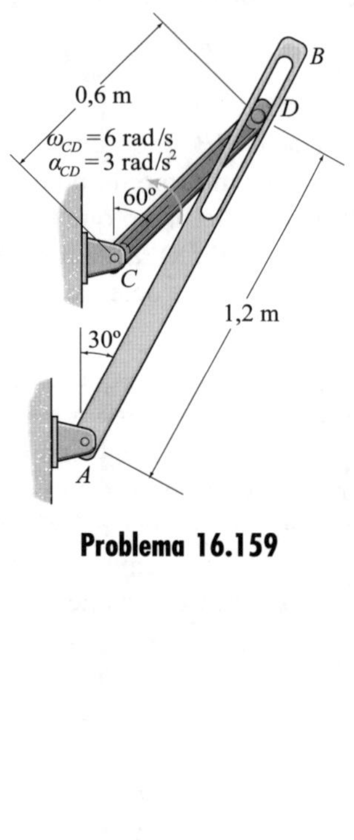

Problema 16.159

***16.160.** O mecanismo da roda de Genebra é utilizado em um sistema de empacotamento para converter o movimento angular constante em movimento angular intermitente. A roda em estrela A realiza um sexto de uma revolução para cada revolução completa da roda motriz B e da guia C. Para fazer isto, o pino P, que está fixo a B, desliza para dentro de uma das ranhuras radiais de A, dessa maneira girando a roda A, e em seguida deixa a ranhura. Se B tem uma velocidade angular constante $\omega_B = 4$ rad/s, determine $\boldsymbol{\omega}_A$ e $\boldsymbol{\alpha}_A$ da roda A no instante mostrado.

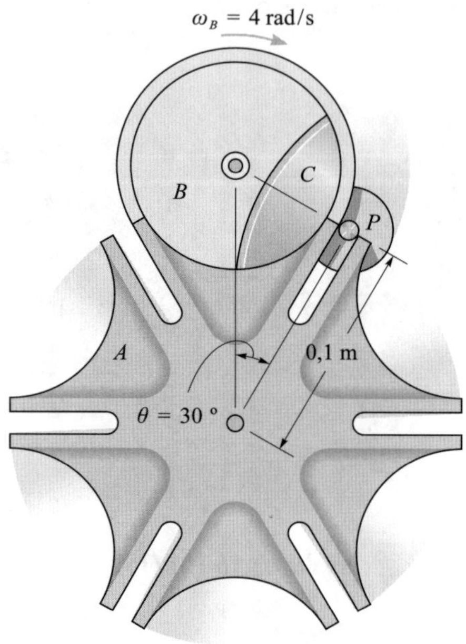

Problema 16.160

Problemas conceituais

16.1. Um motor elétrico gira o pneu em A a uma velocidade angular constante, e o atrito então faz com que o pneu rode sem deslizar na borda interna da roda-gigante. Utilizando valores numéricos apropriados, determine a intensidade da velocidade e da aceleração dos passageiros em uma das cestas. Os passageiros nas outras cestas experimentam esse mesmo movimento? Explique.

Problema 16.1

16.2. A manivela AB gira no sentido anti-horário a uma taxa constante ω, fazendo com que o braço de conexão CD e o balancim DE se movam. Trace um esboço mostrando a localização do CI para o braço de conexão quando $\theta = 0°$, $90°$, $180°$ e $270°$. Além disso, como a curvatura da cabeça em E foi determinada, e por que ela é curva dessa maneira?

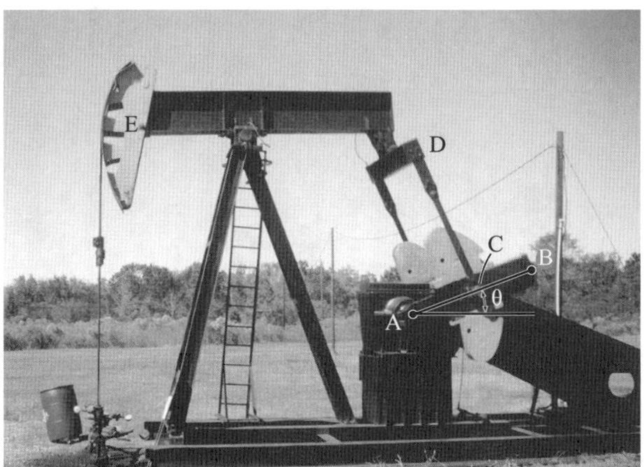

Problema 16.2

16.3. A porta do hangar dobrada em duas partes é aberta por cabos que se deslocam para cima a uma velocidade constante. Determine a posição θ do painel BC quando a velocidade angular de BC é igual, mas oposta à velocidade angular de AB. Ainda, qual é essa velocidade angular? O painel BC está preso por pinos em C e tem uma altura que é diferente da altura de BA. Utilize valores numéricos apropriados para explicar seu resultado.

Problema 16.3

16.4. Se os pneus não deslizam no pavimento, determine os pontos no pneu que têm uma velocidade máxima e mínima e os pontos que têm uma aceleração máxima e mínima. Utilize valores numéricos apropriados para a velocidade do carro e a dimensão dos pneus para explicar seu resultado.

Problema 16.4

REVISÃO DO CAPÍTULO

Movimento plano de um corpo rígido

Um corpo rígido sofre três tipos de movimento plano: translação, rotação em torno de um eixo fixo e movimento plano geral.

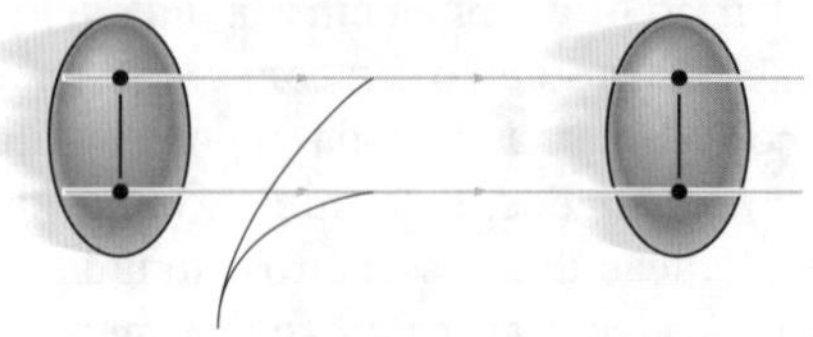

Trajetória de translação retilínea

Translação

Quando um corpo realiza translação retilínea, todas as partículas do corpo se deslocam ao longo de trajetórias paralelas em linha reta. Se as trajetórias têm o mesmo raio de curvatura, então ocorre a translação curvilínea. Contanto que saibamos o movimento de uma das partículas, então o movimento de todas as outras também é conhecido.

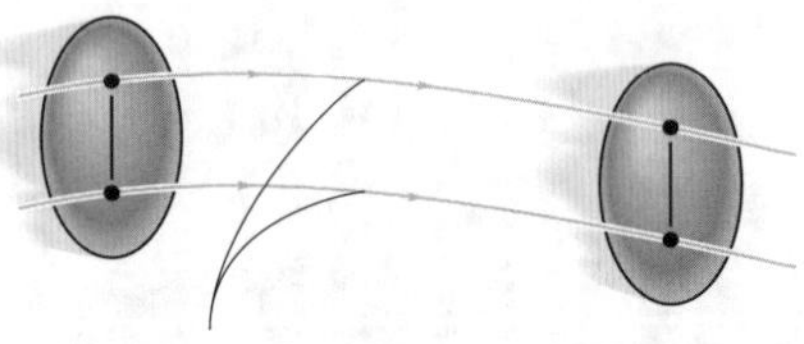

Trajetória de translação curvilínea

Rotação em torno de um eixo fixo

Para esse tipo de movimento, todas as partículas se deslocam ao longo de trajetórias circulares. Aqui, todos os segmentos de linha no corpo passam pelo mesmo deslocamento angular, velocidade angular e aceleração angular.

Uma vez que o movimento angular do corpo seja conhecido, então a velocidade de qualquer partícula a uma distância r do eixo pode ser obtida.

A aceleração de qualquer partícula tem duas componentes. A componente tangencial considera a variação na intensidade da velocidade, e a componente normal considera a variação na direção da velocidade.

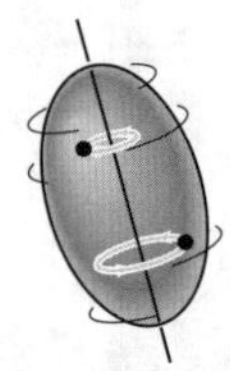

Rotação em torno de um eixo fixo

$$\omega = d\theta/dt \qquad\qquad \omega = \omega_0 + \alpha_c t$$

$$\alpha = d\omega/dt \qquad \text{ou} \qquad \theta = \theta_0 + \omega_0 t + \frac{1}{2}\alpha_c t^2$$

$$\alpha\, d\theta = \omega\, d\omega \qquad\qquad \omega^2 = \omega_0^2 + 2\alpha_c(\theta - \theta_0)$$

α_c *Constante*

$$v = \omega r \qquad\qquad a_t = \alpha r,\ a_n = \omega^2 r$$

Movimento plano geral

Quando um corpo sofre um movimento plano geral, ele realiza simultaneamente uma translação e uma rotação. Há vários métodos para analisar esse movimento.

Análise de movimento absoluto

Se o movimento de um ponto em um corpo ou o movimento angular de uma linha é conhecido, então pode ser possível relacionar esse movimento ao de outro ponto ou linha utilizando uma análise de movimento absoluto. Para fazer isso, coordenadas de posição lineares s ou coordenadas de posição angulares θ são estabelecidas (medidas a partir de um ponto ou linha fixos). Essas coordenadas de posição são, então, relacionadas utilizando a geometria do corpo. A derivada temporal dessa equação fornece a relação entre as velocidades e/ou as velocidades angulares. Uma segunda derivada temporal relaciona as acelerações e/ou acelerações angulares.

Movimento plano geral

Movimento relativo utilizando eixos de translação O movimento plano geral também pode ser analisado utilizando uma análise de movimento relativo entre dois pontos A e B localizados no corpo. Esse método considera o movimento em partes: primeiro uma translação do ponto base escolhido A, em seguida uma "rotação" relativa do corpo em torno do ponto A, que é medida a partir de um eixo em translação. Visto que o movimento relativo é visto como movimento circular em torno do ponto base, o ponto B terá uma velocidade $\mathbf{v}_{B/A}$ que é tangente ao círculo. Ele também tem duas componentes da aceleração, $(\mathbf{a}_{B/A})_t$ e $(\mathbf{a}_{B/A})_n$. Também é importante perceber que $\mathbf{a}_A$ e $\mathbf{a}_B$ terão componentes tangenciais e normais se esses pontos se deslocam ao longo de trajetórias curvas.	$\mathbf{v}_B = \mathbf{v}_A + \boldsymbol{\omega} \times \mathbf{r}_{B/A}$ $\mathbf{a}_B = \mathbf{a}_A + \boldsymbol{\alpha} \times \mathbf{r}_{B/A} - \omega^2 \mathbf{r}_{B/A}$
Centro instantâneo de velocidade nula Se o ponto base A é escolhido como tendo velocidade nula, então a equação de velocidade relativa torna-se $\mathbf{v}_B = \boldsymbol{\omega} \times \mathbf{r}_{B/A}$. Neste caso, o movimento parece como se o corpo girasse em torno de um eixo instantâneo passando por A. O centro instantâneo de rotação (CI) pode ser estabelecido desde que as direções das velocidades de quaisquer dois pontos no corpo sejam conhecidas, ou a velocidade de um ponto e a velocidade angular sejam conhecidas. Visto que uma linha radial r será sempre perpendicular a cada velocidade, então o CI está no ponto de interseção dessas duas linhas radiais. Sua medida de localização é determinada a partir da geometria do corpo. Uma vez que ela tenha sido estabelecida, então a velocidade de qualquer ponto P no corpo pode ser determinada de $v = \omega r$, onde r se estende do CI ao ponto P.	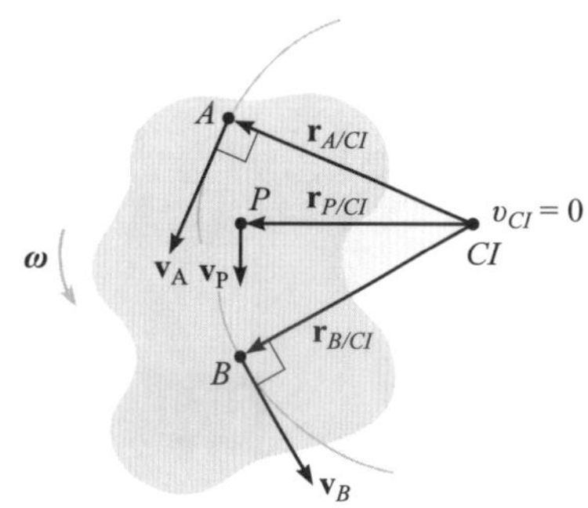
Movimento relativo utilizando-se sistema de eixos em rotação Problemas que envolvem membros conectados que deslizam um em relação ao outro ou pontos não localizados no mesmo corpo podem ser analisados utilizando-se uma análise de movimento relativo referenciada por um sistema em rotação. Isto dá origem ao termo $2\boldsymbol{\Omega} \times (\mathbf{v}_{B/A})_{xyz}$, que é chamado de aceleração de Coriolis.	$\mathbf{v}_B = \mathbf{v}_A + \boldsymbol{\Omega} \times \mathbf{r}_{B/A} + (\mathbf{v}_{B/A})_{xyz}$ $\mathbf{a}_B = \mathbf{a}_A + \dot{\boldsymbol{\Omega}} \times \mathbf{r}_{B/A} + \boldsymbol{\Omega} \times (\boldsymbol{\Omega} \times \mathbf{r}_{B/A}) + 2\boldsymbol{\Omega} \times (\mathbf{v}_{B/A})_{xyz} + (\mathbf{a}_{B/A})_{xyz}$

CAPÍTULO

17

Cinética do movimento plano de um corpo rígido: força e aceleração

Objetivos do capítulo

- Introduzir os métodos usados para determinar o momento de inércia de massa de um corpo.
- Desenvolver as equações cinéticas do movimento plano para um corpo rígido simétrico.
- Discutir aplicações dessas equações para corpos sofrendo translação, rotação em torno de um eixo fixo e movimento plano geral.

17.1 Momento de inércia de massa

Uma vez que um corpo tem dimensão e forma definidas, a aplicação de um sistema de forças não concorrente pode fazer o corpo transladar e rotacionar. Os aspectos translacionais do movimento foram estudados no Capítulo 13 e são governados pela equação $\mathbf{F} = m\mathbf{a}$. Será mostrado na próxima seção que os aspectos rotacionais, causados por um momento $\mathbf{M}$, são governados por uma equação da forma $\mathbf{M} = I\boldsymbol{\alpha}$. O símbolo I nessa equação é denominado o momento de inércia de massa. Por comparação, o *momento de inércia* é uma medida da resistência de um corpo à *aceleração angular* ($\mathbf{M} = I\boldsymbol{\alpha}$) da mesma maneira que *massa* é uma medida da resistência do corpo à *aceleração* ($\mathbf{F} = m\mathbf{a}$).

Definimos o *momento de inércia* como a integral do 'segundo momento' em relação a um eixo de todos os elementos de massa dm que compõem o corpo.* Por exemplo, o momento de inércia do corpo em relação ao eixo z na Figura 17.1 é

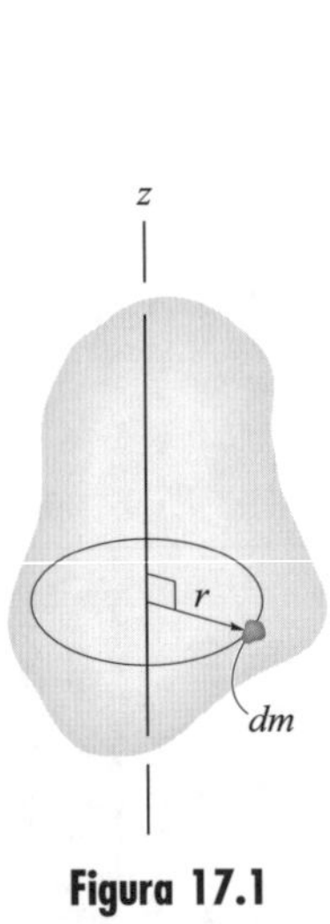

Figura 17.1

$$I = \int_m r^2\, dm \tag{17.1}$$

Aqui o 'braço do momento' r é a distância perpendicular do eixo z até o elemento arbitrário dm. Visto que a formulação envolve r, o valor de I é diferente para cada eixo em relação ao qual ele é calculado. No estudo da cinética plana, o eixo escolhido

* Outra propriedade do corpo, que mede a simetria da massa do corpo em relação ao sistema de coordenadas, é o produto da inércia. Esta propriedade aplica-se ao movimento tridimensional de um corpo e será discutida no Capítulo 21.

para análise geralmente passa pelo centro de massa do corpo G e é sempre perpendicular ao plano de movimento. O momento de inércia em relação a esse eixo será denotado como I_G. Visto que r está elevado ao quadrado na Equação 17.1, o momento de inércia de massa é sempre uma quantidade *positiva*. Unidades comuns utilizadas para esta medida são kg · m^2.

Se o corpo consiste de um material tendo uma densidade variável, $\rho = \rho\,(x, y, z)$, o elemento de massa dm do corpo pode ser expresso em termos de sua densidade e volume como $dm = \rho\, dV$. Substituindo dm na Equação 17.1, o momento de inércia do corpo é então calculado utilizando *elementos de volume* para a integração; ou seja,

$$I = \int_v r^2 \rho\, dv \qquad (17.2)$$

No caso especial de ρ ser uma *constante*, este termo pode ser colocado fora da integral, e a integração torna-se, então, puramente uma função de geometria,

$$I = \rho \int_V r^2\, dV \qquad (17.3)$$

Quando o elemento de volume escolhido para integração tem dimensões infinitesimais em todas três direções (Figura 17.2*a*), o momento de inércia do corpo tem de ser determinado utilizando uma 'integração tripla'. O processo de integração pode, entretanto, ser simplificado para uma *única integração*, contanto que o elemento de volume escolhido tenha uma dimensão ou espessura diferencial em apenas *uma direção*. Elementos de casca ou disco são frequentemente usados para esse propósito.

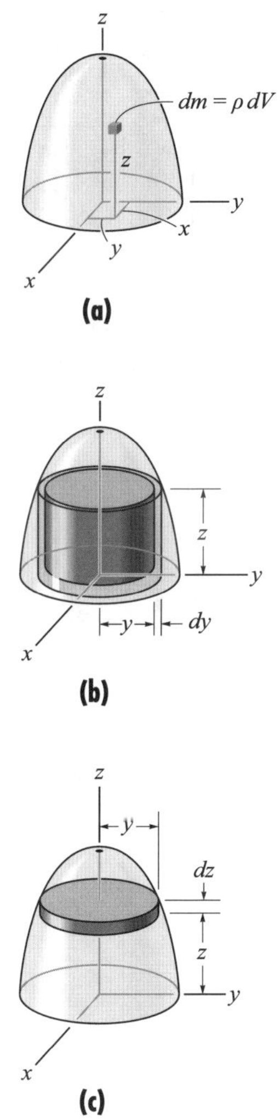

Figura 17.2

Procedimento para análise

Para obter o momento de inércia por integração, consideraremos apenas corpos simétricos tendo volumes que são gerados girando-se uma curva em torno de um eixo. Um exemplo de um corpo desta natureza está mostrado na Figura 17.2*a*. Dois tipos de elementos diferenciais podem ser escolhidos.

Elemento de casca

- Se um *elemento de casca* tendo uma altura z, raio $r = y$, e espessura dy é escolhido para integração (Figura 17.2*b*) então o volume é $dV = (2\pi y)(z)dy$.
- Este elemento pode ser usado nas equações 17.2 ou 17.3 para determinar o momento de inércia I_z do corpo em relação ao eixo z, visto que o *elemento inteiro*, por sua 'finura', encontra-se à *mesma* distância perpendicular $r = y$ do eixo z (ver Exemplo 17.1).

Elemento de disco

- Se um elemento de disco tendo um raio y e uma espessura dz é escolhido para integração (Figura 17.2*c*), então o volume é $dV = (\pi y^2)dz$.
- Este elemento é *finito* na direção radial, e consequentemente suas partes *não* se encontram todas à *mesma distância radial r* do eixo z. Como resultado, as equações 17.2 ou 17.3 *não podem* ser usadas para determinar I_z diretamente. Em vez disso, para realizar a integração, é necessário primeiro determinar o momento de inércia *do elemento* em relação ao eixo z e em seguida integrar esse resultado (ver Exemplo 17.2).

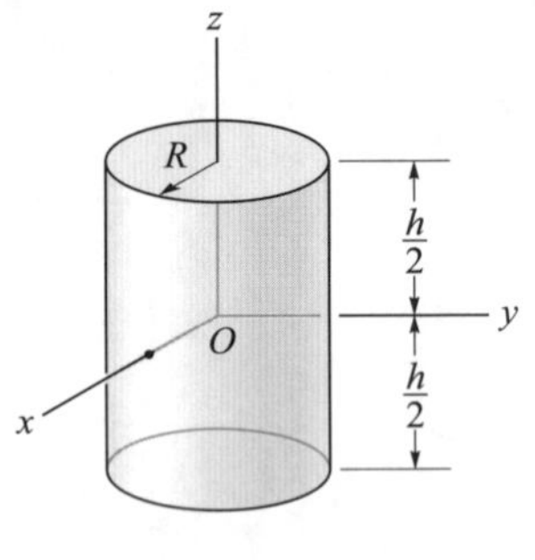

(a)

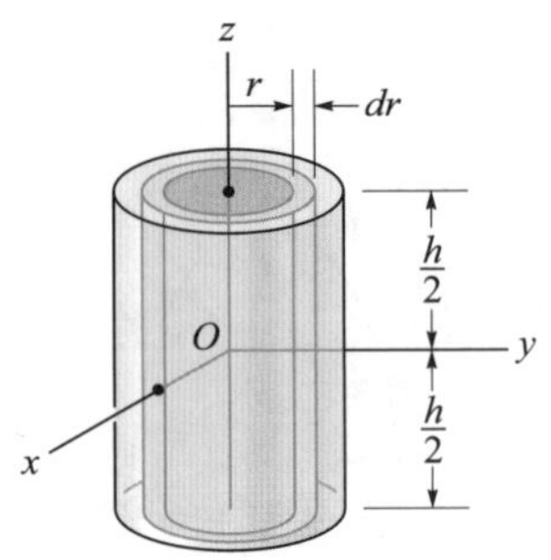

(b)

Figura 17.3

Exemplo 17.1

Determine o momento de inércia do cilindro mostrado na Figura 17.3*a* em relação ao eixo *z*. A densidade do material, ρ, é constante.

SOLUÇÃO

Elemento de casca

Este problema pode ser resolvido utilizando-se o *elemento de casca* na Figura 17.3*b* e uma única integração. O volume do elemento é $dV = (2\pi r)\,(h)\,dr$, de maneira que sua massa é $dm = \rho dV = \rho(2\pi hr\;dr)$.

Visto que o *elemento inteiro* se encontra à mesma distância *r* do eixo *z*, o momento de inércia *do elemento* é:

$$dI_z = r^2 dm = \rho 2\pi h r^3\; dr$$

Integrar sobre a região inteira do cilindro resulta em:

$$I_z = \int_m r^2\,dm = \rho 2\pi h \int_0^R r^3\,dr = \frac{\rho\pi}{2}R^4 h$$

A massa do cilindro é:

$$m = \int_m dm = \rho 2\pi h \int_0^R r\,dr = \rho\pi h R^2$$

de maneira que

$$I_z = \frac{1}{2}mR^2$$

Exemplo 17.2

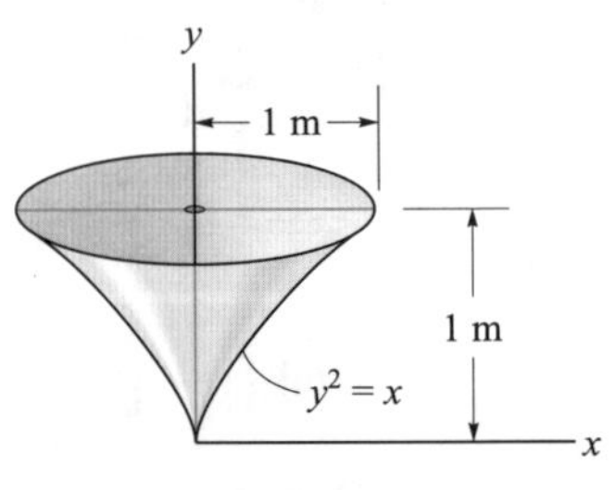

(a)

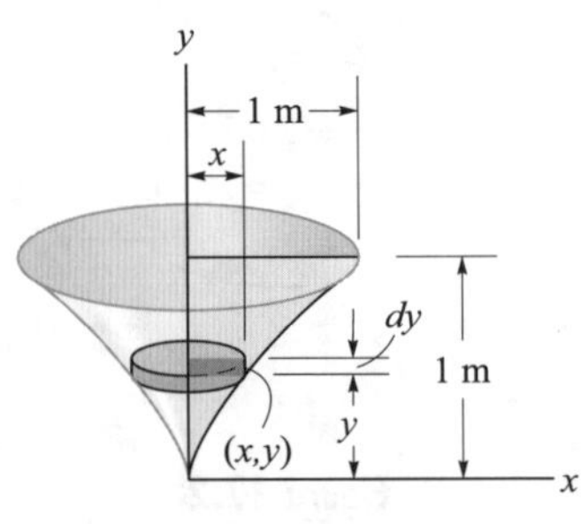

(b)

Figura 17.4

Se a densidade do material é 5 Mg/m^3, determine o momento de inércia do sólido na Figura 17.4*a* em relação ao eixo *y*.

SOLUÇÃO

Elemento de disco

O momento de inércia será determinado utilizando-se um *elemento de disco*, como mostrado na Figura 17.4*b*. Aqui o elemento intercepta a curva no ponto arbitrário (x, y) e tem uma massa

$$dm = \rho\; dV = \rho(\pi x^2)\; dy$$

Embora todas as porções do elemento *não* estejam localizadas à mesma distância do eixo *y*, ainda é possível determinar o momento de inércia dI_y *do elemento* em relação ao eixo *y*. No exemplo anterior, foi mostrado que o momento de inércia de um cilindro em relação ao seu eixo longitudinal é $I = \frac{1}{2}mR^2$, onde *m* e *R* são a massa e o raio do cilindro. Visto que a altura não está envolvida nessa fórmula, o próprio disco pode ser considerado como um cilindro. Desse modo, para o elemento de disco na Figura 17.4*b*, temos:

$$dI_y = \frac{1}{2}(dm)x^2 = \frac{1}{2}[\rho(\pi x^2)dy]x^2$$

Substituindo $x = y^2$, $\rho = 5$ Mg/m^3, e integrando em relação a *y*, de $y = 0$ a $y = 1$ m, obtém-se o momento de inércia para o sólido inteiro.

$$I_y = \frac{\pi(5\text{ Mg/m}^3)}{2}\int_0^{1\text{ m}} x^4 dy = \frac{\pi(5)}{2}\int_0^{1\text{ m}} y^8 dy = 0{,}873\text{ Mg}\cdot\text{m}^2$$

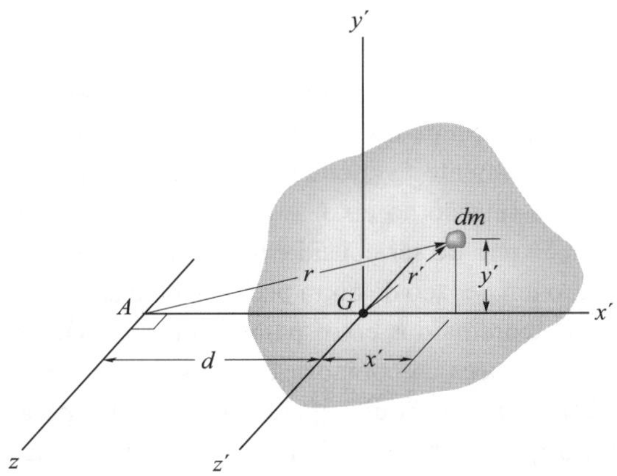

Figura 17.5

Teorema dos eixos paralelos

Se o momento de inércia do corpo em relação a um eixo passando pelo centro de massa do corpo é conhecido, então o momento de inércia em relação a qualquer outro *eixo paralelo* pode ser determinado utilizando o *teorema dos eixos paralelos*. Este teorema pode ser derivado considerando-se o corpo mostrado na Figura 17.5. Aqui o eixo z' passa pelo centro de massa G, enquanto o *eixo paralelo* z correspondente se encontra a uma distância d. Escolhendo o elemento diferencial de massa dm, que está localizado no ponto (x', y'), e utilizando o teorema de Pitágoras, $r^2 = (d + x')^2 + y'^2$, podemos expressar o momento de inércia do corpo em relação ao eixo z como:

$$I = \int_m r^2 dm = \int_m [(d + x')^2 + y'^2] dm$$

$$= \int_m (x'^2 + y'^2)(dm + 2d\int_m x'\, dm + d^2 \int_m dm$$

Visto que $r'^2 = x'^2 + y'^2$, a primeira integral representa I_G. A segunda integral é igual a *zero*, visto que o eixo z' passa pelo centro de massa do corpo, ou seja, $\int x'\, dm = \bar{x}'m = 0$, já que $\bar{x}' = 0$. Finalmente, a terceira integral representa a massa total m do corpo. Por conseguinte, o momento de inércia em relação ao eixo z pode ser escrito como:

$$\boxed{I = I_G + md^2} \qquad (17.4)$$

onde:

I_G = momento de inércia em relação ao eixo z' passando pelo centro de massa G.

m = massa do corpo.

d = distância perpendicular entre os eixos paralelos z e z'.

Raio de giração

Ocasionalmente, o momento de inércia de um corpo em relação a um eixo especificado é descrito em manuais utilizando o *raio de giração*, k. Esta é uma propriedade geométrica que tem unidades de comprimento. Quando ele e a massa m do corpo são conhecidos, o momento de inércia do corpo é determinado a partir da equação

$$\boxed{I = mk^2 \quad \text{ou} \quad k = \sqrt{\frac{I}{m}}} \qquad (17.5)$$

Observe a *similaridade* entre a definição de k nesta fórmula e r na equação $dI = r^2\, dm$, que define o momento de inércia de uma massa elementar dm do corpo em relação a um eixo.

Corpos compostos

Se um corpo consiste de certo número de formas simples, como discos, esferas e barras, o momento de inércia do corpo em relação a qualquer eixo pode ser determinado somando algebricamente os momentos de inércia de todas as formas que o compõem calculadas em relação ao eixo. A soma algébrica é necessária, visto que uma peça da composição tem de ser considerada como quantidade negativa se ela já tiver sido contada como um pedaço de outra peça — por exemplo, um 'furo' subtraído de uma placa sólida. O teorema dos eixos paralelos é necessário para os cálculos se o centro de massa de cada peça da composição não se encontrar sobre o eixo. Para o cálculo, então, $I = \Sigma(I_G + md^2)$. Aqui I_G para cada uma das peças da composição é determinado por integração, ou para formas simples, como barras e discos, ele pode ser obtido de uma tabela, tal como aquela fornecida nos apêndices.

Exemplo 17.3

Se a placa mostrada na Figura 17.6*a* tem uma densidade de 8000 kg/m³ e uma espessura de 10 mm, determine seu momento de inércia em relação a um eixo direcionado perpendicular à página e passando pelo ponto *O*.

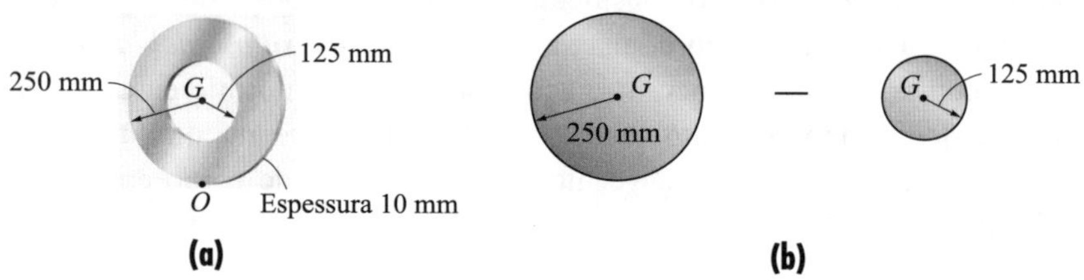

Figura 17.6

SOLUÇÃO

A placa consiste de duas peças compostas, o disco de raio 250 mm *menos* um disco de raio 125 mm (Figura 17.6*b*). O momento de inércia em relação a *O* pode ser determinado calculando o momento de inércia de cada uma dessas peças em relação a *O* e em seguida somando os resultados *algebricamente*. Os cálculos são realizados utilizando o teorema dos eixos paralelos em conjunção com os dados listados nos apêndices.

Disco

O momento de inércia de um disco em relação ao eixo central perpendicular ao plano do disco é $I_G = \frac{1}{2}mr^2$. O centro de massa do disco está localizado a uma distância de 0,25 m do ponto *O*. Desse modo,

$$m_d = \rho_d V_d = 8000 \text{ kg/m}^3\,[\pi(0{,}25 \text{ m})^2\,(0{,}01 \text{ m})] = 15{,}71 \text{ kg}$$

$$\begin{aligned}(I_d)_O &= \frac{1}{2}m_d r_d^2 + m_d d^2\\ &= \frac{1}{2}(15{,}71 \text{ kg})(0{,}25 \text{ m})^2 + (15{,}71 \text{ kg})(0{,}25 \text{ m})^2\\ &= 1{,}473 \text{ kg}\cdot\text{m}^2\end{aligned}$$

Furo

Para o disco de raio 125 mm (furo), temos:

$$m_h = \rho_h V_h = 8000 \text{ kg/m}^3\,[\pi(0{,}125 \text{ m})^2\,(0{,}01 \text{ m})] = 3{,}927 \text{ kg}$$

$$\begin{aligned}(I_h)_O &= \frac{1}{2}m_h r_h^2 + m_h d^2\\ &= \frac{1}{2}(3{,}927 \text{ kg})(0{,}125 \text{ m})^2 + (3{,}927 \text{ kg})(0{,}25 \text{ m})^2\\ &= 0{,}276 \text{ kg}\cdot\text{m}^2\end{aligned}$$

O momento de inércia da placa em relação ao ponto O é, portanto,

$$I_O = (I_d)_O - (I_h)_O$$
$$= 1{,}473 \text{ kg} \cdot \text{m}^2 - 0{,}276 \text{ kg} \cdot \text{m}^2$$
$$= 1{,}20 \text{ kg} \cdot \text{m}^2$$

Exemplo 17.4

O pêndulo na Figura 17.7 é suspenso pelo pino em O e consiste de duas barras finas, cada uma tendo um peso de 50 N (≈ 5 kg). Determine o momento de inércia do pêndulo em relação a um eixo passando por: (a) ponto O; e (b) o centro de massa G do pêndulo.

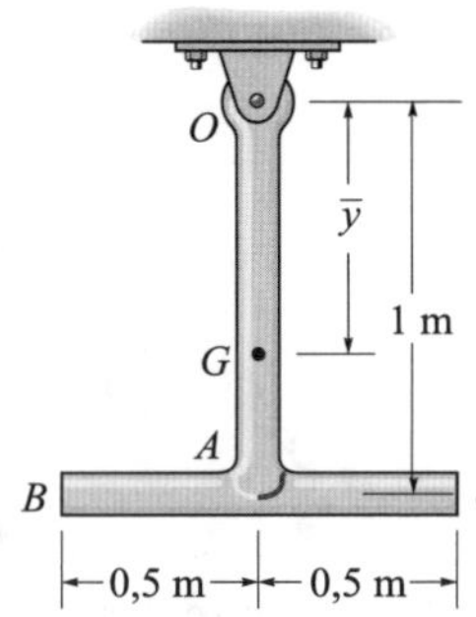

Figura 17.7

SOLUÇÃO

Parte (a)

Utilizando a tabela que se encontra nos apêndices, o momento de inércia da barra OA em relação a um eixo perpendicular à página e passando pelo ponto O da barra é $I_O = \frac{1}{3} ml^2$. Por conseguinte,

$$(I_{OA})_O = \frac{1}{3}ml^2 = \frac{1}{3}\left(\frac{50\text{ N}}{9{,}81\text{ m/s}^2}\right)(1\text{ m})^2 = 1{,}699\text{ kg}\cdot\text{m}^2$$

Este mesmo valor pode ser obtido usando $I_G = \frac{1}{12} ml^2$ e o teorema dos eixos paralelos.

$$(I_{OA})_O = \frac{1}{12}ml^2 + md^2 = \frac{1}{12}\left(\frac{50\text{ N}}{9{,}81\text{ m/s}^2}\right)(1\text{ m})^2 + \left(\frac{50\text{ N}}{9{,}81\text{ m/s}^2}\right)(0{,}5\text{ m})^2$$
$$= 1{,}699\text{ kg}\cdot\text{m}^2$$

Para a barra BC, temos:

$$(I_{BC})_O = \frac{1}{12}ml^2 + md^2 = \frac{1}{12}\left(\frac{50\text{ N}}{9{,}81\text{ m/s}^2}\right)(1\text{ m})^2 + \left(\frac{50\text{ N}}{9{,}81\text{ m/s}^2}\right)(1\text{ m})^2$$
$$= 5{,}522\text{ kg}\cdot\text{m}^2$$

O momento de inércia do pêndulo em relação a O é, portanto,

$$I_o = 1{,}699 + 5{,}522 = 7{,}22 \text{ kg} \cdot \text{m}^2$$

Parte (b)

O centro de massa G será localizado em relação ao ponto O. Supondo que essa distância seja $\bar{y}$ (Figura 17.7) e utilizando a fórmula para determinar o centro de massa, temos:

$$\bar{y} = \frac{\Sigma\tilde{y}m}{\Sigma m} = \frac{0{,}5(50/9{,}81) + 1(50/9{,}81)}{(50/9{,}81) + (50/9{,}81)} = 0{,}75\text{ m}$$

O momento de inércia I_G pode ser encontrado da mesma maneira que I_O, que exige sucessivas aplicações do teorema dos eixos paralelos para transferir os momentos de inércia das barras OA e BC para G. Uma solução mais direta, entretanto, envolve utilizar o resultado para I_O, ou seja,

$$I_O = I_G + md^2;\quad 7{,}22\text{ kg}\cdot\text{m}^2 = I_G + \left(\frac{100\text{ N}}{9{,}81\text{ m/s}^2}\right)(0{,}75\text{ m})^2$$
$$I_G = 1{,}486\text{ kg}\cdot\text{m}^2$$

Problemas

•**17.1.** Determine o momento de inércia I_y para a barra fina. A densidade da barra ρ e a área de seção transversal A são constantes. Expresse o resultado em termos da massa total m da barra.

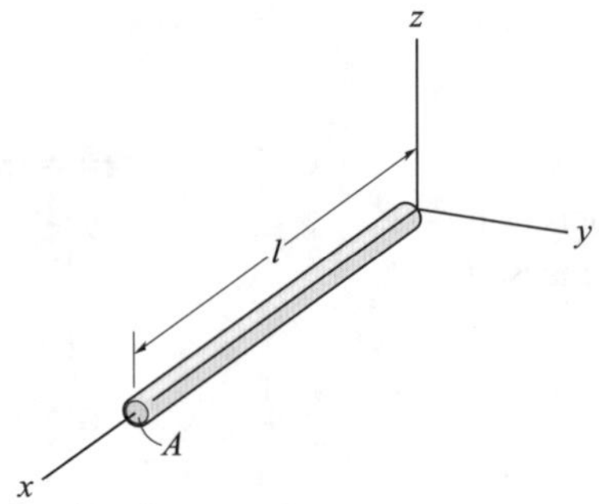

Problema 17.1

17.2. O cone circular reto é formado girando-se a área sombreada em torno do eixo x. Determine o momento de inércia I_x e expresse o resultado em termos da massa total m do cone. O cone tem uma densidade constante ρ.

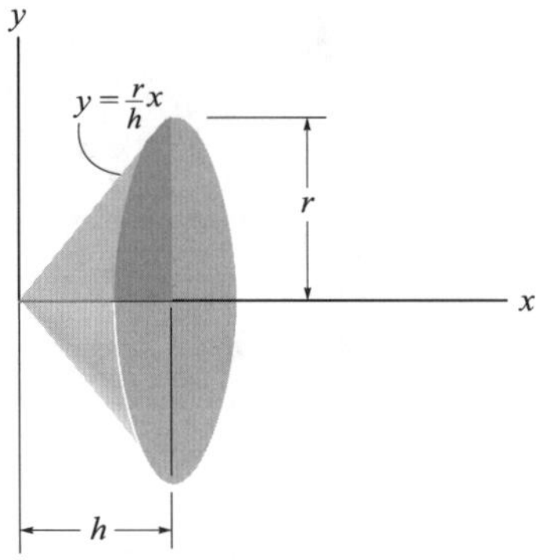

Problema 17.2

17.3. O paraboloide é formado girando-se a área sombreada em torno do eixo x. Determine o raio de giração k_x. A densidade do material é ρ = 5 Mg/m³.

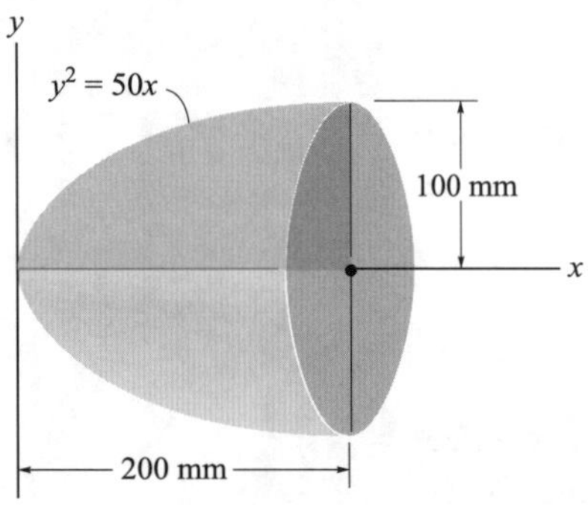

Problema 17.3

*__17.4.__ O tronco de cone é formado girando-se a área sombreada em torno do eixo x. Determine o momento de inércia I_x e expresse o resultado em termos da massa total m do tronco. O tronco tem uma densidade constante ρ.

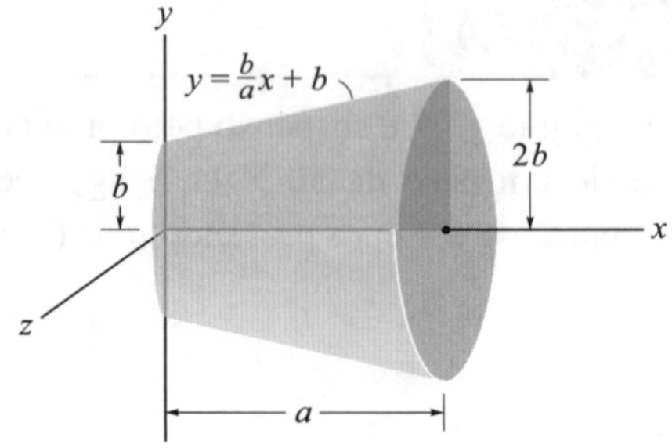

Problema 17.4

•**17.5.** O paraboloide é formado girando-se a área sombreada em torno do eixo x. Determine o momento de inércia em relação ao eixo x e expresse o resultado em termos da massa total m do paraboloide. O material tem uma densidade constante ρ.

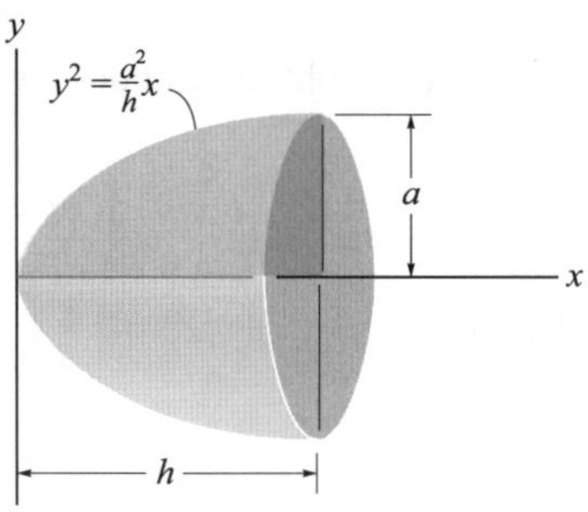

Problema 17.5

17.6. hemisfério é formado girando-se a área sombreada em torno do eixo y. Determine o momento de inércia I_y e expresse o resultado em termos da massa total m do hemisfério. O material tem uma densidade constante ρ.

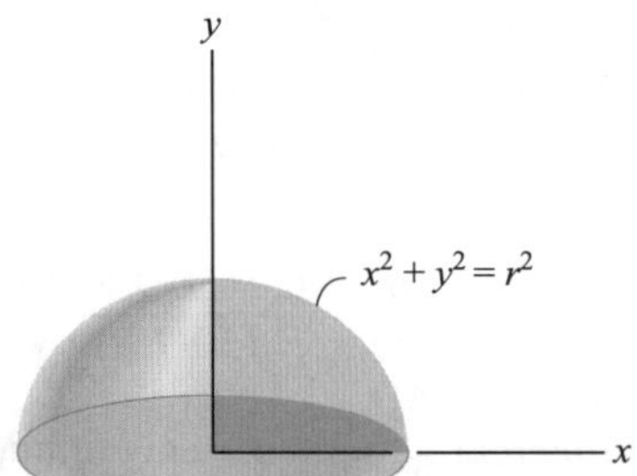

Problema 17.6

17.7. Determine o momento de inércia da pirâmide homogênea de massa m em relação ao eixo z. A densidade do material é ρ. *Sugestão:* utilize um elemento de placa retangular tendo um volume $dV = (2x)(2y)dz$.

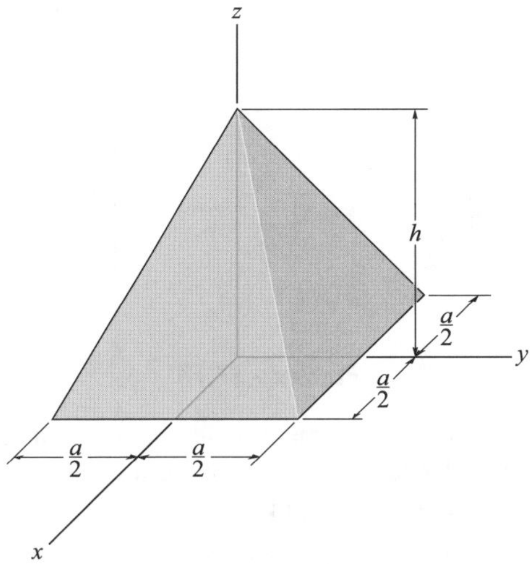

Problema 17.7

***17.8.** Determine o momento de inércia I_z de massa do cone formado girando-se a área sombreada em torno do eixo z. A densidade do material é ρ. Expresse o resultado em termos da massa m do cone.

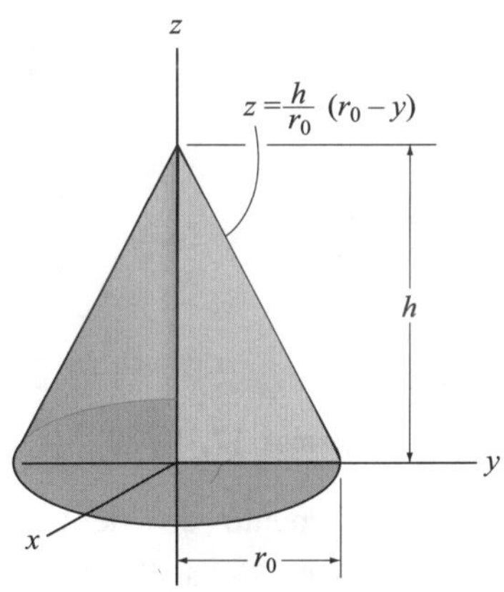

Problema 17.8

•**17.9.** Determine o momento de massa de inércia I_y do sólido formado girando-se a área sombreada em torno do eixo y. A densidade do material é ρ. Expresse o resultado em termos da massa m do sólido.

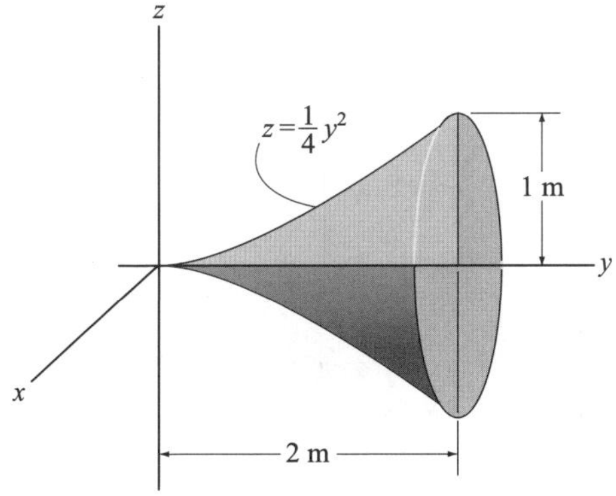

Problema 17.9

17.10. Determine o momento de inércia de massa I_y do sólido formado girando-se a área sombreada em torno do eixo y. A densidade do material é ρ. Expresse o resultado em termos da massa m do semielipsoide.

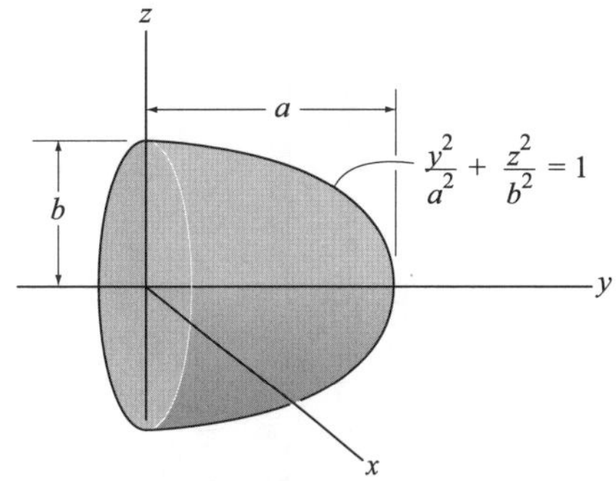

Problema 17.10

17.11. Determine o momento de inércia da montagem em relação a um eixo que é perpendicular à página e passa pelo centro de massa G. O material tem um peso específico de $\gamma = 15$ kN/m^3.

***17.12.** Determine o momento de inércia da montagem em relação a um eixo que é perpendicular à página e passa pelo ponto O. O material tem um peso específico de $\gamma = 15$ kN/m^3.

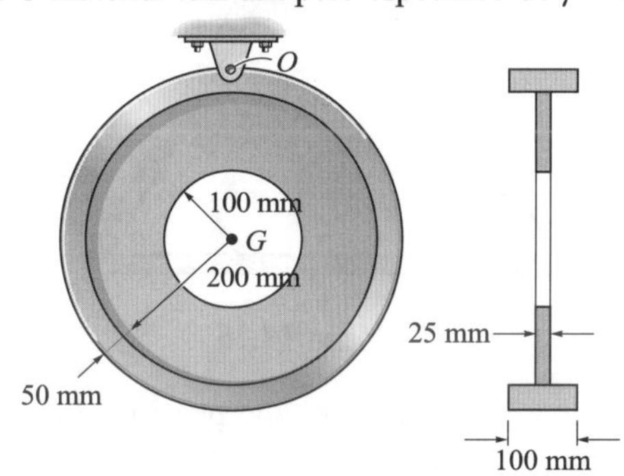

Problemas 17.11/12

•**17.13.** Se o anel grande, o anel pequeno e cada um dos aros têm uma massa de 50 kg, 7,5 kg e 10 kg, respectivamente, determine o momento de inércia de massa da roda em relação a um eixo perpendicular à página e passando pelo ponto A.

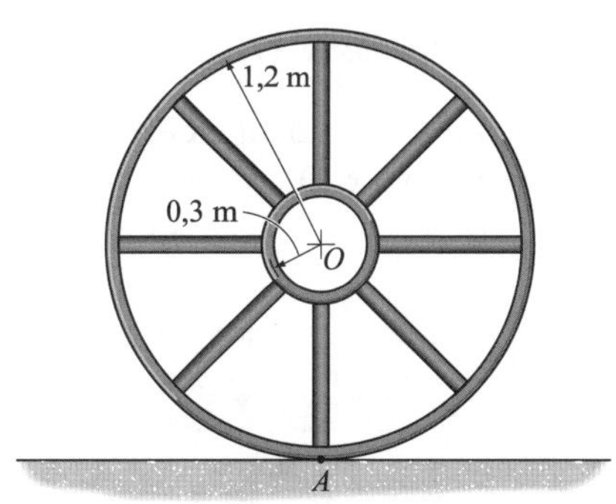

Problema 17.13

17.14. O pêndulo consiste da barra fina de 3 kg e a placa fina de 5 kg. Determine a localização $\bar{y}$ do centro de massa G do pêndulo; em seguida, calcule o momento de inércia do pêndulo em relação a um eixo perpendicular à página e passando por G.

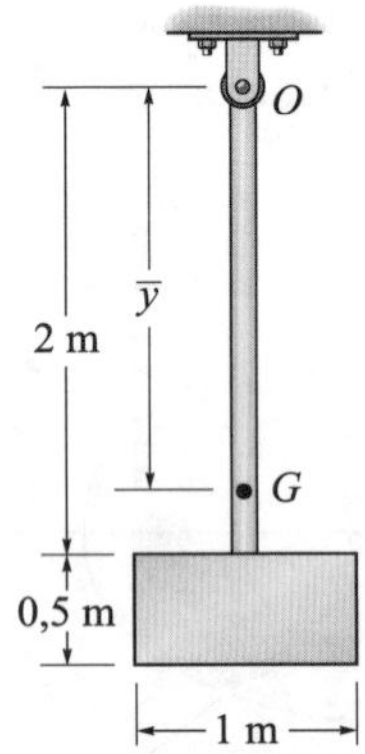

Problema 17.14

17.15. Cada uma das três barras finas tem uma massa m. Determine o momento de inércia da montagem em relação a um eixo que é perpendicular à página e passa pelo ponto central O.

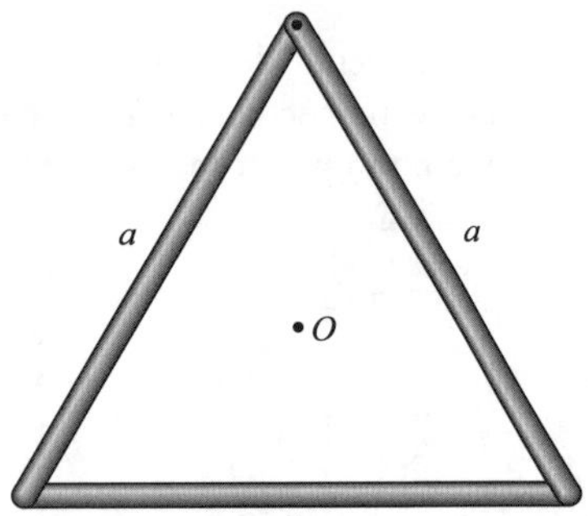

Problema 17.15

***17.16.** O pêndulo consiste de uma placa tendo uma massa de 6 kg e uma barra fina tendo uma massa de 2 kg. Determine o raio de giração do pêndulo em relação a um eixo perpendicular à página e passando pelo ponto O.

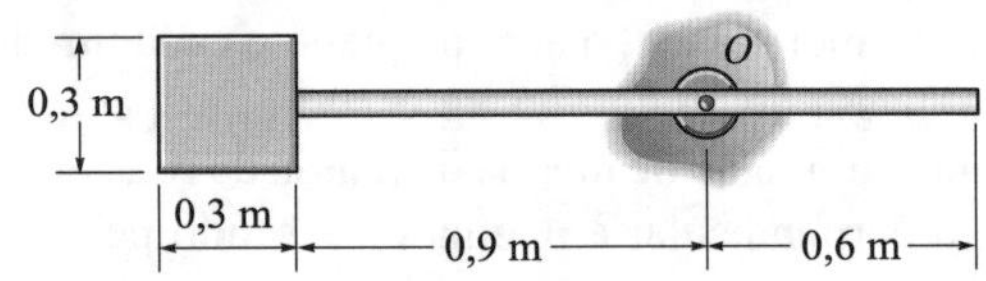

Problema 17.16

•17.17. Determine o momento de inércia do conjunto de aço sólido em relação ao eixo x. O aço tem um peso específico $\gamma_{st} = 80$ kN/m^3.

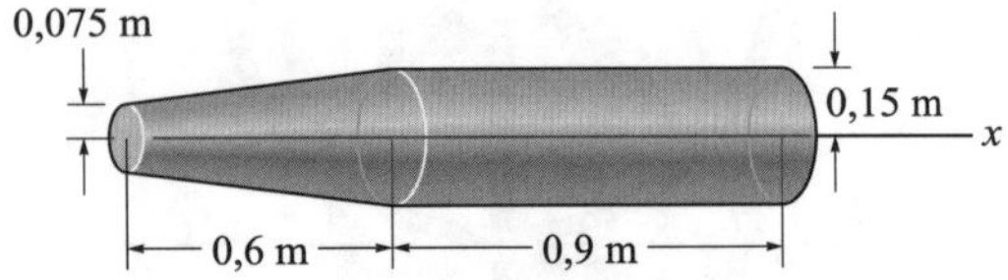

Problema 17.17

17.18. Determine o momento de inércia da manivela central em relação ao eixo x. O material é aço, com um peso específico $\gamma_{st} = 80$ kN/m^3.

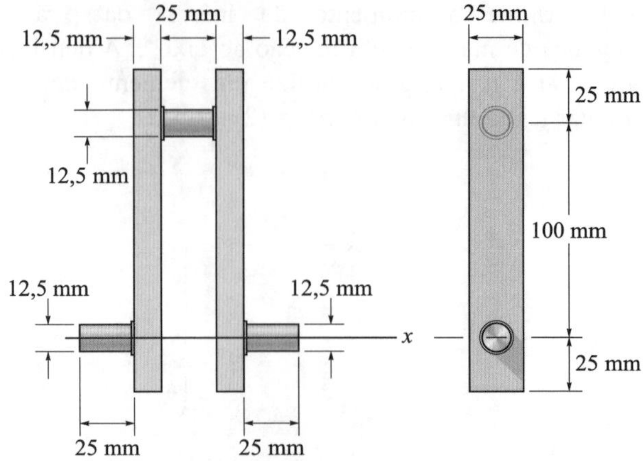

Problema 17.18

17.19. Determine o momento de inércia da manivela suspensa em relação ao eixo x. O material é aço para o qual a densidade é $\rho = 7{,}85$ Mg/m^3.

***17.20.** Determine o momento de inércia da manivela suspensa em relação ao eixo x'. O material é aço para o qual a densidade é $\rho = 7{,}85$ Mg/m^3.

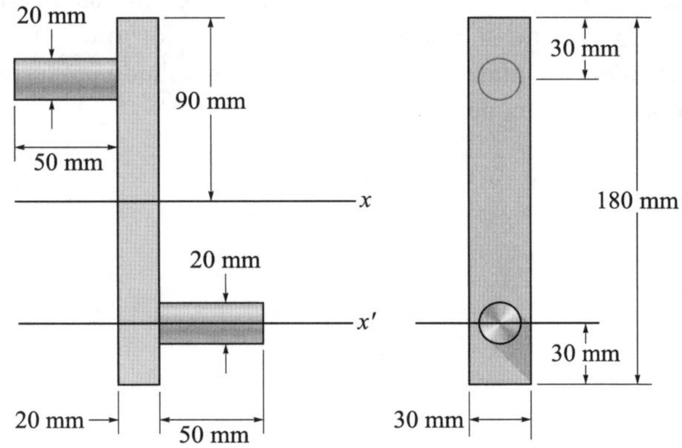

Problemas 17.19/20

•17.21. Determine o momento de inércia de massa do pêndulo em relação a um eixo perpendicular à página e passando pelo ponto O. A barra fina tem uma massa de 10 kg e a esfera tem uma massa de 15 kg.

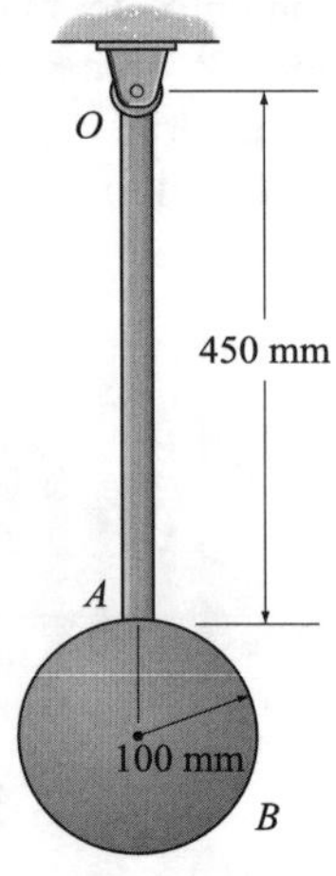

Problema 17.21

17.22. Determine o momento de inércia de massa da placa fina em relação a um eixo perpendicular à página e passando pelo ponto O. O material tem uma massa por unidade de área de 20 kg/m^2.

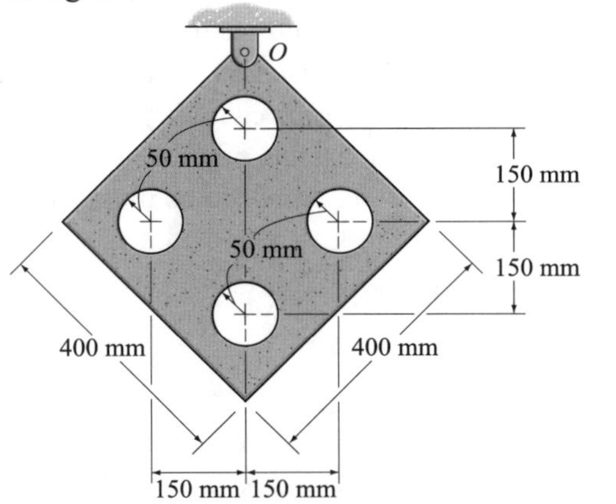

Problema 17.22

17.23. Determine o momento de inércia de massa da placa fina em relação a um eixo perpendicular à página e passando pelo ponto O. O material tem uma massa por unidade de área de 20 kg/m^2.

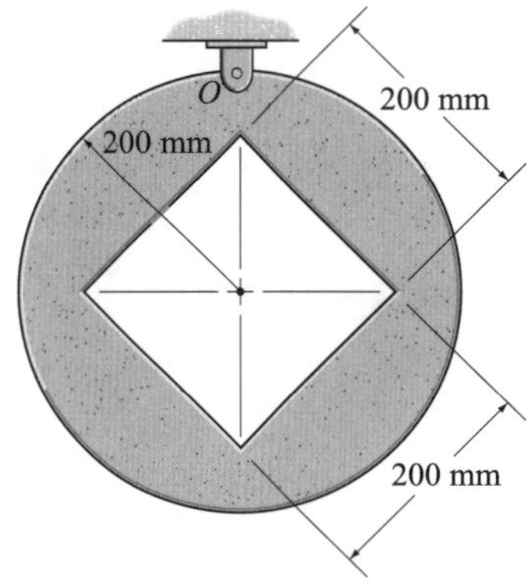

Problema 17.23

17.2 Equações da cinética do movimento plano

Na análise seguinte, limitaremos nosso estudo da cinética plana a corpos rígidos que, juntamente com suas cargas, são considerados *simétricos* em relação a um plano de referência fixo.* Uma vez que o movimento do corpo pode ser visto dentro do plano de referência, todas as forças (e momentos de binário) atuando sobre o corpo podem, então, ser projetados no plano. Um exemplo de um corpo arbitrário desse tipo é mostrado na Figura 17.8*a*. Aqui, o *sistema de referência inercial x, y, z* tem sua origem *coincidente* com o ponto arbitrário P no corpo. Por definição, *esses eixos não giram e são fixos ou transladam com velocidade constante.*

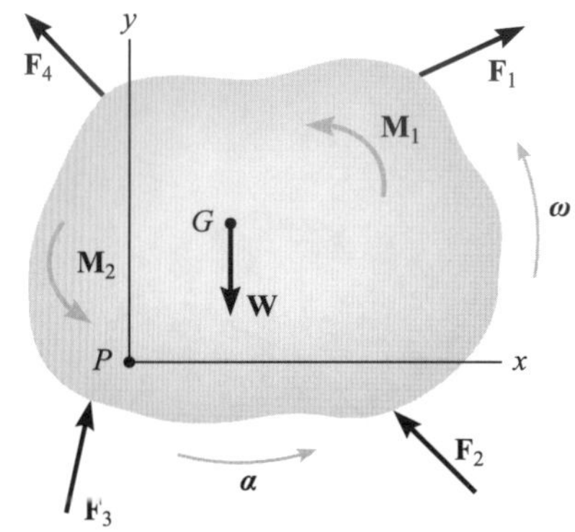

(a)

Figura 17.8

Equação de movimento translacional

As forças externas atuando sobre o corpo na Figura 17.8*a* representam o efeito de forças gravitacionais, elétricas, magnéticas ou de contato entre corpos adjacentes. Visto que este sistema de forças foi considerado previamente na Seção 13.3 para a análise de um sistema de partículas, a Equação 13.6 resultante pode ser usada aqui, caso em que

$$\Sigma \mathbf{F} = m\mathbf{a}_G$$

Essa equação é referida como a *equação do movimento translacional* para o centro de massa de um corpo rígido. Ela estabelece que *a soma de todas as forças externas atuando sobre o corpo é igual à massa do corpo vezes a aceleração de seu centro de massa G.*

Para o movimento do corpo no plano x–y, a equação do movimento translacional pode ser escrita na forma de duas equações escalares independentes, nominalmente,

$$\Sigma F_x = m(a_G)_x$$

$$\Sigma F_y = m(a_G)_y$$

* Ao fazer isso, a equação rotacional de movimento reduz-se a uma forma bastante simplificada. O caso mais geral de forma do corpo e carregamento é considerado no Capítulo 21.

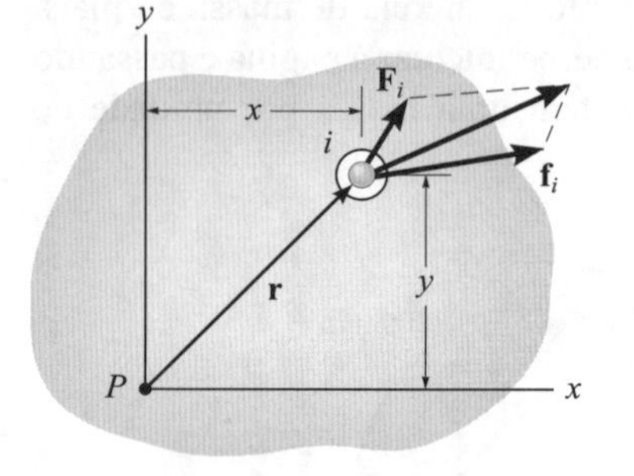

Diagrama de corpo livre da partícula

(b)

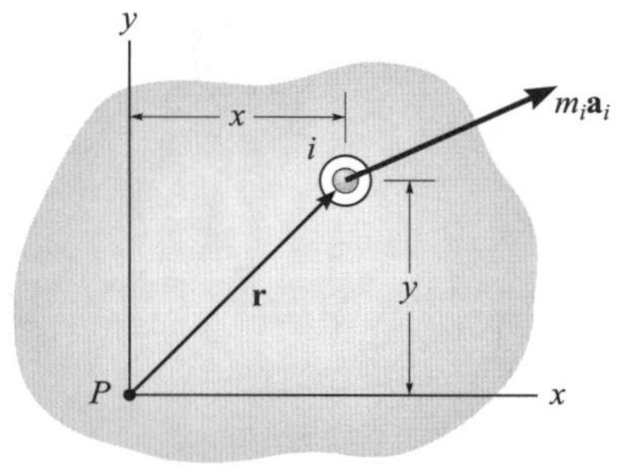

Diagrama cinético da partícula

(c)

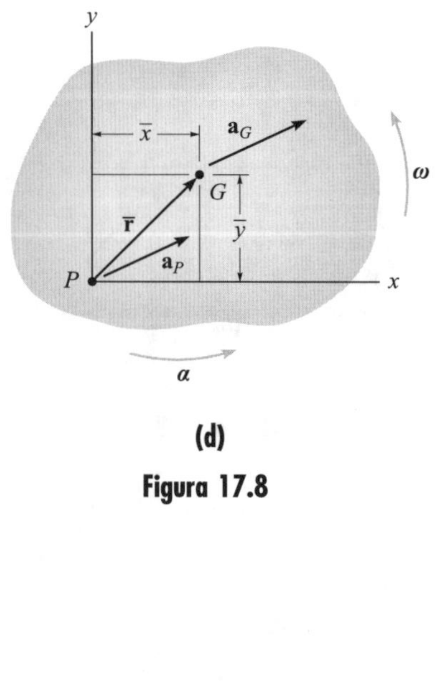

(d)

Figura 17.8

Equação de movimento rotacional

Vamos agora determinar os efeitos causados pelos momentos do sistema de forças externas calculado em relação a um eixo perpendicular ao plano do movimento (o eixo z) e passando pelo ponto P. Como mostrado no diagrama de corpo livre da i-ésima partícula (Figura 17.8*b*), $\mathbf{F}_i$ representa a *resultante das forças externas* atuando sobre a partícula, e $\mathbf{f}_i$ é a *resultante das forças internas* causada por interações com as partículas adjacentes. Se a partícula tem uma massa m_i e sua aceleração é $\mathbf{a}_i$, então seu diagrama cinético é mostrado na Figura 17.8*c*. Somando os momentos em relação ao ponto P, requeremos que:

$$\mathbf{r} \times \mathbf{F}_i + \mathbf{r} \times \mathbf{f}_i = \mathbf{r} \times m_i\mathbf{a}_i$$

ou

$$(\mathbf{M}_P)_i = \mathbf{r} \times m_i\mathbf{a}_i$$

Os momentos em relação a P também podem ser expressos em termos da aceleração do ponto P (Figura 17.8*d*). Se o corpo tem uma aceleração angular $\boldsymbol{\alpha}$ e velocidade angular $\boldsymbol{\omega}$, então, utilizando a Equação 16.18, temos:

$$\begin{aligned}(\mathbf{M}_P)_i &= m_i\,\mathbf{r} \times (\mathbf{a}_P + \boldsymbol{\alpha} \times \mathbf{r} - \omega^2\mathbf{r})\\ &= m_i[\mathbf{r} \times \mathbf{a}_P + \mathbf{r} \times (\boldsymbol{\alpha} \times \mathbf{r}) - \omega^2\,(\mathbf{r} \times \mathbf{r})]\end{aligned}$$

O último termo é igual a zero, visto que $\mathbf{r} \times \mathbf{r} = \mathbf{0}$. Expressar os vetores com componentes cartesianas e realizar as operações do produto vetorial resulta em:

$$\begin{aligned}(M_P)_i\mathbf{k} &= m_i\{(x\mathbf{i} + y\mathbf{j}) \times [(a_P)_x\mathbf{i} + (a_P)_y\mathbf{j}]\\ &\quad + (x\mathbf{i} + y\mathbf{j}) \times [\alpha\mathbf{k} \times (x\mathbf{i} + y\mathbf{j})]\}\\ (M_P)_i\mathbf{k} &= m_i[-y(a_P)_x + x(a_P)_y + \alpha x^2 + \alpha y^2]\mathbf{k}\\ \circlearrowleft (M_P)_i &= m_i[-y(a_P)_x + x(a_P)_y + \alpha r^2]\end{aligned}$$

Deixando $m_i \longrightarrow dm$ e integrando sobre a massa inteira m do corpo, obtemos a equação de momento resultante

$$\circlearrowleft \Sigma M_p = -\left(\int_m y\,dm\right)(\alpha_p)_x = \left(\int_m x\,dm\right)(\alpha_p)_y + \left(\int_m r^2 dm\right)\alpha$$

Aqui, ΣM_p representa somente o momento das *forças externas* atuando sobre o corpo em relação ao ponto P. O momento resultante das forças internas é igual a zero, visto que, para o corpo inteiro, essas forças ocorrem em pares colineares iguais mas opostos, e assim o momento de cada binário de forças em relação a P se cancela. As integrais no primeiro e segundo termos à direita são usadas para localizar o centro de massa G do corpo em relação a P, visto que $\bar{y}m = \int y\,dm$ e $\bar{x}m = \int x\,dm$ (Figura 17.8*d*). Além disso, a última integral representa o momento de inércia do corpo em relação ao eixo z, ou seja, $I_P = \int r^2 dm$. Assim,

$$\circlearrowleft \Sigma M_P = -\bar{y}m(a_P)_x + \bar{x}m(a_P)_y + I_{P}\alpha \qquad (17.6)$$

É possível reduzir esta equação a uma forma mais simples se o ponto P coincide com o centro de massa G do corpo. Se este é o caso, então $\bar{x} = \bar{y} = 0$ e, portanto,*

$$\boxed{\Sigma M_G = I_G\alpha} \qquad (17.7)$$

Essa equação de movimento rotacional estabelece que a soma dos momentos de todas as forças externas em relação ao centro de massa do corpo G é igual ao produto do momento de inércia do corpo em relação a um eixo passando por G e a aceleração angular do corpo.

* Ela também se reduz a esta mesma forma simples $\Sigma M_P = I_P\alpha$ se o ponto P for um *ponto fixo* (ver Equação 17.16) ou a aceleração do ponto P estiver dirigida ao longo da linha PG.

A Equação 17.6 também pode ser reescrita em termos das componentes x e y de $\mathbf{a}_G$ e o momento de inércia do corpo I_G. Se o ponto G está localizado em $(\bar{x}, \bar{y})$ (Figura 17.8*d*), então, pelo teorema dos eixos paralelos, $I_P = I_G + m\,(\bar{x}^2, \bar{y}^2)$. Substituindo na Equação 17.6 e rearranjando os termos, temos:

$$\circlearrowleft \Sigma M_P = \bar{y}m[-(a_P)_x + \bar{y}\alpha] + \bar{x}m[(a_P)_y + \bar{x}\alpha] + I_G\alpha \qquad (17.8)$$

Do diagrama cinemático da Figura 17.8*d*, $\mathbf{a}_P$ pode ser expresso em termos de $\mathbf{a}_G$ como:

$$\mathbf{a}_G = \mathbf{a}_P + \boldsymbol{\alpha} \times \bar{\mathbf{r}} - \omega^2\,\bar{\mathbf{r}}$$

$$(a_G)_x\mathbf{i} + (a_G)_y\mathbf{j} = (a_P)_x\mathbf{i} + (a_P)_y\mathbf{j} + \alpha\mathbf{k} \times (\bar{x}\,\mathbf{i} + \bar{y}\,\mathbf{j}) - \omega^2\,(\bar{x}\,\mathbf{i} + \bar{y}\,\mathbf{j})$$

Executar o produto vetorial e equacionar as respectivas componentes **i** e **j**, resulta nas duas equações escalares:

$$(a_G)_x = (a_P)_x - \bar{y}\alpha - \bar{x}\,\omega^2$$
$$(a_G)_y = (a_P)_y + \bar{x}\,\alpha - \bar{y}\omega^2$$

A partir dessas equações, $[-(a_P)_x + \bar{y}\alpha] = [-(a_G)_x - \bar{x}\,\omega^2]$ e $[(a_P)_y + \bar{x}\,\alpha] = [(a_G)_y + \bar{y}\omega^2]$. Substituindo-se esses resultados na Equação 17.8 e simplificando, temos:

$$\circlearrowleft \Sigma M_P = -\bar{y}m(a_G)_x + \bar{x}\,m(a_G)_y + I_G\alpha \qquad (17.9)$$

Este importante resultado indica que quando os momentos das forças externas mostradas no diagrama de corpo livre são somados em relação ao ponto P (Figura 17.8*e*), *eles são equivalentes à soma dos 'momentos cinéticos' das componentes de* $m\mathbf{a}_G$ *em relação a P mais o 'momento cinético' de* $I_G\boldsymbol{\alpha}$ (Figura 17.8*f*). Em outras palavras, quando os 'momentos cinéticos', $\Sigma(\mathcal{M}_k)_P$, são calculados (Figura 17.8*f*), os vetores $m(\mathbf{a}_G)_x$ e $m(\mathbf{a}_G)_y$ são tratados como vetores deslizantes; isto é, eles podem atuar em *qualquer ponto ao longo de sua linha de ação*. De maneira similar, $I_G\boldsymbol{\alpha}$ pode ser tratado como um vetor livre e pode, portanto, atuar em *qualquer ponto*. É importante manter em mente, entretanto, que $m\mathbf{a}_G$ e $I_G\boldsymbol{\alpha}$ não são o mesmo que uma força ou um momento de binário. Em vez disso, eles são causados pelos efeitos externos das forças e momentos de binários atuando sobre o corpo. Com isso em mente, podemos, portanto, escrever a Equação 17.9 de uma forma mais geral como:

$$\boxed{\Sigma M_P = \Sigma(\mathcal{M}_k)_P} \qquad (17.10)$$

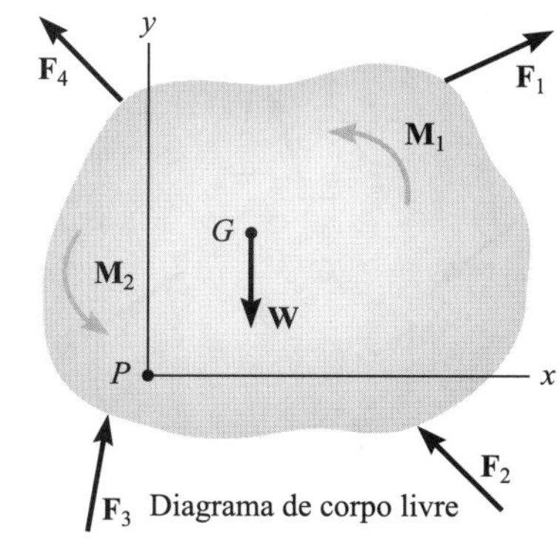

(e)

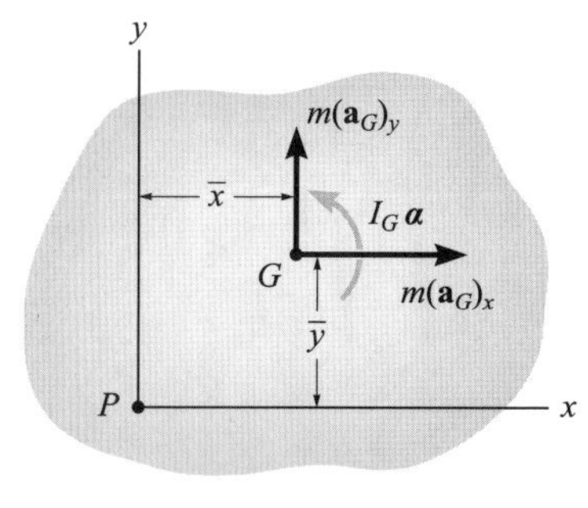

Diagrama cinético

(f)

Figura 17.8

Aplicação geral das equações de movimento

Para resumir esta análise, *três* equações escalares independentes podem ser escritas para descrever o movimento plano geral de um corpo rígido simétrico.

$$\Sigma F_x = m(a_G)_x$$
$$\Sigma F_y = m(a_G)_y$$
$$\Sigma M_G = I_G\alpha$$

ou

$$\Sigma M_P = \Sigma(\mathcal{M}_k)_P \qquad (17.11)$$

Quando aplicamos estas equações, deve-se *sempre* construir um diagrama de corpo livre (Figura 17.8*e*), a fim de levar em consideração os termos envolvidos em ΣF_x, ΣF_y, ΣM_G ou ΣM_P. Em alguns problemas também pode ser útil traçar o *diagrama cinético* para o corpo (Figura 17.8*f*). Esse diagrama considera graficamente os termos $m(\mathbf{a}_G)_x$, $m(\mathbf{a}_G)_y$ e $I_G\boldsymbol{\alpha}$. Ele é especialmente conveniente quando usado para determinar as componentes de $m\mathbf{a}_G$ e o momento dessas componentes em $\Sigma(\mathcal{M}_k)_P$.*

* Por essa razão, o diagrama cinético será usado na solução de um problema exemplo sempre que $\Sigma M_P = \Sigma(\mathcal{M}_k)_P$ for aplicada.

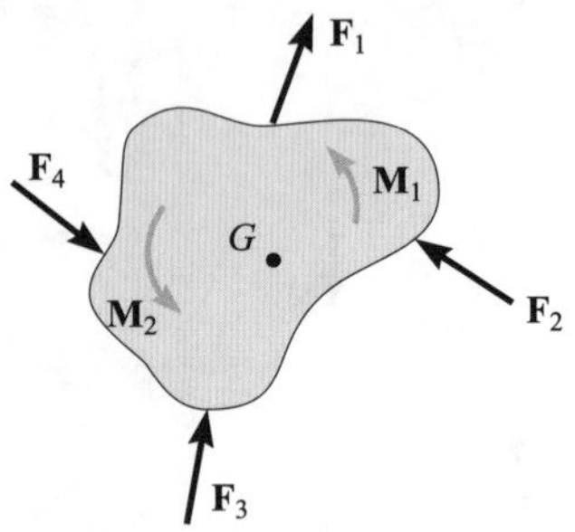

(a)

Figura 17.9

17.3 Equações de movimento: translação

Quando o corpo rígido na Figura 17.9*a* sofre uma *translação*, todas as partículas do corpo têm a *mesma aceleração*. Além disso, $\boldsymbol{\alpha} = \mathbf{0}$, caso em que a equação do movimento rotacional aplicada no ponto G reduz-se a uma forma simplificada, nominalmente, $\Sigma M_G = 0$. A aplicação desta e das equações de força de movimento serão agora discutidas para cada um dos dois tipos de translação.

Translação retilínea

Quando um corpo é submetido à *translação retilínea*, todas as partículas do corpo (placa) se deslocam ao longo de trajetórias retilíneas paralelas. Os diagramas de corpo livre e cinético estão mostrados na Figura 17.9*b*. Visto que $I_G\boldsymbol{\alpha} = \mathbf{0}$, apenas $m\mathbf{a}_G$ é mostrado no diagrama cinético. Por conseguinte, as equações do movimento que se aplicam neste caso tornam-se:

$$\Sigma F_x = m(a_G)_x$$
$$\Sigma F_y = m(a_G)_y \qquad (17.12)$$
$$\Sigma M_G = 0$$

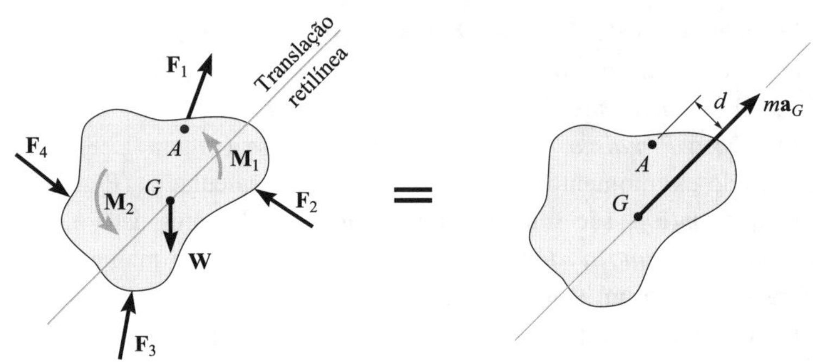

(b)

Figura 17.9

Também é possível somar os momentos em relação a outros pontos dentro ou fora do corpo, caso em que o momento de $m\mathbf{a}_G$ tem de ser levado em consideração. Por exemplo, se o ponto A é escolhido, o qual se encontra a uma distância perpendicular d da linha de ação de $m\mathbf{a}_G$, a seguinte equação de momento se aplica:

$$\curvearrowright + \Sigma M_A = \Sigma(\mathcal{M}_k)_A; \qquad \Sigma M_A = (ma_G)d$$

Aqui, a soma dos momentos das forças externas e dos momentos de binário em relação a A (ΣM_A, diagrama de corpo livre) se igualam ao momento $m\mathbf{a}_G$ em relação a A ($\Sigma(\mathcal{M}_k)_A$, diagrama cinético).

Translação curvilínea

Quando um corpo rígido é submetido à *translação curvilínea*, todas as partículas do corpo se deslocam ao longo de *trajetórias curvas paralelas*. Para análise, é frequentemente conveniente usar um sistema de coordenadas inercial tendo uma origem que coincide com o centro de massa do corpo no instante considerado, e eixos que são orientados nas direções normais e tangenciais à trajetória de movimento (Figura 17.9*c*). Então, as três equações escalares de movimento são:

$$\Sigma F_n = m(a_G)_n$$
$$\Sigma F_t = m(a_G)_t \qquad (17.13)$$
$$\Sigma M_G = 0$$

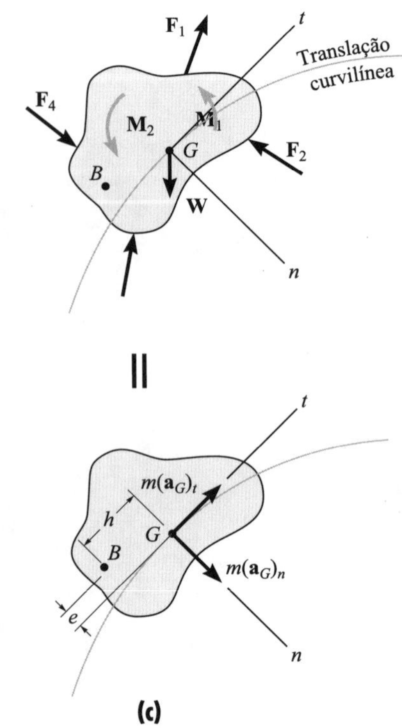

(c)

Figura 17.9

Se os momentos são somados em relação ao ponto arbitrário B (Figura 17.9*c*), então é necessário levar em consideração os momentos, $\Sigma(\mathcal{M}_k)_B$, das duas componentes $m(\mathbf{a}_G)_n$ e $m(\mathbf{a}_G)_t$ em relação a esse ponto. Do diagrama cinético, h e e representam as distâncias perpendiculares (ou 'braços do momento') de B até as linhas de ação das componentes. A equação de momento requerida torna-se, portanto,

$$\circlearrowright + \Sigma M_B = \Sigma(\mathcal{M}_k)_B; \qquad \Sigma M_B = e[m(a_G)_t] - h[m(a_G)n]$$

Procedimento para análise

Problemas cinéticos envolvendo *translação* de corpo rígido podem ser resolvidos utilizando o procedimento a seguir.

Os diagramas cinéticos e de corpo livre para este barco e reboque são traçados primeiro a fim de aplicar as equações de movimento. Aqui, as forças no diagrama de corpo livre causam os efeitos mostrados no diagrama cinético. Se os momentos são somados em relação ao centro de massa, G, então $\Sigma M_G = 0$. Entretanto, se os momentos são somados em relação ao ponto B, então $\circlearrowleft + \Sigma M_B = ma_G(d)$.

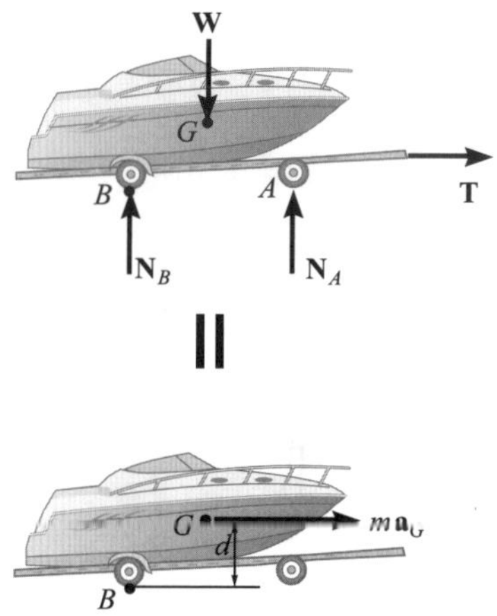

Diagrama de corpo livre

- Estabeleça o sistema de coordenadas inercial x, y ou n, t e construa o diagrama de corpo livre a fim de levar em consideração todas as forças externas e momentos de binário que atuam sobre o corpo.
- A direção e o sentido da aceleração do centro de massa do corpo $\mathbf{a}_G$ devem ser estabelecidos.
- Identifique as incógnitas no problema.
- Se for decidido que a equação de movimento rotacional $\Sigma M_P = \Sigma(\mathcal{M}_k)_P$ deve ser usada na solução, então considere traçar o diagrama cinético, visto que ele leva em consideração graficamente as componentes $m(\mathbf{a}_G)_x$, $m(\mathbf{a}_G)_y$, $m(\mathbf{a}_G)_t$, $m(\mathbf{a}_G)_n$ e é, portanto, conveniente para 'visualizar' os termos necessários no momento da soma $\Sigma(\mathcal{M}_k)_P$.

Equações de movimento

- Aplique as três equações de movimento de acordo com a convenção de sinais estabelecida.
- Para simplificar a análise, a equação de momento $\Sigma M_G = 0$ pode ser substituída pela equação mais geral $\Sigma M_P = \Sigma(\mathcal{M}_k)_P$, onde o ponto P está normalmente localizado na interseção das linhas de ação das tantas forças incógnitas quanto possível.
- Se o corpo está em contato com uma *superfície áspera* e ocorre deslizamento, use a equação de atrito $F = \mu_k N$. Lembre-se de que $\mathbf{F}$ sempre atua sobre o corpo de maneira a se opor ao movimento do corpo em relação à superfície que ele faz contato.

Cinemática

- Utilize a cinemática para determinar a velocidade e a posição do corpo.
- Para translação retilínea com *aceleração variável*

$$a_G = dv_G/dt \quad a_G ds_G = v_G dv_G \quad v_G = ds_G/dt$$

- Para translação retilínea com *aceleração constante*

$$v_G = (v_G)_0 + a_G t \qquad v_G^2 = (v_G)_0^2 + 2a_G[s_G - (s_G)_0]$$

$$s_G = (s_G)_0 + (v_G)_0^t + \frac{1}{2}a_G t^2$$

- Para translação curvilínea

$$(a_G)_n = v_G^2/\rho = \omega^2 \rho$$

$$(a_G)_t = dv_G/dt,\ (a_G)_t ds_G = v_G dv_G,\ (a_G)_t = \alpha\rho$$

Exemplo 17.5

O carro mostrado na Figura 17.10*a* tem uma massa de 2 Mg e um centro de massa em *G*. Determine a aceleração se as rodas 'motrizes' traseiras estão sempre deslizando, enquanto as rodas dianteiras estão livres para rodar. Despreze a massa das rodas. O coeficiente de atrito cinético entre as rodas e a estrada é $\mu_k = 0{,}25$.

SOLUÇÃO I

Diagrama de corpo livre

Como mostrado na Figura 17.10*b*, a força de atrito das rodas traseiras $\mathbf{F}_B$ empurra o carro para frente, e visto que *ocorre deslizamento*, $F_B = 0{,}25\ N_B$. As forças de atrito atuando sobre as *rodas da frente* são *zero*, visto que essas rodas têm massa desprezível.* Há três incógnitas no problema, N_A, N_B e a_G. Aqui, somaremos os momentos em relação ao centro de massa. O carro (ponto *G*) acelera para a esquerda, ou seja, na direção *x* negativa (Figura 17.10*b*).

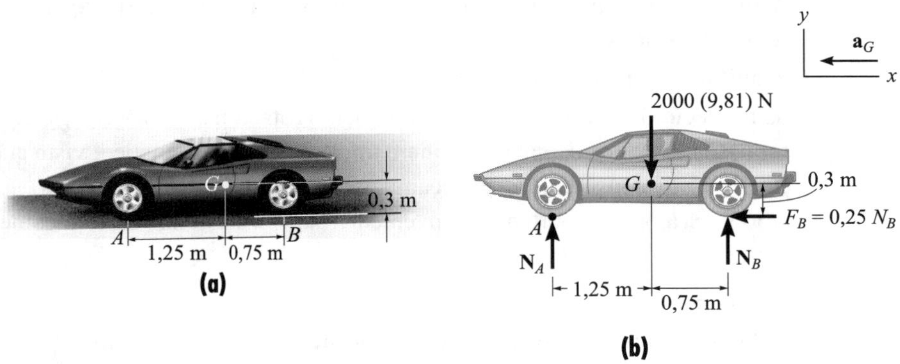

Figura 17.10

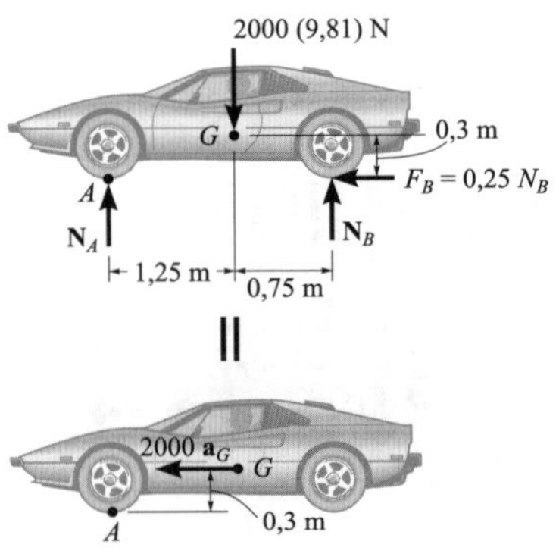

(c)

Figura 17.10

Equações de movimento

$$\overset{+}{\leftarrow} \Sigma F_x = m(a_G)_x; \qquad -0{,}25N_B = -(2000\text{ kg})a_G \tag{1}$$

$$+\uparrow \Sigma F_y = m(a_G)_y; \qquad N_A + N_B - 2000\ (9{,}81)\text{ N} = 0 \tag{2}$$

$$\curvearrowright + \Sigma M_G = 0; \ -N_A\ (1{,}25\text{ m}) - 0{,}25\ N_B\ (0{,}3\text{ m}) + N_B\ (0{,}75\text{ m}) = 0 \tag{3}$$

Resolvendo,

$$a_G = 1{,}59\text{ m/s}^2 \leftarrow$$

$$N_A = 6{,}88\text{ kN}$$

$$N_B = 12{,}7\text{ kN}$$

* Com a massa desprezível, $I\alpha = 0$ e a força de atrito em *A* necessária para girar a roda é zero. Se as massas das rodas fossem incluídas, então a solução seria mais complexa, já que a análise de movimento plano geral das rodas teria de ser considerada (ver Seção 17.5).

SOLUÇÃO II

Diagramas cinéticos e de corpo livre

Se a equação de 'momento' é aplicada em relação ao ponto A, então a incógnita N_A será eliminada da equação. Para 'visualizar' o momento de $m\mathbf{a}_G$ em relação a A, incluiremos o diagrama cinético como parte da análise (Figura 17.10*c*).

Equação de movimento

Resolvendo esta e a Equação 1 para a_G leva a uma solução mais simples do que aquela obtida das equações 1 a 3.

Exemplo 17.6

A motocicleta mostrada na Figura 17.11a tem uma massa de 125 kg e um centro de massa em G1, enquanto o motociclista tem uma massa de 75 kg e um centro de massa em G2. Determine o coeficiente de atrito estático mínimo entre as rodas e o pavimento para que o motociclista possa 'empinar' a motocicleta, ou seja, levantar a roda da frente do solo, como mostrado na fotografia. Qual é a aceleração necessária para fazer isso? Despreze a massa das rodas e assuma que a roda da frente está livre para rodar.

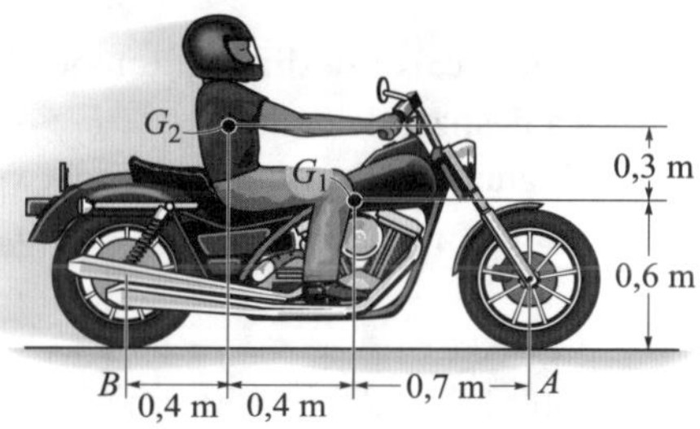

(a)

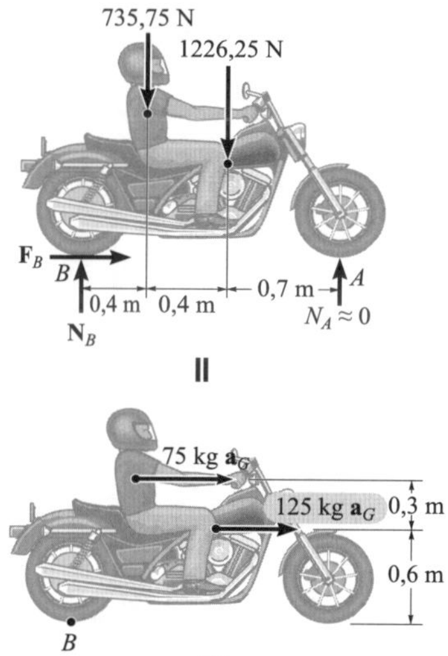

(b)

Figura 17.11

SOLUÇÃO

Diagramas cinéticos e de corpo livre

Neste problema, consideraremos tanto a motocicleta quanto o motociclista como um *sistema* único. É possível primeiro determinar a localização do centro de massa para esse 'sistema' usando as equações $\bar{x} = \Sigma\tilde{x}m / \Sigma m$ e $\bar{y} = \Sigma\tilde{y}m / \Sigma m$. Aqui, entretanto, levaremos em conta o peso e a massa da motocicleta e do motociclista em separado como mostrado nos diagramas cinético e de corpo livre (Figura 17.11*b*). Ambas as partes se deslocam com a *mesma* aceleração. Supomos que a roda da frente está *prestes* a deixar o solo, de maneira que a reação normal $N_A \approx 0$. As três incógnitas no problema são N_B, F_B e a_G.

Equações de movimento

$\xrightarrow{+} \Sigma F_x = m(a_G)_x;$ $\qquad F_B = (75 \text{ kg} + 125 \text{ kg})a_G \qquad (1)$

$+\uparrow \Sigma F_y = m(a_G)_y;$ $\qquad N_B - 735{,}75 \text{ N} - 1226{,}25 \text{ N} = 0$

$\curvearrowright + \Sigma M_B = \Sigma(\mathcal{M}_k)_B;$ $\qquad -(735{,}75 \text{ N})(0{,}4 \text{ m}) - (1226{,}25 \text{ N})(0{,}8 \text{ m}) = -(75 \text{ kg } a_G)(0{,}9 \text{ m}) - (125 \text{ kg } a_G)(0{,}6 \text{ m}) \qquad (2)$

Resolvendo,

$$a_G = 8{,}95 \text{ m/s}^2 \rightarrow$$

$$N_B = 1962 \text{ N}$$

$$F_B = 1790 \text{ N}$$

Desse modo, o coeficiente de atrito estático mínimo é:

$$(\mu_S)_{\text{mín}} = \frac{F_B}{N_B} = \frac{1790 \text{ N}}{1962 \text{ N}} = 0{,}912$$

Exemplo 17.7

Uma caixa uniforme de 50 kg repousa sobre uma superfície horizontal para a qual o coeficiente de atrito cinético é $\mu_k = 0{,}2$. Determine a aceleração se uma força de $P = 600$ N é aplicada à caixa como mostrado na Figura 17.12*a*.

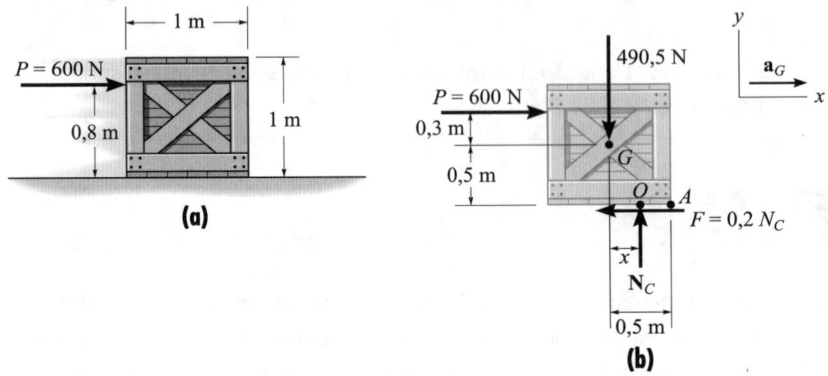

Figura 17.12

SOLUÇÃO

Diagrama de corpo livre

A força **P** pode fazer com que a caixa deslize ou tombe. Como mostrado na Figura 17.12*b*, supõe-se que a caixa deslize, de maneira que $F = \mu_k N_C = 0{,}2N_C$. Além disso, a força normal resultante $\mathbf{N}_C$ atua em O, a uma distância x (onde $0 < x \leq 0{,}5$ m) da linha de centro da caixa.* As três incógnitas são N_C, x e a_G.

Equações de movimento

$\overset{+}{\rightarrow} \Sigma F_x = m(a_G)_x;$ $\quad 600 \text{ N} - 0{,}2N_C = (50 \text{ kg})a_G \quad (1)$

$+\uparrow \Sigma F_y = m(a_G)_y;$ $\quad N_C - 490{,}5 \text{ N} = 0 \quad (2)$

$\curvearrowright + \Sigma M_G = 0;$ $\quad -600 \text{ N } (0{,}3 \text{ m}) + N_C(x) - 0{,}2N_C(0{,}5 \text{ m}) = 0 \quad (3)$

Resolvendo,

$N_C = 490{,}5$ N

$x = 0{,}467$ m

$a_G = 10{,}0 \text{ m/s}^2 \rightarrow$

Visto que $x = 0{,}467$ m $< 0{,}5$ m, realmente a caixa desliza como originalmente assumido.

NOTA: Se a solução tivesse dado um valor de $x > 0{,}5$ m, o problema teria de ser refeito, visto que a caixa tombaria. Se este fosse o caso, $\mathbf{N}_C$ atuaria no *ponto do canto A* e $F \leq 0{,}2\, \mathbf{N}_C$.

Exemplo 17.8

A viga *BD* de 100 kg mostrada na Figura 17.13*a* é suportada por duas barras que têm massa desprezível. Determine a força desenvolvida em cada barra se no instante $\theta = 30°$, $\omega = 6$ rad/s.

* A linha de ação de $\mathbf{N}_C$ não passa necessariamente pelo centro de massa G ($x = 0$), visto que $\mathbf{N}_C$ tem de se contrapor à tendência de tombamento causada por **P**. Ver a Seção 8.1 de *Estática: mecânica aplicada à engenharia*.

SOLUÇÃO

Diagrama de corpo livre

A viga se desloca com uma *translação curvilínea*, visto que todos os pontos na viga se deslocam ao longo de trajetórias circulares, cada trajetória tendo o mesmo raio de 0,5 m. Utilizando coordenadas normais e tangenciais, o diagrama de corpo livre para a viga é mostrado na Figura 17.13*b*. Em virtude da *translação*, *G* tem o *mesmo* movimento que o pino em *B*, que está conectado tanto à barra quanto à viga. Observe que a componente tangencial da aceleração atua para baixo e para a esquerda em razão da direção no sentido horário de $\boldsymbol{\alpha}$ (Figura 17.13*c*). Além disso, a componente normal da aceleração é *sempre* direcionada para o centro da curvatura (na direção do ponto *A* para a barra *AB*). Visto que a velocidade angular de *AB* é 6 rad/s quando $\theta = 30°$, então:

$$(a_G)_n = \omega^2 r = (6 \text{ rad/s})^2 \, (0{,}5 \text{ m}) = 18 \text{ m/s}^2$$

As três incógnitas são T_B, T_D e $(a_G)_t$. As direções de $(\mathbf{a}_G)_n$ e $(\mathbf{a}_G)_t$ foram estabelecidas, e são indicadas nos eixos de coordenadas.

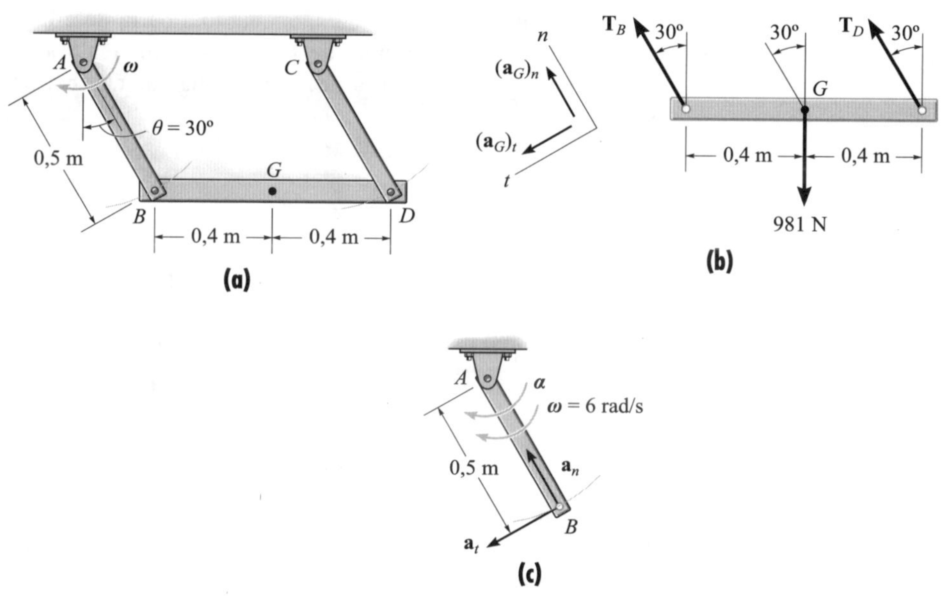

Figura 17.13

Equações de movimento

$$+\nwarrow \Sigma F_n = m(a_G)_n;\quad T_B + T_D - 981 \cos 30° \text{ N} = 100 \text{ kg } (18 \text{ m/s}^2) \qquad (1)$$

$$+\swarrow \Sigma F_t = m(a_G)_t;\quad 981 \text{ sen } 30° = 100 \text{ kg}(a_G)_t \qquad (2)$$

$$\circlearrowright + \Sigma M_G = 0;\quad -(T_B \cos 30°)(0{,}4 \text{ m}) + (T_D \cos 30°)(0{,}4 \text{ m}) = 0 \qquad (3)$$

A solução simultânea destas três equações resulta em:

$$T_B = T_D = 1{,}32 \text{ kN}$$

$$(a_G)_t = 4{,}905 \text{ m/s}^2$$

NOTA: Também é possível aplicar as equações de movimento ao longo de eixos horizontais e verticais *x*, *y*, mas a solução torna-se mais complicada.

Problemas fundamentais

17.1. O carrinho e sua carga têm uma massa total de 100 kg. Determine a aceleração do carrinho e as reações normais sobre o par de rodas em A e B. Despreze a massa das rodas.

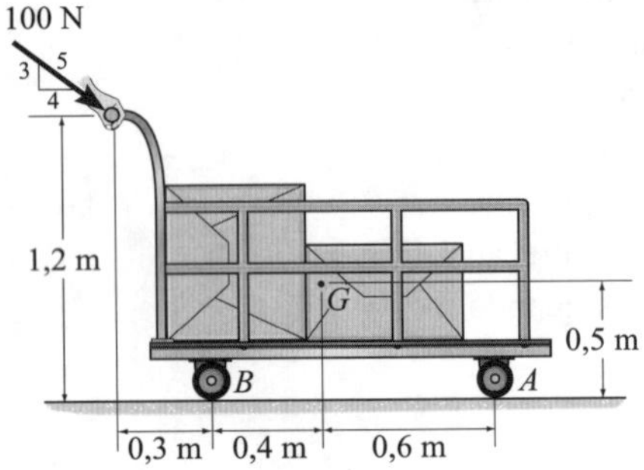

Problema 17.1

17.2. Se o armário de 80 kg é liberado para rolar para baixo sobre o plano inclinado, determine a aceleração do armário e as reações normais sobre o par de roletes em A e B que têm massa desprezível.

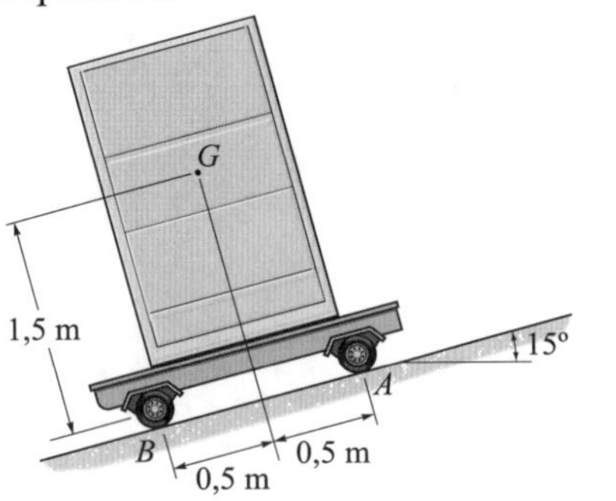

Problema 17.2

17.3. A barra AB de 100 N (≈10 kg) está presa com pino a uma estrutura em movimento em A e é mantida em uma posição vertical por uma corda BC que pode suportar uma tração máxima de 50 N. Determine a aceleração máxima da estrutura sem romper a corda. Quais são as componentes correspondentes à reação no pino A?

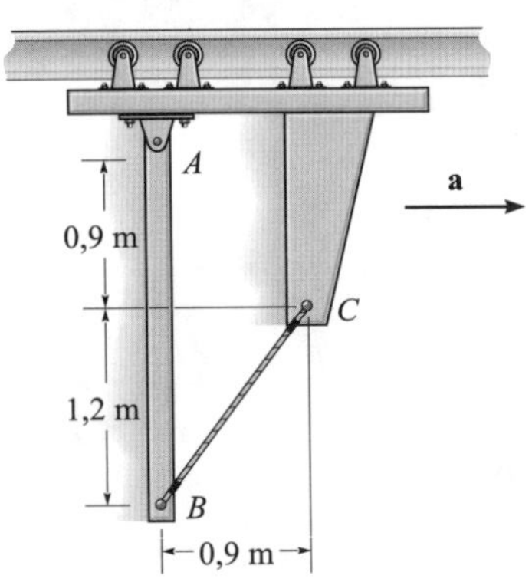

Problema 17.3

17.4. Determine a aceleração máxima do caminhão sem fazer com que a montagem se desloque em relação ao caminhão. Além disso, qual é a reação normal correspondente sobre as pernas A e B? A mesa de 100 kg tem um centro de massa G e o coeficiente de atrito estático entre as pernas da mesa e o piso da carroceria do caminhão é $\mu_s = 0{,}2$.

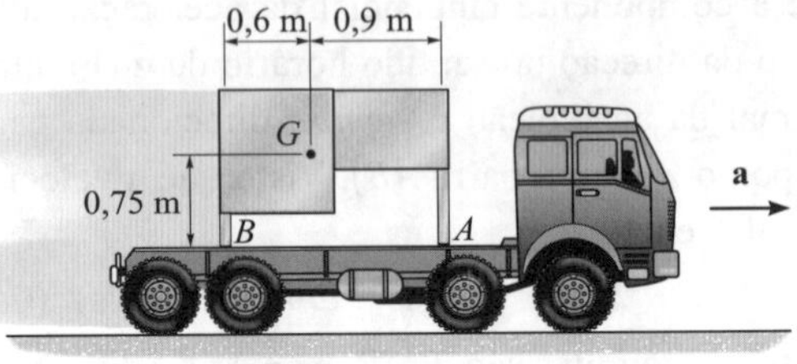

Problema 17.4

17.5. No instante mostrado, ambas as barras de massa desprezível balançam com uma velocidade angular no sentido anti-horário $\omega = 5$ rad/s, enquanto a barra de 50 kg está sujeita à força horizontal de 100 N. Determine a tração desenvolvida nas barras e a aceleração angular das barras nesse instante.

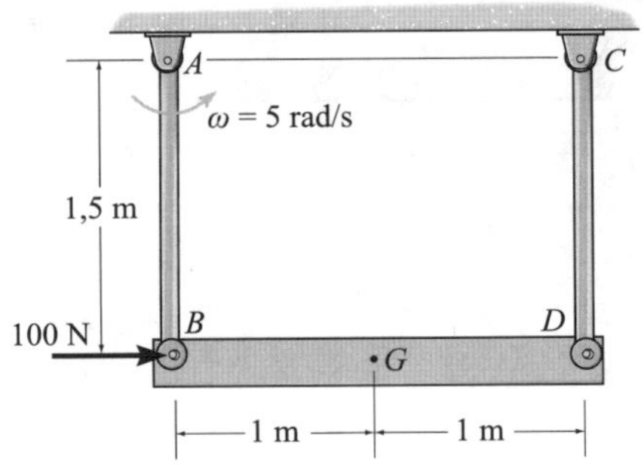

Problema 17.5

17.6. No instante mostrado, o membro CD gira com uma velocidade angular $\omega = 6$ rad/s. Se ele está sujeito a um momento de binário $M = 450$ N · m, determine a força desenvolvida no membro AB, a componente horizontal e vertical da reação sobre o pino D e a aceleração angular do membro CD nesse instante. O bloco tem uma massa de 50 kg e centro de massa em G. Despreze a massa dos membros AB e CD.

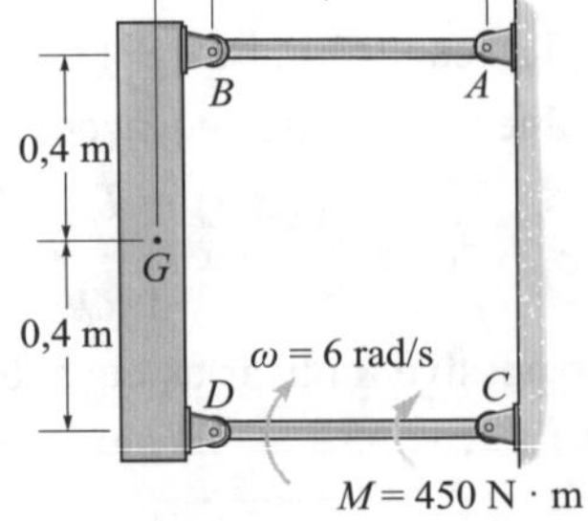

Problema 17.6

Problemas

*17.24. O recipiente uniforme de 4 Mg contém lixo nuclear encapsulado em concreto. Se a massa da viga de sustentação *BD* é 50 kg, determine a força em cada um dos membros *AB, CD, EF* e *GH* quando o sistema é içado com uma aceleração $a = 2$ m/s^2 por um curto período.

•17.25. O recipiente uniforme de 4 Mg contém lixo nuclear encapsulado em concreto. Se a massa da viga de sustentação *BD* é 50 kg, determine a maior aceleração vertical **a** do sistema de maneira que cada um dos membros *AB* e *CD* não sejam submetidos a uma força maior do que 30 kN e os membros *EF* e *GH* não sejam submetidos a uma força maior do que 34 kN.

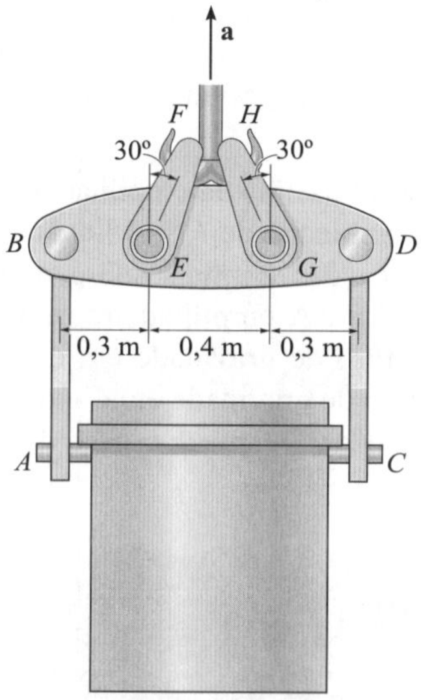

Problemas 17.24/25

17.26. O *dragster* tem uma massa de 1200 kg e um centro de massa em *G*. Se um paraquedas de freio é fixado em *C* e fornece uma força horizontal de frenagem $F = (1{,}6\,v^2)$ N, onde v é dado em metros por segundo, determine a velocidade crítica que o *dragster* pode ter ao soltar o paraquedas de maneira que as rodas em *B* estejam na iminência de deixar o solo; ou seja, a reação normal em *B* é zero. Se tal condição ocorrer, determine a desaceleração inicial do *dragster*. Despreze a massa das rodas e suponha que o motor está desengatado de maneira que as rodas estão livres para rodar.

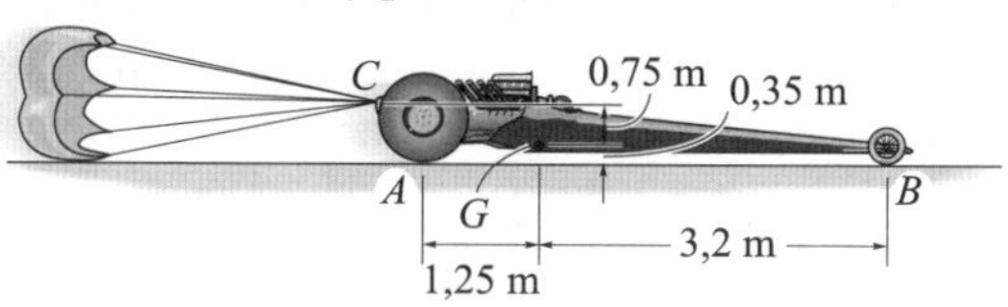

Problema 17.26

17.27. Quando o mecanismo de içamento está operando, a carga de 2000 N é submetida a uma aceleração para cima de 1,5 m/s^2. Determine a força compressiva que a carga cria em cada uma das colunas, *AB* e *CD*. Qual é a força compressiva em cada uma dessas colunas se a carga está se deslocando para cima a uma velocidade constante de 0,9 m/s? Suponha que as colunas só conseguem suportar uma carga axial.

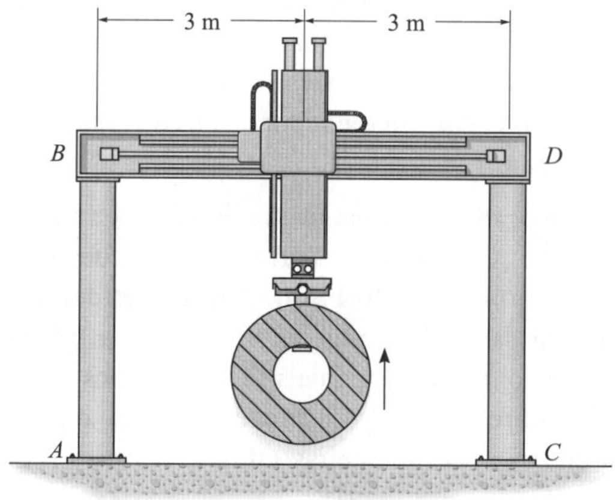

Problema 17.27

*17.28. O avião a jato tem uma massa de 22 Mg e um centro de massa em *G*. Se um cabo de rebocar está fixado à parte superior do trem de pouso do nariz e exerce uma força $T = 400$ N, como mostrado, determine a aceleração do avião e as reações normais sobre o trem de pouso do nariz e em cada um dos dois trens de pouso das asas localizados em *B*. Despreze a força de sustentação das asas e a massa dos trens de pouso.

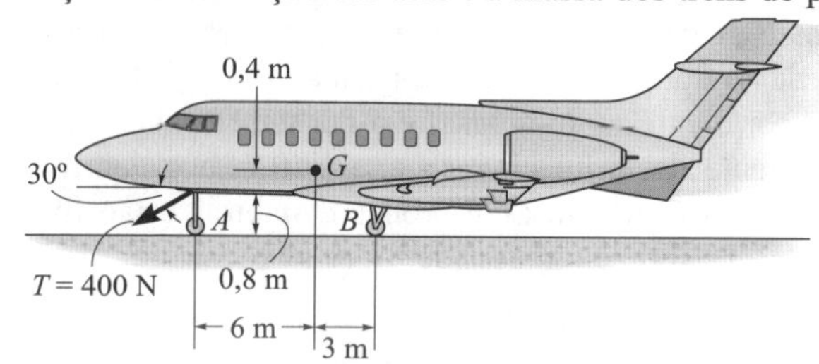

Problema 17.28

•17.29. A empilhadeira manual tem uma massa de 70 kg e centro de massa em *G*. Se ela levanta a bobina de 120 kg com uma aceleração de 3 m/s^2, determine as reações em cada uma das quatro rodas. A carga é simétrica. Despreze a massa do braço móvel *CD*.

17.30. A empilhadeira manual tem uma massa de 70 kg e centro de massa em *G*. Determine a maior aceleração para cima da bobina de 120 kg de maneira que nenhuma reação sobre as rodas exceda 600 N.

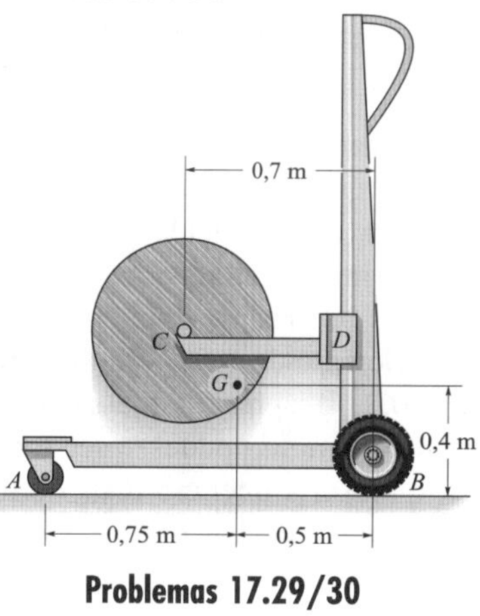

Problemas 17.29/30

17.31. O *dragster* tem uma massa de 1500 kg e um centro de massa em G. Se o coeficiente de atrito cinético entre as rodas traseiras e o pavimento é $\mu_k = 0{,}6$, determine se é possível para o motorista levantar as rodas dianteiras, A, do solo enquanto as rodas motrizes traseiras estão deslizando. Despreze a massa das rodas e suponha que as rodas dianteiras estão livres para rodar.

***17.32.** O *dragster* tem uma massa de 1500 kg e um centro de massa em G. Se não ocorre nenhum deslizamento, determine a força de atrito $\mathbf{F}_B$ que tem de ser desenvolvida em cada uma das rodas motrizes traseiras B a fim de criar uma aceleração $a = 6$ m/s^2. Quais são as reações normais de cada roda sobre o solo? Despreze a massa das rodas e suponha que as rodas dianteiras estão livres para rodar.

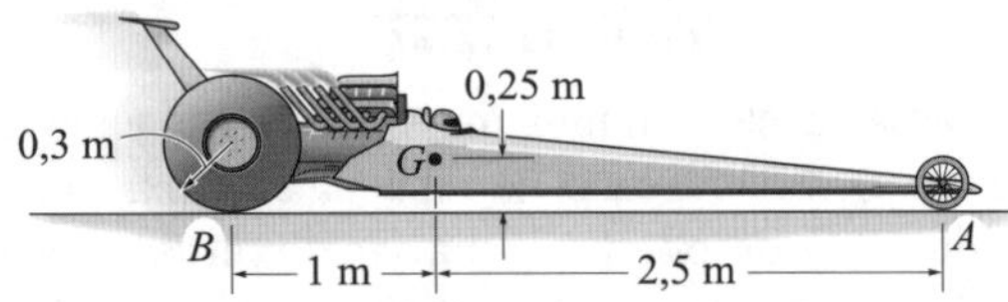

Problemas 17.31/32

•17.33. Na largada de uma corrida, as rodas motrizes traseiras B do carro de 775 kg derrapam na pista. Determine a aceleração do carro e a reação normal que a pista exerce sobre o par dianteiro de rodas A e o par traseiro de rodas B. O coeficiente de atrito cinético é $\mu_k = 0{,}7$, e o centro de massa do carro está em G. As rodas dianteiras estão livres para rodar. Despreze a massa de todas as rodas.

17.34. Determine a aceleração máxima que pode ser alcançada pelo carro de 775 kg sem que as rodas dianteiras A deixem a pista ou as rodas motrizes traseiras B deslizem na pista. O coeficiente de atrito estático é $\mu_s = 0{,}9$. O centro de massa do carro está em G e as rodas dianteiras estão livres para rodar. Despreze a massa de todas as rodas.

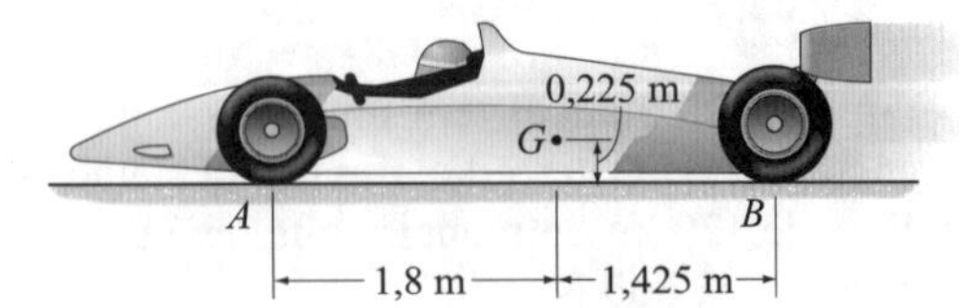

Problemas 17.33/34

17.35. O carro esportivo tem uma massa de 1,5 Mg e um centro de massa em G. Determine o tempo mais curto que ele leva para alcançar uma velocidade de 80 km/h, partindo do repouso, se o motor impulsiona somente as rodas traseiras, enquanto as rodas dianteiras estão rodando livremente. O coeficiente de atrito estático entre as rodas e a estrada é $\mu_s = 0{,}2$. Despreze a massa das rodas para o cálculo. Se a potência motriz pudesse ser fornecida a todas as quatro rodas, qual seria o tempo mais curto para o carro alcançar uma velocidade de 80 km/h?

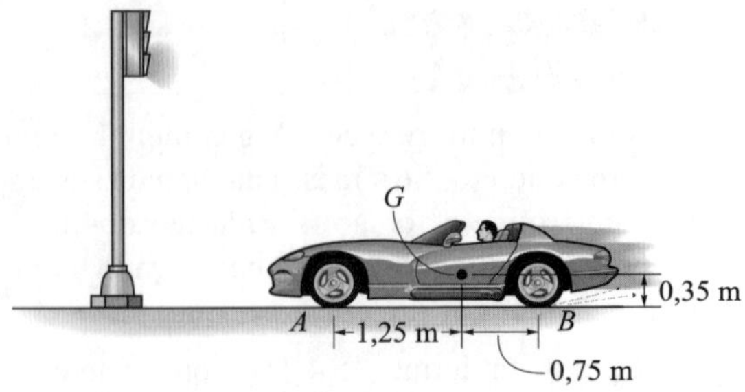

Problema 17.35

***17.36.** A empilhadeira se desloca para frente com uma velocidade constante de 2,7 m/s. Determine a distância de parada mais curta sem fazer com que nenhuma das rodas deixe o solo. A empilhadeira tem uma massa de 1000 kg com centro de gravidade em G_1, e a carga pesa 4500 N ($\approx$ 450 kg) com centro de gravidade em G_2. Despreze o peso das rodas.

•17.37. Se as rodas traseiras da empilhadeira fornecem uma força de tração combinada de $F_A = 1500$ N, determine a sua aceleração e as reações normais sobre os pares de rodas traseiras e dianteiras. A empilhadeira tem uma massa de 1000 kg, com centro de gravidade em G_1, e a carga pesa 4500 N, com centro de gravidade em G_2. As rodas dianteiras estão livres para rodar. Despreze o peso das rodas.

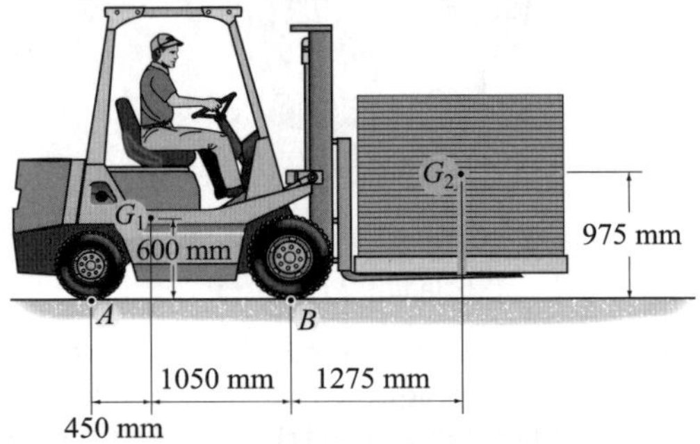

Problemas 17.36/37

17.38. Cada caixa uniforme na pilha de quatro caixas tem uma massa de 4 kg. A pilha está sendo transportada em um carrinho que tem uma massa de 15 kg. Determine a força máxima $\mathbf{F}$ que a mulher pode exercer sobre o carrinho na direção mostrada de maneira que nenhuma caixa na pilha tombe ou deslize. O coeficiente de atrito estático em todos os pontos de contato é $\mu_s = 0{,}5$. As rodas do carrinho estão livres para rodar. Despreze sua massa.

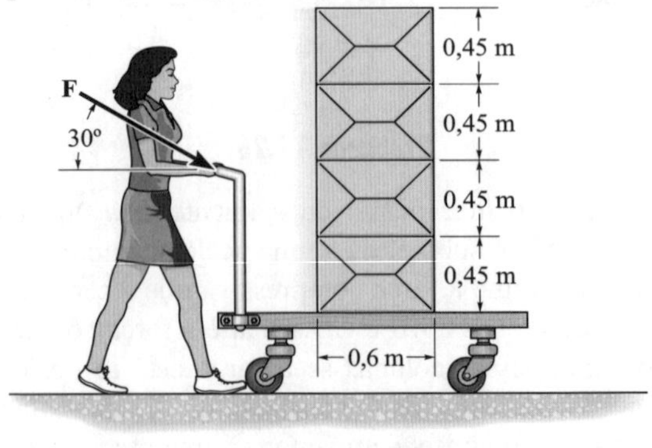

Problema 17.38

17.39. A empilhadeira e o operador têm uma massa combinada de 5000 kg e centro de massa em G. Se a empilhadeira é usada para erguer o cano de concreto de 1000 kg, determine a aceleração vertical máxima que ela pode fornecer ao cano de maneira que ela não tombe sobre suas rodas dianteiras.

***17.40.** A empilhadeira e o operador têm uma massa combinada de 5000 kg e centro de massa em G. Se a empilhadeira é usada para erguer o cano de concreto de 1000 kg, determine as reações normais sobre cada uma das quatro rodas se o cano é submetido a uma aceleração para cima de 1,2 m/s^2.

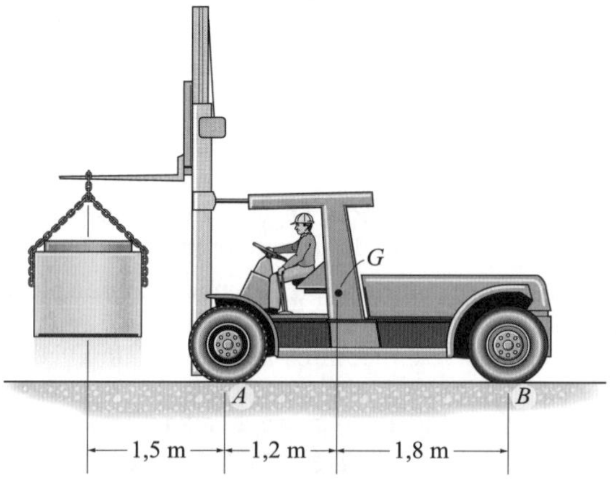

Problemas 17.39/40

•17.41. O carro, tendo uma massa de 1,40 Mg e centro de massa em G_c, puxa um reboque carregado tendo uma massa de 0,8 Mg e centro de massa em G_t. Determine as reações normais sobre ambas as rodas dianteiras e traseiras do carro e as rodas do reboque se o motorista aplica os freios traseiros C do carro e provoca uma derrapagem. Adote $\mu_C = 0,4$ e suponha que o engate em A é uma junta pinada ou esférica. As rodas em B e D estão livres para rodar. Despreze suas massas e a massa do motorista.

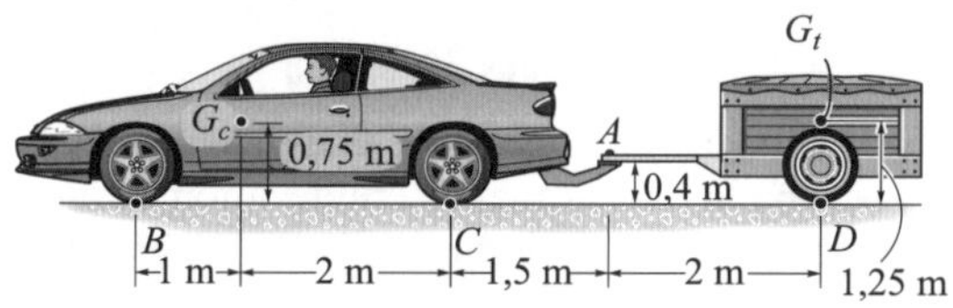

Problema 17.41

17.42. A caixa uniforme tem uma massa de 50 kg e repousa sobre o carrinho tendo uma superfície inclinada. Determine a menor aceleração que vai fazer com que a caixa tombe ou deslize em relação ao carrinho. Qual é a intensidade dessa aceleração? O coeficiente de atrito estático entre a caixa e o carrinho é $\mu_s = 0,5$.

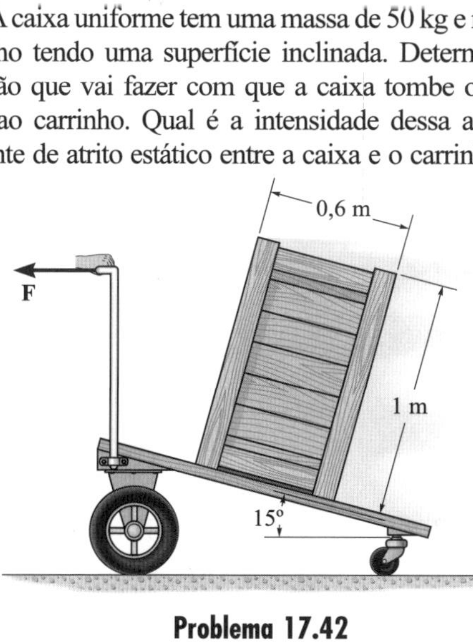

Problema 17.42

17.43. O braço BDE do robô industrial é ativado aplicando-se o torque $M = 50$ N · m ao membro CD. Determine as reações nos pinos B e D quando os membros estão na posição mostrada e têm uma velocidade angular de 2 rad/s. O braço BDE tem uma massa de 10 kg com centro de massa em G_1. O recipiente mantido em sua garra em E tem uma massa de 12 kg com centro de massa em G_2. Despreze a massa dos membros AB e CD.

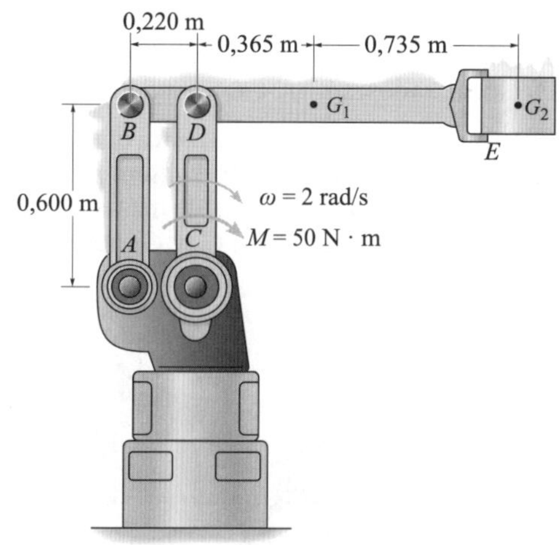

Problema 17.43

***17.44.** O carrinho de mão tem uma massa de 200 kg e centro de massa em G. Determine as reações normais em cada uma das duas rodas em A e em B se uma força de P = 50 N for aplicada à alça. Despreze a massa das rodas.

•17.45. O carrinho de mão tem uma massa de 200 kg e centro de massa em G. Determine a maior intensidade da força **P** que pode ser aplicada à alça de maneira que as rodas em A ou B continuem a manter contato com o solo. Despreze a massa das rodas.

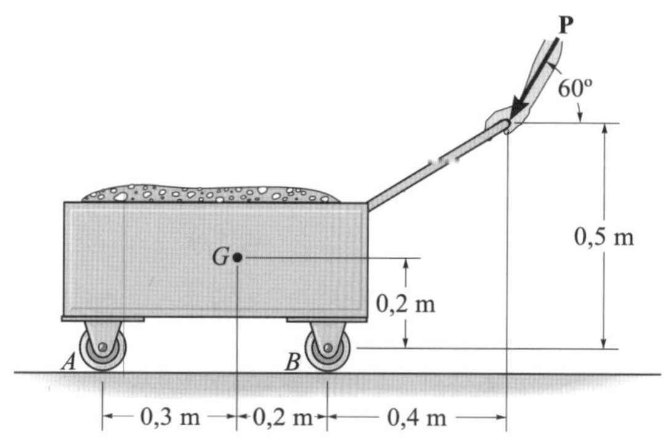

Problemas 17.44/45

17.46. O avião a jato é propelido por quatro motores para aumentar sua velocidade uniformemente do repouso até 100 m/s em uma distância de 500 m. Determine o empuxo **T** desenvolvido por todos os motores e a reação normal sobre a roda do nariz A. A massa total do avião é 150 Mg e o centro de massa está no ponto G. Despreze a resistência do ar e ao rolamento, e o efeito da sustentação.

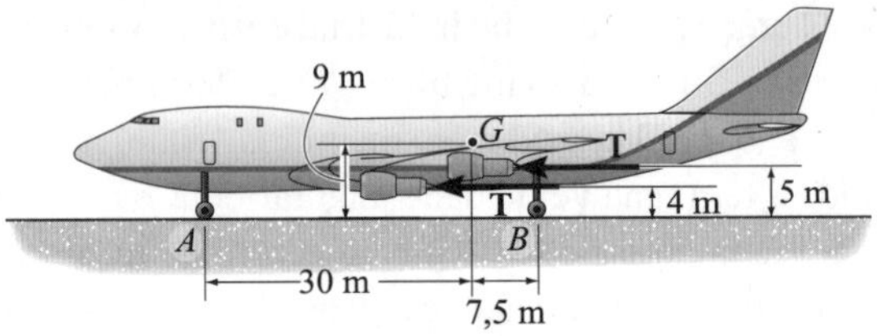

Problema 17.46

17.47. A empilhadeira de 1 Mg é usada para levantar a caixa de 750 kg com uma aceleração constante de 2 m/s^2. Determine a reação exercida pelo solo sobre o par de rodas em A e em B. Os centros de massa para a empilhadeira e a caixa estão localizados em G_1 e G_2, respectivamente.

***17.48.** Determine a maior aceleração com a qual a empilhadeira de 1 Mg pode levantar a caixa de 750 kg, sem fazer com que as rodas em B deixem o solo. Os centros de massa para a empilhadeira e a caixa estão localizados em G_1 e G_2, respectivamente.

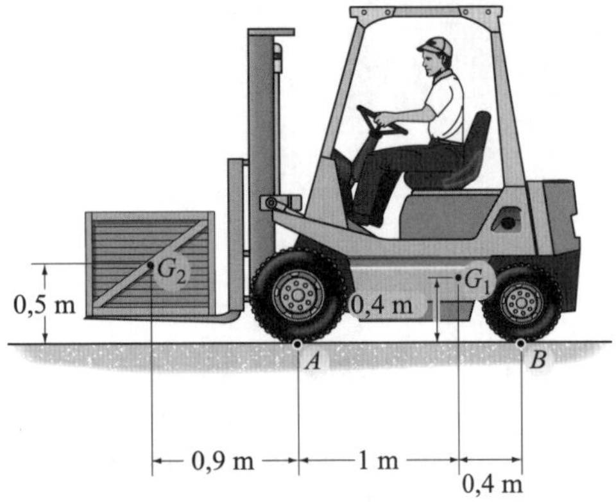

Problemas 17.47/48

•**17.49.** A motoesqui tem uma massa de 125 kg, centrada em G_1, enquanto o motorista tem uma massa de 75 kg, centrada em G_2. Se a aceleração é $a = 6$ m/s^2, determine a altura máxima h de G_2 do motorista, tal que o esqui frontal da motoesqui não saia do solo. Também, qual é a força de tração (horizontal) e a reação normal sob as esteiras traseiras em A?

17.50. A motoesqui tem uma massa de 125 kg, centrada em G_1, enquanto o motorista tem uma massa de 75 kg, centrada em G_2. Se $h = 0,9$ m, determine a aceleração permissível máxima da motoesqui **a** de maneira que seu esqui dianteiro não saia do solo. Determine também a força de tração (horizontal) e a reação normal sob as esteiras traseiras em A.

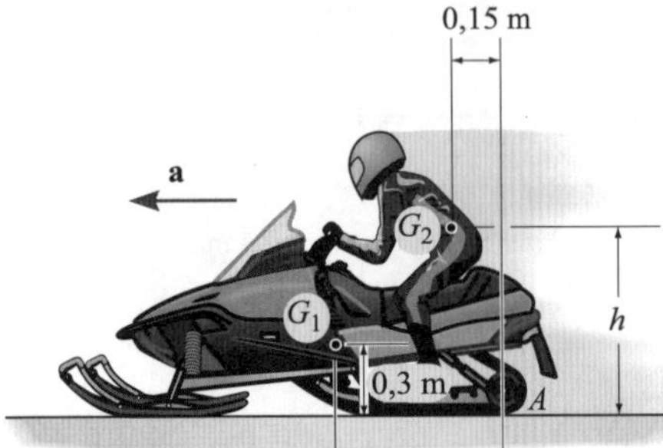

Problema 17.50

17.51. O reboque com sua carga tem uma massa de 150 kg e um centro de massa em G. Se ele é submetido a uma força horizontal $P = 600$ N, determine a aceleração do reboque e a força normal sobre o par de rodas em A e em B. As rodas estão livres para rodar e têm massa desprezível.

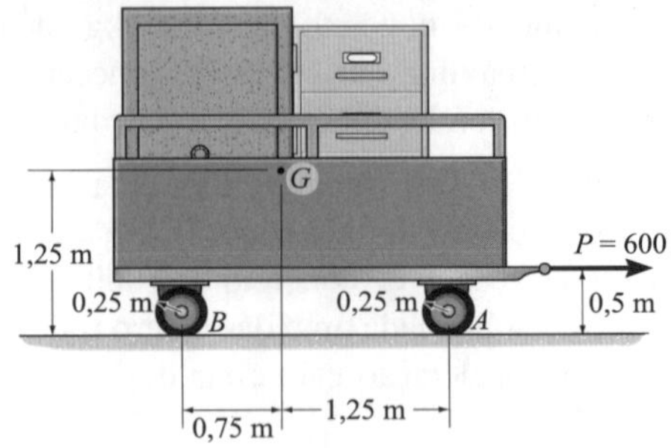

Problema 17.51

***17.52.** A caixa uniforme de 50 kg repousa sobre a plataforma para a qual o coeficiente de atrito estático é $\mu_s = 0,5$. Se os membros-apoio têm uma velocidade angular $\omega = 1$ rad/s, determine a maior aceleração angular α que eles podem ter de maneira que a caixa não deslize ou tombe no instante $\theta = 30°$.

•**17.53.** A caixa uniforme de 50 kg repousa sobre a plataforma para a qual o coeficiente de atrito estático é $\mu_s = 0,5$. Se no instante $\theta = 30°$ os membros-apoio têm uma velocidade angular $\omega = 1$ rad/s e aceleração angular $\alpha = 0,5$ rad/s^2, determine a força de atrito sobre a caixa.

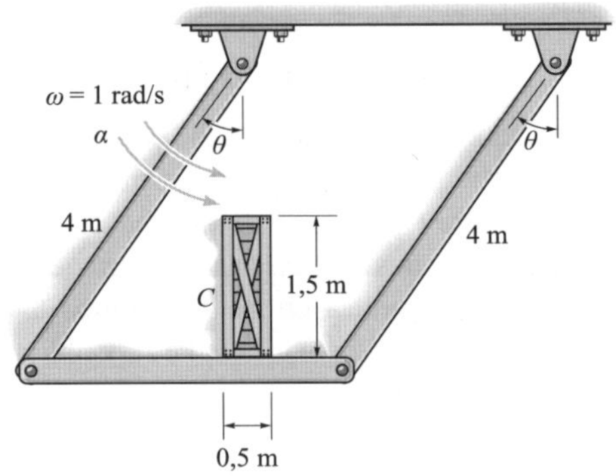

Problemas 17.52/53

17.54. Se o cilindro hidráulico BE exerce uma força vertical $F = 1,5$ kN sobre a plataforma, determine a força desenvolvida nos membros AB e CD no instante $\theta = 90°$. A plataforma está em repouso quando $\theta = 45°$. Despreze a massa dos membros e da plataforma. A caixa de 200 kg não desliza sobre a plataforma.

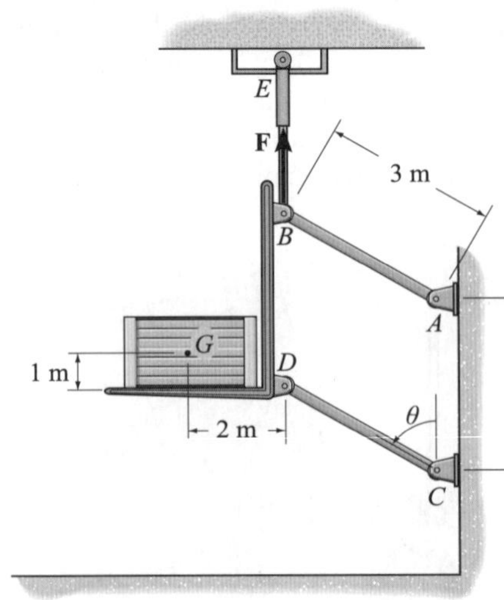

Problema 17.54

17.55. Uma placa uniforme tem uma massa de 25 kg. O membro AB está submetido a um momento de binário $M = 15$ N · m e tem uma velocidade angular no sentido horário de 2 rad/s no instante $\theta = 30°$. Determine a força desenvolvida no membro CD e a componente tangencial da aceleração do centro de massa da placa nesse instante. Despreze a massa dos membros AB e CD.

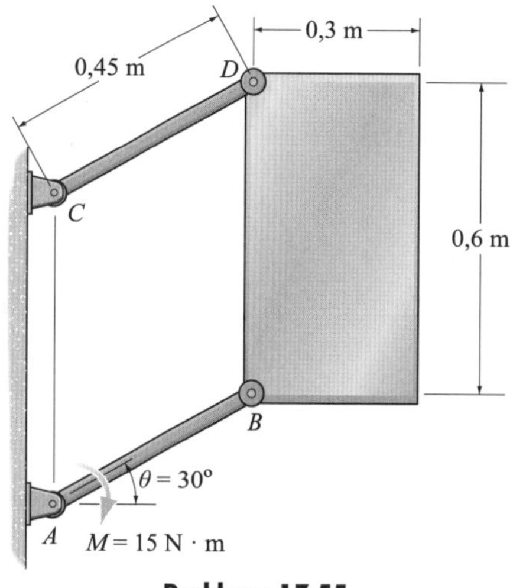

Problema 17.55

17.4 Equações de movimento: rotação em torno de um eixo fixo

Considere o corpo rígido (ou placa) mostrado na Figura 17.14a, que está restrito a girar no plano vertical em torno de um eixo fixo perpendicular à página e passando pelo pino em O. A velocidade angular e a aceleração angular são causadas pelo sistema de forças externas e momentos de binário atuando sobre o corpo. Como o centro de massa G do corpo se desloca em torno de uma *trajetória circular*, a aceleração desse ponto é mais bem representada pelas suas componentes normais e tangenciais. A *componente tangencial de aceleração* tem uma intensidade $(a_G)_t = \alpha r_G$ e tem de atuar em uma *direção* que seja *consistente* com a aceleração angular do corpo $\boldsymbol{\alpha}$. A *intensidade* da *componente normal da aceleração* é $(a_G)_n = \omega^2 r_G$. Esta componente está *sempre direcionada* do ponto G para O, independentemente do sentido rotacional de $\boldsymbol{\omega}$.

Os diagramas cinéticos e de corpo livre para o corpo são mostrados na Figura 17.14b. As duas componentes $m(\mathbf{a}_G)_t$ e $m(\mathbf{a}_G)_n$, mostradas no diagrama cinético, estão associadas com as componentes tangenciais e normais da aceleração do centro de massa do corpo. O vetor $I_G\boldsymbol{\alpha}$ atua na mesma *direção* que $\boldsymbol{\alpha}$ e tem uma *intensidade* $I_G\alpha$, onde I_G é o momento de inércia do corpo calculado em relação a um eixo que é perpendicular à página e passa por G. Da derivação dada na Seção 17.2, as equações de movimento que se aplicam ao corpo podem ser escritas na forma

$$\begin{aligned} \Sigma F_n &= m(a_G)_n = m\omega^2 r_G \\ \Sigma F_t &= m(a_G)_t = m\alpha r_G \\ \Sigma M_G &= I_G\alpha \end{aligned} \qquad (17.14)$$

A equação do momento pode ser substituída por uma soma de momentos em relação a qualquer ponto arbitrário P dentro e fora do corpo, desde que sejam considerados os momentos $\Sigma(\mathcal{M}_k)_P$ produzidos por $I_G\boldsymbol{\alpha}$, $m(\mathbf{a}_G)_t$ e $m(\mathbf{a}_G)_n$, em relação ao ponto. Com frequência, é conveniente somar os momentos em relação ao pino em O, a fim de eliminar a força *desconhecida* $\mathbf{F}_O$. Do diagrama cinético (Figura 17.14b), isto requer

$$\circlearrowright + \Sigma M_O = \Sigma(\mathcal{M}_k)_O; \qquad \Sigma M_O = r_G m(a_G)_t + I_G\alpha \quad (17.15)$$

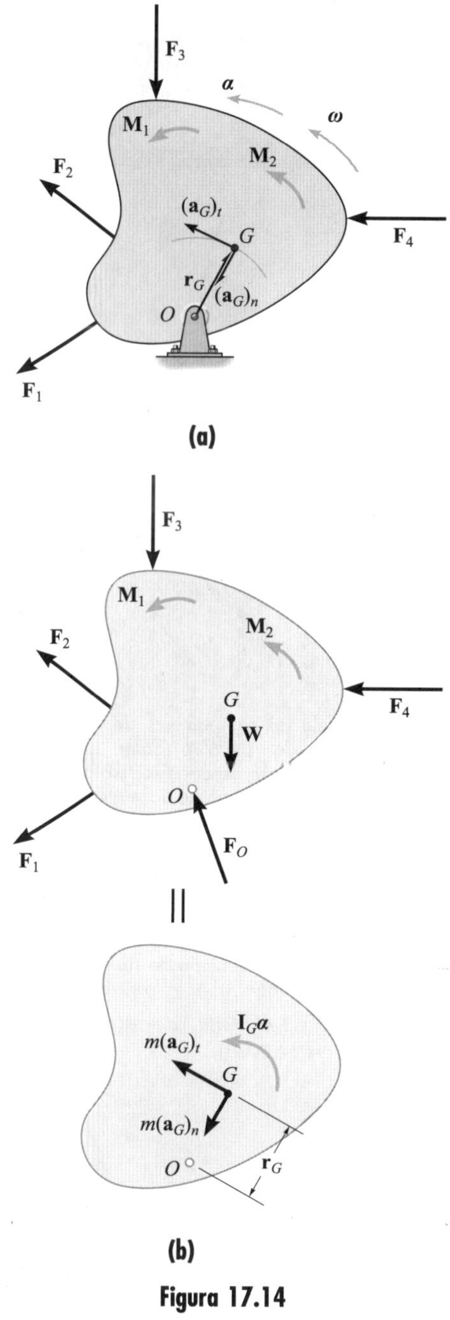

Figura 17.14

Observe que o momento de $m(\mathbf{a}_G)_n$ não está incluído aqui, visto que a linha de ação desse vetor passa por O. Substituindo $(a_G)_t = r_G\alpha$, podemos reescrever a equação acima como $\circlearrowright + \Sigma M_O = (I_G + mr_G^2)\alpha$. Do teorema dos eixos paralelos, $I_O = I_G + md^2$, e, portanto, o termo entre parênteses representa o *momento de inércia do corpo em relação ao eixo fixo de rotação passando por O.** Consequentemente, podemos escrever as três equações de movimento para o corpo como:

$$\begin{aligned} \Sigma F_n &= m(a_G)_n = m\omega^2 r_G \\ \Sigma F_t &= m(a_G)_t = m\alpha r_G \\ \Sigma M_O &= I_O\alpha \end{aligned} \tag{17.16}$$

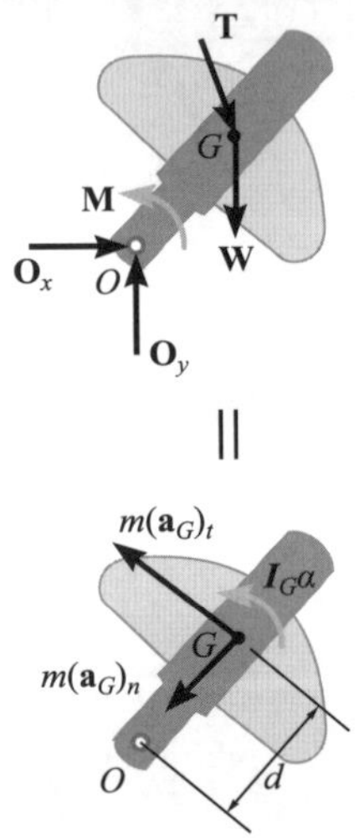

A manivela do equipamento de bombeamento de petróleo sofre uma rotação em torno de um eixo fixo que é causada pelo torque de acionamento **M** do motor. As cargas mostradas no diagrama de corpo livre causam os efeitos mostrados no diagrama cinético. Se os momentos são somados em relação ao centro de massa, G, então $\Sigma M_G = I_G\alpha$. Entretanto, se os momentos são somados em relação ao ponto O, observando que $(a_G)_t = \alpha d$, então $\circlearrowright + \Sigma M_O = I_G\alpha + m(a_G)_t d + m(a_G)_n(0) = (I_G + md^2)\alpha = I_O\alpha$.

Quando utilizar estas equações, lembre-se de que '$I_O\alpha$' leva em consideração o 'momento' de *ambos* $m(\mathbf{a}_G)_t$ *e* $I_G\boldsymbol{\alpha}$ em relação ao ponto O (Figura 17.14*b*). Em outras palavras, $\Sigma M_O = \Sigma(\mathcal{M}_k)_O = I_O\alpha$, como indicado pelas equações 17.15 e 17.16.

Procedimento para análise

Problemas cinéticos que envolvem a rotação de um corpo em torno de um eixo fixo podem ser resolvidos utilizando-se o procedimento a seguir.

Diagrama de corpo livre

- Estabeleça o sistema de coordenadas inercial n, t e especifique a direção e o sentido das acelerações $(\mathbf{a}_G)_n$ e $(\mathbf{a}_G)_t$ e a aceleração angular $\boldsymbol{\alpha}$ do corpo. Lembre-se de que $(\mathbf{a}_G)_t$ tem de atuar em uma direção que está de acordo com o sentido rotacional de $\boldsymbol{\alpha}$, enquanto $(\mathbf{a}_G)_n$ sempre atua em direção ao eixo de rotação, o ponto O.
- Construa o diagrama de corpo livre para considerar todas as forças externas e momentos de binário que atuam sobre o corpo.
- Determine o momento de inércia I_G para I_O.
- Identifique as incógnitas no problema.
- Se for decidido que a equação de movimento rotacional $\Sigma M_P = \Sigma(\mathcal{M}_k)_P$ deve ser usada, ou seja, P é um outro ponto diferente de G ou O, então considere traçar o diagrama cinético a fim de ajudar a 'visualizar' os 'momentos' desenvolvidos pelas componentes $m(\mathbf{a}_G)_n$, $m(\mathbf{a}_G)_t$ e $I_G\boldsymbol{\alpha}$ quando escrevendo os termos para a soma dos momentos $\Sigma(\mathcal{M}_k)_P$.

Equações de movimento

- Aplique as três equações de movimento de acordo com a convenção de sinais estabelecida.
- Se os momentos são somados em relação ao centro de massa do corpo, G, então $\Sigma M_G = I_G\alpha$, visto que $m(\mathbf{a}_G)_t$ e $m(\mathbf{a}_G)_n$ não geram momento algum em relação a G.
- Se momentos são somados em relação ao pino apoio O sobre o eixo de rotação, então $m(\mathbf{a}_G)_n$ não gera momento algum em relação a O, e pode ser mostrado que $\Sigma M_O = I_O\alpha$.

* O resultado $\Sigma M_O = I_O\alpha$ também pode ser obtido *diretamente* da Equação 17.6 escolhendo o ponto P coincidente com O, e observando que $(a_P)_x = (a_P)_y = 0$.

Cinemática

- Utilize a cinemática se uma solução completa não pode ser obtida estritamente a partir das equações de movimento.
- Se a aceleração angular é variável, use:

$$\alpha = \frac{d\omega}{dt} \quad \alpha\, d\theta = \omega\, d\omega \quad \omega = \frac{d\theta}{dt}$$

- Se a aceleração angular é constante, use:

$$\omega = \omega_0 + \alpha_c t$$

$$\theta = \theta_0 + \omega_0 t + \frac{1}{2}\alpha_c t^2$$

$$\omega^2 = \omega_0^2 + 2\alpha_c(\theta - \theta_0)$$

Exemplo 17.9

O volante desbalanceado de 25 kg mostrado na Figura 17.15*a* tem um raio de giração $k_G = 0{,}18$ m em relação a um eixo passando pelo seu centro de massa *G*. Se ele é solto do repouso, determine as componentes horizontais e verticais da reação no pino *O*.

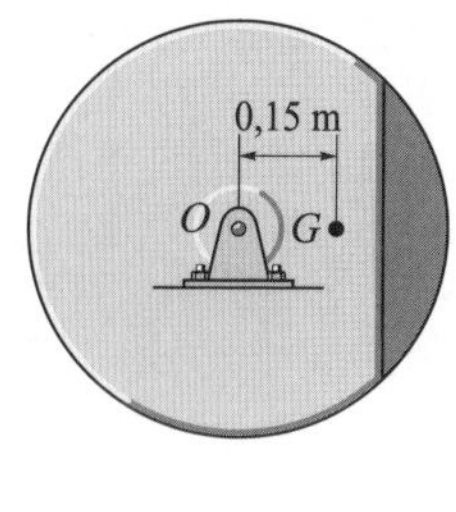

(a)

SOLUÇÃO

Diagramas cinéticos e de corpo livre

Visto que *G* se desloca sobre uma trajetória circular, ele terá tanto as componentes tangenciais quanto as normais de aceleração. Além disso, visto que α, o qual é gerado pelo peso do volante, atua no sentido horário, a componente tangencial da aceleração tem de atuar para baixo. Por quê? Visto que $\omega = 0$, apenas $m(a_G)_t = m\alpha r_G$ e $I_G\alpha$ são mostrados no diagrama cinemático na Figura 17.15*b*. Aqui, o momento de inércia em relação a *G* é:

$$I_G = mk_G^2 = (25 \text{ kg})(0{,}18 \text{ m})^2 = 0{,}81 \text{ kg} \cdot \text{m}^2$$

As três incógnitas são O_n, O_t e α.

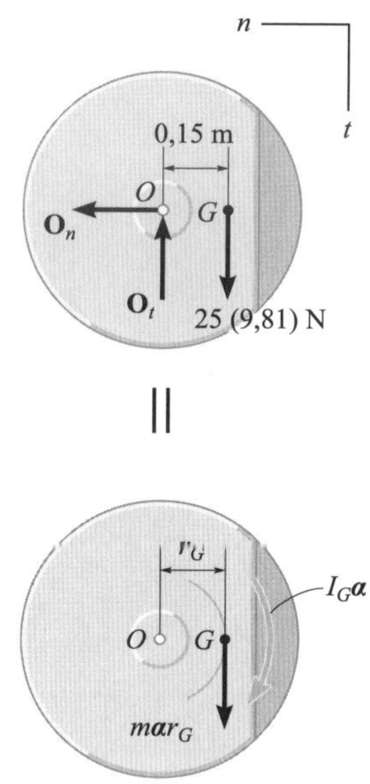

(b)

Figura 17.15

Equações de movimento

$\overset{+}{\leftarrow} \Sigma F_n = m\omega^2 r_G;$ $\qquad O_n = 0$

$+\downarrow \Sigma F_t = m\alpha r_G;$ $\qquad -O_t + 25(9{,}81) \text{ N} = (25 \text{ kg})(\alpha)(0{,}15 \text{ m}) \qquad (1)$

$\curvearrowright + \Sigma M_G = I_G\alpha;$ $\qquad O_t(0{,}15 \text{ m}) = (0{,}81 \text{ kg} \cdot \text{m}^2)\alpha$

Resolvendo,

$$\alpha = 26{,}80 \text{ rad/s}^2 \qquad O_t = 144{,}7 \text{ N}$$

Os momentos também podem ser somados em relação ao ponto *O* a fim de eliminar $\mathbf{O}_n$ e $\mathbf{O}_t$ e desse modo obter uma *solução direta* para $\boldsymbol{\alpha}$ (Figura 17.15*b*). Isso pode ser feito de *duas* maneiras.

$\curvearrowright + \Sigma M_O = \Sigma(\mathcal{M}_k)_O;$

$$[25(9{,}81) \text{ N}(0{,}15 \text{ m}) = (0{,}81 \text{ kg} \cdot \text{m}^2)\alpha + [(25 \text{ kg})\alpha(0{,}15 \text{ m})](0{,}15 \text{ m})$$

$$245{,}25 \text{ N}(0{,}15 \text{ m}) = 1{,}3725\alpha \qquad (2)$$

Se $\Sigma M_O = I_O\alpha$ for aplicada, então, pelo teorema dos eixos paralelos, o momento de inércia do volante em relação a *O* é:

$$I_O = I_G + mr_G^2 = 0{,}81 + 25(0{,}15)^2 = 1{,}3725 \text{ kg} \cdot \text{m}^2$$

Por conseguinte,

$$\curvearrowright + \Sigma M_O = I_O\alpha; \qquad (245{,}25 \text{ N})(0{,}15 \text{ m}) = (1{,}3725 \text{ kg} \cdot \text{m}^2)\alpha$$

que é a mesma coisa que a Equação 2. Resolver para α e substituir na Equação 1 resulta na mesma resposta para O_t obtida previamente.

Exemplo 17.10

No instante mostrado na Figura 17.16*a*, a barra fina de 20 kg tem uma velocidade angular ω = 5 rad/s. Determine a aceleração angular e as componentes verticais e horizontais da reação do pino sobre a barra nesse instante.

SOLUÇÃO

Diagramas cinéticos e de corpo livre

(Figura 17.16*b*). Como mostrado no diagrama cinético, o ponto G se desloca em torno de uma trajetória circular e, assim, ele tem duas componentes da aceleração. É importante que a componente tangencial $a_t = \alpha r_G$ atue para baixo, visto que ela tem de estar de acordo com o sentido rotacional de $\boldsymbol{\alpha}$. As três incógnitas são O_n, O_t e α.

Equação de movimento

$\overset{+}{\leftarrow} \Sigma F_n = m\omega^2 r_G; \qquad O_n = (20\text{ kg})(5\text{ rad/s})^2(1{,}5\text{ m})$

$+\downarrow \Sigma F_t = m\alpha r_G; \qquad -O_t + 20(9{,}81)\text{N} = (20\text{ kg})\,(\alpha)\,(1{,}5\text{ m})$

$\curvearrowright + \Sigma M_G = I_G\alpha; \qquad O_t(1{,}5\text{ m}) + 60\text{ N}\cdot\text{m} = [\frac{1}{2}(20\text{ kg})(3\text{ m})^2]\alpha$

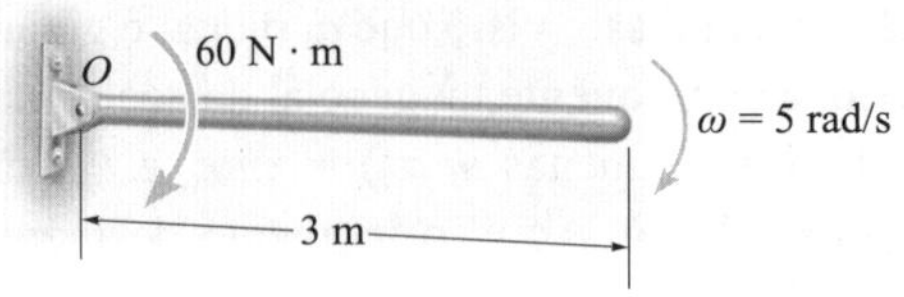

(a)

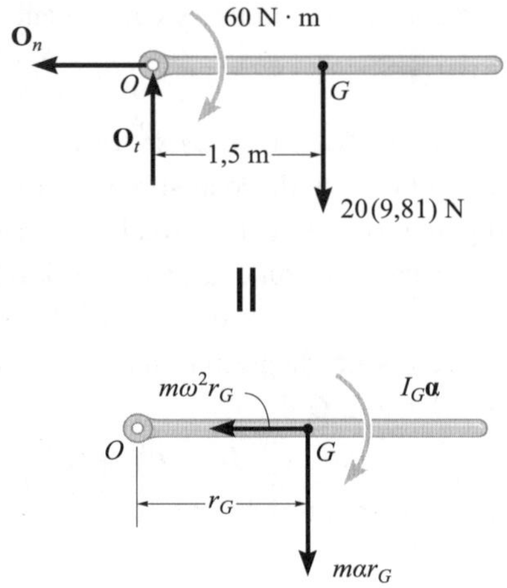

(b)

Figura 17.16

Resolvendo:

$$O_n = 750\text{ N} \qquad O_t = 19{,}05\text{ N} \qquad \alpha = 5{,}90\text{ rad/s}^2$$

Uma solução mais direta para este problema seria somar os momentos em relação ao ponto O para eliminar $\mathbf{O}_n$ e $\mathbf{O}_t$ e obter uma *solução direta* para α. Aqui,

$$\curvearrowright + \Sigma M_O = \Sigma(\mathcal{M}_k)_O; \quad 60\text{ N}\cdot\text{m} + 20(9{,}81)\text{ N}(1{,}5\text{ m}) =$$

$$[\frac{1}{12}(20\text{ kg})\,(3\text{ m})^2]\alpha + [20\text{ kg}(\alpha)\,(1{,}5\text{ m})]\,(1{,}5\text{ m})$$

$$\alpha = 5{,}90\text{ rad/s}^2$$

Além disso, visto que $I_O = \frac{1}{3}ml^2$ para uma barra delgada, podemos aplicar:

$$\curvearrowright + \Sigma M_O = I_O\alpha; \; 60\text{ N}\cdot\text{m} + 20(9{,}81)\text{ N}(1{,}5\text{ m}) = [\frac{1}{3}(20\text{ kg})(3\text{ m})^2]\alpha$$

$$\alpha = 5{,}90\text{ rad/s}^2$$

NOTA: Por comparação, a última equação fornece a solução mais simples para α e *não* requer o uso do diagrama cinético.

Exemplo 17.11

O tambor mostrado na Figura 17.17*a* tem uma massa de 60 kg e um raio de giração $k_O = 0{,}25$ m. Uma corda de massa desprezível está enrolada em torno da periferia do tambor e fixada a um bloco tendo uma massa de 20 kg. Se o bloco é solto, determine a aceleração angular do tambor.

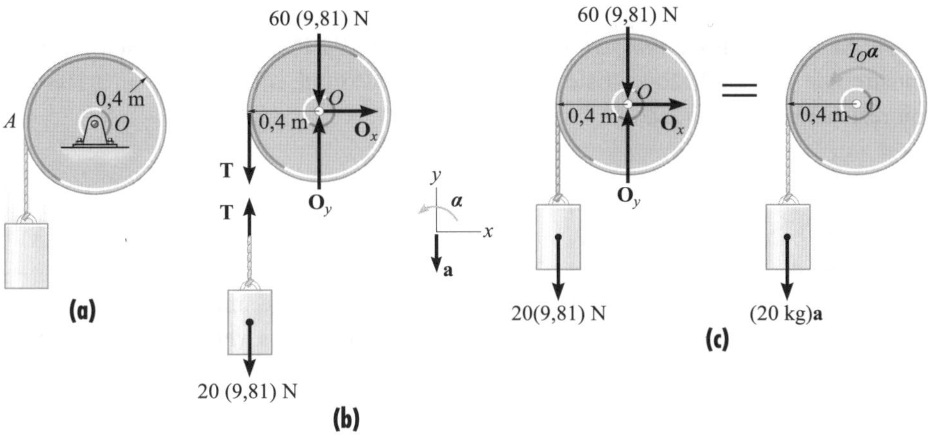

Figura 17.17

SOLUÇÃO I

Diagrama de corpo livre

Aqui, consideraremos o tambor e o bloco separadamente (Figura 17.17*b*). Supondo que o bloco acelera *para baixo* com **a**, ele cria uma aceleração angular $\boldsymbol{\alpha}$ no *sentido anti-horário* do tambor. O momento de inércia do tambor é

$$I_O = mk_O^2 = (60 \text{ kg})(0{,}25 \text{ m})^2 = 3{,}75 \text{ kg} \cdot \text{m}^2$$

Há cinco incógnitas, nominalmente, O_x, O_y, T, a e α.

Equações de movimento

Aplicando as equações de movimento translacional $\Sigma F_x = m(a_G)_x$ e $\Sigma F_y = m(a_G)_y$ para o tambor, não há consequência alguma para a solução, visto que essas equações envolvem as incógnitas O_x e O_y. Desse modo, para o tambor e o bloco, respectivamente,

$$\circlearrowleft + \Sigma M_O = I_O\alpha; \qquad T(0{,}4 \text{ m}) = (3{,}75 \text{ kg} \cdot \text{m}^2)\alpha \qquad (1)$$

$$+\uparrow \Sigma F_y = m(a_G)_y; \qquad -20(9{,}81)\text{N} + T = -(20 \text{ kg})a \qquad (2)$$

Cinemática

Visto que o ponto de contato A entre a corda e o tambor tem uma componente tangencial da aceleração **a** (Figura 17.17*a*), então:

$$\circlearrowleft + a = \alpha r; \qquad a = \alpha(0{,}4 \text{ m}) \qquad (3)$$

Resolvendo as equações acima,

$$T = 106 \text{ N} \quad a = 4{,}52 \text{ m/s}^2$$

$$\alpha = 11{,}3 \text{ rad/s}^2 \circlearrowleft$$

SOLUÇÃO II

Diagramas cinéticos e de corpo livre

A tração no cabo T pode ser eliminada da análise considerando-se o tambor e o bloco como um *sistema único* (Figura 17.17*c*). O diagrama cinético é mostrado, visto que os momentos serão somados em relação ao ponto O.

Equações de movimento

Utilizando a Equação 3 e aplicando a equação do momento em relação a O para eliminar as incógnitas O_x e O_y, temos:

$$\curvearrowright +\Sigma M_O = \Sigma(\mathcal{M}_k)_O; \quad [20(9,81)\text{N}]\,(0,4\text{ m}) =$$

$$(3,75\text{ kg}\cdot\text{m}^2)\alpha + [20\text{ kg}(\alpha\ 0,4\text{ m})](0,4\text{ m})$$

$$\alpha = 11,3\text{ rad/s}^2$$

NOTA: Se o bloco fosse *removido* e uma força de 20(9,81) N fosse aplicada à corda, mostre que α = 20,9 rad/s². Este valor é maior, visto que o bloco tem uma inércia, ou resistência à aceleração.

Exemplo 17.12

A barra fina mostrada na Figura 17.18*a* tem uma massa m e um comprimento l e é solta do repouso quando θ = 0°. Determine as componentes verticais e horizontais da força que o pino em A exerce sobre a barra no instante θ = 90°.

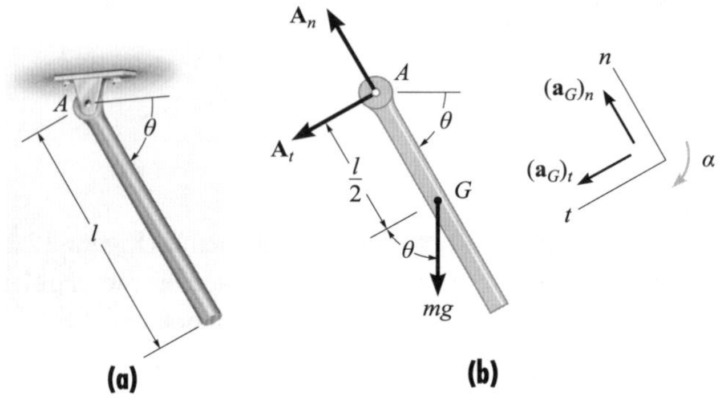

Figura 17.18

SOLUÇÃO

Diagrama de corpo livre

O diagrama de corpo livre para a barra na posição geral θ é mostrado na Figura 17.18*b*. Por conveniência, as componentes de força em A são mostradas atuando nas direções n e t. Observe que $\boldsymbol{\alpha}$ atua no sentido horário e, assim, $(\mathbf{a}_G)_t$ atua na direção + t.

O momento de inércia da barra em relação ao ponto A é $I_A = \frac{1}{3}ml^2$.

Equações de movimento

Os momentos serão somados em relação a A a fim de eliminar A_n e A_t.

$$+\nwarrow \Sigma F_n = m\omega^2 r_G; \qquad A_n - mg\text{ sen }\theta = m\omega^2\,(l/2) \qquad (1)$$

$$+\swarrow \Sigma F_t = m\alpha r_G; \qquad A_t + mg\cos\theta = m\alpha(l/2) \qquad (2)$$

$$\curvearrowright +\Sigma M_A = I_A\alpha; \qquad mg\cos\theta(l/2) = (\tfrac{1}{3}ml^2)\alpha \qquad (3)$$

Cinemática

Para um dado ângulo θ, há quatro incógnitas nas três equações acima: A_n, A_t, ω e α. Como mostrado pela Equação 3, α *não é constante*; em vez disso, ela depende da posição θ da barra. A quarta equação necessária é obtida utilizando-se a cinemática, onde α e ω podem ser relacionados a θ pela equação:

$$(\curvearrowright +) \qquad \omega\, d\omega = \alpha\, d\theta \qquad (4)$$

Observe que a direção positiva no sentido horário para esta equação *concorda* com aquela da Equação 3. Isto é importante, visto que estamos buscando uma solução simultânea.

A fim de resolver para ω em $\theta = 90°$, elimine α das equações 3 e 4, que resulta em:

$$\omega\, d\omega = (1{,}5g/l)\cos\theta\, d\theta$$

Visto que $\omega = 0$ em $\theta = 0°$, temos:

$$\int_0^{\omega} \omega\, d\omega = (1{,}5g/l)\int_{0°}^{90°} \cos\theta\, d\theta$$

$$\omega^2 = 3g/l$$

Substituindo este valor na Equação 1 com $\theta = 90°$ e resolvendo as equações 1 a 3, obtém-se:

$$\alpha = 0$$

$$A_t = 0 \quad A_n = 2{,}5\,mg$$

NOTA: Se $\Sigma M_A = \Sigma(\mathcal{M}_k)_A$ for usada, é necessário considerar os momentos de $I_G\boldsymbol{\alpha}$ e $m(\mathbf{a}_G)_t$ em relação a A.

Problemas fundamentais

17.7. A roda de 100 kg tem um raio de giração em relação a seu centro O k_O = 500 mm. Se a roda parte do repouso, determine sua velocidade angular em t = 3 s.

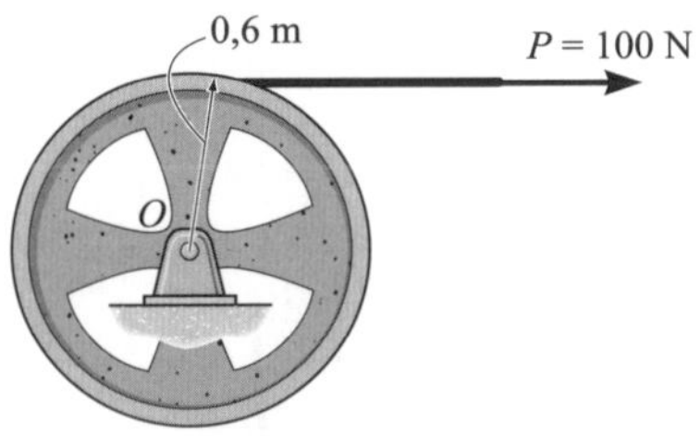

Problema 17.7

17.8. O disco de 50 kg está submetido ao momento de binário $M = (9t)$ N · m, onde t é dado em segundos. Determine a velocidade angular do disco quando t = 4 s partindo do repouso.

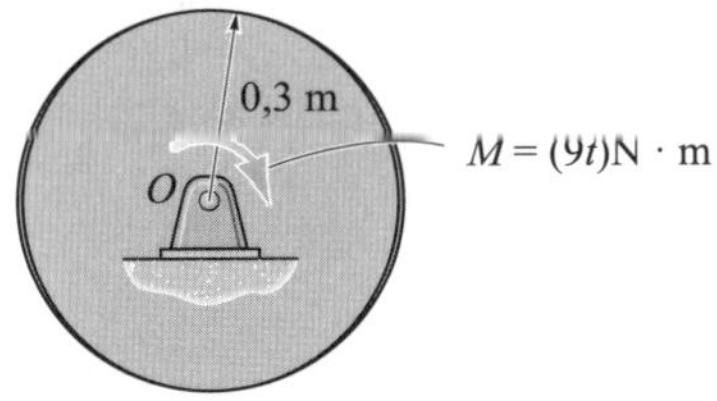

Problema 17.8

17.9. No instante mostrado, a barra fina uniforme de 30 kg tem uma velocidade angular no sentido horário de ω = 6 rad/s. Determine as componentes normais e tangenciais da reação do pino O sobre a barra e a aceleração angular da barra nesse instante.

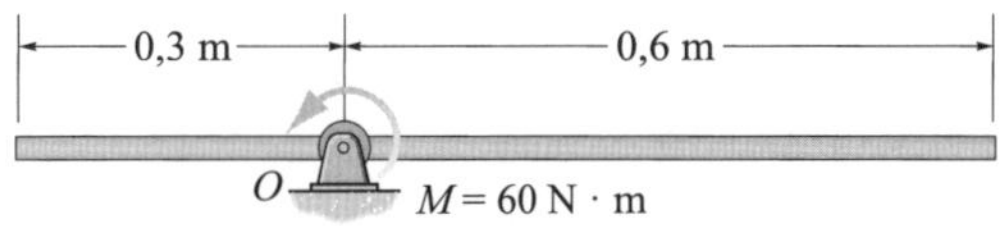

Problema 17.9

17.10. No instante mostrado, o disco de 30 kg tem uma velocidade angular no sentido anti-horário de ω = 10 rad/s. Determine as componentes normais e tangenciais da reação do pino O sobre o disco e a aceleração angular do disco nesse instante.

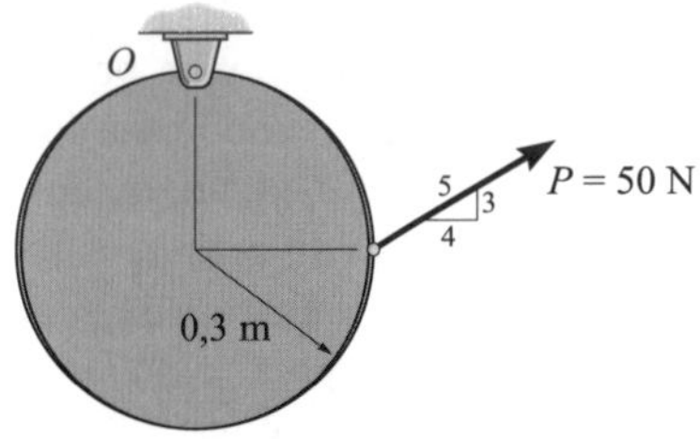

Problema 17.10

17.11. A barra fina uniforme tem uma massa de 15 kg. Determine as componentes verticais e horizontais da reação no pino O, e a aceleração angular da barra logo após a corda ser cortada.

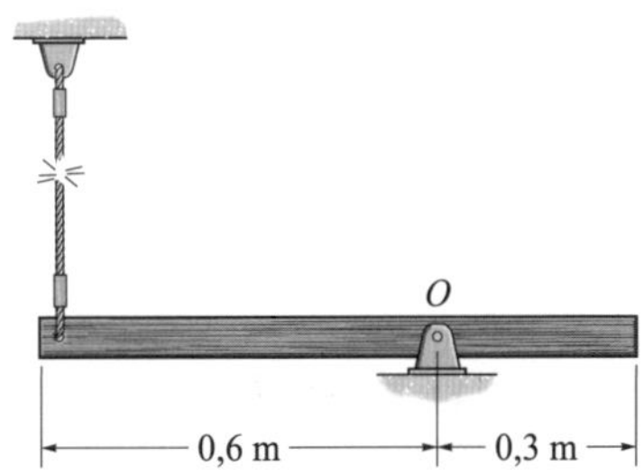

Problema 17.11

17.12. A barra fina uniforme de 30 kg está sendo puxada pela corda que passa sobre o pino liso pequeno em A. Se a barra tem uma velocidade angular de $\omega = 6$ rad/s no instante mostrado, determine as componentes tangenciais e normais da reação no pino O e a aceleração angular da barra.

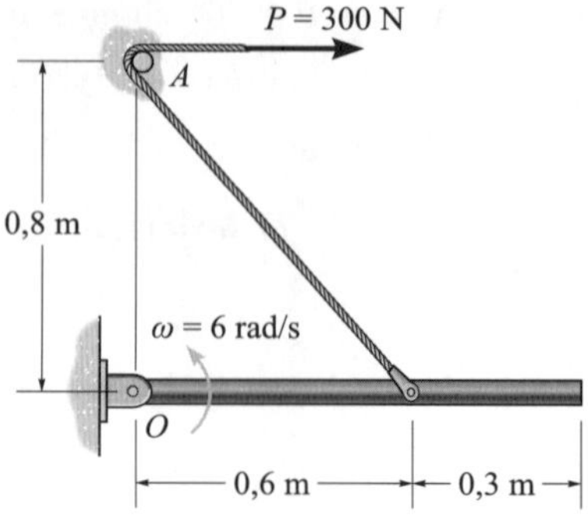

Problema 17.12

Problemas

***17.56.** As quatro pás do ventilador têm uma massa total de 2 kg e momento de inércia $I_O = 0{,}18$ kg · m² em relação a um eixo passando pelo centro do ventilador O. Se o ventilador é submetido a um momento $M = 3(1 - e^{-0{,}2t})$N · m, onde t é dado em segundos, determine sua velocidade angular quando $t = 4$ s parte do repouso.

Problema 17.56

•**17.57.** Um cabo é desenrolado de uma bobina apoiada em pequenos roletes em A e B exercendo uma força $T = 300$ N no cabo na direção mostrada. Calcule o tempo necessário para desenrolar da bobina 5 m de cabo se a bobina e o cabo têm uma massa total de 600 kg e um raio de giração centroidal $k_O = 1{,}2$ m. Para o cálculo, despreze a massa do cabo sendo desenrolado e a massa dos roletes em A e B. Os roletes giram sem atrito.

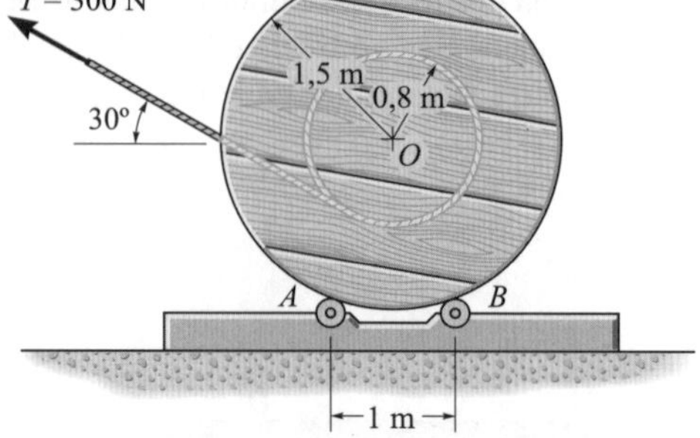

Problema 17.57

17.58. A pá única PB do ventilador tem uma massa de 2 kg e um momento de inércia $I_G = 0{,}18$ kg · m² em relação a um eixo passando pelo seu centro de massa G. Se a pá é submetida a uma aceleração angular $\alpha = 5$ rad/s², e tem uma velocidade angular $\omega = 6$ rad/s quando ela está na posição vertical mostrada, determine a força normal N, a força de cisalhamento V, e o momento de flexão M interno que o cubo exerce sobre a pá no ponto P.

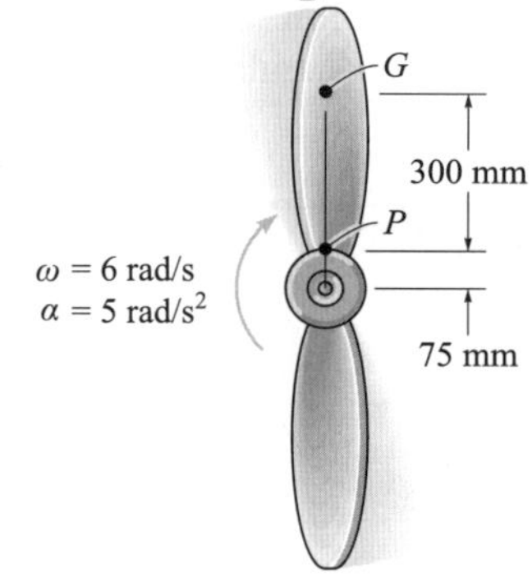

Problema 17.58

17.59. A bobina uniforme está apoiada em dois roletes em A e B. Determine a força constante **P** que tem de ser aplicada ao cabo a fim de desenrolar 8 m de cabo em 4 s partindo do repouso. Também calcule as forças normais na bobina em A e B durante esse tempo. A bobina tem uma massa de 60 kg e um raio de giração em relação a O de $k_O = 0{,}65$ m. Para o cálculo, despreze a massa do cabo e a massa dos roletes em A e B.

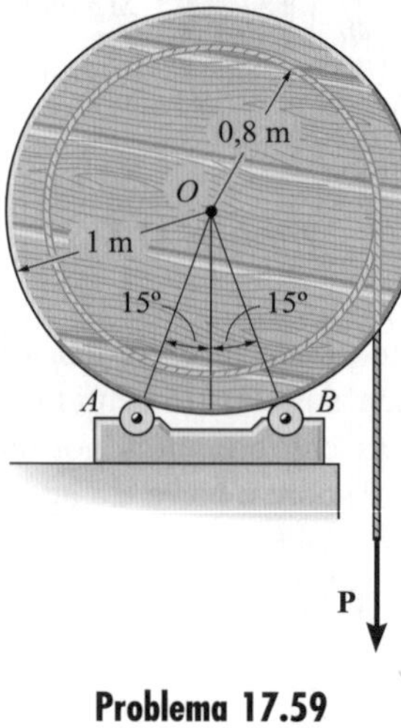

Problema 17.59

***17.60.** Um motor fornece um torque constante $M = 2$ N · m para o eixo de 50 mm de diâmetro O conectado ao centro do volante de 30 kg. O atrito resultante do mancal **F**, que o mancal exerce sobre o eixo, atua tangente ao eixo e tem uma intensidade de 50 N. Determine quanto tempo o torque tem de ser aplicado ao eixo para aumentar a velocidade angular do volante de 4 rad/s para 15 rad/s. O volante tem um raio de giração $k_O = 0{,}15$ m em relação a seu centro O.

•17.61. Se o motor no Problema 17.60 é desengatado do eixo assim que o volante está girando a 15 rad/s, de maneira que $M = 0$, determine quanto tempo vai levar antes que a resultante da força de atrito do mancal $F = 50$ N faça o volante parar de girar.

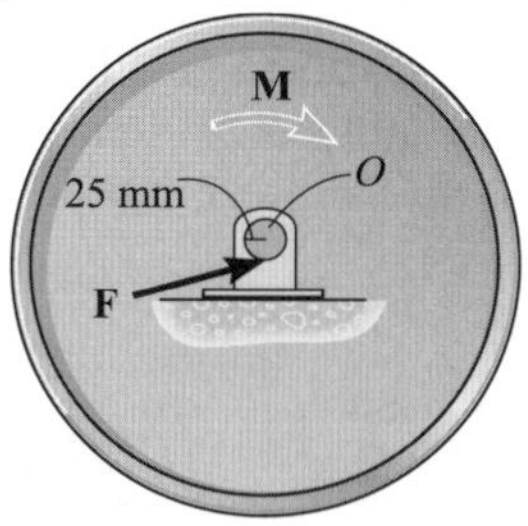

Problemas 17.60/61

17.62. O pêndulo consiste de uma esfera de 15 kg e uma barra fina de 5 kg. Calcule a reação no pino O logo após a corda AB ser cortada.

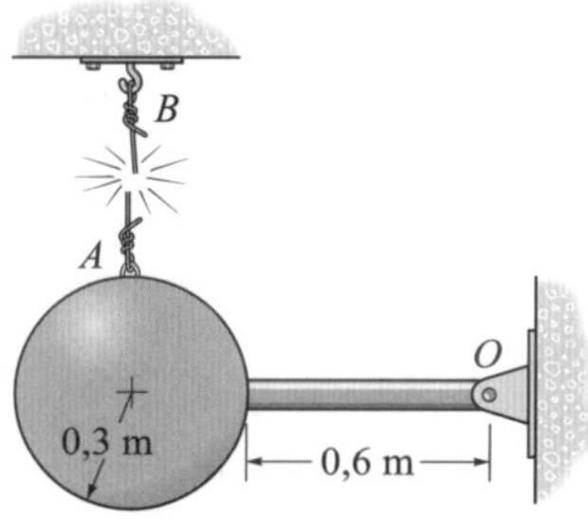

Problema 17.62

17.63. A barra fina de 4 kg é suportada horizontalmente por uma mola em A e uma corda em B. Determine a aceleração angular da barra e a aceleração do centro de massa da barra no instante que a corda em B é cortada. *Dica:* a rigidez da mola não é necessária para o cálculo.

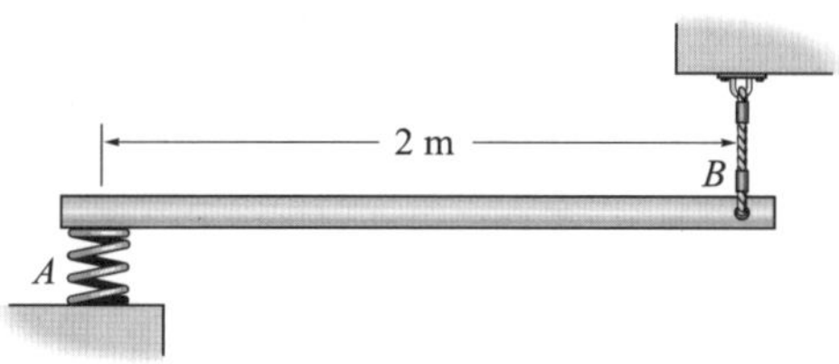

Problema 17.63

***17.64.** Os passageiros, a gôndola e sua estrutura de balanço têm uma massa total de 50 Mg, um centro de massa em G e um raio de giração $k_B = 3{,}5$ m. Adicionalmente, o bloco de aço de 3 Mg em A pode ser considerado como um ponto de massa concentrada. Determine as componentes verticais e horizontais da reação no pino B se a gôndola balança livremente a $\omega = 1$ rad/s quando ela alcança seu ponto mais baixo, como mostrado. Além disso, qual é a aceleração angular da gôndola nesse instante?

•17.65. Os passageiros, a gôndola e sua estrutura de balanço têm uma massa total de 50 Mg, um centro de massa em G, e um raio de giração $k_B = 3{,}5$ m. Adicionalmente, o bloco de aço de 3 Mg em A pode ser considerado como um ponto de massa concentrada. Determine o ângulo θ para o qual a gôndola vai oscilar antes que ela pare momentaneamente, se tem uma velocidade angular de $\omega = 1$ rad/s em seu ponto mais baixo.

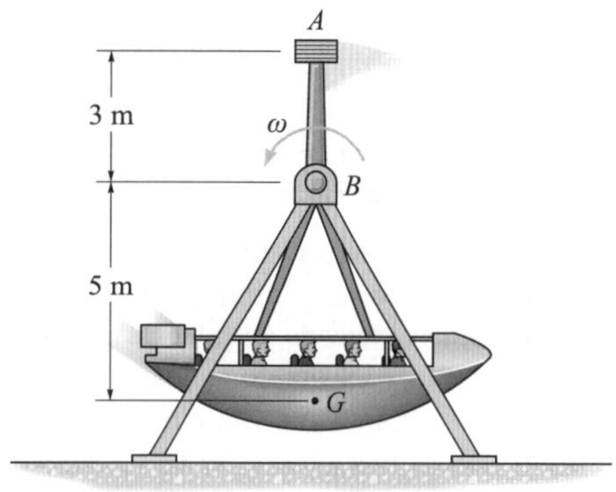

Problemas 17.64/65

17.66. O diagrama cinético representando o movimento rotacional geral de um corpo rígido em torno de um eixo fixo passando por O é mostrado na figura. Mostre que $I_G\boldsymbol{\alpha}$ pode ser eliminado deslocando os vetores $m(\mathbf{a}_G)_t$ e $m(\mathbf{a}_G)_n$ para o ponto P, localizado a uma distância $r_{GP} = k_G^2/r_{OG}$ do centro de massa G do corpo. Aqui, k_G representa o raio de giração do corpo em relação a um eixo passando por G. O ponto P é chamado de *centro de percussão* do corpo.

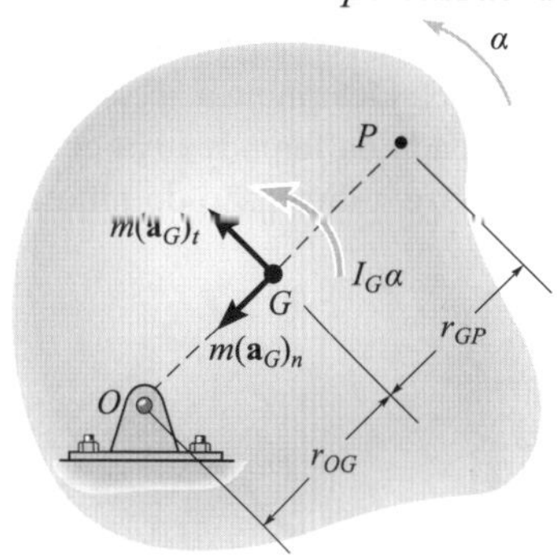

Problema 17.66

17.67. Determine a posição r_P do centro de percussão P da barra fina de 5 kg. (Ver Problema 17.66.) Qual é a componente horizontal da força que o pino em A exerce sobre a barra quando ela é atingida em P com uma força $F = 100$ N?

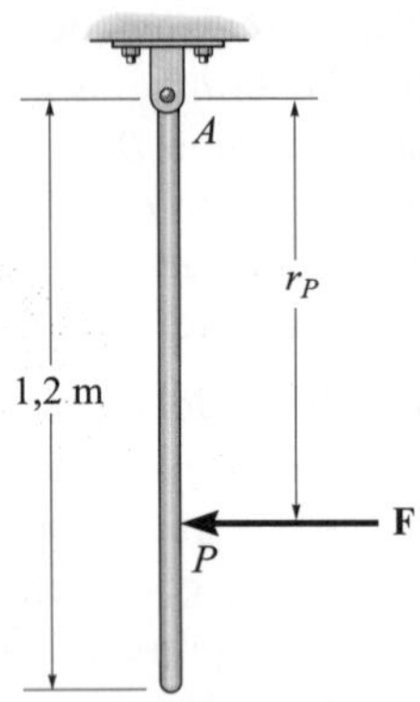

Problema 17.67

*__17.68.__ A roda de 150 kg tem um raio de giração em relação a seu centro de massa O de k_O = 250 mm. Se ela gira no sentido anti-horário com uma velocidade angular ω = 1200 rev/min no instante em que as forças de tração T_A = 2000 N e T_B = 1000 N são aplicadas à fita do freio em A e B, determine o tempo necessário para parar a roda.

•**17.69.** A roda de 150 kg tem um raio de giração em relação a seu centro de massa O de k_O = 250 mm. Se ela gira no sentido anti-horário com uma velocidade angular de ω = 1200 rev/min e a força de tração aplicada à fita do freio em A é T_A = 2000 N, determine a força de tração $\mathbf{T}_B$ na fita em B, de maneira que a roda pare em 50 revoluções após $\mathbf{T}_A$ e $\mathbf{T}_B$ serem aplicadas.

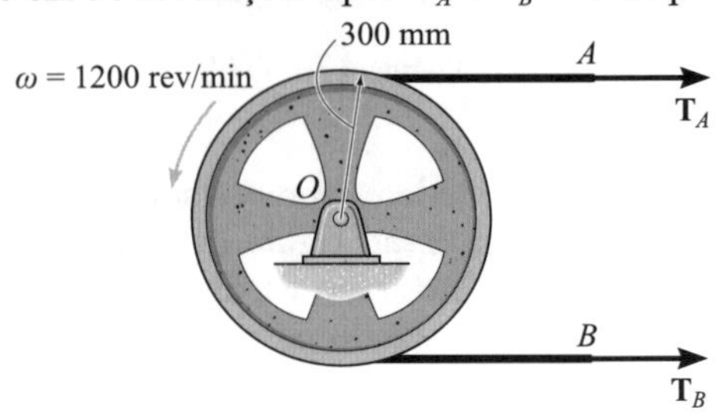

Problemas 17.68/69

17.70. A barra uniforme de 50 kg está em repouso em uma posição vertical quando a corda fixada a ela em B é submetida a uma força P = 250 N. Determine a aceleração angular inicial da barra e a intensidade da força reativa que o pino A exerce sobre a roda. Despreze a dimensão do pino liso em C.

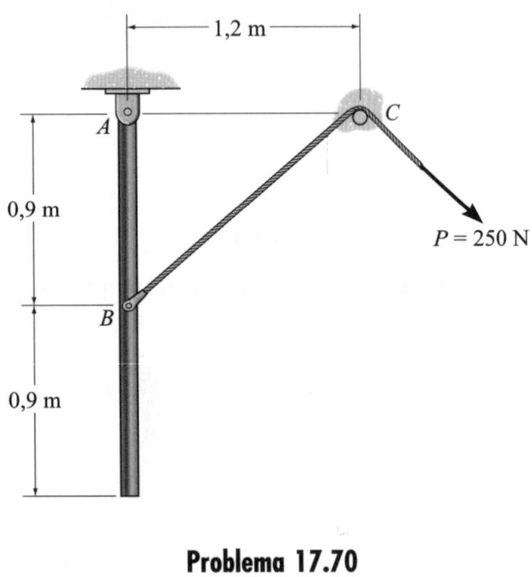

Problema 17.70

17.71. As rodas A e B têm uma massa de 75 kg e 50 kg, respectivamente. Inicialmente, a roda A gira no sentido horário com uma velocidade angular constante de ω = 100 rad/s e a roda B está em repouso. Se A é colocada em contato com B, determine o tempo requerido para ambas as rodas alcançarem a mesma velocidade angular. O coeficiente de atrito cinético entre as duas rodas é μ_k = 0,3 e os raios de giração de A e B em relação aos seus centros de massa respectivos são k_A = 0,3 m e k_B = 0,225 m. Despreze o peso do membro AC.

*__17.72.__ Inicialmente, a roda A gira no sentido horário com uma velocidade angular constante de ω = 100 rad/s. Se A é colocada em contato com B, que é mantida fixa, determine o número de revoluções antes que a roda A seja parada. O coeficiente de atrito cinético entre as duas rodas é μ_k = 0,3 e o raio de giração de A em relação a seu centro de massa é k_A = 0,3 m. Despreze o peso do membro AC.

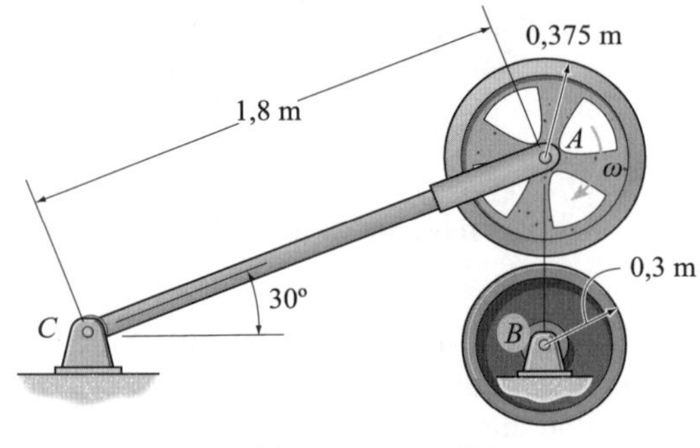

Problemas 17.71/72

•**17.73.** A barra tem uma massa m e um comprimento l. Se ela é solta do repouso da posição θ = 30°, determine sua aceleração angular e as componentes verticais e horizontais da reação no pino O.

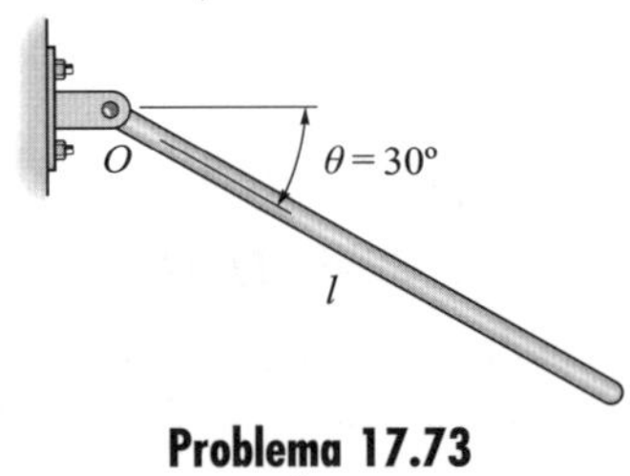

Problema 17.73

17.74. A barra fina uniforme tem uma massa de 9 kg. Se a mola está distendida quando θ = 0°, determine a intensidade da força reativa exercida sobre a barra pelo pino A quando θ = 45°, se, nesse instante, ω = 6 rad/s. A mola tem uma rigidez k =150 N/m e sempre permanece na posição horizontal.

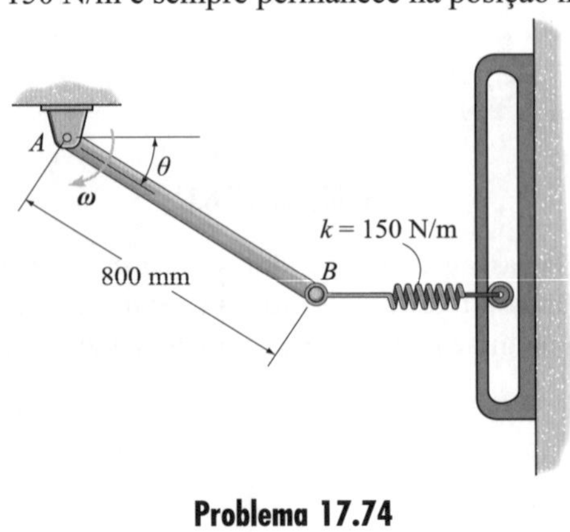

Problema 17.74

17.75. Determine a aceleração angular do trampolim de 25 kg e as componentes verticais e horizontais da reação no pino A no instante em que o homem realiza o salto. Suponha que a tábua do trampolim seja uniforme e rígida e que, no instante em que ele salta, a mola está comprimida uma quantidade máxima de 200 mm, $\omega = 0$ e a tábua está na horizontal. Considere $k = 7$ kN/m.

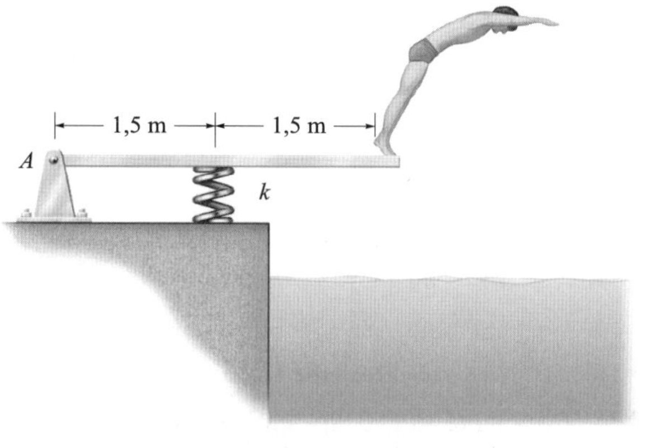

Problema 17.75

***17.76.** A barra fina de comprimento L e massa m é solta do repouso quando $\theta = 0°$. Determine como uma função de θ as forças normal e de atrito que são exercidas pelo degrau sobre a barra em A na medida em que ela cai para baixo. Em qual ângulo θ a barra começa a deslizar se o coeficiente de atrito estático em A é μ?

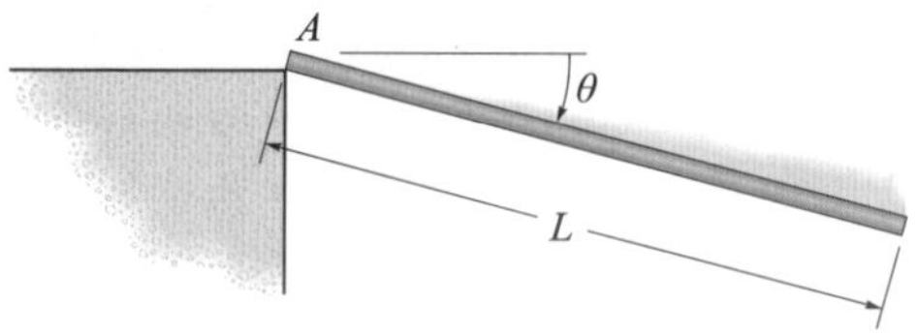

Problema 17.76

•17.77. O pêndulo de 100 kg tem um centro de massa em G e um raio de giração em relação a G de $kg = 250$ mm. Determine as componentes verticais e horizontais da reação do pino A e da reação normal do rolete B sobre a viga no instante $\theta = 90°$ quando o pêndulo está girando a $\omega = 8$ rad/s. Despreze o peso da viga e do apoio.

17.78. O pêndulo de 100 kg tem um centro de massa em G e um raio de giração em relação a G de $k_G = 250$ mm. Determine as componentes verticais e horizontais da reação do pino A e da reação normal do rolete B sobre a viga no instante $\theta = 0°$ quando o pêndulo está girando a $\omega = 4$ rad/s. Despreze o peso da viga e do apoio.

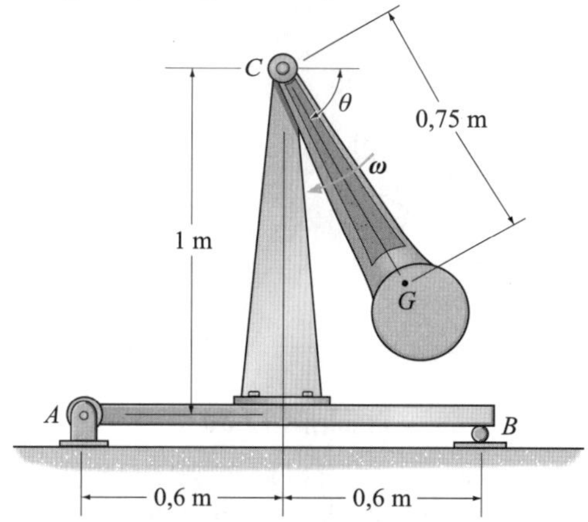

Problemas 17.77/78

17.79. Se o apoio em B é subitamente removido, determine as componentes vertical e horizontal iniciais da reação que o pino A exerce sobre a barra ACB. Os segmentos AC e CB têm, cada um, uma massa de 5 kg.

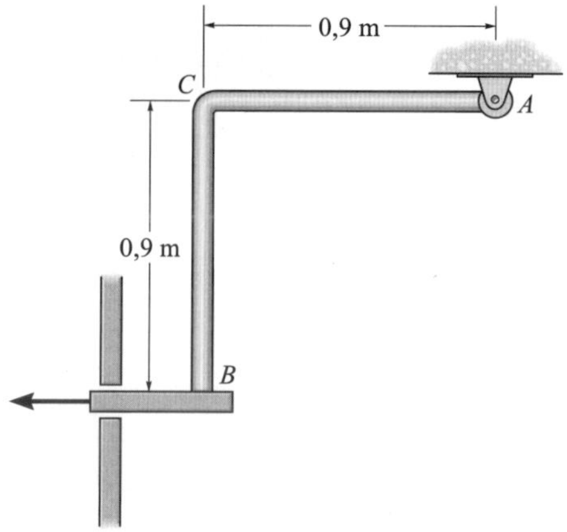

Problema 17.79

***17.80.** A mangueira está enrolada em uma espiral no carretel e é puxada para fora por uma força horizontal de $P = 200$ N. Determine a aceleração angular do carretel após ele ter realizado 2 revoluções. Inicialmente, o raio é $r = 500$ mm. A mangueira tem 15 m de comprimento e tem uma massa por unidade de comprimento de 10 kg/m. Trate a mangueira enrolada como um disco.

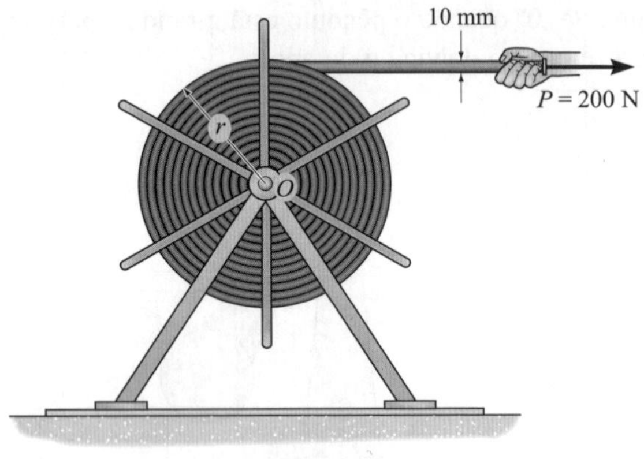

Problema 17.80

•**17.81.** O disco tem uma massa de 20 kg e está originalmente girando na extremidade da escora com uma velocidade angular ω = 60 rad/s. Se ele é, então, colocado contra a parede, onde o coeficiente de atrito cinético é μ_k = 0,3, determine o tempo necessário para o movimento parar. Qual é a força na escora *BC* durante esse tempo?

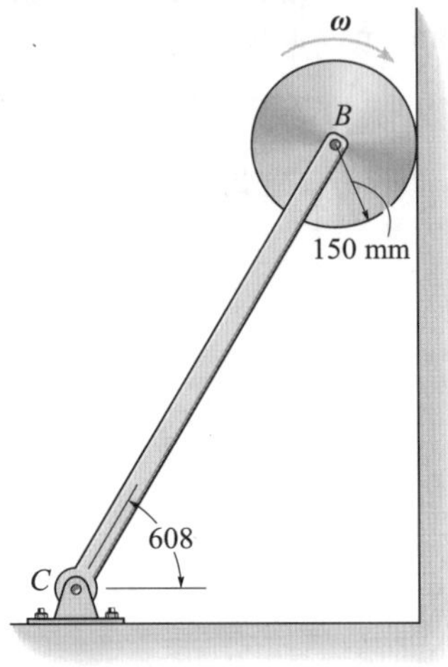

Problema 17.81

17.82. A viga uniforme de 50 kg (barra fina) está estendida no solo quando o homem exerce uma força *F* = 300 N na corda, a qual passa sobre um pino liso em *C*. Determine a aceleração angular inicial da viga. Também determine as reações verticais e horizontais sobre a viga em *A* (considerada como um pino) nesse instante.

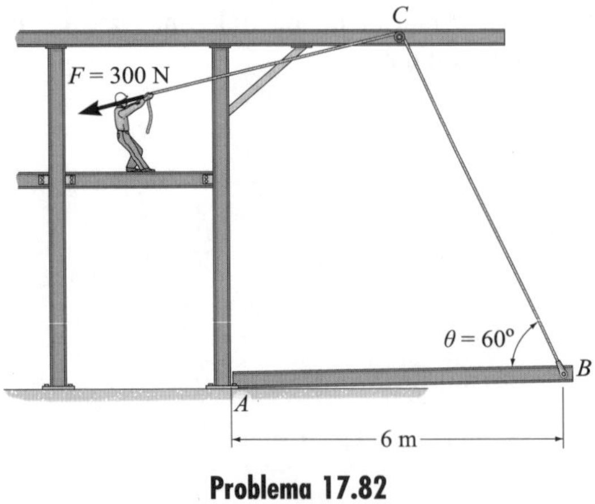

Problema 17.82

17.83. No instante mostrado, duas forças atuam sobre a barra fina de 15 kg que está presa com pino em *O*. Determine a intensidade da força **F** e a aceleração angular inicial da barra, de maneira que a reação horizontal que o *pino exerce sobre a barra* seja 25 N direcionada para a direita.

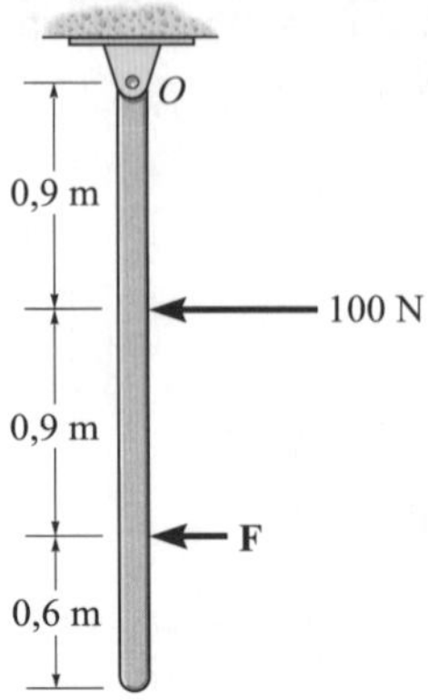

Problema 17.83

***17.84.** O volante de 50 kg tem um raio de giração em relação a seu centro de massa k_O = 250 mm. Ele gira com uma velocidade angular constante de 1200 rev/min antes de o freio ser aplicado. Se o coeficiente de atrito cinético entre a sapata do freio *B* e a borda da roda é μ_k = 0,5, e uma força de *P* = 300 N é aplicada à alavanca do mecanismo de frenagem, determine o tempo necessário para parar a roda.

•**17.85.** O volante de 50 kg tem um raio de giração em relação a seu centro de massa k_O = 250 mm. Ele gira com uma velocidade angular constante de 1200 rev/min antes de o freio ser aplicado. Se o coeficiente de atrito cinético entre a sapata do freio *B* e a borda da roda é μ_k = 0,5, determine a força constante **P** que tem de ser aplicada à alavanca do mecanismo de frenagem a fim de parar a roda em 100 revoluções.

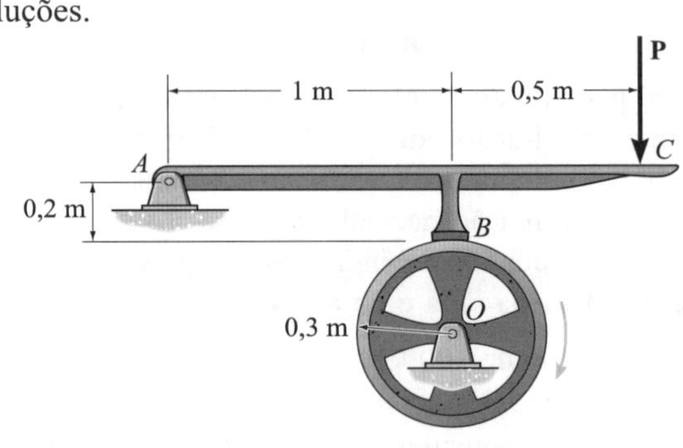

Problemas 17.84/85

17.86. O cilindro de 5 kg está inicialmente em repouso quando ele é colocado em contato com a parede *B* e o rotor em *A*. Se o rotor sempre mantém uma velocidade angular no sentido horário constante de ω = 6 rad/s, determine a aceleração angular inicial do cilindro. O coeficiente de atrito cinético nas superfícies de contato *B* e *C* é μ_k = 0,2.

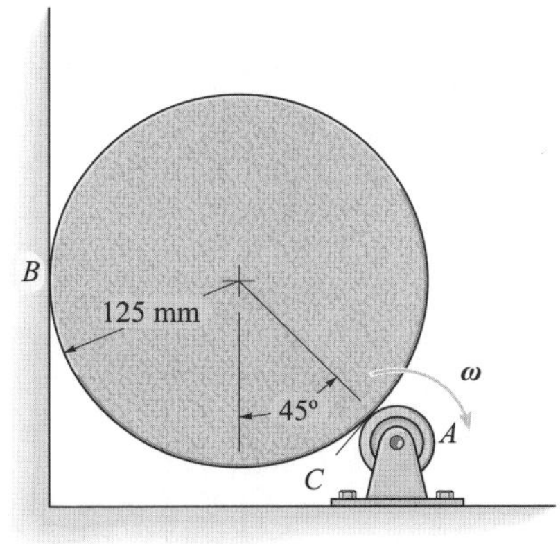

Problema 17.86

17.87. O tambor tem uma massa de 25 kg e um raio de giração $k_A = 0,12$ m. Uma corrente de 10,5 m de comprimento tendo uma massa de 3 kg/m está enrolada em torno da superfície exterior do tambor, de maneira que um comprimento de corrente de $s = 0,9$ m está suspenso, como mostrado. Se o tambor está originalmente em repouso, determine sua velocidade angular após a extremidade B descer $s = 3,9$ m. Despreze a espessura da corrente.

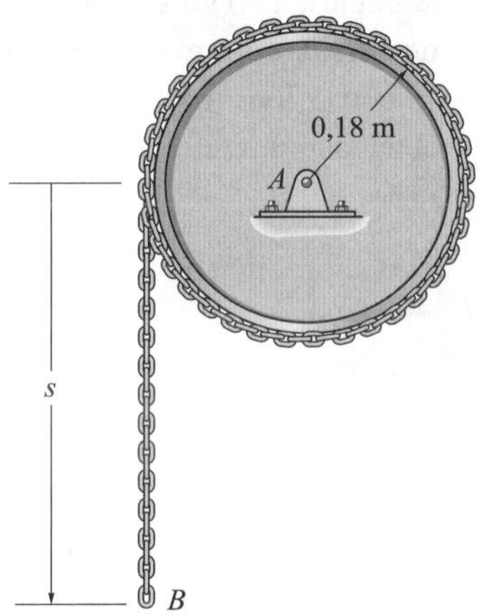

Problema 17.87

***17.88.** O disco D gira com uma velocidade angular constante no sentido horário de 30 rad/s. O disco E tem uma massa de 30 kg e está inicialmente em repouso quando ele é colocado em contato com D. Determine o tempo necessário para o disco E alcançar a mesma velocidade angular que o disco D. O coeficiente de atrito cinético entre os dois discos é $\mu_k = 0,3$. Despreze o peso da barra BC.

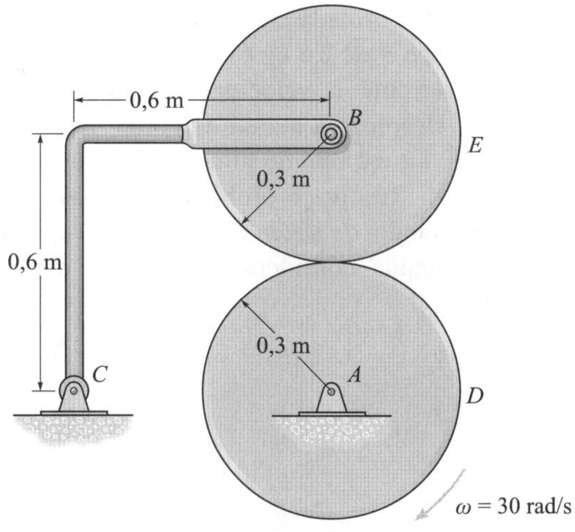

Problema 17.88

•17.89. Um rolo de papel de 17 kg, originalmente em repouso, é apoiado pelo apoio AB. Se o rolo repousa contra uma parede onde o coeficiente de atrito cinético é $\mu_C = 0,3$, e uma força constante de 30 N for aplicada à extremidade da folha, determine a tração no apoio na medida em que o papel se desenrola, e a aceleração angular do rolo. Para o cálculo, trate o rolo como um cilindro.

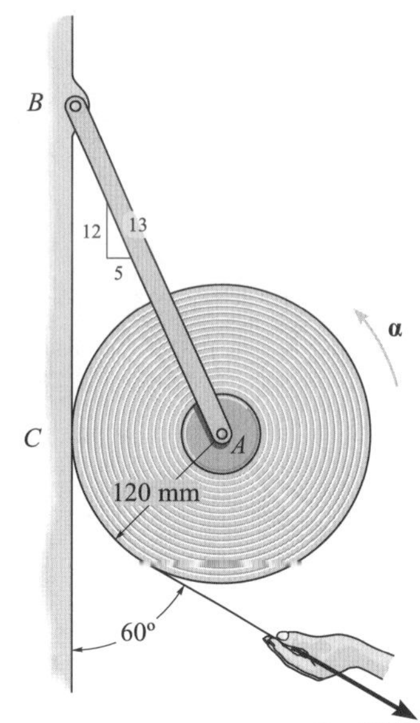

Problema 17.89

17.90. A corda está enrolada em torno do núcleo central da bobina. Se um bloco B de 2,5 kg é suspenso da corda e solto do repouso, determine a velocidade angular da bobina quando $t = 3$ s. Despreze a massa da corda. A bobina tem uma massa de 90 kg e o raio de giração em relação ao eixo A é $k_A = 0,375$ m. Resolva o problema de duas maneiras, primeiro considerando o 'sistema' consistindo de bloco e bobina, e em seguida considerando o bloco e a bobina separadamente.

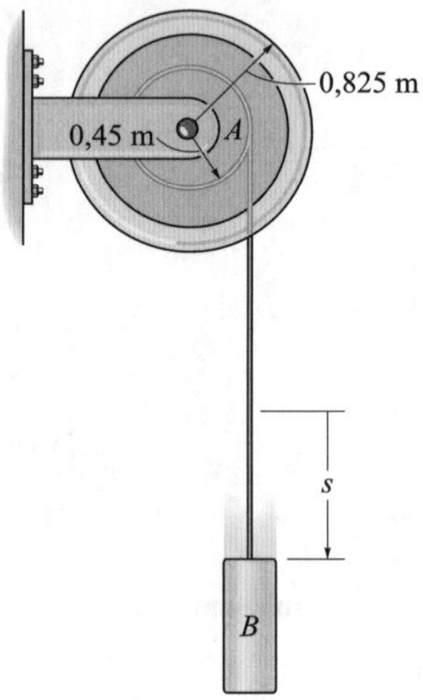

Problema 17.90

17.5 Equações de movimento: movimento plano geral

O corpo rígido (ou placa) mostrado na Figura 17.19a está submetido ao movimento plano geral causado pelo sistema de forças e momentos de binário aplicado externamente. Os diagramas cinéticos e de corpo livre para o corpo são mostrados na Figura 17.19b. Se um sistema de coordenadas inercial x e y é estabelecido como mostrado, as três equações de movimento são:

$$\begin{aligned} \Sigma F_x &= m(a_G)_x \\ \Sigma F_y &= m(a_G)_y \\ \Sigma M_G &= I_G \alpha \end{aligned} \qquad (17.17)$$

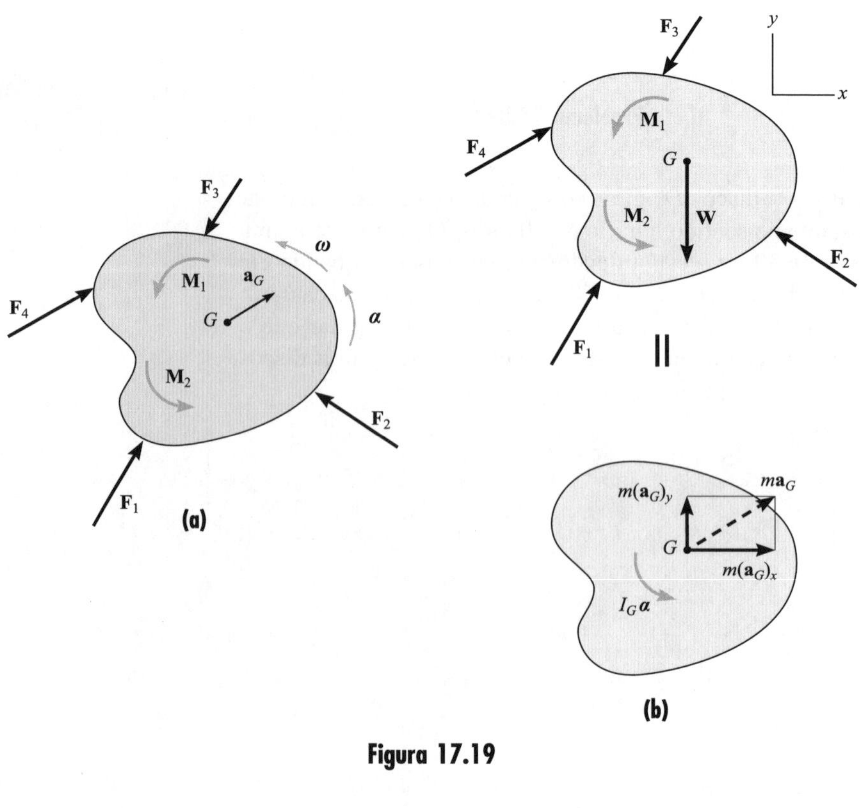

Figura 17.19

Em alguns problemas, pode ser conveniente somar os momentos em relação a outro ponto *P*, em vez de *G*, a fim de eliminar tantas forças incógnitas quanto possível do somatório de momentos. Quando usadas neste caso mais geral, as três equações de movimento são:

$$\begin{aligned} \Sigma F_x &= m(a_G)_x \\ \Sigma F_y &= m(a_G)_y \\ \Sigma M_P &= \Sigma(\mathcal{M}_k)_P \end{aligned} \tag{17.18}$$

Aqui, $\Sigma(\mathcal{M}_k)_P$ representa a soma dos momentos de $I_G\boldsymbol{\alpha}$ e $m\mathbf{a}_G$ (ou suas componentes) em relação a *P*, como determinado pelos dados no diagrama cinético.

Há um tipo de problema particular que envolve um cilindro uniforme, ou corpo de formato circular, que rola sobre uma superfície áspera *sem deslizar*. Se somarmos os momentos em relação ao centro instantâneo de velocidade nula, então $\Sigma(\mathcal{M}_k)_{CI}$ torna-se $I_{CI}\alpha$. A prova é similar para $\Sigma M_O = I_O\alpha$ (Equação 17.16), de maneira que:

$$\Sigma M_{CI} = I_{CI}\alpha \tag{17.19}$$

Este resultado compara-se com $\Sigma M_O = I_O\alpha$, que é usado para um corpo preso com pino ao ponto *O*, (Equação 17.16). Ver Problema 17.91.

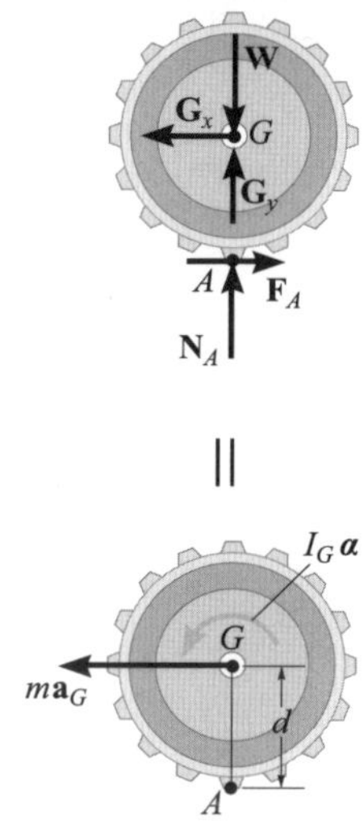

Na medida em que o compactador de solo, ou 'rolo pé de carneiro', se desloca para frente, o compactador realiza um movimento plano geral. As forças mostradas em seu diagrama de corpo livre causam os efeitos mostrados no diagrama cinético. Se os momentos são somados em relação ao centro de massa, *G*, então $\Sigma M_G = I_G\alpha$. Entretanto, se os momentos são somados em relação ao ponto *A* (o *CI*) então $\circlearrowright +\Sigma M_A = I_G\alpha + (ma_G)d = I_A\alpha$.

Procedimento para análise

Problemas cinéticos envolvendo movimento plano geral de um corpo rígido podem ser resolvidos utilizando-se o procedimento a seguir.

Diagrama de corpo livre

- Estabeleça o sistema de coordenadas inercial *x, y* e construa o diagrama de corpo livre para o corpo.
- Especifique a direção e o sentido da aceleração do centro de massa, $\mathbf{a}_G$, e da aceleração angular $\boldsymbol{\alpha}$ do corpo.
- Determine o momento de inércia I_G.
- Identifique as incógnitas no problema.
- Se ficar decidido que a equação de movimento rotacional $\Sigma M_P = \Sigma(\mathcal{M}_k)_P$ deva ser usada, então considere traçar o diagrama cinético a fim de ajudar a 'visualizar' os 'momentos' desenvolvidos pelas componentes $m(\mathbf{a}_G)_x$, $m(\mathbf{a}_G)_y$ e $I_G\boldsymbol{\alpha}$ quando escrevendo os termos na soma dos momentos $\Sigma(\mathcal{M}_k)_P$.

Equações de movimento

- Aplique as três equações de movimento de acordo com a convenção de sinais estabelecida.
- Quando o atrito está presente, há a possibilidade de movimento sem deslizamento ou tombamento. Cada possibilidade de movimento deve ser considerada.

Cinemática

- Utilize a cinemática se uma solução completa não puder ser obtida estritamente das equações de movimento.
- Se o movimento do corpo for *restringido* em virtude de seus suportes, equações adicionais podem ser obtidas utilizando $\mathbf{a}_B = \mathbf{a}_A + \mathbf{a}_{B/A}$, que relacionam as acelerações de quaisquer dois pontos *A* e *B* sobre o corpo.
- Quando uma roda, disco, cilindro, ou bola *rola sem deslizar*, então $a_G = \alpha r$.

Exemplo 17.13

Determine a aceleração angular da bobina na Figura 17.20*a*. A bobina tem uma massa de 8 kg e um raio de giração k_G = 0,35 m. As cordas de massa desprezível estão enroladas em torno de seu cubo e borda externa.

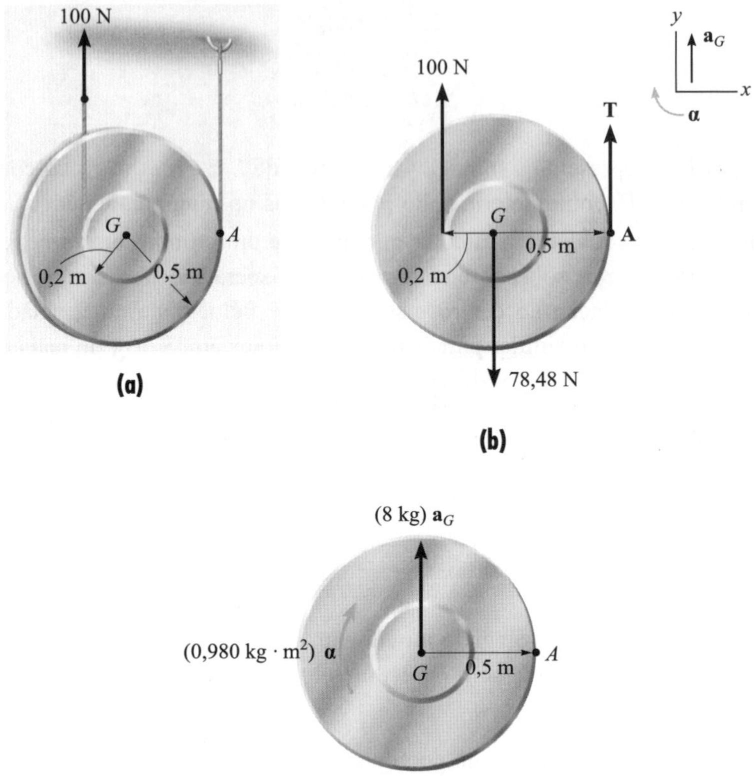

(c)

Figura 17.20

SOLUÇÃO I

Diagrama de corpo livre

(Figura 17.20*b*). A força de 100 N faz com que $\mathbf{a}_G$ atue para cima. Além disso, **α** atua no sentido horário, visto que a bobina enrola em torno da corda em *A*.

Há três incógnitas, *T*, a_G e α. O momento de inércia da bobina em relação a seu centro de massa é:

$$I_G = mk_G^2 = 8 \text{ kg}(0{,}35 \text{ m})^2 = 0{,}980 \text{ kg} \cdot \text{m}^2$$

Equações de movimento

$$+\uparrow \Sigma F_y = m(a_G)_y; \qquad T + 100 \text{ N} - 78{,}48 \text{ N} = (8 \text{ kg})a_G \qquad (1)$$

$$\curvearrowright + \Sigma M_G = I_G\alpha; \quad 100 \text{ N}(0{,}2 \text{ m}) - T(0{,}5 \text{ m}) = (0{,}980 \text{ kg} \cdot \text{m}^2)\alpha \qquad (2)$$

Cinemática

Uma solução completa é obtida se a cinemática for usada para relacionar a_G com α. Neste caso a bobina 'rola sem deslizar' na corda em *A*. Por conseguinte, podemos usar os resultados dos exemplos 16.4 ou 16.15, de maneira que:

$$(\curvearrowright +)\ a_G = \alpha r; \qquad a_G = \alpha\,(0{,}5 \text{ m}) \qquad (3)$$

Resolvendo as equações 1 a 3, temos:

$$\alpha = 10{,}3 \text{ rad/s}^2$$

$$a_G = 5{,}16 \text{ m/s}^2$$

$$T = 19{,}8 \text{ N}$$

SOLUÇÃO II

Equações de movimento

Podemos eliminar a incógnita T somando os momentos em relação ao ponto A. Dos diagramas cinéticos e de corpo livre (figuras 17.20*b* e 17.20*c*), temos:

$$\curvearrowright +\Sigma M_A = \Sigma (\mathcal{M}_k)_A;\quad 100\text{ N}(0{,}7\text{ m}) - 78{,}48\text{ N }(0{,}5\text{ m})$$
$$= (0{,}980\text{ kg}\cdot\text{m}^2)\alpha + [(8\text{ kg})a_G]\,(0{,}5\text{ m})$$

Utilizando-se a Equação (3),

$$\alpha = 10{,}3\text{ rad/s}^2$$

SOLUÇÃO III

Equações de movimento

A maneira mais simples de resolver este problema é observar que o ponto A é o *CI* da bobina. Então a Equação 17.19 se aplica.

$$\curvearrowright +\Sigma M_A = I_A\alpha;\ (100\text{ N})(0{,}7\text{ m}) - (78{,}48\text{ N})(0{,}5\text{ m})$$
$$= [0{,}980\text{ kg}\cdot\text{m}^2 + (8\text{ kg})(0{,}5\text{ m})^2]\alpha$$
$$\alpha = 10{,}3\text{ rad/s}^2$$

Exemplo 17.14

A roda de 25 kg mostrada na Figura 17.21*a* tem um raio de giração $k_G = 0{,}2$ m. Se um momento de binário de 50 N · m é aplicado à roda, determine a aceleração do seu centro de massa G. Os coeficientes de atrito cinético e estático entre a roda e o plano em A são $\mu_s = 0{,}3$ e $\mu_k = 0{,}25$, respectivamente.

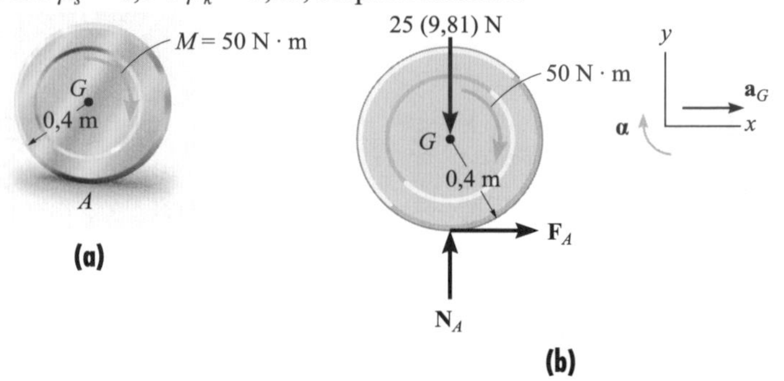

Figura 17.21

SOLUÇÃO

Diagrama de corpo livre

Examinando Figura 17.21*b*, vê-se que o momento de binário faz com que a roda tenha uma aceleração angular no sentido horário de $\boldsymbol{\alpha}$. Como resultado, a aceleração do centro de massa, $\mathbf{a}_G$, é direcionada para a direita. O momento de inércia é:

$$I_G = mk_G^2 = (25\text{ kg})(0{,}2\text{ m})^2 = 1{,}0\text{ kg}\cdot\text{m}^2$$

As incógnitas são N_A, F_A, a_G e α.

Equações de movimento

$$\overset{+}{\rightarrow} \Sigma F_x = m(a_G)_x;\qquad F_A = (25\text{ kg})\,a_G \qquad (1)$$
$$+\uparrow \Sigma F_y = m(a_G)_y;\qquad N_A - 25(9{,}81)\text{ N} = 0 \qquad (2)$$
$$\circlearrowright +\Sigma M_G = I_G\alpha;\qquad 50\text{ N}\cdot\text{m} - 0{,}4\text{ m }(F_A) = (1{,}0\text{ kg}\cdot\text{m}^2)\alpha \qquad (3)$$

Uma quarta equação é necessária para uma solução completa.

Cinemática (sem deslizamento)

Se esta hipótese for feita, então,

$$(\curvearrowright +) \quad a_G = (0{,}4 \text{ m})\,\alpha \qquad (4)$$

Resolvendo as equações 1 a 4,

$$N_A = 245{,}25 \text{ N} \quad F_A = 100 \text{ N}$$

$$\alpha = 10{,}0 \text{ rad/s}^2 \quad a_G = 4{,}0 \text{ m/s}^2$$

Esta solução requer que não ocorra deslizamento, ou seja, $F_A \leq \mu_s N_A$. Entretanto, visto que 100 N > 0,3(245,25N) = 73,6 N, a roda desliza quando ela rola.

(Deslizamento)

A Equação 4 não é válida, e assim $F_A = \mu_s N_A$, ou

$$F_A = 0{,}25 N_A \qquad (5)$$

Resolver as equações 1 a 3 e 5 resulta em:

$$N_A = 245{,}25 \text{ N} \quad F_A = 61{,}31 \text{ N}$$

$$\alpha = 25{,}5 \text{ rad/s}^2$$

$$a_G = 2{,}45 \text{ m/s}^2 \rightarrow$$

Exemplo 17.15

O poste esguio uniforme mostrado na Figura 17.22*a* tem uma massa de 100 kg. Se os coeficientes de atrito cinético e estático entre a extremidade do poste e a superfície são $\mu_s = 0{,}3$ e $\mu_k = 0{,}25$, respectivamente, determine a aceleração angular do poste no instante que a força horizontal de 400 N é aplicada. O poste está originalmente em repouso.

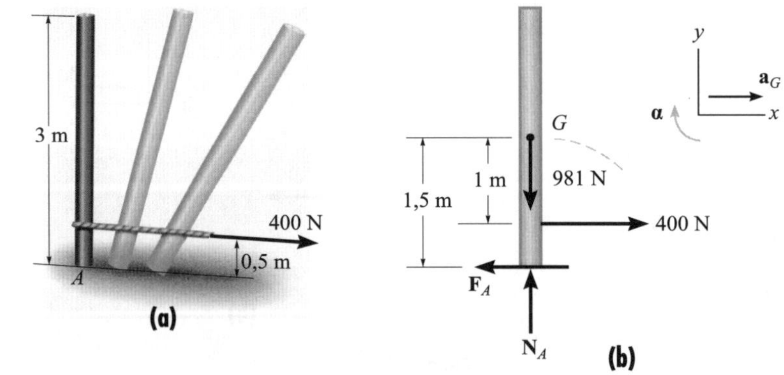

Figura 17.22

SOLUÇÃO

Diagrama de corpo livre

(Figura 17.22*b*). A trajetória do movimento do centro de massa *G* será ao longo de uma trajetória curva desconhecida tendo um raio de curvatura ρ, que está inicialmente sobre uma linha vertical. Entretanto, não há componente normal ou *y* da aceleração, visto que o poste está originalmente em repouso, ou seja, $\mathbf{v}_G = \mathbf{0}$, de maneira que $(a_G)_y = (v_G^2)/\rho = 0$. Vamos supor que o centro de massa acelera para a direita e que o poste tem uma aceleração angular no sentido horário $\boldsymbol{\alpha}$. As incógnitas são N_A, F_A, a_G e α.

Equações de movimento

$\xrightarrow{+}\Sigma F_x = m(a_G)_x;$ $400\text{ N} - F_A = (100\text{ kg})a_G$ (1)

$+\uparrow\Sigma F_y = m(a_G)_y;$ $N_A - 981\text{ N} = 0$ (2)

$\curvearrowright +\Sigma M_G = I_G\alpha;$ $F_A\,(1{,}5\text{ m}) - (400\text{ N})(1\text{m}) = (\frac{1}{12}\,(100\text{ kg})(3\text{ m})^2)\alpha$ (3)

Uma quarta equação é necessária para uma solução completa.

Cinemática (sem deslizamento)

Com esta hipótese, o ponto A atua como um 'axial', de maneira que α está no sentido horário, então a_G é direcionado para a direita.

$a_G = \alpha r_{AG};$ $a_G = (1{,}5\text{ m})\,\alpha$ (4)

Resolver as equações 1 a 4 resulta em:

$$N_A = 981\text{ N} \qquad F_A = 300\text{ N}$$

$$a_G = 1\text{ m/s}^2 \qquad \alpha = 0{,}667\text{ rad/s}^2$$

A hipótese de sem deslizamento requer $F_A \leq \mu_s N_A$. Entretanto, 300 N > 0,3(981 N) = 294 N e, assim, o poste desliza em A.

(Deslizamento)

Para este caso, a Equação 4 *não* se aplica. Em vez disso, a equação de atrito $F_A \leq \mu_k N_A$ deve ser usada. Por conseguinte,

$$F_A = 0{,}25\,N_A \tag{5}$$

Resolver as equações 1 a 3 e 5 simultaneamente resulta em:

$$N_A = 981\text{ N} \qquad F_A = 245\text{ N} \qquad a_G = 1{,}55\text{ m/s}^2$$

$$\alpha = -0{,}428\text{ rad/s}^2 = 0{,}428\text{ rad/s}^2 \curvearrowleft$$

Exemplo 17.16

A barra uniforme de 50 kg na Figura 17.23*a* é mantida na posição de equilíbrio pelas cordas AC e BD. Determine a tração em BD e a aceleração angular da barra imediatamente após AC ser cortada.

SOLUÇÃO

Diagrama de corpo livre

(Figura 17.23*b*). Há quatro incógnitas, T_B, $(a_G)_x$, $(a_G)_y$ e α.

Equações de movimento

$\xrightarrow{+}\Sigma F_x = m(a_G)_x;$ $0 = (50\text{ kg}\ a_G)_x$

$$(a_G)_x = 0$$

$+\uparrow\Sigma F_y = m(a_G)_y;$ $T_B - 50(9{,}81)\text{N} = -\,(50\text{ kg}\ a_G)_y$ (1)

$\curvearrowright +\Sigma M_G = I_G\alpha;$ $T_B(1{,}5\text{ m}) = \left[\frac{1}{12}(50\text{ kg})(3\text{ m})^2\right]\alpha$ (2)

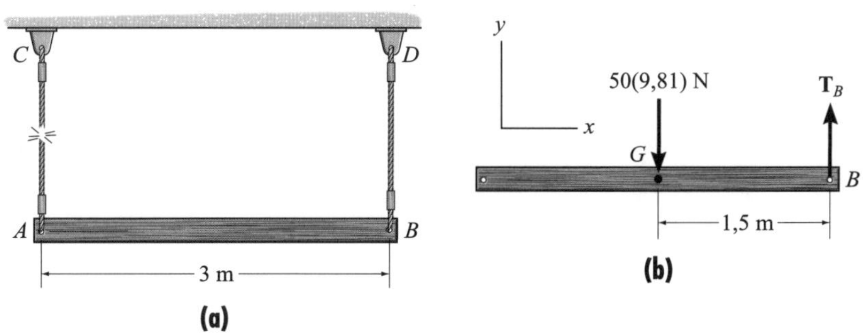

Figura 17.23

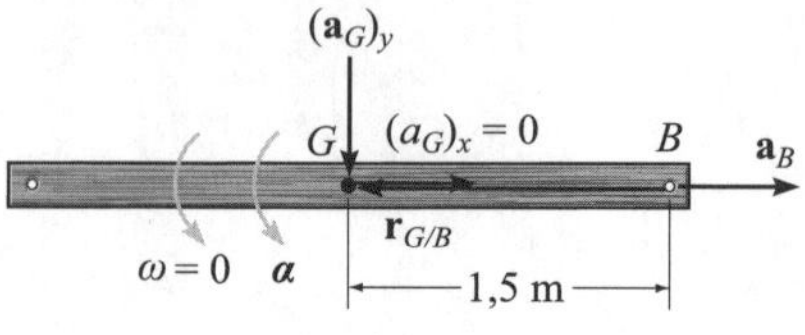

(c)

Figura 17.23

Cinemática

Visto que a barra está em repouso logo após o cabo ser cortado, então sua velocidade angular e a velocidade do ponto B nesse instante são iguais a zero. Desse modo, $(a_B)_n = (v_B^2)/\rho_{BD} = 0$. Portanto, $\mathbf{a}_B$ tem apenas uma componente tangencial, que está direcionada ao longo do eixo x (Figura 17.23*c*). Aplicando a equação de aceleração relativa aos pontos G e B,

$$\mathbf{a}_G = \mathbf{a}_B + \boldsymbol{\alpha} \times \mathbf{r}_{G/B} - \omega^2\mathbf{r}_{G/B}$$

$$-(a_G)_y\mathbf{j} = a_B\mathbf{i} + (\alpha\mathbf{k}) \times (-1{,}5\mathbf{i}) - \mathbf{0}$$

$$-(a_G)_y\mathbf{j} = a_B\mathbf{i} - 1{,}5\alpha\mathbf{j}$$

Equacionando as componentes **i** e **j** de ambos os lados desta equação,

$$0 = a_B$$

$$(a_G)_y = 1{,}5\alpha \qquad (3)$$

Resolver as equações (1) a (3) resulta em:

$$\alpha = 4{,}905 \text{ rad/s}^2$$

$$T_B = 123 \text{ N}$$

$$(a_G)_y = 7{,}36 \text{ m/s}^2$$

Problemas fundamentais

17.13. A barra fina uniforme de 60 kg está inicialmente em repouso sobre um plano horizontal liso quando as forças são aplicadas. Determine a aceleração do centro de massa da barra e a aceleração angular da barra nesse instante.

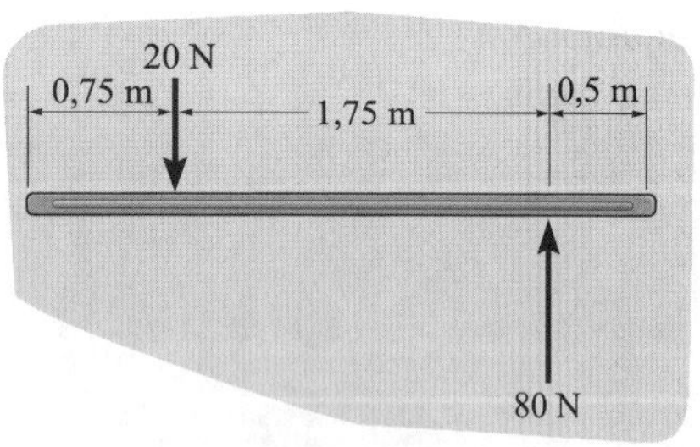

Problema 17.13

17.14. O cilindro de 100 kg rola sem deslizar sobre o plano horizontal. Determine a aceleração de seu centro de massa e sua aceleração angular.

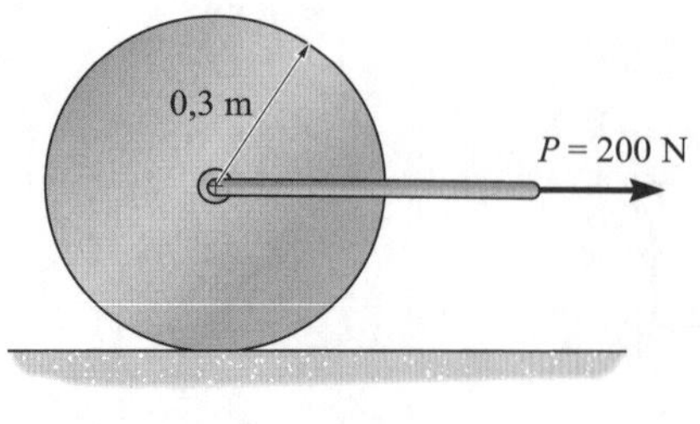

Problema 17.14

17.15. A roda de 20 kg tem um raio de giração em relação a seu centro O de $k_O = 300$ mm. Quando a roda é submetida ao momento de binário, ela desliza na medida em que rola. Determine a aceleração angular da roda e a aceleração do centro da roda O. O coeficiente de atrito cinético entre a roda e o plano é $\mu_k = 0{,}5$.

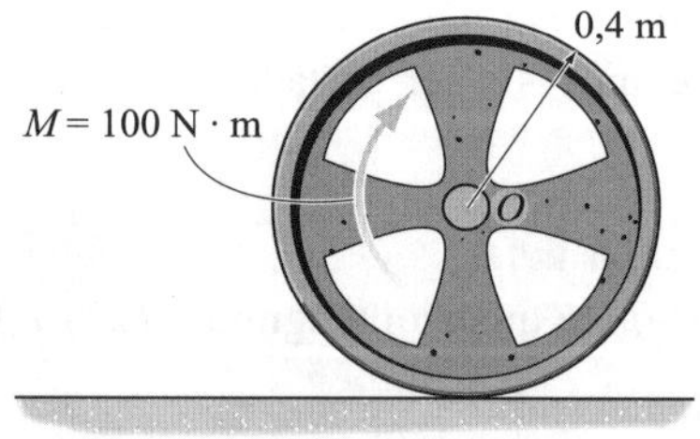

Problema 17.15

17.16. A esfera de 20 kg rola para baixo sobre o plano inclinado sem deslizar. Determine a aceleração angular da esfera e a aceleração de seu centro de massa.

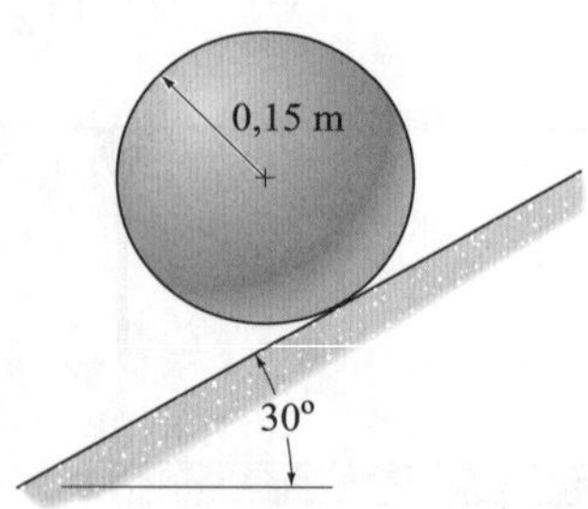

Problema 17.16

17.17. A bobina de 200 kg tem um raio de giração em relação a seu centro de massa $k_G = 300$ mm. Se o momento de binário é aplicado à bobina e o coeficiente de atrito cinético entre a bobina e o solo é $\mu_k = 0{,}2$, determine a aceleração angular da bobina, a aceleração de G e a tração no cabo.

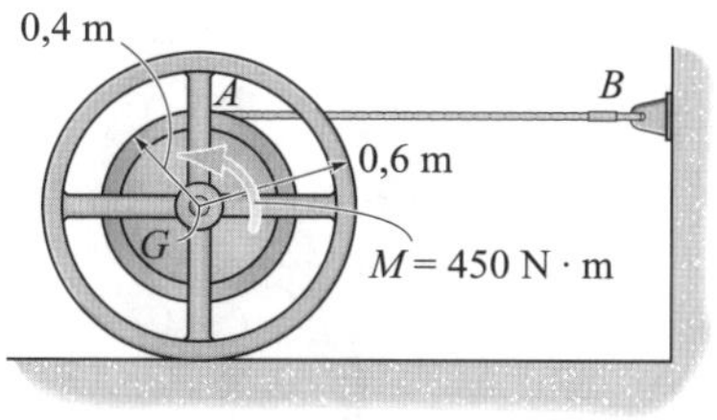

Problema 17.17

17.18. A barra fina de 12 kg está presa com pino ao rolete pequeno A que desliza livremente ao longo da ranhura. Se a barra é solta do repouso em $\theta = 0°$, determine a aceleração angular da barra e a aceleração do rolete imediatamente após ela ser solta.

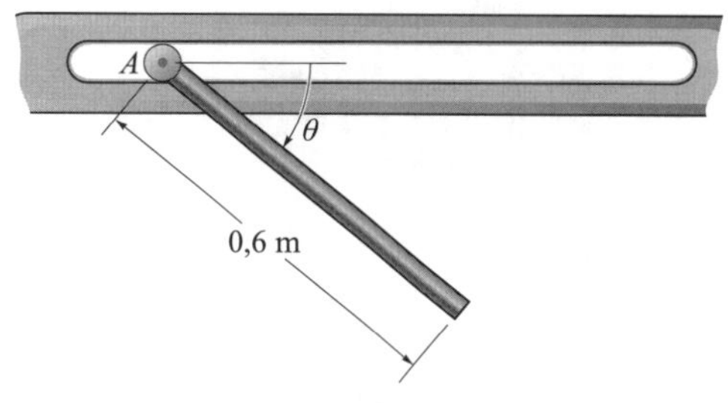

Problema 17.18

Problemas

17.91. Se um disco *rola sem deslizar* sobre uma superfície horizontal, mostre que quando os momentos são somados em relação ao centro instantâneo de velocidade nula, *CI*, é possível usar a equação de momento $\Sigma M_{CI} = I_{CI}\alpha$, onde I_{CI} representa o momento de inércia do disco calculado em relação ao eixo instantâneo de velocidade nula.

***17.92.** O disco semicircular de 10 kg está girando a $\omega = 4$ rad/s no instante $\theta = 60°$. Determine a força normal e de atrito que ele exerce sobre o solo em A nesse instante. Suponha que o disco não desliza na medida em que ele rola.

•17.93. O disco semicircular tendo uma massa de 10 kg está girando a $\omega = 4$ rad/s no instante $\theta = 60°$. Se o coeficiente de atrito estático em A é $\mu_s = 0{,}5$, determine se o disco desliza neste instante.

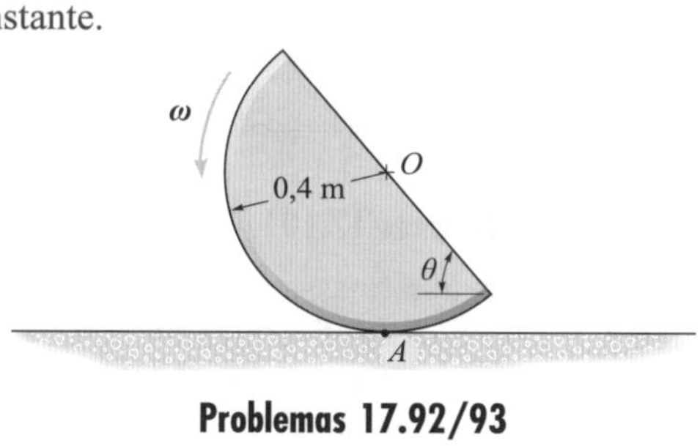

Problemas 17.92/93

17.94. A tábua de 25 kg está suspensa pelas cordas em C e D. Se essas cordas estão submetidas a forças constantes de 150 N e 225 N, respectivamente, determine a aceleração inicial do centro da tábua e sua aceleração angular. Suponha que a tábua seja uma placa fina. Despreze a massa das polias em E e F.

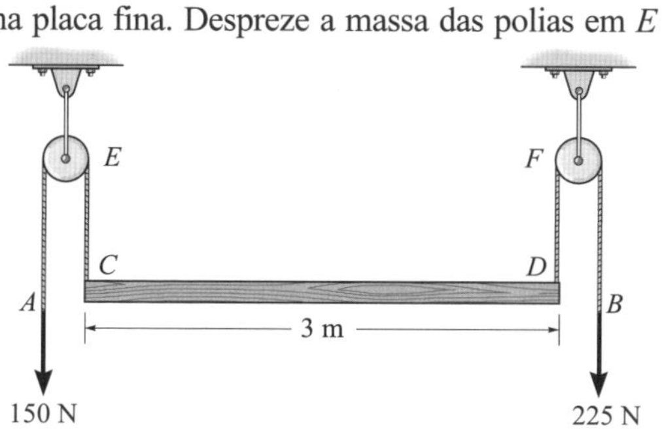

Problema 17.94

17.95. O foguete consiste de uma seção principal A tendo uma massa de 10 Mg e centro de massa em G_A. Os dois foguetes auxiliares idênticos B e C têm cada um uma massa de 2 Mg com centros de massa em G_B e G_C, respectivamente. No instante mostrado, o foguete está se deslocando verticalmente e está em uma altitude em que a aceleração pela gravidade é $g = 8{,}75$ m/s^2. Se os foguetes auxiliares B e C subitamente fornecem um empuxo de $T_B = 30$ kN e $T_C = 20$ kN, respectivamente, determine a aceleração angular do foguete. O raio de giração de A em relação a G_A é $k_A = 2$ m e os raios de giração de B e C em relação a G_B e G_C são $k_B = k_C = 0{,}75$ m.

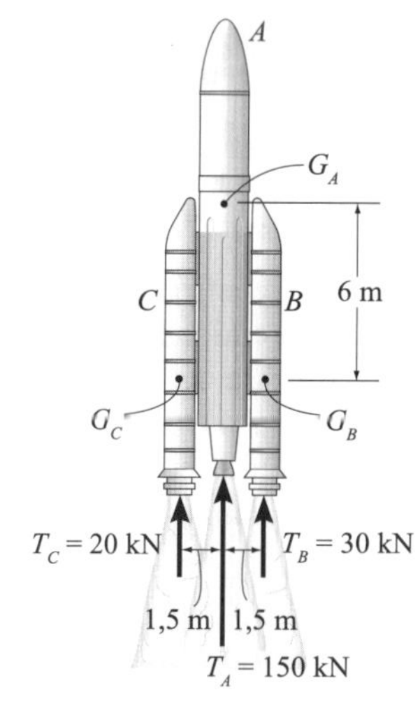

Problema 17.95

***17.96.** A roda de 75 kg tem um raio de giração em relação ao eixo z de $k_z = 150$ mm. Se a correia de massa desprezível for submetida a uma força $P = 150$ N, determine a aceleração do centro de massa e a aceleração angular da roda. A superfície é lisa e a roda está livre para deslizar.

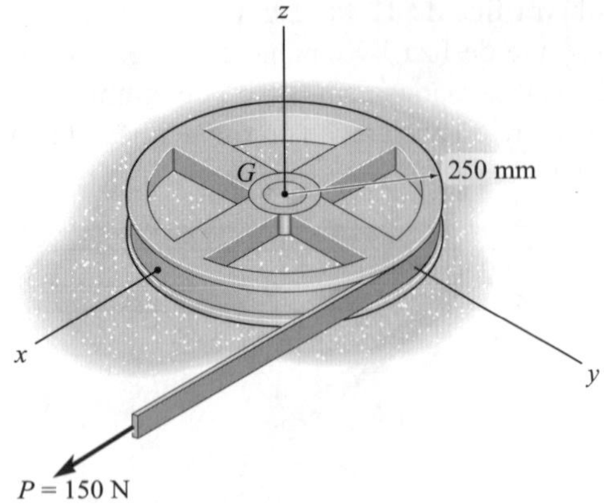

Problema 17.96

•**17.97.** A roda tem uma massa de 15 kg e um raio de giração k_G = 0,18 m. Se os coeficientes de atrito cinético e estático entre a roda e o plano são μ_s = 0,2 e μ_k = 0,15, determine a aceleração angular da roda na medida em que ela rola para baixo sobre o plano inclinado. Faça θ = 12º.

17.98. A roda tem uma massa de 15 kg e um raio de giração k_G = 0,18 m. Se os coeficientes de atrito cinético e estático entre a roda e o plano são μ_s = 0,2 e μ_k = 0,15, determine o ângulo máximo θ do plano inclinado, de maneira que a roda role sem deslizar.

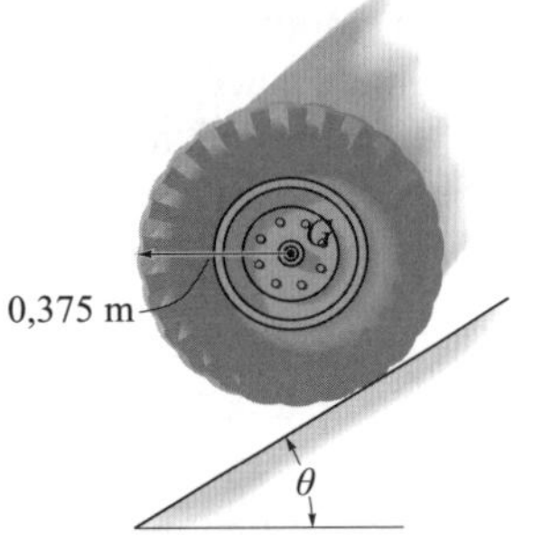

Problemas 17.97/98

17.99. Dois homens exercem forças verticais constantes de 200 N e 150 N nas extremidades A e B de um pranchão uniforme que tem uma massa de 25 kg. Se o pranchão está originalmente em repouso na posição horizontal, determine a aceleração inicial de seu centro e sua aceleração angular. Suponha que o pranchão é uma barra fina.

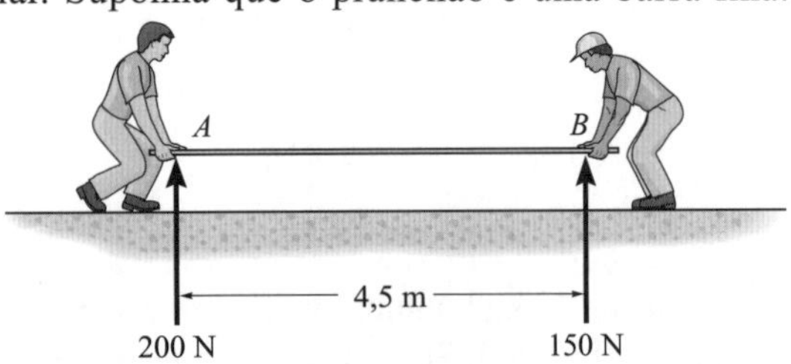

Problema 17.99

***17.100.** O duto de concreto circular rola com uma velocidade angular de ω = 0,5 rad/s quando o homem está na posição mostrada. Nesse instante, o centro de gravidade do duto e do homem está localizado no ponto G, e o raio de giração em relação a G é k_G = 1,05 m. Determine a aceleração angular do duto. A massa combinada do duto e do homem é de 250 kg. Suponha que o duto rola sem deslizar, e o homem não se desloca dentro dele.

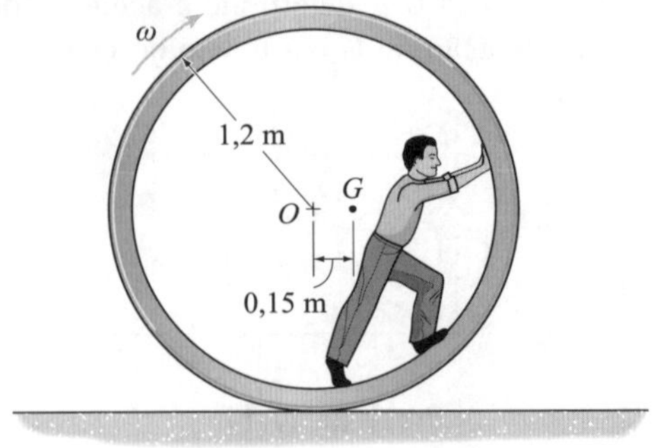

Problema 17.100

•**17.101.** O rolo de grama tem uma massa de 80 kg e um raio de giração k_G = 0,175m. Se ele for empurrado para frente com uma força de 200 N quando o punho está a 45º, determine sua aceleração angular. Os coeficientes de atrito cinético e estático entre o solo e o rolo são μ_s = 0,12 e μ_k = 0,1, respectivamente.

17.102. Resolva o Problema 17.101 se μ_s = 0,6 e μ_k = 0,45.

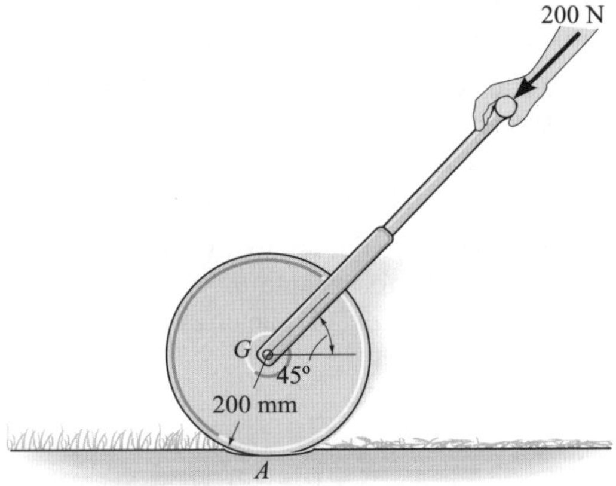

Problemas 17.101/102

17.103. A bobina tem uma massa de 100 kg e um raio de giração k_G = 0,3 m. Se os coeficientes de atrito cinético e estático em A são μ_s = 0,2 e μ_k = 0,15, respectivamente, determine a aceleração angular da bobina se P = 50 N.

***17.104.** Resolva o Problema 17.103 se a corda e a força P = 50 N são direcionadas verticalmente para cima.

•**17.105.** A bobina tem uma massa de 100 kg e um raio de giração k_G = 0,3 m. Se os coeficientes de atrito cinético e estático em A são μ_s = 0,2 e μ_k = 0,15, respectivamente, determine a aceleração angular da bobina se P = 600 N.

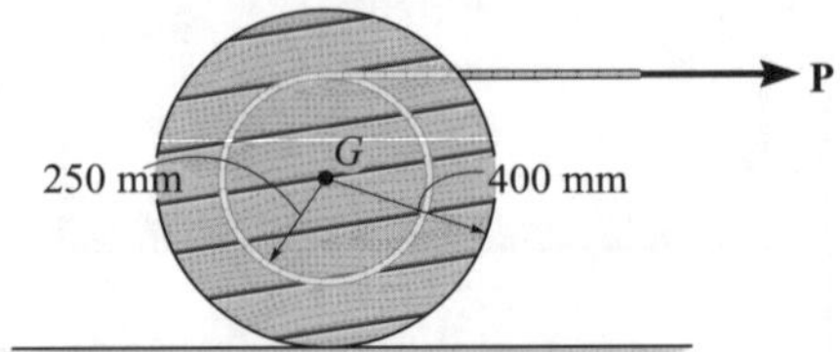

Problemas 17.103/104/105

17.106. O caminhão transporta a bobina que tem uma massa de 250 kg e um raio de giração k_G = 0,6 m. Determine a aceleração angular da bobina se ela não estiver amarrada ao caminhão e ele começa a acelerar a 0,9 m/s^2. Suponha que a bobina não desliza sobre o piso da carroceria do caminhão.

17.107. O caminhão transporta a bobina que tem uma massa de 100 kg e um raio de giração k_G = 0,6 m. Determine a aceleração angular da bobina se ela não estiver amarrada ao caminhão e ele começa a acelerar a 1,5 m/s^2. Os coeficientes de atrito cinético e estático entre a bobina e o piso da carroceria do caminhão são μ_s = 0,15 e μ_k = 0,1, respectivamente.

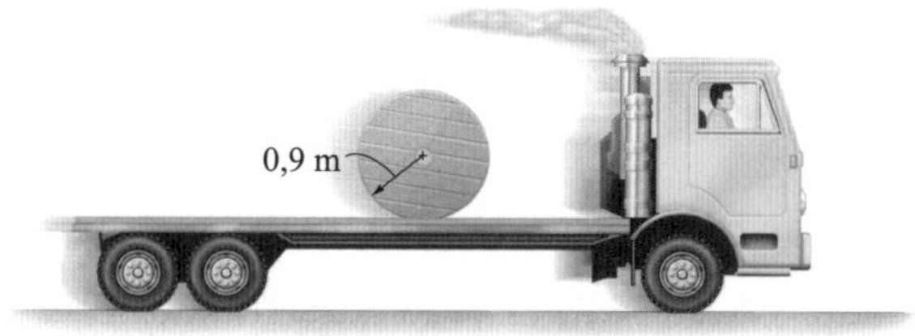

Problemas 17.106/107

***17.108.** Uma barra uniforme tendo uma massa de 5 kg é suportada por um pino em A de um rolete que corre sobre um trilho horizontal. Se a barra está originalmente em repouso, e uma força horizontal F = 75 N é aplicada ao rolete, determine a aceleração do rolete. Despreze a massa do rolete e sua dimensão d nos cálculos.

•17.109. Resolva o Problema 17.108 supondo que o rolete em A é substituído por um bloco deslizante tendo uma massa desprezível. O coeficiente de atrito cinético entre o bloco e o trilho é μ_k = 0,2. Despreze a dimensão d e a dimensão do bloco nos cálculos.

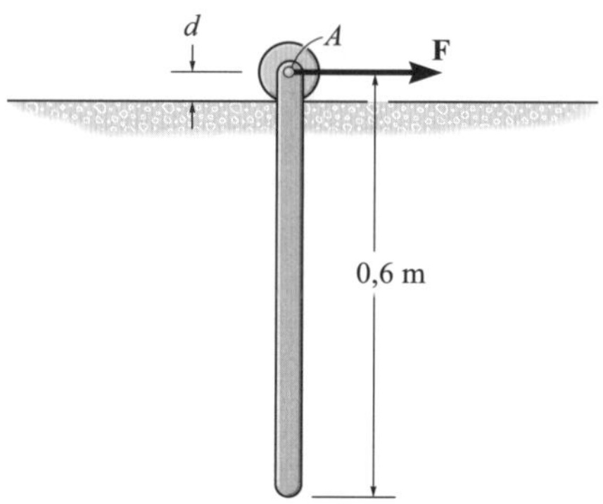

Problemas 17.108/109

17.110. O navio tem uma massa de 2(10^6) kg e centro de gravidade em G. Dois rebocadores de peso desprezível são usados para virá-lo. Se cada rebocador o empurra com uma força T = 10 kN, determine a aceleração inicial de seu centro de gravidade G e sua aceleração angular. Seu raio de giração em relação a seu centro de gravidade é k_G = 37,5 m. Despreze a resistência da água.

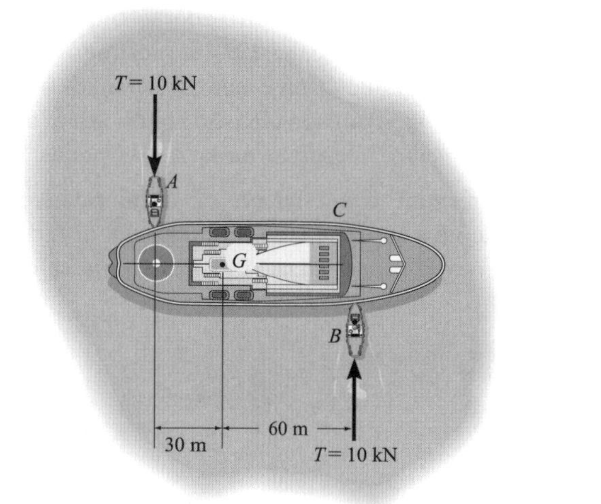

Problema 17.110

17.111. O cilindro de 7,5 kg está inicialmente em repouso sobre uma placa de 2,5 kg. Se um momento de binário M = 60 N · m for aplicado ao cilindro, determine a aceleração angular do cilindro e o tempo necessário para a extremidade B da placa se deslocar 0,9 m para a direita e bater na parede. Suponha que o cilindro não desliza sobre a placa, e despreze a massa dos roletes embaixo da placa.

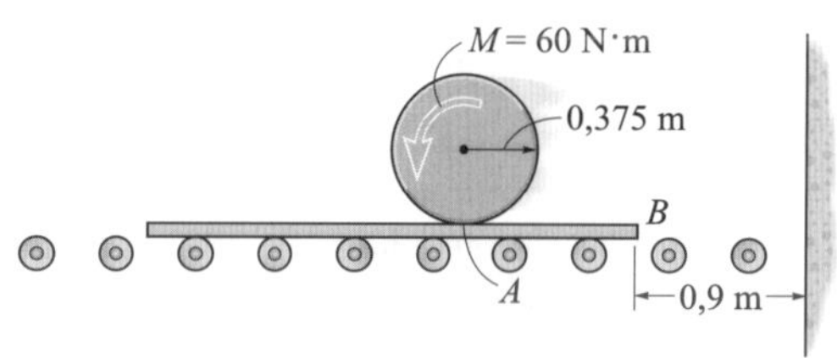

Problema 17.111

***17.112.** A montagem consiste de um disco de 8 kg e uma barra de 10 kg que está conectada ao disco por um pino. Se o sistema é solto do repouso, determine a aceleração angular do disco. Os coeficientes de atrito cinético e estático entre o disco e o plano inclinado são μ_s = 0,6 e μ_k = 0,4, respectivamente. Despreze o atrito em B.

•17.113. Resolva o Problema 17.112 se a barra for removida. Os coeficientes de atrito cinético e estático entre o disco e o plano inclinado são μ_s = 0,15 e μ_k = 0,1, respectivamente.

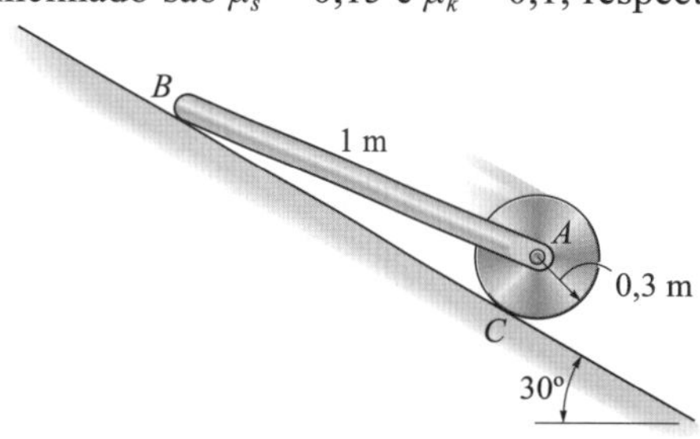

Problemas 17.112/113

17.114. O disco de 20 kg A é fixado ao bloco B de 10 kg utilizando o sistema de cabo e polia mostrados. Se o disco rola sem deslizar, determine sua aceleração angular e a aceleração do bloco quando eles são soltos. Além disso, qual é a tração no cabo? Despreze a massa das polias.

17.115. Determine o coeficiente de atrito estático mínimo entre o disco e a superfície no Problema 17.114, de maneira que o disco role sem deslizar. Despreze a massa das polias.

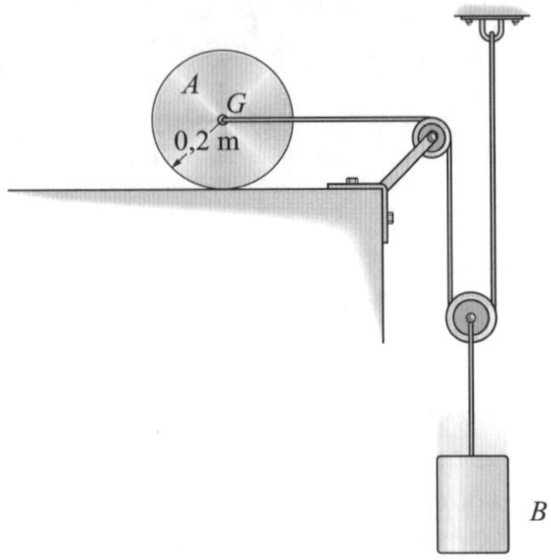

Problemas 17.114/115

***17.116.** A placa quadrada de 20 kg está presa por um pino ao anel liso de 5 kg. Determine a aceleração angular inicial da placa quando P = 100 N for aplicada ao anel. A placa está originalmente em repouso.

•**17.117.** A placa quadrada de 20 kg está presa por um pino ao anel liso de 5 kg. Determine a aceleração inicial do anel quando P = 100 N for aplicada ao anel. A placa está originalmente em repouso.

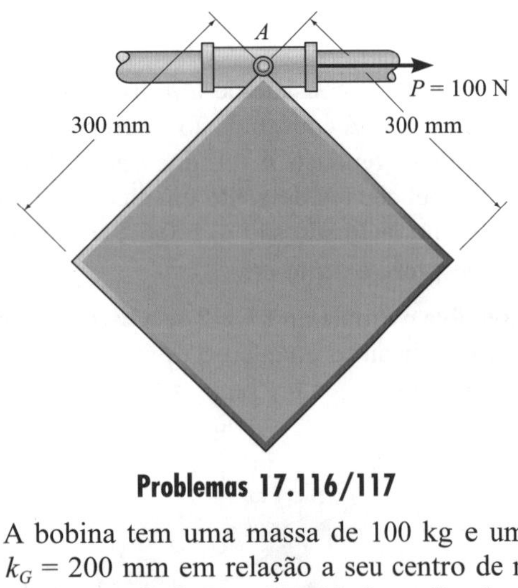

Problemas 17.116/117

17.118. A bobina tem uma massa de 100 kg e um raio de giração k_G = 200 mm em relação a seu centro de massa G. Se uma força vertical P = 200 N for aplicada ao cabo, determine a aceleração de G e a aceleração angular da bobina. Os coeficientes de atrito cinético e estático entre o trilho e a bobina são μ_s = 0,3 e μ_k = 0,25, respectivamente.

17.119. A bobina tem uma massa de 100 kg e um raio de giração k_G = 200 mm em relação a seu centro de massa G. Se uma força vertical P = 500 N for aplicada ao cabo, determine a aceleração de G e a aceleração angular da bobina. Os coeficientes de atrito cinético e estático entre o trilho e a bobina são μ_s = 0,2 e μ_k = 0,15, respectivamente.

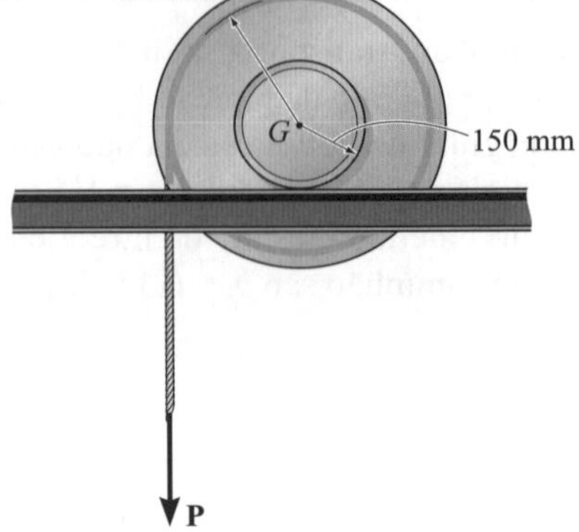

Problemas 17.118/119

***17.120.** Se o caminhão acelera a uma razão constante de 6 m/s^2, partindo do repouso, determine a aceleração angular inicial da escada de 20 kg. A escada pode ser considerada como uma barra fina uniforme. O apoio em B é liso.

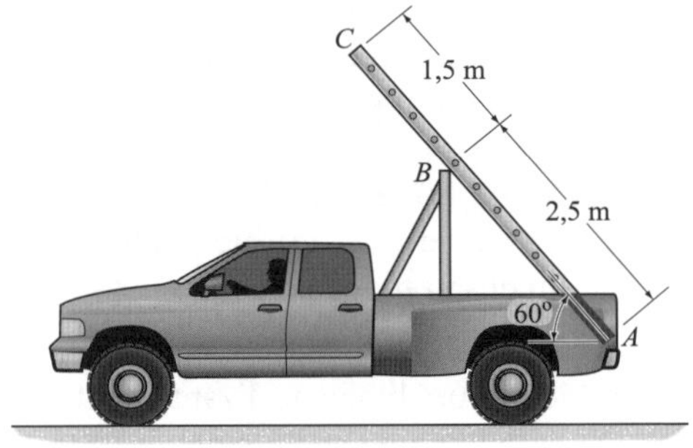

Problema 17.120

•**17.121.** A roda de 75 kg tem um raio de giração em relação a seu centro de massa k_G = 375 mm. Se ela é submetida a um torque M = 100 N · m, determine sua aceleração angular. Os coeficientes de atrito cinético e estático entre a roda e o solo são μ_s = 0,2 e μ_k = 0,15, respectivamente.

17.122. A roda de 75 kg tem um raio de giração em relação a seu centro de massa k_G = 375 mm. Se ela é submetida a um torque M = 150 N · m, determine sua aceleração angular. Os coeficientes de atrito cinético e estático entre a roda e o solo são μ_s = 0,2 e μ_k = 0,15, respectivamente.

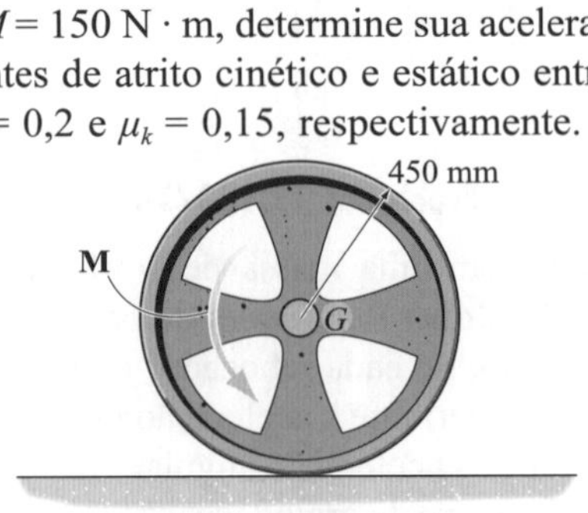

Problemas 17.121/122

17.123. O duto de concreto de 500 kg tem um raio médio de 0,5 m. Se o caminhão tem uma aceleração de 3 m/s², determine a aceleração angular do duto. Suponha que o duto não deslize sobre o piso da carroceria do caminhão e despreze sua espessura.

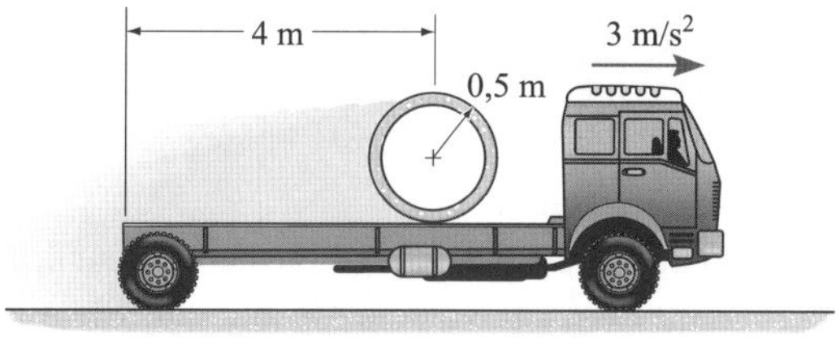

Problema 17.123

Problemas conceituais

17.1. O caminhão é usado para puxar o contêiner pesado. Para ser mais efetivo em fornecer tração para as rodas traseiras em A, é melhor manter o contêiner onde ele está ou colocá-lo na parte da frente do reboque? Utilize valores numéricos apropriados para explicar sua resposta.

Problema 17.1

17.2. O trator está prestes a rebocar o avião para a direita. É possível para o motorista fazer com que o trem de pouso dianteiro do avião saia do solo na medida em que ele acelera o trator? Trace os diagramas cinéticos e de corpo livre e explique algebricamente (letras) se e como isso pode ser possível.

Problema 17.2

17.3. Como você pode saber que o motorista está acelerando o utilitário? Para explicar sua resposta, trace os diagramas cinéticos e de corpo livre. Aqui, a potência é fornecida às rodas traseiras. A fotografia pareceria a mesma se a potência fosse fornecida às rodas dianteiras? As acelerações serão as mesmas? Utilize valores numéricos apropriados para explicar suas respostas.

Problema 17.3

17.4. Ao lado, temos algo que você não deveria tentar em casa, pelo menos não sem usar um capacete! Trace os diagramas cinéticos e de corpo livre e mostre o que o motociclista tem de fazer para manter esta posição. Utilize valores numéricos para explicar sua resposta.

Problema 17.4

REVISÃO DO CAPÍTULO

<table>
<tr>
<td>Momento de inércia
O momento de inércia é uma medida da resistência de um corpo a uma mudança em sua velocidade angular. Ele é definido por $I = \int r^2 dm$ e será diferente para cada eixo em relação ao qual ele é calculado.
Muitos corpos são compostos de formas simples. Se este é o caso, então valores tabelados de I podem ser usados, como os dados nos apêndices. Para obter o momento de inércia de um corpo composto em relação a qualquer eixo especificado, o momento de inércia de cada peça é determinado em relação ao eixo e os resultados são somados juntos. Fazer isso frequentemente requer o uso do teorema dos eixos paralelos.</td>
<td>$I = I_G + md^2$</td>
<td>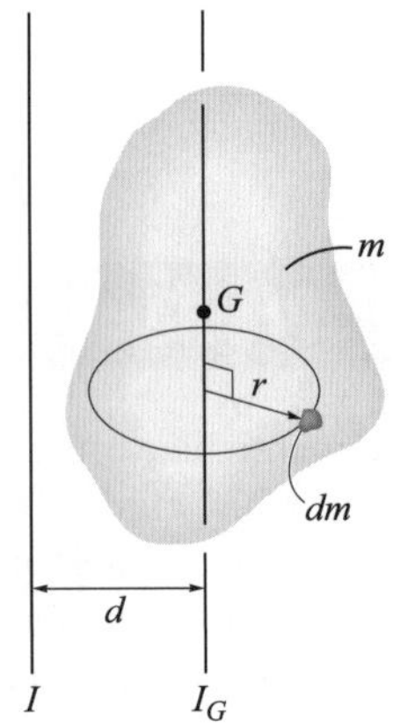
</td>
</tr>
<tr>
<td>Equações do movimento plano
As equações de movimento definem os movimentos translacional e rotacional de um corpo rígido. A fim de considerar todos os termos nestas equações, um diagrama de corpo livre deve sempre acompanhar sua aplicação e, para alguns problemas, pode também ser conveniente traçar o diagrama cinético que mostra $m\mathbf{a}_G$ e $I_G\boldsymbol{\alpha}$.</td>
<td>$\Sigma F_x = m(a_G)_x$
$\Sigma F_y = m(a_G)_y$
$\Sigma M_G = 0$
Translação retilínea</td>
<td>$\Sigma F_n = m(a_G)_n$
$\Sigma F_t = m(a_G)_t$
$\Sigma M_G = 0$
Translação curvilínea</td>
</tr>
<tr>
<td></td>
<td>$\Sigma F_n = m(a_G)_n = m\omega^2 r_G$
$\Sigma F_t = m(a_G)_t = m\alpha r_G$
$\Sigma M_G = I_G\alpha$ ou $\Sigma M_O = I_O\alpha$
Rotação em torno de um eixo fixo

$\Sigma F_x = m(a_G)_x$
$\Sigma F_x = m(a_G)_x$
$\Sigma M_G = I_G\alpha$ ou $\Sigma M_P = \Sigma (\mathcal{M}_k)_P$
Movimento plano geral</td>
<td></td>
</tr>
</table>

CAPÍTULO

18

Cinética do movimento plano de um corpo rígido: trabalho e energia

Objetivos do capítulo

- Desenvolver formulações para a energia cinética de um corpo e definir as várias maneiras de uma força e um binário realizarem trabalho.
- Aplicar o princípio do trabalho e energia para resolver problemas da cinética do movimento plano de um corpo rígido que envolvem força, velocidade e deslocamento.
- Mostrar como a conservação de energia pode ser usada para resolver problemas de cinética do movimento plano de um corpo rígido.

18.1 Energia cinética

Neste capítulo, aplicaremos os métodos de trabalho e energia na resolução de problemas do movimento plano que envolvem força, velocidade e deslocamento. Mas, inicialmente, será necessário desenvolver um meio de obter a energia cinética do corpo quando este está submetido à translação, rotação em torno de um eixo fixo ou movimento plano geral.

Para fazê-lo, consideraremos o corpo rígido mostrado na Figura 18.1, que está representado aqui por uma *placa* movendo-se no plano de referência inercial x–y. Uma i-ésima partícula arbitrária do corpo, tendo uma massa dm, está localizada a uma distância r do ponto arbitrário P. Se, no *instante* mostrado, a partícula tem uma velocidade $\mathbf{v}_i$, então sua energia cinética é $T_i = \frac{1}{2} dm\, v_i^2$.

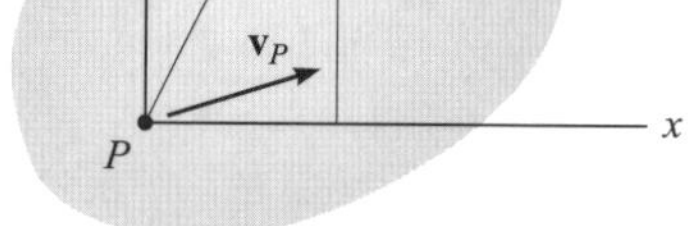

Figura 18.1

A energia cinética do corpo inteiro é determinada ao escreverem-se expressões similares para cada partícula do corpo e integrando-se os resultados, ou seja,

$$T = \frac{1}{2}\int_m dm\, v_i^2$$

Esta equação também pode ser expressa em termos da velocidade do ponto P. Se o corpo tem uma velocidade angular $\boldsymbol{\omega}$, então, da Figura 18.1, temos:

$$\begin{aligned}\mathbf{v}_i &= \mathbf{v}_P + \mathbf{v}_{i/P}\\ &= (v_P)_x\mathbf{i} + (v_P)_y\mathbf{j} + \omega\mathbf{k} \times (x\mathbf{i} + y\mathbf{j})\\ &= [(v_P)_x - \omega y]\mathbf{i} + [(v_P)_y + \omega x]\mathbf{j}\end{aligned}$$

O quadrado da intensidade de $\mathbf{v}_i$ é, desta forma:

$$\begin{aligned}\mathbf{v}_i \cdot \mathbf{v}_i = v_i^2 &= [(v_P)_x - \omega y]^2 + [(v_P)_y + \omega x]^2 \\ &= (v_P)_x^2 - 2(v_P)_x\omega y + \omega^2 y^2 + (v_P)_y^2 + 2(v_P)_y\omega x + \omega^2 x^2 \\ &= v_P^2 - 2(v_P)_x\omega y + 2(v_P)_y\omega x + \omega^2 r^2\end{aligned}$$

Substituindo-se na equação da energia cinética, temos:

$$T = \frac{1}{2}\left(\int_m dm\right)v_P^2 - (v_P)_x\omega\left(\int_m y\,dm\right) + (v_P)_y\omega\left(\int_m x\,dm\right) + \frac{1}{2}\omega^2\left(\int_m r^2\,dm\right)$$

A primeira integral à direita representa toda a massa m do corpo. Visto que $\bar{y}m = \int y\,dm$ e $\bar{x}m = \int x\,dm$, a segunda e a terceira integrais localizam o centro de massa do corpo, G, em relação a P. A última integral representa o momento de inércia do corpo I_P, calculado em relação ao eixo z, passando pelo ponto P. Assim,

$$T = \frac{1}{2}mv_P^2 - (v_P)_x\omega\bar{y}m + (v_P)_y\omega\bar{x}m + \frac{1}{2}I_P\omega^2 \tag{18.1}$$

Como um caso especial, se o ponto P coincide com o centro de massa G do corpo, então $\bar{y} = \bar{x} = 0$, e, portanto,

$$T = \frac{1}{2}mv_G^2 + \frac{1}{2}I_G\omega^2 \tag{18.2}$$

Ambos os termos ao lado direito são *sempre positivos*, visto que v_G e ω estão elevados ao quadrado. O primeiro termo representa a energia cinética translacional, referenciada a partir do centro de massa, e o segundo termo representa a energia cinética rotacional do corpo em relação ao centro de massa.

Translação

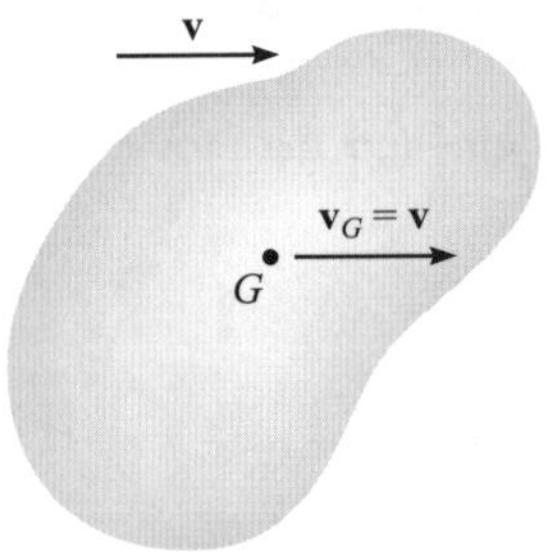

Translação

Figura 18.2

Quando um corpo rígido de massa m é submetido à *translação*, retilínea ou curvilínea (Figura 18.2), a energia cinética por causa da rotação é zero, visto que $\boldsymbol{\omega} = \mathbf{0}$. A energia cinética do corpo é, portanto,

$$T = \frac{1}{2}mv_G^2 \tag{18.3}$$

Rotação em torno de um eixo fixo

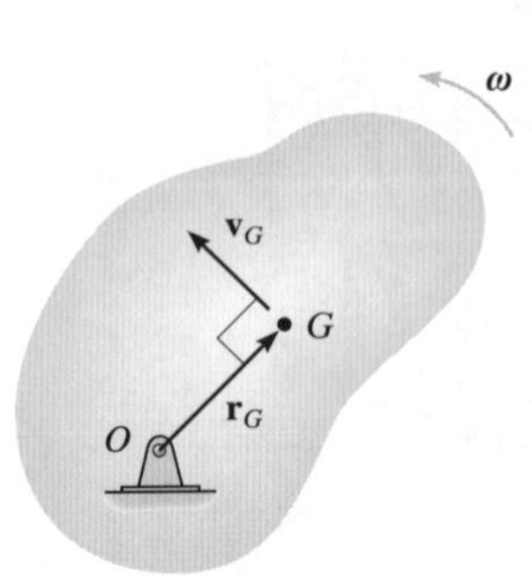

Rotação em torno de um eixo fixo

Figura 18.3

Quando um corpo rígido *gira em torno de um eixo fixo* que passa através do ponto O (Figura 18.3), o corpo tem energia cinética *translacional e rotacional*, de modo que:

$$T = \frac{1}{2}mv_G^2 + \frac{1}{2}I_G\omega^2 \tag{18.4}$$

A energia cinética do corpo também pode ser formulada para este caso, observando-se que $v_G = r_G\omega$, de maneira que $T = \frac{1}{2}(I_G + mr_G^2)\omega^2$. Pelo teorema dos eixos paralelos, os termos entre parênteses representam o momento de inércia I_O do corpo em relação a um eixo perpendicular ao plano do movimento e passando através do ponto O. Portanto,*

$$T = \frac{1}{2}I_O\omega^2 \tag{18.5}$$

A partir da derivação, essa equação dará o mesmo resultado que a Equação 18.4, visto que descreve *os dois tipo de* energias cinéticas do corpo, rotacional e translacional.

* A similaridade entre essa derivação e a de $\Sigma M_O = I_O\alpha$ (Equação 17.16) deve ser observada. O mesmo resultado também pode ser obtido diretamente da Equação 18.1 selecionando-se o ponto P em O, observando-se que $v_O = 0$.

Movimento plano geral

Quando um corpo rígido é submetido a movimento plano geral (Figura 18.4), ele tem uma velocidade angular ω, e seu centro de massa tem uma velocidade $\mathbf{v}_G$. Portanto, a energia cinética é:

$$T = \frac{1}{2}mv_G^2 + \frac{1}{2}I_G\omega^2 \tag{18.6}$$

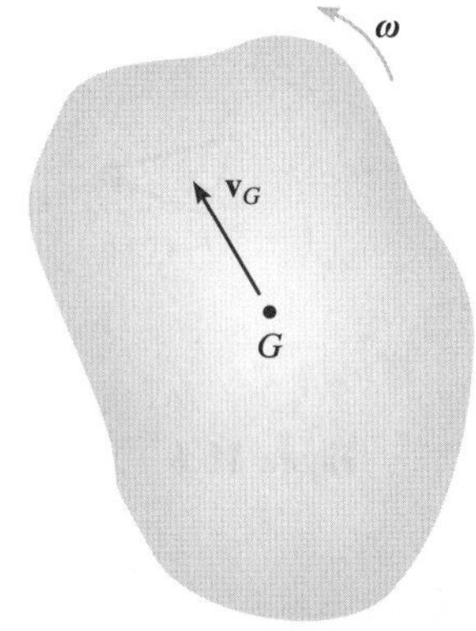

Movimento plano geral

Figura 18.4

Essa equação também pode ser expressa em termos do movimento do corpo em relação a seu centro instantâneo de velocidade nula, ou seja,

$$T = \frac{1}{2}I_{IC}\omega^2 \tag{18.7}$$

onde I_{CI} é o momento de inércia do corpo em relação a seu centro instantâneo. A prova é similar àquela da Equação 18.5 (ver Problema 18.1).

Sistema de corpos rígidos

Em razão de a energia ser uma quantidade escalar, a energia cinética total de um sistema de corpos rígidos *conectados* é a soma das energias cinéticas de todas as suas peças em movimento. Dependendo do tipo de movimento, a energia cinética de *cada corpo* é determinada aplicando-se a Equação 18.2, ou as formas alternativas mencionadas anteriormente.

18.2 O trabalho de uma força

Vários tipos de forças são encontradas com frequência em problemas de cinética do movimento plano que envolvem um corpo rígido. O trabalho de cada uma dessas forças foi apresentado na Seção 14.1, e está listado a seguir como um resumo.

Trabalho de uma força variável

Se uma força externa **F** age sobre um corpo, o trabalho realizado pela força, quando o corpo se move ao longo da trajetória s (Figura 18.5), é:

$$U_F = \int \mathbf{F} \cdot d\mathbf{r} = \int_s F \cos\theta \, ds \tag{18.8}$$

Aqui, θ é o ângulo entre a 'origem' da força e o deslocamento diferencial. A integração deve considerar a variação da direção e da intensidade da força.

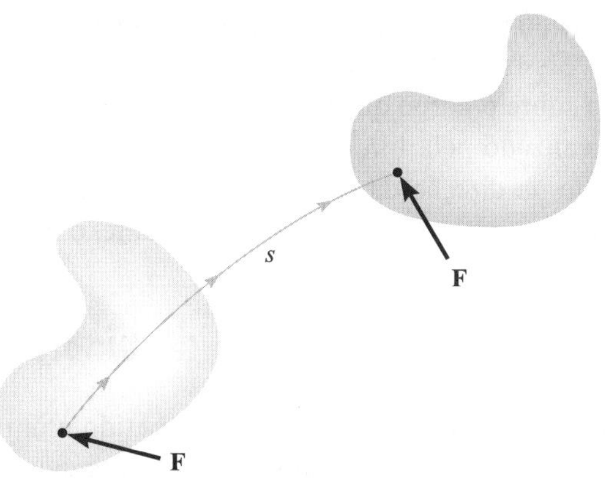

Figura 18.5

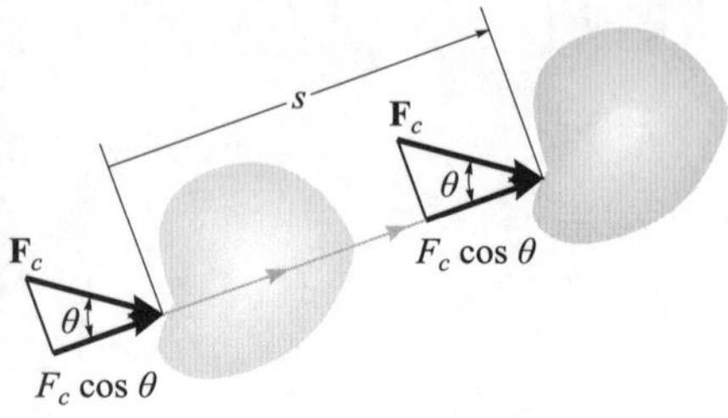

Figura 18.6

Trabalho de uma força constante

Se uma força externa $\mathbf{F}_c$ age sobre um corpo (Figura 18.6) e mantém uma intensidade constante F_c e uma direção constante θ, enquanto o corpo passa por uma translação s, então a equação anterior deve ser integrada, de modo que o trabalho torna-se:

$$U_{F_c} = (F_c \cos \theta)s \tag{18.9}$$

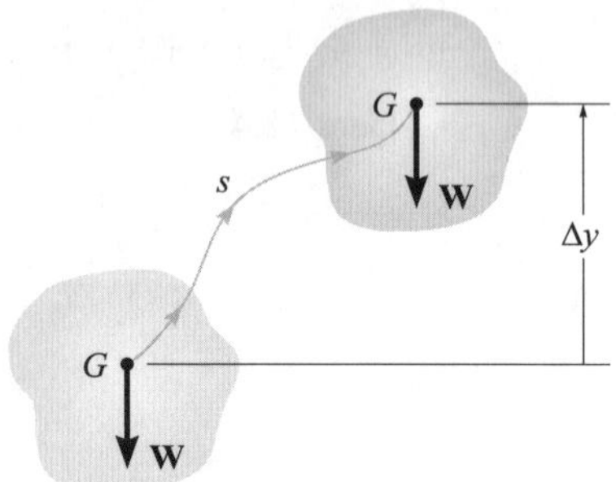

Figura 18.7

Trabalho de um peso

O peso de um corpo realiza trabalho apenas quando o centro de massa G do corpo sofre um *deslocamento vertical* Δy. Se esse deslocamento é *ascendente* (Figura 18.7), o trabalho é negativo, visto que o peso é oposto ao deslocamento.

$$U_W = -W\,\Delta y \tag{18.10}$$

Da mesma forma, se o deslocamento é *descendente* $(-\Delta y)$, o trabalho torna-se *positivo*. Em ambos os casos, a variação da elevação é considerada pequena, de modo que **W**, que é causada pela gravitação, seja constante.

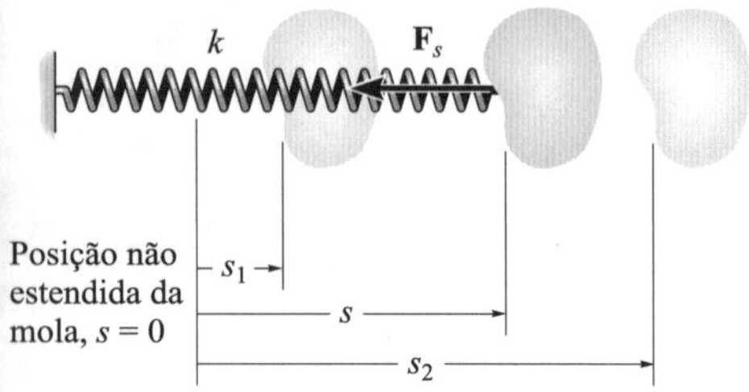

Figura 18.8

Trabalho de uma força de mola

Se uma mola linear elástica está fixada a um corpo, a força da mola $F_S = ks$ *atuando sobre o corpo* realiza trabalho quando a mola estende-se ou comprime-se de s_1 *até uma posição adicional* s_2. Em ambos os casos, o trabalho será *negativo,* visto que o *deslocamento do corpo* é na direção oposta à força (Figura 18.8). O trabalho é:

$$U_s = -\left(\tfrac{1}{2}ks_2^2 - \tfrac{1}{2}ks_1^2\right) \tag{18.11}$$

onde $|s_2| > |s_1|$.

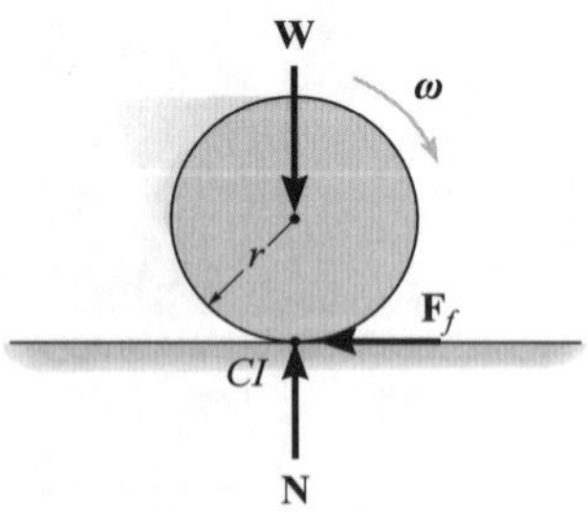

Figura 18.9

Forças que não realizam trabalho

Há algumas forças externas que não realizam trabalho quando o corpo é deslocado. Essas forças atuam em *pontos fixos* sobre o corpo, ou têm uma direção *perpendicular a seu deslocamento.* Exemplos incluem as reações em um pino suporte em torno do qual um corpo gira, a reação normal atuando sobre um corpo que se move ao longo de uma superfície fixa, e o peso de um corpo quando seu centro de gravidade move-se em um *plano horizontal* (Figura 18.9). Uma força de atrito $\mathbf{F}_f$ atuando sobre um corpo circular quando ele *rola sem deslizar* sobre uma superfície áspera também não realiza trabalho.* Isso acontece porque, durante qualquer *instante de tempo dt*, $\mathbf{F}_f$ atua em um ponto sobre o corpo que tem *velocidade nula* (centro instantâneo, *CI*) e assim o trabalho realizado pela força sobre o ponto é zero. Em outras palavras, o ponto não é deslocado na direção da força durante esse instante. Visto que $\mathbf{F}_f$ entra em contato com pontos sucessivos por apenas um instante, o trabalho de $\mathbf{F}_f$ será zero.

18.3 O trabalho de um momento de binário

Considere o corpo na Figura 18.10*a*, que é submetido a um momento de binário $M = Fr$. Se o corpo sofre um deslocamento diferencial, então o trabalho realizado pelas forças de um binário pode ser determinado considerando-se o deslocamento como a soma separada de uma translação mais uma rotação. Quando o corpo *translada,* o trabalho de cada força é produzido somente pela *componente*

* O trabalho realizado por uma força de atrito *quando o corpo desliza* é discutido na Seção 14.3.

do deslocamento ao longo da linha de ação das forças ds_t (Figura 18.10*b*). Claramente, o trabalho 'positivo' de uma força *cancela* o trabalho 'negativo' da outra. Quando o corpo sofre uma rotação diferencial $d\theta$, em torno do ponto arbitrário O (Figura 18.10*c*), então cada força sofre um deslocamento $ds_\theta = (r/2)d\theta$ na direção da força. Portanto, o trabalho total realizado é:

$$dU_M = F\left(\frac{r}{2}d\theta\right) + F\left(\frac{r}{2}d\theta\right) = (Fr)d\theta$$
$$= M\,d\theta$$

O trabalho é *positivo* quando **M** e $d\boldsymbol{\theta}$ têm o *mesmo sentido de direção*, e *negativo* se esses vetores estiverem em *sentidos opostos*.

Quando o corpo gira no plano através de um ângulo finito θ, medido em radianos, de θ_1 a θ_2, o trabalho de um momento de binário é, portanto,

$$U_M = \int_{\theta_1}^{\theta_2} M\,d\theta \qquad (18.12)$$

Se o momento de binário **M** tem uma *intensidade constante*, então,

$$U_M = M(\theta_2 - \theta_1) \qquad (18.13)$$

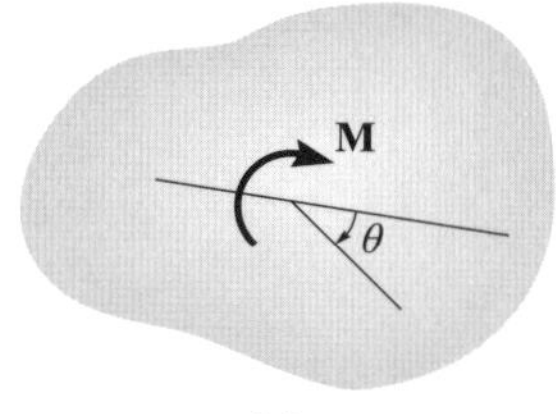

(a)

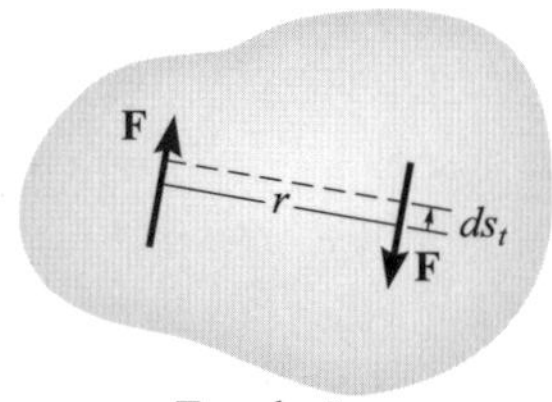

Translação
(b)

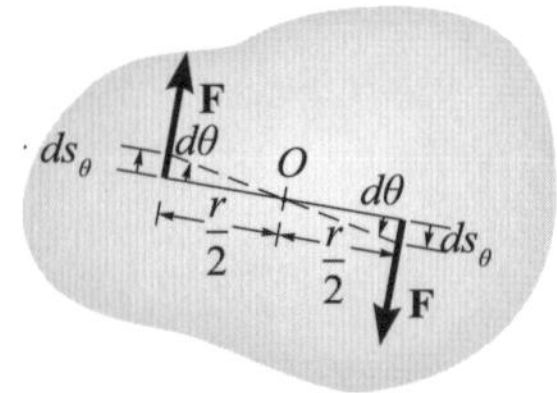

Rotação
(c)

Figura 18.10

Exemplo 18.1

A barra mostrada na Figura 18.11*a* tem massa de 10 kg e está submetida a um momento de binário $M = 50$ N · m, e uma força $P = 80$ N, que sempre é aplicada perpendicularmente à extremidade da barra. Além disso, a mola tem um comprimento não deformado de 0,5 m e permanece na posição vertical devido ao rolete guia em B. Determine o trabalho total realizado por todas as forças atuando sobre a barra quando ela houver girado para baixo, de $\theta = 0°$ a $\theta = 90°$.

SOLUÇÃO

Primeiro é desenhado o diagrama de corpo livre da barra, de modo a considerar todas as forças que atuam sobre ela (Figura 18.11*b*).

Peso *W*

Visto que o peso 10(9,81) N = 98,1 N é deslocado para baixo 1,5 m, o trabalho é:

$$U_W = 98{,}1\text{ N }(1{,}5\text{ m}) = 147{,}2\text{ J}$$

Por que o trabalho é positivo?

Momento de binário *M*

O momento de binário gira através de um ângulo $\theta = \pi/2$ rad. Portanto,

$$U_M = 50\text{ N}\cdot\text{m }(\pi/2) = 78{,}5\text{ J}$$

Força da mola F_s

Quando $\theta = 0°$, a mola está estendida (0,75 m – 0,5 m) = 0,25 m, e quando $\theta = 90°$, a extensão é (2 m + 0,75 m) – 0,5 m = 2,25 m. Assim,

$$U_s = -[\tfrac{1}{2}(30\text{ N/m})(2{,}25\text{ m})^2 - \tfrac{1}{2}(30\text{ N/m})(0{,}25\text{ m})^2] = -75{,}0\text{ J}$$

Por inspeção, a mola realiza trabalho negativo sobre a barra, visto que $\mathbf{F}_s$ atua na direção oposta ao deslocamento. Isso confere com o resultado.

Força *P*

Enquanto a barra move-se para baixo, a força é deslocada por uma distância $(\pi/2)$ (3 m) = 4,712 m. O trabalho é positivo. Por quê?

$$U_P = 80\text{ N }(4{,}712\text{ m}) = 377{,}0\text{ J}$$

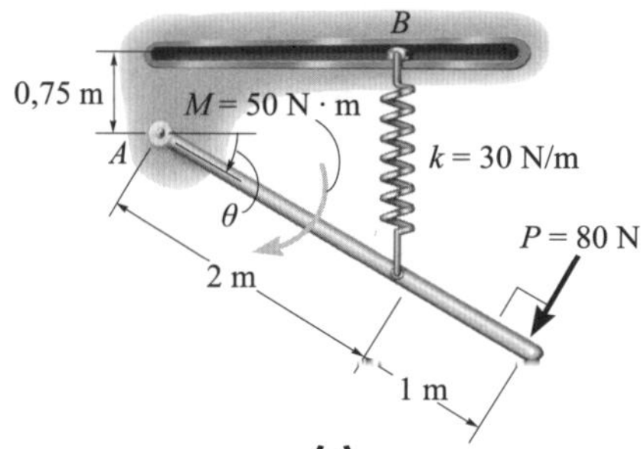

(a)

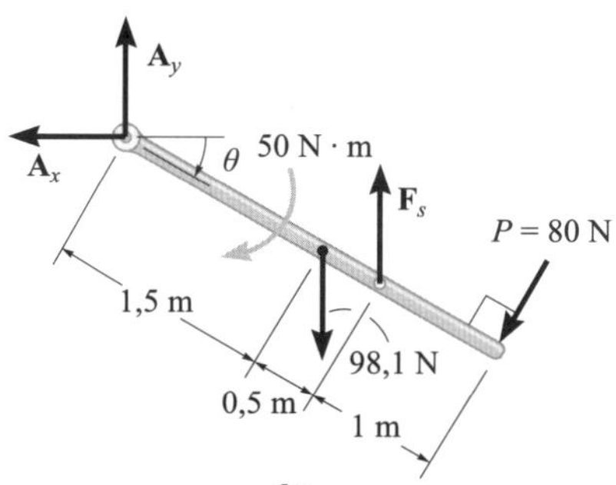

(b)

Figura 18.11

Reações do pino

As forças $\mathbf{A}_x$ e $\mathbf{A}_y$ não realizam trabalho, visto que não são deslocadas.

Trabalho total

O trabalho de todas as forças quando a barra é deslocada é, então,

$$U = 147{,}2 \text{ J} + 78{,}5 \text{ J} - 75{,}0 \text{ J} + 377{,}0 \text{ J} = 528 \text{ J}$$

18.4 Princípio do trabalho e energia

Aplicando-se o princípio do trabalho e energia desenvolvido na Seção 14.2 a cada uma das partículas de um corpo rígido e somando algebricamente os resultados, visto que a energia é escalar, o princípio do trabalho e energia para um corpo rígido torna-se:

$$T_1 + \Sigma U_{1-2} = T_2 \tag{18.14}$$

Essa equação estabelece que a energia cinética inicial, translacional *e* rotacional do corpo, mais o trabalho realizado por todas as forças externas e momentos de binário atuando sobre o corpo quando este se desloca de sua posição inicial para a final, é igual à energia cinética final, translacional *e* rotacional do corpo. Note que o trabalho das *forças internas* do corpo não precisa ser considerado. Essas forças ocorrem em pares colineares iguais, mas opostos, de maneira que, quando o corpo se desloca, o trabalho de uma força cancela-se com aquele de sua oposta. Além disso, visto que o corpo é rígido, *nenhum movimento relativo* ocorre entre essas forças e, por isso, nenhum trabalho interno é realizado.

Quando vários corpos rígidos estão conectados por pinos, por cabos inextensíveis, ou estão engrenados uns aos outros, a Equação 18.14 pode ser aplicada ao *sistema inteiro* de corpos conectados. Em todos esses casos, as forças internas, que mantêm juntos os vários membros, não realizam trabalho e, portanto, são eliminadas da análise.

Procedimento para análise

O princípio do trabalho e energia é usado para resolver problemas cinéticos que envolvem *velocidade, força* e *deslocamento*, visto que esses termos estão envolvidos na formulação. Para aplicação, sugere-se que seja usado o seguinte procedimento.

Energia cinética *(diagramas cinéticos)*

- A energia cinética de um corpo é composta de duas partes. A energia cinética de translação refere-se à velocidade do centro de massa, $T = \frac{1}{2} m v_G^2$, e a energia cinética de rotação é determinada usando-se o momento de inércia do corpo em relação ao centro de massa, $T = \frac{1}{2} I_G \omega^2$. No caso especial de rotação em torno de um eixo fixo (ou rotação em torno do *CI*), essas duas energias cinéticas são combinadas e podem ser expressas como $T = \frac{1}{2} I_O \omega^2$, onde I_O é o momento de inércia em relação ao eixo de rotação.
- *Diagramas cinemáticos* de velocidade podem ser úteis para determinar v_G e ω, ou para estabelecer uma *relação* entre v_G e ω.*

Trabalho (diagrama de corpo livre)

- Desenhe um diagrama de corpo livre do corpo quando ele está localizado em um ponto intermediário ao longo da trajetória, de modo a considerar

---

* Uma breve revisão das seções 16.5 a 16.7 pode se mostrar útil na resolução de problemas, uma vez que cálculos para energia cinética requerem uma análise cinemática de velocidade.

todas as forças e momentos de binário que realizam trabalho sobre o corpo enquanto ele se desloca ao longo da trajetória.

- Uma força realiza trabalho quando se move através de um deslocamento na direção da força.
- Forças que são funções do deslocamento devem ser integradas para se obter o trabalho. Graficamente, o trabalho é igual à área sob a curva força-deslocamento.
- O trabalho de um peso é o produto de sua intensidade e o deslocamento vertical, $U_W = W_y$. É positivo quando o peso se desloca para baixo.
- O trabalho de uma mola é da forma $U_s = \frac{1}{2}ks^2$, onde k é a rigidez da mola e s é a extensão ou compressão da mola.
- O trabalho de um binário é o produto do momento de binário e o ângulo em radianos através do qual ele rotaciona, $U_M = M\theta$.
- Visto que é necessária a *adição algébrica* dos termos do trabalho, é importante que o sinal apropriado de cada termo seja indicado. Especificamente, o trabalho é *positivo* quando força (momento de binário) está na *mesma direção* que seu deslocamento (rotação); de outra forma, é negativo.

Princípio de trabalho e energia

- Aplique o princípio do trabalho e energia, $T_1 + \Sigma U_{1-2} = T_2$. Visto que essa é uma equação escalar, ela pode ser usada para a solução de apenas uma incógnita quando é aplicada a um único corpo rígido.

Exemplo 18.2

O disco de 30 kg mostrado na Figura 18.12*a* é suportado por um pino em seu centro. Determine o número de revoluções que ele deve realizar para atingir uma velocidade angular de 20 rad/s, partindo do repouso. Ele está submetido a uma força constante $F = 10$ N, que é aplicada a uma corda enrolada em torno de sua periferia, e um momento de binário constante $M = 5$ N · m. Despreze a massa da corda no cálculo.

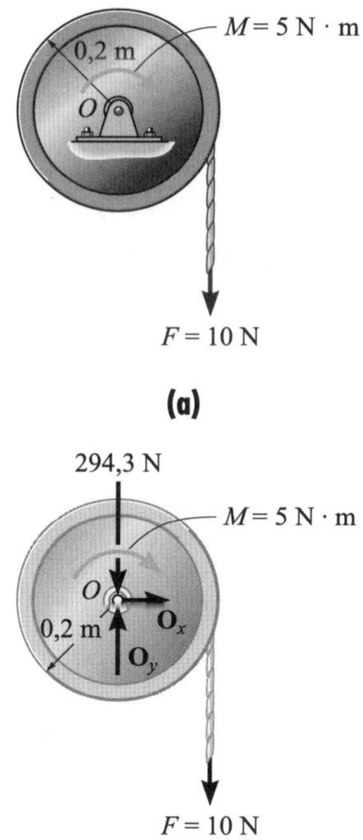

Figura 18.12

SOLUÇÃO

Energia cinética

Visto que o disco gira em torno de um eixo fixo e está inicialmente em repouso, então

$$T_1 = 0$$
$$T_2 = \frac{1}{2}I_O\omega_2^2 = \frac{1}{2}\left[\frac{1}{2}(30\text{ kg})(0{,}2\text{ m})^2\right](20\text{ rad/s})^2 = 120\text{ J}$$

Trabalho (diagrama de corpo livre)

Como mostra a Figura 18.12*b*, as reações do pino, $\mathbf{O}_x$ e $\mathbf{O}_y$, e o peso (294,3 N) não realizam trabalho, visto que não são deslocadas. O *momento de binário*, tendo $U_M = M\theta$ intensidade constante, realiza trabalho positivo, enquanto o disco *rotaciona* através de um ângulo horário de θ rad, e a *força constante* $\mathbf{F}$ realiza trabalho positivo $U_{Fc} = Fs$, quando a corda se desloca para baixo $s = \theta r = \theta$ (0,2 m).

Princípio de trabalho e energia

$$\{T_1\} + \{\Sigma U_{1-2}\} = \{T_2\}$$
$$\{T_1\} + \{M\theta + Fs\} = \{T_2\}$$
$$\{0\} + \{(5\text{ N}\cdot\text{m})\theta + (10\text{ N})\theta(0{,}2\text{ m})\} = \{102\text{ J}\}$$
$$\theta = 17{,}14\text{ rad} = 17{,}14\text{ rad}\left(\frac{1\text{ rev}}{2\pi\text{ rad}}\right) = 2{,}73\text{ rev}$$

Exemplo 18.3

A roda mostrada na Figura 18.13*a* pesa 200 N (m ≈ 20 kg) e tem um raio de giração k_G = 0,15 m, em relação a seu centro de massa *G*. Se ela é submetida a um momento de binário no sentido horário de 20 N · m e rola, a partir do repouso, sem deslizar, determine sua velocidade angular após seu centro *G* deslocar-se 0,1 m. A mola tem uma rigidez *k* = 200 N/m e está inicialmente não deformada quando o momento de binário é aplicado.

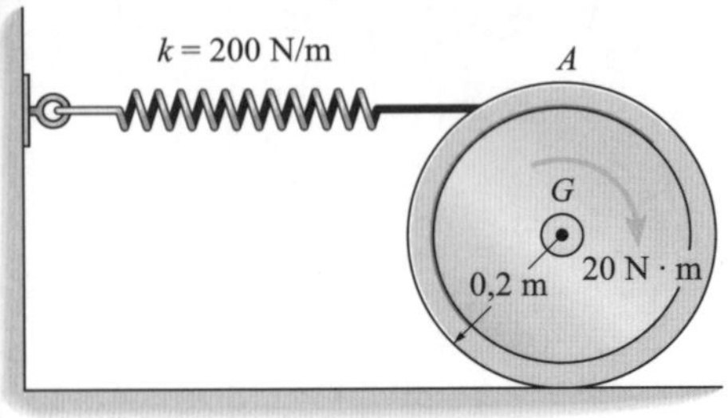

(a)

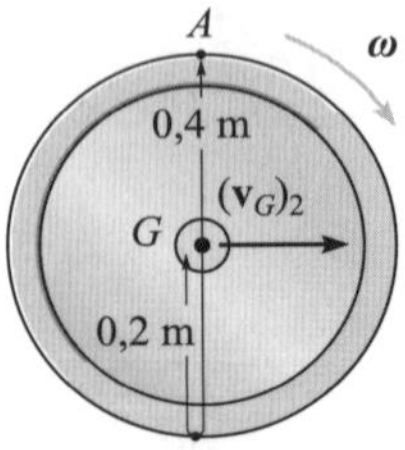

(b)

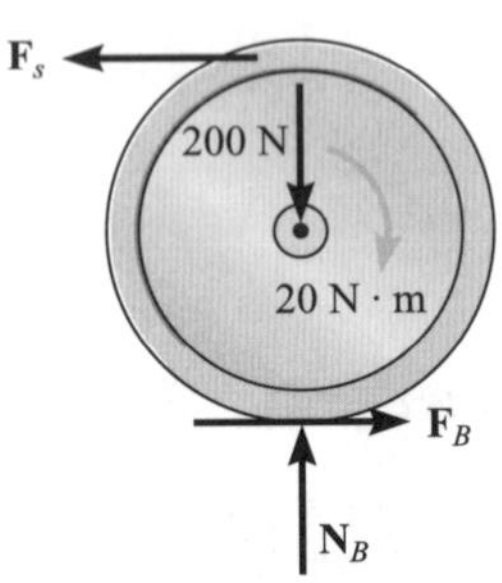

(c)

Figura 18.13

SOLUÇÃO

Energia cinética (diagrama cinemático)

Visto que a roda está inicialmente em repouso,

$$T_1 = 0$$

O diagrama cinemático da roda quando está na posição final é mostrado na Figura 18.13*b*. A energia cinética final é determinada a partir de:

$$T_2 = \frac{1}{2} I_{CI}\omega_2^2$$
$$= \frac{1}{2}\left[\frac{200\text{ N}}{9,81\text{ m/s}^2}(0,15\text{ m})^2 + \left(\frac{200\text{ N}}{9,81\text{ m/s}^2}\right)(0,2\text{ m})^2\right]\omega_2^2$$
$$T_2 = 0,6371\ \omega_2^2$$

Trabalho (diagrama de corpo livre)

Como mostrado na Figura 18.13*c*, apenas a força da mola $\mathbf{F}_s$ e o momento de binário realizam trabalho. A força normal não se desloca ao longo de sua linha de ação, e a força de atrito *não realiza trabalho*, pois a roda não desliza ao rolar.

O trabalho de $\mathbf{F}_s$ é encontrado usando-se $U_s = \frac{1}{2}ks^2$. Aqui o trabalho é negativo, visto que $\mathbf{F}_s$ está na direção oposta ao deslocamento. Uma vez que a roda não desliza quando o centro *G* move 0,1 m, então a roda rotaciona $\theta = s_G/r_{G/CI}$ = 0,1 m/0,2 m = 0,5 rad (Figura 18.13*b*). Assim, a mola estende-se $s = \theta r_{A/CI}$ = (0,5 rad)(0,4 m) = 0,2 m.

Princípio de trabalho e energia

$$\{T_1\} + \{\Sigma U_{1-2}\} = \{T_2\}$$
$$\{T_1\} + \left\{M\theta - \frac{1}{2}ks^2\right\} = \{T_2\}$$
$$\{0\} + \left\{20\text{N}\cdot\text{m}(0,5\text{rad}) - \frac{1}{2}(200\text{ N/m})\,(0,2\text{m})^2\right\} = \{0,6371\omega_2^2\text{N}\cdot\text{m}\}$$
$$\omega_2 = 3,07\text{ rad/s} \searrow$$

Exemplo 18.4

O cano de 700 kg está igualmente suspenso pelos dois dentes do garfo de içamento mostrado na fotografia. Ele está sofrendo um movimento oscilatório tal que, quando θ = 30°, ele está momentaneamente em repouso. Determine as forças normal e de atrito atuando em cada dente, necessárias para suportar o cano no instante θ = 0°. As medidas do cano e do apoio estão mostradas na Figura 18.14*a*. Despreze a massa do apoio e a espessura do cano.

SOLUÇÃO

Devemos usar as equações de movimento para determinar as forças nos dentes, visto que essas forças não realizam trabalho. Antes de fazê-lo, porém, aplicaremos o princípio do trabalho e energia para determinar a velocidade angular do cano quando θ = 0°.

Energia cinética (diagrama cinemático)

Visto que o cano está originalmente em repouso, então

$$T_1 = 0$$

A energia cinética final pode ser calculada em referência ao ponto fixo O ou ao centro de massa G. Para o cálculo, consideraremos que o cano seja um anel fino, de modo que $I_G = mr^2$. Se o ponto G for considerado, teremos:

$$T_2 = \frac{1}{2}m(v_G)_2^2 + \frac{1}{2}I_G\omega_2^2$$
$$= \frac{1}{2}(700\text{ kg})[(0,4\text{ m})\omega_2]^2 + \frac{1}{2}[700\text{ kg}(0,15\text{ m})^2]\omega_2^2$$
$$= 63,875\omega_2$$

Se o ponto O for considerado, então o teorema dos eixos paralelos deve ser usado para determinar I_O. Assim,

$$T_2 = \frac{1}{2}I_O\omega_2^2 = \frac{1}{2}[700\text{ kg }(0,15\text{ m})^2\ 700\ (0,4\text{ m})^2]\omega_2^2$$
$$= 63,875\omega_2^2$$

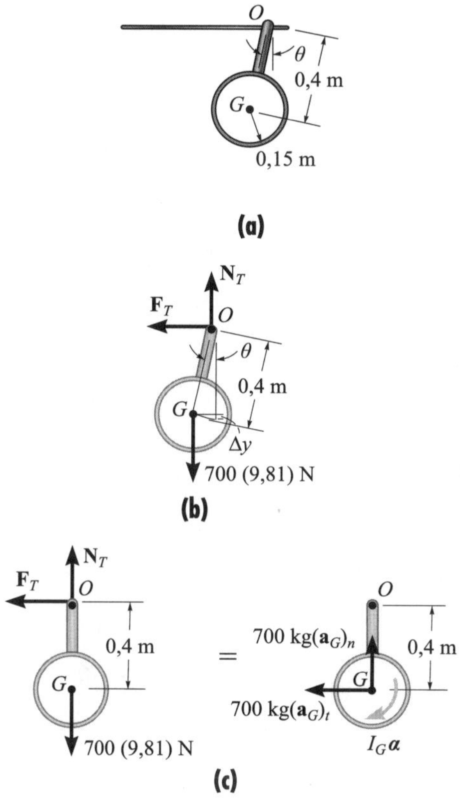

Figura 18.14

Trabalho (diagrama de corpo livre)

(Figura 18.14*b*). As forças normal e de atrito dos dentes não realizam trabalho, visto que não se movem enquanto o cano oscila. O peso realiza trabalho positivo, visto que se move para baixo através de uma distância vertical Δy = 0,4 m – 0,4 cos 30º m = 0,05359 m.

Princípio de trabalho e energia

$$\{T_1\} + \{\Sigma U_{1\text{-}2}\} = \{T_2\}$$
$$\{0\} + \{700(9,81)\text{ N}(0,05359\text{ m})\} = \{63,875\,\omega_2^2\}$$
$$\omega_2 = 2,400\text{ rad/s}$$

Equações de movimento

Referindo-nos aos diagramas cinético e de corpo livre mostrados na Figura 18.14*c*, e usando o resultado para ω_2, temos:

$\overset{+}{\leftarrow}\Sigma F_t = m(a_G)_t;\ F_T = (700\text{ kg})(a_G)_t$

$+\uparrow\Sigma F_n = m(a_G)_n;\ N_T - 700(9,81)\text{ N} = (700\text{ kg})\ (2,400\text{ rad/s})^2(0,4\text{ m})$

$\circlearrowleft+\Sigma M_O = I_O\alpha;\ 0 = [(700\text{ kg})(0,15\text{ m})^2 + (700\text{ kg})(0,4\text{ m})^2]\alpha$

Visto que $(a_G)_t = (0,4\text{ m})\alpha$, então,

$$\alpha = 0,\ (a_G)_t = 0$$
$$F_T = 0$$
$$N_T = 8,480\text{ kN}$$

Há dois dentes sustentando a carga, portanto,

$$F'_T = 0$$
$$N'_T = \frac{8,480\text{ kN}}{2} = 4,24\text{ kN}$$

NOTA: Em decorrência do movimento oscilatório, os dentes são submetidos a uma força normal *maior* do que haveria se a carga fosse estática, caso em que N'_T = 700(9,81) N/2 = 3,43 kN.

Exemplo 18.5

A barra de 10 kg, mostrada na Figura 18.15*a*, está restringida de modo que suas extremidades movem-se ao longo das ranhuras. A barra está inicialmente em repouso quando θ = 0º. Se o bloco deslizante em B é submetido a uma força horizontal P = 50 N, determine a velocidade angular da barra no instante θ = 45º. Despreze o atrito e a massa dos blocos A e B.

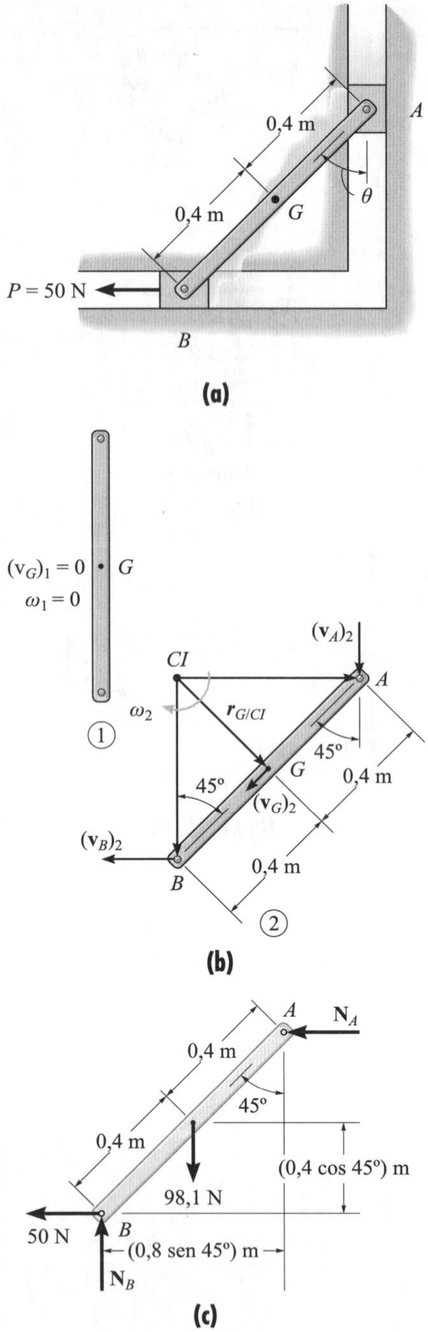

Figura 18.15

SOLUÇÃO

Por que o princípio do trabalho e energia pode ser usado para resolver este problema?

Energia cinética (diagramas cinemáticos)

Dois diagramas cinemáticos da barra, quando ela está em suas posições inicial 1 e final 2, são mostrados na Figura 18.15*b*. Quando a barra está na posição 1, $T_1 = 0$, visto que $(\mathbf{v}_G)_1 = \boldsymbol{\omega}_1 = \mathbf{0}$. Na posição 2, a velocidade angular é $\boldsymbol{\omega}_2$ e a velocidade do centro de massa é $(\mathbf{v}_G)_2$. Assim, a energia cinética é:

$$
\begin{aligned}
T_2 &= \frac{1}{2}m(v_G)_2^2 + \frac{1}{2}I_G\omega_2^2 \\
&= \frac{1}{2}(10\text{ kg})(v_G)_2^2 + \frac{1}{2}\left[\frac{1}{12}(10\text{ kg})(0{,}8\text{ m})^2\right]\omega_2^2 \\
&= 5(v_G)_2^2 + 0{,}2667(\omega_2)^2
\end{aligned}
$$

As duas incógnitas $(v_G)_2$ e ω_2 podem ser relacionadas a partir do centro instantâneo de velocidade nula para a barra (Figura 18.15*b*). Observa-se que, enquanto *A* desloca-se para baixo a uma velocidade $(\mathbf{v}_A)_2$, *B* desloca-se horizontalmente para a esquerda a uma velocidade $(\mathbf{v}_B)_2$. Conhecendo-se essas direções, o *CI* está localizado como mostra a figura. Assim,

$$
\begin{aligned}
(v_G)_2 &= r_{G/CI}\omega_2 = (0{,}4 \text{ tg } 45^\circ \text{ m})\omega_2 \\
&= 0{,}4\omega_2
\end{aligned}
$$

Portanto,

$$T_2 = 0{,}8\omega_2^2 + 0{,}2667\omega_2^2 = 1{,}0667\omega_2^2$$

Sem dúvida, também podemos determinar esse resultado usando $T_2 = \frac{1}{2}I_{CI}\omega_2^2$.

Trabalho (diagrama de corpo livre)

(Figura 18.15*c*). As forças normais $\mathbf{N}_A$ e $\mathbf{N}_B$ não realizam trabalho enquanto a barra é deslocada. Por quê? O peso de 98,1 N é deslocado a uma distância vertical de $\Delta y = (0{,}4 - 0{,}4 \cos 45^\circ)$ m; enquanto a força de 50 N desloca-se por uma distância horizontal de $s = (0{,}8 \text{ sen } 45^\circ)$ m. Ambas as forças realizam trabalho positivo. Por quê?

Princípio de trabalho e energia

$$\{T_1\} + \{\Sigma U_{1-2}\} = \{T_2\}$$

$$\{T_1\} + \{W\,\Delta y + Ps\} = \{T_2\}$$

$$\{0\} + \{98{,}1\text{ N}(0{,}4\text{ m} - 0{,}4\cos 45^\circ\text{ m}) + 50\text{ N}(0{,}8\text{ sen }45^\circ\text{ m})\} = \{1{,}0667\,\omega_2^2\text{ J}\}$$

Resolvendo para ω_2, temos:

$$\omega_2 = 6{,}11 \text{ rad/s} \curvearrowright$$

Problemas fundamentais

18.1. A roda de 80 kg tem um raio de giração em relação a seu centro de massa O, $k_O = 400$ mm. Determine a velocidade angular após haver completado 20 revoluções, partindo do repouso.

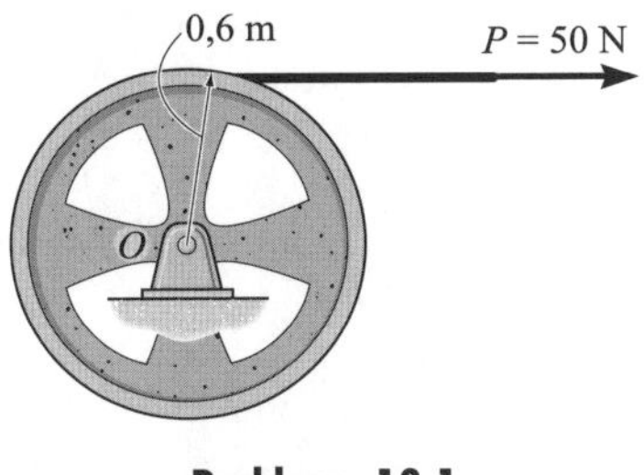

Problema 18.1

18.2. A barra fina uniforme de 25 kg é submetida a um momento de binário $M = 150$ N · m. Se a barra está em repouso quando $\theta = 0°$, determine a velocidade angular quando $\theta = 90°$.

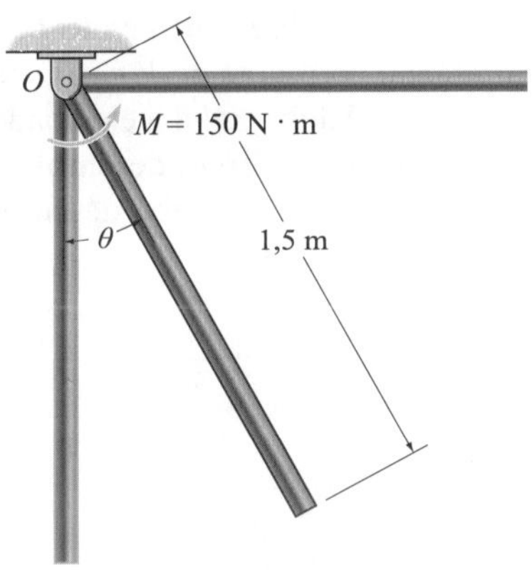

Problema 18.2

18.3. A barra fina uniforme de 50 kg está em repouso na posição mostrada, quando $P = 600$ N é aplicada. Determine a velocidade angular da barra quando esta atinge a posição vertical.

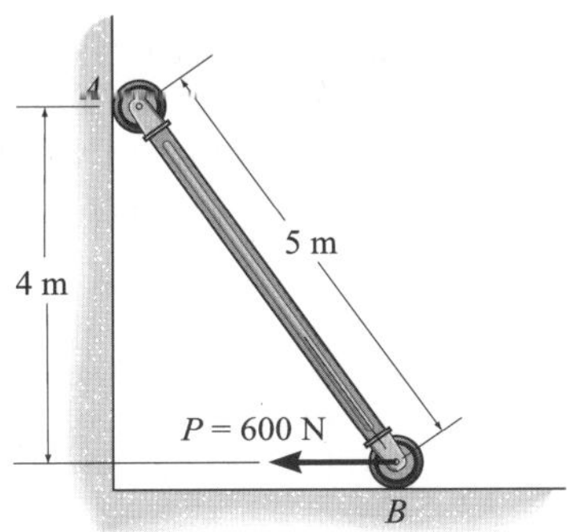

Problema 18.3

18.4. A roda de 50 kg é submetida a uma força de 50 N. Se a roda parte do repouso e rola sem deslizar, determine sua velocidade angular depois de haver completado 10 revoluções. O raio de giração da roda em relação a seu centro de massa O é $k_O = 0,3$ m.

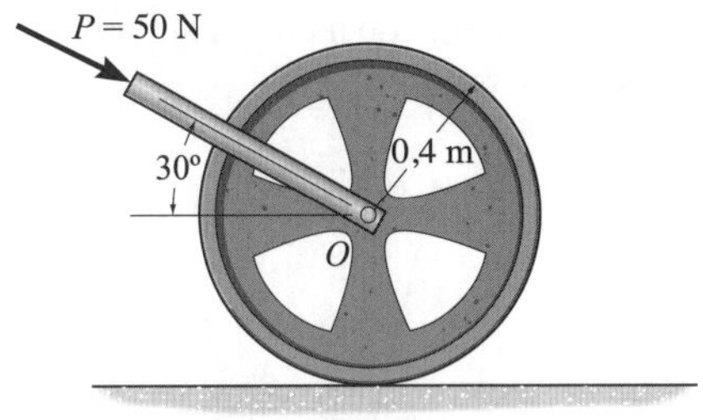

Problema 18.4

18.5. Se a barra fina uniforme de 30 kg parte do repouso na posição mostrada, determine a velocidade angular após haver completado quatro revoluções. As forças permanecem perpendiculares à barra.

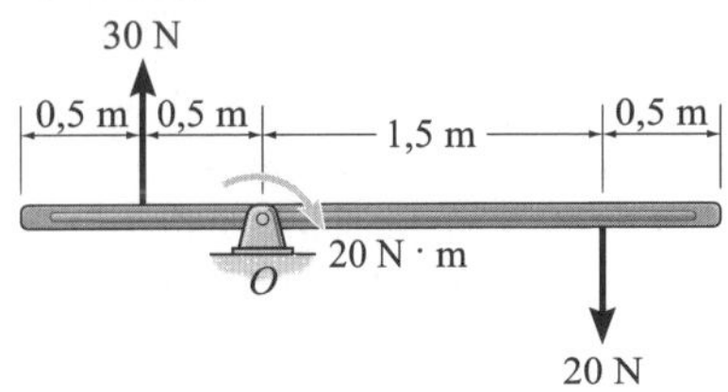

Problema 18.5

18.6. A roda de 20 kg tem um raio de giração em relação a seu centro O, $k_O = 300$ mm. Quando é submetida a um momento de binário $M = 50$ N · m, ela rola sem deslizar. Determine a velocidade angular da roda após seu centro O haver se deslocado por uma distância $s_O = 20$ m, partindo do repouso.

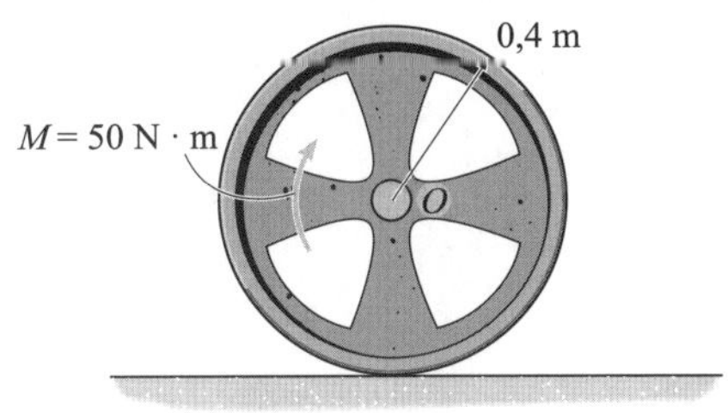

Problema 18.6

Problemas

•**18.1.** Em um dado instante, o corpo de massa m tem uma velocidade angular $\boldsymbol{\omega}$ e seu centro de massa tem uma velocidade $\mathbf{v}_G$. Demonstre que sua energia cinética pode ser representada como $T = \frac{1}{2}I_{CI}\omega^2$, onde I_{CI} é o momento de inércia do corpo calculado em relação ao eixo instantâneo de velocidade nula, localizado a uma distância $r_{G/CI}$ do centro de massa, como mostrado.

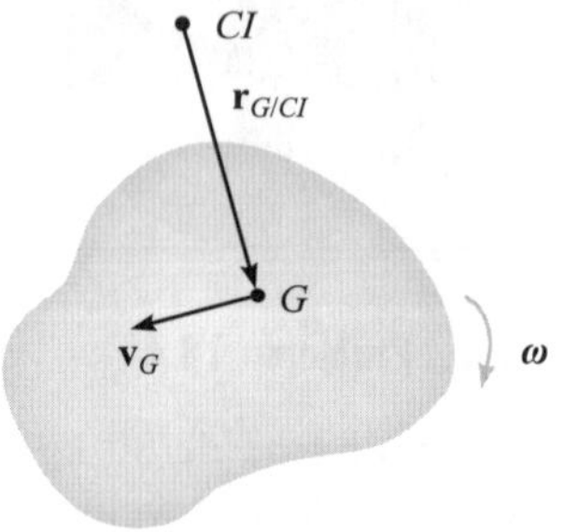

Problema 18.1

18.2. A polia dupla consiste de duas peças que estão fixadas uma a outra. Ela tem uma massa de 25 kg e um raio de giração em relação a seu centro k_O = 0,24 m. Se ela gira a uma velocidade angular de 20 rad/s, no sentido horário, determine a energia cinética do sistema. Suponha que nenhum dos cabos deslize sobre a polia.

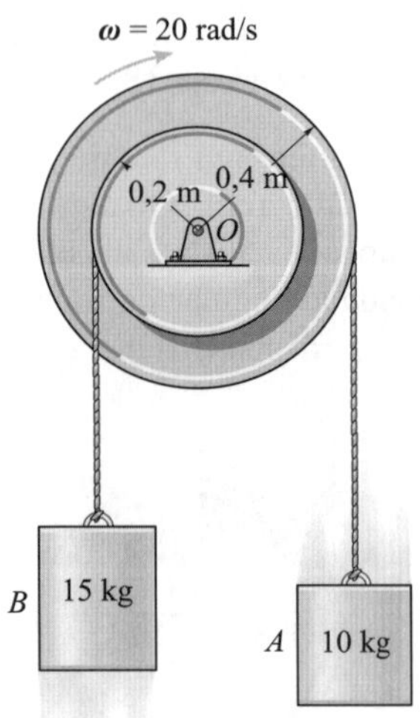

Problema 18.2

18.3. Uma força P = 20 N é aplicada ao cabo, o qual faz a bobina de 175 kg girar sem deslizar sobre os dois rolos, A e B, do distribuidor. Determine a velocidade angular da bobina após ela haver completado duas revoluções, partindo do repouso. Despreze a massa do cabo. Cada rolo pode ser considerado um cilindro de 18 kg, tendo um raio de 0,1 m. O raio de giração da bobina em relação a seu eixo central é k_G = 0,42 m.

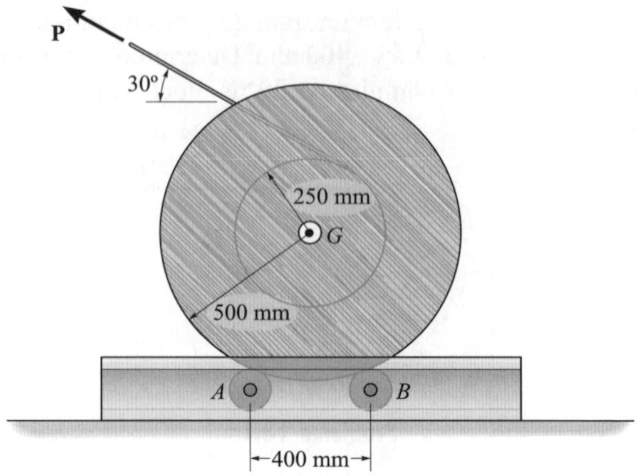

Problema 18.3

*__18.4.__ O carretel de cabo, originalmente em repouso, tem massa de 200 kg e um raio de giração k_G = 325 mm. Se o carretel está em repouso sobre dois pequenos rolos, A e B, e uma força horizontal constante de P = 400 N é aplicada à extremidade do cabo, determine a velocidade angular do carretel quando 8 m do cabo forem desenrolados. Despreze o atrito e a massa dos rolos e do cabo desenrolado.

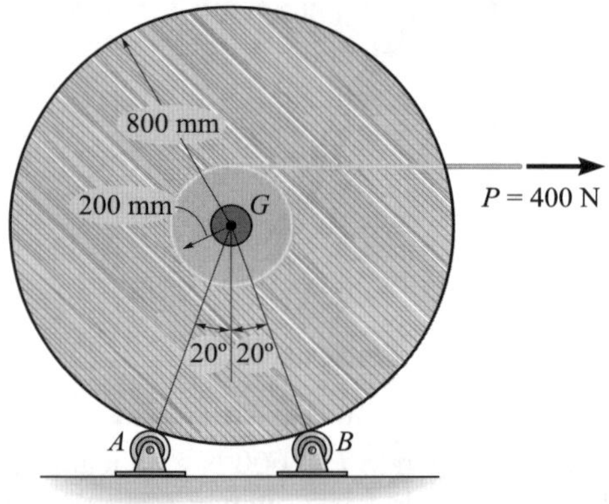

Problema 18.4

•**18.5.** O pêndulo da máquina de impacto Charpy tem massa de 50 kg e um raio de giração k_A = 1,75 m. Se ele é solto do repouso quando θ = 0°, determine sua velocidade angular logo antes de atingir o corpo de prova S, θ = 90°.

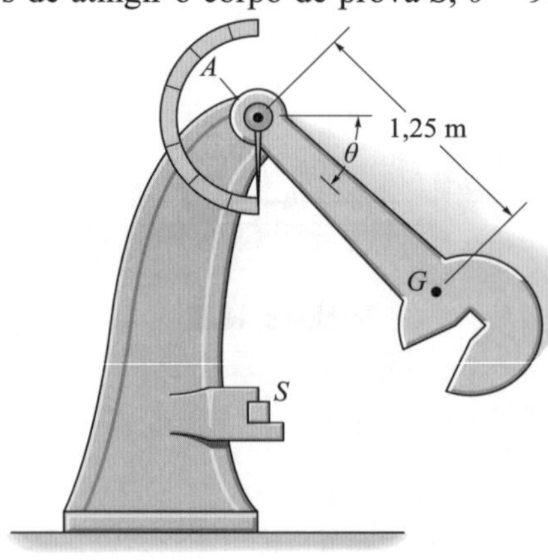

Problema 18.5

18.6. Os dois rebocadores exercem, cada um, uma força constante **F** sobre o navio. Essas forças estão sempre direcionadas perpendicularmente à linha central do navio. Se este tem massa m e um raio de giração em relação a seu centro de massa G, k_G, determine a velocidade angular do navio após ele virar 90°. O navio está originalmente em repouso.

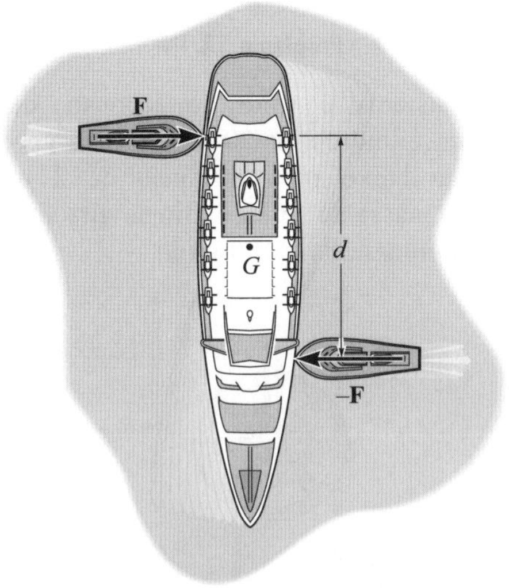

Problema 18.6

18.7. O tambor tem massa de 50 kg e raio de giração em relação ao pino em O, $k_O = 0{,}23$ m. Partindo do repouso, o bloco suspenso B, de 15 kg, é deixado cair por 3 m, sem que se aplique o freio ACD. Determine a velocidade do bloco nesse instante. Se o coeficiente de atrito cinético na sapata do freio é $\mu_k = 0{,}5$, determine a força **P** que deve ser aplicada à alavanca do freio, a qual em seguida irá parar o bloco após este haver descido *outros* 3 m. Despreze a espessura da alavanca.

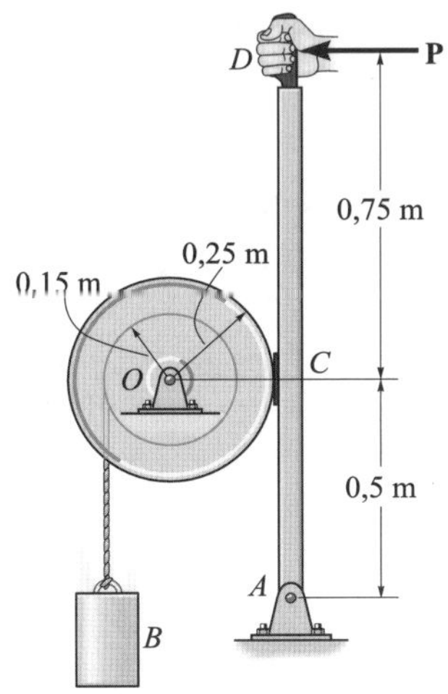

Problemas 18.7/8

***18.8.** O tambor tem massa de 50 kg e raio de giração em relação a pino em O, $k_O = 0{,}23$ m. Se o bloco de 15 kg desloca-se para baixo a 3 m/s, e uma força $P = 100$ N é aplicada à alavanca do freio, determine quanto o bloco descerá, a partir do instante em que o freio é aplicado até parar. Despreze a espessura da alavanca. O coeficiente de atrito cinético na sapata do freio é $\mu_k = 0{,}5$.

•18.9. A bobina tem massa de 75 kg e raio de giração $k_O = 0{,}675$ m. Se uma corda é enrolada em torno de seu miolo interno e sua extremidade é puxada com uma força horizontal $P = 200$ N, determine a velocidade angular da bobina após o centro O ter se movido 3 m para a direita. A bobina parte do repouso e não desliza em A enquanto rola. Despreze a massa da corda.

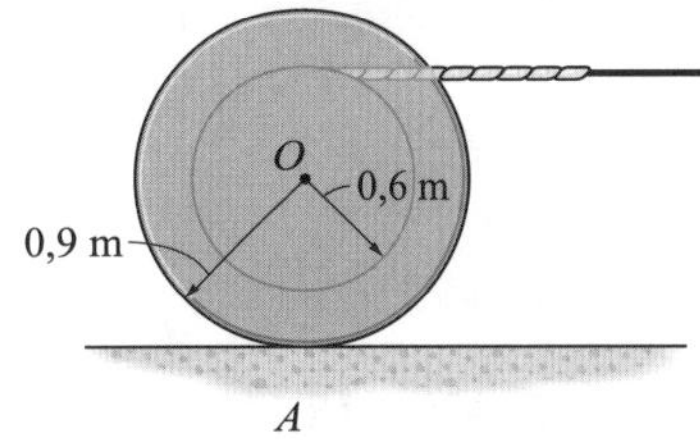

Problema 18.9

18.10. Um homem com massa de 90 kg está sentado em uma cadeira da roda-gigante, a qual, excluindo-se o homem, tem massa de 7500 kg e raio de giração $k_O = 11{,}1$ m. Se um torque $M = 120(10^3)$ N · m é aplicado em torno de O, determine a velocidade angular da roda após haver girado 180°. Despreze o peso das cadeiras e observe que o homem permanece em posição ereta enquanto a roda gira. A roda parte do repouso na posição mostrada.

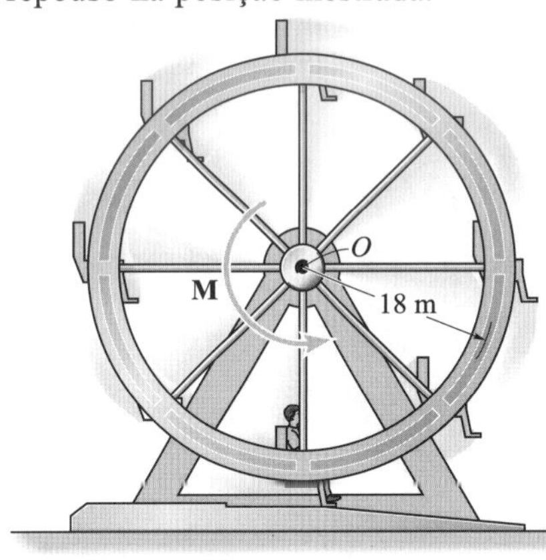

Problema 18.10

18.11. Um homem com massa de 75 kg está agachado na extremidade do trampolim, como mostra a figura. Nessa posição, o raio de giração em relação a seu centro de gravidade é $k_G = 0{,}36$ m. Enquanto mantém sua posição em $\theta = 0°$, ele gira em torno da ponta dos pés em A, até que perca contato com a plataforma, quando $\theta = 90°$. Se ele permanece rígido, determine de forma aproximada quantas revoluções ele completará antes de atingir a água, após uma queda de 9 m.

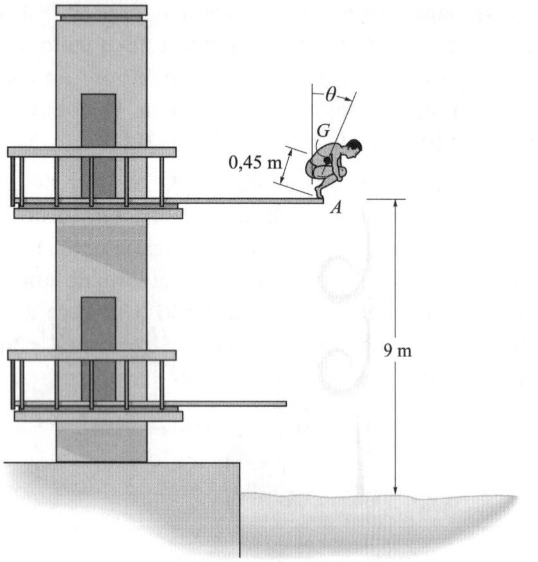

Problema 18.11

***18.12.** A bobina tem uma massa de 60 kg e raio de giração $k_G = 0{,}3$ m. Se ela é liberada do repouso, determine a que distância seu centro desce pelo plano liso, antes de atingir uma velocidade angular de $\omega = 6$ rad/s. Despreze o atrito e a massa da corda que está enrolada em torno do núcleo central.

•18.13. Resolva o Problema 18.12, se o coeficiente de atrito cinético entre a bobina e o plano em A for $\mu_k = 0{,}2$.

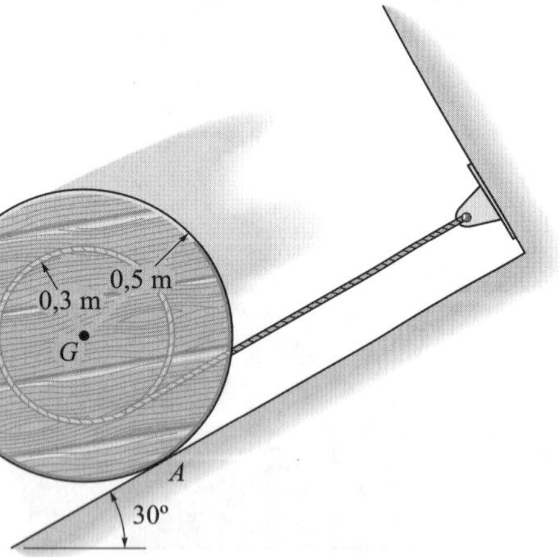

Problemas 18.12/13

18.14. A bobina tem massa de 250 kg e raio de giração $k_G = 0{,}525$ m. Uma força horizontal $P = 75$ N é aplicada ao cabo enrolado em torno de seu núcleo interior. Se a bobina está originalmente em repouso, determine sua velocidade angular após o centro de massa G ter se movido 1,8 m para a esquerda. A bobina rola sem deslizar. Despreze a massa do cabo.

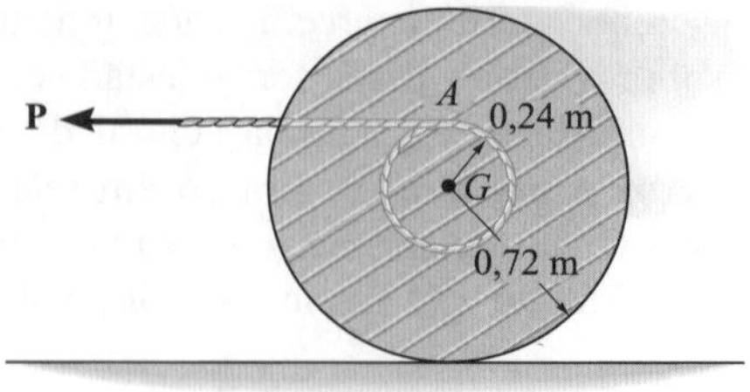

Problema 18.14

18.15. Se o sistema é solto do repouso, determine a velocidade dos cilindros de 20 kg, A e B, após A ter se deslocado para baixo uma distância de 2 m. A polia diferencial tem massa de 15 kg e raio de giração em relação a seu centro de massa $k_O = 100$ mm.

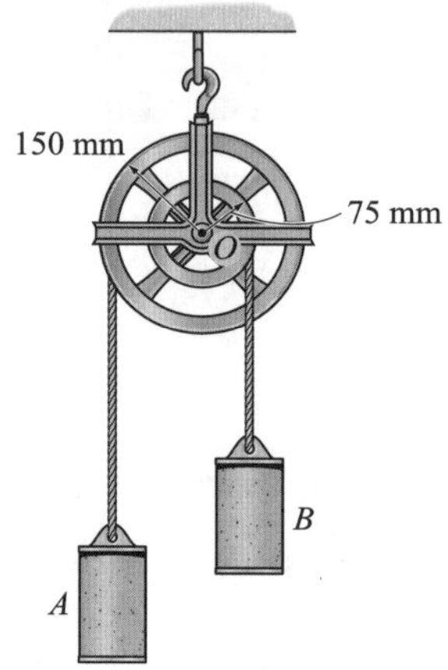

Problema 18.15

***18.16.** Se o motor M exerce uma força constante $P = 300$ N sobre o cabo enrolado em torno da borda externa da bobina, determine a velocidade do cilindro circular de 50 kg após ele ter se deslocado uma distância de 2 m. Inicialmente, o sistema está em repouso. A bobina tem massa de 25 kg, e o raio de giração em relação a seu centro de massa A é $k_A = 125$ mm.

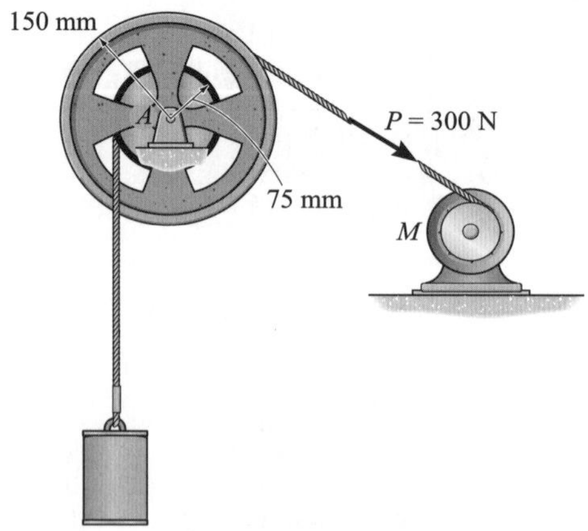

Problema 18.16

•**18.17.** A tampa da caixa de 6 kg é mantida em equilíbrio pela mola torsional em $\theta = 60°$. Se a tampa é forçada a fechar-se, $\theta = 0°$, e em seguida é liberada, determine sua velocidade angular no instante em que se abre em $\theta = 45°$.

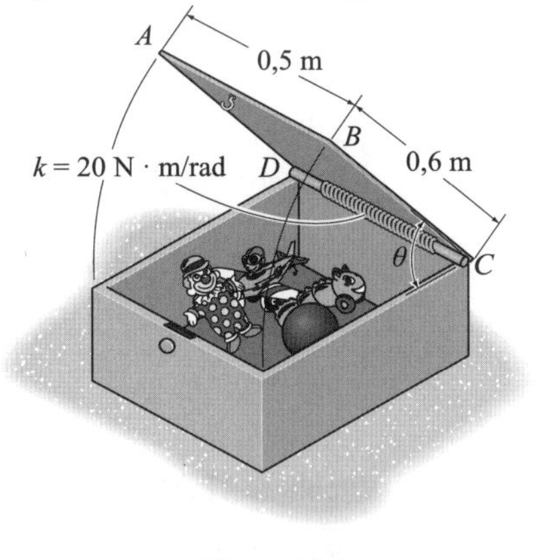

Problema 18.17

18.18. A roda e a bobina a ela fixada têm uma massa combinada de 25 kg e raio de giração em relação a seu centro $k_A = 150$ mm. Se a polia B fixada ao motor é submetida a um torque $M = 60(2 - e^{-0,1\theta})$ N · m, onde θ está em radianos, determine a velocidade da caixa de 100 kg após ela ter se movido para cima uma distância de 1,5 m, partindo do repouso. Despreze a massa da polia B.

18.19. A roda e a bobina a ela fixada têm uma massa combinada de 25 kg e raio de giração em relação a seu centro $k_A = 150$ mm. Se a polia B, que está fixada ao motor, for sujeita a um torque $M = 75$ N · m, determine a velocidade da caixa de 100 kg após a polia haver girado cinco revoluções. Despreze a massa da polia.

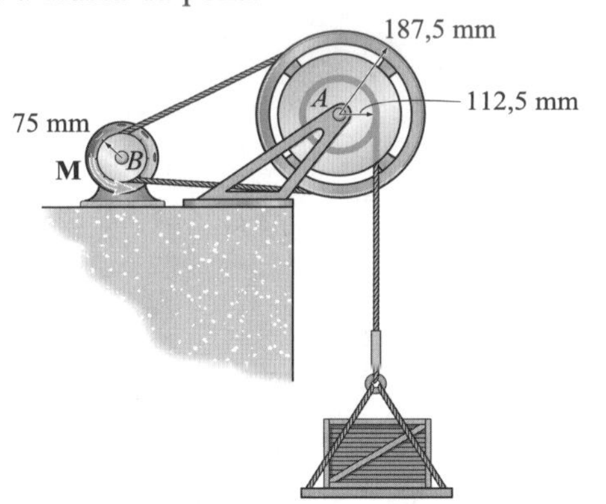

Problemas 18.18/19

***18.20.** A escada de 15 kg está colocada contra a parede em um ângulo de $\theta = 45°$, como mostrado. Se ela é liberada do repouso, determine sua velocidade angular no instante imediatamente anterior a $\theta = 0°$. Despreze o atrito e suponha que escada é uma barra fina uniforme.

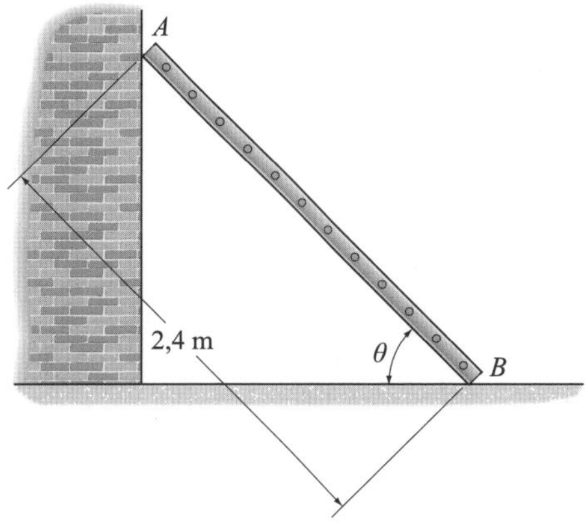

Problema 18.20

•**18.21.** Determine a velocidade angular das duas barras de 10 kg quando $\theta = 180°$, se elas são liberadas do repouso na posição $\theta = 60°$. Despreze o atrito.

18.22. Determine a velocidade angular das duas barras de 10 kg quando $\theta = 90°$, se elas são liberadas do repouso na posição $\theta = 60°$. Despreze o atrito.

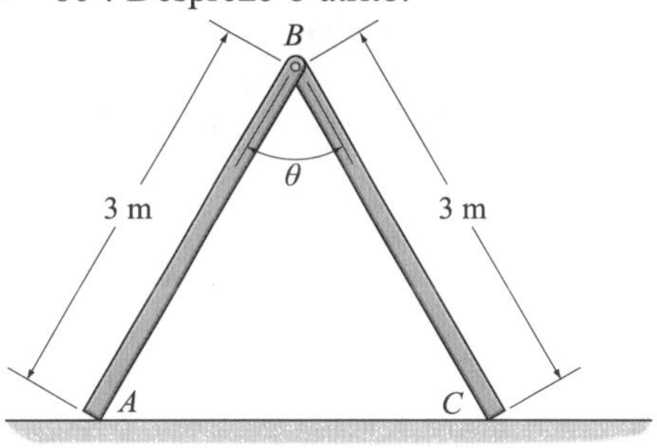

Problemas 18.21/22

18.23. Se o balde de 25 kg é solto do repouso, determine sua velocidade após haver caído a uma distância de 3 m. O sarilho A pode ser considerado como um cilindro de 15 kg, enquanto seus raios são barras finas, tendo, cada uma, massa de 1 kg. Despreze o peso da polia.

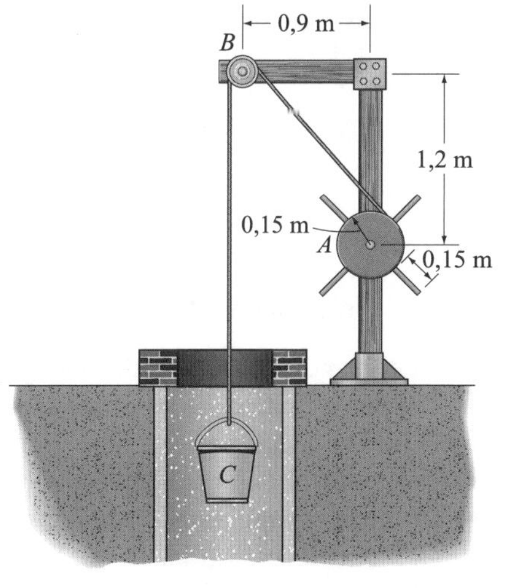

Problema 18.23

***18.24.** Se o canto A da placa de 60 kg é submetido a uma força vertical $P = 500$ N, e a placa é liberada do repouso quando $\theta = 0°$, determine a velocidade angular da placa quando $\theta = 45°$.

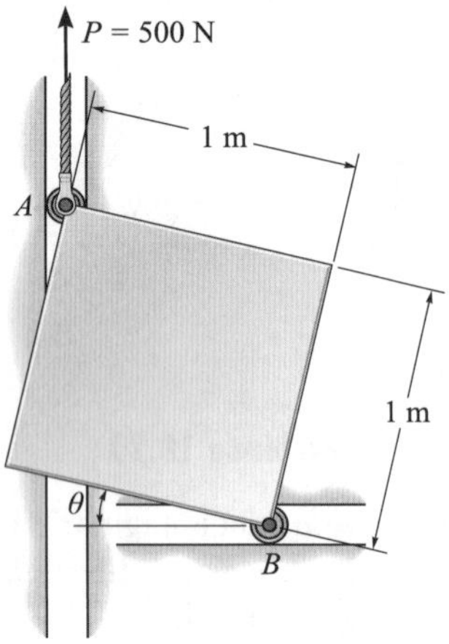

Problema 18.24

•**18.25.** A bobina tem uma massa de 100 kg e raio de giração de 400 mm em relação a seu centro de massa O. Se ela é liberada do repouso, determine sua velocidade angular após seu centro O haver descido pelo plano uma distância de 2 m. A superfície de contato entre a bobina e o plano inclinado é lisa.

18.26. A bobina tem massa de 100 kg e raio de giração de 400 mm em relação a seu centro de massa O. Se ela é solta do repouso, determine sua velocidade angular após seu centro O haver descido pelo plano a uma distância de 2 m. O coeficiente de atrito cinético entre a bobina e o plano inclinado é $\mu_k = 0{,}15$.

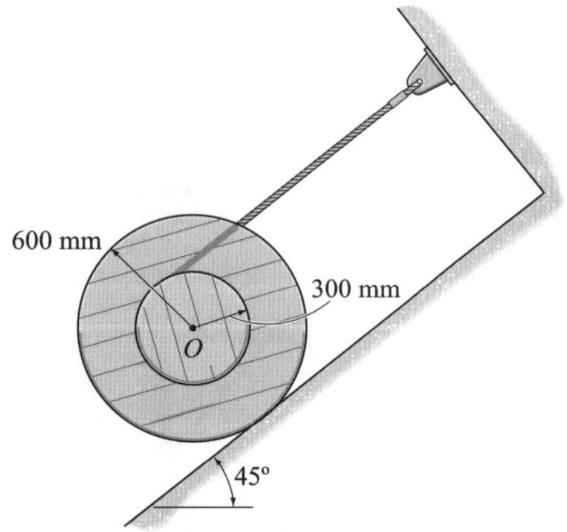

Problemas 18.25/26

18.27. A porta uniforme tem massa de 20 kg e pode ser tratada como uma placa fina, tendo as dimensões mostradas na figura. Se ela está conectada a uma mola torsional em A, que tem rigidez $k = 80$ N · m/rad, determine o ângulo de torção inicial da mola em radianos, necessário para que a porta tenha uma velocidade angular de 12 rad/s quando é fechada em $\theta = 0°$, após ter sido aberta em $\theta = 90°$, e liberada do repouso. *Dica*: para uma mola torsional $M = k\theta$, onde k é a rigidez e θ é o ângulo de torção.

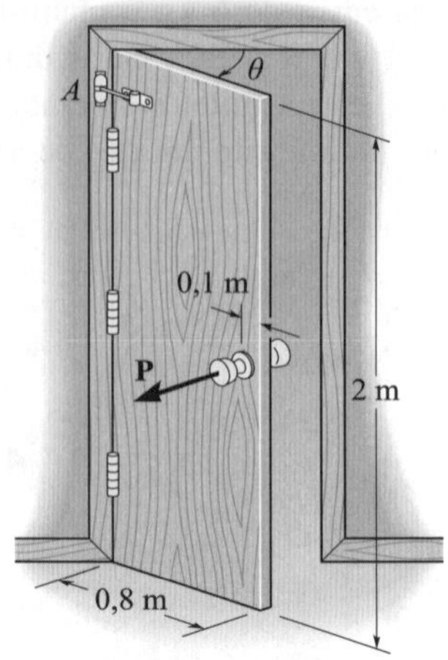

Problema 18.27

***18.28.** O cilindro A, de 25 kg, está descendo a uma velocidade de 6 m/s quando o freio é acionado. Se a roda B deve ser parada após haver girado cinco revoluções, determine a força constante **P**, que deve ser aplicada à alavanca do freio. O coeficiente de atrito cinético entre a sapata do freio C e a roda é $\mu_k = 0{,}5$. A massa da roda é 12,5 kg, e o raio de giração em relação a seu centro de massa é $k = 0{,}18$ m.

•**18.29.** Quando uma força $P = 150$ N é aplicada à alavanca do freio, o cilindro A, de 25 kg, está descendo a uma velocidade de 6 m/s. Determine o número de revoluções que a roda B rotacionará antes que seja parada. O coeficiente de atrito cinético entre a sapata do freio C e a roda é $\mu_k = 0{,}5$. A massa da roda é 12,5 kg, e o raio de giração em relação a seu centro de massa é $k = 0{,}18$ m.

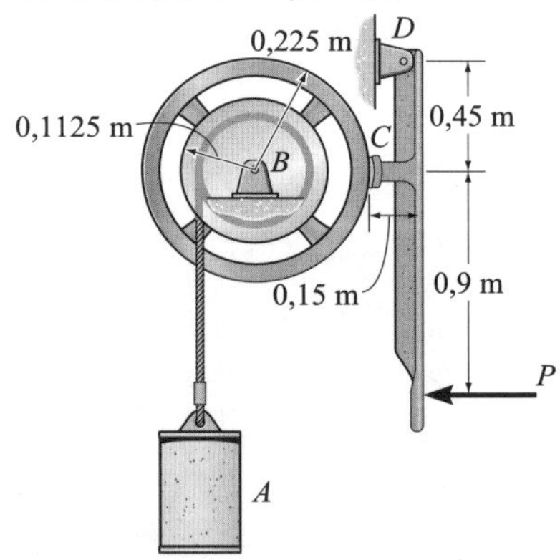

Problemas 18.28/29

18.30. O bloco de 50 kg é transportado por uma distância curta, usando-se dois rolos cilíndricos, cada um com massa de 17,5 kg. Se uma força horizontal $P = 125$ N é aplicada ao bloco, determine a velocidade dele após haver se deslocado 0,6 m para a esquerda. Originalmente o bloco está em repouso. Não há deslizamento.

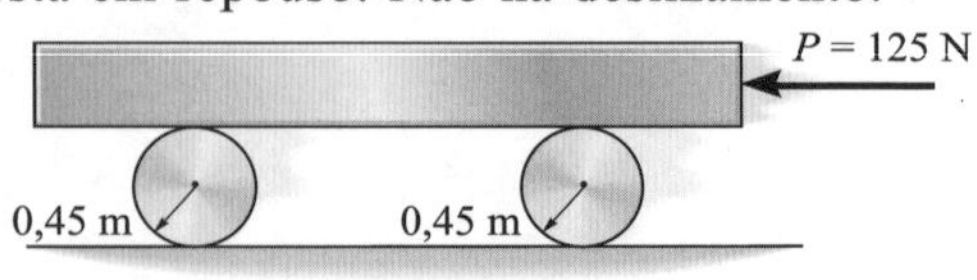

Problema 18.30

18.31. A viga fina, tendo uma massa de 75 kg, é suportada por dois cabos. Se o cabo na extremidade B é cortado, de modo que a viga seja liberada do repouso quando $\theta = 30°$, determine a velocidade com que a extremidade A atinge a parede. Despreze o atrito em B.

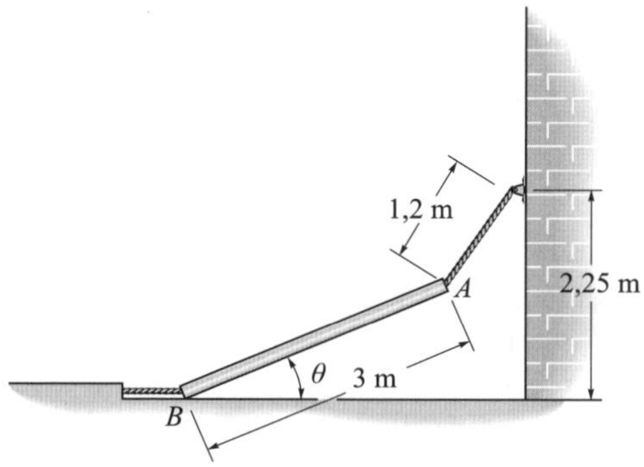

Problema 18.31

***18.32.** A montagem consiste de duas barras finas de 7,5 kg e de um disco de 10 kg. Se a mola não está deformada quando $\theta = 45°$ e a montagem é liberada do repouso nessa posição, determine a velocidade angular da barra AB no instante $\theta = 0°$. O disco rola sem deslizar.

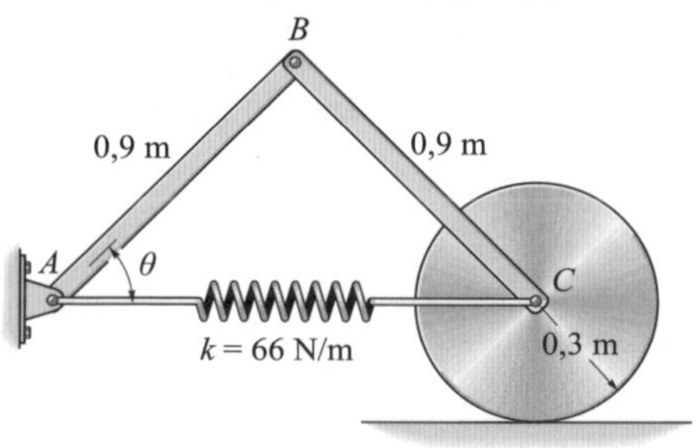

Problema 18.32

18.33. A viga tem uma massa de 750 kg e está sendo levantada para uma posição vertical puxando-se muito devagar sua extremidade inferior A. Se a corda arrebenta quando $\theta = 60°$, e a viga está essencialmente em repouso, determine a velocidade de A no instante que a corda BC torna-se vertical. Despreze o atrito e a massa das cordas e trate a viga como uma barra fina.

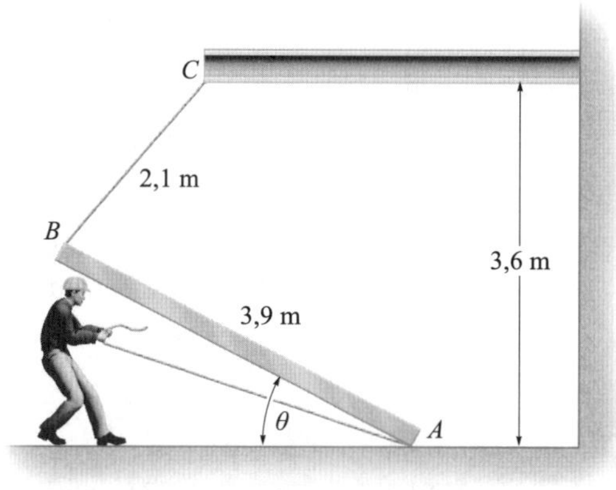

Problema 18.33

18.34. A barra fina uniforme, que tem massa m e comprimento L, é submetida a uma carga distribuída uniforme w_0, que é sempre dirigida perpendicularmente ao eixo da barra. Se a barra é liberada do repouso, a partir da posição mostrada, determine sua velocidade angular no instante em que houver girado 90°. Resolva o problema para rotação no: (a) plano horizontal; e (b) no plano vertical.

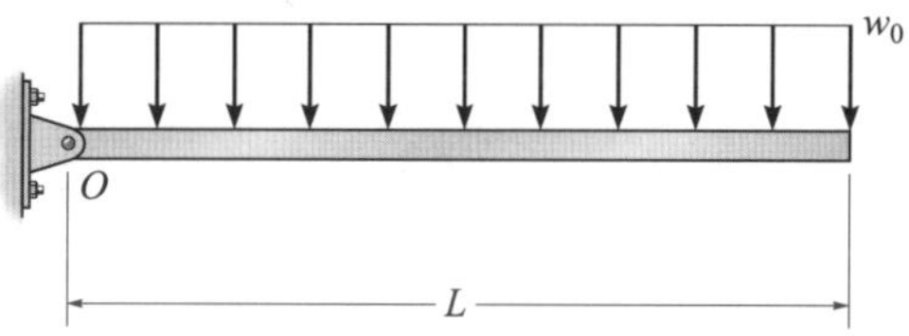

Problema 18.34

18.5 Conservação de energia

Quando um sistema de forças atuando sobre um corpo rígido consiste apenas de *forças conservativas*, o teorema da conservação de energia pode ser usado para resolver um problema que, de outra forma, seria resolvido pelo princípio do trabalho e energia. Esse teorema é frequentemente mais fácil de aplicar, visto que o trabalho de uma força conservativa é *independente da trajetória*, e depende somente das posições inicial e final do corpo. Mostrou-se, na Seção 14.5, que o trabalho de uma força conservativa pode ser expresso como a diferença na energia potencial do corpo, medida a partir de uma referência selecionada arbitrariamente.

Energia potencial gravitacional

Visto que se pode considerar o peso total de um corpo como concentrado em seu centro de gravidade, a *energia potencial gravitacional* do corpo é determinada quando se sabe a altura do centro de gravidade do corpo, acima ou abaixo de uma referência horizontal.

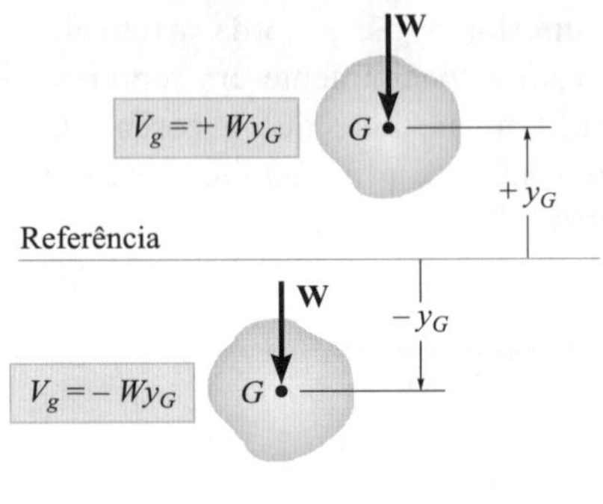

Energia potencial gravitacional

Figura 18.16

$$V_g = Wy_G \tag{18.15}$$

Aqui a energia potencial é *positiva* quando y_G é positivo para cima, visto que o peso tem a habilidade de realizar *trabalho positivo* quando o corpo se move de volta para a referência (Figura 18.16). Da mesma forma, se G estiver localizado *abaixo* da referência ($-y_G$), a energia potencial gravitacional é *negativa*, porque o peso realiza *trabalho negativo* quando o corpo retorna para a referência.

Energia potencial elástica

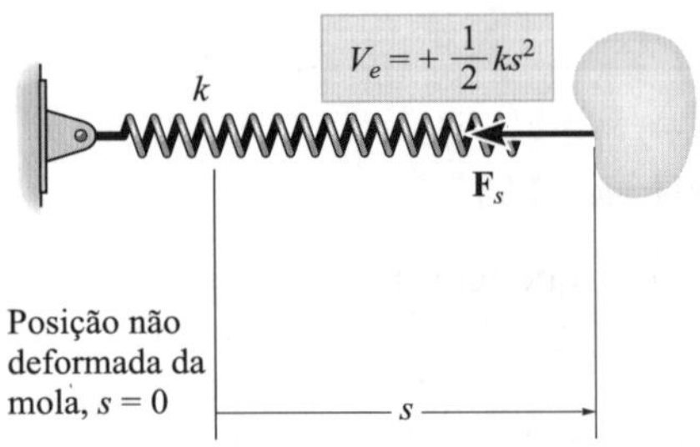

Energia potencial elástica

Figura 18.17

A força desenvolvida por uma mola elástica também é uma força conservativa. A *energia potencial elástica* que uma mola transmite a um corpo preso a ela, quando é deformada ou comprimida a partir de uma posição não deformada ($s = 0$) até uma posição final s (Figura 18.17), é:

$$V_e = \frac{1}{2} + ks^2 \tag{18.16}$$

Na posição deformada, a força da mola atuando *sobre o corpo* sempre tem a habilidade de realizar trabalho positivo quando a mola retorna à sua posição não deformada original (ver Seção 14.5).

Conservação de energia

Em geral, se um corpo for submetido a ambas as forças, gravitacional e elástica, a *energia potencial total* pode ser expressa com uma função potencial, representada pela soma algébrica:

$$V = V_g + V_e \tag{18.17}$$

Aqui a medida de V depende da localização do corpo em relação à referência selecionada.

Sabendo-se que o trabalho das forças conservativas pode ser escrito como a diferença em suas energias potenciais, ou seja, $(\Sigma U_{1-2})_{\text{cons}} = V_1 - V_2$ (Equação 14.16), podemos reescrever o princípio do trabalho e energia de um corpo rígido como:

$$T_1 + V_1 + (\Sigma U_{1-2})_{\text{não cons}} = T_2 + V_2 \tag{18.18}$$

Aqui $(\Sigma U_{1-2})_{\text{não cons}}$ representa o trabalho das forças não conservativas, como o atrito. Se esse termo for zero, então

$$T_1 + V_1 = T_2 + V_2 \tag{18.19}$$

Essa equação é referida como a conservação da energia mecânica. Ela estabelece que a *soma* das energias potencial e cinética do corpo permanece *constante* quando este se desloca de uma posição para outra. Aplica-se também a um sistema de corpos rígidos lisos conectado por pinos, por cordas inextensíveis, e engrenados entre si. Em todos esses casos, as forças atuando sobre os pontos de contato são *eliminadas* da análise, visto que ocorrem em pares colineares iguais, mas opostos, e cada binário de forças desloca-se por uma distância igual quando o sistema sofre um deslocamento.

É importante lembrar que apenas problemas que envolvam forças conservativas podem ser resolvidos usando-se a Equação 18.19. Como foi dito na Seção 14.5, o atrito, ou outras forças resistentes ao arrasto, que dependem de velocidade ou de aceleração, são não conservativas. O trabalho de tais forças é transformado em energia térmica, usada para aquecer as superfícies de contato, e, consequentemente, essa energia é dissipada no ambiente e não pode ser recuperada. Portanto, problemas envolvendo forças de atrito podem ser resolvidos usando-se o princípio de trabalho e energia escrito na forma da Equação 18.18, se aplicável, ou as equações de movimento.

Procedimento para análise

A equação de conservação de energia é usada para resolver problemas que envolvem *velocidade, deslocamento* e *sistemas de força conservativa*. Para aplicação, sugere-se que o seguinte procedimento seja usado.

Energia potencial

- Desenhe dois diagramas, mostrando o corpo localizado em suas posições inicial e final ao longo da trajetória.
- Se o centro de gravidade, G, for submetido a um *deslocamento vertical*, estabeleça uma referência horizontal fixa, a partir da qual se medirá a energia potencial gravitacional do corpo, V_g.
- Dados relativos à elevação y_G do centro de gravidade do corpo a partir da referência, e a extensão ou compressão de quaisquer molas conectadas a ele, podem ser determinados a partir da geometria do problema e listados sobre os dois diagramas.
- A energia potencial é determinada a partir de $V = V_g + V_e$. Aqui $V_g = Wy_G$, a qual pode ser positiva ou negativa, e $V_e = \frac{1}{2}ks^2$, que é sempre positiva.

Energia cinética

- A energia cinética do corpo consiste de duas partes, nominalmente: energia cinética translacional, $T = \frac{1}{2}mv_G^2$, e energia cinética rotacional, $T = \frac{1}{2}I_G\omega^2$.
- Diagramas cinemáticos de velocidade podem ser úteis para estabelecer uma *relação* entre v_G e ω.

Conservação da energia

- Aplique a equação da conservação da energia $T_1 + V_1 = T_2 + V_2$.

Exemplo 18.6

A barra de 10 kg AB, mostrada na Figura 18.18*a*, está confinada de modo que suas extremidades movem-se nas ranhuras vertical e horizontal. A mola tem rigidez k = 800 N/m, e não está deformada quando $\theta = 0°$. Determine a velocidade angular de AB quando $\theta = 0°$, se a barra é solta do repouso quando $\theta = 30°$. Despreze a massa dos blocos deslizantes.

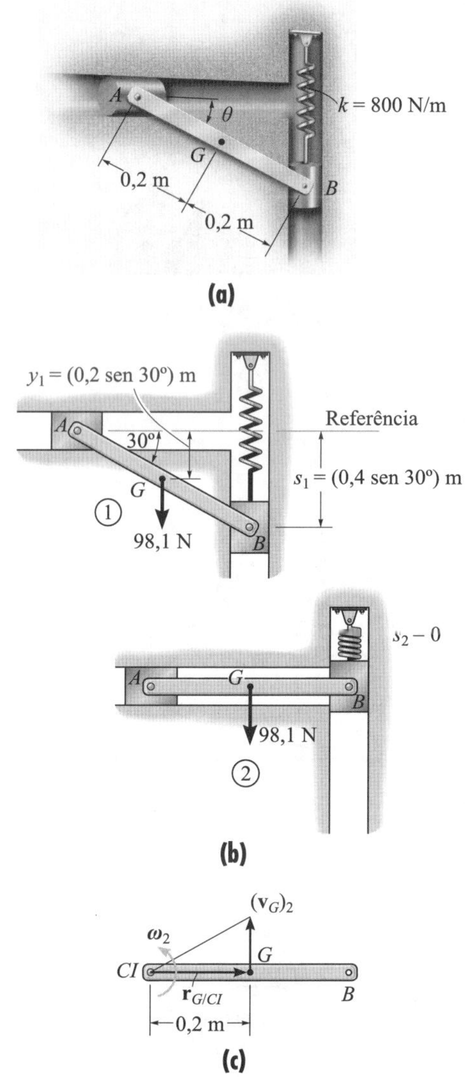

Figura 18.18

SOLUÇÃO

Energia potencial

Os dois diagramas da barra, quando ela está localizada em suas posições inicial e final, são mostrados na Figura 18.18*b*. A referência utilizada para medir a energia potencial gravitacional está alinhada à barra quando $\theta = 90°$.

Quando a barra está na posição 1, o centro de gravidade G está localizado *abaixo da referência*, de maneira que sua energia potencial é *negativa*. Além disso, a energia potencial elástica (positiva) é armazenada na mola, visto que ela é deformada em uma distância s_1 = (0,4 sen 30°) m. Assim,

$$V_1 = -Wy_1 + \frac{1}{2}ks_1^2$$

$$= -(98{,}1\text{N})(0{,}2\text{sen}30°\text{m}) + \frac{1}{2}(800\text{N/m})(0{,}4\text{sen}30°\text{m})^2 = 6{,}19\text{J}$$

Quando a barra está na posição 2, sua energia potencial é zero, visto que o centro de gravidade G está localizado na referência, e a mola não está deformada, $s_2 = 0$. Assim,

$$V_2 = 0$$

Energia cinética

A barra é liberada do repouso a partir da posição 1, portanto $(\mathbf{v}_G)_1 = \boldsymbol{\omega}_1 = \mathbf{0}$, e então

$$T_1 = 0$$

Na posição 2, a velocidade angular é $\boldsymbol{\omega}_2$ e o centro de massa da barra tem velocidade $(\mathbf{v}_G)_2$. Assim,

$$T_2 = \frac{1}{2}(mv_G)_2^2 + \frac{1}{2}I_G\omega_2^2$$

$$= \frac{1}{2}(10\text{kg})(v_G)_2^2 + \frac{1}{2}\left[\frac{1}{12}(10\text{kg})(0{,}4\text{m})^2\right]\omega_2^2$$

Usando-se a *cinemática*, $(\mathbf{v}_G)_2$ pode ser relacionada a $\boldsymbol{\omega}_2$, como mostra a Figura 18.18*c*. No instante considerado, o centro instantâneo de velocidade nula (*CI*) da barra está no ponto *A*; portanto, $(v_G)_2 = (r_{G/CI})\omega_2 = (0{,}2\text{ m})\omega_2$. Substituindo-se na expressão acima e simplificando, (ou usando $\frac{1}{2}I_{CI}\omega_2^2$), obtém-se:

$$T_2 = 0{,}2667\omega_2^2$$

Conservação de energia

$$\{T_1\} + \{V_1\} = \{T_2\} + \{V_2\}$$

$$\{0\} + \{6{,}19\text{ J}\} = \{0{,}2667\ \omega_2^2\} + \{0\}$$

$$\omega_2 = 4{,}82\text{ rad/s} \circlearrowleft$$

Exemplo 18.7

A roda mostrada na Figura 18.19*a* tem um peso de 15 kg e um raio de giração $k_G = 0{,}18$ m. Ela está fixada a uma mola que tem rigidez $k = 30$ N/m, e um comprimento não deformado de 0,3 m. Se o disco é liberado do repouso na posição mostrada e rola sem deslizar, determine sua velocidade angular no instante que *G se* desloca 0,9 m para a esquerda.

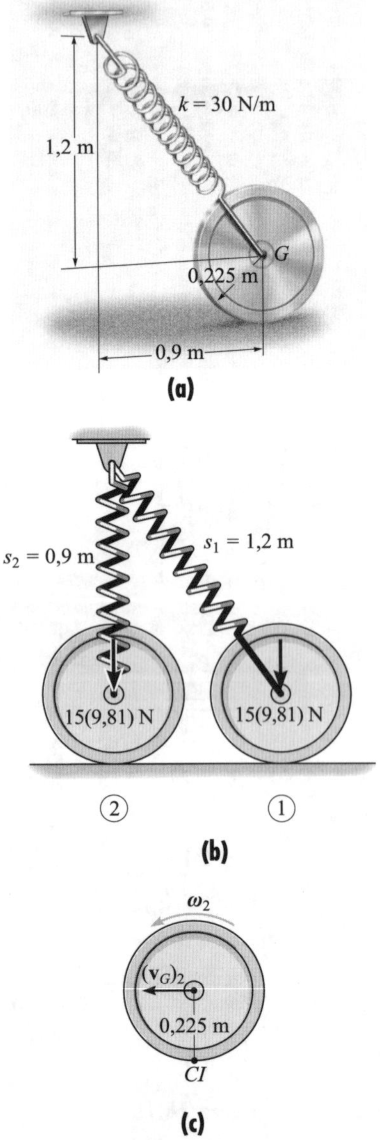

Figura 18.19

SOLUÇÃO

Energia potencial

Dois diagramas da roda, nas posições inicial e final, são mostrados na Figura 18.19*b*. Uma referência gravitacional não é necessária aqui, visto que o peso não é deslocado verticalmente. Da geometria do problema a mola está deformada $s_1 = (\sqrt{0{,}9^2 + 1{,}2^2} - 0{,}3) = 1{,}2$ m na posição inicial, e $s_2 = (1{,}2 - 0{,}3) = 0{,}9$ m na posição final. Assim,

$$V_1 = \frac{1}{2}ks_1^2 = \frac{1}{2}(30\text{N/m})(1{,}2\text{m})^2 = 121{,}6\text{J}$$

$$V_2 = \frac{1}{2}ks_2^2 = \frac{1}{2}(30\text{N/m})(0{,}9\text{m})^2 = 12{,}15\text{J}$$

Energia cinética

O disco é liberado do repouso e, então, $(\mathbf{v}_G)_1 = \mathbf{0}$, $\boldsymbol{\omega}_1 = \mathbf{0}$. Portanto,

$$T_1 = 0$$

Visto que o centro instantâneo de velocidade nula está no solo (Figura 18.19*c*), temos:

$$T_2 = \frac{1}{2}I_{IC}\omega_2^2$$

$$= \frac{1}{2}\left[(15\text{ kg})(0{,}18\text{ m})^2 + (15\text{ kg})(0{,}225\text{ m})^2\right]\omega_2^2$$

$$= 0{,}6227\omega_2^2$$

Conservação de energia

$$\{T_1\} + \{V_1\} = \{T_2\} + \{V_2\}$$

$$\{0\} + \{21{,}6 \text{ J}\} = \{0{,}6227\,\omega_2^2\} + \{12{,}15 \text{ J}\}$$

$$\omega_2 = 3{,}90 \text{ rad/s} \circlearrowleft$$

NOTA: Se o princípio de trabalho e energia fosse usado para resolver este problema, então o trabalho da mola teria de ser determinado considerando-se as variações de intensidade e direção da força da mola.

Exemplo 18.8

O disco homogêneo de 10 kg mostrado na Figura 18.20*a* está fixado a uma barra uniforme de 5 kg, *AB*. Se o conjunto é liberado do repouso quando $\theta = 60°$, determine a velocidade angular da barra quando $\theta = 0°$. Suponha que o disco rola sem deslizar. Despreze o atrito ao longo da guia e a massa do anel em *B*.

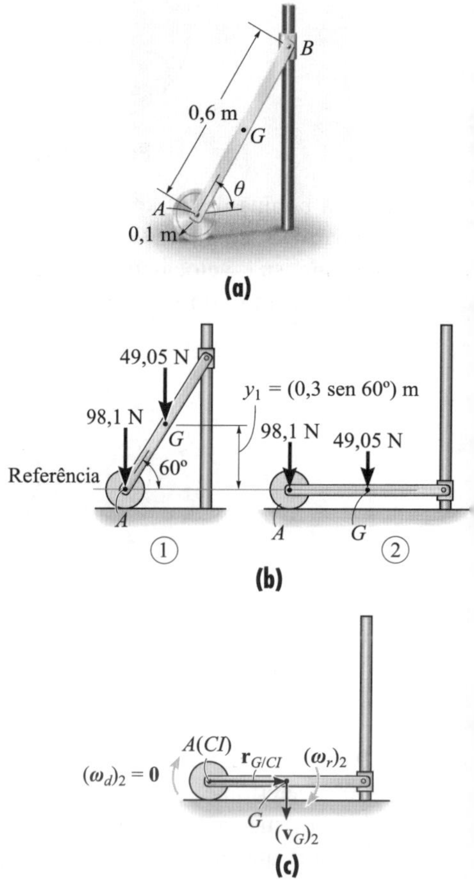

Figura 18.20

SOLUÇÃO

Energia potencial

Dois diagramas, da barra e do disco, em suas posições inicial e final, são mostrados na Figura 18.20*b*. Por conveniência, a referência passa pelo ponto *A*.

Quando o sistema está na posição 1, apenas o peso da barra tem energia potencial positiva. Portanto,

$$V_1 = W_r y_1 = (49{,}05 \text{ N})(0{,}3 \text{ sen } 60° \text{ m}) = 12{,}74 \text{ J}$$

Quando o sistema está na posição 2, ambos os pesos, da barra e do disco, têm energia potencial zero. Por quê? Assim,

$$V_2 = 0$$

Energia cinética

Visto que o sistema inteiro está em repouso na posição inicial,

$$T_1 = 0$$

Na posição final, a barra tem uma velocidade angular $(\boldsymbol{\omega}_r)_2$, e seu centro de massa tem uma velocidade $(\mathbf{v}_G)_2$ (Figura 18.20*c*). Visto que a barra está *totalmente deformada* nessa posição, o disco está momentaneamente em repouso, então $(\boldsymbol{\omega}_d)_2 = \mathbf{0}$ e $(\mathbf{v}_A)_2 = \mathbf{0}$. Para a barra $(\mathbf{v}_G)_2$ pode ser relacionada a $(\boldsymbol{\omega}_r)_2$ a partir do centro instantâneo de velocidade nula, que está localizado no ponto *A* (Figura 18.20*c*). Portanto, $(v_G)_2 = r_{G/CI}(\omega_r)_2$ ou $(v_G)_2 = 0{,}3(\omega_r)_2$. Assim,

$$\begin{aligned} T_2 &= \frac{1}{2}m_r(v_G)_2^2 + \frac{1}{2}I_G(\omega_r)_2^2 + \frac{1}{2}m_d(v_A)_2^2 + \frac{1}{2}I_D(\omega_d)_2^2 \\ &= \frac{1}{2}(5\text{ kg})[(0{,}3\text{ m})(\omega_r)_2]^2 + \frac{1}{2}\left[\frac{1}{12}(5\text{ kg})(0{,}6\text{ m})^2\right](\omega_r)_2^2 + 0 + 0 \\ &= 0{,}3(\omega_r)_2^2 \end{aligned}$$

Conservação de energia

$$\{T_1\} + \{V_1\} = \{T_2\} + \{V_2\}$$

$$\{0\} + \{12{,}74 \text{ J}\} = \{0{,}3(\omega_R)\,\omega_2^2\} + \{0\}$$

$$(\omega_r)_2 = 6{,}52 \text{ rad/s} \circlearrowright$$

NOTA: Podemos também determinar a energia cinética final da barra usando $T_2 = \frac{1}{2}I_{CI}\,\omega_2^2$.

Problemas fundamentais

18.7. Se o disco de 30 kg é solto do repouso quando $\theta = 0°$, determine sua velocidade angular quando $\theta = 90°$.

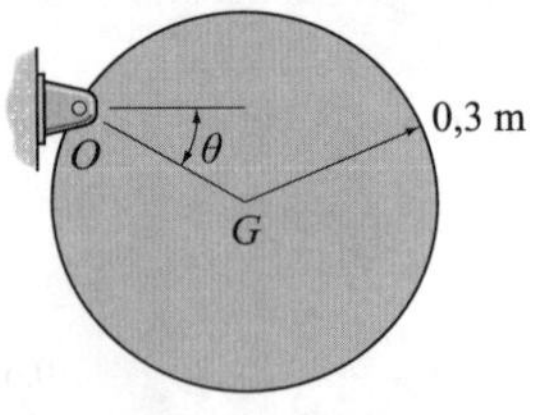

Problema 18.7

18.8. A bobina de 50 kg tem raio de giração em relação a seu centro O de $k_O = 300$ mm. Se ela é solta do repouso, determine sua velocidade angular quando seu centro O houver descido 6 m sobre o plano inclinado.

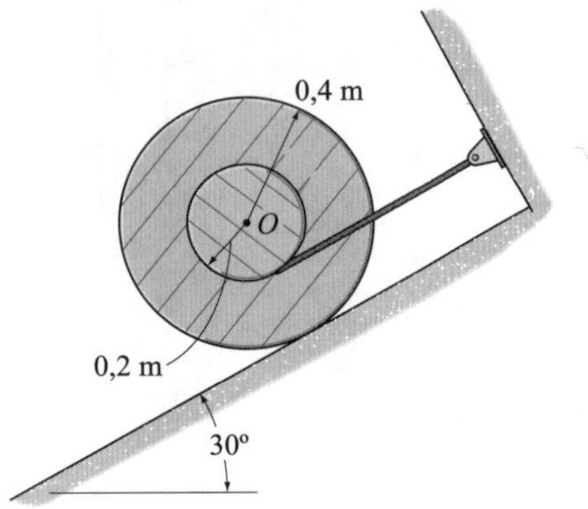

Problema 18.8

18.9. A barra de 60 kg, OA, é liberada do repouso quando $\theta = 0°$. Determine sua velocidade angular quando $\theta = 45°$. A mola permanece vertical durante o movimento e não está deformada quando $\theta = 0°$.

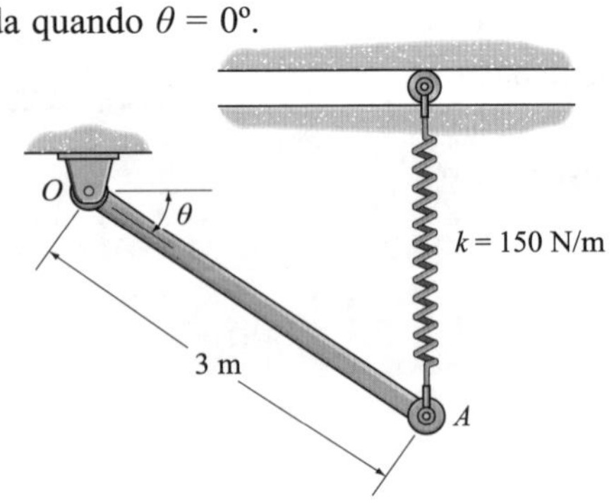

Problema 18.9

18.10. A barra de 30 kg é solta do repouso quando $\theta = 0°$. Determine a velocidade angular da barra quando $\theta = 90°$. A mola não está deformada quando $\theta = 0°$.

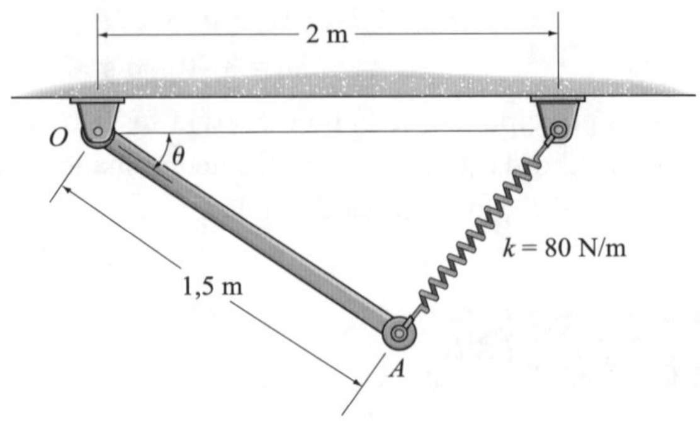

Problema 18.10

18.11. A barra de 30 kg é solta do repouso quando $\theta = 45°$. Determine a velocidade angular da barra quando $\theta = 0°$. A mola não está deformada quando $\theta = 45°$.

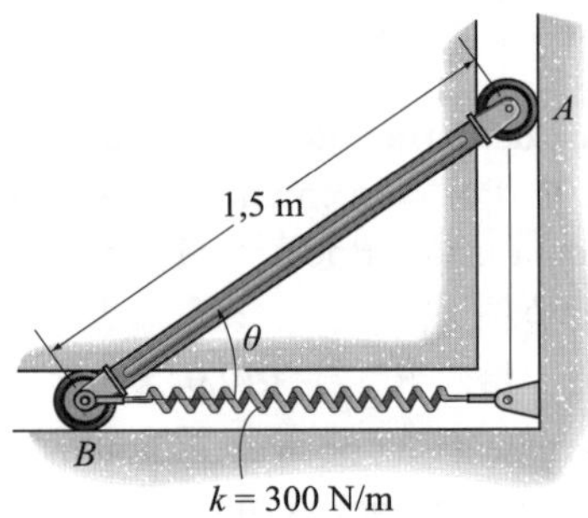

Problema 18.11

18.12. A barra de 20 kg é liberada do repouso quando $\theta = 0°$. Determine sua velocidade angular quando $\theta = 90°$. A mola tem um comprimento não deformada de 0,5 m.

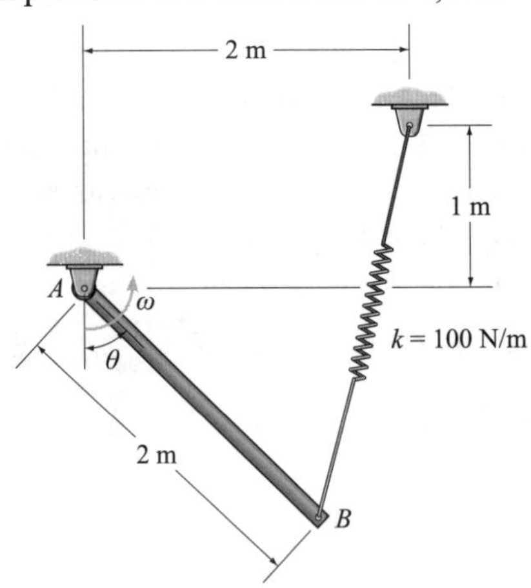

Problema 18.12

Problemas

18.35. Resolva o Problema 18.5 usando a equação de conservação de energia.

***18.36.** Resolva o Problema 18.12 usando a equação de conservação de energia.

•**18.37.** Resolva o Problema 18.32 usando a equação de conservação de energia.

18.38. Resolva o Problema 18.31 usando a equação de conservação de energia.

18.39. Resolva o Problema 18.11 usando a equação de conservação de energia.

***18.40.** No instante mostrado, a barra de 25 kg gira no sentido horário a 2 rad/s. A mola fixada em sua extremidade permanece sempre vertical, devido ao rolete guia em *C*. Se a mola tem um comprimento não deformado de 0,6 m e uma rigidez k = 100 N/m, determine a velocidade angular da barra no instante em que houver girado 30° no sentido horário.

•18.41. No instante mostrado, a barra de 25 kg gira no sentido horário a 2 rad/s. A mola fixada em sua extremidade permanece sempre vertical, devido ao rolete guia em *C*. Se a mola tem um comprimento não deformado de 0,6 m e uma rigidez k = 200 N/m, determine o ângulo θ, medido a partir da horizontal, até o qual a barra irá antes de parar momentaneamente.

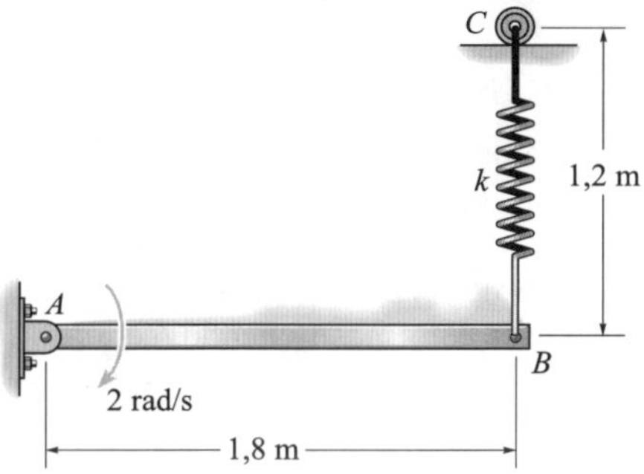

Problemas 18.40/41

18.42. Uma corrente de massa desprezível está encaixada na engrenagem, que tem massa de 2 kg e raio de giração k_O = 50 mm. Se o bloco de 4 kg *A* é solto do repouso a partir da posição s = 1 m, determine a velocidade angular da engrenagem no instante s = 2 m.

18.43. Resolva o Problema 18.42 supondo que a corrente tenha uma massa por unidade de comprimento de 0,8 kg/m. Despreze, para o cálculo, a porção da corrente que está encaixada na engrenagem.

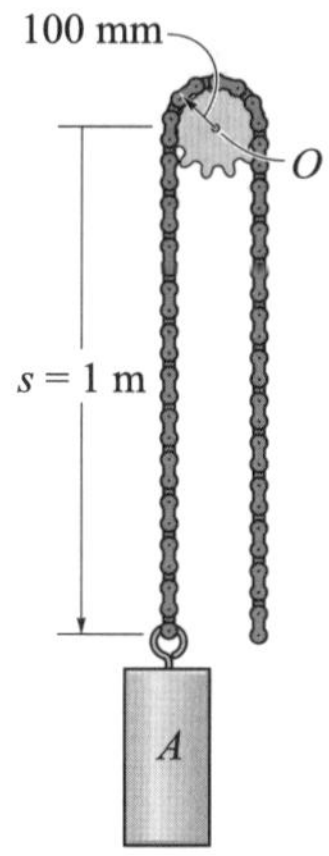

Problemas 18.42/43

***18.44.** O sistema consiste de dois blocos, *A* e *B*, de 30 e 10 kg, respectivamente, e das polias de 2,5 kg *C* e *D*, que podem ser tratadas como dois discos finos. Determine a velocidade do bloco *A* após o bloco *B* haver se elevado 1,5 m, partindo do repouso. Suponha que a corda não desliza nas roldanas e despreze a massa da corda.

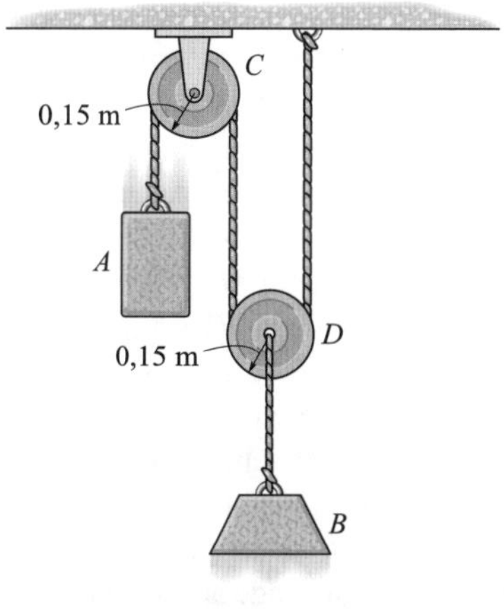

Problema 18.44

•18.45. O sistema consiste de um disco *A*, de 10 kg, uma barra fina, *BC*, de 2 kg, e um anel liso *C*, de 0,5 kg. Se o disco rola sem deslizar, determine a velocidade do anel no instante em que a barra torna-se horizontal, ou seja, θ = 0°. O sistema é liberado do repouso quando θ = 45°.

18.46. O sistema consiste de um disco *A*, de 10 kg, uma barra fina, *BC*, e um anel liso *C*, de 0,5 kg. Se o disco rola sem deslizar, determine a velocidade do anel no instante θ = 30°. O sistema é liberado do repouso quando θ = 45°.

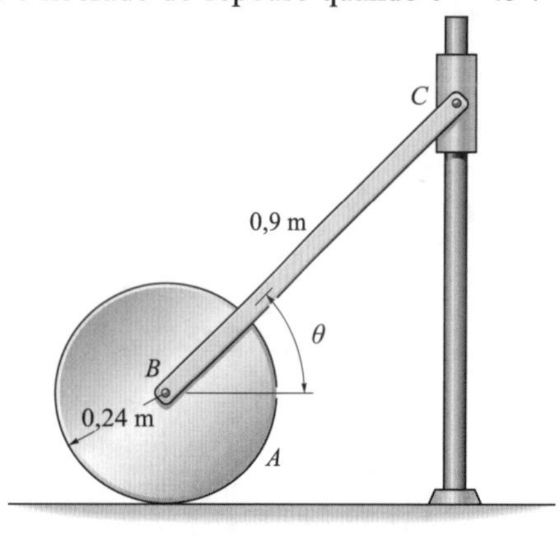

Problemas 18.45/46

18.47. O pêndulo consiste de uma barra *BA*, de 2 kg, e um disco de 3 kg. A mola está deformada 0,09 m quando a barra está na horizontal, como mostrado. Se o pêndulo é solto do repouso e gira em torno do ponto *D*, determine sua velocidade angular no instante em que a barra se torna vertical. O rolete em *C* permite que a mola permaneça vertical quando a barra cai.

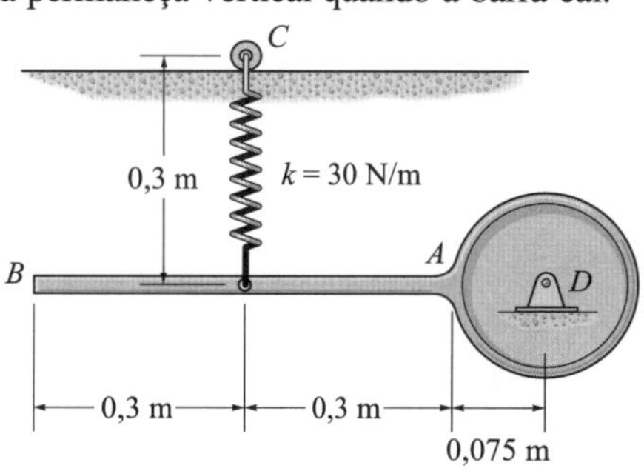

Problema 18.47

*__18.48.__ A porta de garagem uniforme tem massa de 150 kg e é guiada ao longo de trilhos lisos em suas extremidades. A elevação é feita usando-se as duas molas, cada uma das quais fixada ao apoio de ancoragem e ao eixo do contrapeso em B e C. Quando a porta é elevada, as molas começam a desenrolar do eixo, auxiliando, desta forma, a elevação. Se cada mola fornece um momento torsional $M = (0{,}7\theta)$ N · m, onde θ está em radianos, determine o ângulo θ_0 no qual ambas as molas, a que desenrola para a esquerda e a que desenrola para a direita, devem ser fixadas, de modo que a porta esteja completamente equilibrada pelas molas, ou seja, quando a porta estiver em posição vertical, e se der a ela um ligeiro impulso para cima, as molas elevarão a porta ao longo dos trilhos laterais até o plano horizontal, sem velocidade angular final. *Nota*: a energia potencial elástica de uma mola torcional é $V_e = \frac{1}{2}k\theta^2$, onde $M = k\theta$, e, neste caso, $k_t = 0{,}7$ N · m/rad.

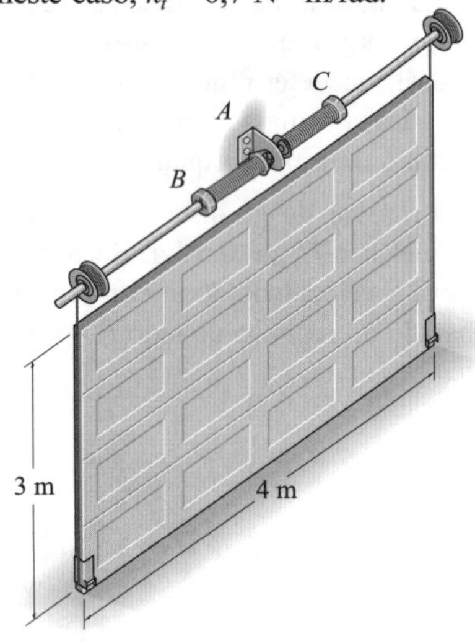

Problema 18.48

•**18.49.** A porta de garagem CD tem massa de 50 kg e pode ser tratada como uma placa fina. Determine o comprimento não deformado requerido de cada uma das duas molas laterais quando a porta estiver na posição aberta, de modo que, quando a porta cair livremente da posição aberta, ela entre em repouso ao alcançar a posição de fechamento completo, ou seja, quando AC girar 180°. Cada uma das duas molas laterais tem rigidez k = 350 N/m. Despreze a massa das barras laterais AC.

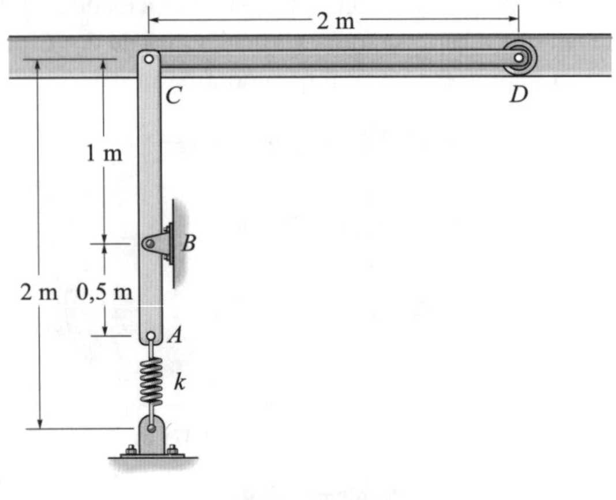

Problema 18.49

18.50. O painel da porta retangular uniforme tem uma massa de 25 kg e é mantido em equilíbrio acima da horizontal, na posição θ = 60º pela barra BC. Determine a rigidez da mola torcional A, necessária para que a velocidade angular da porta torne-se zero quando ela atingir a posição fechada (θ = 0º), depois da barra BC ser removida. A mola não está deformada quando θ = 60º.

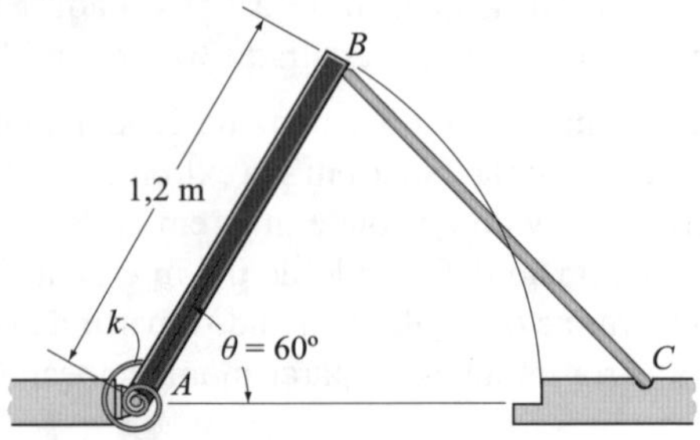

Problema 18.50

18.51. O pêndulo de 30 kg tem seu centro de massa em G e raio de giração em relação ao ponto G de k_G = 300 mm. Se ele é solto do repouso quando θ = 0º, determine sua velocidade angular no instante θ = 90º. A mola AB tem rigidez de k = 300 N/m e não está deformada quando θ = 0º.

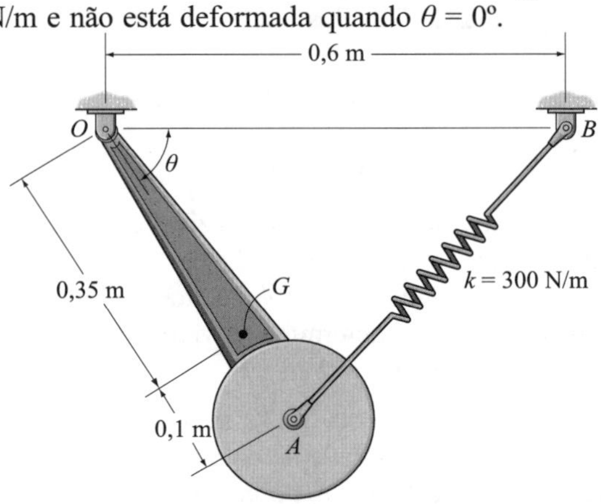

Problema 18.51

*__18.52.__ A placa quadrada de 25 kg está presa por um pino no canto A e fixada a uma mola tendo rigidez k = 300 N/m. Se a placa é liberada do repouso quando θ = 0º, determine sua velocidade angular quando θ = 90º. A mola não está deformado quando θ = 0º.

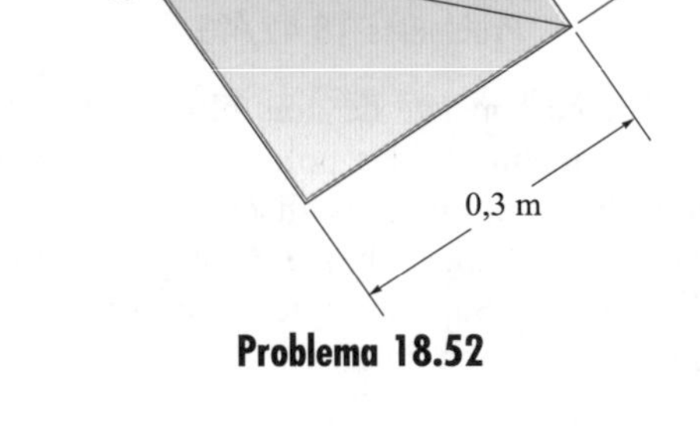

Problema 18.52

•**18.53.** Uma mola com rigidez k = 300 N/m está fixada à extremidade de uma barra de 15 kg, e não está deformada quando $\theta = 0°$. Se a barra é liberada do repouso quando $\theta = 0°$, determine sua velocidade angular no instante $\theta = 30°$. O movimento acontece no plano vertical.

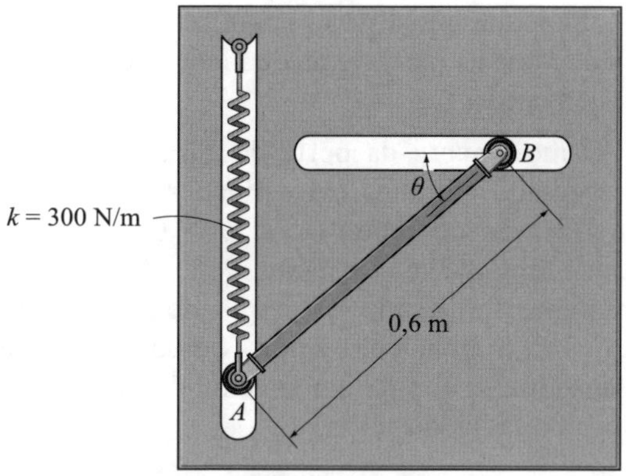

Problema 18.53

18.54. Se a barra de 6 kg é liberada do repouso em $\theta = 30°$, determine a velocidade angular da barra no instante $\theta = 0°$. A mola a ela fixada tem rigidez k = 600 N/m, com um comprimento não deformado de 300 mm.

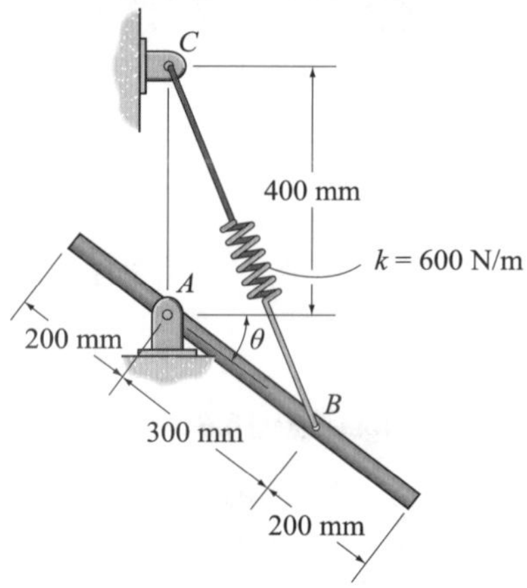

Problema 18.54

18.55. O painel de porta retangular de 50 kg é mantido na posição vertical pela barra BC. Quando a barra é removida, o painel se fecha devido ao próprio peso. O movimento do painel é controlado por uma mola fixada a um cabo colocado em torno da meia roldana. Para reduzir batidas excessivas, a velocidade angular do painel é limitada a 0,5 rad/s no instante do fechamento. Determine a rigidez mínima k da mola, se ela não está deformada quando o painel se encontra na posição vertical. Despreze a massa da meia polia.

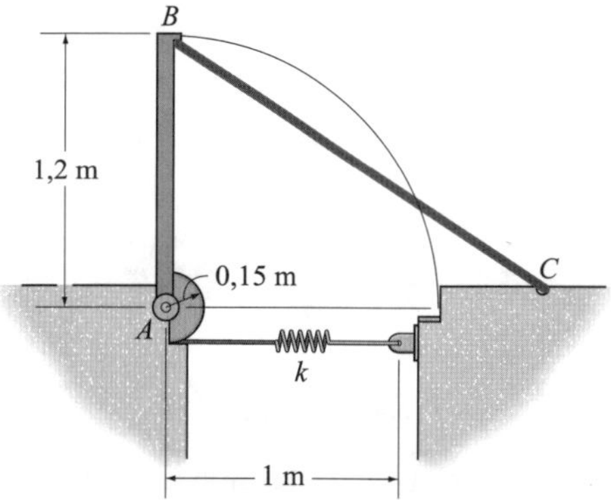

Problema 18.55

***18.56.** As barras AB e BC têm massa de 7,5 kg e 15 kg, respectivamente. O anel C, que desliza livremente ao longo da guia vertical lisa, tem massa de 2,5 kg. Se o sistema é liberado do repouso quando $\theta = 0°$, determine a velocidade angular das barras quando $\theta = 90°$. A mola fixada entre A e C não está deformada quando $\theta = 0°$.

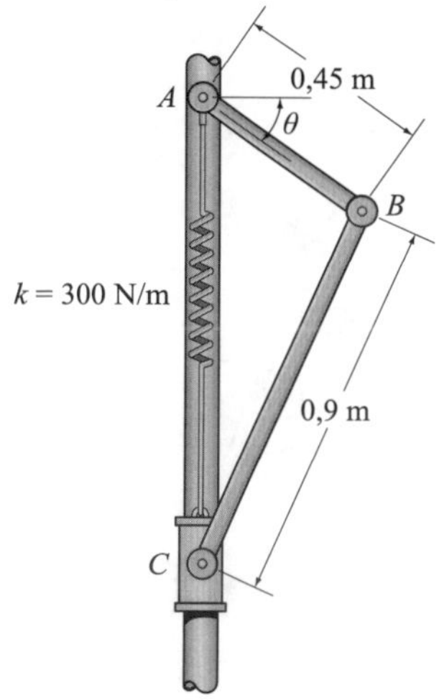

Problema 18.56

•**18.57.** Determine a rigidez k da mola torcional em A, de modo que, se as barras são liberadas do repouso quando $\theta = 0°$, a barra AB tenha uma velocidade angular de 0,5 rad/s na posição fechada, $\theta = 90°$. A mola está deformada quando $\theta = 0°$. As barras têm massa por unidade de comprimento de 10 kg/m.

18.58. A mola torcional em A tem rigidez k_t = 900 N · m/rad e está deformada quando $\theta = 0°$. Determine a velocidade angular das barras, AB e BC, quando $\theta = 0°$, se elas são soltas do repouso na posição fechada, $\theta = 90°$. As barras têm massa por unidade de comprimento de 10 kg/m.

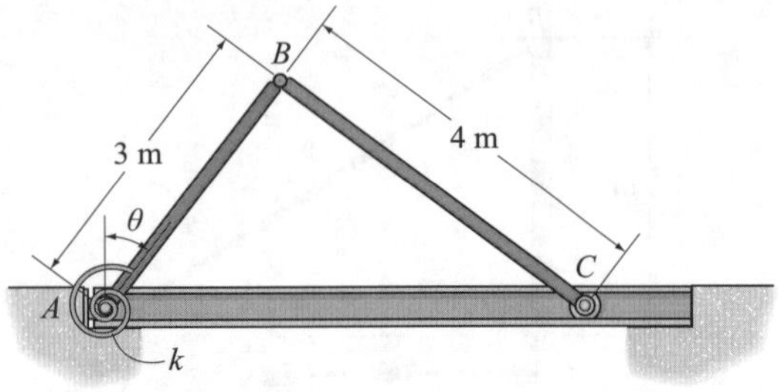

Problemas 18.57/58

18.59. O braço e o assento de uma atração de parque de diversões têm massa de 1,5 Mg, com o centro de massa localizado no ponto G_1. O passageiro sentado em A tem massa de 125 kg, com o centro de massa localizado em G_2. Se o braço é levantado a uma posição em que $\theta = 150°$, e em seguida liberado do repouso, determine a velocidade do passageiro no instante $\theta = 0°$. O braço tem raio de giração $k_{G1} = 12$ m, em relação a seu centro de massa G_1. Despreze a dimensão do passageiro.

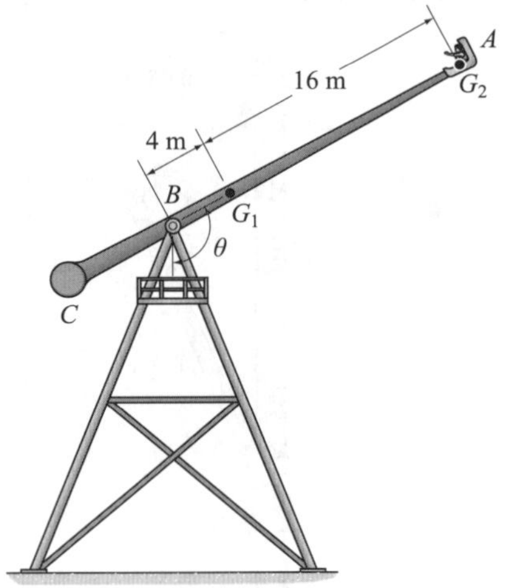

Problema 18.59

18.60. A montagem consiste de uma polia A, de 3 kg, e uma polia B, de 10 kg. Se um bloco de 2 kg está suspenso pela corda, determine a velocidade do bloco após ele haver descido 0,5 m, partindo do repouso. Despreze a massa da corda a trate as polias como discos finos. Não ocorre deslizamento.

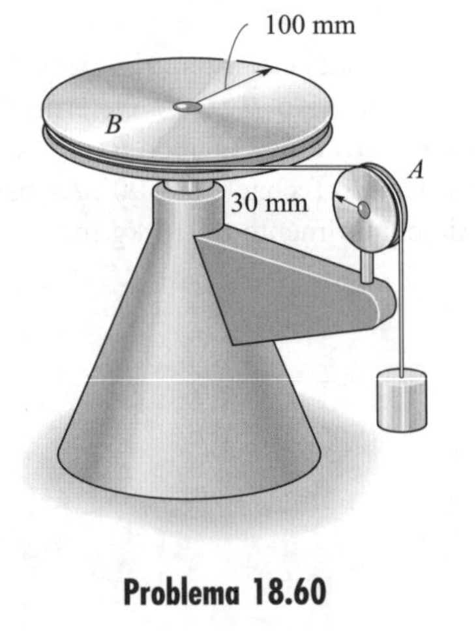

Problema 18.60

•**18.61.** O movimento da porta de garagem uniforme de 40 kg é guiado em suas extremidades pelo trilho. Determine a extensão inicial da mola requerida quando a porta é aberta, $\theta = 0°$, de modo que, quando a porta cair livremente, entra em repouso assim que atingir a posição de fechamento total, $\theta = 90°$. Suponha que a porta possa ser tratada como uma placa fina, e que há um sistema de mola e polia em cada um dos lados da porta.

18.62. O movimento da porta de garagem uniforme de 40 kg é guiado em suas extremidades pelo trilho. Se a porta é liberada do repouso em $\theta = 0°$, determine sua velocidade angular no instante $\theta = 30°$. A mola está originalmente deformada 0,3 m quando a porta é mantida aberta, $\theta = 0°$. Suponha que a porta possa ser tratada como uma placa fina, e que há um sistema de mola e polia em cada um dos lados da porta.

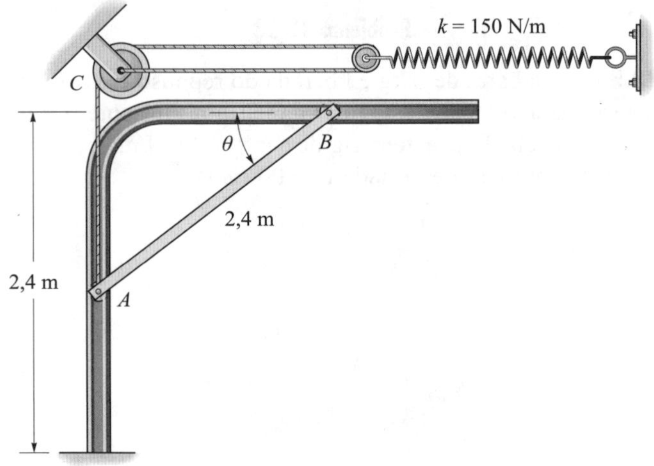

Problemas 18.61/62

18.63. A barra AB, de 500 g, está em repouso ao longo da superfície interna lisa de uma tigela hemisférica. Se a barra é liberada do repouso a partir da posição mostrada, determine sua velocidade angular no instante em que ela oscila para baixo e torna-se horizontal.

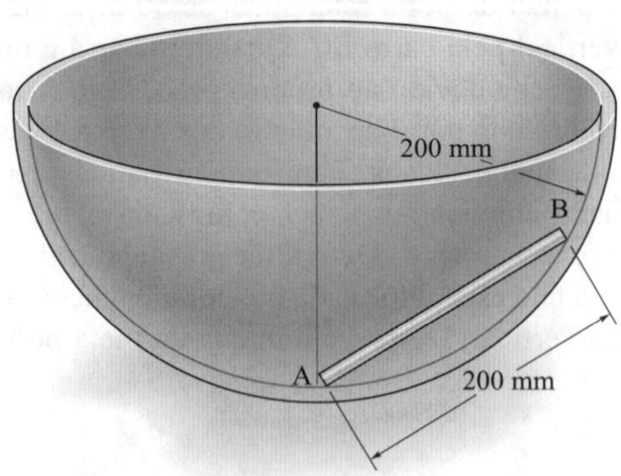

Problema 18.63

***18.64.** A barra fina AB de 12,5 kg está fixada à mola BC, que tem um comprimento não deformado de 1,2 m. Se a barra é liberada do repouso quando $\theta = 30°$, determine sua velocidade angular no instante $\theta = 90°$.

•**18.65.** A barra fina *AB* de 12,5 kg está fixada à mola *BC*, que tem um comprimento não deformada de 1,2 m. Se a barra é liberada do repouso quando $\theta = 30°$, determine a velocidade angular da barra no instante em que a mola se torna não deformada.

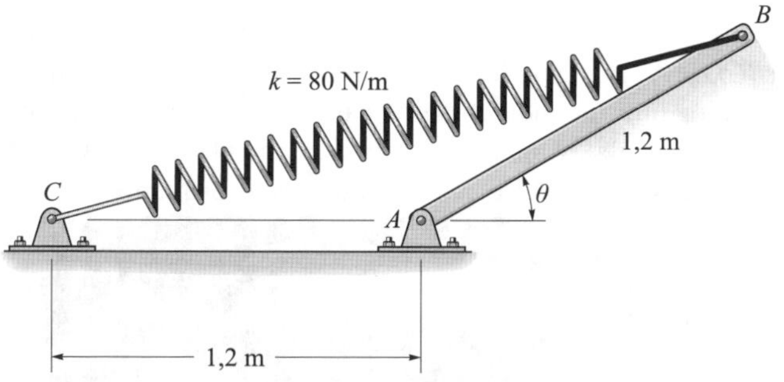

Problemas 18.64/65

18.66. A montagem consiste de duas barras de 4 kg que estão conectadas por pinos aos dois discos de 5 kg. Se as barras são liberadas do repouso quando $\theta = 60°$, determine suas velocidades angulares no instante $\theta = 0°$. Suponha que os discos rolam sem deslizar.

18.67. A montagem consiste de duas barras de 4 kg que estão conectadas por pinos aos dois discos de 5 kg. Se as barras são liberadas do repouso quando $\theta = 60°$, determine suas velocidades angulares no instante $\theta = 30°$. Suponha que os discos rolam sem deslizar.

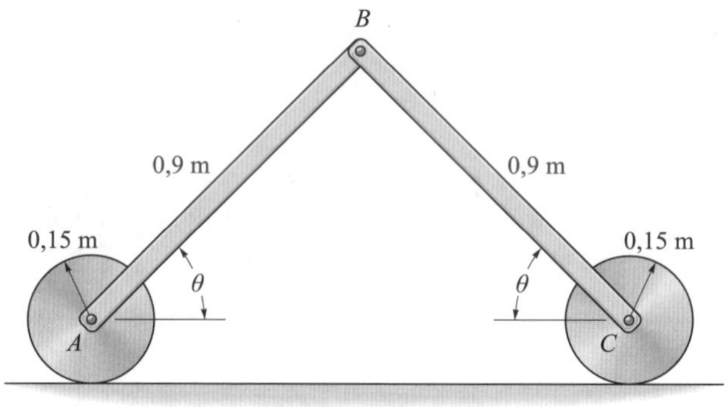

Problemas 18.66/67

***18.68.** A persiana uniforme *AB* tem massa total de 0,2 kg. Quando é solta, ela se enrola em torno do núcleo da mola carregada *O*. O movimento é causado por uma mola dentro do núcleo, a qual está enrolada, de modo a exercer sobre ele um torque $M = 0{,}45(10^{-3})\theta$ N · m, onde θ está em radianos. Se a persiana é solta do repouso, determine a velocidade angular do núcleo no instante em que a persiana se enrola completamente, ou seja, após 12 revoluções. Quando isso ocorre, a mola descomprime-se e o raio de giração da persiana em relação ao eixo em *O* é $k_O = 22{,}5$ mm. *Nota*: a energia potencial elástica da mola torcional é $V_e = \frac{1}{2}k\theta^2$, onde $M = k\theta$ e $k = 0{,}45(10^{-3})$ N · m/rad.

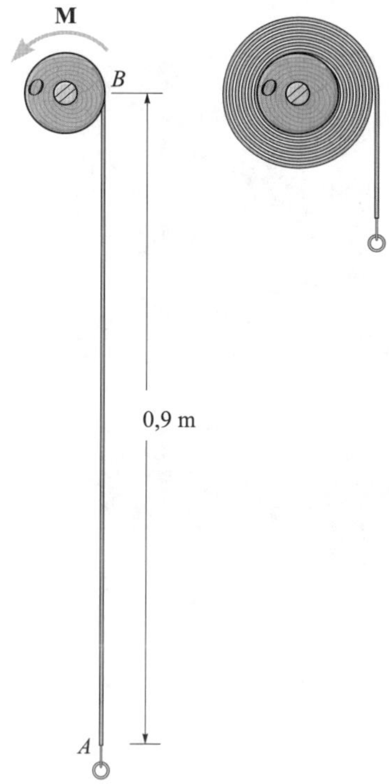

Problema 18.68

18.69. Quando a barra fina *AB* de 10 kg está horizontal, ela está em repouso e a mola não está deformada. Determine a rigidez *k* da mola, de modo que o movimento da barra seja parado momentaneamente após ela haver girado 90° no sentido horário.

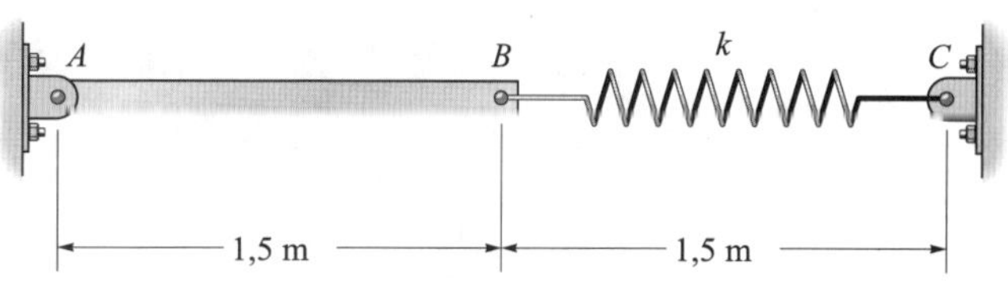

Problema 18.69

Problemas conceituais

18.1. A lâmina da serra envolve duas rodas grandes, A e B. Ao ser ligado, um motor elétrico aciona a pequena polia em C, que em seguida aciona a polia maior D, que, por sua vez, está conectada a A e gira com ela. Explique por que é uma boa ideia usar a polia D e também usar as rodas maiores A e B. Utilize valores numéricos apropriados para explicar sua resposta.

Problema 18.1

18.2. Duas molas torcionais, $M = k\theta$, são usadas para auxiliar a abertura e o fechamento do capô desta caminhonete. Supondo-se que as molas são descomprimidas ($\theta = 0°$) quando o capô é aberto, determine a rigidez k_t (N · m/rad) de cada mola, necessária para que o capô possa ser erguido com facilidade, ou seja, praticamente sem nenhuma força aplicada a ele quando está fechado. Use valores numéricos apropriados para explicar seu resultado.

Problema 18.2

18.3. A operação desta porta de garagem é auxiliada por duas molas AB e membros laterais BCD, que estão conectados por pinos em C. Supondo que as molas não estão deformadas quando a porta está na posição horizontal (aberta) e que $ABCD$ é vertical, determine a rigidez k de cada mola, de maneira que, quando a porta cair para a posição vertical (fechada), ela venha a parar lentamente. Use valores numéricos apropriados para explicar seu resultado.

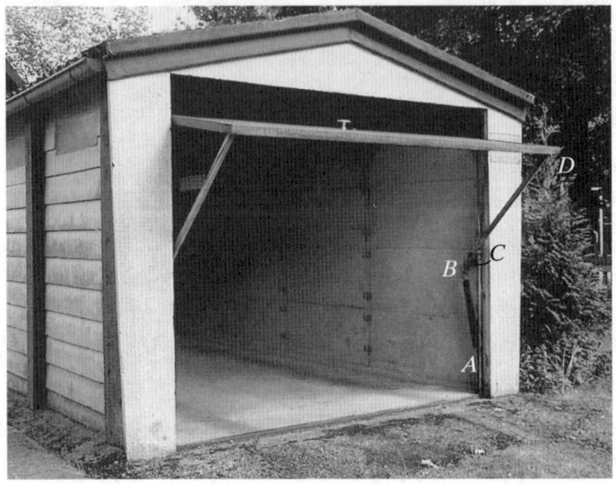

Problema 18.3

18.4. Determine o contrapeso de A, necessário para equilibrar o peso do tabuleiro da ponte quando $\theta = 0°$. Demonstre que esse peso manterá o equilíbrio do tabuleiro, ao considerar a energia potencial do sistema quando o tabuleiro estiver na posição arbitrária θ. Tanto o tabuleiro quanto AB estão na horizontal quando $\theta = 0°$. Despreze os pesos dos outros membros. Use valores numéricos apropriados para explicar esse resultado.

Problema 18.4

REVISÃO DO CAPÍTULO

Energia cinética

A energia cinética de um corpo rígido que sofre movimento plano pode ser referenciada ao seu centro de massa. Ela inclui uma soma escalar de suas energias cinéticas translacional e rotacional.

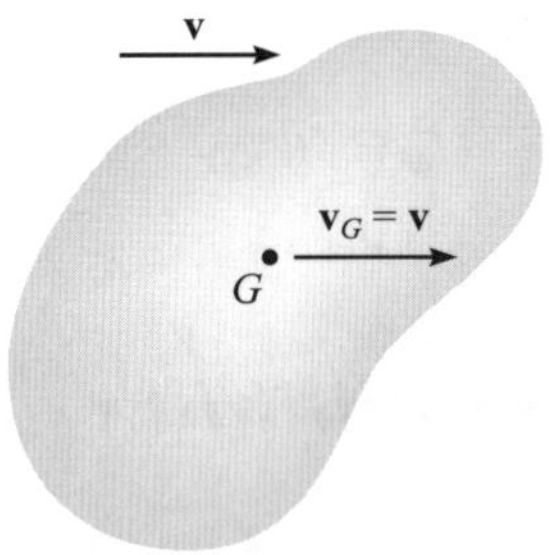

Translação

Translação

$$T = \frac{1}{2} m v_G^2$$

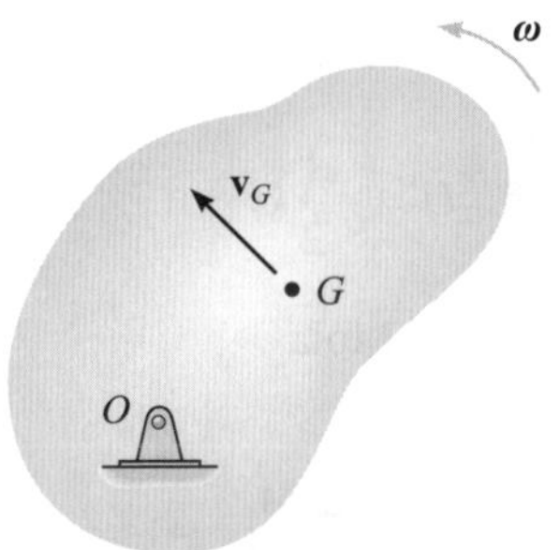

Rotação em torno de um eixo fixo

Rotação em torno de um eixo fixo

$$T = \frac{1}{2} m v_G^2 + \frac{1}{2} I_G \omega^2$$

ou

$$T = \frac{1}{2} I_O \omega^2$$

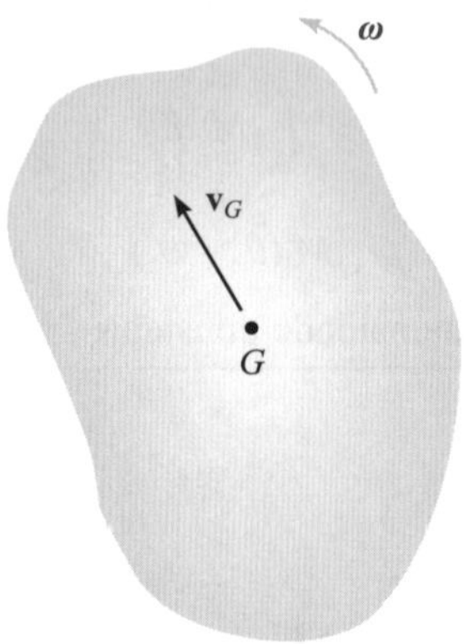

Movimento plano geral

Movimento plano geral

$$T = \frac{1}{2} m v_G^2 + \frac{1}{2} I_G \omega^2$$

ou

$$T = \frac{1}{2} I_{IC} \omega^2$$

Trabalho de uma força e de um momento de binário

Uma força realiza trabalho quando sofre um deslocamento *ds* na direção da força. Em particular, as forças normal e de atrito que atuam sobre um cilindro ou qualquer corpo circular que roda *sem deslizar* não realizarão nenhum trabalho, visto que a força normal não sofre deslocamento e a força de atrito atua em pontos sucessivos sobre a superfície do corpo.

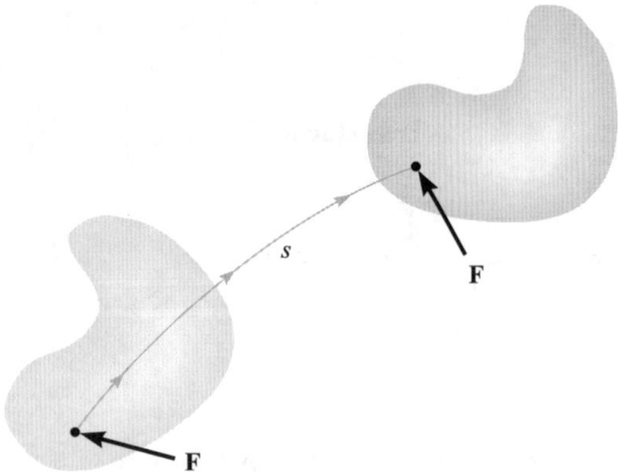

$$U_F = \int F \cos\theta \, ds$$

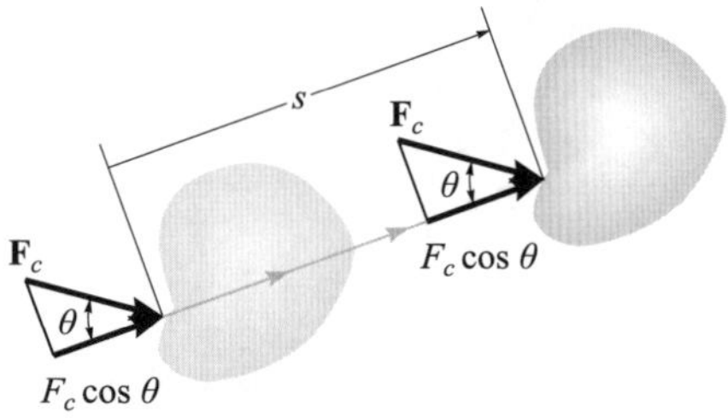

$$U_{F_c} = (F_c \cos\theta)s$$

Força constante

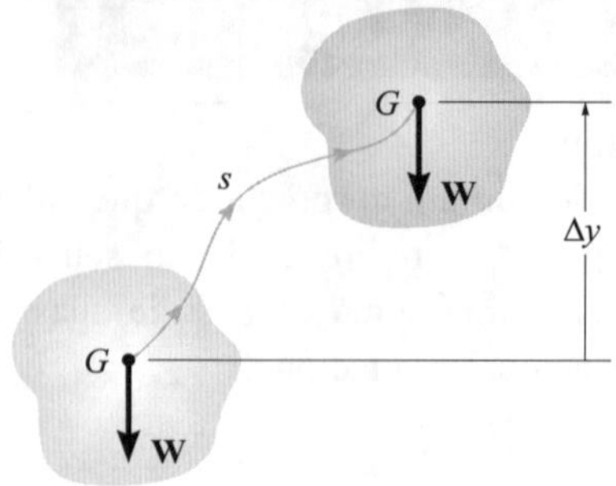

$$U_W = -W\,\Delta y$$

Peso

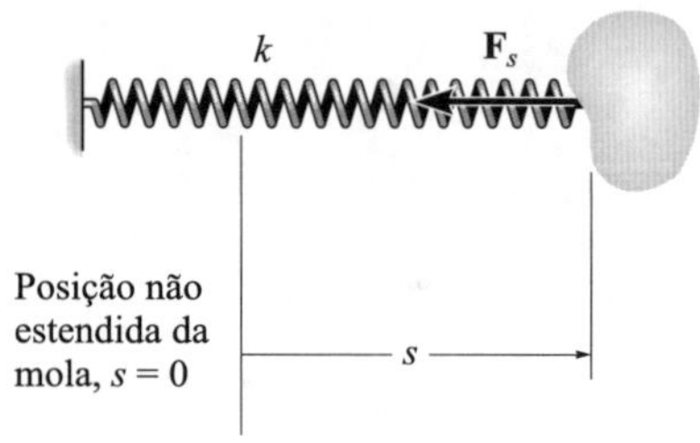

$$U = -\frac{1}{2}ks^2$$

Mola

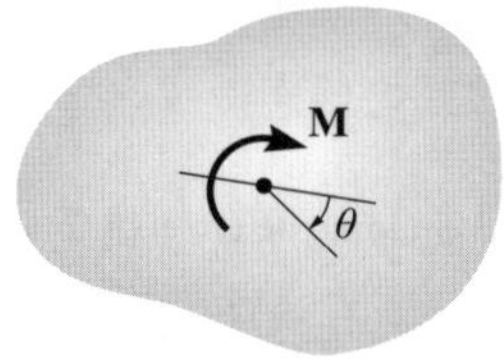

$$U_M = \int_{\theta_1}^{\theta_2} M\,d\theta$$

$$U_M = M(\theta_2 - \theta_1)$$

Intensidade constante

Princípio de trabalho e energia

Problemas que envolvem velocidade, força e deslocamento podem ser resolvidos usando-se o princípio de trabalho e energia. A energia cinética é a soma das suas partes, translacional e rotacional. Para aplicação, um diagrama de corpo livre deve ser traçado de modo a considerar o trabalho de todas as forças e momentos de binários que atuam sobre o corpo enquanto ele se desloca ao longo da trajetória.

$$T_1 = \Sigma U_{1-2} = T_2$$

Conservação de energia Se um corpo rígido é submetido apenas a forças conservativas, a equação de conservação de energia pode ser usada para resolver o problema. Essa equação requer que a soma das energias potencial e cinética do corpo permaneça a mesma em quaisquer dois pontos ao longo da trajetória. A energia potencial é a soma das energias gravitacional e elástica do corpo. A energia potencial gravitacional será positiva se o centro de gravidade do corpo localizar-se acima de uma referência. Se estiver abaixo da referência, então será negativa. A energia potencial elástica é sempre positiva, independentemente de a mola estar deformada.	$T_1 + V_1 = T_2 + V_2$ onde $V = V_g + V_e$

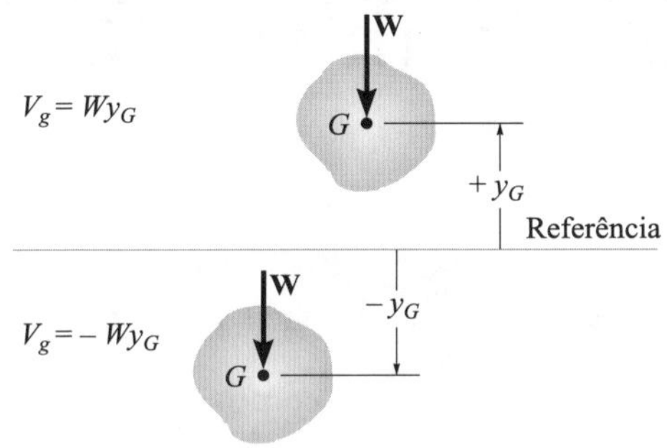

Energia potencial gravitacional

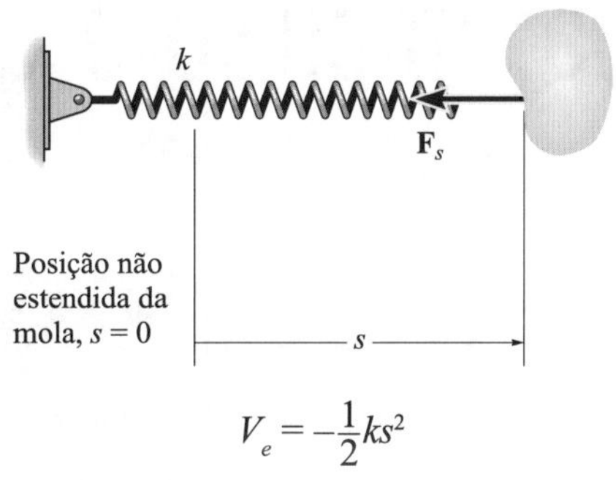

Energia potencial elástica

CAPÍTULO 19

Cinética do movimento plano de um corpo rígido: impulso e quantidade de movimento

Objetivos do capítulo

- Desenvolver formulações para a quantidade de movimento linear e angular de um corpo.
- Aplicar os princípios de impulso e quantidade de movimento linear e angular para resolver problemas de cinética plana de um corpo rígido que envolvem força, velocidade e tempo.
- Discutir a aplicação da conservação da quantidade de movimento.
- Analisar a mecânica do impacto excêntrico.

19.1 Quantidade de movimento linear e angular

Neste capítulo, usaremos os princípios de impulso e quantidade de movimento linear e angular para resolver problemas envolvendo força, velocidade e tempo quando relacionados com o movimento plano de um corpo rígido. Antes de fazer isso, vamos primeiro formalizar os métodos para obter a quantidade de movimento linear e angular de um corpo, supondo que o corpo é simétrico em relação a um plano de referência inercial x–y.

Quantidade de movimento linear

A quantidade de movimento linear de um corpo rígido é determinada somando-se vetorialmente as quantidades de movimentos lineares de todas as partículas do corpo, ou seja, $\mathbf{L} = \Sigma m_i \mathbf{v}_i$. Uma vez que $\Sigma m_i \mathbf{v}_i = m\mathbf{v}_G$ (ver Seção 15.2), também podemos escrever

$$\mathbf{L} = m\mathbf{v}_G \tag{19.1}$$

Esta equação estabelece que a quantidade de movimento linear do corpo é uma quantidade vetorial tendo *intensidade* mv_G, a qual é comumente medida em unidades de kg · m/s e uma *direção* definida por $\mathbf{v}_G$, a velocidade do centro de massa do corpo.

Quantidade de movimento angular

Considere o corpo na Figura 19.1*a*, o qual é submetido ao movimento plano geral. No instante mostrado, o ponto arbitrário P tem uma velocidade conhecida $\mathbf{v}_P$, e o corpo tem uma velocidade angular $\boldsymbol{\omega}$. Portanto, a velocidade da i-ésima partícula do corpo é

$$\mathbf{v}_i = \mathbf{v}_P + \mathbf{v}_{i/P} = \mathbf{v}_P + \boldsymbol{\omega} \times \mathbf{r}$$

A quantidade de movimento angular dessa partícula em relação ao ponto P é igual ao 'momento' da quantidade de movimento linear da partícula em relação a P (Figura 19.1*a*). Desse modo,

$$(\mathbf{H}_P)_i = \mathbf{r} \times m_i\mathbf{v}_i$$

Expressando $\mathbf{v}_i$ em termos de $\mathbf{v}_P$ e usando vetores cartesianos, temos

$$(H_P)_i\mathbf{k} = m_i(x\mathbf{i} + y\mathbf{j}) \times [(v_P)_x\mathbf{i} + (v_P)_y\mathbf{j} + \omega\mathbf{k} \times (x\mathbf{i} + y\mathbf{j})]$$

$$(H_P)_i = -m_i y(v_P)_x + m_i x(v_P)_y + m_i\omega r^2$$

Fazendo $m_i \rightarrow dm$ e integrando sobre a massa inteira m do corpo, obtemos

$$H_P = -\left(\int_m y\,dm\right)(v_P)_x + \left(\int_m x\,dm\right)(v_P)_y + \left(\int_m r^2\,dm\right)\omega$$

Aqui, H_P representa a quantidade de movimento angular do corpo em relação a um eixo perpendicular (o eixo z) ao plano de movimento que passa pelo ponto P. Visto que $\bar{y}m = \int y\,dm$ e $\bar{x}m = \int x\,dm$, as integrais para o primeiro e segundo termos à direita são usadas para localizar o centro de massa G do corpo em relação a P (Figura 19.1*b*). Além disso, a última integral representa o momento de inércia do corpo em relação ao ponto P. Desse modo,

$$H_P = -\bar{y}m(v_P)_x + \bar{x}m(v_P)_y + I_P\omega \qquad (19.2)$$

Essa equação reduz-se a uma forma mais simples se P coincide com o centro de massa G do corpo,* caso em que $\bar{x} = \bar{y} = 0$. Assim,

$$\boxed{H_G = I_G\omega} \qquad (19.3)$$

Aqui, a quantidade de movimento angular do corpo em relação a G é igual ao produto do momento de inércia do corpo em relação a um eixo passando por G e a velocidade angular do corpo. Perceba que $\mathbf{H}_G$ é uma quantidade vetorial tendo uma intensidade $I_G\omega$, a qual é comumente medida em unidades de kg · m²/s, e uma *direção* definida por $\boldsymbol{\omega}$, que é sempre perpendicular ao plano de movimento.

A Equação 19.2 também pode ser reescrita em termos das componentes x e y da velocidade do centro de massa do corpo, $(\mathbf{v}_G)_x$ e $(\mathbf{v}_G)_y$, e o momento de inércia do corpo I_G. Visto que G está localizado nas coordenadas $(\bar{x}, \bar{y})$, então, pelo teorema dos eixos paralelos, $(I_P = I_G + m(\bar{x}^2 + \bar{y}^2)$. Substituindo na Equação 19.2 e rearranjando os termos, temos

$$H_P = \bar{y}m[-(v_P)_x + \bar{y}\omega] + \bar{x}m[(v_P)_y + \bar{x}\omega] + I_G\omega \qquad (19.4)$$

Do diagrama cinemático da Figura 19.1*b*, $\mathbf{v}_G$ pode ser expresso em termos de $\mathbf{v}_P$ como

$$\mathbf{v}_G = \mathbf{v}_P + \boldsymbol{\omega} \times \bar{\mathbf{r}}$$

$$(v_G)_x\mathbf{i} + (v_G)_y\mathbf{j} = (v_P)_x\mathbf{i} + (v_P)_y\mathbf{j} + \omega\mathbf{k} \times (\bar{x}\mathbf{i} + \bar{y}\mathbf{j})$$

Calcular o produto vetorial e equacionar as respectivas componentes $\mathbf{i}$ e $\mathbf{j}$ resulta nas duas equações escalares

$$(v_G)_x = (v_P)_x - \bar{y}\omega$$

$$(v_G)_y = (v_P)_y + \bar{x}\omega$$

Substituir estes resultados na Equação 19.4 resulta em

$$(\circlearrowleft +)\ H_P = -\bar{y}m\,(v_G)_x + \bar{x}m\,(v_G)_y + I_G\omega \qquad (19.5)$$

Como mostrado na Figura 19.1*c*, *este resultado indica que, quando a quantidade de movimento angular do corpo é calculada em relação ao ponto P, ela é equivalente ao momento da quantidade de movimento linear* $m\mathbf{v}_G$ *ou suas componentes* $m(\mathbf{v}_G)_x$ *e*

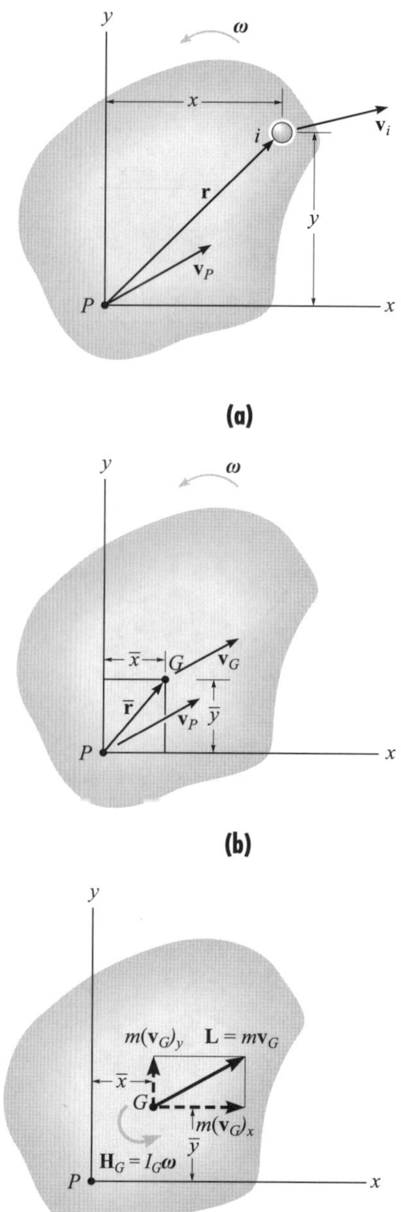

Diagrama de quantidade de movimento do corpo

(c)

Figura 19.1

---

* Ela também se reduz à mesma forma simples, $H_P = I_P\omega$, se o ponto P for um *ponto fixo* (ver Equação 19.9) ou a velocidade de P for direcionada ao longo da linha PG.

$m(\mathbf{v}_G)_y$, *em relação a P mais a quantidade de movimento angular* $I_G\omega$. Utilizando esses resultados, vamos agora considerar três tipos de movimento.

Translação

Quando um corpo rígido é submetido a uma *translação* retilínea ou curvilínea (Figura 19.2*a*), então $\boldsymbol{\omega} = \mathbf{0}$ e seu centro de massa tem uma velocidade $\mathbf{v}_G = \mathbf{v}$. Assim, a quantidade de movimento linear e a quantidade de movimento angular em relação a G se tornam

$$\boxed{\begin{aligned} L &= mv_G \\ H_G &= 0 \end{aligned}} \qquad (19.6)$$

Se a quantidade de movimento angular é calculada em relação a algum outro ponto A, o 'momento' da quantidade de movimento linear $\mathbf{L}$ deve ser determinado em relação a esse ponto. Visto que d é o 'braço do momento', como mostrado na Figura 19.2*a*, então, de acordo com a Equação 19.5, $H_A = (d)(mv_G)$ ↻.

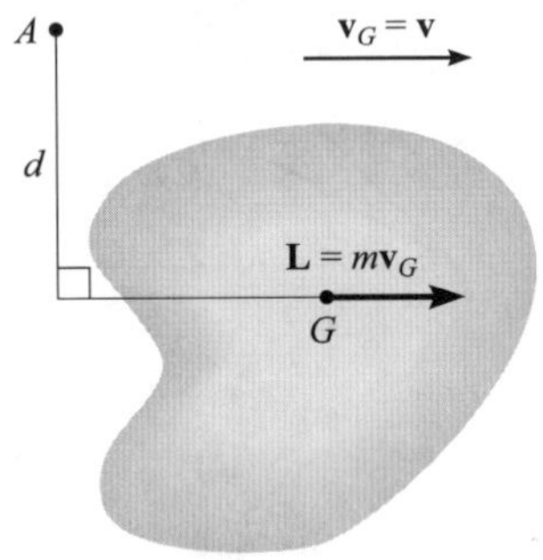

Translação

Rotação em torno de um eixo fixo

Quando um corpo rígido está *girando em torno de um eixo fixo* (Figura 19.2*b*), a quantidade de movimento linear e a quantidade de movimento angular em relação a G são

$$\boxed{\begin{aligned} L &= mv_G \\ H_G &= I_G\omega \end{aligned}} \qquad (19.7)$$

Às vezes é conveniente calcular a quantidade de movimento angular em relação ao ponto O. Observando que $\mathbf{L}$ (ou $\mathbf{v}_G$) é sempre *perpendicular* a $\mathbf{r}_G$, temos

$$(\circlearrowleft +)\ H_O = I_G\omega + r_G\,(mv_G) \qquad (19.8)$$

Visto que $v_G = r_G\omega$, esta equação pode ser escrita como $H_O = (I_G + mr_G^2)\omega$. Utilizando o teorema dos eixos paralelos,*

$$\boxed{H_O = I_O\omega} \qquad (19.9)$$

Para o cálculo, então, as equações 19.8 ou 19.9 podem ser usadas.

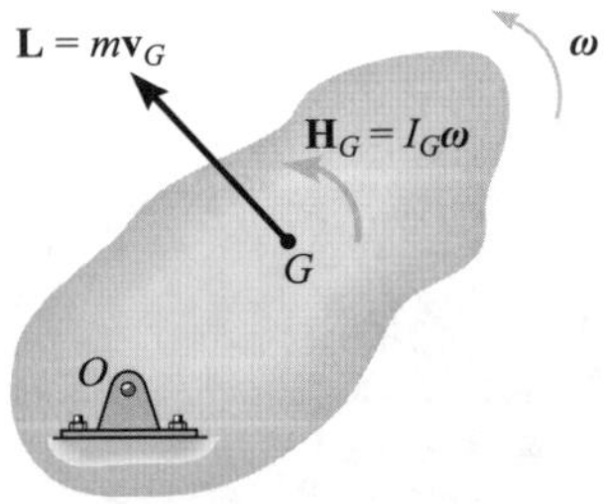

Rotação em torno de um eixo fixo

Movimento plano geral

Quando um corpo rígido é submetido a um movimento plano geral (Figura 19.2*c*), a quantidade de movimento linear e a quantidade de movimento angular em relação a G se tornam

$$\boxed{\begin{aligned} L &= mv_G \\ H_G &= I_G\omega \end{aligned}} \qquad (19.10)$$

Se a quantidade de movimento angular é calculada em relação ao ponto A (Figura 19.2*c*), é necessário incluir o momento de $\mathbf{L}$ e $\mathbf{H}_G$ em relação a esse ponto. Nesse caso,

$$(\circlearrowleft +) \qquad H_A = I_G\omega + (d)(mv_G)$$

Aqui, d é o braço do momento, como mostrado na figura.

Como um caso especial, se o ponto A é o centro instantâneo de velocidade nula, então, como na Equação 19.9, podemos escrever a equação acima como

$$\boxed{H_{CI} = I_{CI}\,\omega} \qquad (19.11)$$

onde I_{CI} é o momento de inércia do corpo em relação ao CI. Ver Problema 19.2.

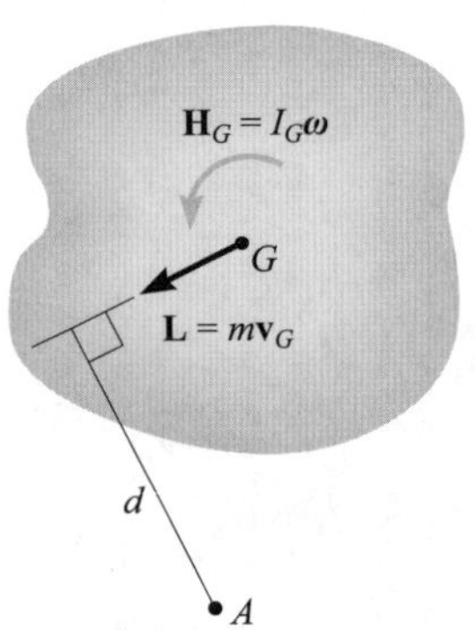

Movimento plano geral

Figura 19.2

* A similaridade entre esta derivação e a da Equação 17.16 ($\Sigma M_O = I_O\alpha$) e a Equação 18.5 ($T = \frac{1}{2} I_O\omega^2$) deve ser observada. Também observe que o mesmo resultado pode ser obtido da Equação 19.2 selecionando-se o ponto P em O, observando que $(v_O)_x = (v_O)_y = 0$.

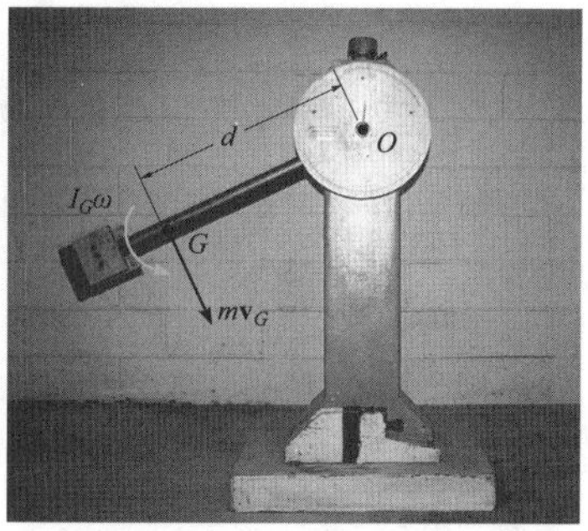

Na medida em que o pêndulo oscila para baixo, sua quantidade de movimento angular em relação ao ponto O pode ser determinada calculando-se o momento de $I_G\omega$ e $m\mathbf{v}_G$ em relação a O. Isto é $H_O = I_G\omega + (mv_G)d$. Visto que $v_G = \omega d$, então $H_O = I_G\omega + m(\omega d)d = (I_G + md^2)\omega = I_O\omega$.

Exemplo 19.1

Em um dado instante, a barra esguia de 5 kg tem o movimento mostrado na Figura 19.3*a*. Determine sua quantidade de movimento angular em relação ao ponto G e em relação ao CI nesse instante.

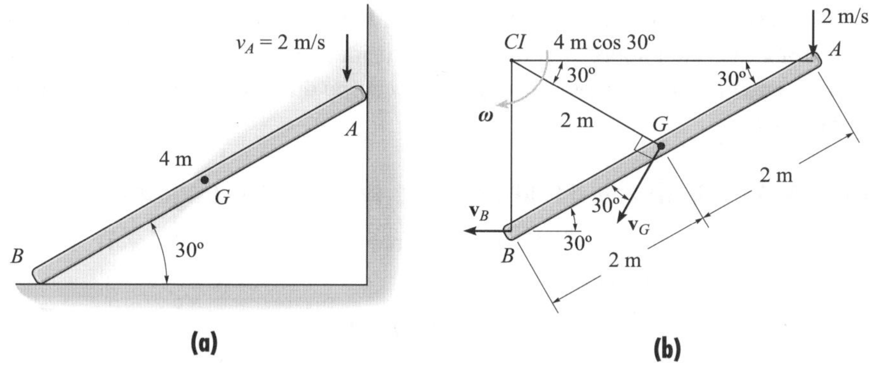

Figura 19.3

SOLUÇÃO

Barra. A barra sofre um *movimento plano geral*. O CI está estabelecido na Figura 19.3*b*, de maneira que

$$\omega = \frac{2 \text{ m/s}}{4 \text{ m} \cos 30°} = 0{,}5774 \text{ rad/s}$$

$$v_G = (0{,}5774 \text{ rad/s})(2 \text{ m}) = 1{,}155 \text{ m/s}$$

Desse modo,

$$(\curvearrowright +)H_G = I_G\omega = \left[\tfrac{1}{12}(5 \text{ kg})(4 \text{ m})^2\right](0{,}5774 \text{ rad/s}) = 3{,}85 \text{ kg}\cdot\text{m}^2/\text{s} \searrow$$

Somar $I_G\omega$ e o momento de mv_G em relação ao CI resulta em

$$\begin{aligned}(\curvearrowright +)H_{CI} &= I_G\omega + d(mv_G)\\ &= \left[\tfrac{1}{12}(5 \text{ kg})(4 \text{ m})^2\right](0{,}5774 \text{ rad/s}) + (2 \text{ m})(5 \text{ kg})(1{,}155 \text{ m/s})\\ &= 15{,}4 \text{ kg}\cdot\text{m}^2/\text{s} \searrow\end{aligned}$$

Também podemos usar

$$\begin{aligned}(\curvearrowright +)H_{CI} &= I_{CI}\omega\\ &= \left[\tfrac{1}{12}(5 \text{ kg})(4 \text{ m})^2 + (5 \text{ kg})(2 \text{ m})^2\right](0{,}5774 \text{ rad/s})\\ &= 15{,}4 \text{ kg}\cdot\text{m}^2/\text{s} \searrow\end{aligned}$$

19.2 Princípio de impulso e quantidade de movimento

Como o caso do movimento de partículas, o princípio de impulso e quantidade de movimento para um corpo rígido pode ser desenvolvido *combinando-se* a equação do movimento com a cinemática. A equação resultante produzirá uma *solução direta para problemas envolvendo força, velocidade e tempo.*

Princípio de impulso e quantidade de movimento linear

A equação de movimento translacional para um corpo rígido pode ser escrita como $\Sigma\mathbf{F} = m\mathbf{a}_G = m(d\mathbf{v}_G/dt)$. Visto que a massa do corpo é constante,

$$\Sigma\mathbf{F} = \frac{d}{dt}(m\mathbf{v}_G)$$

Multiplicar ambos os lados por dt e integrar de $t = t_1$, $\mathbf{v}_G = (\mathbf{v}_G)_1$ para $t = t_2$, $\mathbf{v}_G = (\mathbf{v}_G)_2$ resulta em

$$\Sigma \int_{t_1}^{t_2} \mathbf{F}\, dt = m(\mathbf{v}_G)2 - m(\mathbf{v}_G)_1$$

Esta equação é referida como o *princípio de impulso e quantidade de movimento linear*. Ela estabelece que a soma de todos os impulsos criados pelo *sistema de forças externas* que atua sobre o corpo durante o intervalo de tempo t_1 a t_2 é igual à variação na quantidade de movimento linear do corpo durante esse intervalo de tempo (Figura 19.4).

Princípio de impulso e quantidade de movimento angular

Se o corpo tem *movimento plano geral*, então $\Sigma M_G = I_G\alpha = I_G(d\omega/dt)$. Visto que o momento de inércia é constante,

$$\Sigma M_G = \frac{d}{dt}(I_G\omega)$$

Multiplicar ambos os lados por dt e integrar de $t = t_1$, $\omega = \omega_1$ a $t = t_2$, $\omega = \omega_2$ resulta em

$$\Sigma \int_{t_1}^{t_2} M_G dt = I_G\omega_2 - I_G\omega_1 \tag{19.12}$$

De maneira similar, para a *rotação em torno de um eixo fixo* passando pelo ponto O, a Equação 17.16 ($\Sigma M_O = I_O\alpha$), quando integrada, torna-se

$$\Sigma \int_{t_1}^{t_2} M_O dt = I_O\omega_2 - I_O\omega_1 \tag{19.13}$$

As equações 19.12 e 19.13 são referidas como o *princípio de impulso e quantidade de movimento angular*. Ambas as equações estabelecem que a soma dos impulsos angulares atuando sobre o corpo durante o intervalo de tempo t_1 a t_2 é igual à variação da quantidade de movimento angular do corpo durante esse intervalo de tempo.

Para resumir esses conceitos, se o movimento ocorre no plano x–y, as *três equações escalares* seguintes podem ser escritas para descrever o *movimento plano* do corpo.

$$\begin{aligned} m(v_{Gx})_1 + \Sigma \int_{t_1}^{t_2} F_x dt &= m(v_{Gx})_2 \\ m(v_{Gy})_1 + \Sigma \int_{t_1}^{t_2} F_y dt &= m(v_{Gy})_2 \\ I_G\omega_1 + \Sigma \int_{t_1}^{t_2} M_G\, dt &= I_G\omega_2 \end{aligned} \tag{19.14}$$

Os termos nessas equações podem ser mostrados graficamente traçando-se um conjunto de diagramas de impulso e quantidade de movimento para o corpo (Figura 19.4). Observe que a quantidade de movimento linear $m\mathbf{v}_G$ é aplicada no centro de massa do corpo (figuras 19.4*a* e 19.4*c*), enquanto a quantidade de movimento angular $I_G\boldsymbol{\omega}$ é um vetor livre e, portanto, como um momento de binário, ele pode ser aplicado a qualquer ponto no corpo. Quando o diagrama de impulso é construído (Figura 19.4*b*), as forças **F** e o momento **M** variam com o tempo, e estão indicados pelas integrais. Entretanto, se **F** e **M** são *constantes* a integração dos impulsos, resulta em $\mathbf{F}(t_2 - t_1)$ e $\mathbf{M}(t_2 - t_1)$, respectivamente. Tal é o caso para o peso do corpo **W** (Figura 19.4*b*).

As equações 19.14 também podem ser aplicadas a um sistema inteiro de corpos conectados em vez de cada um separadamente. Isto elimina a necessidade de incluir a interação de impulsos que ocorrem nas conexões, visto que elas são *internas* ao sistema. As equações resultantes podem ser escritas em forma simbólica como

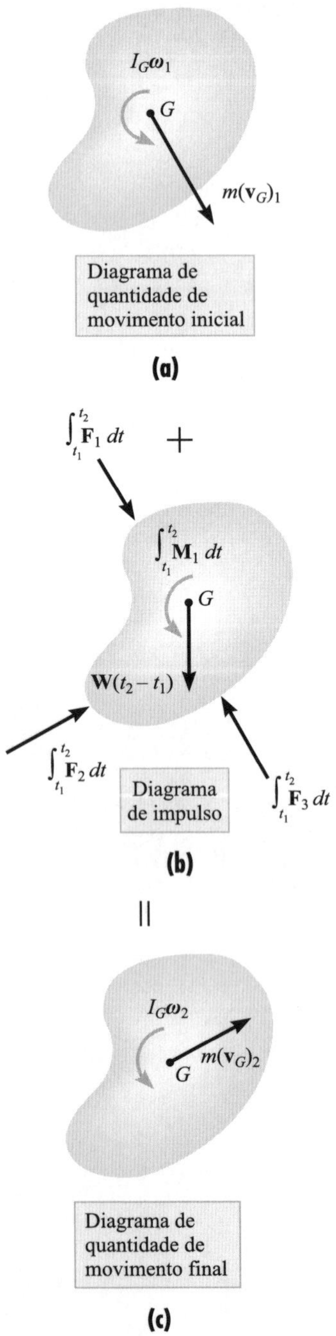

Figura 19.4

$$\left(\sum \begin{matrix}\text{quantidade de movimento}\\ \text{linear do sistema}\end{matrix}\right)_{x1} + \left(\sum \begin{matrix}\text{impulso linear}\\ \text{do sistema}\end{matrix}\right)_{x(1-2)} = \left(\sum \begin{matrix}\text{quantidade de movimento}\\ \text{linear do sistema}\end{matrix}\right)_{x2}$$

$$\left(\sum \begin{matrix}\text{quantidade de movimento}\\ \text{linear do sistema}\end{matrix}\right)_{y1} + \left(\sum \begin{matrix}\text{impulso linear}\\ \text{do sistema}\end{matrix}\right)_{y(1-2)} = \left(\sum \begin{matrix}\text{quantidade de movimento}\\ \text{linear do sistema}\end{matrix}\right)_{y2}$$

$$\left(\sum \begin{matrix}\text{quantidade de movimento}\\ \text{linear do sistema}\end{matrix}\right)_{O1} + \left(\sum \begin{matrix}\text{impulso linear}\\ \text{do sistema}\end{matrix}\right)_{O(1-2)} = \left(\sum \begin{matrix}\text{quantidade de movimento}\\ \text{linear do sistema}\end{matrix}\right)_{O2}$$

(19.15)

Como indicado pela terceira equação, a quantidade de movimento angular e o impulso angular do sistema devem ser calculados em relação ao *mesmo ponto de referência O* para todos os corpos do sistema.

Procedimento para análise

Princípios de impulso e quantidade de movimento são usados para resolver problemas cinéticos que envolvem *velocidade*, *força* e *tempo*, visto que esses termos estão envolvidos na formulação.

Diagrama de corpo livre

- Estabeleça o sistema de referência inercial x, y, z e desenhe o diagrama de corpo livre a fim de considerar todas as forças e momentos de binário que produzem impulsos sobre o corpo.
- A direção e o sentido da velocidade inicial e final do centro de massa do corpo, $\mathbf{v}_G$, e a velocidade angular do corpo $\boldsymbol{\omega}$ devem ser estabelecidos. Se qualquer um desses movimentos for desconhecido, suponha que o sentido das suas componentes é na direção das coordenadas inerciais positivas.
- Calcule o momento de inércia I_G ou I_O.
- Como um procedimento alternativo, desenhe os diagramas de impulso e quantidade de movimento para o corpo ou sistema de corpos. Cada um desses diagramas representa uma forma delineada do corpo que graficamente leva em consideração os dados requeridos para cada um dos três termos nas equações 19.14 ou 19.15 (Figura 19.4). Esses diagramas são particularmente úteis a fim de visualizar os termos de "momento" usados no princípio de impulso e quantidade de movimento angular, se a aplicação é em relação ao *CI* ou outro ponto que não o centro de massa do corpo G ou um ponto fixo O.

Princípio de impulso e quantidade de movimento

- Aplicar as três equações escalares de impulso e quantidade de movimento.
- A quantidade de movimento angular de um corpo rígido girando em torno de um eixo fixo é o momento de $m\mathbf{v}_G$ mais $I_G\boldsymbol{\omega}$ em relação a esse eixo. Isto é igual a $H_O = I_O\omega$, onde I_O é o momento de inércia do corpo em relação a esse eixo.
- Todas as forças atuando sobre o diagrama de corpo livre do corpo criarão um impulso; entretanto, algumas dessas forças não realizarão trabalho.
- Forças que são funções de tempo têm de ser integradas para obter o impulso.
- O princípio de impulso e quantidade de movimento angular é frequentemente usado para eliminar forças impulsivas desconhecidas que são paralelas ou passam por um eixo comum, visto que o momento dessas forças em relação a esse eixo é zero.

Cinemática

- Se mais do que três equações são necessárias para uma solução completa, pode ser possível relacionar a velocidade do centro de massa do corpo à velocidade angular do corpo utilizando a *cinemática*. Se o movimento parece ser complicado, diagramas cinemáticos (velocidade) podem ser úteis para obter a relação necessária.

Exemplo 19.2

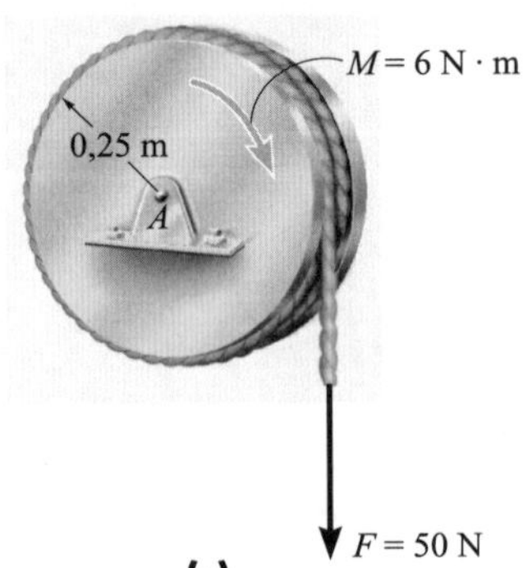

(a)

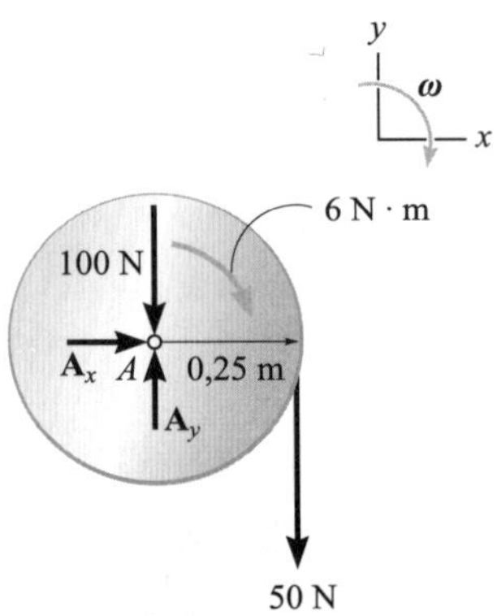

(b)

Figura 19.5

O disco de 100 N (M ≈ 10 kg) mostrado na Figura 19.5*a* está submetido a um momento de binário constante de 6 N · m e uma força de 50 N que é aplicada à corda enrolada em torno de sua periferia. Determine a velocidade angular do disco dois segundos após ele partir do repouso. Além disso, quais são as componentes da força de reação no pino?

SOLUÇÃO

Visto que velocidade angular, força e tempo estão envolvidos nos problemas, aplicaremos os princípios de impulso e quantidade de movimento à solução.

Diagrama de corpo livre

(Figura 19.5*b*). O centro de massa do disco não se desloca; entretanto, o carregamento faz o disco girar no sentido horário.

O momento de inércia do disco em relação a seu eixo fixo de rotação é

$$I_A = \frac{1}{2}mr^2 = \frac{1}{2}\left(\frac{100\text{ N}}{9,81\text{ m/s}^2}\right)(0,25\text{ m})^2 = 0,31855\text{ kg}\cdot\text{m}^2$$

Princípio de impulso e quantidade de movimento

$$(\overset{+}{\rightarrow}) \qquad m(v_{Ax}) + \Sigma\int_{t_1}^{t_2} F_x\,dt = m(v_{Ax})_2$$

$$0 + A_x(2\text{ s}) = 0$$

$$(+\uparrow) \qquad m(v_{Ay})_1 + \Sigma\int_{t_1}^{t_2} F_y\,dt = m(v_{Ay})_2$$

$$0 + A_y(2\text{ s}) - 100\text{ N}(2\text{ s}) - 50\text{ N}(2\text{ s}) = 0$$

$$(\circlearrowright +) \qquad I_A\omega_1 + \Sigma\int_{t_1}^{t_2} M_A\,dt = I_A\omega_2$$

$$0 + 6\text{ N}\cdot\text{m}(2\text{ s}) + [50\text{ N}(2\text{ s})](0,25\text{ m}) = 0,31855\omega_2$$

Solucionar essas equações resulta em

$$A_x = 0$$

$$A_y = 150\text{ N}$$

$$\omega_2 = 116,2\text{ rad/s} \circlearrowright$$

Exemplo 19.3

A bobina de 100 kg mostrada na Figura 19.6*a* tem um raio de giração $k_G = 0,35$ m. Um cabo está enrolado em torno do cubo central da bobina, e uma força horizontal tendo uma intensidade variável $P = (t + 10)$ N é aplicada, onde t é dado em segundos. Se a bobina está inicialmente em repouso, determine sua velocidade angular em 5 s. Suponha que a bobina rola sem deslizar em A.

SOLUÇÃO

Diagrama de corpo livre

Do diagrama de corpo livre (Figura 19.6*b*), a força *variável* **P** fará a força de atrito $\mathbf{F}_A$ ser variável e, desse modo, os impulsos criados por ambos, **P** e $\mathbf{F}_A$, têm de ser determinados por integração. A força **P** faz o centro de massa ter uma velocidade $\mathbf{v}_G$ para a direita e, assim, a bobina tem uma velocidade angular no sentido horário $\boldsymbol{\omega}$.

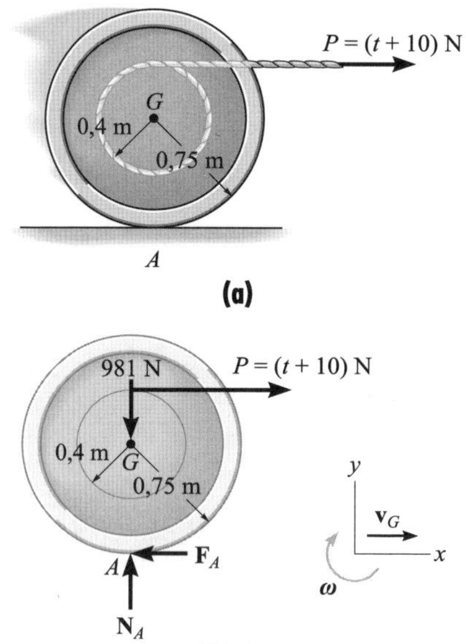

Figura 19.6

Princípio de impulso e quantidade de movimento

Uma solução direta para ω pode ser obtida aplicando-se o princípio de impulso e quantidade de movimento angular em relação ao ponto *A*, o *CI*, a fim de eliminar o impulso de atrito desconhecido.

$$(\circlearrowright+) \qquad I_A\omega_1 + \Sigma \int M_A dt = I_A\omega_2$$

$$0 + \left[\int_0^{5\,s} (t+10)\ N\ dt\right](0{,}75\ \text{m} + 0{,}4\ \text{m}) = [100\ \text{kg}(0{,}35\text{m})^2 + (100\ \text{kg})(0{,}75\ \text{m})^2]\omega_2$$

$$62{,}5(1{,}15) = 68{,}5\omega_2$$

$$\omega_2 = 1{,}05\ \text{rad/s} \circlearrowright$$

NOTA: Tente resolver este problema aplicando o princípio de impulso e quantidade de movimento em relação a *G* e usando o princípio de impulso e quantidade de movimento linear na direção *x*.

Exemplo 19.4

O cilindro mostrado na Figura 19.7*a* tem uma massa de 6 kg. Ele está fixado a uma corda que está enrolada em torno da periferia de um disco de 20 kg que tem um momento de inércia $I_A = 0{,}40\ \text{kg} \cdot \text{m}^2$. Se o cilindro está inicialmente se deslocando para baixo com uma velocidade de 2 m/s, determine sua velocidade em 3 s. Despreze a massa da corda no cálculo.

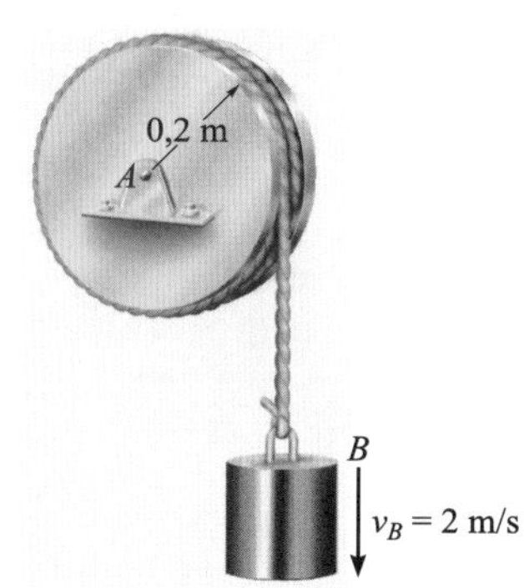

(a)

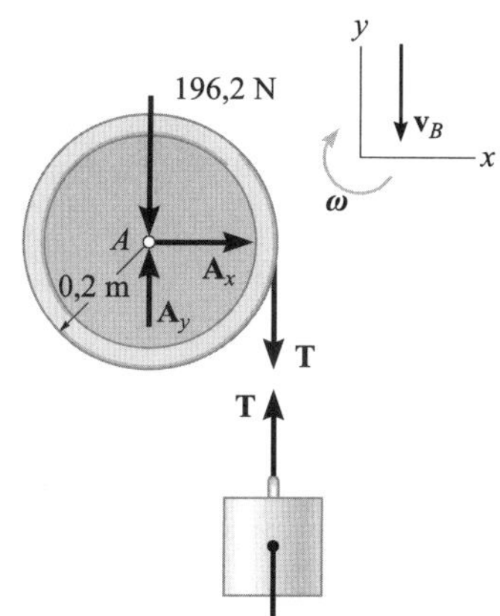

(b)

Figura 19.7

SOLUÇÃO I

Diagrama de corpo livre

Os diagramas de corpo livre do cilindro e do disco estão mostrados na Figura 19.7*b*. Todas as forças são *constantes*, visto que o peso do cilindro causa o movimento. O movimento para baixo do cilindro, $\mathbf{v}_B$, faz com que $\boldsymbol{\omega}$ do disco seja no sentido horário.

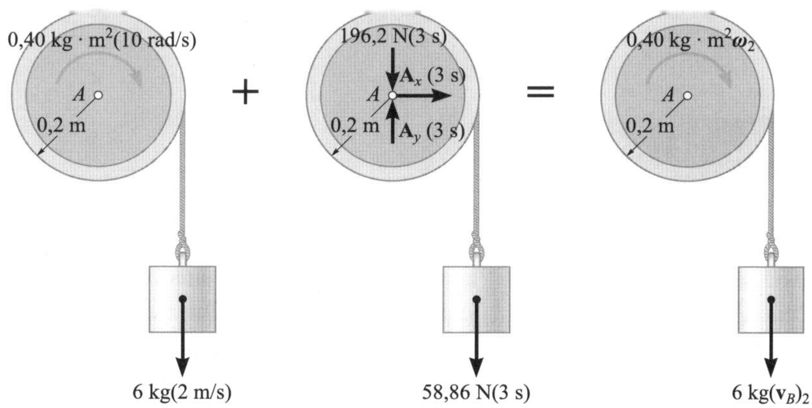

(c)

Figura 19.7

Princípio de impulso e quantidade de movimento

Podemos eliminar $\mathbf{A}_x$ e $\mathbf{A}_y$ da análise por meio da aplicação do princípio de impulso e quantidade de movimento angular em relação ao ponto A. Assim,

Disco

$$(\circlearrowleft+) \qquad I_A\omega_1 + \Sigma \int M_A\,dt = I_A\omega_2$$

$$0{,}40 \text{ kg}\cdot\text{m}^2(\omega_1) + T(3 \text{ s})(0{,}20 \text{ m}) = (0{,}40 \text{ kg}\cdot\text{m}^2)\omega_2$$

Cilindro

$$(+\uparrow) \qquad m_B(v_B)_1 + \Sigma \int F_y\,dt = m_B(v_B)_2$$

$$-6 \text{ kg}(2 \text{ m/s}) + T(3 \text{ s}) - 58{,}86 \text{ N}(3 \text{ s}) = -6 \text{ kg}(v_B)_2$$

Cinemática

Visto que $\omega = v_B/r$, então $\omega_1 = (2 \text{ m/s})/(0{,}2 \text{ m}) = 10$ rad/s e $\omega_2 = (v_B)_2/0{,}2 \text{ m} = 5(v_B)_2$. Substituir e resolver as equações simultaneamente para $(v_B)_2$ resulta em

$$(v_B)_2 = 13{,}0 \text{ m/s} \downarrow$$

SOLUÇÃO II

Diagramas de impulso e quantidade de movimento

Podemos obter $(v_B)_2$ *diretamente* considerando-se o *sistema* consistindo do cilindro, a corda e o disco. Os diagramas de impulso e quantidade de movimento foram traçados para esclarecer a aplicação do princípio de impulso e quantidade de movimento angular em relação ao ponto A (Figura 19.7*c*).

Princípio de impulso e quantidade de movimento angular

Constatando que $\omega_1 = 10$ rad/s e $\omega_2 = 5(v_B)_2$, temos

$$(\circlearrowleft+) \quad \left(\Sigma \begin{matrix}\text{quantidade de}\\ \text{movimento}\\ \text{angular do}\\ \text{sistema}\end{matrix}\right)_{A1} + \left(\Sigma \begin{matrix}\text{impulso angular}\\ \text{do sistema}\end{matrix}\right)_{A(1-2)} = \left(\Sigma \begin{matrix}\text{quantidade}\\ \text{de movimento}\\ \text{angular do}\\ \text{sistema}\end{matrix}\right)_{A2}$$

$$(6 \text{ kg})\ (2 \text{ m/s})(0{,}2 \text{ m}) + (0{,}40 \text{ kg}\cdot\text{m}^2)(10 \text{ rad/s}) + (58{,}86 \text{ N})(3 \text{ s})(0{,}2 \text{ m})$$

$$= (6 \text{ kg})(v_B)_2(0{,}2 \text{ m}) + (0{,}40 \text{ kg}\cdot\text{m}^2)[5(v_B)_2(0{,}2 \text{ m})]$$

$$(v_B)_2 = 13{,}0 \text{ m/s} \downarrow$$

Exemplo 19.5

O ensaio de impacto Charpy é usado em testes de materiais para determinar as características de absorção de energia de um material durante impacto. O ensaio é realizado utilizando o pêndulo mostrado na Figura 19.8*a*, o qual tem uma massa m, centro de massa em G e um raio de giração k_G em relação a G. Determine a distância r_P do pino em A até o ponto P, onde o impacto com a amostra S deverá ocorrer, de maneira que a força horizontal no pino A seja essencialmente zero durante o impacto. Para o cálculo, suponha que a amostra absorve toda a energia cinética ganha pelo pêndulo durante o tempo que ele cai e, portanto, para o balanço do pêndulo quando $\theta = 0°$.

SOLUÇÃO

Diagrama de corpo livre

Como mostrado no diagrama de corpo livre (Figura 19.8*b*), as condições do problema requerem que a força horizontal em *A* seja zero. Imediatamente antes do impacto, o pêndulo tem uma velocidade angular no sentido horário $\boldsymbol{\omega}_1$, e o centro de massa do pêndulo está se deslocando para a esquerda a $(v_G)_1 = \bar{r}\omega_1$.

Princípio de impulso e quantidade de movimento

Nós vamos aplicar o princípio de impulso e quantidade de movimento angular em relação ao ponto *A*. Desse modo,

$$I_A\omega_1 + \Sigma M_A dt = I_A\omega_2$$

$$(\circlearrowright+) \qquad I_A\omega_1 - \left(\int F\,dt\right)r_p = 0$$

$$m(v_G)_1 + \Sigma\left(\int F\,dt\right) = m(v_G)_2$$

$$(\overset{+}{\rightarrow}) \qquad -m(\bar{r}\omega_1) + \int F\,dt = 0$$

Eliminar o impulso $\int F\,dt$ e substituir $I_A = mk_G^2 + m\bar{r}^2$ resulta em

$$[mk_G^2 + m\bar{r}^2]\omega_1 - m(\bar{r}\omega_1)r_p = 0$$

Eliminando $m\omega_1$ e resolvendo para r_P, obtemos

$$r_P = \bar{r} + \frac{k_G^2}{\bar{r}}$$

NOTA: O ponto *P*, assim definido, é chamado de *centro de percussão*. Colocando-se o ponto do choque em *P*, a força desenvolvida no pino será minimizada. Muitas raquetes esportivas etc. são projetadas de maneira que a colisão com o objeto a ser atingido ocorra no centro de percussão. Como consequência, nenhuma 'picada' ou pouca sensação ocorrerá na mão do jogador (ver também problemas 17.66 e 19.1).

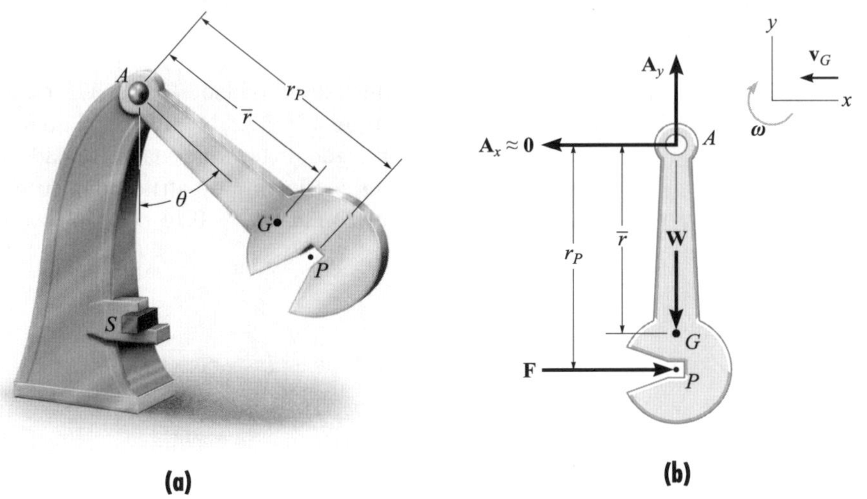

Figura 19.8

Problemas fundamentais

19.1. A roda de 60 kg tem um raio de giração em relação a seu centro O de $k_O = 300$ mm. Se ela é submetida a um momento de binário $M = (3t^2)$ N · m, onde t é dado em segundos, determine a velocidade angular da roda quando $t = 4$ s, partindo do repouso.

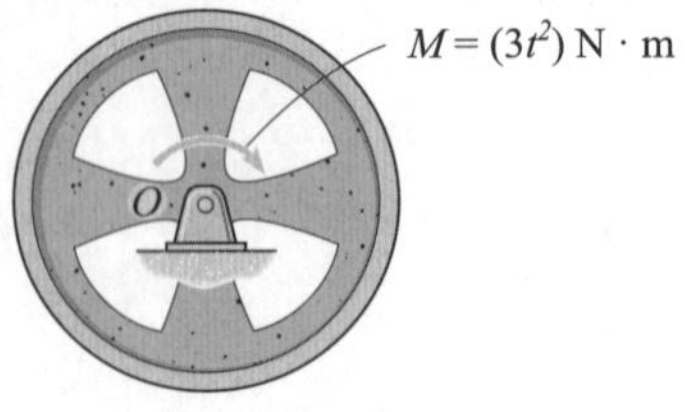

Problema 19.1

19.2. A roda de 300 kg tem um raio de giração em relação a seu centro de massa O de $k_O = 400$ mm. Se a roda é submetida a um momento de binário $M = 300$ N · m, determine sua velocidade angular 6 s após ela partir do repouso e sem deslizar. Também determine a força de atrito que se desenvolve entre a roda e o solo.

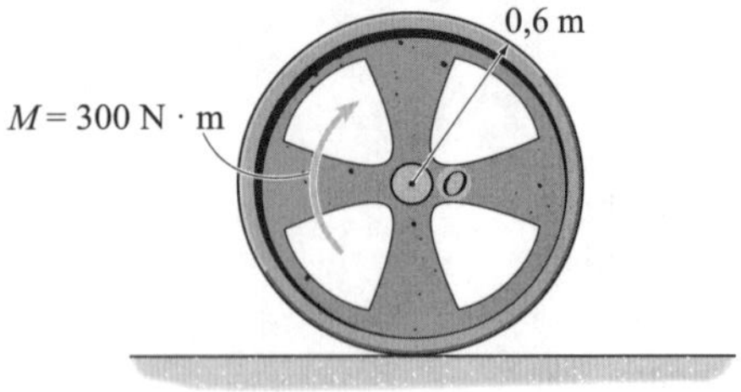

Problema 19.2

19.3. Se a barra OA de massa desprezível é submetida ao momento de binário $M = 9$ N · m, determine a velocidade angular da engrenagem interior de 10 kg para $t = 5$ s após ela partir do repouso. A engrenagem tem um raio de giração em relação a seu centro de massa $k_A = 100$ mm, e ela rola sobre a engrenagem exterior fixa. O movimento ocorre no plano horizontal.

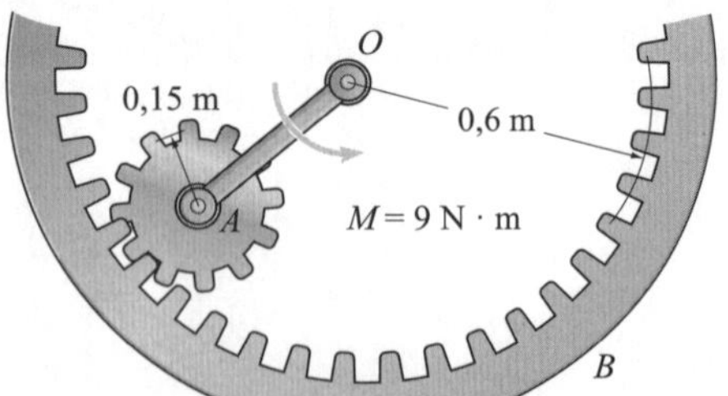

Problema 19.3

19.4. As engrenagens A e B de massa 10 kg e 50 kg têm raios de giração em relação a seus centros de massa respectivos $k_A = 80$ mm e $k_B = 150$ mm. Se a engrenagem A é submetida ao momento de binário $M = 10$ N · m, determine a velocidade angular da engrenagem B 5 s após ela partir do repouso.

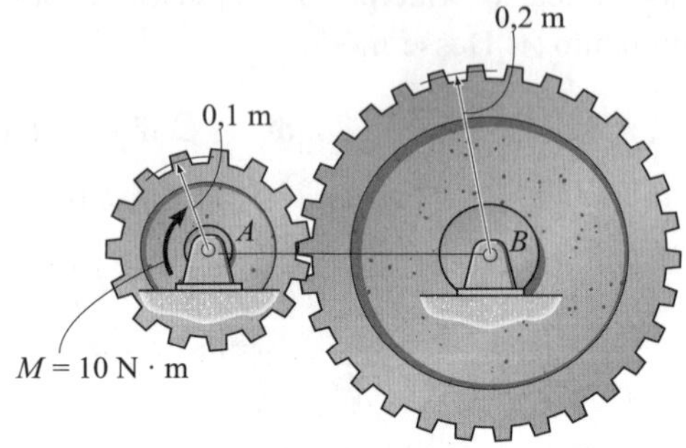

Problema 19.4

19.5. A bobina de 50 kg é submetida a uma força horizontal $P = 150$ N. Se a bobina rola sem deslizar, determine sua velocidade angular 3 s após ela partir do repouso. O raio de giração da bobina em relação a seu centro de massa é $k_G = 175$ mm.

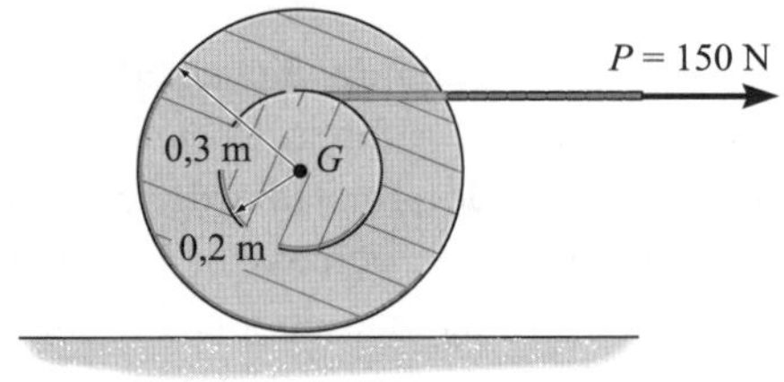

Problema 19.5

19.6. O carretel tem um peso de 750 N e um raio de giração em relação a seu centro de gravidade $k_G = 0,375$ m. Se ele é submetido a um torque $M = 37,5$ N · m e parte do repouso quando o torque é aplicado, determine sua velocidade angular em 3 segundos. O coeficiente de atrito cinético entre o carretel e o plano horizontal é $\mu_k = 0,15$.

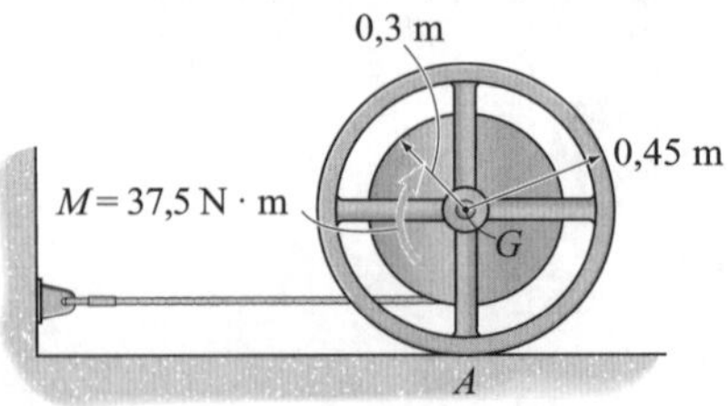

Problema 19.6

Problemas

•**19.1.** O corpo rígido (placa) tem uma massa m e gira com uma velocidade angular ω em relação a um eixo passando pelo ponto fixo O. Demonstre que os momentos de todas as partículas compondo o corpo podem ser representados por um único vetor tendo uma intensidade mv_G e atuando no ponto P, chamado de *centro de percussão*, o qual se encontra a uma distância $r_{P/G} = k_G^2/r_{G/O}$ do centro de massa G. Aqui, k_G é o raio de giração do corpo, calculado em relação a um eixo perpendicular ao plano do movimento e passando por G.

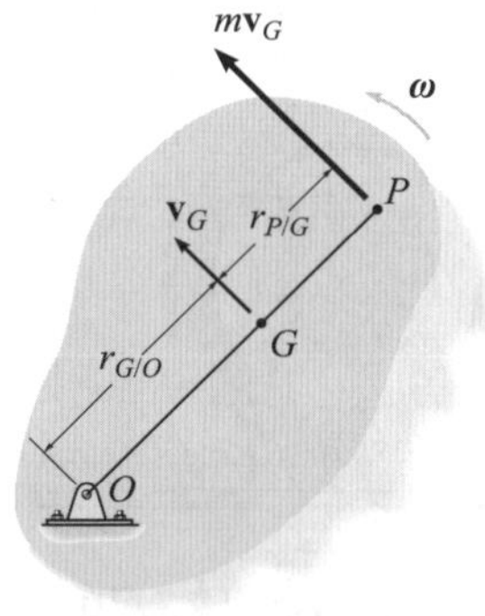

Problema 19.1

19.2. Em um dado instante, o corpo tem uma quantidade de movimento linear $\mathbf{L} = m\mathbf{v}_G$ e uma quantidade de movimento angular $\mathbf{H}_G = I_G\boldsymbol{\omega}$ calculados em relação a seu centro de massa. Mostre que a quantidade de movimento angular do corpo, calculada em relação ao centro instantâneo de velocidade nula CI, pode ser expressa como $\mathbf{H}_{CI} = I_{CI}\boldsymbol{\omega}$, onde I_{CI} representa o momento de inércia do corpo calculado em relação ao eixo instantâneo de velocidade nula. Como mostrado, o CI está localizado a uma distância $r_{G/CI}$ do centro de massa G.

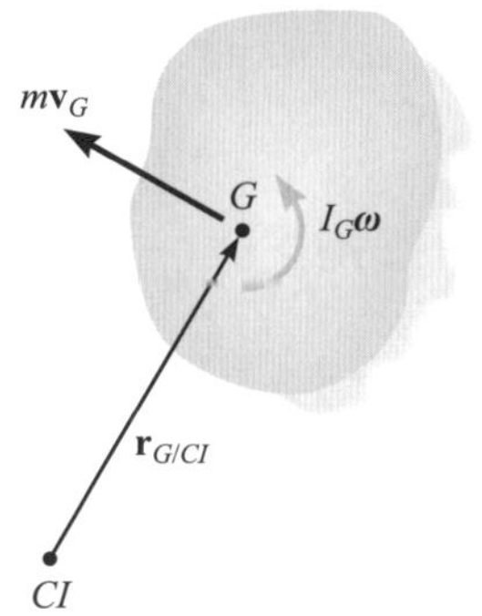

Problema 19.2

19.3. Mostre que, se uma placa está girando em torno de um eixo fixo perpendicular à placa e passando pelo seu centro de massa G, a quantidade de movimento angular é a mesma quando calculada em relação a qualquer outro ponto P.

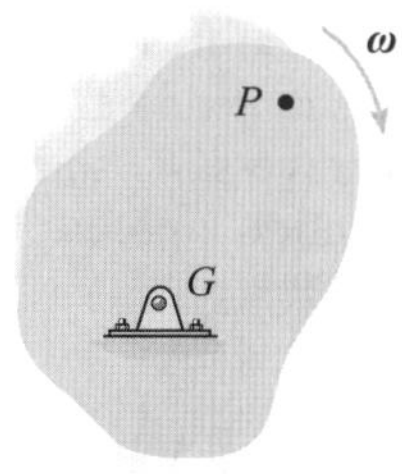

Problema 19.3

*__19.4.__ O piloto de um avião a jato avariado foi capaz de controlar seu avião reduzindo a potência dos motores. Se o avião tem uma massa de 8500 kg e um raio de giração k_G = 1,41 m em relação ao centro de massa G, determine a velocidade angular do avião e a velocidade de seu centro de massa G em t = 5 s se o empuxo em cada turbina é alterado para T_1 = 25 kN e T_2 = 4 kN, como mostrado. Originalmente o avião está voando em linha reta a 360 m/s. Despreze os efeitos de arrasto e perda de combustível.

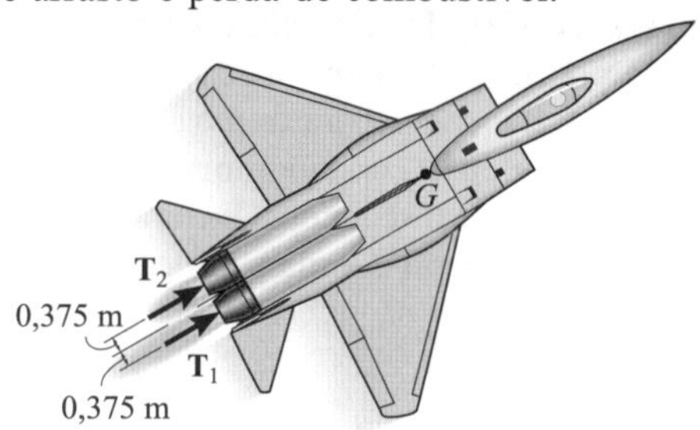

Problema 19.4

•**19.5.** A montagem tem uma massa de 5 kg e raio de giração k_G = 0,18 m em relação a seu centro de massa G. A energia cinética da montagem é 46,5 N · m quando ela está na posição mostrada. Se ela rola no sentido anti-horário sobre a superfície sem deslizar, determine sua quantidade de movimento linear nesse instante.

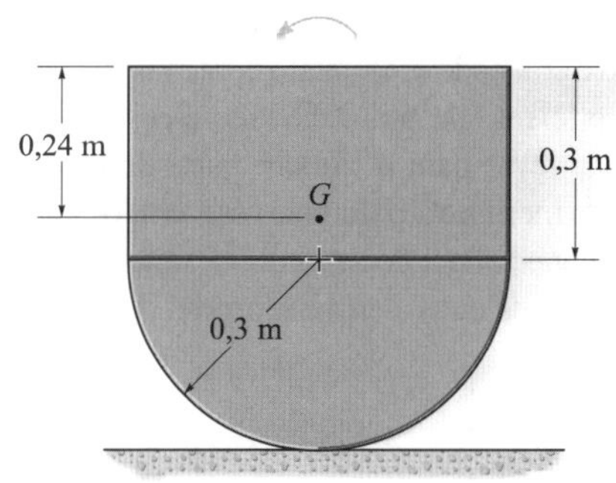

Problema 19.5

19.6. A chave de impacto consiste de uma barra fina AB de 1 kg que tem 580 mm de comprimento e pesos cilíndricos nas extremidades A e B, cada um com diâmetro de 20 mm e massa de 1 kg. Esse conjunto está livre para girar em torno do cabo e soquete que estão fixados à porca da roda de um carro. Se a barra AB é submetida a uma velocidade angular de 4 rad/s e atinge a travessa C sem repicar, determine o impulso angular transmitido à porca.

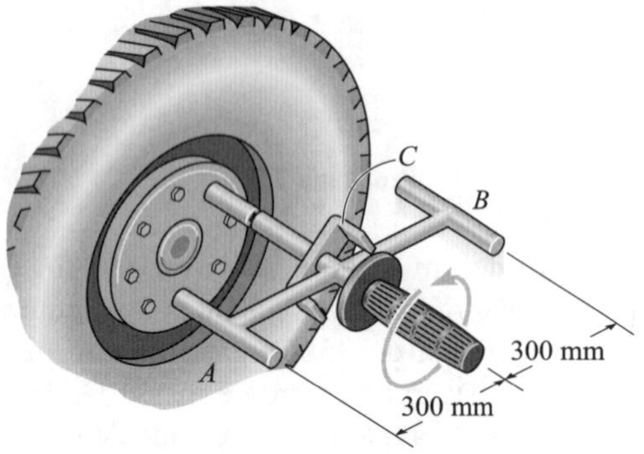

Problema 19.6

19.7. O ônibus espacial está localizado no 'espaço profundo', onde os efeitos da gravidade podem ser desprezados. Ele tem uma massa de 120 Mg, um centro de massa em G e um raio de giração $(k_G)_x = 14$ m em relação ao eixo x. Ele está originalmente se deslocando para frente a $v = 3$ km/s quando o piloto liga o motor em A, criando um empuxo $T = 600(1-e^{-0,3t})$kN, onde t é dado em segundos. Determine a velocidade angular do ônibus espacial 2 s mais tarde.

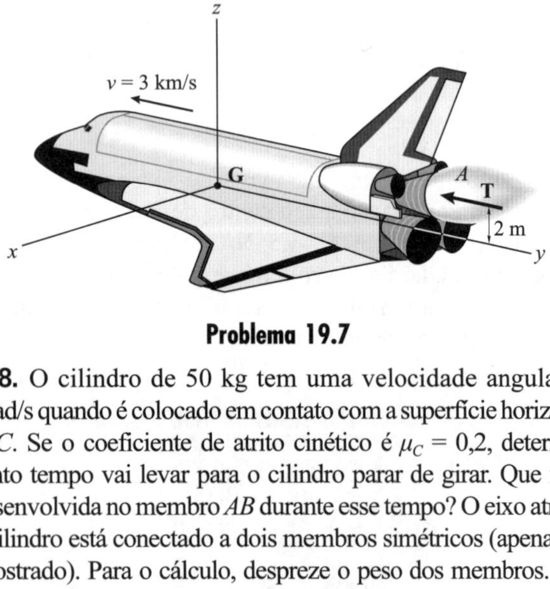

Problema 19.7

***19.8.** O cilindro de 50 kg tem uma velocidade angular de 30 rad/s quando é colocado em contato com a superfície horizontal em C. Se o coeficiente de atrito cinético é $\mu_C = 0,2$, determine quanto tempo vai levar para o cilindro parar de girar. Que força é desenvolvida no membro AB durante esse tempo? O eixo através do cilindro está conectado a dois membros simétricos (apenas AB é mostrado). Para o cálculo, despreze o peso dos membros.

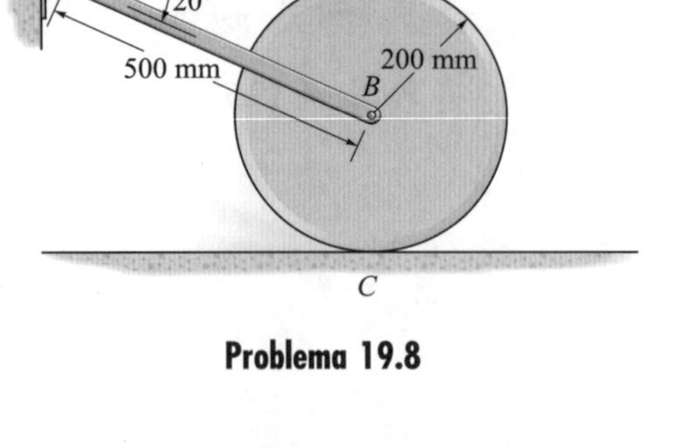

Problema 19.8

•**19.9.** Se a corda é submetida a uma força horizontal $P = 150$ N, e a cremalheira está fixa ao plano horizontal, determine a velocidade angular da engrenagem em 4 s, partindo do repouso. A massa da engrenagem é 50 kg, e ela tem um raio de giração em relação a seu centro de massa O $k_O = 125$ mm.

19.10. Se a corda é submetida a uma força horizontal $P = 150$ N, e a engrenagem está suportada por um pino fixo em O, determine a velocidade angular da engrenagem e a velocidade da cremalheira de 20 kg em 4 s, partindo do repouso. A massa da engrenagem é 50 kg e ela tem um raio de giração $k_O = 125$ mm. Suponha que a superfície de contato entre a cremalheira e o plano horizontal é lisa.

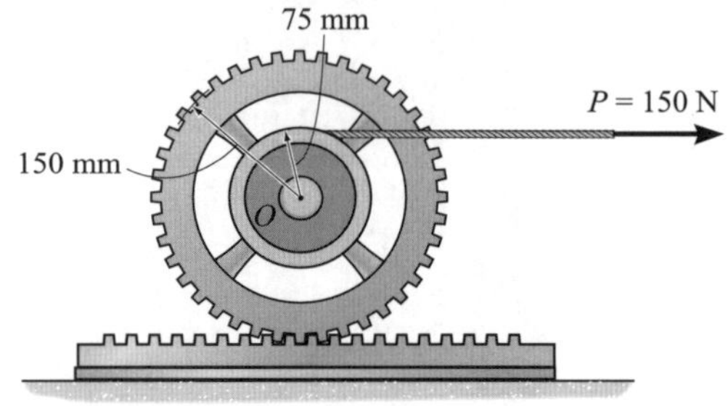

Problemas 19.9/10

19.11. Um motor transmite um torque $M = 0,05$ N · m para o centro da engrenagem A. Determine a velocidade angular de cada uma das três engrenagens menores (iguais) em 2 s partindo do repouso. As engrenagens menores (B) estão presas com pinos nos seus centros, e as massas e raios de giração centroidais das engrenagens são dados na figura.

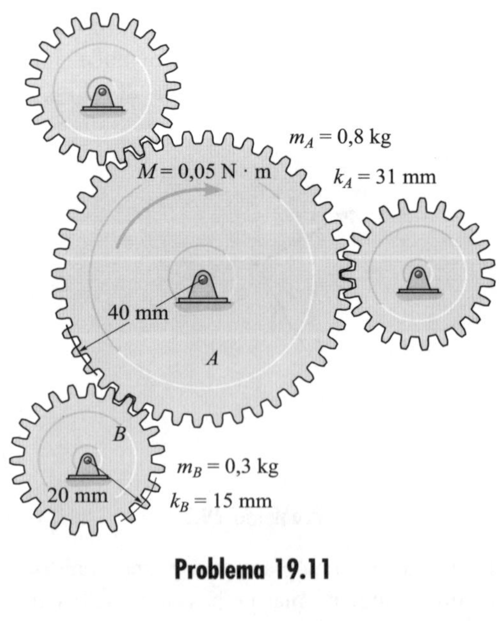

Problema 19.11

***19.12.** O volante de 100 kg tem um raio de giração em relação a seu centro de gravidade O de $k_O = 0,225$ m. Se ele gira no sentido anti-horário com uma velocidade angular de 1200 rev/min antes de o freio ser aplicado, determine o tempo necessário para o volante chegar ao repouso quando uma força $P = 1000$ N for aplicada à alavanca. O coeficiente de atrito cinético entre a correia e a borda do volante é $\mu_k = 0{,}3$. (*Dica:* lembre, do texto de estática, que a relação da tração na correia é dada por $T_B = T_C e^{\mu\beta}$, onde β é o ângulo de contato em radianos.)

O volante de 100 kg tem um raio de giração em relação a seu centro de gravidade O $k_O = 0{,}225$ m. Se ele gira no sentido anti-horário com uma velocidade angular de 1200 rev/min antes de o freio ser aplicado, determine a força necessária **P** que tem de ser aplicada à alavanca para parar o volante em 2 s. O coeficiente de atrito cinético entre a correia e o aro do volante é $\mu_k = 0{,}3$. (*Dica:* lembre, do texto de estática, que a relação da tração na correia é dada por $T_B = T_C e^{\mu\beta}$, onde β é o ângulo de contato em radianos.)

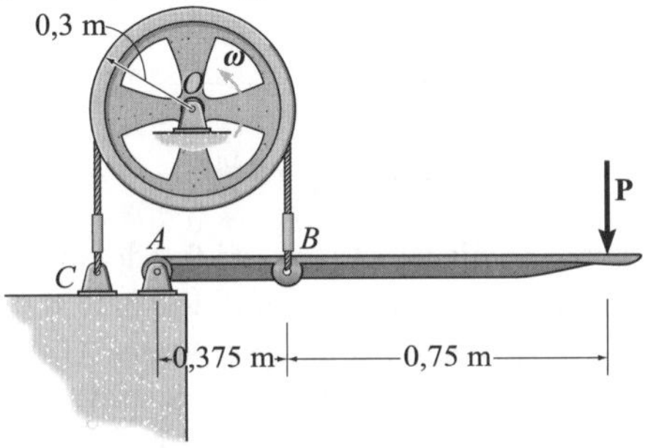

Problemas 19.12/13

19.14. O disco de 12 kg tem uma velocidade angular $\omega = 20$ rad/s. Se o freio ABC é aplicado de tal que a intensidade da força **P** varia com o tempo, como mostrado, determine o tempo necessário para parar o disco. O coeficiente de atrito cinético em B é $\mu_k = 0{,}4$. Despreze a espessura do freio.

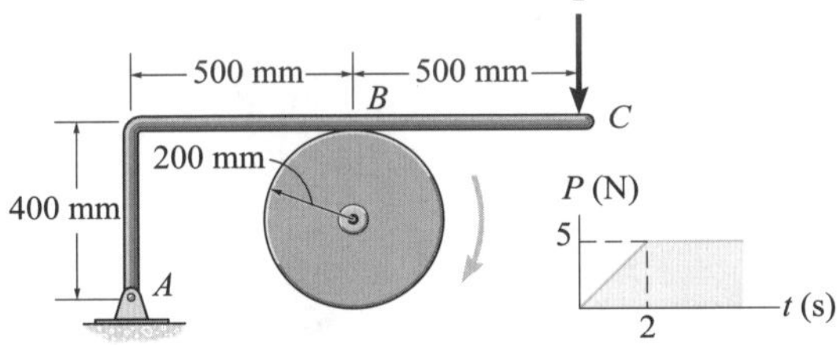

Problema 19.14

19.15. A raquete de tênis de 0,625 kg tem um centro de gravidade em G e um raio de giração em relação a G $k_G = 0{,}1875$ m. Determine a posição P onde a bola tem de ser rebatida de maneira que nenhuma 'picada' seja sentida pela mão segurando a raquete, ou seja, a força horizontal exercida pela raquete na mão seja zero.

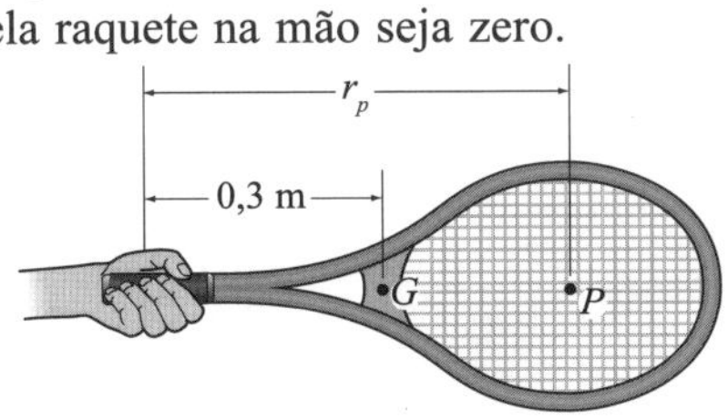

Problema 19.15

***19.16.** Se o boxeador bate no saco de pancada de 75 kg com um impulso $I = 20$ N · s, determine a velocidade angular do saco imediatamente após ele ser atingido. Determine também a localização d do ponto B, em torno do qual o saco parece girar. Trate o saco como um cilindro uniforme.

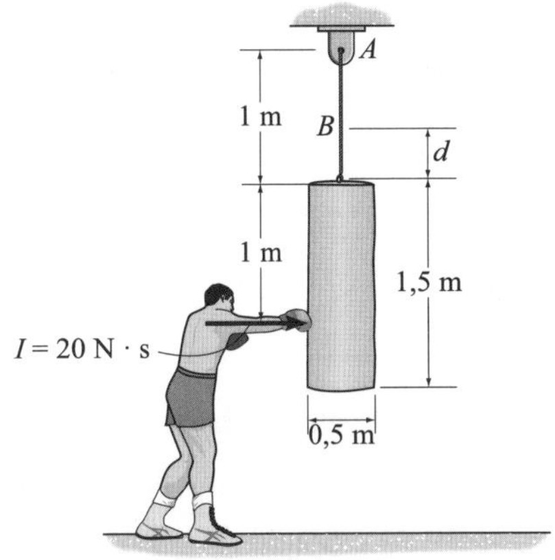

Problema 19.16

•19.17. A bola de 5 kg é lançada na pista com um efeito de giro para trás $\omega_0 = 10$ rad/s, e a velocidade de seu centro de massa O é $v_0 = 5$ m/s. Determine o tempo para a bola parar de girar para trás e a velocidade de seu centro de massa nesse instante. O coeficiente de atrito cinético entre a bola e a pista é $\mu_k = 0{,}08$.

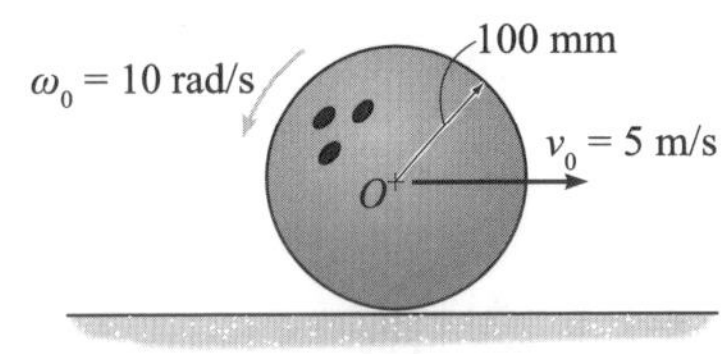

Problema 19.17

19.18. A montagem de barras lisas mostrada está em repouso quando é golpeada por um martelo em A com um impulso de 10 N · s. Determine a velocidade angular do conjunto e a intensidade da velocidade de seu centro de massa imediatamente após ele ter sido atingido. As barras têm uma massa por unidade de comprimento de 6 kg/m.

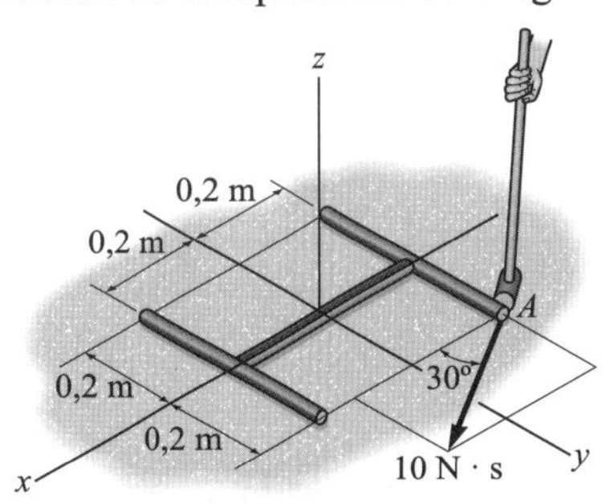

Problema 19.18

19.19. O volante A tem uma massa de 30 kg e um raio de giração $k_C = 95$ mm. O disco B tem uma massa de 25 kg, está preso com pino em D, e está acoplado ao volante usando uma correia que está submetida a uma tração tal que ela não desliza em suas superfícies de contato. Se um motor fornece um torque ou torção ao volante, tendo uma intensidade $M = (12t)$ N · m, onde t é dado em segundos, determine a velocidade angular do disco 3 s após o motor ser ligado. Inicialmente, o volante está em repouso.

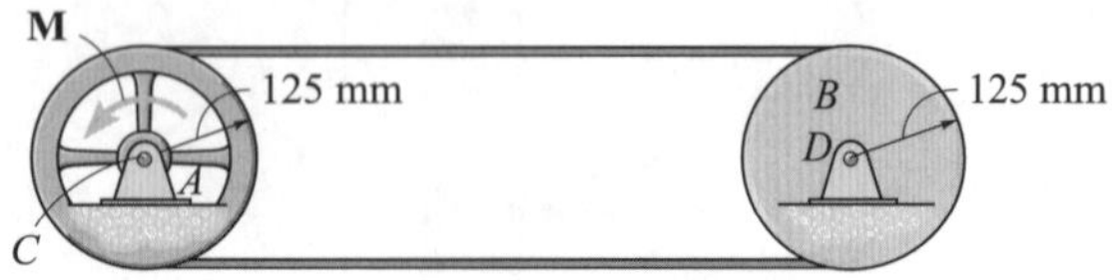

Problema 19.19

***19.20.** O volante A de 15 kg tem um raio de giração em relação a seu centro de 100 mm. O disco B tem uma massa de 25 kg e está acoplado ao volante através de uma correia que não desliza em suas superfícies de contato. Se um motor fornece ao volante um torque no sentido anti-horário $M = (75t)$ N · m, onde t é dado em segundos, determine o tempo necessário para o disco alcançar uma velocidade angular de 60 rad/s partindo do repouso.

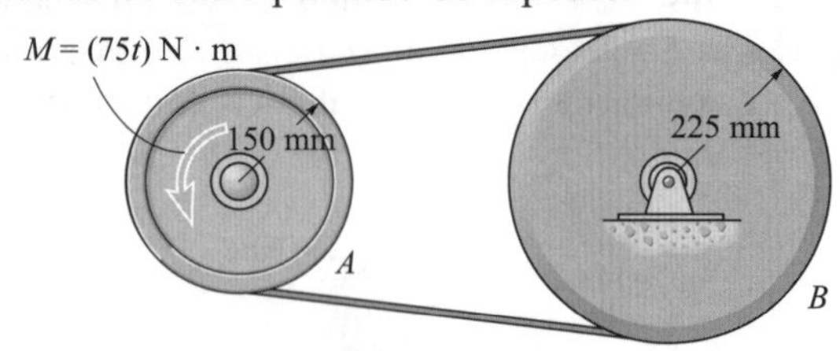

Problema 19.20

•19.21. Por razões de segurança, a perna do apoio de 20 kg de um sinal é projetada para quebrar com uma resistência desprezível em B quando a perna é submetida ao impacto de um carro. Supondo que a perna está presa com um pino em A e aproxima-se de uma barra fina, determine o impulso que o para-choque do carro exerce sobre ela, se após o impacto a perna parecer girar no sentido horário para um ângulo máximo $\theta_{máx} = 150°$.

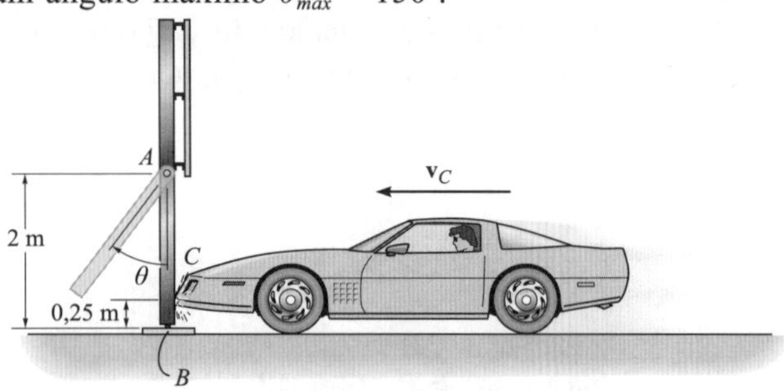

Problema 19.21

19.22. A barra fina tem uma massa m e está suspensa em sua extremidade A por uma corda. Se a barra recebe um golpe horizontal dando a ela um impulso **I** em sua parte de baixo B, determine a localização y do ponto P em torno do qual a barra parece girar durante o impacto.

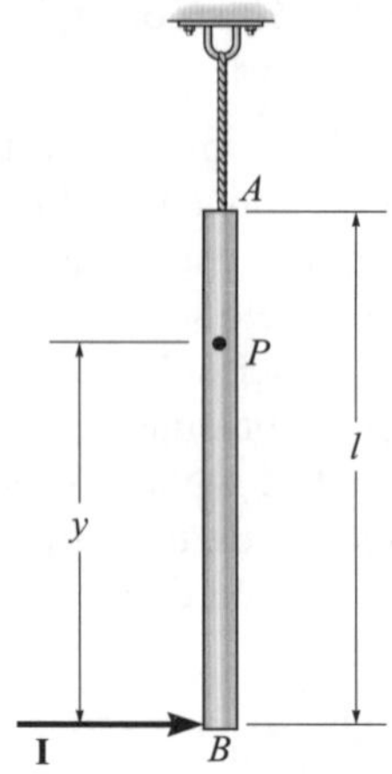

Problema 19.22

19.23. O disco circular de 25 kg está fixado ao garfo através de um eixo liso A. O parafuso C é usado para travar o disco ao garfo. Se o garfo é submetido a um torque $M = (5t^2)$ N · m, onde t é dado em segundos e o disco é destravado, determine a velocidade angular do garfo quando $t = 3$ s, partindo do repouso. Despreze a massa do garfo.

***19.24.** O disco circular de 25 kg é fixado ao garfo através de um eixo liso A. O parafuso C é usado para travar o disco ao garfo. Se o garfo é submetido a um torque $M = (5t^2)$ N · m, onde t é dado em segundos, e o disco está travado, determine a velocidade angular do garfo quando $t = 3$ s, partindo do repouso. Despreze a massa do garfo.

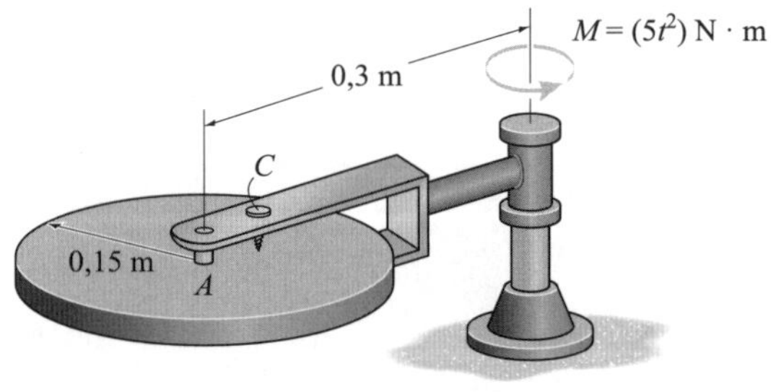

Problemas 19.23/24

•19.25. Se o eixo é submetido a um torque $M = (15t^2)$ N · m, onde t é dado em segundos, determine a velocidade angular do conjunto quando $t = 3$ s, partindo do repouso. As barras AB e BC, cada uma, têm uma massa de 9 kg.

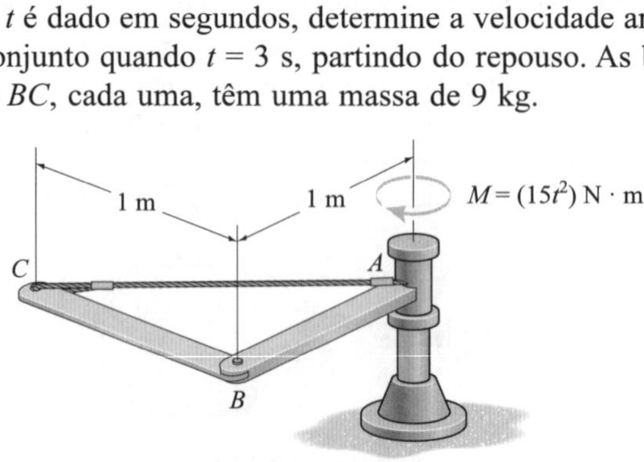

Problema 19.25

19.26. O corpo e a caçamba de uma minicarregadeira têm uma massa de 1000 kg, e seu centro de gravidade está localizado em G. Cada uma das quatro rodas têm uma massa de 50 kg e um raio de giração em relação a seu centro de gravidade de 0,3 m. Se o motor fornece um torque $M = 150$ N · m para cada uma das rodas motrizes traseiras, determine a velocidade da minicarregadeira em $t = 10$ s, partindo do repouso. As rodas rolam sem deslizar.

19.27. O corpo e a caçamba de um minicarregadeira têm uma massa de 1000 kg, e seu centro de gravidade está localizado em G. Cada uma das quatro rodas tem uma massa de 50 kg e um raio de giração em relação a seu centro de gravidade de 0,3 m. Se a minicarregadeira alcança uma velocidade de 6 m/s em 10 s, partindo do repouso, determine o torque **M** fornecido a cada uma das rodas motrizes traseiras. As rodas rolam sem deslizar.

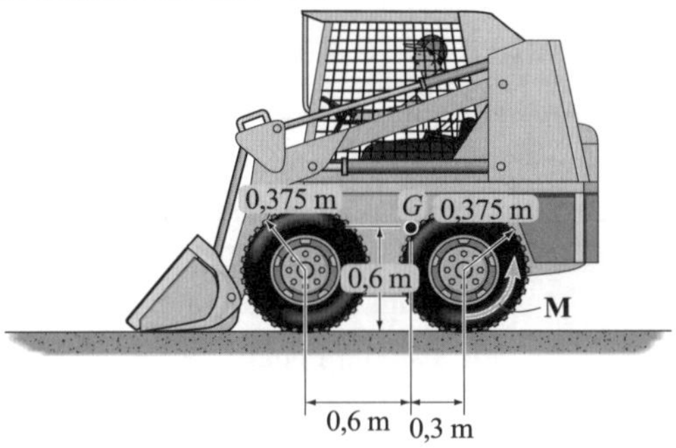

Problemas 19.26/27

***19.28.** Cada uma das duas barras tem uma massa m e um comprimento l, e repousam sobre o plano horizontal liso. Se um impulso **I** é aplicado em um ângulo de 45° com uma das barras no meio do comprimento, como mostrado, determine a velocidade angular de cada barra logo após o impacto. As barras estão conectadas por pinos em B.

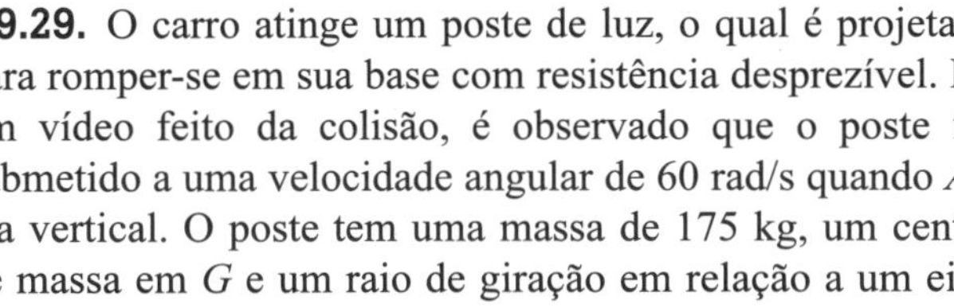

Problema 19.28

•**19.29.** O carro atinge um poste de luz, o qual é projetado para romper-se em sua base com resistência desprezível. De um vídeo feito da colisão, é observado que o poste foi submetido a uma velocidade angular de 60 rad/s quando AC era vertical. O poste tem uma massa de 175 kg, um centro de massa em G e um raio de giração em relação a um eixo perpendicular ao plano da montagem do poste e passando por G de $k_G = 2{,}25$ m. Determine o impulso horizontal que o carro exerce sobre o poste no instante que AC está essencialmente vertical.

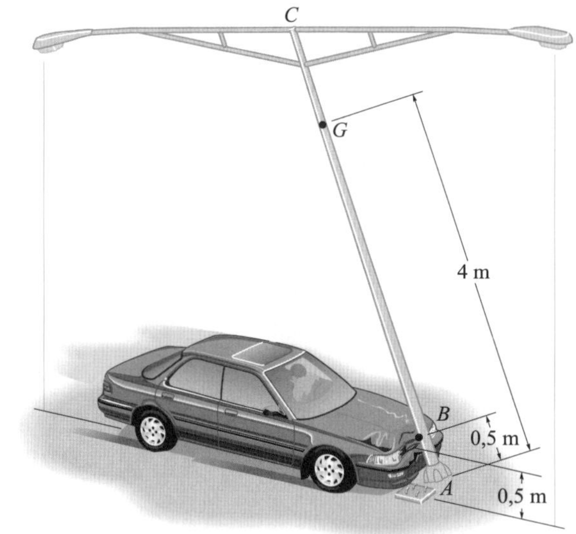

Problema 19.29

19.30. A estrutura do rolo tem uma massa de 5,5 Mg e um centro de massa em G. O rolo tem uma massa de 2 Mg e um raio de giração em relação a seu centro de massa $k_A = 0{,}45$ m. Se um torque $M = 600$ N · m é aplicado às rodas traseiras, determine a velocidade do compactador em $t = 4$ s, partindo do repouso. Não ocorre deslizamento. Despreze a massa das rodas motrizes.

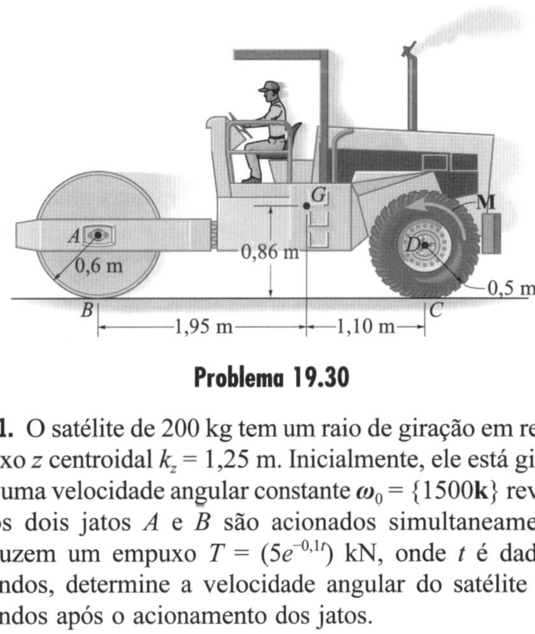

Problema 19.30

19.31. O satélite de 200 kg tem um raio de giração em relação ao eixo z centroidal $k_z = 1{,}25$ m. Inicialmente, ele está girando com uma velocidade angular constante $\boldsymbol{\omega}_0 = \{1500\mathbf{k}\}$ rev/min. Se os dois jatos A e B são acionados simultaneamente e produzem um empuxo $T = (5e^{-0{,}1t})$ kN, onde t é dado em segundos, determine a velocidade angular do satélite cinco segundos após o acionamento dos jatos.

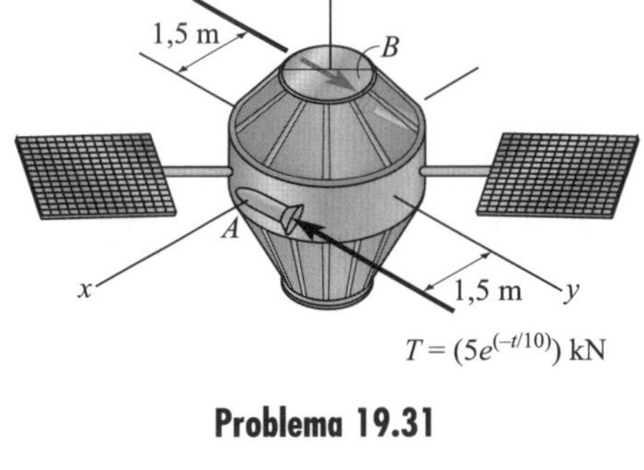

Problema 19.31

***19.32.** Se o eixo é submetido a um torque $M = (30e^{-0,1t})$ N · m, onde t é dado em segundos, determine a velocidade angular da montagem quando $t = 5$ s, partindo do repouso. A placa retangular tem uma massa de 25 kg. As barras AC e BC têm massa de 5 kg.

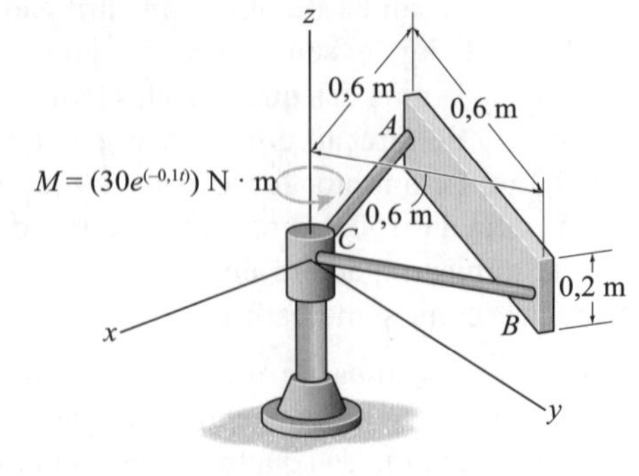

Problema 19.32

19.3 Conservação da quantidade de movimento

Conservação da quantidade de movimento linear

Se a soma de todos os *impulsos lineares* atuando sobre um sistema de corpos rígidos conectados é *zero* em uma direção específica, então a quantidade de movimento linear do sistema é constante, ou conservada nessa direção, isto é,

$$\left(\sum \begin{matrix}\text{quantidade de movimento}\\\text{do sistema linear}\end{matrix}\right)_1 = \left(\sum \begin{matrix}\text{quantidade de movimento}\\\text{do sistema linear}\end{matrix}\right)_2 \qquad (19.16)$$

Esta equação é referida como a *conservação da quantidade de movimento linear*.

Sem induzir erros apreciáveis nos cálculos, pode ser possível aplicar a Equação 19.16 em uma direção específica para a qual os impulsos lineares são pequenos ou *não impulsivos*. Especificamente, forças não impulsivas ocorrem quando forças pequenas atuam sobre períodos muito curtos de tempo. Exemplos típicos incluem a força de uma mola ligeiramente deformada, a força de contato inicial com o solo macio, e, em alguns casos, o peso do corpo.

Conservação da quantidade de movimento angular

A quantidade de movimento angular de um sistema de corpos rígidos conectados é conservada em relação ao centro de massa G do corpo, ou um ponto fixo O, quando a soma de todos os impulsos angulares em relação a esses pontos for zero ou sensivelmente pequena (não impulsiva). A terceira das equações 19.15 torna-se, então,

$$\left(\sum \begin{matrix}\text{quantidade de movimento}\\\text{angular do sistema}\end{matrix}\right)_{O1} = \left(\sum \begin{matrix}\text{quantidade de movimento}\\\text{angular do sistema}\end{matrix}\right)_{O2} \qquad (19.17)$$

Esta equação é referida como a *conservação da quantidade de movimento angular*. No caso de um único corpo rígido, a Equação 19.17 aplicada ao ponto G torna-se $(I_G\omega)_1 = (I_G\omega)_2$. Por exemplo, considere um nadador que executa um salto mortal saltando de um trampolim. Ao recolher seus braços e pernas junto a seu peito, ele *reduz* o momento de inércia de seu corpo e, assim, *aumenta* sua velocidade angular ($I_G\omega$ tem de ser constante). Se ele endireita o corpo imediatamente antes de entrar na água, o momento de inércia de seu corpo é *aumentado*, e assim sua velocidade angular *reduz-se*. Visto que o peso de seu corpo cria um impulso linear durante o tempo do movimento, este exemplo também ilustra como a quantidade de movimento angular de um corpo pode ser conservada, mas a quantidade de movimento linear, *não*. Tais casos ocorrem sempre que as forças externas criando o impulso linear passam através do centro de massa do corpo ou de um eixo fixo de rotação.

Procedimento para análise

A conservação das quantidades de movimento linear ou angular deve ser aplicada utilizando o procedimento seguinte.

Diagrama de corpo livre

- Estabeleça o sistema de referência inercial x, y e desenhe o diagrama de corpo livre para o corpo ou sistema de corpos durante o tempo do impacto. A partir desse diagrama, classifique cada uma das forças aplicadas como 'impulsivas' ou 'não impulsivas'.
- Por inspeção do diagrama de corpo livre, a *conservação da quantidade de movimento linear* aplica-se em dada direção quando *nenhuma* força impulsiva externa atua sobre o corpo ou sistema nesta direção, enquanto a *conservação da quantidade de movimento angular* aplica-se em relação a um ponto fixo O ou ao centro de massa G de um corpo ou sistema de corpos quando todas as forças impulsivas externas atuando sobre o corpo ou sistema criam momento nulo (ou impulso angular nulo) em relação a O ou G.
- Como um procedimento alternativo, desenhe os diagramas de impulso e quantidade de movimento para o corpo ou sistema de corpos. Esses diagramas são particularmente úteis a fim de visualizar os termos do 'momento'usados na equação de conservação da quantidade de movimento angular, quando ficou decidido que a quantidade de movimento angular têm de ser calculada em relação a um outro ponto sem ser o centro de massa do corpo G.

Conservação da quantidade de movimento

- Aplique a conservação da quantidade de movimento linear ou angular nas direções apropriadas.

Cinemática

- Se o movimento parece ser complicado, diagramas cinemáticos (de velocidade) podem ser úteis para obter as relações cinemáticas necessárias.

Exemplo 19.6

A roda de 10 kg mostrada na Figura 19.9*a* tem um momento de inércia $I_G = 0{,}156$ kg · m². Supondo que a roda não desliza ou repica, determine a velocidade mínima $\mathbf{v}_G$ que ela deve ter apenas para rolar sobre a obstrução em A.

SOLUÇÃO

Diagramas de impulso e quantidade de movimento

Visto que não ocorre deslizamento ou repique, a roda essencialmente *pivota* em torno do ponto A durante contato. Esta condição é mostrada na Figura 19.9*b*, a qual indica, respectivamente, a quantidade de movimento da roda *imediatamente antes do impacto*, os impulsos dados à roda *durante o impacto*, e a quantidade de movimento da roda *logo após o impacto*. Apenas dois impulsos (forças) atuam sobre a roda. Por comparação, a força em A é muito maior do que aquela do peso e, visto que o tempo de impacto é muito curto, o peso pode ser considerado não impulsivo. A força impulsiva $\mathbf{F}$ em A tem tanto uma intensidade desconhecida quanto uma direção desconhecida θ. Para eliminar essa força da análise, observe que a quantidade de movimento angular em relação a A é essencialmente *conservada*, visto que $(98{,}1\Delta t)d \approx 0$.

Conservação da quantidade de movimento angular

Com referência à Figura 19.9*b*,

$$(\circlearrowleft +) \qquad (H_A)_1 = (H_A)_2$$

$$r'm(v_G)_1 + I_G\omega_1 = rm(v_G)_2 + I_G\omega_2$$

$$(0{,}2 \text{ m} - 0{,}03 \text{ m})(10 \text{ kg})(v_G)_1 + (0{,}156 \text{ kg} \cdot \text{m}^2)(\omega_1) =$$

$$(0{,}2 \text{ m})(10 \text{ kg})(v_G)_2 + (0{,}156 \text{ kg} \cdot \text{m}^2)(\omega_2)$$

Cinemática

Visto que não ocorre deslizamento, em geral $\omega = v_G/r = v_G/0{,}2 \text{ m} = 5v_G$. Substituir isso na equação e simplificar resulta em

$$(v_G)_2 = 0{,}8921\ (v_G)_1 \qquad (1)$$

Conservação de energia*

A fim de rolar sobre a obstrução, a roda tem de passar pela posição 3, mostrada na Figura 19.9*c*. Assim, se $(v_G)_2$ [ou $(v_G)_1$] é para ser um mínimo, é necessário que a energia cinética da roda na posição 2 seja igual à energia potencial na posição 3. Colocando a referência no centro de gravidade, como mostrado na figura, e aplicando a equação de conservação de energia, temos

$$\{T_2\} + \{V_2\} = \{T_3\} + \{V_3\}$$

$$\left\{\frac{1}{2}(10\text{kg})(v_G)_2^2 + \frac{1}{2}(0{,}156\text{kg} \cdot m^2)\omega_2^2\right\} + \{0\} =$$

$$\{0\} + \{(98{,}1 \text{ N})(0{,}03 \text{ m})\}$$

Substituindo $\omega_2 = 5\ (v_G)_2$ e Equação 1 nesta equação, e resolvendo,

$$(v_G)_1 = 0{,}729 \text{ m/s} \rightarrow$$

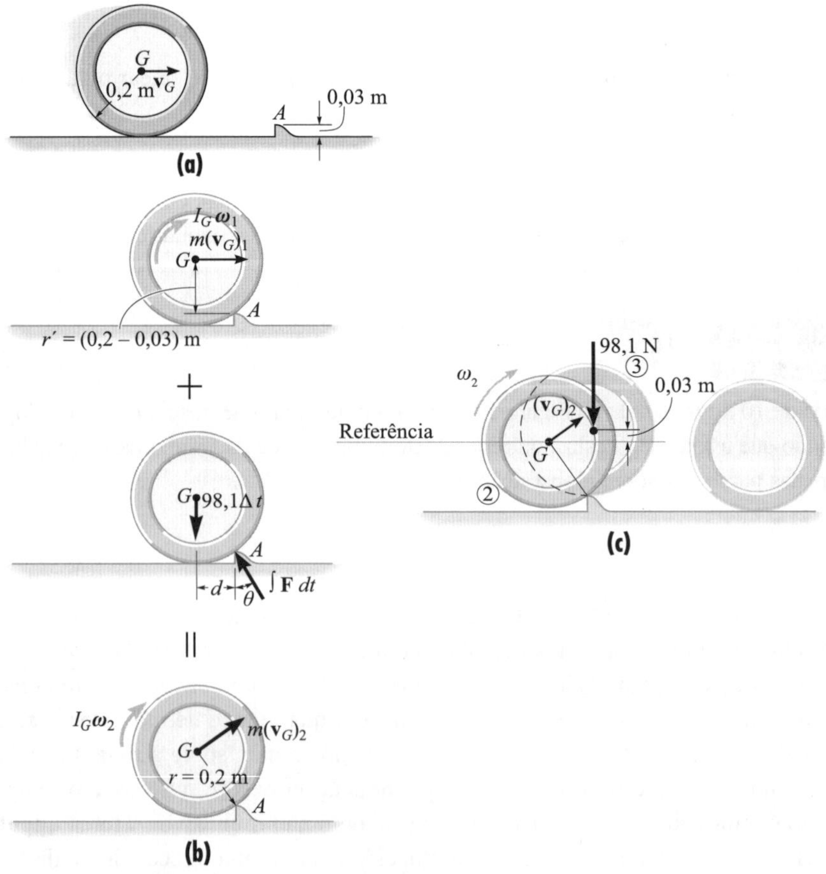

Figura 19.9

* Este princípio *não se aplica durante o impacto*, já que a energia é *perdida* durante a colisão. Entretanto, logo após o impacto, como na Figura 19.9*c*, ele pode ser usado.

Exemplo 19.7

A barra fina de 5 kg mostrada na Figura 19.10*a* está presa com um pino em *O* e está inicialmente em repouso. Se uma bala de 4 g é disparada na barra com uma velocidade de 400 m/s, como mostrado na figura, determine a velocidade angular da barra logo após a bala cravar-se nela.

SOLUÇÃO

Diagramas de impulso e quantidade de movimento

O impulso que a bala exerce sobre a barra pode ser eliminado da análise, e a velocidade angular da barra logo após o impacto pode ser determinada considerando-se a bala e a barra como um sistema único. Para esclarecer os princípios envolvidos, os diagramas de impulso e quantidade de movimento são mostrados na Figura 19.10*b*. Os diagramas de quantidade de movimento são desenhados *imediatamente antes e logo após o impacto*. Durante o impacto, bala e barra exercem impulsos *internos* iguais, mas *opostos* em *A*. Como mostrado no diagrama de impulso, os impulsos que são externos ao sistema são decorrentes das reações em *O* e dos pesos da bala e da barra. Visto que o tempo de impacto, Δt, é muito curto, a barra se desloca somente um pouco, e assim os 'momentos' dos impulsos dos pesos em relação ao ponto *O* são essencialmente zero. Portanto, a quantidade de movimento angular é conservada em relação a esse ponto.

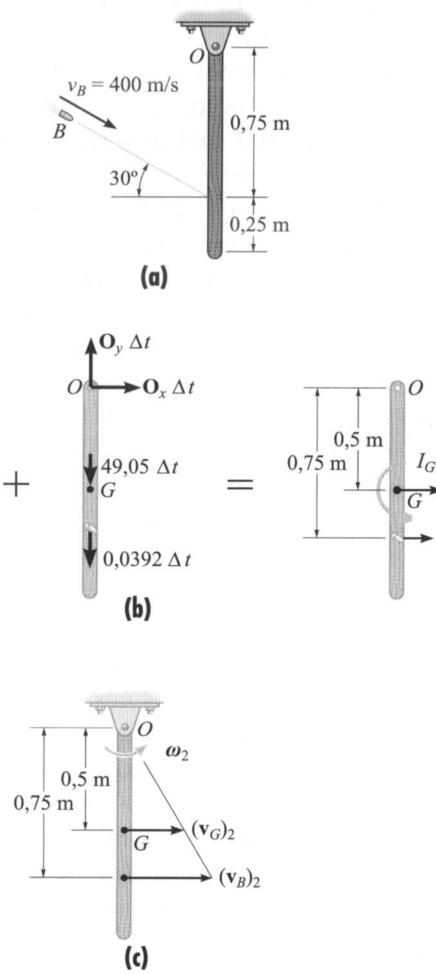

Figura 19.10

Conservação de quantidade de movimento angular

Da Figura 19.10*b*, temos

$$(\circlearrowleft +) \qquad \Sigma(H_O)_1 = \Sigma(H_O)_2$$

$$m_B(v_B)_1 \cos 30^\circ(0{,}75 \text{ m}) = m_B(v_B)_2\,(0{,}75 \text{ m}) + m_R(v_G)_2(0{,}5 \text{ m}) + I_G\omega_2$$

$$(0{,}004 \text{ kg})(400 \cos 30^\circ \text{ m/s})(0{,}75 \text{ m}) =$$

$$(0{,}004 \text{ kg})(v_B)_2(0{,}75 \text{ m}) + (5 \text{ kg})\,(v_G)_2(0{,}5 \text{ m}) + \left[\frac{1}{2}(5\text{kg})(1\text{ m})^2\right]\omega_2$$

ou

$$1{,}039 = 0{,}003(v_B)_2 + 2{,}50(v_G)_2 + 0{,}4167\,\omega_2 \quad (1)$$

Cinemática

Visto que a barra está presa com pino em *O*, da Figura 19.10*c*, temos

$$(v_G)_2 = (0{,}5 \text{ m})\omega_2 \qquad (v_B)_2 = (0{,}75 \text{ m})\omega_2$$

Substituindo na Equação 1 e resolvendo resulta em

$$\omega_2 = 0{,}623 \text{ rad/s} \circlearrowleft$$

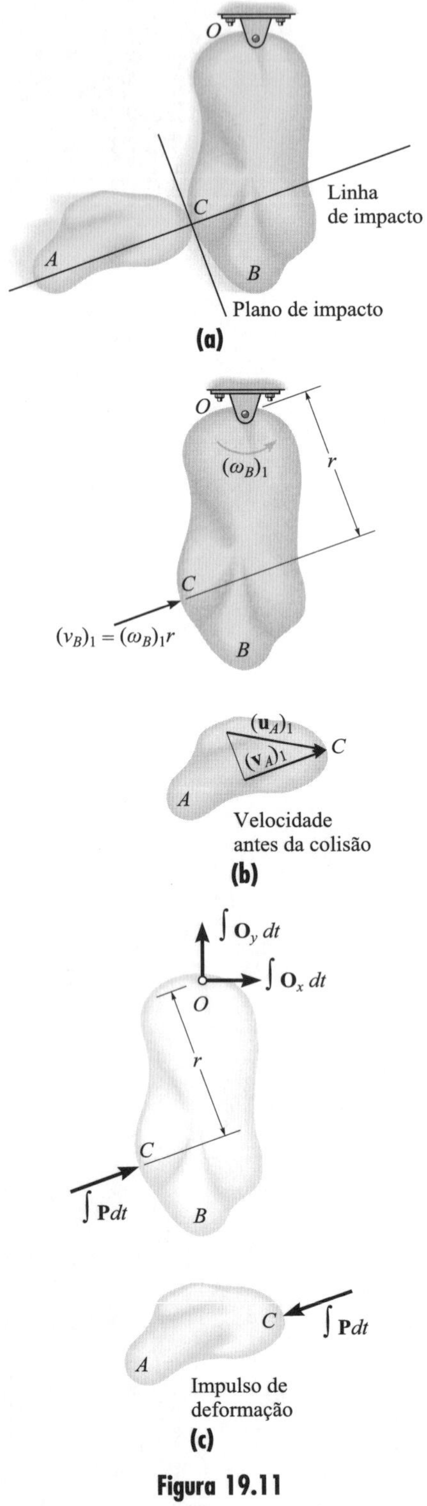

Figura 19.11

19.4 Impacto excêntrico

Os conceitos envolvendo impacto central e oblíquo de partículas foram apresentados na Seção 15.4. Agora, vamos expandir esse tratamento e discutir o impacto excêntrico de dois corpos. O *impacto excêntrico* ocorre quando a linha conectando os *centros de massa* de dois corpos *não* coincide com a linha de impacto.* Esse tipo de impacto frequentemente ocorre quando um ou ambos os corpos estão restritos a girar em torno de um eixo fixo. Considere, por exemplo, a colisão em *C* entre os dois corpos *A* e *B*, mostrada na Figura 19.11*a*. Supõe-se que imediatamente antes da colisão *B* está girando no sentido anti-horário com uma velocidade angular $(\boldsymbol{\omega}_B)_1$, e a velocidade do ponto de contato *C* localizado em *A* é $(\mathbf{u}_A)_1$. Diagramas cinemáticos para ambos os corpos imediatamente antes da colisão são mostrados na Figura 19.11*b*. Contanto que os corpos sejam lisos, as forças impulsivas que eles exercem um sobre o outro são direcionados ao longo da linha de impacto. Assim, a componente da velocidade do ponto *C* sobre o corpo *B*, que está direcionado ao longo da linha de impacto, é $(v_B)_1 = (\omega_B)_1\, r$ (Figura 19.11*b*). Da mesma maneira, sobre o corpo *A* a componente da velocidade $(\mathbf{u}_A)_1$ ao longo da linha de impacto é $(\mathbf{v}_A)_1$. Para que uma colisão ocorra, $(v_A)_1 > (v_B)_1$.

Durante o impacto, uma força impulsiva igual, mas oposta, **P**, é exercida entre os corpos, a qual *deforma* suas formas no ponto de contato. O impulso resultante é mostrado nos diagramas de impulso para ambos os corpos (Figura 19.11*c*). Observe que a força impulsiva no ponto *C* sobre o corpo em rotação cria reações impulsivas no pino em *O*. Nesses diagramas, supõe-se que o impacto cria forças que são muito maiores do que os pesos não impulsivos dos corpos, os quais não são mostrados. Quando a deformação no ponto *C* é máxima, *C* em ambos os corpos se desloca com uma velocidade comum **v** ao longo da linha de impacto (Figura 19.11*d*). Um período de *restituição* ocorre então, no qual os corpos tendem a recuperar suas formas originais. A fase de restituição cria uma força impulsiva oposta, mas igual, **R**, atuando entre os corpos como mostrado no diagrama de impulso (Figura 19.11*e*). Após a restituição, os corpos se afastam de tal maneira que o ponto *C* no corpo *B* tem uma velocidade $(\mathbf{v}_B)_2$ e o ponto *C* no corpo *A* tem uma velocidade $(\mathbf{u}_A)_2$ (Figura 19.11*f*), onde $(v_B)_2 > (v_A)_2$.

* Quando estas linhas coincidem, o impacto central ocorre e o problema pode ser analisado como discutido na Seção 15.4.

Em geral, um problema envolvendo o impacto de dois corpos requer a determinação das *duas incógnitas* $(v_A)_2$ e $(v_B)_2$, supondo que $(v_A)_1$ e $(v_B)_1$ são conhecidas (ou podem ser determinadas utilizando-se cinemática, métodos de energia, as equações de movimento etc.). Para resolver tais problemas, duas equações têm de ser escritas. A *primeira equação* geralmente envolve a aplicação da *conservação da quantidade de movimento angular aos dois corpos*. No caso dos corpos A e B, podemos afirmar que a quantidade de movimento angular é conservada em relação ao ponto O, visto que os impulsos em C são internos ao sistema e os impulsos em O criam momento nulo (ou impulso angular nulo) em relação a O. A *segunda equação* pode ser obtida utilizando-se a definição do *coeficiente de restituição*, e, que é uma relação do impulso de restituição com o impulso de deformação.

Aqui está um exemplo de impacto excêntrico ocorrendo entre esta bola de boliche e o pino.

É importante observar, entretanto, que *essa análise tem apenas uma aplicação muito limitada em engenharia, porque os valores de* e *para este caso foram constatados como sendo altamente sensíveis ao material, geometria e à velocidade de cada um dos corpos em colisão*. Para estabelecer uma forma útil da equação do coeficiente de restituição, temos primeiro que aplicar o princípio de impulso e quantidade de movimento angular em relação ao ponto O para os corpos A e B separadamente. Combinando os resultados, obtemos então a equação necessária. Seguindo dessa forma, o princípio de impulso e quantidade de movimento aplicados ao corpo B no instante imediatamente antes da colisão ao instante de deformação máxima (figuras 19.11*b*, 19.11*c* e 19.11*d*) torna-se

$$(\circlearrowleft+) \qquad I_O(\omega_B)1 + r\int P\,dt = I_O\omega \qquad (19.18)$$

Aqui, I_O é o momento de inércia do corpo B em relação ao ponto O. Similarmente, aplicar o princípio de impulso e quantidade de movimento angular do instante da deformação máxima ao instante logo após o impacto (figuras 19.11*d*, 19.11*e* e 19.11*f*) resulta em

$$(\circlearrowleft+) \qquad I_O\omega + r\int R\,dt = I_O(\omega_B)_2 \qquad (19.19)$$

Resolvendo as equações 19.18 e 19.19 para $\int P\,dt$ e $\int R\,dt$, respectivamente, e formulando e, temos

$$e = \frac{\int R\,dt}{\int P\,dt} = \frac{r(\omega_B)_2 - r\omega}{r\omega - r(\omega_B)_1} = \frac{(v_B)_2 - v}{v - (v_B)_1}$$

Da mesma maneira, podemos escrever uma equação que relaciona as intensidades de velocidade $(v_A)_1$ e $(v_A)_2$ do corpo A. O resultado é

$$e = \frac{v - (v_A)_2}{(v_A)_1 - v}$$

Combinando as duas equações acima eliminando a velocidade comum v, produz-se o resultado desejado, ou seja,

$$(+\nearrow) \qquad e = \frac{(v_B)_2 - (v_A)_2}{(v_A)_1 - (v_B)_1} \qquad (19.20)$$

Esta equação é idêntica à Equação 15.11, a qual foi derivada para o impacto central entre duas partículas. Ela estabelece que o coeficiente de restituição é igual à razão da velocidade relativa de *separação* dos pontos de contato (C) *logo após o impacto* com a velocidade relativa nas quais os pontos *se aproximam* uns dos outros *imediatamente* antes do impacto. Ao derivar essa equação, presumimos que os pontos de contato para ambos os corpos se deslocam para cima e para a direita, *ambos* antes e depois do impacto. Se o movimento de qualquer um dos pontos de contato ocorre para baixo e para a esquerda, a velocidade desse ponto deve ser considerada uma quantidade negativa na Equação 19.20.

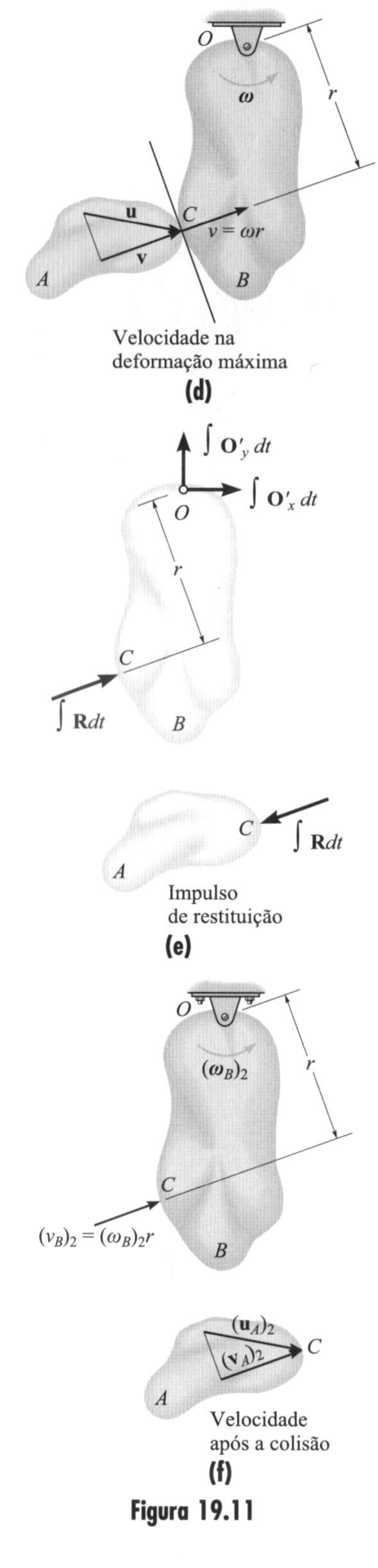

Figura 19.11

Durante o impacto, as colunas de sinais de muitas autoestradas são feitas para se romper dos seus suportes e facilmente colapsar nas suas juntas. Isso é mostrado pelas conexões ranhuradas em sua base e pelos pontos de ruptura na parte do meio da coluna.

Exemplo 19.8

A barra fina de 5 kg está suspensa pelo pino em A (Figura 19.12*a*). Se uma bola B de 1 kg é jogada na barra e bate em seu centro com uma velocidade de 9 m/s, determine a velocidade angular da barra logo após o impacto. O coeficiente de restituição é $e = 0,4$.

SOLUÇÃO

Conservação da quantidade de movimento angular

Considere a bola e a barra como um sistema (Figura 19.12*b*). A quantidade de movimento angular é conservada em relação ao ponto A, visto que a força impulsiva entre a barra e a bola é *interna*. Além disso, os *pesos* da bola e da barra são *não impulsivos*. Observando as direções das velocidades da bola e da barra logo após o impacto como mostrado no diagrama cinemático (Figura 19.12*c*), requeremos

$$(\circlearrowleft+) \qquad (H_A)_1 = (H_A)_2$$

$$m_B(v_B)_1(0,5 \text{ m}) = m_B(v_B)_2(0,5 \text{ m}) + m_R(v_G)_2(0,5 \text{ m}) + I_G\omega_2$$

$$(1 \text{ kg})(9 \text{ m/s})(0,5 \text{ m}) = (1 \text{ kg})\,(v_B)_2\,(0,5 \text{ m}) +$$

$$(5 \text{ kg})(v_G)_2(0,5 \text{ m}) + \left[\frac{1}{12}(5 \text{ kg})(1 \text{ m})^2\right]\omega_2$$

Visto que $(v_G)_2 = 0,5\ \omega_2$, então

$$4,5 = 0,5(v_B)_2 + 1,6667\omega_2 \qquad (1)$$

Coeficiente de restituição

Com referência à Figura 19.12*c*, temos

$$(\overset{+}{\rightarrow}) \qquad e = \frac{(v_G)_2 - (v_B)_2}{(v_B)_1 - (v_G)_1} \qquad 0,4 = \frac{(0,5 \text{ m})\omega_2 - (v_B)_2}{9 \text{ m/s} - 0}$$

$$3,6 = 0,5\ \omega_2 - (v_B)_2$$

Resolvendo,

$$(v_B)_2 = -\ 1,96 \text{ m/s} = 1,96 \text{ m/s} \leftarrow$$

$$\omega_2 = 3,287 \text{ rad/s} \circlearrowleft$$

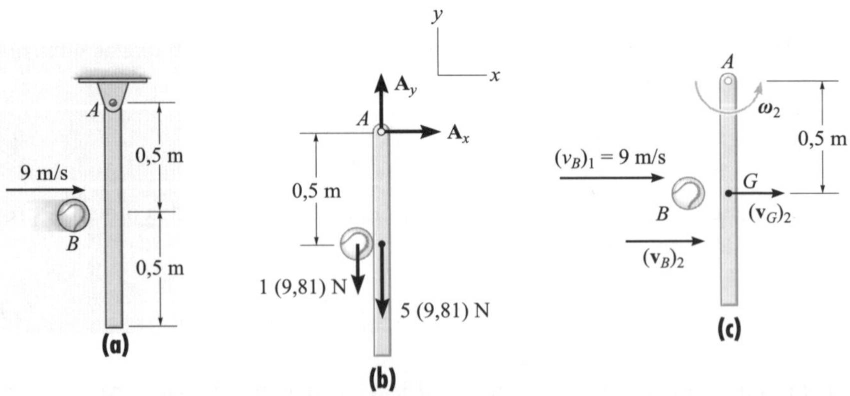

Figura 19.12

Problemas

19.33. O ginasta de 75 kg solta a barra horizontal em uma posição completamente deformada A, girando com uma velocidade angular $\omega_A = 3$ rad/s. Estime sua velocidade angular quando ele assume uma posição encolhida B. Suponha o ginasta nas posições A e B como uma barra fina uniforme e um disco circular uniforme, respectivamente.

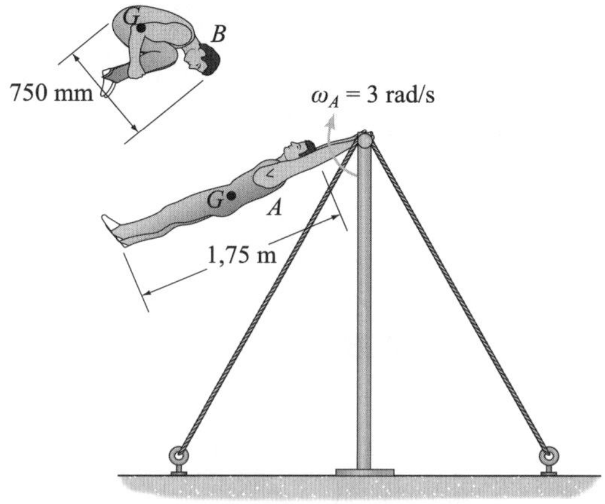

Problema 19.33

19.34. Um homem de 75 kg está parado em pé na mesa giratória A e gira uma barra fina de 6 kg sobre sua cabeça. Se a velocidade angular da barra é $\omega_r = 5$ rad/s medida em relação ao homem e observa-se que a mesa giratória está girando na direção oposta com uma velocidade angular de $\omega_t = 3$ rad/s, determine o raio de giração do homem em relação a seu eixo z. Considere a mesa giratória como um disco circular fino de raio 300 mm e massa de 5 kg.

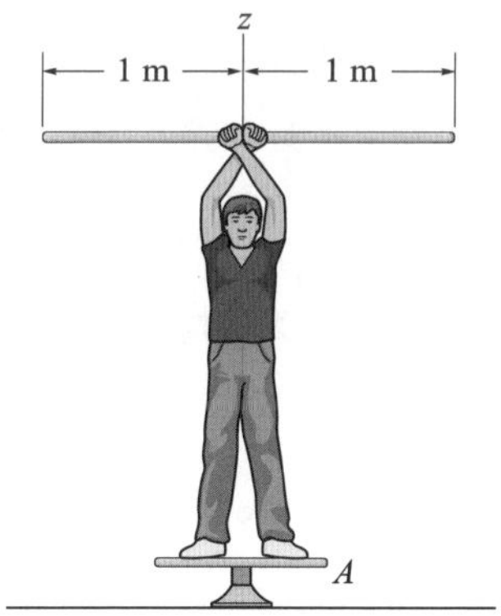

Problema 19.34

19.35. Uma plataforma circular horizontal tem uma massa de 150 kg e um raio de giração $k_z = 2{,}4$ m em relação ao eixo z passando pelo seu centro O. A plataforma é livre para girar em torno do eixo z e está inicialmente em repouso. Um homem com uma massa de 75 kg começa a correr ao longo da borda em uma trajetória circular de raio 3 m. Se ele mantém uma velocidade de 1,2 m/s em relação à plataforma, determine a velocidade angular da plataforma. Despreze o atrito.

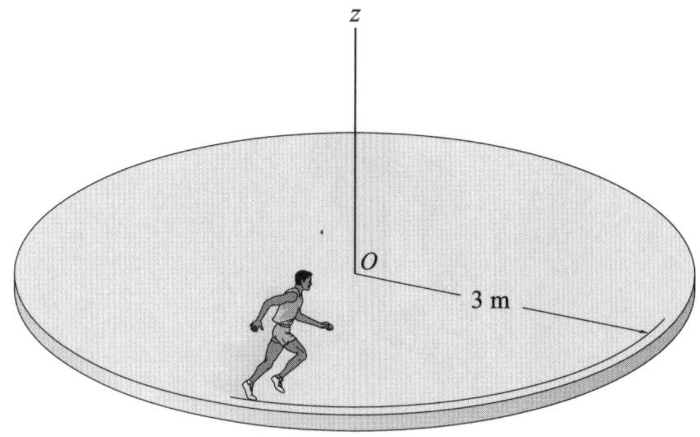

Problema 19.35

***19.36.** Uma plataforma circular horizontal tem uma massa de 150 kg e um raio de giração $k_z = 2{,}4$ m em relação ao eixo z passando pelo seu centro O. A plataforma está livre para girar em torno do eixo z e está inicialmente em repouso. Um homem com uma massa de 75 kg arremessa um bloco de 7,5 kg da borda da plataforma com uma velocidade horizontal de 1,5 m/s, *medida em relação à plataforma*. Determine a velocidade angular da plataforma se o bloco é arremessado (a) tangente à plataforma, ao longo do eixo $+t$, e (b) para fora ao longo de uma linha radial, ou eixo $+n$. Despreze a dimensão do homem.

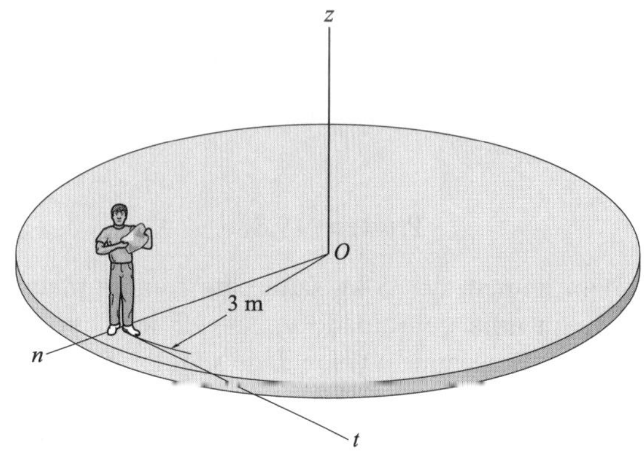

Problema 19.36

•19.37. O homem senta na cadeira giratória segurando dois pesos de 2,5 kg com seus braços estendidos. Se ele está girando a 3 rad/s nessa posição, determine sua velocidade angular quando os pesos são aproximados e seguros a 0,09 m do eixo de rotação. Suponha que ele tem uma massa de 80 kg e um raio de giração $k_z = 0{,}165$ m em relação ao eixo z. Despreze a massa de seus braços e a dimensão dos pesos para o cálculo.

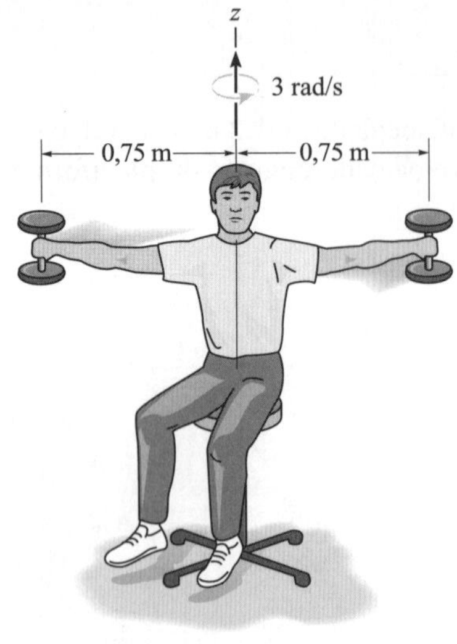

Problema 19.37

19.38. O corpo do satélite C tem uma massa de 200 kg e um raio de giração em relação ao eixo z de $k_z = 0,2$ m. Se o satélite gira em torno do eixo z com uma velocidade angular de 5 rev/s, quando os painéis solares A e B estão em uma posição de $\theta = 0°$, determine a velocidade angular do satélite quando os painéis solares são girados para uma posição de $\theta = 90°$. Considere cada painel solar como uma placa fina tendo uma massa de 30 kg. Despreze a massa das barras.

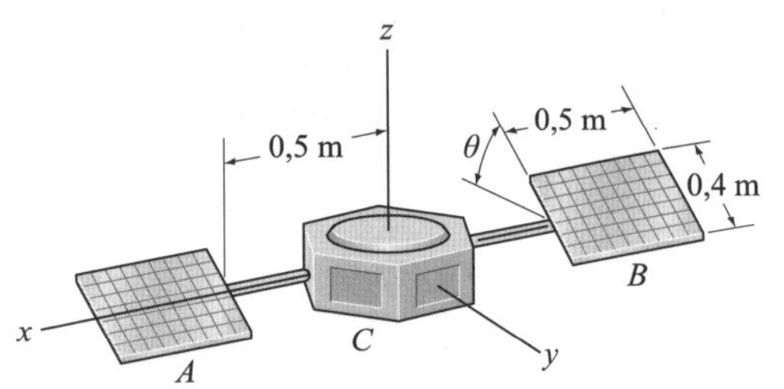

Problema 19.38

19.39. Um homem de 75 kg salta para fora da plataforma circular com uma velocidade $v_{m/p} = 1,5$ m/s em relação à plataforma. Determine a velocidade angular da plataforma depois disso. Inicialmente o homem e a plataforma estão em repouso. A plataforma tem uma massa de 150 kg e pode ser tratada como um disco circular uniforme.

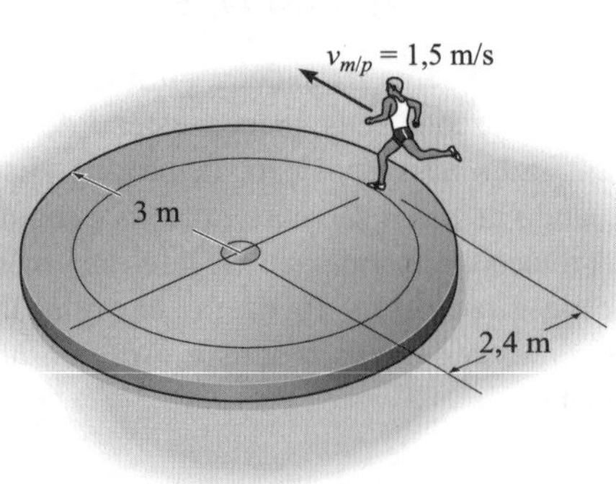

Problema 19.39

***19.40.** A plataforma de 150 kg pode ser considerada como um disco circular. Dois homens, A e B, de 60 kg e 75 kg de massa, respectivamente, estão parados de pé na plataforma quando ela está em repouso. Se eles começam a caminhar em torno das trajetórias circulares com velocidades de $v_{A/P} = 1,5$ m/s e $v_{B/P} = 2$ m/s, medidas em relação à plataforma, determine a velocidade angular da plataforma.

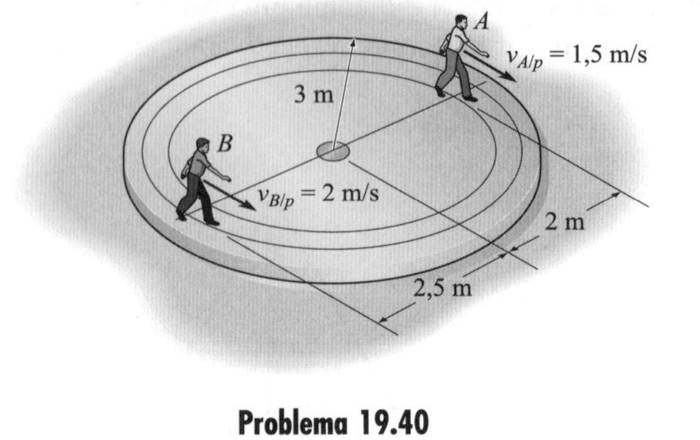

Problema 19.40

•**19.41.** Duas crianças, A e B, cada uma tendo uma massa de 30 kg, estão sentadas na borda do carrossel que gira a $\omega = 2$ rad/s. Excluindo as crianças, o carrossel tem uma massa de 180 kg e um raio de giração $k_z = 0,6$ m. Determine a velocidade angular do carrossel se A salta para fora horizontalmente na direção $-n$ com uma velocidade de 2 m/s, medida em relação ao carrossel. Qual é a velocidade angular do carrossel se B, então, salta para fora horizontalmente na direção $-t$ com uma velocidade de 2 m/s, medida em relação ao carrossel? Despreze o atrito e a dimensão de cada criança.

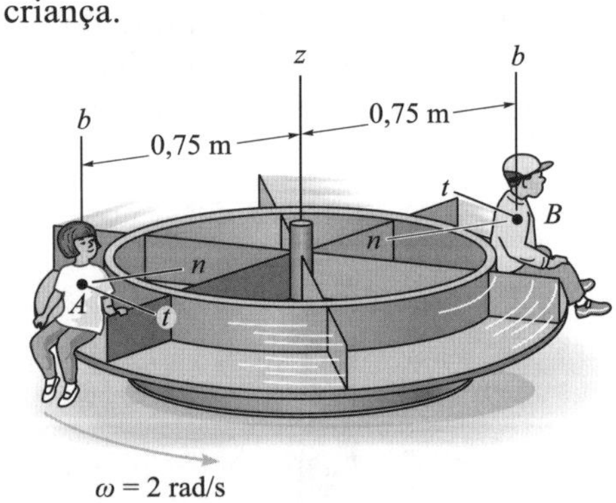

Problema 19.41

19.42. Uma placa fina quadrada de massa m gira sobre a superfície lisa com uma velocidade angular ω_1. Determine sua nova velocidade angular logo após o gancho no seu canto atingir o pino P e a placa começar a girar em torno de P sem repicar.

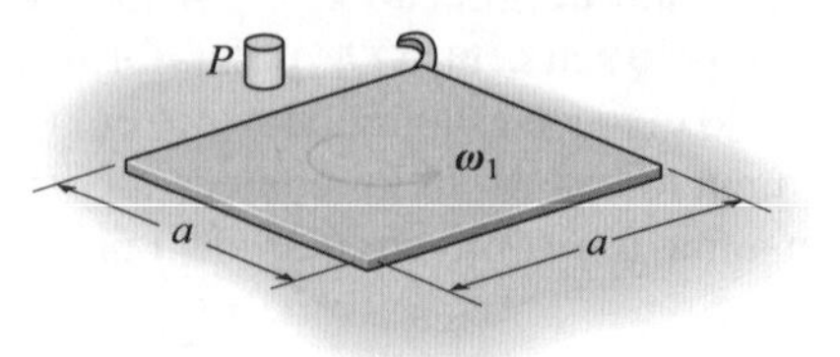

Problema 19.42

19.43. Uma bola tendo uma massa de 8 kg e velocidade inicial v_1 = 0,2 m/s rola sobre uma depressão de 30 mm de comprimento. Supondo que a bola rola pelas arestas de contato primeiro A, depois B, sem deslizar, determine sua velocidade final $\mathbf{v}_2$ quando ela alcança o outro lado.

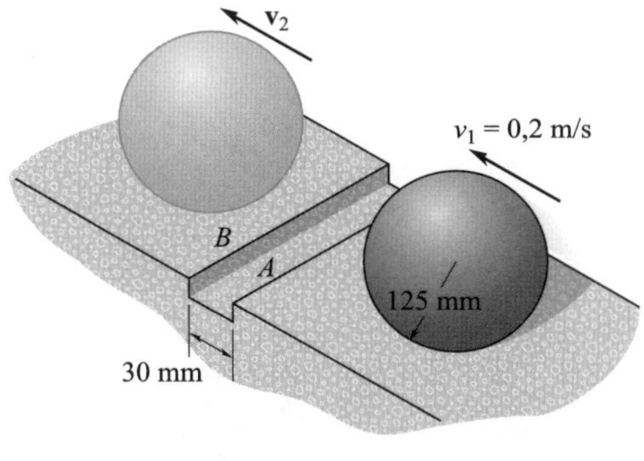

Problema 19.43

***19.44.** O anel esguio de 15 kg atinge o degrau de 20 mm de altura. Determine a menor velocidade angular ω_1 que o anel pode ter, de maneira que ele vá simplesmente rolar sobre o degrau em A sem deslizar.

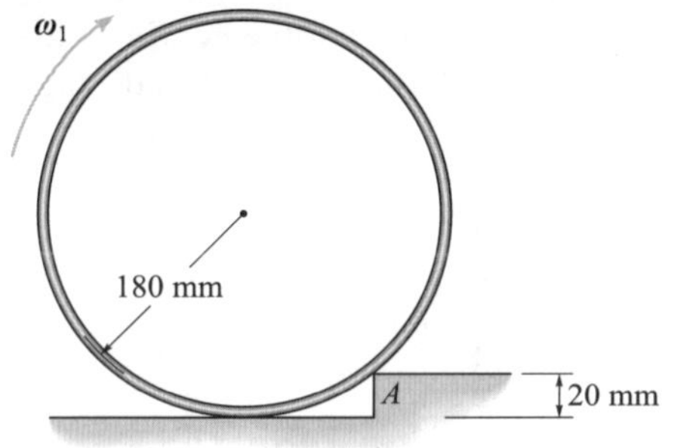

Problema 19.44

•19.45. O poste uniforme tem uma massa de 15 kg e cai do repouso quando $\theta = 90°$. Ele bate na aresta em A quando $\theta = 60°$. Se o poste então começa a pivotar em torno desse ponto após o contato, determine a velocidade angular do poste logo após o impacto. Suponha que o poste não desliza em B na medida em que ele cai até bater em A.

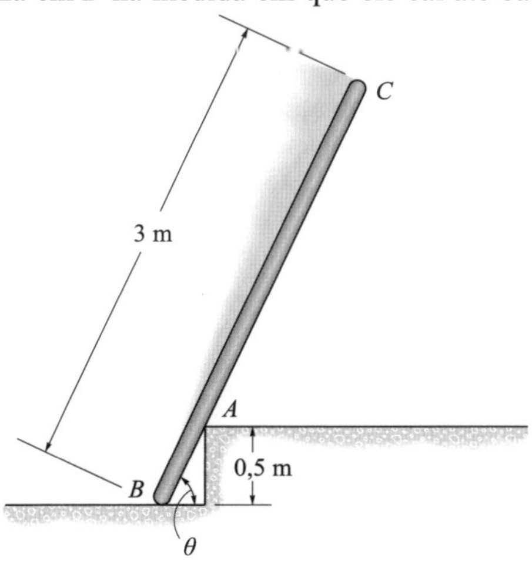

Problema 19.45

19.46. O bloco de 5 kg desliza sobre a superfície lisa quando o canto D bate em um bloco parado S. Determine a velocidade mínima $\mathbf{v}$ que o bloco deveria ter para que ele tombasse sobre seu lado e parasse na posição mostrada. Despreze a dimensão de S. *Dica:* durante o impacto, considere o peso do bloco como não impulsivo.

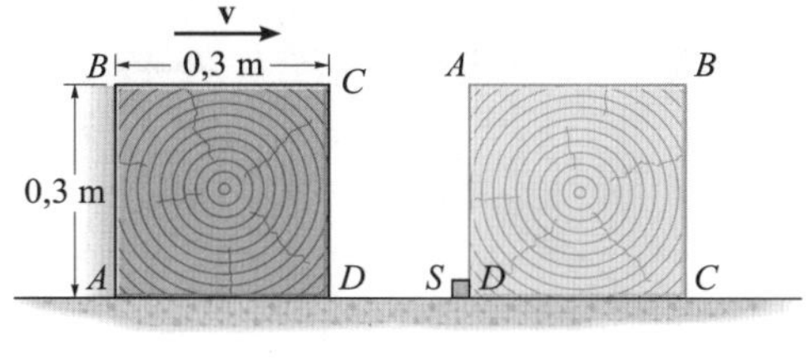

Problema 19.46

19.47. O alvo é um disco circular fino de 5 kg que pode girar livremente em torno do eixo z. Uma bala de 25 g, viajando a 600 m/s, acerta o alvo em A e fica embutida nele. Determine a velocidade angular do alvo após o impacto. Inicialmente, ele está em repouso.

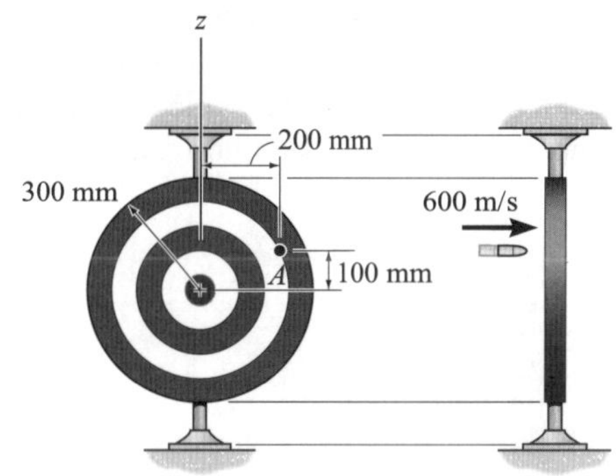

Problema 19.47

***19.48.** Uma massa plástica D, de 2 kg, acerta a prancha uniforme ABC, de 10 kg, com uma velocidade de 10 m/s. Se a massa plástica permanece fixada à prancha, determine o ângulo máximo θ de oscilação antes que a prancha pare momentaneamente. Despreze a dimensão da massa plástica.

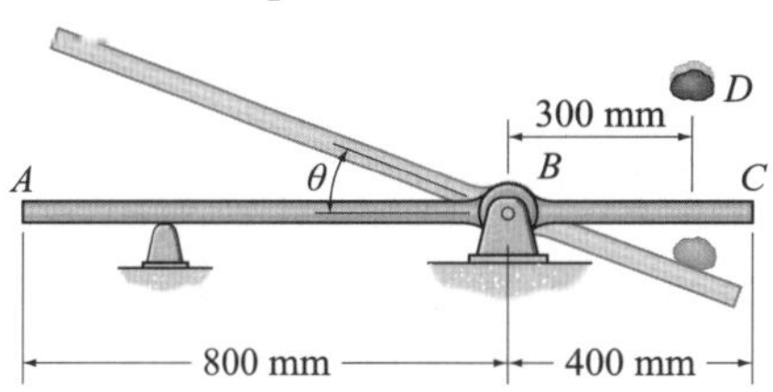

Problema 19.48

•19.49. A barra fina uniforme AB, de 6 kg, é submetida a uma ligeira perturbação horizontal quando está na posição vertical e gira em torno de B sem deslizar. Subsequentemente, ela atinge o degrau em C. O impacto é perfeitamente plástico e, assim, a barra gira em torno de C sem deslizar após o impacto. Determine a velocidade angular da barra quando ela está na posição horizontal mostrada.

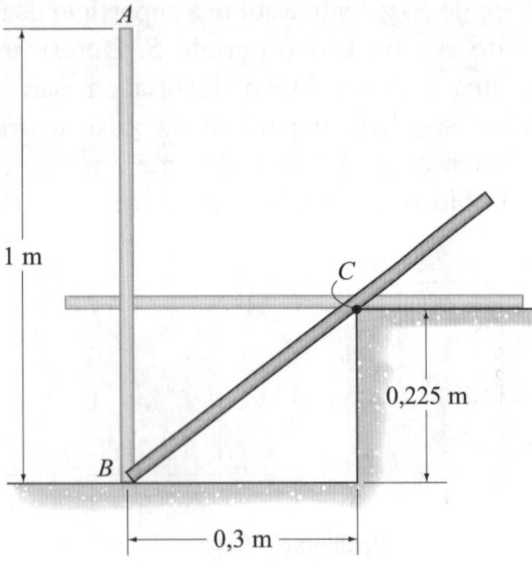

Problema 19.49

19.50. A prancha rígida de 15 kg é atingida pela cabeça do martelo H de 7,5 kg. Imediatamente antes do impacto, o martelo é seguro livremente e tem uma velocidade vertical de 22,5 m/s. Se o coeficiente de restituição entre a cabeça do martelo e a prancha é $e = 0,5$, determine a altura máxima alcançada pelo bloco D, de 25 kg. O bloco pode deslizar livremente ao longo das duas barras-guia verticais. A prancha está inicialmente em uma posição horizontal.

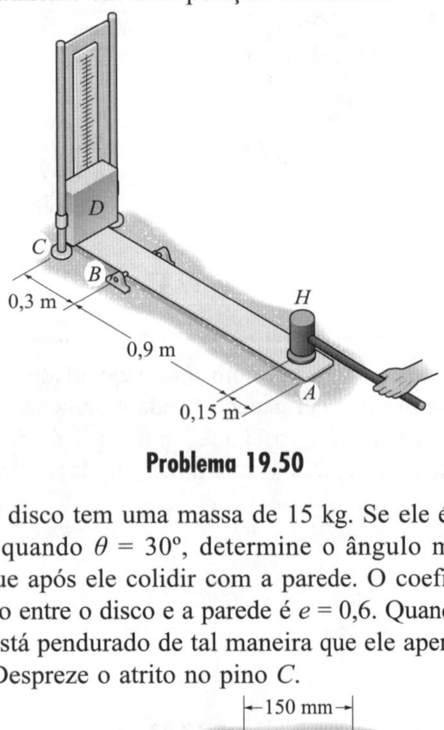

Problema 19.50

19.51. O disco tem uma massa de 15 kg. Se ele é solto do repouso quando $\theta = 30°$, determine o ângulo máximo θ de repique após ele colidir com a parede. O coeficiente de restituição entre o disco e a parede é $e = 0,6$. Quando $\theta = 0°$, o disco está pendurado de tal maneira que ele apenas toca a parede. Despreze o atrito no pino C.

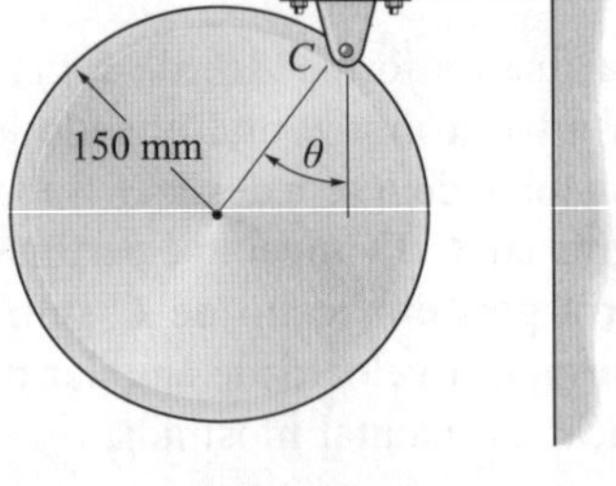

Problema 19.51

***19.52.** O centro de massa da bola de 1,5 kg tem uma velocidade $(v_G)_1 = 1,8$ m/s quando ela acerta a extremidade da barra fina lisa de 2,5 kg que está em repouso. Determine a velocidade angular da barra em torno do eixo z logo após o impacto se $e = 0,8$.

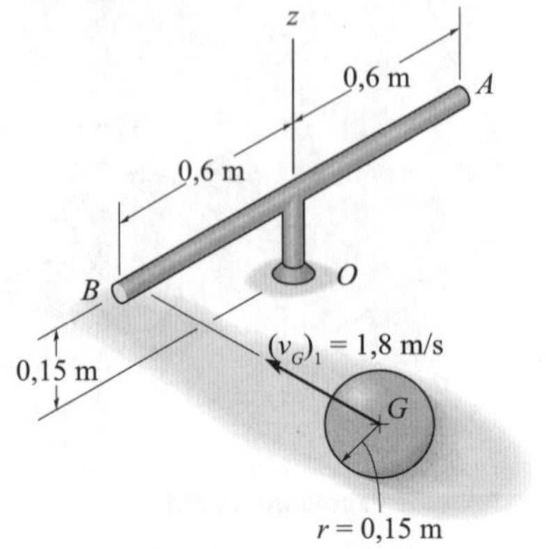

Problema 19.52

•**19.53.** O sino de 150 kg está em repouso na posição vertical quando é atingido pela viga de madeira de 37,5 kg, suspensa por duas cordas de igual comprimento. Se a viga é solta do repouso em $\theta = 45°$, determine a velocidade angular do sino e a velocidade da viga logo após o impacto. O coeficiente de restituição entre o sino e a viga é $e = 0,6$. O centro de gravidade do sino está localizado no ponto G e seu raio de giração em relação a G é $k_G = 0,45$ m.

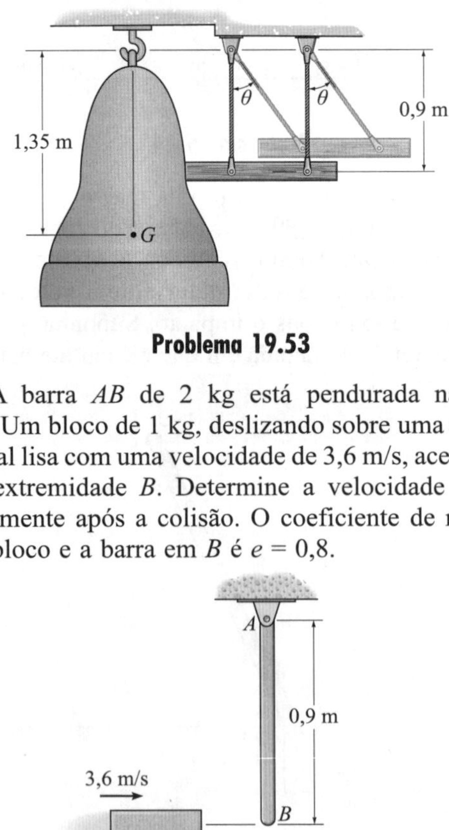

Problema 19.53

19.54. A barra AB de 2 kg está pendurada na posição vertical. Um bloco de 1 kg, deslizando sobre uma superfície horizontal lisa com uma velocidade de 3,6 m/s, acerta a barra na sua extremidade B. Determine a velocidade do bloco imediatamente após a colisão. O coeficiente de restituição entre o bloco e a barra em B é $e = 0,8$.

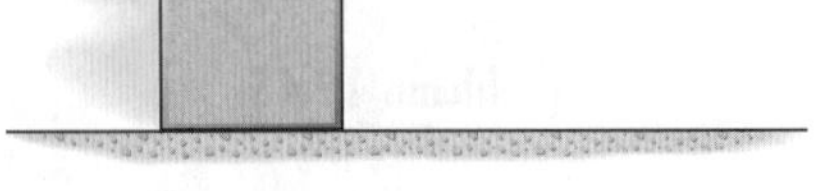

Problema 19.54

19.55. O pêndulo consiste de uma esfera de 5 kg e uma barra de 2 kg. Se ele é solto do repouso quando $\theta = 90°$, determine o ângulo θ de repique após a esfera bater no chão. Considere $e = 0{,}8$.

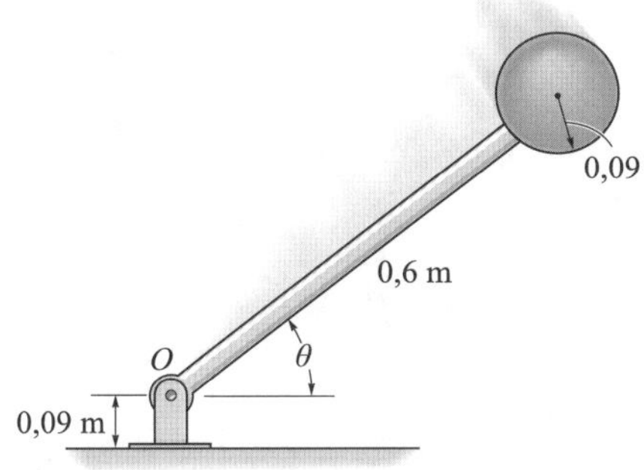

Problema 19.55

***19.56.** A bola sólida de massa m é solta com uma velocidade $\mathbf{v}_1$ sobre a aresta do degrau áspero. Se ela repica horizontalmente no degrau com uma velocidade $\mathbf{v}_2$, determine o ângulo θ no qual o contato ocorre. Suponha que não há deslizamento quando a bola bate no degrau. O coeficiente de restituição é e.

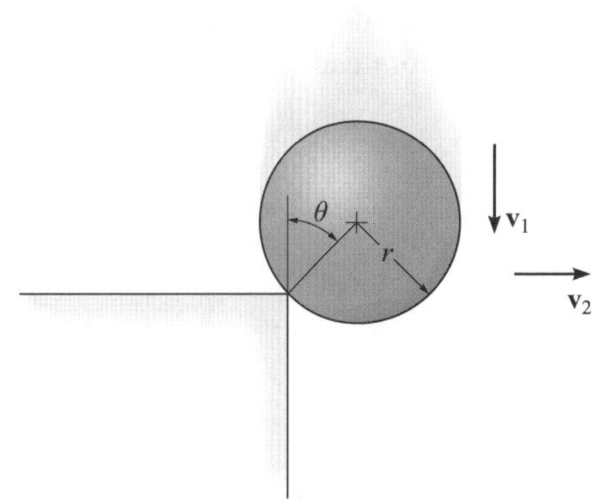

Problema 19.56

Problemas conceituais

19.1. O compactador de solo se desloca para frente a uma velocidade constante ao fornecer potência para as rodas traseiras. Utilize dados numéricos apropriados para rodas, rolo e corpo, e calcule a quantidade de movimento angular desse sistema em relação ao ponto A no chão, o ponto B no eixo traseiro e o ponto G, o centro de gravidade para o sistema.

Problema 19.1

19.2. A ponte móvel abre e fecha girando 90° utilizando um motor localizado sob o centro do piso em A que aplica um torque $\mathbf{M}$ à ponte. Se a ponte fosse suportada em sua extremidade B, o mesmo torque abriria a ponte no mesmo tempo, ou ele a abriria mais devagar ou mais rápido? Explique sua resposta utilizando valores numéricos e uma análise de impulso e quantidade de movimento. Além disso, quais são os benefícios de fazer com que a ponte tenha uma profundidade variável, como mostrado?

Problema 19.2

19.3. Por que é necessário ter o rotor de cauda B no helicóptero que gira perpendicular ao giro do rotor principal A? Explique sua resposta utilizando valores numéricos e uma análise de impulso e quantidade de movimento.

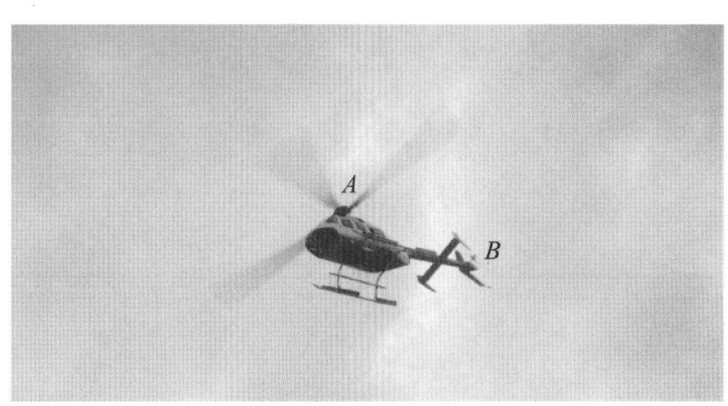

Problema 19.3

19.4. O brinquedo do parque de diversões consiste de duas gôndolas, *A* e *B*, e contrapesos, *C* e *D*, que oscilam em direções opostas. Utilizando dimensões e massas realistas, calcule a quantidade de movimento angular do sistema para qualquer posição angular das gôndolas. Explique, por meio de uma análise, por que é uma boa ideia projetar esse sistema para ter contrapesos com cada gôndola.

Problema 19.4

REVISÃO DO CAPÍTULO

Quantidade de movimento linear e angular

A quantidade de movimento linear e angular de um corpo rígido pode ser referenciada a seu centro de massa *G*.

Se a quantidade de movimento angular deve ser determinada em relação a outro eixo sem ser aquele passando pelo centro de massa, então a quantidade de movimento angular é determinada somando-se o vetor $\mathbf{H}_G$ e o momento do vetor $\mathbf{L}$ em relação a esse eixo.

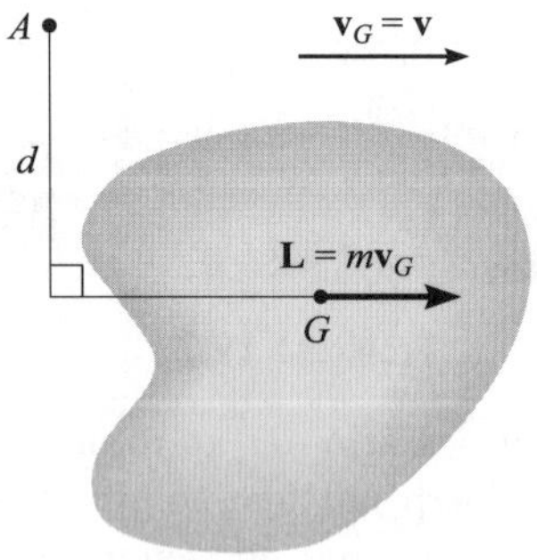

Translação

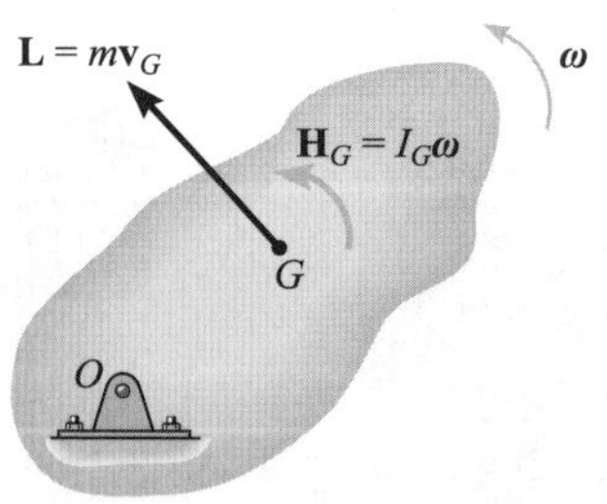

Rotação em torno de um eixo fixo

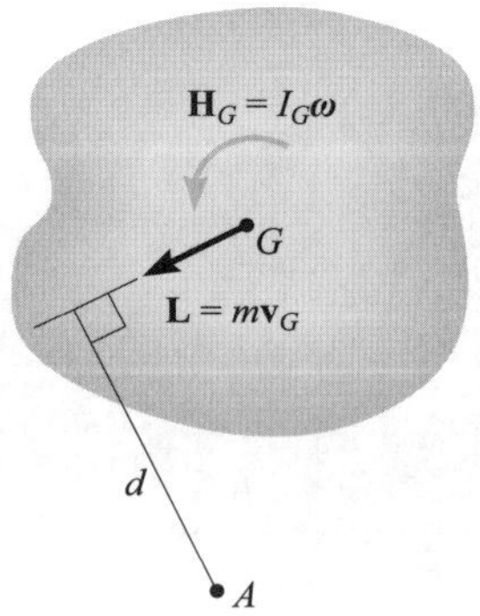

Movimento plano geral

Translação	Rotação em torno de um eixo fixo	Movimento plano geral
$L = mv_G$	$L = mv_G$	$L = mv_G$
$H_G = 0$	$H_G = I_G\omega$	$H_G = I_G\omega$
$H_A = (mv_G)d$	$H_O = I_O\omega$	$H_A = I_G\omega + (mv_G)d$

Princípio de impulso e quantidade de movimento Os princípios de impulso e quantidade de movimento linear e angular são usados para resolver problemas que envolvem força, velocidade e tempo. Antes de aplicar essas equações, é importante estabelecer o sistema de coordenadas inercial *x, y, z*. O diagrama de corpo livre para o corpo também deve ser desenhado a fim de considerar todas as forças e momentos de binários que produzem impulsos sobre o corpo.	$m(v_{Gx})_1 + \Sigma\int_{t_1}^{t_2} F_x\,dt = m(v_{Gx})_2$ $m(v_{Gy})_1 + \Sigma\int_{t_1}^{t_2} F_y\,dt = m(v_{Gy})_2$ $I_G\omega_1 + \Sigma\int_{t_1}^{t_2} M_G\,dt = I_G\omega_2$
Conservação da quantidade de movimento Contanto que a soma dos impulsos lineares atuando sobre um sistema de corpos rígidos conectados seja zero em uma direção particular, então a quantidade de movimento linear para o sistema é conservada nessa direção. A conservação da quantidade de movimento angular ocorre se os impulsos passam através de um eixo ou são paralelos a ele. A quantidade de movimento também é conservada se as forças externas são pequenas e, portanto, criam forças não impulsivas sobre o sistema. Um diagrama de corpo livre deve acompanhar qualquer aplicação a fim de classificar as forças como impulsivas ou não impulsivas e para determinar um eixo em torno do qual a quantidade de movimento angular pode ser conservada.	$\left(\Sigma\begin{matrix}\text{quantidade de movimento}\\ \text{do sistema linear}\end{matrix}\right)_1 = \left(\Sigma\begin{matrix}\text{quantidade de movimento}\\ \text{do sistema linear}\end{matrix}\right)_2$ $\left(\Sigma\begin{matrix}\text{quantidade de movimento}\\ \text{do sistema angular}\end{matrix}\right)_{O1} = \left(\Sigma\begin{matrix}\text{quantidade de movimento}\\ \text{do sistema angular}\end{matrix}\right)_{O2}$
Impacto excêntrico Se a linha de impacto não coincide com a linha conectando os centros de massa de dois corpos em colisão, então ocorrerá o impacto excêntrico. Se o movimento dos corpos imediatamente após o impacto deve ser determinado, então é necessário considerar uma equação de conservação da quantidade de movimento para o sistema e usar a equação do coeficiente de restituição.	$e = \dfrac{(v_B)_2 - (v_A)_2}{(v_A)_1 - (v_B)_1}$

REVISÃO 2

Cinética e cinemática do movimento plano de um corpo rígido

Tendo apresentado os vários tópicos em cinética e cinemática do movimento plano nos capítulos 16 a 19, vamos agora resumir esses princípios e fornecer uma oportunidade para a aplicação deles na solução de vários tipos de problemas.

Cinemática

Aqui estamos interessados em estudar a geometria do movimento, sem nos preocupar com as forças que causam o movimento. Antes de resolver um problema de cinemática de movimento plano, é necessário *primeiro classificar o movimento* como sendo uma translação retilínea ou curvilínea, uma rotação em torno de um eixo fixo, ou um movimento plano geral. Em particular, problemas envolvendo movimento plano geral podem ser resolvidos com referência a um eixo fixo (análise de movimento absoluto) ou utilizando sistemas de referência de translação ou rotação (análise de movimento relativo). A escolha geralmente depende do tipo de restrições e da geometria do problema. Em todos os casos, a aplicação das equações necessárias pode ser esclarecida desenhando um diagrama cinemático. Lembre-se que a *velocidade* de um ponto é sempre *tangente* à sua trajetória de movimento, e a *aceleração* de um ponto pode ter *componentes* nas direções *n–t* quando a trajetória é *curva*.

Translação

Quando o corpo se desloca com uma translação retilínea ou curvilínea, *todos* os pontos no corpo têm o *mesmo movimento*.

$$\mathbf{v}_B = \mathbf{v}_A \qquad \mathbf{a}_B = \mathbf{a}_A$$

Rotação em torno de um eixo fixo

Movimento angular

Aceleração angular variável. Contanto que uma relação matemática seja dada entre *quaisquer duas* das *quatro* variáveis θ, ω, α e t, então uma *terceira* variável pode ser determinada resolvendo-se uma das seguintes equações que relacionam todas as três variáveis.

$$\omega = \frac{d\theta}{dt} \qquad \alpha = \frac{d\omega}{dt} \qquad a d\theta = \omega\, d\omega$$

Aceleração angular constante

As seguintes equações se aplicam quando é *absolutamente certo* que a aceleração angular é constante.

$$\theta = \theta_0 + \omega_0 t + \frac{1}{2}\alpha_c t^2 \qquad \omega = \omega_0 + a_c t \qquad \omega^2 = \omega_0^2 + 2\alpha_c(\theta - \theta_0)$$

Movimento do ponto P

Uma vez que $\boldsymbol{\omega}$ e $\boldsymbol{\alpha}$ tenham sido determinados, então o movimento circular do ponto P pode ser especificado utilizando as equações escalar ou vetorial seguintes.

$$v = \omega r \qquad \mathbf{v} = \boldsymbol{\omega} \times \mathbf{r}$$

$$a_t = \alpha r \quad a_n = \omega^2 r \quad \mathbf{a} = \boldsymbol{\alpha} \times \mathbf{r} - \omega^2 \mathbf{r}$$

Movimento plano geral – Análise de movimento relativo

Lembre-se que, quando os *eixos de translação* são colocados no 'ponto base' A, o *movimento relativo* do ponto B com relação a A é simplesmente um *movimento circular de B em relação a A*. As equações seguintes aplicam-se a dois pontos A e B localizados no *mesmo* corpo rígido.

$$\mathbf{v}_B = \mathbf{v}_A + \mathbf{v}_{B/A} = \mathbf{v}_A + \boldsymbol{\omega} \times \mathbf{r}_{B/A}$$

$$\mathbf{a}_B = \mathbf{a}_A + \mathbf{a}_{B/A} = \mathbf{a}_A + \boldsymbol{\alpha} \times \mathbf{r}_{B/A} - \omega^2 \mathbf{r}_{B/A}$$

Eixos de rotação e de translação são frequentemente usados para analisar o movimento de corpos rígidos que estão conectados entre si por anéis ou blocos deslizantes.

$$\mathbf{v}_B = \mathbf{v}_A + \boldsymbol{\Omega} \times \mathbf{r}_{B/A} + (\mathbf{v}_{B/A})_{xyz}$$

$$\mathbf{a}_B = \mathbf{a}_A + \dot{\boldsymbol{\Omega}} \times \mathbf{r}_{B/A} + \boldsymbol{\Omega} \times (\boldsymbol{\Omega} \times \mathbf{r}_{B/A}) + 2\boldsymbol{\Omega} \times (\mathbf{v}_{B/A})_{xyz} + (\mathbf{a}_{B/A})_{xyz}$$

Cinética

Para analisar as forças que causam o movimento, temos de usar os princípios da cinética. Quando se aplicam as equações necessárias, é importante primeiro estabelecer o sistema de coordenadas inercial e definir as direções positivas dos eixos. As *direções* deverão ser as *mesmas* que as escolhidas quando se está escrevendo quaisquer equações da cinemática se uma *solução simultânea* das equações torna-se necessária.

Equações de movimento

Essas equações são usadas para determinar os movimentos acelerados ou forças que causam o movimento. Se forem usadas para determinar posição, velocidade ou tempo do movimento, então a cinemática terá de ser considerada para completar a solução. Antes de aplicar as equações de movimento, *sempre desenhe um diagrama de corpo livre* a fim de identificar todas as forças atuando sobre o corpo. Além disso, estabeleça as direções da aceleração do centro de massa e da aceleração angular do corpo. (Um diagrama cinético também pode ser desenhado a fim de representar $m\mathbf{a}_G$ e $I_G\boldsymbol{\alpha}$ graficamente. Este diagrama é particularmente conveniente para decompor $m\mathbf{a}_G$ em componentes e para identificar os termos na soma da quantidade de movimentos $\Sigma(\mathcal{M}_k)_P$.)

As três equações de movimento são

$$\Sigma F_x = m(a_G)_x$$

$$\Sigma F_y = m(a_G)_y$$

$$\Sigma M_G = I_G \alpha \quad \text{ou} \quad \Sigma M_P = \Sigma(\mathcal{M}_k)_P$$

Em particular, se o corpo está *girando em torno de um eixo fixo*, os momentos também podem ser somados em relação ao ponto O no eixo, caso em que

$$\Sigma M_O = \Sigma\,(\mathrm{M}_k)_O = I_O \alpha$$

Trabalho e energia

A equação de trabalho e energia é usada para resolver problemas envolvendo força, velocidade e deslocamento. Antes de aplicar essa equação, *sempre desenhe um diagrama de corpo livre* do corpo, a fim de identificar as forças que realizam trabalho. Lembre que a energia cinética do corpo é causada pelo movimento translacional do centro de massa, $\mathbf{v}_G$, *e* o movimento rotacional do corpo, $\boldsymbol{\omega}$.

$$T_1 + \Sigma U_{1\text{-}2} = T_2$$

onde

$$T = \frac{1}{2}mv_G^2 + \frac{1}{2}I_G\omega^2$$

$U_F = \int F \cos\theta \, ds$	(força variável)
$U_{Fc} = F_c \cos\theta(s_2 - s_1)$	(força constante)
$U_W = -W\,\Delta y$	(peso)
$U_s = -\left(\frac{1}{2}ks_2^2 - \frac{1}{2}ks_1^2\right)$	(mola)
$U_M = M\theta$	(momento de binário constante)

Se as forças atuando sobre o corpo são *forças conservativas*, então aplique a *equação da conservação de energia*. Esta equação é mais fácil de usar do que a equação de trabalho e energia, visto que ela se aplica a apenas *dois pontos* na trajetória e *não* requer o cálculo do trabalho realizado por uma força quando o corpo se desloca ao longo da trajetória.

$$T_1 + V_1 = T_2 + V_2$$

onde $V = V_g + V_e$ e

$V_g = W_y$	(energia potencial gravitacional)
$V_e = \frac{1}{2}ks^2$	(energia potencial elástica)

Impulso e quantidade de movimento

Os princípios de impulso e quantidade de movimento linear e angular são usados para resolver problemas envolvendo força, velocidade e tempo. Antes de aplicar as equações, *desenhe um diagrama de corpo livre,* a fim de identificar todas as forças que causam impulsos lineares e angulares no corpo. Além disso, estabeleça as direções da velocidade do centro de massa e a velocidade do corpo imediatamente antes e logo após os impulsos serem aplicados. (Como um procedimento alternativo, os diagramas de impulso e de quantidade de movimento podem acompanhar a solução a fim de considerar graficamente os termos nas equações. Esses diagramas são particularmente vantajosos quando se calculam os impulsos angulares e a quantidade de movimentos angulares em relação a um ponto outro que o centro de massa do corpo.)

$$m(\mathbf{v}_G)_1 + \Sigma \int \mathbf{F}\, dt = m(\mathbf{v}_G)_2$$

$$(\mathbf{H}_G)_1 + \Sigma \int \mathbf{M}_G\, dt = (\mathbf{H}_G)_2$$

ou

$$(\mathbf{H}_O)_1 + \Sigma \int \mathbf{M}_O\, dt = (\mathbf{H}_O)_2$$

Conservação da quantidade de movimento

Se forças não impulsivas ou nenhuma força impulsiva atua sobre o corpo em uma direção em particular, ou se os movimentos de diversos corpos estão envolvidos no problema, então considere aplicar a conservação da quantidade de movimento linear ou angular para a solução. Uma investigação do diagrama de corpo livre (ou o diagrama de impulso) vai ajudar a determinar as direções ao longo das quais as forças impulsivas são zero, ou eixos em torno dos quais as forças impulsivas criam impulso angular zero. Para esses casos,

$$m(\mathbf{v}_G)_1 = m(\mathbf{v}_G)_2$$

$$(\mathbf{H}_O)_1 = (\mathbf{H}_O)_2$$

Os problemas que seguem envolvem a aplicação de todos os conceitos acima. Eles são apresentados em uma *ordem aleatória*, de modo a ganhar prática na identificação dos vários tipos de problemas e no desenvolvimento das habilidades necessárias para sua solução.

Problemas

2.1. Uma transmissão de automóvel consiste do sistema de engrenagens planetárias mostrado. Se a engrenagem interna R é mantida fixa tal que $\omega_R = 0$, e o eixo s e a engrenagem sol S giram a 20 rad/s, determine a velocidade angular de cada engrenagem planetária P e a velocidade da peça de conexão D, que está livre para girar em torno do eixo central s.

2.2. Uma transmissão de automóvel consiste do sistema de engrenagens planetárias mostrado. Se a engrenagem interna R gira a $\omega_R = 2$ rad/s, e o eixo s e a engrenagem sol S giram a 20 rad/s, determine a velocidade angular de cada engrenagem planetária P e a velocidade angular da peça de conexão D, que está livre para girar em torno do eixo central s.

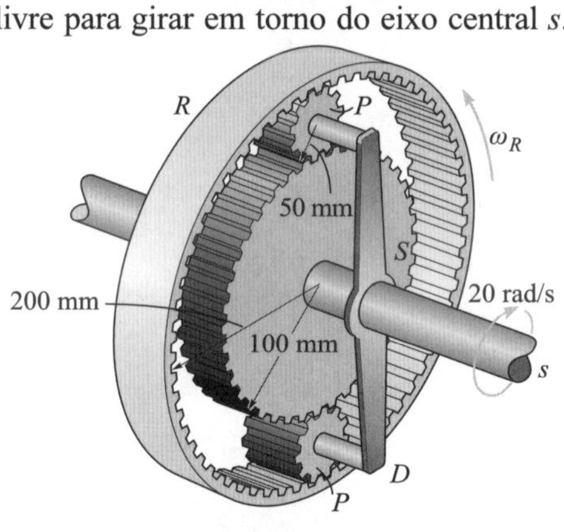

Problemas 2.1/2

2.3. A barra fina AB de 3 kg é solta do repouso quando está na *posição horizontal*, de maneira que ela começa a girar no sentido horário. Uma bola de 0,5 kg é jogada na barra com uma velocidade $v = 15$ m/s. A bola atinge a barra em C no instante que a barra está na posição vertical, como mostrado. Determine a velocidade angular da barra logo após o impacto. Faça $e = 0,7$ e $d = 0,6$ m.

***2.4.** A barra fina AB de 3 kg está originalmente em repouso, suspensa na posição vertical. Uma bola de 0,5 kg é jogada na barra com uma velocidade $v = 15$ m/s e atinge a barra em C. Determine a velocidade angular da barra logo após o impacto. Faça $e = 0,7$ e $d = 0,6$ m.

2.5. A barra fina de 3 kg está originalmente em repouso, suspensa na posição vertical. Determine a distância d onde a bola de 0,5 kg, viajando a $v = 15$ m/s, deve atingir a barra de maneira que ela não crie um impulso horizontal em A. Qual é a velocidade angular da barra logo após o impacto? Faça $e = 0,5$.

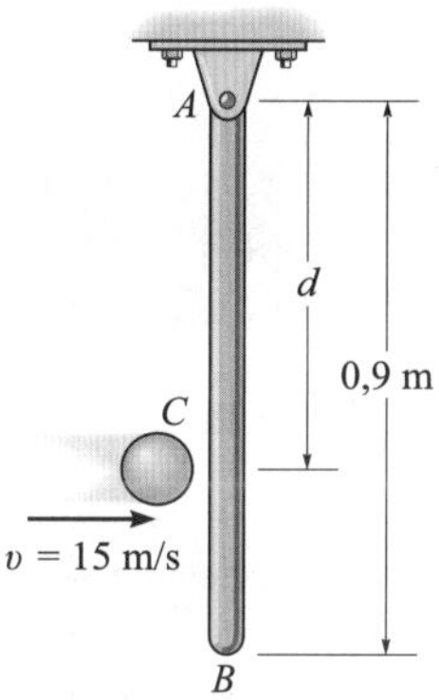

Problemas 2.3/4/5

2.6. Em um dado instante, a roda gira com os movimentos angulares mostrados. Determine a aceleração do anel em A nesse instante.

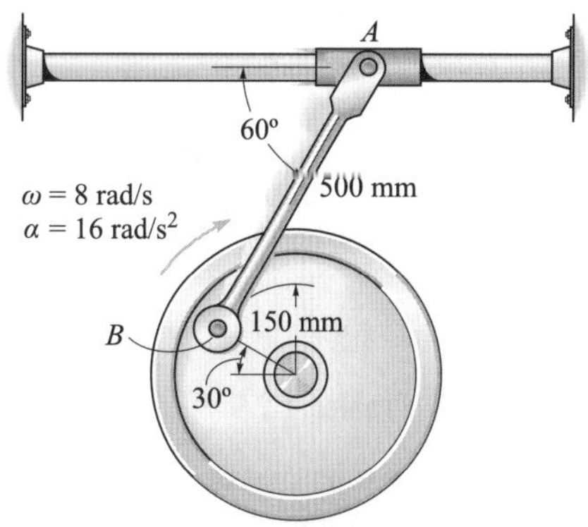

Problema 2.6

2.7. A engrenagem pequena, que tem uma massa m, pode ser tratada como um disco uniforme. Se ela é solta do repouso em $\theta = 0°$, e rola ao longo de uma cremalheira circular fixa, determine a velocidade angular da linha radial AB no instante $\theta = 90°$.

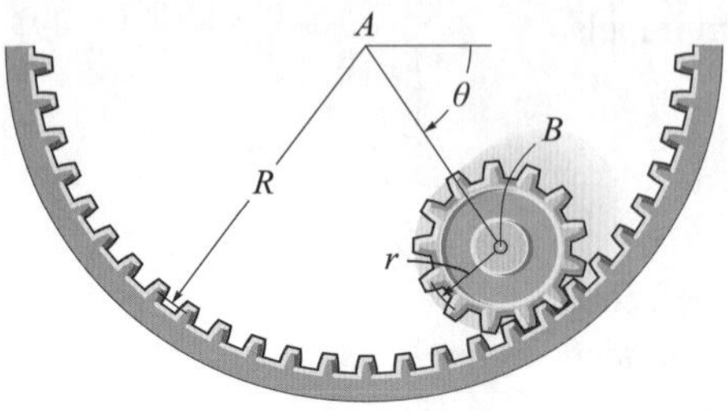

Problema 2.7

***2.8.** O cilindro de 50 kg tem uma velocidade angular de 30 rad/s quando é colocado em contato com a superfície em C. Se o coeficiente de atrito cinético é $\mu_k = 0,2$, determine quanto tempo levará para o cilindro parar de girar. Que força é desenvolvida no membro AB durante esse tempo? O eixo do cilindro está conectado a *dois* membros simétricos (apenas AB é mostrado). Para o cálculo, despreze o peso dos membros.

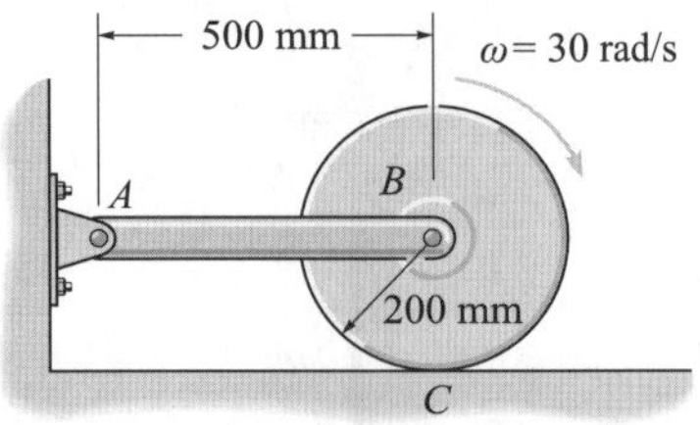

Problema 2.8

2.9. A cremalheira tem uma massa de 6 kg, e cada uma das engrenagens tem uma massa de 4 kg e um raio de giração $k = 30$ mm em relação a seu centro. Se a cremalheira está originalmente se deslocando para baixo a 2 m/s, quando $s = 0$, determine a velocidade da cremalheira quando $s = 600$ mm. As engrenagens estão livres para girar em torno de seus centros, A e B.

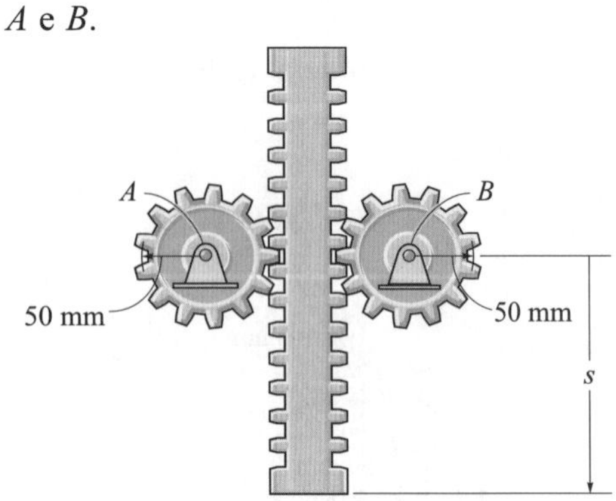

Problema 2.9

2.10. A engrenagem tem uma massa de 2 kg e um raio de giração $k_A = 0,15$ m. O membro de ligação AB (barra fina) e o bloco deslizante em B têm uma massa de 4 kg e 1 kg, respectivamente. Se a engrenagem tem uma velocidade angular $\omega = 8$ rad/s no instante $\theta = 45°$, determine a velocidade angular da engrenagem quando $\theta = 0°$.

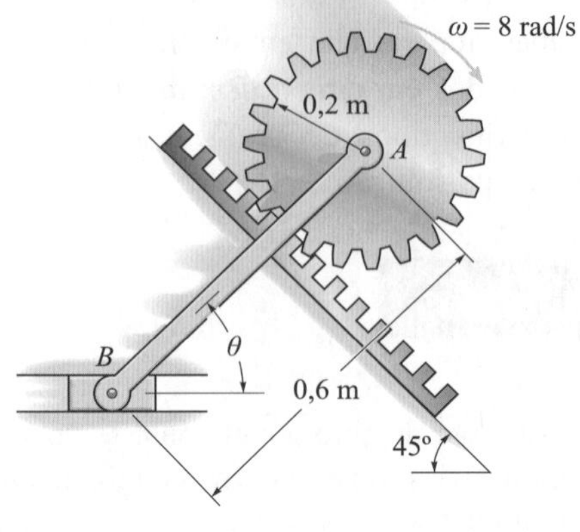

Problema 2.10

***2.11.** A operação de uma campainha de porta requer o uso de um eletroímã que atrai o badalo de ferro AB que está pinado na extremidade A e consiste de uma barra fina de 0,2 kg na qual está fixada uma bola de aço de 0,04 kg tendo um raio de 6 mm. Se a força de atração do eletroímã em C é 0,5 N quando o interruptor está ligado, determine a aceleração angular inicial do badalo. A mola está originalmente deformada em 20 mm.

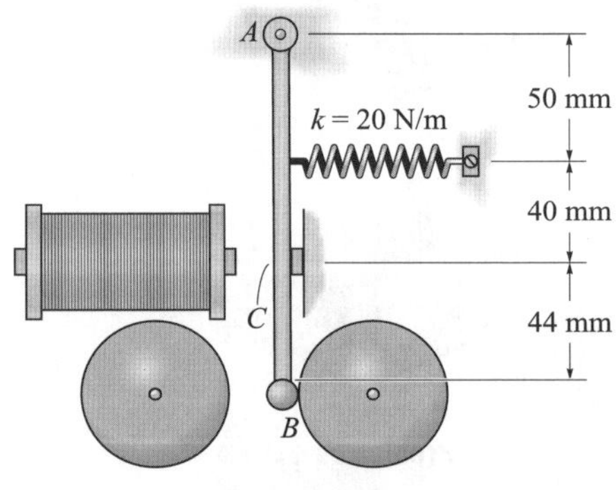

Problema 2.11

***2.12.** A porta giratória consiste de quatro portas que estão fixadas a um eixo AB. Cada porta pode ser assumida como uma placa fina de 25 kg. O atrito no eixo contribui um momento de 3 N · m que resiste à rotação das portas. Se uma mulher passa por uma porta sempre empurrando com uma força $P = 75$ N perpendicular ao plano da porta como mostrado, determine a velocidade angular da porta após ela ter girado 90°. As portas estão originalmente em repouso.

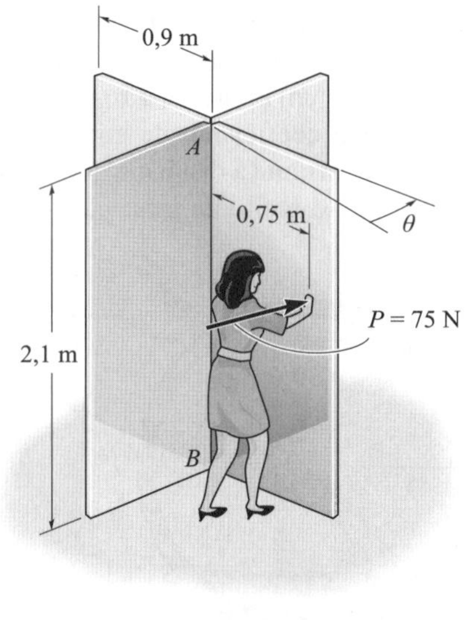

Problema 2.12

2.13. O cilindro de 5 kg repousa sobre o carrinho de 10 kg. Se o sistema é solto do repouso, determine a velocidade angular do cilindro em 2 s. O cilindro não desliza sobre o carrinho. Despreze a massa das rodas no carrinho.

2.14. Resolva o Problema anterior se os coeficientes de atrito estático e cinético entre o cilindro e o carrinho são $\mu_s = 0{,}3$ e $\mu = 0{,}2$, respectivamente.

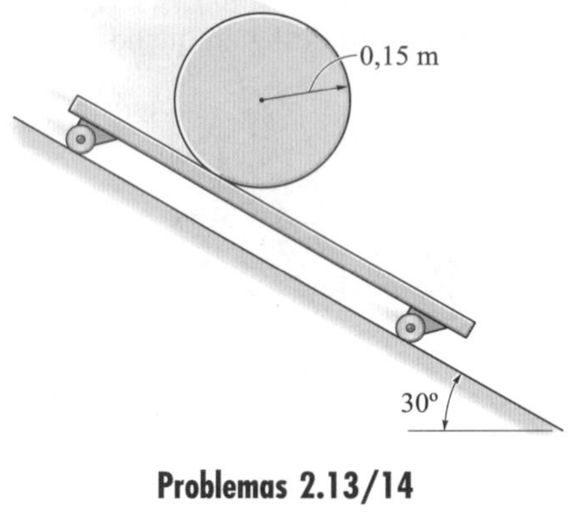

Problemas 2.13/14

2.15. Cada uma das engrenagens H e C tem uma massa de 0,2 kg e um raio de giração em relação a seu centro de massa $(k_H)_B = (k_C)_A = 50$ mm. O membro AB tem uma massa de 0,1 kg e um raio de giração $(k_{AB})_A = 75$ mm, enquanto o membro DE tem uma massa de 0,075 kg e um raio de giração $(k_{DE})_B = 112{,}5$ mm. Se *um* momento de binário $M = 4{,}5$ N · m é aplicado ao membro AB e o conjunto está originalmente em repouso, determine a velocidade angular do membro DE quando o membro AB girou 360°. A engrenagem C está impedida de girar, e o movimento ocorre no plano horizontal. Além disso, a engrenagem H e o membro DE giram juntos em torno do mesmo eixo em B.

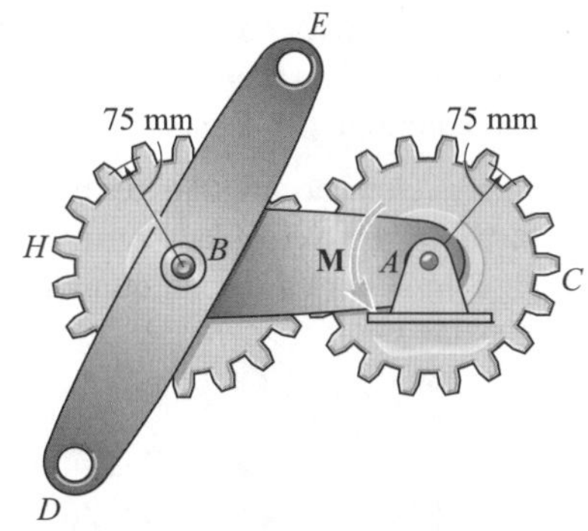

Problema 2.15

***2.16.** A pista interna do rolamento de rolos gira com uma velocidade angular $\omega_i = 6$ rad/s, enquanto a pista externa gira na direção oposta a $\omega_o = 4$ rad/s. Determine a velocidade angular de cada um dos rolos se eles rolam sobre as pistas sem deslizar.

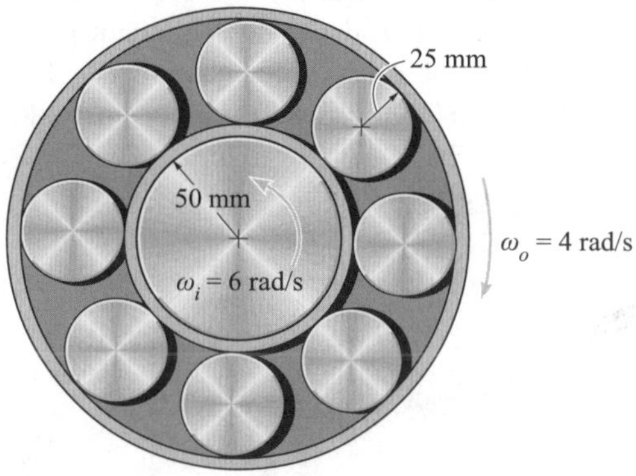

Problema 2.16

2.17. O aro (anel fino) tem uma massa de 5 kg e é solto plano inclinado abaixo, tal que tenha um efeito de giro para trás $\boldsymbol{\omega} = 8$ rad/s e seu centro tenha uma velocidade $v_G = 3$ m/s, como mostrado. Se o coeficiente de atrito cinético entre o aro e o plano é $\mu_k = 0{,}6$, determine quanto tempo o aro roda antes de parar o deslizamento.

2.18. O aro (anel fino) tem uma massa de 5 kg e é solto plano inclinado abaixo, tal que tenha um efeito de giro para trás $\boldsymbol{\omega} = 8$ rad/s e seu centro tenha uma velocidade $v_G = 3$ m/s, como mostrado. Se o coeficiente de atrito cinético entre o aro e o plano é $\mu_k = 0{,}6$, determine a velocidade angular do aro 1 s após ele ser solto.

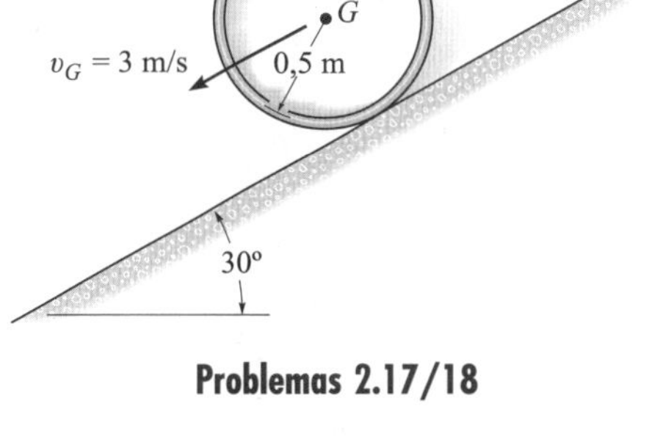

Problemas 2.17/18

2.19. Determine a velocidade angular da barra CD no instante $\theta = 30^{\circ}$. A barra AB se desloca para a esquerda com uma velocidade constante $v_{AB} = 5$ m/s.

***2.20.** Determine a aceleração angular da barra CD no instante $\theta = 30^{\circ}$. A barra AB tem velocidade zero, ou seja, $v_{AB} = 0$, e aceleração $a_{AB} = 2$ m/s² para a direita quando $\theta = 30^{\circ}$.

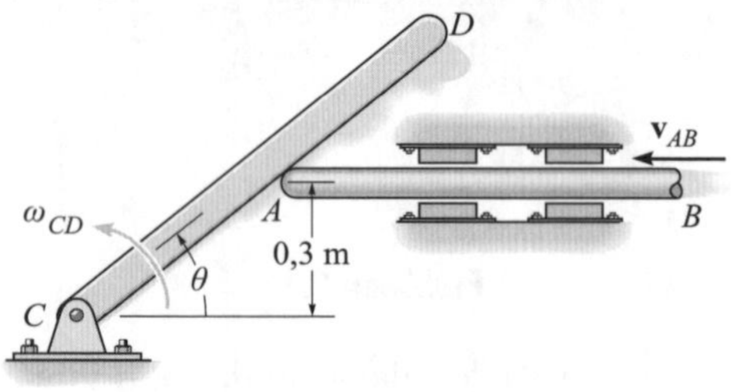

Problemas 2.19/20

2.21. Se a velocidade angular do tambor é aumentada uniformemente de 6 rad/s quando $t = 0$ para 12 rad/s quando $t = 5$ s, determine as intensidades de velocidade e aceleração dos pontos A e B sobre a correia quando $t = 1$ s. Nesse instante os pontos estão localizados como mostrado.

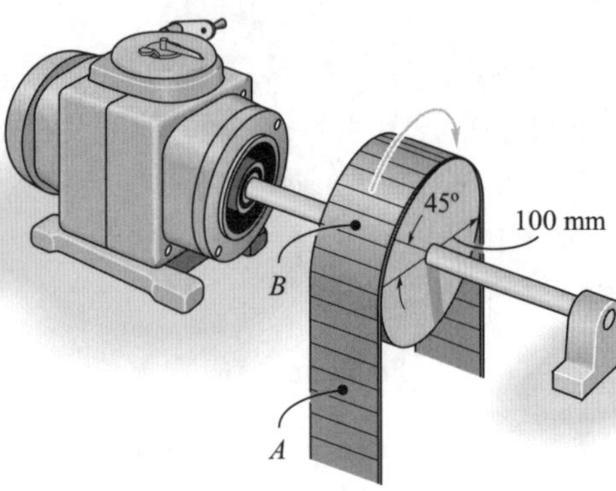

Problema 2.21

2.22. A polia A e o tambor acoplado B têm uma massa de 10 kg e um raio de giração $k_B = 0,18$ m. Se a polia P 'rola' para baixo na corda sem deslizar, determine a velocidade da caixa C de 10 kg no instante $s = 3$ m. Inicialmente, a caixa é solta do repouso quando $s = 1,5$ m. Para o cálculo, despreze a massa da polia P e da corda.

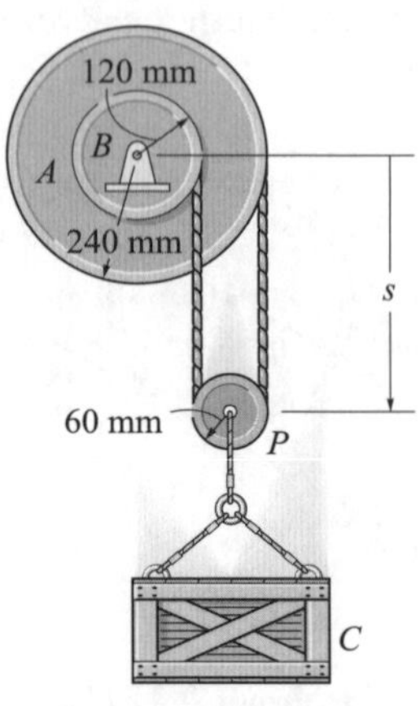

Problema 2.22

2.23. Ao fazer uma pressão para baixo com o dedo em B, um anel fino tendo uma massa m é submetido a uma velocidade inicial v_1 e um efeito de giro para trás ω_1 quando o dedo é solto. Se o coeficiente de atrito cinético entre a mesa e o anel é μ, determine a distância que o anel se desloca para frente antes que o efeito de girar para trás cesse.

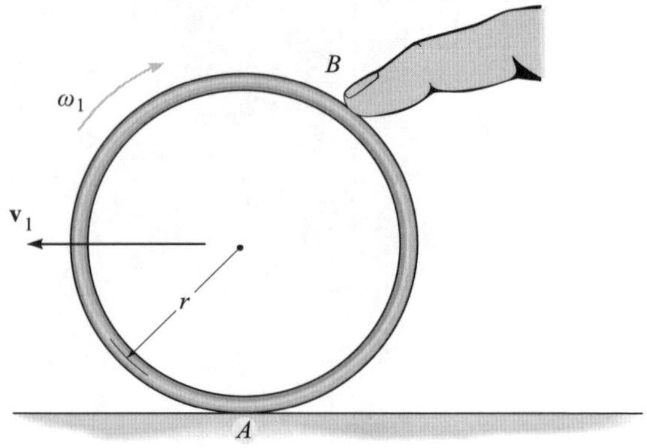

Problema 2.23

***2.24.** A máquina de pavimentação está se deslocando plano inclinado abaixo a $v_1 = 1,5$ m/s quando o motor é colocado em ponto 'morto'. Determine a velocidade da máquina quando ela se deslocou 6 m plano inclinado abaixo. O corpo da máquina, excluindo os rolos, tem uma massa de 4000 kg e um centro de gravidade em G. Cada um dos dois rolos tem uma massa de 200 kg e um raio de giração $k_A = 0,99$ m. O rolo dianteiro tem uma massa de 400 kg e um raio de giração $k_B = 0,54$ m. Os rolos não deslizam quando giram.

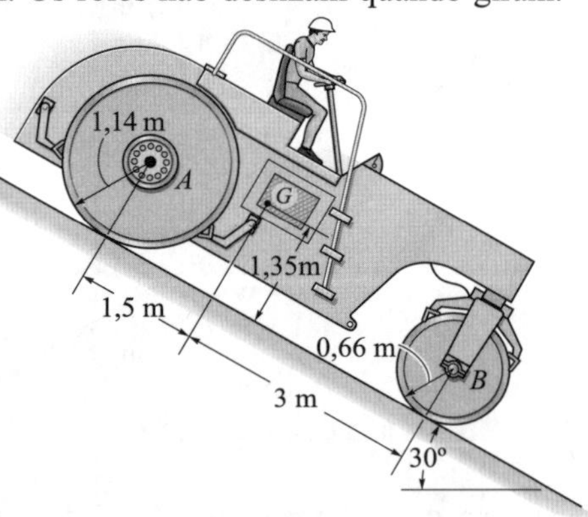

Problema 2.24

2.25. O cilindro B rola sobre o cilindro fixo A sem deslizar. Se a barra CD gira com uma velocidade angular $\omega_{CD} = 5$ rad/s, determine a velocidade angular do cilindro B. O ponto C é um ponto fixo.

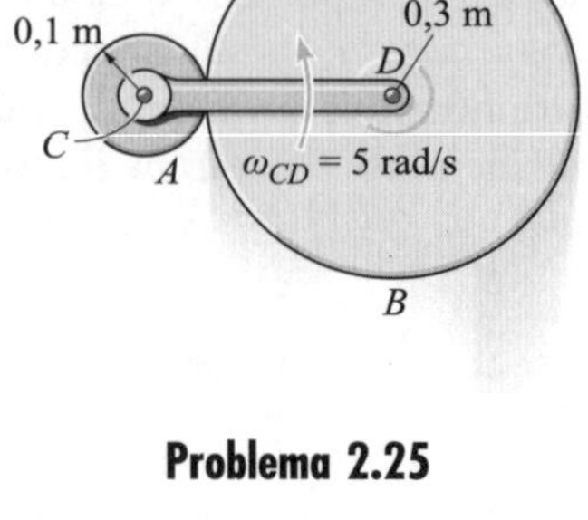

Problema 2.25

2.26. O disco tem uma massa M e um raio R. Se um bloco de massa m é fixado à corda, determine a aceleração angular do disco quando o bloco é solto do repouso. Além disso, qual é a distância que o bloco cai do repouso no tempo t?

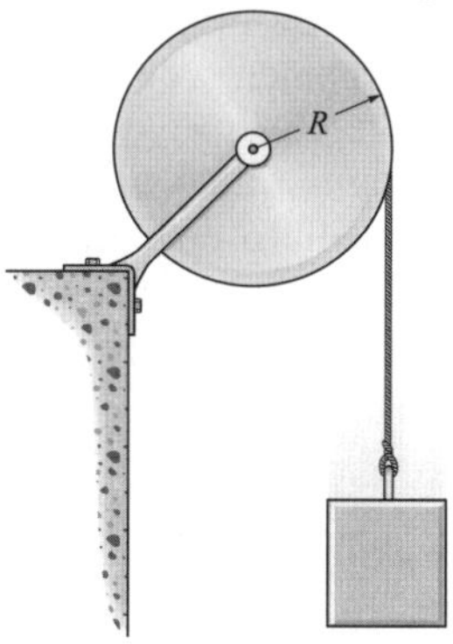

Problema 2.26

2.27. O tonel do misturador tem uma massa de 35 kg e um raio de giração k_G = 0,39 m em relação a seu centro de gravidade G. Se um torque constante M = 90 N · m é aplicado à roda do basculante, determine a velocidade angular do tonel quando ele girou θ = 90º. Originalmente o tonel está em repouso quando θ = 0º. Despreze a massa da roda.

***2.28.** Resolva o Problema anterior se o torque aplicado for $M = (75\theta)$ N · m, onde θ é dado em radianos.

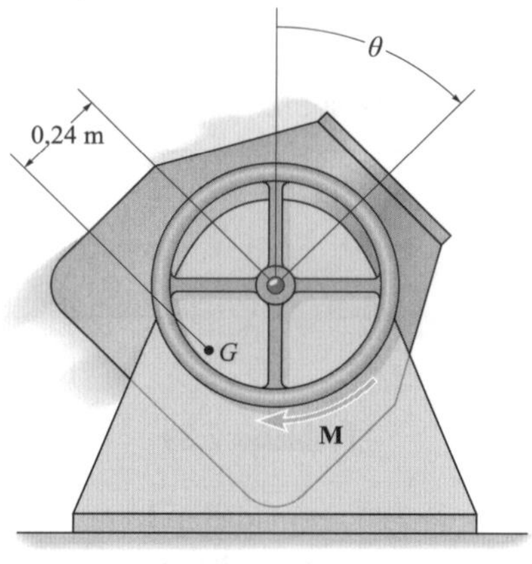

Problemas 2.27/28

2.29. A bobina tem uma massa de 15 kg e um raio de giração k_O = 0,135 m. Uma corda está enrolada em torno do cubo interno da bobina e sua extremidade é submetida a uma força horizontal P = 25 N. Determine a velocidade angular da bobina em 4 s partindo do repouso. Suponha que a bobina gira sem deslizar.

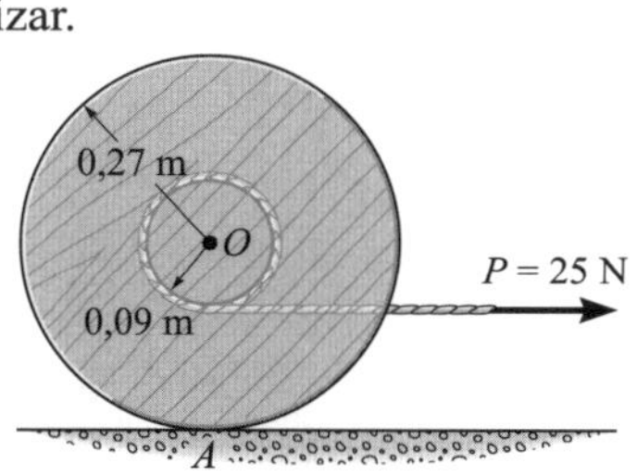

Problema 2.29

2.30. O homem de 75 kg e o garoto de 40 kg sentam-se na gangorra horizontal, que tem uma massa desprezível. No instante que o homem tira seus pés do chão, determine suas acelerações se cada um senta com uma postura ereta, ou seja, eles não giram. Os centros de massa do homem e do garoto estão em G_m e G_b, respectivamente.

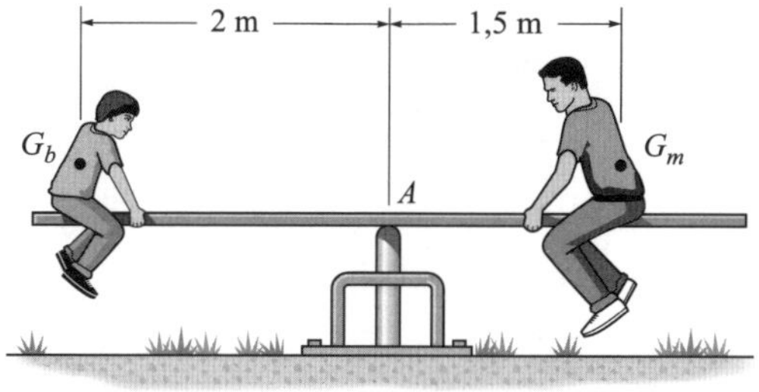

Problema 2.30

2.31. Uma esfera e um cilindro são soltos do repouso na rampa a t = 0. Se cada um tem uma massa m e um raio r, determine suas velocidades angulares no momento t. Suponha que não ocorre deslizamento.

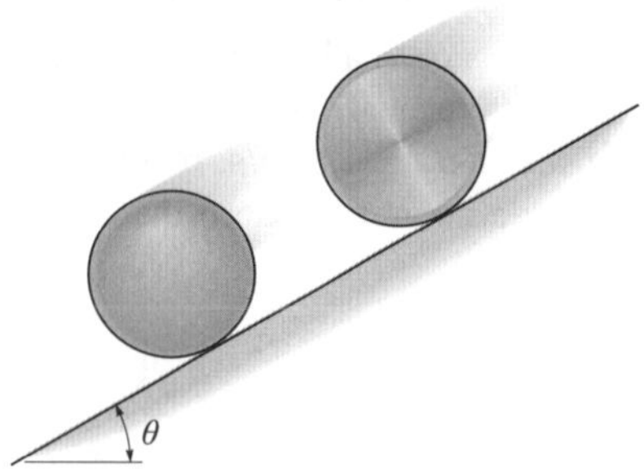

Problema 2.31

***2.32.** Em dado instante, o membro AB tem uma aceleração angular α_{AB} = 12 rad/s² e uma velocidade angular ω_{AB} = 4 rad/s. Determine a velocidade angular e a aceleração angular do membro CD nesse instante.

2.33. Em dado instante, o membro CD tem uma aceleração angular α_{CD} = 5 rad/s² e uma velocidade angular ω_{CD} = 2 rad/s. Determine a velocidade angular e a aceleração angular do membro AB nesse instante.

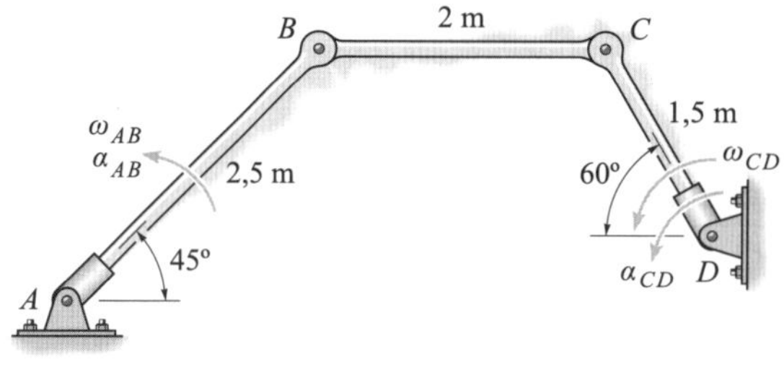

Problemas 2.32/33

2.34. A bobina e o arame enrolado em torno de seu centro têm uma massa de 50 kg e um raio de giração centroidal k_G = 235 mm. Se o coeficiente de atrito cinético na superfície é μ_k = 0,15, determine a aceleração angular da bobina após ela ser solta do repouso.

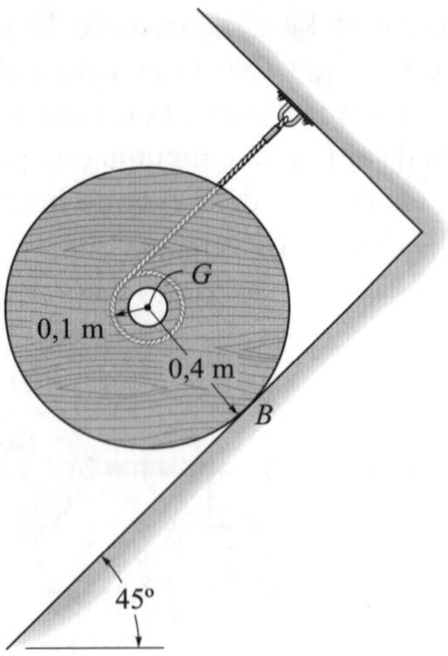

Problema 2.34

2.35. A barra está confinada a se deslocar ao longo dos planos inclinado e vertical. Se a velocidade do rolete em A é $v_A = 1{,}8$ m/s quando $\theta = 45°$, determine a velocidade angular da barra e a velocidade de B nesse instante.

***2.36.** A barra está confinada a se deslocar ao longo dos planos inclinado e vertical. Se o rolete em A tem uma velocidade constante $v_A = 1{,}8$ m/s, determine a aceleração angular da barra e a aceleração de B quando $\theta = 45°$.

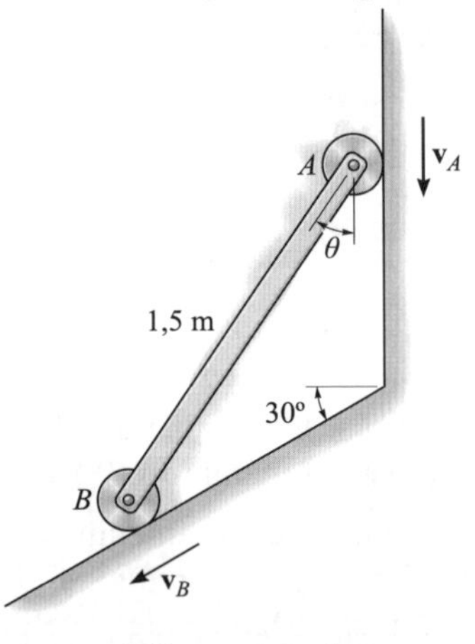

Problemas 2.35/36

2.37. A viga uniforme AB tem uma massa de 8 Mg. Determine a força axial interna, o cisalhamento e momento de flexão no centro da viga se um guindaste a submete uma aceleração para cima de 3 m/s².

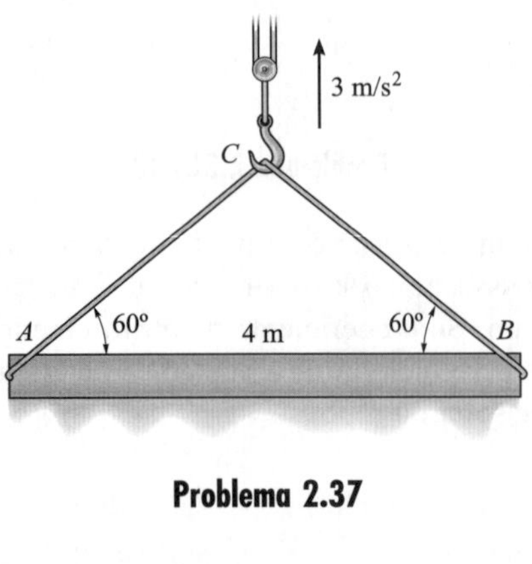

Problema 2.37

2.38. Cada engrenagem tem uma massa de 2 kg e um raio de giração em relação a seus centros de massa pinados A e B de $k_g = 40$ mm. Cada membro tem uma massa de 2 kg e um raio de giração em relação às suas extremidades pinadas A e B de $k_l = 50$ mm. Se originalmente a mola está não deformada quando o momento de binário $M = 20$ N · m é aplicado ao membro AC, determine as velocidades angulares dos membros no instante que o membro AC gira $\theta = 45°$. Cada engrenagem e membro estão conectados entre si e giram no plano horizontal em torno dos pinos fixos A e B.

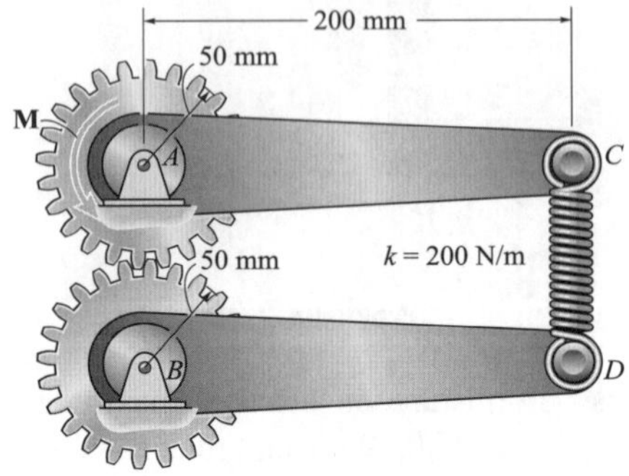

Problema 2.38

2.39. A barra AB de 2,5 kg suporta o disco de 1,5 kg em sua extremidade A. Se o disco é submetido a uma velocidade angular $\omega_D = 8$ rad/s enquanto a barra é mantida estacionária e em seguida solta, determine a velocidade angular da barra após o disco ter parado de girar em relação à barra em virtude da resistência ao atrito no apoio A. O movimento é realizado no *plano horizontal*. Despreze o atrito no apoio fixo B.

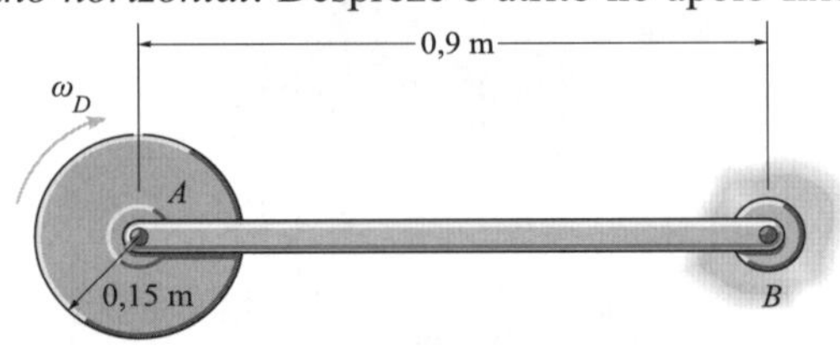

Problema 2.39

***2.40.** Uma corda está enrolada em torno da borda de cada um dos discos de 5 kg. Se o disco B é solto do repouso, determine a velocidade angular do disco A em 2 s. Despreze a massa da corda.

2.41. Uma corda está enrolada em torno da borda de cada um dos discos de 5 kg. Se o disco B é solto do repouso, determine quanto tempo t é necessário antes que A atinja uma velocidade angular $\omega_A = 5$ rad/s.

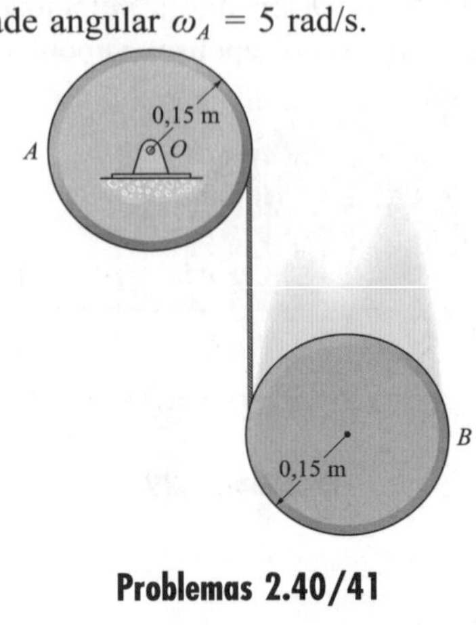

Problemas 2.40/41

2.42. O disco de 15 kg está pinado em *O* e está inicialmente em repouso. Se uma bala de 10 g é disparada no disco com uma velocidade de 200 m/s, como mostrado, determine o ângulo máximo θ para o qual o disco oscila. A bala fica embutida no disco.

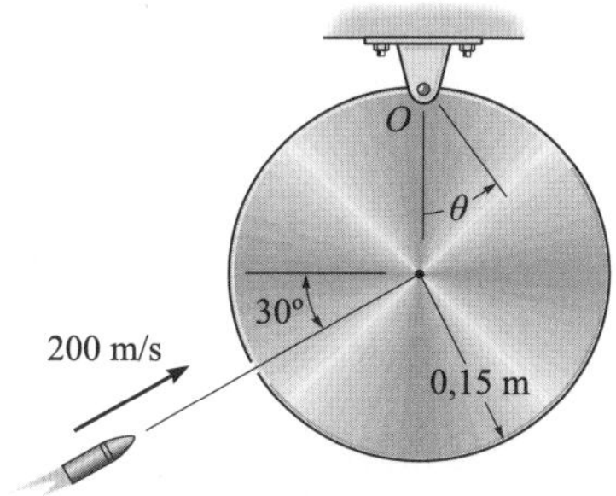

Problema 2.42

2.43. O disco gira a uma taxa constante de 4 rad/s quando ele cai livremente de maneira que seu centro *G* tem uma aceleração de 9,81 m/s². Determine as acelerações dos pontos *A* e *B* na borda do disco no instante mostrado.

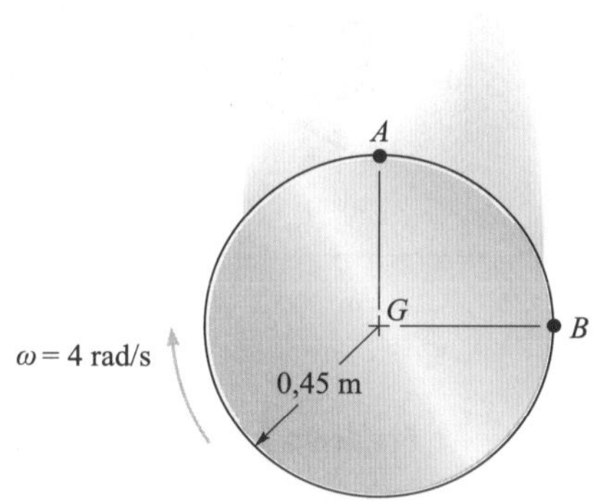

Problema 2.43

***2.44.** A operação da marcha à ré para uma transmissão automotiva de três velocidades é ilustrada esquematicamente na figura. Se o eixo *G* está girando com uma velocidade angular de $\omega_G = 60$ rad/s, determine a velocidade angular do eixo motriz *H*. Cada uma das engrenagens gira em torno de um eixo fixo. Observe que as engrenagens *A* e *B*, *C* e *D*, *E* e *F* estão engrenadas. O raio de cada uma dessas engrenagens está mostrado na figura.

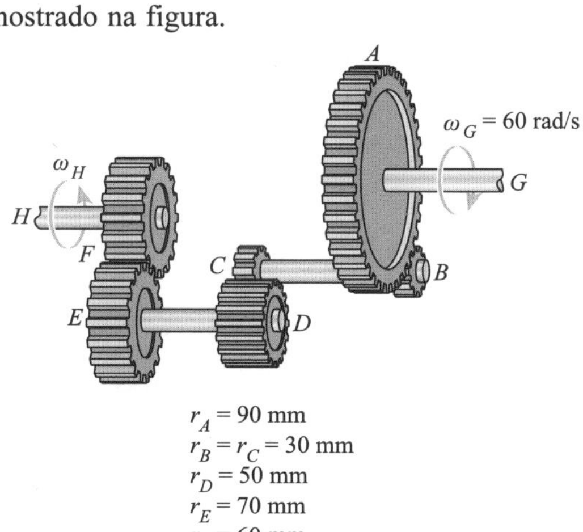

$r_A = 90$ mm
$r_B = r_C = 30$ mm
$r_D = 50$ mm
$r_E = 70$ mm
$r_F = 60$ mm

Problema 2.44

2.45. O conjunto de engrenagens internas de uma máquina usada para perfurar poços é mostrado. Com aceleração angular constante, o motor *M* gira o eixo *S* a 100 rev/min em $t = 2$ s partindo do repouso. Determine a aceleração angular da conexão tubo-perfuratriz *D* e o número de revoluções que ela realiza durante os 2 s da partida do motor.

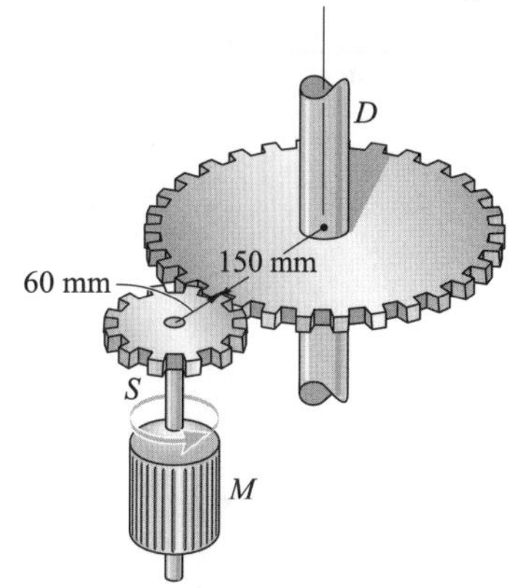

Problema 2.45

2.46. A engrenagem *A* tem uma massa de 0,5 kg e um raio de giração $k_A = 40$ mm, e a engrenagem *B* tem uma massa de 0,8 kg e um raio de giração $k_B = 55$ mm. O membro está pinado em *C* e tem uma massa de 0,35 kg. Se o membro pode ser tratado como uma barra fina, determine a velocidade angular do membro após o conjunto ser solto do repouso quando $\theta = 0°$ e cai para $\theta = 90°$.

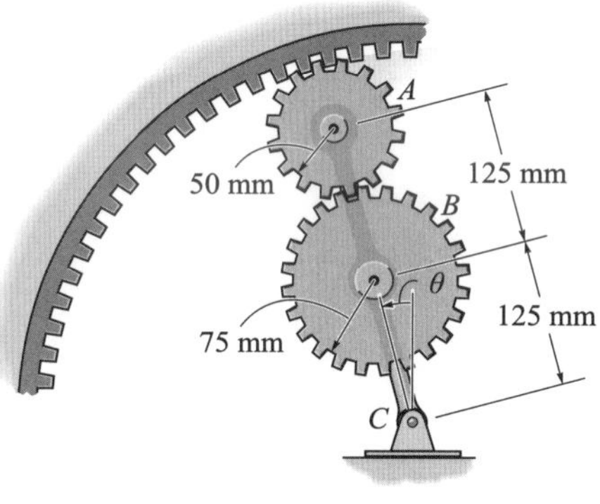

Problema 2.46

2.47. O cilindro de 15 kg gira com uma velocidade angular $\omega = 40$ rad/s. Se uma força $F = 6$ N é aplicada à barra *AB*, como mostrado, determine o tempo necessário para parar a rotação. O coeficiente de atrito cinético entre *AB* e o cilindro é $\mu_k = 0{,}4$. Despreze a espessura da barra.

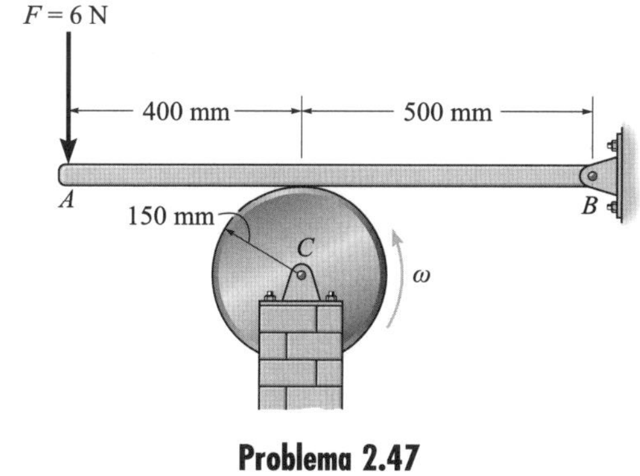

Problema 2.47

*2.48. Se o membro AB gira a $\omega_{AB} = 6$ rad/s, determine as velocidades angulares dos membros BC e CD no instante mostrado.

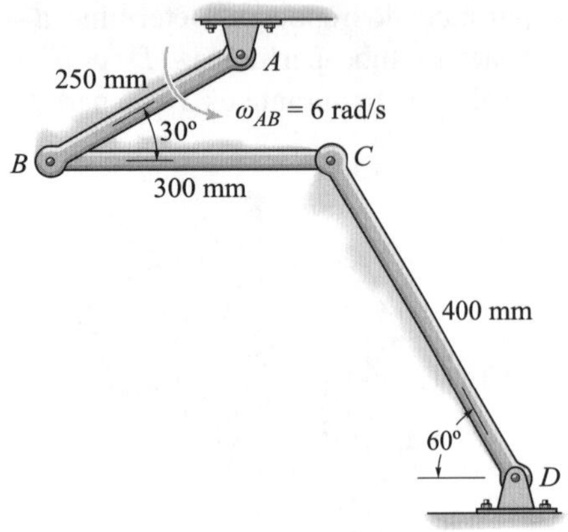

Problema 2.48

2.49. Se o aro fino tem um peso W e raio r e é jogado sobre uma *superfície áspera* com uma velocidade $\mathbf{v}_G$ paralela à superfície, determine o efeito do giro para trás, $\boldsymbol{\omega}$, que deve ser dado ao aro de maneira que ele pare de girar no mesmo instante que sua velocidade para frente seja zero. Não é necessário saber o coeficiente de atrito cinético em A para o cálculo.

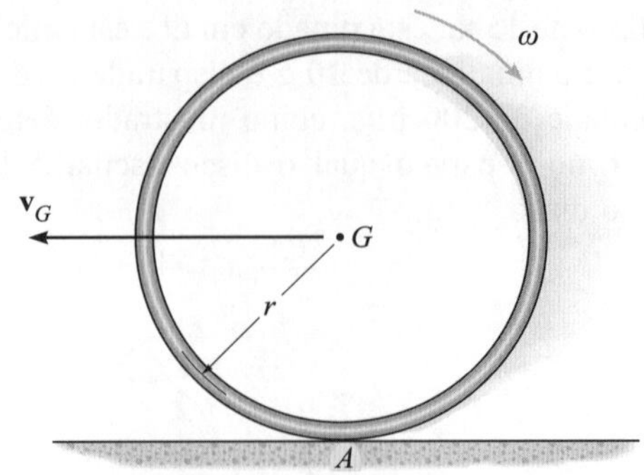

Problema 2.49

2.50. A roda tem uma massa de 50 kg e um raio de giração $k_G = 0{,}4$ m. Se ela rola sem deslizar prancha inclinada abaixo, determine as componentes horizontal e vertical da reação em A, e a reação normal no apoio liso B no instante que a roda está localizada no centro da prancha. A prancha tem uma espessura desprezível e uma massa de 20 kg.

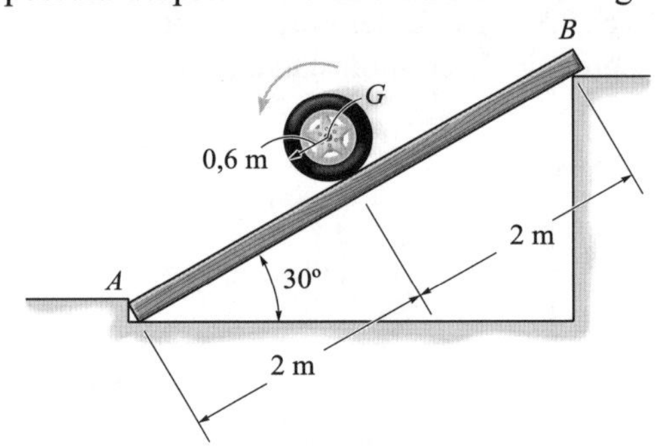

Problema 2.50

CAPÍTULO

20

Cinemática tridimensional de um corpo rígido

Objetivos do capítulo

- Analisar a cinemática de um corpo submetido à rotação em torno de um ponto fixo e ao movimento plano geral.
- Fornecer uma análise do movimento relativo de um corpo rígido utilizando eixos transladando e rotacionando.

20.1 Rotação em torno de um ponto fixo

Quando um corpo rígido gira em torno de um ponto fixo, a distância r do ponto até uma partícula localizada sobre o corpo é a *mesma* para *qualquer posição* do corpo. Desse modo, a trajetória de movimento de uma partícula encontra-se sobre a *superfície de uma esfera* tendo um raio r e centrada em um ponto fixo. Visto que o movimento ao longo dessa trajetória ocorre somente a partir de uma série de rotações realizadas durante um intervalo de tempo finito, vamos primeiro desenvolver uma familiaridade com algumas das propriedades dos deslocamentos rotacionais.

A lança do guindaste pode girar para cima e para baixo, e como está articulada em um ponto no eixo vertical em torno do qual ela gira, está sujeita à rotação em torno de um ponto fixo.

Teorema de Euler

O teorema de Euler estabelece que duas rotações 'componentes' em torno de eixos diferentes passando através de um ponto são equivalentes a uma única rotação resultante em torno de um eixo passando pelo mesmo ponto. Se mais de duas rotações são aplicadas, elas podem ser combinadas em binários, e cada binário pode ser adicionalmente reduzido e combinado em uma rotação.

Rotações finitas

Se as rotações componentes usadas no teorema de Euler são *finitas*, é importante que a *ordem* na qual elas são aplicadas seja mantida. Para demonstrar isso, considere as duas rotações finitas $\boldsymbol{\theta}_1 + \boldsymbol{\theta}_2$ aplicadas ao bloco na Figura 20.1*a*. Cada rotação tem uma intensidade de 90º e uma direção definida pela regra da mão direita, como indicado pela seta. A posição final do bloco é mostrada à direita. Quando essas duas rotações são aplicadas na ordem $\boldsymbol{\theta}_2 + \boldsymbol{\theta}_1$, como mostrado na Figura 20.1*b*, a posição final do bloco *não* é a mesma que a da Figura 20.1*a*. Como *rotações finitas* não obedecem à lei comutativa da soma ($\boldsymbol{\theta}_1 + \boldsymbol{\theta}_2 \neq \boldsymbol{\theta}_2 + \boldsymbol{\theta}_1$), *elas não podem ser classificadas como vetores*. Se rotações menores, ainda finitas, tivessem sido usadas para ilustrar esse ponto, por exemplo, 10º em vez de 90º, a *posição final* do bloco após cada combinação de rotações também seria diferente; entretanto, neste caso, a diferença seria apenas de uma pequena quantidade.

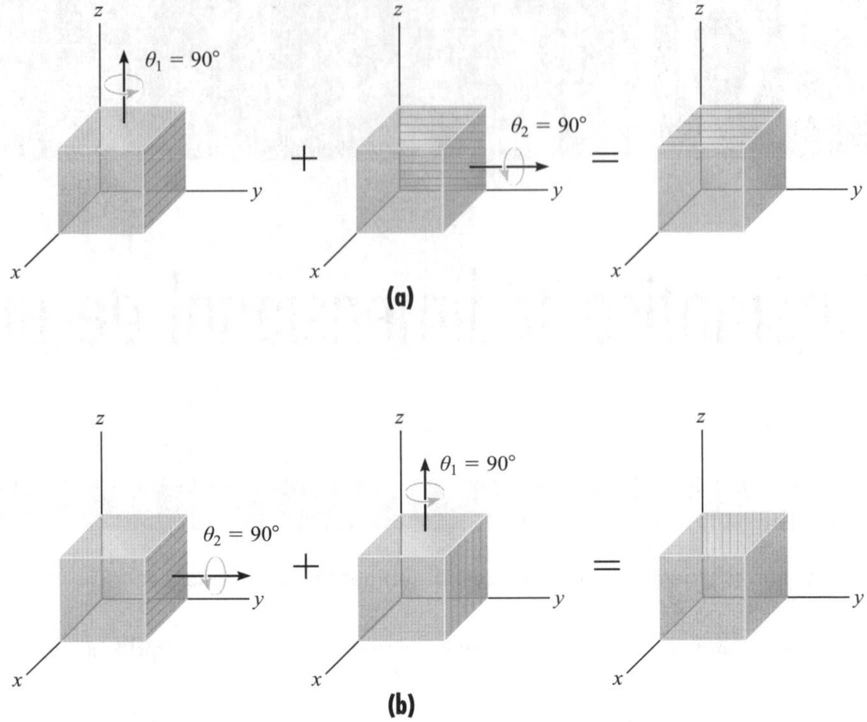

Figura 20.1

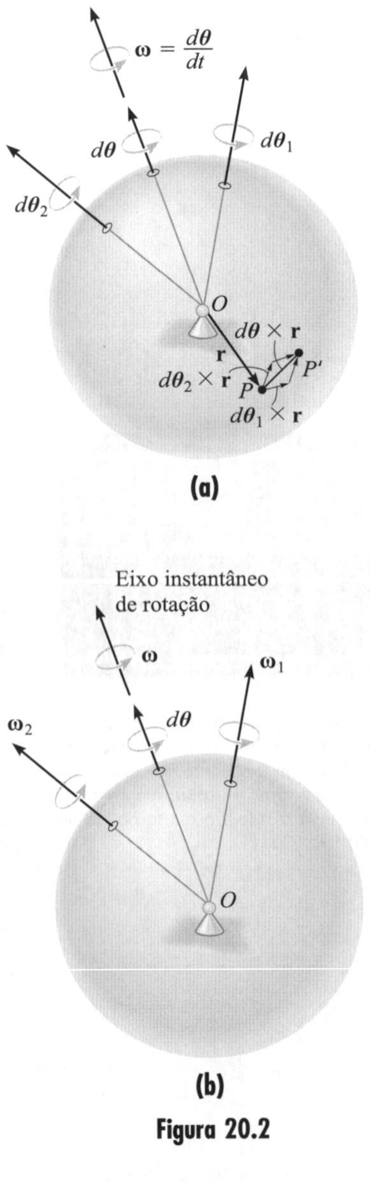

Figura 20.2

Rotações infinitesimais

Quando definindo os movimentos angulares de um corpo submetido a um movimento tridimensional, apenas as rotações que são *infinitesimalmente pequenas* serão consideradas. *Tais rotações podem ser classificadas como vetores, visto que elas podem ser somadas vetorialmente de qualquer maneira.* Para demonstrar isso, com o objetivo de simplificar, vamos considerar o próprio corpo rígido como sendo uma esfera à qual é permitido girar em torno de seu ponto fixo central O (Figura 20.2*a*). Se impusermos duas rotações infinitesimais $d\boldsymbol{\theta}_1 + d\boldsymbol{\theta}_2$ ao corpo, é visto que o ponto P se desloca ao longo da trajetória $d\boldsymbol{\theta}_1 \times \mathbf{r} + d\boldsymbol{\theta}_2 \times \mathbf{r}$ e termina em P'. Se as duas rotações sucessivas tivessem ocorrido na ordem $d\boldsymbol{\theta}_2 + d\boldsymbol{\theta}_1$, então os deslocamentos resultantes de P teriam sido $d\boldsymbol{\theta}_2 \times \mathbf{r} + d\boldsymbol{\theta}_1 \times \mathbf{r}$. Visto que o produto vetorial obedece à lei distributiva, por comparação $(d\boldsymbol{\theta}_1 + d\boldsymbol{\theta}_2) \times \mathbf{r} = (d\boldsymbol{\theta}_2 + d\boldsymbol{\theta}_1) \times \mathbf{r}$. Aqui, rotações infinitesimais $d\boldsymbol{\theta}$ são vetores, visto que essas quantidades têm ambas uma intensidade e uma direção para a qual a ordem da adição (vetorial) não é importante, ou seja, $d\boldsymbol{\theta}_1 + d\boldsymbol{\theta}_2 = d\boldsymbol{\theta}_2 + d\boldsymbol{\theta}_1$. Como resultado, mostrado na Figura 20.2*a*, as duas rotações de 'componentes' $d\boldsymbol{\theta}_1$ e $d\boldsymbol{\theta}_2$ são equivalentes a uma única rotação resultante $d\boldsymbol{\theta} = d\boldsymbol{\theta}_1 + d\boldsymbol{\theta}_2$, uma consequência do teorema de Euler.

Velocidade angular

Se o corpo é sujeito a uma rotação angular $d\boldsymbol{\theta}$ em torno de um ponto fixo, a velocidade angular do corpo é definida pela derivada temporal,

$$\boldsymbol{\omega} = \dot{\boldsymbol{\theta}} \tag{20.1}$$

A linha especificando a direção de $\boldsymbol{\omega}$, a qual é colinear com $d\boldsymbol{\theta}$, é referida como o *eixo instantâneo de rotação* (Figura 20.2*b*). Em geral, esse eixo varia a direção durante cada instante de tempo. Visto que $d\boldsymbol{\theta}$ é uma quantidade vetorial, também o é $\boldsymbol{\omega}$, e segue-se da adição vetorial que, se o corpo é submetido a dois movimentos angulares componentes, $\boldsymbol{\omega}_1 = \dot{\theta}_1$ e $\boldsymbol{\omega}_2 = \dot{\theta}_2$, a velocidade angular resultante é $\boldsymbol{\omega} = \boldsymbol{\omega}_1 + \boldsymbol{\omega}_2$.

Aceleração angular

A aceleração angular do corpo é determinada a partir da derivada temporal da sua velocidade angular, ou seja,

$$\boldsymbol{\alpha} = \dot{\boldsymbol{\omega}} \tag{20.2}$$

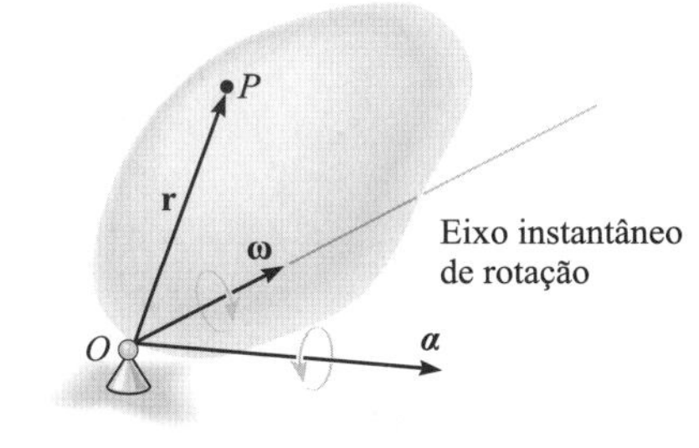

Figura 20.3

Para o movimento em torno de um eixo fixo, $\boldsymbol{\alpha}$ tem de considerar a variação na intensidade e na direção de $\boldsymbol{\omega}$, de maneira que, em geral, $\boldsymbol{\alpha}$ não esteja direcionado ao longo do eixo instantâneo de rotação (Figura 20.3).

Como a direção do eixo instantâneo de rotação (ou a linha de ação de $\boldsymbol{\omega}$) varia no espaço, o lugar geométrico do eixo gera um *cone do espaço* fixo (Figura 20.4). Se a variação na direção desse eixo é vista em relação ao corpo em rotação, o lugar geométrico do eixo gera um *cone do corpo*.

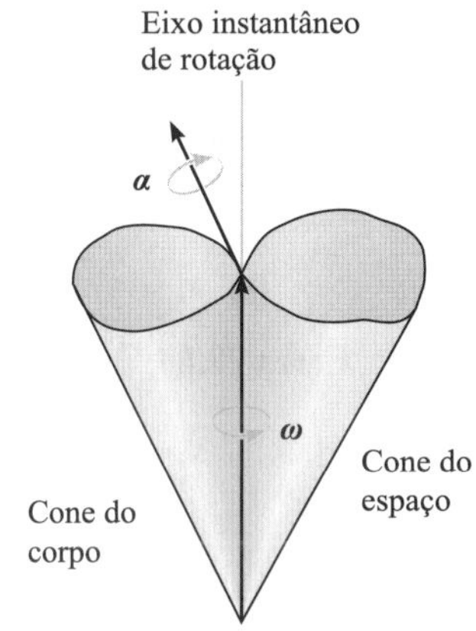

Figura 20.4

Em qualquer dado instante, esses cones se encontram ao longo do eixo instantâneo de rotação e, quando o corpo está em movimento, o cone do corpo parece rolar sobre a superfície interna ou sobre a superfície externa do cone do espaço fixo. Contanto que as trajetórias definidas pelas extremidades abertas dos cones sejam descritas pela extremidade do vetor $\boldsymbol{\omega}$, então $\boldsymbol{\alpha}$ tem de atuar tangente a essas trajetórias a qualquer dado instante, visto que a taxa de variação temporal de $\boldsymbol{\omega}$ é igual a $\boldsymbol{\alpha}$.

Para ilustrar esse conceito, considere o disco na Figura 20.5*a* que gira em torno da barra em $\boldsymbol{\omega}_s$, enquanto a barra e o disco realizam uma precessão em torno do eixo vertical em $\boldsymbol{\omega}_P$. A velocidade angular resultante do disco é, portanto, $\boldsymbol{\omega} = \boldsymbol{\omega}_s + \boldsymbol{\omega}_P$. Visto que ambos — o ponto O e o ponto de contato P — têm velocidade zero, então ambos — $\boldsymbol{\omega}$ e o eixo instantâneo de rotação — estão ao longo de OP. Portanto, à medida que o disco gira, esse eixo parece se deslocar ao longo da superfície do cone do espaço fixo mostrado na Figura 20.5*b*. Se o eixo é observado a partir do disco em rotação, então o eixo parece se deslocar sobre a superfície do cone do corpo. Em qualquer instante, entretanto, esses dois cones encontram-se ao longo do eixo OP. Se $\boldsymbol{\omega}$ tem uma intensidade constante, então $\boldsymbol{\alpha}$ indica apenas a variação na direção de $\boldsymbol{\omega}$, o qual é tangente aos cones na extremidade de $\boldsymbol{\omega}$, como mostrado na Figura 20.5*b*.

Velocidade

Assim que $\boldsymbol{\omega}$ é especificado, a velocidade de qualquer ponto sobre um corpo girando em torno de um ponto fixo pode ser determinada utilizando-se os mesmos métodos como para um corpo girando em torno de um eixo fixo. Por conseguinte, pelo produto vetorial,

$$\mathbf{v} = \boldsymbol{\omega} \times \mathbf{r} \tag{20.3}$$

Aqui, $\mathbf{r}$ define a posição do ponto medida a partir de um ponto fixo O (Figura 20.3).

Aceleração

Se $\boldsymbol{\omega}$ e $\boldsymbol{\alpha}$ são conhecidos em um dado instante, a aceleração de um ponto pode ser obtida a partir da derivada temporal da Equação 20.3, a qual resulta em

$$\mathbf{a} = \boldsymbol{\alpha} \times \mathbf{r} + \boldsymbol{\omega} \times (\boldsymbol{\omega} \times \mathbf{r}) \tag{20.4}$$

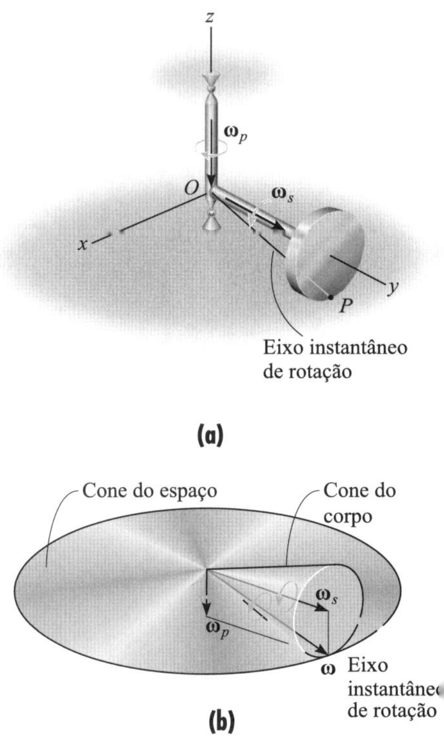

Figura 20.5

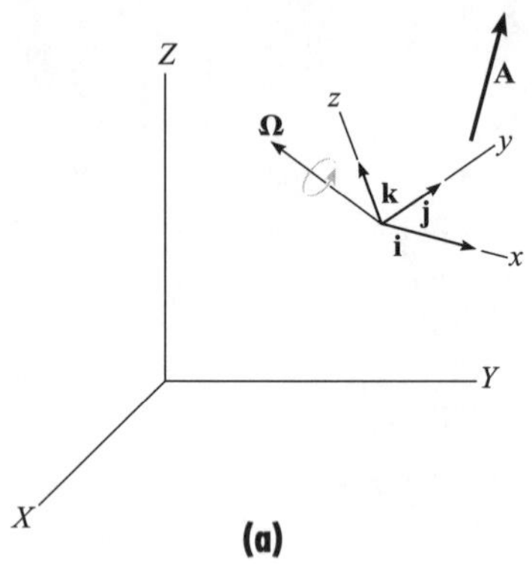

(a)

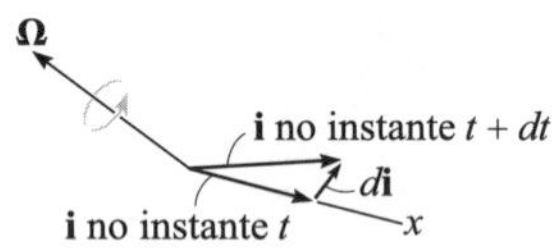

(b)

Figura 20.6

20.2 A derivada temporal de um vetor medido a partir de um sistema fixo ou de um sistema transladando-rotacionando

Em muitos tipos de problemas envolvendo o movimento de um corpo em torno de um ponto fixo, a velocidade angular $\boldsymbol{\omega}$ é especificada em termos das suas componentes. Então, se a aceleração angular $\boldsymbol{\alpha}$ de tal corpo deve ser determinada, é frequentemente mais fácil calcular a derivada temporal de $\boldsymbol{\omega}$ utilizando um sistema de coordenadas que tem uma *rotação* definida por uma ou mais das componentes de $\boldsymbol{\omega}$. Por exemplo, no caso do disco na Figura 20.5*a*, onde $\boldsymbol{\omega} = \boldsymbol{\omega}_s + \boldsymbol{\omega}_P$, os eixos x, y, z podem ser dados uma velocidade angular de $\boldsymbol{\omega}_P$. Por esta razão, e para outros usos posteriores, uma equação será agora derivada, a qual relaciona a derivada temporal de qualquer vetor **A** definido a partir de uma referência transladando-rotacionando com a sua derivada temporal definida a partir de uma referência fixa.

Considere os eixos x, y, z do sistema de referência em movimento como se estivessem girando com uma velocidade angular $\boldsymbol{\Omega}$, a qual é medida a partir dos eixos fixos X, Y, Z (Figura 20.6*a*). Na discussão seguinte, será conveniente expressar o vetor **A** em termos das suas componentes **i, j, k**, que definem as direções dos eixos em movimento. Assim,

$$\mathbf{A} = A_x\mathbf{i} + A_y\mathbf{j} + A_z\mathbf{k}$$

Em geral, a derivada temporal de **A** tem de considerar a variação em sua intensidade e sua direção. Entretanto, se essa derivada é tomada *em relação ao sistema de referência em movimento*, apenas a variação nas intensidades das componentes de **A** deve ser considerada, visto que as direções das componentes não variam em relação à referência em movimento. Assim,

$$(\dot{\mathbf{A}})_{xyz} = \dot{A}_x\mathbf{I} + \dot{A}_y\mathbf{J} + \dot{A}_z\mathbf{k} \tag{20.5}$$

Quando a derivada temporal de **A** é tomada *em relação ao sistema de referência fixo*, as *direções* de **i**, **j**, e **k** variam apenas em virtude da *rotação* $\boldsymbol{\Omega}$ dos eixos e não por sua translação. Assim, em geral,

$$\dot{\mathbf{A}} = \dot{A}_x\mathbf{i} + \dot{A}_y\mathbf{j} + \dot{A}_z\mathbf{k} + A_x\dot{\mathbf{i}} + A_y\dot{\mathbf{j}} + \mathbf{A}_z\dot{\mathbf{k}}$$

As derivadas temporais dos vetores unitários serão agora consideradas. Por exemplo, $\dot{\mathbf{i}} = d\mathbf{i}/dt$ representa somente a variação na *direção* de **i** em relação ao tempo, visto que **i** sempre tem intensidade de 1 unidade. Como mostrado na Figura 20.6*b*, a variação, $d\mathbf{i}$, é *tangente à trajetória* descrita pela extremidade da seta de **i** quando **i** gira em virtude da rotação $\boldsymbol{\Omega}$. Levando em consideração ambos — a intensidade e a direção de $d\mathbf{i}$ —, podemos, portanto, definir $\dot{\mathbf{i}}$ utilizando o produto vetorial, $\dot{\mathbf{i}} = \boldsymbol{\Omega} \times \mathbf{i}$. Em geral, então

$$\dot{\mathbf{i}} = \Omega \times \mathbf{i} \qquad \dot{\mathbf{j}} = \Omega \times \mathbf{j} \qquad \dot{\mathbf{k}} = \Omega \times \mathbf{k}$$

Estas formulações também foram desenvolvidas na Seção 16.8 em relação ao movimento plano dos eixos. Substituir esses resultados na equação acima e utilizar a Equação 20.5 resulta em

$$\boxed{\dot{\mathbf{A}} = (\dot{\mathbf{A}})_{xyz} + \Omega \times \mathbf{A}} \tag{20.6}$$

Este resultado é importante, e será usado em toda a Seção 20.4 e no Capítulo 21. Ele estabelece que a derivada temporal de *qualquer vetor* **A**, quando observado a partir do sistema de referência fixo X, Y, Z, é igual à taxa de variação temporal de **A** quando observado a partir do sistema de referência transladando-rotacionando x, y, z (Equação 20.5), mais $\boldsymbol{\Omega} \times \mathbf{A}$, a variação de **A** causada pela rotação do sistema x, y, z. Como resultado, a Equação 20.6 deverá ser sempre usada se $\mathbf{\Omega}$ produzir uma variação na direção de **A** quando visto da referência *X, Y, Z*. Se essa variação não ocorre, ou seja, $\mathbf{\Omega} = \mathbf{0}$, então $\dot{\mathbf{A}} = (\dot{\mathbf{A}})_{xyz}$, e assim a taxa de variação temporal de **A**, quando observada de ambos sistemas de coordenadas, será a *mesma*.

Exemplo 20.1

O disco mostrado na Figura 20.7 gira em torno de seu eixo com uma velocidade angular constante $\omega_s = 3$ rad/s, enquanto a plataforma horizontal sobre a qual o disco está montado gira em torno do eixo vertical a uma taxa constante $\omega_P = 1$ rad/s. Determine a aceleração angular do disco e a velocidade e aceleração do ponto *A* sobre o disco quando ele está na posição mostrada.

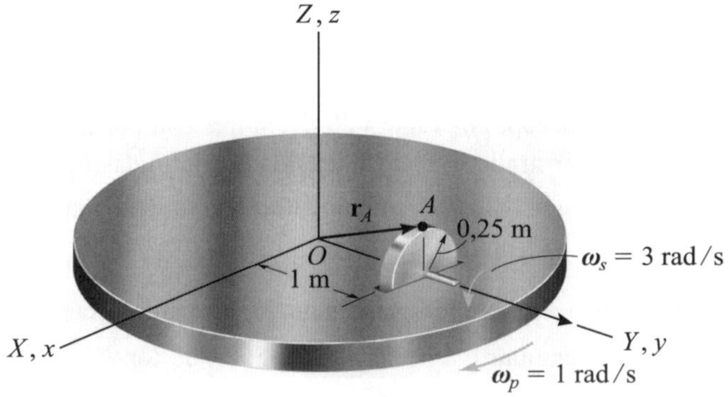

Figura 20.7

SOLUÇÃO

O ponto *O* representa um ponto fixo de rotação para o disco se for considerada uma extensão hipotética do disco até esse ponto. Para determinar a velocidade e a aceleração do ponto *A*, é necessário primeiro determinar a velocidade angular $\boldsymbol{\omega}$ e a aceleração angular $\boldsymbol{\alpha}$ do disco, visto que esses vetores são usados nas equações 20.3 e 20.4.

Velocidade angular

A velocidade angular, a qual é medida a partir de *X, Y, Z*, é simplesmente a soma vetorial de seus dois movimentos componentes. Desse modo,

$$\omega = \omega_s + \omega_p = \{3\mathbf{j} - 1\mathbf{k}\} \text{ rad/s}$$

Aceleração angular

Visto que a intensidade de $\boldsymbol{\omega}$ é constante, somente a variação em sua direção, quando vista a partir da referência fixa, gera a aceleração angular $\boldsymbol{\alpha}$ do disco. Um modo de obter $\boldsymbol{\alpha}$ é calcular a derivada temporal de *cada uma das duas componentes* de $\boldsymbol{\omega}$ utilizando a Equação 20.6. No instante mostrado na Figura 20.7, imagine o sistema fixo *X, Y, Z* e o sistema rotacionando *x, y, z* como sendo coincidentes. Se o sistema rotacionando *x, y, z* é escolhido para ter uma velocidade angular $\mathbf{\Omega} = \boldsymbol{\omega}_P = \{-1\text{k}\}$ rad/s, então $\boldsymbol{\omega}_s$ estará *sempre* direcionada ao longo do eixo *y* (não *Y*), e a taxa de variação temporal de $\boldsymbol{\omega}_s$ *quando vista de x, y, z* será *zero*, ou seja, $(\omega^{\bullet}_s)_{xyz} = \mathbf{0}$ (a intensidade e a direção de $\boldsymbol{\omega}_s$ são constantes). Desse modo,

$$\dot{\omega}_s = (\dot{\omega}_s)_{xyz} + \boldsymbol{\omega}_p \times \boldsymbol{\omega}_s = \mathbf{0} + (-1\mathbf{k}) \times (3\mathbf{j}) = \{3\mathbf{i}\} \text{ rad/s}^2$$

Pela mesma escolha da rotação dos eixos, $\mathbf{\Omega} = \boldsymbol{\omega}_P$, ou mesmo com $\mathbf{\Omega} = \mathbf{0}$, a derivada temporal $(\dot{\omega}_p)_{xyz} = \mathbf{0}$, visto que $\boldsymbol{\omega}_P$ tem intensidade e direção constantes em relação a *x, y, z*. Assim,

$$\dot{\omega}_p = (\dot{\omega}_p)_{xyz} + \boldsymbol{\omega}_p \times \boldsymbol{\omega}_p = \mathbf{0} + \mathbf{0} = \mathbf{0}$$

A aceleração angular do disco é, portanto,

$$\boldsymbol{\alpha} = \dot{\boldsymbol{\omega}} = \dot{\boldsymbol{\omega}}_s + \dot{\boldsymbol{\omega}}_p = \{3\mathbf{i}\} \text{ rad/}s^2$$

Velocidade e aceleração

Visto que $\boldsymbol{\omega}$ e $\boldsymbol{\alpha}$ foram determinados, a velocidade e a aceleração do ponto A podem ser determinadas utilizando-se as equações 20.3 e 20.4. Observando que $\mathbf{r}_A = \{1\mathbf{j} + 0{,}25\mathbf{k}\}$ m (Figura 20.7), temos

$$\mathbf{v}_A = \boldsymbol{\omega} \times \mathbf{r}_A = (3\mathbf{j} - 1\mathbf{k}) \times (1\mathbf{j} + 0{,}25\mathbf{k}) = \{1{,}75\mathbf{i}\} \text{ m/s}$$

$$\begin{aligned} \mathbf{a}_A &= \boldsymbol{\alpha} \times \mathbf{r}_A + \boldsymbol{\omega} (\boldsymbol{\omega} \times \mathbf{r}_A) \\ &= (3\mathbf{i}) \times (1\mathbf{j} + 0{,}25\mathbf{k}) + (3\mathbf{j} - 1\mathbf{k}) \times [(3\mathbf{j} - 1\mathbf{k}) \times (1\mathbf{j} + 0{,}25\mathbf{k})] \\ &= \{-2{,}50\mathbf{j} - 2{,}25\mathbf{k}\} \text{ m/s}^2 \end{aligned}$$

Exemplo 20.2

No instante $\theta = 60°$, o giroscópio na Figura 20.8 tem três componentes de movimento angular dirigidas como mostrado e tendo intensidades definidas como:

Rotação: $\omega_s = 10$ rad/s, aumentando à taxa de 6 rad/s²

Nutação: $\omega_n = 3$ rad/s, aumentando à taxa de 2 rad/s²

Precessão: $\omega_p = 5$ rad/s, aumentando à taxa de 4 rad/s²

Determine a velocidade angular e a aceleração angular do topo.

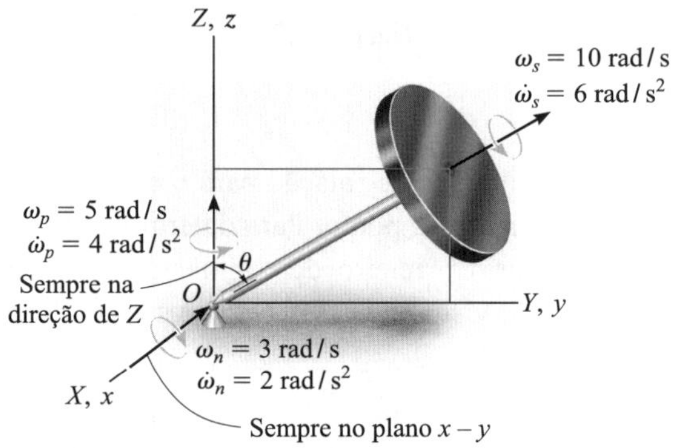

Figura 20.8

SOLUÇÃO

Velocidade angular

O topo gira em torno do ponto fixo O. Se os sistemas fixos e rotacionados são coincidentes no instante mostrado, então a velocidade angular pode ser expressa em termos das componentes **i**, **j**, **k**, em relação ao sistema x, y, z; ou seja,

$$\begin{aligned} \boldsymbol{\omega} &= -\omega_n\mathbf{i} + \omega_s \operatorname{sen} \theta\mathbf{j} + (\omega_p + \omega_s \cos \theta)\mathbf{k} \\ &= -3\mathbf{i} + 10 \operatorname{sen} 60°\mathbf{j} + (5 + 10 \cos 60°)\mathbf{k} \\ &= \{-3\mathbf{i} + 8{,}66\mathbf{j} + 10\mathbf{k}\} \text{ rad/s} \end{aligned}$$

Aceleração angular

Como na solução do Exemplo 20.1, a aceleração angular $\boldsymbol{\alpha}$ será determinada investigando-se separadamente a taxa de variação temporal de *cada uma das componentes da velocidade angular* quando observada a partir da referência X, Y, Z. Vamos escolher um $\boldsymbol{\Omega}$ para o sistema x, y, z, de maneira que a componente de $\boldsymbol{\omega}$ sendo considerada é vista como tendo uma *direção constante* quando observada a partir de x, y, z.

Um exame cuidadoso do movimento do topo revela que ω_S tem uma *direção constante* em relação a *x, y, z* se esses eixos giram em $\mathbf{\Omega} = \omega_n + \omega_P$. Desse modo,

$$\dot{\omega}_s = (\dot{\omega}_s)_{xyz} + (\omega_n + \omega_p) \times \omega_s$$
$$= (6 \text{ sen } 60°\mathbf{j} + 6 \cos 60°\mathbf{k}) + (-3\mathbf{i} + 5\mathbf{k}) \times (10 \text{ sen } 60°\mathbf{j} + 10 \cos 60°\mathbf{k})$$
$$= \{-43{,}30\mathbf{i} + 20{,}20\mathbf{j} - 20{,}98\mathbf{k}\} \text{ rad/s}^2$$

Visto que ω_n encontra-se *sempre* no plano fixo $X-Y$, este vetor tem uma *direção constante* se o movimento for visto a partir dos eixos *x, y, z* tendo uma rotação $\Omega = \omega_P$ (não $\Omega = \omega_s + \omega_p$). Desse modo,

$$\dot{\omega}_n = (\dot{\omega}_n)_{xyz} + \omega_p \times \omega_n = -2\mathbf{i} + (5\mathbf{k}) \times (-3\mathbf{i}) = \{-2\mathbf{i} - 15\mathbf{j}\} \text{ rad/s}^2$$

Finalmente, a componente ω_P está *sempre direcionado* ao longo do eixo *Z* de maneira que aqui não é necessário pensar em *x, y, z* rotacionando, ou seja, $\Omega = \mathbf{0}$. Expressando os dados em termos das componentes **i, j, k**, temos, portanto,

$$\dot{\omega}_p = (\dot{\omega}_p)_{xyz} + \mathbf{0} \times \omega_p = \{4\mathbf{k}\} \text{ rad/s}^2$$

Desse modo, a aceleração angular do topo é

$$\alpha = \dot{\omega}_s + \dot{\omega}_n + \dot{\omega}_p = \{-45{,}3\mathbf{i} + 5{,}20\mathbf{j} - 19{,}0\mathbf{k}\} \text{ rad/s}^2$$

20.3 Movimento geral

É mostrado na Figura 20.9 um corpo rígido sujeito ao movimento geral em três dimensões para o qual a velocidade angular é ω e a aceleração angular é α. Se o ponto *A* tem um movimento conhecido de $\mathbf{v}_A$ e $\mathbf{a}_A$, o movimento de qualquer outro ponto *B* pode ser determinado usando-se uma análise de movimento relativo. Nesta seção, um *sistema de coordenadas transladando* será usado para definir o movimento relativo e, na próxima seção, uma referência que esteja tanto rotacionando quanto transladando será considerada.

Se a origem do sistema de coordenadas transladando *x, y, z* ($\mathbf{\Omega} = \mathbf{0}$) está localizada no 'ponto base' *A*, então, no instante mostrado, o movimento do corpo pode ser considerado como a soma de uma translação instantânea do corpo tendo um movimento de $\mathbf{v}_A$ e $\mathbf{a}_A$, e uma rotação do corpo em torno de um eixo instantâneo passando pelo ponto *A*. Visto que o corpo é rígido, o movimento do ponto *B* medido por um observador localizado em *A* é, portanto, o mesmo que *a rotação do corpo em torno de um ponto fixo*. Esse movimento relativo ocorre em torno do eixo instantâneo de rotação e é definido por $\mathbf{v}_{B/A} = \omega \times \mathbf{r}_{B/A}$ (Equação 20.3) e $\mathbf{a}_{B/A} = \alpha \times \mathbf{r}_{B/A} + \omega \times (\omega \times \mathbf{r}_{B/A})$ (Equação 20.4). Para eixos transladando, os movimentos relativos estão relacionados com os movimentos absolutos por $\mathbf{v}_B = \mathbf{v}_A + \mathbf{v}_{B/A}$ e $\mathbf{a}_B = \mathbf{a}_A + \mathbf{a}_{B/A}$ (equações 16.15 e 16.17), de maneira que a velocidade absoluta e a aceleração do ponto *B* podem ser determinadas a partir das equações

$$\mathbf{v}_B = \mathbf{v}_A + \omega \times \mathbf{r}_{B/A} \tag{20.7}$$

e

$$\mathbf{a}_B = \mathbf{a}_A + \alpha \times \mathbf{r}_{B/A} + \omega \times (\omega \times \mathbf{r}_{B/A}) \tag{20.8}$$

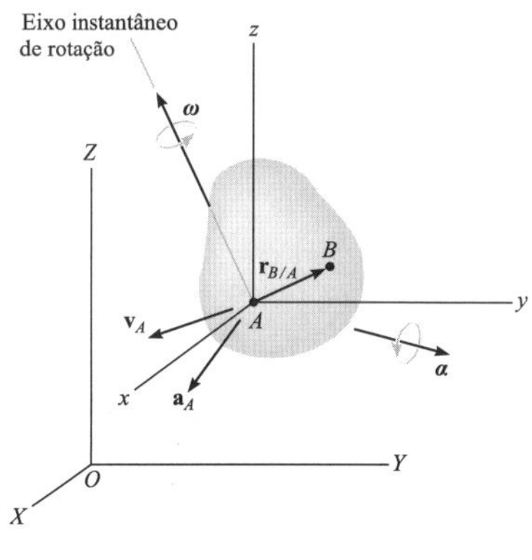

Figura 20.9

Estas duas equações são idênticas àquelas descrevendo o movimento plano geral de um corpo rígido (equações 16.16 e 16.18). Entretanto, surgem dificuldades em sua aplicação para o movimento tridimensional, porque α agora mede a variação em ambas, a intensidade *e* a direção de ω.

Exemplo 20.3

Se o anel em C na Figura 20.10a se desloca na direção de B com uma velocidade de 3 m/s, determine a velocidade do anel em D e a velocidade angular da barra no instante mostrado. A barra está conectada aos anéis em suas extremidades por juntas esféricas.

SOLUÇÃO

A barra CD está sujeita ao movimento geral. Por quê? A velocidade do ponto D na barra pode ser relacionada à velocidade do ponto C pela equação

$$\mathbf{v}_D = \mathbf{v}_C + \boldsymbol{\omega} \times \mathbf{r}_{D/C}$$

Supõe-se que os sistemas de referência transladando e fixo são coincidentes no instante considerado (Figura 20.10b). Temos

$$\mathbf{v}_D = -\,v_D\mathbf{k} \qquad \mathbf{v}_C = \{3\mathbf{j}\}\text{ m/s}$$

$$\mathbf{r}_{D/C} = \{1\mathbf{i} + 2\mathbf{j} - 0{,}5\mathbf{k}\}\text{ m} \qquad \boldsymbol{\omega} = \omega_x\mathbf{i} + \omega_y\mathbf{j} + \omega_z\mathbf{k}$$

Substituindo-se na equação acima, obtemos

$$-v_D\mathbf{k} = 3\mathbf{j} + \begin{vmatrix} \mathbf{i} & \mathbf{j} & \mathbf{k} \\ \omega_x & \omega_y & \omega_z \\ 1 & 2 & -0{,}5 \end{vmatrix}$$

Expandir e equacionar as respectivas componentes **i**, **j**, **k** resulta em

$$-0{,}5\omega_y - 2\omega_z = 0 \qquad (1)$$

$$0{,}5\omega_x + 1\omega_z + 3 = 0 \qquad (2)$$

$$2\omega_x - 1\omega_y + v_D = 0 \qquad (3)$$

Estas equações contém quatro incógnitas.* Uma quarta equação pode ser escrita se a direção de $\boldsymbol{\omega}$ for especificada. Em particular, qualquer componente de $\boldsymbol{\omega}$ atuando ao longo do eixo da barra não tem efeito sobre o deslocamento dos anéis. Isso ocorre porque a barra é *livre para girar* em torno de seu eixo. Portanto, se $\boldsymbol{\omega}$ é especificado como atuando *perpendicular* ao eixo da barra, então $\boldsymbol{\omega}$ tem de ter uma intensidade única para satisfazer às equações acima. A perpendicularidade é garantida desde que o produto vetorial de $\boldsymbol{\omega}$ e $\mathbf{r}_{D/C}$ seja zero (ver Equação C.14 do Apêndice C). Por conseguinte,

$$\boldsymbol{\omega} \cdot \mathbf{r}_{D/C} = (\omega_x\mathbf{i} + \omega_y\mathbf{j} + \omega_z\mathbf{k}) \cdot (1\mathbf{i} + 2\mathbf{j} - 0{,}5\mathbf{k}) = 0$$

$$1\omega_x + 2\omega_y - 0{,}5\omega_z = 0 \qquad (4)$$

Resolver as equações 1 a 4 simultaneamente resulta em

$$\omega_x = -4{,}86\text{ rad/s} \quad \omega_y = 2{,}29\text{ rad/s} \quad \omega_z = -0{,}571\text{ rad/s}$$

$$v_D = 12{,}0\text{ m/s}\downarrow$$

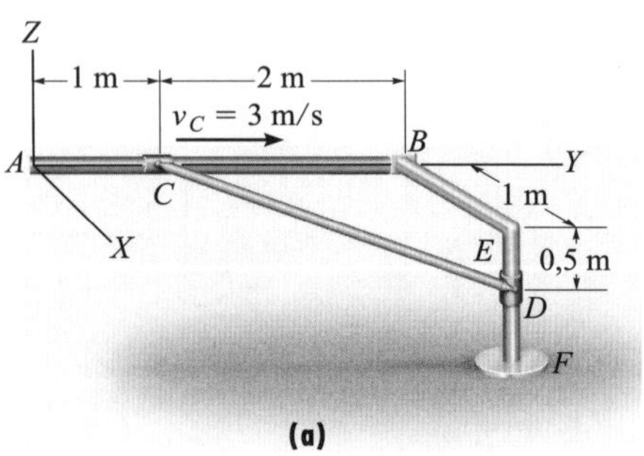

(a)

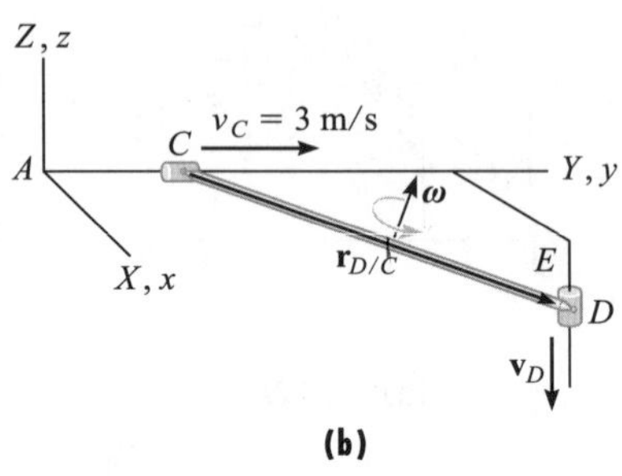

(b)

Figura 20.10

* Embora este seja o caso, a intensidade de $\mathbf{v}_D$ pode ser obtida. Por exemplo, resolva as equações 1 e 2 para ω_y e ω_x em termos de ω_z e substitua na Equação 3. Será observado que ω_z se cancelará, o que permitirá uma solução para v_D.

Problemas

•**20.1.** O anemômetro localizado no barco em A gira em torno de seu próprio eixo a uma taxa ω_s, enquanto o barco rola em torno do eixo x com a taxa de ω_x e em torno do eixo y com a taxa de ω_y. Determine a velocidade angular e a aceleração angular do anemômetro no instante em que o barco está nivelado como mostrado. Suponha que as intensidades de todas as componentes da velocidade angular são constantes e que o movimento de rolamento causado pelo mar é independente nas direções x e y.

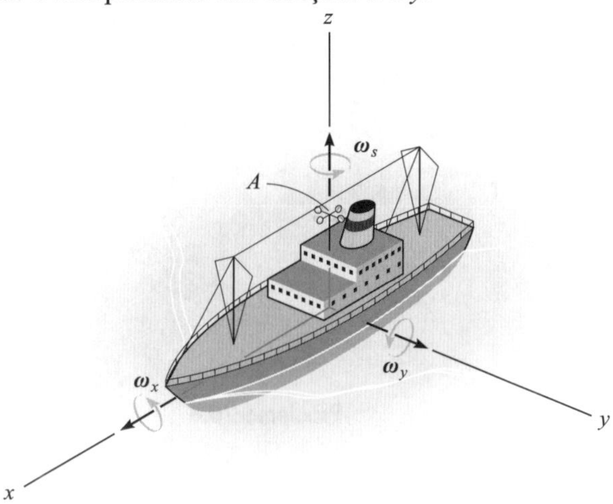

Problema 20.1

20.2. O movimento do topo é tal que, no instante mostrado, ele gira em torno do eixo z a $\omega_1 = 0{,}6$ rad/s, enquanto ele rodopia a $\omega_2 = 8$ rad/s. Determine a velocidade angular e aceleração angular do topo nesse instante. Expresse o resultado como um vetor cartesiano.

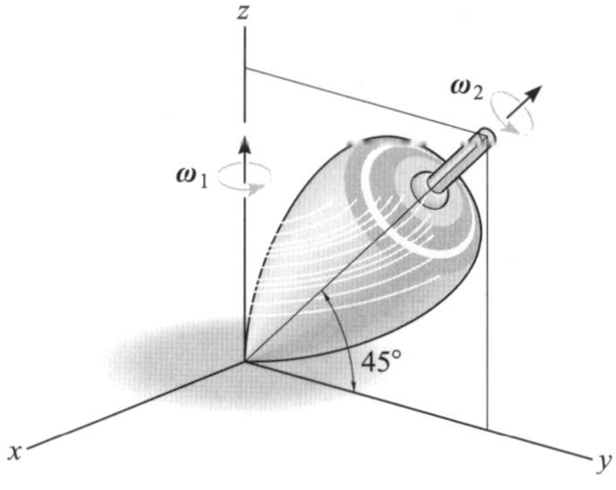

Problema 20.2

20.3. Em um dado instante, o disco da antena de satélite tem um movimento angular $\omega_1 = 6$ rad/s e $\dot{\omega}_1 = 3$ rad/s² em torno do eixo z. Nesse mesmo instante $\theta = 25°$, o movimento angular em torno do eixo x é $\omega_2 = 2$ rad/s, e $\dot{\omega}_2 = 1{,}5$ rad/s². Determine a velocidade e a aceleração do mastro receptor A nesse instante.

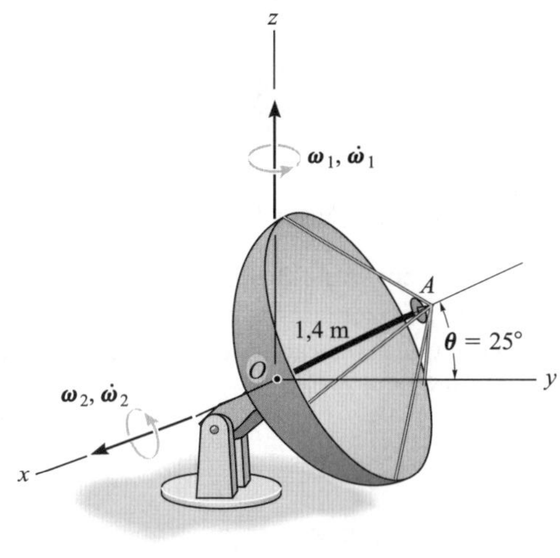

Problema 20.3

*__20.4.__ O ventilador está montado em um apoio articulado de tal maneira que, no instante mostrado, ele está girando em torno do eixo z a $\omega_1 = 0{,}8$ rad/s, que está aumentando a 12 rad/s². A pá está rodopiando a $\omega_2 = 16$ rad/s, que está aumentando a 2 rad/s². Determine a velocidade angular e a aceleração angular da pá nesse instante.

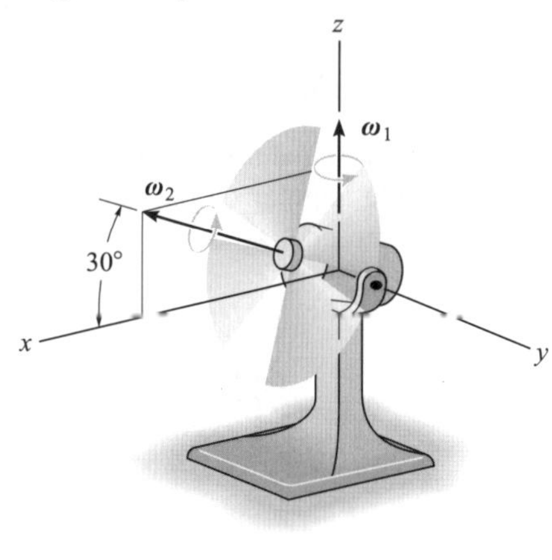

Problema 20.4

*__20.5.__ As engrenagens A e B estão fixas, enquanto as engrenagens C e D estão livres para girar em torno do eixo S. Se o eixo gira em torno do eixo z com uma taxa constante de $\omega_1 = 4$ rad/s, determine a velocidade angular e a aceleração angular da engrenagem C.

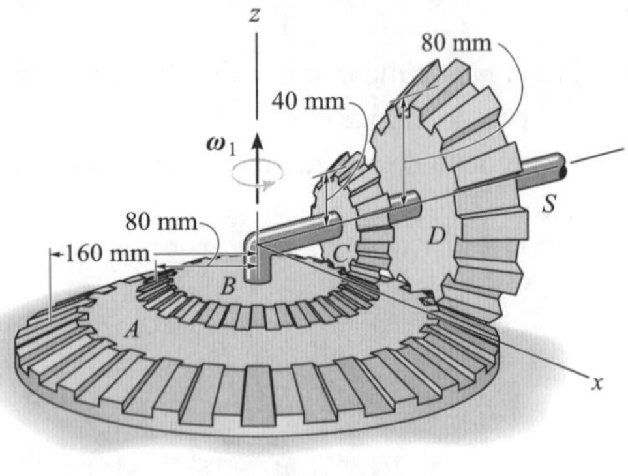

Problema 20.5

20.6. O disco gira em torno do eixo z $\omega_z = 0,5$ rad/s sem deslizar no plano horizontal. Se nesse mesmo instante ω_z está aumentando a $\dot{\omega}_z = 0,3$ rad/s², determine a velocidade e a aceleração do ponto A no disco.

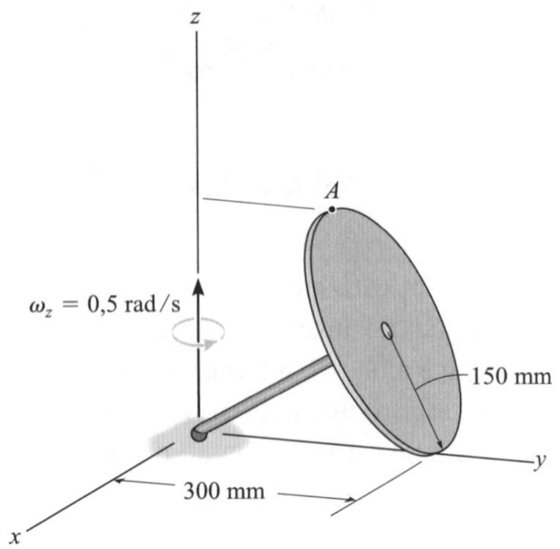

Problema 20.6

20.7. Se a engrenagem de cima B gira a uma taxa constante $\boldsymbol{\omega}$, determine a velocidade angular da engrenagem A, que está livre para girar em torno do eixo e rola sobre a engrenagem fixa de baixo C.

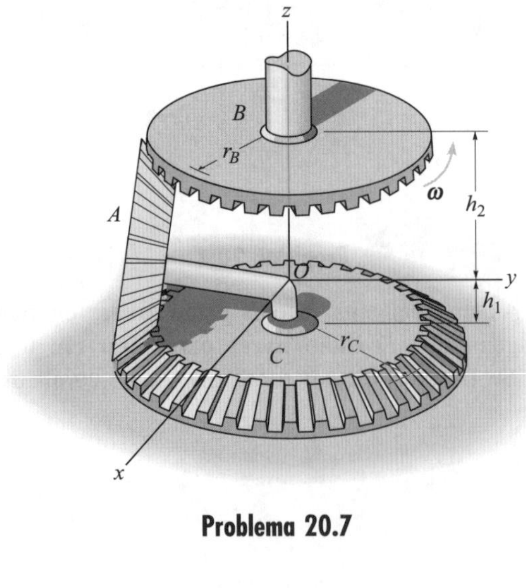

Problema 20.7

***20.8.** O telescópio está montado sobre uma estrutura F que permite ser direcionado para qualquer ponto no céu. No instante $\theta = 30^\circ$, a estrutura tem uma aceleração angular $\alpha_{y'} = 0,2$ rad/s² e uma velocidade angular $\omega_{y'} = 0,3$ rad/s em torno do eixo y', e $\ddot{\theta} = 0,5$ rad/s² enquanto $\dot{\theta} = 0,4$ rad/s. Determine a velocidade e a aceleração da cápsula de observação em C nesse instante.

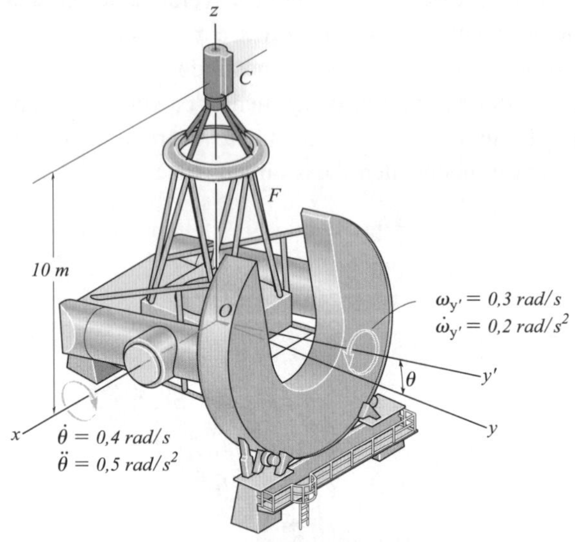

Problema 20.8

•**20.9.** No instante quando $\theta = 90^\circ$, o corpo do satélite está girando com uma velocidade angular $\omega_1 = 15$ rad/s e aceleração angular $\dot{\omega}_1 = 3$ rad/s². Simultaneamente, os painéis solares giram com uma velocidade angular $\omega_2 = 6$ rad/s e aceleração angular $\dot{\omega}_2 = 1,5$ rad/s². Determine a velocidade a e aceleração do ponto B no painel solar nesse instante.

20.10. No instante quando $\theta = 90^\circ$, o corpo do satélite se desloca na direção x com uma velocidade $\mathbf{v}_O = \{500\mathbf{i}\}$ m/s e aceleração $\mathbf{a}_O = \{50\mathbf{i}\}$ m/s². Simultaneamente, o corpo também gira com uma velocidade angular $\omega_1 = 15$ rad/s e aceleração angular $\dot{\omega}_1 = 3$ rad/s². Ao mesmo tempo, os painéis solares giram com uma velocidade angular $\omega_2 = 6$ rad/s e aceleração angular $\dot{\omega}_2 = 1,5$ rad/s². Determine a velocidade e a aceleração do ponto B no painel solar.

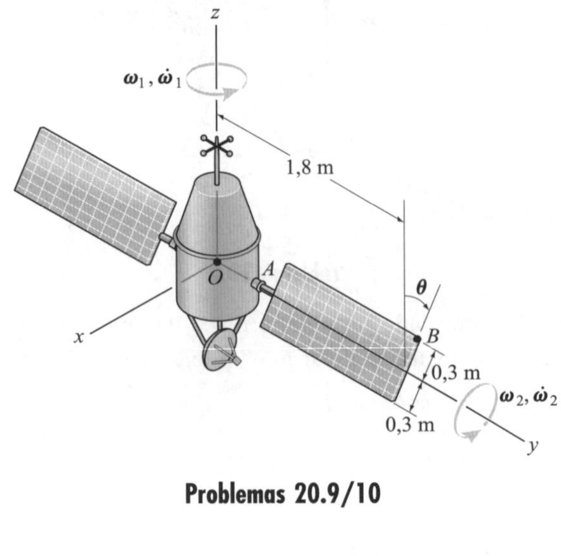

Problemas 20.9/10

20.11. O cone rola em um círculo e gira em torno do eixo z a uma taxa constante $\omega_z = 8$ rad/s. Determine a velocidade e a aceleração angular do cone se ele rola sem deslizar. Além disso, qual é a velocidade e a aceleração do ponto A?

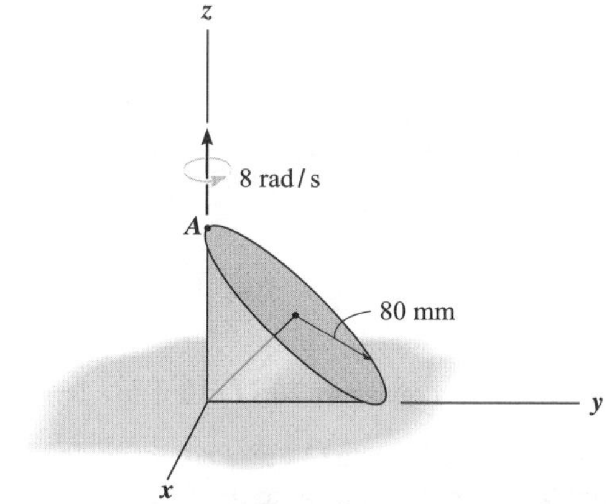

Problema 20.11

***20.12.** No instante mostrado, o motor gira em torno do eixo z com uma velocidade angular $\omega_1 = 3$ rad/s e aceleração angular $\dot{\omega}_1 = 1{,}5$ rad/s². Simultaneamente, o eixo OA gira com uma velocidade angular $\omega_2 = 6$ rad/s e aceleração angular de $\dot{\omega}_2 = 3$ rad/s², e o anel C desliza ao longo da barra AB com velocidade e aceleração de 6 m/s e 3 m/s². Determine a velocidade e a aceleração do anel C nesse instante.

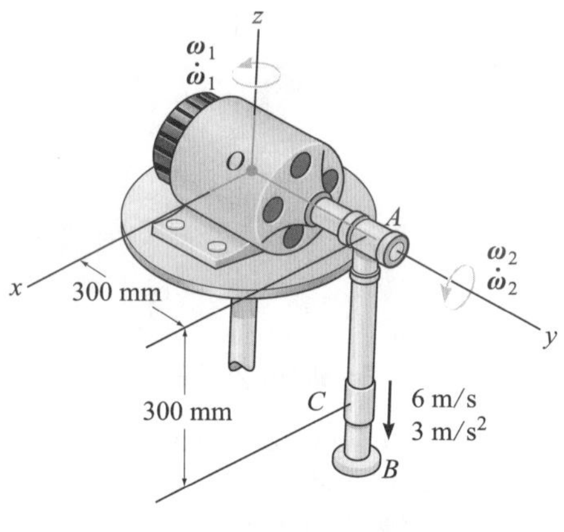

Problema 20.12

•20.13. No instante mostrado, o guindaste da torre gira em torno do eixo z com uma velocidade angular $\omega_1 = 0{,}25$ rad/s, a qual está aumentando a 0,6 rad/s². A lança do guindaste OA gira para baixo com uma velocidade angular $\omega_2 = 0{,}4$ rad/s, a qual está aumentando a 0,8 rad/s². Determine a velocidade e a aceleração do ponto A localizado na extremidade da lança nesse instante.

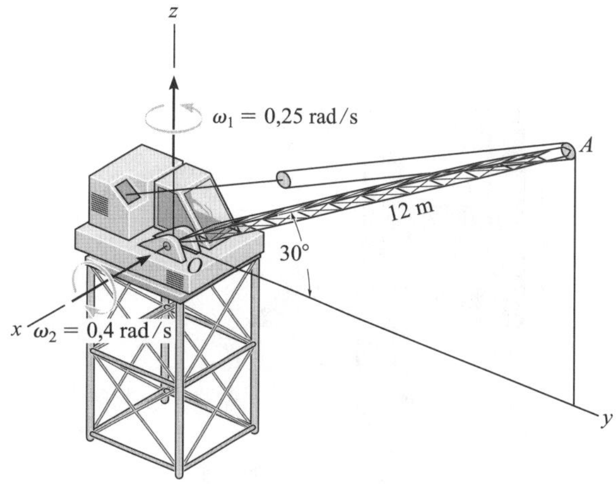

Problema 20.13

20.14. A engrenagem C é movida pelo eixo DE, enquanto a engrenagem B gira livremente em torno de seu eixo GF, o qual realiza uma precessão livremente em torno do eixo DE. Se a engrenagem A é mantida fixa ($\omega_A = 0$), e o eixo DE gira com uma velocidade angular constante $\omega_{DE} = 10$ rad/s, determine a velocidade angular da engrenagem B.

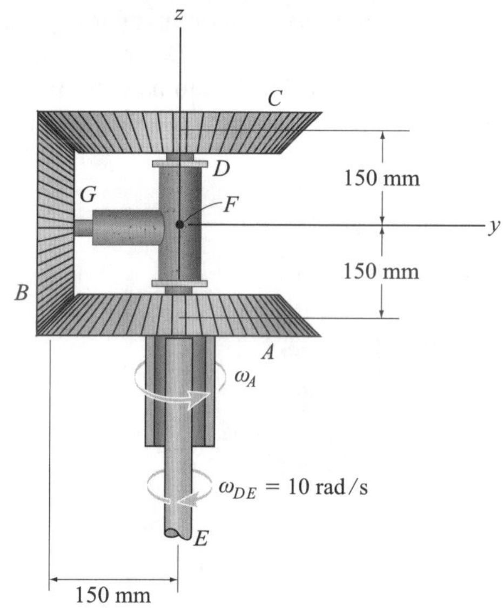

Problema 20.14

20.15. A engrenagem C é movida pelo eixo DE, enquanto a engrenagem B gira livremente em torno de seu eixo GF, o qual realiza uma precessão livremente em torno do eixo DE. Se a engrenagem A é acionada com uma velocidade angular constante $\omega_A = 5$ rad/s e o eixo DE gira com uma velocidade angular constante $\omega_{DE} = 10$ rad/s, determine a velocidade angular da engrenagem B.

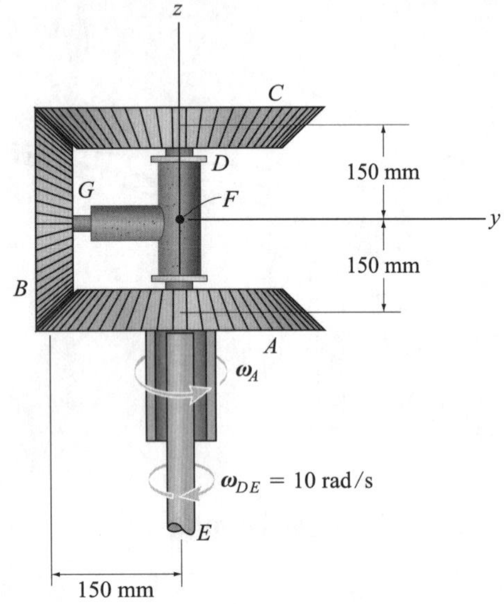

Problema 20.15

***20.16.** No instante $\theta = 0°$, o corpo do satélite está girando com uma velocidade angular ω_1 = 20 rad/s, e tem uma aceleração angular $\omega^{\bullet}_{I}$ = 5 rad/s². Simultaneamente, os painéis solares giram com uma velocidade angular ω_2 = 5 rad/s e aceleração angular $\omega^{\bullet}_{2}$ = 3 rad/s². Determine a velocidade e a aceleração do ponto B localizado na extremidade de um dos painéis solares nesse instante.

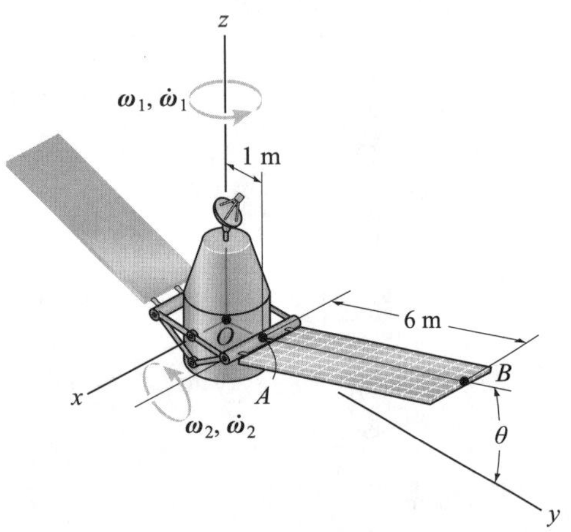

Problema 20.16

•20.17. No instante $\theta = 30°$, o corpo do satélite está girando com uma velocidade angular ω_1 = 20 rad/s, e tem uma aceleração angular $\dot{\omega}_I$ = 5 rad/s². Simultaneamente, os painéis solares giram com uma velocidade angular constante ω_2 = 5 rad/s. Determine a velocidade e a aceleração do ponto B localizado na extremidade de um dos painéis solares nesse instante.

20.18. No instante $\theta = 30°$, o corpo do satélite está girando com uma velocidade angular ω_1 = 20 rad/s, e tem uma aceleração angular $\dot{\omega}_1$ = 5 rad/s². No mesmo instante, o satélite se desloca na direção x com uma velocidade $\mathbf{v}_O$ = {5000**i**} m/s, e tem uma aceleração $\boldsymbol{a}_O$ = {500**i**} m/s². Simultaneamente, os painéis solares giram com uma velocidade angular constante ω_2 = 5 rad/s. Determine a velocidade e a aceleração do ponto B localizado na extremidade de um dos painéis solares nesse instante.

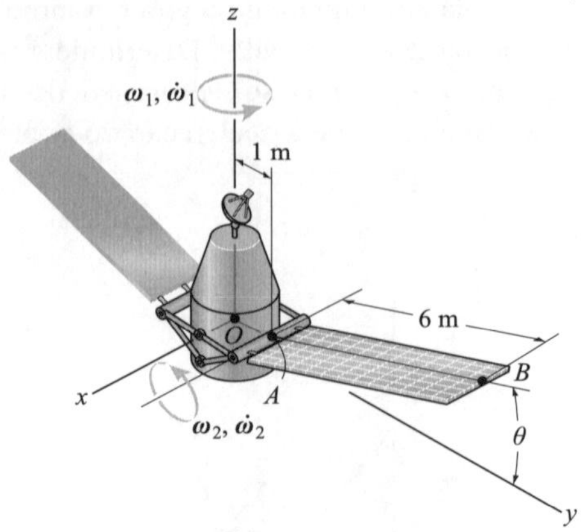

Problemas 20.17/18

20.19. A lança do guindaste OA gira em torno do eixo z com uma velocidade angular constante ω_1 = 0,15 rad/s, enquanto ela está girando para baixo com uma velocidade angular constante ω_2 = 0,2 rad/s. Determine a velocidade e a aceleração do ponto A localizado na extremidade da lança no instante mostrado.

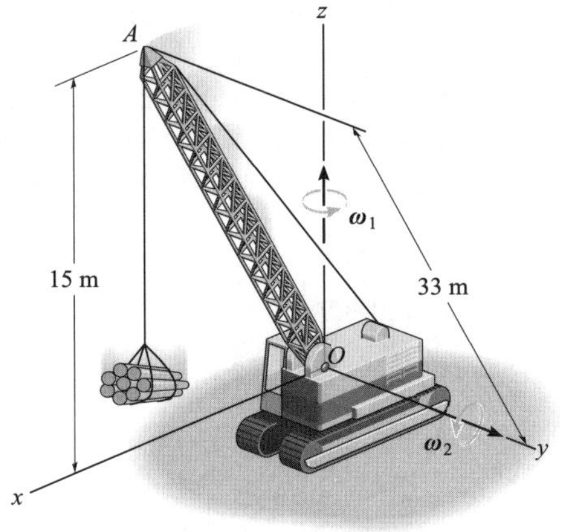

Problema 20.19

***20.20.** Se a estrutura gira com uma velocidade angular constante ω_P = {−10**k**} rad/s e a engrenagem horizontal B gira com uma velocidade angular constante ω_B = {5**k**} rad/s, determine a velocidade angular e a aceleração angular da engrenagem oblíqua A.

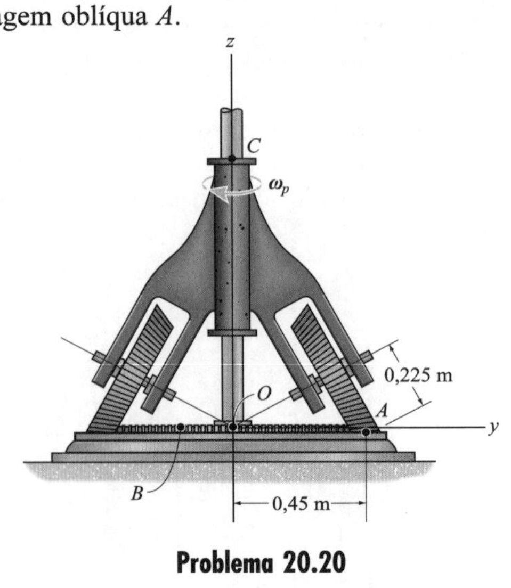

Problema 20.20

•20.21. A barra AB está fixada aos anéis nas suas extremidades por juntas esféricas. Se o anel A tem uma velocidade $v_A = 1{,}5$ m/s, determine a velocidade angular da barra e a velocidade do anel B no instante mostrado. Suponha que a velocidade angular da barra é direcionada perpendicular à barra.

20.22. A barra AB está fixada aos anéis nas suas extremidades por juntas esféricas. Se o anel A tem uma aceleração $\mathbf{a}_A = \{4\mathbf{i}\}$ m/s² e uma velocidade $\mathbf{v}_A = \{1{,}5\mathbf{i}\}$ m/s, determine a aceleração angular da barra e a aceleração do anel B no instante mostrado. Suponha que a aceleração angular da barra é direcionada perpendicular à barra.

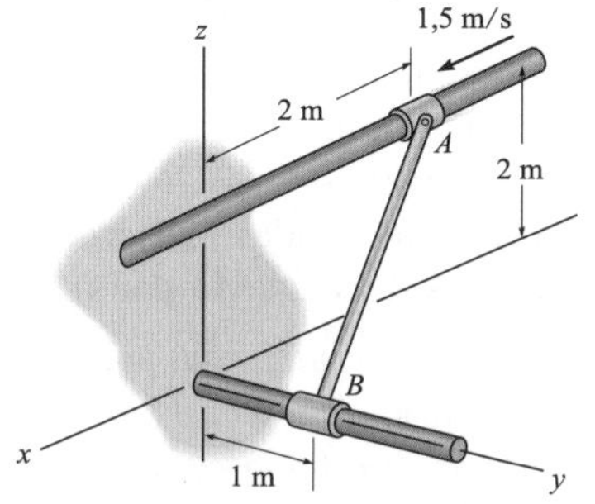

Problemas 20.21/22

20.23. A barra AB está fixada aos anéis nas suas extremidades por juntas esféricas. Se o anel A se desloca para cima com uma velocidade $\mathbf{v}_A = \{4\mathbf{k}\}$ m/s, determine a velocidade angular da barra e a velocidade do anel B nesse instante. Suponha que a velocidade angular do anel é direcionada perpendicular à barra.

***20.24.** A barra AB está fixada aos anéis nas suas extremidades por juntas esféricas. Se o anel A se desloca para cima com uma aceleração $\mathbf{a}_A = \{2\mathbf{k}\}$ m/s², determine a aceleração angular da barra AB e a intensidade da aceleração do anel B. Suponha que a aceleração angular da barra é direcionada perpendicular à barra.

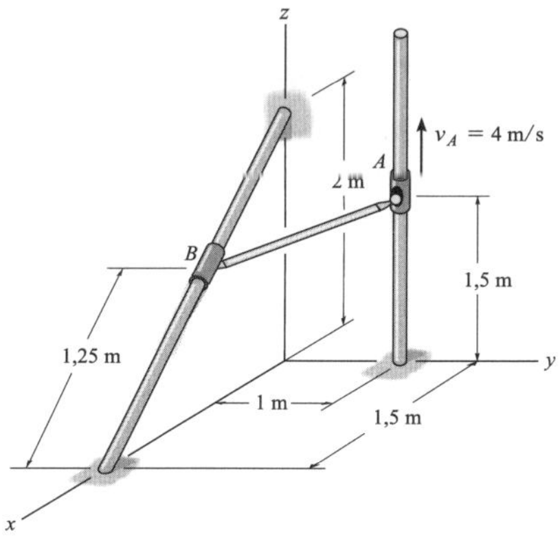

Problemas 20.23/24

•20.25. Se o anel A se desloca com uma velocidade constante $\mathbf{v}_A = \{5\mathbf{i}\}$ m/s, determine a velocidade do anel B quando a barra AB está na posição mostrada. Suponha que a velocidade angular de AB é perpendicular à barra.

20.26. Quando a barra AB está na posição mostrada, o anel A se desloca com uma velocidade $\mathbf{v}_A = \{5\mathbf{i}\}$ m/s e aceleração $\mathbf{a}_A = \{1\mathbf{i}\}$ m/s². Determine a aceleração do anel B nesse instante. Suponha que a velocidade angular e a aceleração angular de AB são perpendiculares à barra.

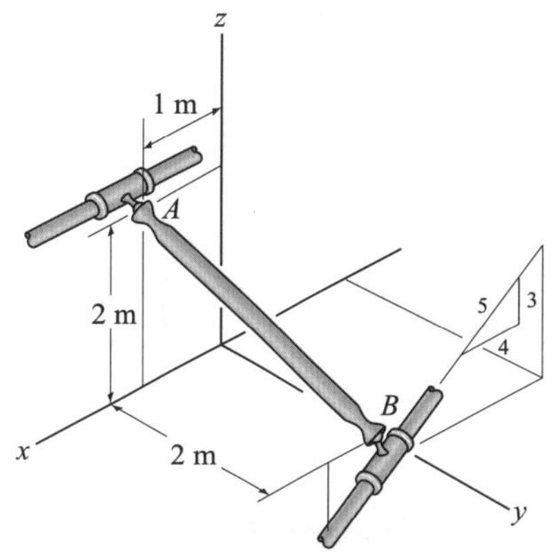

Problemas 20.25/26

20.27. Se o anel A se desloca com uma velocidade constante $\mathbf{v}_A = \{3\mathbf{i}\}$ m/s, determine a velocidade do anel B quando a barra AB está na posição mostrada. Suponha que a velocidade angular de AB é perpendicular à barra.

***20.28.** Quando a barra AB está na posição mostrada, o anel A se desloca com uma velocidade $\mathbf{v}_A = \{3\mathbf{i}\}$ m/s e aceleração $\mathbf{a}_A = \{0{,}5\mathbf{i}\}$ m/s². Determine a aceleração do anel B nesse instante. Suponha que a velocidade angular e a aceleração angular de AB são perpendiculares à barra.

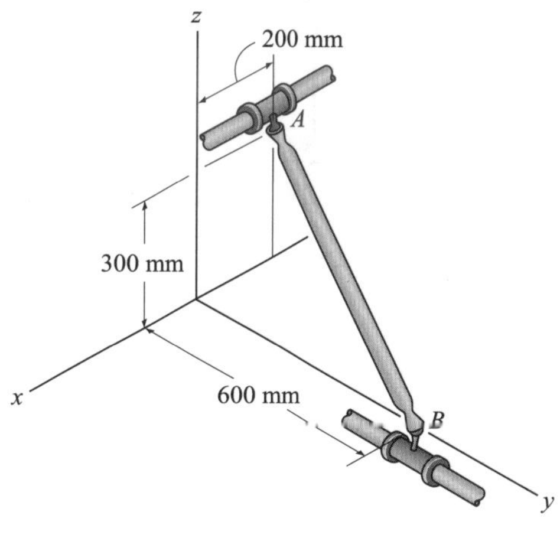

Problemas 20.27/28

•20.29. Se a manivela BC gira com uma velocidade angular constante $\omega_{BC} = 6$ rad/s, determine a velocidade do anel em A. Suponha que a velocidade angular de AB é perpendicular à barra.

20.30. Se a manivela BC está girando com uma velocidade angular $\omega_{BC} = 6$ rad/s e uma aceleração angular $\dot{\omega}_{BC} = 1{,}5$ rad/s², determine a aceleração do anel A nesse instante. Suponha que a velocidade angular e a aceleração angular de AB são perpendiculares à barra.

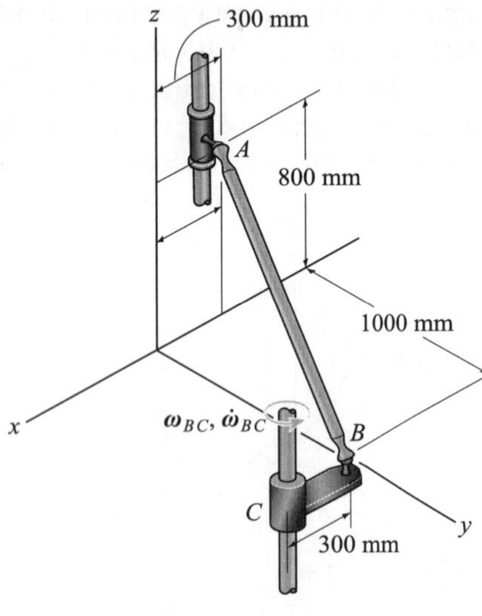

Problemas 20.29/30

20.31. A barra AB está fixada aos anéis nas suas extremidades por juntas esféricas. Se o anel A tem uma velocidade v_A = 1,5 m/s no instante mostrado, determine a velocidade do anel B. Suponha que a velocidade angular é perpendicular à barra.

***20.32.** A barra AB está fixada aos anéis nas suas extremidades por juntas esféricas. Se o anel A tem uma velocidade $\mathbf{v}_A = \{1{,}5\mathbf{i}\}$ m/s e uma aceleração $\mathbf{a}_A = \{0{,}2\mathbf{i}\}$ m/s^2 no instante mostrado, determine a aceleração do anel B. Suponha que a velocidade angular e a aceleração angular são perpendiculares à barra.

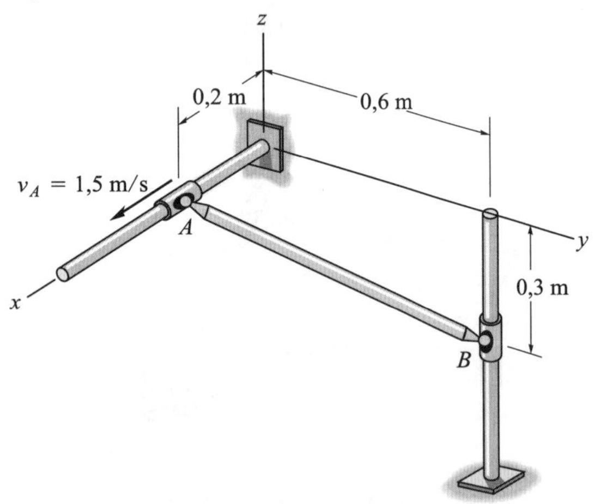

Problemas 20.31/32

•**20.33.** A barra AB está fixada aos anéis nas suas extremidades por juntas esféricas. Se o anel A tem uma velocidade v_A = 3 m/s, determine a velocidade do anel B no instante mostrado. Suponha que a velocidade angular é perpendicular à barra.

20.34. Se o anel em A no Problema 20.33 tem uma aceleração $\mathbf{a}_A = \{-2\mathbf{k}\}$ m/s^2 no instante que sua velocidade é $\mathbf{v}_A = \{-3\mathbf{k}\}$ m/s, determine a intensidade da aceleração do anel em B nesse instante. Suponha que a velocidade angular e a aceleração angular são perpendiculares à barra.

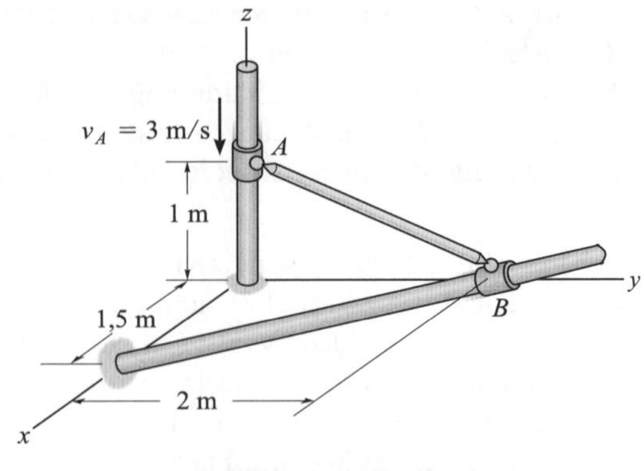

Problemas 20.33/34

20.35. A placa triangular ABC está apoiada em A por uma junta esférica e em C pelo plano x–z. O lado AB encontra-se no plano x–y. No instante $\theta = 60°$, $\dot{\theta} = 2$ rad/s e o ponto C tem as coordenadas mostradas. Determine a velocidade angular da placa e a velocidade do ponto C nesse instante.

***20.36.** A placa triangular ABC está apoiada em A por uma junta esférica e em C pelo plano x–z. O lado AB encontra-se no plano x–y. No instante $\theta = 60°$, $\dot{\theta} = 2$ rad/s, $\ddot{\theta} = 3$ rad/s^2 e o ponto C tem as coordenadas mostradas. Determine a aceleração angular da placa e a aceleração do ponto C nesse instante.

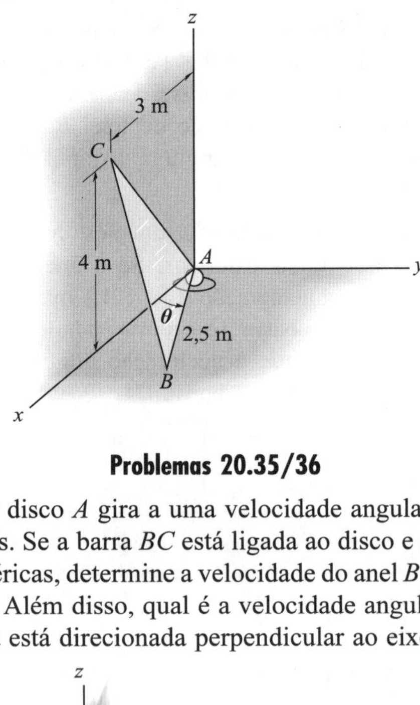

Problemas 20.35/36

•**20.37.** O disco A gira a uma velocidade angular constante de 10 rad/s. Se a barra BC está ligada ao disco e ao anel por juntas esféricas, determine a velocidade do anel B no instante mostrado. Além disso, qual é a velocidade angular da barra ω_{BC} se ela está direcionada perpendicular ao eixo da barra?

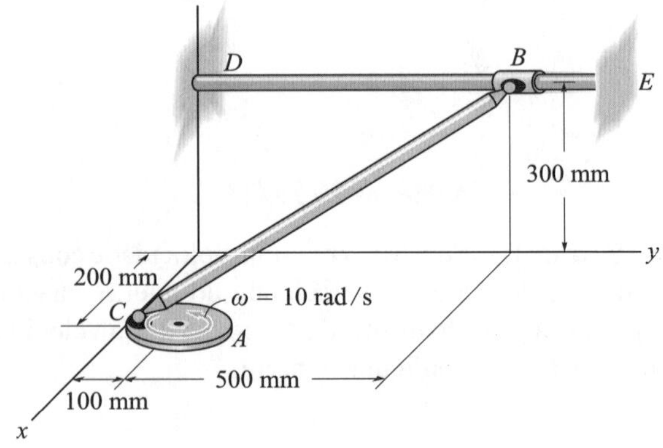

Problema 20.37

20.38. Resolva o Problema 20.37 se a conexão em B consistir de um pino, como mostrado na figura, em vez de uma junta esférica. *Dica:* a restrição permite a rotação da barra tanto em torno da barra DE (direção $\mathbf{j}$) quanto em torno do eixo do pino (direção $\mathbf{n}$). Visto que não há uma componente rotacional na direção $\mathbf{u}$, ou seja, perpendicular a $\mathbf{n}$ e $\mathbf{j}$ onde $\mathbf{u} = \mathbf{j} \times \mathbf{n}$, uma equação adicional para a solução pode ser obtida de $\boldsymbol{\omega} \cdot \mathbf{u} = 0$. O vetor $\mathbf{n}$ está na mesma direção que $\mathbf{r}_{B/C} \times \mathbf{r}_{D/C}$.

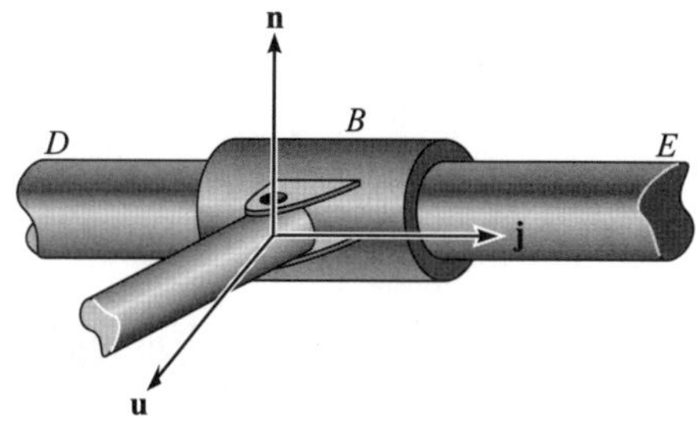

Problema 20.38

20.4 Análise do movimento relativo usando eixos transladando e rotacionando

A forma mais geral para analisar o movimento tridimensional de um corpo rígido requer o uso dos eixos x, y, z que transladam e rotacionam em relação a um segundo sistema X, Y, Z. Esta análise também fornece um meio de determinar os movimentos de dois pontos A e B localizados sobre os membros separados de um mecanismo, e o movimento relativo de uma partícula em relação à outra quando uma ou ambas as partículas estão se deslocando ao longo de *trajetórias curvas*.

Como mostrado na Figura 20.11, as localizações dos pontos A e B são especificadas em relação ao sistema de referência X, Y, Z por vetores posição $\mathbf{r}_A$ e $\mathbf{r}_B$. O ponto base A representa a origem do sistema de coordenadas x, y, z, que está transladando e rotacionando em relação a X, Y, Z. No instante considerado, a velocidade e a aceleração do ponto A são $\mathbf{v}_A$ e $\mathbf{a}_A$, e a velocidade e aceleração angulares dos eixos x, y, z são $\boldsymbol{\Omega}$ e $\dot{\boldsymbol{\Omega}} = d\boldsymbol{\Omega}/dt$. Todos esses vetores são *medidos* em relação ao sistema de referência X, Y, Z, embora eles possam ser expressos na forma de uma componente cartesiana ao longo de qualquer um dos conjuntos de eixos.

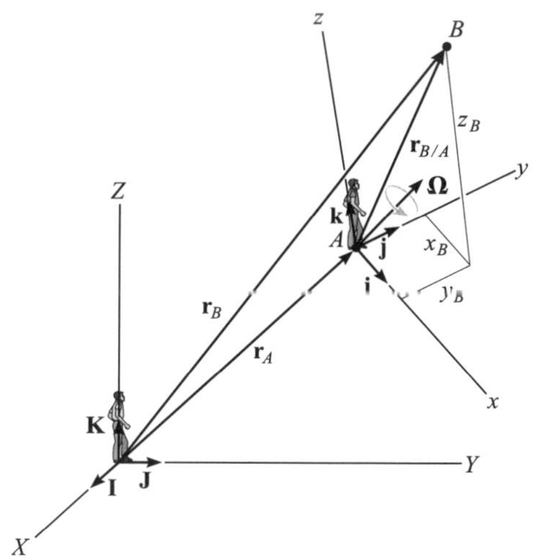

Figura 20.11

Posição

Se a posição de 'B em relação a A' é especificada pelo *vetor posição relativa* $\mathbf{r}_{B/A}$ (Figura 20.11), então, pela adição vetorial,

$$\mathbf{r}_B = \mathbf{r}_A + \mathbf{r}_{B/A} \qquad (20.9)$$

onde

$\mathbf{r}_B$ = posição de B

$\mathbf{r}_A$ = posição da origem A

$\mathbf{r}_{B/A}$ = posição de 'B em relação a A'

Velocidade

A velocidade do ponto B medida a partir de X, Y, Z pode ser determinada calculando-se a derivada temporal da Equação 20.9,

$$\dot{\mathbf{r}}_B = \dot{\mathbf{r}}_A + \dot{\mathbf{r}}_{B/A}$$

Os dois primeiros termos representam $\mathbf{v}_B$ e $\mathbf{v}_A$. O último termo tem de ser avaliado aplicando-se a Equação 20.6, visto que $\mathbf{r}_{B/A}$ é medido em relação a uma referência rotacionando. Assim,

$$\dot{\mathbf{r}}_{B/A} = (\dot{\mathbf{r}}_{B/A})_{xyz} + \Omega \times \mathbf{r}_{B/A} = (\mathbf{v}_{B/A})_{xyz} + \Omega \times \mathbf{r}_{B/A} \tag{20.10}$$

Portanto,

$$\mathbf{v}_B = \mathbf{v}_A + \mathbf{\Omega} \times \mathbf{r}_{B/A} + (\mathbf{v}_{B/A})_{xyz} \tag{20.11}$$

onde

$\mathbf{v}_B$ = velocidade de B

$\mathbf{v}_A$ = velocidade da origem A do sistema de referência x, y, z

$(\mathbf{v}_{B/A})_{xyz}$ = velocidade de 'B em relação a A' como medido por um observador fixo ao sistema de referência rotacionando x, y, z

$\mathbf{\Omega}$ = velocidade angular do sistema de referência x, y, z

$\mathbf{r}_{B/A}$ = posição de 'B em relação a A'

Aceleração

A aceleração do ponto B medida a partir de X, Y, Z é determinada calculando-se a derivada temporal da Equação 20.11.

$$\dot{\mathbf{v}}_B = \dot{\mathbf{v}}_A + \dot{\Omega} \times \mathbf{r}_{B/A} + \Omega \times \dot{\mathbf{r}}_{B/A} + \frac{d}{dt}(\mathbf{v}_{B/A})_{xyz}$$

As derivadas temporais definidas no primeiro e segundo termos representam $\mathbf{a}_B$ e $\mathbf{a}_A$, respectivamente. O quarto termo pode ser avaliado usando a Equação 20.10, e o último termo é avaliado aplicando-se a Equação 20.6, os quais resultam em

$$\frac{d}{dt}(\mathbf{v}_{B/A})_{xyz} = (\dot{\mathbf{v}}_{B/A})_{xyz} + \mathbf{\Omega} \times (\mathbf{v}_{B/A})_{xyz} = (\mathbf{a}_{B/A})_{xyz} + \mathbf{\Omega} \times (\mathbf{v}_{B/A})_{xyz}$$

Aqui, $(\mathbf{a}_{B/A})_{xyz}$ é a aceleração de B em relação a A medida a partir de x, y, z. Substituindo esse resultado e a Equação 20.10 na equação acima e simplificando, temos

$$\mathbf{a}_B = \mathbf{a}_A + \dot{\mathbf{\Omega}} \times \mathbf{r}_{B/A} + \mathbf{\Omega} \times (\mathbf{\Omega} \times \mathbf{r}_{B/A}) + 2\mathbf{\Omega} \times (\mathbf{v}_{B/A})_{xyz} + (\mathbf{a}_{B/A})_{xyz} \tag{20.12}$$

onde

$\mathbf{a}_B$ = aceleração de B

$\mathbf{a}_A$ = aceleração da origem A do sistema de referência x, y, z

$(\mathbf{a}_{B/A})_{xyz}, (\mathbf{v}_{B/A})_{xyz}$ = aceleração e velocidade relativa de 'B em relação a A' como medidas por um observador fixo ao sistema de referência rotacionando x, y, z

$\dot{\mathbf{\Omega}}, \mathbf{\Omega}$ = aceleração angular e velocidade angular do sistema de referência x, y, z

$\mathbf{r}_{B/A}$= posição de '*B* em relação a *A*'

As equações 20.11 e 20.12 são idênticas àquelas usadas na Seção 16.8 para analisar movimento relativo plano.* Neste caso, entretanto, a aplicação é simplificada visto que $\mathbf{\Omega}$ e $\dot{\mathbf{\Omega}}$ têm uma *direção constante* que é sempre perpendicular ao plano do movimento. Para o movimento tridimensional, $\dot{\mathbf{\Omega}}$ tem de ser calculada usando a Equação 20.6, visto que $\dot{\mathbf{\Omega}}$ depende da variação da intensidade *e* da direção de $\mathbf{\Omega}$.

Procedimento para análise

O movimento tridimensional de partículas ou corpos rígidos pode ser analisado com as equações 20.11 e 20.12 utilizando-se o seguinte procedimento.

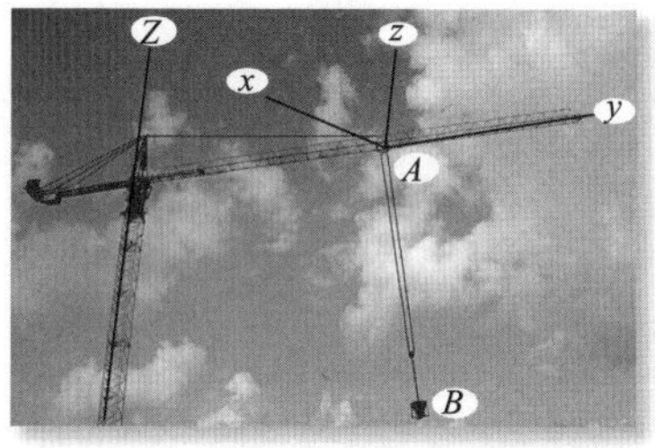

O complicado movimento espacial do balde de concreto *B* ocorre pela rotação da lança do guindaste em torno do eixo *Z*, pelo movimento do carro *A* ao longo da lança do guindaste, e pela extensão e oscilação do cabo *AB*. Um sistema de coordenadas rotacionando-translandando *x*, *y*, *z* pode ser estabelecido sobre o carro, e uma análise de movimento relativo pode então ser aplicada para estudar este movimento.

Eixos de coordenadas

- Escolha a localização e a orientação dos eixos de coordenadas *X*, *Y*, *Z* e *x*, *y*, *z*. Na grande maioria das vezes, as soluções podem ser facilmente obtidas se, no instante considerado:

(1) as origens são *coincidentes*

(2) os eixos são colineares

(3) os eixos são paralelos

- Se várias componentes da velocidade angular estão envolvidos em um problema, os cálculos serão reduzidos se os eixos *x*, *y*, *z* forem escolhidos de tal maneira que apenas uma componente da velocidade angular seja observada em relação a esse sistema ($\mathbf{\Omega}_{xyz}$) e o sistema gira com $\mathbf{\Omega}$ definido pelas outras componentes da velocidade angular.

Equações cinemáticas

- Após a origem da referência em movimento, *A*, ser definida e o ponto em movimento *B* ser especificado, as equações 20.11 e 20.12 devem, então, ser escritas na forma simbólica como

$$\mathbf{v}_B = \mathbf{v}_A + \mathbf{\Omega} \times \mathbf{r}_{B/A} + (\mathbf{v}_{B/A})_{xyz}$$
$$\mathbf{a}_B = \mathbf{a}_A + \dot{\mathbf{\Omega}} \times \mathbf{r}_{B/A} + \mathbf{\Omega} \times (\mathbf{\Omega} \times \mathbf{r}_{B/A}) + 2\mathbf{\Omega} \times (\mathbf{v}_{B/A})_{xyz} + (\mathbf{a}_{B/A})_{xyz}$$

- Se $\mathbf{r}_A$ e $\mathbf{\Omega}$ parecem *variar a direção* quando observados da referência *X*, *Y*, *Z* fixa, então use um conjunto de eixos de referência primo (com aspas) *x'*, *y'*, *z'*, tendo uma rotação $\mathbf{\Omega}' = \mathbf{\Omega}$. A Equação 20.6 é, então, usada para determinar $\dot{\mathbf{\Omega}}$ e o movimento $\mathbf{v}_A$ e $\mathbf{a}_A$ da origem dos eixos em movimento *x*, *y*, *z*.
- Se $(\mathbf{r}_{B/A})_{xyz}$ e $\mathbf{\Omega}_{xyz}$ parecem variar a direção quando observados de *x*, *y*, *z*, então use um conjunto de eixos de referência duplo primo (com aspas duplas) *x''*, *y''*, *z''*, tendo $\mathbf{\Omega}'' = \mathbf{\Omega}_{xyz}$ e aplique a Equação 20.6 para determinar $\dot{\mathbf{\Omega}}_{xyz}$ e o movimento relativo $(\mathbf{v}_{B/A})_{xyz}$ e $(\mathbf{a}_{B/A})_{xyz}$.
- Após as formas finais de $\dot{\mathbf{\Omega}}$, $\mathbf{v}_A$, $\mathbf{a}_A$, $\dot{\mathbf{\Omega}}_{xyz}$, $(\mathbf{v}_{B/A})_{xyz}$ e $(\mathbf{a}_{B/A})_{xyz}$ serem obtidas, os dados dos problemas numéricos podem ser substituídos e os termos cinemáticos, avaliados. As componentes de todos esses vetores podem ser escolhidas ao longo dos eixos *X*, *Y*, *Z* ou ao longo dos eixos *x*, *y*, *z*. A escolha é arbitrária, contanto que um conjunto de vetores unitários seja usado.

* Consulte a Seção 16.8 para uma interpretação dos termos.

Exemplo 20.4

Um motor e a barra *AB* fixada nele têm os movimentos angulares mostrados na Figura 20.12. Um anel *C* na barra está localizado a 0,25 m de *A* e está se deslocando para baixo ao longo da barra com uma velocidade de 3 m/s e uma aceleração de 2 m/s². Determine a velocidade e a aceleração de *C* nesse instante.

SOLUÇÃO

Eixos de coordenadas

A origem da referência fixa *X*, *Y*, *Z* é escolhida no centro da plataforma, e a origem do sistema em movimento *x*, *y*, *z*, no ponto *A* (Figura 20.12). Visto que o anel está sujeito a duas componentes do movimento angular, $\boldsymbol{\omega}_P$ e $\boldsymbol{\omega}_M$, ele será visto como tendo uma velocidade angular $\boldsymbol{\Omega}_{xyz} = \boldsymbol{\omega}_M$ em *x*, *y*, *z*. Portanto, os eixos *x*, *y*, *z* serão fixados à plataforma de maneira que $\boldsymbol{\Omega} = \boldsymbol{\omega}_P$.

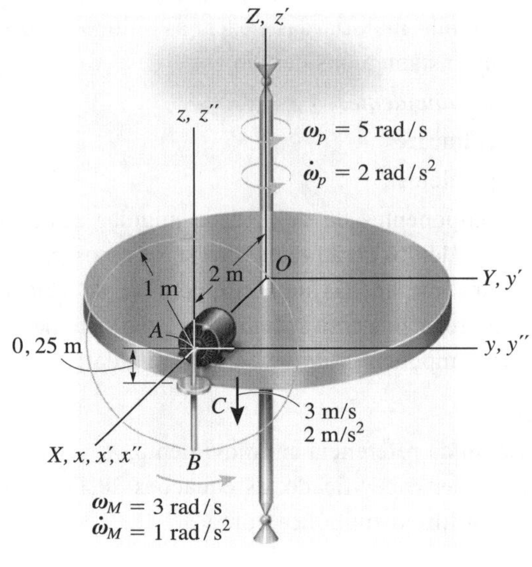

Figura 20.12

Equações cinemáticas

As equações 20.11 e 20.12, aplicadas aos pontos *C* e *A*, tornam-se

$$\mathbf{v}_C = \mathbf{v}_A + \boldsymbol{\Omega} \times \mathbf{r}_{C/A} + (\mathbf{v}_{C/A})_{xyz}$$

$$\mathbf{a}_C = \mathbf{a}_A + \dot{\boldsymbol{\Omega}} \times \mathbf{r}_{C/A} + \boldsymbol{\Omega} \times (\boldsymbol{\Omega} \times \mathbf{r}_{C/A}) + 2\boldsymbol{\Omega} \times (\mathbf{v}_{C/A})_{xyz} + (\mathbf{a}_{C/A})_{xyz}$$

Movimento de A

Aqui, $\mathbf{r}_A$ varia a direção em relação a *X*, *Y*, *Z*. Para determinar as derivadas temporais de $\mathbf{r}_A$, usaremos um conjunto de eixos *x'*, *y'*, *z'* coincidentes com os eixos *X, Y, Z* que giram em $\boldsymbol{\Omega}' = \boldsymbol{\omega}_P$. Desse modo,

$$\boldsymbol{\Omega} = \boldsymbol{\omega}_P = \{5\mathbf{k}\} \text{ rad/s } (\boldsymbol{\Omega} \text{ não muda direção relativa a } X, Y, Z)$$

$$\dot{\boldsymbol{\Omega}} = \dot{\boldsymbol{\omega}}_P = \{2\text{k}\} \text{ rad/s}^2$$

$$\mathbf{r}_A = \{2\mathbf{i}\} \text{ m}$$

$$\mathbf{v}_A = \dot{\mathbf{r}}A = (\dot{\mathbf{r}}A)_{x'y'z'} + \boldsymbol{\omega}_P \times \mathbf{r}_A = \mathbf{0} + 5\mathbf{k} \times 2\mathbf{i} = \{10\mathbf{j}\} \text{ m/s}$$

$$\mathbf{a}_A = \ddot{\mathbf{r}}_A = [(\ddot{\mathbf{r}}_A)_{x'y'z'} + \boldsymbol{\omega}_p \times (\dot{\mathbf{r}}_A)_{x'y'z'}] + \dot{\boldsymbol{\omega}}_p \times \mathbf{r}_A + \boldsymbol{\omega}_p \times \dot{\mathbf{r}}_A$$

$$= [\mathbf{0} + \mathbf{0}] + 2\mathbf{k} \times 2\mathbf{i} + 5\mathbf{k} \times 10\mathbf{j} = \{-50\mathbf{i} + 4\mathbf{j}\} \text{ m/s}^2$$

Movimento de C em relação a A

Aqui, $(\mathbf{r}_{C/A})_{xyz}$ varia a direção em relação a *x*, *y*, *z*. Para determinar as derivadas temporais de $(\mathbf{r}_{C/A})_{xyz}$, utilize um conjunto de eixos *x"*, *y"*, *z"* que giram em $\boldsymbol{\Omega}'' = \boldsymbol{\Omega}_{xyz} = \boldsymbol{\omega}_M$. Desse modo,

$$\boldsymbol{\Omega}_{xyz} = \boldsymbol{\omega}_M = \{3\mathbf{i}\} \text{ rad/s } (\boldsymbol{\Omega}_{xyz} \text{ não varia a direção em relação a } x, y, z)$$

$$\dot{\boldsymbol{\Omega}}_{xyz} = \dot{\boldsymbol{\omega}}_M = \{1\mathbf{i}\} \text{ rad/s}^2$$

$$(\mathbf{r}_{C/A})_{xyz} = \{-0{,}25\mathbf{k}\} \text{ m}$$

$$(\mathbf{v}_{C/A})_{xyz} = (\dot{\mathbf{r}}_{C/A})_{xyz} = (\dot{\mathbf{r}}_{C/A})_{x''y''z} + \boldsymbol{\omega}_M \times (\mathbf{r}_{C/A})_{xyz}$$
$$= -3\mathbf{k} + [3\mathbf{i} \times (-0{,}25\mathbf{k})] = \{0{,}75\mathbf{j} - 3\mathbf{k}\} \text{ m/s}$$

$$(\mathbf{a}_{C/A})_{xyz} = (\ddot{\mathbf{r}}_{C/A})_{xyz} = [(\ddot{\mathbf{r}}_{C/A})_{x''y''z} + \boldsymbol{\omega}_M \times (\dot{\mathbf{r}}_{C/A})_{x''y''z}] + \dot{\boldsymbol{\omega}}_M \times (\mathbf{r}_{C/A})_{xyz} + \boldsymbol{\omega}_M \times (\dot{\mathbf{r}}_{C/A})_{xyz}$$
$$= [-2\mathbf{k} + 3\mathbf{i} \times (-3\mathbf{k})] + (1\mathbf{i}) \times (-0{,}25\mathbf{k}) + (3\mathbf{i}) \times (0{,}75\mathbf{j} - 3\mathbf{k})$$
$$= \{18{,}25\mathbf{j} + 0{,}25\mathbf{k}\} \text{ m/s}^2$$

Movimento de *C*

Equações

$$\mathbf{v}_C = \mathbf{v}_A + \boldsymbol{\Omega} \times \mathbf{r}_{C/A} + (\mathbf{v}_{C/A})_{xyz}$$
$$= 10\mathbf{j} + [5\mathbf{k} \times (-0{,}25\mathbf{k})] + (0{,}75\mathbf{j} - 3\mathbf{k})$$
$$= \{10{,}75\mathbf{j} - 3\mathbf{k}) \text{ m/s}$$

$$\mathbf{a}_C = \mathbf{a}_A + \dot{\boldsymbol{\Omega}} \times \mathbf{r}_{C/A} + \boldsymbol{\Omega} \times (\boldsymbol{\Omega} \times \mathbf{r}_{C/A}) + 2\boldsymbol{\Omega} \times (\mathbf{v}_{C/A})_{xyz} + (\mathbf{a}_{C/A})_{xyz}$$
$$= (-50\mathbf{i} + 4\mathbf{j}) + [2\mathbf{k} \times (-0{,}25\mathbf{k})] + 5\mathbf{k} \times [5\mathbf{k} \times (-0{,}25\mathbf{k})]$$
$$+ 2[5\mathbf{k} \times (0{,}75\mathbf{j} - 3\mathbf{k})] + (18{,}25\mathbf{j} + 0{,}25\mathbf{k})$$
$$= \{-57{,}5\mathbf{i} + 22{,}25\mathbf{j} + 0{,}25\mathbf{k}\} \text{ m/s}^2$$

Exemplo 20.5

O pêndulo mostrado na Figura 20.13 consiste de duas barras; *AB* é suportada por um pino em *A* e oscila somente no plano *Y–Z*, enquanto um mancal em *B* permite que a barra fixa *BD* gire em torno da barra *AB*. Em dado instante, as barras têm os movimentos angulares mostrados. Além disso, um anel, *C*, localizado a 0,2 m de *B*, tem uma velocidade de 3 m/s e uma aceleração de 2 m/s² ao longo da barra. Determine a velocidade e a aceleração do anel nesse instante.

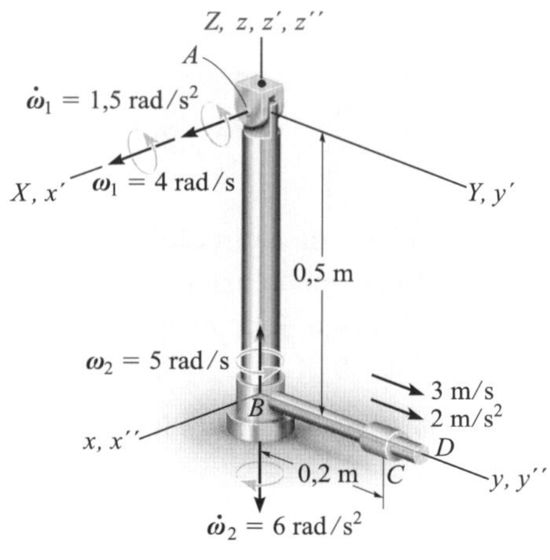

Figura 20.13

SOLUÇÃO I

Eixos de coordenadas

A origem do sistema fixo *X*, *Y*, *Z* será colocada em *A*. O movimento do anel é convenientemente observado a partir de *B*, de maneira que a origem do sistema *x*, *y*, *z* está localizada nesse ponto. Escolheremos $\boldsymbol{\Omega} = \boldsymbol{\omega}_1$ e $\boldsymbol{\Omega}_{xyz} = \boldsymbol{\omega}_2$.

Equações cinemáticas

$$\mathbf{v}_C = \mathbf{v}_B + \boldsymbol{\Omega} \times \mathbf{r}_{C/B} + (\mathbf{v}_{C/B})_{xyz}$$

$$\mathbf{a}_C = \mathbf{a}_B + \dot{\boldsymbol{\Omega}} \times \mathbf{r}_{C/B} + \boldsymbol{\Omega} \times (\boldsymbol{\Omega} \times \mathbf{r}_{C/B}) + 2\boldsymbol{\Omega} \times (\mathbf{v}_{C/B})_{xyz} + (\mathbf{a}_{C/B})_{xyz}$$

Movimento de B

Para determinar as derivadas temporais de $\mathbf{r}_B$, deixe que os eixos x', y', z' girem com $\mathbf{\Omega}' = \boldsymbol{\omega}_1$. Então

$$\mathbf{\Omega}' = \boldsymbol{\omega}_1 = \{4\mathbf{i}\} \text{ rad/s} \quad \dot{\mathbf{\Omega}}' = \dot{\boldsymbol{\omega}}_1 = (1{,}5\mathbf{i}\} \text{ rad/s}^2$$

$$\mathbf{r}_B = \{-0{,}5\mathbf{k}\} \text{ m}$$

$$\mathbf{v}_B = \dot{\mathbf{r}}_B = (\dot{\mathbf{r}}_B)_{x'y'z'} + \boldsymbol{\omega}_1 \times \mathbf{r}_B = \mathbf{0} + 4\mathbf{i} \times (-0{,}5\mathbf{k}) = \{2\mathbf{j}\} \text{ m/s}$$

$$\boldsymbol{a}_B = \ddot{\mathbf{r}}_B = [(\ddot{\mathbf{r}}_B)_{x'y'z'} + \boldsymbol{\omega}_1 \times (\dot{\mathbf{r}}_B)_{x'y'z'}] + \dot{\boldsymbol{\omega}}_1 \times \mathbf{r}_B + \boldsymbol{\omega}_1 \times \dot{\mathbf{r}}_B$$
$$= [\mathbf{0} + \mathbf{0}] + 1{,}5\mathbf{i} \times (-0{,}5\mathbf{k}) + 4\mathbf{i} \times 2\mathbf{j} = \{0{,}75\mathbf{j} + 8\mathbf{k}\} \text{ m/s}^2$$

Movimento de C em relação a B

Para determinar as derivadas temporais de $(\mathbf{r}_{C/B})_{xyz}$, deixe que os eixos x'', y'', z'' girem com $\mathbf{\Omega}_{xyz} = \boldsymbol{\omega}_2$. Então

$$\mathbf{\Omega}_{xyz} = \boldsymbol{\omega}_2 = \{5\mathbf{k}\} \text{ rad/s} \quad \dot{\mathbf{\Omega}}_{xyz} = \dot{\boldsymbol{\omega}}_2 = \{-6\mathbf{k}\} \text{ rad/s}^2$$

$$(\mathbf{r}_{C/B})_{xyz} = \{0{,}2\mathbf{j}\} \text{ m}$$

$$(\mathbf{v}_{C/B})_{xyz} = (\dot{\mathbf{r}}_{C/B})_{xyz} = (\dot{\mathbf{r}}_{C/B})_{x''y''z''} + \boldsymbol{\omega}_2 \times (\mathbf{r}_{C/B})_{xyz} = 3\mathbf{j} + 5\mathbf{k} \times 0{,}2\mathbf{j} = \{-1\mathbf{i} + 3\mathbf{j}\} \text{ m/s}$$

$$(\mathbf{a}_{C/B})_{xyz} = (\ddot{\mathbf{r}}_{C/B})_{xyz} [(\ddot{\mathbf{r}}_{C/B})_{x''y''z''} + \boldsymbol{\omega}_2 \times (\dot{\mathbf{r}}_{C/B})_{x''y''z''}] + \dot{\boldsymbol{\omega}}_2 \times (\mathbf{r}_{C/B})_{xyz} + \boldsymbol{\omega}_2 \times (\dot{\mathbf{r}}_{C/B})_{xyz}$$
$$= (2\mathbf{j} + 5\mathbf{k} \times 3\mathbf{j}) + (-6\mathbf{k} \times 0{,}2\mathbf{j}) + [5\mathbf{k} \times (-1\mathbf{i} + 3\mathbf{j})]$$
$$= \{-28{,}8\mathbf{i} - 3\mathbf{j}\} \text{ m/s}^2$$

Movimento de C

$$\mathbf{v}_C = \mathbf{v}_B + \mathbf{\Omega} \times \mathbf{r}_{C/B} + (\mathbf{v}_{C/B})_{xyz} = 2\mathbf{j} + 4\mathbf{i} \times 0{,}2\mathbf{j} + (-1\mathbf{i} + 3\mathbf{j})$$
$$= \{-1\mathbf{i} + 5\mathbf{j} + 0{,}8\mathbf{k}\} \text{ m/s}$$

$$\mathbf{a}_C = \mathbf{a}_B + \dot{\mathbf{\Omega}} \times \mathbf{r}_{C/B} + \mathbf{\Omega} \times (\mathbf{\Omega} \times \mathbf{r}_{C/B}) + 2\mathbf{\Omega} \times (\mathbf{v}_{C/B})_{xyz} + (\mathbf{a}_{C/B})_{xyz}$$
$$= (0{,}75\mathbf{j} + 8\mathbf{k}) + (1{,}5\mathbf{i} \times 0{,}2\mathbf{j}) + [4\mathbf{i} \times (4\mathbf{i} \times 0{,}2\mathbf{j})]$$
$$+ 2[4\mathbf{i} \times (-1\mathbf{i} + 3\mathbf{j})] + (-28{,}8\mathbf{i} - 3\mathbf{j})$$
$$= \{-28{,}8\mathbf{i} - 5{,}45\mathbf{j} + 32{,}3\mathbf{k}\} \text{ m/s}^2$$

SOLUÇÃO II

Eixos de coordenadas

Aqui, deixaremos que os eixos x, y, z girem em

$$\mathbf{\Omega} = \boldsymbol{\omega}_1 + \boldsymbol{\omega}_2 = \{4\mathbf{i} + 5\mathbf{k}\} \text{rad/s}$$

Então, $\mathbf{\Omega}_{xyz} = \mathbf{0}$.

Movimento de B

Das restrições do problema, $\boldsymbol{\omega}_1$ não varia a direção em relação a X, Y, Z; entretanto, a direção de $\boldsymbol{\omega}_2$ variou por $\boldsymbol{\omega}_1$. Desse modo, para obter $\dot{\mathbf{\Omega}}$, considere os eixos x', y', z' coincidentes com os eixos X, Y, Z em A, de maneira que $\mathbf{\Omega}' = \boldsymbol{\omega}_1$. Então, fazendo a derivada das componentes de $\mathbf{\Omega}$,

$$\dot{\mathbf{\Omega}} = \dot{\boldsymbol{\omega}}_1 + \dot{\boldsymbol{\omega}}_2 = [(\dot{\boldsymbol{\omega}}_1)_{x'y'z'} + \boldsymbol{\omega}_1 \times \boldsymbol{\omega}_1] + [(\dot{\boldsymbol{\omega}}_2)_{x'y'z'} + \boldsymbol{\omega}_1 \times \boldsymbol{\omega}_2]$$

$$= [1{,}5\mathbf{i} + 0] + [-6\mathbf{k} + 4\mathbf{i} \times 5\mathbf{k}] = \{1{,}5\mathbf{i} - 20\mathbf{j} - 6\mathbf{k}\} \text{ rad/s}^2$$

Além disso, $\boldsymbol{\omega}_1$ varia a direção de $\mathbf{r}_B$ de maneira que as derivadas temporais de $\mathbf{r}_B$ possam ser determinadas utilizando-se os eixos com aspas definidos acima. Assim,

$$\mathbf{v}_B = \dot{\mathbf{r}}_B = (\dot{\mathbf{r}}_B)_{x'y'z'} + \boldsymbol{\omega}_1 \times \mathbf{r}_B$$
$$= \mathbf{0} + 4\mathbf{i} \times (-0{,}5\mathbf{k}) = \{2\mathbf{j}\} \text{ m/s}$$

$$\mathbf{a}_B = \ddot{\mathbf{r}}_B = [(\ddot{\mathbf{r}}_B)_{x'y'z'} + \boldsymbol{\omega}_1 \times (\dot{\mathbf{r}}_B)_{x,y,z}] + \dot{\boldsymbol{\omega}}_1 \times \mathbf{r}_B + \boldsymbol{\omega}_1 \times \dot{\mathbf{r}}_B$$
$$= [\mathbf{0} + \mathbf{0}] + 1{,}5\mathbf{i} \times (-0{,}5\mathbf{k}) + 4\mathbf{i} \times 2\mathbf{j} = \{0{,}75\mathbf{j} + 8\mathbf{k}\} \text{ m/s}^2$$

Movimento de C em relação a B

$$\mathbf{\Omega}_{xyz} = 0$$
$$\dot{\mathbf{\Omega}}_{xyz} = 0$$

$(\mathbf{r}_{C/B})_{xyz} = \{0{,}2\mathbf{j}\}$ m
$(\mathbf{v}_{C/B})_{xyz} = \{3\mathbf{j}\}$ m/s
$(\mathbf{a}_{C/B})_{xyz} = \{2\mathbf{j}\}$ m/s²

Movimento de C

$$\mathbf{v}_C = \mathbf{v}_B + \mathbf{\Omega} \times \mathbf{r}_{C/B} + (\mathbf{v}_{C/B})_{xyz}$$
$$= 2\mathbf{j} + [(4\mathbf{i} + 5\mathbf{k}) \times (0{,}2\mathbf{j})] + 3\mathbf{j}$$
$$= \{-1\mathbf{i} + 5\mathbf{j} + 0{,}8\mathbf{k}\} \text{ m/s}$$
$$\mathbf{a}_C = \mathbf{a}_B + \dot{\mathbf{\Omega}} \times \mathbf{r}_{C/B} + \mathbf{\Omega} \times (\mathbf{\Omega} \times \mathbf{r}_{C/B}) + 2\mathbf{\Omega} \times (\mathbf{v}_{C/B})_{xyz} + (\mathbf{a}_{C/B})_{xyz}$$
$$= (0{,}75\mathbf{j} + 8\mathbf{k}) + [(1{,}5\mathbf{i} - 20\mathbf{j} - 6\mathbf{k}) \times (0{,}2\mathbf{j})]$$
$$+ (4\mathbf{i} + 5\mathbf{k}) \times [(4\mathbf{i} + 5\mathbf{k}) \times 0{,}2\mathbf{j}] + 2[(4\mathbf{i} + 5\mathbf{k}) \times 3\mathbf{j}] + 2\mathbf{j}$$
$$= \{-28{,}8\mathbf{i} - 5{,}45\mathbf{j} + 32{,}3\mathbf{k}\} \text{ m/s}^2$$

Problemas

20.39. Resolva o Exemplo 20.5 tal que os eixos x, y, z se desloquem com uma translação curvilínea, $\mathbf{\Omega} = \mathbf{0}$ no caso em que o anel parece ter uma velocidade angular $\mathbf{\Omega}_{xyz} = \boldsymbol{\omega}_1 + \boldsymbol{\omega}_2$ e um movimento radial.

***20.40.** Resolva o Exemplo 20.5 fixando os eixos x, y, z à barra BD de maneira que $\mathbf{\Omega} = \boldsymbol{\omega}_1 + \boldsymbol{\omega}_2$. Neste caso, o anel parece se deslocar apenas radialmente para fora ao longo de BD; por conseguinte, $\mathbf{\Omega}_{xyz} = \mathbf{0}$.

•**20.41.** No instante mostrado, o eixo gira com uma velocidade angular $\omega_p = 6$ rad/s e uma aceleração angular $\dot{\omega}_p = 3$ rad/s². No mesmo instante, o disco gira em torno de seu eixo com uma velocidade angular $\omega_s = 12$ rad/s, aumentando a uma taxa constante $\dot{\omega}_s = 6$ rad/s². Determine a velocidade do ponto C localizado na borda do disco nesse instante.

20.42. No instante mostrado, o eixo gira com uma velocidade angular $\omega_p = 6$ rad/s e tem uma aceleração angular $\dot{\omega}_p = 3$ rad/s². No mesmo instante, o disco gira em torno de seu eixo com uma velocidade angular $\omega_s = 12$ rad/s, aumentando a uma taxa constante $\dot{\omega}_p = 6$ rad/s². Determine a aceleração do ponto C localizado na borda do disco nesse instante.

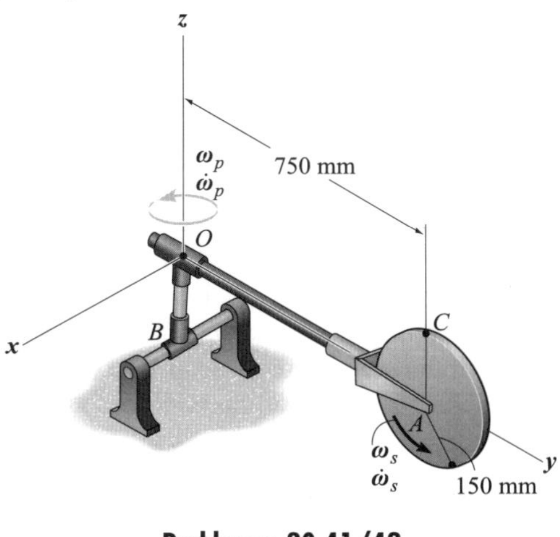

Problemas 20.41/42

20.43. No instante mostrado, a cabine da escavadeira gira em torno do eixo z com uma velocidade angular constante $\omega_z = 0{,}3$ rad/s. No mesmo instante $\theta = 60°$, e a lança OBC tem uma velocidade angular $\dot{\theta} = 0{,}6$ rad/s, que está aumentando a $\ddot{\theta} = 0{,}2$ rad/s², ambas medidas em relação à cabine. Determine a velocidade e a aceleração do ponto C na pá nesse instante.

***20.44.** No instante mostrado, a estrutura da escavadeira se desloca para frente na direção y com uma velocidade de 2 m/s e uma aceleração de 1 m/s², enquanto a cabine gira em torno do eixo z com uma velocidade angular $\omega_z = 0{,}3$ rad/s, a qual está aumentando a $\alpha_z = 0{,}4$ rad/s². No mesmo instante $\theta = 60°$, e a lança OBC tem uma velocidade angular $\dot{\theta} = 0{,}6$ rad/s, a qual está aumentando a $\ddot{\theta} = 0{,}2$ rad/s², ambas medidas em relação à cabina. Determine a velocidade e a aceleração do ponto C na pá nesse instante.

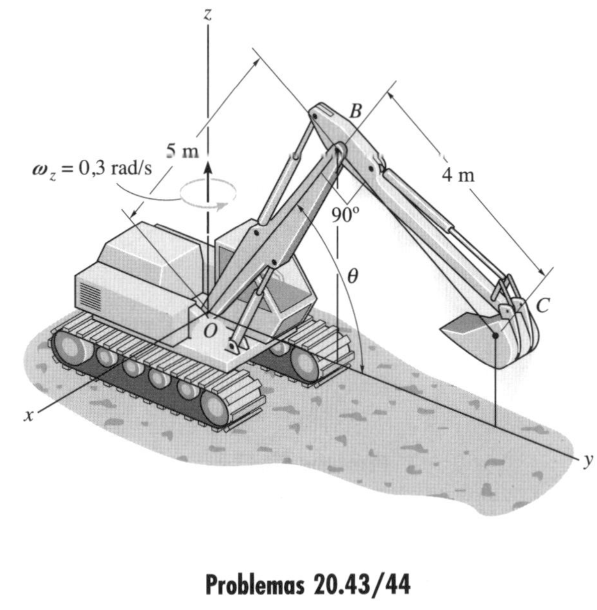

Problemas 20.43/44

•**20.45.** O guindaste gira em torno do eixo z com uma taxa constante $\omega_1 = 0{,}6$ rad/s, enquanto a lança gira para baixo com uma taxa constante $\omega_2 = 0{,}2$ rad/s. Determine a velocidade e a aceleração do ponto A localizado na extremidade da lança no instante mostrado.

20.46. O guindaste gira em torno do eixo z com uma taxa de $\omega_1 = 0{,}6$ rad/s, a qual está aumentando em $\dot{\omega}_1 = 0{,}6$ rad/s². Além disso, a lança gira para baixo a $\omega_2 = 0{,}2$ rad/s, a qual está aumentando em $\dot{\omega}_2 = 0{,}3$ rad/s². Determine a velocidade e a aceleração do ponto A localizado na extremidade da lança no instante mostrado.

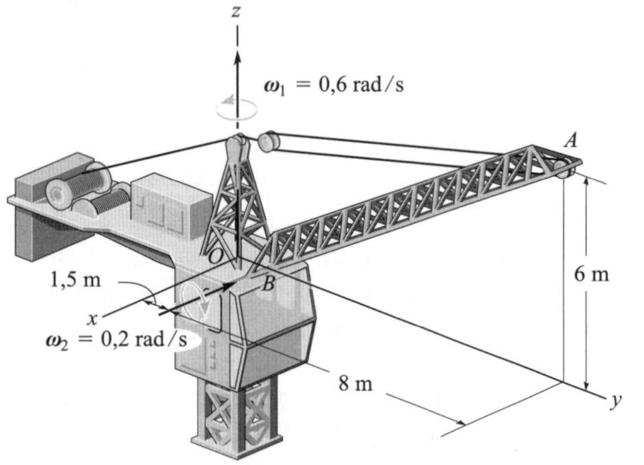

Problemas 20.45/46

20.47. O motor gira em torno do eixo z com uma velocidade angular constante $\omega_1 = 3$ rad/s. Simultaneamente, o eixo OA gira com uma velocidade angular constante $\omega_2 = 6$ rad/s. Além disso, o anel C desliza ao longo da barra AB com uma velocidade e aceleração de 6 m/s e 3 m/s². Determine a velocidade e aceleração do anel C no instante mostrado.

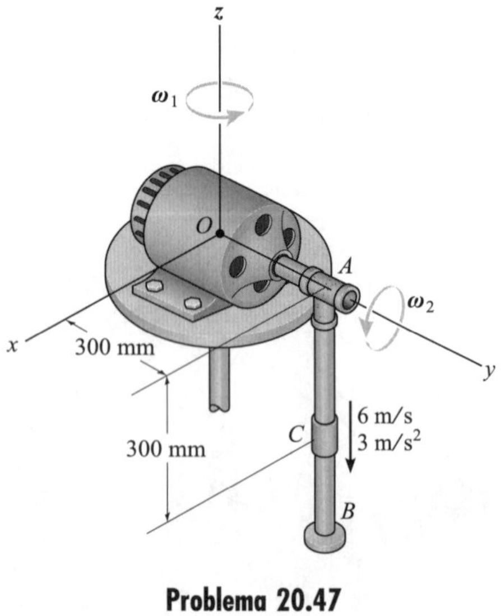

Problema 20.47

*__20.48.__ No instante mostrado, o helicóptero está se deslocando para cima com uma velocidade $v_H = 1{,}2$ m/s e tem uma aceleração $a_H = 0{,}6$ m/s². No mesmo instante, a fuselagem H, *não* o rotor horizontal, gira em torno de um eixo vertical com uma velocidade angular constante $\omega_H = 0{,}9$ rad/s. Se o rotor da cauda B gira com uma velocidade angular constante $\omega_{B/H} = 180$ rad/s, medida em relação a H, determine a velocidade e a aceleração do ponto P, localizado na extremidade da pá do rotor, no instante em que a pá está na posição vertical.

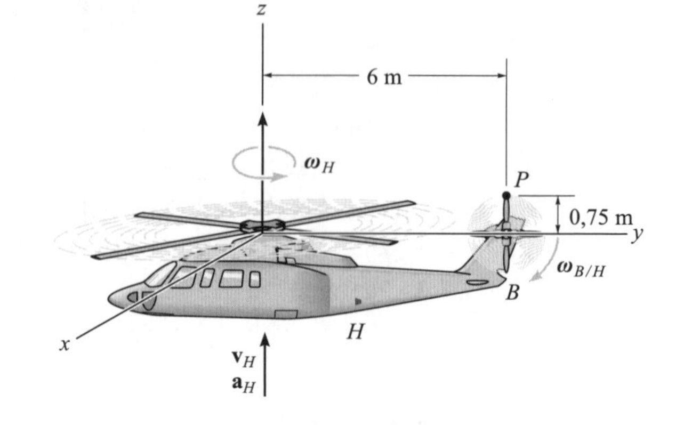

Problema 20.48

•**20.49.** Em um dado instante, a lança AB do guindaste de torre gira em torno do eixo z com o movimento mostrado. Nesse mesmo instante, $\theta = 60°$ e a lança está girando para baixo de tal maneira que $\dot{\theta} = 0{,}4$ rad/s e $\ddot{\theta} = 0{,}6$ rad/s². Determine a velocidade e a aceleração da extremidade da lança A nesse instante. A lança tem um comprimento $l_{AB} = 40$ m.

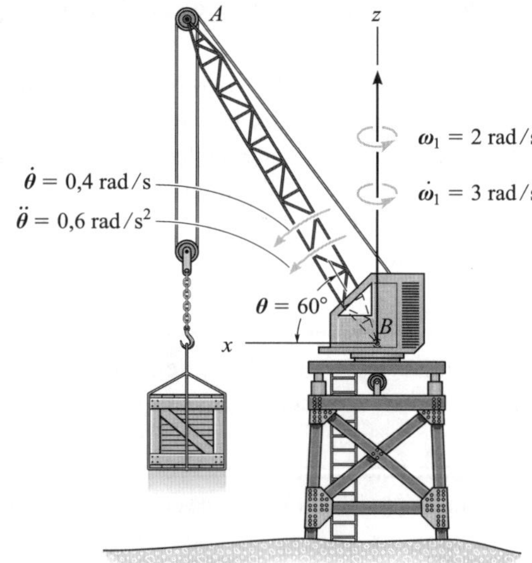

Problema 20.49

20.50. No instante mostrado, o tubo gira em torno do eixo z com uma velocidade angular constante $\omega_1 = 2$ rad/s, enquanto no mesmo instante o tubo gira para cima a uma taxa constante $\omega_2 = 5$ rad/s. Se a bola B é lançada pelo tubo a uma taxa $\dot{r} = 7$ m/s, a qual está aumentando a $\ddot{r} = 2$ m/s², determine a velocidade e a aceleração da bola no instante mostrado. Despreze a dimensão da bola.

20.51. No instante mostrado, o tubo gira em torno do eixo z com uma velocidade angular constante $\omega_1 = 2$ rad/s, enquanto no mesmo instante o tubo gira para cima com uma taxa constante de $\omega_2 = 5$ rad/s. Se a bola B é lançada pelo tubo com uma taxa constante $\dot{r} = 7$ m/s, determine a velocidade e a aceleração da bola no instante mostrado. Despreze a dimensão da bola.

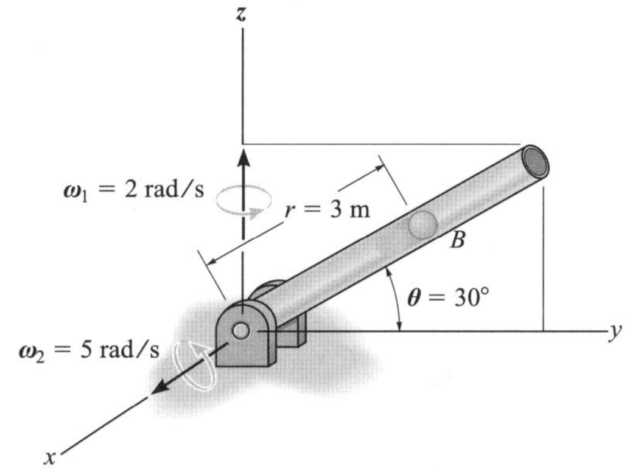

Problemas 20.50/51

***20.52.** No instante $\theta = 30^\circ$, a estrutura do guindaste e a lança AB giram com uma velocidade angular constante $\omega_1 = 1{,}5$ rad/s e $\omega_2 = 0{,}5$ rad/s, respectivamente. Determine a velocidade e a aceleração do ponto B nesse instante.

•**20.53.** No instante $\theta = 30^\circ$, a estrutura do guindaste está girando com uma velocidade angular $\omega_1 = 1{,}5$ rad/s e aceleração angular $\dot{\omega}_1 = 0{,}5$ rad/s², enquanto a lança AB gira com uma velocidade angular $\omega_2 = 0{,}5$ rad/s e uma aceleração angular $\dot{\omega}_2 = 0{,}25$ rad/s². Determine a velocidade e a aceleração do ponto B nesse instante.

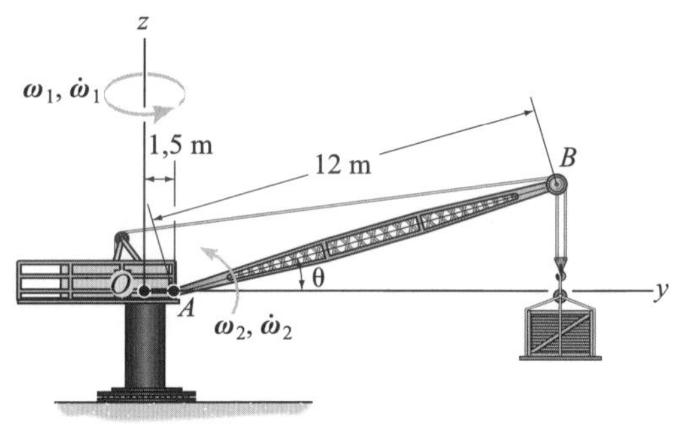

Problemas 20.52/53

20.54. No instante mostrado, a base do braço robótico gira em torno do eixo z com uma velocidade angular $\omega_1 = 4$ rad/s, a qual está aumentando a $\dot{\omega}_1 = 3$ rad/s². Além disso, a lança BC gira com uma taxa constante $\omega_{BC} = 8$ rad/s. Determine a velocidade e a aceleração da peça C mantida na sua garra nesse instante.

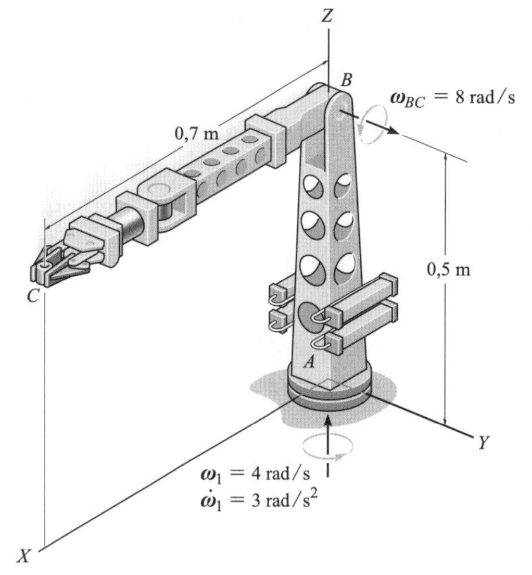

Problema 20.54

20.55. No instante mostrado, a base do braço robótico gira em torno do eixo z com uma velocidade angular $\omega_1 = 4$ rad/s, a qual está aumentando a $\dot{\omega}_1 = 3$ rad/s². Além disso, a lança BC gira a $\omega_{BC} = 8$ rad/s, a qual está aumentando a $\dot{\omega}_{BC} = 2$ rad/s². Determine a velocidade e a aceleração da peça C mantida na sua garra nesse instante.

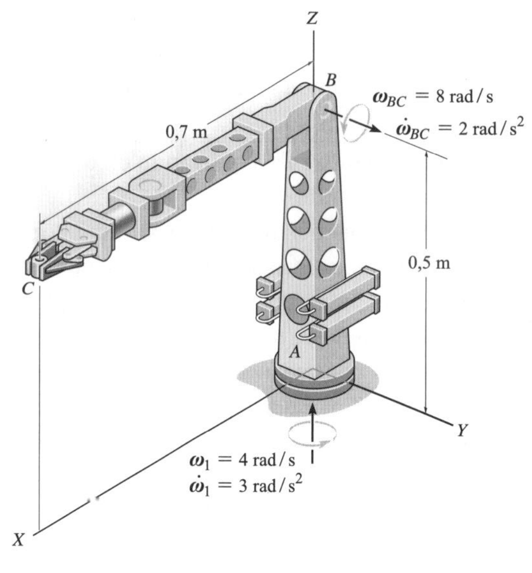

Problema 20.55

REVISÃO DO CAPÍTULO

Rotação em torno de um ponto fixo Quando um corpo gira em torno de um ponto fixo *O*, pontos sobre o corpo seguem uma trajetória que se encontra na superfície de uma esfera centrada em *O*. Visto que a aceleração angular é a taxa de variação temporal da velocidade angular, é necessário considerar as variações de intensidade e direcionais de $\boldsymbol{\omega}$ quando se determina a sua derivada temporal. Para fazer isso, a velocidade angular é frequentemente especificada em termos dos movimentos das suas componentes, de tal maneira que a direção de algumas desses componentes vai permanecer constante em relação aos eixos rotacionando *x*, *y*, *z*. Se este é o caso, então a derivada temporal em relação ao eixo fixo pode ser determinada utilizando $\dot{\mathbf{A}} = (\dot{\mathbf{A}})_{xyz} + \mathbf{\Omega} \times \mathbf{A}$. Uma vez que $\boldsymbol{\omega}$ e $\boldsymbol{\alpha}$ são conhecidos, a velocidade e a aceleração de qualquer ponto *P* sobre o corpo podem, então, ser determinadas.	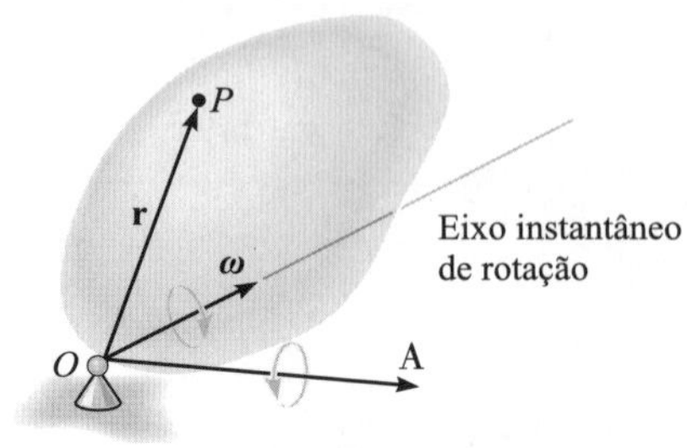 $\mathbf{v} = \boldsymbol{\omega} \times \mathbf{r}$ $\mathbf{a} = \boldsymbol{\alpha} \times \mathbf{r} + \boldsymbol{\omega} \times (\boldsymbol{\omega} \times \mathbf{r})$
Movimento geral Se o corpo passa por movimento geral, então o movimento de um ponto *B* no corpo pode ser relacionado ao movimento de outro ponto *A* usando uma análise de movimento relativo, com eixos de translação fixados em *A*.	$\mathbf{v}_B = \mathbf{v}_A + \boldsymbol{\omega} \times \mathbf{r}_{B/A}$ $\mathbf{a}_B = \mathbf{a}_A + \boldsymbol{\alpha} \times \mathbf{r}_{B/A} + \boldsymbol{\omega} \times (\boldsymbol{\omega} \times \mathbf{r}_{B/A})$
Análise de movimento relativo usando eixos transladando e rotacionando O movimento de dois pontos *A* e *B* sobre um corpo, uma série de corpos conectados, ou cada ponto localizado sobre duas trajetórias diferentes, podem ser relacionados utilizando-se uma análise de movimento relativo com eixos transladando e rotacionando em *A*. Quando se aplicam as equações, para encontrar $\mathbf{v}_B$ e $\mathbf{a}_B$, é importante levar em consideração as variações de intensidade e direcional de $\mathbf{r}_A$, $(\mathbf{r}_{B/A})_{xyz}$, $\mathbf{\Omega}$ e $\mathbf{\Omega}_{xyz}$ quando do cálculo de suas derivadas temporais para determinar $\mathbf{v}_A$, $\mathbf{a}_A$, $(\mathbf{v}_{B/A})_{xyz}$, $(\mathbf{a}_{B/A})_{xyz}$, $\dot{\mathbf{\Omega}}$ e $\dot{\mathbf{\Omega}}_{xyz}$. Para fazer isso adequadamente, é preciso usar a Equação 20.6.	$\mathbf{v}_B = \mathbf{v}_A + \mathbf{\Omega} \times \mathbf{r}_{B/A} + (\mathbf{v}_{B/A})_{xyz}$ $\mathbf{a}_B = \mathbf{a}_A + \dot{\mathbf{\Omega}} \times \mathbf{r}_{B/A} + \mathbf{\Omega} \times (\mathbf{\Omega} \times \mathbf{r}_{B/A}) + 2\mathbf{\Omega} \times (\mathbf{v}_{B/A})_{xyz} + (\mathbf{a}_{B/A})_{xyz}$

CAPÍTULO

21

Cinética tridimensional de um corpo rígido

Objetivos do capítulo

- Introduzir os métodos para determinar os momentos de inércia e produtos de inércia de um corpo em relação a vários eixos.
- Demonstrar como aplicar os princípios de trabalho e energia e quantidade de movimento linear e angular a um corpo rígido tendo movimento tridimensional.
- Desenvolver e aplicar as equações de movimento em três dimensões.
- Estudar o movimento giroscópico e livre de torque.

21.1 Momentos e produtos de inércia

Quando estudamos a cinética plana de um corpo, foi necessário introduzir o momento de inércia I_G, o qual foi calculado em relação a um eixo perpendicular ao plano de movimento e passando pelo centro de massa do corpo G. Para a análise cinética de movimento tridimensional, às vezes será necessário calcular seis quantidades inerciais. Esses termos, chamados de momentos e produtos de inércia, descrevem de maneira particular a distribuição de massa de um corpo em relação a um dado sistema de coordenadas que tem ponto de origem e orientação especificados.

Momento de inércia

Considere o corpo rígido mostrado na Figura 21.1. O *momento de inércia* para um elemento diferencial dm do corpo em relação a qualquer um dos eixos de coordenadas é definido como o produto da massa do elemento e o quadrado da distância mais curta do eixo até o elemento. Por exemplo, como observado na figura, $r_x = \sqrt{y^2 + z^2}$, de maneira que o momento de inércia de massa do elemento em relação ao eixo x é

$$dI_{xx} = r_x^2\,dm = (y^2 + z^2)\,dm$$

O momento de inércia I_{xx} para o corpo pode ser determinado integrando-se esta expressão sobre a massa total do corpo. Assim, para cada um dos eixos, podemos escrever

$$\begin{aligned} I_{xx} &= \int_m r_x^2\,dm = \int_m (y^2 + z^2)\,dm \\ I_{yy} &= \int_m r_y^2\,dm = \int_m (x^2 + z^2)\,dm \\ I_{zz} &= \int_m r_z^2\,dm = \int_m (x^2 + y^2)\,dm \end{aligned} \tag{21.1}$$

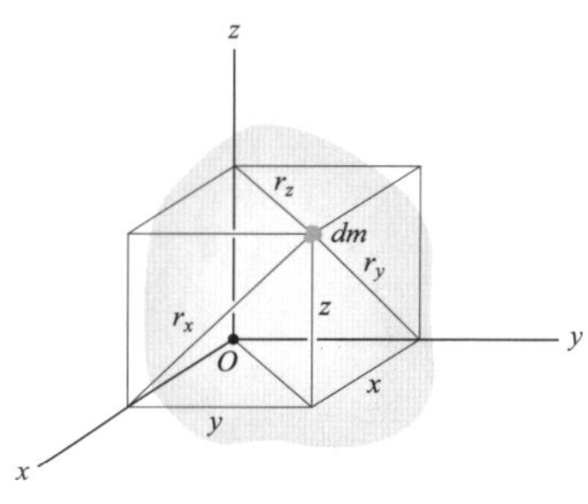

Figura 21.1

Aqui se observa que o momento de inércia é *sempre uma quantidade positiva*, visto que ele é o somatório do produto da massa dm, que é sempre positiva, e as distâncias ao quadrado.

Produto de inércia

O *produto de inércia* para um elemento diferencial dm em relação a um conjunto de *dois planos ortogonais* é definido como o produto da massa do elemento e as distâncias perpendiculares (ou mais curtas) dos planos até o elemento. Por exemplo, essa distância é x para o plano y–z e é y para o plano x–z (Figura 21.1). O produto de inércia dI_{xy} para o elemento é, portanto,

$$dI_{xy} = xy\, dm$$

Observe também que $dI_{yx} = dI_{xy}$. Integrando-se sobre a massa inteira, os produtos de inércia do corpo em relação a cada combinação de planos podem ser expressos como

$$\begin{aligned} I_{xy} &= I_{yx} = \int_m xy\, dm \\ I_{yz} &= I_{zy} = \int_m yz\, dm \\ I_{xz} &= I_{zx} = \int_m xz\, dm \end{aligned} \tag{21.2}$$

Diferentemente do momento de inércia, que é sempre positivo, o produto de inércia pode ser positivo, negativo ou nulo. O resultado depende dos sinais algébricos das duas coordenadas envolvidas, as quais variam independentemente uma da outra. Em particular, se um ou ambos os planos ortogonais são *planos de simetria* da massa, o *produto de inércia* em relação a esses planos será *nulo*. Nesses casos, os elementos de massa ocorrerão em *pares* localizados em cada lado do plano de simetria. Em um lado do plano, o produto de inércia para o elemento será positivo, enquanto do outro lado o produto de inércia do elemento correspondente será negativo; portanto, a soma resultante será nula. Exemplos disso são mostrados na Figura 21.2. No primeiro caso (Figura 21.2*a*), o plano y–z é um plano de simetria e, assim, $I_{xy} = I_{xz} = 0$. O cálculo de I_{yz} produzirá um resultado *positivo*, visto que todos os elementos de massa estão localizados utilizando somente coordenadas positivas y e z. Para o cilindro, com os eixos de coordenadas localizados como mostrado na Figura 21.2*b*, os planos x–z e y–z são ambos planos de simetria. Desse modo, $I_{xy} = I_{yz} = I_{zx} = 0$.

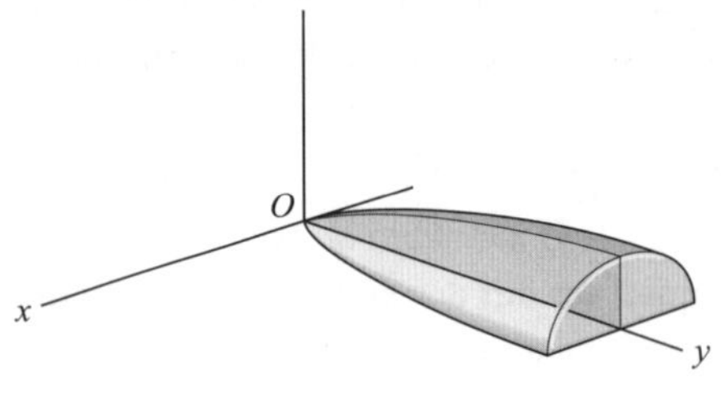

(a)

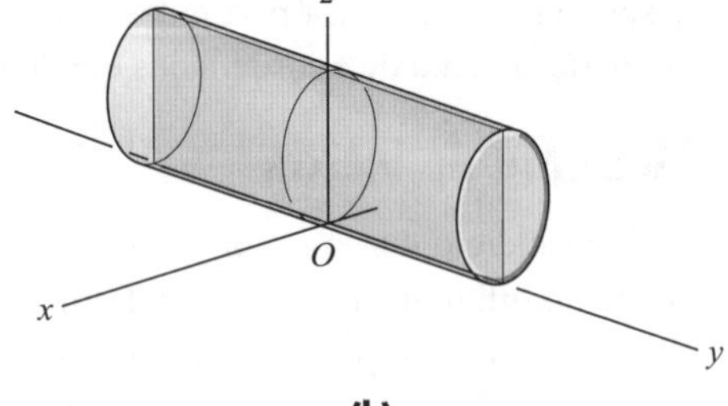

(b)

Figura 21.2

Teoremas dos eixos paralelos e dos planos paralelos

As técnicas de integração usadas para determinar o momento de inércia de um corpo foram descritas na Seção 17.1. Também foram discutidos métodos para determinar o momento de inércia de um corpo composto, ou seja, um corpo que é constituído de segmentos mais simples, como tabelado nos apêndices. Em ambos os casos, o *teorema dos eixos paralelos* é frequentemente usado para os cálculos. Esse teorema, que foi desenvolvido na Seção 17.1, nos permite transferir o momento de inércia de um corpo em relação a um eixo passando por seu centro de massa G para um eixo paralelo passando por algum outro ponto. Se G tem as coordenadas x_G, y_G, z_G definidas em relação aos eixos x, y, z, (Figura 21.3), então as equações dos eixos paralelos usadas para calcular os momentos de inércia em relação aos eixos x, y, z são

$$\begin{aligned} I_{xx} &= (I_{x'x'})_G + m(y_G^2 + z_G^2) \\ I_{yy} &= (I_{y'y'})_G + m(x_G^2 + z_G^2) \\ I_{zz} &= (I_{z'z'})_G + m(x_G^2 + y_G^2) \end{aligned} \tag{21.3}$$

A dinâmica do ônibus espacial enquanto ele orbita a Terra pode ser prevista apenas se seus momentos e produtos de inércia são conhecidos em relação a seu centro de massa.

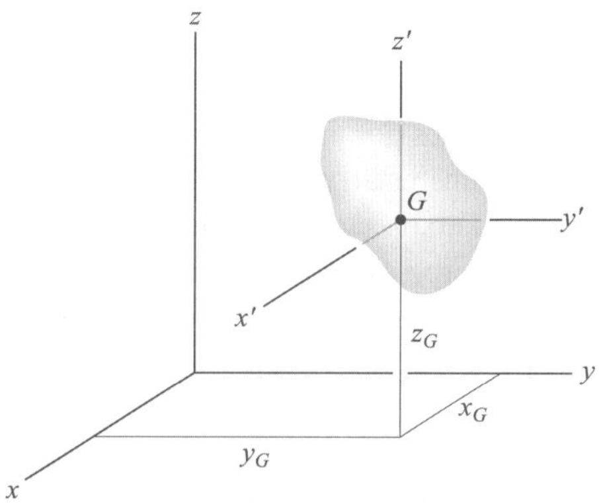

Figura 21.3

Os produtos de inércia de um corpo composto são calculados da mesma maneira que os momentos de inércia do corpo. Aqui, entretanto, o *teorema dos planos paralelos* é importante. Esse teorema é usado para transferir os produtos de inércia do corpo em relação a um conjunto dos três planos ortogonais passando pelo centro de massa do corpo para um conjunto correspondente de três planos paralelos passando por algum outro ponto O. Definindo as distâncias perpendiculares entre os planos como x_G, y_G e z_G (Figura 21.3), as equações dos planos paralelos podem ser escritas como

$$\begin{aligned} I_{xy} &= (I_{x'y'})_G + m x_G y_G \\ I_{yz} &= (I_{y'z'})_G + m y_G z_G \\ I_{zx} &= (I_{z'x'})_G + m z_G x_G \end{aligned} \tag{21.4}$$

A derivação dessas fórmulas é similar àquela fornecida para a equação dos eixos paralelos (Seção 17.1).

Tensor inercial

As propriedades inerciais de um corpo são, portanto, completamente caracterizadas por nove termos, seis dos quais são independentes um do outro. Esse conjunto de termos é definido utilizando as equações 21.1 e 21.2 e pode ser escrito como

$$\begin{pmatrix} I_{xx} & -I_{xy} & -I_{xz} \\ -I_{yx} & I_{yy} & -I_{yz} \\ -I_{zx} & -I_{zy} & I_{zz} \end{pmatrix}$$

Esta matriz é chamada de um *tensor de inércia.** Ele tem um conjunto único de valores para um corpo quando é determinado para cada localização da origem O e orientação dos eixos de coordenadas.

* Os sinais negativos estão aqui como uma consequência do desenvolvimento da quantidade de movimento angular (Equação 21.10).

Em geral, para o ponto O, podemos especificar uma inclinação de eixo única, para a qual os produtos de inércia para o corpo são nulos quando calculados em relação a esses eixos. Quando isso é feito, diz-se que o tensor de inércia está 'diagonalizado' e pode ser escrito na forma simplificada

$$\begin{pmatrix} I_x & 0 & 0 \\ 0 & I_y & 0 \\ 0 & 0 & I_z \end{pmatrix}$$

Aqui, $I_x = I_{xx}$, $I_y = I_{yy}$ e $I_z = I_{zz}$ são denominados *momentos principais de inércia* para o corpo, que são calculados em relação ao *eixo principal de inércia*. Destes três momentos principais de inércia, um será um máximo e outro, um mínimo do momento de inércia do corpo.

A determinação matemática das direções dos eixos principais de inércia não será discutida aqui (ver Problema 21.20). Entretanto, há muitos casos nos quais os eixos principais podem ser determinados por inspeção. Da discussão anterior, foi observado que, se os eixos de coordenadas estão orientados de tal maneira que *dois* dos três planos ortogonais contendo os eixos são planos de *simetria* para o corpo, então todos os produtos de inércia para o corpo são nulos em relação a esses planos coordenados, e assim esses eixos de coordenadas são eixos principais de inércia. Por exemplo, os eixos x, y, z mostrados na Figura 21.2b representam os eixos principais de inércia para o cilindro no ponto O.

Momento de inércia em relação a um eixo arbitrário

Considere o corpo mostrado na Figura 21.4, onde os nove elementos do tensor de inércia foram determinados em relação aos eixos x, y, z tendo uma origem em O. Aqui, esperamos determinar o momento de inércia do corpo em relação ao eixo Oa, o qual tem uma direção definida pelo vetor unitário $\mathbf{u}_a$. Por definição, $I_{Oa} = \int b^2 dm$, onde b é a *distância perpendicular* de dm até Oa. Se a posição de dm é localizada usando $\mathbf{r}$, então $b = r$ sen θ, o que representa a *intensidade* do produto vetorial $\mathbf{u}_a \times \mathbf{r}$. Assim, o momento de inércia pode ser expresso como

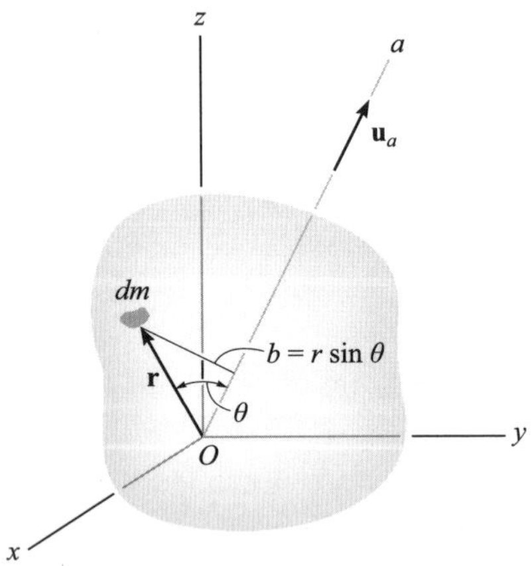

Figura 21.4

$$I_{Oa} = \int_m |(\mathbf{u}_a \times \mathbf{r})|^2 dm = \int_m (\mathbf{u}_a \times \mathbf{r}) \cdot (\mathbf{u}_a \times \mathbf{r}) dm$$

Contanto que $\mathbf{u}_a = u_x\mathbf{i} + u_y\mathbf{j} + u_z\mathbf{k}$ e $\mathbf{r} = x\mathbf{i} + y\mathbf{j} + z\mathbf{k}$, então $\mathbf{u}_a \times \mathbf{r} = (u_y z - u_z y)\mathbf{i} + (u_z x - u_x z)\mathbf{j} + (u_x y - u_y x)\mathbf{k}$. Após a substituição e a realização do produto escalar, o momento de inércia é

$$\begin{aligned} I_{Oa} &= \int_m [(u_y z - u_z y)^2 + (u_z x - u_x z)^2 + (u_x y - u_y x)^2] dm \\ &= u_x^2 \int_m (y^2 + z^2)\, dm + u_y^2 \int_m (z^2 + x^2)\, dm + u_z^2 \int_m (x^2 + y^2)\, dm \\ &\quad -2u_x u_y \int_m xy\, dm - 2u_y u_z \int_m yz\, dm - 2u_z u_x \int_m zx\, dm \end{aligned}$$

Reconhecendo as integrais como os momentos e produtos de inércia do corpo (equações 21.1 e 21.2), temos

$$I_{Oa} = I_{xx}u_x^2 + I_{yy}u_y^2 + I_{zz}u_z^2 - 2I_{xy}u_x u_y - 2I_{yz}u_y u_z - 2I_{zx}u_z u_x \tag{21.5}$$

Desse modo, se o tensor de inércia for especificado para os eixos x, y, z, o momento de inércia do corpo em relação ao eixo Oa inclinado pode ser determinado. Para o cálculo, os cossenos diretores u_x, u_y, u_z dos eixos devem ser determinados. Estes termos especificam os cossenos dos ângulos de direção das coordenadas α, β, γ entre o eixo positivo Oa e os eixos positivos x, y, z, respectivamente (ver Apêndice C).

Exemplo 21.1

Determine o momento de inércia da barra dobrada mostrada na Figura 21.5*a* em relação ao eixo *Aa*. A massa de cada um dos três segmentos é dada na figura.

SOLUÇÃO

Antes de aplicar a Equação 21.5, é necessário primeiro determinar os momentos e produtos de inércia da barra em relação aos eixos *x*, *y*, *z*. Isso é feito utilizando-se a fórmula para o momento de inércia de uma barra fina, $I = \frac{1}{12}ml^2$, e os teoremas dos eixos paralelos e dos planos paralelos (equações 21.3 e 21.4). Dividindo a barra em três partes e localizando o centro de massa de cada segmento (Figura 21.5*b*), temos

$$I_{xx} = [\tfrac{1}{12}(2)(0,2)^2 + 2(0,1)^2] + [0 + 2(0,2)^2] + [\tfrac{1}{12}(4)(0,4)^2 + 4((0,2)^2 + (0,2)^2)] = 0,480 \text{ kg} \cdot \text{m}^2$$

$$I_{yy} = [\tfrac{1}{12}(2)(0,2)^2 + 2(0,1)^2] + [\tfrac{1}{12}(2)(0,2)^2 + 2((-0,1)^2 + (0,2)^2)] + [0 + 4((-0,2)^2 + (0,2)^2)] = 0,453 \text{ kg} \cdot \text{m}^2$$

$$I_{zz} = [0 + 0] + [\tfrac{1}{12}(2)(0,2)^2 + 2(-0,1)^2] + [\tfrac{1}{12}(4)(0,4)^2 + 4((-0,2)^2 + (0,2)^2)] = 0,400 \text{ kg} \cdot \text{m}^2$$

$$I_{xy} = [0 + 0] + [0 + 0] + [0 + 4(-0,2)(0,2)] = -0,160 \text{ kg} \cdot \text{m}^2$$

$$I_{yz} = [0 + 0] + [0 + 0] + [0 + 4(0,2)(0,2)] = 0,160 \text{ kg} \cdot \text{m}^2$$

$$I_{zx} = [0 + 0] + [0 + 2(0,2)(-0,1)] + [0 + 4(0,2)(-0,2)] = -0,200 \text{ kg} \cdot \text{m}^2$$

O eixo *Aa* é definido pelo vetor unitário

$$\mathbf{u}_{Aa} = \frac{\mathbf{r}_D}{r_D} = \frac{-0,2\mathbf{i} + 0,4\mathbf{j} + 0,2\mathbf{k}}{\sqrt{(-0,2)^2 + (0,4)^2 + (0,2)^2}} = -0,408\mathbf{i} + 0,816\mathbf{j} + 0,408\mathbf{k}$$

Desse modo,

$$u_x = -0,408 \quad u_y = 0,816 \quad u_z = 0,408$$

Substituir estes resultados na Equação 21.5 resulta em

$$\begin{aligned} I_{Aa} &= I_{xx}u_x^2 + I_{yy}u_y^2 + I_{zz}u_z^2 - 2I_{xy}u_xu_y - 2I_{yz}u_yu_z - 2I_{zx}u_zu_x \\ &= 0,480(-0,408)^2 + (0,453)(0,816)^2 + 0,400(0,408)^2 \\ &\quad - 2(-0,160)(-0,408)(0,816) - 2(0,160)(0,816)(0,408) \\ &\quad - 2(-0,200)(0,408)(-0,408) \\ &= 0,169 \text{ kg} \cdot \text{m}^2 \end{aligned}$$

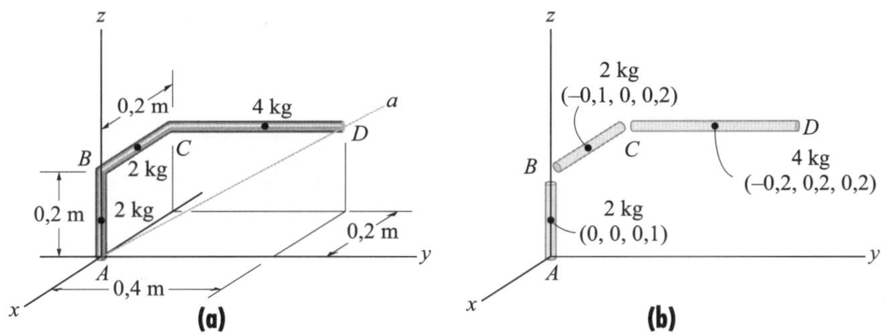

Figura 21.5

Problemas

•**21.1.** Mostre que a soma dos momentos de inércia de um corpo, $I_{xx} = I_{yy} = I_{zz}$, é independente da orientação dos eixos x, y, z e, desse modo depende somente da localização de sua origem.

21.2. Determine o momento de inércia do cone em relação a um eixo $\bar{y}$ vertical que passa pelo centro de massa do cone. Qual é o momento de inércia em relação a um eixo paralelo y' que passa pelo diâmetro da base do cone? O cone tem uma massa m.

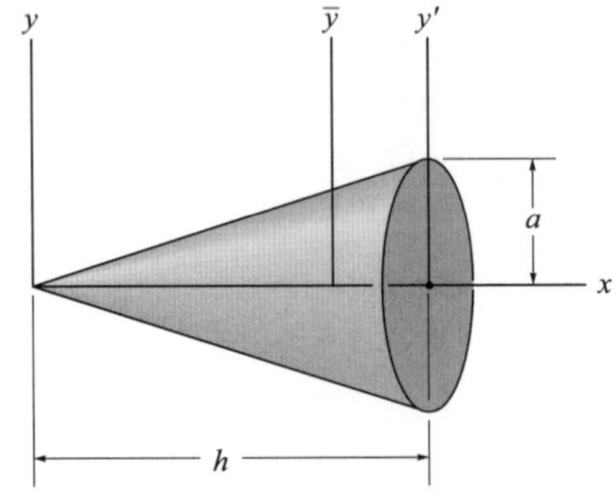

Problema 21.2

21.3. Determine os momentos de inércia I_x e I_y do paraboloide de revolução. A massa do paraboloide é m.

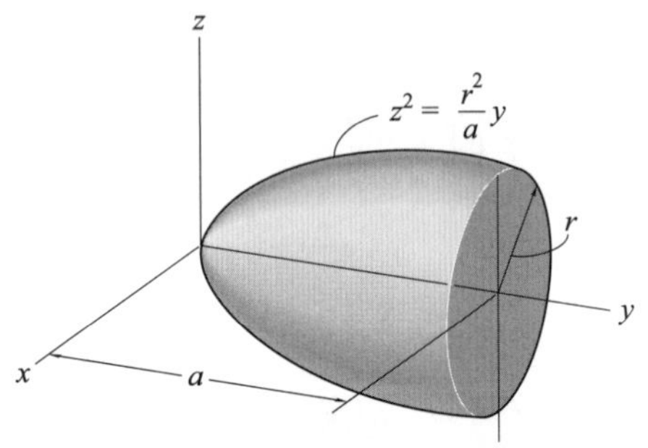

Problema 21.3

***21.4.** Determine por integração direta o produto de inércia I_{yz} para o prisma homogêneo. A densidade do material é ρ. Expresse o resultado em termos da massa total m do prisma.

•**21.5.** Determine por integração direta o produto de inércia I_{xy} para o prisma homogêneo. A densidade do material é ρ. Expresse o resultado em termos da massa total m do prisma.

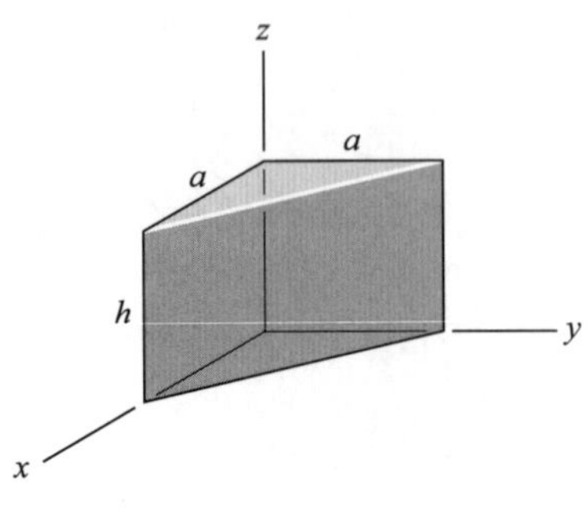

Problemas 21.4/5

21.6. Determine o produto de inércia I_{xy} para o tetraedro homogêneo. A densidade do material é ρ. Expresse o resultado em termos da massa total m do sólido. *Sugestão*: use um elemento triangular de espessura dz e em seguida expresse dI_{xy} em termos da dimensão e da massa do elemento usando o resultado do Problema 21.5.

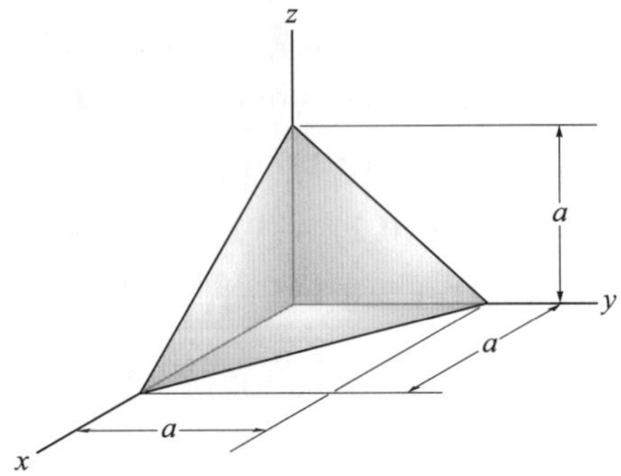

Problema 21.6

21.7. Determine os momentos de inércia para o cilindro homogêneo de massa m em relação aos eixos x', y', z'.

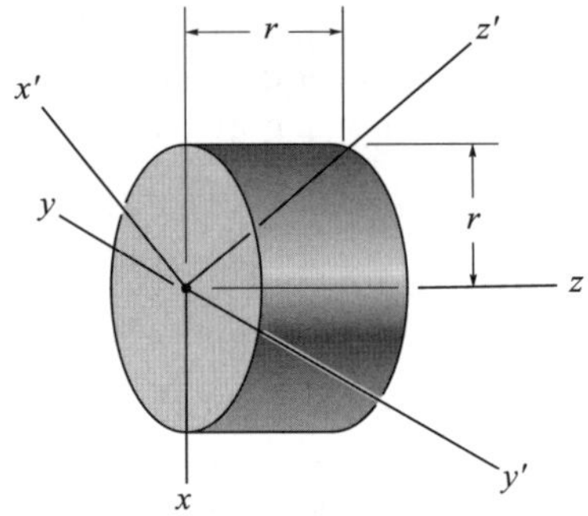

Problema 21.7

***21.8.** Determine o produto de inércia I_{xy} do bloco triangular homogêneo. O material tem uma densidade de ρ. Expresse o resultado em termos da massa total m do bloco.

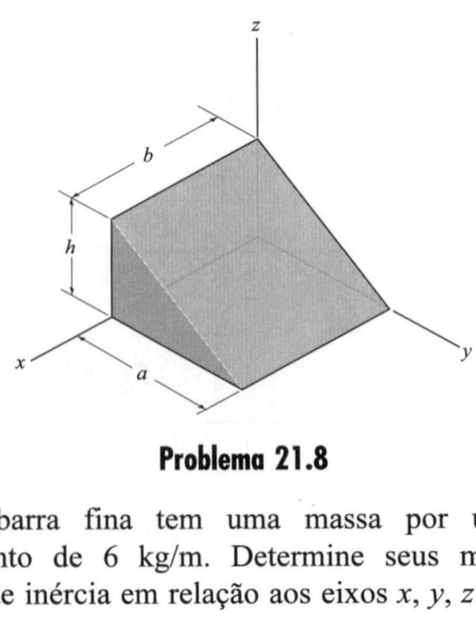

Problema 21.8

•**21.9.** A barra fina tem uma massa por unidade de comprimento de 6 kg/m. Determine seus momentos e produtos de inércia em relação aos eixos x, y, z.

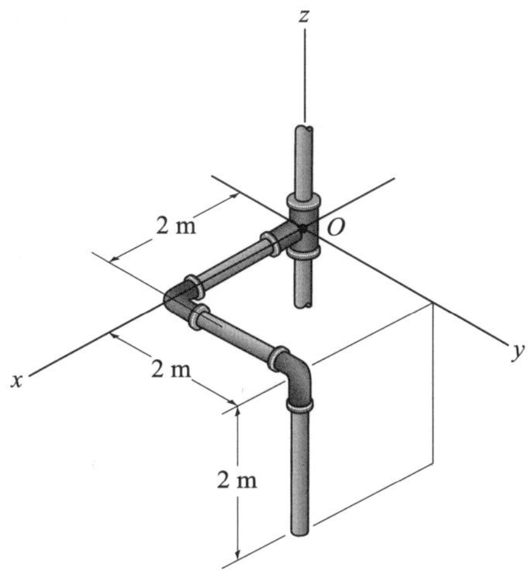

Problema 21.9

21.10. Determine os produtos de inércia I_{xy}, I_{yz} e I_{xz} do sólido homogêneo. O material tem uma densidade de 7,85 Mg/m³.

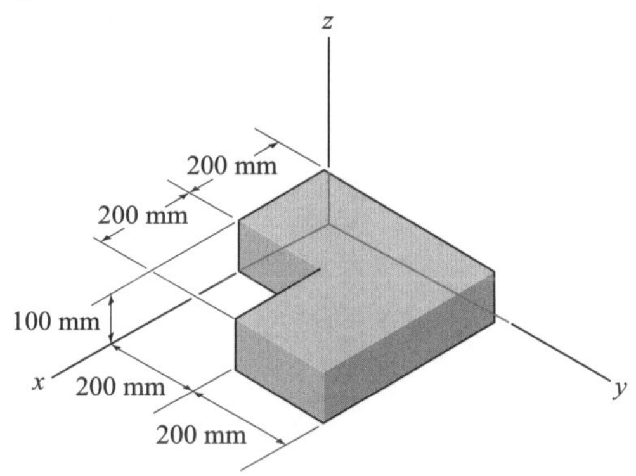

Problema 21.10

21.11. A montagem consiste de duas placas finas, *A* e *B*, que têm uma massa de 3 kg cada e uma placa fina *C*, que tem uma massa de 4,5 kg. Determine os momentos de inércia I_x, I_y e I_z.

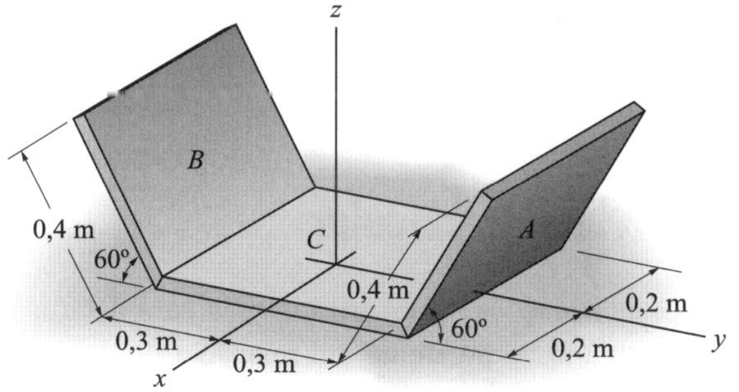

Problema 21.11

***21.12.** Determine os produtos de inércia I_{xy}, I_{yz} e I_{xz} da placa fina. O material tem uma densidade por unidade de área de 50 kg/m².

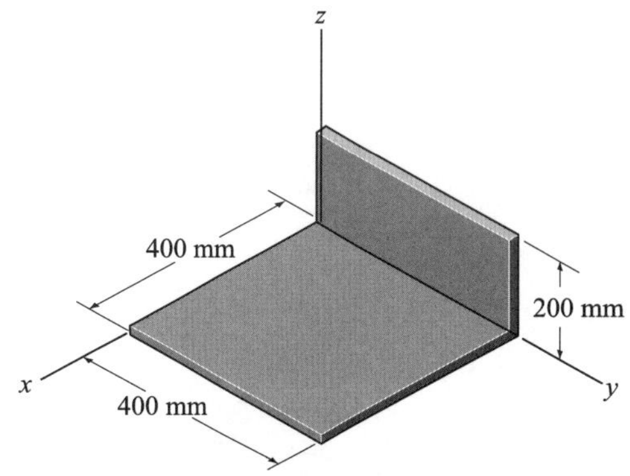

Problema 21.12

A barra dobrada tem um peso de 100 N/m. Localize o centro de gravidade G $(\bar{x}, \bar{y})$ e determine os momentos principais de inércia $I_{x'}$, $I_{y'}$ e $I_{z'}$ da barra em relação aos eixos x', y', z'.

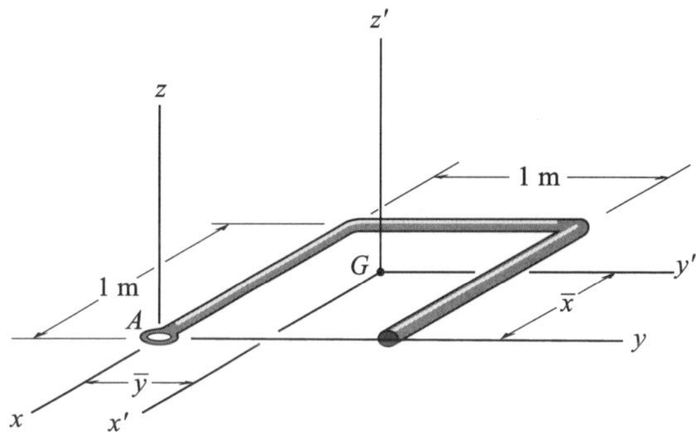

Problema 21.13

21.14. A montagem consiste de uma barra fina de 5 kg e um disco circular fino de 15 kg. Determine seu momento de inércia em relação ao eixo y'.

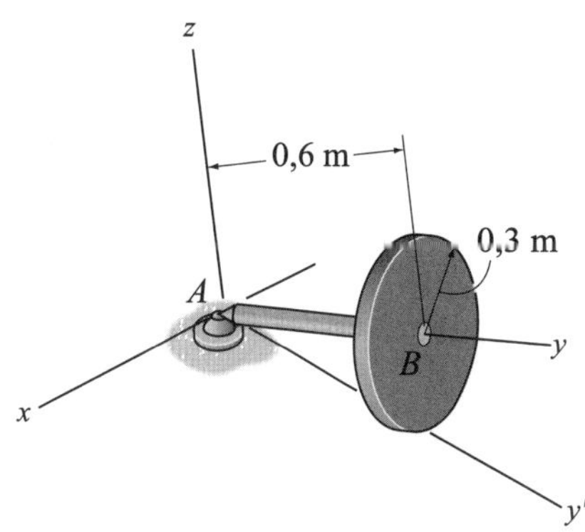

Problema 21.14

21.15. O pião consiste de um cone tendo uma massa de 0,7 kg e um hemisfério de massa 0,2 kg. Determine o momento de inércia I_z quando o pião está na posição mostrada.

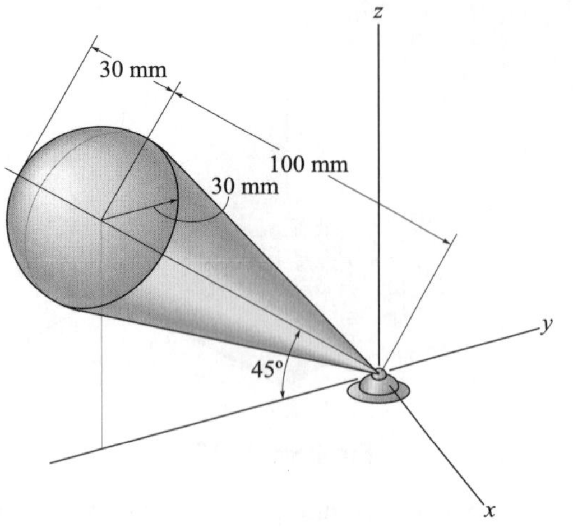

Problema 21.15

*__21.16.__ Determine os produtos de inércia I_{xy}, I_{yz} e I_{xz} da placa fina. O material tem uma massa por unidade de área de 50 kg/m².

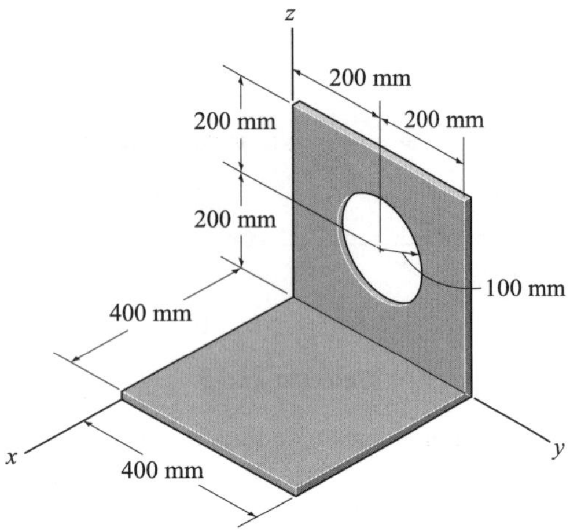

Problema 21.16

•**21.17.** Determine o produto de inércia I_{xy} para a barra dobrada. A barra tem uma massa por unidade de comprimento de 2 kg/m.

21.18. Determine os momentos de inércia I_{xx}, I_{yy}, I_{zz} para a barra dobrada. A barra tem uma massa por unidade de comprimento de 2 kg/m.

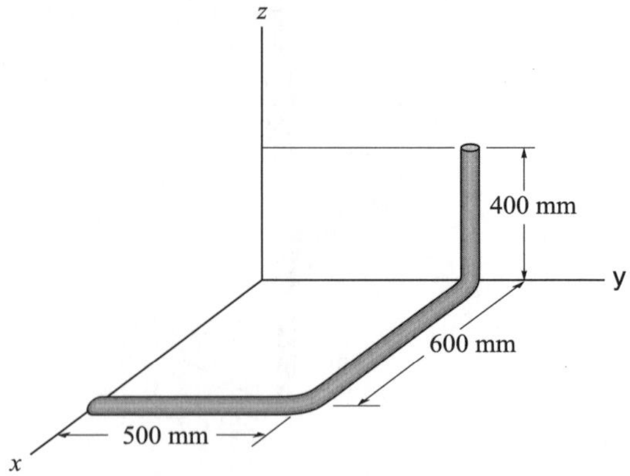

Problemas 21.17/18

21.19. Determine o momento de inércia da montagem barras e anel fino em relação ao eixo z. As barras e o anel têm uma massa por unidade de comprimento de 2 kg/m.

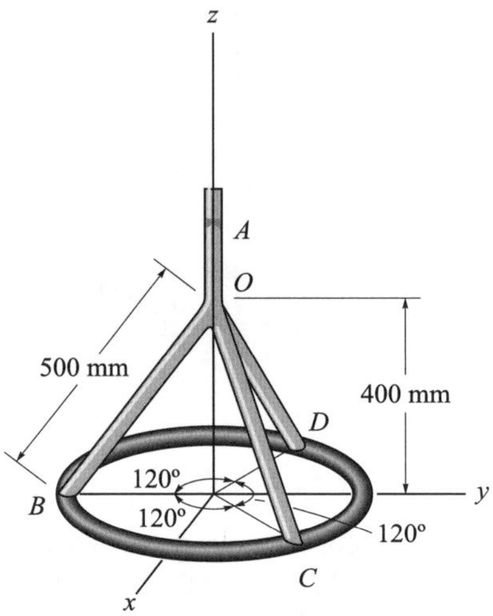

Problema 21.19

21.2 Quantidade de movimento angular

Nesta seção, desenvolveremos as equações necessárias usadas para determinar a quantidade de movimento angular de um corpo rígido em relação a um ponto arbitrário. Essas equações fornecerão um meio para desenvolver tanto o princípio de impulso e quantidade de movimento, quanto as equações de movimento rotacional para um corpo rígido.

Considere o corpo rígido na Figura 21.6, o qual tem uma massa m e centro de massa em G. O sistema de coordenadas X, Y, Z representa um sistema inercial de referência e, assim, seus eixos são fixos ou realizam translação com uma velocidade constante. A quantidade de movimento angular quando medida a partir dessa referência será determinada em relação ao ponto arbitrário A. Os vetores posição $\mathbf{r}_A$ e $\boldsymbol{\rho}_A$ são traçados da origem das coordenadas até o ponto A e de A até a i-ésima partícula do corpo.

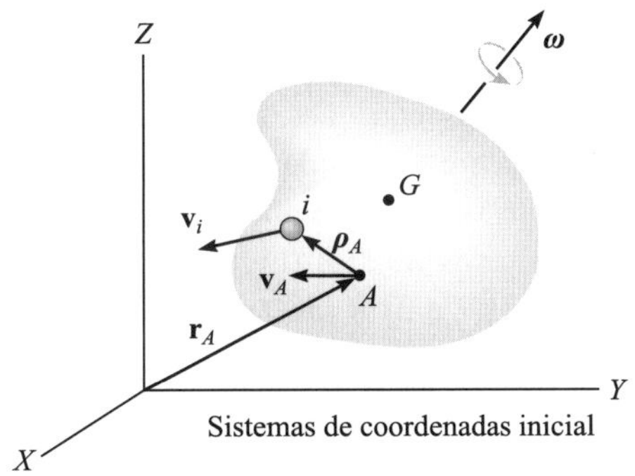

Figura 21.6

Se a massa da partícula é m_i, a quantidade de movimento angular em relação ao ponto A é

$$(\mathbf{H}_A)_i = \boldsymbol{\rho}_A \times m_i \mathbf{v}_i$$

onde $\mathbf{v}_i$ representa a velocidade de partícula medida a partir do sistema de coordenadas X, Y, Z. Se o corpo tem uma velocidade angular $\boldsymbol{\omega}$ no instante considerado, $\mathbf{v}_i$ pode ser relacionado à velocidade de A aplicando-se a Equação 20.7, ou seja,

$$\mathbf{v}_i = \mathbf{v}_A + \boldsymbol{\omega} \times \boldsymbol{\rho}_A$$

Desse modo,

$$(\mathbf{H}_A)_i = \boldsymbol{\rho}_A \times m_i(\mathbf{v}_A + \boldsymbol{\omega} \times \boldsymbol{\rho}_A)$$
$$= (\boldsymbol{\rho}_A\, m_i) \times \mathbf{v}_A + \boldsymbol{\rho}_A \times (\boldsymbol{\omega} \times \boldsymbol{\rho}_A)\, m_i$$

O somatório dos momentos de todas as partículas do corpo requer uma integração. Visto que $m_i \rightarrow dm$, temos

$$\mathbf{H}_A = \left(\int_m \boldsymbol{\rho}_A\, dm\right) \times \mathbf{v}_A + \int_m \boldsymbol{\rho}_A \times (\boldsymbol{\omega} \times \boldsymbol{\rho}_A) dm \tag{21.6}$$

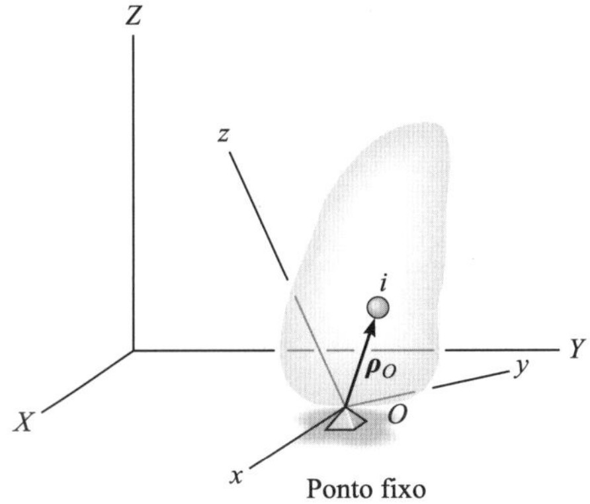

Ponto fixo

(a)

Ponto fixo *O*

Se A torna-se um *ponto fixo O* no corpo (Figura 21.7*a*), então $\mathbf{v}_A = \mathbf{0}$ e a Equação 21.6 reduz-se a

$$\mathbf{H}_O = \int_m \boldsymbol{\rho}_O \times (\boldsymbol{\omega} \times \boldsymbol{\rho}_O)\, dm \tag{21.7}$$

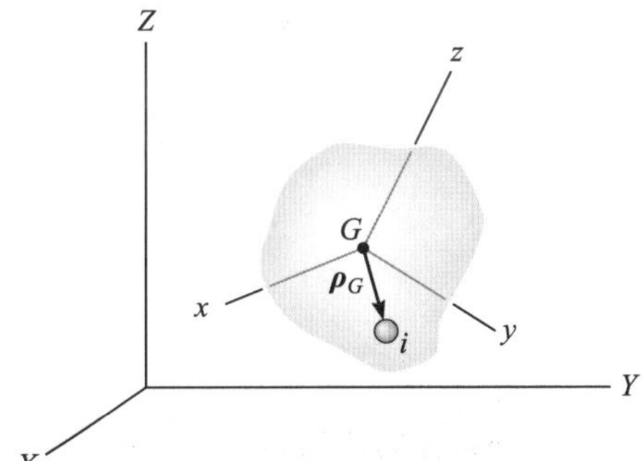

Centro de massa

(b)

Centro de massa *G*

Se A está localizado no *centro de massa G* do corpo (Figura 21.7*b*), então $\int_m \boldsymbol{\rho}_A dm = \mathbf{0}$ e

$$\mathbf{H}_G = \int_m \boldsymbol{\rho}_G \times (\boldsymbol{\omega} \times \boldsymbol{\rho}_G)\, dm \tag{21.8}$$

Ponto arbitrário *A*

Em geral, A pode ser outro ponto diferente de O ou G (Figura 21.7*c*), caso em que a Equação 21.6 pode, mesmo assim, ser simplificada para a forma a seguir (ver Problema 21.21).

$$\mathbf{H}_A = \boldsymbol{\rho}_{G/A} \times m\mathbf{v}_G + \mathbf{H}_G \tag{21.9}$$

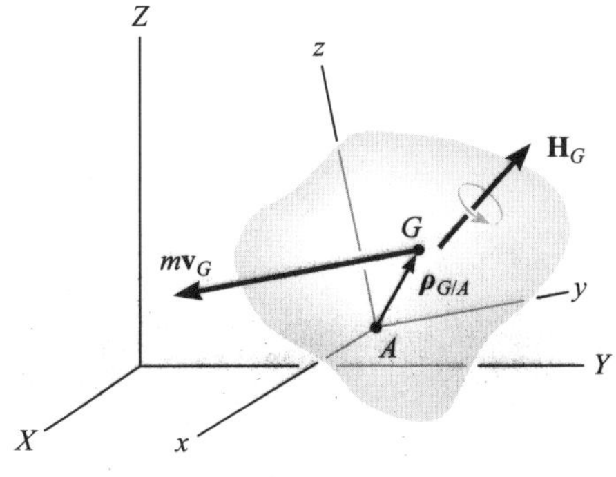

Ponto arbitrário

(c)

Figura 21.7

Aqui, a quantidade de movimento angular consiste de duas partes — o momento da quantidade de movimento linear $m\mathbf{v}_G$ do corpo em relação ao ponto A somado (vetorialmente) à quantidade de movimento angular $\mathbf{H}_G$. A Equação 21.9 também pode ser usada para determinar a quantidade de movimento angular do corpo em relação a um ponto fixo O. Os resultados, é claro, serão os mesmos que os determinados usando a mais conveniente Equação 21.7.

Componentes retangulares de *H*

Para fazer uso prático das equações 21.7 a 21.9, a quantidade de movimento angular tem de ser expressa em termos de suas componentes escalares. Para esse fim, é conveniente escolher um segundo conjunto de eixos x, y, z tendo uma orientação arbitrária em relação aos eixos X, Y, Z (Figura 21.7) e, para uma formulação geral, observe que as equações 21.7 e 21.8 são ambas da forma

$$\mathbf{H} = \int_m \boldsymbol{\rho} \times (\boldsymbol{\omega} \times \boldsymbol{\rho})\, dm$$

Expressando $\mathbf{H}$, $\boldsymbol{\rho}$ e $\boldsymbol{\omega}$ em termos das componentes x, y, z, temos

$$H_x\mathbf{i} + H_y\mathbf{j} + H_z\mathbf{k} = \int_m (x\mathbf{i} + y\mathbf{j} + z\mathbf{k}) \times [(\omega_x\mathbf{i} + \omega_y\mathbf{j} + \omega_z\mathbf{k}) \\ \times (x\mathbf{i} + y\mathbf{j} + z\mathbf{k})]dm$$

Expandir os produtos vetoriais e combinar os termos resulta em

$$H_x\mathbf{i} + H_y\mathbf{j} + H_z\mathbf{k} = \left[\omega_x \int_m (y^2 + z^2)dm - \omega_y \int_m xy\, dm - \omega_z \int_m xz\, dm\right]\mathbf{i} \\ + \left[-\omega_x \int_m xy\, dm + \omega_y \int_m (x^2 + z^2)dm - \omega_z \int_m yz\, dm\right]\mathbf{j} \\ + \left[-\omega_x \int_m zx\, dm - \omega_y \int_m yz\, dm + \omega_z \int_m (x^2 + y^2)dm\right]\mathbf{k}$$

Equacionando as respectivas componentes $\mathbf{i}$, $\mathbf{j}$, $\mathbf{k}$ e reconhecendo que as integrais representam os momentos e produtos de inércia, obtemos

$$\begin{aligned} H_x &= I_{xx}\omega_x - I_{xy}\omega_y - I_{xz}\omega_z \\ H_y &= -I_{yx}\omega_x + I_{yy}\omega_y - I_{yz}\omega_z \\ H_x &= -I_{zx}\omega_x - I_{zy}\omega_y + I_{zz}\omega_z \end{aligned} \qquad (21.10)$$

O movimento de um astronauta é controlado pelo uso de pequenos jatos direcionais fixados a seu traje espacial. Os impulsos que esses jatos fornecem devem ser cuidadosamente especificados, a fim de evitar tombamento e perda de orientação.

Essas equações podem ser simplificadas mais ainda se os eixos de coordenadas x, y, z são orientados tal que eles se tornam os *eixos principais de inércia* para o corpo no ponto. Quando esses eixos são usados, os produtos de inércia $I_{xy} = I_{yz} = I_{zx} = 0$, e se os momentos principais de inércia em relação aos eixos x, y, z são representados como $I_x = I_{xx}$, $I_y = I_{yy}$ e $I_z = I_{zz}$, as três componentes da quantidade de movimento angular tornam-se

$$H_x = I_x\omega_x \quad H_y = I_y\omega_y \quad H_z = I_z\omega_z \qquad (21.11)$$

Princípio de impulso e quantidade de movimento

Agora que a formulação da quantidade de movimento angular para um corpo foi desenvolvida, o *princípio de impulso e quantidade de movimento*, como discutido na Seção 19.2, pode ser usado para resolver problemas cinéticos que envolvem *força*, *velocidade* e *tempo*. Para esse caso, as duas equações vetoriais seguintes estão disponíveis:

$$m(\mathbf{v}_G)_1 + \Sigma \int_{t_1}^{t_2} \mathbf{F}\, dt = m(\mathbf{v}_G)_2 \qquad (21.12)$$

$$(\mathbf{H}_O)_1 + \Sigma \int_{t_1}^{t_2} \mathbf{M}_O\, dt = (\mathbf{H}_O)_2 \qquad (21.13)$$

Em três dimensões, cada termo vetorial pode ser representado por três componentes escalares e, portanto, um total de *seis equações escalares* pode ser escrito. Três equações relacionam o impulso e a quantidade de movimento linear nas direções x, y, z, e as outras três equações relacionam o impulso e a quantidade de movimento angular do corpo em relação aos eixos x, y, z. Antes de aplicar as equações 21.12 e 21.13 para a solução de problemas, os materiais nas seções 19.2 e 19.3 devem ser revistos.

21.3 Energia cinética

A fim de aplicar o princípio de trabalho e energia para resolver problemas envolvendo movimento de corpo rígido geral, é necessário primeiro formular expressões para a energia cinética do corpo. Para fazer isso, considere o corpo rígido mostrado na Figura 21.8, o qual tem uma massa m e centro de massa em G. A energia cinética da i-ésima partícula do corpo tendo uma massa m_i e velocidade $\mathbf{v}_i$, medida em relação ao sistema de referência inercial X, Y, Z, é

$$T_i = \frac{1}{2}m_i v_i^2 = \frac{1}{2}m_i(\mathbf{v}_i \cdot \mathbf{v}_i)$$

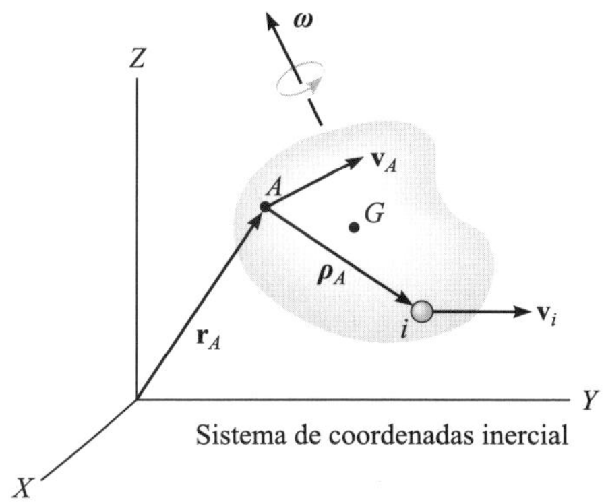

Figura 21.8

Contanto que a velocidade de um ponto arbitrário A sobre o corpo seja conhecida, $\mathbf{v}_i$ pode ser relacionado a $\mathbf{v}_A$ pela equação $\mathbf{v}_i = \mathbf{v}_A + \boldsymbol{\omega} \times \boldsymbol{\rho}_A$, onde $\boldsymbol{\omega}$ é a velocidade angular do corpo, medida a partir do sistema de coordenadas X, Y, Z, e $\boldsymbol{\rho}_A$ é um vetor posição estendendo-se de A até i. Utilizando essa expressão, a energia cinética para a partícula pode ser escrita como

$$\begin{aligned} T_i &= \frac{1}{2}m_i(\mathbf{v}_A + \boldsymbol{\omega} \times \boldsymbol{\rho}_A)\cdot(\mathbf{v}_A + \boldsymbol{\omega} \times \boldsymbol{\rho}_A) \\ &= \frac{1}{2}(\mathbf{v}_A \cdot \mathbf{v}_A)m_i + \mathbf{v}_A \cdot (\boldsymbol{\omega} \times \boldsymbol{\rho}_A)m_i + \frac{1}{2}(\boldsymbol{\omega} \times \boldsymbol{\rho}_A)\cdot(\boldsymbol{\omega} \times \boldsymbol{\rho}_A)m_i \end{aligned}$$

A energia cinética para o corpo inteiro é obtida somando as energias cinéticas de todas as partículas do corpo. Isso exige uma integração. Visto que $m_i \rightarrow dm$, chegamos a

$$T = \frac{1}{2}m(\mathbf{v}_A \cdot \mathbf{v}_A) + \mathbf{v}_A \cdot \left(\boldsymbol{\omega} \times \int_m \boldsymbol{\rho}_A dm\right) + \frac{1}{2}\int_m (\boldsymbol{\omega} \times \boldsymbol{\rho}_A)\cdot(\boldsymbol{\omega} \times \boldsymbol{\rho}_A)dm$$

O último termo do lado direito pode ser reescrito utilizando a identidade vetorial $\mathbf{a} \times \mathbf{b} \cdot \mathbf{c} = \mathbf{a} \cdot \mathbf{b} \times \mathbf{c}$, onde $\mathbf{a} = \boldsymbol{\omega}$, $\mathbf{b} = \boldsymbol{\rho}_A$ e $\mathbf{c} = \boldsymbol{\omega} \times \boldsymbol{\rho}_A$. O resultado final é

$$T = \frac{1}{2}m(\mathbf{v}_A \cdot \mathbf{v}_A) + \mathbf{v}_A \cdot \left(\boldsymbol{\omega} \times \int_m \boldsymbol{\rho}_A dm\right) + \frac{1}{2}\boldsymbol{\omega} \cdot \int_m \boldsymbol{\rho}_A \times (\boldsymbol{\omega} \times \boldsymbol{\rho}_A)dm \quad (21.14)$$

Esta equação raramente é usada, em razão dos cálculos envolvendo as integrais. Simplificações ocorrem, entretanto, se o ponto de referência A for um ponto fixo ou o centro de massa.

Ponto fixo *O*

Se A é um *ponto fixo O* no corpo (Figura 21.7*a*), então $\mathbf{v}_A = \mathbf{0}$, e utilizando a Equação 21.7, podemos expressar a Equação 21.14 como

$$T = \frac{1}{2}\boldsymbol{\omega} \cdot \mathbf{H}_O$$

Se os eixos x, y, z representam os eixos principais de inércia para o corpo, então $\boldsymbol{\omega} = \omega_x\mathbf{i} + \omega_y\mathbf{j} + \omega_z\mathbf{k}$ e $\mathbf{H}_O = I_x\omega_x\mathbf{i} + I_y\omega_y\mathbf{j} + I_z\omega_z\mathbf{k}$. Substituir na equação acima e realizar as operações do produto escalar resulta em

$$T = \frac{1}{2}I_x\omega_x^2 + \frac{1}{2}I_y\omega_y^2 + \frac{1}{2}I_z\omega_z^2 \quad (21.15)$$

Centro de massa *G*

Se A está localizado no *centro de massa G* do corpo (Figura 21.7*b*) então $\int \boldsymbol{\rho}_A\, dm = \mathbf{0}$ e, usando a Equação 21.8, podemos escrever a Equação 21.14 como

$$T = \frac{1}{2}mv_G^2 + \frac{1}{2}\boldsymbol{\omega} \cdot \mathbf{H}_G$$

De maneira similar àquela para um ponto fixo, o último termo do lado direito pode ser representado na forma escalar, caso em que

$$T = \frac{1}{2}mv_G^2 + \frac{1}{2}I_x\omega_x^2 + \frac{1}{2}I_y\omega_y^2 + \frac{1}{2}I_z\omega_z^2 \qquad (21.16)$$

Aqui se vê que a energia cinética consiste de duas partes; nominalmente, a energia cinética translacional do centro de massa, $\frac{1}{2}mv_G^2$, e a energia cinética rotacional do corpo.

Princípio de trabalho e energia

Tendo formulado a energia cinética para um corpo, o *princípio de trabalho e energia* pode ser aplicado para resolver problemas cinéticos que envolvem *força*, *velocidade* e *deslocamento*. Para este caso, somente uma equação escalar pode ser escrita para cada corpo, nominalmente,

$$T_1 + \Sigma U_{1-2} = T_2 \qquad (21.17)$$

Antes de aplicar essa equação, o material no Capítulo 18 deve ser revisto.

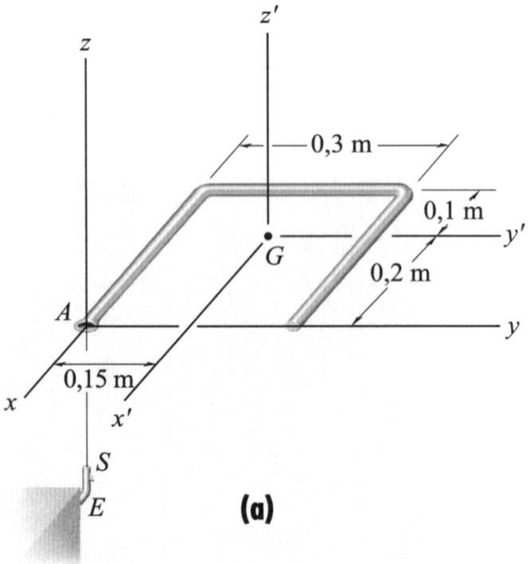

(a)

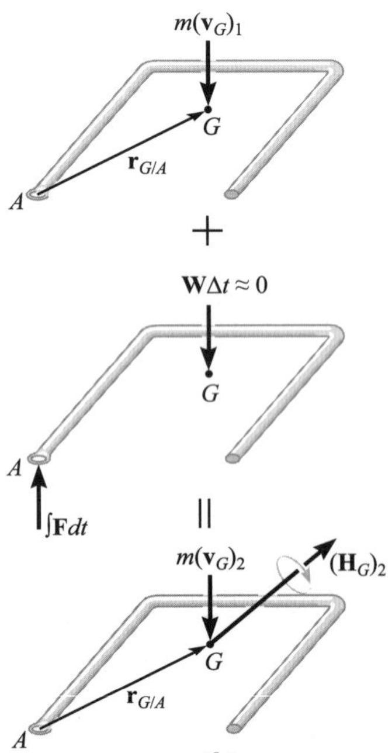

(b)

Figura 21.9

Exemplo 21.2

A barra na Figura 21.9*a* tem um peso por unidade de comprimento de 25 N/m (m ≈ 2,5 kg/m). Determine sua velocidade angular logo após a extremidade A cair no gancho em E. O gancho fornece uma conexão permanente para a barra decorrente do mecanismo de trava com mola S. Imediatamente antes de acertar o gancho, a barra está caindo com uma velocidade $(v_G)_1 = 3$ m/s.

SOLUÇÃO

O princípio de impulso e quantidade de movimento será usado, visto que ocorre impacto.

Diagramas de impulso e quantidade de movimento

Durante o curto período de tempo Δt, a força impulsiva $\mathbf{F}$ atuando em A varia o momento da barra. (O impulso criado pelo peso da barra $\mathbf{W}$ durante esse tempo é pequeno comparado com $\int\mathbf{F}dt$, de maneira que ele pode ser desprezado, ou seja, o peso é uma força não impulsiva). Assim, a quantidade de movimento angular da barra é *conservada* em relação a A, visto que o momento de $\int\mathbf{F}dt$ em relação a A é zero.

Conservação da quantidade de movimento angular

A Equação 21.9 deve ser usada para determinar a quantidade de movimento angular da barra, visto que A não se torna um *ponto fixo* até *após* a interação impulsiva com o gancho. Desse modo, em relação à Figura 21.9*b*, $(\mathbf{H}_A)_1 = (\mathbf{H}_A)_2$, ou

$$\mathbf{r}_{G/A} \times m(\mathbf{v}_G)_1 = \mathbf{r}_{G/A} \times m(\mathbf{v}_G)_2 + (\mathbf{H}_G)_2 \qquad (1)$$

Da Figura 21.9*a*, $\mathbf{r}_{G/A} = \{-0{,}2\mathbf{i} + 0{,}15\mathbf{j}\}$ m. Além disso, os eixos primos são eixos principais de inércia para a barra porque $I_{x'y'} = I_{x'z'} = I_{z'y'} = 0$. Assim, das equações 21.11, $(\mathbf{H}_G)_2 = I_{x'}\omega_x\mathbf{i} + I_{y'}\omega_y\mathbf{j} + I_{z'}\omega_z\mathbf{k}$. Os momentos principais de inércia são $I_{x'} = 0{,}1338$ kg · m², $I_{y'} = 0{,}0765$ kg · m², $I_{z'} = 0{,}2102$ kg · m² (ver Problema 21.13). Substituindo na Equação 1, temos

$$(-0{,}2\mathbf{i} + 0{,}15\mathbf{j}) \times \left[\left(\frac{22{,}5}{9{,}81}\right)(-3\mathbf{k})\right] = (-0{,}2\mathbf{i} + 0{,}15\mathbf{j}) \times \left[\left(\frac{22{,}5}{9{,}81}\right)(-v_G)_2\mathbf{k}\right]$$
$$+ 0{,}1338\omega_x\mathbf{i} + 0{,}0765\omega_y\mathbf{j} + 0{,}2102\omega_z\mathbf{k}$$

Expandir e equacionar as respectivas componentes **i**, **j**, **k** resulta em

$$-1{,}0321 = -0{,}3440(v_G)_2 + 0{,}1338\omega_x \qquad (2)$$

$$-1{,}3761 = -0{,}4587(v_G)_2 + 0{,}0765\omega_y \qquad (3)$$

$$0 = 0{,}2102\omega_z \qquad (4)$$

Cinemática

Há quatro incógnitas nas equações acima; entretanto, outra equação pode ser obtida relacionando-se $\boldsymbol{\omega}$ a $(\mathbf{v}_G)_2$ utilizando a *cinemática.* Visto que $\omega_z = 0$ (Equação 4) e após o impacto a barra gira em torno do ponto fixo A, a Equação 20.3 pode ser aplicada, caso em que $(\mathbf{v}_G)_2 = \boldsymbol{\omega} \times \mathbf{r}_{G/A}$, ou

$$-(v_G)_2\mathbf{k} = (\omega_x\mathbf{i} + \omega_y\mathbf{j}) \times (-0{,}2\mathbf{i} + 0{,}15\mathbf{j})$$

$$-(v_G)_2 = 0{,}15\omega_x + 0{,}2\omega_y \qquad (5)$$

Resolver as equações 2, 3 e 5 simultaneamente resulta em

$$(\mathbf{v}_G)_2 = \{-1{,}84\mathbf{k}\}\text{ m/s} \quad \boldsymbol{\omega} = \{-2{,}98\mathbf{i} - 6{,}96\mathbf{j}\}\text{ rad/s}$$

Exemplo 21.3

Um torque de 5 N · m é aplicado ao eixo vertical CD mostrado na Figura 21.10*a*, o qual permite que a engrenagem de 10 kg A gire livremente em torno de CE. Supondo que a engrenagem A parte do repouso, determine a velocidade angular de CD após ele ter girado duas revoluções. Despreze a massa dos eixos CD e CE e suponha que a engrenagem A pode ser aproximada por um disco fino. A engrenagem B é fixa.

SOLUÇÃO

O princípio de trabalho e energia pode ser usado para a solução. Por quê?

Trabalho

Se o eixo vertical CD, o eixo CE e a engrenagem A são considerados um sistema de corpos conectados, apenas o torque aplicado **M** realiza trabalho.

Para duas revoluções de CD, este trabalho é $\Sigma U_{1-2} = (5\text{ N}\cdot\text{m})(4\pi\text{ rad}) = 62{,}83\text{J}$.

Energia cinética

Visto que a engrenagem está inicialmente em repouso, sua energia cinética inicial é zero. Um diagrama cinemático para a engrenagem é mostrado na Figura 21.10*b*. Se a velocidade angular de CD é tomada como $\boldsymbol{\omega}_{CD}$, então a velocidade angular da engrenagem A é $\boldsymbol{\omega}_A = \boldsymbol{\omega}_{CD} + \boldsymbol{\omega}_{CE}$. A engrenagem pode ser imaginada como uma porção de um corpo deformado sem massa que está girando em relação ao *ponto fixo C*. O eixo instantâneo de rotação para esse corpo está ao longo da linha CH, porque ambos os pontos C e H sobre o corpo (engrenagem) têm velocidade zero e devem, portanto, se posicionar nesse eixo. Isso requer que as componentes $\boldsymbol{\omega}_{CD}$ e $\boldsymbol{\omega}_{CE}$ estejam relacionadas pela $\omega_{CD}/0{,}1\text{ m} = \omega_{CE}/0{,}3\text{ m}$ ou $\omega_{CE} = 3\omega_{CD}$. Desse modo,

$$\boldsymbol{\omega}_A = -\omega_{CE}\mathbf{i} + \omega_{CD}\mathbf{k} = -3\omega_{CD}\mathbf{i} + \omega_{CD}\mathbf{k} \qquad (1)$$

Os eixos x, y, z na Figura 21.10*a* representam *eixos principais de inércia* em C para a engrenagem. Visto que o ponto C é um ponto fixo de rotação, a Equação 21.15 pode ser aplicada para determinar a energia cinética, ou seja,

$$T = \frac{1}{2}I_x\omega_x^2 + \frac{1}{2}I_y\omega_y^2 + \frac{1}{2}I_z\omega_z^2 \qquad (2)$$

Utilizando o teorema dos eixos paralelos, os momentos de inércia da engrenagem em relação ao ponto C são como a seguir:

$$I_x = \tfrac{1}{2}(10\text{ kg})(0,1\text{ m})^2 = 0,05\text{ kg}\cdot\text{m}^2$$

$$I_y = I_z = \tfrac{1}{4}(10\text{ kg})(0,1\text{ m})^2 + 10\text{ kg}(0,3\text{ m})^2 = 0,925\text{ kg}\cdot\text{m}^2$$

Visto que $\omega_x = -3\omega_{CD}$, $\omega_y = 0$, $\omega_z = \omega_{CD}$, a Equação 2 torna-se

$$T_A = \tfrac{1}{2}(0,05)(-3\omega_{CD})^2 + 0 + \tfrac{1}{2}(0,925)(\omega_{CD})^2 = 0,6875\omega_{CD}^2$$

Princípio de trabalho e energia

Aplicando o princípio de trabalho e energia, obtemos

$$T_1 + \Sigma U_{1-2} = T_2$$

$$0 + 62,83 = 0,6875\omega_{CD}^2$$

$$\omega_{CD} = 9,56\text{ rad/s}$$

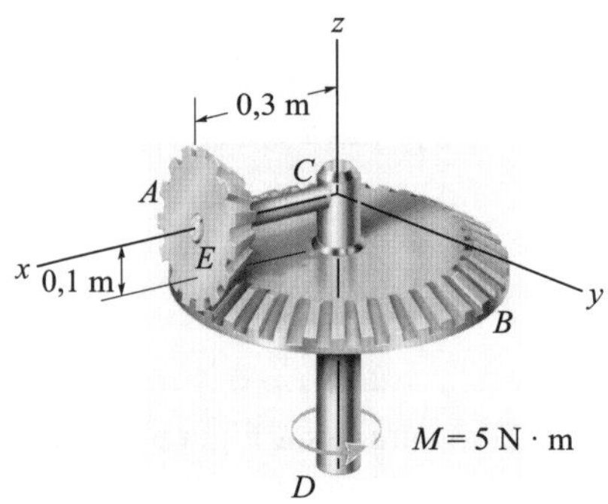

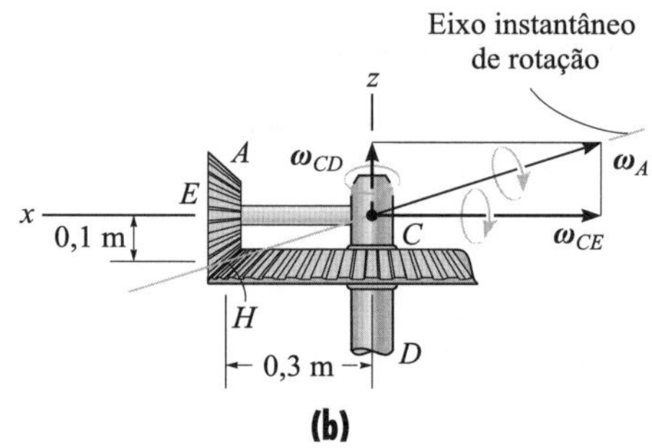

Figura 21.10

Problemas

***21.20.** Se um corpo *não contém planos de simetria*, os momentos principais de inércia podem ser determinados matematicamente. Para demonstrar como isso é feito, considere o corpo rígido que está girando com uma velocidade angular $\boldsymbol{\omega}$, direcionada ao longo de um de seus eixos principais de inércia. Se o momento principal de inércia em relação a esse eixo é I, a quantidade de movimento angular pode ser expressa como $\mathbf{H} = I\boldsymbol{\omega} = I\omega_x\mathbf{i} + I\omega_y\mathbf{j} + I\omega_z\mathbf{k}$. As componentes de $\mathbf{H}$ também podem ser expressas pelas equações 21.10, onde se supõem que o tensor de inércia seja conhecido. Equacione as componentes $\mathbf{i}$, $\mathbf{j}$ e $\mathbf{k}$ de ambas as expressões para $\mathbf{H}$ e considere ω_x, ω_y e ω_z como incógnitas. A solução dessas três equações é obtida desde que o determinante dos coeficientes seja nulo. Demonstre que esse determinante, quando expandido, resulta na equação cúbica

$$I^3 - (I_{xx} + I_{yy} + I_{zz})I^2$$
$$+ I_{xx}I_{yy} + I_{yy}I_{zz} + I_{zz}I_{xx} - I_{xy}^2 - I_{yz}^2 - I_{zx}^2)I$$
$$- (I_{xx}I_{yy}I_{zz} - 2I_{xy}I_{yz}I_{zx} - I_{xx}I_{yz}^2$$
$$- I_{yy}I_{zx}^2 - I_{zz}I_{yz}^2) = 0$$

As três raízes positivas de I, obtidas da solução dessa equação, representam os momentos principais de inércia I_x, I_y e I_z.

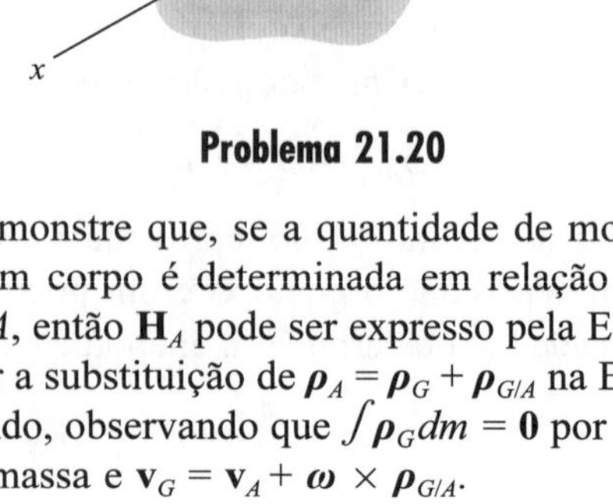

Problema 21.20

•21.21. Demonstre que, se a quantidade de movimento angular de um corpo é determinada em relação a um ponto arbitrário A, então $\mathbf{H}_A$ pode ser expresso pela Equação 21.9. Isso requer a substituição de $\boldsymbol{\rho}_A = \boldsymbol{\rho}_G + \boldsymbol{\rho}_{G/A}$ na Equação 21.6 e expandindo, observando que $\int \boldsymbol{\rho}_G dm = \mathbf{0}$ por definição do centro de massa e $\mathbf{v}_G = \mathbf{v}_A + \boldsymbol{\omega} \times \boldsymbol{\rho}_{G/A}$.

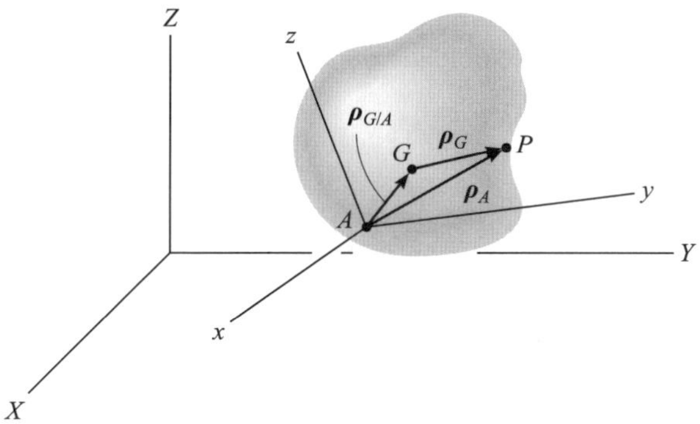

Problema 21.21

21.22. A barra *AB* de 2 kg está fixada ao disco e ao anel usando juntas esféricas. Se o disco tem uma velocidade angular constante de 2 rad/s, determine a energia cinética da barra quando ela está na posição mostrada. Suponha que a velocidade angular da barra é direcionada perpendicular ao eixo da barra.

21.23. Determine a quantidade de movimento angular da barra *AB* no Problema 21.22 em relação a seu centro de massa no instante mostrado. Suponha que a velocidade angular da barra é direcionada perpendicular ao eixo da barra.

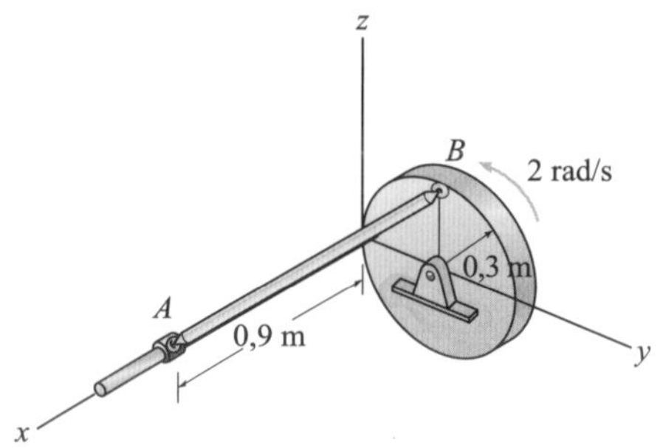

Problemas 21.22/23

*__21.24.__ A placa fina uniforme tem uma massa de 15 kg. Imediatamente antes de seu canto *A* acertar o gancho, ela está caindo com uma velocidade $\mathbf{v}_G = \{-5\mathbf{k}\}$ m/s sem movimento rotacional. Determine sua velocidade angular logo após o canto *A* acertar o gancho sem repicar.

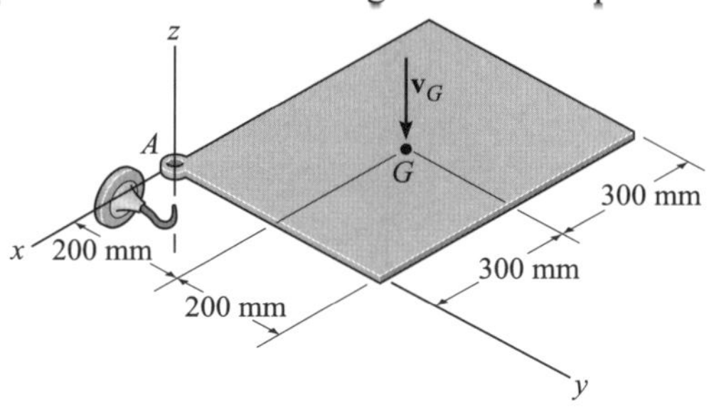

Problema 21.24

•**21.25.** O disco de 5 kg está conectado à barra fina de 3 kg. Se a montagem está fixa a uma junta esférica em *A* e o momento de binário de 5 N · m é aplicado, determine a velocidade angular da barra em relação ao eixo *z* após a montagem ter realizado duas revoluções em torno do eixo *z* partindo do repouso. O disco rola sem deslizar.

21.26. O disco de 5 kg está conectado à barra fina de 3 kg. Se a montagem está fixa a uma junta esférica em *A* e o momento de binário de 5 N · m fornece a ela uma velocidade angular em torno do eixo *z* de $\omega_z = 2$ rad/s, determine a intensidade da quantidade de movimento angular da montagem em relação a *A*.

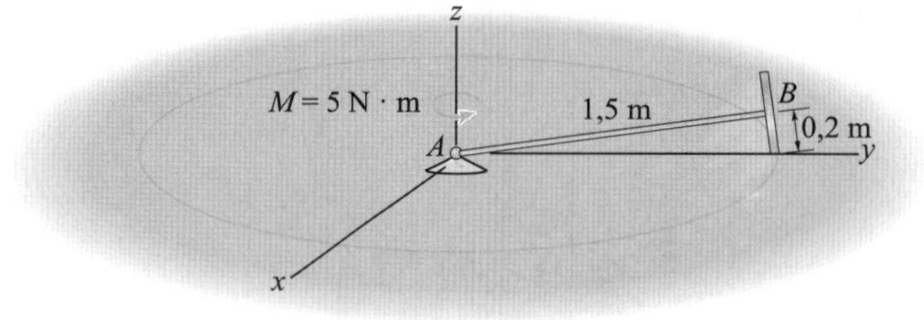

Problemas 21.25/26

21.27. A cápsula espacial tem uma massa de 5 Mg e os raios de giração são $k_x = k_z = 1{,}30$ m e $k_y = 0{,}45$ m. Se ela se desloca com uma velocidade $\mathbf{v}_G = \{400\mathbf{j} + 200\mathbf{k}\}$ m/s, calcule sua velocidade angular logo após ela ser atingida por um meteorito tendo uma massa de 0,80 kg e uma velocidade $\mathbf{v}_m = \{-300\mathbf{i} + 200\mathbf{j} - 150\mathbf{k}\}$ m/s. Suponha que o meteorito se embute na cápsula no ponto *A* e que a cápsula inicialmente não tem velocidade angular.

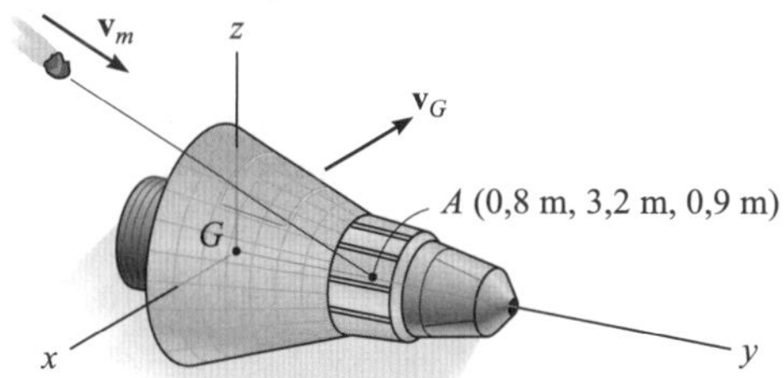

Problema 21.27

*__21.28.__ Cada um dos dois discos tem uma massa de 5 kg. O eixo *AB* tem uma massa de 1,5 kg. Se a montagem gira em relação ao eixo *z* a $\omega_z = 6$ rad/s, determine sua quantidade de movimento angular em relação ao eixo *z* e sua energia cinética. Os discos rolam sem deslizar.

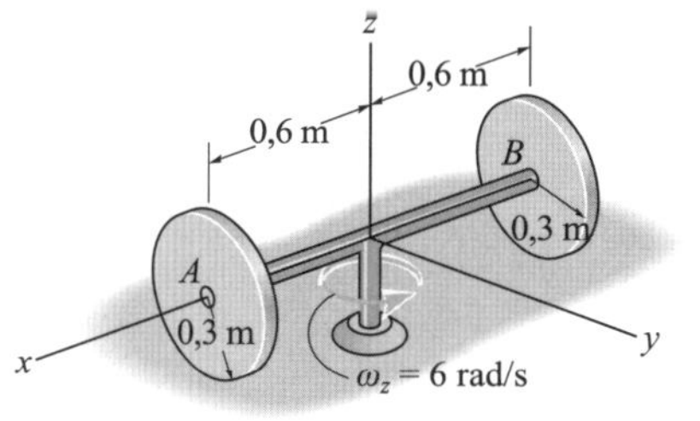

Problema 21.28

•**21.29.** O disco circular de 10 kg gira em torno de seu eixo com uma velocidade angular constante $\omega_1 = 15$ rad/s. Simultaneamente, o braço *OB* e o eixo *OA* giram em torno dos seus eixos com velocidades angulares constantes $\omega_2 = 0$ e $\omega_3 = 6$ rad/s, respectivamente. Determine a quantidade de movimento angular do disco em relação ao ponto *O* e sua energia cinética.

21.30. O disco circular de 10 kg gira em torno de seu eixo com uma velocidade angular constante $\omega_1 = 15$ rad/s. Simultaneamente, o braço OB e o eixo OA giram em torno de seus eixos com velocidades angulares constantes $\omega_2 = 10$ rad/s e $\omega_3 = 6$ rad/s, respectivamente. Determine a quantidade de movimento angular do disco em relação ao ponto O e sua energia cinética.

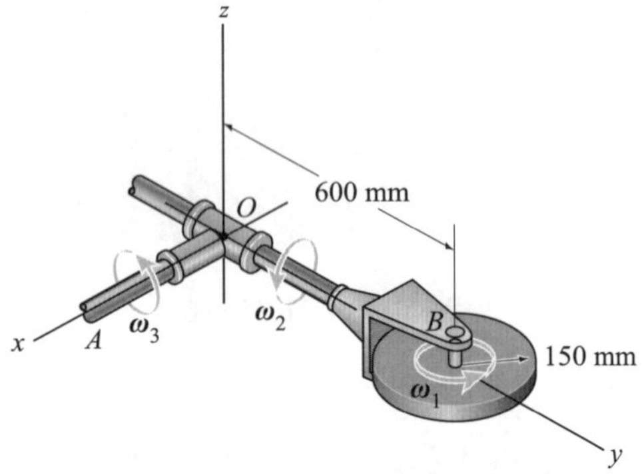

Problemas 21.29/30

21.31. O satélite de 200 kg tem seu centro de massa no ponto G. Seus raios de giração em relação aos eixos z', x', y' são $k_{z'} = 300$ mm, $k_{x'} = k_{y'} = 500$ mm, respectivamente. No instante mostrado, o satélite gira em torno dos eixos x', y' e z' com a velocidade angular mostrada e seu centro de massa G tem uma velocidade $\mathbf{v}_G = \{-250\mathbf{i} + 200\mathbf{j} + 120\mathbf{k}\}$ m/s. Determine a quantidade de movimento angular do satélite em relação ao ponto A nesse instante.

***21.32.** O satélite de 200 kg tem seu centro de massa no ponto G. Seus raios de giração em relação aos eixos z', x', y' são $k_{z'} = 300$ mm, $k_{x'} = k_{y'} = 500$ mm, respectivamente. No instante mostrado, o satélite gira em torno dos eixos x', y' e z' com a velocidade angular mostrada e seu centro de massa G tem uma velocidade $\mathbf{v}_G = \{-250\mathbf{i} + 200\mathbf{j} + 120\mathbf{k}\}$ m/s. Determine a energia cinética do satélite nesse instante.

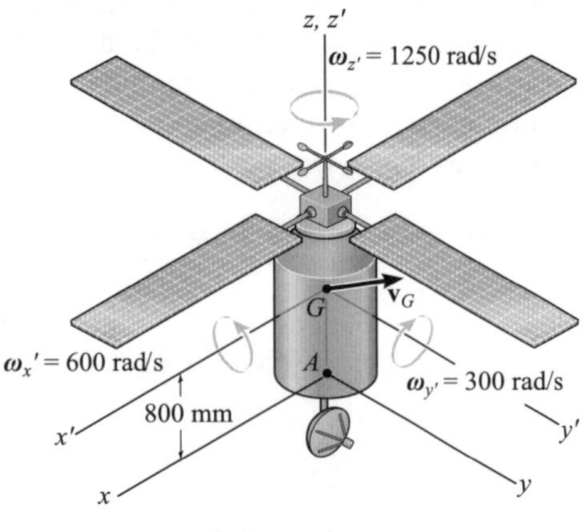

Problemas 21.31/32

•21.33. A placa fina de 12,5 kg está suspensa por uma junta esférica em O. Um projétil de 0,1 kg é disparado com uma velocidade $\mathbf{v} = \{-90\mathbf{i} - 75\mathbf{j} + 90\mathbf{k}\}$ m/s sobre a placa e fica embutido na placa no ponto A. Determine a velocidade angular da placa logo após o impacto e o eixo em torno do qual ela começa a girar. Despreze a massa do projétil após ele se embutir na placa.

21.34. Resolva o Problema 21.33 se o projétil emerge da placa com uma velocidade de 82,5 m/s na mesma direção.

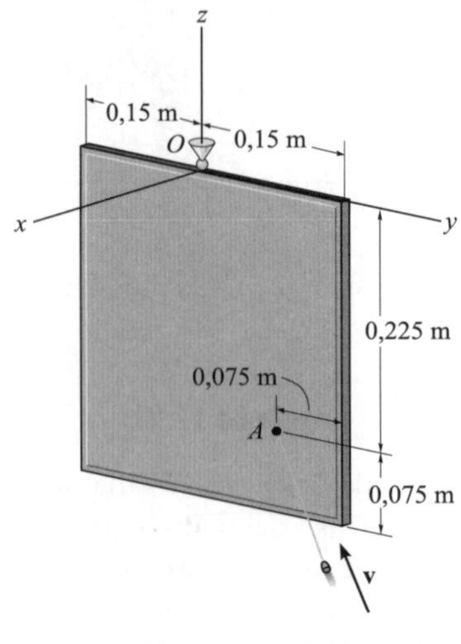

Problemas 21.33/34

21.35. Uma placa fina, tendo uma massa de 4 kg, está suspensa em um de seus cantos por uma junta esférica O. Se uma pedra atinge a placa perpendicular à sua superfície em um canto adjacente A com um impulso $\mathbf{I}_s = \{-60\mathbf{i}\}$N · s, determine o eixo instantâneo de rotação para a placa e o impulso criado em O.

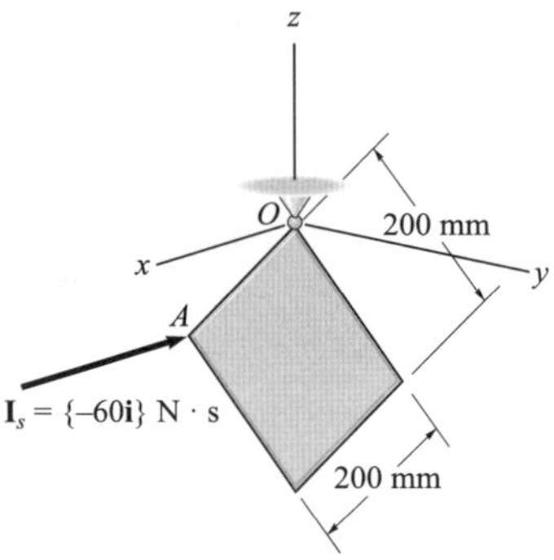

Problema 21.35

***21.36.** A placa de 7,5 kg está sujeita a uma força $F = 40$ N que é sempre perpendicular à face da placa. Se a placa está originalmente em repouso, determine sua velocidade angular após ela ter girado uma revolução (360°). A placa é suportada pelas juntas esféricas A e B.

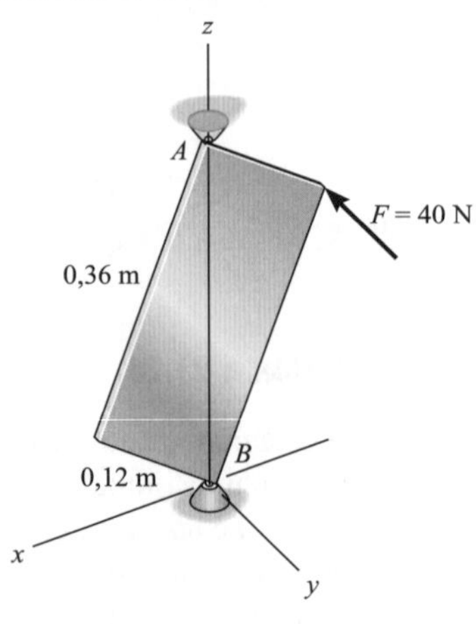

Problema 21.36

•**21.37.** A placa tem uma massa de 10 kg e está suspensa por cordas paralelas. Se a placa tem uma velocidade angular de 1,5 rad/s em torno do eixo z no instante mostrado, determine até que altura o centro da placa sobe no instante que a placa momentaneamente para de oscilar.

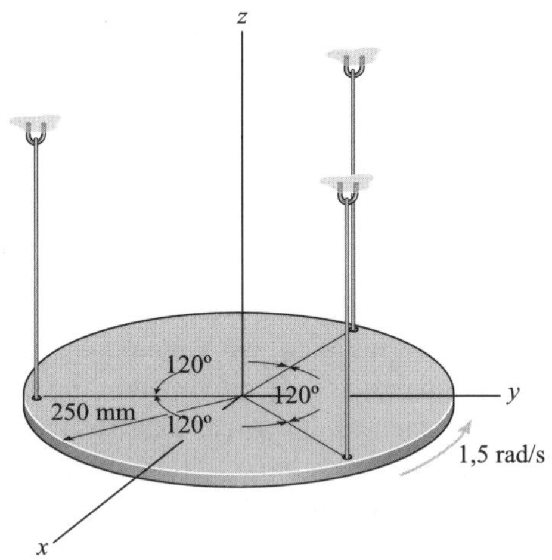

Problema 21.37

21.38. O satélite tem uma massa de 200 kg e raios de giração $k_x = k_y = 400$ mm e $k_z = 250$ mm. Quando ele não está girando, os dois pequenos jatos A e B são ligados simultaneamente, e cada jato fornece um impulso de $I = 1000$ N · s ao satélite. Determine a velocidade angular do satélite imediatamente após a ignição.

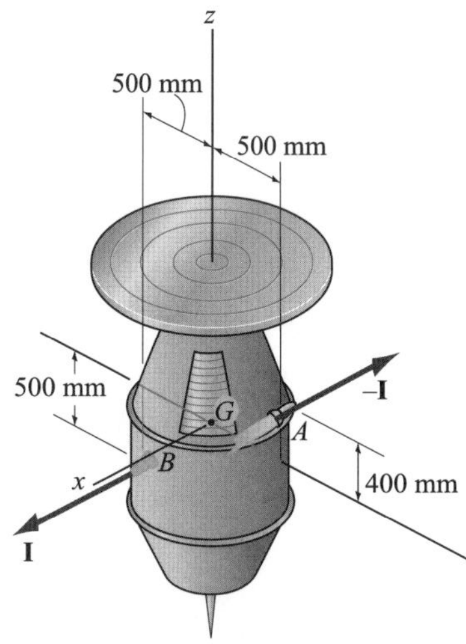

Problema 21.38

21.39. A barra dobrada tem uma massa por unidade de comprimento de 6 kg/m, e seus momentos e produtos de inércia foram calculados no Problema 21.9. Se o eixo AB gira com uma velocidade angular constante $\omega_z = 6$ rad/s, determine a quantidade de movimento angular da barra em relação ao ponto O e a energia cinética da barra.

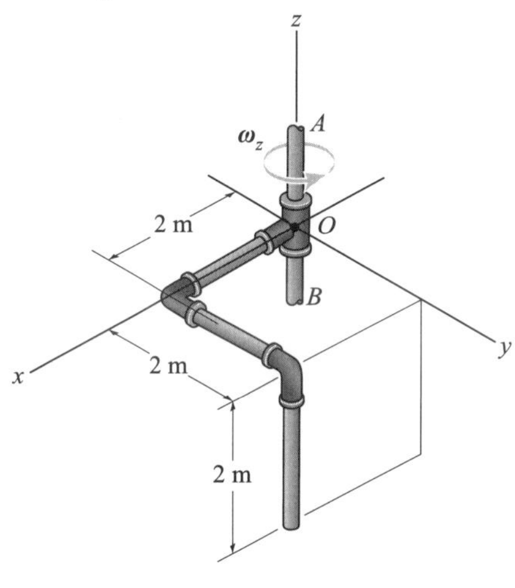

Problema 21.39

21.4 Equações de movimento

Tendo se familiarizado com as técnicas usadas para descrever as propriedades inerciais e a quantidade de movimento angular de um corpo, podemos agora escrever as equações que descrevem o movimento do corpo em suas formas mais úteis.

Equações de movimento translacional

O *movimento translacional* de um corpo é definido em termos da aceleração do centro de massa do corpo, que é medido a partir de uma referência X, Y, Z inercial. A equação de movimento translacional para o corpo pode ser escrita na forma vetorial como

$$\Sigma \mathbf{F} = m\mathbf{a}_G \qquad (21.18)$$

ou pelas três equações escalares

$$\begin{aligned} \Sigma F_x &= m(a_G)_x \\ \Sigma F_y &= m(a_G)_y \\ \Sigma F_z &= m(a_G)_z \end{aligned} \tag{21.19}$$

Aqui, $\Sigma\mathbf{F} = \Sigma F_x\mathbf{i} + \Sigma F_y\mathbf{j} + \Sigma F_z\mathbf{k}$ representa a soma de todas as forças externas atuando sobre o corpo.

Equações de movimento rotacional

Na Seção 15.6, desenvolvemos a Equação 15.17, nominalmente,

$$\Sigma\mathbf{M}_O = \dot{\mathbf{H}}_O \tag{21.20}$$

que estabelece que a soma dos momentos de todas as forças externas atuando sobre um sistema de partículas (contidas em um corpo rígido) em torno de um ponto fixo O é igual à taxa de variação temporal da quantidade de movimento angular total do corpo em relação ao ponto O. Quando momentos das forças externas atuando sobre as partículas são somadas em relação ao *centro de massa* G do sistema, mais uma vez obtemos a mesma forma simples da Equação 21.20, relacionando a soma de momentos $\Sigma\mathbf{M}_G$ com a quantidade de movimento angular $\mathbf{H}_G$. Para demonstrar isso, considere o sistema de partículas na Figura 21.11, onde X, Y, Z representam um sistema de referência inercial e os eixos x, y, z, com origem em G, *transladam* em relação a esse sistema. Em geral, G está *acelerando*, de maneira que, por definição, o sistema de translação *não* é uma referência inercial. A quantidade de movimento angular da i-ésima partícula em relação a esse sistema é, entretanto,

$$(\mathbf{H}_i)_G = \mathbf{r}_{i/G} \times m_i\mathbf{v}_{i/G}$$

onde $\mathbf{r}_{i/G}$ e $\mathbf{v}_{i/G}$ representam a posição e a velocidade da i-ésima partícula em relação a G. Fazendo a derivada temporal, temos

$$(\dot{\mathbf{H}}_i)_G = \dot{\mathbf{r}}_{i/G} \times m_i\mathbf{v}_{i/G} + \mathbf{r}_{i/G} \times m_i\dot{\mathbf{v}}_{i/G}$$

Por definição, $\mathbf{v}_{i/G} = \dot{\mathbf{r}}_{i/G}$. Desse modo, o primeiro termo do lado direito é zero, visto que o produto vetorial dos mesmos vetores é zero. Também, $\mathbf{a}_{i/G} = \dot{\mathbf{v}}_{i/G}$, de maneira que

$$(\dot{\mathbf{H}}_i)_G = (\mathbf{r}_{i/G} \times m_i\mathbf{a}_{i/G})$$

Expressões similares podem ser escritas para as outras partículas do corpo. Quando os resultados são somados, obtemos

$$\dot{\mathbf{H}}_G = \Sigma(\mathbf{r}_{i/G} \times m_i\mathbf{a}_{i/G})$$

Aqui, $\dot{\mathbf{H}}_G$ é a taxa de variação temporal da quantidade de movimento angular total do corpo calculada em relação ao ponto G.

A aceleração relativa para a i-ésima partícula é definida pela equação $\mathbf{a}_{i/G} = \mathbf{a}_i - \mathbf{a}_G$, onde $\mathbf{a}_i$ e $\mathbf{a}_G$ representam, respectivamente, as acelerações da i-ésima partícula e do

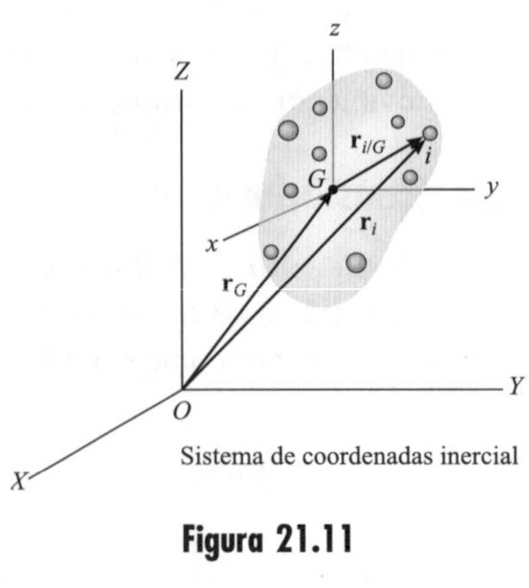

Figura 21.11

ponto G medidas em relação ao *sistema de referência inercial*. Substituir e expandir, usando a propriedade distributiva do produto vetorial, resulta em

$$\dot{\mathbf{H}}_G = \Sigma(\mathbf{r}_{i/G} \times m_i\mathbf{a}_i) - (\Sigma m_i\mathbf{r}_{i/G}) \times \mathbf{a}_G$$

Por definição do centro de massa, a soma $(\Sigma m_i \mathbf{r}_{i/G}) = (\Sigma m_i)\ \bar{\mathbf{r}}$ é igual a zero, visto que o vetor posição $\bar{\mathbf{r}}$ em relação a G é zero. Por conseguinte, o último termo na equação acima é zero. Usando a equação de movimento, o produto $m_i\mathbf{a}_i$ pode ser substituído pela *força externa* resultante $\mathbf{F}_i$ atuando sobre a i-ésima partícula. Denotando $\Sigma\mathbf{M}_G = \Sigma(\mathbf{r}_{i/G} \times \mathbf{F}_i)$, o resultado final pode ser escrito como

$$\Sigma\mathbf{M}_G = \dot{\mathbf{H}}_G \qquad (21.21)$$

A equação de movimento rotacional para o corpo será agora desenvolvida a partir da Equação 21.20 ou da 21.21. Nesse sentido, as componentes escalares da quantidade de movimento angular $\mathbf{H}_O$ ou $\mathbf{H}_G$ são definidos pelas equações 21.10 ou, se os eixos principais de inércia são usados no ponto O ou G, pelas equações 21.11. Se essas componentes são calculadas em relação aos eixos x, y, z que estão *girando* com uma velocidade angular $\mathbf{\Omega}$ que é *diferente* da velocidade angular do corpo $\boldsymbol{\omega}$, então a derivada temporal $\dot{\mathbf{H}} = d\mathbf{H}/dt$, como usada nas equações 21.20 e 21.21, tem de levar em consideração a rotação dos eixos x, y, z como medidos a partir dos eixos inerciais X, Y, Z. Isso requer a aplicação da Equação 20.6, caso em que as equações 21.20 e 21.21 tornam-se

$$\Sigma\mathbf{M}_O = (\dot{\mathbf{H}}_O)_{xyz} + \mathbf{\Omega} \times \mathbf{H}_O \qquad (21.22)$$

$$\Sigma\mathbf{M}_G = (\dot{\mathbf{H}}_G)_{xyz} + \mathbf{\Omega} \times \mathbf{H}_G$$

Aqui, $(\dot{\mathbf{H}})_{xyz}$ é a taxa de variação temporal de $\mathbf{H}$ medida a partir da referência x, y, z.

Há três maneiras pelas quais se pode definir o movimento dos eixos x, y, z. Obviamente, o movimento dessa referência deve ser escolhido de maneira que ele vá produzir o conjunto mais simples de equações de momento para a solução de um problema em particular.

Eixos x, y, z tendo movimento $\Omega = 0$

Se o corpo tem movimento geral, os eixos x, y, z podem ser escolhidos com origem em G, tal que os eixos apenas *transladem* em relação ao sistema de referência inercial X, Y, Z. Fazendo isso, simplifica-se a Equação 21.22, visto que $\mathbf{\Omega} = \mathbf{0}$. Entretanto, o corpo pode ter uma rotação $\boldsymbol{\omega}$ em torno desses eixos e, portanto, os momentos e produtos de inércia do corpo teriam de ser expressos como *funções de tempo*. Na maioria dos casos, essa seria uma tarefa difícil, de maneira que uma escolha como essa de eixos tem aplicação restrita.

Eixos x, y, z tendo movimento $\Omega = \omega$

Os eixos x, y, z podem ser escolhidos de tal maneira que eles estejam *fixos sobre e se desloquem com o corpo*. Os momentos e produtos de inércia do corpo em relação a esses eixos serão, então, *constantes* durante o movimento. Visto que $\mathbf{\Omega} = \boldsymbol{\omega}$, as equações 21.22 tornam-se

$$\Sigma\mathbf{M}_O = (\dot{\mathbf{H}}_O)_{xyz} + \boldsymbol{\omega} \times \mathbf{H}_O \qquad (21.23)$$

$$\Sigma\mathbf{M}_G = (\dot{\mathbf{H}}_G)_{xyz} + \boldsymbol{\omega} \times \mathbf{H}_G$$

Podemos expressar cada uma dessas equações vetoriais como três equações escalares utilizando as equações 21.10. Desprezar os índices O e G resulta em

$$\begin{aligned}
\Sigma M_x &= I_{xx}\dot{\omega}_x - (I_{yy} - I_{zz})\omega_y\omega_z - I_{xy}(\dot{\omega}_y - \omega_z\omega_x) \\
&\quad - I_{yz}(\omega_y^2 - \omega_z^2) - I_{zx}(\dot{\omega}_z - \omega_x\omega_y) \\
\Sigma M_y &= I_{yy}\dot{\omega}_y - (I_{zz} - I_{xx})\omega_z\omega_x - I_{yz}(\dot{\omega}_z - \omega_x\omega_y) \qquad (21.24) \\
&\quad - I_{zx}(\omega_z^2 - \omega_x^2) - I_{xy}(\dot{\omega}_x - \omega_y\omega_z) \\
\Sigma M_z &= I_{zz}\dot{\omega}_z - (I_{xx} - I_{yy})\omega_x\omega_y - I_{zx}(\dot{\omega}_x - \omega_y\omega_z) \\
&\quad - I_{xy}(\omega_x^2 - \omega_y^2) - I_{yz}(\dot{\omega}_y - \omega_z\omega_x)
\end{aligned}$$

Se os eixos x, y, z são escolhidos como os *eixos principais de inércia*, os produtos de inércia são zero, $I_{xx} = I_x$ etc., e as equações acima tornam-se

$$\begin{aligned} \Sigma M_x &= I_x \quad {}_x - (I_y - I_z)\omega_y\omega_z \\ \Sigma M_y &= I_y \quad {}_y - (I_z - I_x)\omega_z\omega_x \\ \Sigma M_z &= I_z \quad {}_z - (I_x - I_y)\omega_x\omega_y \end{aligned} \tag{21.25}$$

Esse conjunto de equações é conhecido historicamente como as *equações de movimento de Euler*, em homenagem ao matemático suíço Leonhard Euler, que primeiro as desenvolveu. Elas se aplicam *somente* para momentos somados em relação ao ponto O ou G.

Quando se aplicam essas equações, devemos observar que $\dot{\omega}_x, \dot{\omega}_y, \dot{\omega}_z$ representam as derivadas temporais das intensidades das componentes x, y, z de $\boldsymbol{\omega}$, como observadas a partir de x, y, z. Para determinar essas componentes, é necessário primeiro determinar ω_x, ω_y, ω_z quando os eixos x, y, z estão orientados em uma *posição geral* e *em seguida* fazer a derivada temporal da intensidade dessas componentes, ou seja, $(\dot{\boldsymbol{\omega}})_{xyz}$. Entretanto, visto que os eixos x, y, z estão girando a $\boldsymbol{\Omega} = \boldsymbol{\omega}$, então, da Equação 20.6, deve ser observado que $\dot{\boldsymbol{\omega}} = (\dot{\boldsymbol{\omega}})_{xyz} + \boldsymbol{\omega} \times \boldsymbol{\omega}$. Visto que $\boldsymbol{\omega} \times \boldsymbol{\omega} = \mathbf{0}$, então $\dot{\boldsymbol{\omega}} = (\dot{\boldsymbol{\omega}})_{xyz}$. Esse resultado importante indica que a derivada temporal de $\boldsymbol{\omega}$ em relação aos eixos fixos X, Y, Z, isto é $\dot{\boldsymbol{\omega}}$, também podem ser usados para obter $(\dot{\boldsymbol{\omega}})_{xyz}$. Geralmente esta é a maneira mais fácil para determinar o resultado. Ver Exemplo 21.5.

Eixos *x, y, z* tendo movimento $\Omega \neq \omega$

Para simplificar os cálculos da derivada temporal de $\boldsymbol{\omega}$, é frequentemente conveniente escolher os eixos x, y, z tendo uma velocidade angular $\boldsymbol{\Omega}$ que seja diferente da velocidade angular $\boldsymbol{\omega}$ do corpo. Isso é particularmente adequado para a análise de piões e giroscópios *simétricos* em relação a seus eixos de rotação.* Quando este é o caso, os momentos e produtos de inércia permanecem constantes em relação ao eixo de rotação.

As equações 21.22 são aplicáveis para um conjunto de eixos como esse. Cada uma dessas equações vetoriais pode ser reduzida a um conjunto de três equações escalares que são derivadas de uma maneira similar às equações 21.25,** ou seja,

$$\begin{aligned} \Sigma M_x &= I_x\dot{\omega}_x - I_y\Omega_z\omega_y + I_z\Omega_y\omega_z \\ \Sigma M_y &= I_y\dot{\omega}_y - I_z\Omega_x\omega_z + I_x\Omega_z\omega_x \\ \Sigma M_z &= I_z\dot{\omega}_z - I_x\Omega_y\omega_x + I_y\Omega_x\omega_y \end{aligned} \tag{21.26}$$

Aqui, Ω_x, Ω_y, Ω_z representam as componentes x, y, z de $\boldsymbol{\Omega}$, medidas a partir do sistema de referência inercial, e $\dot{\omega}_x$, $\dot{\omega}_y$, $\dot{\omega}_z$ têm de ser determinados em relação aos eixos x, y, z, que têm a rotação $\boldsymbol{\Omega}$. Ver Exemplo 21.6.

Qualquer um desses conjuntos de equações de momento, equações 21.24, 21.25, ou 21.26, representam uma série de três equações diferenciais não lineares de primeira ordem. Essas equações são 'acopladas', visto que as componentes da velocidade angular estão presentes em todos os termos. O sucesso em determinar a solução para um problema particular, contudo, depende do que é incógnita nessas equações. Dificuldades certamente surgem quando se tenta resolver as componentes incógnitas de $\boldsymbol{\omega}$ quando os momentos externos são funções do tempo. Complicações adicionais podem surgir se as equações de momento são acopladas às três equações escalares de movimento translacional (equações 21.19). Isso pode acontecer pela existência de restrições cinemáticas que relacionam a rotação do corpo com a translação de seu centro de massa, como no caso de um aro que roda sem deslizar. Problemas que

---

* Uma discussão detalhada de tais dispositivos é dada na Seção 21.5.

** Ver Problema 21.42.

requerem a solução simultânea de equações diferenciais são geralmente resolvidos utilizando-se métodos numéricos com a ajuda de um computador. Em muitos problemas de engenharia, entretanto, nos são dadas informações sobre o movimento do corpo e nos é requerido determinar os momentos aplicados atuando sobre o corpo. A maioria desses problemas tem soluções diretas, de maneira que não há necessidade de recorrer a técnicas computacionais.

Procedimento para análise

Problemas envolvendo o movimento tridimensional de um corpo rígido podem ser resolvidos usando o seguinte procedimento.

Diagrama de corpo livre

- Desenhe um *diagrama de corpo livre* do corpo no instante considerado e especifique o sistema de coordenadas x, y, z. A origem dessa referência tem de ser localizada ou no centro de massa do corpo G, ou no ponto O, considerado fixo em um sistema de referência inercial e localizado ou sobre o corpo ou em uma extensão sem massa do corpo.
- Componentes da força reativa incógnitas podem ser vistas como tendo um sentido de direção positivo.
- Dependendo da natureza do problema, decida que tipo de movimento rotacional $\mathbf{\Omega}$ o sistema de coordenadas x, y, z deve ter, ou seja, $\mathbf{\Omega} = \mathbf{0}$, $\mathbf{\Omega} = \boldsymbol{\omega}$, ou $\mathbf{\Omega} \neq \boldsymbol{\omega}$. Quando for escolher, mantenha em mente que as equações de momento são simplificadas quando os eixos se deslocam de tal maneira que eles representam eixos principais de inércia para o corpo em todos os momentos.
- Calcule os momentos e produtos de inércia necessários para o corpo em relação aos eixos x, y, z.

Cinemática

- Determine as componentes x, y, z da velocidade angular do corpo e determine as derivadas temporais de $\boldsymbol{\omega}$.
- Observe que, se $\mathbf{\Omega} = \boldsymbol{\omega}$, então $\dot{\boldsymbol{\omega}} = (\dot{\boldsymbol{\omega}})_{xyz}$. Portanto, podemos determinar a derivada temporal de $\boldsymbol{\omega}$ em relação aos eixos X, Y, Z, $\dot{\boldsymbol{\omega}}$, e em seguida determinar suas componentes $\dot{\omega}_x$, $\dot{\omega}_y$, $\dot{\omega}_z$ ou determinar as componentes de $\boldsymbol{\omega}$ ao longo dos eixos x, y, z, quando os eixos estão orientados em uma posição geral, e em seguida fazer a derivada temporal das intensidades dessas componentes, $(\dot{\boldsymbol{\omega}})_{xyz}$.

Equações de movimento

- Aplique as duas equações vetoriais, 21.18 e 21.22, ou as seis equações das componentes escalares apropriadas para os eixos de coordenadas x, y, z escolhidos para o problema.

Exemplo 21.4

A engrenagem mostrada na Figura 21.12*a* tem uma massa de 10 kg e está montada em um ângulo de 10º com o eixo em rotação tendo massa desprezível. Se $I_z = 0{,}1$ kg · m², $I_x = I_y = 0{,}05$ kg · m², e o eixo está girando com uma velocidade angular constante $\omega = 30$ rad/s, determine as componentes da reação que o mancal axial A e o mancal radial B exercem sobre o eixo no instante mostrado.

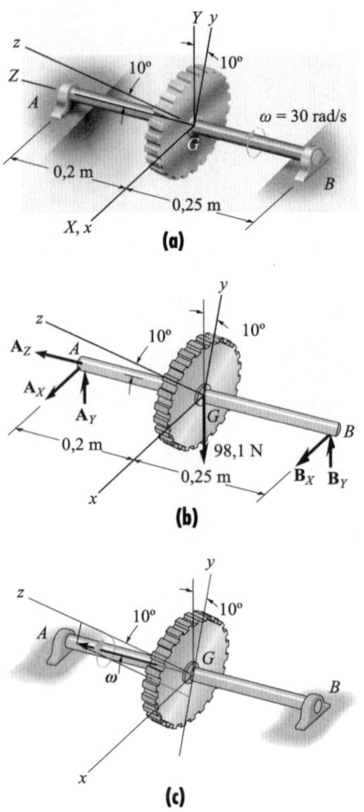

Figura 21.12

SOLUÇÃO

Diagrama de corpo livre

(Figura 21.12*b*). A origem do sistema de coordenadas *x*, *y*, *z* está localizada no centro de massa *G* da engrenagem, a qual também é um ponto fixo. Os eixos estão fixos em e giram com a engrenagem de maneira que esses eixos vão, então, sempre representar os eixos principais de inércia para a engrenagem. Assim, $\mathbf{\Omega} = \boldsymbol{\omega}$.

Cinemática

Como mostrado na Figura 21.12*c*, a velocidade angular $\boldsymbol{\omega}$ da engrenagem é constante em intensidade e está sempre direcionada ao longo do eixo do mancal *AB*. Visto que esse vetor é medido a partir do sistema de referência inercial *X*, *Y*, *Z*, para qualquer posição dos eixos *x*, *y*, *z*.

$$\omega_x = 0 \quad \omega_y = -30 \text{ sen } 10° \quad \omega_z = 30 \cos 10°$$

Estas componentes permanecem constantes para qualquer orientação geral dos eixos *x*, *y*, *z* e assim $\dot{\omega}_x = \dot{\omega}_y = \dot{\omega}_z = 0$. Também observe que, como $\mathbf{\Omega} = \boldsymbol{\omega}$, então $\dot{\boldsymbol{\omega}} = (\dot{\boldsymbol{\omega}})_{xyz}$. Portanto, podemos determinar essas derivadas temporais em relação aos eixos *X*, *Y*, *Z*. Neste sentido, $\boldsymbol{\omega}$ tem uma intensidade constante e direção (+ *Z*), visto que $\dot{\boldsymbol{\omega}} = \mathbf{0}$, e assim $\dot{\omega}_x = \dot{\omega}_y = \dot{\omega}_z = 0$. Além disso, visto que *G* é um ponto fixo, $(a_G)_x = (a_G)_y = (a_G)_z = 0$.

Equações de movimento

Aplicar as equações 21.25 ($\mathbf{\Omega} = \boldsymbol{\omega}$) resulta em

$$\Sigma M_x = I_x\dot{\omega}_x - (I_y - I_z)\omega_y\omega_z$$

$$-(A_Y)(0,2) + (B_Y)(0,25) = 0 - (0,05 - 0,1)(-30 \text{ sen } 10°)(30 \cos 10°)$$

$$-0,2\,A_Y + 0,25\,B_Y = -7,70 \qquad (1)$$

$$\Sigma M_y = I_y\dot{\omega}_y - (I_z - I_x)\omega_z\omega_x$$

$$A_X(0,2) \cos 10° - B_X(0,25) \cos 10° = 0 - 0$$

$$A_X = 1,25 B_X \qquad (2)$$

$$\Sigma M_z = I_z\dot{\omega}_z - (I_x - I_y)\omega_x\omega_y$$

$$A_X(0,2) \text{ sen } 10° - B_X(0,25) \text{ sen } 10° = 0 - 0$$

$$A_X = 1,25\,B_X \text{ (verifique)}$$

Aplicando as equações 21.19, temos

$$\Sigma F_X = m(a_G)_X; \qquad A_X + B_X = 0 \qquad (3)$$

$$\Sigma F_Y = m(a_G)_Y; \qquad A_Y + B_Y - 98,1 = 0 \qquad (4)$$

$$\Sigma F_Z = m(a_G)_Z; \qquad A_Z = 0$$

Resolver as equações 1 até as equações 4 simultaneamente resulta em

$$A_X = B_X = 0 \qquad A_Y = 71,6 \text{ N} \qquad B_Y = 26,5 \text{ N}$$

Exemplo 21.5

O avião mostrado na Figura 21.13*a* está no processo de efetuar uma curva *de raio constante* na taxa de ω_p. Durante esse movimento, a hélice está girando à taxa de ω_s. Se a hélice tem duas pás, determine os momentos que o eixo da hélice exerce sobre ela no instante em que as pás estão na posição vertical. Para simplificar, suponha que as pás sejam uma barra fina uniforme tendo um momento de inércia *I* em relação a um eixo perpendicular às pás passando pelo centro da barra, e tendo momento de inércia zero em relação a um eixo longitudinal.

SOLUÇÃO

Diagrama de corpo livre

(Figura 21.13*b*). As reações do eixo de conexão sobre a hélice estão indicadas pelas resultantes $\mathbf{F}_R$ e $\mathbf{M}_R$. (O peso da hélice é suposto como desprezível.) Os eixos x, y, z serão considerados fixos à hélice, visto que esses eixos sempre representam os eixos principais de inércia para a hélice. Desse modo, $\mathbf{\Omega} = \boldsymbol{\omega}$. Os momentos de inércia I_x e I_y são iguais ($I_x = I_y = I$) e $I_z = 0$.

Cinemática

A velocidade angular da hélice observada a partir dos eixos X, Y, Z, coincidentes com os eixos x, y, z (Figura 21.13*c*) é $\boldsymbol{\omega} = \boldsymbol{\omega}_s + \boldsymbol{\omega}_p = \omega_s\mathbf{i} + \omega_p\mathbf{k}$, de maneira que as componentes x, y, z de $\boldsymbol{\omega}$ são

$$\omega_x = \omega_s \qquad \omega_y = 0 \qquad \omega_z = \omega_p$$

Visto que $\mathbf{\Omega} = \boldsymbol{\omega}$, então $\dot{\boldsymbol{\omega}} = (\dot{\boldsymbol{\omega}})_{xyz}$. Para determinar $\dot{\boldsymbol{\omega}}$, que é a derivada temporal em relação aos eixos fixos X, Y, Z, podemos usar a Equação 20.6, visto que $\boldsymbol{\omega}$ varia de direção em relação a X, Y, Z. A taxa de variação temporal de cada uma dessas componentes $\dot{\boldsymbol{\omega}} = \dot{\boldsymbol{\omega}}_s + \dot{\boldsymbol{\omega}}_p$ em relação aos eixos X, Y, Z pode ser obtida introduzindo-se um terceiro sistema de coordenadas x', y', z', o qual tem uma velocidade angular $\mathbf{\Omega}' = \boldsymbol{\omega}_p$ e é coincidente com os eixos X, Y, Z no instante mostrado. Desse modo,

$$\begin{aligned}
\dot{\boldsymbol{\omega}} &= (\dot{\boldsymbol{\omega}})_{x'y'z} + \boldsymbol{\omega}_p \times \boldsymbol{\omega} \\
&= (\dot{\boldsymbol{\omega}}_s)_{x'y'z'} + (\dot{\boldsymbol{\omega}}_p)_{x'y'z} + \boldsymbol{\omega}_p \times (\boldsymbol{\omega}_s + \boldsymbol{\omega}_p) \\
&= \mathbf{0} + \mathbf{0} + \boldsymbol{\omega}_p \times \boldsymbol{\omega}_s + \boldsymbol{\omega}_p \times \boldsymbol{\omega}_p \\
&= \mathbf{0} + \mathbf{0} + \omega_p\mathbf{k} \times \omega_s\mathbf{i} + \mathbf{0} = \omega_p\omega_s\mathbf{j}
\end{aligned}$$

Visto que os eixos X, Y, Z são coincidentes com os eixos x, y, z no instante mostrado, as componentes de $\dot{\boldsymbol{\omega}}$ ao longo de x, y, z são, portanto,

$$\dot{\omega}_x = 0 \qquad \dot{\omega}_y = \omega_p\omega_s \qquad \dot{\omega}_z = 0$$

Estes mesmos resultados também podem ser determinados por meio de um cálculo direto de $(\dot{\boldsymbol{\omega}})_{xyz}$; entretanto, isto vai envolver um pouco mais de trabalho. Para fazer isso, será necessário ver a hélice (ou os eixos x, y, z) em alguma *posição geral*, como a mostrada na Figura 21.13*d*. Aqui o avião girou através de um ângulo ϕ (phi) e a hélice girou através de um ângulo ψ (psi) em relação ao avião. Observe que $\boldsymbol{\omega}_p$ está sempre direcionado ao longo do eixo fixo Z e $\boldsymbol{\omega}_s$ segue o eixo x. Desse modo, as componentes gerais de $\boldsymbol{\omega}$ são

$$\omega_x = \omega_s \qquad \omega_y = \omega_p \text{ sen } \psi \qquad \omega_z = \omega_p \cos \psi$$

Visto que ω_s e ω_p são constantes, as derivadas temporais dessas componentes tornam-se

$$\dot{\omega}_x = 0 \qquad \dot{\omega}_y = \omega_p \text{ co-sen } \psi\dot{\psi} \qquad \omega_z = -\,\omega_p \text{ sen } \psi\dot{\psi}$$

Mas $\phi = \psi = 0°$ e $\dot{\psi} = \omega_s$ no instante considerado. Desse modo,

$$\omega_x = \omega_s \qquad \omega_y = 0 \qquad \omega_z = \omega_p$$

$$\dot{\omega}_x = 0 \qquad \dot{\omega}_y = \omega_p\omega_s \qquad \dot{\omega}_z = 0$$

que são o mesmo resultado obtido anteriormente.

Equações de movimento

Utilizando as Equações 21.25, nós temos

$$\Sigma M_x = I_x\dot{\omega}_x - (I_y - I_z)\,\omega_y\omega_z = I(0) - (I - 0)(0)\omega_p$$

$$M_x = 0$$

$$\Sigma M_y = I_y\dot{\omega}_y - (I_z - I_x)\,\omega_z\omega_x = I(\omega_p\omega_s) - (0 - I)\omega_p\omega_s$$

$$M_y = 2I\,\omega_p\omega_s$$

$$\Sigma M_z = I_z\dot{\omega}_z - (I_x - I_y)\,\omega_x\omega_y = 0(0) - (I - I)\omega_s(0)$$

$$M_z = 0$$

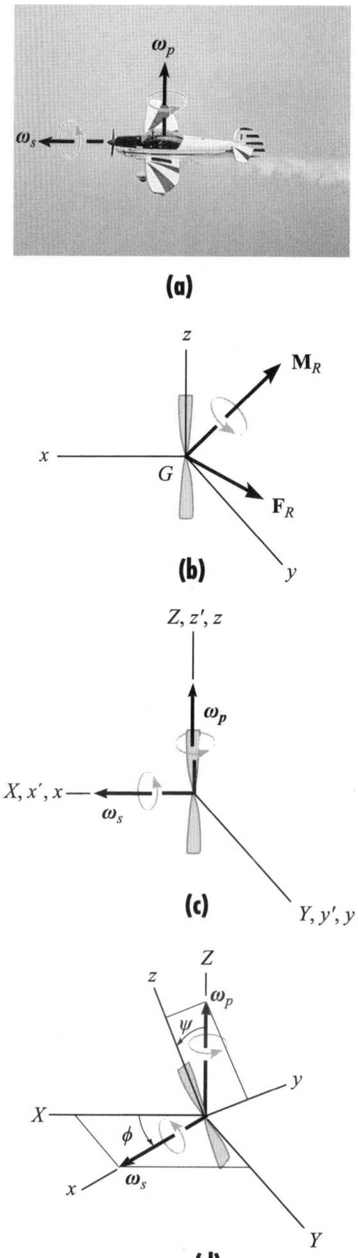

Figura 21.13

Exemplo 21.6

O volante de 10 kg (ou disco fino) mostrado na Figura 21.14*a* rotaciona (gira) em torno do eixo a uma velocidade angular constante $\omega_s = 6$ rad/s. No mesmo momento, o eixo gira (realizando precessão) em torno do mancal em A com uma velocidade angular $\omega_p = 3$ rad/s. Se A é um mancal axial e B é um mancal radial, determine as componentes da força reativa em cada um desses apoios devido ao movimento.

SOLUÇÃO I

Diagrama de corpo livre

(Figura 21.14*b*). A origem do sistema de coordenadas x, y, z está localizada no centro de massa G do volante. Aqui, deixaremos essas coordenadas terem uma velocidade angular $\mathbf{\Omega} = \boldsymbol{\omega}_P = \{3\mathbf{k}\}$ rad/s. Apesar de o volante girar em relação a esses eixos, os momentos de inércia *permanecem constantes*,* ou seja,

$$I_x = I_z = \tfrac{1}{4}(10\text{ kg})(0,2\text{ m})^2 = 0,1\text{ kg}\cdot\text{m}^2$$
$$I_y = \tfrac{1}{2}(10\text{ kg})(0,2\text{ m})^2 = 0,2\text{ kg}\cdot\text{m}^2$$

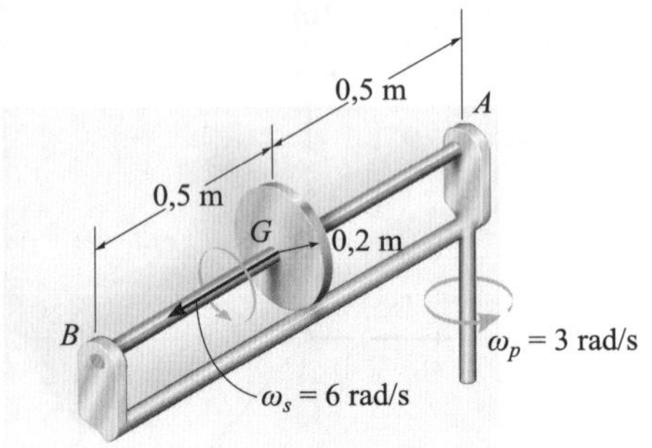

(a)

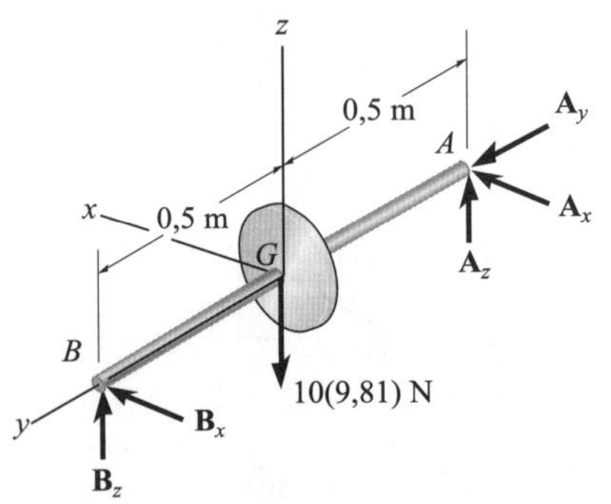

(b)

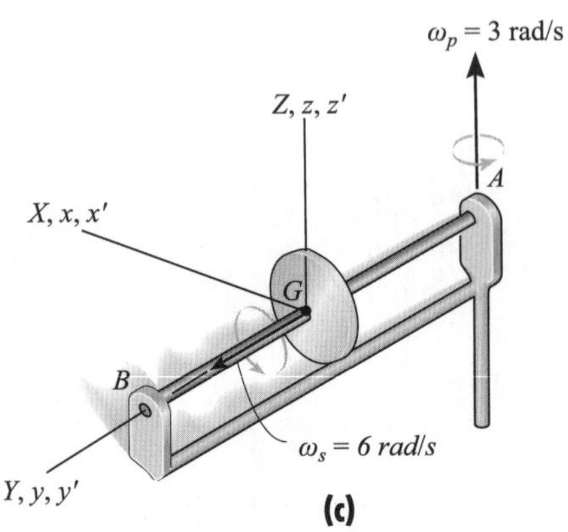

(c)

Figura 21.14

Cinemática

Do sistema de referência inercial coincidente X, Y, Z (Figura 21.14*c*), o volante tem uma velocidade angular $\boldsymbol{\omega} = \{6\mathbf{j} + 3\mathbf{k}\}$ rad/s, de maneira que

$$\omega_x = 0 \qquad \omega_y = 6\text{ rad/s} \qquad \omega_z = 3\text{ rad/s}$$

A derivada temporal de $\boldsymbol{\omega}$ tem de ser determinada em relação aos eixos x, y, z. Neste caso, tanto $\boldsymbol{\omega}_p$ quanto $\boldsymbol{\omega}_s$ não variam sua intensidade ou direção, e assim

$$\omega_x = 0 \qquad \omega_y = 0 \qquad \omega_z = 0$$

Equações de movimento

Aplicar as equações 21.26 ($\mathbf{\Omega} \neq \boldsymbol{\omega}$) resulta em

$$\Sigma M_x = I_x\dot{\omega}_x - I_y\Omega_z\omega_y + I_z\Omega_y\omega_z$$
$$-A_z(0,5) + B_z(0,5) = 0 - (0,2)(3)(6) + 0 = -3,6$$
$$\Sigma M_y = I_y\dot{\omega}_y - I_z\Omega_x\omega_z + I_x\Omega_z\omega_x$$
$$0 = 0 - 0 + 0$$
$$\Sigma M_z = I_z\dot{\omega}_z - I_x\Omega_y\omega_x + I_y\Omega_x\omega_y$$
$$A_x(0,5) - B_x(0,5) = 0 - 0 + 0$$

Aplicando as equações 21.19, temos

$$\Sigma F_X = m(a_G)_X; \qquad A_x + B_x = 0$$
$$\Sigma F_Y = m(a_G)_Y; \qquad A_y = -10(0,5)(3)^2$$
$$\Sigma F_Z = m(a_G)_Z; \qquad A_z + B_z - 10(9,81) = 0$$

Resolvendo essas equações, obtemos

$$A_x = 0 \quad A_y = -45,0\text{ N} \quad A_z = 52,6\text{ N}$$
$$B_x = 0 \qquad\qquad B_z = 45,4\text{ N}$$

NOTA: Se a precessão $\boldsymbol{\omega}_p$ não tivesse ocorrido, a componente z da força em A e B seria igual a 49,05 N. Neste caso, entretanto, a diferença nessas componentes é causada pelo 'momento giroscópico' criado sempre que um corpo girando realiza uma precessão em torno de outro eixo. Vamos estudar esse efeito em detalhes na próxima seção.

SOLUÇÃO II

Este exemplo também pode ser resolvido utilizando-se as equações de movimento de Euler (equações 21.25). Neste caso, $\mathbf{\Omega} = \boldsymbol{\omega} = \{6\mathbf{j} + 3\mathbf{k}\}$ rad/s, e a derivada tem-

* Isto não seria verdade para a hélice no Exemplo 21.5.

poral $(\dot{\omega})_{xyz}$ pode ser convenientemente obtida em relação aos eixos X, Y, Z, visto que $\dot{\omega} = (\dot{\omega})_{xyz}$. Esse cálculo pode ser realizado escolhendo-se que os eixos x', y', z' tenham uma velocidade angular $\mathbf{\Omega}' = \boldsymbol{\omega}_p$ (Figura 21.14c), de maneira que

$$\dot{\boldsymbol{\omega}} = (\dot{\boldsymbol{\omega}})_{x'y'z'} + \boldsymbol{\omega}_p \times \boldsymbol{\omega} = \mathbf{0} + 3\mathbf{k} \times (6\mathbf{j} + 3\mathbf{k}) = \{-18\mathbf{i}\} \text{ rad/s}^2$$

$$\dot{\omega}_x = -18 \text{ rad/s} \qquad \dot{\omega}_y = 0 \qquad \dot{\omega}_z = 0$$

As equações de momento tornam-se, então,

$$\Sigma M_x = I_x\dot{\omega}_x - (I_y - I_z)\omega_y\omega_z$$

$$-A_z(0{,}5) + B_z(0{,}5) = 0{,}1(-18) - (0{,}2 - 0{,}1)(6)(3) = -3{,}6$$

$$\Sigma M_y = I_y\dot{\omega}_y - (I_z - I_x)\,\omega_z\omega_x$$

$$0 = 0 - 0$$

$$\Sigma M_z = I_z\dot{\omega}_z - (I_x - I_y)\,\omega_x\omega_y$$

$$A_x(0{,}5) + B_x(0{,}5) = 0 - 0$$

A solução, então, prossegue como antes.

Problemas

***21.40.** Derive a forma escalar da equação de movimento rotacional em relação ao eixo x se $\mathbf{\Omega} \neq \boldsymbol{\omega}$ e os momentos e produtos de inércia do corpo *não são constantes* em relação ao tempo.

•21.41. Derive a forma escalar da equação de movimento rotacional em relação ao eixo x se $\mathbf{\Omega} \neq \boldsymbol{\omega}$ e os momentos e produtos de inércia do corpo são *constantes* em relação ao tempo.

21.42. Derive as equações de movimento de Euler para $\mathbf{\Omega} \neq \boldsymbol{\omega}$, ou seja, equações 21 – 26.

21.43. A placa retangular uniforme tem uma massa $m = 2$ kg e é submetida a uma rotação $\omega = 4$ rad/s em torno de seus mancais em A e B. Se $a = 0{,}2$ m e $c = 0{,}3$ m, determine as reações verticais em A e B no instante em que a placa está vertical, como mostrado. Utilize os eixos x, y, z mostrados e observe que $I_{zx} = \left(\dfrac{mac}{12}\right)\left(\dfrac{c^2 - a^2}{c^2 + a^2}\right)$.

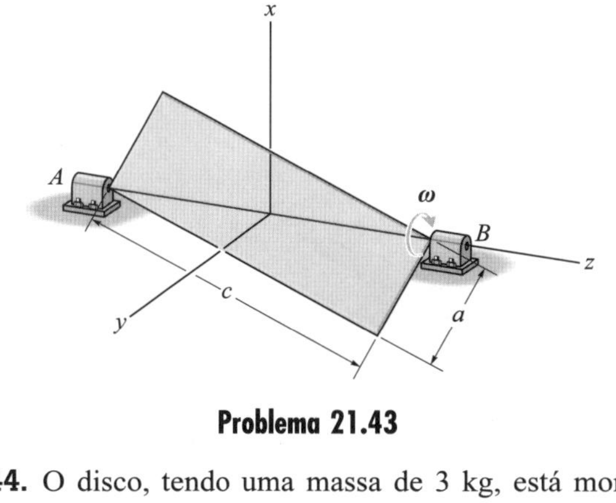

Problema 21.43

***21.44.** O disco, tendo uma massa de 3 kg, está montado excentricamente sobre o eixo AB. Se o eixo está girando a uma taxa constante de 9 rad/s, determine as reações nos mancais de apoio quando o disco está na posição mostrada.

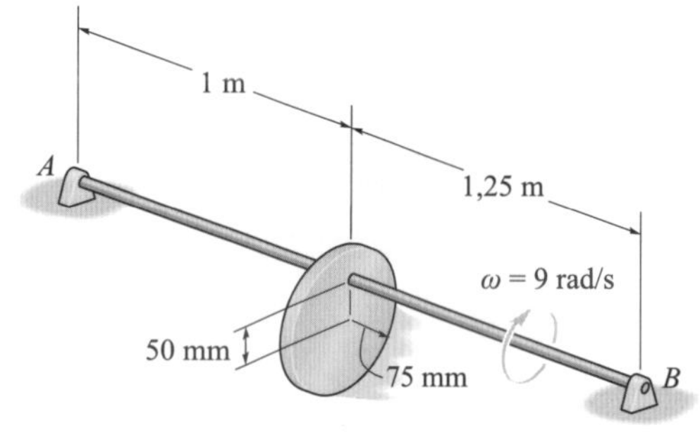

Problema 21.44

•21.45. A barra fina AB tem uma massa m e está conectada ao apoio por um pino liso em A. O apoio está rigidamente fixado ao eixo. Determine a velocidade angular constante exigida de $\boldsymbol{\omega}$ do eixo, a fim de que a barra faça um ângulo de θ com a vertical.

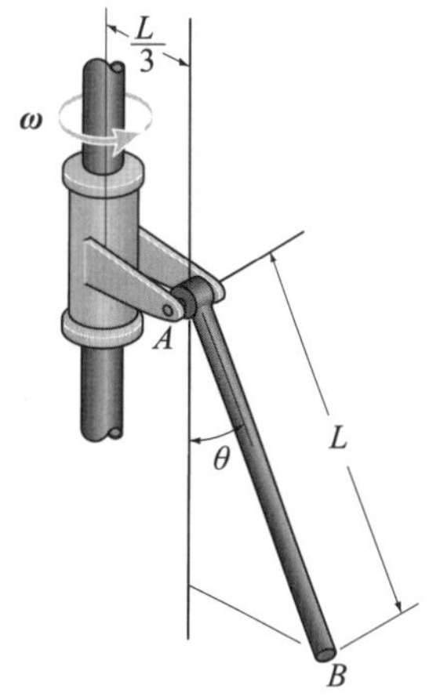

Problema 21.45

21.46. A barra de 5 kg AB é suportada por um braço em rotação. O apoio em A é um mancal radial, que desenvolve reações normais à barra. O apoio em B é um mancal axial que desenvolve tanto reações normais à barra quanto ao longo do eixo da barra. Desprezando o atrito, determine as componentes da reação x, y, z nesses apoios quando o sistema gira com uma velocidade angular constante $\omega = 10$ rad/s.

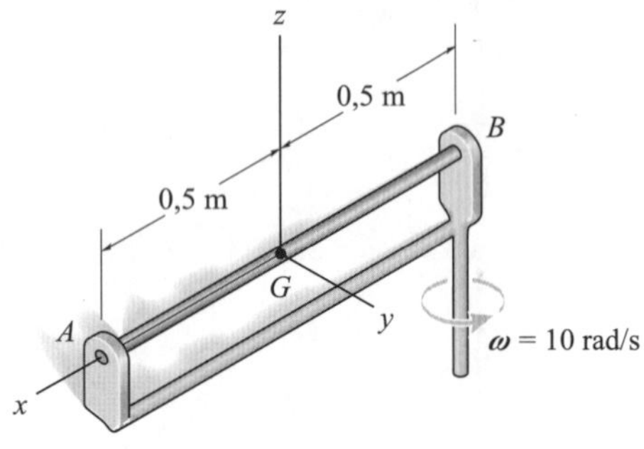

Problema 21.46

21.47. O carro se desloca em torno da estrada curva de raio ρ de tal maneira que seu centro de massa tem uma velocidade constante de v_G. Escreva as equações de movimento rotacional em relação aos eixos x, y, z. Suponha que os seis momentos e produtos de inércia do carro em relação a esses eixos são conhecidos.

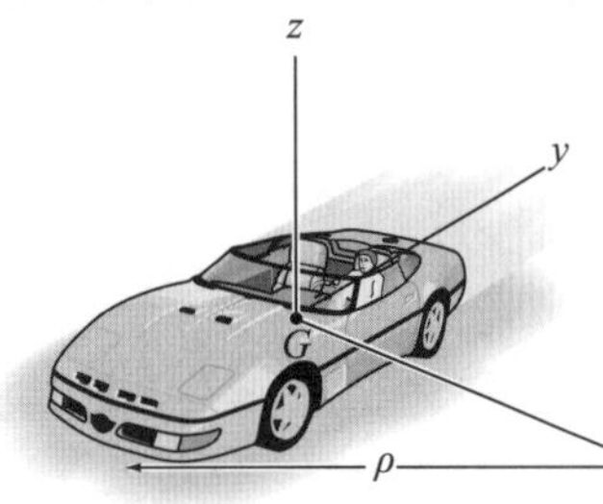

Problema 21.47

***21.48.** O eixo é construído de uma barra que tem uma massa por unidade de comprimento de 2 kg/m. Determine as componentes x, y, z da reação nos mancais A e B se, no instante mostrado, o eixo gira livremente e tem uma velocidade angular $\omega = 30$ rad/s. Qual é a aceleração angular do eixo nesse instante? O mancal A pode suportar um componente de força na direção y, enquanto o mancal B não pode.

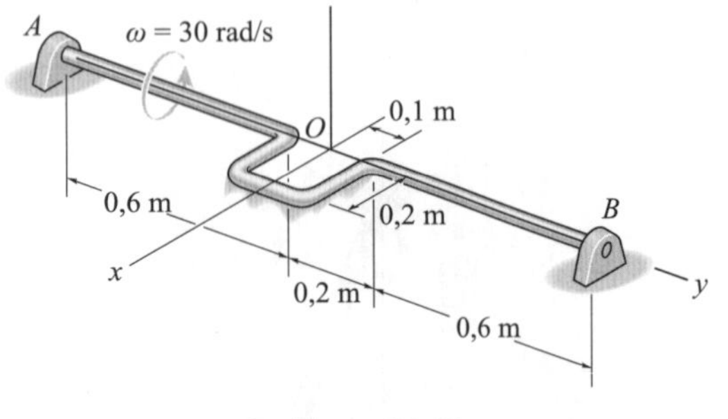

Problema 21.48

•21.49. Quatro esferas estão conectadas ao eixo AB. Se $m_C = 1$ kg e $m_E = 2$ kg, determine a massa das esferas D e F e os ângulos das barras θ_D e θ_F, de maneira que o eixo esteja dinamicamente equilibrado, isto é, de maneira que os mancais em A e B exerçam somente reações verticais sobre o eixo na medida em que ele gira. Despreze a massa das barras.

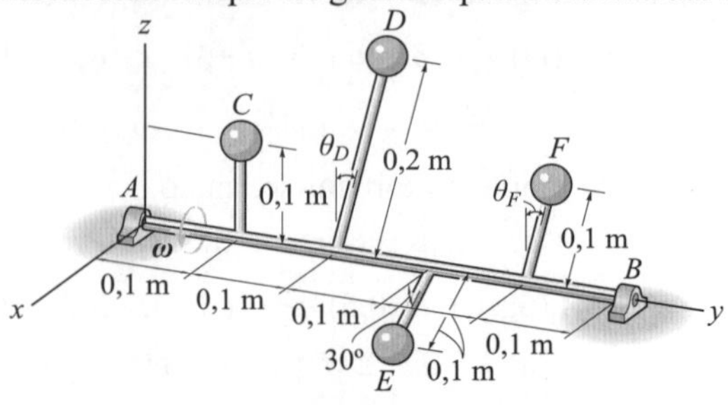

Problema 21.49

21.50. Um homem está parado de pé sobre uma mesa giratória que gira em torno de um eixo vertical com uma velocidade angular constante $\omega_p = 10$ rad/s. Se a roda que ele segura gira com uma velocidade angular constante $\omega_s = 30$ rad/s, determine a intensidade do momento que ele tem de exercer sobre a roda para segurá-la na posição mostrada. Considere a roda como um aro circular fino (anel) tendo uma massa de 3 kg e um raio médio de 300 mm.

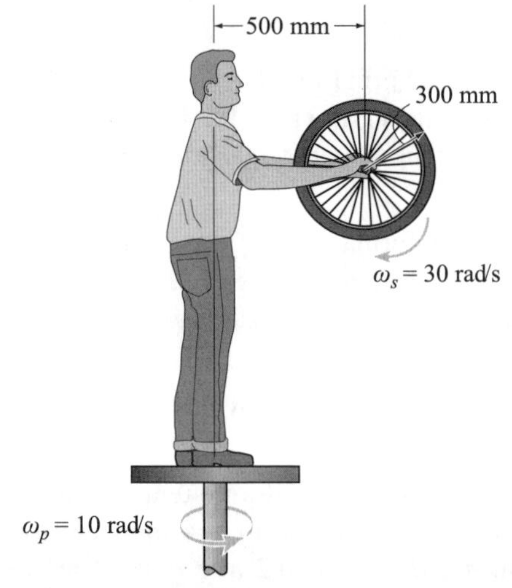

Problema 21.50

21.51. O disco de 25 kg gira com uma taxa angular constante $\omega_1 = 50$ rad/s em torno de seu eixo. Simultaneamente, o eixo gira com uma taxa angular constante $\omega_2 = 10$ rad/s. Determine as componentes x, y, z do momento desenvolvido no braço em A no instante mostrado. Despreze o peso do braço AB.

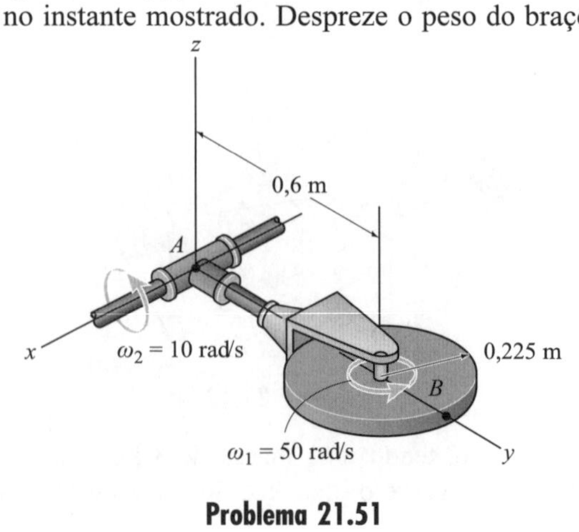

Problema 21.51

***21.52.** O homem está parado sobre a mesa giratória que gira em torno de um eixo vertical com uma velocidade angular constante $\omega_1 = 6$ rad/s. Se ele inclina sua cabeça para frente a uma velocidade angular constante $\omega_2 = 1{,}5$ rad/s em torno do ponto O, determine a intensidade do momento que deve ser resistido por seu pescoço em O no instante $\theta = 30°$. Suponha que sua cabeça pode ser considerada como uma esfera uniforme de 5 kg, tendo um raio de 112,5 mm e centro de gravidade localizado em G, e ponto O na superfície da esfera.

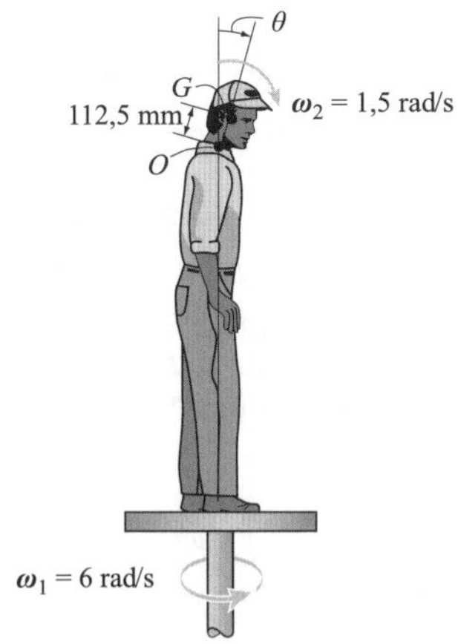

Problema 21.52

•21.53. As pás de uma turbina de vento giram em torno do mancal S com uma velocidade angular constante de ω_s, enquanto a estrutura realiza uma precessão em torno do eixo vertical com uma velocidade angular constante de ω_p. Determine as componentes x, y, z do momento que o mancal exerce sobre as pás como uma função de θ. Considere cada pá como uma barra fina de massa m e comprimento l.

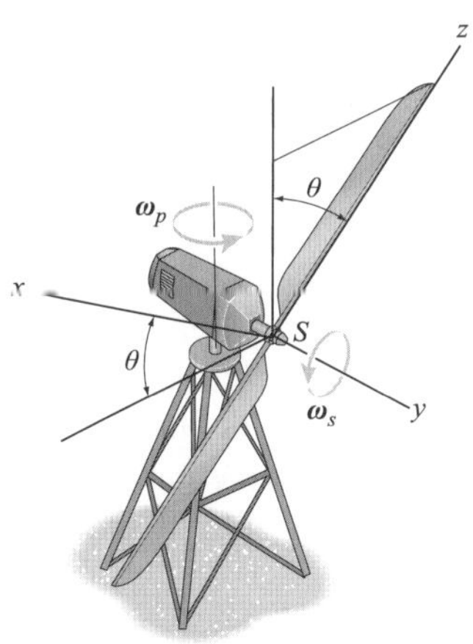

Problema 21.53

21.54. A barra CD de massa m e comprimento L está girando com uma taxa angular constante de ω_1 em torno do eixo AB, enquanto o eixo EF gira com uma taxa angular constante de ω_2. Determine as componentes X, Y, Z da reação no mancal axial E e no mancal radial F no instante mostrado. Despreze a massa dos outros membros.

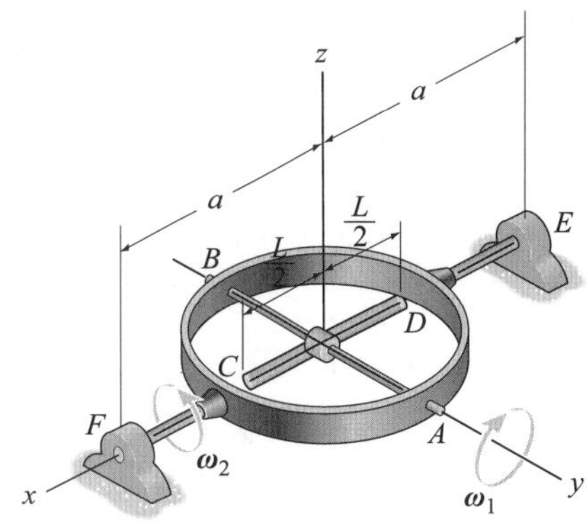

Problema 21.54

21.55. Se o eixo AB é acionado pelo motor com uma velocidade angular $\omega_1 = 50$ rad/s e aceleração angular $\dot{\omega}_1 = 20$ rad/s² no instante mostrado, e a roda de 10 kg rola sem deslizar, determine a força de atrito e a reação normal sobre a roda, e o momento **M** que tem de ser fornecido pelo motor nesse instante. Suponha que a roda é um disco circular uniforme.

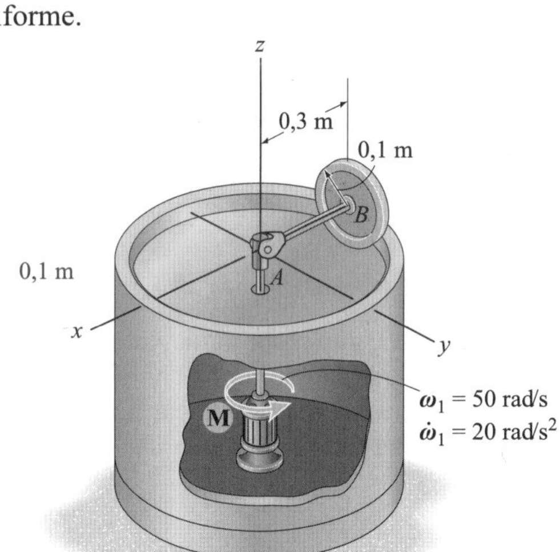

Problema 21.55

***21.56.** Um triturador de pedras consiste de um disco fino grande que está conectado por pino a um eixo horizontal. Se o eixo gira a uma taxa constante de 8 rad/s, determine a força normal que o disco exerce sobre as pedras. Suponha que o disco rola sem deslizar e tenha uma massa de 25 kg. Despreze a massa do eixo.

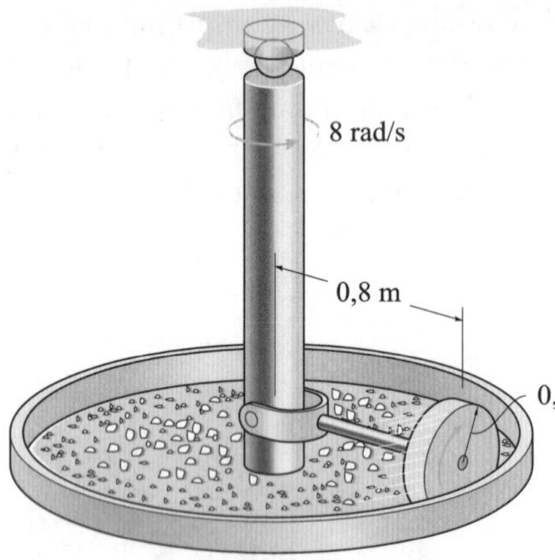

Problema 21.56

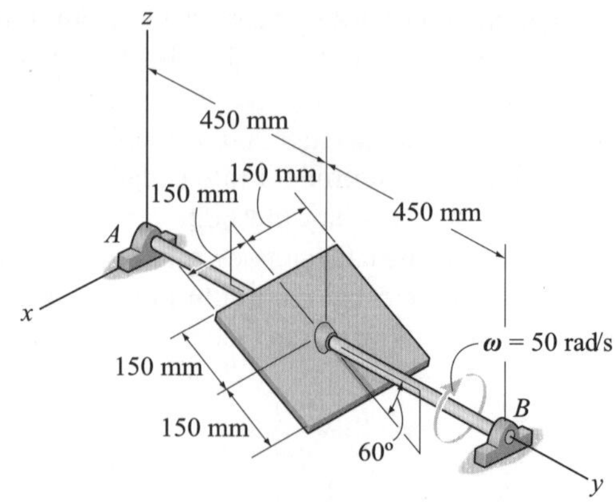

Problema 21.59

•21.57. O disco de 12,5 kg está *fixo* à barra *BCD*, o qual tem massa desprezível. Determine o torque **T** que tem de ser aplicado ao eixo vertical de maneira que o eixo tenha uma aceleração angular $\alpha = 6$ rad/s². O eixo está livre para girar nos seus mancais.

21.58. Resolva o Problema 21.57, assumindo que a barra *BCD* tem uma massa por unidade de comprimento de 3 kg/m.

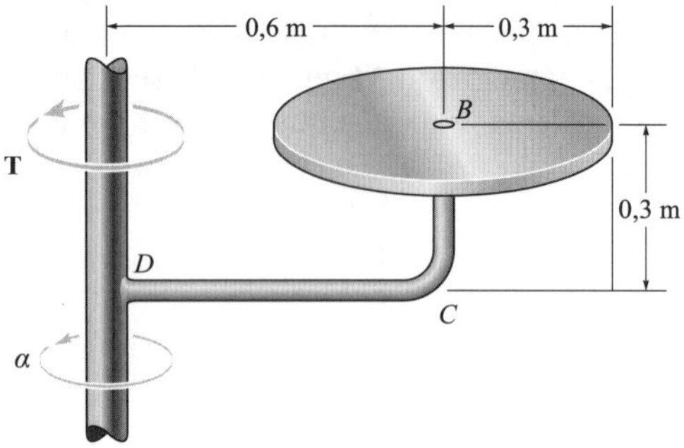

Problemas 21.57/58

21.59. Se o eixo *AB* gira com uma velocidade angular constante $\omega = 50$ rad/s, determine as componentes *X*, *Y*, *Z* de reação no mancal radial *A* e no mancal axial *B* no instante mostrado. A placa fina tem uma massa de 10 kg. Despreze a massa do eixo *AB*.

***21.60.** Uma placa fina uniforme tendo uma massa de 0,4 kg gira com uma velocidade angular constante $\boldsymbol{\omega}$ em torno de sua diagonal *AB*. Se a pessoa segurando o canto da placa em *B* retira seu dedo, a placa vai cair sobre seu lado *AC*. Determine o momento de binário necessário **M** que, se aplicado à placa, evitaria que isso acontecesse.

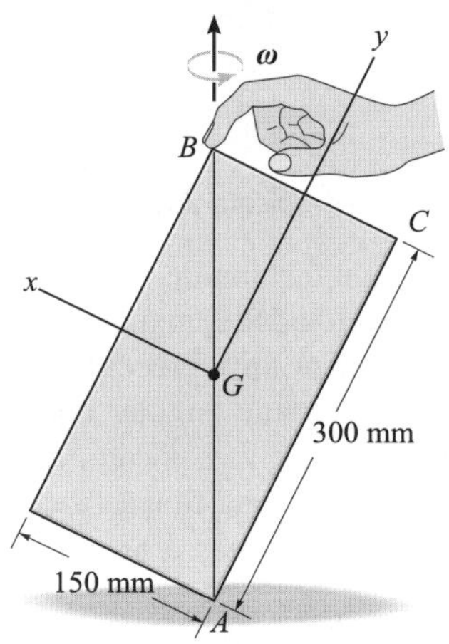

Problema 21.60

21.5 Movimento giroscópico

Nesta seção, desenvolveremos as equações que definem o movimento de um corpo (pião), o qual é simétrico em relação a um eixo e gira em torno de um ponto fixo. Essas equações também se aplicam ao movimento de um dispositivo particularmente interessante, o giroscópio.

O movimento do corpo será analisado utilizando os *ângulos de Euler* ϕ, θ, ψ (phi, theta, psi). Para ilustrar como eles definem a posição de um corpo, considere o pião mostrado na Figura 21.15*a*. Para definir sua posição final (Figura 21.15*d*), um segundo conjunto de eixos *x*, *y*, *z* está fixo ao pião. Começando com os eixos *X*, *Y*, *Z* e *x*, *y*, *z* coincidentes (Figura 21.15*a*), a posição final do pião pode ser determinada usando os três passos seguintes:

1. Gire o pião em torno do eixo *Z* (ou *z*) através de um ângulo ϕ $(0 \leq \phi < 2\pi)$ (Figura 21.15*b*).
2. Gire o pião em torno do eixo *x* através de um ângulo θ $(0 \leq \theta \leq \pi)$ (Figura 21.15*c*).

3. Gire o pião em torno do eixo z através de um ângulo ψ $(0 \leq \psi < 2\pi)$ para obter a posição final (Figura 20.15*d*).

A sequência desses três ângulos, ϕ, θ em seguida ψ, tem de ser mantida, visto que rotações finitas *não são vetores* (ver Figura 20.1). Embora seja este o caso, as rotações diferenciais $d\boldsymbol{\phi}$, $d\boldsymbol{\theta}$ e $d\boldsymbol{\psi}$ são vetores, e, desse modo, a velocidade angular $\boldsymbol{\omega}$ do pião pode ser expressa em termos das derivadas temporais dos ângulos de Euler. As componentes da velocidade angular $\dot{\phi}$, $\dot{\theta}$ e $\dot{\psi}$ são conhecidas como *precessão*, *nutação* e *rotação*, respectivamente.

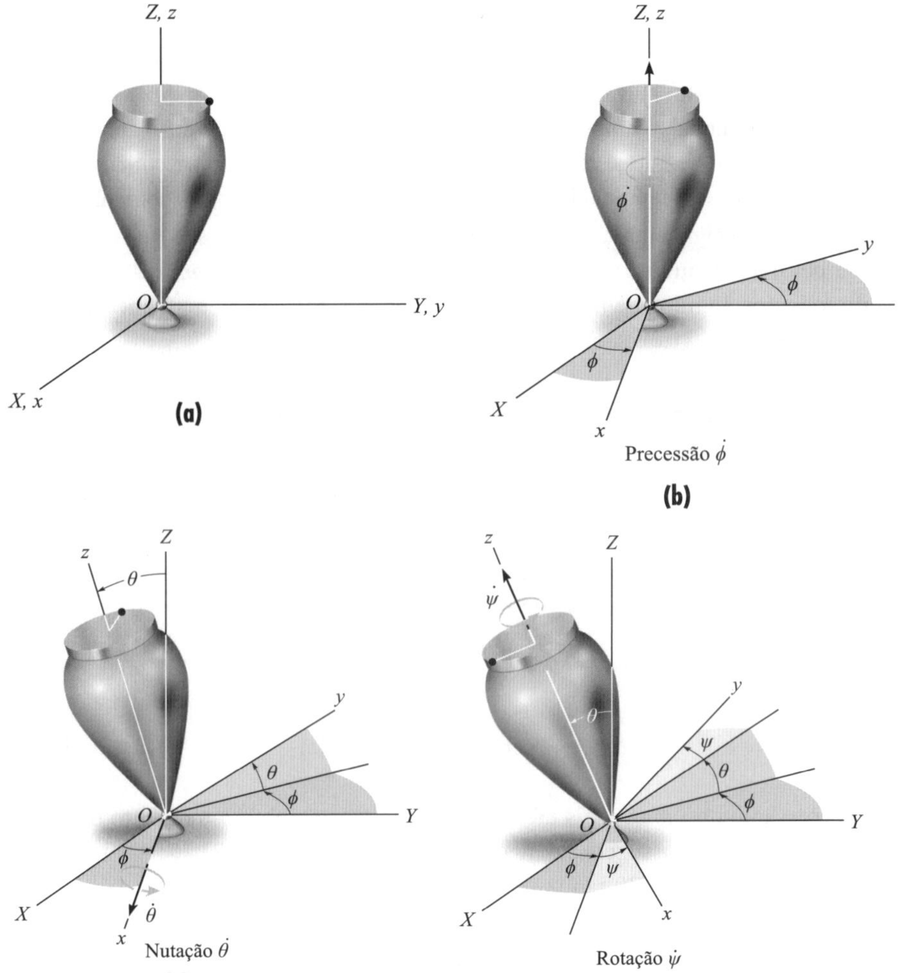

Figura 21.15

Suas direções positivas são mostradas na Figura 21.16. Vê-se que esses vetores não são todos perpendiculares uns aos outros; entretanto, $\boldsymbol{\omega}$ do pião ainda pode ser expresso em termos dessas três componentes.

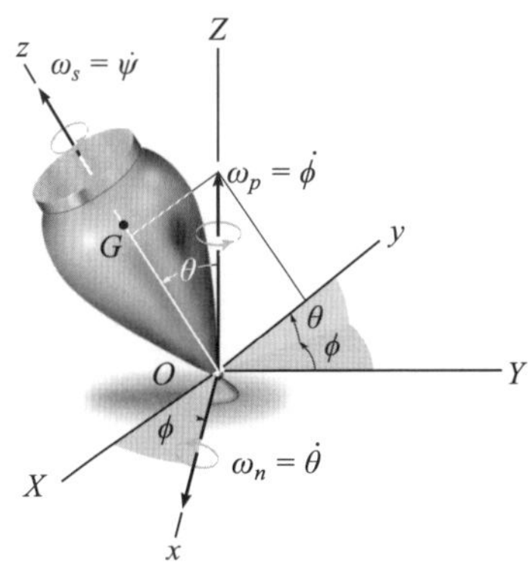

Figura 21.16

Visto que o corpo (pião) é simétrico em relação ao z ou eixo de rotação, não há necessidade de ligar os eixos x, y, z ao pião, visto que as propriedades inerciais do pião vão permanecer constantes em relação a esse sistema durante o movimento. Portanto, $\boldsymbol{\Omega} = \boldsymbol{\omega}_p + \boldsymbol{\omega}_n$ (Figura 21.16). Assim, a velocidade angular do corpo é

$$\begin{aligned}\boldsymbol{\omega} &= \omega_x\mathbf{i} + \omega_y\mathbf{j} + \omega_z\mathbf{k} \\ &= \dot{\theta}\mathbf{i} + (\dot{\phi}\,\text{sen}\theta)\mathbf{j} + (\dot{\phi}\cos\theta + \dot{\psi})\mathbf{k}\end{aligned} \qquad (21.27)$$

E a velocidade angular dos eixos é

$$\begin{aligned}\Omega &= \Omega_x\mathbf{i} + \Omega_y\mathbf{j} + \Omega_z\mathbf{k} \\ &= \dot{\theta}\mathbf{i} + (\dot{\phi}\,\text{sen}\theta)\mathbf{j} + (\dot{\phi}\cos\theta)\mathbf{k}\end{aligned} \qquad (21.28)$$

Portanto, os eixos x, y, z representam eixos principais de inércia para o pião e, assim, os momentos de inércia serão representados como $I_{xx} = I_{yy} = I$ e $I_{zz} = I_z$. Visto que $\mathbf{\Omega} \neq \boldsymbol{\omega}$, as equações 21.26 são usadas para estabelecer as equações de movimento rotacional. Substituir nessas equações as respectivas componentes da velocidade angular definidas pelas equações 21.27 e 21.28, suas derivadas temporais correspondentes e o momento de inércia das componentes resulta em

$$\begin{aligned}\Sigma M_x &= I(\ddot{\theta} - \dot{\phi}^2 \operatorname{sen}\theta \cos\theta) + I_z \dot{\phi} \operatorname{sen}\theta(\dot{\phi}\cos\theta + \dot{\psi}) \\ \Sigma M_y &= I(\ddot{\phi} \operatorname{sen}\theta + 2\dot{\phi}\dot{\theta}\cos\theta) = I_z \dot{\theta}(\dot{\phi}\cos\theta + \dot{\psi}) \\ \Sigma M_z &= I_z(\ddot{\psi} + \ddot{\phi}\cos\theta - \dot{\phi}\dot{\theta}\operatorname{sen}\theta)\end{aligned} \tag{21.29}$$

Cada somatório de momentos aplica-se somente ao ponto fixo O ou ao centro de massa G do corpo. Visto que as equações representam um sistema acoplado de equações diferenciais de segunda ordem não lineares, em geral uma solução de forma fechada não pode ser obtida. Em vez disso, os ângulos de Euler ϕ, θ e ψ podem ser obtidos graficamente como funções do tempo utilizando-se análise numérica e técnicas computacionais.

Um caso especial, entretanto, existe para o qual a simplificação das equações 21.29 é possível. Comumente referido como a *precessão estacionária*, ela ocorre quando todos os ângulos de nutação θ, precessão $\dot{\phi}$ e rotação $\dot{\psi}$ permanecem *constantes*. As equações 21.29 são, então, reduzidas à forma

$$\Sigma M_x = -I\dot{\phi}^2 \operatorname{sen}\phi\cos\theta + I_z\dot{\phi}\operatorname{sen}\theta(\dot{\phi}\cos\theta + \dot{\psi}) \tag{21.30}$$

$$\Sigma M_y = 0$$

$$\Sigma M_z = 0$$

A Equação 21.30 pode ser adicionalmente simplificada observando-se que, da Equação 21.27, $\omega_z = \dot{\phi}$ *cos* $\theta + \dot{\psi}$, de maneira que

$$\Sigma M_x = -I\dot{\phi}^2 \operatorname{sen}\theta\cos\theta + I_z\dot{\phi}(\operatorname{sen}\theta)\omega_z$$

ou

$$\Sigma M_x = \dot{\phi}\operatorname{sen}\theta(I_z\omega_z - I\dot{\phi}\cos\theta) \tag{21.31}$$

É interessante observar quais efeitos a rotação $\dot{\psi}$ tem sobre o momento em torno do eixo x. Para mostrar isso, considere o rotor giratório na Figura 21.17. Aqui, $\theta = 90°$, caso em que Equação 21.30 reduz-se à forma

$$\Sigma M_x = I_z\dot{\phi}\dot{\psi}$$

ou

$$\Sigma M_x = I_z\Omega_y\omega_z \tag{21.32}$$

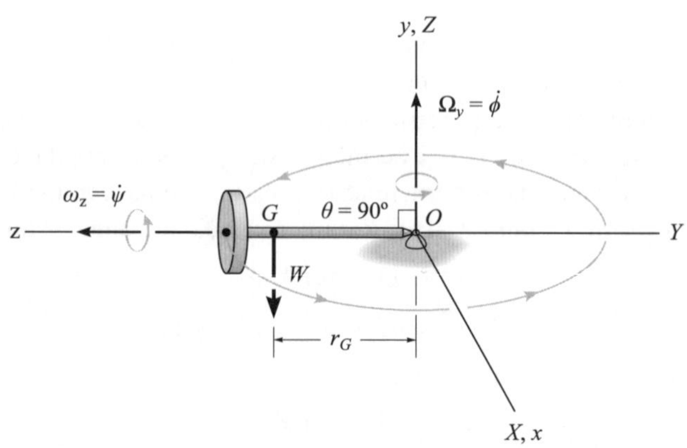

Figura 21.17

Da figura, pode ser visto que $\boldsymbol{\Omega}_y$ e $\boldsymbol{\omega}_z$ atuam ao longo de seus respectivos *eixos positivos* e, portanto, são mutuamente perpendiculares. Instintivamente, se esperaria que o rotor caísse sob a influência da gravidade! Entretanto, isso não acontece, contanto que o produto $I_z\Omega_y\omega_z$ seja corretamente escolhido para contrabalançar o momento $\Sigma M_x = Wr_G$ do peso do rotor em torno de O. Este fenômeno extraordinário de movimento de corpo rígido é frequentemente referido como o *efeito giroscópico*.

Talvez uma demonstração mais intrigante do efeito giroscópico venha do estudo da ação de um *giroscópio*, frequentemente referido como um *giro*. Um giroscópio é um rotor que gira a uma taxa muito alta em torno de seu eixo de simetria. Esta taxa de giro é consideravelmente maior do que sua taxa de rotação precessional em torno do eixo vertical. Assim, para todos os fins práticos, supõe-se que a quantidade de movimento angular do giroscópio pode ser direcionada ao longo de seu eixo de rotação. Desse modo, para o rotor giroscópio mostrado na Figura 21.18, $\omega_z >> \Omega_y$, e a intensidade da quantidade de movimento angular em relação ao ponto O, como determinada das equações 21.11, reduz-se à forma $H_O = I_z + \omega_z$. Visto que ambas — intensidade e direção de $\mathbf{H}_O$ — são constantes como observado a partir de x, y, z, a aplicação direta da Equação 21.22 resulta em

$$\Sigma\mathbf{M}_x = \boldsymbol{\Omega}_y \times \mathbf{H}_O \qquad (21.33)$$

Utilizando a regra da mão direita aplicada ao produto vetorial, pode ser visto que $\boldsymbol{\Omega}_y$ sempre oscila $\mathbf{H}_O$ (ou $\boldsymbol{\omega}_z$) no sentido de $\Sigma\mathbf{M}_x$. Na prática, a *variação da direção* da quantidade de movimento angular do giroscópio, $d\mathbf{H}_O$, é equivalente ao impulso angular causado pelo peso do giroscópio em torno de O, ou seja, $d\mathbf{H}_O = \Sigma\mathbf{M}_x dt$ (Equação 21.20). Além disso, visto que $H_O = I_z\omega_z$ e $\Sigma\mathbf{M}_x$, $\boldsymbol{\Omega}_y$ e $\mathbf{H}_O$ são mutuamente perpendiculares, a Equação 21.33 reduz-se à Equação 21.32.

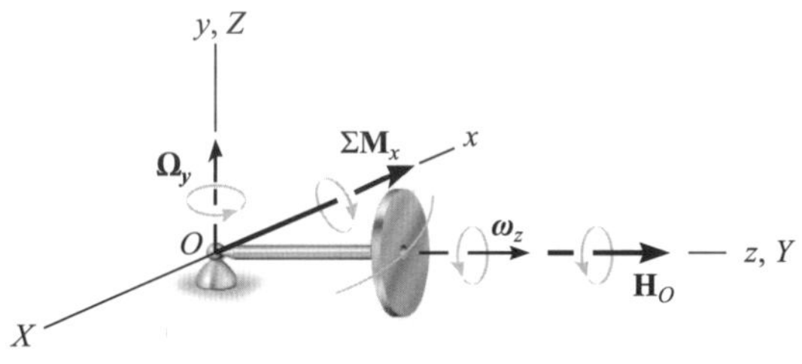

Figura 21.18

Quando um giroscópio é montado em uma articulação tipo cardan (Figura 21.19), ele se torna *livre* de momentos externos aplicados à sua base. Desse modo, em teoria, sua quantidade de movimento angular **H** nunca vai realizar uma precessão, mas, em vez disso, manterá sua mesma orientação fixa ao longo do eixo de rotação quando a base é girada. Este tipo de giroscópio é chamado de um *giroscópio livre* e é útil como um girobússola quando o eixo de rotação do giroscópio está direcionado para o norte. Na realidade, o mecanismo da articulação cardan nunca está completamente livre de atrito, de maneira que um instrumento como esse é útil somente para a navegação local de navios e aviões. O efeito giroscópico também é útil como um meio de estabilizar tanto o movimento de rolamento de navios no mar quanto as trajetórias de mísseis e projéteis. Além disso, esse efeito tem uma importância significativa no projeto de eixos e mancais para rotores que são submetidos a precessões forçadas.

A rotação do giroscópio dentro da estrutura deste giroscópio de brinquedo produz uma quantidade de movimento angular $\mathbf{H}_O$, a qual está variando de direção na medida em que a estrutura realiza uma precessão ω_p em torno do eixo vertical. O giroscópio não vai cair, visto que o momento de seu peso $\mathbf{W}$ em relação ao apoio é equilibrado pela variação na direção de $\mathbf{H}_O$.

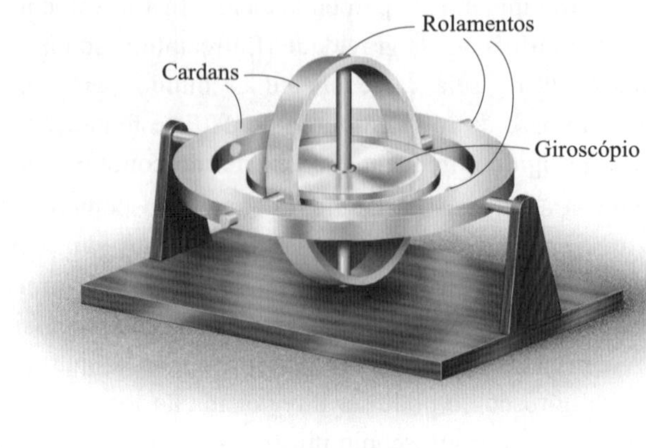

Figura 21.19

Exemplo 21.7

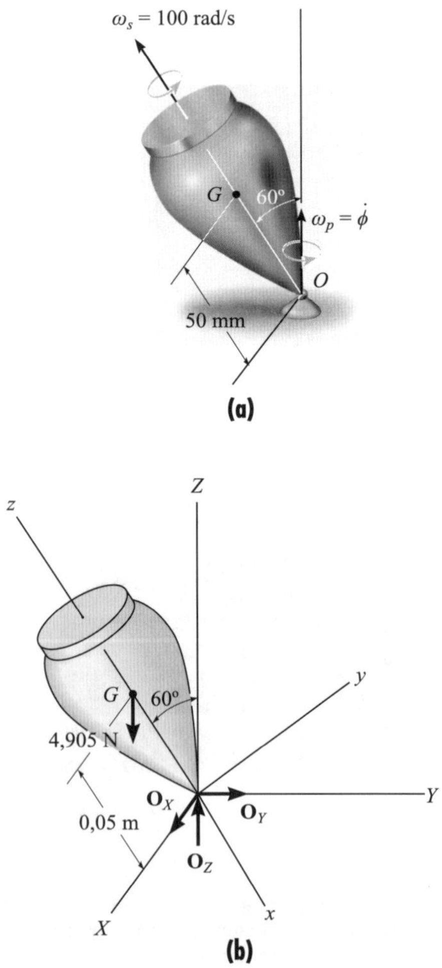

Figura 21.20

O pião mostrado na Figura 21.20*a* tem uma massa de 0,5 kg e está realizando uma precessão em torno do eixo vertical a um ângulo constante de θ = 60º. Se ele gira com uma velocidade angular ω_s = 100 rad/s, determine a precessão $\boldsymbol{\omega}_p$. Suponha que os momentos de inércia axial e transversal do pião são $0{,}45(10^{-3})$ kg · m² e $1{,}20(10^{-3})$ kg · m², respectivamente, medidos em relação ao ponto fixo *O*.

SOLUÇÃO

A Equação 21.30 será usada para a solução, visto que o movimento é uma *precessão uniforme*. Como mostrado no diagrama de corpo livre (Figura 21.20*b*), os eixos de coordenadas são estabelecidos da maneira usual, isto é, com o eixo positivo *z* na direção da rotação, o eixo positivo *Z* na direção da precessão e o eixo positivo *x* na direção do momento ΣM_x (refere-se à Figura 21.16). Desse modo,

$$\Sigma M_x = -\, I\dot{\phi}^2 \operatorname{sen}\theta\cos\theta + I\dot{\phi}\operatorname{sen}\theta(\dot{\phi}\cos\theta + \dot{\psi})$$

$$4{,}905\text{ N }(0{,}05\text{ m})\operatorname{sen}60^\circ = -[1{,}20(10^{-3})\text{kg}\cdot\text{m}^2\,\dot{\phi}^2]\operatorname{sen}60^\circ\cos60^\circ$$
$$+[0{,}45(10^{-3})\text{kg}\cdot\text{m}^2]\dot{\phi}\ \operatorname{sen}60^\circ(\dot{\phi}\cos60^\circ + 100\text{ rad/s})$$

ou

$$\dot{\phi}^2 = 120{,}0\dot{\phi} + 654{,}0 = 0 \qquad (1)$$

Resolver esta equação quadrática para a precessão resulta em

$$\dot{\phi} = 114\text{ rad/s} \qquad \text{(alta precessão)}$$

e

$$\dot{\phi} = 5{,}72\text{ rad/s} \qquad \text{(baixa precessão)}$$

NOTA: Na realidade, a baixa precessão do pião geralmente seria observada, visto que a alta precessão exigiria uma energia cinética maior.

Exemplo 21.8

O disco de 1 kg mostrado na Figura 21.21*a* gira em torno de seu eixo com uma velocidade angular constante ω_D = 70 rad/s. O bloco em *B* tem uma massa de 2 kg e, ajustando-se sua posição *s*, pode-se modificar a precessão do disco em torno de seu axial de apoio em *O* enquanto o eixo permanece horizontal. Determine a posição *s* que capacitará o disco a ter uma precessão constante ω_p =0,5 rad/s em torno do axial. Despreze o peso do eixo.

SOLUÇÃO

O diagrama de corpo livre do conjunto é mostrado na Figura 21.21*b*. A origem para ambos os sistemas de coordenadas *x*, *y*, *z* e *X*, *Y*, *Z* está localizada no ponto fixo *O*. No sentido convencional, o eixo *Z* é escolhido ao longo do eixo de precessão, e o eixo *z* é ao longo do eixo de rotação, de maneira que $\theta = 90°$. Visto que a precessão é *uniforme*, a Equação 21.32 pode ser usada para a solução.

$$\Sigma M_x = I_z \Omega_y \omega_z$$

Substituir os dados necessários resulta em

$$(9,81\ \text{N})(0,2\ \text{m}) - (19,62\ \text{N})s = \left[\tfrac{1}{2}(1\ \text{kg})(0,05\ \text{m})^2\right]0,5\ \text{rad/s}(-70\ \text{rad/s})$$

$$s = 0,102\ \text{m} = 102\ \text{mm}$$

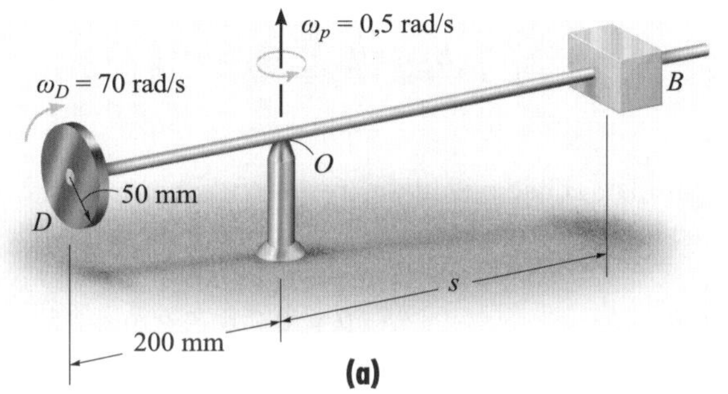

(a)

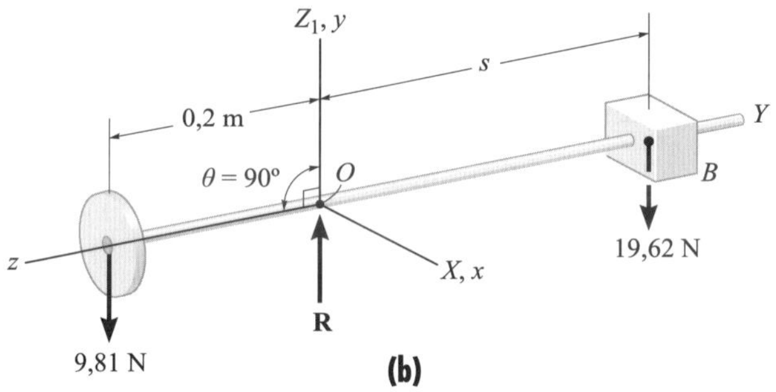

(b)

Figura 21.21

21.6 Movimento livre de torque

Quando a única força externa atuando sobre um corpo é causada pela gravidade, o movimento geral do corpo é referido como um *movimento livre de torque*. Este tipo de movimento é característico de planetas, satélites artificiais e projéteis — contanto que o atrito do ar seja desprezado.

A fim de descrever as características desse movimento, a distribuição da massa do corpo será assumida como tendo *simetria axial*. O satélite mostrado na Figura 21.22 é um exemplo de um corpo dessa natureza, em que o eixo *z* representa um eixo de simetria. A origem das coordenadas *x*, *y*, *z* está localizada no centro de massa *G*, de tal maneira que $I_{zz} = I_z$ e $I_{xx} = I_{yy} = I$. Visto que a gravidade é a única força externa presente, a soma de momentos em relação ao centro de massa é zero. Da Equação 21.21, isto requer que a quantidade de movimento angular do corpo seja constante, ou seja,

$$\mathbf{H}_G = \text{constante}$$

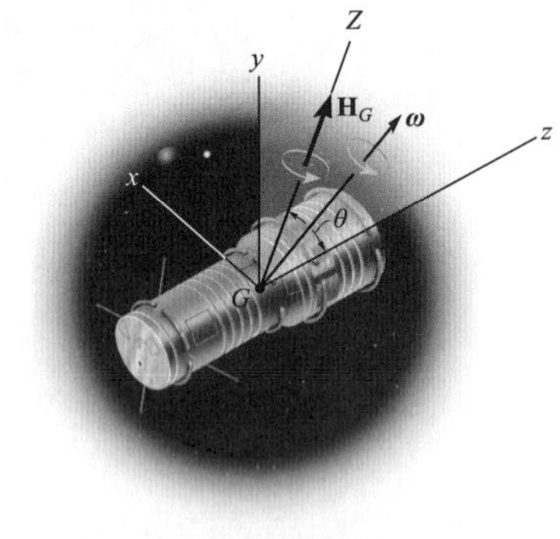

Figura 21.22

No instante considerado, será suposto que o sistema inercial de referência está orientado de maneira que o eixo Z positivo seja direcionado ao longo de $\mathbf{H}_G$ e o eixo y se encontra no plano formado pelos eixos z e Z (Figura 21.22). O ângulo de Euler formado entre Z e z é θ, e, portanto, com essa escolha de eixos, a quantidade de movimento angular pode ser expressa como

$$\mathbf{H}_G = \mathrm{H}_G \operatorname{sen} \theta\, \mathbf{j} + \mathrm{H}_G \cos \theta\, \mathbf{k}$$

Além disso, utilizando as equações 21.11, temos

$$\mathbf{H}_G = I\omega_x\mathbf{i} + I\omega_y\mathbf{j} + I_z\omega_z\mathbf{k}$$

Equacionar as respectivas componentes **i**, **j** e **k** das duas equações acima resulta em

$$\omega_x = 0 \quad \omega_x = \frac{H_G \operatorname{sen}\theta}{I} \quad \omega_z = \frac{H_G \cos\theta}{I_z} \tag{21.34}$$

ou

$$\omega = \frac{H_G \operatorname{sen}\theta}{I}\mathbf{j} + \frac{H_G \cos\theta}{I_z}\mathbf{k} \tag{21.35}$$

De maneira similar, equacionando as respectivas componentes **i, j,** e **k** da Equação 21.27 com aquelas da Equação 21.34, nós obtemos

$$\begin{aligned} \dot{\theta} &= 0 \\ \dot{\phi} \operatorname{sen}\theta &= \frac{H_G \operatorname{sen}\theta}{I} \\ \dot{\phi} \cos\theta + \dot{\psi} &= \frac{H_G \cos\theta}{I_z} \end{aligned}$$

Resolvendo, chegamos a

$$\begin{aligned} &\theta = \text{constante} \\ &\dot{\phi} = \frac{H_G}{I} \\ &\dot{\psi} = \frac{I - I_z}{II_z} H_G \cos\theta \end{aligned} \tag{21.36}$$

Desse modo, para o movimento livre de torque de um corpo com simetria axial, o ângulo θ formado entre o vetor de quantidade de movimento angular e a rotação do corpo permanece constante. Além disso, a quantidade de movimento angular $\mathbf{H}_G$, precessão $\dot{\phi}$ e rotação $\dot{\psi}$ para o corpo permanecem constantes em todos os tempos durante o movimento.

Eliminar H_G da segunda e terceira das equações 21.36 resulta na relação seguinte entre a rotação e a precessão:

$$\dot{\psi} = \frac{I - I_z}{I_z}\dot{\phi} \cos\theta \tag{21.37}$$

Estas duas componentes de movimento angular podem ser estudadas empregando-se os modelos de cone do corpo e cone do espaço introduzidos na Seção 20.1. O *cone do espaço* definindo a precessão é fixo de realizar rotação, visto que a precessão tem uma direção fixa, enquanto a superfície externa do *cone do corpo* rola sobre a superfície externa do cone espacial. Tente imaginar este movimento na Figura 21.23*a*. O ângulo interior de cada cone é escolhido de tal maneira que a velocidade angular resultante do corpo esteja direcionada ao longo da linha de contato dos dois cones. Esta linha de contato representa o eixo instantâneo de rotação para o cone do corpo e, por conseguinte, a velocidade angular, tanto do cone do corpo quanto do corpo, tem de ser direcionada ao longo dessa linha. Visto que a rotação é uma função dos momentos de inércia I e I_z do corpo (Equação 21.36), o modelo do cone na Figura 21.23*a* é satisfatório para descrever o movimento, contanto que $I > I_z$. O movimento livre de torque que atende a esses requisitos é chamado de uma *precessão regular*. Se $I < I_z$, a rotação é negativa e a precessão, positiva. Esse movimento é representado pelo movimento do satélite mostrado na Figura 21.23*b* ($I < I_z$). O modelo do cone pode mais uma vez ser usado para representar o movimento; entretanto, para preservar a soma vetorial correta de rotação e precessão para obter a velocidade angular ω, a superfície interna do cone do corpo tem de rolar sobre a superfície externa do cone do espaço (fixo). Este movimento é referido como uma *precessão retrógrada*.

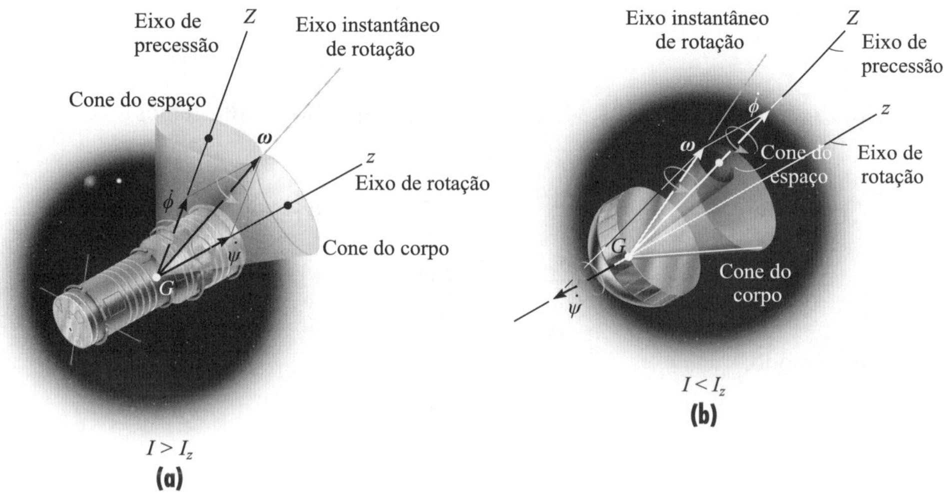

Figura 21.23

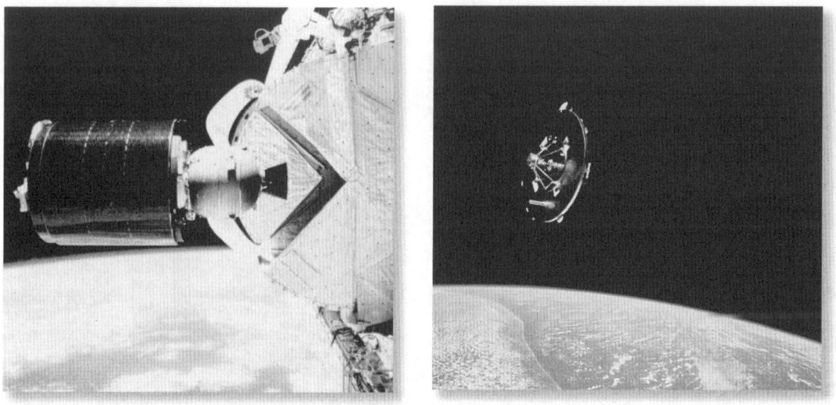

Satélites são frequentemente submetidos a uma rotação antes de serem lançados. Se a sua quantidade de movimento angular não for colinear com o eixo de rotação, eles exibirão precessão. Na fotografia à esquerda, ocorrerá precessão regular, visto que $I > I_z$, e na fotografia à direita ocorrerá precessão retrógrada, visto que $I < I_z$.

Exemplo 21.9

O movimento de uma bola de futebol americano é observado usando um projetor de câmera lenta. Do filme, a rotação da bola é vista como direcionada 30º com a horizontal, como mostrado na Figura 21.24*a*. Além disso, a bola está realizando uma precessão em torno do eixo vertical a uma taxa de $\dot{\phi} = 3$ rad/s. Se a taxa dos mo-

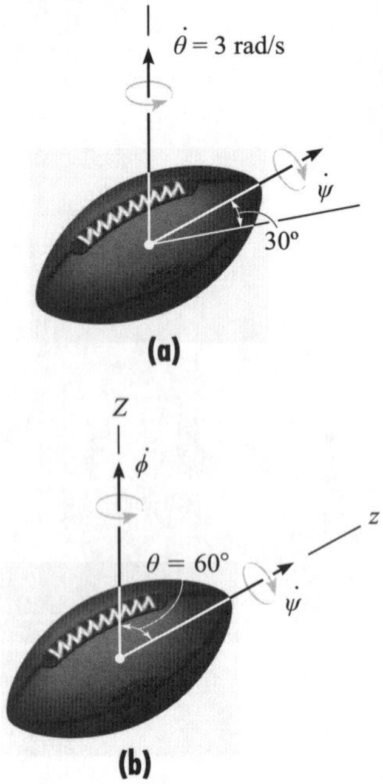

Figura 21.24

mentos de inércia axial para transversal da bola é $\frac{1}{3}$, medida em relação ao centro de massa, determine a intensidade da rotação da bola e sua velocidade angular. Despreze o efeito da resistência do ar.

SOLUÇÃO

Visto que o peso da bola é a única força atuando, o movimento é livre de torque. No sentido convencional, se o eixo z está estabelecido ao longo do eixo de rotação e o eixo Z ao longo do eixo de precessão, como mostrado na Figura 21.24*b*, então o ângulo $\theta = 60°$. Aplicando a Equação 21.37, a rotação é

$$\dot{\psi} = \frac{I - I_z}{I_z}\dot{\phi}\cos\theta = \frac{I - \frac{1}{3}I}{\frac{1}{3}I}(3)\cos 60°$$

$$= 3 \text{ rad/s}$$

Utilizando as equações 21.34, onde $H_G = \dot{\phi}I$ (Equação 21.36), temos

$$\omega_x = 0$$

$$\omega_y = \frac{H_G \operatorname{sen}\theta}{I} = \frac{3I \operatorname{sen}60°}{I} = 2{,}60 \text{ rad/s}$$

$$\omega_z = \frac{H_G \cos\theta}{I_z} = \frac{3I\cos 60°}{\frac{1}{3}I} = 4{,}50 \text{ rad/s}$$

Desse modo,

$$\omega = \sqrt{(\omega_x)^2 + (\omega_y)^2 + (\omega_z)^2}$$
$$= \sqrt{(0)^2 + (2{,}60)^2 + (4{,}50)^2}$$
$$= 5{,}20 \text{ rad/s}$$

Problemas

21.61. Mostre que a velocidade angular de um corpo, em termos dos ângulos de Euler ϕ, θ e ψ, pode ser expressa como $\omega = (\dot{\phi}\operatorname{sen}\theta\operatorname{sen}\psi + \dot{\theta}\cos\psi)\mathbf{i} + (\dot{\phi}\operatorname{sen}\theta\cos\psi + \dot{\theta}\operatorname{sen}\psi)\mathbf{j} + (\dot{\phi}\cos\theta + \dot{\psi})\mathbf{k}$, onde **i**, **j**, e **k** estão direcionados ao longo dos eixos x, y, z, como mostrado na Figura 21.15*d*.

21.62. Uma barra fina está inicialmente coincidente com o eixo Z quando lhe são dadas três rotações definidas pelos ângulos de Euler $\phi = 30°$, $\theta = 45°$ e $\psi = 60°$. Se estas rotações são dadas na ordem estabelecida, determine os ângulos de direção coordenados α, β, γ do eixo da barra em relação aos eixos X, Y, e Z. Essas direções são as mesmas para qualquer ordem das rotações? Por quê?

21.63. A roda de 15 kg rola sem deslizar. Se ela tem um raio de giração $k_{AB} = 0{,}36$ m em relação a seu eixo AB, e o eixo de acionamento vertical está girando a 8 rad/s, determine a reação normal que a roda exerce sobre o solo em C. Despreze a massa do eixo.

***21.64.** A roda de 15 kg rola sem deslizar. Se ela tem um raio de giração $k_{AB} = 0{,}36$ m em relação a seu eixo AB, determine sua velocidade angular $\boldsymbol{\omega}$ de maneira que a reação normal de C torne-se 300 N. Despreze a massa do eixo.

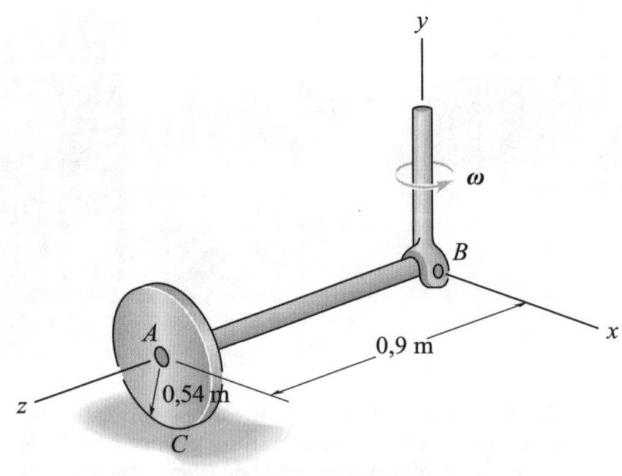

Problemas 21.63/64

•21.65. O motor tem uma massa de 25 kg e um raio de giração de 0,06 m em relação ao eixo z. O eixo do motor está suportado por mancais em A e B, e rotaciona a uma taxa constante $\boldsymbol{\omega}_s = \{100\mathbf{k}\}$ rad/s, enquanto a estrutura tem uma velocidade angular $\boldsymbol{\omega}_y = \{2\mathbf{j}\}$ rad/s. Determine o momento que as forças dos mancais em A e B exercem sobre o eixo em virtude desse movimento.

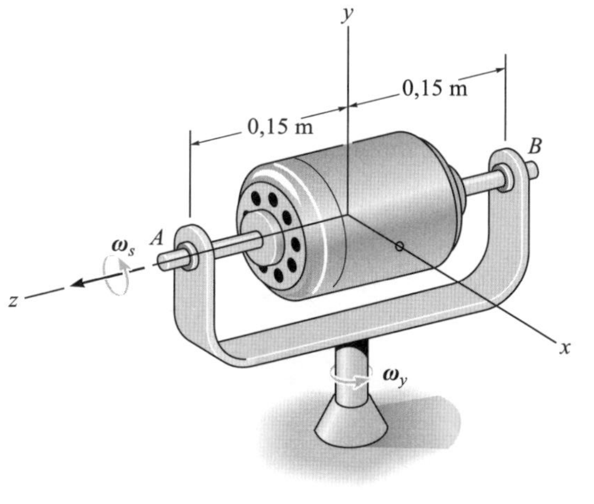

Problema 21.65

21.66. O carro se desloca a uma velocidade constante $v_C = 100$ km/h em torno da curva horizontal tendo um raio de 80 m. Se cada roda tem uma massa de 16 kg, um raio de giração $k_G = 300$ mm em relação a seu eixo de rotação, e um raio de 400 mm, determine a diferença entre as forças normais das rodas traseiras, causadas pelo efeito giroscópico. A distância entre as rodas é 1,30 m.

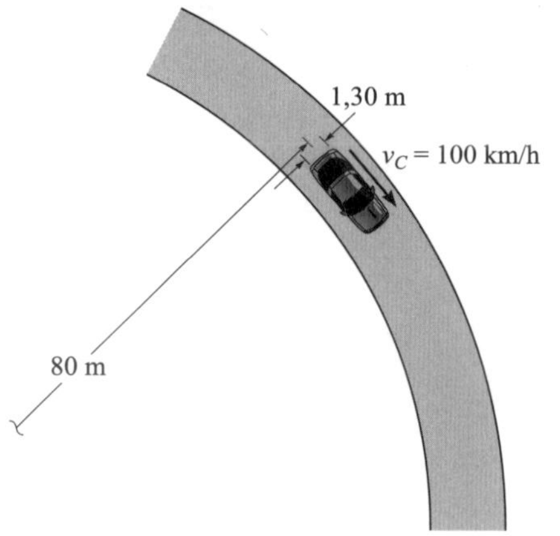

Problema 21.66

21.67. O pião tem uma massa de 90 g, um centro de massa em G e um raio de giração $k = 18$ mm em relação a seu eixo de simetria. Em torno de qualquer eixo transversal atuando através do ponto O, o raio de giração é $k_t = 35$ mm. Se o pião está conectado a uma junta esférica em O e a precessão é $\omega_p = 0,5$ rad/s, determine a rotação $\boldsymbol{\omega}_s$.

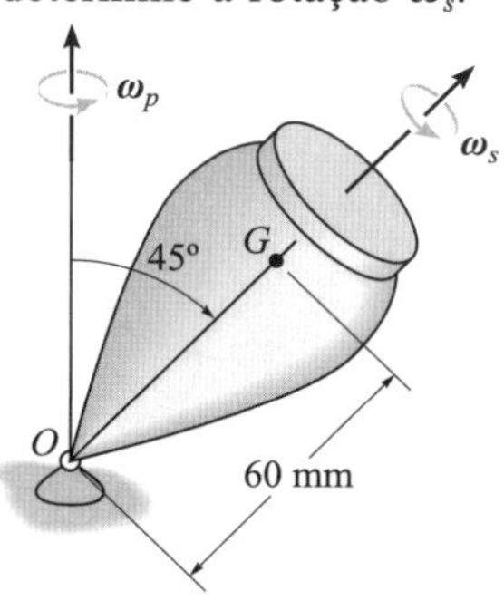

Problema 21.67

***21.68.** O pião tem uma massa de 1,5 kg e pode ser considerado um cone sólido. Se é observado que ele realiza uma precessão em torno do eixo vertical a uma taxa constante de 5 rad/s, determine sua rotação.

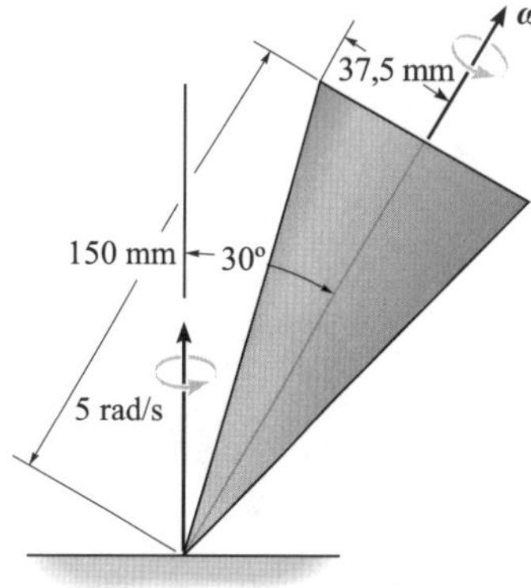

Problema 21.68

•21.69. O barril de alumínio de cerveja vazio tem uma massa m, centro de massa em G, e raios de giração em relação aos eixos x e y de $k_x = k_y = \frac{5}{4}r$, e em relação ao eixo z de $k_z = \frac{1}{4}r$, respectivamente. Se o barril rola sem deslizar com uma velocidade angular constante, determine seu maior valor sem que a borda A deixe o chão.

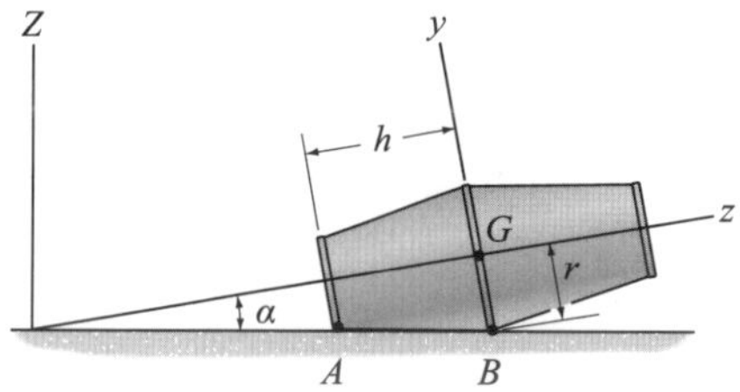

Problema 21.69

21.70. O cone de 10 kg rotaciona a uma taxa constante $\omega_s = 150$ rad/s. Determine a taxa constante ω_p na qual ele realiza uma precessão se $\phi = 90°$.

21.71. O cone está rotacionando a uma taxa constante $\omega_s = 150$ rad/s. Determine a taxa constante ω_p na qual ele realiza uma precessão se $\phi = 30°$.

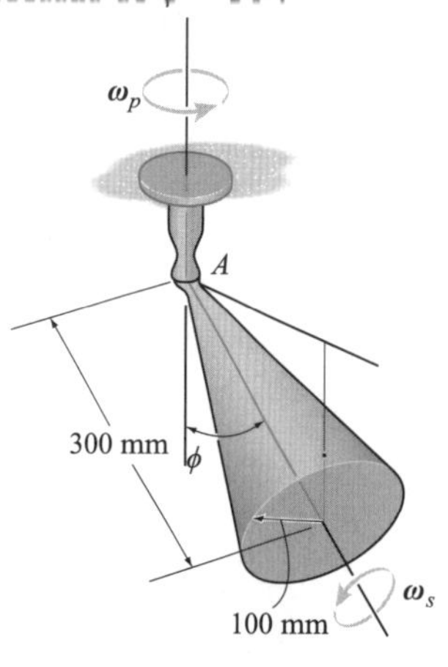

Problemas 21.70/71

***21.72.** O pião de 0,5 kg tem um centro de gravidade no ponto G. Se ele rotaciona em torno de seu eixo de simetria e realiza uma precessão em torno do eixo vertical a taxas constantes $\omega_s = 60$ rad/s e $\omega_p = 10$ rad/s, respectivamente, determine o ângulo θ em regime estacionário. O raio de giração do pião em relação ao eixo z é $k_z = 25$ mm, e em relação aos eixos x e y é $k_x = k_y = 100$ mm.

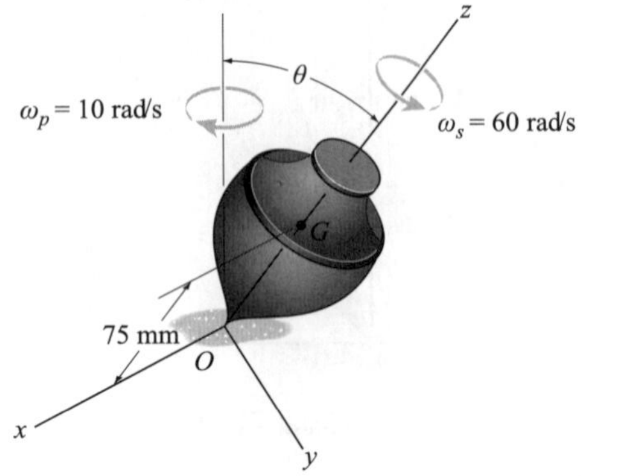

Problema 21.72

•**21.73.** No momento da decolagem, o trem de pouso de um avião é recolhido com uma velocidade angular constante $\omega_p = 2$ rad/s, enquanto a roda continua a girar. Se o avião decola com uma velocidade $v = 320$ km/h, determine o torque em A em decorrência do efeito giroscópico. A roda tem uma massa de 50 kg e o raio de giração em relação a seu eixo de rotação é $k = 300$ mm.

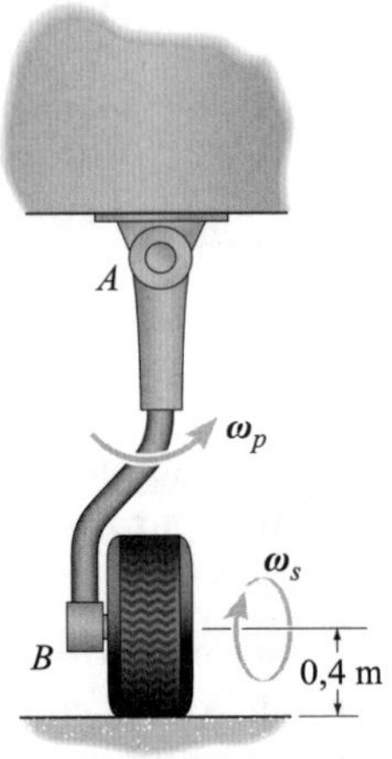

Problema 21.73

21.74. O projétil mostrado está sujeito a um movimento livre de torque. Os momentos de inércia transversal e axial são I e I_z, respectivamente. Se θ representa o ângulo entre os eixos de precessão Z e o eixo de simetria z, e β é o ângulo entre a velocidade angular $\boldsymbol{\omega}$ e o eixo z, mostre que β e θ estão relacionados pela equação tg $\theta = (I/I_z)$ tg β.

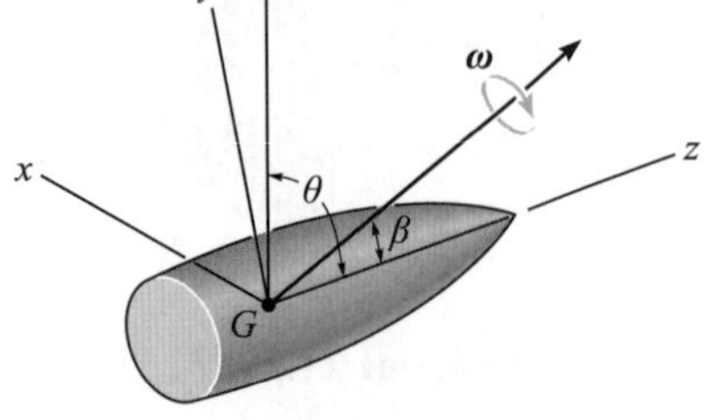

Problema 21.74

21.75. A cápsula espacial tem uma massa de 3,2 Mg, e em relação aos eixos passando pelo centro de massa G, os raios de giração transversal e axial são $k_z = 0,90$ m e $k_t = 1,85$ m, respectivamente. Se ela rotaciona a $\omega_s = 0,8$ rev/s, determine sua quantidade de movimento angular. A precessão ocorre em torno do eixo Z.

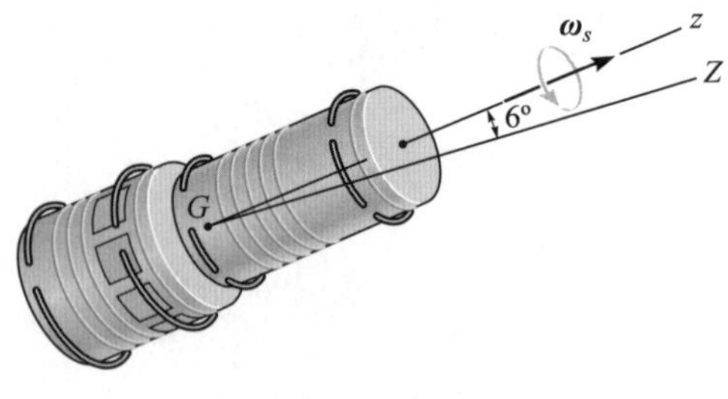

Problema 21.75

***21.76.** O raio de giração em relação a um eixo passando pelo eixo de simetria do satélite de 2,5 Mg é $k_z = 2,3$ m, e em relação a qualquer eixo transversal passando pelo centro de massa G, $k_t = 3,4$ m. Se o satélite tem uma precessão em regime estacionário (*steady-state*) de duas revoluções por hora em torno do eixo Z, determine a taxa de rotação em torno do eixo z.

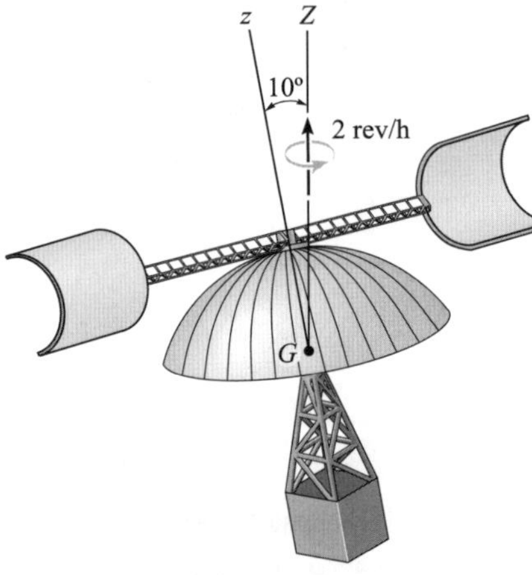

Problema 21.76

•**21.77.** O disco de 4 kg é lançado com uma rotação $\omega_z = 6$ rad/s. Se o ângulo θ é medido como 160°, determine a precessão em torno do eixo Z.

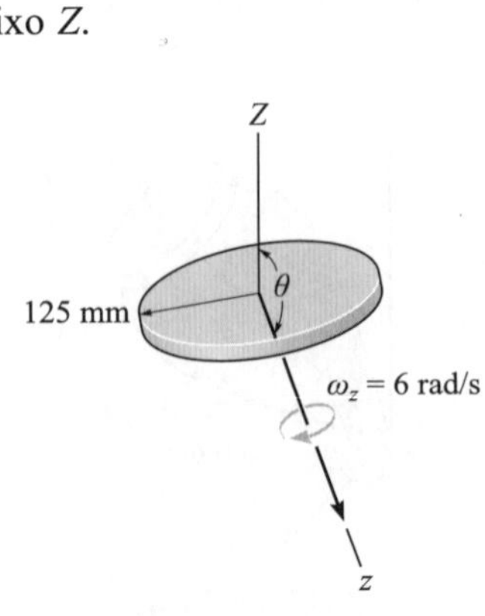

Problema 21.77

21.78. O projétil realiza uma precessão em torno do eixo Z a uma taxa constante $\dot{\phi} = 15$ rad/s quando deixa o cano de uma arma. Determine sua rotação $\dot{\psi}$ e a intensidade de sua quantidade de movimento angular $\mathbf{H}_G$. O projétil tem uma massa de 1,5 kg e raios de giração em relação a seu eixo de simetria (eixo z) e em relação a seus eixos transversais (eixos x e y) de $k_z = 65$ mm e $k_x = k_y = 125$ mm, respectivamente.

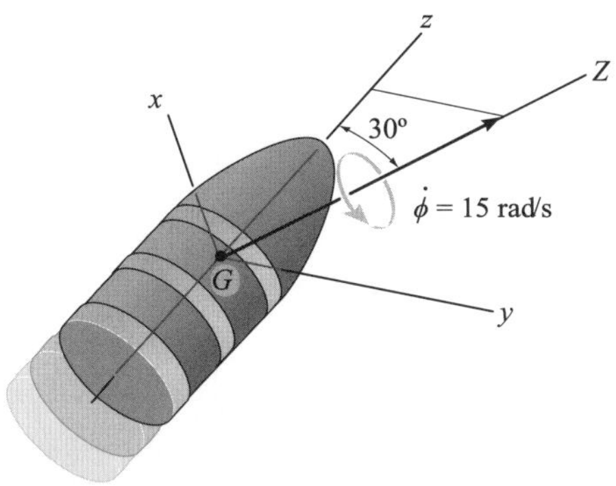

Problema 21.78

21.79. O satélite tem uma massa de 100 kg e raios de giração em relação a seu eixo de simetria (eixo z) e seus eixos transversais (eixos x ou y) de $k_z = 300$ mm e $k_x = k_y = 900$ mm, respectivamente. Se o satélite rotaciona em relação ao eixo z a uma taxa constante $\dot{\psi} = 200$ rad/s, e realiza uma precessão em torno do eixo z, determine a precessão $\dot{\phi}$ e a intensidade de sua quantidade de movimento angular $\mathbf{H}_G$.

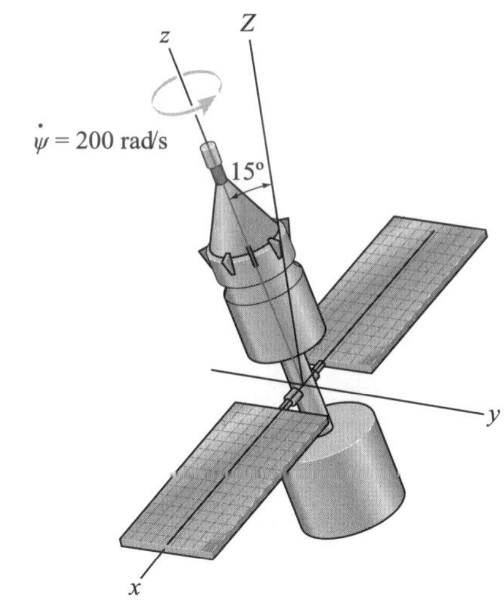

Problema 21.79

***21.80.** A bola de futebol americano tem uma massa de 450 g e raios de giração em relação a seu eixo de simetria (eixo z) e eixos transversais (eixo x ou y) de $k_z = 30$ mm e $k_x = k_y = 50$ mm, respectivamente. Se a bola tem uma quantidade de movimento angular $H_G = 0{,}02$ kg · m/s², determine sua precessão $\dot{\phi}$ e rotação $\dot{\psi}$. Além disso, determine o ângulo β que o vetor velocidade angular faz com o eixo z.

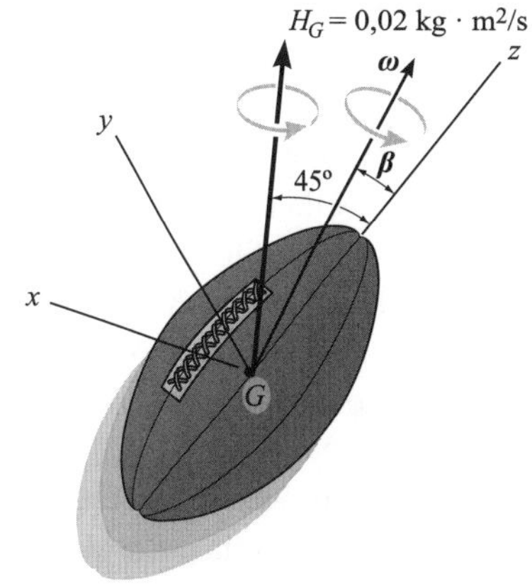

Problema 21.80

•**21.81.** A cápsula espacial tem uma massa de 2 Mg, centro de massa em G, e raios de giração em relação a seu eixo de simetria (eixo z) e seus eixos transversais (eixo x ou y) de $k_z = 2{,}75$ m e $k_x = k_y = 5{,}5$ m, respectivamente. Se a cápsula tem a velocidade angular mostrada, determine sua precessão $\dot{\phi}$ e rotação $\dot{\psi}$. Indique se a precessão é regular ou retrógrada. Também, desenhe o cone do espaço e o cone do corpo para o movimento.

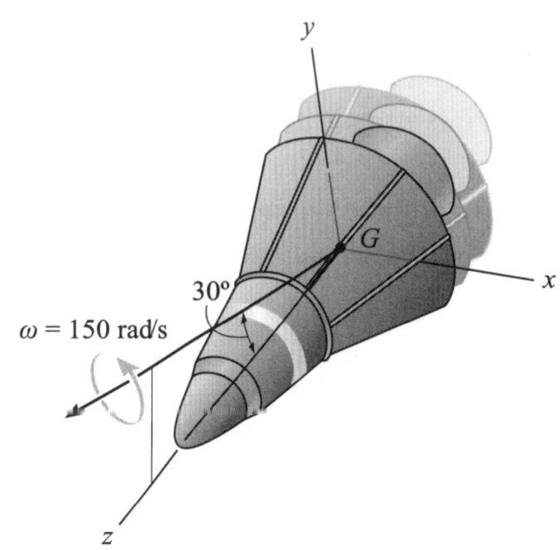

Problema 21.81

REVISÃO DO CAPÍTULO

Momentos e produtos de inércia Um corpo tem seis componentes de inércia para quaisquer eixos x, y, z especificados. Três destes são momentos de inércia em relação a cada um dos eixos, I_{xx}, I_{yy}, I_{zz}, e três são produtos de inércia, cada um definido a partir de dois planos ortogonais, I_{xy}, I_{yz}, I_{xz}. Se um ou ambos destes planos são planos de simetria, então o produto de inércia em relação a esses planos será zero. Os momentos e produtos de inércia podem ser determinados por integração direta ou utilizando valores tabelados. Se essas quantidades devem ser determinadas em relação a eixos ou planos que não passam pelo centro de massa, então teoremas dos eixos paralelos e dos planos paralelos têm de ser usados. Contanto que seis componentes de inércia sejam conhecidas, então o momento de inércia em relação a qualquer eixo pode ser determinado usando a equação de transformação de inércia.	$I_{xx} = \int_m r_x^2\, dm = \int_m (y^2 + z^2)\, dm$ $I_{xy} = I_{yx} = \int_m xy\, dm$ $I_{yy} = \int_m r_y^2\, dm = \int_m (x^2 + z^2)\, dm$ $I_{yz} = I_{zy} = \int_m yz\, dm$ $I_{zz} = \int_m r_z^2\, dm = \int_m (x^2 + y^2)\, dm$ $I_{xz} = I_{zx} = \int_m xz\, dm$ $I_{Oa} = I_{xx}\, u_x^2 + I_{yy}\, u_y^2 + I_{zz}\, u_z^2 - 2I_{xy}u_xu_y - 2I_{yz}u_yu_z - 2I_{zx}u_zu_x$
Momentos principais de inércia Em qualquer ponto dentro ou fora do corpo, os eixos x, y, z podem ser orientados de maneira que os produtos de inércia sejam nulos. Os momentos de inércia resultantes são chamados de momentos principais de inércia, um dos quais será um máximo e o outro, um mínimo.	$\begin{pmatrix} I_x & 0 & 0 \\ 0 & I_y & 0 \\ 0 & 0 & I_z \end{pmatrix}$
Princípio de impulso e quantidade de movimento A quantidade de movimento angular para um corpo pode ser determinada em relação a qualquer ponto arbitrário A. Uma vez que a quantidade de movimento linear e angular para o corpo tenha sido formulada, então o princípio de impulso e quantidade de movimento pode ser usado para resolver problemas que envolvem força, velocidade e tempo.	$m(\mathbf{v}_G)_1 + \Sigma \int_{t_1}^{t_2} \mathbf{F}\, dt = m(\mathbf{v}_G)_2$ $(\mathbf{H}_O)_1 + \Sigma \int_{t_1}^{t_2} \mathbf{M}_O\, dt = (\mathbf{H}_O)_2$ $\mathbf{H}_O = \int_m \boldsymbol{\rho}_O \times (\boldsymbol{\omega} \times \boldsymbol{\rho}_O)\, dm$ Ponto fixo O $\mathbf{H}_G = \int_m \boldsymbol{\rho}_G \times (\boldsymbol{\omega} \times \boldsymbol{\rho}_G)\, dm$ Centro de massa $\mathbf{H}_A = \boldsymbol{\rho}_{G/A} \times m\mathbf{v}_G + \mathbf{H}_G$ Ponto arbitrário onde $H_x = I_{xx}\omega_x - I_{xy}\omega_y - I_{xz}\omega_z$ $H_y = -I_{yx}\omega_x + I_{yy}\omega_y - I_{yz}\omega_z$ $H_z = -I_{zx}\omega_x - I_{zy}\omega_y + I_{zz}\omega_z$
Princípio de trabalho e energia A energia cinética para um corpo é normalmente determinada em relação a um ponto fixo ou ao centro de massa do corpo. Estas formulações podem ser usadas com o princípio de trabalho e energia para resolver problemas que envolvem força, velocidade e deslocamento.	$T = \frac{1}{2}I_x\omega_x^2 + \frac{1}{2}I_y\omega_y^2 + \frac{1}{2}I_z\omega_z^2$ Ponto fixo $T = \frac{1}{2}mv_G^2 + \frac{1}{2}I_x\omega_x^2 + \frac{1}{2}I_y\omega_y^2 + \frac{1}{2}I_z\omega_z^2$ Centro de massa $T_1 + \Sigma U_{1-2} = T_2$

Equações de movimento Há três equações escalares de movimento translacional para um corpo rígido que se desloca em três dimensões. As três equações escalares de movimento rotacional dependem do movimento da referência x, y, z. Na maioria das vezes, esses eixos são orientados de maneira que eles são os eixos principais de inércia. Se os eixos estão fixos no corpo e se deslocam com ele de maneira que $\Omega = \omega$, então as equações são referidas como as equações de movimento de Euler. Um diagrama de corpo livre deve sempre acompanhar a aplicação das equações de movimento.	$\Sigma F_x = m(a_G)_x$ $\Sigma F_y = m(a_G)_y$ $\Sigma F_z = m(a_G)_z$ $\Sigma M_x = I_x \quad {}_x - (I_y - I_z)\omega_y\omega_z$ $\Sigma M_y = I_y \quad {}_y - (I_z - I_x)\omega_z\omega_x$ $\Sigma M_z = I_z \quad {}_z - (I_x - I_y)\omega_x\omega_y$ $\boldsymbol{\Omega} = \boldsymbol{\omega}$ $\Sigma M_x = I_x \quad {}_x - I_y\Omega_z\omega_y + I_z\Omega_y\omega_z$ $\Sigma M_y = I_y \quad {}_y - I_z\Omega_x\omega_z + I_x\Omega_z\omega_x$ $\Sigma M_z = I_z \quad {}_z - I_x\Omega_y\omega_x + I_y\Omega_x\omega_y$ $\boldsymbol{\Omega} \neq \boldsymbol{\omega}$
Movimento giroscópico O movimento angular de um giroscópio é mais bem descrito usando-se os três ângulos de Euler ϕ, θ e ψ. As componentes da velocidade angular são chamados de a precessão $\dot{\phi}$, a nutação $\dot{\theta}$ e a rotação $\dot{\psi}$. Se $\dot{\theta} = 0$ e $\dot{\phi}$ e $\dot{\psi}$ são constantes, então o movimento é referido como uma precessão estacionária. É a rotação de um rotor giroscópico que é responsável por evitar que um rotor caia para baixo, e em vez disso fazer com que ele realize a precessão em torno de um eixo vertical. Esse fenômeno é chamado de efeito giroscópico.	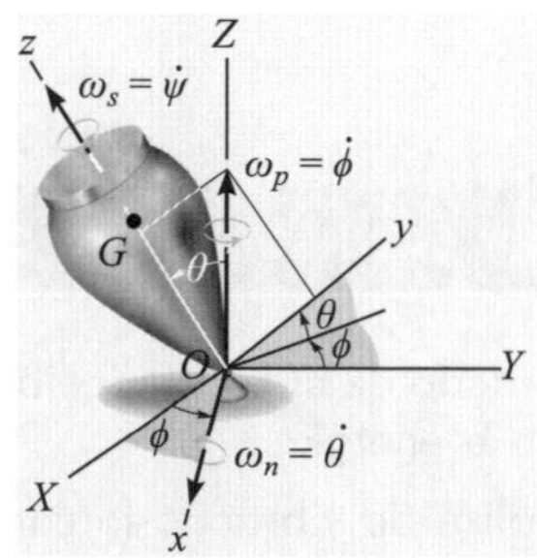 $\Sigma M_x = -I\dot{\phi}^2 \operatorname{sen}\theta\cos\theta + I_z\theta(\dot{\phi}\cos\theta + \dot{\psi})$ $\Sigma M_y = 0, \quad \Sigma M_z = 0$
Movimento livre de torque Um corpo que está apenas sujeito a uma força gravitacional não terá momentos nele em relação a seu centro de massa, e assim o movimento é descrito como um movimento livre de torque. A quantidade de movimento angular para o corpo em relação a seu centro de massa vai permanecer constante. Isso faz com que o corpo tenha ambas, uma rotação e uma precessão. O movimento depende da intensidade do momento de inércia de um corpo simétrico em relação ao eixo de rotação, I_z, *versus* aquele em relação a um eixo perpendicular, I.	$\theta = \text{constante}$ $\dot{\phi} = \dfrac{H_G}{I}$ $\dot{\psi} = \dfrac{I - I_z}{I I_z} H_G \cos\theta$

CAPÍTULO

22

Vibrações

Objetivos do capítulo

- Discutir a vibração de um grau de liberdade não amortecida de um corpo rígido usando os métodos de equação de movimento e energia.
- Estudar a análise da vibração forçada não amortecida e vibração forçada amortecida viscosa.

22.1 Vibração livre não amortecida

Uma *vibração* é o movimento periódico de um corpo ou sistema de corpos conectados deslocados de uma posição de equilíbrio. Em geral, há dois tipos de vibração, livre e forçada. A *vibração livre* ocorre quando o movimento é mantido por forças restauradoras gravitacionais ou elásticas, como o movimento de oscilação de um pêndulo ou a vibração de uma barra elástica. A *vibração forçada* é causada por uma força intermitente ou periódica externa aplicada ao sistema. Ambos os tipos de vibração podem ser amortecidos ou não amortecidos. Vibrações *não amortecidas* podem continuar indefinidamente porque efeitos de atrito são desprezados na análise. Já que, na realidade, as forças de atrito internas e externas estão presentes, o movimento de todos os corpos em vibração é, na realidade, *amortecido*.

O tipo mais simples de movimento vibratório é a vibração livre não amortecida, representada pelo modelo de bloco e mola mostrado na Figura 22.1*a*. O movimento vibratório ocorre quando o bloco é solto de uma posição deslocada x, de maneira que a mola puxa para si o bloco. O bloco vai alcançar uma velocidade de tal maneira que ele vai prosseguir para sair do equilíbrio quando $x = 0$, e, contanto que a superfície de apoio seja lisa, o bloco vai oscilar para frente e para trás.

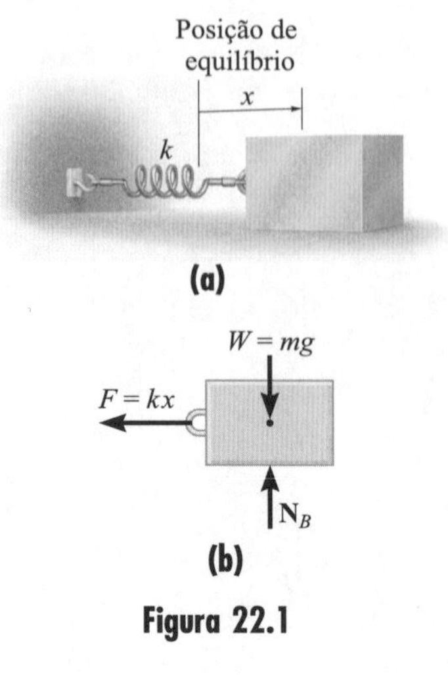

Figura 22.1

A trajetória de movimento dependente do tempo do bloco pode ser determinada aplicando a equação de movimento ao bloco quando ele está na posição deslocada x. O diagrama de corpo livre é mostrado na Figura 22.1*b*. A força restauradora elástica $F = kx$ é sempre direcionada para a posição de equilíbrio, enquanto supõe-se que a aceleração **a** é atuante na direção do *deslocamento positivo*. Já que $a = d^2x/dt^2 = \ddot{x}$, temos

$$\xrightarrow{+} \Sigma F_x = ma_x; \qquad -kx = m\ddot{x}$$

Observe que a aceleração é proporcional ao deslocamento do bloco. O movimento descrito dessa maneira é chamado de *movimento harmônico simples*. Rearranjar os termos em uma 'fórmula-padrão' resulta em

$$\ddot{x} + \omega_n^2 x = 0 \tag{22.1}$$

A constante ω_n é chamada de a *frequência natural* e, neste caso,

$$\omega_n = \sqrt{\frac{k}{m}} \tag{22.2}$$

A Equação 22.1 também pode ser obtida considerando-se o bloco como estando suspenso de maneira que o deslocamento y é medido a partir da *posição de equilíbrio* (Figura 22.2*a*). Quando o bloco está em equilíbrio, a mola exerce uma força para cima de $F = W = mg$ sobre o bloco. Assim, quando o bloco é deslocado uma distância y para baixo dessa posição, a intensidade da força de mola é $F = W = ky$ (Figura 22.2*b*). Aplicar a equação de movimento resulta em

$$+\downarrow \Sigma F_y = ma_y; \qquad -W - ky + W = m\ddot{y}$$

ou

$$\ddot{y} + \omega_n^2 y = 0$$

que é a mesma fórmula que a Equação 22.1 e ω_n é definido pela Equação 22.2.

A Equação 22.1 é uma equação diferencial linear, de segunda ordem, homogênea com coeficientes constantes. Pode ser demonstrado, usando os métodos de equações diferenciais, que a solução geral é

$$x = A \text{ sen } \omega_n t + B \cos \omega_n t \tag{22.3}$$

Aqui, A e B representam duas constantes de integração. A velocidade e aceleração do bloco são determinadas tomando sucessivas derivadas de tempo, o que resulta em

$$v = \dot{x} = A\omega_n \cos \omega_n t - B\omega_n \text{ sen } \omega_n t \tag{22.4}$$

$$a = \ddot{x} = -A\omega_n^2 \text{ sen } \omega_n t - B\omega_n^2 \cos \omega_n t \tag{22.5}$$

Quando as equações 22.3 e 22.5 são substituídas na Equação 22.1, a equação diferencial será satisfeita, mostrando que a Equação 22.3 é realmente a solução para a Equação 22.1.

As constantes de integração na Equação 22.3 são geralmente determinadas a partir das condições iniciais da equação. Por exemplo, suponha que o bloco na Figura 22.1*a* foi deslocado uma distância x_1 para a direita de sua posição de equilíbrio e submetido a uma velocidade (positiva) inicial $\mathbf{v}_1$ direcionada para a direita. Substituindo $x = x_1$ quando $t = 0$, usando a Equação 22.3, obtemos $B = x_1$. E, uma vez que $v = v_1$, quando $t = 0$, usando a Equação 22.4, obtemos $A = v_1/\omega_n$. Se esses valores forem substituídos na Equação 22.3, a equação descrevendo o movimento torna-se

$$x = \frac{v_1}{\omega_n} \text{sen}\,\omega_n t + x_1 \cos\omega_n t \tag{22.6}$$

A Equação 22.3 também pode ser expressa em termos de movimento senoidal simples. Para demonstrar isso, suponha

$$A = C \cos \phi \tag{22.7}$$

e

$$B = C \text{ sen } \phi \tag{22.8}$$

onde C e ϕ são novas constantes a serem determinadas em lugar de A e B. Substituir na Equação 22.3 resulta em

$$x = C \cos \phi \text{ sen } \omega_n t + C \text{ sen } \phi \cos \omega_n t$$

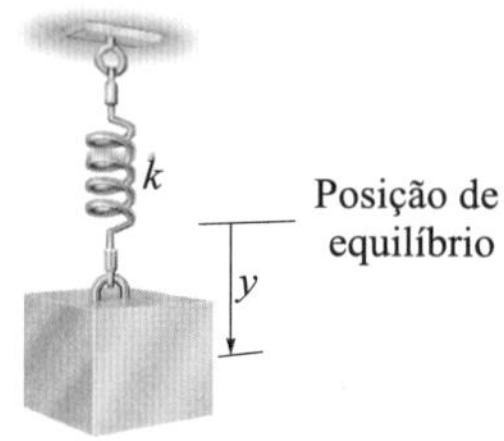

(a)

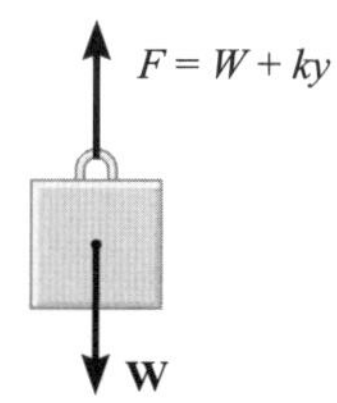

(b)

Figura 22.2

E já que $(\theta + \phi) = \text{sen}\,\theta \cos\phi + \cos\theta\, \text{sen}\,\phi$, então

$$x = C\,\text{sen}\,(\omega_n t + \phi) \tag{22.9}$$

Se esta equação é representada em um eixo x *versus* $\omega_n t$, o gráfico mostrado na Figura 22.3 é obtido. O deslocamento máximo do bloco de sua posição de equilíbrio é definido como a *amplitude* de vibração. Seja da figura ou da Equação 22.9, a amplitude é C. O ângulo ϕ é chamado de *ângulo de fase*, já que ele representa o montante pelo qual a curva é deslocada da origem quando $t = 0$. Podemos relacionar essas duas constantes a A e B usando as equações 22.7 e 22.8. Elevando ao quadrado e somando essas duas equações, a amplitude torna-se

$$C = \sqrt{A^2 + B^2} \tag{22.10}$$

Se a Equação 22.8 é dividida pela Equação 22.7, o ângulo de fase é, então,

$$\phi = \text{tg}^{-1}\frac{B}{A} \tag{22.11}$$

Observe que a curva do seno (Equação 22.9) completa um *ciclo* no tempo $t = \tau$ quando $\omega_n\tau = 2\pi$, ou

$$\tau = \frac{2\pi}{\omega_n} \tag{22.12}$$

Este intervalo de tempo é chamado de um *período* (Figura 22.3). Usando a Equação 22.2, o período também pode ser representado como

$$\tau = 2\pi\sqrt{\frac{m}{k}} \tag{22.13}$$

Finalmente, a *frequência* f é definida como o número de ciclos completados por unidade de tempo, que é o recíproco do período; isto é,

$$f = \frac{1}{\tau} = \frac{\omega_n}{2\pi} \tag{22.14}$$

ou

$$f = \frac{1}{2\pi}\sqrt{\frac{k}{m}} \tag{22.15}$$

A frequência é expressa em ciclos/s. Esta razão de unidades é chamada de um *hertz* (Hz), onde 1 Hz = 1 ciclo/s = 2 π rad/s.

Quando um corpo ou sistema de corpos conectados é submetido a um deslocamento inicial de sua posição de equilíbrio e solto, ele vai vibrar com a *frequência natural,* ω_n. Contanto que o sistema tenha um único grau de liberdade, isto é, ele exige apenas uma coordenada para especificar completamente a posição do sistema a qualquer momento, então o movimento de vibração terá as mesmas características que o movimento harmônico simples do bloco e mola recém-apresentado. Consequentemente, o movimento é descrito por uma equação diferencial da mesma 'fórmula-padrão' que a Equação 22.1, i.e.,

$$\ddot{x} + \omega_n^2 x = 0 \tag{22.16}$$

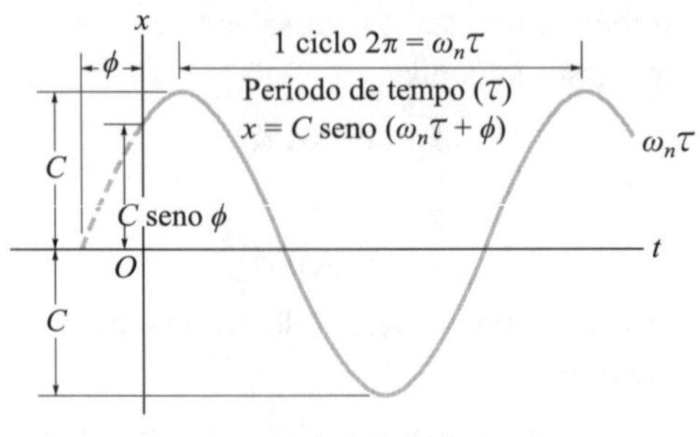

Figura 22.3

Assim, se a frequência natural ω_n é conhecida, o período de vibração τ, a frequência natural f, e outras características de vibração podem ser estabelecidas usando as equações 22.3 a 22.15.

Pontos importantes

- A vibração livre ocorre quando o movimento é mantido por forças restauradoras elásticas ou gravitacionais.
- A amplitude é o deslocamento máximo do corpo.
- O período é o tempo necessário para completar um ciclo.
- A frequência é o número de ciclos completados por unidade de tempo, onde 1 Hz = 1 ciclo/s.
- Apenas a coordenada de posição é necessária para descrever a localização de um sistema de um grau de liberdade.

Procedimento para análise

Como no caso do bloco e da mola, a frequência natural ω_n de um corpo ou sistema de corpos conectados tendo um único grau de liberdade pode ser determinada usando o seguinte procedimento:

Diagrama de corpo livre

- Trace o diagrama de corpo livre do corpo quando este é deslocado uma *pequena distância* de sua posição de equilíbrio.
- Localize o corpo em relação à sua posição de equilíbrio utilizando uma *coordenada inercial* q apropriada. A aceleração do centro de massa do corpo $\mathbf{a}_G$ ou a aceleração angular do corpo $\boldsymbol{\alpha}$ devem ter um sentido de direção presumido que está na *direção positiva* da coordenada de posição.
- Se a equação rotacional de movimento $\Sigma M_P = \Sigma(\mathcal{M}_k)_P$ deve ser usada, então também pode ser benéfico traçar o diagrama cinético, já que ele leva em consideração graficamente os componentes $m(\mathbf{a}_G)_x$, $m(\mathbf{a}_G)_y$, e, $I_G\boldsymbol{\alpha}$, e desse modo, torna conveniente para a visualização os termos necessários na soma de momentos $\Sigma(\mathcal{M}_k)_P$.

Equação de movimento

- Aplicar a equação de movimento para relacionar as forças *restauradoras* elásticas ou gravitacionais e momentos acoplados atuando sobre o corpo ao movimento acelerado do corpo.

Cinemática

- Utilizando a cinemática, expresse o movimento acelerado do corpo em termos da segunda derivada de tempo da coordenada de posição, $\ddot{q}$.
- Substitua o resultado na Equação de movimento e determine ω_n rearranjando os termos de maneira que a Equação resultante seja na 'fórmula-padrão', $\ddot{q} + \omega_n^2 q = 0$.

Exemplo 22.1

Determine o período de oscilação para um pêndulo simples mostrado na Figura 22.4*a*. O peso tem uma massa m e está fixado a uma corda de comprimento l. Despreze o tamanho do peso.

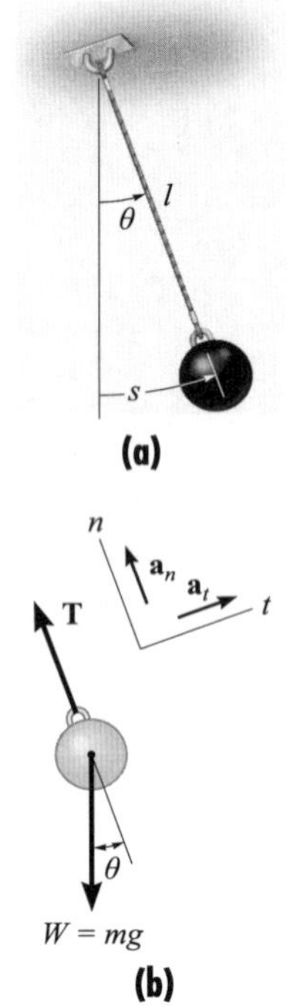

Figura 22.4

SOLUÇÃO

Diagrama de corpo livre

O movimento do sistema será relacionado à coordenada de posição (q =) θ (Figura 22.4*b*). Quando o peso é deslocado por um pequeno ângulo θ, a *força restauradora* atuando sobre o pêndulo é criada pelo componente tangencial de seu peso, mg sen θ. Além disso, $\mathbf{a}_t$ atua na direção de *aumentar* s (ou θ).

Equação de movimento

Aplicar a equação de movimento na *direção tangencial*, já que ela envolve a força restauradora resulta em

$$+\nearrow \Sigma F_t = ma_t; \qquad -mg \text{ sen } \theta = ma_t \tag{1}$$

Cinemática

$a_t = d^2s/dt^2 = \ddot{s}$. Além disso, s pode ser relacionado a θ pela $s = l\theta$, de maneira que $a_t = l\ddot{\theta}$. Assim, a Equação 1 reduz-se a

$$\ddot{\theta} + \frac{g}{l}\text{sen}\theta = 0 \tag{2}$$

A solução desta equação envolve o uso de uma integral elíptica. Para *deslocamentos pequenos*, entretanto, sen $\theta \approx \theta$, caso em que

$$\ddot{\theta} + \frac{g}{l}\theta = 0 \tag{3}$$

Comparando esta equação com a Equação 22.16 ($\ddot{x} + \omega_n^2 x = 0$), vê-se que $\omega_n = \sqrt{g/l}$. Da Equação 22.12, o período de tempo necessário para o peso realizar uma oscilação completa é, portanto, -

$$\tau = \frac{2\pi}{\omega_n} = 2\pi\sqrt{\frac{l}{g}}$$

Este interessante resultado, originalmente descoberto por Galileu Galilei por meio de experimento, indica que o período depende somente do comprimento da corda e não da massa do peso do pêndulo ou o ângulo θ.

NOTA: A solução da Equação 3 é dada pela Equação 22.3, onde $\omega_n = \sqrt{g/l}$ e θ é substituído no lugar de x. Como o bloco e a mola, as constantes A e B nesta equação podem ser determinadas se, por exemplo, o deslocamento e a velocidade do peso em um dado instante são conhecidos.

Exemplo 22.2

A placa retangular de 10 kg mostrada na Figura 22.5*a* está suspensa em seu centro de uma barra tendo uma elasticidade torsional k = 1,5 N · m/rad. Determine o período natural de vibração da placa quando ela é submetida a um pequeno deslocamento angular θ no plano da placa.

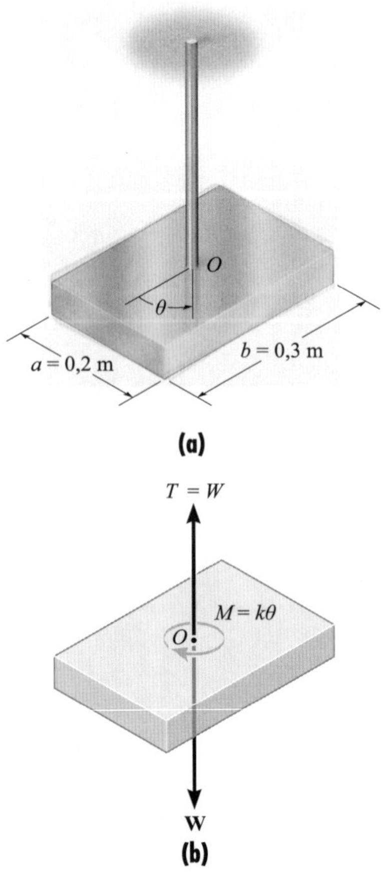

Figura 22.5

SOLUÇÃO

Diagrama de corpo livre

(Figura 22.5*b*). Já que a placa é deslocada em seu próprio plano, o momento *restaurador* torsional criado pela barra é $M = k\theta$. Este momento atua na direção oposta ao deslocamento angular θ. A aceleração angular $\ddot{\theta}$ atua na direção de $\ddot{\theta}$ *positivo*.

Equação de movimento

$$\Sigma M_O = I_O\alpha; \quad -k\theta = I_O\ddot{\theta}$$

ou

$$\ddot{\theta} + \frac{k}{I_O}\theta = 0$$

Já que esta equação está na 'fórmula-padrão', a frequência natural é $\omega_n = \sqrt{k / I_O}$. Da tabela nos apêndices, o momento de inércia da placa em torno de um eixo coincidente com a barra é $I_O = \frac{1}{12} m(a^2 + b^2)$.
Assim,

$$I_O = \frac{1}{12}(10\text{ kg})[(0,2\text{ m})^2 + (0,3\text{ m})^2] = 0,1083\text{ kg}\cdot\text{m}^2$$

O período natural de vibração é, portanto,

$$\tau = \frac{2\pi}{\omega_n} = 2\pi\sqrt{\frac{I_O}{k}} = 2\pi\sqrt{\frac{0,1083}{1,5}} = 1,69\text{ s}$$

Exemplo 22.3

A barra dobrada mostrada na Figura 22.6*a* tem uma massa desprezível e suporta um anel de 5 kg na sua extremidade. Se a barra está na posição de equilíbrio mostrada, determine o período natural de vibração para o sistema.

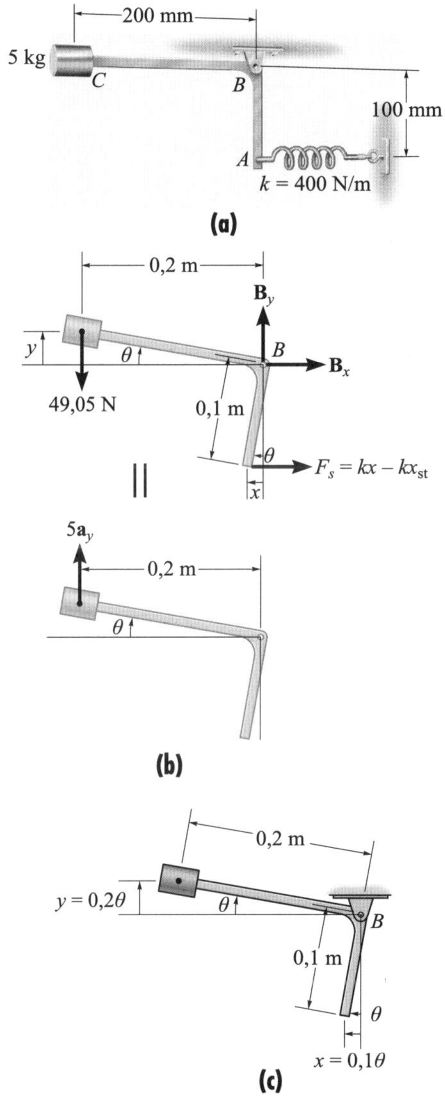

Figura 22.6

SOLUÇÃO

Diagramas cinéticos e de corpo livre

(Figura 22.6*b*). Aqui, a barra é deslocada por um ângulo pequeno θ da posição de equilíbrio. Já que a mola é submetida a uma compressão inicial x_{st} para o equilíbrio, então, quando o deslocamento $x > x_{st}$, a mola exerce uma força de $F_s = kx - kx_{st}$ sobre a barra. Para obter a 'fórmula-padrão', Equação 22.16, $5\mathbf{a}_y$ tem de atuar *para cima*, o que está de acordo com o deslocamento positivo θ.

Equação de movimento

Momentos serão somados em torno do ponto B para eliminar a reação desconhecida neste ponto. Já que θ é pequeno,

$$\circlearrowleft+ \ \Sigma M_B = \Sigma(\mathcal{M}_k)_B;$$

$$kx(0,1\text{ m}) - kx_{st}(0,1\text{ m}) + 49,05\text{ N}(0,2\text{ m}) = -(5\text{ kg})a_y(0,2\text{ m})$$

O segundo termo do lado esquerdo, $-kx_{st}(0,1\text{ m})$, representa o momento criado pela força da mola que é necessário para manter o anel em *equilíbrio*, i.e., em $x = 0$. Já que esse momento é igual e oposto ao momento 49,05 N(0,2 m) criado pelo peso do anel, esses dois termos se cancelam na equação acima, de maneira que

$$kx(0,1) = -5a_y(0,2) \quad (1)$$

Cinemática

A deformação da mola e a posição do anel podem ser relacionadas ao ângulo θ (Figura 22.6*c*). Já que θ é pequeno, $x = (0,1\text{ m})\,\theta$ e $y = (0,2\text{ m})\theta$. Portanto, $a_y = \ddot{y} = 0,2\ddot{\theta}$. Substituir na Equação 1 resulta em

$$400(0,1\theta)\ 0,1 = -5(0,2\ddot{\theta})0,2$$

Reescrever esta equação na 'fórmula-padrão' resulta em

$$\ddot{\theta} + 20\theta = 0$$

Comparada com $\ddot{x} + \omega_n^2 x = 0$ (Equação 22.16), temos

$$\omega_n^2 = 20 \qquad \omega_n = 4,47\text{ rad/s}$$

O período natural de vibração é, portanto,

$$\tau = \frac{2\pi}{\omega_n} = \frac{2\pi}{4,47} = 1,40\text{ s}$$

Exemplo 22.4

Um bloco de 5 kg está suspenso de uma corda que passa sobre um disco de 7,5 kg, como mostrado na Figura 22.7*a*. A mola tem uma rigidez $k = 3500$ N/m. Determine o período natural de vibração para o sistema.

SOLUÇÃO

Diagramas cinéticos e de corpo livre

(Figura 22.7*b*). O *sistema* consiste do disco, que passa por uma rotação definida pelo ângulo θ, e o bloco, que realiza uma translação com valor s. O vetor $I_O\ddot{\theta}$ atua na direção do θ *positivo*, e, consequentemente, $m_B\mathbf{a}_b$ atua para baixo na direção do s *positivo*.

Equação de movimento

Somar momentos em torno do ponto O para eliminar as reações $\mathbf{O}_x$ e $\mathbf{O}_y$, percebendo que $I_O = \frac{1}{2}mr^2$, resulta em

$$\circlearrowleft + \Sigma M_O = \Sigma(\mathcal{M}_k)_O$$

$$[5(9,81)\text{ N}](0,25\text{ m}) - F_s(0,25\text{ m})$$

$$= \frac{1}{2}(7,5\text{ kg})(0,25\text{ m})^2\ddot{\theta} + (5\text{ kg})a_b\,(0,25\text{m}) \qquad (1)$$

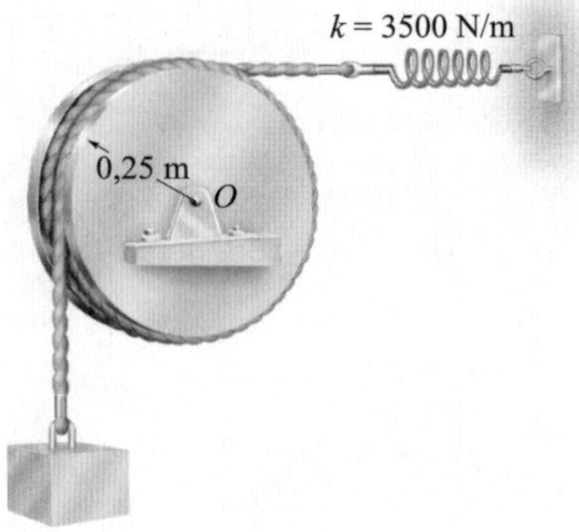

(a)

Cinemática

Como mostrado no diagrama cinemático na Figura 22.7*c*, um pequeno deslocamento positivo θ do disco faz com que o bloco baixe por um montante $s = 0{,}25\theta$; assim, $a_b = \ddot{s} = 0{,}25\ddot{\theta}$. Quando $\theta = 0°$, a força de mola exigida para o *equilíbrio* do disco é 5 kg, atuando para a direita. Para a posição θ, a força de mola é F_s = (3500 N/m (0,25θ m) + 5(9,81)N. Substituir estes resultados na Equação 1 e simplificar resulta em

$$\ddot{\theta} + 400\theta = 0$$

Assim,

$$\omega_n^2 = 400 \qquad \omega_n = 20\text{ rad/s}$$

Portanto, o período natural de vibração é

$$\tau = \frac{2\pi}{\omega_n} = \frac{2\pi}{20} = 0{,}314\text{ s}$$

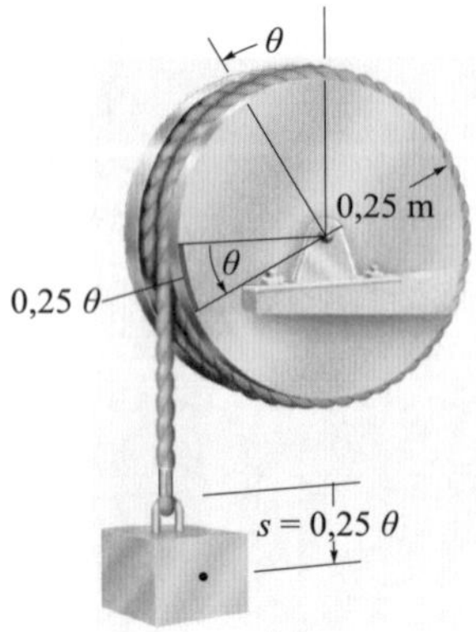

(c)

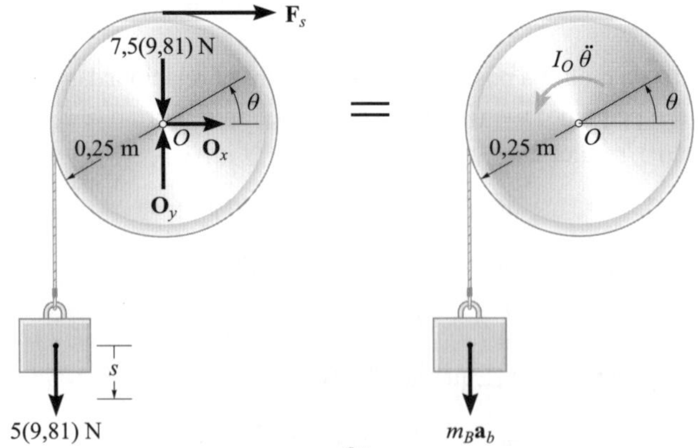

(b)

Figura 22.7

Problemas

•**22.1.** Uma mola é deformada 175 mm por um bloco de 8 kg. Se o bloco é deslocado 100 mm para baixo de sua posição de equilíbrio e submetido a uma velocidade para baixo de 1,50 m/s, determine a equação diferencial que descreve o movimento. Presuma que o deslocamento positivo é para baixo. Também determine a posição do bloco quando t = 0,22 s.

22.2. Quando um bloco de 2 kg é suspenso de uma mola, a mola é deformada por uma distância de 40 mm. Determine a frequência e o período de vibração para um bloco de 0,5 kg fixado à mesma mola.

22.3. Um bloco tendo uma massa de 4 kg está suspenso de uma mola tendo uma rigidez de k = 600 N/m. Se o bloco é empurrado y = 0,06 m para cima de sua posição de equilíbrio e, então, solto do repouso, determine a equação que descreve o movimento. Qual é a amplitude e a frequência natural da vibração? Presuma que o deslocamento positivo é para baixo.

*__22.4.__ Uma mola tem uma rigidez de 800 N/m. Se um bloco de 2 kg é fixado à mola, empurrado 50 mm para cima de sua posição de equilíbrio e solto do repouso, determine a equação que descreve o movimento do bloco. Presuma que o deslocamento positivo é para baixo.

•**22.5.** Um bloco de 2 kg é suspenso de uma mola tendo uma rigidez de 800 N/m. Se o bloco é submetido a uma velocidade para cima de 2 m/s quando ele é deslocado para baixo uma distância de 150 mm de sua posição de equilíbrio, determine a equação que descreve o movimento. Qual é a amplitude do movimento? Suponha que o deslocamento positivo é para baixo.

22.6. Uma mola é deformada 200 mm por um bloco de 15 kg. Se o bloco é deslocado 100 mm para baixo de sua posição de equilíbrio e submetido a uma velocidade para baixo de 0,75 m/s, determine a equação que descreve o movimento. Qual é o ângulo de fase? Suponha que o deslocamento positivo é para baixo.

22.7. Um bloco de 6 kg é suspenso de uma mola tendo uma rigidez de k = 200 N/m. Se o bloco é submetido a uma velocidade para cima de 0,4 m/s quando ele está 75 mm acima de sua posição de equilíbrio, determine a equação que descreve o movimento e o deslocamento para cima máximo do bloco medido a partir da posição de equilíbrio. Suponha que o deslocamento positivo é para baixo.

*__22.8.__ Um bloco de 3 kg é suspenso de uma mola tendo uma rigidez de k = 200 N/m. Se o bloco é empurrado 50 mm para cima de sua posição de equilíbrio e então solto do repouso, determine a equação que descreve o movimento. Qual é a amplitude e a frequência da vibração? Suponha que o deslocamento positivo é para baixo.

•**22.9.** Um cabo é usado para suspender o cofre de 800 kg. Se o cofre está sendo baixado a 6 m/s quando o motor controlando o cabo subitamente emperra (para), determine a tensão máxima no cabo e a frequência de vibração do cofre. Despreze a massa do cabo e presuma que ele é elástico de tal maneira que ele se estende 20 mm quando submetido a uma tensão de 4 kN.

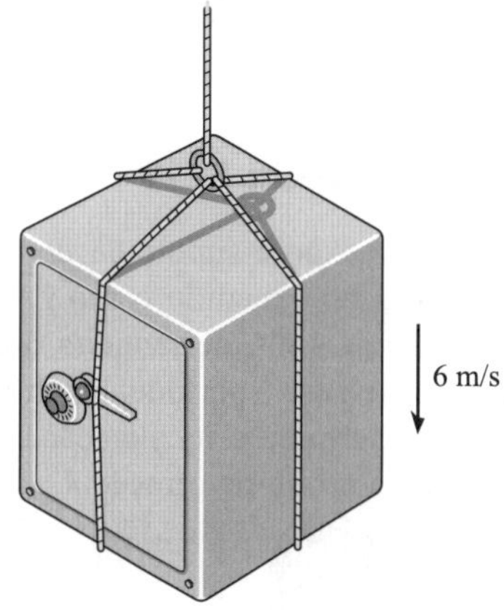

Problema 22.9

22.10. O corpo de formato arbitrário tem uma massa m, centro de massa em G, e um raio de giração em torno de G de k_G. Se ele é deslocado por uma pequena distância θ de sua posição de equilíbrio e solto, determine o período natural de vibração.

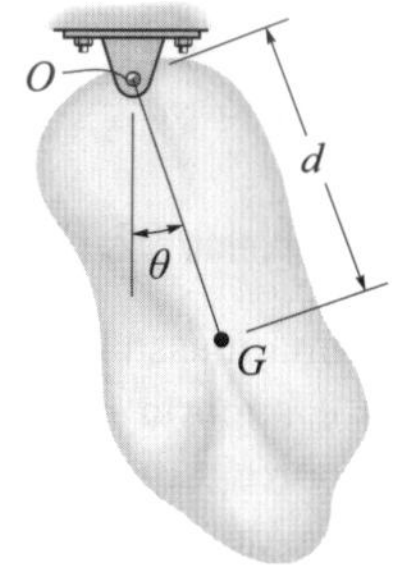

Problema 22.10

22.11. O disco circular tem uma massa m e está preso com um pino em O. Determine o período natural de vibração se ele é deslocado por uma pequena distância e solto.

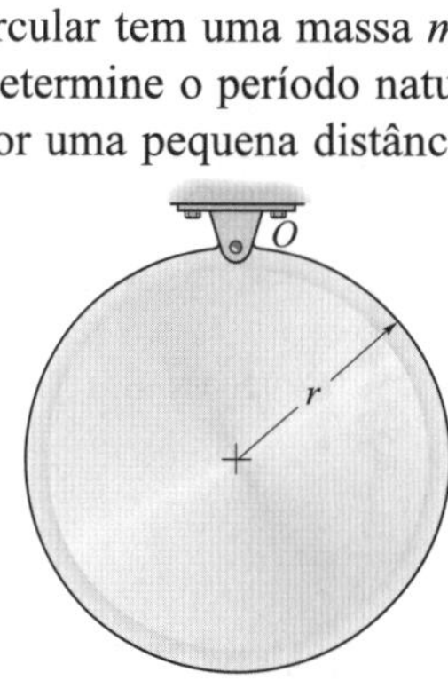

Problema 22.11

*__22.12.__ A placa quadrada tem uma massa m e está suspensa no seu canto por um pino O. Determine o período natural de vibração se ela é deslocada por uma pequena distância e solta.

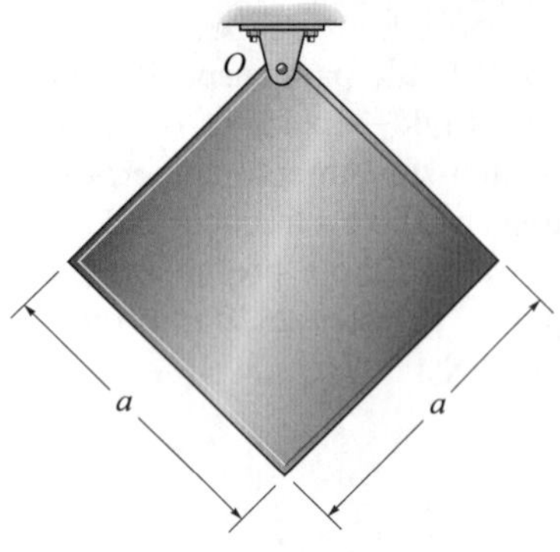

Problema 22.12

•**22.13.** A barra de conexão é suportada por um cutelo em A e o período de vibração é medido como $\tau_A = 3{,}38$ s. Ela é então removida e girada 180º, de maneira que é suportada pelo cutelo em B. Neste caso o período de vibração é medido como $\tau_B = 3{,}96$ s. Determine a localização d do centro de gravidade G, e calcule o raio de giração k_G.

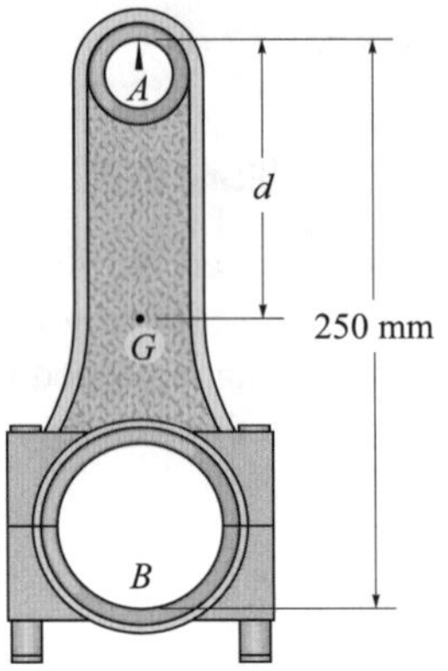

Problema 22.13

22.14. O disco, tendo uma massa de 7,5 kg, está preso com pino no seu centro O e suporta o bloco A, que tem uma massa de 1,5 kg. Se a correia que passa sobre o disco não desliza na sua superfície de contato, determine o período natural de vibração do sistema.

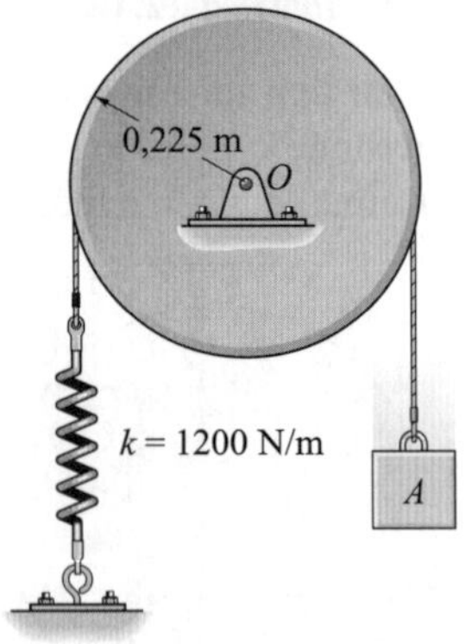

Problema 22.14

22.15. O sino tem uma massa de 375 kg, um centro de massa em G, e um raio de giração em torno do ponto D de $k_D = 0{,}4$ m. O badalo consiste de uma barra delgada fixada à parte de dentro do sino em C. Se uma massa de 8 kg é fixada à extremidade da barra, determine o comprimento l da barra, de maneira que o sino vá 'tocar em silêncio', ou seja, de maneira que o período natural de vibração do badalo seja o mesmo que o do sino. Para o cálculo, despreze a pequena distância entre C e D e despreze a massa da barra.

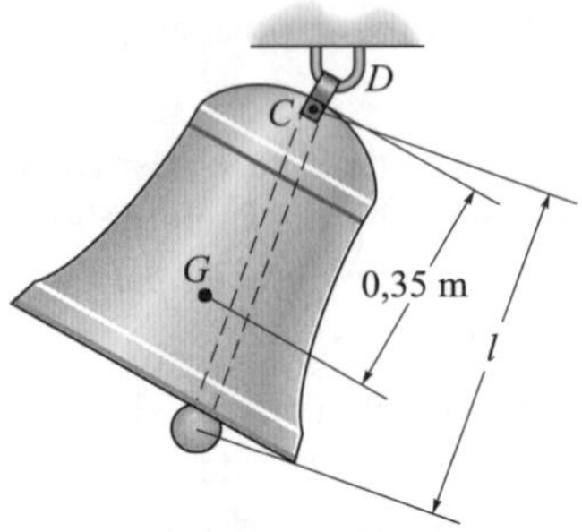

Problema 22.15

*__22.16.__ A plataforma AB, quando vazia, tem uma massa de 400 kg, centro de massa em G_1 e período natural de oscilação $\tau_1 = 2{,}38$ s. Se um carro, tendo uma massa de 1,2 Mg e centro de massa em G_2, é colocado na plataforma, o período natural de oscilação torna-se $\tau_2 = 3{,}16$ s. Determine o momento de inércia do carro em torno de um eixo passando por G_2.

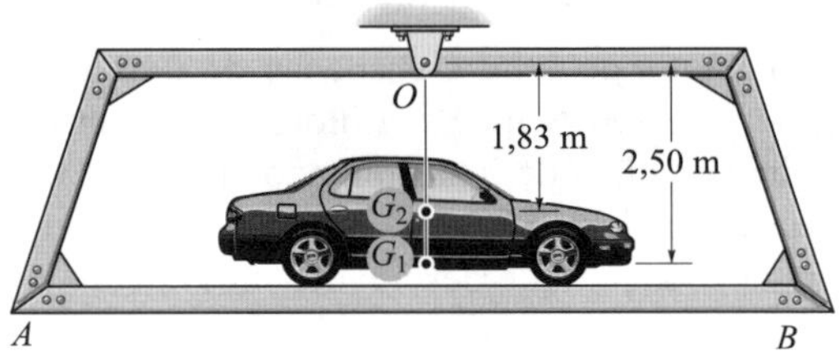

Problema 22.16

•**22.17.** A roda de 25 kg tem um raio de giração em torno de seu centro de massa G de $k_G = 0{,}21$ m. Determine a frequência de vibração se ele é deslocado ligeiramente da posição de equilíbrio e solto. Presuma que não há deslizamento.

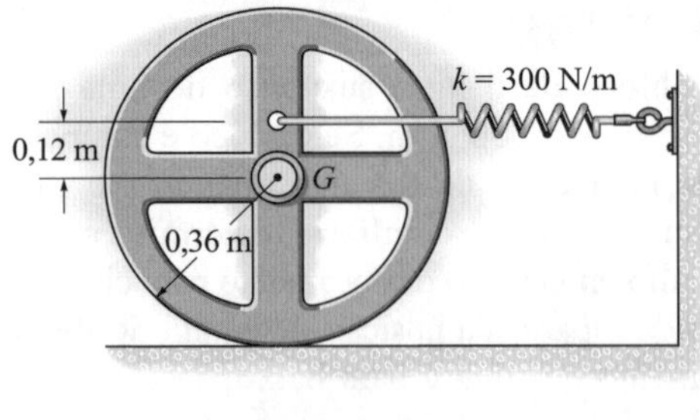

Problema 22.17

22.18. Duas engrenagens idênticas têm, cada uma, uma massa de m e um raio de giração em torno de seu centro de massa de k_0. Elas estão engrenadas com a cremalheira, a qual tem uma massa de M e está fixada a uma mola tendo uma elasticidade k. Se a cremalheira é deslocada ligeiramente na horizontal, determine o período natural de oscilação.

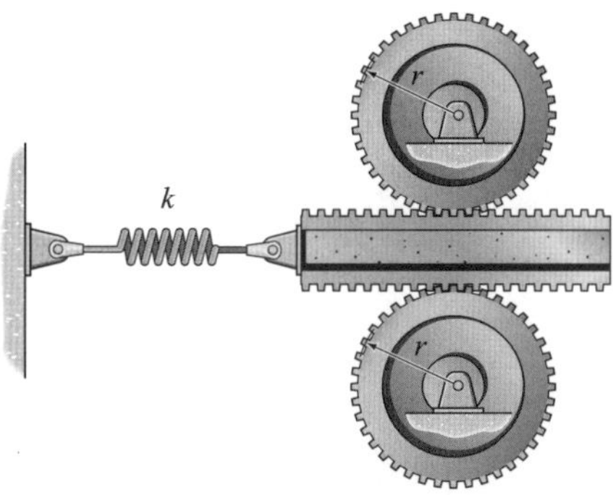

Problema 22.18

22.19. Na 'teoria da massa em bloco', um prédio de um só andar pode ser modelado de tal maneira que a massa inteira do prédio é concentrada em seu topo, o qual é apoiado por uma coluna cantiléver de massa desprezível, como mostrado. Quando uma força horizontal **P** é aplicada ao modelo, a coluna deflete um montante $\delta = PL^3/12EI$, onde L é o comprimento efetivo da coluna, E é o módulo de elasticidade de Young para o material, e I é o momento de inércia da seção transversal da coluna. Se a massa em bloco é m, determine a frequência de vibração em termos desses parâmetros.

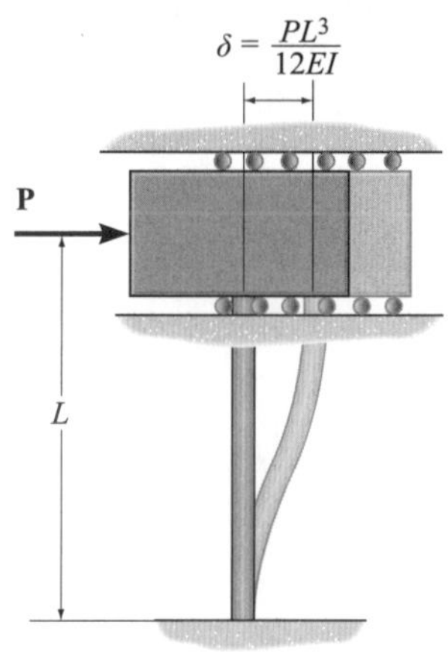

Problema 22.19

***22.20.** Um volante de massa m, que tem um raio de giração em torno de seu centro de massa de k_O, está suspenso de um eixo circular que tem uma resistência torsional de $M = C\theta$. Se o volante é submetido a um pequeno deslocamento angular de θ e solto, determine o período natural de oscilação.

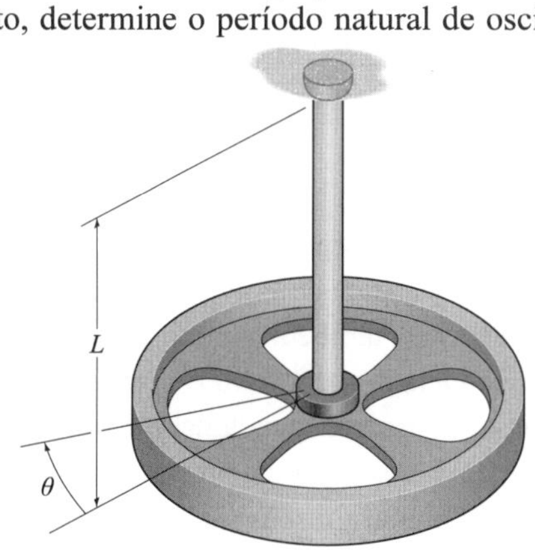

Problema 22.20

•22.21. O carrinho tem uma massa de m e está fixado a duas molas, cada uma tendo uma rigidez de $k_1 = k_2 = k$, comprimento não deformado de l_0, e um comprimento deformado de l quando o carrinho está na posição de equilíbrio. Se o carrinho é deslocado por uma distância de $x = x_0$, de tal maneira que ambas as molas permanecem em tensão ($x_0 < l - l_0$), determine a frequência natural de oscilação.

22.22. O carrinho tem uma massa de m e está fixado a duas molas, cada uma tendo uma rigidez de k_1 e k_2, respectivamente. Se ambas as molas estão não deformadas quando o carrinho está na posição de equilíbrio mostrada, determine a frequência natural de oscilação.

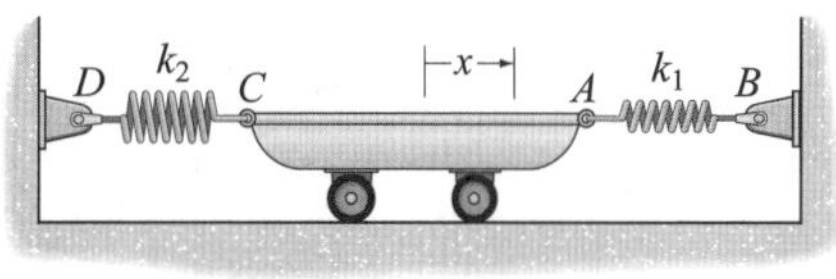

Problemas 22.21/22

22.23. O alvo de 3 kg desliza livremente ao longo das guias horizontais lisas BC e DE, as quais estão 'encaixadas' em molas que têm, cada uma, rigidez de k = 9 kN/m. Se uma bala de 60 g é atirada com uma velocidade de 900 m/s e se embute no alvo, determine a amplitude e a frequência de oscilação do alvo.

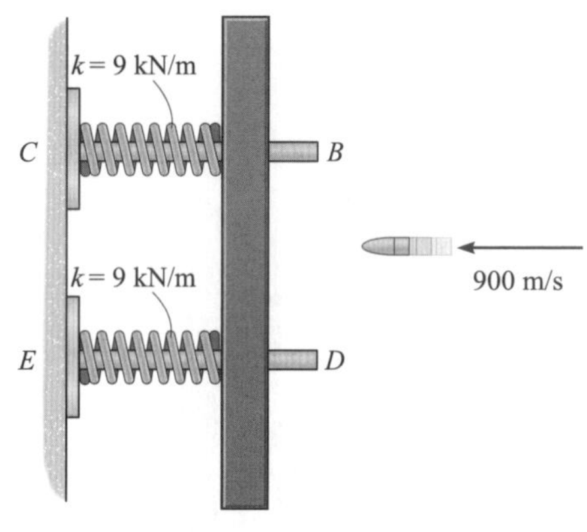

Problema 22.23

***22.24.** Se a bobina passa por um deslocamento angular pequeno de θ e então for solta, determine a frequência de oscilação. A bobina tem uma massa de 50 kg e um raio de giração em torno de seu centro de massa O de k_O = 250 mm. A bobina rola sem deslizamento.

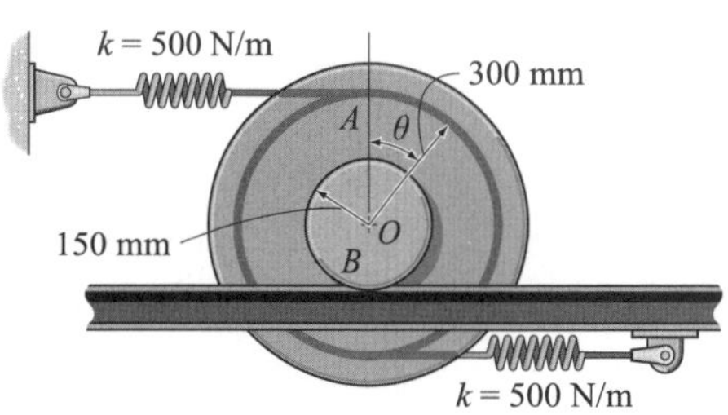

Problema 22.24

•**22.25.** A barra delgada de massa m é suportada por duas cordas de igual comprimento. Se ela é submetida a um deslocamento angular pequeno de θ em torno do eixo vertical e solta, determine o período natural de oscilação.

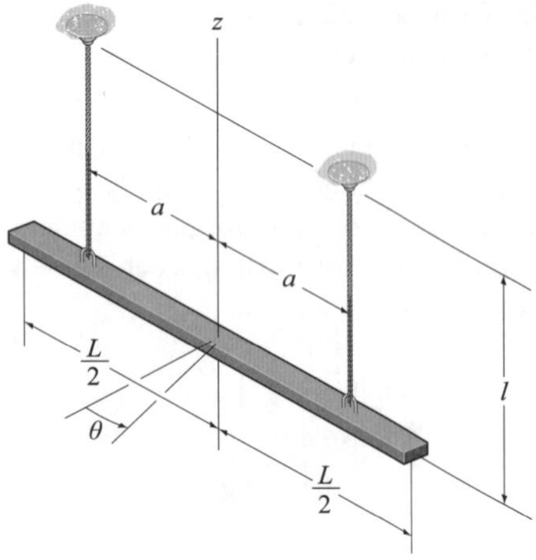

Problema 22.25

22.26. Uma roda de massa m está suspensa de duas cordas de igual comprimento, como mostrado. Quando ela é submetida a um deslocamento angular pequeno de θ em torno do eixo z e solta, observa-se que o período de oscilação é τ. Determine o raio de giração da roda em torno do eixo z.

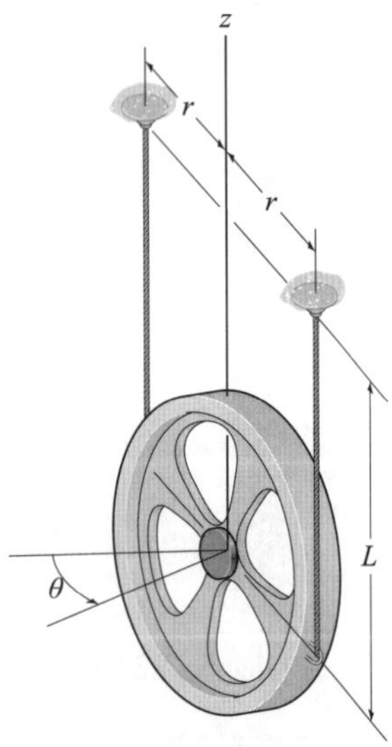

Problema 22.26

22.27. Uma roda de massa m está suspensa por três cordas de igual comprimento. Quando ela é submetida a um deslocamento angular pequeno de θ em torno do eixo z e solta, observa-se que o período de oscilação é τ. Determine o raio de giração da roda em torno do eixo z.

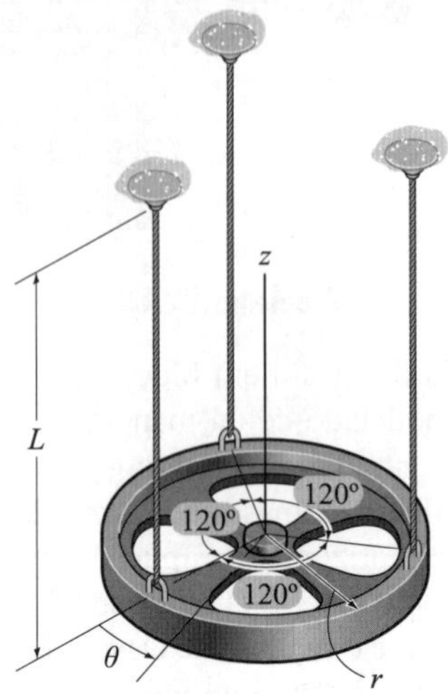

Problema 22.27

22.2 Métodos de energia

O movimento harmônico simples de um corpo, discutido na parte anterior, é causado somente por forças restauradoras elásticas e gravitacionais atuando sobre o corpo. Já que essas forças são *conservativas*, também é possível usar a equação de conservação de energia para obter a frequência natural ou o período de vibração do corpo. Para demonstrar como fazer isso, considere mais uma vez o modelo de bloco e mola na Figura 22.8. Quando o bloco é deslocado x da posição de equilíbrio, a energia cinética é $T = \frac{1}{2}mv^2 = \frac{1}{2}m\dot{x}^2$ e a energia potencial é $V = \frac{1}{2}kx^2$. Já que a energia é conservada, é necessário que

$$T + V = \text{constante}$$

$$\frac{1}{2}m\dot{x}^2 + \frac{1}{2}kx^2 = \text{constante} \qquad (22.17)$$

A equação diferencial descrevendo o *movimento acelerado* do bloco pode ser obtida *diferenciando-se* essa equação em relação ao tempo, ou seja,

$$m\dot{x}\ddot{x} + kx\dot{x} = 0$$

$$\dot{x}(m\ddot{x} + kx) = 0$$

Já que a velocidade $\dot{x}$ não é *sempre* zero em um sistema vibratório,

$$\ddot{x} + \omega_n^2 x = 0 \quad \omega_n = \sqrt{k/m}$$

que é a mesma que a Equação 22.1.

Se a equação de conservação de energia é escrita para um *sistema de corpos conectados*, a frequência natural ou a equação de movimento também pode ser determinada pela diferenciação de tempo. *Não é necessário* desmembrar o sistema para levar em consideração as forças internas porque elas não realizam trabalho.

Posição de equilíbrio

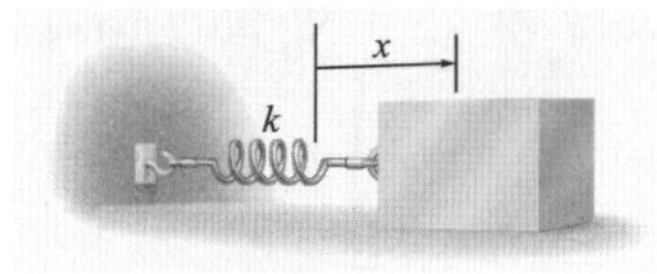

Figura 22.8

Procedimento para análise

A frequência natural ω_n de um corpo ou sistema de corpos conectados pode ser determinada aplicando-se a equação de conservação de energia utilizando o seguinte procedimento.

Equação de energia

- Desenhe o corpo quando ele é deslocado por *uma pequena distância* da sua posição de equilíbrio e defina a localização do corpo a partir de sua posição de equilíbrio por uma coordenada de posição apropriada q.
- Formule a conservação de energia para o corpo, $T + V$ = constante, em termos da coordenada de posição.
- Em geral, a energia cinética tem de levar em consideração tanto o movimento rotacional quanto o translacional do corpo, $T = \frac{1}{2}mv_G^2 + \frac{1}{2}I_G\omega^2$ (Equação 18.2).
- A energia potencial é a soma das energias potenciais elásticas e gravitacionais do corpo, $V = V_g + V_e$ (Equação 18.17). Em particular, V_g deve ser medido a partir de um ponto de referência para o qual $q = 0$ (posição de equilíbrio).

A suspensão de um vagão ferroviário consiste de um conjunto de molas que são montadas entre a estrutura do vagão e o truque da roda. Isso vai dar ao vagão uma frequência natural de vibração que pode ser determinada.

Derivada de tempo

Tome a derivada de tempo da equação de energia usando a regra de três composta do cálculo e remova os termos comuns. A equação diferencial resultante representa a equação de movimento para o sistema. A frequência natural de ω_n é obtida após rearranjar os termos na 'fórmula-padrão', $\ddot{q} + \omega_n^2 q = 0$.

Exemplo 22.5

O aro fino mostrado na Figura 22.9*a* é suportado pelo pino em *O*. Determine o período natural de oscilação para pequenas amplitudes de oscilação. O aro tem uma massa *m*.

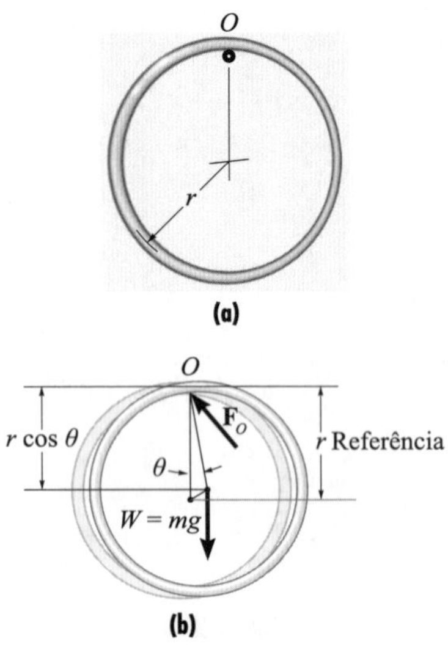

Figura 22.9

SOLUÇÃO

Equação de energia

Um diagrama do aro, quando é deslocado a uma pequena distância (q =) θ da posição de equilíbrio, é mostrado na Figura 22.9*b*. Utilizando a tabela nos apêndices e o teorema dos eixos paralelos para determinar I_O, a energia cinética é

$$T = \frac{1}{2} I_O \omega_n^2 = \frac{1}{2}\left[mr2 + mr^2\right]\theta^2 = mr^2 2$$

Se um ponto de referência horizontal é colocado no ponto O, então na posição deslocada, a energia potencial é

$$V = -mg(r \cos \theta)$$

A energia total no sistema é

$$T + V = mr^2\dot{\theta}^2 - mgr \cos \theta$$

Derivada de tempo

$$mr^2(2\dot{\theta})\ddot{\theta} + mgr \text{ sen } \theta\dot{\theta} = \theta$$

$$mr\dot{\theta}(2r\ddot{\theta} + g \text{ sen } \theta) = 0$$

Já que $\dot{\theta}$ não é sempre igual a zero, dos termos em parênteses,

$$\ddot{\theta} + \frac{g}{2r} \text{sen } \theta = 0$$

Para o ângulo pequeno θ, seno $\theta \approx \theta$.

$$\ddot{\theta} + \frac{g}{2r}\theta = 0$$

$$\omega_n = \sqrt{\frac{g}{2r}}$$

de maneira que

$$\tau = \frac{2\pi}{\omega_n} = 2\pi\sqrt{\frac{2r}{g}}$$

Exemplo 22.6

Um bloco de 10 kg está suspenso por uma corda enrolada em torno de um disco de 5 kg, como mostrado na Figura 22.10*a*. Se a mola tem uma rigidez k = 200 N/m, determine o período natural de vibração para o sistema.

SOLUÇÃO

Equação de energia

Um diagrama do bloco e do disco, quando eles são deslocados por montantes, respectivamente s e θ da posição de equilíbrio, é mostrado na Figura 22.10*b*. Já que s = (0,15 m)θ, então $v_b \approx \dot{s}$ = (0,15 m) $\dot{\theta}$. Desse modo, a energia cinética do sistema é

$$T = \frac{1}{2} m_b v_b^2 + \frac{1}{2} I_O \omega_d^2$$

$$= \frac{1}{2}(10 \text{ kg})[(0,15 \text{ m})\dot{\theta}]^2 + \frac{1}{2}\left[\frac{1}{2}(5 \text{ kg})(0,15 \text{ m})^2\right](\dot{\theta})^2$$

$$= 0,1406(\dot{\theta})^2$$

Estabelecendo a referência na posição de equilíbrio do bloco e percebendo que a mola se estende s_{st} para o equilíbrio, a energia potencial é

$$V = \frac{1}{2} k(s_{st} + s)^2 - Ws$$

$$= \frac{1}{2}(200 \text{ N/m})[s_{st} + (0,15 \text{ m})\theta]^2 - 98,1 \text{ N}[(0,15 \text{ m})\theta]$$

A energia total para o sistema é, portanto,

$$T + V = 0{,}1406(\dot{\theta})^2 + 100(S_{st} + 0{,}15\theta)^2 - 14{,}715\theta$$

Derivada de tempo

$$0{,}28125(\dot{\theta})\ddot{\theta} + 200(S_{st} + 0{,}15\theta)0.15\dot{\theta} - 14{,}72\dot{\theta} = 0$$

Já que s_{st} = 98,1/200 = 0,4905 m, a equação acima reduz-se à 'fórmula-padrão'

$$\ddot{\theta} + 16\theta = 0$$

de maneira que

$$\omega_n = \sqrt{16} = 4 \text{ rad/s}$$

Desse modo,

$$\tau = \frac{2\pi}{\omega_n} = \frac{2\pi}{4} = 1{,}57 \text{ s}$$

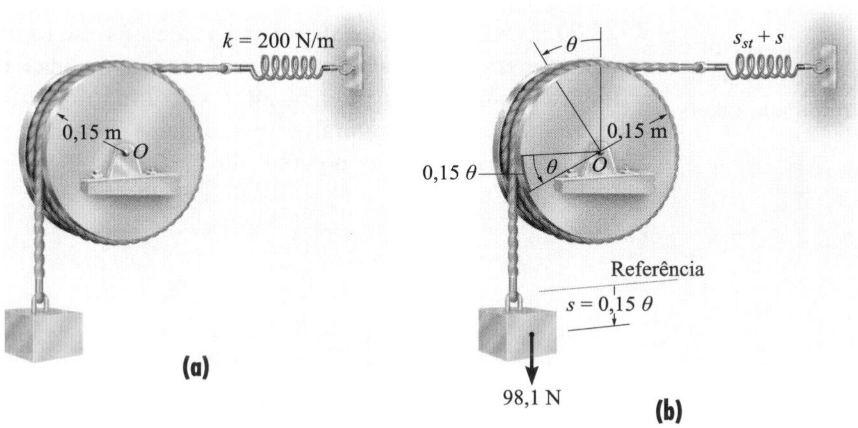

Figura 22.10

Problemas

***22.28.** Solucione o Problema 22.10 usando métodos de energia.

•22.29. Solucione o Problema 22.11 usando métodos de energia.

22.30. Solucione o Problema 22.12 usando métodos de energia.

22.31. Solucione o Problema 22.14 usando métodos de energia.

***22.32.** A máquina tem uma massa *m* e é uniformemente suportado por *quatro* molas, cada um tendo uma elasticidade de *k*. Determine o período natural da vibração vertical.

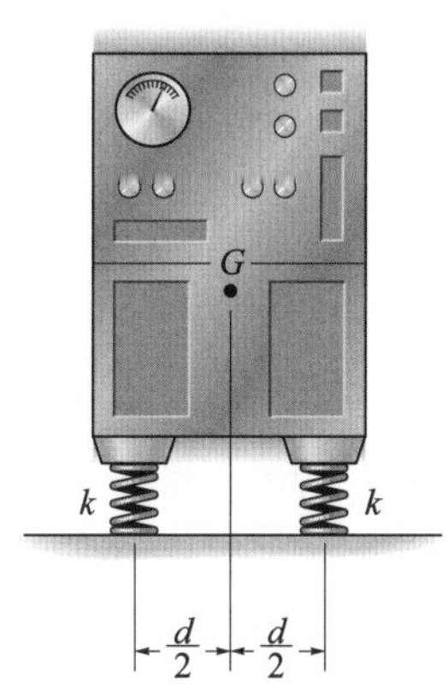

Problema 22.32

•**22.33.** Determine a equação diferencial de movimento da bobina de 15 kg. Presuma que ela não desliza na superfície de contato na medida em que oscila. O raio de giração da bobina em torno de seu centro de massa é $k_G = 125$ mm. As molas estão originalmente não deformadas.

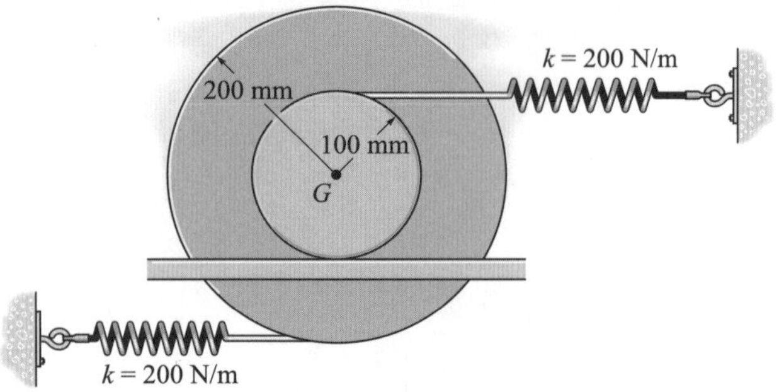

Problema 22.33

22.34. Determine o período natural de vibração do disco tendo uma massa m e raio r. Suponha que o disco não desliza sobre a superfície de contato na medida em que ele oscila.

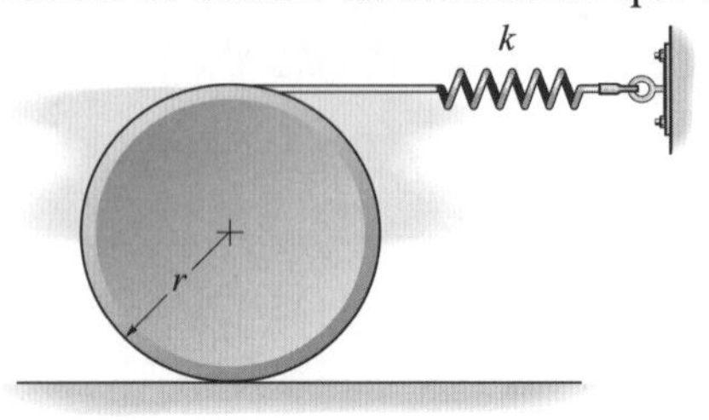

Problema 22.34

22.35. Se a roda é submetida a um deslocamento angular pequeno de θ e solta do repouso, observa-se que ela oscila com um período natural de τ. Determine o raio de giração da roda em torno de seu centro de massa G. A roda tem uma massa de m e rola sobre os trilhos sem deslizamento.

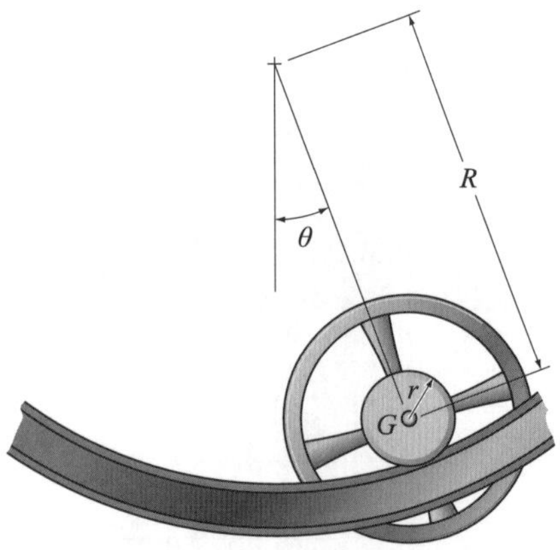

Problema 22.35

*__22.36.__ Sem um parafuso ajustável, A, o pêndulo de 0,75 kg tem um centro de gravidade em G. Se é exigido que ele oscile com um período de 1 s, determine a distância a do pino O para o parafuso. O raio de giração do pêndulo em torno de O é $k_O = 212{,}5$ mm e o parafuso tem uma massa de 0,025 kg.

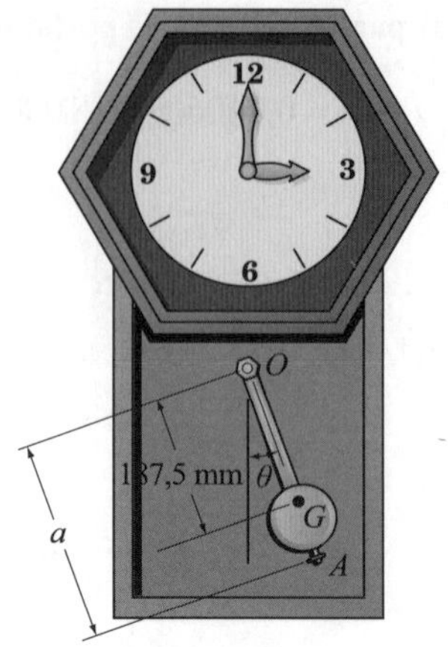

Problema 22.36

•**22.37.** Uma mola torsional de elasticidade k é fixada a uma roda que tem uma massa de M. Se a roda é submetida a um deslocamento angular pequeno de θ em torno do eixo z, determine o período natural de oscilação. A roda tem um raio de giração em torno do eixo z de k_z.

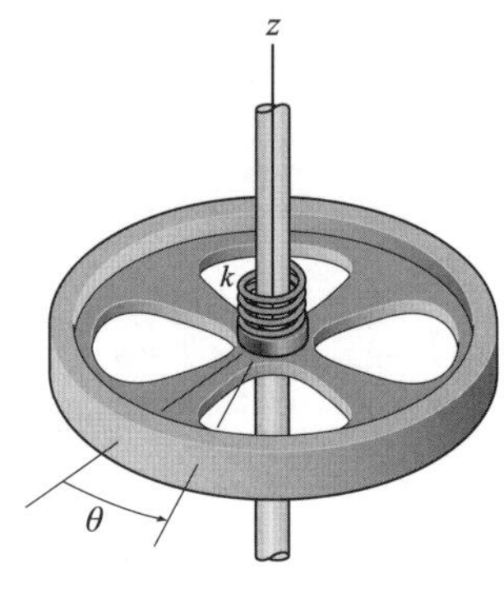

Problema 22.37

22.38. Determine a frequência de oscilação do cilindro de massa m quando ele é ligeiramente puxado para baixo e solto. Despreze a massa da roldana pequena.

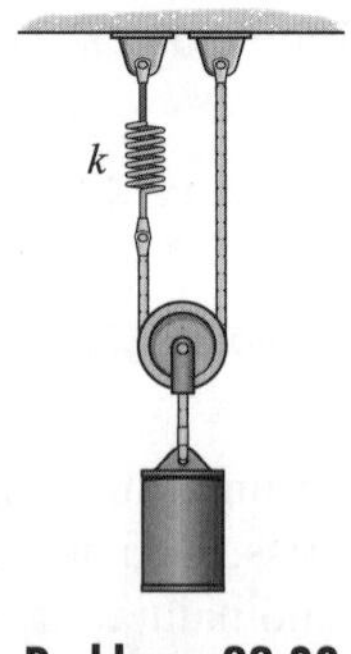

Problema 22.38

22.39. Determine a frequência de oscilação do cilindro de massa m quando ele é ligeiramente puxado para baixo e solto. Despreze a massa das roldanas pequenas.

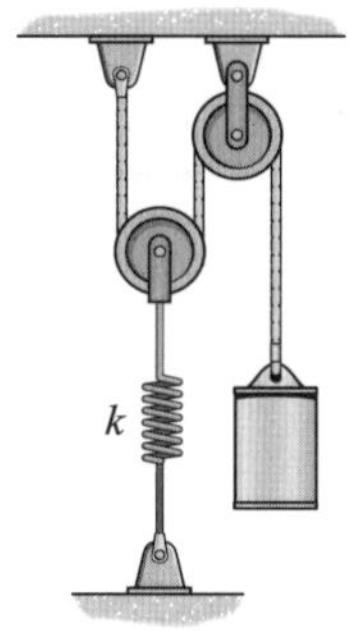

Problema 22.39

***22.40.** A engrenagem de massa m tem um raio de giração em torno de seu centro de massa O de k_O. As molas têm rigidez de k_1 e k_2, respectivamente, e ambas as molas estão não deformadas quando a engrenagem está em uma posição de equilíbrio. Se a engrenagem é submetida a um deslocamento angular pequeno de θ e solta, determine seu período natural de oscilação.

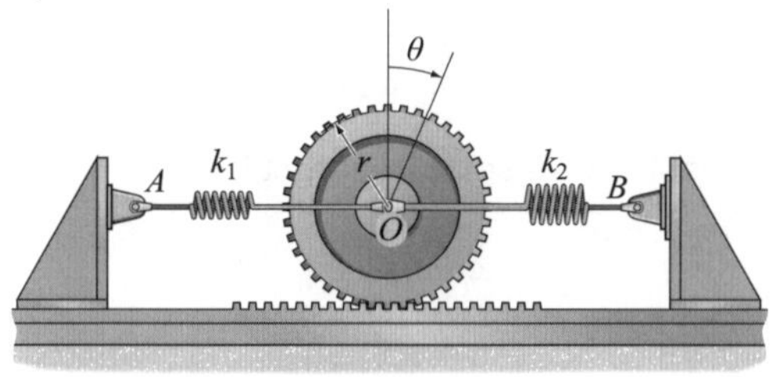

Problema 22.40

22.41. A barra tem uma massa de 8 kg e está suspensa por duas molas de tal maneira que, quando ela está em equilíbrio, as molas fazem um ângulo de 45° com a horizontal, como mostrado. Determine o período natural de vibração se a barra é puxada para baixo uma curta distância e solta. Cada mola tem rigidez de $k = 40$ N/m.

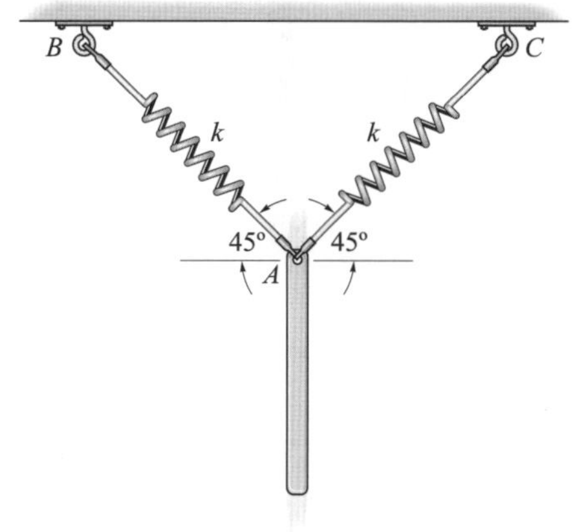

Problema 22.41

22.3 Vibração forçada não homogênea

A vibração forçada não homogênea é considerada um dos tipos mais importantes de movimento vibratório na engenharia. Seus princípios podem ser usados para descrever o movimento de muitos tipos de máquinas e estruturas.

Força periódica

O bloco e a mola mostrados na Figura 22.11*a* fornecem um modelo conveniente que representa as características vibracionais de um sistema submetido a uma força periódica $F = F_0 \operatorname{sen} \omega_0 t$. Esta força tem uma amplitude de F_0 e uma *frequência de forçamento* ω_0. O diagrama de corpo livre para o bloco quando ele é deslocado por uma distância x é mostrado na Figura 22.11*b*. Aplicando a equação de movimento, temos

$$\overset{+}{\rightarrow}\Sigma F_x = ma_x; \quad F_0 \operatorname{sen} \omega_0 t - kx = m\ddot{x}$$

ou

$$\ddot{x} + \frac{k}{m}x = \frac{F_0}{m}\operatorname{sen}\omega_0 t \qquad (22.18)$$

Esta é uma equação diferencial de segunda ordem não homogênea. A solução geral consiste de uma solução complementar, x_c, *mais* uma solução particular, x_p.

A *solução complementar* é determinada estabelecendo-se o termo do lado direito da Equação 22.18 igual a zero e solucionando a equação homogênea resultante. A solução é definida pela Equação 22.9, ou seja,

$$x_c = C \operatorname{sen}(\omega_n t + \phi) \qquad (22.19)$$

onde ω_n é a frequência natural, $\omega_n = \sqrt{k/M}$ (Equação 22.2).

Mesas vibradoras fornecem uma vibração forçada e são usadas para separar materiais granulares.

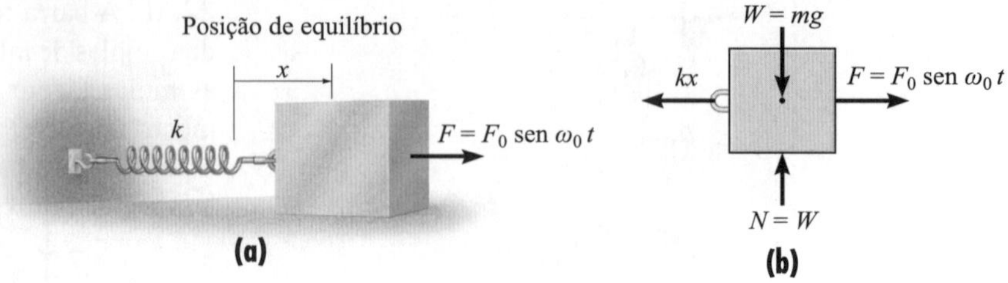

Figura 22.11

Visto que o movimento é periódico, a *solução particular* da Equação 22.18 pode ser determinada presumindo uma solução da forma

$$x_p = X \text{ sen } \omega_0 t \tag{22.20}$$

onde X é uma constante. Tomar a segunda derivada de tempo e substituir na Equação 22.18 resulta em

$$-X\omega_0^2 \text{sen}\omega_0 t + \frac{k}{m}(X\text{sen}\omega_0 t) = \frac{F_0}{m}\text{sen}\omega_0 t$$

Remover sen $\omega_0 t$ e solucionar para X resulta em

$$X = \frac{F_0/m}{(k/m) - \omega_0^2} = \frac{F_0/k}{1 - (\omega_0/\omega_n)^2} \tag{22.21}$$

Substituindo na Equação 22.20, obtemos a solução particular

$$x_p = \frac{F_0/k}{1 - (\omega_0/\omega_n)^2}\text{sen}\omega_0 t \tag{22.22}$$

A *solução geral* é, portanto, a soma de duas funções de seno tendo frequências diferentes.

$$x = x_c + x_p = C\text{sen}(\omega_n t + \phi) + \frac{F_0/k}{1 - (\omega_0/\omega_n)^2}\text{ sen }\omega_0 t \tag{22.23}$$

A *solução complementar* x_C define a *vibração livre*, a qual depende da frequência natural $\omega_n = \sqrt{k/m}$ e as constantes C e ϕ. A *solução particular* x_p descreve a *vibração forçada* do bloco causada pela força aplicada $F = F_0$ sen $\omega_0 t$. Já que todos os sistemas em vibração são submetidos ao *atrito*, a vibração livre, x_c, vai ser amortecida ao longo do tempo. Para essa razão, a vibração livre é referida como *passageira* ou transitória, e a vibração forçada é chamada de *estado constante* ou permanente, já que ele é a única vibração que resta.

Da Equação 22.21, vê-se que a *amplitude* de vibração forçada ou de estado constante depende da *razão de frequência* ω_0/ω_n. Se o *fator de ampliação* FA é definido como a razão da amplitude de vibração de estado constante, X, para a deflexão estática, F_0/k, que seria produzida pela amplitude da força periódica F_0, então, da Equação 22.21,

$$\text{FA} = \frac{X}{F_0/k} = \frac{1}{1 - (\omega_0/\omega_n)^2} \tag{22.24}$$

Esta equação é colocada em um gráfico na Figura 22.12. Observe que, se a força ou deslocamento é aplicada com uma frequência próxima da frequência natural do sistema, ou seja, $\omega_0/\omega_n \approx 1$, a amplitude de vibração do bloco torna-se extremamente grande. Isso ocorre porque a força **F** é aplicada ao bloco de maneira que ela sempre segue o movimento do bloco. Esta condição é chamada de *ressonância*, e, na prática, vibrações de ressonância podem causar uma tremenda solicitação e quebra rápida das partes.*

* Um balanço tem um período natural de vibração, como determinado no Exemplo 22.1. Se uma pessoa empurra o balanço somente quando ele alcança seu ponto mais alto, desprezando a resistência de arrasto ou do vento, ocorrerá ressonância, já que as frequências natural e de forçamento são as mesmas.

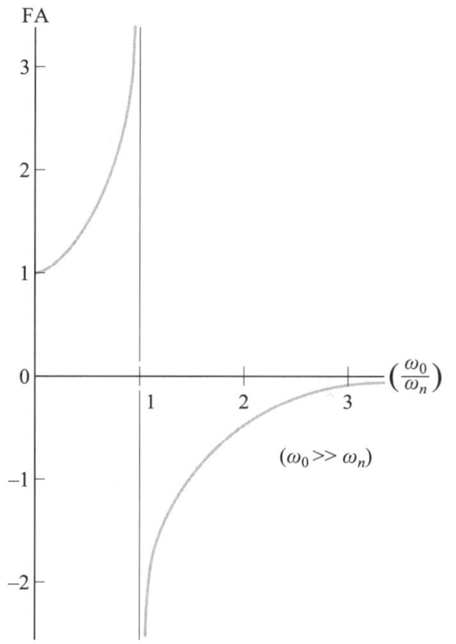

Figura 22.12

Deslocamento de suporte periódico

Vibrações forçadas também podem surgir da excitação periódica do suporte de um sistema. O modelo mostrado na Figura 22.13*a* representa a vibração periódica de um bloco que é causada pelo movimento harmônico $\delta = \delta_0$ sen $\omega_0 t$ do suporte. O diagrama de corpo livre para o bloco, neste caso, é mostrado na Figura 22.13*b*. O deslocamento δ do suporte é medido do ponto de deslocamento zero, ou seja, quando a linha radial *OA* coincide com *OB*. Portanto, a deformação geral da mola é ($x - \delta_0$ sen $\omega_0 t$). Aplicar a equação do movimento resulta em

$$\xrightarrow{+} F_x = ma_x; \qquad -k(x - \delta_0 \text{ sen } \omega_0 t) = m\ddot{x}$$

ou

$$\ddot{x} + \frac{k}{m}x = \frac{k\delta_0}{m}\text{sen}\,\omega_0 t \tag{22.25}$$

Por comparação, esta equação é idêntica à formula da Equação 22.18, *contanto que F_0 seja substituído* por $k\delta_0$. Se esta substituição é feita nas soluções definidas pelas equações 22.21 a 22.23, os resultados são apropriados para descrever o movimento do bloco quando submetido ao deslocamento de suporte $\delta = \delta_0$ sen $\omega_0 t$.

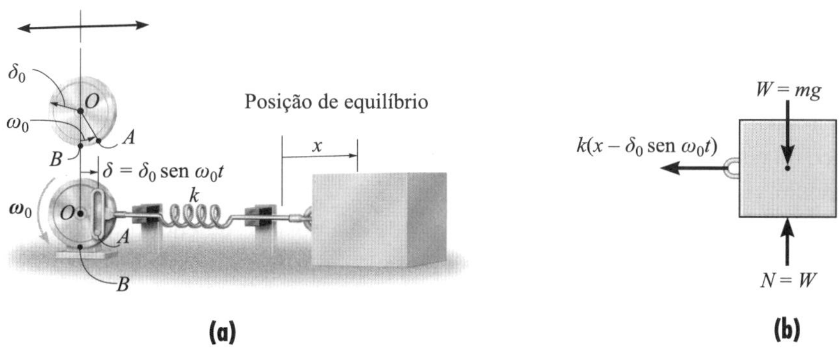

Figura 22.13

O compactador de solo opera por vibração forçada desenvolvida por um motor interno. É importante que a frequência de forçamento não seja próxima da frequência natural de vibração do compactador, que pode ser determinada quando o motor está desligado; de outra maneira, vai ocorrer ressonância e a máquina vai ficar incontrolável.

Exemplo 22.7

O instrumento mostrado na Figura 22.14 é rigidamente fixado à plataforma P, que, por sua vez, é apoiado por *quatro* molas, cada uma tendo uma rigidez $k = 800$ N/m. Se o chão é submetido a um deslocamento vertical $\delta = 10$ sen($8t$) mm, onde t é em segundos, determine a amplitude da vibração do estado constante. Qual é a frequência da vibração do chão necessária para causar ressonância? O instrumento e a plataforma têm uma massa total de 20 kg.

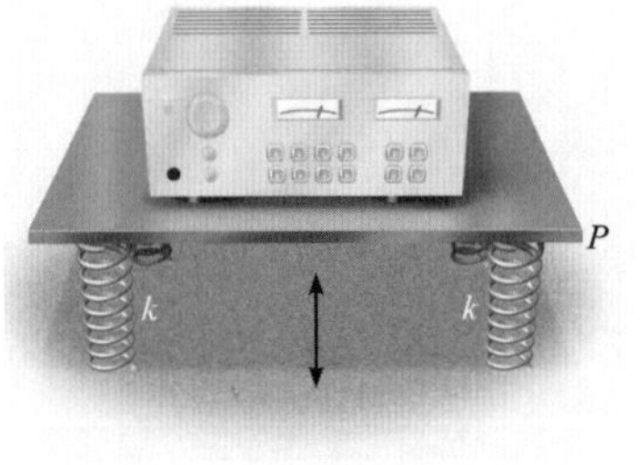

Figura 22.14

Solução

A frequência natural é

$$\omega_n = \sqrt{\frac{k}{m}} = \sqrt{\frac{4(800 \text{ N/m})}{20 \text{ kg}}} = 12{,}65 \text{ rad/s}$$

A amplitude da vibração de estado constante é encontrada usando a Equação 22.21, com $k\delta_0$ substituindo F_0.

$$X = \frac{\delta_0}{1 - (\omega_0/\omega_n)^2} = \frac{1}{1 - [(8 \text{ rad/s})/(12{,}65 \text{ rad/s})]^2} = 16{,}7 \text{ mm}$$

A ressonância ocorrerá quando a amplitude de vibração X causada pelo deslocamento do chão se aproximar do infinito. Isso exige

$$\omega_0 = \omega_n = 12{,}6 \text{ rad/s}$$

22.4 Vibração livre amortecida viscosa

A análise de vibração considerada até este ponto não incluiu os efeitos de atrito ou amortecimento no sistema, e, como resultado, as soluções obtidas estão apenas em próxima concordância com o movimento real. Já que todas as vibrações morrem com o tempo, a presença de forças de amortecimento deve ser incluída na análise.

Em muitos casos, o amortecimento é atribuído à resistência criada pela substância, como água, óleo, ou ar, na qual o sistema vibra. Contanto que o corpo se desloque lentamente através dessa substância, a resistência ao movimento é diretamente proporcional à velocidade do corpo. O tipo de força desenvolvido sob essas condições é chamado de uma *força de amortecimento viscoso.* A intensidade dessa força é expressa por uma equação da fórmula

$$F = c\dot{x} \tag{22.26}$$

onde a constante c é chamada de *coeficiente de amortecimento viscoso* e tem unidades de N · s/m.

O movimento de vibração de um corpo ou sistema tendo amortecimento viscoso pode ser caracterizado pelo bloco e mola mostrados na Figura 22.15*a*. O efeito de amortecimento é fornecido pelo *amortecedor* conectado ao bloco do lado direito. O amortecimento ocorre quando o pistão P se desloca para a direita ou esquerda dentro do cilindro fechado. O cilindro contém um fluido, e o movimento do pistão é retardado, já que o fluido tem de escorrer em torno ou através de um pequeno buraco no pistão. Presume-se que o amortecedor que tenham um coeficiente de amortecimento viscoso de c.

Se o bloco é deslocado uma distância x de sua posição de equilíbrio, o diagrama de corpo livre resultante é mostrado na Figura 22.15*b*. Tanto a mola quanto a força de amortecimento se opõem ao movimento para frente do bloco, de maneira que aplicar a equação de movimento resulta em

$$\overset{+}{\rightarrow}\Sigma F_x = ma_x; \quad -kx - c\dot{x} = m\ddot{x}$$

ou

$$m\ddot{x} + c\dot{x} + kx = 0 \quad (22.27)$$

Esta equação diferencial, homogênea, de segunda ordem, linear, tem uma solução da fórmula

$$x = e^{\lambda t}$$

onde e é a base do logaritmo natural e λ (lambda) é uma constante. O valor de λ pode ser obtido substituindo-se esta solução e suas derivadas de tempo na Equação 22.27, o que resulta em

$$m\lambda^2 e^{\lambda t} + c\lambda e^{\lambda t} + ke^{\lambda t} = 0$$

ou

$$e^{\lambda t}(m\lambda^2 + c\lambda + k) = 0$$

Visto que $e^{\lambda t}$ nunca pode ser zero, uma solução é possível, contanto que

$$m\lambda^2 + c\lambda + k = 0$$

Por conseguinte, pela fórmula quadrática, os dois valores de λ são

$$\begin{aligned} \lambda_1 &= -\frac{c}{2m} + \sqrt{\left(\frac{c}{2m}\right)^2 - \frac{k}{m}} \\ \lambda_2 &= -\frac{c}{2m} - \sqrt{\left(\frac{c}{2m}\right)^2 - \frac{k}{m}} \end{aligned} \quad (22.28)$$

A solução geral da Equação 22.27 é, portanto, uma combinação das exponenciais que envolvem ambas as raízes. Há três combinações possíveis de λ_1 e λ_2 que têm de ser consideradas. Antes de discutir essas combinações, entretanto, vamos primeiro definir o coeficiente de amortecimento crítico c_c como o valor de c que faz o radical nas equações 22.28 ser igual a zero; ou seja,

$$\left(\frac{c_c}{2m}\right)^2 - \frac{k}{m} = 0$$

ou

$$c_c = 2m\sqrt{\frac{k}{m}} = 2m\omega_n \quad (22.29)$$

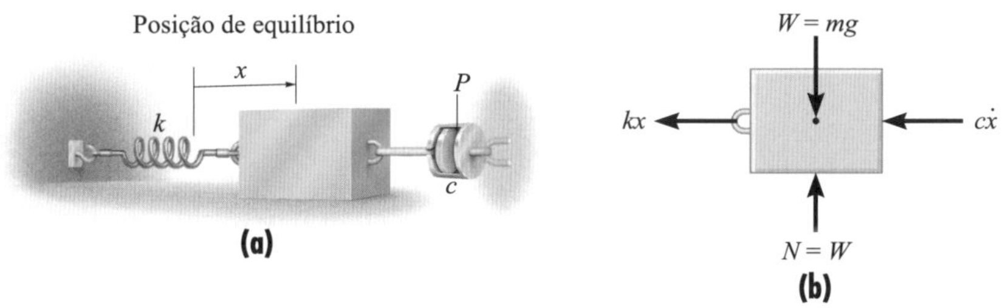

Figura 22.15

Sistema superamortecido

Quando $c > c_c$, as raízes λ_1 e λ_2 são ambas reais. A solução geral da Equação 22.27 pode, então, ser escrita como

$$x = Ae^{\lambda_1 t} + Be^{\lambda_2 t} \quad (22.30)$$

O movimento correspondente para esta solução é *não vibratório*. O efeito do amortecimento é tão forte que, quando o bloco é deslocado e solto, ele simplesmente se arrasta de volta para sua posição original sem oscilar. Diz-se que o sistema está *superamortecido*.

Sistema criticamente amortecido

Se $c = c_c$, então $\lambda_1 = \lambda_2 = -c_c/2m = -\omega_n$. Esta situação é conhecida como *amortecimento crítico*, já que ele representa uma condição onde c tem o menor valor necessário para fazer com que o sistema seja não vibratório. Utilizando os métodos das equações diferenciais, pode ser mostrado que a solução para a Equação 22.27 para o amortecimento crítico é

$$x = (A + Bt)e^{-\omega_n t} \qquad (22.31)$$

Sistema subamortecido

Mais seguidamente $c < c_c$, caso em que o sistema é referido como *subamortecido*. Neste caso, as raízes λ_1 e λ_2 são números complexos, e é possível ser demonstrado que a solução geral da Equação 22.27 pode ser escrita como

$$x = D[e^{-(c/2m)t}\,\text{sen}(\omega_d t + \phi)] \qquad (22.32)$$

onde D e ϕ são constantes geralmente determinadas a partir das condições iniciais da equação. A constante ω_d é chamada de *frequência natural amortecida* do sistema. Ela tem um valor de

$$\omega_d = \sqrt{\frac{k}{m} - \left(\frac{c}{2m}\right)^2} = \omega_n\sqrt{1 - \left(\frac{c}{c_c}\right)^2} \qquad (22.33)$$

onde a razão c/c_c é chamada de *fator de amortecimento*.

O gráfico da Equação 22.32 é mostrado na Figura 22.16. O limite inicial de movimento, D, diminui com cada ciclo de vibração, já que o movimento é confinado dentro dos limites da curva exponencial. Usando a frequência natural amortecida ω_d, o período de vibração amortecida pode ser escrito como

$$\tau_d = \frac{2\pi}{\omega_d} \qquad (22.34)$$

Visto que $\omega_d < \omega_n$ (Equação 22.33), o período de vibração amortecida, τ_d, será maior do que aquela da vibração livre, $\tau = 2\pi/\omega_n$.

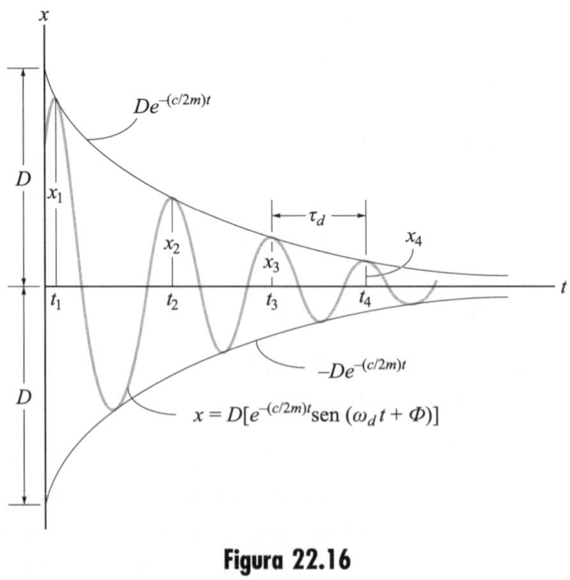

Figura 22.16

22.5 Vibração forçada amortecida viscosa

O caso mais geral de movimento vibratório com um único grau de liberdade ocorre quando o sistema inclui os efeitos de movimento forçado e amortecimento induzido. A análise deste tipo particular de vibração é de valor prático quando aplicada a sistemas tendo características de amortecimento significativas.

Se um amortecedor é fixado ao bloco e à mola mostrados na Figura 22.11*a*, a equação diferencial que descreve o movimento torna-se

$$m\ddot{x} + c\dot{x} + kx = F_0 \operatorname{sen}\omega_0 t \tag{22.35}$$

Uma equação similar pode ser escrita para um bloco e mola tendo um deslocamento de suporte periódico (Figura 22.13*a*), os quais incluem os efeitos de amortecimento. Neste caso, entretanto, F_0 é substituído por $k\delta_0$. Já que Equação 22.35 é não homogênea, a solução geral é a soma de uma solução complementar, x_c, e uma solução particular, x_p. A solução complementar é determinada estabelecendo-se o lado direito da Equação 22.35 igual a zero e solucionando a equação homogênea, que é equivalente à Equação 22.27. A solução é, portanto, dada pelas equações 22.30, 22.31 ou 22.32, dependendo dos valores de λ_1 e λ_2. Como todos os sistemas são submetidos ao atrito, então esta solução será amortecida com o tempo. Apenas a solução particular, que descreve a *vibração de estado constante* do sistema, permanecerá. Já que a função de forçamento aplicada é harmônica, o movimento de estado constante também será harmônico. Consequentemente, a solução particular será da forma

$$X_P = X' \operatorname{sen}(\omega_0 t - \phi) \tag{22.36}$$

As constantes X' e ϕ' são determinadas tomando as primeiras e segundas derivadas de tempo e substituindo-as nas equações 22.35, o que, após simplificação, resulta em

$$-X' m\omega_0^2 \operatorname{sen}(\omega_0 t - \phi') +$$
$$X' c\omega_0 \cos(\omega_0 t - \phi') + X' k \operatorname{sen}(\omega_0 t - \phi') = F_0 \operatorname{sen}\omega_0 t$$

Visto que esta equação se mantém por todo tempo, os coeficientes constantes podem ser obtidos estabelecendo $\omega_0 t - \phi' = 0$ e $\omega_0 t - \phi' = \pi/2$, o que faz com que a equação anterior torne-se

$$X' c\omega_0 = F_0 \operatorname{sen}\phi'$$
$$-X' m\omega_0^2 + X' k = F_0 \cos\phi'$$

A amplitude é obtida elevando ao quadrado estas equações, somando os resultados e usando a identidade $\operatorname{sen}^2\phi' + \cos^2\phi' = 1$, o que resulta em

$$X' = \frac{F_0}{\sqrt{(k - m\omega_0^2)^2 + c^2\omega_0^2}} \tag{22.37}$$

Dividir a primeira equação pela segunda resulta em

$$\phi' = \operatorname{tg}^{-1}\left[\frac{c\omega_0}{k - m\omega_0^2}\right] \tag{22.38}$$

Já que $\omega_n = \sqrt{k/m}$ e $c_c = 2m\omega_n$, então as equações acima também podem ser escritas como

$$X' = \frac{F_0/k}{\sqrt{[1 - (\omega_0/\omega_n)^2]^2 + [2(c/c_0)(\omega_0/\omega_n)]^2}} \tag{22.39}$$

$$\phi' = \operatorname{tg}^{-1}\left[\frac{2(c/c_0)(\omega_0/\omega_n)}{1 - (\omega_0/\omega_n)^2}\right]$$

O ângulo ϕ' representa a diferença de fase entre a força aplicada e a vibração de estado constante resultante do sistema amortecido.

O *fator de ampliação* FA foi definido na Seção 22.3 como a razão da amplitude de deflexão causada pela vibração forçada com a deflexão causada pela força estática F_0. Desse modo,

$$\text{FA} = \frac{X'}{F_0/k} = \frac{1}{\sqrt{[1-(\omega_0/\omega_n)^2]^2 + [2(c/c_c)(\omega_0/\omega_n)]^2}} \qquad (22.40)$$

O FA é colocado na Figura 22.17 *versus* a razão de frequência ω_0/ω_n para vários valores do fator de amortecimento c/c_c. Pode ser visto, a partir deste gráfico, que a ampliação da amplitude aumenta na medida em que o fator de amortecimento diminui. A ressonância obviamente ocorre apenas quando o fator de amortecimento é zero e a razão de frequência é igual a 1.

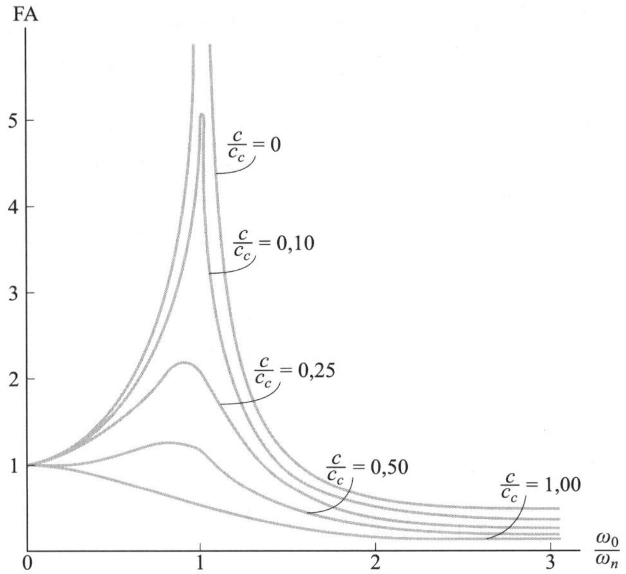

Figura 22.17

Exemplo 22.8

O motor elétrico de 30 kg mostrado na Figura 22.18 é suportado por *quatro* molas, cada uma com elasticidade de 200 N/m. Se o rotor é desequilibrado de tal maneira que seu efeito é equivalente a 4 kg de massa localizados a 60 mm do eixo de rotação, determine a amplitude de vibração quando o rotor está girando a $\omega_0 = 10$ rad/s. O fator de amortecimento é $c/c_c = 0{,}15$.

Figura 22.18

SOLUÇÃO

A força periódica que faz com que o motor vibre é a força centrífuga decorrente do rotor desequilibrado. Esta força tem uma intensidade constante de

$$F_0 = ma_n = mr\omega_0^2 = 4\ \text{kg}(0{,}06\ \text{m})(10\ \text{rad/s})^2 = 24\ \text{N}$$

Já que $F = F_0 \operatorname{sen} \omega_0 t$, onde $\omega_0 = 10$ rad/s, então

$$F = 24 \operatorname{sen} 10t$$

A rigidez do sistema todo de quatro molas é $k = 4(200\ \text{N/m}) = 800$ N/m. Portanto, a frequência natural de vibração é

$$\omega_n = \sqrt{\frac{k}{m}} = \sqrt{\frac{800\ \text{N/m}}{30\ \text{kg}}} = 5{,}164\ \text{rad/s}$$

Já que o fator de amortecimento é conhecido, a amplitude de estado constante pode ser determinada a partir da primeira das equações 22.39, ou seja,

$$\begin{aligned} X' &= \frac{F_0/k}{\sqrt{[1-(\omega_0/\omega_n)^2]^2 + [2(c/c_c)(\omega_0/\omega_n)]^2}} \\ &= \frac{24/800}{\sqrt{[1-(10/5{,}164)^2]^2 + [2(0{,}15)(10/5{,}164)]^2}} \\ &= 0{,}0107\ \text{m} = 10{,}7\ \text{mm} \end{aligned}$$

22.6 Analogias de circuito elétrico

As características de um sistema mecânico vibratório podem ser representadas por um circuito elétrico. Considere o circuito mostrado na Figura 22.19*a*, que consiste de um indutor L, um resistor R e um capacitor C. Quando uma voltagem $E(t)$ é aplicada, ela faz com que uma corrente de intensidade i flua através do circuito. Na medida em que a corrente passa pelo indutor, a queda de voltagem é $L(di/dt)$, quando ela passa através do resistor, a queda é Ri, e quando ela chega ao capacitor, a queda é $(1/C)\int i\,dt$. Já que uma corrente não pode passar por um capacitor, só é possível medir a carga q atuando sobre o capacitor. A carga pode, entretanto, ser relacionada à corrente pela equação $i = dq/dt$. Desse modo, as quedas de voltagem que ocorrem através de indutor, resistor e capacitor tornam-se $L\,d^2q/dt^2$, $R\,dq/dt$ e q/C, respectivamente. De acordo com a lei de voltagem de Kirchhoff, a voltagem aplicada equilibra a soma das quedas de voltagem em torno do circuito. Portanto,

$$L\frac{d^2q}{dt^2} + R\frac{dq}{dt} + \frac{1}{C}q = E(t) \qquad (22.41)$$

Considere agora o modelo de um sistema mecânico de um único grau de liberdade (Figura 22.19*b*), que é submetido tanto a uma função de forçamento geral $F(t)$ quanto a amortecimento. A equação de movimento para esse sistema foi estabelecida na seção anterior e pode ser escrita como

$$m\frac{d^2x}{dt^2} + c\frac{dx}{dt} + kx = F(t) \qquad (22.42)$$

Por comparação, é visto que as equações 22.41 e 22.42 têm a mesma fórmula, e assim, matematicamente, o procedimento para analisar um circuito elétrico é o mesmo que para analisar um sistema mecânico vibratório. As analogias entre as duas equações são dadas na Tabela 22.1.

Esta analogia tem uma aplicação importante para o trabalho experimental, pois é muito mais fácil simular a vibração de um sistema mecânico complexo utilizando um circuito elétrico, que pode ser construído em um computador análogo, do que fazer um modelo de mola e amortecedor mecânico equivalente.

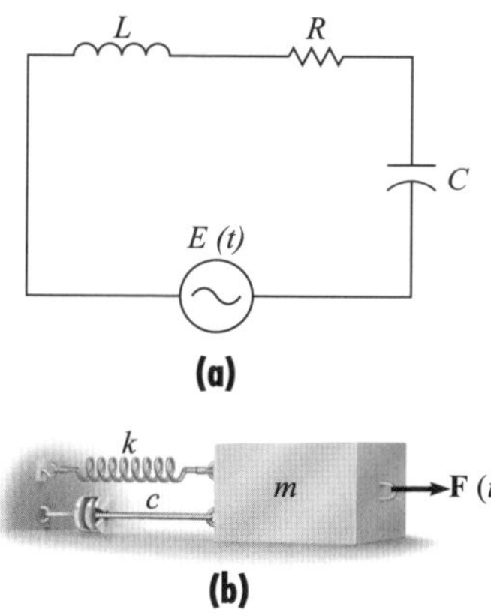

Figura 22.19

Tabela 22.1 Analogia mecânico-elétrica

Elétricos		Mecânicos	
Carga elétrica	q	Deslocamento	x
Corrente elétrica	i	Velocidade	dx/dt
Voltagem	$E(t)$	Força aplicada	$F(t)$
Indutância	L	Massa	m
Resistência	R	Coeficiente de amortecimento viscoso	c
Capacitação recíproca	$1/C$	Elasticidade da mola	k

Problemas

22.42. Se o modelo de bloco e mola é submetido à força periódica $F = F_0 \cos \omega t$, demonstre que a equação de movimento diferencial é $\ddot{x} + (k/m)x = (F_0/m) \cos \omega t$, onde x é medido a partir da posição de equilíbrio do bloco. Qual é a solução geral dessa equação?

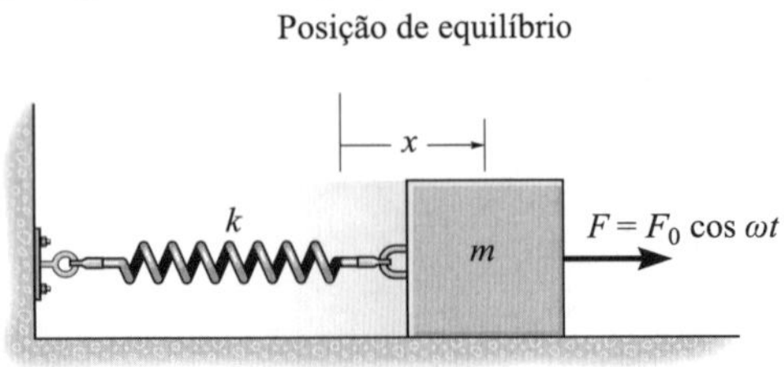

Problema 22.42

22.43. Se o bloco é submetido à força periódica $F = F_0 \cos \omega t$, demonstre que a equação de movimento diferencial é $\ddot{y} + (k/m)y = (F_0/m) \cos \omega t$, onde y é medido a partir da posição de equilíbrio do bloco. Qual é a solução geral dessa equação?

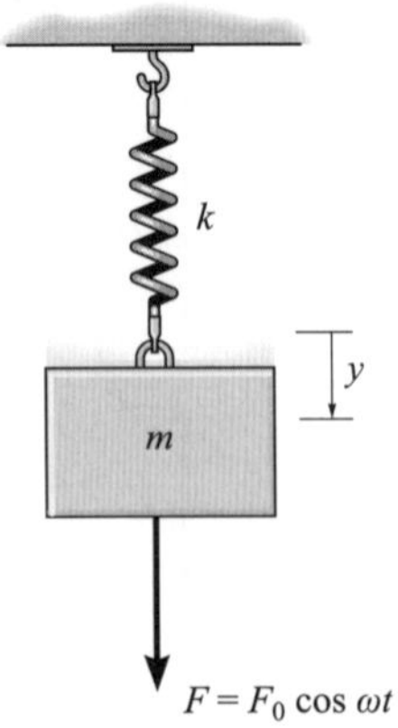

Problema 22.43

***22.44.** Um bloco tendo uma massa de 0,8 kg é suspenso por uma mola tendo uma rigidez de 120 N/m. Se um amortecedor fornece uma força de amortecimento de 2,5 N quando a velocidade do bloco é 0,2 m/s, determine o período de vibração livre.

•22.45. A mola mostrada se estende 150 mm quando está carregada com um peso de 25 kg. Determine a equação que descreve a posição do peso como uma função de tempo se o peso é puxado 100 mm abaixo de sua posição de equilíbrio e solto do repouso a $t = 0$. O peso é submetido a uma força periódica de $F = (-35 \text{ sen } 2t)$ N, onde t é em segundos.

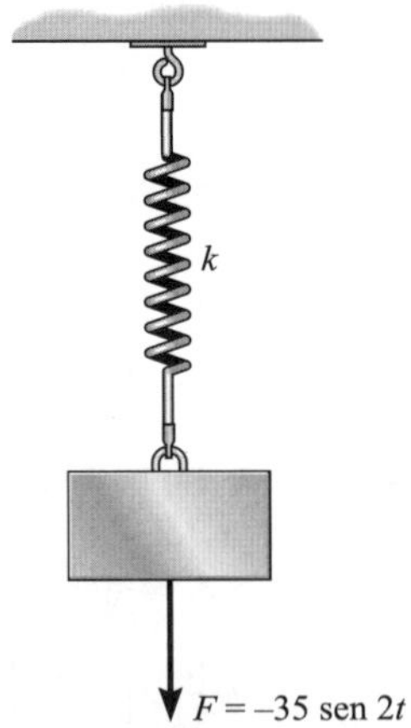

Problema 22.45

22.46. O bloco de 15 kg está fixado a duas molas tendo uma rigidez de 150 N/m. Uma força periódica $F = (40 \cos 3t)$ N, onde t é em segundos, é aplicada ao bloco. Determine a velocidade máxima do bloco após forças de atrito terem feito com que as vibrações livres fossem amortecidas.

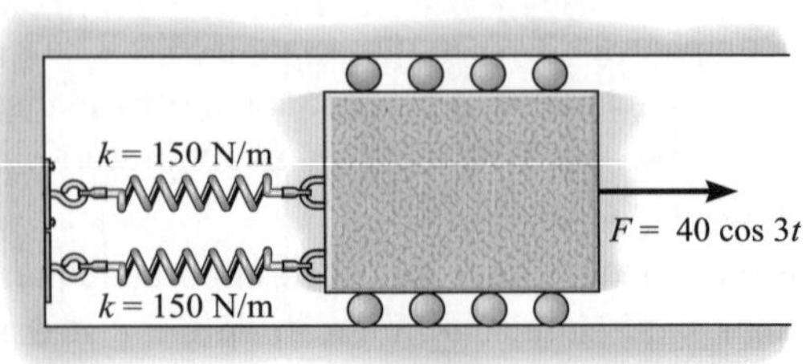

Problema 22.46

22.47. Um bloco de 5 kg está suspenso de uma mola tendo uma rigidez de 300 N/m. Se o bloco é submetido a uma força periódica vertical $F = (7 \text{ sen } 8t)$ N, onde t é em segundos, determine a equação que descreve o movimento do bloco quando ele é puxado para baixo 100 mm da posição de equilíbrio e solto do repouso em $t = 0$. Considere que o deslocamento positivo é para baixo.

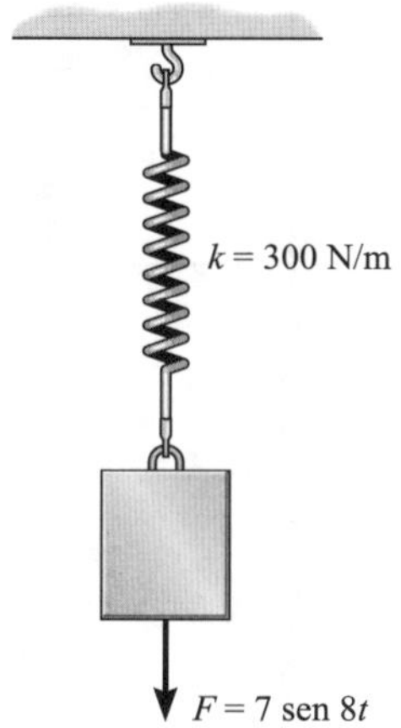

Problema 22.47

***22.48.** O motor elétrico tem uma massa de 50 kg e é suportado por *quatro molas*, cada uma com rigidez de 100 N/m. Se o motor gira um disco D que está montado excentricamente, 20 mm do centro do disco, determine a velocidade angular ω na qual ocorre a ressonância. Suponha que o motor somente vibra na direção vertical.

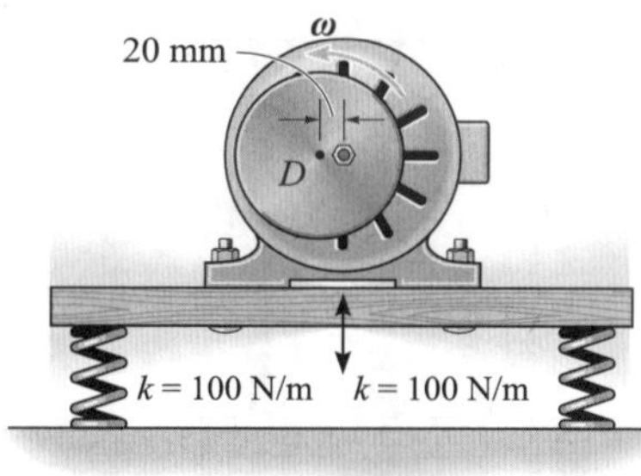

Problema 22.48

•**22.49.** O ventilador tem uma massa de 25 kg e está fixo à extremidade de uma viga horizontal que tem uma massa desprezível. A pá do ventilador está montada excentricamente no eixo de tal maneira que ela é equivalente a uma massa desequilibrada de 3,5 kg localizada a 100 mm do eixo de rotação. Se a deflexão estática da viga é de 50 mm, como resultado do peso do ventilador, determine a velocidade angular da pá do ventilador na qual vai ocorrer ressonância. *Dica:* Veja a primeira parte do Exemplo 22.8.

22.50. O ventilador tem uma massa de 25 kg e está fixo à extremidade de uma viga horizontal que tem uma massa desprezível. A pá do ventilador está montada excentricamente no eixo de tal maneira que ela é equivalente a uma massa desequilibrada de 3,5 kg localizada a 100 mm do eixo de rotação. Se a deflexão estática da viga é de 50 mm, como resultado do peso do ventilador, determine a amplitude da vibração de estado constante do ventilador se a velocidade angular da pá do ventilador é 10 rad/s. *Dica:* Veja a primeira parte do Exemplo 22.8.

22.51. Qual será a amplitude da vibração de estado constante do ventilador no Problema 22.50 se a velocidade angular da pá do ventilador é 18 rad/s? *Dica:* Veja a primeira parte do Exemplo 22.8.

Problemas 22.49/50/51

***22.52.** Um bloco de 3,5 kg está suspenso por uma mola tendo uma rigidez de $k = 1250$ N/m. O apoio ao qual a mola está fixada é submetido a um movimento harmônico simples que pode ser expresso como $\delta = (0{,}045 \text{ sen } 2t)$ m, onde t é em segundos. Se o fator de amortecimento é $c/c_c = 0{,}8$, determine o ângulo de fase ϕ de vibração forçada.

•**22.53.** Determine o fator de ampliação da combinação de bloco, mola e amortecedor no Problema 22.52.

22.54. A barra uniforme tem uma massa de m. Se ela é submetida a uma força periódica de $F = F_0 \text{ sen } \omega t$, determine a amplitude de vibração de estado constante.

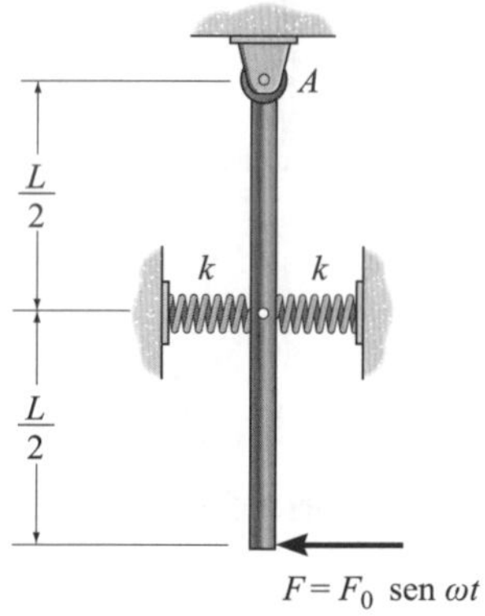

Problema 22.54

22.55. O movimento de um sistema não amortecido pode ser descrito pelo gráfico na Figura 20.16. Demonstre que a relação entre dois picos sucessivos de vibração é dada por $\ln(x_n/x_{n+1}) = 2\pi(c/c_c)/\sqrt{1-(c/c_c)^2}$, onde c/c_c é o *fator de amortecimento* e $\ln(x_n/x_{n+1})$ é chamado de *decremento logarítmico*.

***22.56.** Duas amplitudes sucessivas de um sistema vibratório não amortecido são observadas como sendo 100 mm e 75 mm. Determine o coeficiente de amortecimento do sistema. O bloco tem uma massa de 10 kg e a mola tem uma elasticidade de $k = 1000$ N/m. Use o resultado do Problema 22.55.

•**22.57.** Dois amortecedores idênticos são arranjados paralelos um ao outro, como mostrado. Demonstre que, se o coeficiente de amortecimento $c < \sqrt{m/k}$, então o bloco de massa m vai vibrar como um sistema subamortecido.

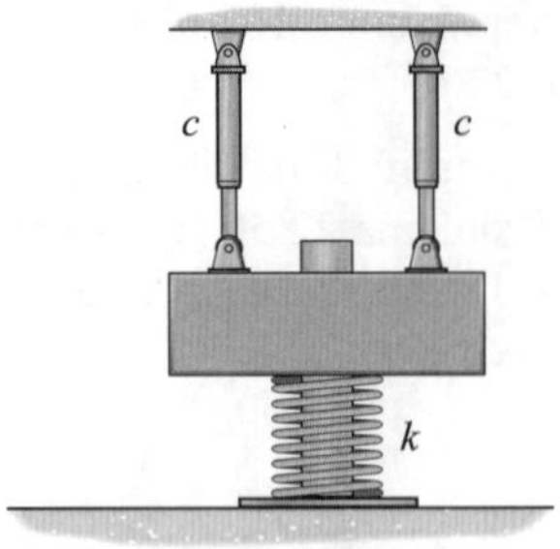

Problema 22.57

22.58. O sistema de mola está conectado a uma cruzeta que oscila verticalmente quando a roda gira com uma velocidade angular constante de ω. Se a amplitude da vibração de estado constante é observada como sendo de 400 mm, e cada uma das molas tem uma rigidez de k = 2500 N/m, determine os dois valores possíveis de ω nos quais a roda tem de girar. O bloco tem uma massa de 50 kg.

22.59. O sistema de mola está conectado a uma cruzeta que oscila verticalmente quando a roda gira com uma velocidade angular constante de ω = 5 rad/s. Se a amplitude da vibração de estado constante é observada como sendo de 400 mm, determine os dois valores possíveis de elasticidade k das molas. O bloco tem uma massa de 50 kg.

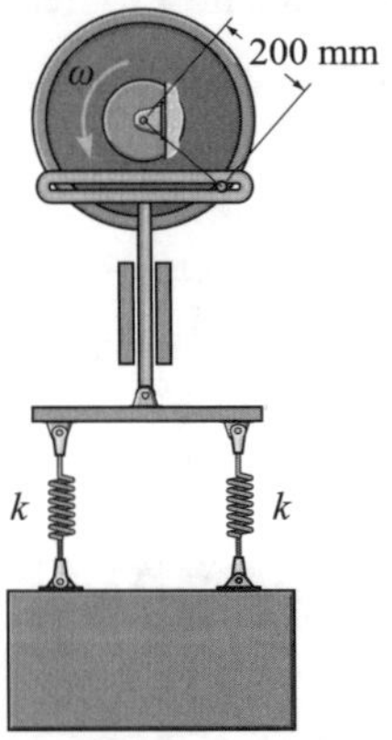

Problemas 22.58/59

***22.60.** Determine a equação diferencial para pequenas oscilações em termos de θ para a barra uniforme de massa m. Também demonstre que, se $c < \sqrt{mk/2}$, então o sistema permanece subamortecido. A barra está na posição horizontal quando ela está em equilíbrio.

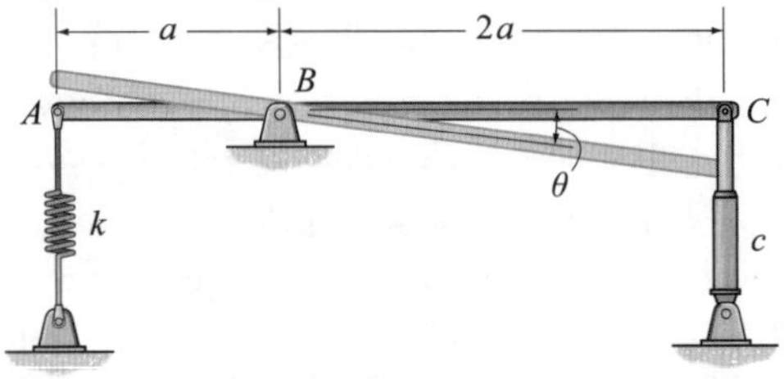

Problema 22.60

•22.61. Se o amortecedor tem um coeficiente de amortecimento de c = 50 N · s/m, e a mola tem uma rigidez de k = 600 N/m, demonstre que o sistema está subamortecido, então determine o período de oscilação do pêndulo. As barras uniformes têm uma massa por unidade de comprimento de 10 kg/m.

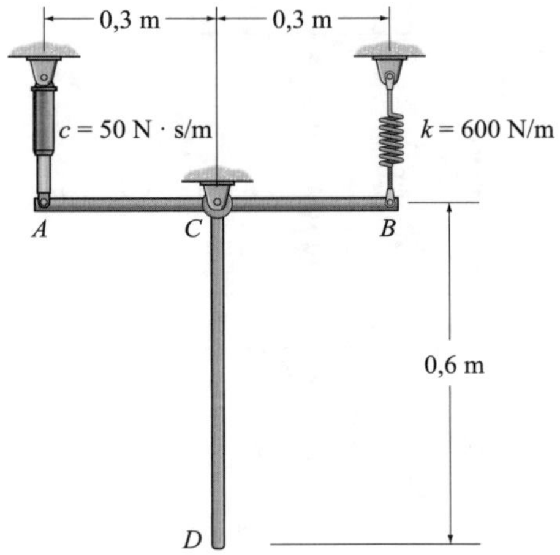

Problema 22.61

22.62. Se o bloco de 30 kg é submetido a uma força periódica de P = (300 sen 5t) N, k = 1500 N/m e c = 300 N · s/m, determine a equação que descreve a vibração de estado constante como uma função do tempo.

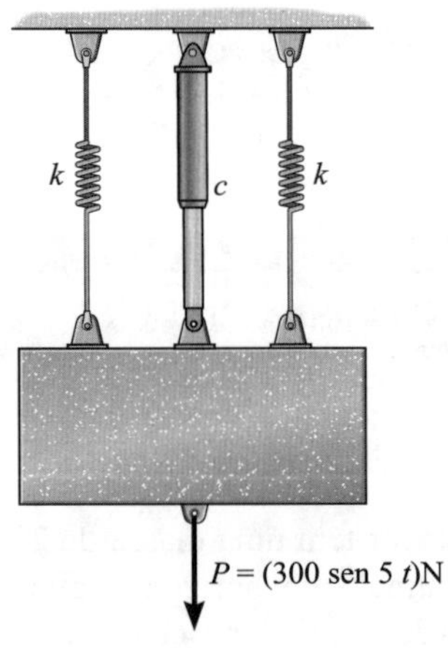

Problema 22.62

22.63. O bloco, tendo uma massa de 7,5 kg, está imerso em um líquido de tal maneira que a força de amortecimento atuando sobre o bloco tem uma intensidade de $F = (12|v|)$ N, onde v é a velocidade do bloco em m/s. Se o bloco é puxado para baixo 0,24 m e solto do repouso, determine a posição do bloco como uma função de tempo. A mola tem uma rigidez de k = 600 N/m. Considere que o deslocamento positivo é para baixo.

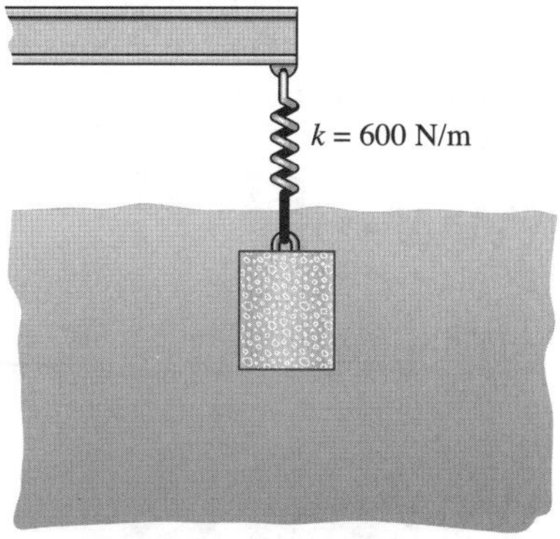

Problema 22.63

***22.64.** O bloco pequeno em A tem uma massa de 4 kg e está montado na barra dobrada tendo uma massa desprezível. Se o rotor em B causa um movimento harmônico δ_B = (0,1 cos 15t) m, onde t é em segundos, determine a amplitude de estado constante de vibração do bloco.

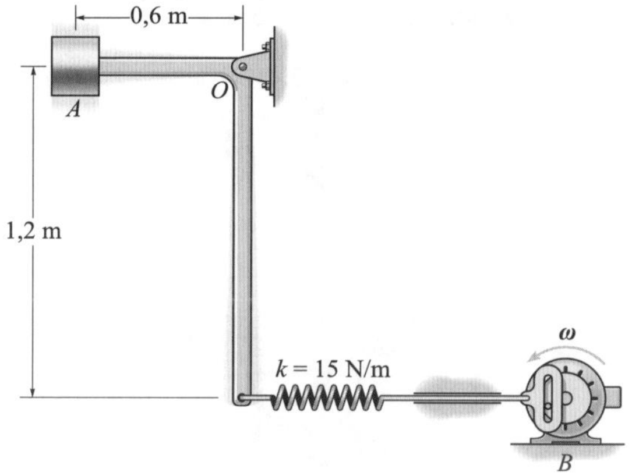

Problema 22.64

•22.65. A barra tem uma massa de 3 kg. Se a rigidez da mola é k = 120 N/m e o amortecedor tem um coeficiente de amortecimento c = 1000 N · s/m, determine a equação diferencial que descreve o movimento em termos do ângulo θ de rotação da barra. Além disso, qual deveria ser o coeficiente de amortecimento do amortecedor se a barra deve ser criticamente amortecida?

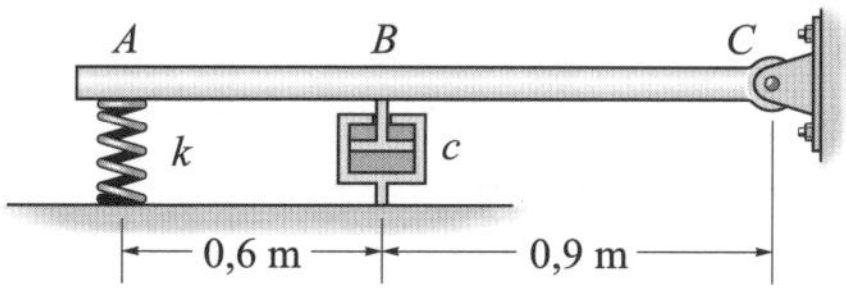

Problema 22.65

22.66. Um bloco tendo uma massa de 7 kg está suspenso por uma mola que tem uma rigidez de k = 600 N/m. Se o bloco é submetido a uma velocidade para cima de 0,6 m/s de sua posição de equilíbrio em t = 0, determine sua posição como uma função do tempo. Presuma que o deslocamento positivo do bloco é para baixo e que o movimento ocorre em um meio que fornece uma força de amortecimento F = (50|v|) N, onde v é a velocidade do bloco em m/s.

22.67. Um peso de 2 kg é fixado a uma mola tendo uma rigidez de k = 150 N/m. O peso é puxado para baixo por uma distância de 100 mm e solto do repouso. Se o apoio se desloca com um deslocamento vertical de δ = (12,5 sen 4t) mm, onde t é em segundos, determine a equação que descreve a posição do peso como uma função do tempo.

***22.68.** Determine a equação de movimento diferencial para o sistema vibratório amortecido mostrado. Que tipo de movimento ocorre?

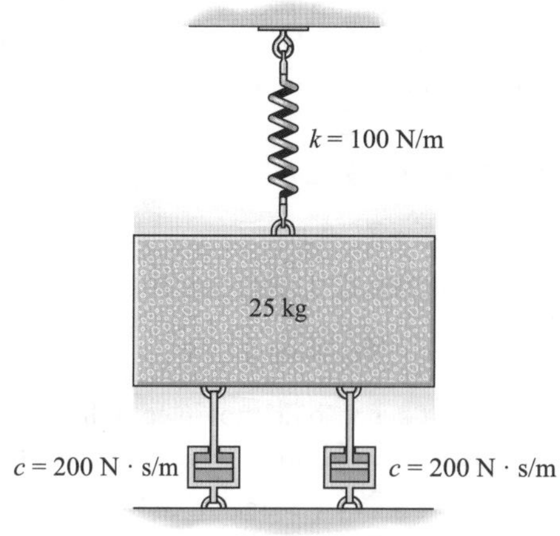

Problema 22.68

•22.69. O disco circular de 4 kg está fixado a três molas, cada uma com rigidez de k =180 N/m. Se o disco é imerso em um fluido e submetido a uma velocidade para baixo de 0,3 m/s na posição de equilíbrio, determine a equação que descreve o movimento. Considere o deslocamento positivo sendo medido para baixo, e que a resistência do fluido atuando sobre o disco fornece uma força de amortecimento tendo uma intensidade F = (60|v|) N, onde v é a velocidade do bloco em m/s.

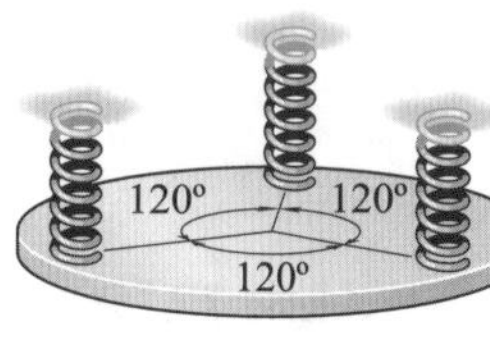

Problema 22.69

22.70. Usando um modelo de bloco e mola, como o mostrado na Figura 22.13a, mas suspenso de uma posição vertical e submetido a um deslocamento de apoio periódico de $\delta = \delta_0 \cos \omega_0 t$, determine a equação de movimento para o sistema e obtenha sua solução geral. Defina o deslocamento y medido a partir de uma posição de equilíbrio estático do bloco quando t = 0.

22.71. O motor elétrico gira um volante excêntrico que é equivalente a um peso desequilibrado de 0,125 kg localizado a 250 mm do eixo de rotação. Se a deflexão estática da viga é 25 mm causada pelo peso do motor, determine a velocidade angular do volante na qual a ressonância vai ocorrer. O motor tem uma massa de 75 kg. Despreze a massa da viga.

***22.72.** Qual será a amplitude de vibração de estado constante do motor no Problema 22.71 se a velocidade angular do volante é 20 rad/s?

•22.73. Determine a velocidade angular do volante no Problema 22.71 que produzirá uma amplitude de vibração de 6 mm.

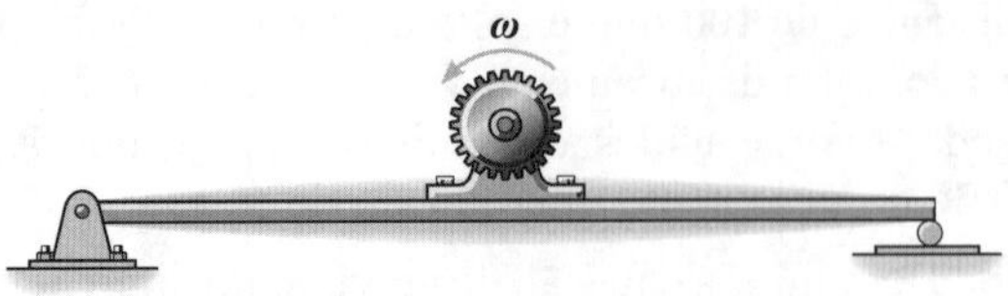

Problemas 22.71/72/73

22.74. Desenhe o circuito elétrico que é equivalente ao sistema mecânico mostrado. Determine a equação diferencial que descreve a carga q no circuito.

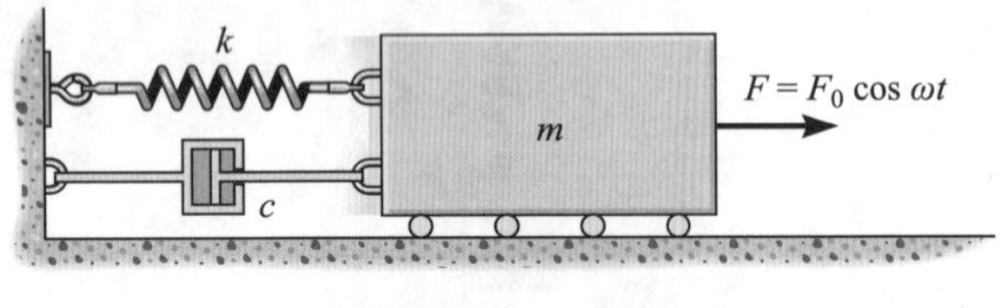

Problema 22.74

22.75. Determine a equação de movimento diferencial para o sistema vibratório amortecido mostrado. Que tipo de movimento ocorre? Tome $k = 100$ N/m, $c = 200$ N · s/m, $m = 25$ kg.

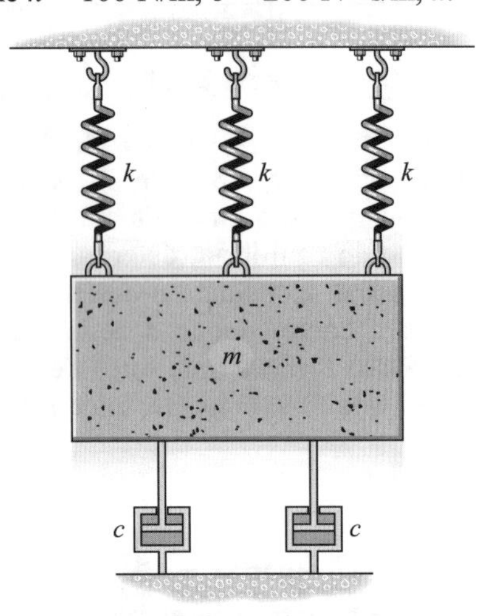

Problema 22.75

***22.76.** Desenhe o circuito elétrico que é equivalente ao sistema mecânico mostrado. Qual é a equação diferencial que descreve a carga q no circuito?

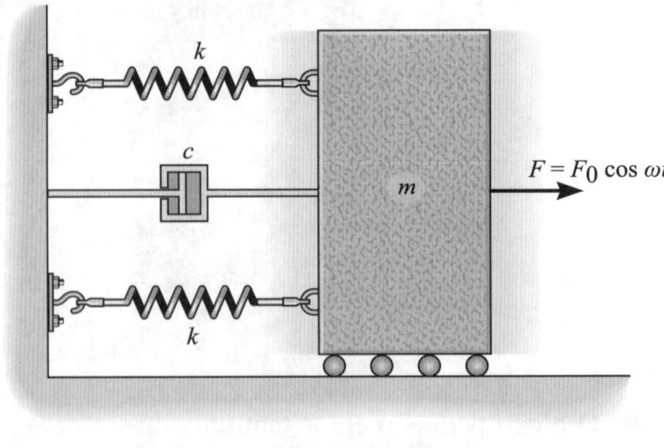

Problema 22.76

•22.77. Desenhe o circuito elétrico que é equivalente ao sistema mecânico mostrado. Determine a equação diferencial que descreve a carga q no circuito.

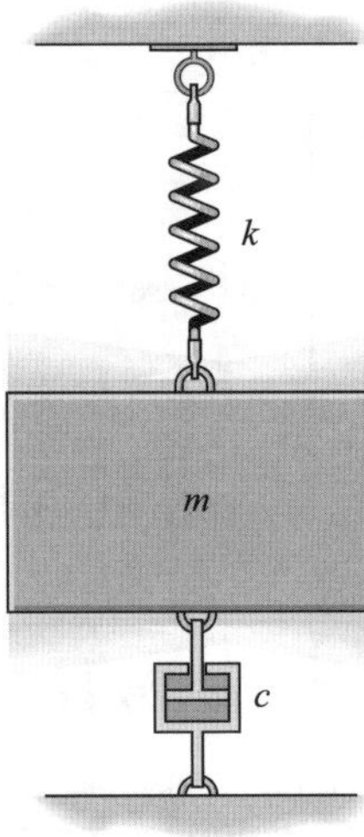

Problema 22.77

REVISÃO DO CAPÍTULO

Vibração livre não amortecida

Um corpo tem vibração livre quando forças restauradoras elásticas ou gravitacionais causam o movimento. Esse movimento é não amortecido quando forças de atrito são desprezadas. O movimento periódico de um corpo livremente vibratório, não amortecido, pode ser estudado deslocando o corpo da posição de equilíbrio e, então, aplicando a equação de movimento ao longo da trajetória.

Para um sistema de um grau de liberdade, a equação diferencial resultante pode ser escrita em termos de sua frequência natural ω_n.

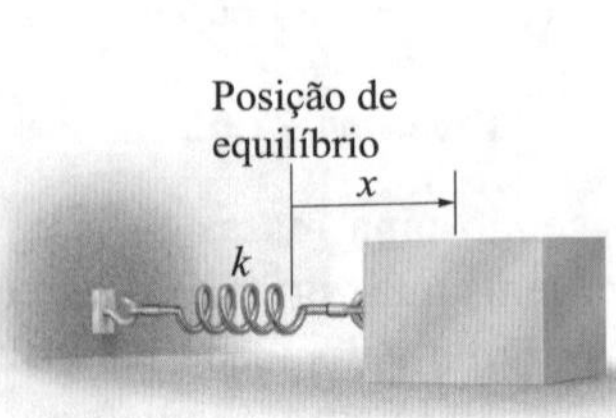

$$\ddot{x} + \omega_n^2 x = 0 \qquad \tau = \frac{2\pi}{\omega_n} \qquad f = \frac{1}{\tau} = \frac{\omega_n}{2\pi}$$

Métodos de energia

Contanto que forças restauradoras atuando sobre o corpo sejam gravitacionais e elásticas, então a conservação de energia também pode ser usada para determinar seu movimento harmônico simples. Para fazer isso, o corpo é deslocado uma pequena distância de sua posição de equilíbrio, e uma expressão para sua energia potencial e cinética é escrita. A derivada de tempo dessa equação pode, então, ser rearranjada na fórmula-padrão $\ddot{x} + \omega_n^2 x = 0$.

Vibração forçada não amortecida

Quando a equação de movimento é aplicada a um corpo que é submetido a uma força periódica, ou o apoio tem um deslocamento com uma frequência ω_0, então a solução da equação diferencial consiste de uma solução complementar e uma solução particular. A solução complementar é causada pela vibração livre e pode ser desprezada. A solução particular é causada pela vibração forçada.

Ocorrerá ressonância se a frequência natural de vibração ω_n for igual à frequência de forçamento ω_0. Isso deve ser evitado, já que o movimento tenderá a se tornar incontrolado.

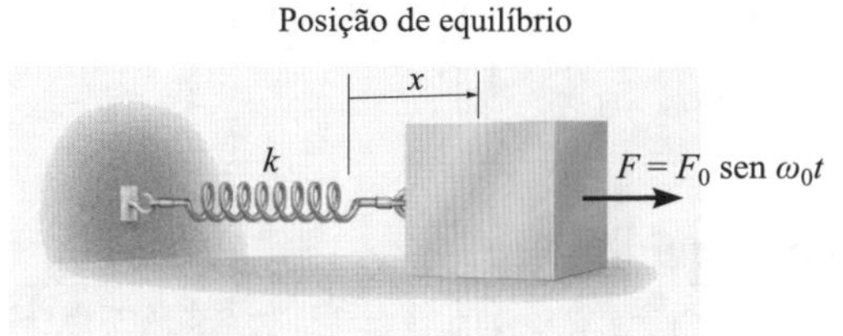

$$x_p = \frac{F_0/k}{1 - (\omega_0/\omega_n)^2}\,\text{sen}\,\omega_0 t$$

Vibração livre amortecida viscosa

Uma força de amortecimento viscosa é causada por arrasto de fluido no sistema na medida em que ele vibra. Se o movimento é lento, essa força de arrasto será proporcional à velocidade, isto é, $F = c\dot{x}$. Aqui, c é o coeficiente de amortecimento viscoso. Comparando seu valor ao coeficiente de amortecimento crítico, $c_c = 2m\omega_n$, podemos especificar o tipo de vibração que ocorre. Se $c > c_c$, ele é um sistema superamortecido; se $c = c_c$, ele é um sistema criticamente amortecido; se $c < c_c$, ele é um sistema subamortecido.

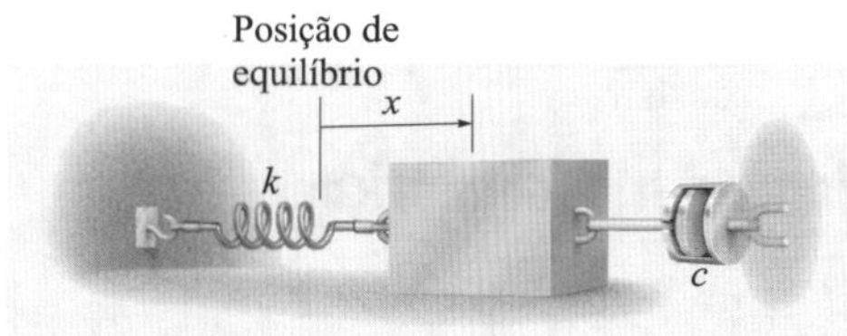

Vibração forçada amortecida viscosa

O tipo mais geral de vibração para um sistema de um grau de liberdade ocorre quando o sistema é amortecido e submetido a movimento forçado periódico. A solução fornece compreensão sobre como o fator de amortecimento, c/c_c, e a razão de frequência, ω_0/ω_n, influenciam a vibração.

A ressonância é evitada contanto que $c/c_c \neq 0$ e $\omega_0/\omega_n \neq 1$.

Analogias de circuito elétrico

O movimento vibratório de um sistema mecânico complexo pode ser estudado modelando-o como um circuito elétrico. Isto é possível já que as equações diferenciais que governam o comportamento de cada sistema são as mesmas.

APÊNDICES

A — Expressões matemáticas

Fórmula quadrática

Se $ax^2 + bx + c = 0$, então $x = \dfrac{-b \pm \sqrt{b^2 - 4ac}}{2a}$

Funções hiperbólicas

$$\text{senh } x = \frac{e^x - e^{-x}}{2}$$

$$\cosh x = \frac{e^x + e^{-x}}{2}$$

$$\text{tgh } x = \frac{\text{senh}\, x}{\cosh x}$$

Identidades trigonométricas

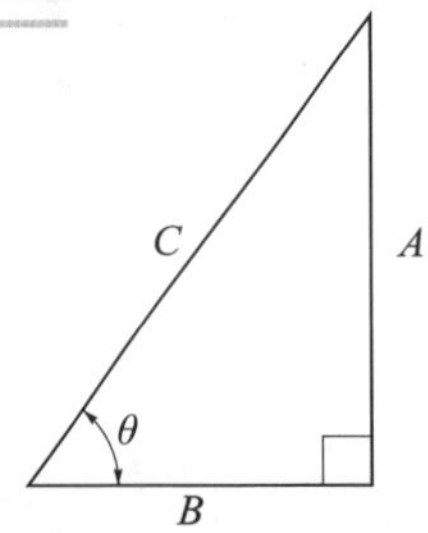

$$\text{sen}\,\theta = \frac{A}{C},\ \csc\theta = \frac{C}{A}$$

$$\cos\theta = \frac{B}{C},\ \sec\theta = \frac{C}{B}$$

$$\text{tg}\,\theta = \frac{A}{B},\ \cot\theta = \frac{B}{A}$$

$$\text{sen}^2\,\theta + \cos^2\theta = 1$$

$$\text{sen}\,(\theta \pm \phi) = \text{sen}\,\theta\,\cos\phi \pm \cos\theta\,\text{sen}\,\phi$$

$$\text{sen}\,2\theta + 2\,\text{sen}\,\theta\,\cos\theta$$

$$\cos(\theta \pm \phi) = \cos\theta\,\cos\phi \pm \text{sen}\,\theta\,\text{sen}\,\phi$$

$$\cos 2\theta = \cos^2\theta - \text{sen}^2\,\theta$$

$$\cos\theta = \pm\sqrt{\frac{1+\cos 2\theta}{2}},\ \text{sen}\theta = \pm\sqrt{\frac{1-\cos 2\theta}{2}}$$

$$\text{tg}\theta = \frac{\text{sen}\,\theta}{\cos\theta}$$

$$1 + \text{tg}^2\,\theta = \sec^2\theta \qquad 1 + \cot^2\theta = \csc^2\theta$$

Expansões de séries em potência

$$\text{sen } x = x - \frac{x^3}{3!} + \cdots \qquad \text{senh}x = x + \frac{x^3}{3!} + \cdots$$

$$\cos x = 1 - \frac{x^2}{2!} + \cdots \qquad \cosh x = 1 + \frac{x^2}{2!} + \cdots$$

Derivadas

$$\frac{d}{dx}(u^n) = nu^{n-1}\frac{du}{dx}$$

$$\frac{d}{dx}(uv) = u\frac{dv}{dx} + v\frac{du}{dx}$$

$$\frac{d}{dx}\left(\frac{u}{v}\right) = \frac{v\dfrac{du}{dx} - u\dfrac{dv}{dx}}{v^2}$$

$$\frac{d}{dx}(\cot u) = -\csc^2 u\frac{du}{dx}$$

$$\frac{d}{dx}(\sec u) = \text{tg}\,u\ \sec u\frac{du}{dx}$$

$$\frac{d}{dx}(\csc u) = -\csc u\cot u\frac{du}{dx}$$

$$\frac{d}{dx}(\text{sen}\,u) = \cos u\frac{du}{dx}$$

$$\frac{d}{dx}(\cos u) = -\,\text{sen}\,u\frac{du}{dx}$$

$$\frac{d}{dx}(\text{tg}\,u) = \sec^2 u\frac{du}{dx}$$

$$\frac{d}{dx}(\text{senh}\,u) = \cosh u\frac{du}{dx}$$

$$\frac{d}{dx}(\cosh u) = \text{senh}\,u\frac{du}{dx}$$

Integrais

$$\int x^n dx = \frac{x^{n+1}}{n+1} + C, n \neq -1$$

$$\int \frac{dx}{a + bx} = \frac{1}{b}\ln(a + bx) + C$$

$$\int \frac{dx}{a + bx^2} = \frac{1}{2\sqrt{-ba}}\ln\left[\frac{a + x\sqrt{-ab}}{a - x\sqrt{-ab}}\right] + C, ab < 0$$

$$\int \frac{x\,dx}{a + bx^2} = \frac{1}{2b}\ln(bx^2 + a) + C$$

$$\int \frac{x^2\,dx}{a + bx^2} = \frac{x}{b} - \frac{a}{b\sqrt{ab}}\ \mathrm{tg}^{-1}\frac{x\sqrt{ab}}{a} + C, ab > 0$$

$$\int \frac{dx}{a^2 + x^2} = \frac{1}{2a}\ln\left[\frac{a + x}{a - x}\right] + C, a^2 > x^2$$

$$\int \sqrt{a + bx}\,dx = \frac{2}{3b}\sqrt{(a + bx)^3} + C$$

$$\int x\sqrt{a + bx}\,dx = \frac{-2(2a - 3bx)\sqrt{(a + bx)^3}}{15b^2} + C$$

$$\int x^2\sqrt{a + bx}\,dx = \frac{2(8a^2 - 12abx + 15b^2x^2)\sqrt{(a + bx)^3}}{105b^3} + C$$

$$\int \sqrt{a^2 - x^2}\,dx = \frac{1}{2}\left[x\sqrt{a^2 - x^2} + a^2\,\mathrm{sen}^{-1}\frac{x}{a}\right] + C, a > 0$$

$$\int x\sqrt{x^2 \pm a^2}\,dx = \frac{1}{3}\sqrt{(x^2 \pm a^2)^3} + C$$

$$\int x^2\sqrt{a^2 - x^2}\,dx = -\frac{x}{4}\sqrt{(a^2 \pm x^2)^3} + \frac{a^2}{8}\left(x\sqrt{a^2 - x^2} + a^2\,\mathrm{sen}^{-1}\frac{x}{a}\right) + C, a > 0$$

$$\int \sqrt{x^2 \pm a^2}\,dx = \frac{1}{2}[x\sqrt{x^2 \pm a^2} \pm a^2\ln(x + \sqrt{x^2 \pm a^2})] + C$$

$$\int x\sqrt{a^2 - x^2}\,dx = -\frac{1}{3}\sqrt{(a^2 - x^2)^3} + C$$

$$\int x^2\sqrt{x^2 \pm a^2}\,dx = \frac{x}{4}\sqrt{(x^2 \pm a^2)^3}\quad \frac{a^2}{8}x\sqrt{x^2 \pm a^2} - \frac{a^4}{8}\ln(x + \sqrt{x^2 \pm a^2}) + C$$

$$\int \frac{dx}{\sqrt{a + bx}} = \frac{2\sqrt{a + bx}}{b} + C$$

$$\int \frac{x\,dx}{\sqrt{x^2 \pm a^2}} = \sqrt{x^2 \pm a^2} + C$$

$$\int \frac{dx}{\sqrt{a + bx + cx^2}} = \frac{1}{\sqrt{c}}\ln\left[\sqrt{a + bx + cx^2} + x\sqrt{c} + \frac{b}{2\sqrt{c}}\right] + C, c > 0$$
$$= \frac{1}{\sqrt{-c}}\,\mathrm{sen}^{-1}\left(\frac{-2cx - b}{\sqrt{b^2 - 4ac}}\right) + C, c > 0$$

$$\int \mathrm{sen}\,x\,dx = -\cos x + C$$

$$\int \cos x\,dx = \mathrm{sen}\,x + C$$

$$\int x\cos(ax)dx = \frac{1}{a^2}\cos(ax) + \frac{x}{a}\mathrm{sen}(ax) + C$$

$$\int x^2\cos(ax)dx = \frac{2x}{a^2}\cos(ax) + \frac{a^2x^2 - 2}{a^3}\mathrm{sen}(ax) + C$$

$$\int e^{ax}dx = \frac{1}{a}e^{ax} + C$$

$$\int xe^{ax}dx = \frac{e^{ax}}{a^2}(ax - 1) + C$$

$$\int \mathrm{senh}\,x\,\mathrm{d}x = \cosh x + C$$

$$\int \cosh x\,\mathrm{d}x = \cosh x + C$$

B — Análise vetorial

A discussão a seguir fornece uma breve revisão de análise vetorial. Um tratamento mais detalhado desses tópicos pode ser encontrado em *Estática:* mecânica para engenharia, 12ª edição.

Vetor

Um vetor, **A**, é uma quantidade que tem magnitude e direção, e soma de acordo com a lei do paralelogramo. Como mostrado na Figura B.1, **A** = **B** + **C**, onde **A** é o *vetor resultante* e **B** e **C** são *vetores componentes*.

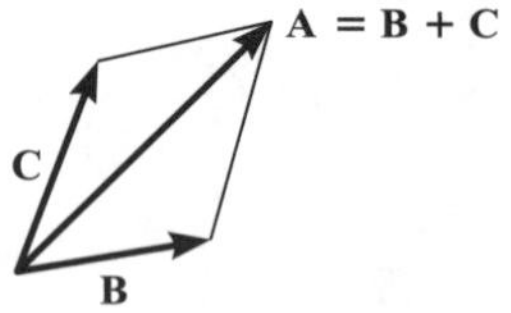

Figura B.1

Vetor unitário

Um vetor unitário, $\mathbf{u}_A$, tem uma magnitude de uma unidade 'adimensional' e atua na mesma direção que **A**. Ele é determinado dividindo **A** por sua magnitude A, ou seja,

$$\mathbf{u}_A = \frac{\mathbf{A}}{A} \tag{B–1}$$

Notação de vetor cartesiano

As direções dos eixos positivos x, y, z são definidos pelos vetores unitários cartesianos **i**, **j**, **k**, respectivamente.

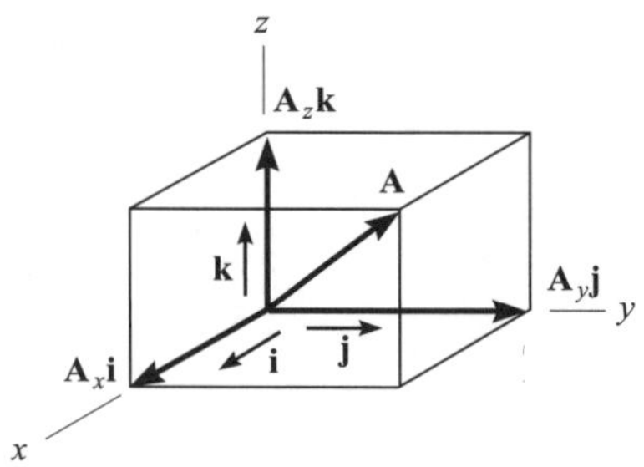

Figura B.2

Como mostrado na Figura B.2, o vetor **A** é formulado pela soma de seus componentes x, y, z como:

$$\mathbf{A} = A_x\mathbf{i} + A_y\mathbf{j} + A_z\mathbf{k} \tag{B–2}$$

A *intensidade* de **A** é determinada a partir de

$$A = \sqrt{A_x^2 + A_y^2 + A_z^2} \tag{B–3}$$

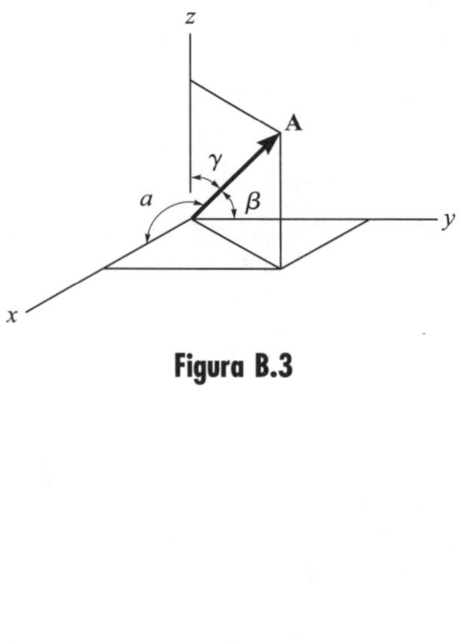

Figura B.3

A *direção* de **A** é definida em termos de seus *ângulos de direção de coordenadas*, α, β, γ, medidos a partir da *cauda* de **A** para os eixos *x, y, z positivos*, Figura B.3. Estes ângulos são determinados dos *cossenos de direção* que representam os componentes **i**, **j**, **k** do vetor unitário $\mathbf{u}_A$; ou seja, a partir das equações B–1 e B–2,

$$\mathbf{u}_A = \frac{A_x}{A}\mathbf{i} + \frac{A_y}{A}\mathbf{j} + \frac{A_z}{A}\mathbf{k} \tag{B–4}$$

de maneira que os cossenos de direção são:

$$\cos\alpha = \frac{A_x}{A} \qquad \cos\beta = \frac{A_y}{A} \qquad \cos\gamma = \frac{A_z}{A} \tag{B–5}$$

Assim, $\mathbf{u}_A \cos\alpha\mathbf{i} + \cos\beta\mathbf{j} + \cos\gamma\mathbf{k}$, e utilizando a Equação B–3, vê-se que:

$$\cos^2\alpha + \cos^2\beta + \cos^2\gamma = 1 \tag{B–6}$$

O produto cruzado

O produto cruzado de dois vetores **A** e **B**, que resulta no vetor resultante **C**, é escrito como:

$$\mathbf{C} = \mathbf{A} \times \mathbf{B} \tag{B–7}$$

e lê-se: **C** igual **A** 'vezes' **B**. A *intensidade* de **C** é:

$$C = AB \text{ sen } \theta \tag{B–8}$$

onde θ é o ângulo feito entre as *caudas* de **A** e **B** ($0° \leq \theta \leq 180°$). A *direção* de **C** é determinada pela regra da mão direita, por meio da qual os dedos da mão estão fechados *de* **A** *para* **B** e o polegar aponta na direção de **C** (Figura B.4). Este vetor é perpendicular ao plano contendo vetores **A** e **B**.

O produto cruzado vetorial *não* é comutativo, ou seja, $\mathbf{A} \times \mathbf{B} \neq \mathbf{B} \times \mathbf{A}$. Em vez disso,

$$\mathbf{A} \times \mathbf{B} = -\mathbf{B} \times \mathbf{A} \qquad \text{(B–9)}$$

A lei distributiva é válida, ou seja,

$$\mathbf{A} \times (\mathbf{B} + \mathbf{D}) = \mathbf{A} \times \mathbf{B} + \mathbf{A} \times \mathbf{D} \qquad \text{(B–10)}$$

E o produto cruzado por ser multiplicado por m escalar de qualquer maneira; ou seja,

$$m(\mathbf{A} \times \mathbf{B}) = (m\mathbf{A}) \times \mathbf{B} = \mathbf{A} \times (m\mathbf{B}) = (\mathbf{A} \times \mathbf{B})m \qquad \text{(B–11)}$$

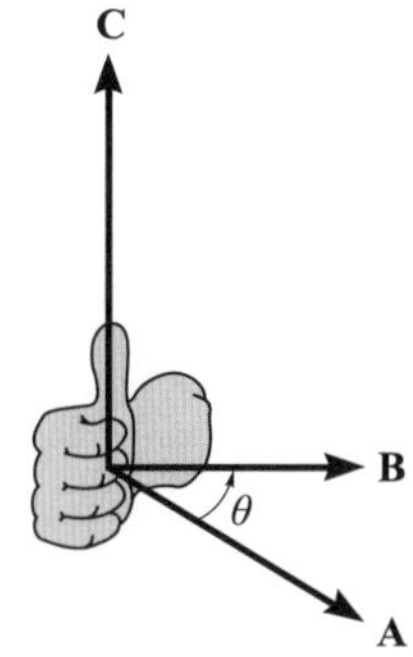

Figura B.4

A equação B–7 pode ser usada para determinar o produto cruzado de qualquer par de vetores unitários cartesianos. Por exemplo, para determinar $\mathbf{i} \times \mathbf{j}$, a intensidade é $(i)(j)$ sen $90° = (1)(1)(1) = 1$, e sua direção $+\mathbf{k}$ é determinada a partir da regra da mão direita, aplicada a $\mathbf{i} \times \mathbf{j}$ (Figura B.2). Um simples esquema mostrado na Figura B.5 pode ser útil para obter este e outros resultados quando surge a necessidade. Se o círculo é construído como mostrado, então 'cruzar' dois dos vetores unitários *no sentido anti-horário* em torno do círculo resulta em um terceiro vetor unitário *positivo*, por exemplo, $\mathbf{k} \times \mathbf{i} = \mathbf{j}$. Movendo no *sentido horário*, um vetor unitário *negativo* é obtido, por exemplo, $\mathbf{i} \times \mathbf{k} = -\mathbf{j}$.

Se **A** e **B** são expressos na forma de componentes cartesianos, então o produto cruzado (Equação B–7), pode ser avaliado expandindo-se a determinante

$$\mathbf{C} = \mathbf{A} \times \mathbf{B} = \begin{vmatrix} \mathbf{i} & \mathbf{j} & \mathbf{k} \\ A_x & A_y & A_z \\ B_x & B_y & B_z \end{vmatrix} \qquad \text{(B–12)}$$

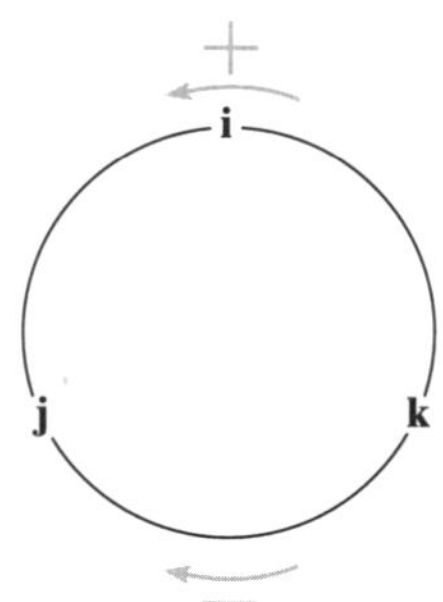

Figura B.5

o que resulta em:

$$\mathbf{C} = (A_yB_z - A_zB_y)\mathbf{i} - (A_xB_z - A_zB_x)\mathbf{j} + (A_xB_y - A_yB_x)\mathbf{k}$$

Lembre-se de que o produto cruzado é usado na estática para definir o momento de uma força **F** em torno do ponto O, caso em que

$$\mathbf{M}_O = \mathbf{r} \times \mathbf{F} \qquad \text{(B–13)}$$

onde **r** é um vetor de posição direcionado do ponto O para *qualquer ponto* na linha de ação de **F**.

Produto vetorial

O produto vetorial de dois vetores **A** e **B**, que resulta em um escalar, é definido como:

$$\mathbf{A} \cdot \mathbf{B} = AB \cos\theta \qquad \text{(B–14)}$$

e lê-se **A** 'ponto' **B**. O ângulo θ formado entre as *caudas* de **A** e **B** ($0° \leq \theta \leq 180°$).

O produto vetorial é comutativo; ou seja:

$$\mathbf{A} \cdot \mathbf{B} = \mathbf{B} \cdot \mathbf{A} \qquad \text{(B–15)}$$

A lei distributiva é válida; isto é,

$$\mathbf{A} \cdot (\mathbf{B} + \mathbf{D}) = \mathbf{A} \cdot \mathbf{B} + \mathbf{A} \cdot \mathbf{D} \qquad \text{(B–16)}$$

E a multiplicação escalar pode ser realizada de qualquer maneira, ou seja,

$$m(\mathbf{A} \cdot \mathbf{B}) = (m\mathbf{A}) \cdot \mathbf{B} = \mathbf{A} \cdot (m\mathbf{B}) = (\mathbf{A} \cdot \mathbf{B})m \qquad \text{(B–17)}$$

Utilizando a Equação B–14, o produto vetorial entre quaisquer dois vetores cartesianos pode ser determinado. Por exemplo, $\mathbf{i} \cdot \mathbf{i} = (1)(1) \cos 0° = 1$ e $\mathbf{i} \cdot \mathbf{j} = (1)(1) \cos 90° = 0$.

Se **A** e **B** são expressos em forma de componente cartesiano, então o produto vetorial (Equação C–14) pode ser determinado a partir de:

$$\mathbf{A} \cdot \mathbf{B} = A_x B_x + A_y B_y + A_z B_z \tag{B–18}$$

O produto vetorial pode ser usado para determinar o *ângulo θ formado entre dois vetores*. Da Equação B–14,

$$\theta = \cos^{-1}\left(\frac{\mathbf{A} \cdot \mathbf{B}}{AB}\right) \tag{B–19}$$

Também é possível se determinar o *componente de um vetor em uma dada direção* utilizando o produto vetorial. Por exemplo, a intensidade da componente (ou projeção) do vetor **A** na direção de **B**, Figura B.6, é definida por $A \cos \theta$. Da Equação B–14, esta intensidade é:

$$A \cos \theta = \mathbf{A} \cdot \frac{\mathbf{B}}{B} = \mathbf{A} \cdot \mathbf{u}_B \tag{B–20}$$

onde $\mathbf{u}_B$ representa um vetor unitário atuando na direção de **B** (Figura B.6).

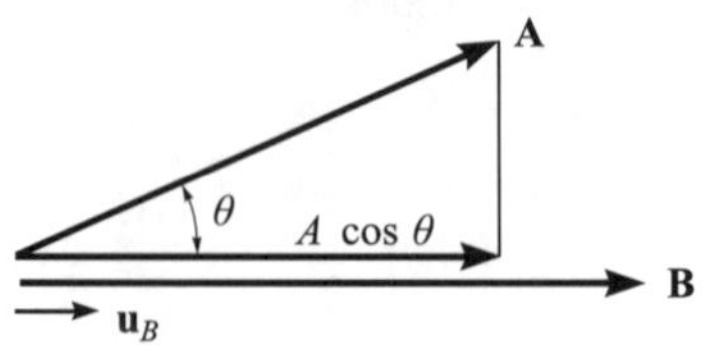

Figura B.6

Diferenciação e integração de funções vetoriais

As regras para diferenciação e integração das somas e produtos de funções escalares também se aplicam a funções vetoriais. Considere, por exemplo, as duas funções vetoriais $\mathbf{A}(s)$ e $\mathbf{B}(s)$. Contanto que essas funções sejam lisas e contínuas para todo s, então:

$$\frac{d}{ds}(\mathbf{A} + \mathbf{B}) = \frac{d\mathbf{A}}{ds} + \frac{d\mathbf{B}}{ds} \tag{B–21}$$

$$\int (\mathbf{A} + \mathbf{B})ds = \int \mathbf{A}\, ds + \int \mathbf{B}\, ds \tag{B–22}$$

Para o produto cruzado,

$$\frac{d}{ds}(\mathbf{A} \times \mathbf{B}) = \left(\frac{d\mathbf{A}}{ds} \times \mathbf{B}\right) + \left(\mathbf{A} \times \frac{d\mathbf{B}}{ds}\right) \tag{B–23}$$

Similarmente, para o produto vetorial,

$$\frac{d}{ds}(\mathbf{A} \cdot \mathbf{B}) = \frac{d\mathbf{A}}{ds} \cdot \mathbf{B} + \mathbf{A} \cdot \frac{d\mathbf{B}}{ds} \tag{B–24}$$

C — A regra da cadeia

A regra da cadeia pode ser usada para determinar a derivada de tempo de uma função composta. Por exemplo, se y é uma função de x e x é uma função de t, então podemos determinar a derivada de y em relação a t, como a seguir:

$$\dot{y} = \frac{dy}{dt} = \frac{dy}{dx}\frac{dx}{dt} \tag{C–1}$$

Em outras palavras, para determinar $\dot{y}$, tomamos a derivada ordinária (dy/dx) e a multiplicamos pela derivada de tempo (dx/dt).

Se diversas variáveis são funções de tempo e multiplicadas juntas, então a regra do produto $d(uv) = du\, v + u\, dv$ tem de ser usada juntamente com a regra da cadeia quando se tomam as derivadas de tempo. A seguir, veremos alguns exemplos.

Exemplo C.1

Se $y = x^3$ e $x = t^4$, determine $\ddot{y}$, a segunda derivada de y em relação ao tempo.

SOLUÇÃO

Para obter a segunda derivada de tempo, temos de usar a regra do produto, já que x e $\dot{x}$ são funções de tempo, e também para $3x^2$, a regra da cadeia tem de ser aplicada. Desse modo, com $u = 3x^2$ e $v = \dot{x}$, temos:

$$\begin{aligned}\ddot{y} &= [6x\dot{x}]\dot{x} + 3x^2[\ddot{x}]\\ &= 3x[2\dot{x}^2 = x\ddot{x}]\end{aligned}$$

Já que $x = t^4$, então $\dot{x} = 4t^3$ e $\ddot{x} = 12t^2$, de maneira que:

$$\begin{aligned}\ddot{y} &= 3(t^4)[2(4t^3)^2 + t^4(12t^2)]\\ &= 132t^{10}\end{aligned}$$

Observe que este resultado também pode ser obtido combinando as funções, então, utilize as derivadas de tempo, que são:

$$\begin{aligned}y &= x^3 = (t^4)^3 = t^{12}\\ \dot{y} &= 12t^{11}\\ \ddot{y} &= 132t^{10}\end{aligned}$$

Exemplo C.2

Se $y = xe^x$, determine $\ddot{y}$.

SOLUÇÃO

Já que x e e^x são funções de tempo, as regras da cadeia e do produto têm de ser aplicadas. Tome $u = x$ e $v = e^x$.

$$\dot{y} = [\dot{x}]e^x + x[e^x\dot{x}]$$

A segunda derivada de tempo também exige a aplicação das regras da cadeia e de produto. Observe que a regra do produto aplica-se a três variáveis do tempo no último termo, ou seja, x, e^x e $\dot{x}$.

$$\begin{aligned}\ddot{y} &= \{[\ddot{x}]e^x + \dot{x}[e^x\dot{x}]\} + \{[\dot{x}]e^x\dot{x} + x[e^x\dot{x}]\dot{x} + xe^x[\ddot{x}]\}\\ &= e^x[\ddot{x}(1+x) + \dot{x}^2(2+x)]\end{aligned}$$

Se $x = t^2$, então $\dot{x} = 2t$, $\ddot{x} = 2$, de maneira que, em termos em t, temos:

$$\ddot{y} = e^{t^2}[2(1+t^2) + 4^{t^2}(2+t^2)]$$

Exemplo C.3

Se a trajetória nas coordenadas radicais é dada como $r = 5\theta^2$, onde θ é uma função conhecida de tempo, determine $\ddot{r}$.

SOLUÇÃO

Inicialmente, utilizando a regra da cadeia, então as regras da cadeia e do produto onde $u = 10\theta$ e $v = \dot{\theta}$, temos:

$$\begin{aligned} r &= 5\theta^2 \\ \dot{r} &= 10\theta\dot{\theta} \\ \ddot{r} &= 10[(\dot{\theta})\dot{\theta} + \theta(\ddot{\theta})] \\ &= 10\dot{\theta}^2 + 10\theta\dot{\theta} \end{aligned}$$

Exemplo C.4

Se $r^2 = 6\theta^3$, determine $\ddot{r}$.

SOLUÇÃO

Aqui, as regras da cadeia e do produto são aplicadas como a seguir.

$$\begin{aligned} r^2 &= 6\theta^3 \\ 2r\dot{r} &= 18\theta^2\dot{\theta} \\ 2[(\dot{r})\dot{r} + r(\ddot{r})] &= 18[(2\theta\dot{\theta})\dot{\theta} + \theta^2(\ddot{\theta})] \\ \dot{r}^2 &= r\ddot{r} = 9(2\theta\dot{\theta}^2 + \theta^2\ddot{\theta}) \end{aligned}$$

Para determinar $(\ddot{r})$ a um valor especificado de θ que é uma função conhecida de tempo, podemos primeiro determinar $\dot{\theta}$ e $\ddot{\theta}$. Então, usando esses valores, avalie r a partir da primeira equação, $\dot{r}$ da segunda equação e $\ddot{r}$ usando a última equação.

D — Equações fundamentais da dinâmica

Cinemática

Partícula de movimento reticular

Variável a

$$a = \frac{dv}{dt}$$

$$v = \frac{ds}{dt}$$

$$a\,ds = v\,dv$$

Constante $a = a_c$

$$v = v_0 + a_c t$$

$$s = s_0 + v_0 t + \frac{1}{2} a_c t^2$$

$$v^2 = v_0^2 + 2a_c(s - s_0)$$

Partícula de movimento curvilíneo

coordenadas x, y, z

$$v_x = \dot{x}$$

$$v_y = \dot{y}$$

$$v_z = \dot{z}$$

$$a_x = \ddot{x}$$

$$a_y = \ddot{y}$$

$$a_z = \ddot{z}$$

coordenadas r, θ, s

$$v_r = \dot{r}$$

$$v_\theta = r\dot{\theta}$$

$$v_z = \dot{z}$$

$$a_r = \ddot{r} - r\dot{\theta}^2$$

$$a_\theta = r\ddot{\theta} + 2\dot{r}\dot{\theta}$$

$$a_z = \ddot{z}$$

coordenadas n, t, b

$$v = \dot{s}$$

$$a_t = \dot{v} = v\frac{dv}{ds}$$

$$a_n = \frac{v^2}{\rho} \qquad \rho = \frac{[1 + (dy/dx^2)]^{3/2}}{|d^2y/dx^2|}$$

Movimento relativo

$$\mathbf{v}_B = \mathbf{v}_A + \mathbf{v}_{B/A} \quad \mathbf{a}_B = \mathbf{a}_A + \mathbf{a}_{B/A}$$

Movimento do corpo rígido sobre um eixo fixo

Variável a

$$\alpha = \frac{d\omega}{dt}$$

$$\omega = \frac{d\theta}{dt}$$

$$\omega\,d\omega = \alpha\,d\theta$$

Constante $a = a_c$

$$\omega = \omega_0 + \alpha_c t$$

$$\theta = \theta_0 + \omega_0 t + \tfrac{1}{2}\alpha_c t^2$$

$$\omega^2 = \omega_0^2 + 2\alpha_c(\theta - \theta_0)$$

Para ponto P

$$s = \theta r \qquad v = \omega r \qquad a_t = \alpha r \qquad a_n = \omega^2 r$$

Movimento plano relativo geral – eixos traduzidos

$$\mathbf{v}_B = \mathbf{v}_A + \mathbf{v}_{B/A\,(\text{pinos})} \quad \mathbf{a}_B = \mathbf{a}_A + \mathbf{a}_{B/A\,(\text{pinos})}$$

Movimento plano relativo geral – eixos traduzidos e rotacionados

$$\mathbf{v}_B = \mathbf{v}_A + \Omega \times \mathbf{r}_{B/A} + (\mathbf{v}_{B/A})_{xyz}$$

$$\mathbf{a}_B = \mathbf{a}_A + \dot{\Omega} \times \mathbf{r}_{B/A} + \Omega \times (\Omega \times \mathbf{r}_{B/A}) + 2\Omega \times (\mathbf{v}_{B/A})_{xyz} + (\mathbf{a}_{B/A})_{xyz}$$

Cinética

Momento de inércia

$$I = \int r^2\,dm$$

Teorema do eixo paralelo

$$I = I_G = md^2$$

Raio de giro

$$k = \sqrt{\frac{I}{m}}$$

Equações de movimento

Partícula	$\Sigma\mathbf{F} = m\mathbf{a}$
Corpo rígido *Movimento plano*	$\Sigma F_x = m(a_G)_x$ $\Sigma F_y = m(a_G)_y$ $\Sigma M_G = I_G a$ ou $\Sigma M_P = \Sigma(\mathcal{M}_k)_P$

Princípio de trabalho e energia

$$T_1 + U_{1\text{-}2} = T_2$$

Energia cinética

Partícula	$T = \frac{1}{2}mv^2$
Corpo rígido *(movimento plano)*	$T = \frac{1}{2}mv_G^2 + \frac{1}{2}I_G\omega^2$

Trabalho

Força variável $U_F = \int F\cos\theta\,ds$

Força constante $U_F = (F_c\cos\theta)\,\Delta s$

Peso $U_W = -W\,\Delta y$

Mola $U_s = -\left(\frac{1}{2}ks_2^2 - \frac{1}{2}ks_1^2\right)$

Momento casado $U_M = M\,\Delta\theta$

Potência e eficiência

$$P = \frac{dU}{dt} = \mathbf{F} \cdot \mathbf{v} \quad \epsilon = \frac{P_{fora}}{P_{dentro}} = \frac{U_{fora}}{U_{dentro}}$$

Teorema da conservação da energia

$$T_1 + V_1 = T_2 + V_2$$

Energia potencial

$V = V_g + V_e$, onde $V_g = \pm W_y$, $V_e = +\frac{1}{2}ks^2$

Princípio do impulso e momento linear

Partícula	$m\mathbf{v}_1 + \Sigma \int \mathbf{F}\, dt = m\mathbf{v}_2$
Corpo rígido	$m(\mathbf{v}_G)_1 + \Sigma \int \mathbf{F}\, dt = m(\mathbf{v}_G)_2$

Conservação do momento linear $\Sigma(\text{sist.}m\mathbf{v})_1 = \Sigma(\text{sist.}m\mathbf{v})_2$

Coeficiente de restituição fração $e = \dfrac{(v_B)_2 - (v_A)_2}{(v_A)_1 - (v_B)_1}$

Princípio do impulso angular e momento

Partícula	$(\mathbf{H}_O)_1 + \Sigma \int \mathbf{M}_O\, dt = (\mathbf{H}_O)_2$ onde $H_O = (d)\,(mv)$
Corpo rígido (movimento plano)	$(\mathbf{H}_G)_1 + \Sigma \int \mathbf{M}_G\, dt = (\mathbf{H}_G)_2$ onde $H_G = I_G\omega$ $(\mathbf{H}_O)_1 + \Sigma \int \mathbf{M}_O\, dt = (\mathbf{H}_O)_2$ onde $H_O = I_O\omega$

Consevação do momento angular $\Sigma(\text{sist.}\mathbf{H})_1 = \Sigma(\text{sist.}\mathbf{H})_2$

E — Tabelas de conversão

E.1 Prefixos do SI

Múltiplo	Forma Exponencial	Prefixo	Símbolo SI
1 000 000 000	10^9	giga	G
1 000 000	10^6	mega	M
1 000	10^3	kilo	k
Submúltiplo			
0,001	10^{-3}	mili	m
0,000 001	10^{-6}	micro	μ
0,000 000 001	10^{-9}	nano	n

E2 Fatores de conversão (FPS) para (SI)

Quantidade	Unidade de medida FPS	igual a	Unidade de medida SI
Força	lb		4,4482 N
Massa	slug		14,5938 kg
Comprimento	ft (pé)		0,3048 m

E.3 Fatores de conversão (FPS)

1 ft (pé) = 12 pol (polegadas)

1 mi (milha) = 5280 ft (pés)

1 kip (quilolibra) = 1000 lb (libras)

1 t (tonelada) = 2000 lb = 1000 kg (quilos)

E.4 Propriedades Geométricas de Elementos de Linha e Área

Posição do centroide	Posição do centroide	Momento de inércia (área)

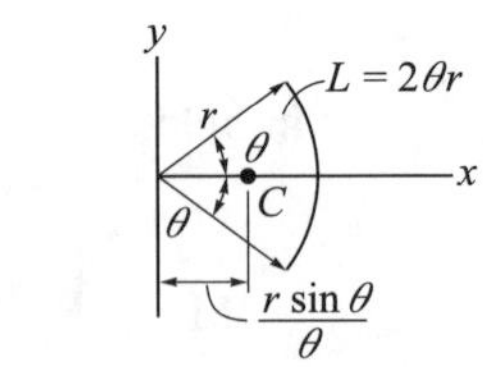

Segmento de arco de circunferência

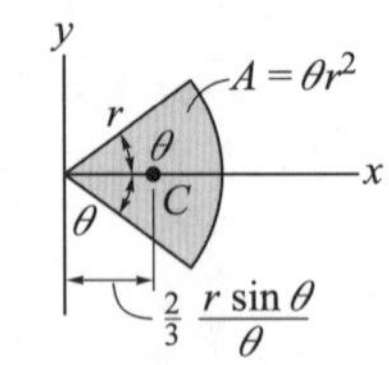

Área do setor circular

$$I_x = \frac{1}{4}r^4\left(\theta - \frac{1}{2}\text{sen } 2\theta\right)$$

$$I_x = \frac{1}{4}r^4\left(\theta + \frac{1}{2}\text{sen } 2\theta\right)$$

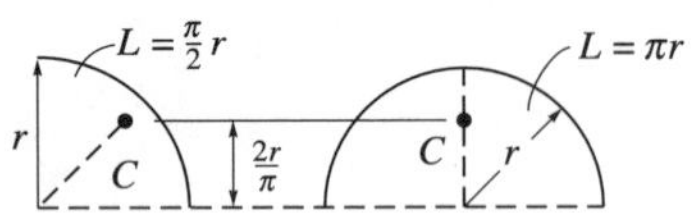

Arcos de quarto de circunferência e semicircunferência

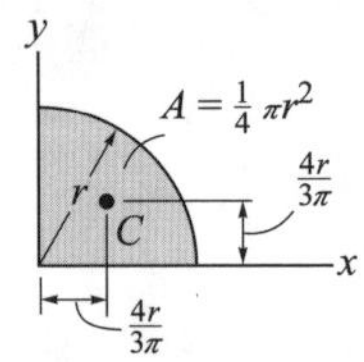

Área de quarto de círculo

$$I_x = \frac{1}{16}\pi r^4$$

$$I_y = \frac{1}{16}\pi r^4$$

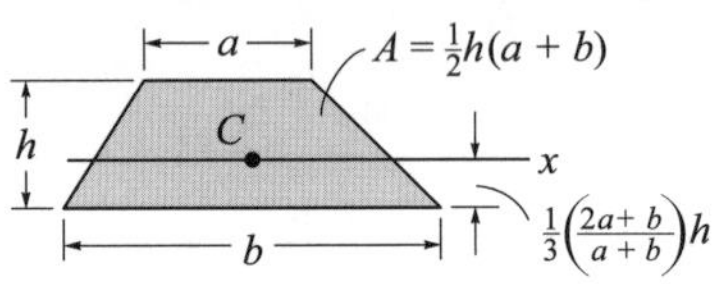

Área do trapézio

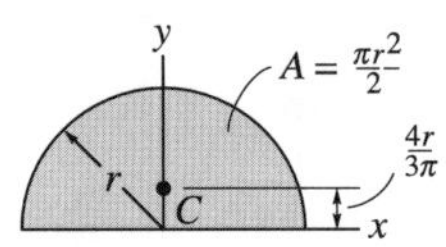

Área de semicírculo

$$I_x = \frac{1}{8}\pi r^4$$

$$I_x = \frac{1}{4}\pi r^4$$

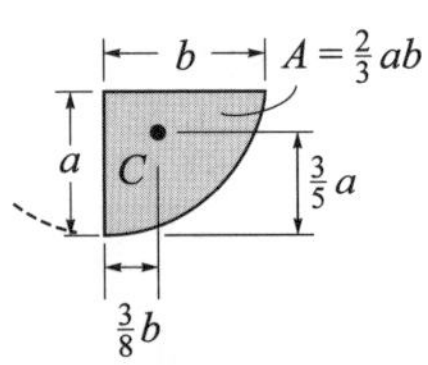

Área semiparabólica

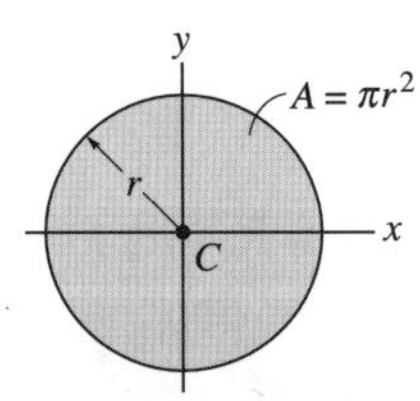

Área do círculo

$$I_y = \frac{1}{8}\pi r^4$$

$$I_y = \frac{1}{4}\pi r^4$$

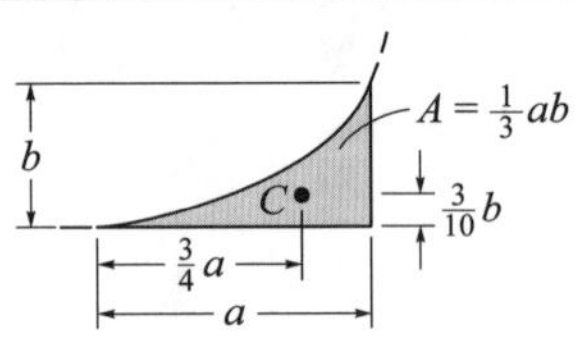

Área sob curva parabólica

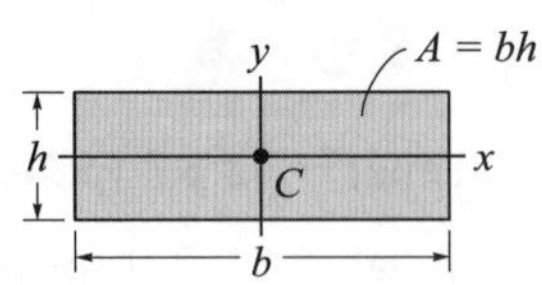

Área do retângulo

$$I_x = \frac{1}{12}bh^3$$

$$I_y = \frac{1}{12}hb^3$$

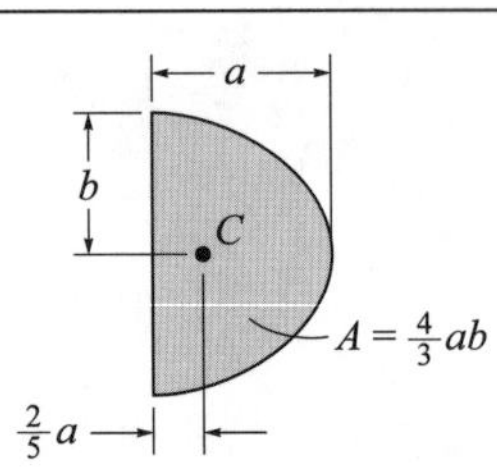

Área parabólica

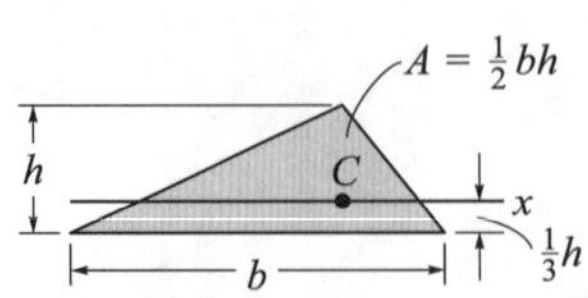

Área do triângulo

$$I_x = \frac{1}{36}bh^3$$

E.5 Centro de Gravidade e Momento de Inércia da Massa de Sólidos Homogêneos

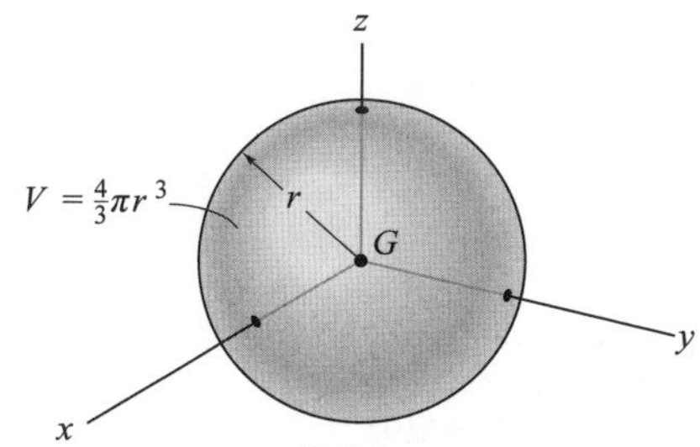

Esfera

$I_{xx} = I_{yy} = I_{zz} = \frac{2}{5} mr^2$

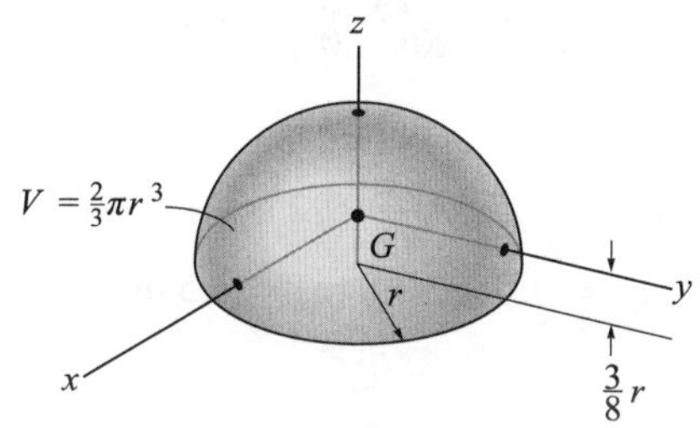

Hemisfério

$I_{xx} = I_{yy} = 0.259 mr^2 \quad I_{zz} = \frac{2}{5} mr^2$

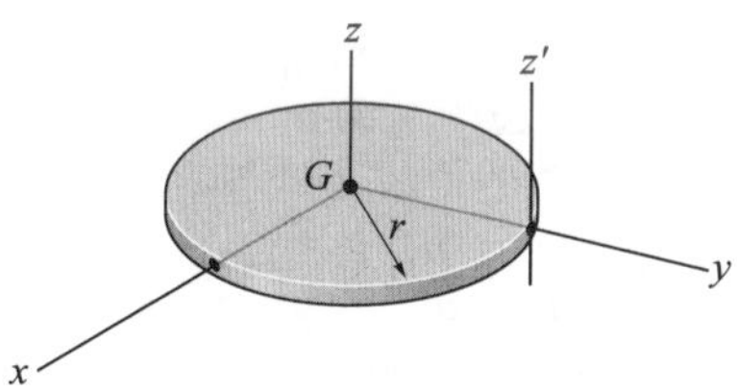

Disco circular fino

$I_{xx} = I_{yy} = \frac{1}{4} mr^2 \quad I_{zz} = \frac{1}{2} mr^2 \quad I_{z'z'} = \frac{3}{2} mr^2$

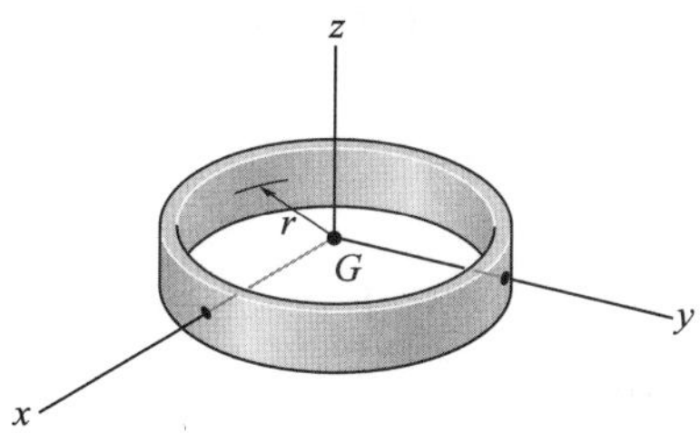

Anel fino

$I_{xx} = I_{yy} = \frac{1}{2} mr^2 \quad I_{zz} = mr^2$

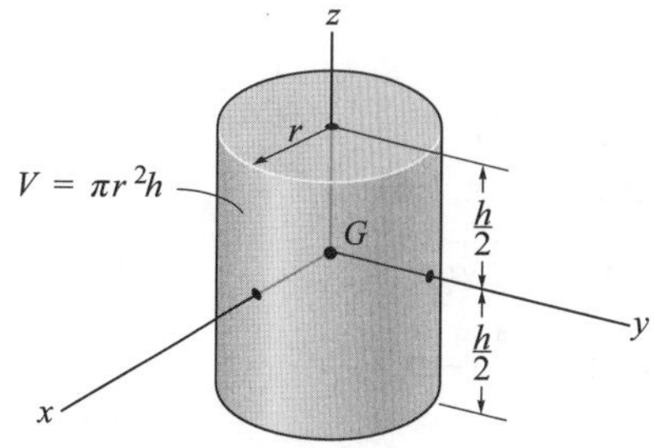

Cilindro

$I_{xx} = I_{yy} = \frac{1}{12} m(3r^2 + h^2) \quad I_{zz} = \frac{1}{2} mr^2$

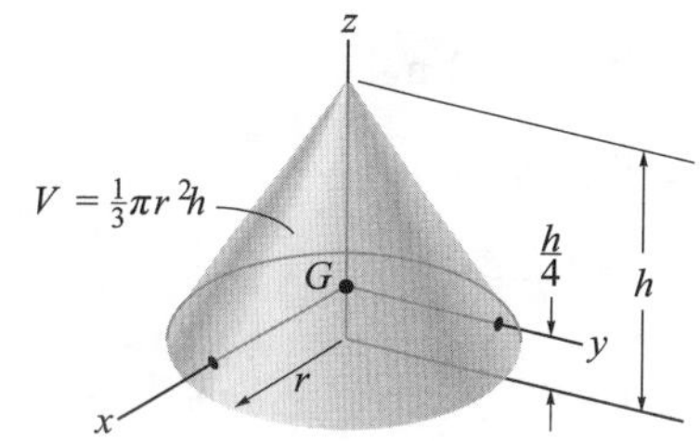

Cone

$I_{xx} = I_{yy} = \frac{3}{80} m (4r^2 + h^2) \quad I_{zz} = \frac{3}{10} mr^2$

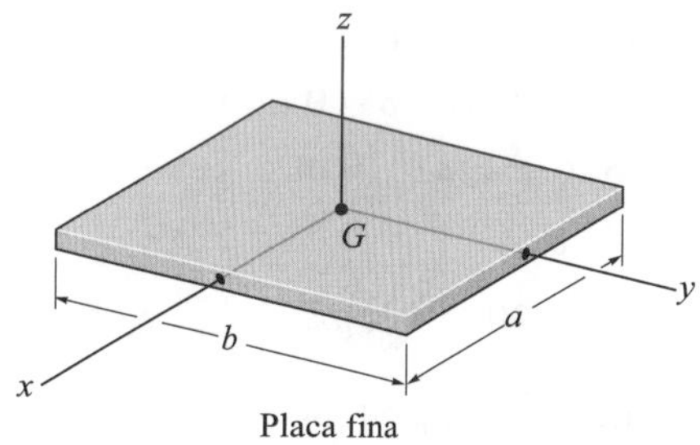

Placa fina

$I_{xx} = \frac{1}{12} mb^2 \quad I_{yy} = \frac{1}{12} ma^2 \quad I_{zz} = \frac{1}{12} m(a^2 + b^2)$

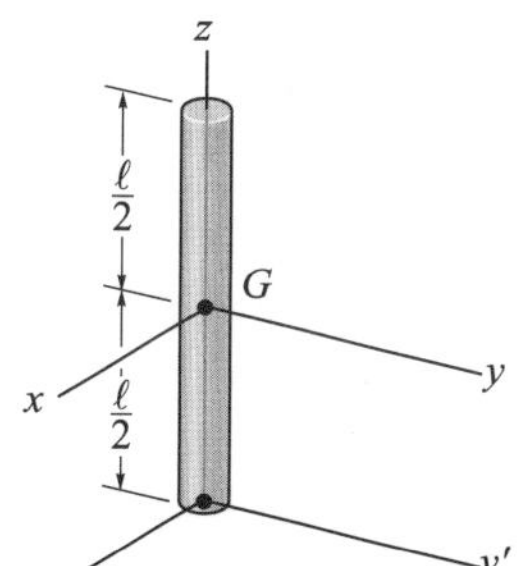

Barra delgada

$I_{xx} = I_{yy} = \frac{1}{12} m\ell^2 \quad I_{x'x'} = I_{y'y'} = \frac{1}{3} m\ell^2 \quad I_{z'z'} = 0$

Problemas fundamentais: soluções e respostas parciais

Capítulo 12

12.1. $v = v_0 + a_C t$

$10 = 35 + a_C(15)$

$a_C = -1{,}67\ \text{m/s}^2 = 1{,}67\ \text{m/s}^2 \leftarrow$

12.2. $s = s_0 + v_0 t + \frac{1}{2}a_c t^2$

$0 = 0 + 15t + \frac{1}{2}(-9{,}81)t^2$

$t = 3{,}06\ \text{s}$

12.3. $ds = v\,dt$

$\int_0^s ds = \int_0^t (4t - 3t^2)dt$

$s = (2t^2 - t^3)\ \text{m}$

$s = 2(4^2) - 4^3$

$= -32\ \text{m} = 32\ \text{m} \leftarrow$

12.4. $a = \frac{dv}{dt} = \frac{d}{dt}(0{,}5t^3 - 8t)$

$a = (1{,}5t^2 - 8)\text{m/s}^2$

Quando $t = 2$ s,

$a = 1{,}5(2^2) - 8 = -2\ \text{m/s}^2 = 2\ \text{m/s}^2 \leftarrow$

12.5. $v = \frac{ds}{dt} = \frac{d}{dt}(2t^2 - 8t + 6) = (4t - 8)\text{m/s}$

$v = 0 = (4t - 8)$

$t = 2\ \text{s}$

$s|_{T=0} = 2(0^2) - 8(0) + 6 = 6\ \text{m}$

$s|_{T=2} = 2(2^2) - 8(2) + 6 = -2\ \text{m}$

$s|_{T=3} = 2(3^2) - 8(3) + 6 = 0\ \text{m}$

$(\Delta s)_{ToT} = 8\ \text{m} + 2\ \text{m} = 10\ \text{m}$

12.6. $\int v\,dv = \int a\,ds$

$\int_{5\,\text{m/s}}^{v} v\,dv = \int_0^s (10 - 0{,}2s)ds$

$v = (\sqrt{20s - 0{,}2s^2 + 25})\text{m/s}$

Em $s = 10$ m,

$v = \sqrt{20(10) - 0{,}2(10^2) + 25} = 14{,}3\ \text{m/s}$

12.7. $v = \int (4t^2 - 2)dt$

$v = \frac{4}{3}t^3 - 2t + C_1$

$s = \int \left(\frac{4}{3}t^3 - 2t + C_1\right)dt$

$s = \frac{1}{3}t^4 - t^2 + C_1 t + C_2$

$t = 0,\ s = -2,\ C_2 = -2$

$t = 2,\ s = -20,\ C_1 = -9{,}67$

$t = 4,\ s = 28{,}7\ \text{m}$

12.8. $a = v\frac{dv}{ds}$

$= (20 - 0{,}05s^2)(-0{,}1s)$

Em $s = 15$ m,

$a = -13{,}1\ \text{m/s}^2 = 13{,}1\ \text{m/s}^2 \leftarrow$

12.9. $v = \frac{ds}{dt} = \frac{d}{dt}(0{,}5t^3) = 1{,}5t^2$

$v|_{t=6\,\text{s}} = 1{,}5(6^2) = 54\ \text{m/s}$

$v = \frac{ds}{dt} = \frac{d}{dt}(108) = 0$

12.10. $ds = v\,dt$

$\int_0^s ds = \int_0^t (-1{,}2t + 24)dt$

$s = -0{,}6t^2 + 24t$

$s = -0{,}6(20)^2 + 24(20) = 240\ \text{m}$

$a = \frac{dv}{dt} = \frac{d}{dt}(-1{,}2t + 24) = -1{,}2\ \text{m/s}^2 = 1{,}2\ \text{m/s}^2 \leftarrow$

Então,

$a = \frac{\Delta v}{\Delta t} = \frac{0 - 24\,\text{m/s}}{20\text{s} - 0} = -1{,}2\ \text{m/s}^2$

12.11. $a\,ds = v\,dv$

$a = v\frac{dv}{ds} = 0{,}25s\frac{d}{ds}(0{,}25s) = 0{,}0625s$

$a|_{s=40\,\text{m}} = 0{,}0625(40\ \text{m}) = 2{,}5\ \text{m/s}^2 \rightarrow$

12.12. $0 \le t < 5\ \text{s}$,

$v = \frac{ds}{dt} = \frac{d}{dt}(3t^2) = (6t)\ \text{m/s}$

$v|_{t=5\,\text{s}} = 6(5) = 30\ \text{m/s}$

$5\ \text{s} < t \le 10\ \text{s}$,

$v = \frac{ds}{dt} = \frac{d}{dt}(30t - 75) = 30\ \text{m/s}$

$v = \frac{\Delta s}{\Delta t} = \frac{225\ \text{m} - 75\ \text{m}}{10\ \text{m} - 5\ \text{m}} = 30\text{m/s}$

$0 \le t < 5\ \text{s}$,

$a = \frac{dv}{dt} = \frac{d}{dt}(6t) = 6\ \text{m/s}^2$

$5\ \text{s} < t \le 10\ \text{s}$,

$a = \frac{dv}{dt} = \frac{d}{dt}(30) = 0$

$0 \le t < 5\ \text{s},\ a = \Delta v/\Delta t = 6\ \text{m/s}^2$

$5\text{s} < t \le 10\ \text{s},\ a = \Delta v/\Delta t = 0$

12.13. $0 \le t < 5\ \text{s}$,

$dv = a\,dt \qquad \int_0^v dv = \int_0^t 20\,dt$

$v = (20t)\ \text{m/s}$

$v = 20(5) = 100\ \text{m/s}$

$5\ \text{s} < t \le t'$,

$(\overset{+}{\rightarrow})\ dv = a\,dt \qquad \int_{100\,\text{m/s}}^{v} dv = \int_{5\text{s}}^{t} -10\,dt$

$v = (150 - 10t)\ \text{m/s}$,

$0 = 150 - 10t'$

$t' = 15\ \text{s}$

Também,

$\Delta v = 0 =$ Área sob o gráfico a–t

$0 = (20\ \text{m/s}^2)(5\ \text{s}) + [-(10\ \text{m/s})(t' - 5)\text{s}]$

$t' = 15\ \text{s}$

12.14. $0 \leq t \leq 5$ s,

$ds = v\,dt \qquad \int_0^s ds = \int_0^t 30t\,dt$

$s\big|_0^s = 15t^2\big|_0^t$

$s = (15t^2)$ m

$s = 15(5^2) = 375$ m

$5 \text{ s} < t \leq 15$ s,

$(\xrightarrow{+})\ ds = v\,dt; \qquad \int_{375\,\text{m}}^s ds = \int_{5\,\text{s}}^t (-15t + 225)dt$

$s = (-7{,}5t^2 + 225t - 562{,}5)$ m

$s = (-7{,}5)(15)^2 + 225(15) - 562{,}5$ m

$= 1125$ m

Também,

Δs = área sob o gráfico v–t

$= \frac{1}{2}(150 \text{ m/s})(15 \text{ s})$

$= 1125$ m

12.15. $\int_0^x dx = \int_0^t 32t\,dt$

$x = (16t^2)$m (1)

$\int_0^y dy = \int_0^t 8\,dt$

$t = \frac{y}{8}$ (2)

Substituindo a Equação 2 na Equação 1,

$y^2 = 4x$

12.16. $y = 0{,}75(8t) = 6t$

$v_x = \dot{x} = \frac{dx}{dt} = \frac{d}{dt}(8t) = 8 \text{ m/s} \rightarrow$

$v_y = \dot{y} = \frac{dy}{dt} = \frac{d}{dt}(6t) = 6 \text{ m/s} \uparrow$

A intensidade da velocidade das partículas é:

$v = \sqrt{v_x^2 + v_y^2} = \sqrt{(8 \text{ m/s})^2 + (6 \text{ m/s})^2}$

$= 10$ m/s

12.17. $y = (4t^2)$ m

$v_x = \dot{x} = \frac{d}{dt}(4t^4) = (16t^3) \text{ m/s} \rightarrow$

$v_y = \dot{y} = \frac{d}{dt}(4t^2) = (8t) \text{ m/s} \uparrow$

Quando $t = 0{,}5$ s,

$v = \sqrt{v_x^2 + v_y^2} = \sqrt{(2 \text{ m/s})^2 + (4 \text{ m/s})^2}$

$= 4{,}47$ m/s

$a_x = \dot{v}_x = \frac{d}{dt}(16t^3) = (48t^2) \text{ m/s}^2$

$a_y = \dot{v}_y = \frac{d}{dt}(8t) = 8 \text{ m/s}^2$

Quando $t = 0{,}5$ s

$a = \sqrt{a_x^2 + a_y^2} = \sqrt{(12 \text{ m/s}^2)^2 + (8 \text{ m/s}^2)^2}$

$= 14{,}4 \text{ m/s}^2$

12.18. $y = 0{,}5x$

$\dot{y} = 0{,}5\dot{x}$

$v_y = t^2$

Quando $t = 4$ s,

$v_x = 32$ m/s $\qquad v_y = 16$ m/s

$v = \sqrt{v_x^2 + v_y^2} = 35{,}8$ m/s

$a_x = \dot{v}_x = 4t$

$a_y = \dot{v}_y = 2t$

Quando $t = 4$ s,

$a_x = 16 \text{ m/s}^2 \qquad a_y = 8 \text{m/s}^2$

$a = \sqrt{a_x^2 + a_y^2} = \sqrt{16^2 + 8^2} = 17{,}9 \text{ m/s}^2$

12.19. $y = (t^4)$ m

$v_x = \dot{x} = (4t)$ m/s $\qquad v_y = \dot{y} = (4t^3)$ m/s

Quando $t = 2$s,

$v_x = 8$ m/s $\qquad v_y = 32$ m/s

$v = \sqrt{v_x^2 + v_y^2} = 33{,}0$ m/s

$a_x = \dot{v}_x = 4 \text{ m/s}^2$

$a_y = \dot{v}_y = (12t^2) \text{ m/s}^2$

Quando $t = 2$s,

$a_x = 4 \text{ m/s}^2 \qquad a_y = 48 \text{ m/s}^2$

$a = \sqrt{a_x^2 + a_y^2} = \sqrt{4^2 + 48^2} = 48{,}22 \text{ m/s}^2$

12.20. $\mathbf{v} = \frac{d\mathbf{r}}{dt} = [4\cos 2t\,\mathbf{i} - 2\,\text{sen}\,t\,\mathbf{j} - 4t\mathbf{k}]$m/s

Quando $t = 2$ s,

$= \{-2{,}61\mathbf{i} - 1{,}82\mathbf{j} - 8\mathbf{k}\}$ m/s

$\mathbf{a} = \frac{d\mathbf{v}}{dt} = [-8\,\text{sen}\,2t\,\mathbf{i} - 2\cos t\,\mathbf{j} - 4\mathbf{k}] \text{ m/s}^2$

Quando $t = 2$ s,

$\mathbf{a} = [6{,}05\mathbf{i} + 0{,}832\mathbf{j} - 4\mathbf{k}] \text{ m/s}^2$

12.21. $(v_B)_y^2 = (v_A)_y^2 + 2a_y(y_B - y_A)$

$0^2 = (5 \text{ m/s})^2 + 2(-9{,}81\text{m/s}^2)(h - 0)$

$h = 1{,}27$ m

12.22. $y_C = y_A + (v_A)_y t_{AC} + \frac{1}{2}a_y t_{AC}^2$

$0 = 0 + (5\text{m/s})t_{AC} + \frac{1}{2}(-9{,}81 \text{ m/s}^2)t_{AC}^2$

$t_{AC} = 1{,}0194$ s

$(v_C)_y - (v_A)_y + a_y t_{AC}$

$(v_C)_y = 5\text{m/s} + (-9{,}81 \text{ m/s}^2)(1{,}0194 \text{ s})$

$= -5\text{m/s} = 5\text{m/s} \downarrow$

$v_C = \sqrt{(v_C)_x^2 + (v_C)_y^2}$

$= \sqrt{(8{,}660 \text{ m/s})^2 + (5 \text{ m/s})^2} = 10$ m/s

$R = x_A + (v_A)_x t_{AC} = 0 + (8{,}660 \text{ m/s})(1{,}0194 \text{ s})$

$= 8{,}83$ m

12.23. $s = s_0 + v_0 t$

$10 = 0 + v_A \cos 30°t$

$s = s_0 + v_0 t + \frac{1}{2}a_C t^2$

$3 = 1{,}50 + v_A \text{ sen } 30°t + \frac{1}{2}(-9{,}81)t^2$

$t = 0{,}9334, \qquad v_A = 12{,}4$ m/s

12.24. $s = s_0 + v_0 t$

$$R\left(\frac{4}{5}\right) = 0 + 20\left(\frac{3}{5}\right)t$$

$$s = s_0 + v_0 t + \frac{1}{2}a_C t^2$$

$$-R\left(\frac{3}{5}\right) = 0 + 20\left(\frac{4}{5}\right)t + \frac{1}{2}(-9{,}81)t^2$$

$t = 5{,}10$ s

$R = 76{,}5$m

12.25. $x_B = x_A + (v_A)_x t_{AB}$

$3{,}6 \text{ m} = 0 + (0{,}8660\ v_A)t_{AB}$

$v_A t_{AB} = 4{,}1569 \qquad (1)$

$$y_B = y_A + (v_A)_y t_{AB} + \frac{1}{2}a_y t_{AB}^2$$

$$(2{,}4 - 0{,}9)\text{m} = 0 + 0{,}5v_A t_{AB} + \frac{1}{2}(-9{,}81\text{m/s}^2)t_{AB}^2$$

Usando a Equação 1,

$1{,}5 = 0{,}5(4{,}1569) - 4{,}905t_{AB}^2$

$t_{AB} = 0{,}3434$ s

$v_A = 12{,}11$ m/s

12.26.

$$y_B = y_A + (v_A)_y t_{AB} + \frac{1}{2}a_y t_{AB}^2$$

$$-150 \text{ m} = 0 + (90 \text{ m/s})t_{AB} + \frac{1}{2}(-9{,}81 \text{ m/s}^2)t_{AB}^2$$

$t_{AB} = 19{,}89$ s

$x_B = x_A + (v_A)_x t_{AB}$

$R = 0 + 120 \text{ m/s}(19{,}89 \text{ s}) = 2386{,}37$ m

$= 2{,}39$ km

12.27

$$a_t = \dot{v} = \frac{dv}{dt} = \frac{d}{dt}(0{,}0625t^2) = (0{,}125t)\text{ m/s}^2\Big|_{t=10\text{ s}}$$

$= 1{,}25$ m/s²

$$a_n = \frac{v^2}{\rho} = \frac{(0{,}0625t^2)^2}{40\text{ m}} = [97{,}656(10^{-6})t^4]\text{ m/s}^2\Big|_{t=10\text{ s}}$$

$= 0{,}9766$ m/s²

$$a = \sqrt{a_1^2 + a_n^2} = \sqrt{(1{,}25\text{ m/s}^2)^2 + (0{,}9766\text{ m/s}^2)^2}$$

$= 1{,}59$ m/s²

12.28

$$dt = \frac{ds}{v} \qquad \int_0^{3\text{ s}} dt = \int_0^s \frac{ds}{(300/s)}$$

$$t\Big|_0^{3\text{ s}} = \frac{1}{600}s^2\Big|_0^s$$

$$3 = \frac{1}{600}s^2$$

$s = 42{,}43$ m

$$v = \left(\frac{300}{42{,}43}\right)\text{m/s} = 7{,}071\text{ m/s}$$

$$a_n = \frac{v^2}{\rho} = \frac{(7{,}071\text{ m/s})^2}{100\text{ m}} = 0{,}5\text{ m/s}^2$$

$$a_t = v\frac{dv}{ds} = \left(\frac{300}{s}\right)\left(-\frac{300}{s^2}\right)\text{m/s}^2$$

Em $s = 43{,}43$ m,

$a_t = -1{,}179$ m/s²

$$a = \sqrt{a_t^2 + a_n^2} = \sqrt{(0{,}5\text{ m/s}^2)^2 + (-1{,}179\text{ m/s}^2)^2}$$

$= 1{,}28$ m/s²

12.29. $v_C^2 = v_A^2 + 2a_t(s_C - s_A)$

$(15 \text{ m/s})^2 = (25 \text{ m/s})^2 + 2a_T(300 \text{ m} - 0)$

$a_T = -0{,}6667$ m/s²

$v_B^2 = v_A^2 + 2a_t(s_B - s_A)$

$v_B^2 = (25 \text{ m/s})^2 + 2(-0{,}6667\text{m/s}^2)(250 \text{ m} - 0)$

$v_B = 17{,}08$ m/s

$$(a_B)_n = \frac{v_B^2}{\rho} = \frac{(17{,}08\text{ m/s})^2}{300\text{ m}} = 0{,}9722\text{ m/s}^2$$

$$a_B = \sqrt{(a_B)_t^2 + (a_B)_n^2}$$

$$= \sqrt{(-0{,}6667\text{ m/s}^2)^2 + (0{,}9722\text{ m/s}^2)^2}$$

$= 1{,}18$ m/s²

12.30

$$\text{tg}\,\theta = \frac{dy}{dx} = \frac{d}{dx}\left(\frac{1}{8}x^2\right) = \frac{1}{4}x$$

$$\theta = \text{tg}^{-1}\left(\frac{1}{4}x\right)\Bigg|_{x=3\text{m}}$$

$$= \text{tg}^{-1}\left(\frac{3}{4}\right) = 36{,}87^\circ$$

$$\rho = \frac{[1 + (dy/dx)^2]^{3/2}}{|d^2y/dx^2|} = \frac{\left[1 + \left(\frac{1}{4}x\right)^2\right]^{3/2}}{\left|\frac{1}{4}\right|}\Bigg|_{x=3\text{m}}$$

$= 7{,}8125$ m

$$a_n = \frac{v^2}{\rho} = \frac{(6\text{ m/s})^2}{7{,}8125\text{ m}} = 4{,}608\text{ m/s}^2$$

$$a = \sqrt{(a_t)^2 + (a_n)^2} = \sqrt{(18\text{ m/s}^2)^2 + (4{,}608\text{ m/s}^2)^2}$$

$= 4{,}947$ m/s²

12.31. $(a_B)_t = -0{,}001s = (-0{,}001)(300\text{ m})\left(\frac{\pi}{2}\text{rad}\right)\text{m/s}^2$

$= -0{,}4712$ m/s²

$v\,dv = a_T\,ds$

$$\int_{25\text{ m/s}}^{v_B} v\,dv = \int_0^{150\pi\text{ m}} -0{,}001s\,ds$$

$v_B = 20{,}07$ m/s

$$(a_B)_n = \frac{v_B^2}{\rho} = \frac{(20{,}07\text{ m/s})^2}{300\text{ m}} = 1{,}343\text{ m/s}^2$$

$$a_B = \sqrt{(a_B)_t^2 + (a_B)_n^2}$$

$$= \sqrt{(-0{,}4712\text{ m/s}^2)^2 + (1{,}343\text{ m/s}^2)^2}$$

$= 1{,}42$ m/s²

12.32. $a_T\,ds = v\,dv$

$$a_t = v\frac{dv}{ds} = (0{,}2s)(0{,}2) = (0{,}04s)\text{ m/s}^2$$

$a_t = 0{,}04(50 \text{ m}) = 2$ m/s²

$v = 0{,}2(50 \text{ m}) = 10$ m/s

$$a_n = \frac{v^2}{\rho} = \frac{(10\text{ m/s})^2}{500\text{ m}} = 0,2\text{ m/s}^2$$
$$a = \sqrt{a_t^2 + a_n^2} = \sqrt{(2\text{ m/s}^2)^2 + (0,2\text{ m/s}^2)^2}$$
$$= 2,01\text{ m/s}^2$$

12.33. $v_r = \dot{r} = 0$
$$v_\theta = r\dot{\theta} = (120\dot{\theta})\text{ m/s}$$
$$v = \sqrt{v_r^2 + v_\theta^2}$$
$$16,5\text{ m/s} = \sqrt{0^2 + [(120\dot{\theta})\text{ m/s}]^2}$$
$$\dot{\theta} = 0,1375\text{ rad/s}$$

12.34. $r = 0,1t^3|_{t=1,5\text{ s}} = 0,3375\text{ m}$
$$\dot{r} = 0,3t^2\Big|_{t=1,5s} = 0,675\text{ m/s}$$
$$\ddot{r} = 0,16t|_{t=1,5\text{ s}} = 0,900\text{ m/s}^2$$
$$\theta = 4t^{3/2}|_{t=1,5\text{ s}} = 7,348\text{ rad}$$
$$\dot{\theta} = 6t^{1/2}|_{t=1,5\text{ s}} = 7,348\text{ rad/s}$$
$$\ddot{\theta} = 3t^{-1/2}|_{t=1.5\text{ s}} = 2,449\text{ rad/s}^2$$
$$v_r = \dot{r} = 0,675\text{ m/s}$$
$$v_\theta = r\dot{\theta} = (0,3375\text{ m})(7,348\text{ rad/s}) = 2,480\text{ m/s}$$
$$a_r = \ddot{r} - r\dot{\theta}^2$$
$$= (0,900\text{ m/s}^2) - (0,3375\text{ m})(7,348\text{ rad/s})^2$$
$$= -17,325\text{ m/s}^2$$
$$a_\theta = r\ddot{\theta} + 2\dot{r}\dot{\theta} = (0,3375\text{ m})(2,449\text{ rad/s}^2)$$
$$+ 2(0,675\text{ m/s})(7,348\text{ rad/s}) = 10,747\text{ m/s}^2$$
$$v = \sqrt{v_r^2 + v_\theta^2}$$
$$= \sqrt{(0,675\text{ m/s})^2 + (2,480\text{ m/s})^2}$$
$$= 2,57\text{ m/s}$$
$$a = \sqrt{a_r^2 + a_\theta^2}$$
$$= \sqrt{(-17,325\text{ m/s}^2)^2 + (10,747\text{ m/s}^2)^2}$$
$$= 20,4\text{ m/s}^2$$

12.35. $r = 2\theta$
$$\dot{r} - 2\dot{\theta}$$
$$\ddot{r} = 2\ddot{\theta}$$
Em $\theta = \pi/4$ rad
$$r = 2\left(\frac{\pi}{4}\right) = \frac{\pi}{2}$$
$$\dot{r} = 2(3\text{ rad/s}) = 6\text{ m/s}$$
$$\ddot{r} = 2(1\text{ rad/s}) = 2\text{ m/s}^2$$
$$a_r = \ddot{r} - r\dot{\theta}^2 = 2\text{ m/s}^2 - \left(\frac{\pi}{2}\text{m}\right)(3\text{ rad/s})^2$$
$$= -12,14\text{ m/s}^2$$
$$a_\theta = r\ddot{\theta} + 2\dot{r}\dot{\theta}$$
$$= \left(\frac{\pi}{2}\text{m}\right)(1\text{ rad/s}^2) + 2(6\text{ m/s})(3\text{ rad/s})$$
$$= 37,57\text{ m/s}^2$$
$$a = \sqrt{a_r^2 + a_\theta^2}$$
$$= \sqrt{(-12,14\text{ m/s}^2)^2 + (37,57\text{ m/s}^2)^2}$$
$$= 39,5\text{ m/s}^2$$

12.36. $r = e^\theta$
$$\dot{r} = e^\theta\dot{\theta}$$
$$\ddot{r} = e^\theta\ddot{\theta} + e^\theta\dot{\theta}^2$$
$$a_r = \ddot{r} - r\dot{\theta}^2 = (e^\theta\ddot{\theta} + e^\theta\dot{\theta}^2) - (e^\theta\dot{\theta}^2 = e^{\pi/4}(4)$$
$$= 8,77\text{ m/s}^2$$
$$a_\theta = r\ddot{\theta} + 2\dot{r}\dot{\theta} = (e^\theta\ddot{\theta}) + (2(e^\theta\dot{\theta})\dot{\theta}) = e^\theta(\ddot{\theta} + 2\dot{\theta}^2)$$
$$= e^{\pi/4}(4 + 2(2)^2)$$
$$= 26,3\text{ m/s}^2$$

12.37. $r = [0,2(1 + \cos\theta)]\text{ m}|_{\theta=30^\circ} = 0,3732\text{ m}$
$$\dot{r} = [-0,2(\text{sen }\theta)\dot{\theta}]\text{ m/s}|_{\theta=30^\circ}$$
$$= -0,2\text{ sen }30^\circ(3\text{ rad/s})$$
$$= -0,3\text{ m/s}$$
$$v_r = \dot{r} = -0,3\text{ m/s}$$
$$v_\theta = \dot{r}\theta = (0,3732\text{ m})(3\text{ rad/s}) = 1,120\text{ m/s}$$
$$v = \sqrt{v_r^2 + v_\theta^2} = \sqrt{(-0,3\text{ m/s})^2 + (1,120\text{ m/s})^2}$$
$$= 1,16\text{ m}$$

12.38. $30\text{ m} = r\text{ sen}\theta$
$$r = \left(\frac{30\text{ m}}{\text{sen}\theta}\right) = (30\csc\theta)\text{m}$$
$$r = (30\csc\theta)|_{\theta=45^\circ} = 42,426\text{ m}$$
$$\dot{r} = -30\csc\theta\ \text{ctn}\theta\ \dot{\theta}|_{\theta=45^\circ} = -(42,426\dot{\theta})\text{ m/s}$$
$$v_r = \dot{r} = -(42,426\dot{\theta})\text{ m/s}$$
$$v_\theta = r\dot{\theta} = -(42,426\dot{\theta})\text{ m/s}$$
$$v = \sqrt{v_r^2 + v_\theta^2}$$
$$2 = \sqrt{(-42,426\dot{\theta})^2 + (42,426\dot{\theta})^2}$$
$$\dot{\theta} = 0,0333\text{ rad/s}$$

12.39. $l_T = 3_{SD} + s_A$
$0 = 3v_D + v_A$
$0 = 3v_D + 3\text{ m/s}$
$v_D - -1\text{ m/s} - 1\text{ m/s}\uparrow$

12.40. $s_B + 2s_A + 2h = l$
$v_B + 2v_A = 0$
$6 + 2v_A = 0 \qquad v_A = -3\text{ m/s} = 3\text{ m/s}\uparrow$

12.41. $3s_A + s_B = l$
$3v_A + v_A = 0$
$3v_A + 1,5 = 0 \qquad v_A = -0,5\text{ m/s} = 0,5\text{ m/s}\uparrow$

12.42. $l_T = 4s_A + s_F$
$0 = 4\,v_A + v_F$
$0 = 4\,v_A + 3\text{ m/s}$
$v_A = -0,75\text{ m/s} = 0,75\text{ m/s}\uparrow$

12.43. $s_A + 2(s_A - a) + (s_A - s_p) = l$
$4s_A - s_p = l + 2a$
$4v_A - v_p = 0$
$4v_A - 4 = 0 \qquad v_A = 1\text{ m/s}$

12.44. $s_C + s_B = l_{CED}$
$(s_A - s_C) + (s_B - s_C) + s_B = l_{ACDF}$
$s_A + 2s_B - 2s_C = l_{ACDF}$
Então,
$v_C + v_B = 0$
$v_A + 2v_B - 2v_C = 0$
Eliminando v_C,
$v_A + 4v_B = 0$
Portanto,
$4 \text{ m/s} + 4v_B = 0$
$v_B = -1 \text{ m/s} = 1 \text{ m/s} \uparrow$

12.45. $\mathbf{v}_B = \mathbf{v}_A + \mathbf{v}_{B/A}$
$100\mathbf{i} = 80\mathbf{j} + \mathbf{v}_{B/A}$
$\mathbf{v}_{B/A} = 100\mathbf{i} - 80\mathbf{j}$
$$\mathbf{v}_{B/A} = \sqrt{(v_{B/A})_x^2 + (v_{B/A})_y^2}$$
$$= \sqrt{(100 \text{ km/h})^2 + (-80 \text{ km/h})^2}$$
$$= 128 \text{ km/h}$$
$$\theta = \text{tg}^{-1}\left[\frac{(v_{B/A})_y}{(v_{B/A})_x}\right] = \text{tg}^{-1}\left(\frac{80 \text{ km/h}}{100 \text{ km/h}}\right) = 38{,}7^\circ$$

12.46. $\mathbf{v}_B = \mathbf{v}_A + \mathbf{v}_{B/A}$
$(-400\mathbf{i} - 692{,}82\mathbf{j}) = (650\mathbf{i}) + \mathbf{v}_{B/A}$
$\mathbf{v}_{B/A} = [-1050\mathbf{i} - 692{,}82\mathbf{j}] \text{ km/h}$
$$\mathbf{v}_{B/A} = \sqrt{(v_{B/A})_x^2 + (v_{B/A})_y^2}$$
$$= \sqrt{(1050 \text{ km/h})^2 + (692{,}82 \text{ km/h})^2}$$
$$= 1258 \text{ km/h}$$
$$\theta = \text{tg}^{-1}\left[\frac{(v_{B/A})_y}{(v_{B/A})_x}\right] = \text{tg}^{-1}\left(\frac{692{,}82 \text{ km/h}}{1050 \text{ km/h}}\right) = 33{,}4^\circ$$

12.47. $\mathbf{v}_B = \mathbf{v}_A + \mathbf{v}_{B/A}$
$(5\mathbf{i} + 8{,}660\mathbf{j}) = (12{,}99\mathbf{i} + 7{,}5\mathbf{j}) + \mathbf{v}_{B/A}$
$\mathbf{v}_{B/A} = [-7{,}990\mathbf{i} + 1{,}160\mathbf{j}] \text{ m/s}$
$$v_{B/A} = \sqrt{(-7{,}900 \text{ m/s})^2 + (1{,}160 \text{ m/s})^2}$$
$$= 8{,}074 \text{ m/s}$$
$$d_{AB} = v_{B/A}t = (8{,}074 \text{ m/s})(4 \text{ s}) = 32{,}3 \text{ m}$$

12.48. $\mathbf{v}_A = \mathbf{v}_B + \mathbf{v}_{A/B}$
$-20 \cos 45^\circ\mathbf{i} + 20 \text{ sen } 45^\circ\mathbf{j} = 65\mathbf{i} + \mathbf{v}_{A/B}$
$\mathbf{v}_{A/B} = -79{,}14\mathbf{i} + 14{,}14\mathbf{j}$
$$\mathbf{v}_{A/B} = \sqrt{(-79{,}14)^2 + (14{,}14)^2}$$
$$= 80{,}4 \text{ km/h}$$
$\mathbf{a}_A = \mathbf{a}_B + \mathbf{a}_{A/B}$
$$\frac{(20)^2}{0{,}1}\cos 45^\circ\mathbf{i} + \frac{(20)^2}{0{,}1}\text{sen } 45^\circ\,\mathbf{j} = 1200\mathbf{i} + \mathbf{a}_{A/B}$$
$\mathbf{a}_{A/B} = 1628\mathbf{i} + 2828\mathbf{j}$
$$a_{A/B} = \sqrt{(1628)^2 + (2828)^2}$$
$$= 3{,}26(10^3) \text{ km/h}^2$$

Capítulo 13

13.1. $s = s_0 + v_0 t + \frac{1}{2}a_c t^2$

$6 \text{ m} = 0 + 0 + \frac{1}{2}a(3 \text{ s})^2$
$a = 1{,}333 \text{ m/s}^2$

$\Sigma F_y = ma_y;\ N_A - 20(9{,}81)\text{N} \cos 30^\circ = 0$
$N_A = 169{,}91 \text{ N}$
$\Sigma F_x = ma_x;\ T - 20(9{,}81) \text{ N sen } 30^\circ$
$-0{,}3(169{,}91 \text{ N}) = (20 \text{ kg})(1{,}333 \text{ m/s}^2)$
$T = 176 \text{ N}$

13.2. $(F_f)_{\text{máx}} = \mu_S N_A = 0{,}3(245{,}25 \text{ N}) = 73{,}575 \text{ N}$.
Como $F = 100 \text{ N} > (F_f)_{\text{máx}}$ quando $t = 0$, a caixa começará a se mover imediatamente após **F** ser aplicado.
$+\uparrow \Sigma F_y = ma_y;\quad N_A - 25(9{,}81) \text{ N} = 0$
$N_A = 245{,}25 \text{ N}$
$\overset{+}{\rightarrow} \Sigma F_x = ma_x;$
$10t^2 + 100 - 0{,}25(245{,}25 \text{ N}) = (25 \text{ kg})a$
$a = (0{,}4t^2 + 1{,}5475) \text{ m/s}^2$
$dv = a\,dt$
$$\int_0^v dv = \int_0^{4\text{ s}} (0{,}4\,t^2 + 1{,}5475)dt$$
$v = 14{,}7 \text{ m/s} \rightarrow$

13.3. $\overset{+}{\rightarrow} \Sigma F_x = ma_x;$
$$\left(\frac{4}{5}\right) 500\text{N} - (500s)\text{N} = (10 \text{ kg})a$$
$a = (40 - 50s) \text{ m/s}^2$
$v\,dv = a\,ds$
$$\int_0^v v\,dv = \int_0^{0{,}5\text{ m}} (40 - 50s)ds$$
$$\frac{v^2}{2}\Big|_0^v = (40s - 25s^2)\Big|_0^{0{,}5\text{ m}}$$
$v = 5{,}24 \text{ m/s}$

13.4. $\overset{+}{\rightarrow} \Sigma F_x = ma_x \qquad (100s)\text{N} = (2000 \text{ kg})a$
$a = (0{,}05s) \text{ m/s}^2$
$v\,dv = a\,ds$
$$\int_0^v v\,dv = \int_0^{10\text{ m}} 0{,}05\,s\,ds$$
$v = 2{,}24 \text{ m/s}$

13.5. $F_{sp} = k(l - l_0) = (200 \text{ N/m})(0{,}5 \text{ m} - 0{,}3 \text{ m})$
$= 40 \text{ N}$
$$\theta = \text{tg}^{-1}\left(\frac{0{,}3 \text{ m}}{0{,}4 \text{ m}}\right) = 36{,}86^\circ$$
$\overset{+}{\rightarrow} \Sigma F_x = ma_x$
$$100 \text{ N} - (40 \text{ N})\cos 36{,}86 = (25 \text{ kg})a$$
$a = 2{,}72 \text{ m/s}^2$

13.6. Blocos A e B:
$\overset{+}{\rightarrow} \Sigma F_x = ma_x;\ 6 = 30 = 35a;\ a = 0{,}857 \text{ m/s}^2$
Verificar se ocorre deslizamento entre A e B.
$\overset{+}{\rightarrow} \Sigma F_x = ma_x;\ 30 - F = 10(0{,}087);$
$F = 21{,}43 \text{ N} < 0{,}4(10)(9{,}81) = 39{,}24 \text{ N}$
$a_A = a_B = 0{,}857 \text{ m/s}^2$

13.7. $\Sigma F_n = m\dfrac{v^2}{\rho};(0{,}3)m(9{,}81) = m\dfrac{v^2}{2}$
$v = 2{,}43 \text{ m/s}$

13.8. $+\downarrow \Sigma F_n = ma_n;\ m(9{,}81) = m\left(\dfrac{v^2}{75}\right)$
$v = 27{,}12 \text{ m/s}$

13.9. $+\downarrow \Sigma F_n = ma_n;\ 750 + N_p = \dfrac{750}{9,81}\left(\dfrac{(36)^2}{120}\right)$
$N_p = 75,7\text{ N}$

13.10. $\overset{+}{\leftarrow} \Sigma F_n = ma_n;$
$N_c \,\text{sen}\, 30° + 0,2\, N_c \cos 30° = m\dfrac{v^2}{150}$
$+\uparrow \Sigma F_b = 0;$
$N_C \cos 30° - 0,2\, N_C \,\text{sen}\, 30° - m(9,81) = 0$
$v = 35,96\text{ m/s}$

13.11. $\Sigma F_t = ma_t;\quad 10(9,81)\text{ N} \cos 45° = (10\text{ kg})a_t$
$a_t = 6,94\text{ m/s}^2$
$\Sigma F_n = ma_n;$
$T - 10(9,81)\text{ N sen}45° = (10\text{ kg})\dfrac{(3\text{ m/s})^2}{2\text{ m}}$
$T = 114\text{ N}$

13.12. $\Sigma F_n = ma_n;$
$F_n = (500\text{ kg})\dfrac{(15\text{ m/s})^2}{200\text{ m}} = 562,5\text{ N}$
$\Sigma F_t = ma_t;$
$F_t = (500\text{ kg})(1,5\text{ m/s}^2) = 750\text{ N}$
$F = \sqrt{F_n^2 + F_t^2} = \sqrt{(562,5\text{ N})^2 + (750\text{ N})^2}$
$= 938\text{ N}$

13.13. $a_r = \ddot{r} - r\dot{\theta}^2 = 0 - (1,5\text{ m} + (8\text{ m})\text{sen } 45°)\dot{\theta}^2$
$= (-7,157\,\dot{\theta}^2)\text{ m/s}^2$
$\Sigma F_z = ma_z;$
$T \cos 45° - m(9,81) = m(0)\quad T = 13,87\, m$
$\Sigma F_r = ma_r;$
$-(13,87m)\text{ sen } 45° = m(-7,157\,\dot{\theta}^2)$
$\dot{\theta} = 1,17\text{ rad/s}$

13.14. $\theta = \pi t^2 |_{t=0,5\text{ s}} = (\pi/4)\text{ rad}$
$\dot{\theta} = 2\pi t |_{t=0,5\text{ s}} = \pi\text{ rad/s}$
$\ddot{\theta} = 2\pi\text{ rad/s}^2$
$r = 0,6\,\text{sen}\,\theta |_{\theta=\pi/4\text{ rad}} = 0,4243\text{ m}$
$\dot{r} = 0,6(\cos\theta)\dot{\theta} |_{\theta=\pi/4\text{ rad}} = 1,3329\text{ m}$
$\ddot{r} = 0,6(\cos\theta)\ddot{\theta} - (\text{sen}\,\theta)\dot{\theta}^2 |_{\theta=\pi/4\text{ rad}} = -1,5216\text{ m/s}^2$
$a_r = \ddot{r} - r\dot{\theta}^2 = -1,5216\text{ m/s}^2 - (0,4243\text{ m})(\pi\text{ rad/s})^2$
$= -5,7089\text{ m/s}^2$
$a_\theta = r\ddot{\theta} + 2\dot{r}\dot{\theta} = 0,4243\text{ m}(2\pi\text{ rad/s}^2)$
$+ 2\,(1,3329\text{ m/s})(\pi\text{ rad/s})$
$= 11,0404\text{ m/s}^2$
$\Sigma F_r = ma_r;$
$F \cos 45° - N \cos 45° - 0,2(9,81) \cos 45°$
$= 0,2\,(-5,7089)$
$\Sigma F_\theta = ma_\theta;$
$F \text{ sen } 45° - N \text{ sen } 45° - 0,2(9,81) \text{ sen } 45°$
$= 0,2\,(11,0404)$
$N = 2,37\text{ N}\qquad F = 2,72\text{ N}$

13.15. $r = 50e^{2\theta} |_{\theta=\pi/6\text{ rad}} = [50e^{2(\pi/6)}]\text{ m} = 142,48\text{ m}$
$\dot{r} = 50(2e^{2\theta}\,\dot{\theta}) = 100e^{2\theta}\,\dot{\theta} |_{\theta=\pi/6\text{ rad}}$
$= [100e^{2(\pi/6)}(0,05)] = 14,248\text{ m/s}$
$\ddot{r} = 100((2e^{2\theta}\,\dot{\theta})\dot{\theta} + e^{2\theta}(\ddot{\theta})) |_{\theta=\pi/6\text{ rad}}$
$= 100[2e^{2(\pi/6)}(0,05^2) + e^{2(\pi/6)}(0,01)]$
$= 4,274\text{ m/s}^2$
$a_r = \ddot{r} - \dot{r}\theta^2\ - 4,274\text{ m/s}^2 - 142,48\text{ m}(0,05\text{ rad/s})^2$
$= 3,918\text{ m/s}^2$
$a_\theta = r\ddot{\theta} + 2\dot{r}\dot{\theta} = 142,48\text{ m}(0,01\text{ rad/s}^2) +$
$+2(14,248\text{ m/s})(0,05\text{ rad/s})$
$= 2,850\text{ m/s}^2$
$\Sigma F_r = ma_r;$
$F_r = (2000\text{ kg})(3,918\text{ m/s}^2) = 7836,55\text{ N}$
$\Sigma F_\theta = ma_\theta;$
$F_\theta = (2000\text{ kg})(2,850\text{ m/s}^2) = 5699,31\text{ N}$
$F = \sqrt{F_r^2 + F_\theta^2}$
$= \sqrt{(7836,55\text{ N})^2 + (5699,31\text{ N})^2}$
$= 9689,87\text{ N} = 9,69\text{ kN}$

13.16. $r = (0,6\cos 2\theta)\text{ m} |_{\theta=0°} = [0,6\cos 2(0°)]\text{ m} = 0,6\text{ m}$
$\dot{r} = (-1,2\,\text{sen}\,2\theta\dot{\theta})\text{ m/s} |_{\theta=0°}$
$= [-1,2\text{ sen } 2(0°)(-3)]\text{ m/s} = 0$
$\ddot{r} = -1,2(\text{sen}\,2\theta\ddot{\theta} + 2\cos 2\theta\dot{\theta}^2)\text{ m/s}^2 |_{\theta=0°}$
$= -21,6\text{ m/s}^2$
Então,
$a_r = \ddot{r} - r\dot{\theta}^2 = -21,6\text{ m/s}^2 - 0,6\text{ m}(-3\text{ rad/s})^2$
$= -27\text{ m/s}^2$
$a_\theta = r\ddot{\theta} + 2\dot{r}\dot{\theta} = 0,6\text{ m}(0) + 2(0)(-3\text{ rad/s}) = 0$
$\Sigma F_\theta = ma_\theta;\qquad F - 0,2(9,81)\text{ N} = 0,2\text{ kg}(0)$
$F = 1,96\text{ N}$

Capítulo 14

14.1. $T_1 + \Sigma U_{1-2} = T_2$
$0 + \left(\dfrac{4}{5}\right)(500\text{ N})(0,5\text{ m}) - \dfrac{1}{2}(500\text{ N/m})(0,5\text{ m})^2$
$= \dfrac{1}{2}(10\text{ kg})v^2$
$v = 5,24\text{ m/s}$

14.2. $\Sigma F_y = ma_y;\quad N_A - 20(9,81)\text{ N} \cos 30° = 0$
$N_A = 169,91\text{ N}$
$T_1 + \Sigma U_{1-2} = T_2$
$0 + 300\text{ N}(10\text{ m}) - 0,3(169,91\text{ N})\,(10\text{ m})$
$-20(9,81)\text{N}\,(10\text{ m})\text{ sen } 30°$
$= \dfrac{1}{2}(20\text{ kg})v^2$
$v = 12,3\text{ m/s}$

14.3. $T_A + \Sigma U_{1-2} = T_2$
$0 + 2\left[\displaystyle\int_0^{15\text{ m}} (600 + 2s^2)\text{N}\, ds\right] - 100(9,81)\text{ N}(15\text{ m})$
$= \dfrac{1}{2}(100\text{ kg})v^2$
$v = 12,5\text{ m/s}$

14.4. $T_1 + \Sigma U_{1-2} = T_2$

$$\frac{1}{2}(1800\text{ kg})(125\text{ m/s}^2)$$
$$-\left[\frac{50\,000\text{ N} + 20\,000\text{ N}}{2}(400\text{ m})\right]$$
$$= \frac{1}{2}(1800\text{ kg})v^2$$

$v = 8{,}33$ m/s

14.5. $T_1 + \Sigma U_{1-2} = T_2$

$$\frac{1}{2}(10\text{ kg})(5\text{ m/s})^2 + 100\text{ N}s' + [10(9{,}81)\text{N}]\,s'\text{sen }30°$$
$$-\frac{1}{2}(200\text{ N/m})(s')^2 = 0$$

$s' = 2{,}09$ m

$s = 0{,}6 + 2{,}09\text{ m} = 2{,}69$ m

14.6. $T_A + \Sigma U_{A-B} = T_B$

Considere a diferença no comprimento do cabo AC–BC, a qual é a distância que F se move.

$$0 + 50\text{ N}(\sqrt{(0{,}9\text{ m})^2 + (1{,}2\text{ m})^2} - 0{,}9\text{ m})$$
$$= \frac{1}{2}(2{,}5)v_B^2$$

$v_B = 4{,}90$ m/s

14.7. $\overset{+}{\rightarrow} \Sigma F_x = ma_x;$

$30\left(\frac{4}{5}\right) = 20a \qquad a = 1{,}2\text{ m/s}^2 \rightarrow$

$v = v_0 + a_C t$

$v = 0 + 1{,}2(4) = 4{,}8$ m/s

$P = \mathbf{F} \cdot \mathbf{v} = F\,(\cos\theta)v$

$= 30\left(\frac{4}{5}\right)(4{,}8)$

$= 115$ W

14.8. $\overset{+}{\rightarrow} \Sigma F_x = ma_x;$

$10s = 20a \qquad a = 0{,}5s\text{ m/s}^2 \rightarrow$

$vdv = ads$

$$\int_0^v v\,dv = \int_0^{5\text{ m}} 0{,}5\,s\,ds$$

$v = 3{,}536$ m/s

$P = \mathbf{F} \cdot \mathbf{v} = 10(5)(3{,}536) = 177$ W

14.9. $(+\uparrow)\ \Sigma F_y = 0;$

$T_1 - 500\text{ N} = 0 \qquad T_1 = 500$ N

$(+\uparrow)\ \Sigma F_y = 0;$

$500\text{ N} + 500\text{ N} - T_2 = 0 \qquad T_2 = 1000$ N

$P_{\text{fora}} = \mathbf{T}_B \cdot \mathbf{v}_B = (1000\text{ N})(1\text{ m/s}) = 1000\text{ W} = 1$ kW

$$P_{\text{dentro}} = \frac{P_{\text{fora}}}{\varepsilon} = \frac{1\text{ kW}}{0{,}8} = 1{,}25\text{ kW}$$

14.10. $F_{y'} = ma_{y'}; \qquad N - 20(9{,}81)\cos 30° = 20(0)$

$N = 169{,}91$ N

$\Sigma F_{x'} = ma_{x'};$

$F - 20(9{,}81)\text{ sen }30° - 0{,}2\,(169{,}91) = 0$

$F = 132{,}08$ N

$P = \mathbf{F} \cdot \mathbf{v} = 132{,}08(5) = 660$ W

14.11. $+\uparrow \Sigma F_y = ma_y;$

$T - 50(9{,}81) = 50(0) \qquad T = 490{,}5$ N

$P_{\text{fora}} = \mathbf{T} \cdot \mathbf{v} = 490{,}5(1{,}5) = 735{,}75$ W

$$P_{\text{dentro}} = \frac{P_{\text{fora}}}{\varepsilon} = \frac{735{,}75}{0{,}8} = 920\text{ W}$$

14.12. $2s_A + s_P = l$

$2a_A + a_P = 0$

$2a_A + 6 = 0$

$a_A = -3\text{ m/s}^2 = 3\text{ m/s}^2 \uparrow$

$\Sigma F_y = ma_y; \qquad T_A - 490{,}5\text{ N} = (50\text{ kg})(3\text{ m/s}^2)$

$T_A = 640{,}5$ N

$P_{\text{fora}} = \mathbf{T} \cdot \mathbf{v} = (640{,}5\text{ N}/2)(12) = 3843$ W

$$P_{\text{dentro}} = \frac{P_{\text{fora}}}{\varepsilon} = \frac{3843}{0{,}8} = 4803{,}75\text{ W} = 4{,}80\text{ kW}$$

14.13. $T_A + V_A = T_B + V_B$

$0 + 2(9{,}81)(1{,}5) = \frac{1}{2}(2)(v_B)^2 + 0$

$v_B = 5{,}42$ m/s

$$+\uparrow \Sigma F_n = ma_n;\ T - 2(9{,}81) = 2\left(\frac{(5{,}42)^2}{1{,}5}\right)$$

$T = 58{,}9$ N

14.14. $T_A + V_A = T_B + V_B$

$$\frac{1}{2}m_A v_A^2 + mgh_A = \frac{1}{2}m_B v_B^2 + mgh_B$$
$$[\tfrac{1}{2}(2\text{ kg})(1\text{ m/s})^2] + [2(9{,}81)\text{ N}(4\text{ m})]$$
$$= [\tfrac{1}{2}(2\text{ kg})v_B^2] + [0]$$

$v_B = 8{,}915\text{ m/s} = 8{,}92$ m/s

$+\uparrow \Sigma F_n = ma_n; \qquad N_B - 2(9{,}81)$ N

$$= (2\text{ kg})\left(\frac{(8{,}915\text{ m/s})^2}{2\text{ m}}\right)$$

$N_B = 99{,}1$ N

14.15. $T_1 + V_1 = T_2 + V_2$

$$\frac{1}{2}(2)(4)^2 + \frac{1}{2}(30)(2-1)^2$$
$$= \frac{1}{2}(2)(v)^2 - 2(9{,}81)(1) + \frac{1}{2}(30)(\sqrt{5}-1)^2$$

$v = 5{,}26$ m/s

14.16. $T_A + V_A = T_B + V_B$

$$0 + \frac{1}{2}(60)(0{,}75 - 0{,}15)^2 + 2{,}5(9{,}81)(0{,}75)$$
$$= \frac{1}{2}(2{,}5)v_B^2 + \frac{1}{2}(60)(0{,}3 - 0{,}15)^2$$

$v_B = 4{,}78$ m/s

14.17. $T_1 + V_1 = T_2 + V_2$

$$\frac{1}{2}mv_1^2 + mgy_1 + \frac{1}{2}ks_1^2$$
$$= \frac{1}{2}mv_2^2 + mgy_2 + \frac{1}{2}ks_2^2$$

$[0] + [0] + [0] = [0] +$

$$[-0{,}375\text{ kN}(1{,}5\text{ m} + s)] + [2\left(\frac{1}{2}(15\text{ kN/m})s^2\right)$$
$$+ \frac{1}{2}(22{,}5\text{ kN/m})(s - 0{,}075\text{ m})^2]$$

$s = s_A = s_C = 0{,}1827$ m

Também,

$s_B = 0{,}1827\text{ m} - 0{,}075\text{ m} = 0{,}1077$ m

14.18.
$T_A + V_A = T_B + V_B$
$\frac{1}{2}mv_A^2 + \left(\frac{1}{2}ks_A^2 + mgy_A\right)$
$= \frac{1}{2}mv_B^2 + (\frac{1}{2}ks_B^2 + mgy_B)$
$\frac{1}{2}(4\text{ kg})(2\text{ m/s})^2 + \frac{1}{2}(400\text{ N/m})(0,1\text{ m} - 0,2\text{ m})^2 + 0$
$= \frac{1}{2}(4\text{ kg})v_B^2 + \frac{1}{2}(400\text{ N/m})(\sqrt{(0,4\text{ m})^2 + (0,3\text{ m})^2} - 0,2\text{ m})^2$
$+ [4(9,81)\text{ N}](-(0,1\text{ m} + 0,3\text{ m}))$
$v_B = 1,962\text{ m/s} = 1,96\text{ m/s}$

Capítulo 15

15.1. $(\xrightarrow{+})\ m(v_1)_x + \Sigma\int_{t1}^{t2} F_x\,dt = m(v_2)_x$
$(0,5\text{ kg})(25\text{ m/s})\cos 45^\circ - \int F_x\,dt$
$= (0,5\text{ kg})(10\text{ m/s})\cos 30^\circ$
$I_x = \int F_x\,dt = 4,509\text{ N}\cdot\text{s}$
$(+\uparrow)\ m(v_1)_y + \Sigma\int_{t1}^{t2} F_y\,dt = m(v_2)_y$
$-(0,5\text{ kg})(25\text{ m/s})\text{ sen }45^\circ + \int F_y\,dt$
$= (0,5\text{ kg})(10\text{ m/s})\text{ sen }30^\circ$
$I_y = \int F_y\,dt = 11,339\text{ N}\cdot\text{s}$
$I = \int F\,dt = \sqrt{(4,509\text{ N}\cdot\text{s})^2 + (11,339\text{ N}\cdot\text{s})^2}$
$= 12,2\text{ N}\cdot\text{s}$

15.2. $(+\uparrow)\ m(v_1)_y + \Sigma\int_{t1}^{t2} F_y\,dt = m(v_2)_y$
$0 + N(4\text{ s}) + (500\text{ N})(4\text{ s})\text{ sen }30^\circ$
$-(750\text{ N})(4\text{ s}) = 0$
$N = 500\text{ N}$
$(\xrightarrow{+})\ m(v_1)_x + \Sigma\int_{t1}^{t2} F_x\,dt = m(v_2)_x$
$0 + (500\text{ N})(4\text{ s})\cos 30^\circ - 0,2(500\text{ N})(4\text{ s})$
$= \left(\frac{750\text{ N}}{9,81\text{ m/s}^2}\right)v$
$v = 17,4\text{ m/s}$

15.3. Tempo para início do movimento,
$+\uparrow \Sigma F_y = 0;\quad N - 25(9,81)\text{ N} = 0\qquad N = 245,25\text{ N}$
$\xrightarrow{+} \Sigma F_x = 0;\quad 20t^2 - 0,3(245,25\text{ N}) = 0\qquad t = 1,918\text{ s}$
$(\xrightarrow{+})\ m(v_1)_x + \Sigma\int_{t1}^{t2} F_x\,dt = m(v_2)_x$
$0 + \int_{1,918\text{ s}}^{4\text{ s}} 20t^2\,dt - (0,25(245,25\text{ N}))(4\text{ s} - 1,918\text{ s})$
$= (25\text{ kg})v$
$v = 10,1\text{ m/s}$

15.4. $(\xrightarrow{+})\ m(v_1)_x + \Sigma\int_{t1}^{t2} F_x\,dt = m(v_2)_x$
$(1500\text{ kg})(0) + \left[\frac{1}{2}(6000\text{ N})(2\text{ s}) + (6000\text{ N})(6\text{ s} - 2\text{ s})\right]$
$= (1500\text{ kg})v$
$v = 20\text{ m/s}$

15.5. Utilitário e *trailer*,
$m(v_1)_{x'} + \Sigma\int_{t1}^{t2} F_{x'}\,dt = m(v_2)_{x'}$
$0 + (9000\text{ N})(20\text{ s}) = (1500\text{ kg} + 2500\text{ kg})v$
$v = 45,0\text{ m/s}$

Trailer,
$m(v_1)_{x'} + \Sigma\int_{t1}^{t2} F_{x'}\,dt = m(v_2)_{x'}$
$0 + T(20\text{ s}) = (1500\text{ kg})(45,0\text{ m/s})$
$T = 3375\text{ N} = 3,375\text{ kN}$

15.6. Bloco B:
$(+\downarrow)\ mv_1 + \int F\,dt = mv_2$
$0 + 4(9,81)(5) - T(5) = 4(0,3)$
$T = 39\text{ N}$
Bloco A:
$(\xrightarrow{+})\ mv_1 + \int F\,dt = mv_2$
$0 + 39(5) - \mu_k(50)(5) = \frac{50}{9,81}(0,3)$
$\mu_k = 0,774$

15.7. $(\xrightarrow{+})\ m_A(v_A)_1 + m_B(v_B)_1 = m_A(v_A)_2 + m_B(v_B)_2$
$(20(10^3)\text{kg})(3\text{ m/s}) + (15(10^3)\text{kg})(-1,5\text{ m/s})$
$= (20(10^3)\text{kg})(v_A)_2 + (15(10^3)\text{kg})(2\text{ m/s})$
$(v_A)_2 = 0,375\text{ m/s} \rightarrow$
$(\xrightarrow{+})\ m(v_B)_1 + \Sigma\int_{t1}^{t2} F\,dt = m(v_B)_2$
$(15(10^3)\text{kg})(-1,5\text{ m/s}) + F_{méD}(0,5\text{ s})$
$= (15(10^3)\text{kg})(2\text{ m/s})$
$F_{méD} = 105(10^3)\text{ N} = 105\text{ kN}$

15.8. $(\xrightarrow{+})\ m_p[(v_p)_1]_x + m_C[(v_C)_1]_x = (m_p + m_C)v_2$
$5\left[10\left(\frac{4}{5}\right)\right] + 0 = (5 + 20)v_2$
$v_2 = 1,6\text{ m/s}$

15.9. $T_1 + V_1 = T_2 + V_2$
$\frac{1}{2}m_A(v_A)_1^2 + (v_g)_1 = \frac{1}{2}m_A(v_A)_2^2(v_g)_2$
$\frac{1}{2}(5)(5)^2 + 5(9,81)(1,5) = \frac{1}{2}(5)(v_A)_2^2$
$(v_A)_2 = 7,378\text{ m/s}$
$(\xrightarrow{+})\quad m_A(v_A)_2 + m_B(v_B)_2 = (m_A + m_B)v$
$5(7,378) + 0 = (5 + 8)v$
$v = 2,84\text{ m/s}$

15.10. $(\xrightarrow{+})\quad m_A(v_A)_1 + m_B(v_B)_1 = m_A(v_A)_2 + m_B(v_B)_2$
$0 + 0 = 10(v_A)_2 + 15(v_B)_2 \qquad (1)$
$T_1 + V_1 = T_2 + V_2$
$\frac{1}{2}m_A(v_A)_1^2 + \frac{1}{2}m_B(v_B)_1^2(V_e)_1$
$= \frac{1}{2}m_A(v_A)_2^2 + \frac{1}{2}m_B(v_B)_2^2 + (V_e)_2$
$0 + 0 + \frac{1}{2}[5(10)^3](0,2^2)$
$= \frac{1}{2}(10)(v_A)_2^2 + \frac{1}{2}(15)(v_B)_2^2 + 0$
$5(v_A)_2^2 + 7,5(v_B)_2^2 = 100 \qquad (2)$
Resolvendo as equações (1) e (2),
$(v_B)_2 = 2,31\text{ m/s} \rightarrow$
$(v_A)_2 = -3,464\text{ m/s} = 3,46\text{ m/s} \leftarrow$

15.11. $(\xleftarrow{+})\ m_A(v_A)_1 + m_B(v_B)_1 = (m_A + m_B)v_2$
$0 + 10(15) = (15 + 10)v_2$
$v_2 = 6\text{ m/s}$
$T_1 + V_1 = T_2 + V_2$
$\frac{1}{2}(m_A + m_B)v_2^2 + (V_e)_2 = \frac{1}{2}(m_A + m_B)v_3^2 + (V_e)_3$
$\frac{1}{2}(15 + 10)(6^2) + 0 = 0 + \frac{1}{2}[10(10^3)]s_{máx}^2$
$s_{máx} = 0,3\text{ m} = 300\text{ mm}$

15.12. $(\xrightarrow{+})\quad 0 + 0 = m_p(v_p)_x - m_C v_C$

$0 = (20\text{ kg})(v_p)_x - (250\text{ kg})v_C$

$(v_p)_x = 12{,}5\ v_C \qquad (1)$

$\mathbf{v}_p = \mathbf{v}_C + \mathbf{v}_{p/C}$

$(v_p)_x\mathbf{i} + (v_p)_y\mathbf{j} = -v_C\mathbf{i} + [(400\text{ m/s})\cos 30°\mathbf{i} + (400\text{ m/s})\text{ sen }30°\mathbf{j}]$

$(v_p)_x\mathbf{i} + (v_p)_y\mathbf{j} = (346{,}41 - v_C)\mathbf{i} + 200\mathbf{j}$

$(v_p)_x = 346{,}41 - v_C$

$(v_p)_y = 200\text{ m/s}$

$(v_p)_x = 320{,}75\text{ m/s} \quad v_C = 25{,}66\text{ m/s}$

$$v_p = \sqrt{(v_p)_x^2 + (v_p)_y^2} = \sqrt{(320{,}75\text{ m/s})^2 + (200\text{ m/s})^2} = 378\text{ m/s}$$

15.13. $$(\xrightarrow{+})\quad e = \frac{(v_B)_2 - (v_A)_2}{(v_A)_1 - (v_B)_1} = \frac{(9\text{ m/s}) - (1\text{ m/s})}{8\text{ m/s} - (-2\text{ m/s})} = 0{,}8$$

15.14. $(\xrightarrow{+})\ m_A(v_A)_1 + m_B(v_B)_1 = m_A(v_A)_2 + m_B(v_B)_2$

$[15(10^3)\text{kg}](5\text{ m/s}) + [25(10^3)](-7\text{ m/s}) = [15(10^3)\text{kg}]\,(v_A)_2 + [25(10^3)](v_B)_2$

$15(v_A)_2 + 25(v_B)_2 = -100 \qquad (1)$

Usando o coeficiente de restituição da equação,

$$(\xrightarrow{+})\quad e = \frac{(v_B)_2 - (v_A)_2}{(v_A)_1 - (v_B)_1}$$

$$0{,}6 = \frac{(v_B)_2 - (v_A)_2}{5\text{ m/s} - (-7\text{ m/s})}$$

$(v_B)_2 - (v_A)_2 = 7{,}2 \qquad (2)$

Resolvendo,

$(v_B)_2 = 0{,}2\text{ m/s} \rightarrow$

$(v_A)_2 = -7\text{ m/s} = 7\text{ m/s} \leftarrow$

15.15. $T_1 + V_1 = T_2 + V_2$

$$\frac{1}{2}m(v_A)_1^2 + mg(h_A)_1 = \frac{1}{2}mv_2^2 + mg(h_A)_2$$

$$\frac{1}{2}(15\text{ kg})(1{,}5\text{ m/s})^2 + [15(9{,}81)\text{ N}](3\text{ m}) = \frac{1}{2}(15\text{ kg})(v_A)_2^2 + 0$$

$(v_A)_2 = 7{,}817\text{ m/s} \leftarrow$

$(\xrightarrow{+})\quad m_A(v_A)_2 + m_B(v_B)_2 = m_A(v_A)_3 + m_B(v_B)_3$

$(15\text{ kg})(7{,}817\text{ m/s}) + 0 = (15\text{ kg})(v_A)_3 + (40\text{ kg})(v_B)_3$

$15\,(v_A)_3 + 40(v_B)_3 = 117{,}255 \qquad (1)$

$$(\xrightarrow{+})\ e = \frac{(v_B)_3 - (v_A)_3}{(v_A)_2 - (v_B)_2}$$

$$0{,}6 = \frac{(v_B)_3 - (v_A)_3}{7{,}817\text{ m/s} - 0}$$

$(v_B)_3 - (v_A)_3 = 4{,}6902 \qquad (2)$

Resolvendo as equações (1) e (2), temos:

$(v_B)_3 = 3{,}411\text{ m/s} \leftarrow$

$(v_A)_3 = -1{,}279\text{ m/s} = 1{,}279\text{ m/s} \rightarrow$

15.16. Depois da colisão: $T_1 + \Sigma U_{1\text{-}2} = T_2$

$$\frac{1}{2}(5)(v_A)_2^2 - 0{,}2[5(9{,}81)]\left(\frac{50}{1000}\right) = 0$$

$(v_A)_2 = 0{,}443\text{ m/s}$

$$\frac{1}{2}(10)(v_B)_2^2 - 0{,}2[10(9{,}81)]\left(\frac{75}{1000}\right) = 0$$

$(v_B)_2 = 0{,}542\text{ m/s}$

$\Sigma mv_1 = \Sigma mv_2$

$5\,(v_A)_1 + 0 = 5(0{,}443) + 10(0{,}542)$

$(v_A)_1 = 1{,}527\text{ m/s}$

$$e = \frac{(v_B)_2 - (v_A)_2}{(v_A)_1 - (v_B)_1} = \frac{0{,}542 - 0{,}443}{1{,}527 - 0} = 0{,}648$$

15.17. $(+\uparrow)\quad m[(v_b)_1]_y = m[(v_b)_2]_y$

$[(v_b)_2]_y = [(v_b)_1]_y = (20\text{ m/s})\text{sen }30° = 10\text{ m/s} \uparrow$

$$(\xrightarrow{+})\qquad e = \frac{(v_w)_2 - [(v_b)_2]_x}{[(v_b)_1]_x - (v_w)_1}$$

$$0{,}75 = \frac{0 - [(v_b)_2]_x}{(20\text{ m/s})\cos 30° - 0}$$

$[(v_b)_2]_x = -12{,}99\text{ m/s} = 12{,}99\text{ m/s} \leftarrow$

$$(v_b)_2 = \sqrt{[(v_b)_2]_x^2 + [(v_b)_2]_y^2} = \sqrt{(12{,}99\text{ m/s})^2 + (10\text{ m/s})^2} = 16{,}4\text{ m/s}$$

$$\theta = \text{tg}^{-1}\left(\frac{[(v_b)_2]_y}{[(v_b)_2]_x}\right) = \text{tg}^{-1}\left(\frac{10\text{ m/s}}{12{,}99\text{ m/s}}\right) = 37{,}6°$$

15.18. $\Sigma m(v_x)_1 = \Sigma m(v_x)_2$

$0 + 0 = 2(0{,}5) + 10(v_{Bx})_2$

$(v_{Bx})_2 = -0{,}1\text{ m/s}$

$\Sigma m(v_y)_1 = \Sigma m(v_y)_2$

$2(1) + 0 = 0 + 10(v_{By})_2$

$(v_{By})_2 = 0{,}2\text{ m/s}$

$$(v_B)_2 = \sqrt{(-0{,}1)^2 + (0{,}2)^2} = 0{,}224\text{ m/s}$$

15.19. $H_O = \Sigma mvd;$

$$H_O = \left[2(10)\left(\frac{4}{5}\right)\right](4) - \left[2(10)\left(\frac{3}{5}\right)\right](3) = 28\text{ kg}\cdot\text{m}^2/\text{s} \circlearrowleft$$

15.20. $H_p = \Sigma mvd;$

$$H_p = [2(15)\text{ sen }30°](2) - [2(15)\cos 30°](5) = -99{,}9\ kg\cdot\text{m}^2/\text{s} = 99{,}9\text{ kg}\cdot\text{m}^2/\text{s} \circlearrowright$$

15.21. $(H_z)_1 + \Sigma\int M_z\,dt = (H_z)_2$

$5(2)(1{,}5) + 5(1{,}5)(3) = 5v(1{,}5)$

$v = 5\text{ m/s}$

15.22. $(H_z)_1 + \Sigma\int M_z\,dt = (H_z)_2$

$$0 + \int_0^{4\text{ s}}(10t)\left(\frac{4}{5}\right)(1{,}5)dt = 5v(1{,}5)$$

$v = 12{,}8\text{ m/s}$

15.23. $(H_z)_1 + \Sigma\int M_z\,dt = (H_z)_2$

$$0 + \int_0^{5\text{ s}} 0{,}9t^2\,dt = 2v(0{,}6)$$

$v = 31{,}2\text{ m/s}$

15.24. $(H_z)_1 + \Sigma\int M_z\,dt = (H_z)_2$

$$0 + \int_0^{4\,s} 8t dt + 2(10)(0,5)(4) = 2[10v(0,5)]$$
$$v = 10,4 \text{ m/s}$$

Capítulo 16

16.1. $\theta = (20 \text{ rev})\left(\frac{2\pi \text{rad}}{1\text{rev}}\right) = 40\pi \text{ rad}$

$\omega^2 = \omega_0^2 + 2\alpha_C(\theta - \theta_0)$

$(30 \text{ rad/s})^2 = 0^2 + 2\alpha_C[(40\pi \text{ rad}) - 0]$

$\alpha_C = 3{,}581 \text{ rad/s}^2 = 3{,}58 \text{ rad/s}^2$

$\omega = \omega_0 + \alpha_C t$

$30 \text{ rad/s} = 0 + (3{,}581 \text{ rad/s}^2)t$

$t = 8{,}38 \text{ s}$

16.2. $\frac{d\omega}{d\theta} = 2(0{,}005\theta) = (0{,}01\theta)$

$\alpha = \omega\frac{d\omega}{d\theta} = (0{,}005\,\theta^2)(0{,}01\theta) = 50(10^{-6})\theta^3 \text{rad/s}^2$

Quando $\theta = 20$ rev(2π rad/1 rev) = 40π rad,

$\alpha = [50(10^{-6})(40\pi)^3] \text{ rad/s}^2$

$= 99{,}22 \text{ rad/s}^2 = 99{,}2 \text{ rad/s}^2$

16.3. $\omega = 4\theta^{1/2}$

$150 \text{ rad/s} = 4\theta^{1/2}$

$\theta = 1406{,}25 \text{ rad}$

$dt = \frac{d\theta}{\omega}$

$\int_0^t dt = \int_0^\theta \frac{d\theta}{4\theta^{1/2}}$

$t\big|_0^t = \frac{1}{2}\theta^{1/2}\big|_0^\theta$

$t = \frac{1}{2}\theta^{1/2}$

$t = \frac{1}{2}(1406{,}25)^{1/2} = 18{,}75 \text{ s}$

16.4. $\omega = \frac{d\theta}{dt} = (1{,}5t^2 + 15) \text{ rad/s}$

$\alpha = \frac{d\omega}{dt} = (3t) \text{ rad/s}$

$\omega = [1{,}5(3^2) + 15] \text{ rad/s} = 28{,}5 \text{ rad/s}$

$\alpha = 3(3) \text{ rad/s}^2 = 9 \text{ rad/s}^2$

$v = \omega r = (28{,}5 \text{ rad/s})(0{,}75 \text{ m}) = 21{,}4 \text{ m/s}$

$a = \alpha r = (9 \text{ rad/s}^2)(0{,}75 \text{ m}) = 6{,}75 \text{ m/s}^2$

16.5. $\omega\, d\omega = \alpha\, d\theta$

$\int_0^\omega \omega\, d\omega = \int_0^\theta 0{,}5\theta\, d\theta$

$\frac{\omega^2}{2}\big|_0^\omega = 0{,}25\theta^2\big|_0^\theta$

$\omega = (0{,}7071\theta) \text{ rad/s}$

Quando $\theta = 2$ rev = 4π rad,

$\omega = [0{,}7071(4\pi)] \text{ rad/s} = 8{,}886 \text{ rad/s}$

$v_P = \omega r = (8{,}886 \text{ rad/s})(0{,}2 \text{ m}) = 1{,}78 \text{ m/s}$

$(a_P)_t = \alpha r = (0{,}5\theta \text{ rad/s}^2)(0{,}2 \text{ m})|_{\theta=4\pi \text{ raD}}$

$= 1{,}257 \text{ m/s}^2$

$(a_P)_n = \omega^2 r = (8{,}886 \text{ rad/s})^2(0{,}2 \text{ m}) = 15{,}79 \text{ m/s}^2$

$a_p = \sqrt{(a_p)_t^2 + (a_p)_n^2}$

$= \sqrt{(1{,}257 \text{ m/s}^2)^2 + (15{,}79 \text{ m/s}^2)^2}$

$= 15{,}8 \text{ m/s}^2$

16.6. $\alpha_B = \alpha_A\left(\frac{r_A}{r_B}\right)$

$= (4{,}5 \text{ rad/s}^2)\left(\frac{0{,}075 \text{ m}}{0{,}225 \text{ m}}\right) = 1{,}5 \text{ rad/s}^2$

$\omega_B = (\omega_B)_0 + \alpha_B t$

$\omega_B = 0 + (1{,}5 \text{ rad/s}^2)(3 \text{ s}) = 4{,}5 \text{ rad/s}$

$\theta_B = (\theta_B)_0 + (\omega_B)_0\, t + \frac{1}{2}\alpha_B t^2$

$\theta_B = 0 + 0 + \frac{1}{2}(1{,}5 \text{ rad/s}^2)(3 \text{ s})^2$

$\theta_B = 6{,}75 \text{ rad}$

$v_C = \omega_B r_D = (4{,}5 \text{ rad/s})(0{,}125 \text{ m})$

$= 0{,}5625 \text{ m/s}$

$s_C = \theta_B r_D = (6{,}75 \text{ rad})(0{,}125 \text{ m}) = 0{,}84375 \text{ m}$

$= 844 \text{ mm}$

16.7. $\mathbf{v}_B = \mathbf{v}_A + \omega \times \mathbf{r}_{B/A}$

$-v_B\mathbf{j} = (3\mathbf{i})\text{m/s}$

$+ (\omega\mathbf{k}) \times (-1{,}5 \cos 30°\mathbf{i} + 1{,}5 \text{ sen } 30°\mathbf{j})$

$-v_B\mathbf{j} = [3 - \omega_{AB}(1{,}5 \text{ sen } 30°)]\mathbf{i} - \omega(1{,}5 \cos 30°)\mathbf{j}$

$0 = 3 - \omega(1{,}5 \text{ sen } 30°)$ (1)

$-v_B = 0 - \omega(1{,}5 \cos 30°)$ (2)

$\omega = 4 \text{ rad/s} \qquad v_B = 5{,}20 \text{ m/s}$

16.8. $\mathbf{v}_B = \mathbf{v}_A + \omega \times \mathbf{r}_{B/A}$

$(v_B)_x\mathbf{i} + (v_B)_y\mathbf{j} = \mathbf{0} + (-10\mathbf{k}) \times (-0{,}6\mathbf{i} + 0{,}6\mathbf{j})$

$(v_B)_x\mathbf{i} + (v_B)_y\mathbf{j} = 6\mathbf{i} + 6\mathbf{j}$

$(v_B)_x = 6\text{m/s}$ e $(v_B)_y = 6\text{m/s}$

$v_B = \sqrt{(v_B)_x^2 + (v_B)_y^2}$

$= \sqrt{(6 \text{ m/s})^2 + (6 \text{ m/s})^2}$

$= 8{,}49 \text{ m/s}$

16.9. $\mathbf{v}_B = \mathbf{v}_A + \omega \times \mathbf{r}_{B/A}$

$(1{,}2 \text{ m/s})\mathbf{i} = (-0{,}6 \text{ m/s})\mathbf{i} + (-\omega\mathbf{k}) \times (0{,}9 \text{ m})\mathbf{j}$

$1{,}2\mathbf{i} = (-0{,}6 + 0{,}9\omega)\mathbf{i}$

$\omega = 2 \text{ rad/s}$

16.10. $\mathbf{v}_A = \boldsymbol{\omega}_{OA} \times \mathbf{r}_A$

$= (12 \text{ rad/s})\mathbf{k} \times (0{,}3 \text{ m})\mathbf{j}$

$= [-3{,}6\mathbf{i}]\text{m/s}$

$\mathbf{v}_B = \mathbf{v}_A + \boldsymbol{\omega}_{AB} \times r_{B/A}$

$v_B\mathbf{j} = (-3{,}6 \text{ m/s})\mathbf{i} +$

$+ (\omega_{AB}\mathbf{k}) \times (0{,}6 \cos 30°\mathbf{i} - 0{,}6 \text{ sen } 30°\mathbf{j}) \text{ m}$

$v_B\mathbf{j} = [\omega_{AB}(0{,}6 \text{ sen } 30°) - 3{,}6]\mathbf{i} + \omega_{AB}(0{,}6 \cos 30°)\mathbf{j}$

$0 = \omega_{AB}(0{,}6 \text{ sen } 30°) - 3{,}6$ (1)

$v_B = \omega_{AB}(0{,}6 \cos 30°)$ (2)

$\omega_{AB} = 12 \text{ rad/s} \qquad v_B = 6{,}24 \text{ m/s} \uparrow$

16.11. $\mathbf{v}_C = \mathbf{v}_B + \boldsymbol{\omega}_{BC} \times \mathbf{r}_{C/B}$

$v_C\mathbf{j} = (-18\mathbf{i}) \text{ m/s}$

$+ (-\omega_{BC}\mathbf{k}) \times (-0{,}75 \cos 30°\mathbf{i} + 0{,}75 \text{ sen } 30°\mathbf{j}) \text{ m}$

$v_C\mathbf{j} = (-18\mathbf{i}) + 0{,}6495\omega_{BC}\mathbf{j} + 0{,}375\, \omega_{BC}\mathbf{i}$

$0 = -18 + 0{,}375\, \omega_{BC}$

$v_C = 0{,}6495\, \omega_{BC}$

$\omega_{BC} = 48 \text{ rad/s}$

$v_C = 31{,}2 \text{ m/s}$

16.12. $\mathbf{v}_B = \mathbf{v}_A + \omega \times \mathbf{r}_{B/A}$

$-v_B \cos 30°\mathbf{i} + v_B \text{ sen } 30°\mathbf{j} = (-3 \text{ m/s})\mathbf{j} +$

$(-\omega\mathbf{k}) \times (-2 \text{ sen } 45°\mathbf{i} - 2 \cos 45°\mathbf{j})$ m
$-0{,}8660v_B\mathbf{i} + 0{,}5v_B\mathbf{j}$
$= -1{,}4142\omega\mathbf{i} + (1{,}4142\omega - 3)\mathbf{j}$
$-0{,}8660\ v_B = -1{,}4142\omega$
$0{,}5v_B = 1{,}4142\omega - 3$
$\omega = 5{,}02$ rad/s $\quad v_B = 8{,}20$ m/s

16.13. $\omega_{AB} = \dfrac{v_A}{r_{A/CI}} = \dfrac{6}{3} = 2$ rad/s
$r_{C/CI} = \sqrt{1{,}5^2 + 2^2} = 2{,}5$ m
$\phi = \text{tg}^{-1}\left(\frac{2}{1{,}5}\right) = 53{,}13°$
$v_C = \omega_{A/B} r_{C/CI} = 2(2{,}5) = 5$ m/s
$\theta = 90° - \phi = 90° - 53{,}13° = 36{,}9°$ ⦣

16.14. $v_B = \omega_{A/B} r_{B/A} = 12(0{,}6) = 7{,}2$ m/s ↓
$v_C = 0$
$\omega_{BC} = \dfrac{v_B}{r_{B/CI}} = \dfrac{7{,}2}{1{,}2} = 6$ rad/s

16.15. $\omega = \dfrac{v_O}{r_{O/CI}} = \dfrac{6}{0{,}3} = 20$ rad/s
$r_{A/CI} = \sqrt{0{,}3^2 + 0{,}6^2} = 0{,}6708$ m
$\phi = \text{tg}^{-1}\left(\frac{0{,}3}{0{,}6}\right) = 26{,}57°$
$v_A = \omega r_{A/CI} = 20(0{,}6708) = 13{,}4$ m/s
$\theta = 90° - \phi = 90° - 26{,}57° = 63{,}4°$ ⦣

16.16. A localização de *CI* pode ser determinada usando triângulos similares.
$\dfrac{0{,}5 - r_{C/CI}}{3} = \dfrac{r_{C/CI}}{1{,}5} \qquad r_{C/CI} = 0{,}1667$ m
$\omega = \dfrac{v_C}{r_{C/CI}} = \dfrac{1{,}5}{0{,}1667} = 9$ rad/s
Também, $r_{O/CI} = 0{,}3 - r_{C/CI} = 0{,}3 - 0{,}1667$ $= 0{,}1333$ m.
$v_O = \omega r_{O/CI} = 9(0{,}1333) = 1{,}20$ m/s

16.17. $v_B = \omega r_{B/A} = 6(0{,}2) = 1{,}2$ m/s
$r_{B/CI} = 0{,}8 \text{ tg } 60° = 1{,}3856$ m
$r_{C/CI} = \dfrac{0{,}8}{\cos 60°} = 1{,}6$ m
$\omega_{BC} = \dfrac{v_B}{r_{B/CI}} = \dfrac{1{,}2}{1{,}3856} = 0{,}8660$ rad/s
$= 0{,}866$ rad/s
Então,
$v_C = \omega_{BC} r_{C/CI} = 0{,}8660(1{,}6) = 1{,}39$ m/s

16.18. $v_B = \omega_{AB} r_{B/A} = 10(0{,}2) = 2$ m/s
$v_C = \omega_{CD} r_{C/D} = \omega_{CD}(0{,}2) \rightarrow$
$r_{B/CI} = \dfrac{0{,}4}{\cos 30°} = 0{,}4619$ m
$r_{C/CI} = 0{,}4 \text{ tg } 30° = 0{,}2309$ m
$\omega_{BC} = \dfrac{v_B}{r_{B/CI}} = \dfrac{2}{0{,}4619} = 4{,}330$ rad/s
$= 4{,}33$ rad/s
$v_C = \omega_{BC} r_{C/CI}$
$\omega_{CD}(0{,}2) = 4{,}330(0{,}2309)$
$\omega_{CD} = 5$ rad/s

16.19. $\omega = \dfrac{v_A}{r_{A/CI}} = \dfrac{6}{3} = 2$ rad/s
$\mathbf{a}_B = \mathbf{a}_A + \boldsymbol{\alpha} \times \mathbf{r}_{B/A} - \omega^2 \mathbf{r}_{B/A}$
$a_B\mathbf{i} = -5\mathbf{j} + (\alpha\mathbf{k}) \times (3\mathbf{i} - 4\mathbf{j}) - 2^2(3\mathbf{i} - 4\mathbf{j})$
$a_B\mathbf{i} = (4\alpha - 12)\mathbf{i} + (3\alpha + 11)\mathbf{j}$
$a_B = 4\alpha - 12$
$0 = 3\alpha + 11$
$\alpha = -3{,}67$ rad/s^2
$a_B = -26{,}7$ m/s^2

16.20. $\mathbf{a}_A = \mathbf{a}_O + \boldsymbol{\alpha} \times \mathbf{r}_{A/O} - \omega^2 \mathbf{r}_{A/O}$
$= 1{,}8\mathbf{i} + (-6\mathbf{k}) \times (0{,}3\mathbf{i}) - 12^2(0{,}3\mathbf{j})$
$= \{3{,}6\mathbf{i} - 43{,}2\mathbf{j}\}$ m/s^2

16.21. $\mathbf{a}_A = \mathbf{a}_B + \boldsymbol{\alpha} \times \mathbf{r}_{A/B} - \omega^2 \mathbf{r}_{A/B}$
$3\mathbf{i} = a_B\mathbf{j} + (-\alpha\mathbf{k}) \times 0{,}3\mathbf{j} - 20^2(0{,}3\mathbf{j})$
$3\mathbf{i} = 0{,}3\alpha\mathbf{i} + (a_B - 120)\mathbf{j}$
$3 = 0{,}3\alpha \qquad \alpha = 10$ rad/s^2
$\mathbf{a}_A = \mathbf{a}_O + \boldsymbol{\alpha} \times \mathbf{r}_{A/O} - \omega^2 \mathbf{r}_{A/O}$
$= 3\mathbf{i} + (-10\mathbf{k}) \times (-0{,}6\mathbf{i}) - 20^2(-0{,}6\mathbf{j})$
$= \{243\mathbf{i} + 6\mathbf{j}\}$ m/s^2

16.22. $\dfrac{r_{A/CI}}{3} = \dfrac{0{,}5 - r_{A/CI}}{1{,}5}; \qquad r_{A/CI} = 0{,}3333$ m
$\omega = \dfrac{v_A}{r_{A/CI}} = \dfrac{3}{0{,}3333} = 9$ rad/s
$\mathbf{a}_A = \mathbf{a}_C + \boldsymbol{\alpha} \times \mathbf{r}_{A/C} - \omega^2 \mathbf{r}_{A/C}$
$1{,}5\mathbf{i} - (a_A)_n\mathbf{j} = -0{,}75\mathbf{i} + (a_C)_n\mathbf{j}$
$+ (-\alpha\mathbf{k}) \times 0{,}5\mathbf{j} - 9^2(0{,}5\mathbf{j})$
$1{,}5\mathbf{i} - (a_A)_n\mathbf{j} = (0{,}5\alpha - 0{,}75)\mathbf{i} + [(a_C)_n - 40{,}5]\mathbf{j}$
$1{,}5 = 0{,}5\alpha - 0{,}75$
$\alpha = 4{,}5$ rad/s^2

16.23. $v_B = \omega r_{B/A} = 12(0{,}3) = 3{,}6$ m/s
$\omega_{BC} = \dfrac{v_B}{r_{B/CI}} = \dfrac{3{,}6}{1{,}2} = 3$ rad/s
$\mathbf{a}_B = \boldsymbol{\alpha} \times \mathbf{r}_{B/A} - \omega^2 \mathbf{r}_{B/A}$
$= (-6\mathbf{k}) \times (0{,}3\mathbf{i}) - 12^2(0{,}3\mathbf{i})$
$= \{-43{,}2\mathbf{i} - 1{,}8\mathbf{j}\}$ m/s
$\mathbf{a}_C = \mathbf{a}_B + \boldsymbol{\alpha}_{BC} \times \mathbf{r}_{C/B} - \omega_{BC}^2 \mathbf{r}_{C/B}$
$a_C\mathbf{i} = (-43{,}2\mathbf{i} - 1{,}8\mathbf{j}) +$
$(\alpha_{BC}\ \mathbf{k}) \times (1{,}2\mathbf{i}) - 3^2(1{,}2\mathbf{i})$
$a_C\mathbf{i} = -54\mathbf{i} + (1{,}2\alpha_{BC} - 1{,}8)\mathbf{j}$
$a_C = -54$ m/s^2 $= 54$ m/s^2 ←
$0 = 1{,}2\alpha_{BC} - 1{,}8 \quad \alpha_{BC} = 1{,}5$ rad/s^2

16.24. $v_B = \omega r_{B/A} = 6(0{,}2) = 1{,}2$ m/s →
$r_{B/CI} = 0{,}8 \text{ tg } 60° = 1{,}3856$ m
$\omega_{BC} = \dfrac{v_B}{r_{B/CI}} = \dfrac{1{,}2}{1{,}3856} = 0{,}8660$ rad/s
$\mathbf{a}_B = \boldsymbol{\alpha} \times \mathbf{r}_{B/A} - \omega^2 \mathbf{r}_{B/A}$
$= (-3\mathbf{k}) \times (0{,}2\mathbf{j}) - 6^2(0{,}2\mathbf{j})$
$= [0{,}6\mathbf{i} - 7{,}2\mathbf{j}]$ m/s
$\mathbf{a}_C = \mathbf{a}_B + \boldsymbol{\alpha}_{BC} \times \mathbf{r}_{C/B} - \omega^2 \mathbf{r}_{C/B}$
$a_C \cos 30°\mathbf{i} + a_C \text{ sen } 30°\mathbf{j}$
$= (0{,}6\mathbf{i} - 7{,}2\mathbf{j}) + (\alpha_{BC}\,\mathbf{k} \times 0{,}8\mathbf{i}) - 0{,}8660^2(0{,}8\mathbf{i})$
$0{,}8660a_C\mathbf{i} + 0{,}5a_C\mathbf{j} = (0{,}8\alpha_{BC} - 7{,}2)\mathbf{j}$
$0{,}8660a_C = 0$
$0{,}5a_C = 0{,}8\alpha_{BC} - 7{,}2$
$a_C = 0 \qquad \alpha_{BC} = 9$ rad/s^2

Capítulo 17

17.1. $\xrightarrow{+} \Sigma F_x = m(a_G)_x;\ 100\left(\frac{4}{5}\right) = 100a$

$a = 0{,}8\ \text{m/s}^2 \rightarrow$

$+\uparrow \Sigma F_y = m(a_G)_y;$

$N_A + N_B - 100\left(\frac{3}{5}\right) - 100(9{,}81) = 0 \qquad (1)$

$\circlearrowleft + \Sigma M_G = 0;$

$N_A(0{,}6) + 100\left(\frac{3}{5}\right)(0{,}7)$

$\qquad - N_B(0{,}4) - 100\left(\frac{4}{5}\right)(0{,}7) = 0 \qquad (2)$

$N_A = 430{,}4\ \text{N} = 430\text{N}$

$N_B = 610{,}6\ \text{N} = 611\ \text{N}$

17.2. $\Sigma F_{x'} = m(a_G)_{x'}; \qquad 80(9{,}81)\ \text{sen}\ 15^\circ = 80a$

$a = 2{,}54\ \text{m/s}^2$

$\Sigma F_{y'} = m(a_G)_{y'};$

$N_A + N_B - 80(9{,}81)\cos 15^\circ = 0 \qquad (1)$

$\circlearrowleft + \Sigma M_G = 0;$

$N_A(0{,}5) - N_B(0{,}5) = 0 \qquad (2)$

$N_A = N_B = 379\ \text{N}$

17.3. $\circlearrowleft + \Sigma M_A = \Sigma(\mathcal{M}_k)_A;\quad 50\left(\frac{3}{5}\right)(2{,}1) = \frac{100}{9{,}81}\ a(1{,}05)$

$a = 5{,}886\ \text{m/s}^2$

$\xrightarrow{+} \Sigma F_x = m(a_G)_x;\quad A_x + 50\left(\frac{3}{5}\right) = \frac{100}{9{,}81}\ (5{,}886)$

$A_x = 30\ \text{N}$

$+\uparrow \Sigma F_y = m(a_G)_y;\quad A_y - 100 + 50\left(\frac{4}{5}\right) = 0$

$A_y = 60\ \text{N}$

17.4. $F_A = \mu_s N_A = 0{,}2N_A \quad F_B = \mu_s N_B = 0{,}2N_B$

$\xrightarrow{+} \Sigma F_x = m(a_G)_x;$

$0{,}2N_A + 0{,}2N_B = 100a \qquad (1)$

$+\uparrow \Sigma F_y = m(a_G)_y;$

$N_A + N_B - 100(9{,}81) = 0 \qquad (2)$

$\circlearrowleft + \Sigma M_G = 0;$

$0{,}2N_A(0{,}75) + N_A(0{,}9) + 0{,}2N_B(0{,}75)$

$\qquad - N_B(0{,}6) = 0 \qquad (3)$

Resolvendo as equações (1), (2) e (3),

$N_A = 294{,}3\ \text{N} = 294\ \text{N}$

$N_B = 686{,}7\ \text{N} = 687\ \text{N}$

$a = 1{,}96\ \text{m/s}^2$

Como N_A é positivo, a mesa realmente vai deslizar antes de inclinar.

17.5. $(a_G)_t = \alpha r = \alpha(1{,}5)\text{m}$

$(a_G)_n = \omega^2 r = (5\ \text{rad/s})^2(1{,}5\ \text{m}) = 37{,}5\ \text{m/s}^2$

$\Sigma F_t = m(a_G)_t; \qquad 100\ \text{N} = 50\ \text{kg}[\alpha(1{,}5\ \text{m})]$

$\qquad \alpha = 1{,}33\ \text{rad/s}^2$

$\Sigma F_n = m(a_G)_n; \qquad T_{AB} + T_{CD} - 50(9{,}81)\ \text{N}$

$\qquad = 50\ \text{kg}(37{,}5\ \text{m/s}^2)$

$T_{AB} + T_{CD} = 2365{,}5$

$\circlearrowleft + \Sigma M_G = 0; \qquad T_{CD}(1\ \text{m}) - T_{AB}(1\ \text{m}) = 0$

$T_{AB} = T_{CD} = 1182{,}75\ \text{N} = 1{,}18\ \text{kN}$

17.6. $\circlearrowleft + \Sigma M_C = 0;$

$D_y(0{,}6) - 450 = 0 \quad D_y = 750\ \text{N}$

$(a_G)_n = \omega^2 r = 6^2(0{,}6) = 21{,}6\ \text{m/s}^2$

$(a_G)_t = \alpha r = \alpha(0{,}6)$

$+\uparrow \Sigma F_t = m(a_G)_t;$

$750 - 50(9{,}81) = 50[\alpha(0{,}6)]$

$\alpha = 8{,}65\ \text{rad/s}^2$

$\xrightarrow{+} \Sigma F_n = m(a_G)_n; \qquad (1)$

$F_{AB} + D_x = 50(21{,}6)$

$\circlearrowleft + \Sigma M_G = 0; \qquad (2)$

$D_x(0{,}4) + 750(0{,}1) - F_{AB}(0{,}4) = 0$

$D_x = 446{,}25\ \text{N} = 446\ \text{N}$

$F_{AB} = 633{,}75\ \text{N} = 634\ \text{N}$

17.7. $I_O = mk_O^2 = 100(0{,}5^2) = 25\ \text{kg} \cdot \text{m}^2$

$\circlearrowleft + \Sigma M_C = I_O\alpha; \qquad -100(0{,}6) = -25\alpha$

$\alpha = 2{,}4\ \text{rad/s}^2$

$\omega = \omega_0 + \alpha_C t$

$\omega = 0 + 2{,}4(3) = 7{,}2\ \text{rad/s}$

17.8. $I_O = \frac{1}{2}mr^2 = \frac{1}{2}(50)(0{,}3)^2 = 2{,}25\ \text{kg} \cdot \text{m}^2$

$\circlearrowleft + \Sigma M_C = I_O\alpha;$

$-9t = -2{,}25\alpha \qquad \alpha = (4t)\ \text{rad/s}^2$

$d\omega = \alpha\ dt$

$\int_0^\omega d\omega = \int_0^t 4t\ dt$

$\omega = (2t^2)\ \text{rad/s}$

$\omega = 2(4^2) = 32\ \text{rad/s}$

17.9. $(a_G)_t = \alpha r_G = \alpha(0{,}15)$

$(a_G)_n = \omega^2 r_G = 6^2(0{,}15) = 5{,}4\ \text{m/s}^2$

$I_O = I_G + md^2 = \frac{1}{12}(30)(0{,}9^2) + 30(0{,}15^2)$

$\quad = 2{,}7\ \text{kg} \cdot \text{m}^2$

$\circlearrowleft + \Sigma M_O = I_O\alpha; \qquad 60 - 30(9{,}81)(0{,}15) = 2{,}7\alpha$

$\alpha = 5{,}872\ \text{rad/s}^2 = 5{,}87\ \text{rad/s}^2$

$\xrightarrow{+} \Sigma F_n = m(a_G)_n; \quad O_n = 30(5{,}4) = 162\ \text{N}$

$+\uparrow \Sigma F_t = m(a_G)_t;$

$O_t - 30(9{,}81) = 30[5{,}872(0{,}15)]$

$O_t = 320{,}725\ \text{N} = 321\ \text{N}$

17.10. $(a_G)_t = \alpha r_G = \alpha(0{,}3)$

$(a_G)_n = \omega^2 r_G = 10^2(0{,}3) = 30\ \text{m/s}^2$

$I_O = I_G + md^2 = \frac{1}{2}(30)(0{,}3^2) + 30(0{,}3^2)$

$\quad = 4{,}05\ \text{kg} \cdot \text{m}^2$

$\circlearrowleft + \Sigma M_O = I_O\alpha;$

$50\left(\frac{3}{5}\right)(0{,}3) + 50\left(\frac{4}{5}\right)(0{,}3) = 4{,}05\alpha$

$\alpha = 5{,}185\ \text{rad/s}^2 = 5{,}19\ \text{rad/s}^2$

$+\uparrow \Sigma F_n = m(a_G)_n;$

$O_n + 50\left(\frac{3}{5}\right) - 30(9{,}81) = 30(30)$

$O_n = 1164{,}3\ \text{N} = 1{,}16\text{kN}$

$\xrightarrow{+} \Sigma F_t = m(a_G)_t;$

$O_t + 50\left(\frac{4}{5}\right) = 30[5{,}185(0{,}3)]$

$O_t = 6{,}67\ \text{N}$

17.11. $I_G = \frac{1}{12}ml^2 = \frac{1}{12}(15\ \text{kg})(0{,}9\ \text{m})^2 = 1{,}0125\ \text{kg} \cdot \text{m}^2$

$(a_G)_n = \omega^2 r_G = 0$

$(a_G)_t = \alpha(0{,}15\ \text{m})$

$I_O = I_G + md_{OG}^2$

$= 1{,}0125\ \text{kg}\cdot\text{m}^2 + 15\ \text{kg}(0{,}15\ \text{m})^2$
$= 1{,}35\ \text{kg}\cdot\text{m}^2$
$\circlearrowleft + \Sigma M_O = I_O\alpha;$
$[15(9{,}81)\ \text{N}](0{,}15\ \text{m}) = (1{,}35\ \text{kg}\cdot\text{m}^2)\alpha$
$\alpha = 16{,}35\ \text{rad/s}^2$
$+\downarrow \Sigma F_t = m(a_G)_t;\quad -O_t + 15(9{,}81)\text{N}$
$= (15\ \text{kg})[16{,}35\ \text{rad/s}^2\ (0{,}15\ \text{m})]$
$O_t = 110{,}36\ \text{N} = 110\ \text{N}$
$\xrightarrow{+} \Sigma F_n = m(a_G)_n;\quad O_n = 0$

17.12. $(a_G)_T = \alpha r_G = \alpha(0{,}45)$
$(a_G)_n = \omega^2 r_G = 6^2(0{,}45) = 16{,}2\ \text{m/s}^2$
$I_O = \frac{1}{3}ml^2 = \frac{1}{3}(30)(0{,}9^2) = 8{,}1\ \text{kg}\cdot\text{m}^2$
$\circlearrowleft + \Sigma M_O = I_O\alpha;$
$300\left(\frac{4}{5}\right)(0{,}6) - 30(9{,}81)(0{,}45) = 8{,}1\alpha$
$\alpha = 1{,}428\ \text{rad/s}^2 = 1{,}43\ \text{rad/s}^2$
$\xleftarrow{+} \Sigma F_n = m(a_G)_n;\quad O_n + 300\left(\frac{3}{5}\right) - 30(16{,}2)$
$O_n = 306\ \text{N}$
$+\uparrow \Sigma F_t = m(a_G)_t;\quad O_t + 300\left(\frac{4}{5}\right) - 30(9{,}81)$
$= 30[1{,}428(0{,}45)]$
$O_T = 73{,}58\ \text{N} = 73{,}6\ \text{N}$

17.13. $I_G = \frac{1}{12}ml^2 = \frac{1}{12}(60)(3^2) = 45\ \text{kg}\cdot\text{m}^2$
$+\uparrow \Sigma F_y = m(a_G)_y;$
$80 - 20 = 60a_G \quad a_G = 1\ \text{m/s}^2\uparrow$
$\circlearrowleft + \Sigma M_G = I_G\alpha;\quad 80(1) + 20(0{,}75) = 45\alpha$
$\alpha = 2{,}11\ \text{rad/s}^2$

17.14. $\circlearrowleft + \Sigma M_A = (\mathcal{M}_k)_A;$
$-200(0{,}3) = -100a_G(0{,}3) - 4{,}5\alpha$
$30a_G + 4{,}5\alpha = 60 \quad (1)$
$a_G = \alpha r = \alpha(0{,}3) \quad (2)$
$\alpha = 4{,}44\ \text{rad/s}^2 \quad a_G = 1{,}33\ \text{m/s}^2 \rightarrow$

17.15. $+\uparrow \Sigma F_y = m(a_G)_y;$
$N - 20(9{,}81) = 0 \quad N = 196{,}2\ \text{N}$
$\xrightarrow{+} \Sigma F_x = m(a_G)_x;\quad 0{,}5(196{,}2) = 20a_O$
$a_O = 4{,}905\ \text{m/s}^2 \rightarrow$
$\circlearrowleft + \Sigma M_O = I_O\alpha;$
$0{,}5(196{,}2)(0{,}4) - 100 = -1{,}8\alpha$
$\alpha = 33{,}8\ \text{rad/s}^2$

17.16. $\circlearrowleft + \Sigma M_A = (\mathcal{M}_k)_A;$
$20(9{,}81)\ \text{sen}\ 30^\circ\ (0{,}15) = 0{,}18\alpha + (20a_G)(0{,}15)$
$0{,}18\alpha + 3a_G = 14{,}715$
$a_G = \alpha r = \alpha(0{,}15)$
$\alpha = 23{,}36\ \text{rad/s}^2 = 23{,}4\ \text{rad/s}^2$
$a_G = 3{,}504\ \text{m/s}^2 = 3{,}50\ \text{m/s}^2$

17.17. $+\uparrow \Sigma F_y = m(a_G)_y;$
$N - 200(9{,}81) = 0 \quad N = 1962\ \text{N}$
$\xrightarrow{+} \Sigma F_x = m(a_G)_x;$
$T - 0{,}2(1962) = 200a_G \quad (1)$
$\circlearrowleft + \Sigma M_A = (\mathcal{M}_k)_A;\quad 450 - 0{,}2(1962)(1)$
$= 18\alpha + 200a_G(0{,}4) \quad (2)$
$(a_A)_t = 0 \quad a_A = (a_A)_n$
$\mathbf{a}_G = \mathbf{a}_A + \boldsymbol{\alpha} \times \mathbf{r}_{G/A} - \omega^2\mathbf{r}_{G/A}$
$a_G\mathbf{i} = -a_A\mathbf{j} + \alpha\mathbf{k} \times (0{,}4\mathbf{j}) - \omega^2(-0{,}4\mathbf{j})$
$a_G\mathbf{i} = 0{,}4\alpha\mathbf{i} + (0{,}4\omega^2 - a_A)\mathbf{j}$
$a_G = 0{,}4\alpha \quad (3)$
Resolvendo as equações (1), (2) e (3),
$\alpha = 1{,}15\ \text{rad/s}^2 \quad a_G = 0{,}461\ \text{m/s}^2$
$T = 485\ \text{N}$

17.18. $\xrightarrow{+} \Sigma F_x = m(a_G)_x;\quad 0 = 12(a_G)_x \quad (a_G)_x = 0$
$\circlearrowleft + \Sigma M_A = (\mathcal{M}_k)_A$
$-12(9{,}81)(0{,}3) = 12(a_G)_y(0{,}3) - \frac{1}{12}(12)(0{,}6)^2\alpha$
$0{,}36\alpha - 3{,}6(a_G)_y = 35{,}316 \quad (1)$
$\omega = 0$
$\mathbf{a}_G = \mathbf{a}_A + \boldsymbol{\alpha} \times \mathbf{r}_{G/A} - \omega^2\mathbf{r}_{G/A}$
$(a_G)_y\mathbf{j} = a_A\mathbf{i} + (-\alpha\mathbf{k}) \times (0{,}3\mathbf{i}) - \mathbf{0}$
$(a_G)_y\mathbf{j} = (a_A)\mathbf{i} - 0{,}3\mathbf{j}$
$a_A = 0$
$(a_G)_y = -0{,}3\alpha \quad (2)$
Resolvendo as equações (1) e (2)
$\alpha = 24{,}5\ \text{rad/s}^2$
$(a_G)_y = -7{,}36\ \text{m/s}^2 = 7{,}36\ \text{m/s}^2\downarrow$

Capítulo 18

18.1. $I_O = mk_O^2 = 80(0{,}4^2) = 12{,}8\ \text{kg}\cdot\text{m}^2$
$T_1 = 0$
$T_2 = \frac{1}{2}I_O\omega^2 = \frac{1}{2}(12{,}8)\omega^2 = 6{,}4\omega^2$
$s = \theta r = 20(2\pi)(0{,}6) = 24\pi\ \text{m}$
$T_1 + \Sigma U_{1-2} = T_2$
$0 + 50(24\pi) = 6{,}4\omega^2$
$\omega = 24{,}3\ \text{rad/s}$

18.2. $T_1 = 0$
$T_2 = \frac{1}{2}m(v_G)_2^2 + \frac{1}{2}I_G\omega_2^2$
$= \frac{1}{2}(25\ \text{kg})(0{,}75\omega_2)^2$
$+ \frac{1}{2}[\frac{1}{12}(25\ \text{kg})(1{,}5\ \text{m})^2]\omega_2^2$
$T_2 = 9{,}375\ \omega_2^2$
Ou,
$I_O = \frac{1}{3}ml^2 = \frac{1}{3}(25\ \text{kg})(1{,}5\ \text{m})^2$
$= 18{,}75\ \text{kg}\cdot\text{m}^2$
De modo que:
$T_2 = \frac{1}{2}I_O\omega_2^2 = \frac{1}{2}(18{,}75\ \text{kg}\cdot\text{m}^2)\omega_2^2$
$= 9{,}375\ \omega_2^2$
$T_1 + \Sigma U_{1-2} = T_2$
$T_1 + [-W\,y_G + M\theta] = T_2$
$0 + [-(25(9{,}81)\text{N})(0{,}75\ \text{m}) + (150\ \text{N}\cdot\text{m})\left(\frac{\pi}{2}\right)]$
$= 9{,}375\ \omega_2^2$
$\omega_2 = 2{,}35\ \text{rad/s}$

18.3. $(v_G)_2 = \omega_2 r_{G/CI} = \omega_2(2{,}5)$
$I_G = \frac{1}{12}ml^2 = \frac{1}{12}(50)(5^2) = 104{,}17\ \text{kg}\cdot\text{m}^2$
$T_1 = 0$

$T_2 = \frac{1}{2}m(v_G)_2^2 + \frac{1}{2}I_G\omega_2^2$
$= \frac{1}{2}(50)[\omega_2(2,5)]^2 + \frac{1}{2}(104,17)\omega_2^2 = 208,33\omega_2^2$
$U_P = Ps_P = 600(3) = 1800\text{J}$
$U_W = -Wh = -50(9,81)(2,5 - 2) = -245,25\text{ J}$
$T_1 + \Sigma U_{1-2} = T_2$
$0 + 1800 + (-245,25) = 208,33\omega_2^2$
$\omega_2 = 2,732\text{ rad/s} = 2,73\text{ rad/s}$

18.4. $T = \frac{1}{2}mv_O{}^2 + \frac{1}{2}I_O\omega^2$
$= \frac{1}{2}(50\text{ kg})(0,4\omega)^2 + \frac{1}{2}[50\text{ kg }(0,3\text{m})^2]\omega^2$
$= 6,25\omega^2\text{J}$
Ou,
$T = \frac{1}{2}I_{CI}\omega^2$
$= \frac{1}{2}[50\text{ kg}(0,3\text{ m})^2 + 50\text{kg}(0,4\text{m})^2]\omega^2$
$= 6,25\omega^2\text{J}$
$s_O = \theta r = 10(2\pi\text{ rad})(0,4\text{ m}) = 8\pi\text{ m}$
$T_1 + \Sigma U_{1-2} = T_2$
$T_1 + P\cos 30^\circ\, s_O = T_2$
$0 + (50\text{ N})\cos 30^\circ\,(8\pi\text{ m}) = 6,25\omega^2\text{ J}$
$\omega = 13,2\text{ rad/s}$

18.5. $I_G = \frac{1}{12}ml^2 = \frac{1}{12}(30)(3^2) = 22,5\text{ kg}\cdot\text{m}^2$
$T_1 = 0$
$T_2 = \frac{1}{2}mv_G{}^2 + \frac{1}{2}I_G\omega^2$
$= \frac{1}{2}(30)[\omega(0,5)]^2 + \frac{1}{2}(22,5)\omega^2 = 15\omega^2$
$I_O = I_G + md^2 = \frac{1}{12}(30)(3^2) + 30(0,5^2)$
$= 30\text{ kg}\cdot\text{m}^2$
Ou,
$T_2 = \frac{1}{2}I_O\omega^2 = \frac{1}{2}(30)\,\omega^2 = 15\omega^2$
$s_1 = \theta r_1 = 8\pi(0,5) = 4\pi\text{ m}$
$s_2 = \theta r_2 = 8\pi(1,5) = 12\pi\text{ m}$
$U_{P2} = P_2 s_2 = 20(12\pi) = 240\pi\text{ J}$
$U_M = M\theta = 20[4(2\pi)] = 160\pi\text{ J}$
$T_1 + \Sigma U_{1-2} = T_2$
$0 + 120\pi + 240\pi + 160\pi = 15\omega^2$
$\omega = 10,44\text{ rad/s} = 10,4\text{ rad/s}$

18.6. $v_O = \omega r = \omega(0,4)$
$I_O = mk_o{}^2 = 20(0,3^2) = 1,8\text{ kg}\cdot\text{m}^2$
$T_1 = 0$
$T_2 = \frac{1}{2}mv_G{}^2 + \frac{1}{2}I_G\omega^2$
$= \frac{1}{2}(20)[\omega(0,4)]^2 + \frac{1}{2}(1,8)\omega^2$
$= 2,5\omega^2$
$U_M = M\theta = M\left(\frac{s_O}{r}\right) = 50\left(\frac{20}{0,4}\right) = 2500\text{ J}$
$T_1 + \Sigma U_{1-2} = T_2$
$0 + 2500 = 2,5\omega^2$
$\omega = 31,62\text{ rad/s} = 31,6\text{ rad/s}$

18.7. $v_G = \omega r = \omega(0,3)$
$I_G = \frac{1}{2}mr^2 = \frac{1}{2}(30)(0,3^2) = 1,35\text{ kg}\cdot\text{m}^2$
$T_1 = 0$
$T_2 = \frac{1}{2}m(v_G)_2^2 + \frac{1}{2}I_G\omega_2^2$
$= \frac{1}{2}(30)[\omega_2(0,3)]^2 + \frac{1}{2}(1,35)\omega_2^2 = 2,025\omega_2^2$
$(V_g)_1 = Wy_1 = 0$
$(V_g)_2 = -Wy_2 = -30(9,81)(0,3) = -88,92\text{ J}$
$T_1 + V_1 = T_2 + V_2$
$0 + 0 = 2,025\omega_2^2 + (-88,29)$
$\omega_2 = 6,603\text{ rad/s} = 6,60\text{ rad/s}$

18.8. $v_O = \omega r_{O/CI} = \omega(0,2)$
$I_O = mk_O{}^2 = 50(0,3^2) = 4,5\text{ kg}\cdot\text{m}^2$
$T_1 = 0$
$T_2 = \frac{1}{2}m(v_O)_2^2 + \frac{1}{2}I_O\omega_2^2$
$= \frac{1}{2}(50)[\omega_2(0,2)]^2 + \frac{1}{2}(4,5)\omega_2^2$
$= 3,25\omega_2^2$
$(V_g)_1 = Wy_1 = 0$
$(V_g)_2 = -Wy_2 = -50(9,81)(6\text{ sen }30^\circ)$
$= -1471,5\text{ J}$
$T_1 + V_1 = T_2 + V_2$
$0 + 0 = 3,25\omega_2^2 + (-1471,5)$
$\omega^2 = 21,28\text{ rad/s} = 21,3\text{ rad/s}$

18.9. $v_G = \omega r_G = \omega(1,5)$
$I_G = \frac{1}{12}(60)(3^2) = 45\text{ kg}\cdot\text{m}^2$
$T_1 = 0$
$T_2 = \frac{1}{2}m(v_G)_2^2 + \frac{1}{2}I_G\omega_2^2$
$= \frac{1}{2}(60)[\omega_2(1,5)]^2 + \frac{1}{2}(45)\omega_2^2$
$= 90\omega_2^2$
Ou,
$T_2 = \frac{1}{2}I_O\omega_2^2 = \frac{1}{2}[45 + 60(1,5)^2]\omega_2^2 = 90\omega_2^2$
$(V_g)_1 = Wy_1 = 0$
$(V_g)_2 = -Wy_2 = -60(9,81)(1,5\text{ sen }45^\circ)$
$= -624,30\text{ J}$
$(V_e)_1 = \frac{1}{2}ks_1^2 = 0$
$(V_e)_2 = \frac{1}{2}ks_2^2 = \frac{1}{2}(150)(3\text{ sen }45^\circ)^2 = 337,5\text{ J}$
$T_1 + V_1 = T_2 + V_2$
$0 + 0 = 90\,\omega_2^2 + [-624,39 + 337,5]$
$\omega_2 = 1,785\text{ rad/s} = 1,79\text{ rad/s}$

18.10. $v_G = \omega r_G = \omega(0,75)$
$I_G = \frac{1}{12}(30)(1,5^2) = 5,625\text{ kg}\cdot\text{m}^2$
$T_1 = 0$
$T_2 = \frac{1}{2}m(V_G)_2^2 + \frac{1}{2}I_G\omega_2^2$
$= \frac{1}{2}(30)[\omega(0,75)]^2 + \frac{1}{2}(5,625)\omega_2^2 = 11,25\omega_2^2$
Ou,
$T_2 = \frac{1}{2}I_O\omega_2^2 = \frac{1}{2}[5,625 + 30(0,75)^2]\omega_2^2$

$= 11{,}25\ \omega_2^2$

$(V_g)_1 = Wy_1 = 0$

$(V_g)_2 = -Wy_2 = -30(9{,}81)(0{,}75)$

$= -220{,}725$ J

$(V_e)_1 = \frac{1}{2}ks_1^2 = 0$

$(V_e)_1 = \frac{1}{2}ks_2^2 = \frac{1}{2}(80)(\sqrt{2^2+1{,}5^2}-0{,}5)^2 = 160$ J

$T_1 + V_1 = T_2 + V_2$

$0 + 0 = 11{,}25\ \omega_2^2 + (-220{,}725 + 160)$

$\omega_2 = 2{,}323$ rad/s $= 2{,}32$ rad/s

18.11. $(v_G)_2 = \omega_2 r_{G/CI} = \omega_2(0{,}75)$

$I_G = \frac{1}{12}(30)(1{,}5^2) = 5{,}625\ \text{kg}\cdot\text{m}^2$

$T_1 = 0$

$T_2 = \frac{1}{2},(V_G)_2^2 + \frac{1}{2}I_G\omega_2^2$

$= \frac{1}{2}(30)[\omega_2(0{,}75)]^2 + \frac{1}{2}(5{,}625)\omega_2^2 = 11{,}25\omega_2^2$

$(V_g)_1 = Wy_1 = 30(9{,}81)(0{,}75 \text{ sen } 45°) = 156{,}08$ J

$(V_g)_1 = -Wy_2 = 0$

$(V_e)_1 = \frac{1}{2}ks_1^2 = 0$

$(V_e)_1 = \frac{1}{2}ks_2^2 = \frac{1}{2}(300)(1{,}5 - 1{,}5\cos 45°)^2$

$= 28{,}95$ J

$T_1 + V_1 = T_2 + V_2$

$0 + (156{,}08 + 0) = 11{,}25\omega_2^2 + (0 + 28{,}95)$

$\omega_2 = 3{,}362$ rad/s $= 3{,}36$ rad/s

18.12. $(V_g)_1 = -Wy_1 = -[20(9{,}81)\text{ N}](1\text{ m}) = -196{,}2$ J

$(V_g)_2 = 0$

$(V_e)_1 = \frac{1}{2}ks_1^2$

$= \frac{1}{2}(100\text{ N/m})(\sqrt{(3\text{m})^2 + (2\text{ m})^2} - 0{,}5\text{ m})^2$

$= 482{,}22$ J

$(V_e)_2 = \frac{1}{2}ks_2^2 = \frac{1}{2}(100\text{ N/m})(1\text{ m} - 0{,}5\text{ m})^2$

$= 12{,}5$ J

$T_1 = 0$

$T_2 = \frac{1}{2}I_A\omega^2 = \frac{1}{2}\left[\frac{1}{3}(20\text{ kg})(2\text{ m})^2\right]\omega^2$

$= 13{,}3333\omega^2$

$T_1 + V_1 = T_2 + V_2$

$0 + [-196{,}2\text{ J} + 482{,}22\text{ J}]$

$= 13{,}3333\omega_2^2 + [0 + 12{,}5\text{ J}]$

$\omega^2 = 4{,}53$ rad/s

Capítulo 19

19.1. $\circlearrowleft + I_O\omega_1 + \Sigma\int_{t_1}^{t_2} M_O dt = I_O\omega_2$

$0 + \int_0^{4\text{ s}} 3t^2 dt = [60(0{,}3)^2]\omega_2$

$\omega_2 = 11{,}85$ rad/s $= 11{,}9$ rad/s

19.2. $\circlearrowleft + (H_A)_1 + \Sigma\int_{t_1}^{t_2} M_A dt = (H_A)_2$

$0 + 300(6) = 300(0{,}4^2)\omega_2 + 300[\omega(0{,}6)](0{,}6)$

$\omega_2 = 11{,}54$ rad/s $= 11{,}5$ rad/s]

$\xrightarrow{+}\ m(v_1)_x + \Sigma\int_{t_1}^{t_2} F_x dt = m(v_2)_x$

$0 + F_f(6) = 300[11{,}54(0{,}6)]$

$F_f = 346$ N

19.3. $v_A = \omega_A r_{A/CI} = \omega_A(0{,}15)$

$\circlearrowleft + \Sigma M_O = 0;\qquad 9 - A_t(0{,}45) = 0\quad A_t = 20$ N

$\circlearrowleft + (H_C)_1 + \Sigma\int_{t_1}^{t_2} M_C dt = (H_C)_2$

$0 + [20(5)](0{,}15)$

$= 10[\omega_A(0{,}15)](0{,}15) +$

$+[10(0{,}1^2)]\omega_A$

$\omega_A = 46{,}2$ rad/s

19.4. $I_A = mk_A^2 = 10(0{,}08^2) = 0{,}064\ \text{kg}\cdot\text{m}^2$

$I_B = mk_B^2 = 50(0{,}15^2) = 1{,}125\ \text{kg}\cdot\text{m}^2$

$\omega_A = \left(\frac{r_B}{r_A}\right)\omega_B = \left(\frac{0{,}2}{0{,}1}\right)\omega_B = 2\omega_B$

$\circlearrowleft + I_A(\omega_A)_1 + \Sigma\int_{t_1}^{t_2} M_A dt = I_A(\omega_A)_2$

$0 + 10(5) - \int_0^{5\text{ s}} F(0{,}1)dt = 0{,}064[2(\omega_B)_2]$

$\int_0^{5\text{ s}} F dt = 500 - 1{,}28(\omega_B)_2$ (1)

$\circlearrowleft + I_g(\omega_B)_i + \sum\int_{t1}^{t2} M_g\ dt = l_g(\omega_B)_2$

$0 + \int_0^{5\text{ s}} F(0{,}2)dt = 1{,}125(\omega_B)_2$

$\int_0^{5\text{ s}} F dt = 5{,}625(\omega_B)_2$ (2)

Resolvendo as equações (1) e (2),

$500 - 1{,}28(\omega_B)_2 = 5{,}625(\omega_B)_2$

$(\omega_B)_2 = 72{,}41$ rad/s $= 72{,}4$ rad/s

19.5. $(\xrightarrow{+})\quad m[(v_O)_x]_1 + \Sigma\int F_x\ dt = m[(v_O)_x]_2$

$0 + (150\text{ N})(3\text{ s}) + F_A(3\text{ s})$

$= (50\text{ kg})(0{,}3\omega_2)$

$\circlearrowleft + I_G\omega_1 + \Sigma\int M_G\ dt = I_G\omega_2$

$0 + (150\text{ N})(0{,}2\text{ m})(3\text{ s}) - F_A(0{,}3\text{ m})(3\text{ s})$

$= [(50\text{ kg})(0{,}175\text{ m})^2]\omega_2$

$\omega_2 = 37{,}3$ rad/s

$F_A = 36{,}53$ N

Também,

$I_{CI}\omega_1 + \Sigma\int M_{CI}\ dt = I_{CI}\omega_2$

$0 + [(150\text{ N})(0{,}2 + 0{,}3)\text{m}](3\text{ s})$

$= [(50\text{ kg})(0{,}175\text{ m})^2 + (50\text{ kg})(0{,}3\text{ m})^2]\omega_2$

$\omega_2 = 37{,}3$ rad/s

19.6. $(+\uparrow)\ m[(v_G)_1]_y + \Sigma\int F_y\ dt = m[(v_G)_2]_y$

$0 + N_A(3\text{ s}) - (750\text{ N})(3\text{ s}) = 0$

$N_A = 750$ N

$\circlearrowleft + (H_{CI})_1 + \Sigma\int M_{CI}\ dt = (H_{CI})_2$

$0 + (37{,}5\text{ N}\cdot\text{m})(3\text{ s}) - [0{,}15(750\text{ N})(3\text{ s})](0{,}15\text{ m})$

$[\frac{750}{9{,}81}\text{kg}(0{,}375\text{ m})^2]\omega_2 + (\frac{750}{9{,}81}\text{kg})[\omega_2(0{,}3\text{ m})](0{,}3\text{ m})$

$\omega_2 = 3{,}51$ rad/s

Respostas dos problemas selecionados

Capítulo 12

12.1. $v_2 = v_0^2 + 2a_c(s - s_0)$
$a_c = 0{,}5625 \text{ m/s}^2$
$v = v_0 + a_c t$
$t = 26{,}7 \text{ s}$

12.2. $v = 0 + 1(30) = 30 \text{ m/s}$
$s = 450 \text{ m}$

12.3. $t = 3 \text{ s}$
$s = 6{,}75 \text{ m}$

12.5. $dv = a\,dt$
$v = (6t^2 - 2t^{3/2})\text{m/s}$
$ds = v\,dt$
$s = (2t^3 - \frac{4}{5}t^{5/2} + 15)\text{m}$

12.6. $h = 38{,}145 \text{ m}$
$v = -27{,}43 \text{ m/s} = 27{,}43 \text{ m/s} \downarrow$

12.7. $v = 13 \text{ m/s}$
$\Delta s = 76 \text{ m}$
$t = 8{,}33 \text{ s}$

12.9. $dt = \dfrac{dv}{a}$
$v = \sqrt{2kt + v_0^2}$

12.10. $s_A = 1097{,}3 \text{ m}$

12.11. $a = -24 \text{ m/s}^2$
$\Delta s = -880 \text{ m}$
$s_T = 912 \text{ m}$

12.13. $\Delta s = 2 \text{ m}$
$s_T = 6 \text{ m}$
$v_{\text{média}} = 0{,}333 \text{ m/s}$
$(v_{sp})_{\text{média}} = 1 \text{ m/s}$

12.14. $vm_{\text{média}} = 0{,}222 \text{ m/s}$
$(v_{sp})_{\text{média}} = 2{,}22 \text{ m/s}$

12.15. $d = 198{,}75 \text{ m}$
$d = 232{,}5 \text{ m}$

12.17. $h = 5t' - 4{,}905(t')^2 + 10$
$h = 19{,}81t' - 4{,}905(t')^2 - 14{,}905$
$t' = 1{,}682 \text{ m}$
$h = 4{,}54\text{m}$

12.18. $s = 1708 \text{ m}$
$v_{\text{média}} = 22{,}3 \text{ m/s}$

12.19. $a|_{t=4} = 1{,}06 \text{ m/s}^2$

12.21. $v_A = (3t^2 - 3t) \text{ m/s}$
$v_B = (4t^3 - 8t) \text{ m/s}$
$t = 0$ s e $= 1$ s
B para
$t = 0\text{s}$
$t = \sqrt{2}\,s$
$s_{AB}|_{t=4\text{s}} = 152 \text{ m}$
$(s_T)_A = 41 \text{ m}$
$(s_T)_B = 200 \text{ m}$

12.22. Escolha a raiz superior a 10 m $s = 11{,}9$ m
$v = 0{,}250 \text{ m/s}$

12.23. $v = (20e^{-2t}) \text{ m/s}$
$a = (-40e^{-2t}) \text{ m/s}^2$
$s = 10\,(1 - e^{-2t}) \text{ m}$

12.25. $s = \dfrac{1}{2k}\ln\left(\dfrac{g + kv_0^2}{g + kv^2}\right)$
$h_{\text{máx}} = \dfrac{1}{2k}\ln(1 + \dfrac{k}{g}v_0^2)$

12.26. $v = 4{,}11 \text{ m/s}$
$a = 4{,}13 \text{ m/s}^2$

12.27. $v = 1{,}29 \text{ m/s}$

12.29. $s|_{t=6\text{s}} = -27{,}0 \text{ m}$
$v = 4{,}50t^2 - 27{,}0t + 22{,}5$
As vezes em que as partículas param são
$t = 1$ s e $t = 5$ s
$s_{tot} = 69{,}0 \text{ m}$

12.30. $s = \dfrac{v_0}{k}(1 - e^{-kt})$
$a = -kv_0e^{-kt}$

12.31. $v = 32 \text{ m/s}$
$s = 67 \text{ m}$
$d = 66 \text{ m}$

12.33. Distância entre motocicleta e carro 1662,5 m
$t = 77{,}6 \text{ s}$
$s_m = 1101{,}6 \text{ m}$

12.34. $a = 80 \text{ km/s}^2$
$t = 6{,}93 \text{ ms}$

12.35. $v_{\text{média}} = 10 \text{ m/s} \leftarrow$
$a_{\text{média}} = 6 \text{ m/s}^2 \leftarrow$

12.37. Bola A
$h = v_0t' - \dfrac{g}{2}t'^2$
$v_A = v_0 - gt'$
$h = v_0(t' - t) - \dfrac{g}{2}(t' - t)^2$
$v_B = v_0 - g(t' - t)$
$t' = \dfrac{2v_0 + gt}{2g}$
$v_A = \frac{1}{2}gt \downarrow$
$v_B = \frac{1}{2}gt \uparrow$

12.38. $v = 11{,}2 \text{ km/s}$

12.39. $v = 3{,}02 \text{ km/s} \downarrow$

12.41. $v = -30t + 15t^2 \text{ m/s}$
Em repouso em $t = 0$ e $t = 2$ s

$s_{tot} = 30$ m
$v_{média} = 15$ m/s

12.42. $s_T = 980$ m

12.45. $v = \frac{2\pi}{5} \cos \frac{\pi}{5} t$
$a = -\frac{2\pi^2}{25} \text{sen} \frac{\pi}{5} t$

12.46. $v_{máx} = 16,7$ m/s

12.49. $v = 3t^2 - 6t + 2$
$a = 6t - 6$

12.51. $s|_{t=90\text{ s}} = 1350$ m

12.53. $s = (\frac{1}{5} t^2)$ m e $s = (12t - 180)$
$a = 0,4$ m/s² e $a = 0$

12.54. $t = 9,88$ s

12.55. $t' = 8,75$ s
$s|_{t=8,75\text{ s}} = 272$ m

12.57. $v = (\sqrt{0,1s^2 + 10s})$ m/s e
$v = (\sqrt{-30s + 12\,000})$ m/s
$s' = 400$ m

12.58. $s' = 750$ m

12.59. $s = 917$ m

12.61. $s = 2t^2$
$s = 20t - 50$
$s = -t^2 + 60t - 450$

12.62. $v_{máx} = 36,7$ m/s
$s' = 319$ m

12.63. $v = 4t^{3/2}$ e $v = 2t^2 - 18t + 108$
$s = \frac{8}{5} t^{5/2}$ e $s = \frac{2}{3} t^3 - 9t^2 + 108t - 340$

12.65. $v = \sqrt{0,04s^2 + 1,2s}$ m/s
$v = \sqrt{6s - 167,9}$ m/s

12.66. $t = 16,9$ s
$v = 0,8t$, $v = 24,0$
$a = 0,8$, $a = 0$

12.69. $v = (0,4t^2)$ m/s
$v = (8t - 40)$ m/s
$t' = 16,25$ s
$s|_{t=16,25\text{ s}} = 540$ m

12.70. $t' = 133$ s, $s = 8857$ m

12.71. $v = 36,1$ m/s
$a = 36,5$ m/s²

12.73. $x = \sqrt{\frac{c}{3b}}\, t^{3/2}$
$a_x = \frac{3}{4}\sqrt{\frac{c}{3b}} \frac{1}{\sqrt{t}}$
$a_y = 2ct$

12.74. $a = 80,2$ m/s²
(42,7, 16,0, 14,0) m

12.75. $a_x = \pm 4r \cos 2t$
$a_y = -4r \text{ sen } 2t$

12.77. $\mathbf{v} = \{-10 \text{ sen } 2t\mathbf{i} + 8 \cos 2t\mathbf{j}\}$ m/s
$\mathbf{a} = \{-20 \cos 2t\mathbf{i} - 16 \text{ sen } 2t\mathbf{j}\}$ m/s²
$v = 9,68$ m/s
$a = 16,8$ m/s²

12.78. $v = 10,4$ m/s
$a = 38,5$ m/s²

12.79. $v_x = 3,58$ m/s, $v_y = 1,79$ m/s
$a_x = 0,32$ m/s² $a_y = 0,64$ m/s²↓

12.81. $\mathbf{r}_B = \{21,21\mathbf{i} - 21,21\mathbf{j}\}$ m
$\mathbf{r}_C = \{28,98\mathbf{i} - 7,765\mathbf{j}\}$ m
$(\mathbf{v}_{BC})_{média} = \{3,88\mathbf{i} + 6,72\mathbf{j}\}$ m/s

12.82. $s = 9$ km
$\Delta r = 6,71$ km
$v_{média} = 4,86$ m/s
$(v_{sp})_{média} = 6,52$ m/s

12.83. $v = \sqrt{c^2k^2 + b^2}$
$a = ck^2$

12.85. $v_y = v_x - \frac{x}{200} v_x$
$v = 2,69$ m/s
$a_y = a_x - \frac{1}{200}(v_x^2 + xa_x)$
$a = 0,0200$ m/s²

12.86. $v_x = v_0[1 + (\frac{\pi}{L}c)^2 \cos^2 (\frac{\pi}{L}x)]^{-\frac{1}{2}}$
$v_y = \frac{v_0 \pi c}{L}(\cos \frac{\pi}{L}x)[1 + (\frac{\pi}{L}c)^2 cos^2(\frac{\pi}{L}x)]^{-\frac{1}{2}}$

12.87. $v_A = 6,49$ m/s
$t = 0,890$ s

12.89. $v_A \cos \theta = 6$
$v_A \text{ sen } \theta = 7,215$
$\theta = 50,25°$
$v_A = 7,215$ m/s
$v_B = 23,0$ m/s

12.90. $\theta = 57,6°$
$x = 222$ m
$y = 116$ m

12.91. $s = 2,617$ m
$s = 10,09$ m

12.93. $t = \frac{1}{\cos \theta_A}$
$4,905t^2 - 30 \text{ sen } \theta_A t - 1,2 = 0$
Revolver por *tentativa* e erro
$\theta_A = 7,19°$ e $80,5°$

12.94. $\theta_A = 30,5°$ $v_A = 23,2$ m/s

12.95. $h = 7,086$ m

12.97. $y = 0 + v_0 \text{ sen}\theta_1 t_1 + \frac{1}{2}(-g)t_1^2$
$y = 0 + v_0 \text{ sen}\theta_2 t_2 + \frac{1}{2}(-g)t_2^2$
$x = 0 + v_0 \cos \theta_1 t_1$
$x = 0 + v_0 \cos \theta_2 t_2$
$$\Delta t = \frac{2v_0 \text{sen}(\theta_1 - \theta_2)}{g(\cos\theta_2 + \cos\theta_1)}$$

12.98. $d = 94{,}1$ m

12.99. $v_A = 23{,}20$ m/s
$s = 6{,}86$ m

12.101. $20 = 0 + v_A \cos 30^\circ\, t$
$$10 = 1{,}8 + v_A \text{ sen } 30^\circ(t) + \frac{1}{2}(-9{,}81)(t)^2$$
$v_A = 28{,}0$ m/s

12.102. $d = 45{,}3$ m

12.103. Como $H > 4{,}5$ m, a bola de futebol é chutada **por cima do gol.**
$h = 6{,}575$ m

12.105. $0 = 15 \text{ sen } \theta_A + (-9{,}81)t$
$$8 = 1 + 15\, sen\, \theta_A t + \frac{1}{2}(-9{,}18)t^2$$
$\theta_A = 51{,}4^\circ$
$d = 7{,}18$ m

12.106. $v_A = 18{,}2$ m/s
$t = 1{,}195$ s
$d = 12{,}7$ m

12.107. $\theta_1 = 24{,}8^\circ$ ⦣
$\theta_2 = 85{,}1^\circ$ ⦣

12.109. $$0{,}9 = 2{,}25 + 0 + \frac{1}{2}(-9{,}18)t_1^2$$
$$0 = 2{,}25 + 0 + \frac{1}{2}(-9{,}81)t_2^2$$
$6{,}3 = 0 + v_A\,(0{,}5246)$
$v_A = 12{,}01$ m/s
$s_x = (s_0)_x + (v_0)_x\, t$
$s = 1{,}83$ m

12.110. $v_A = 19{,}4$ m/s
$t_{AB} = 4{,}54$ s

12.111. $\rho = 208$ m

12.113. $$7{,}5 = \frac{v^2}{200}$$
$v = 38{,}7$ m/s

12.114. $v = 18{,}97$ m/s

12.115. $a = 0{,}488$ m/s²

12.117. $t = 7{,}071$ s
$v = 5{,}66$ m/s
$a_t = \dot{v} = 0{,}8$ m/s²
$a_n = 0{,}640$ m/s²
$a = 1{,}02$ m/s²

12.118. $v = 1{,}80$ m/s
$a = 1{,}20$ m/s²

12.119. $a = 4{,}517$ m/s²
$\Delta s = 4{,}2$ m

12.121. $\rho = 3808{,}96$ m
$a = 0{,}511$ m/s²

12.122. $a = 0{,}309$ m/s²

12.123. $a = 2{,}75$ m/s²

12.125. $v = (25 - \frac{1}{6}t^{3/2})$m/s
Quando o carro atinge C
$t = 15{,}942$ s
$a = 1{,}30$ m/s²

12.126. $a = 0{,}730$ m/s²

12.127. $a = 2{,}356$ m/s²

12.129. $\rho = 79{,}30$ m
$a = 8{,}43$ m/s²
$\theta = 38{,}2^\circ$

12.130. $a = 6{,}03$ m/s²

12.131. $a = 0{,}824$ m/s²

12.133. $v = (\sqrt{400 - 0{,}25s^2}\,)$m/s²
$t = 2 \text{ sen}^{-1}(\frac{s}{40})$
Quando $t = 2$ s,
$s = 33{,}7$ m
$a_t = -8{,}42$ m/s²
$a_n = 5{,}84$ m/s²
$a = 10{,}2$ m/s²

12.134. $a_A = 4{,}44$ m/s²

12.135. $a_B = 0{,}556$ m/s²

12.137. $\mathbf{v} = \{3t^2\mathbf{i} + 6t\mathbf{j} + 8\mathbf{k}\}$ m/s
$v = 18{,}8$ m/s
$\mathbf{a} = \{6t\mathbf{i} + 6\mathbf{j}\}$ m/s²
$a = 13{,}4$ m/s²
$\rho = 51{,}1$ m

12.138. $v = 3{,}68$ m/s
$a = 4{,}98$ m/s²

12.139. $v = 3{,}19$ m/s
$a = 4{,}22$ m/s²

12.141. $dv = a\, dt$, $v = 7{,}20$ m/s
$a_n = 1{,}037$ m/s², $a = 1{,}91$ m/s²

12.142. $d = 31{,}84$ m
$a_A = 2{,}964$ m/s²
$a_B = 0{,}384$ m/s²

12.143. $a = 3{,}05$ m/s²

12.145. $\rho = 449{,}4$ m, $a_n = a = 26{,}9$ m/s²

12.146. $a = 0{,}269$ m/s²

12.147. $a = 8{,}61$ m/s²

12.149. $v_A = 2\sqrt{s_A^2 + 16}$
$s_A = 14{,}51$ m
$d = 17{,}0$ m
$(a_n)_A = 181{,}17$ m/s²
$(a_n)_B = 12{,}80$ m/s²
$a_A = 190$ m/s²
$a_B = 12{,}8$ m/s²

12.150. $t = 2{,}51$ s
$a_A = 22{,}2$ m/s²
$a_B = 65{,}1$ m/s²

12.151. $t = 10{,}1$ s
$v = 47{,}6$ m/s
$a = 11{,}8$ m/s²

12.153. $x = 0 + 6{,}128t$
$y = 0 + 5{,}143t + \frac{1}{2}(-9{,}81)(t^2)$
$y = \{0{,}839x - 0{,}131x^2\}$ m
$a_t = 3{,}94$ m/s²
$a_n = 8{,}98$ m/s²

12.154. $v_n = 0$
$v_t = 7{,}21$ m/s
$a_n = 0{,}555$ m/s²
$a_t = 2{,}77$ m/s²

12.155. $a_{\text{máx}} = \dfrac{a}{b^2}v^2$

12.157. $\theta = (t^3)$ rad
$\dot{r} = \ddot{r} = 0$
$\dot{\theta} = 2{,}554$ rad/s $\quad \ddot{\theta} = 5{,}536$ rad/s²
$v = 0{,}766$ m/s
$a = 2{,}57$ m/s²

12.158. $a = 3{,}66$ m/s²

12.159. $v = 30{,}1$ m/s
$a = 85{,}3$ m/s²

12.161. $v_{Pe} = 55{,}556$ m/s
$a_{Pe} = 0{,}000\ 2315$ m/s²
$v = 121{,}45$ m/s
$a_{pr} = 12\ 960$ m/s²
$a = 12{,}96$ km/s²

12.162. $a = 14{,}3$ m/s²

12.163. $v_r = a \operatorname{sen} \theta\, \dot{\theta}$
$v_\theta = (b - a \cos \theta)\dot{\theta}$
$a_r = (2a \cos \theta - b)\dot{\theta}^2 + a \operatorname{sen} \dot{\theta}\, \dot{\theta}$
$a_\theta = (b - a \cos \theta)\ddot{\theta} + 2a\dot{\theta}^2 \operatorname{sen} \theta$

12.165. $v_r = 0 \quad v_\theta = 36$ m/s
$v = 36$ m/s
$a_r = -\ 14{,}4$ m/s²
$a_\theta = 18$ m/s²
$a = 23{,}05$ m/s²

12.166. $v = 2a\dot{\theta}$
$a = 4a\dot{\theta}^2$

12.167. $v = 2a\dot{\theta}$
$a = 2a\sqrt{4\dot{\theta}^4 + \ddot{\theta}^2}$

12.169. $v_r = 0 \qquad v_\theta = 120(\dot{\theta})$
$\dot{\theta} = 0{,}075$ rad/s
$a_r = -\ 0{,}675$ m/s²
$a_\theta = 0$
$a = 0{,}675$ m/s²

12.170. $v_r = 1{,}50$ m/s
$v_\theta = 0{,}450$ m/s
$a_r = 0{,}410$ m/s²
$a_\theta = 0{,}600$ m/s²

12.171. $\mathbf{v} = \{-116\mathbf{u}_r - 163\mathbf{u}_z\}$ mm/s
$\mathbf{a} = \{-5{,}81\mathbf{u}_r - 8{,}14\mathbf{u}_z\}$ mm/s²

12.173. $v_r = 2{,}149$ m/s $\quad v_\theta = 3{,}722$ m/s
$v = 4{,}30$ m/s
$a_r = -\ 23{,}20$ m/s²
$a_\theta = 11{,}39$ m/s²
$a = 25{,}8$ m/s²

12.174. $v_r = 0$
$v_\theta = 0{,}8$ m/s
$v_z = -0{,}0932$ m/s
$a_r = -0{,}16$ m/s²
$a_\theta = 0$
$a_z = -0{,}00725$ m/s²

12.175. $v = 8{,}49$ m/s
$a = 88{,}2$ m/s²

12.177. $\dot{r} = (-200 \operatorname{sen} 2\theta\, \dot{\theta})$ m/s
$\dot{\theta} = 0{,}302$ rad/s

12.178. $\dot{\theta} = 0{,}378$ rad/s

12.179. $v_r = -250$ mm/s
$a_r = -9330$ mm/s²

12.181. $v_r = 0$
$v_\theta = 1{,}473$ m/s
$v_z = -0{,}2814$ m/s
$a_r = -0{,}217$
$a_\theta = 0$
$a_z = 0$
$a = 0{,}217$ m/s²

12.182. $a = 7{,}26$ m/s²

12.183. $v = 4{,}16$ m/s
$a = 33{,}1$ m/s²

12.185. $v_r = 5{,}405$ m/s
$v_\theta = 5{,}660$ m/s
$v = 7{,}83$ m/s
$a_r = -5{,}998$ m/s²
$a_\theta = 38{,}95$ m/s²
$a = 39{,}4$ m/s²

12.186. $v_r = a\dot{\theta}$
$v_\theta = a\theta\dot{\theta}$
$a_r = -a\theta\dot{\theta}^2$
$a_\theta = 2a\dot{\theta}^2$

12.187. $v_r = 6{,}00$ m/s
$v_\theta = 18{,}3$ m/s
$a_r = -67{,}1$ m/s²
$a_\theta = 66{,}3$ m/s²

12.189. $v_r = 8{,}2122$ mm/s
$v_\theta = 164{,}24$ mm/s
$v = 164$ mm/s
$a_r = -\ 651{,}2$ mm/s²
$a_\theta = 147{,}82$ mm/s²
$a = 668$ mm/s²

12.190. $v_r = 32{,}0$ m/s
$v_\theta = 50{,}3$ m/s
$a_r = -201$ m/s²
$a_\theta = 256$ m/s²

12.191. $v_r = 32{,}0$ m/s
$v_\theta = 50{,}3$ m/s

$a_r = -161$ m/s²
$a_\theta = 319$ m/s²

12.193. $v_r = -\frac{540}{\pi^2}\dot{\theta} \quad v_\theta = \frac{180}{\pi}\dot{\theta}$
$v_r = -7{,}25$ m/s
$v_\theta = 7{,}59$ m/s

12.194. $v_r = -306$ m/s
$v_\theta = 177$ m/s
$a_r = -128$ m/s²
$a_\theta = 67{,}7$ m/s²

12.195. $v_p = 6$ m/s

12.197. $2v_H = -v_A$
$v_A = 2$ m/s ←

12.198. $v_B = 20$ m/s ↑

12.199. $v_E = 2{,}14$ m/s ↑

12.201. $3v_A = v_M = 0$
$v_A = 1{,}67$ m/s ↑

12.202. $v_B = 0{,}5$ m/s ↑

12.203. $v_B = 1$ m/s ↑

12.205. $2v_A = v_C$
$v_B = 4v_A$
$v_A = 0{,}5$ m/s ↑
$a_A = 0{,}25$ m/s² ↓

12.206. $v_B = 0{,}5$ m/s ↑

12.207. $v_B = 4$ m/s ↑

12.209. $v_A = -2v_D$
$2v_C - v_D + v_B = 0$
$t = 5{,}43$ s
$v_C = 2{,}21$ m/s ↑

12.210. $t = 1{,}07$ s
$v_A = 0{,}605$ m/s
$v_B = 5{,}33$ m/s

12.211. $\dot{s}_B = 1{,}20$ m/s ↓
$\ddot{s}_B = 1{,}11$ m/s² ↑

12.213. $y_B = 16 - \sqrt{x^2_A + 64}$
$v_B = -\frac{x_A}{\sqrt{x^2_A + 64}}v_A$
$v_B = 1{,}41$ m/s ↑

12.214. $v_C = (1{,}8 \sec \theta)$ m/s →

12.215. $v_{B/A} = 11{,}2$ m/s
$\theta_v = 50{,}3°$

12.217. $v_{BC} = 18{,}6$ m/s
$\theta_v = 66{,}2°$
$\mathbf{v}_{B/C} = \{7{,}5\mathbf{i} + 17{,}01\mathbf{j}\}$ m/s
$(\mathbf{a}_B)_t\{-2 \cos 60°\mathbf{i} + 2 \text{ sen } 60°\mathbf{j}\}$ m/s²
$\mathbf{a}_{B/C} = [0{,}9486\mathbf{i} - 0{,}1429\mathbf{j}]$
$a_{B/C} = 0{,}959$ m/s²
$\theta_a = 8{,}57°$

12.218. $v_{w/s} = 19{,}9$ m/s
$\theta = 74{,}0°$

12.219. $\theta = 9{,}58°$
$v_{r/c} = 19{,}9$ m/s
$\theta = 9{,}58°$

12.221. $-20 \text{ sen } 30° = -30 + (v_{B/A})_x$
$20 \cos 30° = (v_{B/A})_y$
$v_{B/A} = 26{,}5$ km/h
$\theta = 40{,}9°$ ∡
$-1200 \text{ sen } 30° + 1333{,}3 \cos 30° = (a_{B/A})_x$
$1200 \cos 30° + 1333{,}3 \text{ sen } 30° = (a_{B/A})_y$
$a_{B/A} = 1{,}79(10^3)$ km/h²
$\theta = 72{,}0°$ ∡

12.222. $v_{B/A} = 26{,}5$ km/h
$\theta_v = 40{,}90°$ ∡
$a_{B/A} = 1955$ km/h²
$\theta_a = 0{,}767°$ ⦪

12.223. $v_{A/B} = 6{,}502$ m/s
$\theta = 18.0°$ ⦩
$t = 36{,}9$ s

12.225. $\mathbf{a}_{B/A} = \{2392{,}95\mathbf{i} - 3798{,}15\mathbf{j}\}$ km/h²
$a_{B/A} = 4489$ km/h²
$\phi = 57{,}8°$ ⦪

12.226. $v_{A/B} = 49{,}1$ km/h
$\theta = 67{,}2°$ ⦩

12.227. $v_W = 58{,}3$ km/h
$\theta = 59{,}0°$ ⦫

12.229. $\mathbf{v}_{A/B} = (v \text{ sen } \theta - v)\mathbf{i} + v \cos\theta\mathbf{j}$
$v_{A/B} = v\sqrt{2(1 - \text{sen } \theta)}$

12.230. $v_{r/m} = 16{,}6$ km/h
$\theta = 25{,}0°$ ⦪

12.231. $v_b = 6{,}21$ m/s
$t = 11{,}4$ s

Capítulo 13

13.1. $a = 0{,}6667$ m/s²
$F_{AB} = F_{AC} = 18{,}1$ kN

13.2. $a = -0{,}505$ m/s²

13.3. $v = 22{,}4$ m/s

13.5. $40{,}55 - F = 10a$
$F + 14{,}14 = 6a$
$a = 3{,}42$ m/s²
$F = 6{,}37$ N

13.6. $a_C = 0{,}75$ m/s² ↑
$T = 792$ N

13.7. $F = 85{,}7$ N

13.9. $F = 7{,}50$ kN
$a = 0{,}0278$ m/s²

13.10. $a = 1{,}66$ m/s²

13.11. $a = 1{,}75$ m/s²

13.13. $a = 0{,}9995$ m/s²
$T = 27{,}82$ kN

13.14. $T_{CA} = T_{CB} = 27{,}9$ kN

13.15. $s = 12{,}9$ m

13.17. $a_A = 10{,}19$ m/s²
$s = 19{,}62$ m

13.18. $F = 63{,}8$ N

13.19. (a) $x = 0$
(b) $x = 0{,}955$ m

13.21. $N_B = mg \cos \theta$
$-T + N_B \text{ sen } \theta = 0$
$T = \left(\frac{mg}{2}\right)\text{sen}\, 2\theta$

13.22. $T = mg \cos \theta(\text{sen } \theta - \mu_k \cos \theta)$

13.23. $v = 30$ m/s

13.25. $2a_C - a_P = 0$
$T = 1131$ N
$B_y = 1{,}92$ kN
$A_x = 0$
$A_y = 2{,}11$ kN

13.26. $a_E = 0{,}75$ m/s² ↑
$T = 1{,}32$ kN

13.27. $m_A = 13{,}7$ kg

13.29. $12 - s_B + \sqrt{s_A^2 + (12)^2} = 24$
$T = 1{,}63$ kN

13.30. $T = 1{,}80$ kN

13.31. $a_A = 0{,}195$ m/s² ↓
$T = 769$ N

13.33. $F_s = 60(\sqrt{0{,}3^2 + s^2} - 0{,}3)$
$v = 4{,}448$ m/s

13.34. $d = \dfrac{eVLl}{v_0^2 wm}$

13.35. (a), (b) $a_C = 6{,}94$ m/s²
(c) $a_C = 7{,}08$ m/s²
$\theta = 56{,}5°$ ⦣

13.37. $N \cos \theta - \mu_s N \text{ sen } \theta - mg = 0$
$N \text{ sen } \theta + \mu_s N \cos \theta = ma$
$P = 2mg\left(\dfrac{\text{sen}\,\theta + \mu_s \cos\theta}{\cos\theta - \mu_s \text{sen}\theta}\right)$

13.38. $t = 1{,}08$ s

13.39. $t = 42{,}1$ mín
$v_{\text{máx}} = 2{,}49$ km/s

13.41. $a_B = 1{,}788$ m/s²
$a_A = 6{,}673$ m/s² $N_B = 90{,}05$ N

13.42. $x = d$
$v = \sqrt{\dfrac{kd^2}{(m_A + m_B)}}$

13.43. $N = 0$, então $x = d$ para separação.

13.45. $a = (2{,}19 - 0{,}2v)$m/s²
$v = 10{,}95(1 - e - t/5)$
$v_{\text{máx}} = 10{,}95$ m/s

13.46. $v_{\max} = \sqrt{\dfrac{mg}{C}}$

13.47. $v = \sqrt{v_0^2 - 2gr_0\left(1 - \frac{r_0}{r}\right)}$
$r_{\text{máx}} = \dfrac{2gr_0^2}{2gr_0 - v_0^2}$
$v_{esc} = \sqrt{2gr_0}$
$t = \dfrac{2}{3r_0\sqrt{2g}}\left(r_{máx}^{\frac{3}{2}} - r_0^{\frac{3}{2}}\right)$

13.49. $a_n = \dfrac{v^2}{1{,}5}$
$v = 10{,}5$ m/s

13.50. $a_t = -4{,}905$ m/s²
$\rho = 188$ m

13.51. $v = 41{,}2$ m/s

13.53. $N = 19\,140{,}6$ N
$v_{\text{máx}} = 24{,}4$ m/s

13.54. $v_{\text{mín}} = 12{,}2$ m/s

13.55. $v = 9{,}90$ m/s

13.57. $a_n = 0$
$T_{CD} = mg \text{ sen } \theta$

13.58. $T = 2\pi\sqrt{\dfrac{r^3}{GM_e}}$

13.59. $\theta = 78{,}2°$

13.61. $T = 414$ N
$a_t = -9{,}81 \text{ sen } \theta$
$a_t\, ds = v\, dv$
$\theta = 37{,}2°$

13.62. $a_t = 3{,}36$ m/s²
$T = 361$ N

13.63. $\theta = 26{,}7°$

13.65. $\rho = 0{,}120$ m
$T = 1{,}82$ N
$N_B = 0{,}844$ N

13.66. $\mu_s = 0{,}252$

13.67. $v = 22{,}1$ m/s

13.69. $v = \sqrt{gr}$
$a_n = g$
$N = 2mg$

13.70. $\theta = 17{,}8°$ $T = 51{,}5$ kN

13.71. $L = 50{,}8$ kN
$r = 3{,}60$ km

13.73. $\theta = -26{,}57°$
$\rho = 223{,}61$ m
$F_f = 1{,}11$ kN
$N = 6{,}73$ kN

13.74. $N = 11{,}2$ N
$a_t = 6{,}35$ m/s²

13.77. $\theta = 0°$
$\rho = 10{,}0$ m
$a_t = -9{,}81$ sen θ
$v^2 = 98{,}1$ m²/s²
$N = 1{,}02$ kN

13.78. $\theta = 111°$

13.79. $v_{mín} = 7{,}67$ m/s
$v_B = 3{,}86$ m/s

13.81. $\rho_A = 354{,}05$ m
$v = 22{,}22$ m/s², $a_n = 1{,}395$ m/s²
$N = 19{,}3$ kN

13.82. $v = 31{,}3$ m/s
$N_B = 840$ N

13.83. $N = 110{,}0$ N, $a = 51{,}16$ m/s²

13.85. $a_r = 0$
$a_\theta = 42$ m/s²
$F = 210$ N

13.86. $F_r = -2$ N
$F_\theta = 16$N

13.87. $F_r = -2$ N
$F_\theta = 36$ N
$F_z = 11{,}6$ N

13.89. $a_r = -2{,}4$ m/s²
$a_\theta = 1{,}2$ m/s²
$N_B = 1{,}20$ N
$F_{AB} = 0{,}6$ N

13.90. $F_z = 18{,}6$ N

13.91. $(F_z)_{mín} = 18{,}6$ N
$(F_z)_{máx} = 20{,}6$ N

13.93. $N = 17{,}34$ m
$a_r = -14{,}715$ m/s²
$\dot{\theta} = 7{,}00$ rad/s

13.94. $\dot{\theta} = 5{,}70$ rad/s

13.95. $r = 816$ mm

13.97. $a_r = -8{,}928$ m/s²
$a_\theta = -0{,}5359$ m/s²
$F = 3{,}46$ N
$N_P = 7{,}73$ M

13.98. $F = 7{,}71$ N

13.99. $F = -0{,}0750$ N

13.101. $a_r = -1{,}2704$ m/s²
$a_\theta = 0{,}5757$ m/s²
$N = 1{,}288$ N
$F = 0{,}787$ N

13.102. $F_r = -131$ N
$F_\theta = -38{,}4$ N
$F_z = 215$ N

13.103. $N = 2{,}86$ kN

13.105. $a_r = 34{,}641$ m/s²
$a_\theta = 20$ m/s²
$F = 7{,}67$ N
$N = 12{,}1$ N

13.106. $F = 7{,}82$ N

13.107. $F_{OA} = 12{,}7$ N

13.109. $\psi = 84{,}3°$
$a_t = 12$ m/s²

13.110. $v_r = 2{,}50$ m/s
$v_\theta = 2$ m/s

13.111. $N = 566{,}5$ N

13.113. $a_r = -4r_c \cos\theta\, \theta_0^2$
$$\theta = \text{tg}^{-1}\left(\frac{4r_c\dot{\theta}_0^2}{g}\right)$$

13.114. $N = 9{,}66$ N
$F = 19{,}3$ N

13.115. $N = 10{,}4$ N
$F_{OA} = 20{,}9$ N

13.117. $r_0 = 11{,}1$ Mm
$v_{A'} = 1964{,}19$ m/s
$\Delta v_A = 814$ m/s

13.118. $v_p = 7{,}76$ km/s
$v_A = 4{,}52$ km/s
$T = 3{,}35$ hr

13.119. $v_B = 7{,}71$ km/s
$v_A = 4{,}63$ km/s

13.121. $v_O = 6899{,}15$ m/s
$v_p = 7755{,}54$ m/s
$\Delta v_p = 856$ m/s
$v_A = 4{,}52$ km/s

13.122. $v_0 = 7{,}31$ km/s

13.123. $v_{A'} = 2{,}232$ km/s
$t = 1{,}679$ h

13.125. $$v_0 = \sqrt{\frac{66{,}73(10^{-12})(5{,}976)(10^{24})}{(800 + 6378)(10^3)}}$$
7,45 km/s

13.126. $v_0 = 30{,}8$ km/s
$$\frac{1}{r} = 0{,}502(10^{-12})\cos\theta + 6{,}11(10 - 12)$$

13.127. $$\Delta v = \sqrt{\frac{GM_e}{r_0}}\left(\sqrt{2} - \sqrt{1+e}\right)$$
A mudança de velocidade deve ocorrer no perigeu

13.129. $$9(10^6) = \frac{6(10^6)}{\left(\dfrac{2(66{,}73)(10^{-12})(0{,}7)[5{,}976(10^{24})]}{6(10^6)v_p^2}\right) - 1}$$
$v_p = 7{,}47$ km/s

13.130. $v_a = 3{,}94$ km/s
$t = 46{,}1$ mín

13.131. $v_A = 3{,}44$ km/s

13.133. $h = 101{,}575(10^9)$ m²/s
$r_p = 14{,}6268(10^6)$ m
$T = 119$ h

13.134. $r = 317$ Mm
$r = 640$ Mm
$317 \text{ Mm} < r < 640 \text{ Mm}$
$r > 640$ Mm

13.135. $v_A = 6{,}11$ km/s
$\Delta v_B = -2{,}37$ km/s

13.137. $v = \sqrt{G\frac{m_e}{r}} = 5{,}16$ km/s

Capítulo 14

14.1. $N = 6412{,}5$ N
$T = 3{,}65$ kN
$U_T = 26{,}45$ kN · m

14.2. $s = 1{,}90$ m

14.3. $v = 0{,}050$ m/s

14.5. $\frac{1}{2}(1{,}5)(4^2) + \left[-\int_0^{0{,}2\text{m}} 900s^2\, ds\right] = \frac{1}{2}(1{,}5)v^2$
$v = 3{,}58$ m/s

14.6. $d = 192$ m

14.7. $s = 0{,}243$ m

14.9. $0 + 150\cos 30°(0{,}2) + \left[-\frac{1}{2}(300)(0{,}2^2)\right] + \left[-\frac{1}{2}(200)(0{,}2^2)\right] = \frac{1}{2}(2)v^2$
$v = 4{,}00$ m/s

14.10. $s = 178$ m

14.11. $\mu_k = 0{,}255$

14.13. $F_A = 14{,}715$ N
$F_B = 16{,}991$ N
$v_B = -0{,}117$ m/s
$v_A = 0{,}233$ m/s

14.14. $s = 3{,}41$ m

14.15. $v = 3{,}77$ m/s

14.17. $0 + \int_0^{0{,}015\text{ m}} 750s^{1/3}ds - 10(9{,}81)(0{,}015) = \frac{1}{2}(10)v^2$
$v = 0{,}349$ m/s

14.18. $v_C = 1{,}37$ m/s

14.19. $h = 47{,}5$ m

14.21. $s = 179$ mm

14.22. $v_B = 7{,}181$ m/s
$N_B = 34{,}4$ N
$v_C = 4{,}705$ m/s
$N_C = 4{,}95$ N

14.23. $v_B = 2{,}18$ m/s
$N_B = 133{,}2$ N
$v_C = 5{,}128$ m/s
$N_C = 650{,}7$ N
$v_D = 5{,}50$ m/s

14.25. $v_B = 30{,}0$ m/s
$s \cos 30° = 0 + 30{,}04t$
$s \text{ sen } 30° + 4 = 0 + 0 + \frac{1}{2}(9{,}81)t^2$
$s = 130$ m

14.26. $s = 1{,}35$ m

14.27. $v_B = 9{,}515$ m/s
$d = 6{,}79$ m
$v_C = 16{,}34$ m/s

14.29. $F_s = 6302{,}2$ N
$k = 10{,}5$ kN/m
$v_2 = 5{,}452$ m/s

14.30. $h_A = 22{,}5$ m
$h_C = 12{,}5$ m

14.31. $R = 2{,}83$ m
$v_C = 7{,}67$ m/s

14.33. $N = 693{,}67$ N
$F_f = 173{,}42$ N
$x = 2{,}57$ m

14.34. $v = 8{,}64$ m/s

14.35. $l_0 = 0{,}795$ m

14.37. $s = 3{,}675$ m $\quad N = 12{,}5$ kN
$v_B = 5{,}42$ m/s

14.38. $F = 367$ N

14.39. $v_B = 14{,}9$ m/s, $N = 12{,}5$ kN

14.41. $v^2 = gr\left(\frac{9}{4} - 2\cos\theta\right)$
$N = mg\left(3\cos\theta - \frac{9}{4}\right)$
$\theta = 41{,}4°$

14.42. $P_{\text{média}} = 200$ kW

14.43. input de energia = 3,40 kW

14.45. $P = 25(960)\frac{10^3}{3600} = 6666{,}7$ kW

14.46. $v = 17{,}56$ m/s

14.47. $P_{\text{máx}} = 97{,}2$ kW

14.49. $v_y = 0{,}2683$ m/s
$t = 7{,}454$ s
$P = 12{,}6$ kW

14.50. $P_{\text{máx}} = 0{,}844$ kW
$t = 33{,}75$ s

14.51. $P_{\text{dentro}} = 19{,}5$ kW

14.53. $a_c = 0{,}8333$ m/s²
$F = 3618{,}93$ N
$P_{\text{dentro}} = 113$ kW
$(P_{\text{dentro}})_{\text{média}} = 56{,}5$ kW

14.54. $v = 6{,}65$ m/s

14.55. $v = 15{,}5$ m/s

14.57. $F = 1500\left(v\frac{dv}{ds}\right)$
$v = 18{,}7$ m/s

14.58. $P_{fora} = 42{,}2$ kW

14.59. $v = 13{,}1$ m/s

14.61. $a = 2{,}16$ m/s²
$2\, v_C = v_P$
$P_{dentro} = 1{,}657$ kW

14.62. E = 0,460

14.63. $P = [400(10^3)t]$ W

14.65. $T = 1968{,}33$ N
$v_P = 18$ m/s
$P_o = 35{,}4$ kW

14.66. $P = 8{,}31t$ MW

14.67. $P = 1{,}12$ kW

14.69. $F = 308{,}68$ N
$v = 4{,}86$ m/s

14.70. input de energia = 1,60 kW

14.71. input de energia = 2,28 kW

14.73. $0 + 3(9{,}81)(1) = 0 + \frac{1}{2}(1000)(x)^2$
$x = 0{,}243$ m

14.74. $v = 1{,}37$ m/s

14.75. $v = 1{,}37$ m/s

14.77. $0 + (2)(\frac{1}{2})(50)[\sqrt{(0{,}05)^2 + (0{,}240)^2} - 0{,}2]^2$
$= \frac{1}{2}(0{,}025)v^2$
$v = 2{,}86$ m/s

14.78. $h = 416$ mm

14.79. $v_2 = 32{,}4$ m/s

14.81. $0 + \frac{1}{2}(3000)(0{,}1)^2 + \frac{1}{2}(1500)(0{,}15)^2 = h(15)(9{,}81)$
$h = 0{,}2166$ m

14.82. $v_2 = 2{,}15$ m/s

14.83. $v_C = 2{,}09$ m/s

14.85. energia potencial elástica final = 103,11 J
$v = 6{,}97$ m/s

14.86. $v_C = 7{,}58$ m/s
$T = 1{,}56$ kN
$T - 2{,}90$ kN

14.87. $h = 24{,}5$ m
$N_B = 0$
$N_C = 16{,}8$ kN

14.89. $v_B^2\, \rho_B\, g$
$v_A = \sqrt{\rho_B g + 2gh}$
$N_C = \frac{mg}{\rho_C}(\rho_B + \rho_C + 2h)$

14.90. $v = 1{,}773$ m/s

14.91. $k = 280{,}2$ N/m

14.93. $\Delta s_p + 2\Delta s_A = 0$
$(v_A)_2 = 1{,}42$ m/s
$\Delta s_A = 617{,}5$ mm

14.94. $d = 1{,}34$ m

14.95. $v_A = 11{,}0$ m/s

14.97. $(V_g)_A = 110\ 362{,}5$J $\quad (V_g)_B = 0$
$(V_e)_A = 0 \quad (V_e)_B = 1500(150 - l_0)^2$
$l_0 = 141$ m

14.98. $x = 453$ mm

14.99. $v_B = 9{,}64$ m/s

14.101. $(V_g)_1 = (\frac{\pi - 2}{2})m_0 r^2 g \quad (V_g)_2 = 0$
$v_2 = \sqrt{\frac{2}{\pi}(\pi - 2)gr}$

14.102. $x = \frac{2}{3}r$

14.103. $v_C = \sqrt{\frac{7}{3}gr}$
$T = 6mg$

14.105. $v_A = 11\ 111{,}1$ m/s
$v_B = 34{,}8$ Mm/h

14.106. $s_A = 0{,}3795$ m

Capítulo 15

15.1. $2{,}5(3) + (-2{,}5(9{,}81)\text{ sen } 45°)t = 0$
$t = 0{,}432$ s

15.2. $v = 16{,}1$ m/s
$s = 48{,}4$ m

15.3. $I = 0{,}45$ N · s

15.5. $(v_B)_1 = 2$ m/s ↑
$(v_A)_2 = 1{,}27$ m/s ↑
$(v_B)_2 = 1{,}27$ m/s ↓
$T = 43{,}6$ N

15.6. $F = 19{,}44$ kN
$T = 12{,}5$ kN

15.7. $v_{máx} = 90$ m/s

15.9. $0 + \int_0^{10\,s} 30(10^6)(1 - e^{-0{,}1t})dt = 0{,}130(10^9)v$
$v = 0{,}849$ m/s

15.10. $t = 4{,}51$ s

15.11. $v = 6{,}80$ m/s

15.13. $0 + 2(T\cos 30°)(0{,}3) - 3000(0{,}3) = (\frac{3000}{9{,}8})(1{,}5)$
$T = 2{,}61$ kN

15.14. $v = 4{,}50$ m/s

15.15. $T = 520{,}5$ N

15.17. $0 + 12(10^3)(3) - F(1{,}5) = 0 + 0$
$F = 24$ kN
$12(10^3)(3) - T(1{,}5) = 0$
$T = 24$ kN

15.18. $v_2 = \frac{2Ct'}{\pi m}, s = \frac{C\,t'^2}{\pi m}$

15.19. $(v_x)_2 = 28{,}3$ m/s ←

15.21. $40(1{,}5) + 4[(30)4 + 10(6 - 4)]$
$- [10(2) + 20(4 - 2) + 40(6 - 4)] = 40\, v_2$
$v_2 = 12{,}0$ m/s (→)

15.22. $v = 8{,}10$ m/s

15.23. $v = 8{,}07$ m/s
$\theta = 48{,}1°$ ⦣

15.25. $63\ 000(0) + 30(10^3)(30) = 63\ 000v$
$v = 14{,}3$ m/s
$33\ 000(0) + F_D(30) = 33\ 000(14{,}29)$
$F_D = 15{,}7$ kN

15.26. $v = 4{,}14$ m/s

15.27. $v_2 = 21{,}8$ m/s

15.29. $v = 41{,}22$ m/s
$F_{\text{média}} = 4122$ N

15.30. $F_{\text{média}} = 12{,}7$ kN

15.31. $v_2 = 1{,}92$ m/s

15.33. $v_2 = 0{,}5$ m/s
$T_1 = 20{,}25$ kJ
$T_2 = 3{,}375$ kJ
$\Delta T = 16{,}9$ kJ

15.34. $v = 0{,}2$ m/s

15.35. $\theta = \phi = 9{,}52°$

15.37. $v_A = -v_B + 2$
$v_B = 1{,}33$ m/s ← $v_A = 0{,}667$ m/s →
$t = 2{,}5$ s

15.38. $v_3 = 2{,}31$ m/s
$s_{\text{máx}} = 163$ mm

15.39. $v_A = 29{,}8$ m/s
$v_B = 11{,}9$ m/s

15.41. $v_A = 3{,}09(10^3)$ m/s
$v_B = 2{,}62(10^3)$ m/s
$t_{BD} = 0{,}04574$ s
$d_B = 104$ m

15.42. $v = 0{,}720$ m/s ←

15.43. $s_P = 0$
$t = 0{,}408$ s

15.45. $v_C = 1{,}443$ m/s ← $(v_B)_x = 2{,}887$ m/s
$s_C = 0{,}577$ m ←

15.46. $(v_c)_2 = 0{,}24$ m/s ←
$v_3 = 0$

15.47. $v_r = 2{,}70$ m/s

15.49. $v_G = 0{,}8660$ m/s ←
$(v_B)_y = 2{,}5$ m/s
$t = 0{,}5097$ s
$s = 2{,}207$ m →
$d = 2{,}65$ m

15.50. 1,36 m

15.51. $v_M = 0{,}178$ m/s
$N = 771$ N

15.53. $(5)(3) + 0 = (5 + 10)v$
$v = 1$ m/s
$t = 0{,}510$ s

15.54. $t = 0{,}510$ s
$s = 0{,}255$ m

15.55. $t = 0{,}741$ s

15.57. $(v_A)_2 = \dfrac{v(1-e)}{2}$ $(v_B)_2 = \dfrac{v(1+e)}{2}$
$(v_C)_2 = \dfrac{v(1+e)^2}{1}$
$(v_C)_2 = \dfrac{v(1+e)^2}{4}$

15.58. $(v_A)_1 = 6{,}26$ m/s
$(v_A)_2 = 3{,}01$ m/s ←
$(v_B)_2 = 4{,}89$ m/s ←
$s_B = 3{,}042$ m

15.59. $h = 21{,}8$ mm

15.61. $(v_A)_2 = 2{,}40$ m/s
$(v_B)_2 = 5{,}60$ m/s
$s_{\text{máx}} = 1{,}53$ m

15.62. $F_{\text{média}} = 1{,}68$ kN

15.63. $(v_P)_2 = 0{,}940$ m/s

15.65. $(v_2)_y = 3{,}362$ m/s
$(v_x)_2 = 2{,}4$ m/s
$v_2 = 4{,}131$ m/s
$\theta = 54{,}48°$ ∠
$h = 0{,}576$ m

15.66. $e = 0{,}261$
$\int F dt = 5{,}67$ kN · s

15.67. $(v_A)_3 = 0$
$(v_B)_3 = 4{,}20$ m/s
$s_{\text{máx}} = 0{,}42$ m

15.69. $(v_B)_1 = 4{,}202$ m/s
$\phi = 6{,}34°$
$v_{Ay} = 3{,}457$ m/s
$t = 0{,}3096$ s
$v_{Ax} = 3{,}782$ m/s
$s = 0{,}571$ m
$v_A = 5{,}124$ m/s

15.70. $(v_A)_3 = \left(\dfrac{1-e}{2}\right)\sqrt{gL}$
$(v_B)_3 = \left(\dfrac{1+e}{2}\right)\sqrt{gL}$
$\theta = \cos^{-1}\left[1 - \dfrac{(1+e)^2}{8}\right]$

15.71. $e = 0{,}75$
$\Delta E = 9{,}65$ kJ

15.73. $v'_2 = \left(\dfrac{1+e}{2}\right)v_1$
$v'_3 = \left(\dfrac{1+e}{2}\right)^2 v_1$
$v'_n = \left(\dfrac{1+e}{2}\right)^{n-1} v_1$

15.74. $\phi = \cos^{-1}\left[1 - \dfrac{(1+e)^4}{16}(1 - \cos\theta)\right]$

15.75. $(v_B)_3 = 3{,}24$ m/s $\theta = 43{,}9°$

15.77. $(v'_B)_x = 21{,}65$ m/s ←

$(v'_B)_y = 5$ m/s ↑
$v'_B = 22{,}2$ m/s
$\theta = 13{,}0°$

15.78. $v'_B = 9{,}456$ m/s

15.79. $(v_A)_2 = 4{,}60$ m/s
$(v_B)_2 = 3{,}16$ m/s
$d = 0{,}708$ m

15.81. $(v_A)_2 = 2{,}971$ m/s
$(v_A)_1 = 15$ m/s
$(v_B)_2 = 15{,}115$ m/s
$(v_B)_1 = 9{,}833$ m/s

15.82. $v'_A = 5{,}07$ m/s $\quad \theta_A = 80{,}2°$ ⦣
$v'_B = 7{,}79$ m/s ←

15.83. $(v_B)_2 = 0{,}865$ m/s
$(v_A)_2 = 0{,}532$ m/s

15.85. $15v'_A \cos \phi_A = 10v'_B \cos \phi_B = 42$
v'_A sen $\phi_A = 8$
v'_B sen $\phi_B = 6{,}4$
$v'_A = 8{,}19$ m/s
$\phi_A = 102{,}52°$
$v'_B = 9{,}38$ m/s
$\phi_B = 42{,}99°$

15.86. $v'_A = 9{,}68$ m/s
$\phi_A = 86{,}04°$
$v'_B = 4{,}94$ m/s
$\phi_B = 61{,}16°$

15.87. $v'_A = 3{,}77$ m/s
$\phi_A = 72{,}86°$
$v'_B = 4{,}42$ m/s
$\phi_B = 42{,}80°$

15.89. $(v_{Ax})_2 = 0{,}165$ m/s
$(v_{Bx})_2 = 0{,}585$ m/s
$(v_{Ay})_2 = -0{,}72$ m/s
$(v_{By})_2 = -0{,}72$ m/s
$(v_A)_2 = 0{,}739$ m/s
$(v_B)_2 = 0{,}928$ m/s

15.90. $v = 29{,}70$ m/s

15.91. $v = 3{,}33$ m/s

15.93. $v = 5{,}422$ m/s
$t = 0{,}894$ s

15.94. $H_O = 6{,}76(10^6)$ kg · m²/s

15.95. $H_B = 98{,}78$ kg · m²/s

15.97. $2[0{,}4(3)(0)] + \int_0^{2\,\text{s}} (6e^{0{,}2t})dt = 2[0{,}4(3)v]$
$v = 6{,}15$ m/s

15.98. $t = 1{,}34$ s

15.99. $v_2 = 1{,}38$ m/s

15.101. $T_1 = 20{,}3$ N
$v_1 = 0{,}7958$ m/s
$d' = 0{,}414$ m $\quad T_2 = 21{,}6$ N
$v_2 = 0{,}9610$ m/s

15.102. $v_2 = 4{,}31$ m/s
$\theta = 33{,}2°$

15.103. $v_2 = 6$ m/s

15.105. $(v_2)_\theta = 13{,}5$ m/s
$v_2 = 13{,}53$ m/s
$U_F = 3827{,}3$ N · m

15.106. $v = \sqrt{v_0^2 + 2gh}$

15.107. $v_2 = 1{,}99$ m/s
$U_F = 8{,}32$ N · m

15.109. $v_e = 552{,}78$ m/s →
$v_p = 594$ km/h

15.110. $v = 86{,}3$ m/s

15.111. $F_f = 83{,}66$ N
$N_f = 839{,}96$ N

15.113. $v = 3{,}056$ m/s $\quad \dfrac{dm}{dt} = 13{,}761$ kg/s
$F_x = 42{,}1$ N
$F_y = 21{,}0$ N

15.114. $Q = 0{,}217(10^{-3})$ m³/s

15.115. $T = 40{,}1$ kN

15.117. $Q = 2{,}7$ m³/s
$v = 16{,}98$ m/s
$\dfrac{dm}{dt} = 3{,}253$ kg/s
$d = 0{,}583$ m

15.118. $F = 1490{,}3$ N

15.119. $h = \dfrac{8Q^2}{\pi^2 d^4 g} - \dfrac{m^2 g}{8\rho w^2 Q^2}$

15.121. $F_A = 8{,}4923$ kN
$F_B = 6{,}7858$ kN
$v_A = v_B = 19{,}10$ m/s
$\dfrac{dm_A}{dt} = \dfrac{dm_B}{dt} = 1376{,}1$ kg/s
$M_D = 14{,}45$ kN · m
$D_y = 25{,}88$ kN
$D_x = 11{,}38$ kN

15.122. $F_x = 83{,}21$ N
$F_y = 7{,}68$ N

15.123. $a = 16{,}9$ m/s² ↑
$v = 330$ m/s

15.125. $m = 10{,}5(10^3)$ kg
$a = 0{,}0476$ m/s²

15.126. $F = 95{,}12$ N

15.127. $T = 9{,}72$ N

15.129. $a = \dfrac{10}{120 - t}$
Tempo para esvaziar o tanque $t = 40$ s
$a = 0{,}125$ m/s²
$v = 4{,}05$ m/s

15.130. $a_1 = 2{,}11$ m/s²
$a_2 = 2{,}40$ m/s²

15.131. $F_D = 11{,}5$ kN

15.133. $m = 57{,}6(10^3)$ kg

$\frac{dm_e}{dt} = 1216$ kg/s

$a = 0{,}104$ m/s²

15.134. $F = m'v^2$

15.135. $\upsilon = \sqrt{\frac{2}{3}g\left(\frac{y^3 - h^3}{y^2}\right)}$

15.137. $\frac{d\upsilon}{\upsilon} = -\left(\frac{m^1}{m^1{}_x + M}\right)dx$

$m^1 = \frac{m}{s}$

15.138. $F = v^2 \rho A$

15.139. $v_{máx} = 620{,}4$ m/s

15.141. $m = 37\,600$ kg

$v_{D/e} = 0{,}237$ m/s

$a = 0{,}1$

$F = 3{,}55$ kN

Revisão 1

R1.1. $y = -0{,}0766x^2$

$v_y = 2{,}4525$ m/s

$v = 8{,}37$ m/s

$\theta = 17{,}0°$ ⦩

$a_t = 2{,}88$ m/s²

$a_n = 9{,}38$ m/s²

R1.2. $\rho = 9{,}32$ m

R1.3. $\Delta s = 834$ mm

$v = 1{,}12$ m/s

$a = 0{,}450$ m/s²

R1.5. $(v_{b/A})_x = 1{,}1077$ m/s

$v_A = 0{,}457$ m/s

$v_B = 0{,}271$ m/s

R1.6. $(v_P)_2 = 8{,}18$ m/s ↓

$(v_M)_2 = 4{,}06$ m/s ↓

$s = 0{,}818$ m

R1.7. $h = 1{,}284$ m

R1.9. $480 = [800 + 2(300)]a$

$a = 0{,}343$ m/s²

$480 = (800 + 300)a$

$a = 0{,}436$ m/s²

R1.10. $t = 8$ s

$s = 96$ m

R1.11. $v_B = 1$ m/s ↑

$v_{B/C} = 4$ m/s ↑

R1.13. $v = d\mathbf{r}/dt$, $v = 9{,}68$ m/s

$a = d\mathbf{v}/dt$, $a = 16{,}8$ m/s²

R1.14. $s = 0{,}02385$ m

R1.15. $v_b = 0{,}379$ m/s →

R1.17. $t = 0{,}669$ s

$v_A = 4{,}32$ m/s

$t = 0{,}790$ s

$v_A = 5{,}85$ m/s

R1.18. $v_{B/A} = 28{,}5$ km/h

$\theta = 44{,}5°$ ∠

$a_{B/A} = 3{,}42(10^3)$ km/h²

$\theta = 80{,}6°$ ∠

R1.19. $a_{B/A} = 3{,}35(10^3)$ km/h²

$\theta = 19{,}1°$

R1.21. $k = 6\,000$ N/m

$k' = 10\,000$ N/m

$v = 6{,}24$ m/s

R1.22. $v = 0{,}969$ m/s

R1.23. $v = 1{,}48$ m/s

R1.25. $0{,}3W = \left(\frac{W}{9{,}81}\right)\left(\frac{v^2}{1}\right)$

$v = 1{,}72$ m/s

R1.26. $v = 1{,}697$ m/s

$\theta = 11{,}76°$

R1.27. $N = 1342{,}2$ N

$F = 74{,}68$ N

R1.29. $t = 2$ s para o engradado começar a mover

$v_2 = 3{,}078$ m/s

R1.30. $v_2 = 0{,}707$ m/s

R1.31. $N = 24{,}8$ N

$F = 24{,}8$ N

R1.33. $t = 1{,}298$ s, $s = 7{,}127$ m

$t = 7{,}702$ s, $s = -36{,}627$ m

$t = 9$ s, $s = -30{,}50$ m

$S_{tot} = 56{,}0$ m

$V|_{t=9} = 10$ m/s

R1.34. $v = 14{,}1$ m/s

R1.35. $s = 5{,}43$ m

R1.37. $0 + 100 \text{ sen } 60°(0{,}5 - 0{,}3)$

$+20(9{,}81)(0{,}5 - 0{,}3) - \frac{1}{2}(15)(0{,}5 - 0{,}3)^2$

$-\frac{1}{2}(25)(0{,}5 - 0{,}3)^2 = \frac{1}{2}(20)v_C^2$

$v_C = 2{,}36$ m/s

R1.38. $v_C = 2{,}34$ m/s

R1.39. $v_A = 1{,}54$ m/s

$v_B = 4{,}62$ m/s

R1.41. $v_A = \sqrt{2gh}$

$(v_B)_2 = \frac{1}{3}\sqrt{2gh}(1 + e)$

R1.42. $(v_A)_3 = 0{,}125$ m/s

R1.43. $F_s = 23{,}50$ N

R1.45. $v_2 = 75$ m/s

$x = 3$ m

R1.46. $v_{máx} = \frac{mg}{k}$

R1.47. $x = \frac{m}{k} v_0 \cos\theta_0 (1 - e^{-\frac{k}{m}t})$
$x_{máx} = \frac{m}{k} v_0 \cos\theta_0$
$y = \frac{m}{k}\left(v_0 \operatorname{sen}\theta_0 + \frac{mg}{k}\right)(1 - e^{-\frac{k}{m}t}) - \frac{mg}{k}t$

R1.49. $3\operatorname{sen}40° = \frac{v^2}{50}$
$v = 9{,}82$ m/s
$a_t = 2{,}30$ m/s²

R1.50. $v_B = 8{,}262$ m/s

Capítulo 16

16.1. $\omega = 4$ rad/s
$v = 0{,}6$ m/s
$a_t = 0{,}15$ m/s²
$a_n = 2{,}4$ m/s²
$a = 2{,}405$ m/s²

16.2. $v_P = 13{,}91$ m/s
$\theta = 8{,}54$ rev

16.3. $a_t = \alpha r$; $6 = \alpha(0{,}6)$ $\alpha = 10{,}0$ rad/s²
$\omega = 35{,}4$ rad/s
$\theta = 35{,}3$ rev

16.5. $\omega_C = \omega_D = 80$ rad/s
$\omega_E = \omega_F = 64$ rad/s
$\omega_B = 89{,}6$ rad/s

16.6. $v_A = v_B = 40$ mm/s
$v_W = 34{,}6$ mm/s

16.7. $\omega_B = 211$ rad/s

16.9. $\omega_C = 47{,}5$ rad/s
$\omega_B = 31{,}7$ rad/s

16.10. $v_P = 5{,}64$ m/s

16.11. $\omega_P = 0{,}75$ rad/s

16.13. $t = 7{,}083$ s
$\omega_s = 266$ rad/s
$\alpha_s = 18{,}8$ rad/s²

16.14. $a_t = 0{,}3$ m/s²
$a_n = 25{,}23$ m/s²

16.15. $\alpha_A = 60{,}8$ rad/s²

16.17. $\omega_s = 256$ rad/s
$\omega_B = 64$ rad/s

16.18. $t = 100$ s

16.19. $v_A = 21{,}27$ m/s
$v_B = 10{,}64$ m/s
$(a)_A = 75{,}5$ m/s²
$(a)_B = 37{,}7$ m/s²

16.21. $\omega = 11$ rad/s
$v_A = 6{,}6$ m/s
$(a_A)_t = 3{,}6$ m/s²
$(a_A)_n = 72{,}6$ m/s²

16.22. $v_B = 6{,}60$ m/s
$(a_B)_t = 2{,}7$ m/s²
$(a_B)_n = 96{,}7$ m/s²

16.23. $\omega_C = 224$ rad/s

16.25. $\alpha_A = 39{,}27$ rad/s²
$\omega_A = 117{,}81$ rad/s
$\omega_C = \omega_B = 29{,}45$ rad/s
$\omega_D = 11{,}8$ rad/s

16.26. $v_C = 6{,}365$ m/s
$a_C = 31{,}825$ m/s²

16.27. $\omega_B = 528$ rad/s
$\theta_B = 288$ rad

16.29. $(r_B)_{máx} = (r_A)_{máx} = 50\sqrt{2}$ mm
$(r_B)_{mín} = (r_A)_{mín} = 50$ mm
$(\omega_B)_{máx} = 8{,}49$ rad/s
$v_C = 0{,}6$ m/s

16.30. $\omega_F = 784$ rev/mín

16.31. $\omega_F = 484$ rev/mín

16.33. $\omega = 28{,}6$ rad/s
$\theta = 24{,}1$ rad
$v_P = 7{,}16$ m/s
$(a_t)_P = 7{,}532$ m/s²
$(a_n)_P = 204{,}89$ m/s²
$a_P = 205$ m/s²

16.34. $\mathbf{v}_C = \{-4{,}8\mathbf{i} - 3{,}6\mathbf{j} - 1{,}2\mathbf{k}\}$ m/s
$\mathbf{a}_C = \{38{,}4\mathbf{i} - 6{,}48\mathbf{j} + 40{,}8\mathbf{k}\}$ m/s²

16.35. $\mathbf{v}_D = \{4{,}8\mathbf{i} + 3{,}6\mathbf{j} + 1{,}2\mathbf{k}\}$ m/s
$\mathbf{a}_D = \{-36{,}0\mathbf{i} + 66{,}6\mathbf{j} + 40{,}2\mathbf{k}\}$ m/s²

16.37. $x = 4\cos\theta$ $y = 4\operatorname{sen}\theta$
$\dot{y} = 1{,}5\cot\theta$

16.38. $\omega = \frac{v_0}{a}\operatorname{sen}^2\theta$
$\alpha = \left(\frac{v_0}{a}\right)^2 \operatorname{sen}2\theta \operatorname{sen}^2\theta$

16.39. $v = \omega r\cos\theta$
$a = -\omega^2 r\operatorname{sen}\theta$

16.41. $x = 0{,}6\cos\theta + 0{,}3\sqrt{2\operatorname{sen}\theta - 4\operatorname{sen}^2\theta + 0{,}75}$
$v_C = -3{,}00$ m/s
$\omega_{BC} = 10{,}0$ rad/s

16.42. $v_B = \left(\frac{h}{d}\right)v_A$

16.43. $\omega = -\left(\frac{r}{x\sqrt{x^2 - r^2}}\right)v_A$
$\alpha = \left[\frac{r(2x^2 - r^2)}{x^2(x^2 - r^2)^{3/2}}\right]v_A^2$

16.45. $x_C = 0{,}6\cos\theta$ m
$v_C = 3$ m/s ←
$a_C = 52{,}6$ m/s² ←

16.46. $\omega_{BC} = 5{,}45$ rad/s
$\alpha_{BC} = -21{,}0$ rad/s²

16.47. $\omega = 0{,}0808$ rad/s

16.49. $x_B = 1 \cos \theta$ m
$v_{CD} = 5$ m/s ←
$a_{CD} = 86{,}6$ m/s² ←

16.50. $v_{EF} = 8{,}66$ m/s ↑
$a_{EF} = 50$ m/s² ↓

16.51. $\dot{\theta} = 0{,}0841$ rad/s

16.53. $s = 0{,}3\sqrt{3^2 + 5^2 - 2(3)(5)\cos\theta}$

$$a_B = \frac{4{,}5(\omega^2\cos\theta + \alpha\,\text{sen}\,\theta)}{(34 - 30\cos\theta)^{\frac{1}{2}}} - \frac{67{,}5\omega^2\text{sen}^2\theta}{(34 - 30\cos\theta)^{\frac{3}{2}}}$$

$$v_B = \frac{4{,}5\omega\,\text{sen}\,\theta}{(34 - 30\cos\theta)^{\frac{1}{2}}}$$

16.54. $v_C = 0{,}72$ m/s

16.55. $\omega = 20$ rad/s
$v_A = 0{,}6$ m/s →

16.57. $\omega = 4$ rad/s
$v_C = 1{,}2$ m/s →

16.58. $v_A = 9{,}20$ m/s →

16.59. $\omega = 3{,}111$ rad/s
$v_O = 0{,}2$ m/s →

16.61. $\omega_{BC} = 0$
$\omega_{CD} = 3{,}00$ rad/s
$\omega_F = 12{,}0$ rad/s

16.62. $\omega_{AB} = 330$,a$_d$/s ↺

16.63. $v_G = 8{,}26$ m/s
$\theta = 55{,}6°$ ⦣

16.65. $\omega = \dfrac{v}{R - r}$

$v_O = \left(\dfrac{R}{R - r}\right)v$ →

16.66. $v_A = \left(\dfrac{2R}{R - r}\right)v$ →

16.67. $v_A = 0{,}75$ m/s ←

16.69. $\omega_{BC} = 0{,}7141$ rad/s
$\omega_{CDE} = 6{,}90$ rad/s
$v_E = 12{,}42$ m/s ↑

16.70. $\omega = 0{,}577$ rad/s
$v_B = 0{,}346$ m/s ↑

16.71. $v_A = 0{,}346$ m/s ↓

16.73. $v_D = 1{,}2$ m/s
$\omega_{BD} = 6{,}928$ rad/s
$\omega_{DE} = 0$
$v_E = 1{,}2$ m/s ←

16.74. $v_G = 9$ m/s ←

16.75. $\omega = 5{,}33$ rad/s ↺

16.77. $v_O = 2{,}4$ m/s ←
$v_{P'} = 1{,}65$ m/s →
$v_P = 0{,}075\omega_E$
$\omega_A = 90$ rad/s
$\omega_E = 86$ rad/s

16.78. $\omega_A = 53{,}3$ rad/s
$0{,}075\omega_E = 4{,}8$
$\omega_E = 64$ rad/s

16.79. $\omega_C = 30$ rad/s

16.81. $v_B = 2{,}4$ m/s ↑
$(v_D)_x = 1{,}20$ m/s
$(v_D)_y = 1{,}20$ m/s
$\omega_{CD} = 4{,}00$ rad/s
$v_C = 0{,}878$ m/s ↓

16.82. $v_C = 0{,}72$ m/s

16.83. $v_C = 0{,}4$ m/s →

16.85. $r_{O/CI} = 0{,}8$ m
$v_A = 9{,}20$ m/s

16.86. $v_A = 0{,}75$ m/s ←

16.87. $v_C = 1{,}04$ m/s →

16.89. $\omega_{BC} = 10{,}39$ rad/s
$v_B = 7{,}20$ m/s
$\omega_{AB} = 6$ rad/s ↺
$v_E = 4{,}76$ m/s
$\theta = 40{,}9°$ ⦣

16.90. $v_G = 6{,}00$ m/s ←

16.91. $v_B = 29{,}7$ m/s

16.93. $R_{A/CI} = 0{,}5657$ m
$\omega_{AB} = 5{,}303$ rad/s
$\omega_{BC} = 5{,}30$ rad/s

16.94. $v_E = 0{,}6$ m/s ←

16.95. $\omega = 5{,}33$ rad/s
$v_O = 0{,}6$ m/s ←

16.97. $\omega_{BC} = 0{,}300$ rad/s
$\omega_{BE} = 2{,}00$ rad/s
$v_H = 5{,}4$ m/s

16.98. $\omega_S = 57{,}5$ rad/s ↺
$\omega_{OA} = 10{,}6$ rad/s ↺

16.99. $\omega_S = 15{,}0$ rad/s
$\omega_R = 3{,}00$ rad/s

16.101. $r_{B/CI} = 3{,}025$ m
$r_{C/CI} = 0{,}1029$ m
$\omega_{BC} = 1{,}983$ rad/s
$\omega_{CD} = 0{,}0510$ rad/s

16.102. $v_C = 0{,}897$ m/s ↗

16.103. $v_D = 0{,}518$ m/s ↘

16.105. $r_{B/CI} = 1{,}2$ m
$r_{C/CI} = 1{,}039$ m
$\omega_{BC} = 2$ rad/s
$v_O = 1{,}04$ m/s →

16.106. $v_C = 8{,}69$ m/s
$\theta = 22{,}9°$ ⦣

16.107. $v_D = 5{,}72$ m/s
$\theta = 36{,}2°$ ↘

16.109. $(a_B)_x = 1{,}897$ m/s²
$(a_B)_y = -1{,}214$ m/s²
$a_B = 2{,}25$ m/s²
$\theta = 32{,}6°$ ↖

16.110. $\theta = 2{,}02°$ ↗
$a_D = 10{,}0$ m/s²

16.111. $a_A = 4{,}83$ m/s²
$\theta = 84{,}1°$ ↗

16.113. $\omega_W = 1{,}20$ rad/s
$\alpha_{AB} = 0{,}4157$ rad/s²
$\alpha_W = 0{,}231$ rad/s²

16.114. $\omega = 2$ rad/s ↻
$\alpha = 7{,}68$ rad/s² ↻

16.115. $a_C = 66{,}5$ m/s² →

16.117. $r_{B/CI} = 0{,}5196$ m
$\omega_{AB} = 2{,}309$ rad/s
$\alpha_{AB} = 3{,}94$ rad/s²
$a_A = 3{,}95$ m/s² ←

16.118. $a_C = 2{,}089$ m/s²
$\theta = 18{,}85°$ ↗

16.119. $\alpha_{AB} = 3{,}70$ rad/s² ↻

16.121. $v_B = 1{,}8$ m/s →
$r_{B/CI} = 0{,}25$ m
$r_{C/CI} = 0{,}4330$ m
$\omega_{BC} = 7{,}2$ rad/s
$v_C = 3{,}188$ m/s
$\alpha_{AB} = 347$ rad/s² ↻
$a_C = 165$ m/s²
$\theta = 66{,}9°$ ↗

16.122. $\alpha_{ABC} = 41{,}6$ rad/s² ↻
$a_C = 38{,}2$ m/s²
$\theta = 39{,}4°$ ↖

16.123. $\alpha_B = 1{,}43$ rad/s²

16.125. $r_{C/CI} = 0{,}4$ m
$r_{B/CI} = 0{,}6928$ m
$\omega_{BC} = 5$ rad/s
$\omega_{AB} = 11{,}55$ rad/s
$\alpha_{BC} = 160$ rad/s²
$\alpha_{AB} = 173$ rad/s²

16.126. $v_B = 4v$ →
$v_A = 2\sqrt{2}v$ ↗ 45°
$a_B = \dfrac{2v^2}{r}$ ↓
$a_A = \dfrac{2v^2}{r}$ →

16.127. $a_A = 0{,}500$ m/s² ↓
$a_C = 63{,}5$ m/s²
$\theta = 87{,}7°$ ↘

16.129. $\omega_{BC} = 0$
$v_B = v_C = 1{,}8$ m/s
$(a_C)_n = 3{,}6$ m/s² ↓
$(a_C)_t = 3{,}6$ m/s² →
$\alpha_{BC} = 12$ rad/s²
$(a_B)_t = 10{,}8$ m/s²
$\alpha_{AB} = 36$ rad/s² ↻

16.130. $\alpha_B = 7{,}5$ rad/s²

16.131. $\alpha_B = 7{,}5$ rad/s²

16.133. $\mathbf{a}_D = \{0{,}4243\alpha_{ED}\mathbf{i} - 0{,}4243\alpha_{ED}\mathbf{j}\}$ m/s²
$\mathbf{a}_B = \{0{,}8485\alpha_{AB}\mathbf{i}\}$ m/s²
$\alpha_{ED} = -0{,}1768$ rad/s²
$\alpha_{CD} = 0{,}177$ rad/s²
$\alpha_{BD} = 0{,}177$ rad/s² $\alpha_{AB} = 0$

16.134. $\omega_{CD} = 1$ rad/s ↻
$\alpha_{CD} = 10{,}9$ rad/s² ↺

16.135. $\mathbf{v}_B = \{0{,}6\mathbf{i} + 2{,}4\mathbf{j}\}$ m/s
$\mathbf{a}_B = \{-14{,}2\mathbf{i} + 8{,}40\mathbf{j}\}$ m/s²

16.137. $(\mathbf{a}_{rel})_{xyz} = \{1{,}5\mathbf{i} - 30\mathbf{j}\}$ m/s
$\mathbf{v}_C = \{0{,}6\mathbf{i}\}$ m/s
$\mathbf{a}_C = \{-1{,}2\mathbf{j}\}$ m/s²

16.138. $v_B = 0{,}39$ m/s
$a_B = 0{,}1861$ m/s²

16.139. $\mathbf{v}_A = \{-0{,}75\mathbf{i} + 0{,}6\mathbf{j}\}$ m/s
$\mathbf{a}_A = \{-0{,}9\mathbf{i} + 0{,}525\mathbf{j}\}$ m/s²

16.141. $\mathbf{v}_B = \{-2{,}898\mathbf{i} - 0{,}7765\mathbf{j}\}$ m/s
$\omega_{CDE} = 5$ rad/s

16.142. $\omega_{CD} = 6{,}93$ rad/s
$\alpha_{CD} = 56{,}2$ rad/s² ↺

16.143. $\omega_{CD} = 10$ rad/s ↻
$\alpha_{CD} = 24$ rad/s² ↻

16.145. $\omega_{BC} = 0{,}720$ rad/s ↺
$v_{A/B} = -0{,}96$ m/s
$\alpha_{BC} = 2{,}02$ rad/s² ↺
$a_{B/A} = -2{,}00$ m/s²

16.146. $\omega_{AB} = 1{,}18$ rad/s ↺
$\alpha_{AB} = 15{,}4$ rad/s²

16.147. $\omega_{DC} = 3{,}22$ rad/s ↻
$\alpha_{DC} = 7{,}26$ rad/s² ↻

16.149. $(a_B)_t = 3$ m/s²
$(a_B)_n = 60$ m/s²
$\omega_{AB} = 5$ rad/s
$(v_{rel})_{x'y'z'} = -5{,}196$ m/s
$\alpha_{AB} = 2{,}5$ rad/s²

16.150. $(\mathbf{v}_{rel})_{xyz} = \{27\mathbf{i} + 25\mathbf{j}\}$ m/s
$(\mathbf{a}_{rel})_{xyz} = \{0{,}6\mathbf{i} - 0{,}38\mathbf{j}\}$ m/s²

16.151. $(\mathbf{v}_{rel})_{xyz} = \{27\mathbf{i} + 25\mathbf{j}\}$ m/s
$(\mathbf{a}_{rel})_{xyz} = \{2{,}4\mathbf{i} - 0{,}38\mathbf{j}\}$ m/s²

16.153. $\omega = \{0{,}2\mathbf{k}\}$ rad/s

$\dot{\omega} = \{0{,}04\mathbf{k}\}$ rad/s
$(\mathbf{v}_{rel})_{xyz} = \{29\mathbf{j}\}$ m/s
$(\mathbf{a}_{rel})_{xyz} = \{4{,}3\mathbf{i} - 0{,}2\mathbf{j}\}$ m/s²

16.154. $(\mathbf{v}_{rel})_{xyz} = \{-31\,\mathbf{j}\}$ m/s
$(\mathbf{a}_{rel})_{xyz} = \{-10{,}3\mathbf{i} + 2{,}2\mathbf{j}\}$ m/s²

16.155. $\mathbf{v}_A = \{-17{,}2\mathbf{i} + 12{,}5\mathbf{j}\}$ m/s
$\mathbf{a}_A = \{349\mathbf{i} + 597\mathbf{j}\}$ m/s²

16.157. $\mathbf{v}_B = \{-3\mathbf{i} + 5{,}196\mathbf{j}\}$ m/s
$\mathbf{a}_B = \{-11{,}892\mathbf{i} - 3{,}402\mathbf{j}\}$ m/s²
$\mathbf{\Omega} = 1{,}5\mathbf{k}$
$\dot{\Omega} = 0{,}4\mathbf{k}$
$\mathbf{v}_C = \{-2{,}10\mathbf{i} + 5{,}196\mathbf{j}\}$ m/s
$\mathbf{a}_C = \{-11{,}652\mathbf{i} - 2{,}052\mathbf{j}\}$ m/s²

16.158. $\omega_{CD} = 0{,}866$ rad/s ↺
$\alpha_{CD} = 3{,}23$ rad/s² ↺

16.159. $\omega_{AB} = 2{,}60$ rad/s
$\alpha_{AB} = 2{,}50$ rad/s²

Capítulo 17

17.1 $I_y = \int_0^l x^2(\rho\, A\, dx)$
$I_y = \frac{1}{3} m\, l^2$

17.2. $I_x = \frac{1}{3} m\, r^2$

17.3. $k_x = 57{,}7$ mm

17.5. $I_x = \int_0^h \frac{1}{2}\rho\pi\left(\frac{a^4}{h^2}\right)x^2 dx$
$I_x = \frac{1}{3} ma^2$

17.6. $I_y = \frac{2}{5} m\, r^2$

17.7. $I_z = \frac{m}{10} a^2$

17.9. $m = \frac{2}{5}\rho\pi$
$I_y = \frac{\pi\rho}{9}$
$I_y = \frac{5}{18} m$

17.10. $I_y = \frac{2}{5} mb^2$

17.11. $I_G = 0{,}644$ kg · m²

17.13. $I_O = 123{,}075$ kg · m²
$I_A = 321$ kg · m²

17.14. $\bar{y} = 1{,}78$ m
$I_G = 4{,}45$ kg · m²

17.15. $I_O = \frac{1}{2} ma^2$

17.17. $I_x = \frac{1}{2} m_1(0{,}15)^2 + \frac{3}{10} m_2(0{,}15)^2 - \frac{3}{10} m_3(0{,}075)^2$
$I_x = 7{,}344$ kg · m²

17.18. $I_x = 0{,}003637$ kg · m²

17.19. $I_x = 3{,}25$ g · m²

17.21. $I_O = \left[\frac{1}{12}(10)(0{,}45^2) + 10(0{,}225^2)\right] + \left[\frac{2}{5}(15)(0{,}1^2) + 15(0{,}055^2)\right]$
$I_O = 5{,}27$ kg · m²

17.22. $I_O = 0{,}276$ kg · m²

17.23. $I_O = 0{,}113$ kg · m²

17.25. Vasilha: $a = 5{,}19$ m/s²
Sistema: $a = 4{,}73$ m/s²
$a_{máx} = 4{,}73$ m/s²

17.26. $a_G = 16{,}35$ m/s² $\quad v = 111$ m/s

17.27. Aceleração $F_{AB} = F_{CD} = 1{,}15$ kN
Velocidade constante $F_{AB} = F_{CD} = 1{,}00$ kN

17.29. $70(9{,}81)(0{,}5) + 120(9{,}81)(0{,}7) - 2N_A\,(1{,}25) = -120(3)(0{,}7)$
$N_A = 568$ N
$N_B = 544$ N

17.30. $a = 3{,}96$ m/s²

17.31. Como o atrito necessário $F_f > (F_f)_{máx} = \mu k\, N_B = 0{,}6$ (14 715) = 8829 N, não é possível levantar as rodas dianteiras do chão

17.33. $N_B(1{,}425) - 0{,}7\, N_B(0{,}225) - N_A(1{,}8) = 0$
$N_A = 3{,}14$ kN
$N_B = 4{,}46$ kN
$a = 4{,}03$ m/s²

17.34. $a = 5{,}258$ m/s²

17.35. Tração da roda traseira $t = 17{,}5$ s
Toda movimentação da roda $t = 11{,}3$ s

17.37. $a = 1{,}028$ m/s²
$N_B = 1{,}055$ kN
$N_A = 3{,}76$ kN

17.38. $F = 117{,}1$ kN

17.39. $a = 29{,}43$ m/s²

17.41. $N_B = 9{,}40$ kN
$N_C = 4{,}62$ kN
$N_D = 7{,}56$ kN
$a = 0{,}8405$ m/s²
$A_x = 672{,}41$ N $\quad A_y = 285{,}77$ N

17.42. $a = 2{,}01$ m/s²
Como $c < 0{,}3$ m, então a caixa não vai inclinar. Assim, a caixa desliza.

17.43. $D_x = 83{,}3$ N
$F_{BA} = 568$ N
$D_y = 731$ N

17.45. $N_A = 0$
$P = 2{,}00$ kN
$N_B = 3692$ N
$a_G = 4{,}99$ m/s²

17.46. $T = 375$ kN
$N_A = 114$ kN

17.47. $N_B = 1{,}31$ kN
$N_A = 17{,}4$ kN

17.49. $125(9,81)(0,45)$
$= (75)(6)(h_{máx}) + 125(6)(0,3)$
$h_{máx} = 0,9715$ m
$F_A = 1,20$ kN
$N_A = 1,962$ kN

17.50. $a_{máx} = 6,306$ m/s²
$F_A = 1,26$ kN
$N_A = 1,962$ kN

17.51. $a = 4$ m/s² →
$N_B = 1,14$ kN
$N_A = 327$ N

17.53. $N_C = 613,7$ N
$F_C = 187$ N

17.54. $F_{AB} = 1,22$ kN
$F_{CD} = 564$ N

17.55. $F_{CD} = 45,56$ N
$(a_G)_t = 9,829$ m/s²

17.57. $\alpha = 0,2778$ rad/s²
$t = 6,71$ s

17.58. $M_P = 2,025$ N · m
$N_P = 7,38$ N
$V_P = 3,75$ N

17.59. $P = 39,6$ N
$N_A = N_B = 325$ N

17.61. $\alpha = 1,852$ rad/s²
$t = 8,10$ s

17.62. $F_O = 30,12$ N

17.63. $\alpha = 14,7$ rad/s²
$a_G = 4,90$ m/s²

17.65. $\alpha = -3,6970 \text{ sen } \theta$
$\theta = 30,1°$

17.67. $r_P = 0,8$ m
$A_x = 0$

17.69. $\alpha = 25,13$ rad/s²
$T_B = 1,21$ kN

17.70. $\alpha = 3,333$ rad/s²
$F_A = 344,2$ m

17.71. $t = 2,15$ s

17.73. $\alpha = 1,30$ **g/l**
$O_x = 0,325$ **mg**
$O_y = 0,438$ **mg**

17.74. $F_A = 219$ N

17.75. $A_x = 0$
$A_y = 289$ N
$\alpha = 23,1$ rad/s²

17.77. $\alpha = 0$
$C_t = 0$
$C_n = 5781$ N
$N_B = 2,89$ kN
$A_x = 0$
$A_y = 2,89$ kN

17.78. $N_B = 1,05$ kN
$A_x = 1,20$ kN
$A_y = 951$ N

17.79. $A_x = 22,1$ N
$A_y = 31,88$ N

17.81. $F_{CB} = 193$ N
$\alpha = 19,3$ rad/s²
$t = 3,11$ s

17.82. $\alpha = 0,146$ rad/s²
$A_x = 150$ N
$A_y = 253$ N

17.83. $\alpha = 12,5$ rad/s²
$F = 150$ N

17.85. $\alpha = 12,57$ rad/s²
$P = 192$ N

17.86. $\alpha = 14,2$ rad/s²

17.87. $\omega = 17,52$ rad/s

17.89. $F_{AB} = 183$ N
$\alpha = 16,4$ rad/s²
$N_C = 44,23$ N

17.90. $\omega = 2,52$ rad/s

17.93. $\alpha = 13,85$ rad/s²
$(a_G)_x = 2,012$ m/s²
$(a_G)_y = 0,6779$ m/s²
$F_f = 20,12$ N
N = 91,32 N
Como $F_f < (F_f)_{máx} = \mu_s N = 0,5(91,32) = 45,66$ N, então o disco semicircular não escorrega.

17.94. $a_G = 5,19$ m/s²
$\alpha = 6,0$ rad/s²

17.95. $a = 5,54$ m/s² ↑
$\alpha = 0,293$ rad/s²

17.97. $F = 5,73$ N
$N = 143,9$ N
$a_G = 1,658$ m/s²
$\alpha = 4,42$ rad/s²

17.98. $\theta = 46,9°$

17.99. $a_G = 4,19$ m/s²
$\alpha = 2,667$ rad/s²

17.101. $F_A = 61,32$ N
$N_A = 926,2$ N
$\alpha = 5,01$ rad/s²

17.102. $\alpha = 5,01$ rad/s²

17.103. $\alpha = 1,30$ rad/s²

17.105. $\alpha = 15,6$ rad/s²
$a_G = 6,24$ m/s²
$N_A = 981$ N
$F_A = 24,0$ N

17.106. $\alpha = 0,692$ rad/s²

17.107. $\alpha = 1{,}15$ rad/s²

17.109. $N = 49{,}05$ N
$\alpha = 130{,}38$ rad/s²
$a_A = 52{,}15$ m/s²

17.110. $a = 0$
$\alpha = 0{,}32(10^{-3})$ rad/s²

17.111. $\alpha = 75{,}856$ rad/s²
$t = 0{,}290$ s

17.113. $N_C = 67{,}97$ N
$\alpha = 5{,}66$ rad/s²
$a_G = 4{,}06$ m/s²

17.114. $a_B = 0{,}755$ m/s² ↓
$\alpha = 7{,}55$ rad/s² ↻
$T = 45{,}3$ N

17.115. $\mu_{\text{mín}} = 0{,}0769$

17.117. $(a_G)_x = 2{,}5$ m/s² →
$(a_G)_y = 0$
$a_A = 10$ m/s² →
$\alpha = 35{,}4$ rad/s²

17.118. $\alpha = 9{,}60$ rad/s²
$a_G = 1{,}44$ m/s² ←

17.119. $a_G = 2{,}22$ m/s² ←
$\alpha = 29{,}2$ rad/s²

17.121. $\alpha = 3{,}89$ rad/s²
$a_G = 1{,}749$ m/s²
$N = 735{,}75$ N
$F_f = 131{,}15$ N

17.122. $\alpha = 9{,}51$ rad/s²

17.123. $a_G = 1{,}5$ m/s² →
$\alpha = 3$ rad/s²

Capítulo 18

18.2. $T = 728$ N · m

18.3. $\omega = 1{,}88$ rad/s

18.5. $0 + (50)(9{,}81)(1{,}25) = \frac{1}{2}[(50)(1{,}75)^2]\omega_2^2$
$\omega_2 = 2{,}83$ rad/s

18.6. $\omega = \frac{1}{k_G}\sqrt{\frac{\pi F d}{m}}$

18.7. $v_B = 2{,}58$ m/s
$P = 141$ N

18.9. $s_P = 5$ m
$\omega = 4{,}59$ rad/s

18.10. $\omega = 0{,}851$ rad/s

18.11. $\theta = 0{,}935$ rev.

18.13. $s_A = 0{,}6667\ s_G$
$N_A = 509{,}7$ N
$s_G = 0{,}859$ m

18.14. $\omega = 1{,}35$ rad/s

18.15. $v_A = 3{,}52$ m/s ↓
$v_B = 1{,}76$ m/s ↑

18.17. $U_M = 17{,}22$ J
$U_W = -12{,}49$ J
$\omega = 3{,}62$ rad/s

18.18. $v_C = 5{,}20$ m/s ↑

18.19. $v_C = 3{,}66$ m/s ↑

18.21. $U_W = 127{,}44$ J
$\omega_2 = 2{,}91$ rad/s

18.22. $\omega_2 = 1{,}25$ rad/s

18.23. $v_C = 5{,}93$ m/s

18.25. $U_W = 1387{,}34$ N
$\omega = 10{,}5$ rad/s

18.26. $\omega = 7{,}81$ rad/s

18.27. $(\omega_{BC})_2 = 1{,}07$ rad/s

18.29. $T_1 = 1025{,}9$ N · m
$U_{WA} = 27{,}59\theta$
$U_{Ff} = -60{,}75\theta$
$\theta = 4{,}92$ rev

18.30. $v_B = 1{,}54$ m/s

18.31. $v_G = v_A = 2{,}10$ m/s

18.33. $0 + 750(9{,}81)(1{,}689) - 750(9{,}81)(0{,}75)$
$= \frac{1}{2}(750)(v_G)^2$
$v_A = 4{,}29$ m/s

18.34. (a) $\omega = \sqrt{\frac{3\pi}{2}\left(\frac{w_0}{m}\right)}$

(b) $\omega = \sqrt{\frac{3\pi}{2}\frac{w_0}{m} + \frac{3g}{L}}$

18.35. $\omega = 2{,}83$ rad/s

18.37.
$$0 + 2[7{,}5(9{,}81)(0{,}45\,\text{sen}\,45^\circ)] = 2[\tfrac{1}{2}(\tfrac{1}{3}(7{,}5)(0{,}9)^2)\omega_{AB}^2] + \tfrac{1}{2}(66)[1{,}8 - 2(0{,}9\cos 45^\circ)]^2 + 0$$
$\omega_{AB} = 4{,}31$ rad/s

18.38. $v_A = 2{,}10$ m/s

18.39. $\theta = 0{,}935$ rev.

18.41. $\frac{1}{2}\left[\frac{1}{3}(25)(1{,}8^2)\right](2)^2 + \frac{1}{2}(200)(1{,}2 - 0{,}6)^2$
$= 0 + \frac{1}{2}(200)(1{,}2 + 1{,}8\,\text{sen}\,\theta - 0{,}6)^2 - 25(9{,}81)(0{,}9\,\text{sen}\theta)$
$\theta = 24{,}6^\circ$

18.42. $\omega = 41{,}8$ rad/s

18.43. $\omega = 39{,}3$ rad/s

18.45. $0 + 2(9{,}81)(0{,}45\ \text{sen}\ 45^\circ) + 0{,}5(9{,}81)(0{,}9\ \text{sen}\ 45^\circ)$
$= \frac{1}{2}\left[\frac{1}{3}(2)(0{,}9^2)\right]\left(\frac{v_C}{0{,}9}\right)^2 + \frac{1}{2}(0{,}5)(v_C)^2 + 0$
$v_C = 4{,}01$ m/s

18.46. $v_C = 0{,}927$ m/s

18.47. $\omega = 2{,}49$ rad/s

18.49. $0 + 2\left[\frac{1}{2}(350)(x_1)^2\right]$
$= 0 + 2\left[\frac{1}{2}(350)(x_1 + 1)^2\right] - 50(9{,}81)(1)$
$l_0 = 299$ mm

18.50. $k = 232$ N · m/rad

18.51. $\omega = 3{,}92$ rad/s

18.53. $(V_g)_2 = -22{,}0725$ J
$V_2 = -8{,}5725$ J
$\omega_2 = 3{,}09$ rad/s

18.54. $\omega = 7{,}98$ rad/s

18.55. k = 10,5 kN/m

18.57. $V_2 = \frac{\pi^2}{8}k$
k = 814 N · m/rad

18.58. $(\omega_{BC})_2 = 0$
$(\omega_{AB})_2 = 0{,}597$ rad/s

18.59. $v_P = 20{,}7$ m/s

18.61. $\Delta S_s = -1{,}2$ m
s = 0,708 m

18.62. $\omega = 1{,}82$ rad/s

18.63. $\omega_{AB} = 3{,}70$ rad/s

18.65. $l = 2{,}318$ m
$\omega = 2{,}776$ rad/s

18.66. $\omega = 5{,}32$ rad/s

18.67. $\omega_{AB} = 2{,}23$ rad/s

18.69. $0 + 0 = 0 + \frac{1}{2}(k)(3{,}3541 - 1{,}5)^2 - 98{,}1\left(\frac{1{,}5}{2}\right)$
k = 42,8 N/m

Capítulo 19

19.5. $v_G = 3{,}857$ m/s
L = 19,3 kg · m/s

19.6. $\int Mdt = 0{,}833$ kg · m²/s

19.7. $\omega = 0{,}0253$ rad/s

19.9. $I_O = 0{,}78125$ kg · m²
$\omega = 70{,}8$ rad/s

19.10. $\omega_A = 36{,}5$ rad/s
$v = 5{,}48$ m/s

19.11. $\omega_B = 127$ rad/s

19.13. $T_C = 679{,}93$ N $T_B = 1744{,}93$ N
$P = 581{,}6$ N

19.14. $t = 5{,}08$ s

19.15. $r_P = 0{,}417$ m

19.17. $I_O = 0{,}02$ kg · m²
$N = 49{,}05$ N
$(v_O)_2 = 4{,}6$ m/s
$t = 0{,}510$ s

19.18. $v_G = 1{,}39$ m/s
$\omega = 9{,}49$ rad/s

19.19. $\omega = 116$ rad/s

19.21. $\omega_2 = 0{,}065625I$
$I = 79{,}8$ N · s

19.22. $y = \frac{2}{3}l$

19.23. $\omega = 20$ rad/s

19.25. $I_G = 0{,}75$ kg · m²
$(v_G)_{BC} = \omega(1{,}118)$
$\omega = 9$ rad/s
$T_{\text{média}} = 12{,}7$ N

19.26. $v = 6{,}02$ m/s

19.27. $M = 149{,}4$ N · m

19.29. $0 + \left[\int F\,dt\right](3{,}5) = 175(2{,}25)^2(60)$
$\int F\,dt = 15{,}2$ kN · s

19.30. $v_G = 0{,}557$ m/s

19.31. $\omega_2 = \{-31{,}8\mathbf{k}\}$ rad/s

19.33. $(I_A)_G = 19{,}14$ kg · m²
$\omega_B = 10{,}9$ rad/s

19.34. $k_G = 0{,}122$ m

19.35. $\omega = 0{,}175$ rad/s

19.37. $(I_z)_1 = 4{,}9905$ kg · m²
$(I_z)_2 = 2{,}2185$ kg ·²
$(\omega_z)_2 = 6{,}75$ rad/s

19.38. $\omega_2 = 5{,}09$ rev/s

19.39. $\omega = 0{,}244$ rad/s
$v_m = 0{,}915$ m/s

19.41. $(I_z)_1 = 98{,}55$ kg · m²
$(I_z)_2 = 81{,}675$ kg · m²
$\omega_2 = 2{,}41$ rad/s
$\omega_3 = 2{,}96$ rad/s

19.42. $\omega_2 = \frac{1}{4}\omega_1$

19.43. $v_2 = 0{,}195$ m/s

19.45. $\omega_1 = 1{,}146$ rad/s
$I_G = 11{,}25$ kg · m²
$I_A = 24{,}02$ kg · m²
$\omega_2 = 1{,}53$ rad/s

19.46. $v = 1{,}80$ m/s

19.47. $\omega = 26{,}4$ rad/s

19.49. $\omega_2 = 3{,}431$ rad/s
$\omega_3 = 5{,}056$ rad/s
$\omega_4 = 6{,}36$ rad/s

19.50. $\omega_2 = 17{,}92$ rad/s
$(v_H)_2 = 4{,}878$ m/s ↓
$h = 1{,}473$ m

19.51. $\theta = 17{,}9°$

19.53. $(v_P)_2 = 2{,}274$ m/s
$I_G = 30{,}375$ kg · m²
$\omega_3 = 0{,}3675$ rad/s
$(v_P)_3 = 1{,}034$ m/s

19.54. $(v_b)_2 = 1{,}008$ m/s →

19.55. $\theta_1 = 39{,}8°$

Revisão 2

R2.1. $v_A = 2$ m/s
$\omega_P = 20$ rad/s
$v_C = 1$ m/s
$\omega_D = 6{,}67$ rad/s

R2.2. $\omega_P = 24$ rad/s
$\omega_D = 5{,}33$ rad/s

R2.3. $\omega_2 = 3{,}78$ rad/s

R2.5. $d = 0{,}6$ m
$\omega_2 = 6{,}82$ rad/s
$v_{BL} = -3{,}41$ m/s

R2.6. $a_A = 12{,}5$ m/s² ←

R2.7. $\omega_{AB} = \sqrt{\dfrac{4g}{3(R-r)}}$

R2.9. $\omega_1 = 40$ rad/s
$v_2 = 3{,}46$ m/s

R2.10. $\omega_2 = 13{,}3$ rad/s

R2.11. $\alpha = 12{,}6$ rad/s²

R2.13. $\omega = 0$
$v_C = 9{,}81$ m/s
$v_D = 9{,}81$ m/s
$F = 0$

R2.14. $\omega = 0$

R2.15. $\omega_{DE} = 134{,}3$ rad/s

R2.17. $v_G = 2{,}75$ m/s
$t = 1{,}32$ s

R2.18. $\omega = 2{,}19$ rad/s ↺

R2.19. $\omega_{CD} = 4{,}17$ rad/s

R2.21. $\alpha_c = 1{,}20$ rad/s²
$\omega = 7{,}20$ rad/s
$v_A = v_B = 0{,}72$ m/s
$a_A = 0{,}12$ m/s²
$a_B = 5{,}185$ m/s²

R2.22. $v_C = 3{,}84$ m/s

R2.23. $s = \dfrac{\omega_1 r}{2\mu g}(2v_1 - \omega_1 r)$

R2.25. $v_D = 2$ m/s
$\omega_B = 6{,}67$ rad/s

R2.26. $\alpha = \dfrac{2mg}{R(M+2m)}$
$h = \dfrac{mg}{M+2m}t^2$

R2.27. $\omega = 4{,}01$ rad/s

R2.29. $0 + 25(0{,}18)(4) = [(15)(0{,}135)^2 + (15)(0{,}27)^2]\,\omega_2$
$\omega_2 = 13{,}2$ rad/s

R2.30. $a_m = 1{,}45$ m/s²
$a_b = 1{,}94$ m/s²

R2.31. $(\omega_S)_2 = \dfrac{5g\,\text{sen}\,\theta}{7r}t$
$(\omega_C)_2 = \dfrac{2g\,\text{sen}\,\theta}{3r}t$

R2.33. $r_{CI\text{-}C} = 1{,}464$ m
$\omega_{AB} = 1{,}47$ rad/s² ↻
$\alpha = 1{,}80$ rad/s²
$\alpha_{AB} = 4{,}93$ rad/s² ↻

R2.34. $\alpha = 2{,}66$ rad/s² ↻

R2.35. $\omega = 1{,}076$ rad/s
$v_B = 1{,}318$ m/s

R2.37. $T = 59166{,}86$ N
$M = 51{,}2$ kN · m
$N = -29{,}6$ kN
$V = 0$

R2.38. $\omega = 30{,}7$ rad/s

R2.39. $\omega = 0{,}0708$ rad/s

R2.41. $t = 0{,}1911$ s
$\omega_B = 5{,}00$ rad/s $v_G = 1{,}5$ m/s $T = 9{,}81$ N

R2.42. $\theta = 4{,}45°$

R2.43. $a_A = 17{,}01$ m/s² ↓
$a_B = 12{,}2$ m/s² $\theta = 53{,}7°$ ↙

R2.45. $\alpha_s = 5{,}236$ rad/s²
$\theta_s = 10{,}472$ rad
$\alpha_D = 2{,}09$ rad/s²
$\theta_D = 0{,}667$ rev

R2.46. $\omega_{CD} = 6{,}33$ rad/s

R2.47. $t = 10{,}4$ s

R2.49. $\alpha = \dfrac{\mu g}{r}$
$t_2 = \dfrac{v_G}{\mu g}$
$\omega = \dfrac{v_G}{r}$

R2.50. $N_B = 297$ N
$A_y = 344$ N
$A_x = 1{,}63$ N

Capítulo 20

20.1. $\boldsymbol{\omega} = \omega_x\mathbf{i} + \omega_y\mathbf{j} + \omega_s\mathbf{k}$
$\boldsymbol{\alpha} = \mathbf{0} + (\omega_x\mathbf{i} + \omega_y\mathbf{j}) \times (\omega_s\mathbf{k})$
$\boldsymbol{\alpha} = \omega_y\,\omega_s\,\mathbf{i} - \omega_x\,\omega_s\,\mathbf{j}$

20.2. $\boldsymbol{\omega} = \{5{,}66\mathbf{j} + 6{,}26\mathbf{k}\}$ rad/s
$\boldsymbol{\alpha} = \{-3{,}39\mathbf{i}\}$ rad/s²

20.3. $\mathbf{v}_A = \{-7{,}61\mathbf{i} - 1{,}18\mathbf{j} + 2{,}54\mathbf{k}\}$ m/s
$\mathbf{a}_A = \{10{,}4\mathbf{i} - 51{,}6\mathbf{j} - 0{,}463\mathbf{k}\}$ m/s²

20.5. $\omega = -8{,}944$ rad/s
$\omega = \{-8{,}0\mathbf{j} + 4{,}0\mathbf{k}\}$ rad/s
$(\dot{\omega}_2)_{XYZ} = \{32\mathbf{i}\}$ rad/s
$\boldsymbol{\alpha} = \{32\mathbf{i}\}$ rad/s²

20.6. $\mathbf{v}_A = \{-0{,}225\mathbf{i}\}$ m/s
$\mathbf{a}_A = \{-0{,}135\mathbf{i} - 0{,}1125\mathbf{j} - 0{,}130\mathbf{k}\}$ m/s²

20.7. $\omega_A = \left(\frac{r_C}{h_1}\right)\left(\frac{r_B h_1 \omega}{r_C h_2 + r_B h_1}\right)\mathbf{j} + \left(\frac{r_B h_1 \omega}{r_C h_2 + r_B h_1}\right)\mathbf{k}$

20.9. $\boldsymbol{\omega} = \{6\mathbf{j} + 15\mathbf{k}\}$ rad/s
$\boldsymbol{\alpha} = \{-90\mathbf{i} + 1{,}5\mathbf{j} + 3\mathbf{k}\}$ rad/s²
$\mathbf{v}_B = \{-27\mathbf{i} - 4{,}5\mathbf{j} + 1{,}8\mathbf{k}\}$ m/s
$\mathbf{a}_B = \{72{,}9\mathbf{i} - 405{,}9\mathbf{j} + 0{,}45\mathbf{k}\}$ m/s²

20.10. $\mathbf{v}_B = \{473\mathbf{i} - 4{,}5\mathbf{j} + 1{,}8\mathbf{k}\}$ m/s
$\mathbf{a}_B = \{122{,}9\mathbf{i} - 405{,}9\mathbf{j} + 0{,}45\mathbf{k}\}$ m/s²

20.11. $\boldsymbol{\omega} = \{-8{,}00\mathbf{j}\}$ rad/s
$\boldsymbol{\alpha} = \{64{,}0\mathbf{i}\}$ rad/s²
$\mathbf{v}_A = \{-0{,}905\mathbf{i}\}$ m/s
$\mathbf{a}_A = \{-7{,}24\mathbf{j} -7{,}24\mathbf{k}\}$ m/s²

20.13. $\boldsymbol{\omega} = \{-0{,}8\mathbf{i} - 0{,}1\mathbf{j} + 0{,}6\mathbf{k}\}$ rad/s²
$\mathbf{v}_A = \{-2{,}598\mathbf{i} + 2{,}4\mathbf{j} - 4{,}1568\mathbf{k}\}$ m/s
$\mathbf{a}_A = \{-7{,}435\mathbf{i} + 2{,}488\mathbf{j} - 9{,}274\mathbf{k}\}$ m/s²

20.14. $\boldsymbol{\omega}_B = \{5\mathbf{j} + 5\mathbf{k}\}$ rad/s

20.15. $\boldsymbol{\omega}_B = \{7{,}5\mathbf{j} + 2{,}5\mathbf{k}\}$ rad/s

20.17. $\mathbf{v}_A = \{-20\mathbf{i}\}$ m/s
$\mathbf{a}_A = \{-5\mathbf{i} - 400\mathbf{j}\}$ m/s²
$\mathbf{v}_B = \{-124\mathbf{i} - 15\mathbf{j} + 26{,}0\mathbf{k}\}$ m/s
$\mathbf{a}_B = \{569\mathbf{i} - 2608\mathbf{j} - 75\mathbf{k}\}$ m/s²

20.18. $\mathbf{v}_B = \{4876\mathbf{i} - 15\mathbf{j} + 26{,}0\mathbf{k}\}$ m/s
$\mathbf{a}_B = \{1069\mathbf{i} - 2608\mathbf{j} - 75\mathbf{k}\}$ m/s²

20.19. $\mathbf{v}_A = \{3\mathbf{i} + 4{,}409\mathbf{j} - 5{,}879\mathbf{k}\}$ m/s
$\mathbf{a}_A = \{-1{,}837\mathbf{i} + 0{,}9\mathbf{j} - 0{,}6\mathbf{k}\}$ m/s²

20.21. $\mathrm{v}_B = 3$ m/s
$\omega_x = 0{,}6667$ rad/s
$\omega_y = 0{,}3333$ rad/s
$\omega_z = 0{,}8333$ rad/s
$\mathbf{v}_B = \{3{,}0\mathbf{j}\}$ m/s
$\boldsymbol{\omega} = \{0{,}667\mathbf{i} + 0{,}333\mathbf{j} + 0{,}833\mathbf{k}\}$ rad/s

20.22. $\mathbf{a}_B = \{-3{,}25\mathbf{j}\}$ m/s²
$\boldsymbol{\alpha} = \{-0{,}722\mathbf{i} + 0{,}889\mathbf{j} - 0{,}278\mathbf{k}\}$ rad/s²

20.23. $\mathrm{v}_B = 2{,}35$ m/s
$\boldsymbol{\omega}_{AB} = [1{,}17\mathbf{i} + 1{,}27\mathbf{j} - 0{,}779\mathbf{k}\}$ rad/s

20.25. $(\omega_{AB})_x = 1{,}667$ rad/s
$(\omega_{AB})_y = 4{,}167$ rad/s
$(\omega_{AB})_z = 3{,}333$ rad/s
$v_B = -12{,}5$ m/s
$\mathbf{v}_B = \{-10\mathbf{i} + 7{,}5\mathbf{k}\}$ m/s

20.26. $\mathbf{a}_B = \{-564{,}5\mathbf{i} + 423{,}4\mathbf{k}\}$ m/s

20.27. $\mathbf{v}_B = \{1\mathbf{j}\}$ m/s

20.29. $(\omega_{AB})_x = -2{,}133$ rad/s
$(\omega_{AB})_y = 0{,}3902$ rad/s
$(\omega_{AB})_z = -0{,}3121$ rad/s²
$\mathbf{v}_A = \{2{,}25\mathbf{k}\}$ m/s

20.30. $\mathbf{a}_A = \{-13{,}9\mathbf{k}\}$ m/s²

20.31. $\mathbf{v}_B = \{1{,}0\mathbf{k}\}$ m/s

20.33. $v_B = 1{,}875$ m/s
$\omega_x = 1{,}50$ rad/s
$\omega_y = 0{,}225$ rad/s
$\omega_z = 0{,}450$ rad/s

20.34. $a_B = -6{,}57$ m/s²

20.35. $\boldsymbol{\omega} = \{1{,}50\mathbf{i} + 2{,}60\mathbf{j} + 2{,}00\mathbf{k}\}$ rad/s
$\mathbf{v}_C = \{10{,}4\mathbf{i} - 7{,}79\mathbf{k}\}$ m/s

20.37. $\omega_x = 0{,}204$ rad/s
$\omega_y = -0{,}612$ rad/s
$\omega_z = 1{,}36$ rad/s
$v_B = 0{,}333$ m/s
$\boldsymbol{\omega}_{BC} = \{0{,}204\mathbf{i} - 0{,}612\mathbf{j} + 1{,}36\mathbf{k}\}$ rad/s
$\mathbf{v}_B = \{-0{,}333\mathbf{j}\}$ m/s

20.38. $\boldsymbol{\omega}_{BC} = \{0{,}769\mathbf{i} - 2{,}31\mathbf{j} + 0{,}513\mathbf{k}\}$ rad/s
$\mathbf{v}_B = \{-0{,}333\mathbf{j}\}$ m/s

20.39. $\mathbf{v}_C = \{-1{,}00\mathbf{i} + 5{,}00\mathbf{j} + 0{,}800\mathbf{k}\}$ m/s
$\mathbf{a}_C = \{-28{,}8\mathbf{i} - 5{,}45\mathbf{j} + 32{,}3\mathbf{k}\}$ m/s²

20.41. $\mathbf{v}_A = \{-4{,}5\mathbf{i}\}$ m/s
$(\mathbf{v}_{C/A})_{xyz} = \{-1{,}8\mathbf{j}\}$ m/s
$\mathbf{v}_C = \{4{,}5\mathbf{i} - 1{,}8\mathbf{j}\}$ m/s

20.42. $\mathbf{a}_C = \{19{,}35\mathbf{i} - 27{,}9\mathbf{j} - 21{,}6\mathbf{k}\}$ m/s²

20.43. $\mathbf{v}_C = \{-1{,}79\mathbf{i} - 1{,}40\mathbf{j} + 3{,}58\mathbf{k}\}$ m/s
$\mathbf{a}_C = \{0{,}839\mathbf{i} - 3{,}15\mathbf{j} + 0{,}354\mathbf{k}\}$ m/s²

20.45. $(\mathbf{v}_{A/B})_{xyz} = \{1{,}20\mathbf{j} - 1{,}60\mathbf{k}\}$ m/s
$(\mathbf{a}_{A/B})_{xyz} = \{-0{,}320\mathbf{j} - 0{,}240\mathbf{k}\}$ m/s²
$\mathbf{v}_A = \{-5{,}70\mathbf{i} + 1{,}20\mathbf{j} - 1{,}60\mathbf{k}\}$ m/s
$\mathbf{a}_A = \{-1{,}44\mathbf{i} - 3{,}74\mathbf{j} - 0{,}240\mathbf{k}\}$ m/s²

20.46. $\mathbf{v}_A = \{-5{,}70\mathbf{i} + 1{,}20\mathbf{j} - 1{,}60\mathbf{k}\}$ m/s
$\mathbf{a}_A = \{-7{,}14\mathbf{i} - 1{,}94\mathbf{j} - 2{,}64\mathbf{k}\}$ m/s²

20.47. $\mathbf{v}_C = \{-2{,}7\mathbf{i} - 6\mathbf{k}\}$ m/s
$\mathbf{a}_C = \{-72\mathbf{i} -13{,}5\mathbf{j} + 7{,}8\mathbf{k}\}$ m/s²

20.49. $(\mathbf{v}_{A/B})_{xyz} = \{13{,}86\mathbf{i} - 8{,}00\mathbf{k}\}$ m/s
$(\mathbf{a}_{A/B})_{xyz} = \{17{,}58\mathbf{i} - 17{,}54\mathbf{k}\}$ m/s²
$\mathbf{v}_A = \{13{,}9\mathbf{i} + 40{,}0\mathbf{j} - 8{,}00\mathbf{k}\}$ m/s
$\mathbf{a}_A = \{-62{,}4\mathbf{i} + 115\mathbf{j} - 17{,}5\mathbf{k}\}$ m/s²

20.50. $\mathbf{v}_B = \{-5{,}20\mathbf{i} - 1{,}44\mathbf{j} + 16{,}5\mathbf{k}\}$ m/s
$\mathbf{a}_B = \{5{,}75\mathbf{i} - 109\mathbf{j} + 24{,}1\mathbf{k}\}$ m/s²

20.51. $\mathbf{v}_B = \{-5{,}20\mathbf{i} - 1{,}44\mathbf{j} + 16{,}5\mathbf{k}\}$ m/s
$\mathbf{a}_B = \{5{,}75\mathbf{i} - 110\mathbf{j} + 23{,}1\mathbf{k}\}$ m/s²

20.53. $(\mathbf{v}_{B/A})_{xyz} = \{-3\mathbf{j} + 5{,}196\mathbf{k}\}$ m/s
$(\mathbf{a}_{B/A}) = \{-4{,}098\mathbf{i} + 1{,}098\mathbf{k}\}$ m/s²
$\mathbf{v}_B = \{-17{,}8\mathbf{i} - 3\mathbf{j} + 5{,}20\mathbf{k}\}$ m/s
$\mathbf{a}_B = \{3{,}05\mathbf{i} - 30{,}9\mathbf{j} + 1{,}10\mathbf{k}\}$ m/s²

20.54. $\mathbf{v}_C = \{2{,}80\mathbf{j} - 5{,}60\mathbf{k}\}$ m/s
$\mathbf{a}_C = \{-56\mathbf{i} + 2{,}1\mathbf{j}\}$ m/s²

20.55. $\mathbf{v}_C = \{2{,}80\mathbf{j} - 5{,}60\mathbf{k}\}$ m/s
$\mathbf{a}_C = \{-56\mathbf{i} + 2{,}1\mathbf{j} - 1{,}40\mathbf{k}\}$ m/s²

Capítulo 21

21.2. $I_{\bar{y}} = \frac{3m}{80}(h^2 + 4a^2)$

$I_{y'} = \frac{m}{20}(2h^2 + 3a^2)$

21.3. $I_y = \frac{1}{3}mr^2$

$I_x = \frac{m}{6}(r^2 + 3a^2)$

21.5. $m = \frac{\rho a^2 h}{2}$

$I_{xy} = \frac{m}{12}a^2$

21.6. $I_{xy} = \frac{ma^2}{20}$

21.7. $I_{x'} = \frac{13}{14}mr^2$

$I_{y'} = \frac{7mr^2}{12}$

$I_{z'} = \frac{13}{24}mr^2$

21.9. $m_1 = m_2 = m_3 = 12$ kg

$I_x = 80$ kg · m²

$I_y = 128$ kg · m²

$I_z = 176$ kg · m²

$I_{xy} = 72$ kg · m²

$I_{yz} = -24$ kg · m²

$I_{xz} = -24$ kg · m²

21.10. $I_{xy} = 4{,}08$ kg · m²

$I_{yz} = 1{,}10$ kg · m²

$I_{xz} = 0{,}785$ kg · m²

21.11. $I_x = 1{,}36$ kg · m²

$I_y = 0{,}380$ kg · m²

$I_z = 1{,}26$ kg · m²

21.13. Em razão da simetria $\bar{y} = 0{,}5$m

$\bar{x} = -0{,}667$ m

$I_{x'} = 5{,}946$ kg · m²

$I_{y'} = 3{,}398$ kg · m²

$I_{z'} = 9{,}344$ kg · m²

21.14. $I_{y'} = 1{,}8074$ kg · m²

21.15. $I_z = 3{,}54(10^{-3})$kg · m²

21.17. $I_{xy} = [0 + 0{,}4(2)(0)(0{,}5)]$

$+ [0 + 0{,}6(2)(0{,}3)(0{,}5)]$

$+ [0 + 0{,}5(2)(0{,}6)(0{,}25)]$

$= 0{,}330$ kg · m²

21.18. $I_{xx} = 0{,}626$ kg · m²

$I_{yy} = 0{,}547$ kg · m²

$I_{zz} = 1{,}09$ kg · m²

21.19. $I_z = 0{,}429$ kg · m²

21.22. $T = 0{,}1333$ N · m

21.23. $\mathbf{H}_G = \{0{,}030\mathbf{i} - 0{,}010\mathbf{j} + 0{,}010\mathbf{k}\}$ kg · m²/s

21.25. $I_{x'} = I_{z'} = 13{,}55$ kg · m²

$I_{y'} = 0{,}100$ kg · m²

$\omega_z = 2{,}58$ rad/s

21.26. $H_A = 26{,}9$ kg · m²/s

21.27. $\boldsymbol{\omega} = \{-0{,}0625\mathbf{i} - 0{,}119\mathbf{j} + 0{,}106\mathbf{k}\}$ rad/s

21.29. $H_x = 0{,}3375$ kg · m²/s

$H_y = 0$

$H_z = 1{,}6875$ kg · m²/s

$\mathbf{H}_G = \{0{,}3375\mathbf{i} + 1{,}6875\mathbf{k}\}$ kg · m²/s

$\mathbf{H}_O = \{21{,}9\mathbf{i} + 1{,}69\mathbf{k}\}$ kg · m²/s

$T = 78{,}5$J

21.30. $\mathbf{H}_O = \{21{,}9\mathbf{i} + 0{,}5625\mathbf{j} + 1{,}69\mathbf{k}\}$ kg · m²/s

$T = 81{,}3$ J

21.31. $\mathbf{H}_A = \{-2000\mathbf{i} - 2500\mathbf{j} + 22\,500\mathbf{k}\}$ kg · m²/s

21.33. $I_x = 0{,}46875$ kg · m²

$I_y = 0{,}375$ kg · m²

$I_z = 0{,}09375$ kg · m²

$\boldsymbol{\omega} = \{-2{,}16\mathbf{i} + 5{,}40\mathbf{j} + 7{,}20\mathbf{k}\}$ rad/s

$\mathbf{u}_O = -0{,}233\mathbf{i} + 0{,}583\mathbf{j} + 0{,}778\mathbf{k}$

21.34. $\boldsymbol{\omega} = \{-0{,}954\mathbf{i} + 2{,}38\mathbf{j} + 3{,}18\mathbf{k}\}$ rad/s

$\mathbf{u}_A = -0{,}233\mathbf{i} + 0{,}583\mathbf{j} + 0{,}778\mathbf{k}$

21.36. $\omega = 59{,}4$ rad/s

21.37. $\mathbf{u}_O = \{0{,}141\mathbf{j} - 0{,}990\mathbf{k}\}$

$\boldsymbol{I}_O = \{8{,}57\mathbf{i}\}$ N · s

21.38. $\boldsymbol{\omega} = \{-28{,}1\mathbf{j} + 80\mathbf{k}\}$ rad/s

21.39. $\mathbf{H}_O = \{144\mathbf{i} + 144\mathbf{j} + 1056\mathbf{k}\}$ kg · m²/s

$T = 3{,}17$ kJ

21.41. $\Sigma M_x = (I_x\dot{\omega}_x - I_{xy}\dot{\omega}_y - I_{xz}\dot{\omega}_z)$

$- \Omega_z(I_y\omega_y - I_{yz}\omega_z - I_{yx}\omega_x)$

$+ \Omega_y(I_z\omega_z - I_{zx}\omega_x - I_{zy}\omega_y)$

21.42. $\Sigma M_x = I_x\dot{\omega}_x - I_y\Omega_z\omega_y + I_z\Omega_y\omega_z$

21.43. $A_x = 9{,}64$ N

$B_x = 9{,}98$ N

21.45. $\omega_x = 0$

$\omega_y = -\omega \cos\theta$

$\omega_z = \omega \operatorname{sen}\theta$

$\dot{\omega}_x = \dot{\omega}_y = \dot{\omega}_z = 0$

$$\omega = \sqrt{\frac{3g\,\operatorname{tg}\theta}{L(2\operatorname{sen}\theta + 1)}}$$

21.46. $B_x = -250$ N

$A_y = B_y = 0$

$A_z = B_z = 24{,}5$ N

21.47. $\Sigma M_x = \frac{I_{yz}}{\rho^2}v_G^2$

$\Sigma M_y = \frac{I_{zx}}{\rho^2}v_G^2$

$\Sigma M_z = 0$

21.49. $(0{,}1\cos 30°)(2) - (0{,}1\operatorname{sen}\theta_F)m_F$

$-(0{,}2\operatorname{sen}\theta_D)m_D = 0$

$\theta_D = 139°$

$m_D = 0{,}661$ kg

$\theta_F = 40{,}9°$

$m_F = 1{,}32$ kg

21.50. $M = 81{,}0$ N · m

21.51. $M_Y = -316,4$ N · m
$M_Z = 0$
$M_X = 147,15$ N · m

21.53. $\omega_x = \omega_p = \text{sen}\ \theta$
$\omega_y = \omega_s\ \omega_z = \omega_p \cos\theta$
$\dot{\omega}_x = -\omega_s\ \omega_p \cos\theta$
$\dot{\omega}_y = 0$
$\dot{\omega}_z = \omega_s\ \omega_p\ \text{sen}\,\theta$
$M_x = -\frac{4}{3}ml^2\omega_s\omega_p\cos\theta$
$M_y = \frac{1}{3}ml^2\omega_p{}^2\,\text{sen}\,2\theta$
$M_z = 0$

21.54. $F_y = -\dfrac{mL^2\omega_1\omega_2}{12a}$
$E_X = 0$
$E_Y = \dfrac{mL^2\omega_1\omega_2}{12a}$
$E_Z = F_Z = \dfrac{mg}{2}$

21.55. $F = 30$ N
$N = 1,35$ kN
$M = 27,5$ N · m

21.57. $I_z = 5,0625$ kg · m²
$I_x = I_y, \omega_x = \omega_y = 0, \dot{\omega}_z = 6\ \text{rad/s}^2$
$T = 30,375$ N · m

21.58. $T = 33,615$ N · m

21.59. $B_Y = 0$
$A_Z = -41,2$ N
$A_X = 0$
$B_Z = 139$ N

21.62. $\alpha = 69,3°$
$\beta = 128°$
$\gamma = 45°$
Não

21.63. $N_w = 377,5$ N

21.65. $M_x = [(25)(0,06)^2](2)(100) - 18$ N · m
$M_y = 0$
$M_z = 0$

21.66. $\Delta F = 53,4$ N

21.67. $\omega_s = 3,63(10^3)$ rad/s

21.69. $I = I_x = I_y = \frac{1}{16}mr^2$

$$\omega_s = \sqrt{\frac{16g}{r\cos\alpha(16\cos^2\alpha - 26\,\text{sen}^2\alpha + 1)}}$$

21.70. $\omega_p = -4,905$ rad/s

21.71. $\omega_p = 13,5$ rad/s ou 3,00 rad/s

21.73. $v = 88,89$ m/s
$\omega_s = 222,22$ rad/s
$M_x = 2$ kN · m

21.75. $H_G = 17,2$ Mg · m²/s

21.77. $\phi = 12,8$ rad/s

21.78. $H_G = 0,352$ kg · m²/s
$\dot{\psi} = 35,1\,\text{rad/s}$

21.79. $H_G = 2,10$ Mg · m²/s

21.81. $H_G = 4,945(10^6)$ kg · m²/s
$\theta = 66,59°$
$\dot{\phi} = 81,7$ rad/s
$\dot{\psi} = 212$ rad/s
Como $I > I_z$, o movimento é de pressão regular.

Capítulo 22

22.1. $y + 56,1y = 0$
$B = 0,1$ m
$A = 0,2003$ m
$y = 0,192$ m

22.2. $f = 4,98$ Hz
$\tau = 0,201$ s

22.3. $f = 1,95$ Hz
$y = -0,06 \cos 12,247t$
$C = 0,06$ m

22.5. $B = 0,150$
$A = -0,1$
$x = -0,1\ \text{sen}\ (20t) + 0,150 \cos (20t)$
$C = 0,180$ m

22.6. $y = 0,107\ \text{sen}\ (7,00t) + 0,100 \cos (7,00t)$
$\phi = 43,0°$

22.7. $x = -\ 0,0693\ \text{sen}\ (5,77t) - 0,075 \cos (5,77t)$
$C = 0,102$ m

22.9. $f = 2,52$ Hz
$\phi = 0°$ $C = 0,3795$ m
$T_{\text{máx}} = 83,7$ kN

22.10. $\tau = 2\pi\sqrt{\dfrac{k_G^2 + d^2}{gd}}$

22.11. $\tau = 2\pi\sqrt{\dfrac{3r}{2g}}$

22.13. $I_A = 0,2894mgd$
$d = 146$ mm
$k_G = 0,627$ m

22.14. $\tau = 0,416$ s

22.15. $l = 0,457$ m

22.17. $F_{sp} = 144\theta$
$I_G = 1,1025$ kg · m²
$\ddot{\theta} + 15,917\theta = 0$
$f = 0,635$ Hz

22.18. $\tau = 2\pi\sqrt{\dfrac{Mr^2 + 2mk_O{}^2}{kr^2}}$

22.19. $f_n = \dfrac{1}{2\pi}\sqrt{\dfrac{12EI}{mL^3}}$

22.21. $s_{AB} = (l - l_0) - x_0$
$s_{AC} = (l - l_0) + x$
$\omega_n = \sqrt{\dfrac{2k}{m}}$

22.22. $\omega_n = \sqrt{\dfrac{k_1 + k_2}{m}}$

22.23. $\omega_n = 76{,}7$ rad/s

$c = 230$ mm

22.25. $\ddot{\theta} + \dfrac{12ga^2}{lL^2}\theta = 0$

$\tau = \dfrac{2\pi L}{a}\sqrt{\dfrac{l}{12g}}$

22.26. $k_z = \dfrac{\tau r}{2\pi}\sqrt{\dfrac{g}{L}}$

22.27. $k_z = \dfrac{\tau r}{2\pi}\sqrt{\dfrac{g}{L}}$

22.29. $\frac{3}{2}mr^2\ddot{\theta}\dot{\theta} + mg(r)(\text{sen}\theta)\dot{\theta} = 0$

$\tau = 2\pi\sqrt{\dfrac{3r}{2g}}$

22.30. $\tau = 6{,}10\sqrt{\dfrac{a}{g}}$

22.31. $\tau = 0{,}416$ s

22.33. $V = 5\theta^2$

$T = 0{,}1921875\dot{\theta}^2$

$\ddot{\theta} + 26{,}0\theta = 0$

22.34. $\tau = 3{,}85\sqrt{\dfrac{m}{k}}$

22.35. $k_G = \dfrac{r}{2\pi}\sqrt{\dfrac{\tau^2 g - 4\pi^2 R}{R}}$

22.37. $V = \frac{1}{2}k\theta^2$

$T_1 = \frac{1}{2}Mk_z^2\dot{\theta}^2$

$\tau_1 = 2\pi\sqrt{\dfrac{Mk_z^2}{k}}$

22.38. $f = \dfrac{1}{\pi}\sqrt{\dfrac{k}{m}}$

22.39. $f_n = \dfrac{1}{4\pi}\sqrt{\dfrac{k}{m}}$

22.41. $\ddot{y} + \dfrac{2k\,\text{sen}^2\theta}{m} = 0$

$\tau = 2{,}81$ s

22.42. $x = A\,\text{sen}\,\omega_n t = B\cos\omega_n t + \dfrac{F_0/k}{1-\left(\frac{\omega}{p}\right)^2}\cos\omega t$

22.43. $y = A\,\text{sen}\,\omega_n t = B\cos\omega_n t + \left(\dfrac{F_0}{k - m\omega^2}\right)\cos\omega t$

22.45. $B = y_0$

$A = \dfrac{v_0}{\omega_n} - \dfrac{(F_0/k)\omega}{\omega_n - \frac{\omega^2}{\omega_n}}$

$\omega_n = 8{,}087$ rad/s

$y = (0{,}005639$ sen $8{,}087t + 0{,}1\cos 8{,}087t - 0{,}0228$ sen $2t)$ m

22.46. $(v_p)_{\text{máx}} = 0{,}727$ m/s

22.47. $y = (361$ sen $7{,}75t + 100\cos 7{,}75t - 350$ sen $8t)$ mm

22.49. $k = 4905$ N/m

$\omega_n = 14{,}01$ rad/s

$\omega = 14{,}0$ rad/s

22.50. $(x_p)_{máx} = 14{,}6$ mm

22.51. $(x_p)_{máx} = 35{,}5$ mm

22.53. $\omega_n = 18{,}898$ rad/s

$M_F = 0{,}997$

22.54. $C = \dfrac{3F_O}{\frac{3}{2}(mg + Lk) - mL\omega^2}$

22.57. $F = 2c\dot{y}$

$c_c = 2m\sqrt{\dfrac{k}{m}}$

$c < \sqrt{mk}$

22.58. $\omega = 12{,}2$ rad/s

$\omega = 7{,}07$ rad/s

22.59. $k = 417$ N/m

$k = 1250$ N/m

22.61. $\omega_n = 8{,}923$ rad/s

$\omega_d = 8{,}566$ rad/s

$\tau_d = 0{,}734$ s

22.62. $y_P = 0{,}111$ sen $(5t - 0{,}588)$ m

22.63. $y = 0{,}241[e^{-0{,}0533\,t}$ sen $(8{,}908t + 1{,}48)]$

22.65. $2{,}25\,\ddot{\theta} + 810\,\dot{\theta} + 270\,\theta = 0$

$\omega_n = 10{,}95$ rad/s

$(c_{dp})_c = 5{,}477$ N · s/m

22.66. $y = [-0{,}0702[e^{-3{,}57\,t}$ sen$(8{,}54t)]]$ m

22.67. $y = (-0{,}00734$ sen $8{,}66t + 0{,}1\cos 8{,}66t + 0{,}01589$ sen $4t)$ m

22.69. $\omega_n = 11{,}62$ rad/s

$c_c = 92{,}95$

$\omega_d = 8{,}87$ rad/s

$A = 0{,}0338$

$y = 33{,}8\,[e^{-7{,}5\,t}$ sen$(8{,}87t)]$ mm

22.70. $y = A\,\text{sen}\,\omega_n t + B\cos\omega_n t + \dfrac{\frac{k\delta_0}{m}}{\left(\frac{k}{m} - \omega_0^2\right)}\cos\omega_0 t$

22.71. $\omega_0 = \omega_n = 19{,}81$ rad/s

22.73. $F = 0{,}03125\omega_0^2$ sen $\omega_0 t$

$k = 29430$ N/m $\omega_n = 19{,}809$

$\omega_0 = 19{,}16$ rad/s ou $\omega_0 = 20{,}53$ rad/s

22.74. $Lq + Rq + \left(\frac{1}{C}\right)q = E_0\cos\omega t$

22.75. $\ddot{y} + 16\dot{y} + 12y = 0$

Como $c > c_c$, o sistema não irá vibrar. Portanto, é superamortecido.

22.77. $L\ddot{q} + Rq + \dfrac{1}{c}q = 0$

ÍNDICE REMISSIVO

A

C

D

E

F

G

I

L

M

N

O

P

R

S

T